René Schiller
Vom Rittergut
zum Großgrundbesitz

Elitenwandel in der Moderne

Herausgegeben von Heinz Reif
in Zusammenarbeit mit René Schiller
Band 3

Band 1
Adel und Bürgertum in Deutschland I.
Entwicklungslinien und Wendepunkte im 19. Jahrhundert,
herausgegeben von Heinz Reif

Band 2
Adel und Bürgertum in Deutschland II.
Entwicklungslinien und Wendepunkte im 20. Jahrhundert,
herausgegeben von Heinz Reif

René Schiller

Vom Rittergut zum Grossgrundbesitz

Ökonomische und sozialeTransformationsprozesse der ländlichen Eliten in Brandenburg im 19. Jahrhundert

Akademie Verlag

Gedruckt mit Unterstützung der Deutschen Forschungsgemeinschaft.

ISBN 3-05-003449-1

Das eingesetzte Papier ist alterungsbeständig nach DIN/ISO 9706.

Einbandgestaltung: Jochen Baltzer
Druck: Primus Solvero, Berlin
Bindung: Norbert Klotz, Jettingen-Scheppach
Gedruckt in Deutschland

Für Doreen, Lujo und Emilia

Vorwort des Herausgebers

Das Buch René Schillers über den Großgrundbesitz und die Großgrundbesitzer in der Provinz Brandenburg markiert in der Reihe „Elitenwandel“ einen ersten Einschnitt. Die Bände I und II präsentierten die Ergebnisse zweier Tagungen, mit denen Grundlagen geschaffen wurden für die Exploration eines ausgewählten Spektrums von Erfahrungs-und Handlungsfeldern, in denen sich Adel und Bürgertum begegneten, gegenseitig beeinflussten und veränderten. Schillers Studie eröffnet mit gutem Grund die nun einsetzende Folge von Einzeluntersuchungen, wurden doch die ostelbischen Großgrundbesitzer wie kaum eine andere Sozialklasse herangezogen, wenn es um die Erklärung des spezifischen Verlaufs der preußisch-deutschen Geschichte ging.

Die Monographien, die in dieser Buchreihe nun in regelmäßiger Folge vorgestellt werden, sind auch, und nicht zuletzt, das Ergebnis einer intensiven und kontinuierlichen mehrjährigen Zusammenarbeit etwa eines Dutzends junger Historiker und Historikerinnen. Die Fülle der gegenseitigen Anregungen, bereichernden Diskussionen und lernbedingten Adaptionen ist allen in diesem Kreise erarbeiteten Studien zugute gekommen. Schillers Studie dokumentiert, mit eigener, selbstgewählter Schwerpunktsetzung, einen wesentlichen Ertrag dieser dichten Kooperation: Die Verbindung der historisch-sozialwissenschaftlichen mit einer modernen kulturgeschichtlichen Analyse; den genauen Blick, die enorm arbeitsaufwendige Erarbeitung einer soliden Datengrundlage gegen das bloße Meinen, die Aufmerksamkeit für das handlungsbestimmende Eigengewicht von Weltsichten, Bedeutungskontexten, Motiv- und Erfahrungslagen gegen eine einseitige Bevorzugung von Struktur und Prozeß. Auf diesem Wege gewinnen die adligen Großgrundbesitzer in diesem Buch konkrete Konturen, werden die bürgerlichen Großgrundbesitzer sogar zum ersten Mal überhaupt in die Geschichte zurückgeholt.

Berlin im Dezember 2001

Heinz Reif

Vorwort des Herausgebers

Inhaltsverzeichnis

Vorwort

Umfangreichere wissenschaftliche Arbeiten, deren Erstellung sich über längere Zeiträume erstreckt, entstehen nur selten allein im Kopf des Verfassers. Auch diese Studie verdankt ihre Entstehung der Hilfe, Unterstützung und Kritik von zahlreichen Kollegen, Freunden, Institutionen und meiner Familie. Ihnen allen ist dafür zu danken, dass die vorliegende leicht erweiterte Arbeit im Juli 2001 am Institut für Geschichtswissenschaft der Technischen Universität Berlin als Dissertation angenommen wurde. Auch wenn es unmöglich ist, alle Beteiligten namentlich zu erwähnen, ist es mir eine Verpflichtung und Freude, einigen der besonders stark Involvierten an dieser Stelle zu danken.

An erster Stelle danke ich Prof. Dr. Heinz Reif für die Aufnahme in das Projekt ‚Elitenwandel' und die Übernahme der Betreuung der Studie. Ohne die von der Deutschen Forschungsgemeinschaft zur Verfügung gestellten Mittel, hätte die Arbeit in dieser Form kaum Gestalt angenommen. Mit der mehrjährigen Finanzierung des DFG-Projektes ‚Elitenwandel in der gesellschaftlichen Modernisierung' (Leitung Heinz Reif) wurde der Rahmen geschaffen, Probleme der modernen Elitengeschichte konstruktiv und intensiv zu diskutieren. Den Freunden und Kollegen Markus Funck, Kay-Uwe Holländer, Stephan Malinowski, Rainer Pomp und Wolfgang Theilemann, die gemeinsam mit mir in diesem Projekt zusammengearbeitet haben, danke ich für unzählbare Hinweise und Anregungen.

Frau Prof. Ilona Buchsteiner danke ich für die Übernahme des Zweitgutachtens. Martin Kohlrausch, Dr. Christian Pletzing, PD. Dr. Ralf Pröve und Carsten Würmann lasen Teile des Manuskriptes. Ihre wertvollen Ratschläge flossen in die Endfassung ein. Prof. Dr. Scott Eddie (Toronto) danke ich dafür, dass er mir Teile seiner Datenbanken zum preußischen Großgrundbesitz überlassen hat. Dr. Klaus Karbe und Woldemar Schulz-Wulkow ermöglichten mir den Zugang zu handschriftlichen Selbstzeugnissen bürgerlicher Großgrundbesitzer. Zahlreichen weiteren Kolleginnen und Kollegen, Mitarbeiterinnen und Mitarbeitern von Archiven und Bibliotheken ist an dieser Stelle ebenfalls für ihre Unterstützung zu danken.

Als ich mit der Arbeit an diesem Buch begann, war unser Sohn 1½ Jahre alt. Während des Niederschreibens wurde unsere Tochter geboren. Meiner Frau Doreen danke ich dafür, dass wir es gemeinsam und mit Unterstützung der Großeltern geschafft haben, immer die Balance zwischen Familie und Wissenschaft zu finden, ohne die diese Arbeit nicht fertig geworden wäre. Ihr und unseren wunderbaren Kindern widme ich daher dieses Buch.

Einleitung

Die alten agrarischen Eliten Ostelbiens und hierbei vor allem der Adel werden häufig – und vielfach auch zu Recht – für die verhängnisvollen Entwicklungen im Deutschland des 19. und frühen 20. Jahrhunderts mit verantwortlich gemacht. Im Zusammenspiel mit den Monarchen und den konservativen Teilen der Bürokratie agierten sie in vielen Bereichen eindeutig als Blockierer des gesellschaftlichen Fortschrittes. Durch ihre engen Kontakte zu den Schaltstellen der Macht und ihre frühzeitig moderne Methoden der politischen Auseinandersetzung anwendenden Interessenorganisationen vermochten sie es darüber hinaus, robuster und eher als andere gesellschaftliche Gruppen ihre Ziele durchzusetzen. Vor allem aus diesem Grund galt den politischen Organisationen der Großgrundbesitzer lange Zeit das Hauptaugenmerk einer bewusst kritischen Geschichtswissenschaft. Auf der Basis der in diesem Bereich gewonnenen Einsichten wurde dann ein jahrzehntelang wenig angefochtenes Deutungsmuster geschaffen, in das neben den übrigen Fragmenten des Wissens über die adlig geprägten ländlichen Eliten in starkem Maße auch Fundstücke aus dem reichen Bildersaal der liberalen Junkerkritik eingeflossen sind. Die daraus entstandene Bewertung der Großgrundbesitzer war und ist ganz wesentlich mit dem Namen Hans Rosenberg verbunden[1] der in seinen sehr pointierten und zugespitzten Arbeiten eine Interpretation geschaffen hat, in der aus der Perspektive des gesellschaftlichen Fortschritts die ‚Junkerklasse' in starkem Maße den Platz des Sündenbockes für Fehlentwicklungen im Kaiserreich und in der Weimarer Republik einnahm.[2]

---

1 Vgl. u. a. Hans ROSENBERG, Die Pseudodemokratisierung der Rittergutsbesitzerklasse, in: Machteliten und Wirtschaftskonjunkturen, Göttingen 1978, S. 83-101; Ders., Die Ausprägung der Junkerherrschaft in Brandenburg-Preußen, 1410-1618, in: Dirk BLASIUS (Hg.), Preußen in der deutschen Geschichte, Königstein/Ts. 1980, S. 95-142; Ders., Bureaucracy, Aristocracy and Autocracy, The Prussian Experience 1660-1815, Cambridge 1958.

2 Ein Grund für die scharfe Verurteilung der Junker bei Hans Rosenberg (1904-1988) und ihm folgend bei Francis L. Carsten (1911-1998) ist sicher auch in der Lebensgeschichte der beiden Historiker zu suchen, die auch auf Grund ihrer liberalen bzw. bei Carsten sozialistischen Einstellungen in den dreißiger Jahren emigriert sind. Als sie nach 1945 über die ‚Junker' arbeiteten, beschäftigten sie sich immer auch mit ihren politischen Gegnern der Vorkriegszeit. Vgl. zu Francis L. Carsten den Nachruf von Volker BERGHAHN in Geschichte und Gesellschaft (25) 1999, S. 504-510; außerdem Francis L. CARSTEN, Geschichte der preußischen Junker, München 1988; Ders., Der preußische Adel und seine Stellung in Staat und Gesell-

Verstärkt wurde der dezidiert kritische Blick dadurch, dass in Ermangelung detaillierterer Analysen und einer empirisch gesättigten Datengrundlage die in ihrer Tendenz adelsfeindlichen Aussagen Max Webers zu einer bedeutenden Quelle für die Einschätzung – vor allem auch der ökonomischen Situation – der ‚Junker' wurden. Dabei ist häufig zwischen seinen wissenschaftlichen Untersuchungen und den politischen Äußerungen eines Liberalen in Wahlkampfzeiten kaum eine Unterscheidung gemacht worden. Weber hat sich nur als junger Wissenschaftler – im Zuge seiner Mitarbeit an der Landarbeiter-Enquete des Vereins für Sozialpolitik (1892/93) – intensiv mit dem Großgrundbesitz befasst.[3] Mit Ausnahme seines Aufsatzes über die Fideikommißgesetzgebung (1904) trugen viele seiner späteren Beiträge dagegen den Charakter von politischen Kampfschriften. Die Enquete fußte darüber hinaus im wesentlichen auf einer Befragung der Grundbesitzer. Das heißt Webers häufig zitierte Vorstellungen von der ökonomischen Lage der ‚Junker' im Kaiserreich basierten in zentralen Teilen auf dem, was diese 1892 – als die Schutzzölle durch den Reichskanzler Caprivi gerade gesenkt worden waren – in Fragebögen antworteten. Trotz dieser mehr als problematischen Grundlage wurden Schlagwörter – wie das vom ‚ökonomischen Todeskampf der Junker' – lange Zeit ungeprüft in wissenschaftliche Deutungsmuster übernommen.

Bei einem Überblick über das weitere Material, welches den zentralen Aussagen über die ‚Junker' zu Grunde liegt, stellt man immer wieder mit Erstaunen fest, dass die Basis für die doch sehr weitreichenden Interpretationen relativ schmal ist.[4] Dies hat seine Ursache auch darin, dass die historische Erforschung des deutschen Adels lange Zeit vernachlässigt wurde. Während beispielsweise den verschiedenen Gruppen des Bürgertums in mehreren Großprojekten und zahlreichen Arbeiten intensive Aufmerksamkeit geschenkt

---

schaft bis 1945, in: Hans Ulrich Wehler (Hg.), Europäischer Adel 1750-1950, Göttingen 1990, S. 113-125.

3 Vgl. zur Genese von Webers ‚Junkerbild' die weitgehend unkritische aber informative Arbeit von Cornelius TORP, Max Weber und die preußischen Junker, Tübingen 1998. Die wichtigsten Arbeiten Webers zur Problematik sind: Max WEBER, Die ländliche Arbeitsverfassung, in: Ders., Gesammelte Aufsätze zur Wirtschafts- und Sozialpolitik (hg. v. Marianne WEBER), Tübingen 1924, S. 444-469 (mit den Diskussionsbeiträgen in MWG I/4, S. 165-207); Max WEBER., Entwicklungstendenzen in der Lage der ostelbischen Landarbeiter, in: Gesammelte Aufsätze zur Sozial- und Wirtschaftsgeschichte, S. 470-507 (Dies ist die überarbeitete Version, die in den ‚Preußischen Jahrbüchern' veröffentlicht wurde. Die ursprüngliche Fassung wurde zuerst abgedruckt im ‚Archiv für Soziale Gesetzgebung und Statistik'; jetzt beide in MWG I/4, S 368-424/425-462); Max WEBER, Agrarstatistische und sozialpolitische Betrachtungen zur Fideikommißfrage in Preußen, in: Ders., Gesammelte Aufsätze zur Soziologie und Sozialpolitik, Tübingen[2] 1988, S. 323-393. Die weitere relevante Literatur bei TORP, Weber, S. 135-138.

4 Nachdem Reinhart KOSSELLECK in seiner nach wie vor maßgeblichen Arbeit, Preußen zwischen Reform und Revolution. Allgemeines Landrecht, Verwaltung und soziale Bewegung von 1791 bis 1848, München[2] 1989 die Ansätze von Rosenberg – wenn auch in vorsichtigeren und präziseren Formulierungen – weiterführte, ist hier u. a. die Studie von Hanna SCHISSLER, Preußische Agrargesellschaft im Wandel. Wirtschaftliche, gesellschaftliche und politische Transformationsprozesse von 1763 bis 1847, Göttingen 1978, zu nennen, in der im wesentlichen ohne die Erschließung neuer Quellen das vorhandene Material in ein modernisierungstheoretisches Konzept eingebunden wurde.

wurde, blieb die Zahl der Studien über den Adel – auch im Vergleich zur westeuropäischen Forschung[5] – bis zu Beginn der 1990er Jahre außerordentlich beschränkt. Dies ist umso mehr verwunderlich, als doch einerseits immer wieder die Abgrenzung des Bürgertums vom Adel und andererseits – je nach Präferenz der Autoren – die Übernahme ‚feudaler' oder ‚aristokratischer' Muster durch Teile des Bürgertums vermutet oder beschrieben wurde. Dem Adel, als Objekt der Abgrenzung und ursprünglichem Träger ‚feudalen' Gedankengutes sowie Bewahrer aristokratischer Formen und Verhaltensweisen, wurde jedoch nur selten Aufmerksamkeit geschenkt.[6]

Gänzlich gesichtslos blieben daneben die bürgerlichen Großgrundbesitzer, über die – abgesehen von einigen biografischen Studien zu Protagonisten der landwirtschaftlichen Modernisierung – fast nichts bekannt ist. Dennoch beherrschen zwei Urteile bzw. Vorurteile die meisten Darstellungen: Zum einen das der bedingungslosen Anpassung der Bürgerlichen auf dem Lande an den Adel, die u. a. mit so starken Metaphern wie ‚Verschmelzung', ‚Assimilation', ‚(Neo-) Aristokratisierung' oder ‚Feudalisierung' beschrieben wurde und wird. Zum anderen können die nichtadligen Großgrundbesitzer auf dem Lande jedoch dann ihre Rückkehr in den Kreis des auf den Fortschritt zuarbeitenden Bürgertums feiern, wenn es darum geht, die gewaltige Modernisierung der Landwirtschaft im 19. Jahrhundert zu erklären. Diese wird überwiegend bürgerlichen Akteuren zugeschrieben, wobei vor allem die Gruppe der Domänenpächter geradezu von einem Mythos umgeben worden ist.[7]

Erst im letzten Jahrzehnt ist das allmähliche Aufflammen eines neuen sozial- und kulturgeschichtlichen Interesses am Adel erkennbar geworden, welches sich in publizierten Tagungen und Überblicksdarstellungen[8] sowie Mo-

---

5 Vgl. u. a. die den europäischen Vergleich wagenden Arbeiten von Dominic LIEVEN, Abschied von Macht und Würden. Der europäische Adel 1815-1914, Frankfurt a. M. 1995 und Arno J. MAYER, Adelsmacht und Bürgertum. Die Krise der europäischen Gesellschaft 1848-1914, München 1988. Zum englischen Adel siehe darüber hinaus v. a.: David CANNADINE, The Decline and Fall of the British Aristocracy, New Haven, Connecticut 1990.

6 Die beiden wesentlichsten Ausnahmen sind: Heinz GOLLWITZER, Die Standesherren 1815-1918, Stuttgart 1957; Heinz REIF, Westfälischer Adel 1770-1860: Vom Herrschaftsstand zur regionalen Elite, Göttingen 1979. Zu Forschungsgenese und Forschungsdesideraten vgl. Heinz REIF, Der Adel in der modernen Sozialgeschichte, in: Wolfgang Schieder u. Volker Sellin (Hgg.), Sozialgeschichte in Deutschland. Bd. IV, Soziale Gruppen in der Geschichte, Göttingen 1987, S. 33-60.

7 Dieser Mythos beruht vor allem darauf, dass ein informativer Aufsatz von Müller, ohne weitergehende Untersuchungen zu einem generalisierenden Deutungsmuster aufgebaut wurde, das sehr gut in modernisierungstheoretische Konzepte passte. Vgl. Hans Heinrich MÜLLER, Domänen und Domänenpächter in Brandenburg-Preußen im 18. Jahrhundert, in: Jahrbuch für Wirtschaftsgeschichte, Teil IV, 1965, S. 152-192.

8 Armgard V. REDEN-DOHNA u. Ralph MELVILLE (Hg.), Der Adel an der Schwelle des bürgerlichen Zeitalters 1780-1860, Stuttgart 1988; Hans-Ulrich WEHLER (Hg.), Europäischer Adel 1750-1950, Göttingen 1990, (Geschichte und Gesellschaft Sonderheft 13); Elisabeth FEHRENBACH (Hg.), Adel und Bürgertum in Deutschland 1770-1848, München 1994; Heinz REIF (HG.), Ostelbische Agrargesellschaft in Kaiserreich und Republik. Agrarkrise, junkerliche Interessenpolitik, Modernisierungsstrategien, Berlin 1994; Kathrin KELLER u. Joseph MATZERATH (Hg.), Geschichte des sächsischen Adels, Köln 1997; Hartmut ZWAHR (Hg.), Deutscher Adel, thematische Ausgabe von: Geschichte und Gesellschaft 25 (1999), Heft 3;

nografien[9] und einer zahlreicher werdenden Aufsatzliteratur niederschlug. Neben Problemen wie dem innerdeutschen und europäischen Vergleich, der Adelsreform oder der Darstellung allgemeinerer Entwicklungen anhand des Beispiels einer Familie traten auch die ostelbischen Großgrundbesitzer erneut in den Blickpunkt.[10] Während sich an der prinzipiellen Darstellung und Bewertung des ‚Junkertums'[11] bei den meisten Autorinnen und Autoren wenig änderte[12], wurde vor allem damit begonnen, die materiellen Grundlagen dieses Teils des Adels näher zu untersuchen. Allerdings beschränkten sich alle diesbezüglichen Untersuchungen im wesentlichen auf das Kaiserreich, so dass längerfristige Entwicklungen weitgehend ausgeblendet blieben.[13]

Heinz REIF (Hg.), Adel und Bürgertum in Deutschland. Entwicklungslinien und Wendepunkte im 19. und 20. Jahrhundert, Berlin 2000. Einen umfassenden Überblick über die weitere Aufsatzliteratur jetzt bei: Heinz REIF, Adel im 19. und 20. Jahrhundert, München 1999.

9 Gregory W. PEDLOW, The Survival of the Hessian Nobility, 1770-1870, Princeton 1988; Christa DIEMEL, Adelige Frauen im bürgerlichen Jahrhundert, Frankfurt a. M. 1998; speziell mit dem ostelbischen Großgrundbesitz oder den ‚Junkern' befassen sich: CARSTEN, Junker; Klaus HEß, Junker und bürgerliche Großgrundbesitzer im Kaiserreich. Landwirtschaftlicher Großbetrieb, Großgrundbesitz und Familienfideikommiß in Preußen (1867/71-1914), Stuttgart 1990; Ilona BUCHSTEINER, Großgrundbesitz in Pommern 1871-1914. Ökonomische, soziale und politische Transformation der Großgrundbesitzer, Berlin 1993; in jeder Hinsicht hervorragend: Hartwin SPENKUCH, Das Preußische Herrenhaus. Adel und Bürgertum in der Ersten Kammer des Landtages 1854-1918, Düsseldorf 1998. Kaum neue Ansätze bietet dagegen die – zudem auf eine Familie (v. Arnim) beschränkte – Arbeit von Hermann GRAF V. ARNIM, Märkischer Adel, Berlin² 1989. Darüber hinaus sind einige ungedruckte Dissertationen aus den letzten Jahren der DDR zu erwähnen: Reinhold BRUNNER, Die Junker – eine Untersuchung zu ihrer klassenmäßigen Einordnung im letzten Drittel des 19. Jahrhunderts (am Beispiel der Provinz Brandenburg), Berlin 1990 Phil. Diss. (MS); Wolfgang ALBER, Die Junker in der Provinz Sachsen 1900-1917/18, Halle 1980, Phil. Diss. (MS); Jürgen LAUBNER, Die Stellung der schlesischen Junker im deutschen Kaiserreich 1871-1917/18, Halle 1982, Phil. Diss. (MS).

10 Die Studie von Axel FLÜGEL, Bürgerliche Rittergüter. Sozialer Wandel und bürgerliche Reform in Kursachsen (1680-1844), Göttingen 2000, erschien erst kurz vor der Fertigstellung dieser Arbeit. Da nur sehr wenige neue Informationen enthalten sind, wurde sie in diese Studie nicht eingearbeitet. Flügel bedient, ausgehend von einer sehr dünnen Quellendecke, im wesentlichen ältere Deutungsmuster und hat sich neueren Ansätzen der Adelsforschung weitgehend verschlossen.

11 Im Rahmen dieser Arbeit wurde der Begriff 'Junker' wegen seiner fehlenden Trennschärfe vermieden. Zur Diskussion dieses Begriffes vgl. BUCHSTEINER, Großgrundbesitz, S. 17-22, die ebenfalls dafür plädiert, auf den Begriff wegen seiner nicht vorhandenen Eindeutigkeit zu verzichten und statt dessen zwischen adligen und bürgerlichen Rittergutsbesitzern bzw. Großgrundbesitzern zu unterscheiden. Dies steht der Auffassung von Rosenberg entgegen, der alle ostelbischen Rittergutsbesitzer als Junker bezeichnete. Vgl. ROSENBERG, Junkerherrschaft, S. 97 f. Spenkuch führte dagegen den Begriff ‚junkerlicher Adel' ein, um die ostelbischen Großgrundbesitzer näher zu kennzeichnen.

12 Der gegenwärtig sich abzeichnende Perspektivenwechsel, der von der pauschalisierten Verurteilung weg zur vorurteilsfreieren aber nicht unkritischen Analyse führte, ist vor allem mit den Namen Heinz Reif und Hartwin Spenkuch verbunden.

13 Zeitlich bis zur Jahrhundertmitte zurückreichend ist lediglich die Arbeit Spenkuchs, während bspw. Buchsteiner und Heß das Kaiserreich als Untersuchungszeitraum wählten. Auf die letzten Jahre des Kaiserreiches und die Weimarer Republik konzentriert sich Thomas NABERT, Der Großgrundbesitz in der preußischen Provinz Sachsen 1913-1933: soziale Struktur, ökonomische Position und politische Rolle, Köln u.a. 1992.

Darüber hinaus spiegeln die meisten der neueren Arbeiten zu diesem Thema das generelle Problem wider, dass man sich einer so zahlreichen Gruppe, wie es die Großgrundbesitzer waren, zunächst immer nur auf einer strukturellen Ebene nähern kann, wenn man nicht das schöne oder prominente Einzelbeispiel beschreiben will. Die quantitativen Ansätze stehen jedoch zurecht unter der Kritik, hinter den Strukturen, Abstraktionsebenen und hochaggregierten Zahlen die handelnden Menschen nicht mehr erkennbar werden zu lassen.[14] Andererseits stellt sich bei Biografien von Einzelpersonen oder Familiengeschichten immer das Problem, inwieweit diese punktuellen Ergebnisse zu verallgemeinern sind.

Die vorliegende Studie wird versuchen, zwischen diesen beiden Ansätzen zu vermitteln, wobei der strukturelle, überwiegend quantitativ abgesicherte Teil – auch auf Grund der Quellensituation – einen größeren Umfang haben wird. Da die Kriegsverluste der ostelbischen Gutsarchive in den meisten Fällen gravierend sind, muss eine Arbeit über die Großgrundbesitzer in diesen Gebieten zwangsläufig mit anderen Methoden operieren, als eine über den Adel der vergleichsweise quellengesättigten süd- und westdeutschen Gebiete.[15]

Zunächst wird eine kurze Vorstellung des Untersuchungsgebietes und der Genese der verwendeten Begriffe und Kategorien sowie ein Überblick über die Entwicklung der Landwirtschaft aus der Perspektive der großen Güter erfolgen. Ein zentraler Kern der vorliegenden Arbeit wird dann die detaillierte Analyse der Struktur und der Besitzverteilung des Großgrundbesitzes von 1800 bis 1918 sein. Als wesentliche Erweiterung im Vergleich zu den vorliegenden Untersuchungen zum Thema wird darüber hinaus auf verschiedenen Wegen eine Einschätzung der potentiellen wirtschaftlichen Leistungskraft des Großgrundbesitzes vorgenommen werden. Diese orientiert sich weniger an der liberalen Junkerkritik oder dem traditionellen agrarischen Wehklagen, als vielmehr an vorliegenden und erarbeiteten objektivierbaren Daten.

Wesentliche Grundlagen der Analysen in diesem Teil werden, neben den disparaten archivalischen Quellen, datenbankgestützte Analysen und die Auswertung bislang unerschlossener, zeitgenössischer statistischer Untersuchungen sein. Für diese Studie wurde ein System relationaler Datenbanken aufgebaut, die Informationen zu allen Gütern der Provinz enthalten, welche

14 So kündigt Klaus Heß im Untertitel zwar eine Arbeit über Junker und bürgerliche Großgrundbesitzer an, bietet aber lediglich hochaggregierte Zahlen sowie sehr abstrakte Aussagen über die beiden Gruppen von Eigentümern. Ähnliches gilt auch für die Arbeit von Ilona Buchsteiner, die sich jedoch in einem Folgeprojekt diesem Problem gewidmet hat. Vgl. vor allem Dies., Pommerscher Adel im Wandel des 19. Jahrhundert, in: Geschichte und Gesellschaft 25 (1999), S. 343-374; Dies., Adel und Bodeneigentum – Wandlungen im 19. Jahrhundert, in: Wolfgang NEUGEBAUER und Ralf PRÖVE (Hg.), Agrarische Verfassung und politische Struktur. Studien zur Gesellschaftsgeschichte Preußens 1700-1918, Berlin 1998, S. 37-64.

15 Geschlossen überlieferte Gutsarchive stellen für Brandenburg die Ausnahme dar. Das 19. und 20. Jahrhundert ist in den meisten Fällen schlecht überliefert, wobei die Bestände der Privatarchive noch schwächer sind als die der Gutsarchive. Zu hoffen ist, dass Teile der ersteren sich noch in Privatbesitz befinden und der Forschung erschlossen werden können.

entweder ein Rittergut waren, oder einen Flächenumfang von mehr als 100 ha aufwiesen. Insgesamt umfasst die Datenbank Angaben zu 3.241 Gütern, die zum Großgrundbesitz gehörten. Aufgenommen wurden alle verfügbaren Daten zu Größe, Ertrag, Bodenqualität, Rechtsverhältnissen, Nebenbetrieben, Herrenhäusern etc. Außerdem wurde versucht, die Besitzverhältnisse im Untersuchungszeitraum so genau wie möglich zu rekonstruieren. Unter Einbeziehung aller Quellen konnten daher 8.514 Besitzer oder Besitzerfamilien namentlich erfasst werden. Diese Datenbank ermöglicht sehr genaue Aussagen zum Großgrundbesitz der Provinz über einen Zeitraum von mehr als 100 Jahren.[16]

Auf diesen Informationen aufbauend wird sich die Studie anschließend den Großgrundbesitzern zuwenden. Das Hauptaugenmerk wird dabei auf die längerfristig angesessenen – adligen und bürgerlichen – Familien gerichtet. Dies ist der Tatsache geschuldet, dass eine Vielzahl von Rittergutsbesitzern bzw. Eigentümern anderer zum Großgrundbesitz zählender Güter zu kurzfristig auftauchten, um in das Zentrum einer Langzeitanalyse gerückt zu werden. Die vorliegende Studie versteht sich als Beitrag zur historischen Elitenforschung und gerade im ländlichen Raum ist die Bildung von Eliten kein kurzfristiger Prozess gewesen ist.

Ländliche Eliten werden hier im Sinne älterer Elitentheorien, die für die Erforschung des 19. Jahrhunderts besser zu verwenden sind als moderne Konzepte, vor allem als Werteliten verstanden. Aktuelle soziologische Theorien sind sehr stark an den Entscheidungsträgern interessiert und fokussieren deshalb in der Regel auf Positionseliten. Auch wenn die Angehörigen moderner Eliten keineswegs aus dem Nichts auftauchen, unterscheidet sie vom Adel u. a. die Tatsache, dass sie erst mit der Besetzung von Positionen Macht erwerben. Für den Adel war jedoch seine machtvolle Stellung in der Gesellschaft die Grundlage von Positionserwerb und Einfluss. Deshalb kann der Adel elitengeschichtlich mit einem positionsanalytischen Ansatz nur schwer untersucht werden, da seine Stärke nicht in der erreichten Position, sondern im Prestige und der Dominanz seiner Herkunftsgruppe lag. Moderne Eliten bilden i. d. R. neue Identitäten aus, während die ursprüngliche Identität des Adels, die von ihm durchsetzten Eliten stark prägte (Reif).[17] Deshalb muss eine elitengeschichtliche Untersuchung des Adels nicht primär die erreichten Positionen seiner Angehörigen sondern seine tradierten Werthaltungen, seinen Habitus und auch deren materiellen Rückhalt in den Mittelpunkt stellen. Die vorliegende Studie wird sich vor allem letzterem stärker widmen. Basierend auf älteren elitentheoretischen Ansätzen wird deshalb im folgenden davon ausgegangen, dass der Adel die grundlegenden kulturellen Standards und die politischen Auffassungen breiter Kreise maßgeblich prägte.

Mit den längerfristig angesessenen Familien rückt der Kern dieser ländlichen Eliten, die mindestens bis zum Ende des deutschen Kaiserreiches einen maßgeblichen politischen und kulturellen Einfluss ausübten, in den Mittel-

16 Vgl. zum Aufbau der Datenbank auch S. 172 ff.

17 Heinz REIF, „Adeligkeit" – historische und elitentheoretische Überlegungen zum Adelshabitus in Deutschland um 1800, Berlin 1997 (Ms).

punkt der Untersuchung. Da die disparate Quellenlage nur begrenzte Einblicke gestattet, werden drei Schwerpunkte untersucht. Diese sind: 1. das Erbverhalten und der Umgang mit den verschiedenen Formen gebundenen Besitzes, 2. die Familienstrukturen, das Heiratsverhalten und die grundlegenden Karrieremuster sowie 3. die außerordentlich interessante Frage, wo die bürgerlichen Rittergutsbesitzer sozial und kulturell zu verorten sind. Dabei wird die Vorstellung der Einschmelzung der Bürgerlichen in eine homogenisierte Klasse von Großgrundbesitzern mit neuerschlossenem Quellenmaterial einer kritischen Prüfung unterzogen.

Zur Klärung der Fragenkomplexe 1. und 2. wurde eine prosopographische Untersuchung ausgewählter adliger und bürgerlicher Familien auf der Grundlage der Gothaischen Genealogischen Taschenbücher und ihrer Nachfolger sowie des Bürgerlichen Geschlechterbuches durchgeführt. Dazu wurde wiederum ein Datenbanksystem entwickelt, das mit den Daten zum Großgrundbesitz verknüpfbar ist. Insgesamt wurden Basisinformationen zu 3.246 adligen und zu 498 bürgerlichen Personen aufgenommen.[18] Während auf Grund der Anzahl der Personen zwangsläufig zunächst ein quantitativer Untersuchungsansatz gewählt werden musste, wird bei der näheren Betrachtung der Besitzer versucht, soviel qualitatives Material wie möglich heranzuziehen.

Da der Übergangs eines Teils der ursprünglich dem Adel vorbehaltenen Rittergüter in die Hände von Bürgerlichen das ganze 19. Jahrhundert umspannte, wurde der relativ lange Untersuchungszeitraum von 1807 bis 1918 gewählt. Das Jahr 1807 markiert den Punkt der Freigabe des Rittergutsbesitzes auch für nichtadlige Personen, während mit dem Ende des I. Weltkrieges und dem damit verbundenen Untergang des Kaiserreiches ein zumindest in der Adelsgeschichte relevanter Wendepunkt erreicht wurde. Der Übergang von adligen Gütern in bürgerliche Hände begann bereits früher, so dass auch ein nicht an der Epochenscheide orientierter Untersuchungszeitraum denkbar gewesen wäre. Dennoch markiert für Preußen die rechtliche Öffnung des Gütermarktes im Jahre 1807 eine so entscheidende Zäsur, dass diese Eingrenzung des Zeitraumes berechtigt ist.[19] Durch den langen Untersuchungszeitraum und die konsequente Anwendung der elektronischen Datenverarbeitung wird eine Langzeitanalyse ermöglicht, während viele der vorhergehenden Studien ebenso wie die älteren Arbeiten auf Querschnitte – meist aus der Zeit des Kaiserreiches – begrenzt sind.[20]

Die Wahl der Provinz Brandenburg als Untersuchungsgebiet wurde durch verschiedene Faktoren bestimmt. Zum einen entspricht die Provinz statistisch gesehen in vielen Bereichen dem Durchschnitt der preußischen Ostprovinzen.

18 Vgl. zu dieser Datenbank S. 518 ff.

19 Vgl. zu den Entwicklungen vor 1807 René SCHILLER, „Edelleute müssen Güther haben, Bürger müssen die Elle gebrauchen“ Friderizianische Adelsschutzpolitik und die Folgen, in: Wolfgang NEUGEBAUER und Ralf PRÖVE (Hgg.): Agrarische Verfassung und politische Struktur. Studien zur Gesellschaftsgeschichte Preußens 1700-1918, Berlin 1998, S. 257-286.

20 Natürlich werden auch in dieser Arbeit immer wieder besonders gut überlieferte Stichjahre (1804, 1828, 1857, 1885, 1910) zur Veranschaulichung der generellen Entwicklungen herangezogen. Dahinter steht jedoch eine sehr breite Datenbasis, die auch für den gesamten Untersuchungszeitraum übergreifende Aussagen ermöglicht.

Dies betrifft sowohl die Besitzverteilung zwischen Adel und Bürgertum, die Verschuldungssituation als auch die Bodenpreise. Zum anderen ist Brandenburg durch seine zentrale Lage nahe der Haupt- später Reichshauptstadt Berlin für eine Untersuchung des Verhältnisses von Adel und Bürgertum besonders prädestiniert. Begünstigt wurde die Entscheidung für diese Provinz nicht zuletzt auch dadurch, dass durch historische Ortslexika für rund drei Viertel des Gebietes bereits ein reicher Fundus aufbereiteter Quellen existiert.

Diese Untersuchung war in das DFG-Projekt ‚Elitenwandel in der gesellschaftlichen Modernisierung – adlige und bürgerliche Führungsschichten 1750-1933' eingebettet.[21] Aus diesem Zusammenhang resultieren einige Grundannahmen, welche die Fragestellung der Studie maßgeblich mitgeprägt haben. Dazu gehört ganz wesentlich die Auffassung, dass tiefgreifende ökonomische, soziale und kulturelle Fraktionierungen sowohl innerhalb des deutschen Adels als auch zwischen diesem und dem Bürgertum die Bildung einer gemischten adlig-bürgerlichen Elite im Kaiserreich verhindert haben. Die Ursachen für das Nichtzustandekommen einer übergreifenden Verständigung zwischen alten und neuen Führungsschichten sind dabei jedoch nicht erst in der Zeit nach der Reichsgründung zu suchen, sondern haben wesentlich länger zurückreichende Wurzeln. Vor allem der großgrundbesitzende Adel bildete dabei offensichtlich die massivste altständische Bastion, die der Annäherung an das Bürgertum die stärksten Widerstände in den Weg legte.

Die Klärung der Frage, warum dies so war, setzt zunächst voraus, dass untersucht wird, wie sich der Landadel – im konkreten Falle der brandenburgische – im 19. Jahrhundert zusammensetzte. Von besonderem Interesse ist darüber hinaus, wer die Gewinner und die Verlierer der vielfältigen Umschichtungsprozesse dieses Jahrhunderts massiven Wandels auf dem Lande waren. Von wesentlicher Bedeutung für die Diskussion, warum es dieser Adel bis zum Ende des Kaiserreiches und darüber hinaus vermochte, die politischen Interessenvertretungen zu dominieren, ist außerdem die Offenlegung seiner ökonomischen und personellen Ressourcen. Darauf aufbauend und im Vergleich mit den bürgerlichen Großgrundbesitzern ist dann die Beantwortung der Frage möglich, warum ‚der Adel' in so starkem Maße ‚das Land' repräsentiert hat.

Durch die Tatsache, dass die Materialdecke für den Adel aus verschiedenen Gründen deutlich fundierter ist, sind Arbeiten über den ostelbischen Großgrundbesitz in der Regel stark adelszentriert. Dadurch wird jedoch ein bedeutender Teil der Großgrundbesitzer ausgeblendet oder auf Grund von prominenten Einzelbeispielen pauschal bestimmten Kategorien zugeordnet. Trotz

---

21 In dem unter der Leitung von Heinz Reif stehenden Projekt arbeiteten – gemeinsam mit dem Verfasser – als wissenschaftliche Mitarbeiter: Marcus Funck, Kay-Uwe Holländer, Stephan Malinowski, Rainer Pomp und Wolfram Theilemann. Dem Projektleiter, den wissenschaftlichen Mitarbeitern, den studentischen Mitarbeiterinnen und Mitarbeitern, den zahlreichen Gästen der Projektgruppe sowie den Teilnehmern verschiedener Veranstaltungen, auf denen dieses Projekt vorgestellt und diskutiert wurde, gilt der Dank des Verfassers für viele Anregungen, Ratschläge und Hinweise.

des spärlichen Quellenmaterials wird daher zu untersuchen sein, wer die bürgerlichen Großgrundbesitzer waren und woher sie kamen. Außerdem ist auch in Bezug auf das ökonomische Potenzial, die Besitzgröße, -dauer und -weitergabe konsequent der Vergleich mit dem Adel zu führen. Ein besonderer Punkt wird schließlich die Diskussion von Verschmelzungstheorien zwischen Adel und Bürgerlichen sein. Dabei ist zu untersuchen, ob die Bürger wirklich die adligen Muster des Umgangs mit Grund und Boden übernahmen und mit dem Adel zu einer homogenen Gruppe zusammenwuchsen, die mit ökonomischen Klassendefinitionen adäquat beschreibbar ist.

Hinter den beschriebenen Einzelfragen für die adligen und bürgerlichen Großgrundbesitzer steht letztendlich das Ziel zu klären, wie sich die ländlichen Eliten zusammensetzten, welchem Wandel sie im Verlauf des 19. Jahrhunderts unterworfen waren, welche Ressourcen sie besaßen und warum in Preußen ‚das Land' – anders als in England oder Frankreich – kein Ort war, der die Bildung einer gemischten adlig-bürgerlichen Elite beförderte.

Im Rahmen dieser Studie werden einige zentrale Begriffe verwendet, die im folgenden kurz vorgestellt werden sollen. Grundlegend ist die Kategorie Großgrundbesitz. Darunter wird in dieser Studie jedes landwirtschaftliche Gut mit einer Gesamtgröße über 100 ha verstanden. Alternativ dazu könnte auch mit anderen Größenklassifizierungen – z. B. 150 oder 200 ha operiert werden. Die 100 ha-Grenze wurde jedoch von einem großen Teil der zeitgenössischen Statistiker akzeptiert und fand letztendlich auch als Aufnahmekriterium Eingang in die Handbücher über den Grundbesitz im preußischen Staat. Außerdem würde die Vergleichbarkeit der Studie eingeschränkt, wenn andere als die zeitgenössischen Maßstäbe angesetzt würden. Alternativ könnte auch der stärker aus betriebswirtschaftlichen Zusammenhängen kommende Begriff Großbetrieb benutzt werden. Die Verwendung von Großgrundbesitz wird jedoch der Doppelfunktion eines großen Teils dieser Betriebe im östlichen Preußen eher gerecht. Großgrundbesitz war immer mehr als nur ein landwirtschaftlicher Betrieb. Er war – als Rittergut oder einfacher Gutsbezirk – immer auch Ausdruck für ländliche Macht- und Herrschaftsverhältnisse. Die Kategorie Großgrundbesitz ist in dieser Studie weiter auszudifferenzieren und es wird ihre Entwicklungs- und Begriffsgeschichte nachgezeichnet werden.

Da im Fokus der Untersuchung adlige und bürgerliche Großgrundbesitzer stehen, ist es notwendig, sich beiden Gruppen begrifflich zu nähern. Während die Definition, wer adlig war, für den ostelbischen Raum ausreichend präzise geklärt werden kann, ist dies für die Bürgerlichen erheblich schwieriger. Deshalb wird im Rahmen der Studie dem Ansatz gefolgt, die Zugehörigkeit zum Bürgertum – die Bürgerlichkeit von bestimmten Gruppen – über kulturelle Aspekte zu definieren. Hierfür hat die moderne Bürgertumsforschung bereits erhebliche Beiträge geleistet, die jedoch für das nichtstädtische Bürgertum zu präzisieren sind.

Als ein wesentliches Merkmal von Bürgerlichkeit wird auf kulturgeschichtlicher Ebene vor allem die besondere Wertschätzung der individuellen Leistung begriffen.[22] Damit eng verbunden sind regelmäßige Arbeit sowie rationale und methodische Lebensführung positiv belegt. Daneben wird die selbständige Organisation zur Problembewältigung in Vereinen und Assoziationen als ausgesprochen bürgerlich betrachtet, wenngleich in einer ersten Phase auch Adlige stark an diesem Prozess beteiligt gewesen sind.[23] Weiterhin werden die besondere Betonung von Bildung, ein ästhetisches Verhältnis zur Hochkultur und die Pflege des bürgerlichen Familienideals als Bestandteile dessen, was bürgerliche Kultur ausmacht, angesehen.[24] Schwieriger ist die Frage zu beantworten, ob ein ‚Minimum an liberalen Tugenden' notwendiger Bestandteil von Bürgerlichkeit war.[25] Neben diesen auf kulturgeschichtlicher Ebene untersuchbaren Verhaltensweisen ist außerdem die Abgrenzung zu anderen Gruppen – nach oben und nach unten – von eminenter Bedeutung. Entlang dieses Rasters wird im Rahmen der Studie geprüft werden, ob die bürgerlichen Großgrundbesitzer als Bestandteil des Bürgertums zu begreifen sind oder ob sie dem Adel näher gestanden haben, wie es die Verschmelzungs-, Feudalisierungs- oder Aristokratisierungsthesen nahe legten und legen.

Um ein Frageraster zu erhalten, dass eine Gegenprüfung erlaubt, wird parallel das Konzept von Adeligkeit benutzt. Sucht man nach Kernelementen von Adeligkeit im Gegensatz zur Bürgerlichkeit, so stößt man auf ein deutlich anders geartetes Ensemble von Regeln und Verhaltensweisen.[26] In Anlehnung an Oexle und Dilcher hat Reif ‚Mentalitätskerne' extrahiert, die den Adelshabitus im 19. Jahrhundert wesentlich geprägt haben.[27] Neben der Tatsache, dass Adeligkeit als „Anspruch auf Vorrang" und auf das Recht und die Pflicht

22 Vgl. dazu und zum Folgenden vor allem KOCKA, Bürgertum und bürgerliche Gesellschaft im 19. Jahrhundert. Europäische Entwicklungen und deutsche Eigenarten, in: Ders. (Hg.), Bürgertum im 19. Jahrhundert. Deutschland im europäischen Vergleich, München 1988, S. 26 ff.

23 Vgl. zum Problem Adel und bürgerliche Vereine: Lothar GALL, Adel, Verein und städtisches Bürgertum, in: Elisabeth Fehrenbach (Hg.), Adel und Bürgertum in Deutschland 1770-1848, München 1994, S. 29-44.

24 Allerdings ist gerade in diesem Bereich vielfach eine Überschneidung von Bürgerlichkeit und allgemeinem Oberschichtenverhalten festzustellen. Bildung und Kultur sowie der Rückzug in einen privaten Familienbereich sind – gerade wenn man nach Unterschieden zum Adel sucht – nur bedingt aussagekräftige Indikatoren.

25 KOCKA, Bürgertum, S. 28. Während Kocka die Frage nach dem ‚Minimum an liberalen Tugenden' offen lässt, ist der Zusammenhang für Kaschuba notwenig. Vgl. Wolfgang KASCHUBA, Deutsche Bürgerlichkeit nach 1800. Kultur als soziale Praxis, in Jürgen Kocka (Hg.), Bürgertum im 19. Jahrhundert. Deutschland im europäischen Vergleich. München 1988, Bd. III., S. 26 ff.

26 Der Begriff Adeligkeit wurde von Michael G. Müller und Heinz Reif in die Diskussion gebracht und zunächst in dem bislang unveröffentlichten Manuskript: „Adeligkeit" – historische und elitentheoretische Überlegungen zum Adelshabitus in Deutschland um 1800, Berlin 1997 umfassender vorgestellt. Vgl. auch die kurzen Ausführungen in REIF, Adel, S. 199 f.

27 Vgl. REIF, „Adeligkeit", S. 3, OEXLE, Aspekte der Geschichte des Adels im Mittelalter und in der Frühen Neuzeit, in: Wehler, Europäischer Adel, S. 19-56, und Gerhard DILCHER, Der alteuropäische Adel – ein verfassungsgeschichtlicher Typus? In: Wehler (Hg.), Europäischer Adel, S. 57-86.

„persönlichen Herrschens und Dienens" begriffen wurde, spielen die Einbindung in eine traditionsreiche Familiengeschichte und der Besitz eines breiten Reservoirs an „Selbstdeutungen, Motiven und Strategien" eine wesentliche Rolle. Einer der wesentlichsten Unterschiede zur Bürgerlichkeit liegt darin begründet, dass zunächst nicht die Leistung des Einzelnen entscheidend ist, sondern die Tatsache, zu einer Gruppe mit durch „Blut und Milieu" vererbbaren besonderen Eigenschaften zu gehören. Während der Bürger durch Leistung etwas werden will und muss, galt für die Adligen „immer schon etwas zu sein, bevor man etwas wird".[28] Erweitert man dieses Modell durch eine – von Weber benannte – wesentliche Eigenschaft hochprivilegierter Stände, kommt als ein weiterer wichtiger Punkt hinzu, dass „rationale Erwerbstätigkeiten, insbesondere auch ‚Unternehmertätigkeit' als ständisch disqualifizierend" angesehen wurden.[29]

Korrespondierend und ergänzend zu diesen Konzepten wird vor allem auf der Grundlage von Selbstzeugnissen nach dem Habitus der bürgerlichen Akteure gefragt werden. Der Habitus wird dabei als Leitmuster der Erfahrung, Wahrnehmung und Bewertung des Individuums verstanden, das durch die gesellschaftlichen Strukturen, die es umgeben, mitgeprägt wird. Der Habitus und die Strukturen determinieren nicht das Handeln bzw. die Praxis, sie stecken jedoch Spielräume und Tabuzonen der Akteure ab.[30]

Entlang der nur kurz skizzierten Modelle und Begriffe wird nach der sozialen Verortung der bürgerlichen Großgrundbesitzer gefragt, die unter elitenhistorischen Gesichtspunkten von erheblicher Bedeutung ist. Es wird letztendlich versucht werden, die Frage zu beantworten, ob der Adel die Newcomer verschluckte, ob er in der Konfrontation mit immer mehr bürgerlichen Rittergutsbesitzern selbst verbürgerlichte oder ob am Ende des Kaiserreiches zwei sozial unterschiedlich zu verortende Gruppen auf dem Lande existierten.

Neben den auf mehr oder weniger konkret benennbare soziale Gruppen eingeschränkten Konzepten von Adeligkeit und Bürgerlichkeit liegt der Studie das Konstrukt des sozialen Raumes nach Bourdieu zu Grunde. Dabei geht es darum, durch Auslotung von unterschiedlichen Ressourcen auf verschiedenen Ebenen, die Positionen von Akteuren in einem angenommenen sozialen Raum zu ermitteln.[31] Als Ressourcen werden dabei das ökonomische Kapital, das kulturelle Kapital, das soziale Kapital und – von wesentlicher Bedeutung im Zusammenhang mit Werteliten – das symbolische Kapital untersucht. Letzteres ist die „wahrgenommene und (als) legitim anerkannte Form der drei vorgenannten Kapitalien" und wird gemeinhin auch als Prestige, Renommee usw. bezeichnet.[32]

---

28 REIF, „Adeligkeit", S. 3.

29 Max WEBER, Wirtschaft und Gesellschaft. Grundriss der verstehenden Soziologie, Tübingen 1972⁵, S. 537.

30 Vgl. zum Habitus: Pierre BOURDIEU, Die feinen Unterschiede. Kritik der gesellschaftlichen Urteilskraft, Frankfurt a. M. 1996, S. 277 ff.

31 Pierre BOURDIEU, Sozialer Raum und ›Klassen‹. Leçon sur la leçon, Frankfurt a. M. 1995, S. 7 ff.

32 Ebd., S. 11.

Auf Grund der Quellensituation und der Gesamtanlage der Studie wird zunächst ein starkes Augenmerk auf die Ressourcen Adliger und Bürgerlicher im Bereich des ökonomischen Kapitals eingegangen werden, während andere Ressourcen der beiden Gruppen im sozialen Raum stärker bei der Untersuchung des Binnenverhältnisses der Großgrundbesitzer (Kap. VII.) zum tragen kommen werden.

Die skizzierten Fragestellungen sowie arbeitsökonomische Erwägungen bringen es mit sich, dass eine ganze Reihe von anderen Problemen nicht oder nur am Rande behandelt werden können. Darüber hinaus gibt es in einigen Bereichen bereits hinreichend gesichertes Wissen, so dass diese nicht einer weiteren Vertiefung oder Bestätigung bedürfen. So gehört es ausdrücklich nicht zum Ziel dieser Studie, erneut zu beweisen, dass die Agrarier überwiegend konservativ und monarchistisch waren. Auch stehen die Methoden ihrer politischen und ökonomischen Machtdurchsetzung hier nicht im Vordergrund. Der gesamte Bereich der praktischen Durchsetzung und Ausübung von Gutswirtschaft und Gutsherrschaft, das heißt die konkrete Tätigkeit als landwirtschaftlicher Betriebsleiter, das Verhältnis zu den Gutsbewohnern oder dessen ideologische Rechtfertigung über paternalistische Denkmodelle, wird ebenfalls lediglich am Rande diskutiert werden können.

Nicht zuletzt wird in dieser Studie versucht, sachliche Beurteilungen an die Stelle von Verurteilungen zu setzen. Neben berechtigter fundamentaler Kritik an den Großgrundbesitzern müssen auch ihre Anpassungs- und Modernisierungsleistungen anerkannt werden. Darüber hinaus ist es notwendig, den Adel nicht allein mit den Kriterien des Bürgertums beurteilen, da sonst viele – aus adliger Sicht – rationale Handlungen in irrationale und rückwärtsgewandte Anachronismen umgedeutet werden können. Auch wenn in dieser Studie versucht wird, Adel und Bürgertum auf dem Lande konsequent komparatistisch zu untersuchen, dürfen die unterschiedlichen habituellen Voraussetzungen beider Gruppen nicht ignoriert werden. Adlige und bürgerliche Logiken waren zu keinem Zeitpunkt synchron, auch dann nicht, wenn ihre Träger – wie die Großgrundbesitzer – gleiche oder ähnliche sozioökonomische Voraussetzungen hatten.

Erster Abschnitt

Vom „adelichen Gut“ zum Großgrundbesitz Entwicklung, Struktur, Einkommen und Verschuldung der großen landwirtschaftlichen Güter Brandenburgs im 19. Jahrhundert

I. Die Rahmenbedingungen

Das Untersuchungsgebiet – die preußische Provinz Brandenburg

Im Königreich Preußen existierten in der Mitte des 19. Jahrhunderts 12.339 Rittergüter, von denen mit 11.449 der weitaus größte Teil in den sieben Ostprovinzen lag.[1] Es ist daher notwendig, für eine Studie über den ostelbischen Großgrundbesitz, die weder das mikrohistorisch quellengesättigte Einzelbeispiel sucht, noch mit den extrem hochaggregierten Daten für den Gesamtstaat arbeiten will, eine handhabbare Größendimension zu finden. Diese muss einerseits verallgemeinerbare Ergebnisse, andererseits aber auch die Differenzierungen kleinerer und kleinster Einheiten ermöglichen. Provinzen, Regierungsbezirke oder Kreise bieten sich dabei als Untersuchungsebene an.[2] In dieser Studie wird die Provinz die zentrale Beobachtungsebene sein. Auf

1 Zahlenangaben nach: Karl Friedrich RAUER, Adress-Buch der Rittergutsbesitzer und Rittergüter in den Preußischen Staaten, Bd. I, Handmatrikel der auf den Kreis- und Landtagen vertretenen Rittergüter, Berlin 1857, S. 451.

2 Die Fruchtbarkeit der Untersuchung einer Provinz hat z. B. Ilona Buchsteiner für Pommern aufgezeigt. Vgl. BUCHSTEINER, Großgrundbesitz, passim. Fraglich ist jedoch, ob eine zeitliche Fixierung auf das Kaiserreich langfristige Transformationsprozesse sichtbar machen kann.

Grund der Aufbereitung des Materials ist es bei Bedarf jedoch möglich, die Daten auf kleinere Verwaltungseinheiten, besondere Regionen und auch Einzelgüter herunterzubrechen.

Aus einer Vielzahl von Gründen wurde die Provinz Brandenburg ausgewählt. Neben methodischen Vorüberlegungen spielte dabei auch die Quellenlage eine Rolle. Die Provinz Brandenburg bietet sich für eine elitenhistorische Arbeit, die das schwierige Nebeneinander von Adligen und Bürgerlichen auf dem Lande untersucht, besonders an. Im Gegensatz zum vielfach beklagten Mangel an 'entwickeltem' Wirtschaftsbürgertum im ostelbischen Preußen, war hier eine starke Ausstrahlung der Berliner Bankiers und Industriellen auf das Umland zu erwarten. Die große Anzahl staatlicher Domänen ermöglichte darüber hinaus einer wirtschaftlich erprobten bürgerlichen Pächterschicht, in die Konkurrenz um den Großgrundbesitz einzutreten. Auch die Adelsgeschichtliche Perspektive, die bei der Beschäftigung mit dem Großgrundbesitz zwangsläufig entsteht, rückt die Provinz in den Mittelpunkt der Interesses. Durch die Annexion der Niederlausitz und weiterer ehemals sächsischer Gebiete waren hier Adelsfamilien unterschiedlicher territorialer Herkunft und sozialer Exklusivität in einer Provinz vereint. Das Ziel, ihr Verhalten im Hinblick auf den Großgrundbesitz im Laufe des 19. Jahrhunderts vergleichend betrachten und damit eventuell zur Vertiefung des Konzeptes ,Adeligkeit' (Reif) beitragen zu können, war einer der Gründe für die Auswahl des Untersuchungsgebietes.

Nicht zuletzt ist es auch die Quellenlage, die eine Untersuchung dieser Provinz mit begünstigt. Durch das Vorliegen historischer Ortslexika sowohl für den westlich der Oder gelegenen Teil der Mark Brandenburg als auch für die gesamte Niederlausitz, stehen umfangreiche, bislang zu wenig genutzte Quellensammlungen zur Verfügung, die einen ersten schnellen Rückgriff auf die Besitzverhältnisse gestatten.[3] Leider existiert für die heute in Polen gelegene Neumark kein solches Ortslexikon, so dass hier nicht unerhebliche Anstrengungen nötig waren, annähernd an die Datenfülle der anderen Gebiete anzuschließen. Neben diesen gedruckt vorliegenden Arbeiten sind die vorhandenen Gutsarchive trotz der gewaltigen Verluste im Gefolge des Zweiten Weltkrieges – im Vergleich zu den anderen preußischen Ostprovinzen, die Provinz Sachsen ausgenommen – verhältnismäßig gut überliefert.

Die 1815 gebildete Provinz Brandenburg lag nicht nur geographisch im Zentrum des preußischen Staates. Große Teile der Provinz gehörten zu den preußischen 'Kernlanden' – die Kurmark war das erste Territorium, mit dem die aus Franken kommenden Hohenzollern 1411/1417 belehnt wurden. Mit Ostpreußen, Pommern und den ehemals geistlichen Territorien Magdeburg und Halberstadt bildete die Mark lange Zeit das Zentrum des frühneuzeitlichen brandenburgisch-preußischen Territorialstaates. Ähnlich wie die preußi-

3 Historisches Ortslexikon für Brandenburg, bearbeitet von Liselott ENDERS (Tl. I - IV, VI, und VIII, XI), Margot BECK (Mitarbeit Tl. IV und VI), Peter ROHRLACH (Tl. V, VII, und X, XI) und Joachim SCHÖLZEL (Tl. IX), Weimar 1964-1995 (Veröffentlichungen des Staatsarchivs/Brandenburgischen Landeshauptarchivs Potsdam); Historisches Ortslexikon für die Niederlausitz, bearbeitet von Rudolf LEHMANN, 2 Bde., Marburg 1979.

sche Provinz Sachsen war die im Zuge der Reorganisation des Staates entstandene Provinz Brandenburg jedoch kein historisch gewachsenes Territorium. Sie setzte sich vielmehr aus verschiedenen alten Landesteilen und aus neuen, nach dem Wiener Kongress vom Königreich Sachsen und anderen preußischen Provinzen abgetretenen Gebieten zusammen.

Den nach 1815 neugebildeten Provinzen stand jeweils ein Oberpräsident vor, der ursprünglich als Bindeglied zwischen der Zentralverwaltung und den Regierungsbezirken gedacht war, jedoch im Laufe der Zeit seine z. T. unklar formulierten Befugnisse auszuweiten vermochte.[4] Den Oberpräsidenten wurden die ständischen Angelegenheiten der Provinz, „soweit der Staat verfassungsmäßig darauf einwirkt", als wichtigste Aufgabe überwiesen. Sie waren auf Provinzebene de facto Kommissare der Zentralregierung, die sowohl die Stände als auch die Verwaltung zu beaufsichtigen hatten. Die eigentliche Verwaltungsarbeit in der Provinz wurde von den beiden Regierungen in Potsdam und Frankfurt/O geleistet. Diese waren kollegial organisierte Behörden, denen ein Regierungspräsident vorstand, dessen Bedeutung im Laufe des Jahrhunderts deutlich wuchs.[5] Den Regierungen unterstellt waren die Landräte, die für die Verwaltung der Landkreise zuständig waren. Ihrer Oberaufsicht waren die im Kreis gelegenen Städte, Landgemeinden, Gutsbezirke und die Kreisstände unterworfen.

Die Entwicklung parlamentarischer Vertretungskörperschaften auf den verschiedenen Ebenen des Staates erfolgte mit einem deutlichen Rückstand auf das moderne Verwaltungssystem. Entgegen der in der Reformzeit mehrfach wiederholten Verfassungsversprechen, wurden 1823 die Provinzialstände eingeführt, in denen die Rittergutsbesitzer überproportional vertreten waren. Im Gefolge der Revolution von 1848 und der Konstitutionalisierung Preußens entstand dann ein Zweikammersystem mit der 1854 in das Herrenhaus umgewandelten Ersten Kammer und dem Abgeordnetenhaus als zweiter Kammer.[6] Auf dem ‚platten Lande' sollte es auf kommunaler Ebene jedoch noch bis 1872 dauern, ehe die Landgemeinden von der Oberaufsicht der Gutsherren befreit wurden.

Mit der Bildung des Provinzialverbandes im Jahre 1876 traten eine Reihe wesentlicher Veränderungen in Kraft. Der Provinziallandtag, dessen Bedeutung mit der Bildung des Abgeordnetenhauses stark gesunken war, setzte sich fortan nicht mehr nach ständischen Gesichtspunkten zusammen. Die neue Vertretung wurde aus mindestens zwei Abgeordneten jedes Kreises gebildet, die von den Kreistagen oder Stadtverordnetenversammlungen gewählt wurden. Seine Aufgabengebiete beschränkten sich auf die Verwaltung der Staatschausseen, die Armen- und Behindertenfürsorge sowie die regionale Kulturpflege. Damit war die politische Bedeutung dieser regionalen Vertretungskörperschaft weitgehend beendet. Allerdings hatten die Provinziallandtage nach der Einführung des Zweikammersystems im Gefolge der 1848er Revolution ohnehin nur noch eine geringe gesamtstaatliche Rolle

4 Vgl. hierzu vor allem: KOSELLECK, Reform, S. 221 ff.

5 MATERNA/RIBBE, Brandenburgische Geschichte, S 411.

6 Vgl. zum Herrenhaus jetzt SPENKUCH, Herrenhaus.

gespielt. Die Hauptaustragungsplätze politischer Einflussnahme waren seit dieser Zeit fast ausschließlich das Herrenhaus und der preußische Landtag gewesen.

Die Provinz gliederte sich in die zwei Regierungsbezirke Potsdam und Frankfurt/O. Zwischen 1815 und 1821 war auch die Stadt Berlin ein eigener Regierungsbezirk, der dann jedoch aufgelöst und zu Potsdam gelegt wurde. Dennoch behielt die schnell wachsende Hauptstadt, in der vor allem der Polizeipräsident eine starke Stellung erhielt, verschiedene Sonderrechte. 1881 schied Berlin – inzwischen Reichshauptstadt – endgültig aus der Provinz aus.

Abbildung 1: Die Provinz Brandenburg (Kreiseinteilung)

Bei der Bildung der neuen Provinzen wurde auf verwaltungstechnische und geographische Gesichtspunkte mehr Wert gelegt, als auf historisch gewachsene Einheiten. So wurde die Altmark dauerhaft von der Kurmark getrennt und kam zur Provinz Sachsen, die beiden im Nordosten gelegenen Kreise Schievelbein und Dramburg kamen zu Pommern. Als Ausgleich wurden dafür der neuen Provinz eine Reihe von Gebietsteilen des Königreichs Sachsens und – in wesentlich geringerem Maße – auch der Provinz Schlesien zugeschlagen. Die neu geschaffene Verwaltungseinheit umfasste rund 39.000 km^2, von denen 19.800 km^2 auf den Regierungsbezirk Potsdam und 19.200 km^2 auf den

Regierungsbezirk Frankfurt/O entfielen.[7] Damit war Brandenburg nach Schlesien die zweitgrößte preußische Provinz.

Der Regierungsbezirk Potsdam umfasste mit Ausnahme des Kreises Lebus und der Altmark im wesentlichen die alte *Kurmark*. Die Kurmark war ein seit Jahrhunderten gewachsenes Territorium. Zu ihr gehörten die im Westen gelegene – nach 1815 abgetrennte – Altmark sowie die Prignitz, die Uckermark und die Mittelmark. Sie wurde bis zu den Reformen von der kurmärkischen Regierung in Berlin verwaltet und auch die ständischen Organisationen waren im Rahmen dieser Region organisiert. Die Kurmark war innerhalb des frühneuzeitlichen Territorialstaates ein eigenständiges Territorium und wurde bis zu den Reformen durch ihre Stände gegenüber den Landesherren vertreten. Durch die Verwaltungsreform 1815/16 wurden im neuen Regierungsbezirk Potsdam 14 Landkreise gebildet.[8] Obwohl die preußische Regierung die Bildung kleinerer und ausgewogener Kreise gewünscht hatte, wurde stark an den historisch gewachsenen Einteilungen festgehalten.[9] Neben der Teilung der Uckermark, der Prignitz sowie des Havellandes einschließlich des Glien-Löwenbergischen Kreises wurden den Südkreisen ehemals sächsische Gebiete angegliedert. Das Amt Belzig wurde mit dem alten Kreis Zauche zusammengelegt, die Ämter Jüterbog und Dahme sowie die Herrschaft Baruth wurden mit dem Kreis Luckenwalde vereinigt. Daneben kam es zu einer Reihe von kleineren Gebietsveränderungen zwischen den Kreisen.[10] Nicht von Dauer war die Trennung des Kreises Beeskow-Storkow, die 1835 wieder rückgängig gemacht wurde. Dabei wurde der 1816 neugebildete Kreis Teltow-Storkow wieder aufgelöst und die Herrschaft Beeskow vom niederlausitzischen Kreis Lübben abgetrennt.[11]

Der Regierungsbezirk Frankfurt/O war in seiner Struktur wesentlich heterogener als der Regierungsbezirk Potsdam. Er setzte sich aus der östlich der Oder gelegenen Neumark, dem ehemals kurmärkischen Kreis Lebus, dem

---

7 Vgl.: Hans Heinrich MÜLLER und Harald MÜLLER, Brandenburg als preußische Provinz. Das 19. Jahrhundert bis 1871, in: Ingo MATERNA und Wolfgang RIBBE (Hg.), Brandenburgische Geschichte, Berlin 1995, S. 410.

8 Die vierzehn Landkreise des Regierungsbezirkes Potsdam waren: Ost-Prignitz und West-Prignitz im Nordwesten, die drei uckermärkischen Kreise Angermünde, Templin und Prenzlau sowie die teilweise mit ehemals sächsischen Gebieten verstärkten mittelmärkischen Kreise Ruppin, Ost-Havelland, West-Havelland, Ober-Barnim, Niederbarnim, Teltow, Zauche-Belzig, Jüterbog-Luckenwalde und Beeskow-Storkow.

9 Betrachtet man die Ergebnisse der neuen Kreiseinteilung in der Kurmark, dann ist der Behauptung Noltes nur teilweise zuzustimmen, dass die alten ständischen Verbände hier bewusst zerschlagen wurden. Vgl. Paul NOLTE, Repräsentation und Grundbesitz. Die kreisständische Verfassung Preußens im 19. Jahrhundert, in: Klaus TENFELDE und Hans Ulrich WEHLER (Hgg.), Wege zur Geschichte des Bürgertums, Göttingen 1994, S. 78-104, hier S. 80. Vgl. dazu auch Berthold SCHULZE, Die Reform der Verwaltungsbezirke in Brandenburg und Pommern 1809-1818, Berlin 1931 und Walter HUBATSCH (Hg.), Grundriss zur deutschen Verwaltungsgeschichte 1815-1945, Reihe A: Preußen, Bd. 5 Brandenburg (Bearbeiter Werner VOGEL), S. 62-63.

10 Vgl. zu den Änderungen der Kreisgrenzen: Grundriss der Verwaltungsgeschichte, S. 63-78.

11 Vgl. zur Größe und Strukturierung der Landkreise der preußischen Provinz Brandenburg Anhangtabelle I., S. 522.

schlesischen Kreis Züllichau, der früher sächsischen Niederlausitz und der alten brandenburgischen Exklave Cottbus zusammen. Die *Neumark* war immer eine eng mit der Kurmark verbundene Region. Da sie im 16. Jahrhundert jedoch teilweise ein eigenes Territorium war, besaß sie seit dieser Zeit eigene Verwaltungs-, Gerichts- und Kirchenbehörden, aus denen die spätere Neumärkische Regierung in Küstrin hervorging. Auch die Stände der Neumark waren von denen der Kurmark getrennt worden.

Die *Niederlausitz* hatte bis 1815 eine andere Entwicklung als die beiden brandenburgischen Territorien Kurmark und Neumark genommen. Nachdem sie im 17. Jahrhundert endgültig zu Kursachsen gekommen war, wurde sie nie vollständig inkorporiert, sondern blieb eine rechtlich selbständige Markgrafschaft, in der die Stände eine wesentliche Rolle spielten. Erst mit dem Übergang an Preußen und der Einfügung in den Regierungsbezirk Frankfurt/O verlor die Niederlausitz ihre relative Selbständigkeit.[12]

Der neugebildete Regierungsbezirk Frankfurt/O hatte 17 Landkreise.[13] Die überkommenen Kreisgrenzen der Niederlausitz wurden dabei zum Teil stark verändert. Neben der Schaffung des Kreises Sorau kam es zu einer Vielzahl von Gebietsaustauschen und Umgruppierungen einzelner Ortschaften, Herrschaften und Ämter.[14] Die wichtigste Korrektur der Kreiseinteilung fand in diesem Regierungsbezirk ebenfalls 1835 statt, als der Kreis Küstrin aufgelöst und dabei der alte Umfang des Kreises Lebus im wesentlichen wieder restituiert wurde. Da es sich verbietet, mit fluktuierenden Kreisgrenzen zu arbeiten, wird in der vorliegenden Arbeit die Kreiseinteilung nach 1835 zu Grunde gelegt.

Die Größe der Landkreise variierte ebenso wie die Zahl ihrer Bewohner. So umfasste der Kreis Zauche-Belzig 192 km^2, während es bei dem kleinsten Kreis Spremberg in der Niederlausitz nur 31 km^2 waren.[15] Die durchschnittliche Kreisgröße lag bei 127 km^2. Zum Teil deutlich kleiner waren vor allem die Kreise der Niederlausitz, die bei der Reorganisation mit weniger Rücksichtnahme als diejenigen in den alten brandenburgischen Regionen umgestaltet werden konnten.

Neben den 31 Landkreisen gelang es einer Reihe von Städten, eigene Stadtkreise zu bilden und damit nicht mehr der Aufsicht eines Landrates zu unterstehen. Zum Zeitpunkt der Neuformierung der Kreise waren dies nur Berlin, Potsdam und Frankfurt/O. Bis zum Ende des Kaiserreiches kamen 12 weitere hinzu. Mit Charlottenburg (1877), Spandau (1887), Schöneberg (1899), (Deutsch-)Wilmersdorf (1907), Lichtenberg (1908) und Rixdorf/Neukölln (1912) gehörten die Hälfte davon zum direkten Umfeld Berlins. Nur Branden-

12 Vgl. LEHMANN, Geschichte der Niederlausitz, passim.

13 Die 17 Landkreise des Regierungsbezirkes waren: Arnswalde, Soldin, Königsberg/Neumark, Landsberg, bis 1835 Küstrin, Ost- und West-Sternberg, Züllichau-Schwiebus und Krossen in der Neumark, Lebus westlich der Oder und die sieben niederlausitzischen Kreise: Luckau, Calau, Lübben, Cottbus, Spremberg, Sorau und Guben.

14 Vgl. LEHMANN, Niederlausitz, S. 545 f.

15 Zahlenangaben nach: Handbuch des Grundbesitzes im Deutschen Reiche. Nach amtlichen und authentischen Quellen bearbeitet durch Paul ELLERHOLZ, Reihe I. Das Königreich Preussen, I. Lieferung: Provinz Brandenburg, Berlin 1885^2.

burg (1881), Guben (1884), Cottbus (1886), Landsberg a. d. Warthe (1892), Forst (1897) und Neustadt-Eberswalde (1911) lagen in der Provinz. Mit Ausnahme der Städte der Berliner Agglomeration handelte es sich um mittlere Städte mit einer Einwohnerzahl, die am Ende des Kaiserreiches zwischen 30.000 und 60.000 lag. Darüber hinaus gab es in der Provinz 123 kleinere und kleinste Städte, die den Landkreisen zugeordnet waren. Die durchschnittliche Einwohnerzahl dieser Städte lag um 1886 bei 5.000. Die Provinz war damit keineswegs städtearm – nur die Provinzen Sachsen und Posen wiesen mehr Städte auf – sie war jedoch ein „Land der kleinen und mittleren Städte".[16]

Wenn man die Berliner Agglomeration von der Betrachtung ausschließt, war Brandenburg eine stark ländlich geprägte Provinz, in der es im Jahre 1871 3.228 Landgemeinden und rund 1.911 Gutsbezirke gab. Diese Zahlen variierten im Untersuchungszeitraum durch die Auflösung von Gutsbezirken und die Zusammenlegung bzw. Stadterhebung von Landgemeinden.[17] Die Zahl der Landgemeinden überstieg die der Gutsbezirke um fast ein Drittel. Dies zeigt, dass das ostelbische Brandenburg – eines der klassischen Gebiete der Gutsherrschaft – nicht nur von derselben geprägt, sondern vor den Agrarreformen über weite Strecken auch grundherrschaftlich verfasst war.[18] Während nur in wenigen Kreisen das Verhältnis zwischen Gutsbezirken und Landgemeinden ausgewogen war, besaßen letztere in den meisten Kreisen ein deutliches Übergewicht. Das Verhältnis zwischen Gutsbezirken und Landgemeinden war in den drei Regionen Kurmark, Neumark und Niederlausitz jedoch weitgehend identisch. Eine deutliche Verschiebung hin zu den Landgemeinden gab es nur in den Kreisen Landsberg und Friedeberg, in denen durch die Trockenlegung des Warthe- und Netzebruchs die aus dem Mittelalter stammende Verteilung zwischen Dörfern und Gütern nachhaltiger verändert wurde, als es die Binnenkolonisation des 18. Jahrhunderts in anderen Regionen vermochte. Die Urbarmachung des Oderbruchs fiel dagegen weniger ins Gewicht.

Während die Anzahl von Landgemeinden, Gutsbezirken und Städten im Verlauf des Jahrhunderts nur geringfügig variierte, nahmen die Einwohnerzahlen einen enormen Aufschwung. Dabei öffnete sich die Schere zwischen Berlin und seinem Umland sowie der restlichen Provinz in immer stärkerem Maße. Die Bevölkerung der Provinz wuchs im 19. Jahrhundert auf mehr als das Dreifache. Die Entwicklung des späteren Stadtkreises Berlin, dessen Einwohnerzahl sich verzehnfachte, ist in diesem Wert nicht enthalten. Allerdings profitierte die Provinz über das Umland der Metropole von deren Wachstum erheblich mit. Brandenburg war dadurch nach Schlesien die bevölkerungs-

---

16 Ralf PRÖVE, Stadtgemeindlicher Republikanismus und die „Macht des Volkes". Civile Ordnungsformationen und kommunale Leitbilder politischer Partizipation in deutschen Staaten vom Ende des 18. bis zur Mitte des 19. Jahrhunderts, Göttingen 2001, S 45.

17 So gab es 1925 nach der Bildung Groß Berlins und verschiedenen anderen Umstrukturierungen noch 3.029 Landgemeinden und 1.842 Gutsbezirke. MATERNA/RIBBE, Brandenburgische Geschichte, S. 572.

18 Zu diesem Nebeneinander von Gutsherrschaft und Grundherrschaft in den klassischen Gebieten der Gutsherrschaft vgl. auch Christof DIPPER, Deutsche Geschichte 1648-1789, Frankfurt a. M. 1991, S. 116 f.

reichste preußische Ostprovinz.[19] Die Zuwachsraten der Bevölkerung waren sogar mit denen der beiden Westprovinzen vergleichbar. Nach dem Ausscheiden des dicht besiedelten Großraumes Berlins 1920[20] ging die Einwohnerdichte Brandenburgs jedoch wieder auf das Niveau einer agrarischen Provinz zurück (1925=65,0 Einwohner/km^2).

Ein differenzierteres Bild, das vor allem die enorme Bedeutung Berlins für die Bevölkerungsentwicklung der Region verdeutlicht, lässt sich daher nur durch die Betrachtung der Entwicklung innerhalb der Provinz erzielen (Vgl. Tabelle 1).

Tabelle 1: Die Entwicklung der Einwohnerzahlen der Regierungsbezirke der Provinz Brandenburg 1816-1905/1925 (1925 ohne Berlin)

Jahr	Regierungsbezirk Potsdam	Index	Regierungsbezirk Frankfurt/O	Index	Gesamtprovinz	Index
1816	513.176	100	572.723	100	1.085.899	100
1825	614.780	120	643.608	112	1.258.388	116
1834	676.101	132	710.097	124	1.386.198	128
1843	782.186	152	799.772	140	1.581.958	146
1852	871.205	170	894.877	156	1.766.082	163
1861	947.034	185	973.154	170	1.920.188	177
1871	1.002.368	195	1.034.520	181	2.036.888	188
1880	1.161.332	226	1.105.493	193	2.266.825	209
1890	1.404.626	274	1.137.157	199	2.541.783	234
1900	1.929.326	376	1.179.228	206	3.108.554	286
1905	2.329.885	454	1.202.021	210	3.531.906	325
1925	-	-	-	-	2.590.000	239

Dabei zeigt sich, dass bis 1871 die Einwohnerzahl beider Regierungsbezirke gleichmäßig anwuchs. Danach profitierte der Regierungsbezirk Potsdam von dem enormen Wachstum Berlins. Nach dem Wegfall dieses außergewöhnlichen Faktors durch die Bildung der Großgemeinde Berlin ging die Entwicklung dann wieder in ‚normale' Bahnen zurück. Berlin, die schnell wachsende Großstadt, und Brandenburg – das mit dieser Entwicklung nicht Schritt haltende Umland – waren starke Gegensätze. Brandenburg blieb eine wesentlich

19 Vgl. dazu auch die Zahlenangaben bei Ernst FRIEDEL und Robert MIELKE (Hg.), Landeskunde der Provinz Brandenburg, Bd. II. Die Geschichte, Berlin 1910, S. 55.

20 Bei der Bildung von Groß-Berlin wurden im Jahre 1920 nicht nur acht Städte vereinigt, sondern auch 59 Landgemeinden und 27 Gutsbezirke, die alle spätestens ab 1870/71 vom 'Hauptstadtboom' berührt worden waren. Die neue Großgemeinde hatte bereits wenige Jahre nach ihrer Gründung die Viermillionengrenze bei der Einwohnerzahl überschritten. Vgl. Wolfgang RIBBE (Hg.): Geschichte Berlins. Bd. II. Von der Märzrevolution bis zur Gegenwart, München 1988, S. 820.

agrarisch geprägte Provinz.[21] Obwohl die Landbevölkerung ab 1885 deutlich rückläufig war, übertraf sie die der Städte noch am Ende des Untersuchungszeitraumes deutlich. Trotz der hohen Städtedichte lebte in der ersten Jahrhunderthälfte nur jeder vierte Einwohner der Provinz in einer Stadt. Am Ende des Jahrhunderts war es, wenn die Berliner Agglomeration aus der Betrachtung ausgenommen wird, jeder dritte.[22]

Die Provinz Brandenburg war immer ein Abwanderungsgebiet. Von dem Wegzug der Einwohner war der Regierungsbezirk Frankfurt/O frühzeitig und stärker betroffen als der Regierungsbezirk Potsdam. Seit den achtziger Jahren entsprach im Regierungsbezirk Frankfurt/O die Abwanderung vier Fünfteln des Geburtenüberschusses, während der Regierungsbezirk Potsdam durch die Sogwirkung Berlins eine Zuwanderung erlebte.[23]

Die Verteilung der Bevölkerung war zwischen Landgemeinden und Gutsbezirken sehr unterschiedlich. Obwohl zu beiden Siedlungsformen annähernd gleich viel Boden gehörte, wohnte 1871 auf den Gütern nur knapp ein Siebentel (1:6,5) der ländlichen Bevölkerung. Von der Abwanderung waren die Landgemeinden jedoch stärker betroffen als die Güter, so dass sich dieses Verhältnis bis 1905 in 1:5,7 änderte. Zwei Drittel der Landgemeinden verzeichneten zwischen 1871 und 1905 z. T. erhebliche Verluste bei den Einwohnerzahlen. Zuwächse zeigten sich – wie zu erwarten – in den Kreisen um Berlin (Nieder-Barnim und Teltow), aber auch um Potsdam und die Stadt Brandenburg (Ost-Havelland und Zauche-Belzig). Dazu kamen noch die Kreise der Braunkohleregion und der Textilindustrie (Calau, Cottbus und Spremberg). Dagegen war die Bevölkerungsentwicklung auf den Gütern seit spätestens 1871 stabil.

Die bis zum Ende des Kaiserreiches bestehen bleibende agrarische Prägung eines großen Teils der Provinz zeigt sich auch bei der Berufsverteilung der Erwerbstätigen. Nach den Ergebnissen einer 1907 durchgeführten Erhebung waren von den Erwerbstätigen der Provinz 29 % in der Land- und Forstwirtschaft tätig. In Industrie und Bergbau waren es 37 %. Wenn jedoch die Städte der Berliner Agglomeration und die Kreise Nieder-Barnim und Teltow aus der Berechnung herausgenommen werden, verschiebt sich das Verhältnis auf 42 % in der Landwirtschaft Beschäftigte zu 31 % in der Industrie Arbeitende. Zwischen den beiden Regierungsbezirken war das Verhältnis annähernd identisch, wenn das Berliner Umland abgezogen wird (Potsdam, ohne Nieder-

---

21 Das deutlich geringere Niveau der Bevölkerungsentwicklung der Provinz im Gegensatz zu Berlin, wird auch bei einer Betrachtung der Kreisebene deutlich (vgl. dazu Anhangtabelle II., S. 525).

22 1903 lebten 1.704.577 Einwohner auf dem Lande und 1.017.002 in den Städten. In Berlin lebten im Jahre 1905 rund zwei Millionen Einwohner zuzüglich einer weiteren Million Bewohnern der sechs de facto dazu gehörenden Stadtkreise. Vgl. für die Provinz Handbuch des Großgrundbesitzes, 1903 und für Berlin: FRIEDEL/MIELKE, Landeskunde, Bd. II, S. 68.

23 FRIEDEL/MIELKE, Landeskunde, Bd. II, S. 71.

Barnim, Teltow und Stadtkreise: Landwirtschaft 44 % – Industrie 28 %; Frankfurt/O: Landwirtschaft 44 % – Industrie 32 %).[24]

Diese kurze Datenzusammenstellung zeigt, dass die Provinz Brandenburg trotz ihrer kreisförmigen Lage um die sich kräftig entwickelnde Metropole Berlin auch am Ende des Kaiserreiches von der Bevölkerungsverteilung und der Erwerbsstruktur immer noch eine stärker von der Landwirtschaft als von der Industrie geprägte Provinz war.

Wandlungsprozesse des Großgrundbesitzes im 18. und 19. Jahrhundert

Für die großen landwirtschaftlichen Güter des ostelbischen Preußen gab es eine Reihe von unterschiedlichen Bezeichnungen. Die Darstellung der Genese und der inhaltlichen Füllung dieser Begriffe ist daher unumgänglich. Dies umso mehr, als die Unkenntnis über die Unterschiede mehrfach zum Vergleich inkompatibler Daten geführt hat.[25] Zuvor ist es jedoch unumgänglich, kurz auf die Entstehung der Gutsherrschaft als Grundlage der Entwicklungen im Nordosten Deutschlands, auf die Allodifikation der Lehen sowie auf den friderizianischen Adelsschutz als prägende preußische Besonderheit einzugehen.

Die Entstehung der Gutsherrschaft

Die Regionen Ostelbiens waren, im Gegensatz zu den meisten Gebieten westlich der Elbe, durch die Gutsherrschaft geprägt. Diese war in einem langen Prozess seit dem 15., vor allem aber dem 16. Jahrhundert entstanden.[26] Aus einem großen Teil der zunächst nur sehr kleinen adligen Eigenwirtschaften innerhalb der Grundherrschaften vor allem östlich der Elbe entstanden durch ständige Erweiterungen i. d. R. mehrere 100 ha große Gutsbetriebe. Die Ursachen dafür lagen zunächst in den spezifischen Besonderheiten der Herrschaftsverfassung in den durch die Ostsiedlung neu erschlossenen Gebieten. So waren hier, anders als im Altsiedelland, Grund- , Leib- und Gerichtsherrschaft und z. T. weitere Rechte vollständig in adliger Hand, außerdem war sehr wahrscheinlich die Besitzqualität der Bauern in Teilen des Kolonisations-

---

24 Der höhere Anteil von Beschäftigten in der Industrie im Regierungsbezirk Frankfurt/O ergibt sich aus dem Braunkohlenabbau sowie den damit verbundenen Gewerben und aus der niederlausitzischen Textilherstellungs- und Verarbeitungsindustrie.

25 Hierbei ist vor allem an die häufig nicht beachteten Unterschiede zwischen Großgrundbesitz und Rittergutsbesitz gedacht.

26 Vgl. u. a. DIPPER, Geschichte, S. 117 ff; Hartmut HARNISCH, Probleme der Periodisierung und regionalen Typisierung der Gutsherrschaft im mitteleuropäischen Raum, in: JbGdF, 10 (1986), S. 251-274; ders., Grundherrschaft oder Gutsherrschaft. Zu den wirtschaftlichen Grundlagen des niederen Adels in Norddeutschland zwischen mittelalterlicher Agrarkrise und Dreißigjährigem Krieg, in: Rudolf ENDRES (Hg.), Adel in der Frühneuzeit. Ein regionaler Vergleich, Köln und Wien 1991, S. 73-98.

landes von Anbeginn eine schlechtere.[27] Damit blieb der Landesherrschaft nicht nur der Zugriff auf die adligen Untertanen verwehrt, sondern auch deren Schutz gegen die Inhaber der Grundherrschaft. Hinzu kommt, dass der ostelbische Adel nie auf den Betrieb seiner Eigenwirtschaften verzichtet hat. Als durch die Konjunktur des 'langen' 16. Jahrhunderts die Preise zu steigen begannen, verstärkte sich das Interesse zumindest von Teilen des Adels an Getreideproduktion und -handel.[28] Da die Landesherrschaft im Verhältnis zu den Ständen zu diesem Zeitpunkt der schwächere Partner war, führte die zunehmende Marktorientierung, verbunden mit der erwähnten spezifischen Herrschaftsverfassung und einer im Vergleich zum Westen Deutschlands schwächeren Dorfgemeinde, zur Ausbildung der Gutsherrschaft. Ein weiterer Faktor waren die große Anzahl von Wüstungen und wüsten Stellen, die durch die geringere Besiedlungsdichte und die großen Kriegsschäden – vor allem des 30jährigen Krieges – langfristig nicht wieder besiedelt wurden und damit für eine Einziehung zum Gutsland prädestiniert waren.[29] Die Gutsherrschaft prägte die Territorien östlich der Elbe langfristig sehr stark. Neben ihr bestanden jedoch immer auch grundherrschaftlich verfasste Gebiete. So waren z. B. in der Kurmark um 1816 nur ein Drittel aller Bauern direkt der Gutsherrschaft unterworfen.[30]

Für die Unterscheidung zwischen grundherrlicher oder gutsherrlicher Verfassung sind in der Literatur verschiedene Kriterien vorgeschlagen worden.[31] Nach Harnisch kann man dann von einer Gutsherrschaft sprechen, wenn „der überwiegende Teil der Herreneinkommen aus dem Verkauf der Produkte der gutsherrlichen Eigenwirtschaften stammt und letztere vollständig oder doch zum größten Teil mit Arbeitsrenten feudalabhängiger Bauern betrieben werden.“[32] Die Gutsherrschaft ist nach diesem Ansatz also ökonomisch – über den Anteil der Arbeitsrente am Einkommen des Grundherren – und rechtlich – als vor allem durch die Gerichtsbarkeit abgesichertes Herrschaftsverhältnis –

27 Vgl. dazu: Hartmut HARNISCH, Rechtsqualität des Bauernlandes und Gutsherrschaft. Probleme und Materialien einer vergleichenden und retrospektiven Auswertung von statistischen Massendaten aus dem 18. Jahrhundert und der Zeit der kapitalistischen Agrarreformen für die Agrar- und Siedlungsgeschichte, in: JbGdF 1979, Bd. 3, S. 311-363.

28 Vgl. Hartmut HARNISCH, Die Gutsherrschaft in Brandenburg. Ergebnisse und Probleme, in: Ingrid MITTENZWEI u. Karl Heinz NOACK (Hg.), Preußen in der deutschen Geschichte vor 1789, Berlin 1983, S. 72-74.

29 Korth hat in seinen Untersuchungen zur Uckermark und Teilen der Mittelmark versucht, die Zuwächse der Güter in den einzelnen Phasen ihrer Entstehung zu errechnen. Danach stammt von dem um 1800 bei den Gütern der Mittelmark (Barnim, Teltow, Ost-Havelland) vorhandenem Land je ein Viertel aus der Kolonisationszeit und den mittelalterlichen Wüstungen. Jeweils ein Fünftel resultierte aus dem Bauernlegen des 16. Jahrhunderts und den Folgen des 30jährigen Krieges. Dagegen soll in der Uckermark rund 60 % des Landes der Gutsherrschaften aus mittelalterlichen Wüstungen stammen. Je ein Sechstel waren hier nach seinen Berechnungen Kolonisationsland bzw. fielen in Folge des 30jährigen Krieges an die Güter. Siegfried KORTH, Die Entstehung und Entwicklung des ostdeutschen Großgrundbesitzes, Göttingen 1952, Phil. Diss. (Ms.), S. 43 ff.

30 DIPPER, Geschichte, S. 118.

31 Zur Diskussion darüber vgl. u. a. Rudolf ENDRES, Adel in der Frühen Neuzeit, München 1993, S. 100-104.

32 HARNISCH, Probleme, S. 255.

zu beschreiben. Dagegen schlug Lütge vor, dass vor allem das Herrschaftsverhältnis, das heißt die Einheit von Grund-, Leib- und Gerichtsherrschaft, in der Hand eines Gutsherrn als das wesentliche Kriterium zu betrachten ist.[33]

Eine Reduzierung des Phänomens Gutsherrschaft vor allem auf das ökonomische Kriterium Feudalrente scheint ebenso schwierig, wie eine Beschränkung auf die Herrschaftsverhältnisse. Es hat sich jedoch gezeigt, dass die Mischung gutsherrschaftlicher und grundherrschaftlicher Elemente von Region zu Region verschieden und damit die Ausformung der Gutsherrschaft viel differenzierter war, als es die Großkategorie auf den ersten Blick scheinen lässt. Dennoch sind die Unterschiede des preußischen Ostens zum grundherrschaftlich verfassten Westen so evident, dass sich die Benutzung des Terminus Gutsherrschaft rechtfertigen lässt, wenn die Spannbreite möglicher Ausformungen dabei beachtet wird.

Die gutsherrlichen Privilegien

Das ALR fixierte am Ende des 18. Jahrhunderts noch einmal die Privilegien, die dem Inhaber eines sogenannten ‚adligen Gutes' zukamen.[34] Ihm stand das Recht zu, die Gerichtsbarkeit unter seinem Namen zu führen, das Kirchenpatronat auszuüben, sich nach seinem Gut zu nennen, an Versammlungen der Gutsbesitzer im Kreis oder Land teilzunehmen, die Schulzen und Schöffen der Dörfer zu ernennen sowie die Schullehrer zu bestellen. Sofern das Gut auch die entsprechenden Gerechtigkeiten besaß, war ihm fernerhin die Ausübung der Jagd auch auf dem Land seiner Untertanen gestattet.

Bei der Ausübung der Gerichtsbarkeit gab es differierende Qualitäten, da nicht alle Güter die Kriminal- oder Strafgerichtsbarkeit besaßen. Nur wenn diese gemeinsam mit der Zivilgerichtsbarkeit ausgeübt werden konnte, ist von Patrimonialgerichtsbarkeit zu sprechen.[35] Die meisten der Güter besaßen jedoch die volle Gerichtsbarkeit, Ausnahmen davon dürften vor allem bei nachträglich geschaffenen Gütern bestanden haben. Die Rechtssprechung musste von einem ausgebildeten Juristen durchgeführt werden. Nur wenn der Gutsherr über diese Qualifikation verfügte, konnte er dieses Amt selbst ausfüllen, allerdings nur in Fällen, in denen er nicht Partei war. Die Einnahmen aus der Gerichtsbarkeit deckten bei größeren Gütern kaum die Kosten. Für kleinere Güter konnten sie zur zusätzlichen Belastung werden.[36] Dies war jedoch nur

---

33 Vgl. u. a. Friedrich LÜTGE, Geschichte der deutschen Agrarverfassung vom frühen Mittelalter bis zum 18. Jahrhundert, Stuttgart 1967 (Deutsche Agrargeschichte, Bd. III., hg. v. Günther Franz), S. 101 ff. Eine Gegenargumentation dazu: HARNISCH, Grundherrschaft oder Gutsherrschaft, S. 79-81.

34 ALR, Teil II, Titel 9, §§ 37-50. Beschränkungen für den Fall, dass sich ein Gut im Besitz einer Frau befindet, kennt das ALR nicht.

35 St. GENZMER, Entstehung und Rechtsverhältnisse der Gutsbezirke in den 7 östlichen Provinzen des preußischen Staates dargestellt unter Berücksichtigung der Landgemeindeordnung vom 3. Juli 1891, Berlin 1891, S. 11.

36 Ein mehrfach zitiertes Beispiel dafür ist die Beschreibung eines Vorfalls, der sich im Vormärz abgespielt haben soll. Dabei soll der Gerichtsherr zu einem geständigen Mörder gegangen sein und ihn um die Rücknahme seines Geständnisses gebeten haben, um die Kosten

bei außergewöhnlichen Strafsachen der Fall, die normalen jährlichen Kosten lagen um 1825 zwischen 10 und 20 Tlr.[37]

Mit der Gerichtsbarkeit eng verbunden, jedoch von ihr zu trennen, ist die Polizeigewalt, welche die Gutsherren ebenfalls ausübten. Diese bedeutete die Durchsetzung der Gesetze und unzähligen Verordnungen des Staates. Neben der Gewährung und Herstellung von Ruhe und Ordnung fielen in diesen Bereich auch eine Vielzahl von Aufsichts- und Kontrollfunktionen, die dem Gutsherrn eine weitgehende Eingriffsbefugnis in die Verhältnisse seiner Untertanen ermöglichten und die seine Rolle deutlich stärkten. Die Ausübung der Polizeigewalt konnte einem Stellvertreter, i. d. R. dem Gutsverwalter, übertragen werden.

Der Gutsherrschaft oblag gemäß dem ALR die Verpflichtung, für die Untertanen zu sorgen und ihnen bei Unglücksfällen Beistand zu leisten. Dafür verlangte sie von den Untertanen Gehorsam und Unterordnung sowie Dienste und Abgaben verschiedenster Art. Die Dienstbelastung richtete sich wesentlich nach der Rechtsqualität der Bauern oder nach den jeweiligen Verträgen, die bei der Hofübernahme geschlossen wurden. Ein bedeutender Unterschied bestand zwischen gemessenen, also zeitlich fest vereinbarten, und ungemessenen Diensten. Den größten Teil der Dienste machten i. d. R. Spann- und Handdienste für die gutsherrliche Eigenwirtschaft aus.[38] Daneben bestanden jedoch weitere Verpflichtungen, vor allem Fuhr-, aber auch Forst- und Baudienste. Über die Dienste hinaus existierte eine Fülle von Abgaben, teils in Naturalien, teils in Geld. Dazu kamen Zwang- und Banngerechtigkeiten, wie der Getränkebann – das alleinige Recht in einem bestimmten Gebiet alkoholische Getränke zu produzieren oder zu verkaufen – oder der Mühlenzwang – die Pflicht zur Benutzung einer bestimmten Mühle.[39] Im Gegenzug besaßen Dorfgemeinden oder einzelne ihrer Mitglieder wiederum eine Reihe von Gerechtigkeiten und Servituten, so z. B. Weiderechte oder Holzsammelberechtigungen. Innerhalb der Gutsherrschaft existierten also auch noch zweiseitige grundherrschaftliche Bindungen weiter.

Die Bauern und ihre Familien hatten nicht den Status von Leibeigenen. Das heißt, sie waren untereinander und auch außerhalb des Gutes rechtsfähig. Ihr Status wird am treffendsten mit dem Begriff 'schollenpflichtig' beschrieben, da sie ohne herrschaftliche Genehmigung nicht wegziehen durften. Hatten sie die Erlaubnis erhalten, mussten sie Abzugsgelder entrichten. Bei einer Verheiratung bedurften sie ebenso des gutsherrlichen Konsenses wie in dem Falle, wenn ihre Kinder ein nichtlandwirtschaftliches Gewerbe erlernen wollten.

---

der Hinrichtung zu sparen. Erich JORDAN, Die Entstehung der konservativen Partei und die preußischen Agrarverhältnisse um 1848, München und Leipzig 1914, S. 32 ff.

37 Ebd., S. 33.

38 Die Spann- und Handdienste haben jedoch nicht immer zum Betrieb der Eigenwirtschaft ausgereicht, so dass die Beschäftigung von Tagelöhnern dazu trat, wie Harnisch bspw. für die Herrschaft Boitzenburg nachweist. Hartmut HARNISCH, Die Herrschaft Boitzenburg, Weimar 1968, S. 163 ff.

39 Vgl. JORDAN, Entstehung, S. 36. Der Mühlenzwang wurde erst 1840 aufgehoben.

Die Allodifikation der adligen Lehen 1717

Die Güter, denen die beschriebenen Herrschaftsrechte zustanden, waren in der großen Mehrzahl landesherrliche Lehen und wurden bis zum Anfang des 18. Jahrhunderts Lehnsgüter oder adlige Lehen genannt.[40] Ihre Inhaber waren gemäß mittelalterlichem Recht verpflichtet, dem Lehnsherrn bewaffnete Reiterdienste zu leisten. Da die Entwicklung der militärischen Technik und Taktik das Aufgebot der Lehnsträger zunehmend obsolet gemacht hatte, wurde bereits 1702 unter Friedrich I. der Gedanke an eine Umwandlung der Lehnpferdgestellung in eine dauernde Geldabgabe erwogen. Hintergrund dieser Projekte war die Tatsache, dass bei einer Ausrufung des Lehnsaufgebotes, die zum letzten Mal 1704 stattfand, die Vasallen pro Ritterpferd 125 Tlr. zu zahlen hatten. Diese Summe war jedoch verwaltungstechnisch auch durch die Zersplitterung eines Teils der Güter nur schwer einzutreiben. Daher sollte sie de facto in eine Steuer umgewandelt werden, die dem stehenden Heer zugute kommen würde. Der Plan des ersten preußischen Königs scheiterte jedoch am Widerstand seiner Geheimen Räte.[41]

Ein neuer Anlauf erfolgte unter Friedrich Wilhelm I. Er erließ zu diesem Zweck am 30. Juni 1717 die 'Assecuration vor die Ritterschafft in der Chur-Marck Brandenburg', die auch als Prototyp für die anderen Territorien anzusehen ist.[42] Hierin erbot sich der König, „...alle und jede in der Chur und Marck Brandenburg belegene Lehne vor Allodial- und Erb-Güter zu erklären, und den darauf hafftenden Nexum Feudalem, nebst allen darvon dependierenden Oneribus und prästandis, gegen Erlegung eines gewissen jährlichen Canonis, gänzlich aufzuheben...". Durch die Zahlung des festen Kanons sollten nicht nur die Ritterpferdgestellung, die sich ja ohnehin bereits als Geldabgabe vollzog, sondern auch alle Sporteln (Gebühren), die mit dem Lehnswesen zusammenhingen abgeschafft werden. Auch das Heimfallsrecht und das gesamte Lehnsstrafwesen wurde damit überflüssig. Der Verzicht auf diese Einnahmen und Rechte fiel dem König umso leichter, als der finanzielle Erlös daraus ohnehin nur noch sehr gering war.

Die märkischen Vasallen stellten sich jedoch zunächst geschlossen gegen die Pläne des Königs und seiner Beamten. Erst nach der Zusicherung erbrechtlicher Sicherheiten und der Herabsetzung des Kanons kam es zu einer Einigung. Die Summe, die der Adel der Kurmark für ein Ritterpferd zu zahlen hatte, wurde auf 40 Tlr. festgelegt.[43] Aus der Anzahl von 552 Ritterpferden ist ersichtlich, dass es dabei zu Aufsplittungen kam und nicht jedes Gut den vollen Betrag zu zahlen hatte.

---

40 Daneben gab es auch nichtadlige Lehen, vor allem die Schulzenlehen. Die Lehnsschulzen waren erbliche Inhaber der dörflichen Schulzenamtes, mußten aber von der Ortsobrigkeit bestätigt werden.

41 Vgl. Victor LOEWE, Die Allodifikation der Lehen unter Friedrich Wilhelm I., in: FBPG 11 (1898), S. 42 f.

42 Abgedruckt in: Christian Otto MYLIUS: Corpus Constitutionum Marchicarum (CCM), Tl. 2, Abt. 5, Nr. 62.

43 Vgl. Klaus VETTER, Kurmärkischer Adel und preußische Reformen, Weimar 1979, S. 112.

Ein weiteres wichtiges Ergebnis des Vergleichs zwischen König und Adel war die unter Mitwirkung des letzteren ausgearbeitete „Constitution, wie es wegen der Succession, Consens der Agnaten bey den Veräusserungen, Versorgung der Wittwen, Aussteuer der Töchter, und was dem anhängig, wie auch mit der Registratur, und zu Erhaltung des Credits nöthigem Landbuch, bey den vormahligen Lehn- nunmehro von Sr Königl. Majestät für Allodial- und Erbeklärten Gütern in der Alten-Marck, Prignitz, Mittel- und Ucker-Marck, auch bees- und Storkauischen Creyse zu halten.“[44] Diese im Jahre 1718 unterzeichnete Constitution regelte alle Fragen des Lehnswesens. Da die Lehen im gesamten Untersuchungszeitraum eine bedeutsame Rolle spielten, wird auf diese Constitution noch einzugehen sein.

Wenngleich die Lehnsbindung der Güter an den Landesherren gelöst wurde, blieben eine Reihe von wichtigen Elementen der alten Lehnsverfassung zwischen den Gutsinhabern und der Krone bestehen. Eine völlige Lösung der Bindung wäre dem Trend zu absoluter Herrschaft, für den gerade Friedrich Wilhelm I. und Friedrich II. stehen, auch diametral entgegen gelaufen. So wurde bereits kurze Zeit nach Erlass der Assekuration festgelegt, dass die Huldigung der Vasallen so wie früher stattzufinden habe.[45] Um einen Überblick über Tätigkeit und Aufenthaltsort der Gutsbesitzer zu haben, wurden seit dem Regierungsantritt Friedrich Wilhelm I. jährlich Vasallentabellen angefertigt.[46] Diese Listen wurden bis 1807 geführt. Das bedeutet, dass die Inhaber der adligen Güter auch nach der Allodifizierung weiterhin unter der Kontrolle der Landesherren geblieben sind.

Es war den Lehnsinhabern vor 1717 durchaus möglich, Lehen zu verkaufen, z. T. mit der Möglichkeit eines Wiederkaufrechtes. Auch Bürgerliche konnten Lehen erwerben und die Belehnung durch den Landesherren erhalten, wie eine Vielzahl von Beispielen zeigen. Eine Änderung trat erst mit dem Regierungsantritt Friedrich II. ein, der bereits nach kurzer Zeit dem Eindringen von Bürgern in die Sphäre der adligen Güter einen Riegel vorzuschieben versuchte.

Der Friderizianische Adelsschutz

Eine preußische Besonderheit im Umgang mit den adligen Gütern war das Kaufverbot für Bürgerliche, das bis 1807 bestand.[47] Ausgangspunkt dieser

---

44 CCM, Tl. 2, Abt. 5, Nr. 64.

45 CCM, Tl. 2, Abt. 5, Nr. 65: Edict, wegen der von der Ritterschaft und Adel der Chur- und Marck Brandenburg abzulegenden Huldigungs- und Unterthänigkeitspflicht vom 18. Januar 1720.

46 Vgl. dazu. Fritz MARTINY, Die Adelsfrage in Preußen vor 1806 als politisches und soziales Problem, Stuttgart 1938 (=Vierteljahresschrift für Sozial- und Wirtschaftsgeschichte Beiheft 35) und Frank GÖSE, Die Struktur des Kur- und Neumärkischen Adels im Spiegel der Vasallentabellen des 18. Jahrhunderts, in: FBPG (NF) 2 (1992), S. 25-46.

47 Vgl. dazu jetzt umfassend: René SCHILLER, „Edelleute müssen Güther haben, Bürger müssen die Elle gebrauchen“ Friderizianische Adelsschutzpolitik und die Folgen, in: Wolfgang NEUGEBAUER und Ralf PRÖVE (Hgg.): Agrarische Verfassung und politische Struktur. Studien zur Gesellschaftsgeschichte Preußens 1700-1918, Berlin 1998, S. 257-286.

Entwicklung, für die es in den Nachbarterritorien keine Entsprechung gibt, war die Auffassung Friedrich II., dass einzig dem ersten Stand das Recht auf die adligen Güter zustehe.[48] Er belebte damit die ältere Adelsschutzgesetzgebung aus dem Jahre 1653, die unter seinen Vorgängern nicht beachtet worden war, zu neuem Leben.[49] Seiner Ansicht nach sollten die Bürger ihr Geld in Handel und Gewerbe anlegen.

Das Festhalten an ständischen Prinzipien einerseits und die Durchsetzung einer strikten merkantilistischen Politik andererseits spiegelten sich in der Politik Friedrich II. in der Folgezeit wieder. Seit 1750 benötigten Bürger, die ein adliges Gut kaufen wollten, eine königliche Genehmigung.[50] Seit 1762 war auch der Verkauf zwischen Bürgerlichen konsenspflichtig.[51] Eine erhebliche Verschärfung erfuhren die Bestimmungen 1775, als für die bürgerlichen Erwerber von adligen Gütern ein großer Teil der sogenannten Ehrenrechte ausgesetzt wurde. Bürgerliche waren danach weder land- noch kreistagsberechtigt, durften das Patrimonialgericht nicht unter ihrem Namen führen und das Patronatsrecht nicht ausüben. Außerdem hatten Adlige immer vor bürgerlichen Erben das Anrecht auf das Gut, und die adligen Nachbarn erhielten das Jagdrecht zugesprochen.[52]

Tabelle 2: Die Anzahl bürgerlicher Rittergutsbesitzer in der Kurmark (ohne Altmark) und ihr Anteil an der Gesamtzahl aller Rittergüter (1740-1807)

Jahr	Anzahl bürgerlicher Rittergutsbesitzer	in %
1740	32	4,5
1750	52	7,3
1763	61	8,5
1786	47	6,6
1807	62	8,7

All diese Einschränkungen fanden Eingang in das ALR.[53] Bürgerliche, die adlige Güter besaßen, waren bis 1807 also Eindringlinge in einen Bereich, der ihrem Stand verschlossen bleiben sollte. Die Nachfolger Friedrich II. haben die Bestimmungen weniger rigoros durchgesetzt als ihr Vorgänger. Dennoch

48 Einzig in Mecklenburg gab es bis 1755 Einschränkungen für Bürgerliche, adlige Güter zu erwerben. Vgl. Ilona BUCHSTEINER, Wirtschaftlicher und sozialer Wandel in ostdeutschen Gutswirtschaften vor 1914, in: Archiv für Sozialgeschichte 36 (1996), S. 85-109, hier S. 92.

49 Vgl. hierzu Wolfgang NEUGEBAUER: Brandenburg im absolutistischen Staat. Das 17. und 18. Jahrhundert, in: Ingo MATERNA u. Wolfgang RIBBE (Hrsg.): Brandenburgische Geschichte. Berlin 1995, S. 291-394, hier S. 381.

50 Acta Borussica. Denkmäler der preußischen Staatsverwaltung im 18. Jahrhundert (im folgenden AB), Behördenorganisation, Bd. 9, S. 92 f.; vgl. auch Novum Corpus Constitutionum Prussico-Brandenburgensium (Novum Corpus). Bd. 1, Berlin 1751, Nr. 7.

51 AB, Behördenorganisation, Bd. 12, S. 389 f.

52 Vgl. auch STEIN, Agrarverfassung, Bd. 1, S. 209.

53 Vgl. Allgemeines Landrecht für die Preußischen Staaten von 1794. (mit einer Einführung von Hans HATTENHAUER und einer Bibliographie von Günther BERNERT), Neuwied, Kriftel und Berlin 1994², S. 540 f.

war in der Kurmark erst 1807 wieder der Stand vom Ende des 7jährigen Krieges erreicht, da die Politik des Adelsschutzes hier deutliche Wirkungen gezeigt und zu einem Rückgang bürgerlicher Rittergutsbesitzer geführt hatte (Vgl. Tabelle 2). Bedeutender als die mittelfristige Beschränkung des Handels mit Gütern dürften jedoch die langfristigen Auswirkungen gewesen sein, auf die an anderer Stelle einzugehen sein wird.

Die Freigabe des Gütermarktes 1807

Das ständische Besitzrecht an den adligen Gütern wurde 1807, nur 13 Jahre nach seiner Fixierung im ALR, durch die Agrarreformgesetzgebung beseitigt. Bereits im Oktoberedikt wurden die diesbezüglichen Verhältnisse einschneidend verändert. Der erste Paragraph bestimmte, dass jeder Einwohner des Staates[54] berechtigt ist, Grundstücke aller Art zu erwerben, "... ohne dass der eine oder andere zu irgend einem Gütererwerb einer besonderen Erlaubnis bedarf."[55] Nur die jüdischen Einwohner Preußens blieben zunächst von dieser Regelung ausgenommen.[56]

Die Aufhebung des Vorrechtes der Edelleute auf die adligen Güter brachte offensichtlich auch einen veränderten Sprachgebrauch mit sich. Eine ähnliche Entwicklung hatte es bereits nach 1717 gegeben. Nach der Allodifizierung bezeichnete man die Lehen als 'adliche' Güter oder Güter 'zu adlichen Rechten'.[57] In den neu angelegten ritterschaftlichen Hypothekenbüchern waren prinzipiell alle adligen Güter verzeichnet, auch wenn ihr Inhaber bürgerlich war. Dem seit der ersten Hälfte des 18. Jahrhunderts tradierten Sprachgebrauch folgte auch das ALR, in das der Begriff ‚Rittergut' keinen Eingang fand. Es lieferte allerdings auch keine Legaldefinition des Begriffes 'adliches Gut', sondern bestimmte vielmehr unter Teil 2, Titel 9, § 38: „Welches adliche Güter sind, ist durch die besonderen Verfassungen einer jeden Provinz

54 Ausländer – Adlige wie Bürgerliche – benötigten zum Erwerb eines Rittergutes eine Spezialkonzession, die jedoch, wie die Rauer'sche Rittergutsmatrikel von 1857 zeigt, häufig gewährt wurde.

55 Zit. nach: Rudolph STADELMANN, Preußens Könige in ihrer Thätigkeit für die Landescultur. Tl. 4, Friedrich Wilhelm III., S. 330-333.

56 Das Edikt bestimmte, dass Bürger „... welche den ganzen Umfang ihrer Bürgerpflichten zu erfüllen, durch Religionsbegriffe verhindert werden...", nicht von dieser neuen Regelung partizipieren dürften und meinte damit im wesentlichen die Juden. Erst im Zuge des Emanzipationsediktes von 1812 wurde unter § 11 bestimmt, dass sie Grundstücke jeder Art „gleich den christlichen Einwohnern" erwerben dürfen. Vgl. ‚Edikt betreffend die bürgerlichen Verhältnisse der Juden in dem Preußischen Staate' vom 11. März 1812. Abgedruckt in Ernst Rudolf HUBER (Hg.), Dokumente zur deutschen Verfassungsgeschichte. Bd. 1, Stuttgart u. a. 1978³, S. 49 f. Allerdings war den Juden die Ausübung der Ehrenrechte und des Kirchenpatronats untersagt, die wie bei ‚bescholtenen' Personen von staatlichen Beamten wahrgenommen werden mußten.

57 Dieser Sprachgebrauch könnte auch älter sein. Nach 1717 fiel jedoch die Bezeichnung Lehnsgut als alle Güter umfassender Begriff weg.

bestimmt."[58] Eine Definition der Kriterien fand jedoch nur in den ost- und westpreußischen Provinzialrechtskodifizierungen statt.[59]

Spätestens mit den Agrarreformen und der Freigabe der Güter für alle Kaufinteressenten trat ein erneuter Wandel der Termini ein. Da nun auch Bürgerliche ohne Sondergenehmigungen Besitzer der Güter sein konnten, setzte sich im Sprachgebrauch das auch schon früher gebrauchte ‚Rittergut' durch[60], das immer noch einen deutlichen Bezug auf die historische Herkunft der Güter in sich trug.[61] Bis zum Ende des Kaiserreiches und darüber hinaus sollte diese Bezeichnung bestehen bleiben.[62]

Eine Sonderform bildeten die niederlausitzischen Standesherrschaften, die Überreste spätmittelalterlicher Herrschaftsbildungen darstellten.[63] Nach der Festigung des Territoriums der Niederlausitz erhielten die von den einfachen Rittergütern z. T. deutlich durch ihre Größe und ihre Struktur abgehobenen Herrschaften eine Sonderstellung im ständischen Gefüge. Während die Stärke der brandenburgischen Kurfürsten in der Mark einen Herrenstand nicht zuließ[64], bildeten die Besitzer der Standesherrschaften der Niederlausitz eine eigene Kurie. Nachdem die sächsische Krone eine Reihe von Herrschaften aufkaufte oder einzog, blieben bis zum Beginn des 19. Jahrhunderts nur acht übrig. Dies waren Forst-Pförten, Groß Leuthen, Sonnewalde, Drehna, Straupitz, Lieberose, Lübbenau und Amtitz. Auch nach der Bildung der Provinzialstände nahmen die adligen Standesherren weiterhin an der besonders privilegierten Herrentafel teil. Die altadligen Standesherren besaßen im preußischen Herrenhaus erbliche Sitze. Ihre Einzelgüter hatten jedoch auch den Charakter von Rittergütern. Diese niederlausitzischen Standesherrschaften haben mit denen des Südwestens Deutschlands nur den Namen gemeinsam, bildeten sonst jedoch eine eigenständige Entwicklungsform.

Die Beantwortung der Frage, welches Gut denn nun ein Rittergut sei, wurde mit der Bildung der Provinziallandtage 1823 wichtig. Das ‚Gesetz wegen Anordnung der Provinzialstände' vom 1. Juli 1823 hatte bezüglich der Zulassung zum Provinziallandtag festgelegt: „Das Recht zu dem ersten Stande für die Ritterschaft als Abgeordneter gewählt zu werden, wird durch den Besitz eines Rittergutes in der Provinz ohne Rücksicht auf die adliche Geburt des

---

58 Vgl. HATTENHAUER, Landrecht, S. 541.

59 GENZMER, Entstehung, S. 10.

60 So sprach z. B. die Constitution zur Umwandlung der Lehnsgüter in allodialen Besitz aus dem Jahre 1718 von „Allodial- und Erb- Rittergütern". CCM, Tl. 2, Abt. 5, Nr. 64

61 So wurde bspw. in der für die Schaffung neuer Rittergüter so wichtigen Domänenveräußerungsinstruktion von 1810 der Begriff ‚Rittergut' gebraucht. Vgl. Christian Friedrich KOCH, Das Recht und Hypotheken-Wesen der Preußischen Domainen, mit Berücksichtigung der Dogmen und Domainen-Verwaltungsgeschichte, Breslau 1838, S. 273-285.

62 Der Begriff ‚Rittergut' ist allerdings keine Erfindung der Agrarreformer, er ist älter. Nach 1807 hat er aber den vorher dominierenden Begriff ‚adliches Gut' schnell und vollständig abgelöst.

63 Vgl. dazu LEHMANN, Standesherrschaften, passim.

64 Die Ursache dafür ist auch in der Tatsache zu sehen, dass es in der Mark fast ausschließlich Niederadel gab, lediglich die Edlen Herren von Putlitz nahmen zeitweise eine Sonderstellung ein.

Besitzers begründet."[65] Daraufhin wurden für jeden Kreis Matrikeln angefertigt, in denen alle Rittergüter verzeichnet waren.[66] Problematisch wurde dies durch die Tatsache, dass nach 1810 in fast allen preußischen Ostprovinzen durch den Verkauf von Domänenbesitz neue Rittergüter geschaffen worden waren.[67] Dabei war in der Instruktion zur Veräußerung der Domänen unter § 29 und in den Kaufverträgen ausdrücklich festgehalten worden, dass Käufer oder Erbpächter „in Ansehung der ständischen, als auch der übrigen in ihrem Contracte nicht anders bestimmten Verhältnisse in die Kathegorie der Rittergutsbesitzer ein(treten)."[68]

Die überwiegende Zahl der Erwerber waren Bürgerliche. In der ehemaligen Kurmark stellten Domänenpächter rund ⅓ aller Käufer. Dies verwundert nicht, da ihnen für die gepachteten Ämter ein Vorkaufsrecht eingeräumt wurde.[69] In dem Moment, als den Rittergütern durch die Bildung der Provinzialstände eine größere Bedeutung zuwuchs, blockten die Besitzer der alten Rittergüter und hier vor allem die Adligen die Dazugekommenen ab.[70] Innerhalb der verantwortlichen Ministerien entspann sich daraufhin eine Diskussion über die Rechte der neuen Rittergutsbesitzer. Gegen die Voten der Finanz- und Innenminister und auch des brandenburgischen Oberpräsidenten v. Bassewitz beschloss schließlich das Staatsministerium 1827, dass alle Güter, die vor 1804 als adliges Gut bezeichnet wurden, prinzipiell die Landtagsfähigkeit besitzen sollen.[71] Andere Güter bedurften dazu einer königlichen Genehmigung.[72] Domänenkäufer, welche die Gerichtsbarkeit sowie die Patronatsrechte besaßen und die Rittergutsqualität ausdrücklich erworben hatten, bekamen die Landtagsfähigkeit zuerkannt. Den Erwerbern, denen zwar die ständischen Rechte zugesichert worden waren, die jedoch die Gerichtsbarkeit nicht besaßen[73], wurde nur die Kreistagsfähigkeit zugestanden, d. h. sie erhielten weder

65 Vgl. Gesetzessammlung für die Königlich Preußischen Staaten (im folgenden GS). 1823.

66 Die Matrikel befinden sich im GStA PK, HA. I, Rep. 77 Ministerium des Innern, Tit. 1126, Nr. 64, Bd. II. Abgedruckt wurden sie in: C. v. EICKSTEDT, Beiträge zu einem neueren Landbuch der Mark Brandenburg, Magdeburg 1840, S. 489-526.

67 Vgl. zu Vorbereitung, Durchführung und Ergebnissen dieser Verkäufe: René SCHILLER, Vom Domänenvorwerk zum Rittergut. Die Domänenveräußerungen in der Kurmark in der ersten Hälfte des 19. Jahrhunderts, in: Jahrbuch für brandenburgische Landesgeschichte 47 (1996), S. 86-104.

68 Vgl. Veräußerungsinstruktion von 1810 in: KOCH, Domainen, S. 273-285.

69 Vgl. SCHILLER, Domänenveräußerungen, S. 93; 102 f.

70 Als ein Beispiel sei auf den Fall des Amtsrates Kühne verwiesen, der die ehemaligen Vorwerke Saarmund und Langerwisch als Rittergüter besaß. Bei der Wahl zum Provinziallandtag wurde ihm vom Landrat mit Unterstützung 'der Ritterschaft des Kreises' die Teilnahme verweigert, „weil aus den oben bemerkten Umständen, noch nicht zweifelsfrei die Rittergutseigenschaft der Güther hervorgehe, indem ihnen sehr wesentliche Eigenschaften derselben, namentlich der Besitz der Ehrenrechte abgingen." GStA PK, I. HA Rep. 77 Ministerium des Innern, Tit. 438, Nr. 59, Bd. 1, Schreiben vom 20. Dezember 1823.

71 Dabei erhielten die Teile getrennter Rittergüter in den meisten Fällen auch die Landtagsfähigkeit. Nur für Alt Bliesdorf, das zeitweise in vier Teile zerfiel, ist bekannt, dass den jeweiligen Besitzern nur eine gemeinsame Stimme zustand, über die sie sich zu einigen hatten.

72 GStA PK, I. HA Rep. 77 Ministerium des Innern, Tit. 438, Nr. 59, Bd. 1.

73 Nach 1812 sollte laut Anordnung des Staatskanzlers Hardenberg die Gerichtsbarkeit nicht mehr mit veräußert werden. Vgl. Schreiben der Section des Departements der Staatsein-

das passive noch das aktive Wahlrecht zu den Provinziallandtagen. Da eine königliche Genehmigung der Landtagsfähigkeit festgeschrieben worden war, stiegen noch eine Reihe weiterer Güter in diese Kategorie auf. Ein Teil davon wurde bedingungslos nachträglich aufgenommen. Hierbei handelte es sich meist um Teile größerer Herrschaftskomplexe oder um Güter, die aus anderen Kreisverbänden gekommen waren. Bei ehemaligen Domänen ist anders verfahren worden. Ihre Besitzer erhielten in der Regel nur die bedingte Landtagsfähigkeit zugesprochen. Diese wurde auf den Inhaber und seine eheliche Deszendenz beschränkt, unter der Maßgabe, dass das Rittergut nicht im Bestand verkleinert werden durfte. Damit behielten sich Bürokratie und Krone die Honorierung von Verdiensten vor. Allerdings waren die Möglichkeiten zu beschränkt, um hierin eine wirksame Aufstiegsschleuse zu schaffen. Nach Verkauf oder Verkleinerung verfiel zudem das Recht auf die Landtagsfähigkeit.

Durch die Domänenveräußerungen waren neben den alten 'adlichen' Gütern also drei Arten von neuen Gütern entstanden. Während sich die uneingeschränkt landtagsfähigen nur durch ihre Herkunft von alten Rittergütern unterschieden, war die Wertigkeit der eingeschränkt landtagsfähigen und der nur kreistagsfähigen Güter deutlich niedriger. Dies auch deshalb, weil spätestens seit den ersten Veröffentlichungen der Rittergutsmatrikeln 1840 durch v. Eickstädt und 1857 durch Rauer der Status der Güter weithin bekannt war.

Die Matrikeln und ihre Nachträge stellten allerdings kein statisches Gebilde dar, vielmehr kam es in einer ganzen Reihe von Fällen zur Löschung von Gütern und zu einigen Neuschöpfungen.

Die preußischen Agrarreformen[74]

Das Oktoberedikt von 1807 brachte nicht nur die Freigabe des Güterhandels und die Aufhebung der Erbuntertänigkeit mit sich, es leitete – ob beabsichtigt oder nicht – auch die Umwandlung des sogenannten gutsherrlich-bäuerlichen Verhältnisses ein. Für die Gutsherren waren zunächst nur die Festlegungen der §§ 6 und 7 von Bedeutung, die den Bauernschutz aufhoben.

Die ersten, die Eigentumsverhältnisse auf dem Lande wirklich tangierenden Verfügungen waren die Verordnungen 'wegen Zusammenziehung bäuerlicher Grundstücke oder Verwandlung derselben in Vorwerksland', die zwischen 1808 und 1810 für die verbliebenen preußischen Gebiete erlassen wurden.[75] Diese Verordnungen, die sich nur auf die Regelung der Verhältnisse der Bau-

---

künfte für Domänen und Forsten an die Regierung Potsdam vom 1. Oktober 1815. BLHA, Rep. 2A, III D Regierung Potsdam, Nr. 389.

74 Von der umfangreichen Literatur zu den Agrarreformen sei hier nur verwiesen auf: Christof DIPPER, Die Bauernbefreiung in Deutschland. Stuttgart u. a. 1980 und Hartmut HARNISCH, Kapitalistische Agrarreform und Industrielle Revolution. Agrarhistorische Untersuchungen über das ostelbische Preußen zwischen Spätfeudalismus und bürgerlich-demokratischer Revolution von 1848/49 unter besonderer Berücksichtigung der Provinz Brandenburg, Weimar 1984.

75 Die Verordnungen in: NCC, Bd. 12, für Schlesien S. 809 ff, für Pommern und Brandenburg S. 915 ff. Zur Bewertung vor allem HARNISCH, Agrarreform, S. 70 ff.

ern schlechter Rechtsqualität bezogen, erlaubten den Gutsbesitzern die Hälfte des Landes dieser Bauern zu ihren Gütern zu schlagen. Aus der anderen Hälfte sollten zwischen 30 und 90 ha große Höfe gebildet werden, die meistbietend verkauft werden konnten. Damit wäre ein großer Anteil der Bauern mit schlechten Besitzrechten verdrängt worden. Die vom Freiherrn vom Stein unterschriebene und von Theodor v. Schön formulierte Verordnung hatte – an englischen Vorbildern orientiert – mittlere und große Bauernhöfe zum Ziel. Diese, für einen beträchtlichen Teil der Bauern ungünstige Form der Besitzumwandlung zugunsten der Gutsherren wurde in der Praxis jedoch kaum umgesetzt, da sie vom ‚Regulierungsedikt' vom 14. September 1811 überholt wurde, für das der Staatsrat v. Raumer wesentlich verantwortlich war.[76]

Dieses Edikt beinhaltete ebenso wie die älteren Verordnungen die Festlegung, dass die Gutsherren die Hälfte des Landes der Bauern ohne Erbrecht einziehen konnten. Die andere Hälfte mussten sie ihnen jedoch unentgeltlich überlassen. Den Gutsherren wurde damit der uneingeschränkte Besitz des Landes der nicht erbberechtigten Untertanen zugunsten der Bauern genommen.[77] Die Bauern mit lassitischem Erbrecht, das heißt einem erblichen Nutzungsrecht, mussten ein Drittel des Landes an die Gutsherren abgeben. Anstelle der Ablösung in Form von Land konnten die Gutsherren auch ein Geldäquivalent annehmen. Gegen diese neue Rechtslage setzte ein heftiger Abwehrkampf des grundbesitzenden Adels ein, der durch das in Aussicht stehende ‚Gendarmerie-Edikt' noch verstärkt wurde.[78] Ergebnis des adligen Proteststurmes war die Deklaration zum Regulierungsedikt vom 1816, welche die wesentlichen Grundlagen der Regulierung nicht antastete, den Gutsherren jedoch eine Reihe von Zugewinnen brachte. Zum einen waren nach den Normaljahren[79] auf Gutsland angelegte Stellen nun nicht mehr regulierungsfähig, wodurch einige hunderttausend Morgen Bauernland von den Gütern eingezogen worden sind.[80] Außerdem wurden die nicht spannfähigen[81] Kleinstellen von der Regulierung ausgenommen.

Die von diesen Stellen zu leistenden Handdienste verblieben den Gutsherren also weiterhin. Ihre Ablösung wurde erst 30 Jahre später möglich. Schließlich ist die in der Deklaration von 1811 gesetzte Frist von zwei Jahren für die sogenannte ‚Auseinandersetzung, zwischen Bauern und Gutsherr aufgehoben worden. Nunmehr sollte die Auseinandersetzung auf Initiative einer der beiden Seiten erfolgen, und alle feudalrechtlichen Verbindlichkeiten waren bis zu ihrem Abschluss in voller Höhe zu leisten. Die Gutsherren gewannen durch die Deklaration von 1816 Land und Dienste hinzu, die Gesamtkonzeption der

76 Vgl. hierzu vor allem: HARNISCH, Agrarreform, S. 86 ff.

77 Vgl. HARNISCH, Agrarreform, S. 74.

78 Vgl. dazu u. a. VETTER, Kurmärkischer Adel, S. 137 ff.

79 Diese Normaljahre sind bereits zwischen 1808 und 1810 definiert worden. Für die einzelnen Provinzen galten dabei unterschiedliche Normaljahre, so für Ostpreußen 1752, für Westpreußen 1774, für Schlesien 1749 und für die Kurmark, die Neumark und Pommern 1763.

80 HARNISCH, Agrarreform, S. 94.

81 Spannfähig bedeutete, mit einem eigenen Gespann dienen zu müssen. Die nicht spannfähigen Kleinstelleninhaber waren zu Handdiensten verpflichtet, die weiter geleistet werden mußten.

Ablösung wurde jedoch nicht verändert. Dem Regulierungsedikt und der Deklaration unterlagen weniger als 30 % des bäuerlichen Landes.[82] Der weitaus größte Teil der Bauern hatte ein erbliches Besitzrecht an den Höfen. Dieser Gruppe von Bauern wurde durch die Ablösungsordnung vom 7. Juli 1821 die Lösung der feudalen Bindungen ermöglicht. Die Gutsherren konnten dabei zwischen Land- oder Geldentschädigungen wählen. Die Ablösung der Handdienste war jedoch von der Bereitschaft der Gutsherren abhängig.

In der 1815 in Folge des Wiener Kongresses zu Preußen gekommenen Niederlausitz ist die Agrarreformgesetzgebung mit einigen Jahren Verspätung eingeführt worden. Diese Verzögerung betraf auch den bereits seit Jahrhunderten zu Brandenburg gehörenden Kreis Cottbus. Gleichzeitig mit der Einführung des Allgemeinen Landrechtes wurde 1817 zunächst die preußische Gesindeordnung von 1810 eingeführt. 1819 erfolgte die Aufhebung der Erbuntertänigkeit. Vollständig wurde die Situation den anderen Gebieten der Provinz erst 1821 angeglichen, als alle Regelungen des Regulierungsediktes von 1811 einschließlich der Folgebestimmungen auch für die Niederlausitz in Kraft traten, was für den Kreis Cottbus jedoch schon 1½ Jahre früher geschehen war.[83] Die Ablösungsordnung von 1821 war ohne Verzögerung in der gesamten Provinz in Kraft gesetzt worden.

Erst ein Vierteljahrhundert später, nach der Revolution von 1848 und den mit ihr verbundenen Unruhen unter der ländlichen Bevölkerung[84], kam wieder Bewegung in die ländlichen Verhältnisse. Am 2. März 1850 ergingen Gesetze, die den Abschluss der Reformen einleiten sollten. Das ‚Gesetz, betreffend die Ablösung der Reallasten und die Regulierung der gutsherrlichen und bäuerlichen Verhältnisse', das eine Aufhebung aller noch bestehenden Lasten ermöglichte, wurde durch ein Gesetz zur Bildung von Rentenbanken und eine Abänderung der Gemeinheitsteilungsordnung flankiert.[85] Erst jetzt wurden auch die nicht spannfähigen Stellen in die Regulierung mit einbezogen. Durch die Bildung der Rentenbanken stellte der Staat die Mittel zur sofortigen Lösung der Abhängigkeitsverhältnisse bereit.[86]

Untrennbarer Bestandteil der Agrarreformen waren die Separationen des bäuerlichen und des gutsherrlichen Landes, deren Geschichte – ähnlich wie die der Dienstablösungen – bereits in die zweite Hälfte des 18. Jahrhunderts zurück reicht. In den meisten Fällen lag das von den Bauern bewirtschaftete Land mit dem der Güter im Gemenge. Das heißt, es gab keine separaten Flurstücke. Die Bewirtschaftung unterlag daher den strengen Restriktionen des Flurzwanges. Dieses System war ein entscheidendes Produktionshemmnis, da die Entscheidungsmöglichkeiten der Landwirte dadurch erheblich

82 HARNISCH, Agrarreform, S. 95 f.

83 LEHMANN, Niederlausitz, S. 553 f.

84 Vgl. zu den ländlichen Ausläufern der Revolution in der Provinz Brandenburg, MATERNA/RIBBE, Brandenburgische Geschichte, S. 478-480.

85 GS, 1850, S. 77-111.

86 Zu den Ergebnissen der Agrarreformen für die Güter vgl. die entsprechenden Teile des Abschnittes über die Entwicklung der Landwirtschaft.

beschränkt wurden.[87] Die Aufhebung der Gemengelage war schon im 18. Jahrhundert auf königliche Initiative von einer Reihe von Gutsherren begonnen worden, die Ergebnisse blieben jedoch beschränkt.[88] 1811 wurde dann ein erster Versuch unternommen, die überkommenen gemeinschaftlichen Rechte teilweise abzulösen. Das wesentlich von Thaer mitgestaltete ‚Landeskulturedikt' vom 1811 beschränkte die gemeinschaftliche Weidenutzung zugunsten der Eigentümer und traf erste Maßnahmen zur Ablösung verschiedener Forstservitute, vor allem der Waldweide. Zehn Jahre später 1821 wurde dann die wesentlich weitergehende ‚Gemeinheitsteilungsordnung' erlassen. Damit wurde die Aufhebung der Weide- und Forstberechtigungen in die Wege geleitet, die schließlich zu einer vollständigen Trennung von bäuerlichem und gutsherrlichem Boden führte.

Die Agrarreformen in Preußen führten zur Aufhebung einer Vielzahl feudaler Verbindlichkeiten und leiteten den Prozess der Auseinandersetzung von Gütern und bäuerlichen Gemeinden ein. Da jedoch der Versuch, den Durchgriff des Staates bis in die unterste Ebene der Verwaltung des platten Landes zu erreichen, scheiterte, blieben die obrigkeitlichen Rechte der Rittergutsbesitzer weiter bestehen, wie im folgenden zu zeigen ist.

Die Entwicklung der Gutsbezirke im 19. Jahrhundert

Neben den vor allem die ständische Qualität betonenden Begriff ‚Rittergut' trat im 19. Jahrhundert als Verwaltungskategorie der ‚Gutsbezirk'. Auch für ihn gab es keine Legaldefinition – das ALR kennt ihn nicht –, er entwickelte sich vielmehr im Zuge von Verrechtlichung, Zentralisierung und Durchsetzung des staatlichen Gewaltmonopols.[89]

Der Gutsbezirk war ein räumlich abgegrenzter Teil des platten Landes, dessen Gebiet und Bewohner der obrigkeitlichen Gewalt eines Gutsherrn unterworfen waren.[90] Die Gutsbezirke entstanden durch die Trennung und Separation des gutsherrlichen Landes von dem der Landgemeinden im Zuge der Agrarreformen. Die Befugnisse des Gutsherrn gegenüber den Gutsbewohnern und den Landgemeinden waren dabei im Untersuchungszeitraum gewaltigen Veränderungen unterworfen. Rittergüter und Gutsbezirke sind nicht deckungsgleiche Begriffe. In Brandenburg machten die Rittergüter zahlenmäßig nur 82 % der Gutsbezirke aus. Dazu kamen Domänen und Staatsforsten, die ebenfalls den Charakter von Gutsbezirken hatten.[91] Hier war der Landesherr, vertreten durch seine Beamten, de jure der Gutsherr.[92] Neben Rittergütern und

87 Vgl. Hans Heinrich MÜLLER, Märkische Landwirtschaft vor den Agrarreformen von 1807, Potsdam 1967, S. 46 ff.

88 Vgl. HARNISCH, Agrarreform, S. 98 f.

89 Juristisch wurden die Gutsbezirke als selbständige kommunale Einheiten neben den Landgemeinden erstmals im Gesetz über die Verpflichtung zur Armenpflege vom 31.Dezember 1842 aufgeführt. Vgl. GENZMER, Entstehung, S.18.

90 Vgl. hierzu ebenda S. 31 ff.

91 Vgl. hierzu ebenda, S. 22-29.

92 Bei der bis zum Beginn des 19. Jahrhunderts üblichen Generalverpachtung der Ämter übernahm der Pächter in der Regel auch die gutsherrliche Gewalt sowie die Dienste und Abga-

Domänen gab es jedoch weitere Gutsbezirke.[93] Zum einen waren dies größere Güter, die von einem Gemeindebezirk separiert lagen. Ihnen mussten jedoch nicht alle aus der Entwicklung der Gutsherrschaft hervorgegangenen Rechte zustehen.[94] Zum anderen bestanden auf dem Gebiet der ehemaligen Domänenvorwerke, die ohne die gutsherrlichen Rechte veräußert worden waren die staatlichen Gutsbezirke, allerdings mit geringer oder ohne Landausstattung, weiter.[95]

Ausgangspunkt für die Entstehung der Gutsbezirke waren die Rechtsverhältnisse, wie sie sich mit der Gutsherrschaft herausgebildet hatten. Zentral war dabei die Ermächtigung des Besitzers eines Gutes, Untertanen zu haben. Nach dem ALR waren dazu nur die Besitzer von Gütern, die ‚zu adligem Recht' verliehen waren, berechtigt. Hinzu kamen solche, denen diese Rechte durch einen besonderen Hoheitsakt beigelegt worden waren. Die zu den Gütern gehörenden Untertanen wohnten entweder in den Dörfern oder direkt auf dem Gebiet des Gutes.

Die Trennung von herrschaftlichem (Ritteracker) und bäuerlichem Acker bildete den Anfang eines Prozesses, an dessen Ende vollständig getrennte Gutsbezirke und Landgemeinden stehen sollten. Die Scheidung von steuerfreiem Ritterland und steuerpflichtigem (kontribuablem) Bauernland wurde bereits zu Ende des 17. Jahrhunderts eingeleitet.[96] Die dabei angelegten Hufenschoßkataster bedeuteten eine erste Grenzziehung zwischen bäuerlichem und gutsherrlichen Grund und Boden, auch wenn dieser sich weiterhin in den meisten Fällen in Gemengelage befand. Da der expandierende Territorialstaat Preußen Untertanen als Steuerzahler und militärdienstleistende Kantonisten brauchte, war er gezwungen, ein übermäßiges ‘Legen' der ländlichen Bevölkerung zu verhindern. 1763/64 ergingen daher Edikte, die festlegten, dass sowohl die Anzahl der Stellen als auch der Umfang des Bauernlandes nicht

---

ben. Nachdem von der Generalpacht abgegangen worden war, erfolgte zunächst eine Teilung der Funktionen. Die Erhebung der Abgaben und die gutsherrliche Polizei oblag den Domänenrentmeistern.

93 Dies wird dadurch sichtbar, dass die Zahl der Rittergüter (einschließlich der kreistagsfähigen und der gelöschten) zuzüglich der Domänen und Staatsforsten nur 1.821 der in Brandenburg vorhandenen 1.970 Gutsbezirke abdeckte.

94 Diese Gutsbezirke wurden auch als ‚Gutsbezirke neueren Rechts' bezeichnet. Vgl. Fritz DOBROSCHKE, Artikel: Gutsbezirk, in: Hermann SACHER (Hg.), Staatslexikon, Freiburg/Breisgau 1927, Bd. 2, Sp. 963-964.

95 Diese verbliebenen Herrschaftsrechte, Abgaben und Renten wurden in Rentämtern organisiert, welche die Qualität von Gutsbezirken hatten. Im Regierungsbezirk Potsdam existierten 24 und im Regierungsbezirk Frankfurt/O 14 Rentämter. Vgl. die statistischen Nachweisungen des Jahres 1824 im BLHA, Rep. 1, Nr. 1402, Pag. 36 und Pag. 64.

96 Es wurden für die Einziehung der Steuern (Generalhufenschoß) Kataster angelegt, in denen die Verteilung zwischen den beiden Landtypen verzeichnet wurde. Dieser Prozess war in Brandenburg 1719 beendet. Als Normaljahr wurde dabei das Jahr 1624 definiert. Die Qualität des Bodens sollte danach unverändert bleiben. Das heißt, wenn ein Rittergutsbesitzer bäuerliches Land hinzu erwarb oder einzog, blieb dieses Land kontribuabel. Umgekehrt konnten Bauern auf diese Weise in den Besitz von steuerfreiem Land kommen. Dem Adel – vor allem in der Uckermark – gelang es jedoch häufig, Bauernland nachträglich als steuerfrei zu deklarieren. Vgl. Hans GOLDSCHMIDT, Die Grundbesitzverteilung in der Kurmark Brandenburg um 1800, Borna und Leipzig 1909. S. 24.

verringert werden durften. Als Normaljahr wurde dabei für die meisten Territorien das Jahr des Regierungsantrittes Friedrich II. 1740 bestimmt.[97]

Das ALR fixierte diese Grundsätze nochmals und führte eine Trennung zwischen den 'Dorfgemein(d)en' und den ‚Gutsherrschaften' ein.[98] Die Dorfgemeinde war die Korporation der Bauern eines Dorfes, die jedoch in allen wesentlichen Belangen dem jeweiligen Gutsherrn unterworfen war, dessen Herrschaftsbereich neben seinem Gutshof und -acker auch das Dorf und die Gemeindefeldmark der gutsuntertänigen Bauern umschloss.

Die Agrarreformen brachten neben dem Beginn der Ablösung von Diensten und Abgaben eine erste fundamentale Veränderung des Verhältnisses von Gutsherrn und Bauern. Das Oktoberedikt bestimmte, dass die Bauern mit einem erblichen Recht sofort, die anderen zum Martinitag (11. 11.) 1810, die persönliche Freiheit erhalten sollten, also aus der Untertänigkeit entlassen wurden. Die Verpflichtungen, die ihnen auferlegt waren, wurden dadurch nicht aufgehoben. Die Beendigung der Erbuntertänigkeit, die Ablösung der Dienste und Abgaben sowie die Regulierung der Eigentumsverhältnisse waren Veränderungen von Beziehungen privatrechtlicher Natur. Die Verhältnisse des öffentlichen Rechts, das heißt die obrigkeitliche Seite der Gutsherrschaft, wurde dabei nicht berührt.[99] Der Gutsherr blieb Gerichtsherr und behielt weiterhin die Polizeigewalt in seinem Gutsbezirk, da diese Rechte juristisch weder mit der Erbuntertänigkeit noch mit dem Obereigentum am Bauernland verbunden waren.

Um mit dem Oktoberedikt einhergehende anders lautende Interpretationen vor allem in Schlesien zu unterbinden, wurde 1809 ein Publikandum erlassen, das die Aufrechterhaltung der gutsherrlichen Gewalt eindeutig bestätigte.[100] Zum einen wurde erklärt, dass die Aufhebung der Erbuntertänigkeit nicht bedeutete, dass die Dienste und Abgaben damit ebenfalls beseitigt worden wären. Zum anderen wurden ausdrücklich noch einmal die Rechte der Gutsherren festgehalten. Ihnen standen weiterhin die Abzugs- und Loslassungsgelder[101], der Abschoß[102], der Handwerkszins und das Schutzgeld[103] zu. Aufgehoben waren dagegen die Dienstpflicht der Kinder der Untertanen, die Zahlung von Loslassungsgeldern aus der Erbuntertänigkeit und die Pflicht, den herrschaftlichen Konsens zum Verkauf oder der Verpfändung der Grundstücke sowie zum Erlernen eines handwerklichen Berufes einzuholen. Die Dorfbewohner hatten die Gutsherren weiterhin als lokale Obrigkeit zu respektieren und sich dazu per Handschlag zu verpflichten.

---

97 Nur für Ost- und Westpreußen wurde 1772 als Normaljahr festgelegt. Vgl. dazu auch GENZMER, Entstehung, S. 9.

98 ALR, Teil II., Titel 7, §§ 18 ff.

99 Vgl. GENZMER, Entstehung, S. 15.

100 GS, 1806-1810, S. 557.

101 Ein Abzugsgeld musste beim Wegzug von Untertanen aus dem Bereich des Gerichtsherrn entrichtet werden. Das Loslassungsgeld fiel bei der Aufgabe einer Bauernstelle an.

102 Der Abschoß ist eine Abgabe von einer außer Landes gehenden Erbschaft.

103 Das Schutzgeld mußten sogenannte Schutzverwandte zahlen, die im Bereich des Gerichtsherrn nicht auf einer eigenen Stelle wohnten.

Nur drei Jahre später 1812 wurde mit dem Erlass des Gendarmerieediktes[104] der Versuch unternommen, die Verwaltung des platten Landes weitgehend zu verstaatlichen und den Gutsbesitzern ihre uneingeschränkte Führungsposition in den Dörfern und im Kreis zu nehmen. Neben dem Ziel, die Verwaltung bis in die unterste Ebene in staatliche Hände gelangen zu lassen, verfolgten Hardenberg und sein Berater Scharnweber vor allem eine Politik der Schwächung der Stände.[105] Ziel des Ediktes war die Einteilung der Monarchie in Militär- und Regierungsdepartements, denen eine geographisch begründete Kreiseinteilung zu Grunde liegen sollte. Die großen Städte sollten von den Kreisen getrennt, die übrigen in die Kreise eingegliedert werden, für die ein Kreisdirektor anstelle des Landrates vorgesehen war. Die Gerichtsbarkeit übernahm ein zentrales Kreisgericht. Anstelle der aufgehobenen Patrimonialgerichtsbarkeit sollten die Gutsherren nur noch die Dorfgerichtsbarkeit kontrollieren.

Gegen diesen Angriff auf ihre herrschaftlichen und repräsentativen Privilegien liefen die Adligen, in Teilaspekten auch von Vertretern der Städte unterstützt, erfolgreich Sturm. Der einsetzende Krieg verhinderte eine rasche Durchführung der geplanten Maßnahmen. Nach dem Krieg gelang es dem Adel durch massive Proteste seiner Vertreter sowohl in der von Hardenberg geschaffen Notablenversammlung als auch aus den Kreisen, die Suspendierung des Gendarmerie-Ediktes zu erreichen. Die Durchsetzung der Ziele, die mit dem Edikt verfolgt wurden, sollte nun in kleinen, den Gutsherren z. T. mühsam abgerungenen Schritten, bis zum Ende des Jahrhunderts und darüber hinaus dauern.

Das erste althergebrachte Vorrecht der Gutsherren fiel im Gefolge der 1848er Revolution. 1849 wurde zunächst die Patrimonialgerichtsbarkeit aufgehoben[106], die nun mitsamt aller Kosten und Einnahmen an die staatlichen Gerichte fiel. Ein Jahr später bestimmte Artikel 42 der oktroyierten Verfassung darüber hinaus: „Aufgehoben ohne Entschädigung sind: 1) die Gerichtsherrlichkeit, die gutsherrliche Polizei und obrigkeitliche Gewalt, sowie die gewissen Grundstücken zustehenden Hoheitsrechte und Privilegien."[107] Zwei Monate später folgte eine neue Gemeindeordnung, die diesen Bestimmungen Rechnung tragen sollte. Diese ist jedoch nach zwei Jahren außer Kraft gesetzt und wenig später gänzlich aufgehoben worden.[108] 1856 wurde auch die Beseitigung der gutsherrlichen Polizei wieder aus der Verfassung gestrichen. Die Gutsherren blieben die Ortsobrigkeit, behielten die Polizeigewalt und setzten weiterhin die Schulzen der Dörfer ein.

Dies änderte sich 1872 mit der Einführung der neuen preußischen Kreisordnung[109], die nur mit Hilfe eines 'Pairsschubes' im Herrenhaus durchgesetzt

---

104 GS, 1812, S. 141 ff.

105 Vgl. dazu u. a. KOSELLECK, Preußen, S. 196 f. , VETTER Kurmärkischer Adel, S. 94 ff. und Heinrich V. TREITSCHKE, Deutsche Geschichte im 19. Jahrhundert, Bd. 1, S. 368 ff.

106 GS, 1849, S. 1.

107 Adolf ARNDT, Die Verfassungsurkunde für den preußischen Staat nebst Ergänzungs- und Ausführungsgesetzen, Berlin 1889², S. 92.

108 GENZMER, Entstehung, S. 19 f.

109 GS, 1873, S. 661.

werden konnte.[110] Diese Kreisordnung hob sowohl die Polizeigewalt der Gutsherren als auch ihre obrigkeitliche Stellung gegenüber den Dorfgemeinden auf.[111] Ebenfalls wurde die Aufsicht über das Schulwesen, d. h. das Recht den Schullehrer zu bestellen, beseitigt. Gutsbezirke und Landgemeinden standen nun als formal gleichberechtigte kommunale Einheiten nebeneinander.[112] Den Gutsherren blieb die Ausübung der Ortsobrigkeit in ihrem Gutsbezirk als letztes Herrschaftsrecht jedoch bis 1928 erhalten. Während in den Gemeinden die Vorsteher gewählt wurden, stand dem Gutsherrn dieses Recht in Folge seines Besitzes automatisch zu. Die Polizeiverwaltung ging auf die neu gebildeten Amtsbezirke über, die in der Regel mehrere Güter und Landgemeinden mit 6.000-8.000 Einwohnern umfassten.

Genau 60 Jahre dauerte es nach Erlass des gescheiterten Gendarmerie-Ediktes, bis den Inhabern der Rittergüter die meisten Herrschaftsrechte entzogen worden waren. Diese gaben die zum großen Teil aus der Zeit der Kolonisierung des Landes herrührenden Rechte in keinem Fall freiwillig auf, hing doch ein Teil ihrer Herrenstellung und ihres Prestiges von dieser juristischen Untermauerung ab. Auch wenn sie ihre Macht gegenüber den Dorfgemeinden verloren, blieb jedoch ihre Führungsposition auf den Gütern gegenüber 'den Leuten' durch legislatorische Maßnahmen kaum anfechtbar, da hier ganz andere Abhängigkeitsverhältnisse herrschten.

Neue Etiketten: Güter, Grundbesitz, Großgrundbesitz

Mit dem Verlust der Herrschaftsrechte, wie er oben beschrieben wurde, und der Aufgabe der Steuerfreiheit der Güter durch die Grundsteuerreform von 1861[113] begannen die Grenzen zwischen privilegierten Rittergütern und anderen Gütern zu verschwimmen. In der Folgezeit kamen daher neben dem traditionellen und festumrissenen Begriff Rittergut weitere Bezeichnungen in Umlauf, die vor allem auf ökonomische Kriterien zurückgegriffen.[114] Die Verbreiterung der Gruppe der Güter, die sich durch ihren Umfang vom bäuerlichen Besitz mehr oder weniger deutlich abhoben, hatte – wie noch zu zeigen sein wird – ihren wesentlichen Ursprung in den Entwicklungen nach den Agrarreformen.

---

110 Vgl. u. a. Hans-Ulrich WEHLER: Deutsche Gesellschaftsgeschichte. Bd. 3 Von der «Deutschen Doppelrevolution» bis zum Beginn des Ersten Weltkrieges 1849-1914, München 1995, S. 814.

111 Ebenfalls aufgehoben wurden die erblichen Schulzenlehen.

112 Allerdings brachte erst die Landgemeindeordnung von 1891 den Landgemeinden die volle Selbstverwaltung, da sie bis dahin nur das Vorschlagsrecht für den Vorsteher besaßen.

113 Vgl. hierzu Wolfram PYTA, Liberale Regierungspolitik im Preußen der „Neuen Ära" vor dem Heereskonflikt: Die preußische Grundsteuerreform von 1861, in: FBPG (NF) 2 (1992), S. 179-247.

114 Der Bruch ist sogar zwischen den ersten beiden Handbüchern, die mit einem Abstand von nur 6 Jahren erschienen, in Ansätzen sichtbar. Während Rauer 1857 eine Handmatrikel der Rittergüter veröffentlichte, gab Frantz 1863 bereits ein Verzeichnis heraus, dass neben den Herrschaften und den Rittergütern auch andere (Privat-) Güter mit einschloss.

Nachdem 1872 die Zusammensetzung der Kreistage verändert wurde und an die Stelle der Rittergutsbesitzer der Wahlverband der Großgrundbesitzer trat, rückte diese Kategorie immer mehr in den Vordergrund. Großgrundbesitz war nicht mehr rechtlich definiert, sondern durch eine bestimmte Größe oder das Erreichen eines bestimmten Grundsteuerreinertrages. Damit bildete sich neben dem alten Rittergutsbesitz eine mehr oder weniger breite Grenzzone zum großbäuerlichen Besitz aus, die nach statistischen Kriterien zum Großgrundbesitz gerechnet wurde. Die seit 1879 erscheinenden Handbücher des Grundbesitzes im Deutschen Reiche[115] trugen dem in ihrem Aufbau Rechnung. Die Kriterien für die Aufnahme in die bis 1881 im Selbstverlag des Landwirtschaftlich-Statistischen Bureaus erscheinenden Bände waren eine bestimmte Größe (100 ha) oder das Überschreiten eines Grundsteuerreinertrag von 1.500 RM.[116] In ihnen waren die Rittergüter z. T. mit ihren Vorwerken, die Domänen, die Staatsforsten, der königliche Hausbesitz, größere Privatgüter, ehemalige Lehnschulzengüter und sogenannte Rustikalgüter verzeichnet. Rittergüter, welche die Minimalwerte unterschritten, wurden dennoch verzeichnet. Die Statistiker maßen ihnen also einen Wert zu, der nicht nur mit ökonomischen Kriterien zu messen war. Die landwirtschaftliche Betriebsstatistik, d. h. die Zählung aller Agrarbetriebe, legte allein das Größenkriterium von 100 ha an, um die sogenannten Großbetriebe vom mittel- und großbäuerlichen Besitz zu trennen.[117]

Über der Benutzung der egalisierenden – Größe oder Wert der Güter als Ausgangspunkt nehmenden – Bezeichnungen wurde die Qualität der Güter jedoch nicht vergessen. Die Güteradressbücher vermerkten auch nach dem Ende des Kaiserreiches noch penibel, ob es sich um ein Rittergut oder ein anderes Gut handelte. Dies zeigt, dass den Rittergütern weiterhin etwas Besonderes anhaftete, das sie aus dem übrigen Großgrundbesitz heraushob.

Zusammenfassung

Die preußische Provinz Brandenburg erlebte von 1800 bis zum Ende des Kaiserreiches eine gewaltige Bevölkerungszunahme, die zu einem Teil jedoch auch auf das Wachstum von Berlin und seinem Umland zurückführen ist. Trotz zunehmender Urbanisierung lebten am Ende des 19. Jahrhunderts immer noch zwei von drei Einwohnern auf dem Lande. Die Provinz war – mit Ausnahme der Berliner Agglomeration – immer ein Abwanderungsgebiet. Die Abwanderung verteilte sich jedoch unterschiedlich zwischen den verschiedenen Gemeindeformen. Während die Bevölkerungszahl in den Gutsbezirken

115 Eine Bibliographie der 'Handbücher', ebenso wie der seit 1892 erschienenen 'Niekammer'schen Landwirtschaftlichen Güteradreßbücher' findet sich bei HEß, Junker, S. 80 (Fußnote 106).

116 Vgl. dazu auch BUCHSTEINER, Großgrundbesitz, S. 25 ff

117 Landwirtschaftliche Betriebsstatistik nach der allgemeinen Berufszählung vom 5. Juni 1882. Hg. vom Kaiserlichen Statistischen Amt, Berlin 1885, S. 6 (= Statistik des Deutschen Reiches [NF], 5).

spätestens seit der Gründung des Kaiserreiches 1871 stabil war, hatten die Landgemeinden andauernde hohe Abwanderungsverluste.

In einem langen Transformationsprozeß, der bereits um 1700 begann und seinen formalen Abschluss erst 1928 erhielt, wurde aus den spätmittelalterlichen Lehen der aller feudalen Privilegien entkleidete Großgrundbesitz. In den altpreußischen Gebieten erhielt dieser Prozess durch die rigorose Adelsschutzpolitik Friedrich II., die auch seine Nachfolger fortsetzten, eine von den Nachbargebieten abweichende Note. Dadurch wurde einerseits das Eindringen Bürgerlicher bis 1807 deutlich gebremst, anderseits ein – auch über diesen Zeitpunkt hinaus wirkendes – wenig bürgerfreundliches Klima auf dem Lande geschaffen.

Die preußischen Agrarreformen führten bis zur Jahrhundertmitte zur strikten Trennung von bäuerlichem und herrschaftlichem Land sowie zur Beseitigung der Dienste und Abgaben. Den Gutsherrschaften floss ein gewaltiger Strom an Land und Kapital von den Bauern zu. Dennoch entstanden im Ergebnis der Reformen neben den Gutsherren selbständige Bauerngemeinden. Es gelang den Agrarreformern allerdings nicht, parallel zur Regelung der Eigentumsfragen die Ausübung der öffentlichen Gewalt zu verstaatlichen. Erst die Revolution von 1848, die Neue Ära sowie Bismarcks Bündnis mit den Nationalliberalen ermöglichten das Erreichen der wesentlichsten Ziele des Gendarmerie-Ediktes von 1812.

Bei der Diskussion über großen ländlichen Besitz muss die unterschiedliche inhaltliche Besetzung der verwendeten Begriffe beachtet werden. Zwischen ständisch definiertem und privilegiertem Rittergutsbesitz und Großgrundbesitz als an formalen Kriterien orientierter Kategorie bestehen z. T. erhebliche Unterschiede. Die Eigenschaft der betreffenden Güter, abgeschlossener Gutsbezirk zu sein und damit lange Zeit auch über juristische Mittel der Herrschaftsausübung zu verfügen, ist dabei nur ein Unterscheidungsmerkmal.

II. Grundlinien der landwirtschaftlichen Entwicklung im 19. Jahrhundert unter besonderer Beachtung des Großgrundbesitzes

Die Entwicklung der preußischen ebenso wie der deutschen Landwirtschaft im 19. Jahrhundert ist durch ein Paradoxon gekennzeichnet. Obwohl es den Landwirten gelang, die Produktion in nie gekanntem Ausmaß zu erhöhen, mussten sie gegenüber der Industrie einen Bedeutungsverlust hinnehmen.[1] Dennoch blieb die Landwirtschaft bis 1918 ein wesentlicher Bestandteil der deutschen Volkswirtschaft, in dem am Ende dieses Zeitraumes immer noch rund ein Drittel aller Beschäftigten arbeiteten und ein Viertel des Nettoinlandproduktes geschaffen wurde.[2]

Ausgangspunkt für die gewaltigen Veränderungen waren die Agrarreformen, die in Preußen ebenso wie in den anderen Teilen Deutschlands das 'Ende des Mittelalters' in der Landwirtschaft einleiteten. Im Zuge der Reformen kam es einerseits zu einer deutlichen Trennung (Separation) des Landes der einzelnen Besitzer, die mit einer Klärung des Besitzstatus verbunden war. Damit fiel die Barriere, die der Flurzwang für eine 'rationelle' Landwirtschaft dargestellt hatte, und das System der Feldnutzung wurde in das Ermessen des einzelnen Besitzers gestellt.[3] Zum anderen wurden im Zuge der Reformen die aus der feudalen Abhängigkeit herrührenden Verpflichtungen nach und nach gelöst. Für die Bauern bedeutete dies die Befreiung von Verbindlichkeiten gegenüber den Gutsherren. Für letztere entsprang daraus der Zwang, von feudalen Diensten zunehmend auf Lohnarbeit umzustellen. Wesentlich erschwerend für beide Seiten kamen die politischen und wirtschaftlichen Rahmenbedingungen, wie die napoleonischen Kriege oder die Getreidepreiskrise der zwanziger Jahre, hinzu. Diese Schwierigkeiten führten naturgemäß auch zu einem beschleunigten Umschlag des zunehmend zur Ware werdenden Bodens. Dennoch bleibt als Ergebnis der Agrarreformen festzuhalten, dass sie

1 Vgl. zur Entwicklung der Landwirtschaft im 19. Jahrhundert u. a. : Walter ACHILLES, Deutsche Agrargeschichte im Zeitalter der Reformen und der Industrialisierung, Stuttgart 1993; Friedrich Wilhelm HENNING, Deutsche Wirtschafts- und Sozialgeschichte im 19. Jahrhundert, Paderborn u. a. 1995 (= Handbuch der Wirtschafts- und Sozialgeschichte Deutschlands, 2); Günther FRANZ, Landwirtschaft 1800-1850, in: Hermann AUBIN u. Wolfgang ZORN (Hgg.), Handbuch der deutschen Wirtschafts- und Sozialgeschichte, Stuttgart 1976, Bd. 2, S. 276-320 und Max ROLFES, Landwirtschaft 1850-1914, in: ebd. S. 495-526; Heinz HAUSHOFER, Die deutsche Landwirtschaft im technischen Zeitalter, Stuttgart 1963. Unentbehrlich sind darüber hinaus die Angaben aus: Eberhard BITTERMANN Die landwirtschaftliche Produktion in Deutschland 1800-1950, in: Kühn-Archiv 70 (1956), S. 1-149. Für die preußische Landwirtschaft siehe die verschiedenen Bände von August MEITZEN, Der Boden und die landwirtschaftlichen Verhältnisse des Preussischen Staates. Berlin 1866-1908.

2 Vgl. ACHILLES, Agrargeschichte, S. 211.

3 Diese Feststellung dürfte für die großen Güter weitgehend zutreffen. Die Separation der Bauern untereinander fand dagegen in vielen Regionen erst lange nach den Separationen von den Gütern statt. Vgl. auch HARNISCH, Agrarreformen, S. 193 ff.

bei einer starken Bevorteilung der Rittergutsbesitzer nicht zu einer wesentlichen Verringerung der Zahl der Bauern geführt hat. Daneben wurde jedoch die Herausbildung einer Schicht landloser oder -armer Landarbeiter, die bereits lange vor den Reformen einsetzte, stark beschleunigt.[4]

Im folgenden sollen kurz die grundlegenden Entwicklungen im Agrarsektor unter besonderer Beachtung der Rittergüter dargestellt werden.

Die Vergrößerung der Rittergüter

Das Wachstum der Agrarproduktion in der ersten Hälfte des Jahrhunderts wurde wesentlich durch die Ausdehnung der Anbauflächen mitgetragen. Diese Erweiterung basierte auf zwei Grundlagen. Zum einen wurde im Gefolge der sich verändernden Rechtsbedingungen das gemeinschaftlich genutzte Weideland aufgeteilt und in großem Maße in Ackerland umgeformt.[5] Dieser Prozess trug dazu bei, dass sich nach den Reformen in Deutschland das Verhältnis von Ackerland zu Grünland von 1,57 : 1 auf 2,5 : 1 veränderte.[6] Darüber hinaus kam es zu einem erneuten Landesausbau, der zu einer Gewinnung oder Rückgewinnung unkultivierten Landes führte. Bis 1860 wurden die meisten Teile des Öd- bzw. Unlandes, die einer landwirtschaftlichen Nutzung zuführbar waren, in die Betriebe einbezogen.[7] Durch diese beiden parallel laufenden Prozesse wurde in Deutschland allein die Ackerfläche zwischen 1820 und 1875 verdoppelt.[8] Im Bereich des Regierungsbezirkes Potsdam wurden bis 1838 bspw. rund 20.000 ha Wiesen, Äcker und Gärten aus bisher unkultiviertem Land gewonnen und weitere 9700 ha durch den Bau von Kanälen und Abzuggräben.[9] Insgesamt wuchs in der Provinz Brandenburg von 1815 bis 1864 die Fläche der Äcker und Gärten von 20,1 % auf 49 %. Gleichzeitig ging das Ödland von 34,7 % auf 10,7 % zurück.[10] Dieser Rückgang kam jedoch nicht nur der landwirtschaftlichen Nutzfläche zugute, sondern auch der Aufforstung. Brandenburg hatte dabei von allen preußischen Provinzen den größten Zuwachs an Waldfläche. Zwischen 1815 und 1864 nahm die

4 Dabei ist unbedingt festzuhalten, dass die Zunahme der Kleinstellenbesitzer im wesentlichen nicht auf die Reduzierung der Vollbauernstellen zurückzuführen ist, sondern auf die Ansetzung von Arbeiterfamilien zum Ersatz für die bäuerlichen Dienste. So u. a. anderem Christof DIPPER in Zusammenfassung verschiedener Arbeiten zu diesem Thema: Ders. Landwirtschaft im Wandel. Neue Perspektiven der preußisch-deutschen Agrargeschichte im 19. Jahrhundert, in: NPL 1 (1993), S. 31.

5 Goldschmidt ist der Ansicht, dass die Gutsherrschaften in der Kurmark um 1800 nur noch einen bedeutungslosen Anteil an den Gemeinheiten besessen hätten, so dass dieser Faktor für die Erweiterung des Landes der Güter nicht von Bedeutung gewesen wäre. GOLDSCHMIDT, Grundbesitzverteilung, S. 18.

6 WEHLER, Gesellschaftsgeschichte, Bd. 2, S. 40.

7 Für Brandenburg schätzt Harnisch den Anteil des unkultivierten Landes im 18. Jahrhundert auf 20 bis 40 %, der jedoch im Zuge der Agrarreformen innerhalb von wenigen Jahrzehnten fast vollständig zurückgedrängt wurde. Vgl. HARNISCH, Agrarreform, S. 151 f.

8 HENNING, Wirtschafts- und Sozialgeschichte, S. 636.

9 HARNISCH, Agrarreform, S. 154 (Tabelle 31).

10 Vgl. IPSEN, Zeitschrift für Agrargeschichte 2, S. 47.

Waldfläche von 19,3 % auf 32,3 % der Gesamtfläche zu.[11] Die Provinz 'überholte' damit die Westprovinzen, die am Beginn des Jahrhunderts einen deutlich höheren Waldbestand hatten. Da Forst nur ab bestimmten Dimensionen wirtschaftlich zu nutzen ist, hatten vor allem die Großbetriebe und die staatlichen Forsten hieran einen entscheidenden Anteil.[12]

Für die erste Hälfte des Jahrhunderts liegen keine detaillierten Zahlen vor. Erst für die Zeit ab 1860 können Aussagen zu Abnahme und Wachstum der Waldfläche getroffen werden.[13] Bei den für diese Frage untersuchten 635 Rittergütern nahm die Waldfläche zwischen 1860 und 1910 insgesamt um 12.778 ha zu. Dies war eine Vergrößerung dieser Bodennutzungsart um 9 %. Dabei sind deutliche Unterschiede zwischen Gütern in adliger oder bürgerlicher Hand zu erkennen. Auf den Gütern, welche die gesamte Zeit im Besitz einer adligen Familie gewesen sind, wurden 77 % dieser Zuwächse realisiert. Fast der gesamte restliche Anteil entfiel auf Güter, die 1910 ebenfalls in adligem Besitz waren, ohne das es sich um die gleichen Besitzer wie 1860 gehandelt hat. Auf Güter die 1860 und 1910 in bürgerlichem Besitz waren, entfiel dagegen nur 1 % der Zuwächse. Die Ursachen dafür sind darin zu suchen, dass langfristig in adliger Hand befindliche Güter im Schnitt deutlich größer als die von Bürgerlichen waren und einen höheren Waldanteil hatten. Größere Wälder sind effektiver zu bewirtschaften, während die oftmals kleinen Waldstücke kleinerer Güter, kaum regelmäßige Einkommen erbrachten. In diesem Falle war eine Verkleinerung der Waldfläche bei kleinen überwiegend auf Landwirtschaft orientierten Gütern ebenso sinnvoll, wie die Arrondierung und Ausweitung der Areale bei den großen Gütern. Festzuhalten bleibt in jedem Falle der erhebliche Zuwachs adliger Wälder, der im Schnitt 36 ha pro Rittergut zwischen 1860 und 1910 ausmachte.

Während bis zur Jahrhundertmitte vor allem das Acker- und Wiesenland ausgedehnt wurde, ist für die Zeit des Kaiserreiches insgesamt ein leichter Rückgang der landwirtschaftlichen Nutzfläche zu verzeichnen. Im Durchschnitt des Reiches ging dieser aber vor allem zu Lasten der Weiden und hier vor allem der schlechteren. In Brandenburg nahm dagegen von 1862 bis 1913 das Ackerland sogar leicht ab (auf 98,8 %), während die Wiesenflächen vergrößert wurden (auf 104,5 %). Die Fläche der Weiden verringerte sich dagegen auf annähernd die Hälfte (53,3 %).[14]

Vor allem die Rittergüter, denen neben diesen Zuwächsen das bäuerliche Land aus den Ablösungen und Regulierungen zufloss, erfuhren z. T. erhebliche Erweiterungen. Im marktfernen hinterpommerschen Grumbkow, in dem alle Bauern in der Folge der napoleonischen Kriege ihre Höfe freiwillig auf-

---

11 Ebd.

12 Vgl. das Beispiel Muskau, S. 61; zu den Staatsforsten siehe u. a.: A. BERNHARDT: Die Umwandlung der preussischen Staatsdomänen in Staatsforsten, in: Landwirthschaftliche Jahrbücher. Zeitschrift für wissenschaftliche Landwirtschaft, 7 (1878), S. 1-18.

13 Für diese Untersuchung standen 383 Rittergüter der ehemaligen Kurmark zur Verfügung, für die sowohl die Daten aus den Handbüchern als auch die der Grundsteuermutterrollen bekannt sind.

14 ROLFES, Landwirtschaft, S. 516 f.

gegeben haben sollen, wurde nur durch die Kultivierung bislang wenig oder gar nicht genutzter Flächen zwischen 1782 und 1875 das Acker- und Gartenland von 258,5 ha auf 776,5 ha (298 %) ausgedehnt.[15] Dagegen wurde das Rittergut Wustrau allein durch die Landabtretungen der Bauern um 255,75 ha (davon 91,75 ha Acker) – das sind 17,5 % – vergrößert.[16] Der niederlausitzischen Herrschaft Lieberose fielen 253 ha zu, die angesichts der fast 10.000 ha Waldfläche nur unbedeutend waren, von der landwirtschaftlichen Nutzfläche jedoch knapp ein Viertel ausmachten.[17]

Die Frage nach dem Umfang der Landgewinne der Rittergüter ist bis heute nicht zufriedenstellend zu beantworten. Für die Uckermark errechnete Korth einen durchschnittlichen Gewinn der Güter an Hufenland aus den Ablösungen und Regulierungen von 16,5 %, weitere 3,3 % sollen ihnen aus Landkäufen bis 1860 zugeflossen sein.[18] In den von ihm untersuchten Kreisen der Mittelmark sollen 11,1 % aus Ablösung oder Regulierung stammen, dagegen 5,4 % aus Landerwerb nach den Reformen (bis 1860).[19]

Die Rittergüter der Provinz Brandenburg umfassten 1885 nach den Handbüchern des Grundbesitzes 1.026.081 ha Gesamtfläche.[20] Die Bauern der Provinz mussten 105.621 ha Land abtreten.[21] Das bedeutet, dass mindestens 10,3 % der gesamten Fläche der Rittergüter ehemaliges Bauernland wäre. Allerdings ist dabei der Zukauf nicht berücksichtigt, so dass dieser Prozentsatz der Vergrößerung für die Gesamtprovinz zu niedrig liegt. Inwieweit sich die Gutsherren gegen die Gemeinden durchsetzten konnten und sie auf die schlechteren Böden abdrängten, ist schwer abzuschätzen. Während dies in Wustrau offensichtlich der Fall war[22], beklagte der Fürst Pückler in Muskau, die schlechte Lage und Bodenqualität seiner Entschädigungsländereien, die

15 Eberhard v. LIVONIUS, Die wirtschaftliche Entwicklung des Rittergutes Grumbkow in Pommern 1679-1926, Leipzig 1927, S. 45 (= Wirtschafts- und Verwaltungsstudien mit besonderer Berücksichtigung Bayerns, 75).

16 Carl BRINKMANN, Wustrau, Wirtschafts- und Verfassungsgeschichte eines brandenburgischen Ritterguts, Leipzig 1911, S. 131 (= Staats- und sozialwissenschaftliche Forschungen, 155). Wustrau's Umfang betrug zum Zeitpunkt der Katastrierung für die Grundsteuer 1462 ha, davon waren 365 ha Ackerland. Die Vergrößerung des Ackerlandes betrug 25 %.

17 Eberhard SCHMIDT, Die Standesherrschaften der Niederlausitz nach dem gegenwärtigen Stande der Forschung, in: Niederlausitzische Mitteilungen 12 (1912), S. 85.

18 KORTH, Großgrundbesitz, S. 44 f.

19 Ebd., S. 43.

20 Problematisch an der Verwendung der Daten von 1885 ist die Tatsache, dass zu diesem Zeitpunkt rund 120 ehemalige Rittergüter bereits aufgelöst oder in Auflösung begriffen waren. Allerdings dürfte daraus keine massive Verschiebung der Relationen entspringen. Ein erheblicher Teil dieser Güter war wahrscheinlich grundherrschaftlich verfasst, da er in den Matrikeln als ,ohne Rittersitz' geführt wurde. Ein Drittel war im Besitz von Korporationen und verschwand ebenfalls nach der Durchführung der Reformen. Die restlichen wurden z.T. dismembriert und deswegen in den Matrikeln gelöscht. In vielen Fällen ist daher zu vermuten, dass es hier nicht zu Landabtretungen der Bauern kam.

21 Rudolf Berthold, Hartmut Harnisch und Hans-Heinrich MÜLLER, Der Preußische Weg der Landwirtschaft und neuere westdeutsche Forschungen, in: JbfWG 1970, Tl IV. S. 286.

22 BRINKMANN, Wustrau, S. 128-130. Hier betrug die Differenz des durchschnittlichen Ertrages pro Morgen zwischen Gut (51 Sgr/Mg) und Gemeinde (50 Sgr/Mg) nur einen Silbergroschen.

sich nur zur Aufforstung eignen würden, was später dann auch geschah.[23] Durch eine rigide Politik der ritterschaftlichen Kreditinstitute war es den Gutsbesitzern im übrigen sehr erschwert, das Entschädigungsland wieder zu veräußern, da ihnen dann ein Teil der landschaftlichen Hypothek gekündigt worden wäre.[24]

Eine Gegenprüfung des gutsherrlichen Landgewinnes für den Zeitraum bis 1837/38 bestätigt annähernd die obengenannten Ergebnisse. Die für die Bauernbefreiung zuständigen Generalkommissionen haben regelmäßig berichtet, wie der Stand der Entwicklungen war. Die für die Provinz Brandenburg relevanten Ergebnisse hat Harnisch veröffentlicht.[25] Vergleicht man diese Zahlen mit der Größe der Rittergüter nach 1860[26], so zeigt sich, dass durchschnittlich 9 % ihrer Fläche vor den Reformen Bauernland war, wenn man als Wertungsmaßstab ausschließlich die landwirtschaftliche Nutzfläche nimmt, sogar 15 %! Wiederum ist zu beachten, dass die Güter nach den Reformen bäuerliches Land aufkauften, so dass die errechneten Zahlen die Untergrenze darstellen. Dabei gab es deutliche Unterschiede zwischen den einzelnen Kreisen. Die Kreise Angermünde und Prenzlau (beide Uckermark) wiesen mit 20 bzw. 19 % den mit Abstand größten Anteil an den Gütern zugeschlagenem Bauernland auf. Sowohl der gute Boden als auch die schlechte Rechtsqualität der Bauern in dieser Region[27] könnten die Ursache dafür gewesen sein.

Es sind keine Beziehungen zwischen dem Zeitpunkt und der Art der Ablösung zu erkennen. Offensichtlich war die Entscheidung, Land oder Geld zu nehmen, ganz wesentlich von den Realitäten vor Ort bestimmt. Anders als im erwähnten Wustrauer Beispiel mussten die zu der – in ihrer Struktur ganz anders dimensionierten – Herrschaft Boitzenburg gehörigen Dörfer nur verhältnismäßig wenig Land abtreten, da die Herrschaft in den Zeiten der Agrarpreiskrise nicht in der Lage war, so viel zu verwerten.[28] Erst nach der Krise kam es hier zu Zuwächsen der landwirtschaftlichen Nutzfläche der Herrschaft, indem das Verhältnis zwischen Forst- und Landwirtschaftsfläche verändert wurde. 4.131 Mg gerodetem Forst standen nur 2.407 Mg wieder aufgeforstete Fläche gegenüber. Gemeinsam mit den Ablösungsländereien und dem aufge-

---

23 Hermann GRAF V. ARNIM u. Willi A. BOELCKE, Muskau. Standesherrschaft zwischen Spree und Neiße, Berlin 1992^2, S. 200 f. Vgl. dazu auch Rudolf Lehmann, der mitteilt, dass die Herrschaft Lieberose 1.012 Mg (253 ha) Land erhielt, die meisten Standesherrschaften jedoch nicht um einen Gebietszuwachs bemüht gewesen wären. Rudolf LEHMANN, Die Herrschaften in der Niederlausitz. Untersuchungen zur Entstehung und Geschichte, Köln und Graz 1966, S. 102 f.

24 Hermann MAUER, Das landwirtschaftliche Kreditwesen Preußens agrargeschichtlich und volkswirtschaftlich betrachtet. Ein Beitrag zur Geschichte der Bodenkreditpolitik des preußischen Staates, Strassburg i. E. 1907, S. 68.

25 HARNISCH, Agrarreform, Anhang Tabelle I. und II.

26 Zu den Problemen eines solchen Vergleichs siehe Anmerkung 20.

27 Vgl. MEITZEN, Boden, Bd. 4, S. 292 f. mit den Zahlen der regulierten und abgelösten Bauern und HARNISCH, Rechtsqualität, S. 348 f. Harnisch führt die Ursachen für die erheblichen Unterschiede der bäuerlichen Rechtsqualität in Brandenburg auf die mittelalterliche Ostsiedlung zurück.

28 HARNISCH, Boitzenburg, S. 241.

kauften Bauernland bildeten sie dann die Grundlage zur Anlage neuer Vorwerke.[29]

Bereits vor dem Erhalt der Regulierungs- und Ablösungsländereien wurde zumindest ein Teil der Güter durch das Einziehen und Aufkaufen von bäuerlichem Land vergrößert, wozu die Möglichkeiten durch das Oktoberedikt geschaffen worden waren. Dabei wurde sowohl von der Chance, die in den napoleonischen Kriegen zerstörten Höfe einzuziehen[30] als auch vom reinen Auskaufen[31] Gebrauch gemacht. In der Uckermark nahm die Zahl der Bauernstellen zwischen 1800 und 1816 um 82 (3 %) ab.[32] Die Unterschiede innerhalb der Provinz und die Schwierigkeiten in der Benutzung der zeitgenössischen Statistiken spiegeln sich allerdings darin wider, dass im selben Zeitraum die Zahl der Stellen im Kreis Ruppin wuchs.[33]

Während des Fortgangs und nach Abschluss der Reformen kam es dann allerdings in schwer abschätzbaren Ausmaßen zum Auskaufen der jetzt freien Bauernhöfe.[34] Diese Ausdehnungstendenz der Rittergüter, die in den Jahren nach den Reformen durch bäuerlichen Kapitalmangel noch begünstigt wurde, hat es das gesamte Jahrhundert über gegeben.[35] So umfassten bspw. fast alle brandenburgischen Fideikommisse, die um 1900 gestiftet wurden und deren Stiftungsurkunden überliefert sind, bäuerliches Land. In extremen Fällen, wie dem des 1905 gestifteten v. Quast'schen Fideikommiß Vichel und Rohrlack, waren alle bäuerlichen Besitzer ausgekauft worden.[36] Ein ähnliches Bild bot sich in Diedersdorf ([v.] Seidel). Von sechs nach den Reformen existierenden Kossätenhöfen wurden bis zur Stiftung des Fideikommisses im Jahre 1906 fünf ausgekauft.[37] In der Uckermark sind nach den Reformen in 9 Dörfern alle Höfe verschwunden, so dass die Gemeinden amtlich gelöscht wurden.[38]

---

29 Ebd., S. 248.

30 Im Hinterpommerschen Grumbkow blieb allerdings der Herrschaft, nachdem die Bauern und Kossäten ihre Stellen wegen des Krieges verlassen hatten und zu einer öffentlichen Ausbietung der Höfe keine Interessenten kamen, nur das Einziehen derselben übrig. Vgl. LIVONIUS, Grumbkow, S. 69 f.

31 Ein Beispiel für das Auskaufen von Bauern gegen ihren Willen findet sich bei HARNISCH, Agrarreform, S. 277.

32 Ebd., S. 279. Lippert konnte allein für die von ihm untersuchten Bauerndörfer der nördlichen Uckermark 45 Bauernhöfe (mit 1847 ha) nachweisen, die, nachdem sie durch die Kriege wüst geworden waren, zu Gutsland wurden. Werner LIPPERT, Geschichte der 110 Bauerndörfer in der nördlichen Uckermark. Ein Beitrag zur Wirtschafts- und Sozialgeschichte der Mark Brandenburg, Köln und Wien 1968, S. 163 (= Mitteldeutsche Forschungen, 57).

33 HARNISCH, Agrarreform, S. 279. In ganz anderen Dimensionen verlief dieser Prozess jedoch in Pommern und Ostpreußen, wo 3.000 bzw. 1.700 Stellen von dieser letzten Welle des 'Bauernlegens' betroffen waren. Ebd., S. 274 ff.

34 Eine Vielzahl von diesbezüglichen Einzelangaben überliefert Berghaus in seinem ‚Landbuch'. Vgl., ebd. passim.

35 Mauer weist darauf hin, dass vor allem gegen Ende der dreißiger Jahre beim ritterschaftlichen Kreditinstitut eine Fülle von Anträgen um Nachbeleihung eingingen, welche die Folge des Aufkaufens von Bauernland waren. MAUER, Kreditwesen, S. 87.

36 BLHA, Rep. 1, Nr. 651, Schreiben des Oberpräsidenten an den Landwirtschaftsminister vom 18. Dezember 1905.

37 Ebd., Schreiben des Regierungspräsidenten an den Oberpräsidenten vom 12. Januar 1906.

38 Vgl. LIPPERT, Geschichte, S. 173.

In den 6 niederlausitzischen Kreisen (ohne Cottbus) sind zwischen 1816 und 1859 insgesamt 39 Bauernhöfe von den Gütern ausgekauft worden.[39] Die Liste ließe sich weiter fort führen.[40] Zumindest ein Teil der großen Güter konnte von der Mobilisierung des bäuerlichen Eigentums erheblich profitieren.[41] Darüber hinaus scheinen die Güter auch Teile des Pfarrlandes aufgekauft zu haben.[42]

Festzuhalten bleibt, dass die Güter im Prozess des modernen Landesausbaues in der ersten Hälfte des 19. Jahrhunderts im Zuge der Agrarreformen und durch Zukäufe danach ihre Landausstattung enorm verbessern konnten. Darüber hinaus erhielten sie – wie noch zu zeigen sein wird – durch die ihnen zufließenden Entschädigungsgelder und -renten beträchtliche Mittel, die den Übergang zum mit Lohnarbeit betriebenen kapitalistischen Landwirtschaftsbetrieb erleichterten.[43]

Die Steigerung der Erträge

Die Erträge von den Ackerflächen

Bis zum Ende des 18. Jahrhunderts herrschte in Brandenburg ebenso wie in den anderen Teilen Deutschlands die Dreifelderwirtschaft vor.[44] Im Zuge der beginnenden Verwissenschaftlichung der Landwirtschaft und der Übernahme englischer Methoden, wie sie u. a. von Thaer und seinen Schülern in Deutschland propagiert wurden, kam es zu einer langsamen Ablösung dieses im Mittelalter entwickelten Bodennutzungssystems. Die traditionelle Dreifelderwirt-

---

39 R. FREYTAG-ROITZ, Die Entwicklung der Landwirtschaft in der Niederlausitz seit ihrer Zugehörigkeit zum Hause Hohenzollern 1815-1900, Berlin 1900, S. 37.

40 Auch die diversen Einzelstudien bzw. Ortschroniken zeigen dasselbe Bild eines Zuwachses auf Kosten von Bauernland im gesamten 19. Jahrhundert. Vgl. z. B. HARNISCH, Boitzenburg, S. 249 ff.; BRINKMANN, Wustrau, S. 160 f.; Siegfried PASSOW, Ein märkischer Rittersitz, Eberswalde 1907, S. 277; Friedrich DORNO, Der Fläming und die Herrschaft Wiesenburg. Agrarhistorische Studien aus den nördlichen Ämtern des sächsischen Kurkreises, München und Leipzig 1914, S. 104-109 (= Staats- und sozialwissenschaftliche Forschungen, 178); Richard P. DOEHLER, Geschichte der Rittergüter und Dörfer Lomnitz und Bohra im Görlitzer und Laubaner Kreise, Görlitz 1909, S. 85 f. Einzig das schlesische Jacobsdorf wich von dieser Tendenz ab. Vgl. Gertrud DYHRENFURTH, Ein schlesisches Dorf und Rittergut. Geschichte und soziale Verfassung, Leipzig 1906, S. 56 (= Staats- und sozialwissenschaftliche Forschungen, 25, Hft. 2). Weitere Beispiele liefert MÜLLER, Großgrundbesitz, S. 68 ff.

41 Die – der Auffassung Korths entgegenstehende – Vermutung Harnischs, dass die größte Ausdehnung der Güter 1860 noch nicht erreicht war, kann bestätigt werden. Vgl. HARNISCH, Boitzenburg, S. 250; KORTH, Entstehung, S. 10.

42 Diese Tendenz zeigen zumindest die detaillierten Übersichten bei Berghaus. Nach diesen besaßen z. B. mindestens 16 Rittergüter in den beiden Barnimkreisen neben Separations- und Bauernland auch Kirchen- und Pfarrländereien. BERGHAUS, Landbuch, Bd. 2, S. 431 ff. Darüber hinaus zeigen die dortigen Angaben sehr deutlich in welch hohem Maße die Güter mit bäuerlichem Land, das nicht aus der Separation stammte, vergrößert wurden.

43 Vgl. auch DIPPER, Bauernbefreiung, S. 118, der zu derselben Feststellung gelangte.

44 Siehe dazu u. a.: MÜLLER, Märkische Landwirtschaft, S. 46.

schaft bedeutete eine Anbaurotation zwischen drei Hauptschlägen, bei der sich Wintergetreide, Sommergetreide und Brache abwechselten. Ein Drittel der Anbaufläche wurde damit jährlich nicht genutzt. Das Ideal der Protagonisten einer 'rationellen Landwirtschaft' war dagegen die Fruchtwechselwirtschaft, die keine Brache kennt und bei der sich Getreide und Blattfrüchte abwechseln. Auf Grund verschiedener Bedingungen setzte sich jedoch in den meisten Teilen des Untersuchungsgebietes die verbesserte Dreifelderwirtschaft durch, die sich – neben einem weiterhin hohen Getreideanteil – durch den Wegfall der Brache auszeichnet.[45] Das ursprüngliche Brachfeld wird hierbei mit Blattfrüchten bebaut. Diese Methode ist jedoch erst dann anwendbar, wenn die Brache nicht mehr als Weide genutzt und zur Sommerstallfütterung übergegangen wurde.

Die großen Güter besaßen gute Voraussetzungen, unter einer innovativen Leitung schnell die neuen Erkenntnisse der Landwirtschaft umzusetzen, wenn die Separation abgeschlossen war. In diesem Fall waren sie unabhängig vom Flurzwang und anderen Rücksichten, die sich aus der Gemengelage ergaben. In der Kurmark waren die Separationen der Güter und der Bauernhöfe bereits im 18. Jahrhundert sehr weit fortgeschritten.[46] Allerdings mussten sie in all den Fällen, in denen die Gutsherren Land als Entschädigung genommen hatten, wiederholt werden. Dennoch kann davon ausgegangen werden, dass spätestens am Ende der 30er Jahre des 19. Jahrhunderts die Güter separat lagen und damit die Möglichkeit der Anwendung moderner Bodennutzungssysteme bestand. Bei einer Reihe adliger Großgrundbesitzer hatte die Bereitschaft zu dieser Form der ökonomischen Modernisierung schon vor den Agrarreformen bestanden und war z. T. bereits mit Dienstablösungen verbunden gewesen.[47] Die Großgrundbesitzer haben nach den vorliegenden Erkenntnissen auf jeden Fall wesentlich früher und intensiver als die Bauern den Übergang zu moderner Bodennutzung durchgeführt.[48] Ob Adlige oder Bürgerliche hierbei führend waren, ist schwer zu entscheiden. Die Bedeutung bürgerlicher professioneller Landwirte in einem Zeitraum, in dem ein großer Teil der adligen Güter verpachtet war, ist nicht gering zu veranschlagen. Sie jedoch allein als Träger des landwirtschaftlichen Fortschritts zu kennzeichnen, ist irreführend, da viele Beispiele zeigen[49], dass auch von Adligen bewirtschaftete Güter Vorposten moderner Entwicklungen waren. Bereitschaft zum ökonomischen Fortschreiten und starres Festhalten auch am letzten althergebrachten Vorteil schließen sich nicht a priori aus.

---

45 Dagegen scheint die Koppelwirtschaft, bei der Ackerbau und Weidenutzung sich in einem Mehrjahresrythmus abwechseln, in Brandenburg seltener gewesen zu sein.

46 MÜLLER, Märkische Landwirtschaft, S.59 ff.

47 Ebd., S. 53 ff.; VETTER, kurmärkischer Adel, S. 114-121.

48 HARNISCH, Agrarreformen, S. 201 ff. Harnisch zeigt, dass auch die Bauern schnell auf die verbesserte Dreifelder- oder Fruchtwechselwirtschaft umgestellt haben, wenn sie untereinander separiert waren und eine gute Marktanbindung hatten.

49 Eine Fülle von Beispielen bei: Bogdan WACHOWIAK, Der Zustand der pommerschen Landwirtschaft um 1820 nach dem Bericht der Stettiner Regierung, in: Wolfgang Neugebauer und Ralf Pröve (Hgg.), Agrarische Verfassung und politische Struktur. Studien zur Gesellschaftsgeschichte Preußens 1700-1918, Berlin 1998, S. 89-101.

Neben der Erweiterung der Anbauflächen und dem Übergang zu modernen Bodennutzungssystemen trat als weiterer Modernisierungsfaktor in der Landwirtschaft die Steigerung der Erträge, die etwa ab den dreißiger Jahren des 19. Jahrhunderts einsetzte und bereits vor dem massiven Einsatz von Kunstdüngern erhebliche Ausmaße annahm. Diese erste Steigerungswelle war indirekt ein Ergebnis der Agrarreformen, da auf den separierten und von fremden Weiderechten befreiten Feldern die Brache nun mit Futter- und anderen Blattpflanzen besetzt werden konnte. Dies führte wiederum zur Möglichkeit der Stallfütterung und damit zur verstärkten Produktion von wirtschaftseigenem Dünger. Die Tierhaltung wurde damit von einem z. T. lästigen Anhängsel der Wirtschaft, zu einem integrierten und wichtigen Zweig derselben. Im ersten Drittel des Jahrhunderts nahm der Ertrag beim Getreide nur knapp um 10 % zu, während im zweiten Drittel 50-55 % erreicht wurden.[50]

Tabelle 3: Die Entwicklung der ha-Erträge wichtiger landwirtschaftlicher Produkte in Deutschland zwischen 1800 und 1912 (1800 = 100)[51]

Jahr	Weizen	Roggen	Gerste	Kartoffel
1850	119	119	138	–
1912	201	198	248	167

Dieser Anstieg war im wesentlichen der veränderten Fruchtfolge und der daraus resultierenden besseren Versorgung mit betriebseigenem Dünger geschuldet. Der Einsatz von Kunstdünger hat sich in der Landwirtschaft erst am Ende des Jahrhunderts durchgesetzt.[52] Die großen Güter, deren Möglichkeiten zum Rückgriff auf Stalldünger begrenzter waren, haben hier eine Vorreiterrolle gehabt, da sie früher zum verstärkten Einsatz von Kunstdüngern übergingen.[53] Durch Kunstdüngereinsatz und verbesserte Saatmittel kam es bis zum Ende des Kaiserreiches nochmals zu einer Steigerung der Erträge (Vgl. Abbildung 2). Die Entwicklung zwischen den Hauptgetreidearten lief dabei allerdings nicht gleichmäßig, wie aus Abbildung 2 zu ersehen ist. Neben klimatisch bedingten Schwankungen zeigt sich, dass vor allem in die Zeit des verstärkten Einsatzes von Kunstdüngern am Ende des Jahrhunderts noch einmal gewaltige Zuwächse fallen.

Obwohl das Getreide, vor allem für die großen Güter, das Hauptprodukt blieb, gewannen eine Reihe weiterer Pflanzen, von denen neben Zuckerrüben und Klee die Kartoffel die größte Bedeutung hatte, erhebliche Verbreitung. Diese neuen Pflanzen verdrängten die Brache weitgehend. Das Getreide nahm1913 ebenso wie bereits am Anfang des Jahrhunderts rund 60 % der – inzwischen erheblich erweiterten – Ackerfläche ein. Der Anteil der Kartoffel stieg dagegen von 1800 bis zum Beginn des I. Weltkrieges von 1,5 % auf rund

50 HENNING, Wirtschafts- und Sozialgeschichte, Bd. 2, S. 639.

51 Zahlen nach BITTERMANN, Landwirtschaftliche Produktion, S. 34.

52 Vgl. ACHILLES, Agrargeschichte, S. 236 ff.

53 Achilles verweist jedoch zu Recht darauf, dass die bäuerlichen Betriebe mit ihrem im Verhältnis zur Fläche höheren Viehbesatz zunächst weniger auf Dünger angewiesen waren. Vgl.: ACHILLES, Agrargeschichte, S. 272.

13,5 %. Die mit Futterpflanzen bepflanzte Fläche wuchs von 3,9 % auf rund 12,5 %.[54] Die Zuckerrübe konnte in Brandenburg auf Grund der Bodenqualitäten nur wenig Verbreitung finden. Einen um so größeren Raum gewann jedoch die Kartoffel. Sie sicherte die Ernährung der ständig wachsenden Bevölkerung und war darüber hinaus noch auf andere Art und Weise verwertbar. Für den Großgrundbesitz bedeutend war ihr Einsatz in den Brennereien als Grundlage der Erzeugung von Alkohol.

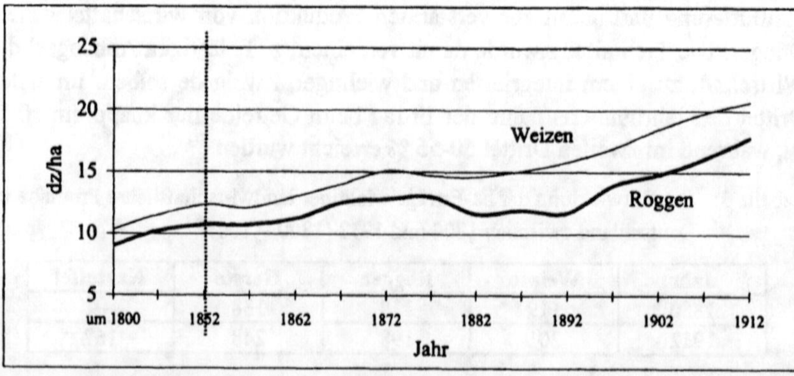

Abbildung 2: Die Steigerung der ha-Erträge bei Weizen und Roggen in Deutschland 1800-1912 (nach Bittermann)[55]

Das 19. Jahrhundert brachte also neben der massiven Ausdehnung der landwirtschaftlichen Nutzfläche eine erhebliche Steigerung der Erträge fast aller Agrarprodukte, die zu einem Anwachsen des Einkommens aller landwirtschaftlichen Produzenten führte. Allein zwischen 1830 und 1870 soll das Einkommen der Großbetriebe im Durchschnitt um das Dreifache gestiegen sein.[56]

Die Erträge von den Waldflächen

Vor allem bei den großen Gütern und Güterkomplexen machten die Forsten in der Regel einen wesentlichen Teil der Gesamtfläche aus. Diese Besitzungen waren daher in einer ganzen Anzahl von Fällen eher Forstwirtschaften mit angeschlossenem – meist verpachtetem – landwirtschaftlichem Nutzbetrieb. Auf die Zuwächse der Waldfläche der adligen Besitzer wurde bereits hingewiesen.[57] Das 19. Jahrhundert brachte durch die Verwissenschaftlichung der Forstwirtschaft einen erheblichen Anstieg der Erträge aus den Forsten. Während die Brennholzeinschläge nach Hoffmann dabei relativ konstant waren, stieg der Nutzholzeinschlag zwischen 1848 und 1910 auf etwa das 6-fache

54 Zahlen nach BITTERMANN, landwirtschaftliche Produktion, S. 24.
55 Quelle: ebd.
56 WEHLER, Gesellschaftsgeschichte, Bd. 3, S. 41.
57 Vgl. S. 59.

an.[58] An diesem starken Anstieg waren die ostelbischen Provinzen in erheblichem Maße beteiligt. So verweist Theilemann darauf, dass diese Provinzen nicht nur insgesamt mehr Waldfläche aufwiesen. „Sie produzierten auch mehr und besseres industriell nutzbares Holz."[59] Die Kiefernkulturen des Osten entsprachen – ungeachtet ihrer erst langfristig erkennbaren ökologischen Folgen – ökonomischer Rationalität, da sie relativ schnell industriell gut nutzbares Holz liefern. Da jedoch die Kiefer bis zur Schlagreife etwa zwei Generationen erfordert, erfordert langfristig angelegte Waldwirtschaft auch einen intergenerationellen Atem, damit sichergestellt wird, dass die Waldbestände nicht aus kurzfristigen Gewinninteressen übermäßig dezimiert werden.

Festzuhalten bleibt damit, dass auch die Produkterträge aus den Forsten langfristig anstiegen, wobei die Umsetzung der neuen forstwissenschaftlicher Kenntnisse erst nach zwei bis drei Generationen also etwa zu Beginn des Kaiserreiches vollständig zu wirken begann.

Die Ausdehnung der Viehhaltung

Neben den Veränderungen in der Pflanzenproduktion ist das 19. Jahrhundert auch durch einen gewaltigen Aufschwung der Tierhaltung gekennzeichnet. Beide Seiten dieser Entwicklung bedingten sich zumindest teilweise gegenseitig. Ausgangspunkt waren jedoch zunächst die erheblichen Tierverluste durch die napoleonischen Kriege. Erst um 1830 wurden in Deutschland wieder die Vorkriegsbestände erreicht.[60]

Die Schafzucht

Während die starke Aufwärtsentwicklung der anderen Tierarten im wesentlichen erst ab dem zweiten Jahrhundertdrittel begann, setzte der Aufschwung bei der Schafzucht deutlich früher ein. Die Großbetriebe waren zur Schafhaltung prädestiniert, weil zur Erreichung marktbedingter Zuchtziele große Herden benötigt wurden.[61] Ebenso wie die 'rationelle Landwirtschaft' ist auch die Entwicklung der Schafzucht mit dem Namen Thaer verbunden, der in der Funktion des Generalintendanten der preußischen Stammschäfereien, als Schriftsteller zu diesem Thema und vor allem erfolgreicher Züchter über die Grenzen Preußens hinaus bekannt war. Die Schafwolle, die durch die Einkreuzung spanischer Merinorassen deutlich verbessert worden war, fand vor allem in England einen Absatzmarkt. Wie schnell sich die Landwirte – und dabei vor allem die Großgrundbesitzer – darauf einstellten, zeigt die Verdopplung der Bestände in Preußen zwischen 1816 und 1849 von 8 auf 16 Millionen. Dabei ging die Zahl der sogenannten Landschafe zugunsten veredelter

58 Walter G. HOFFMANN, Das Wachstum der deutschen Wirtschaft seit der Mitte des 19. Jahrhunderts, Berlin u.a. 1965, S. 326 f.

59 Wolfram G. THEILEMANN, Adel im grünen Rock. Adliges Jägertum, Großprivatwaldbesitz und die preußische Forstbeamtenschaft 1866 – 1914, Diss. Berlin 2001 (Ms.), S. 293

60 FRANZ, Landwirtschaft, S. 310.

61 Vgl. ACHILLES, Agrargeschichte, S. 185.

oder halbveredelter Tiere um ein Fünftel zurück.[62] Durch die Schafzucht konnten gewaltige Summen innerhalb kurzer Zeit neben der Produktion landwirtschaftlicher Erzeugnisse erwirtschaftet werden.[63] Mit der einsetzenden Konkurrenz aus Übersee wurde der Schafhaltung jedoch ein einschneidender Schlag versetzt. Von 1861 bis zum Ende des Kaiserreiches wurden die Schafbestände auf ein Fünftel verringert. An die Stelle des Schafes trat das Rind. Auch wenn die Gutsbetriebe die Schafbestände relativ schnell abbauten, folgten sie diesem neuen Trend später als die Bauern.[64]

Rinder- und Schweinehaltung

Im Gegensatz zum raschen Aufschwung der Schafzucht hielten sich die Entwicklungen bei Rindern und Schweinen in der ersten Jahrhunderthälfte noch in engeren Grenzen. Den wesentlichen Anstoß für die enorme Entwicklung der Bestände ab der Jahrhundertmitte lieferten die veränderten Marktbedingungen. Mit dem steigenden Einkommen weiter Teile der Bevölkerung änderten sich die Ernährungsgewohnheiten. Ein größerer Teil des Einkommens wurde für Nahrungsmittel ausgegeben. Achilles errechnete, dass die Erhöhung der Verbraucherausgaben zwischen 1850 und 1910/13 sich nach Abzug des Bevölkerungswachstums auf 72 % beziffert.[65] Dies schlug sich vor allem in einer vermehrten Nachfrage nach Fleisch nieder.

Die Folge davon war, dass sich die Rinder- und Schweinebestände deutlich erhöhten. Die Zahl der Rinder in Deutschland verdoppelte sich zwischen 1800 und 1913, die der Schweine versiebenfachte sich in diesem Zeitraum (vgl. Abbildung 3). Deutlich wird, dass die Entwicklung der Rinderbestände relativ kontinuierlich verlief, während es bei den Schweinen ab den 1880er Jahren zu einer starken Vermehrung kam. Im Gegensatz zu Schweinen, die ausschließlich zur Fleischgewinnung gehalten wurden, hatten die Rinder verschiedene Aufgaben. Zum einen wurden sie nach wie vor als Zugvieh eingesetzt. In den größeren Wirtschaften und vor allen auf den Gütern übernahmen diese Funktion jedoch zunehmend Pferde.[66] Daneben dienten die Rinder je nach Ausrichtung der Wirtschaft der Milch- oder Fleischerzeugung. Die Zahlen von Schlacht- und Milchkühen hielten sich das gesamte Jahrhundert über in etwa die Waage.[67]

Den unterschiedlichen Funktionen wurde im Verlauf des Jahrhunderts durch die Züchtung für diese Aufgaben geeigneter Rassen Rechnung getragen. Dies führte sowohl zu einer Verbesserung der durchschnittlichen Milchleistung um 256 % (1800=100)[68] als auch zu einer Erhöhung des Schlachtgewichtes in

62 FRANZ, Landwirtschaft, S. 291.

63 So erzielte Thaer im Jahre 1826 für 354 Tiere den Preis von 15.510 Tlr., die er mit zum Ankauf des brandenburgischen Rittergutes Lüdersdorf verwendete. Vgl. ACHILLES, Agrargeschichte, S. 183.

64 Ebd., S. 271 f.

65 ACHILLES, Agrargeschichte, S. 254.

66 ACHILLES, Agrargeschichte, S. 256.

67 Ebd. S. 257 und BITTERMANN, Agrarische Produktion, S. 42 u. 59.

68 Ebd., S. 59.

den selben Dimensionen.[69] Als weiterer, die Erträge verbessernder Faktor, kam die Beschleunigung des Umtriebes hinzu, d. h. die Schlachtreife der Tiere wurde in einem wesentlich kürzeren Zeitraum erreicht (1861=7,5 Jahre; 1913=4,6 Jahre).[70] Wie bereits erwähnt, ersetzten die Rinder zunehmend die Schafe, da sie im Gegensatz zu den Schweinen in der Lage waren, die Weiden auszunutzen.

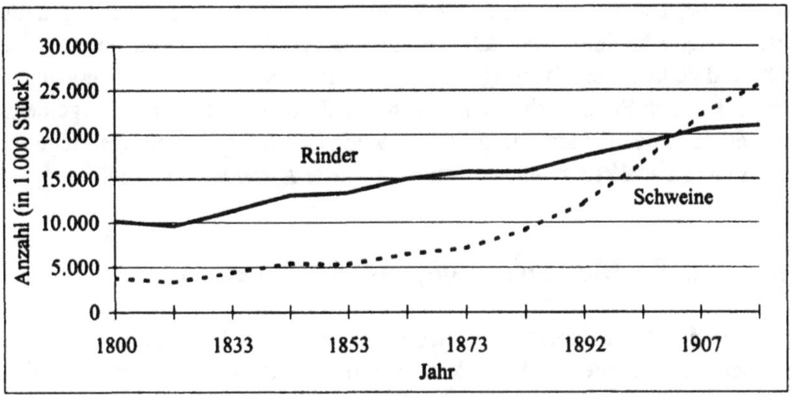

Abbildung 3: Die Entwicklung der Rinder- und Schweinebestände in Deutschland 1800-1913 (nach Bittermann)[71]

Das Schlachtgewicht der Schweine verdoppelte sich im Verlauf des Jahrhunderts. Sie wurden jedoch erst zu dem Zeitpunkt erheblich vermehrt, als neben der Marktnachfrage auch die entsprechende Ernährungsgrundlage für die Allesfresser vorhanden war. Die Tiere wurden nach dem Rückgang und später Wegfall der Waldweide mit Abfallprodukten aller Art und minderwertigeren Feldfrüchten ernährt. Vor allem die Kartoffel und die Schlempe der Brennereien konnte bei den Großbetrieben als Ernährungsgrundlage dienen. Obwohl sich die Schweinezahl der Großbetriebe zwischen 1882 und 1907 verdreifachte, war sie auf die landwirtschaftliche Nutzfläche bezogen, deutlich geringer als bei den kleineren Betrieben.[72] Der gleiche Sachverhalt ist abgeschwächt auch bei den Rindern festzustellen. Achilles sieht darin eine bessere Nutzung der Marktchancen durch die kleineren Betriebe, deren Leiter nicht so stark auf die Schafhaltung fixiert gewesen seien.[73] Allerdings täuschen die von ihm errechneten Stückzahlen pro 100 ha über den Sachverhalt hinweg, dass es einfacher war, in einem kleinen und mittleren Betrieb einige Schweine zu halten, als in einem Großbetrieb einen Stall für 100 oder mehr Tiere zu errichten und deren Versorgung zu organisieren. Dazu kommt, dass die Güter in der

69 Ebd., S. 50.

70 ACHILLES, Agrargeschichte, S. 257.

71 Zahlen nach Bittermann, Agrarische Produktion, S. 42. Die Zahl der Rinder wuchs von 10.150 auf 20.994, die der Schweine von 3800 auf 25.659.

72 Ebd., S. 270.

73 ACHILLES, Agrargeschichte, S. 272.

Regel mit mehr oder weniger großen Weideflächen ausgestattet waren, die für die moderne Schweinehaltung jedoch kaum zu nutzen waren.

Pferdezucht

Die Pferdezucht war für einen Teil der Großbetriebe neben der Sicherung der Anspannung vor Ackergeräten und Transportmitteln auch ein Erwerbsbereich. Während nur in sehr wenigen Fällen die Züchtung von Vollblutpferden nachweisbar ist, haben viele Güter Pferde für einen wachsenden Markt gehalten. Wichtigster Abnehmer war dabei sicher das Militär, das im Kaiserreich jährlich rund 20.000 Tiere benötigte.[74] Darüber hinaus erforderte der zunehmende Verkehr in den Städten eine immer größere Zahl an Zugtieren. Infolge dessen kam es nach der Dezimierung der Bestände durch die Befreiungskriege zwischen 1816 und 1913 zu einer Verdopplung der Anzahl der Pferde.[75]

Arbeitskräfte, Mechanisierung und Maschineneinsatz

Im Zuge der Agrarreformen wurden die Besitzer der Rittergüter gezwungen, von der weitgehenden Nutzung kostenloser Arbeitskräfte in Form von Diensten verschiedenster Art auf den Einsatz von Lohnarbeitern umzustellen, die in Naturalien oder bar bezahlt wurden. Neben der Neuregelung der Eigentumsrechte am Boden war die Ablösung der Dienste einer der wesentlichsten Prozesse der Agrarreformen. Die Ablösung konnte je nach Festsetzung des sogenannten 'Berechtigten' in Form von Land, Geld oder Rente – letztere in bar oder in Roggen – erfolgen. Eine annäherungsweise Klärung der Frage, wie viele Dienste den Gütern zustanden, ist nur durch die retrospektive Auswertung der statistischen Ergebnisse der Agrarreformen möglich. Dabei fällt ein erheblicher Unterschied zwischen den beiden untersuchten Regierungsbezirken auf. Während den Gütern im Regierungsbezirk Potsdam im Schnitt 570 Spanndiensttage und 748 Handdiensttage zustanden, betrugen die Zahlen im Regierungsbezirk Frankfurt/O bereits 905 und 3.012.[76] Die gewaltigen Unterschiede sind nicht allein mit anders gearteten Rechtsverhältnissen in der Niederlausitz zu erklären, wenngleich hier die Zahl der Handdienste mit durchschnittlich 3361 pro Gut noch einmal höher als im gesamten Regierungsbezirk Frankfurt/O lag.[77] Die Unterschiede zwischen den Regierungsbezirken verweisen auf die differierenden Rechtsqualitäten, welche die Bauern innerhalb der Provinz vor den Reformen hatten.

---

74 ACHILLES, Agrargeschichte, S. 274.

75 Bittermann gibt für 1813 einen Bestand von rund 2,3 Mio. an, während es 1913 nach verschiedenen Schätzungen zwischen 3,8 und 4,5 Mio. waren. BITTERMANN, Agrarische Produktion, S. 42.

76 Errechnet nach den Zahlen der abgelösten Dienste bei MEITZEN, Boden, Bd. 6, Anlagen, Tabelle K4, S. (442-445).

77 Errechnet nach den Zahlen der abgelösten Dienste für die einzelnen niederlausitzischen Kreise bei FREYTAG-ROITZ, Niederlausitz, S. 36. Nach Freytag-Roitz gab es in der Niederlausitz fast ausschließlich lassitische Bauern.

Tabelle 4: Die den Gütern verbliebenen Spann- und Handdienste in Brandenburg 1821-1848 (1811 = 100 %)[78]

Jahr	Spanndienste		Handdienste	
	RB Potsdam	RB Frankfurt/O	RB Potsdam	RB Frankfurt/O
1821/22	47 %	80 %	51 %	83 %
1829	23 %	49 %	30 %	58 %
1837	9 %	24 %	17 %	36 %
1848	4 %	5 %	10 %	13 %

Bis zum Jahre 1848 wurde der größte Teil dieser Dienste abgelöst. Die folgende Tabelle zeigt das Absinken der verbliebenen Spann- und Handdienste (vgl. Tabelle 4). Dabei wird deutlich, dass im Regierungsbezirk Potsdam die Ablösung beider Arten von Diensten schneller verlief. Die Verzögerung ist z. T. jedoch mit dem verspäteten Inkrafttreten der Reformgesetze in der Niederlausitz zu erklären.

Für das ganze Untersuchungsgebiet ist zu erkennen, dass die Güter bis in die dreißiger Jahre mit einem bedeutenden Anteil unfreier und unbezahlter Arbeit wirtschaften konnten. Die Umstellung auf die noch zu besprechenden Formen der Lohnarbeit wurde eine Generation lang durch die für den Rittergutsbesitz außerordentlich freundlichen, für die Bauern dagegen z. T. sehr belastenden Agrarreformgesetze abgefedert. Der bis 1848 noch verbliebene Anteil an Diensten – vor allem Handdiensten – war, obwohl er deutlich niedriger als in Schlesien lag, für die unruhigen Revolutionstage auf dem Lande in hohem Maße mit verantwortlich.[79] Diese restlichen Dienste wurden in der Folgezeit – auch durch die Bildung der Rentenbanken positiv beeinflusst – rasch abgelöst[80], so dass die Güter ab Mitte der 1860er Jahre weitgehend mit den sich entwickelnden Formen freier Lohnarbeit operierten.[81]

Vor der Bauernbefreiung wurden die Güter im wesentlichen durch die Dienste, zu denen die schollengebundenen Inhaber von Grundstücken verpflichtet waren und Arbeit der persönlich freien, jedoch der Gerichtsbarkeit der Gutsherrn unterworfenen Schutzuntertanen oder Einlieger, bewirtschaftet. Allein die letzte Gruppe der Einlieger, die sich aus landlosen Tagelöhnern und Instleuten zusammensetzte, zählte in der Kurmark 1804 bereits rund 20.000 Personen.[82] Darüber hinaus stand noch das Gesinde zur Verfügung.[83] Die

78 Quelle: vor 1848, HARNISCH, Agrarreform, Anhang, Tabelle III. und IV.; ab 1848, MEITZEN, Boden, Bd. 6, Anlagen, Tabelle K4, S. (442-445).

79 Vgl. MATERNA/RIBBE, Brandenburgische Geschichte, S. 478-480.

80 Allerdings bestanden auf dem Rittergut Gleissen/Kr. Ost-Sternberg noch um 1854 Verpflichtungen zu 896 Handdiensttagen. BERGHAUS, Landbuch, Bd. III., S. 286.

81 Vgl. MEITZEN, Boden, Bd. 6, Anlagen, Tabelle K4, S. (442-445). Auch nach diesem Zeitraum kam es immer noch zur Ablösung vereinzelter Dienste, deren Größenordnung jedoch zu vernachlässigen ist.

82 Vgl. Magnus F. V. BASSEWITZ, Die Kurmark Brandenburg, ihr Zustand und ihre Verwaltung unmittelbar vor dem Ausbruch des französischen Krieges im Oktober 1806, Leipzig 1847, S. 29.

Agrarreformen brachten nun einen gewaltigen Einschnitt. Zum einen lösten die Bauern bis zur Jahrhundertmitte den Großteil ihrer Dienstverpflichtungen ab. Zum anderen verbreiterte sich jetzt in vorher ungekanntem Ausmaß die ländliche Arbeiterschaft. Solange die Städte nicht in der Lage waren, dieses Bevölkerungs- und Arbeitskräftepotential aufzufangen, kam es zur 'strukturellen' Überbevölkerung der Dörfer.[84]

Auf den zunehmend ohne feudale Dienste bewirtschafteten Gütern wurden nach den Reformen mehr Arbeitskräfte benötigt als vorher. Die Ursachen dafür waren einerseits die Vergrößerung der bewirtschafteten Flächen, andererseits die neuen Anbaumethoden, die einen z. T. erheblich intensiveren Arbeitskräfteeinsatz erforderten.[85] Zu dem vielfach befürchteten Arbeitskräftemangel nach den Reformen kam es nur kurzzeitig oder nur in geringem Maße. Die Vermehrung der landlosen, auf Arbeit angewiesenen Dorf- und Gutsbewohner, das Bevölkerungswachstum und die besseren Arbeitsleistungen der Landarbeiter sowie das nach wie vor zur Verfügung stehende Gesinde verhinderten dies.

Nach den Reformen bildeten sich mit regionalen Abweichungen und z. T. differierenden Bezeichnungen drei Gruppen innerhalb der Landarbeiterschaft heraus. Die langfristig für die Güter wichtigste Gruppe waren die Gutstagelöhner oder Instleute. Neben ihnen standen die freien Arbeiter, von denen ein Teil, die Büdner oder Häusler, ein eigenes Haus mit dazu gehörigem Ackerstück besaßen, wohingegen die Einlieger grundbesitzlos waren und lediglich zur Miete in den Dörfern oder auf den Gütern wohnten. Die dritte Gruppe war das auf den Gütern wohnende Gesinde.

In Anlehnung an die Verhältnisse vor den Reformen beruhte das Arbeitsverhältnis der Tagelöhner oder Instleute nicht auf reiner Geldentlohnung.[86] Der Gutsherr stellte Wohnung und Feuerung, Futter für eine oder mehrere Kühe und ein kleines Stück Garten- oder Ackerland zu Verfügung.[87] Dazu kamen Deputat- und Lohndruschgetreide[88] sowie eine geringe Barentlohnung. Als Gegenleistung stellte sich der Tagelöhner in der Regel gemeinsam mit einer zweiten Arbeitskraft, dem sogenannten Hofgänger oder Scharwerker, dem Gutsherrn zur Verfügung. In der Erntezeit mussten darüber hinaus häufig auch die Frauen mithelfen. Auf der einen Seite stand also die weitgehende

83 Vgl. E. V. KAHLDEN, Die ländlichen Arbeiter, in: MEITZEN, Boden, Bd. 8, S. 392 ff.

84 Vgl. HARNISCH, Agrarreformen, S. 325 ff.

85 Vgl. dazu u. a. ACHILLES, Agrargeschichte, S. 275 ff.

86 Vgl. V. KAHLEN, Arbeiter, S. 397 ff.

87 Beispielsweise bewohnten 1845 in Neuhaus (Kreis Lübben) vier Familien das zum Gut gehörende ‚Familienhaus'. Die Miete musste in Form von Arbeit entrichtet werden. Zwischen ‚grüner Marie und Michaelis' (25. März [?] – 29. September) waren wöchentlich zwei Tage (von morgens sechs bis abends sechs Uhr, eine Stunde Mittags frei), insgesamt 216 Arbeitstage im Sommerhalbjahr zu leisten. Der Lohnwert für die Arbeitskräfte wurde auf 221 Tlr. geschätzt. BLHA, Rep. 37 adlige Herrschaften (Neuhaus/Lübben), Nr. 2236, Gutstaxe vom 1. März 1845.

88 Beim Lohndrusch erhielten die Arbeiter einen bestimmten Anteil am gedroschenen Getreide, der zwischen dem 11. und dem 20. Scheffel, meist aber um den 14. - 16. Scheffel lag. Vgl. V. KAHLDEN, Arbeiter, S. 398. In Wustrau stand den Dreschern der 16. Scheffel zu, BRINKMANN, Wustrau, S. 150; in Grumkow der 14., LIVONIUS, Grumkow, S. 71.

Verfügung des Gutsherrn über den Instmann und seine Familie, auf der anderen Seite die Beteiligung des Instmannes am Ertrag und seine Stellung als Kleinstlandwirt.[89] Ergänzt wurden diese Arbeitskräfte durch die noch verbliebenen Spann- und Handdienste.

Aus dem Vorangegangenen wird deutlich, dass die Agrarreformen nicht in gerader Linie den freien und unabhängigen Lohnarbeiter hervorbrachten, sondern dass in der Form des Instmannes die auf Abhängigkeit beruhenden Arbeitsverhältnisse zunächst auf neue Art und Weise wieder erstanden waren. Den Gutsherren kam dabei entgegen, dass sie in den Zeiten des Kapitalmangels nur wenig Geldlöhne zu zahlen hatten und in Zeiten niedriger Getreidepreise dieses als Deputat und Druschlohn günstig verwerten konnten. Allerdings mussten sie zunächst die Voraussetzungen für dieses Anstellungsverhältnis in Form von Arbeiterwohnungen schaffen. Auf der anderen Seite wird auch vielen Tagelöhnern, die z. T. aus den ihres Landes verlustig gegangenen kleinbäuerlichen Gruppen kamen, dieses ihnen bekannte Verhältnis der Bindung sicherer erschienen sein als die Existenz eines freien Arbeiters.

Die allmähliche Veränderung dieser Art der Beschäftigungspraxis wurde durch eine Reihe von Faktoren eingeleitet.[90] Zunächst stiegen die Getreidepreise, während die Löhne relativ niedrig blieben. Damit wurde für die Gutsherren die Umstellung auf Barlöhne attraktiver. Hinzu kam, dass es – im Gegensatz zu früheren Zeiten – immer weniger erforderlich wurde, dass ganze Jahr über einen größeren festen Stamm von Arbeitern zu beschäftigen, da vor allem der vermehrte Hackfruchtbau durch saisonale Arbeitsspitzen gekennzeichnet ist. Mittelfristig wirkte in diese Richtung auch die Einführung von Dreschmaschinen, die einen großen Teil der Winterbeschäftigung der festen Arbeiter absorbierten. Daher kam es seit der Jahrhundertmitte zu einer Verschiebung des Verhältnisses zwischen fest eingebundenen und freien Arbeitern zugunsten der Letzteren. Darüber hinaus wurde das Tagelöhnerverhältnis dahingehend verändert, dass der Anteil am Getreidedrusch, das Acker- und Gartenland und die Haltung von Kühen zunehmend durch Deputate oder Geld ersetzt wurden. Der Instmann wurde langsam zum Deputatisten. So konnte bspw. in Wustrau der Gutsherr bereits seit 1839 den Getreideanteil durch Geld ersetzten. Allerdings enthielten noch die Verträge von 1860 den 15. Scheffel beim Flegeldrusch und den 20. Scheffel beim Maschinendrusch als festgelegten Arbeiteranteil.[91] Um die Jahrhundertwende war diese Art der Beteiligung am Ertrag jedoch weitgehend verschwunden gewesen.[92]

---

89 Max WEBER beurteilte das Verhältnis so: „Die vollständige Unterwerfung unter die Disposition der Herrn, aber verbunden mit wirtschaftlicher Interessengemeinschaft, ist das dem Verhältnis Charakteristische.“ Ders.: Entwicklungstendenzen in der Lage der ostelbischen Landarbeiter, in: Ders.: Gesammelte Aufsätze zur Sozial- und Wirtschaftsgeschichte, Tübingen 1924, S. 484.

90 Vgl. V. KAHLDEN, ländliche Arbeiter, S. 410 f.

91 BRINKMANN, Wustrau, S. 150 f.

92 Jens FLEMMING, Fremdheit und Ausbeutung. Großgrundbesitz, „Leutenot“ und Wanderarbeiter im Wilhelminischen Deutschland, in: Heinz REIF (Hg.): Ostelbische Agrargesellschaft im Kaiserreich und in der Weimarer Republik. Agrarkrise, junkerliche Interessenpolitik, Modernisierungsstrategien, Berlin 1994, S. 345-360, hier S. 348.

Neben den Instleuten und den 'freien' Landarbeitern existierte auch nach den Reformen das Gesinde weiter. Bis zu den Reformen waren die abhängigen Bauern und Einlieger verpflichtet gewesen, ihre Kinder im Rahmen des Zwangsgesindedienstes der Herrschaft zur Verfügung zu stellen. Nach der dekretierten Aufhebung dieses Dienstes beruhte die Beziehung zwischen Herrschaft und Gesinde auf einem freien Vertragsverhältnis, das seine Rechtsgrundlage in der von Svarez verfassten Gesindeordnung von 1810 hatte.[93] Anders als die anderen Gruppen der ländlichen Arbeiterschaft, wohnte das Gesinde unter der direkten Aufsicht der Herrschaft und wurde als Teil der Gutsfamilie betrachtet. Im Sinne der juristischen Auffassung von der hausväterlichen Gewalt im 'ganzen Haus' wurde der Gutsherrschaft nach wie vor ein – wenn auch vorsichtig formuliertes – Züchtigungsrecht dem Gesinde gegenüber zugestanden.[94] Die Hausangestellten fielen im Gegensatz zu den Instleuten ebenfalls unter die direkte hausväterliche Gewalt. Das Gesinde bestand aus männlichen und weiblichen Arbeitskräften und arbeitete für Kost und Logis sowie eine vereinbarte – lange Zeit sehr geringe – Barentlohnung. Dafür stand es der Herrschaft zeitlich unbegrenzt zur Verfügung. Während für einen Teil der Arbeitskräfte das Gesindedasein nur ein Durchgangsstadium war, blieben andere Zeit ihres Lebens in ihren Stellungen.[95] 1837 gelang es zunächst den Gutsbesitzern in der Provinz Preußen durchzusetzen, dass die Instleute ebenso wie bereits das Gesinde der Polizeiaufsicht, d. h. ihrem Gutsherrn, unterworfen wurden.[96] Am 24. April 1854 wurde im „Gesetz, betreffend die Dienstpflichten des Gesindes und der ländlichen Arbeiter" das Gesinde in Einklang mit der Gesindeordnung erneut dazu verpflichtet, sich allen Anordnungen der Herrschaft zu unterwerfen und die ihnen übertragenen Arbeiten gewissenhaft zu erfüllen. Darüber hinaus legte es als Strafmaß bei Zuwiderhandlungen 5 Taler oder bis zu drei Tage Gefängnis fest. Neu gegenüber der alten Gesindeordnung war jedoch, dass nun auch alle ländlichen Arbeiter, die gegen Wohnung, Deputat oder Lohn auf den Gütern beschäftigt waren, dieser Ordnung unterworfen und damit auf den rechtlichen Status des Gesindes herabgedrückt wurden.

Die Entwicklung des Lohnes der Landarbeiter und des Gesindes ist nur schwer quellenmäßig zu fassen.[97] Auf Grund des kurzzeitigen Arbeitermangels scheinen sie nach den Reformen zunächst gestiegen zu sein. Ab etwa 1830 jedoch sanken die Preise für Agrarprodukte während die Löhne anstiegen. Seit Beginn der zweiten Hälfte des Jahrhunderts kam es zu einem beschleunigten Anwachsen der Löhne, was wiederum am gut dokumentierten Beispiel Wustrau zu erkennen ist (vgl. Tabelle 5). Sichtbar wird, dass der Lohn der Männer konstant anstieg, während die Arbeit der Frauen schlechter

93 Vgl. dazu und vor allem zu den Diskussionen über das herrschaftliche Züchtigungsrecht: KOSELLECK, Preußen, S. 65; S. 644 ff.

94 Vgl. ebd., S. 65 ff.

95 Ebd., S. 841.

96 Vgl. ebd. S. 499.

97 Vgl. SCHISSLER, ostelbische Agrargesellschaft, S. 174, vor allem auch Anm. 92 auf dieser Seite.

bezahlt blieb. Deutlich zu erkennen ist auch das Anwachsen der Löhne ab 1860, dem allmählichen Beginn der Arbeitskräfteverknappung auf dem Lande. Wie niedrig das Lohnniveau bis zur Mitte des Jahrhunderts war, zeigt die Verdopplung zwischen 1848 und 1864, die bereits auf die Konkurrenz der Industrielöhne zurückgeführt werden kann.

Tabelle 5: Die durchschnittlichen Arbeitslöhne auf dem Rittergut Wustrau 1827-1864 (nach Brinkmann)[98]

<table>
<tr><th rowspan="2">Jahr</th><th colspan="2">Arbeitslohn*</th></tr>
<tr><th>Männer</th><th>Frauen</th></tr>
<tr><td>1827</td><td>4 Sgr</td><td>3 Sgr</td></tr>
<tr><td>nach 1830</td><td>5-6 Sgr</td><td>3 Sgr, 9 Pf.</td></tr>
<tr><td>1839</td><td>5-6 Sgr</td><td>4 Sgr</td></tr>
<tr><td>1848</td><td>5 Sgr (+ Schulgeld)</td><td></td></tr>
<tr><td rowspan="2">1860</td><td>7 ½Sgr (Winter 6)</td><td>4 Sgr (Winter 3Sgr) +1 Sgr Heuzulage</td></tr>
<tr><td colspan="2">(gleichzeitig Übergang zum Akkord)</td></tr>
<tr><td>1864</td><td colspan="2">vier Lohngruppen 10, 7, 5, 3 ½ Sgr</td></tr>
<tr><td>1875</td><td colspan="2">14,3 Sgr**</td></tr>
</table>

* Der Arbeitslohn war danach gestaffelt, ob es sich um gelernte oder ungelernte Arbeiterinnen bzw. Arbeiter handelte.

** Durchschnittslohn im Regierungsbezirk Potsdam nach v. d. Goltz.[99]

Die infolge der verstärkten Industrialisierung ständig wachsenden Arbeitsmöglichkeiten in den städtischen Zentren führten spätestens seit der Gründung des Kaiserreiches zu einer massiven Abwanderung der Arbeitskräfte vom Land. Damit entstand der Arbeitskräftemangel, der spätestens seit den 1880er Jahren für die Großgrundbesitzer zur Bedrohung wurde.[100] Die Ursachen für diese fundamentale Trendwende im ländlichen Arbeitsmarkt, die auch zum Katalysator der Erosion der traditionellen paternalistischen Verhältnisse wurde, waren mehrschichtig. Eingeleitet wurden die Entwicklungen durch die verstärkte Auswanderung aus Deutschland im letzten Viertel des Jahrhunderts. Die Auswanderungswelle, die bereits in den 1840er Jahren eingesetzt hatte, erreichte ihren Höhepunkt in den achtziger Jahren. Allein zwischen 1881 und 1885 wanderten aus den östlichen Provinzen 341.740 Menschen aus, von denen nach Schätzungen der Zeitgenossen etwa die Hälfte aus der Landwirtschaft stammte.[101] Insgesamt sollen zwischen 1820 und dem Ende des Jahrhunderts rund 1 ½ Millionen Landarbeiter ausgewandert sein.[102] Diese erste 'Abstimmung mit den Füßen' wurde überlagert von einer zweiten, die sich als Binnenwanderung von Ost- nach Westdeutschland gestaltete. Sie bewirkte, dass das Nachlassen der Auswanderung nicht für eine Entspannung auf dem ländlichen Arbeitsmarkt sorgen konnte. Die ländlichen Gebiete Ost-

98 Quelle: BRINKMANN, Wustrau, S. 150-153.

99 Zit. nach: V. KAHLDEN, ländliche Arbeiter, S. 408.

100 Vgl. zum Problem der Landarbeiternot in Ostelbien u. a.: Klaus SAUL, Um die konservative Struktur Ostelbiens: Agrarische Interessen, Staatsverwaltung und ländliche „Arbeiternot", in: Deutscher Konservatismus im 19. und 20. Jahrhundert. Festschrift für Fritz Fischer zum 75. Geburtstag und 50. Doktorjubiläum, Bonn 1983, S. 129-198, hier S. 135.

101 V. KAHLDEN, ländliche Arbeiter, S. 415 ff.

102 Ebd., S. 418.

brandenburgs gehörten zu den am meisten betroffenen Regionen, da hier zwischen 1880 und 1910 mehr als der gesamte Geburtenüberschuss abwanderte.[103] Hinzu kam die immer stärkere Saisonwanderung von Landarbeitern und -arbeiterinnen in die Rübenanbaugebiete und die Abwanderung in die Städte. Die Ursachen für diese Entwicklung waren vielschichtig. Zum einen war das traditionelle Bindungsgeflecht zwischen Gutsherrn und Landarbeiter, wie es durch das Instverhältnis wieder erstanden war, auf Grund beidseitiger Initiative zunehmend gelöst worden. Zum anderen waren jedoch die Lohnunterschiede zwischen Stadt und Land so gravierend, dass die höheren Lebenshaltungskosten in den Städten gern in Kauf genommen wurden. Dazu kamen die wachsenden kulturellen Unterschiede, die, einmal von den jungen Landarbeitern wahrgenommen, schwer zu verdrängen waren. Als Beispiel hierfür kann der Militärdienst in den großen Städten gelten. Zeitgenössische Untersuchungen zeigten, dass nur zwischen 30 und 46 % der eingezogenen wehrpflichtigen Tagelöhner wieder auf das Land zurückkehrten.[104]

Als Folge des Arbeitskräftemangels kam es nun zur Zahlung deutlich höherer Löhne. Für das Rittergut Jacobsdorf in Niederschlesien sind der Lohnanstieg und die damit verbundenen Gewinneinbußen des Besitzers überliefert. So betrug der Anteil, den die Löhne von den Bruttoeinnahmen absorbierten zwischen 1875 und 1885 noch 19 %. In den 10 Jahren von 1895 bis 1905 stieg er jedoch auf 30,8 %.[105] Trotz erhöhter Bruttoeinnahmen in diesem Zeitraum um 10 % gingen die Nettoeinnahmen um 28,5 % zurück. Die zwischen 1875 und 1905 um 43,4 % gestiegenen Barlöhne hatten daran einen wesentlichen Anteil.[106] Dabei erhöhten sich im hier beschriebenen Beispiel die Löhne der landwirtschaftlichen Arbeiter und auch der Hausbedienten stärker als die des gehobenen Personals.[107]

Abschließend sei noch ein Beispiel für das Steigen der Gesindelöhne aus der Niederlausitz aufgeführt. Auf dem Rittergut Kohlo entwickelten sich die Löhne des Gesindes innerhalb von 70 Jahren, bei annähernd gleichbleibender Bewirtschaftung, wie in der folgenden Tabelle zu sehen ist (vgl. Tabelle 6). Abgesehen von der sehr niedrigen Angabe für das Jahr 1830 wird das allmähliche Steigen und das sich hier ab 1870 bemerkbar machende abrupte Anziehen der Löhne zum Jahrhundertende deutlich. Die Lohnkosten wurden für die Güter zunehmend zu einem Faktor der Einkommensschmälerung, nachdem

103 Vgl. SAUL, konservative Struktur, S. 139. Ebenso stark betroffen waren Ostpreußen und Pommern sowie der Regierungsbezirk Breslau.

104 Vgl. ebd., S. 180 f.

105 Dies deckt sich mit den Erhebungen des Deutschen Landwirtschaftsrates, die 1898 den Anteil der Löhne an den Ausgaben größerer Güter (Gesamtwert über 150.000 RM) auf 26,3 % bezifferten. Dazu kamen noch die Gehälter für die Beamten, die gemeinsam mit dem Arbeitseinkommen und den allgemeinen Verwaltungskosten auf weitere 5,9 % veranschlagt wurden. Auf den bäuerlichen Gütern erreichten beide Ausgabenposten ähnliche Höhen. Vgl.: Die Ergebnisse der Erhebungen über die Rentabilität bestimmter Landwirtschaftsbetriebe im Jahre 1898, in: Archiv des Deutschen Landwirthschaftsraths 27 (1903), S. 508.

106 Vgl. DYHRENFURTH, schlesisches Dorf, S. 88 f.

107 Ebd., S. 84.

die Löhne in den 50 Jahren nach den Reformen relativ niedrig geblieben waren.

Tabelle 6: Die Entwicklung der Ausgaben für die Gesindelöhne auf dem Rittergut Kohlo zwischen 1830 und 1890[108]

Jahr	Gesindelöhne in Tlr.
1830	276
1840	846
1850	829
1860	712
1870	956
1880	1.700
1890	2.110

Das Steigen der Löhne wurde von einem langsamen Zurückdrängen der Naturalentlohnung begleitet. Während im Untersuchungsgebiet bis in die 1870er Jahre noch 70 % der Löhne in Naturalien ausgehändigt wurden, waren es um 1914 nur noch 45 %. Brandenburg nahm damit eine Mittelstellung ein. In der Provinz Sachsen war mit 14,7 % und in Schlesien mit 17,7 % der Anteil von Naturalien deutlich geringer, dagegen lag er in Pommern bei 68,3 % und in Ostpreußen sogar noch bei 82,5 %.[109] Die Geldentlohnung setzte sich von Westen nach Osten also in immer geringerem Maße durch. Die teilweise Beibehaltung des Tagelöhnerverhältnisses sicherte den Gütern jedoch nur in bedingtem Maße einen Stamm von festen Arbeitern. Im Jahre 1905 waren auf den Gutsbezirken Brandenburgs nur 12,8 % der ständigen Arbeiter seit mehr als 20 Jahren auf ihrer Stelle (vgl. Tabelle 7). Das bedeutet, dass die Zahl alteingesessener Arbeiter auf den Gütern um die Jahrhundertwende relativ gering war und unter den vertraglich gebundenen Arbeitern starke Fluktuationen stattfanden. Die Wanderung zum nächsten, besser zahlenden Gutsbesitzer wurde von den Arbeitern auch unter Begehung von Vertragsbrüchen in hoher Zahl realisiert. Allein von den ständigen Arbeitern verließen in Brandenburg 1904 sieben Prozent, das waren 12.530, vor Ablauf ihrer Vertragszeit die Arbeitsstelle.[110] Die Bindung der Arbeiter an ein Gut, wie sie das Instverhältnis gefestigt hatte, wurde also immer brüchiger. Bis in die 1880er Jahre – also in den Zeiten des z. T. drückenden Bevölkerungsüberschusses – war diese Tendenz dagegen von den Gutsherren und auch von den Landgemeinden in nicht unerheblichem Maße noch durch Entlassungen und Wohnsitzverweigerungen unterstützt worden, da nach zwei Jahren die Zugezogenen und ihre Familien Versorgungsansprüche erwarben.[111]

---

108 Quelle: FREYTAG-ROITZ, Niederlausitz, S. 285.

109 Vgl. Wolfgang HUCHO, Die Naturalentlohnung in der deutschen Landwirtschaft, Berlin 1825, S. 71. Interessant ist, dass nach dem I. Weltkrieg der Anteil der Naturalentlohnung wieder auf zwei Drittel anstieg.

110 Heinrich SZAGUNN, Die landwirtschaftlichen Arbeiter-Verhältnisse in der Provinz Brandenburg im Jahre 1905, Berlin 1910, S. 159. Diese Zahl gibt jedoch den Vertragsbruch sowohl in den Gutsbezirken als auch in den Landgemeinden wieder.

111 Vgl. SAUL, konservative Struktur, S. 136 f.

Tabelle 7: Die Seßhaftigkeit der ländlichen Arbeiter in den Regierungsbezirken der Provinz Brandenburg im Jahre 1905[112]

Gebiet	**Dauer des Arbeitsverhältnisses (in %)**					
	unter 1 Jahr	1-2 Jahre	3-5 Jahre	6-10 Jahre	11-20 Jahre	über 20 Jahre
RB Potsdam	20,0	17,6	19,7	16,3	14,5	11,9
RB Frankfurt/O	16,5	17,8	19,0	17,0	16,0	13,7
Provinz Brandenburg	18,2	17,7	19,4	16,6	15,3	12,8

Darüber hinaus wurde es für die verbleibenden Tagelöhner schwieriger, den Hofgänger zu stellen.[113] Im Jahre 1905 verfügte nur noch jede zehnte ländliche Arbeiterfamilie der Provinz über eine dritte Arbeitskraft. Dabei kam es zwischen den Regierungsbezirken zu erheblichen Unterschieden. Im Regierungsbezirk Potsdam hatte nur noch jede sechzehnte Familie einen Hofgänger, während es im Regierungsbezirk Frankfurt/O noch jede achte war.[114]

Als Ersatz für die ausgefallenen Arbeitskräfte wurden zunehmend Wanderarbeiter und -arbeiterinnen beschäftigt. Vor allem die Einstellung von Arbeitskräften aus dem Ausland, die meist aus dem russischen Teil Polens kamen, wurde dabei von den liberalen Gegnern des ostelbischen Großgrundbesitzes massiv als Verrat an den 'nationalen Interessen' Deutschlands attackiert.[115] Dabei konnten die Güter ohne diese Arbeitskräfte ihren Wirtschaftsbedarf offensichtlich nicht mehr decken, da sie nicht in der Lage waren, mit den in der Industrie gezahlten Löhnen zu konkurrieren.[116] Andererseits waren die aus dem Ausland angeworbenen Kräfte in der Anfangszeit noch als Lohndrücker gegen die Einheimischen benutzt worden. Die ausländischen Arbeiter machten jedoch nur einen Teil der Wanderarbeiter aus. Daneben gab es eine starke Binnenwanderung, die damit begründet wurde, dass die landwirtschaftlichen Arbeiter bei gleichen Löhnen vor allem durch ihre beschränkten Lebenshaltungskosten (auf Grund der de facto Kasernierung) erheblich sparten und außerdem nicht mehr bei ,ihrem' Gutsherrn dienen mussten.[117] 1905 hatte die Wanderarbeiterschaft in allen landwirtschaftli-

112 Quelle: SZAGUNN: Arbeiter-Verhältnisse, S. 150-155.

113 Nach Max Webers Darstellung war es kurz vor der Jahrhundertwende üblich, dass die Söhne spätestens nach dem Militärdienst fort gingen und nur noch das „übelst berufene Gesindel" bereit gewesen sei, als Scharwerker zu arbeiten. Vgl. WEBER, Landarbeiter, S. 485.

114 Ebd., S. 21.

115 Vgl. vor allem Max Webers diesbezügliche Ausführungen mit ihren heute sehr unangenehm berührenden abwertenden Äußerungen über die aus dem Osten kommenden Wanderarbeiter. Ders.: Die ländliche Arbeitsverfassung, in: Gesammelte Aufsätze zur Sozial- und Wirtschaftsgeschichte, Tübingen 1924, S. 444-469.

116 Zum Arbeitskräftemangel in der brandenburgischen Landwirtschaft vgl. SZAGUNN, Arbeiter-Verhältnisse, S. 18-21; 36-38. Die von dem Direktor des brandenburgischen Arbeitsamtes für 1904/05 zusammengestellten Daten resultierten aus einer groß angelegten Fragebogenaktion.

117 In diesem Sinne u. a. WEBER der schrieb: „... die wohlbekannte Arbeitsglocke des benachbarten heimatlichen Großgrundbesitzers hat einen besonders üblen Klang." Ders., Arbeits-

chen Betrieben Brandenburgs die Zahl von 80.305 erreicht. Der Anteil der Frauen daran betrug 56 %. Den Wanderarbeitern standen 178.895 ständige Beschäftigte gegenüber.

Die Struktur der Arbeiterschaft der Gutsbezirke zu diesem Zeitpunkt ist aus der folgenden Tabelle zu ersehen (vgl. Tabelle 8). Die wandernden Beschäftigten stellten hier 41 %, von denen 24 % längerfristig engagiert waren. Demgegenüber standen noch 37 % der Gutsangestellten in einem Deputatisten- oder Instverhältnis, wie es sich seit den Agrarreformen herausgebildet hatte. 8 % der Beschäftigten gehörten zum Gesinde.

Mehr als zwei Drittel der Wanderarbeiterschaft kam aus dem Inland. Von den restlichen stammten allein 66,5 % aus dem russischen Teil Polens.[118] Ausländische Beschäftigte waren bis zur Jahrhundertwende nicht nur aufgrund niedriger Löhne und entfallender unproduktiver Lohnkosten ‚billiger', sondern auch 'williger'. Die Ursache dafür war das niedrige Lohnniveau in ihrer Heimat und die hohe Verfügungsgewalt ihres Arbeitgebers über sie.

Tabelle 8: Die Struktur der ländlichen Arbeiterschaft in den Gutsbezirken Brandenburgs im Jahre 1905 (nach Szagunn)[119]

Ständige Arbeiter/Arbeiterinnen			
Status	**Männer**	**Frauen**	**Zusammen**
Arbeiterfamilien	24.223 (40 %)	16.520 (34 %)	40.743 (37 %)
freie Arbeiter/ Arbeiterinnen	8.037 (13 %)	3.861 (8 %)	11.898 (11 %)
Knechte	4.671 (8 %)		4.671 (4 %)
Dienstmädchen		4.277 (9 %)	4.277 (4 %)
Sonstige	2.204 (4 %)	1.192 (2 %)	3.396 (3 %)
gesamt	39.135 (65 %)	25.850 (53 %)	64.985 (59 %)
Wanderarbeiter/-arbeiterinnen			
Status	**Männer**	**Frauen**	**Zusammen**
längerfristige	14.167 (24 %)	14.509 (30 %)	28.676 (26 %)
kurzfristige	6.853 (11 %)	8.717 (18 %)	15.570 (14 %)
gesamt	21.020 (35 %)	23.226 (47 %)	44.246 (41 %)
ständige und Wanderarbeiter	60.155 (100 %)	49.076 (100 %)	109.231 (100 %)

Die scharfen Vorwürfe der Liberalen gegen die Großgrundbesitzer, die ausländische Arbeiter beschäftigten, werden zumindest für Brandenburg teilweise durch die Tatsache relativiert, dass sich auch die Bauern in hohem Maße an der Beschäftigung der Wanderarbeiterschaft beteiligen. Auf den Gütern waren

verfassung, S. 451 und Ders. Landarbeiter, S. 492 f. und V. KAHLDEN, ländliche Arbeiter, S. 420 f.

118 Berechnet nach: SZAGUNN, Arbeiter-Verhältnisse, S. 117 und S. 125.

119 Zusammengestellt nach: SZAGUNN, Arbeiterverhältnisse, S. 116.

1905 nur etwas mehr als die Hälfte der auswärtigen Arbeiter (55 %) angestellt. Der Rest wurde auf städtischen Besitzungen und den Bauerngütern beschäftigt.[120]

Während jedoch der Anteil der Wanderarbeiterschaft auf den Gütern bereits bei 41 % lag, gab es auf den bäuerlichen Besitzungen wesentlich mehr ständige Belegschaft. Hier machten Wanderarbeiter nur 22 % der Arbeitskräfte aus.[121] Zwischen 1905 und 1913 kam es jedoch zu einer Verdreifachung der Zahl der Wanderarbeiterschaft in den Ostprovinzen, so dass hier mit Verschiebungen zu rechnen ist.[122] Die vorliegenden Daten lassen leider keine Aussagen zum Grad der Anstellung von ausländischen Arbeitskräften auf den Gütern zu, so dass die Frage ungeklärt bleiben muss, ob die Großgrundbesitzer deutlich mehr ausländische Arbeiter beschäftigten oder nicht.[123] Die Voraussetzungen zum Einsatz größerer Arbeiterkolonnen waren hier jedoch in höherem Maße als auf den bäuerlichen Besitzungen gegeben.

Die Versuche der Organisationen des Großgrundbesitzes, dem Landarbeiterproblem entgegen zu arbeiten, bestanden aus dem gewohnten Anrufen der Obrigkeit. Vom Staat wurde Unterstützung vor allem mit dem Argument der Königstreue der Landbewohner und ihrer Unempfänglichkeit für sozialdemokratische Propaganda sowie der Sicherung der 'Volksernährung' und Wehrfähigkeit gefordert.[124] Die wiederholten Versuche, die Freizügigkeit der Landarbeiter einzuschränken, scheiterten jedoch bereits im vorparlamentarischen Raum.[125] Mehr Erfolg hatte die agrarische Lobby bei ihrem Kampf gegen die privaten Arbeitsvermittler, die sie in bewusster oder unbewusster Verkennung der wahren Ursachen der Landflucht als Hauptschuldige ausmachten. Die Arbeitsvermittler wurden durch staatliche Reglementierungen in ihrer Wirksamkeit zunehmend eingeschränkt. Die von den Landwirtschaftskammern als Gegenmaßnahme eingerichteten Stellennachweise erreichten jedoch bis zum Ende des Kaiserreiches nur wenig Wirkung.[126] Als Ausgleich, nicht als Ersatz, wirkte die Veränderung der Armengesetzgebung, die dazu führte, dass Güter und Landgemeinden von einem Teil der Armenfürsorge für die in die Stadt abgewanderten Landarbeiter zugunsten der neuen Arbeitsorte entlastet wurden. Die Armenmündigkeit, das heißt der Zeitpunkt der diesbezüglichen Unabhängigkeit vom Vater, wurde schrittweise auf das 16. Lebensjahr herabgesetzt, die Zeitdauer des Erwerbs, aber auch des Verlustes des Unterstützungswohnsitzes auf ein Jahr herunter gesetzt. Die Landflucht war damit nicht zu stoppen, aber die sozialen Kosten bei einem Scheitern der Abgewanderten

---

120 Vgl. zu den ausländischen Wanderarbeitern u.a. Klaus J. BADE, 'Billig und willig' – die 'ausländischen Wanderarbeiter' im kaiserlichen Deutschland, in: Ders. (Hg.): Deutsche im Ausland – Fremde in Deutschland. Migration in Geschichte und Gegenwart, München 1992, S. 311 und WEBER, ländliche Arbeitsverfassung, S. 452.

121 Berechnet nach SZAGUNN, Arbeiter-Verhältnisse, S. 16 f.

122 Vgl. SAUL, konservative Struktur, S. 143.

123 Die diesbezüglichen Daten sind der Studie von Szagunn, der ganz im Interesse der Landwirtschaft für eine starke staatliche Lenkung der Arbeitskräfte votiert, nicht zu entnehmen.

124 Vgl. die entsprechenden Belege bei SAUL, konservative Struktur, S. 147 f.

125 Vgl. ebd., S. 149-158.

126 Vgl. ebd., S. 162-171.

gingen wesentlich früher auf die Städte über, die nun im Krankheitsfalle auch die ersten 13 Wochen die Kosten für auf dem Lande wohnende Arbeitnehmer zu tragen hatten.[127] Weitere Versuche, über Einflussnahme auf die Staatsbahn oder das Militär die Entwicklung auf dem ländlichen Arbeitsmarkt zu stoppen oder gar umzukehren, erwiesen sich als wenig erfolgreich.[128]

Siegreich blieben dagegen die Großgrundbesitzer und mit ihnen natürlich alle anderen ländlichen Arbeitgeber in ihrem Kampf gegen die Gleichstellung von ländlichen und städtischen Arbeitern. Im Gegensatz zur Industrie, in der zeitliche Begrenzungen für die Arbeit von Frauen und Kindern erreicht wurden, gab es solche Vorschriften in der Landwirtschaft nicht. Seit 1854 unterstanden auch die Instleute und Deputatisten weitgehend dem Gesinderecht und damit auch ausdrücklich einem Koalitions- und Streikverbot. Erst 1918 wurde die Gesindeordnung gemeinsam mit dem Koalitionsverbot für ländliche Arbeiter aufgehoben. Landarbeiter und Gesinde wurden bis dahin auch erfolgreich aus den sich entwickelnden sozialen Sicherungssystemen sowie aus den Arbeitsschutzbestimmungen herausgehalten. Damit ersparten sich die ländlichen Arbeitgeber bis zum Ende des Kaiserreiches eine ganze Reihe von in der Industrie anfallenden Nebenkosten.

Zusammenfassung

Im 19. Jahrhundert veränderte sich der Grad der landwirtschaftlichen Bodennutzung erheblich. Die Ackerfläche wurde durch Einbeziehung von vorher nicht oder weniger intensiv genutztem Boden verdoppelt. Parallel dazu erweiterten die Rittergüter ihre landwirtschaftliche Nutzfläche durch Landgewinne im Zuge der Agrarreformen um mindestens 15 %. Daneben hatten die Besitzer der großen Güter bereits seit dem 18. Jahrhundert immer wieder bäuerliches Land aufgekauft. Dieser Prozess hielt auch im gesamten 19. Jahrhundert an. Insgesamt ist davon auszugehen, dass die Rittergüter nach 1800 erhebliche Landgewinne zu verzeichnen hatten.

Die großen Güter waren nach den Separationen, die bis in die 1830er Jahre andauerten, relativ schnell zu modernen und effektiven Bodennutzungsarten übergegangen. Durch die Züchtung neuer Getreidesorten und verstärkte Düngung – seit Ende des 19. Jahrhunderts auch mit Kunstdüngern – konnten die Erträge bei den meisten landwirtschaftlichen Produkten annähernd verdoppelt werden. Auch die für fast alle größeren Güter und Güterkomplexe sehr wichtige Forstwirtschaft erbrachte durch Flächenausdehnung und konstant steigende Nutzholzerträge einen immer größeren Beitrag für die Einkommen der Güter mit organisierter Forstwirtschaft. Einen weiteren Beitrag zur Ertragssteigerung auf den Gütern leistete die Ausdehnung der Rinder- und Schweinehaltung auf der Basis neuer leistungsfähigerer Züchtungen.

127 SAUL, konservative Struktur, S. 158-162.
128 Vgl. ebd., S. 171-196.

Die Vergrößerung der Rittergüter und die Steigerung der Erträge führten dazu, dass Landwirtschaft und – wo sie möglich war – Forstwirtschaft spätestens seit der Agrarpreiskrise der 1830er Jahre ein lukratives Geschäft wurden und über eine lange Periode steigende Einkommen ermöglichten.

Gebremst wurde diese Entwicklung vor allem durch die zunehmend zum Problem werdende Abwanderung der ländlichen Arbeiterschaft. Dabei wurde den Gutswirtschaften der Übergang an feudalen Diensten zu freier Arbeit durch den Überhang von kostenlosen Diensten bis weit in die erste Hälfte des 19. Jahrhunderts hinein wesentlich erleichtert. Wegen der vorherrschenden Naturalentlohnung war das sich parallel dazu entwickelnde moderne Instverhältnis für die Güter in den Zeiten des Kapitalmangels außerordentlich günstig. Es bewahrte die Zustände, die vor den Reformen existierten, in veränderter Form bis zum Ende des Kaiserreiches. Problematisch wurde die Situation, als die zunächst auch von den Gutsherrschaften angestrebte Wendung zu vermehrten Barlöhnen negativ auf das Land zurückwirkte, da in den Städten bei höherem Arbeitsbedarf auch höhere Löhne gezahlt wurden. Durch massive formelle und informelle Brücken zur Staatsgewalt und durch das konservative Übergewicht in den parlamentarischen Institutionen gelang es den agrarischen Interessenvertretern jedoch bis zum Ende des Kaiserreiches, eine auch nur annähernd rechtliche Gleichstellung ihrer Arbeiter mit denen in der Stadt zu verhindern.

Angesichts der so niedrig gehaltenen Löhne der Landarbeiter, der geringen Steuerbelastung und des Agrarprotektionismus wurden die Großgrundbesitzer lange Zeit vor den schlimmsten Folgen des sich durchsetzenden Weltmarktes bewahrt. Durch die Veränderung des allgemeinen wirtschaftlichen Umfeldes war die Rentabilität des Großgrundbesitzes langfristig jedoch nur durch konzentrierte Marktorientierung und stärkere Effizienz zu gewährleisten. In diesen Bereich gehören zum einen der verstärkte Maschineneinsatz und die Anwendung von Kunstdüngern, zum anderen die marktorientierte Produktauswahl bzw. das Umstellen auf neue Produkte und deren gezielte Vermarktung.

III. Grundlinien der ökonomischen Entwicklung des Großgrundbesitzes im 19. Jahrhundert

Kredite und Schulden

Ein besonderes Problem des Großgrundbesitzes im 19. und 20. Jahrhundert war die Verschuldung, die – von allen Seiten immer wieder ideologisch aufgeladen – bis in die Gegenwart kontrovers diskutiert wird.[1] Dabei folgte auch die Geschichtsschreibung lange Zeit den sicher nicht zufälligerweise zusammentreffenden Aussagen sowohl der agrarischen Interessenvertreter, als auch der liberalen Kritiker des ‚Junkertums'. Die auch vorhandenen zahlreichen Einwände gegen das Bild einer hoffnungslosen Verschuldung ‚der Landwirtschaft' wurden dabei vielfach ignoriert. Vor allem die sozialgeschichtliche Forschung folgte geradezu bedingungslos den Auffassungen Max Webers über den vermeintlichen ‚Todeskampf der Junker', die jedoch eher den Charakter von Wahlkampfparolen[2] trugen und von ihm selbst in seinen wissenschaftlichen Aufsätzen teilweise revidiert wurden.[3]

Eine hinreichend genaue Klärung der Verschuldungsproblematik ist jedoch aus mehreren Gründen nicht möglich. Zum einen fehlen, mit Ausnahme der Angaben über die ständischen Kreditinstitute, wesentliche Quellen; zum anderen birgt der Begriff Verschuldung bei Rittergütern enorme Schwierigkeiten in sich, da er einerseits reelle Verbindlichkeiten und andererseits nur verzinsbare, aber in der Regel nur langfristig oder gar nicht kündbare Guthaben aus Erbteilungen und Lehnsfolgen, in sich bergen konnte.[4] Auch der Zweck der

---

1 Vgl. dazu u. a. HEß, Junker, S. 221 ff. und vor allem die Wertung in SPENKUCH, Herrenhaus, S. 211 ff.

2 Vgl. ebd., S. 207.

3 So zeigte sich Weber in seinem Vortrag über ‚die ländliche Arbeitsverfassung' vor dem Verein für Sozialpolitik (1893) überzeugt, dass der Großgrundbesitz im Osten weiter bestehen wird und sah darin auch eine Notwendigkeit, u. a. um zu verhindern, dass nicht das geistige Potential der ‚gesellschaftlichen Intelligenzzentren auf dem Lande' verschwindet und in den Städten monopolisiert wird. Andererseits betonte er sehr stark die Auflösung der traditionellen Arbeitsverfassung der Güter, die den Charakter eines ‚chronischen Fäulnisprozesses des Ostens' trage und die Lösung politischer Aufgaben des Staates behindere. WEBER, Arbeitsverfassung, S. 456, 465.

4 Um nur einige Beispiele zu nennen: Bei der Ehescheidung des Kammerherrn v. Stutterheim von seiner Frau im Jahre 1836 erhielt er von ihr – die das Rittergut Gosda behielt – eine jährliche Rente von 500 Tlr. bewilligt, die nach dem Tod seiner Mutter auf 250 herabgesetzt werden sollte. Diese Rente wurde kapitalisiert im Hypothekenbuch eingetragen. BLHA, Rep. 37, Gutsarchiv Gosda, Nr. 1068. Bei der Fideikommißstiftung Fredersdorf und Weitzgrund war zur Sicherung von zwei Renten der kapitalisierte Betrag hypothekarisch vermerkt.

Verschuldung konnte ein sehr unterschiedlicher sein. Die Besitzverschuldung, also die Kreditaufnahme zum Erwerb des Gutes bzw. zur Abfindung der Miterben, war dabei mit Abstand die wichtigste Art gewesen. Daneben stand der Meliorationskredit, welcher der Verbesserung des Besitzes diente und damit wiederum der Wertsteigerung. Neben diesen Hauptarten der Nutzung des Bodenkredites sind die rein konsumtiven Kredite – die nicht der Produktions- oder Wertsteigerung zuzurechnen sind, sondern für Luxus[5], Ausbildung, Karrieren oder auch zur Deckung von Spielschulden aufgenommen wurden[6] – eine zu vernachlässigende Größe gewesen.

Besonders erschwerend kommt hinzu, dass die Verschuldungsproblematik immer wieder für bestimmte Interessen instrumentalisiert wurde. Wollten die Landwirte staatliche Hilfe, wurde als Kennzeichen für ihr ‚Notleiden' immer auf die gewaltige Schuldenbelastung hingewiesen. Wollten aufgeklärte oder liberale Kritiker der konservativen ‚Junker' auf deren wirtschaftliche Unfähigkeit hinweisen, kam eine hohe Verschuldung der Güter – meist linear mit Unrentabilität gleichgesetzt oder auf Luxuskonsum zurückgeführt – zupass. Deshalb sind die Angaben von ‚Zeitgenossen' (auch und gerade von Historikern) immer auch vor dem Hintergrund ihrer Eingebundenheit in einen bestimmten Kontext zu werten.

Auf Grund all dieser Schwierigkeiten können die folgenden Aussagen zur Verschuldung, neben der Darstellung der Entwicklung der rechtlichen Grundlagen, daher nur auf die Trends hinweisen.

Die Entwicklung des Bodenkredits seit der Mitte des 18. Jahrhunderts

Die Beschreibung der Entwicklungen auf dem Bodenkreditmarkt macht es notwendig, etwas weiter auszugreifen. Der Ausgangspunkt des Problems liegt bereits in der Mitte des 18. Jahrhunderts, als im Zuge der Friderizianischen Justizreform zwischen 1748 und 1751 eine neue Konkursordnung für alle

---

BLHA, Rep. 53A, Nr. 975. Die Tochter des Rittergutsbesitzers v. Freier-Hoppenrade erhielt nach seinem Testament von 1845 die Summe von 20.000 Tlr., die ihr jedoch nicht ausgezahlt, sondern nur 5-prozentig verzinst werden sollten. BLHA, Rep. 4A, Testamente, Nr. 5121. Die hypothekarische Sicherung solcher Erbteile war durchaus üblich, wobei die Art der Löschung von Fall zu Fall unterschiedlich war. Sie variierte zwischen Auszahlung, einfacher Streichung nach dem Eintreten eines bestimmten Ereignisses oder dauerhafter Verzinsung.

5 Allerdings trug auch der Bau eines neuen Herrenhauses bzw. Schlosses oder auch Parks zur Wertsteigerung eines Besitzes bei.

6 Vgl. dazu u. a. bereits die Ausführungen von Rodbertus und anderen Zeitgenossen, die nachdrücklich darauf hinwiesen, dass nur die Besitzschulden von Bedeutung waren, die anderen Schuldenarten dagegen zu vernachlässigen gewesen wären. Karl RODBERTUS-JAGETZOW, Zur Erklärung und Abhülfe der heutigen Creditnoth des Grundbesitzes, Bd. I. Die Ursachen der Noth, Berlin 1868, S. 19 ff. Eine Bestätigung dieser Aussagen für das Kaiserreich – ebenfalls auf der Basis zeitgenössischer Aussagen – bei SPENKUCH, Herrenhaus, S. 21 ff.

preußischen Territorien erlassen wurde.[7] Um die bis dato langwierigen Prozesse um die Berechtigungen der verschiedenen Hypothekengläubiger abzukürzen, wurde die Rangordnung unter diesen weitgehend schematisiert. Im Gegensatz zu früheren Zeiten stand nun der erste eingetragene Gläubiger auch wirklich und unangefochten vor allen anderen Privilegierten[8] auf Platz Eins. Auch die sogenannten Meliorationshypotheken, die zu einer Verbesserung der Pfandsache führten, erhielten nun keine Bevorzugung mehr, sondern nahmen ihren Platz nach der Eintragung in den entsprechenden Nachweisbüchern ein. Damit wurde für die Geldgeber eine vorher nicht gekannte Sicherheit gegeben, die den Grundbesitz schnell zum Kapitalanlageobjekt werden ließ. Verstärkt wurde dies durch eine weitere Veränderung des Hypothekenrechtes, die es dem Verkäufer erlaubte, das Kaufgeld – oder einen Teil davon – als Hypothek auf dem Grundstück eingetragen stehen zu lassen.[9] Damit wurde, obgleich von den Ausarbeitern des Gesetzes nicht intendiert, die Möglichkeit geschaffen, ein Grundstück mit wenig Geld zu erwerben und die entstandenen Schulden nicht wie früher abzutragen, sondern dauerhaft gegen Zinszahlungen zu behalten. Schließlich fällt in diese Zeit noch eine dritte wichtige Veränderung – die Buchmäßigkeit. Durch pflichtweise Eintragung aller Gläubiger und Besonderheiten des Grundbesitzes in von den Gerichten geführten Grundbüchern wurde es für potentielle Geldgeber sehr einfach, sich über den Verschuldungsgrad etc. eines Besitzes zu informieren.[10]

Als Folge dieser Veränderungen wies Weyermann anhand der Grundbücher der brandenburgischen Kreise Barnim und Teltow nach, dass die Verschuldung ebenso wie die Kaufpreise ab 1750 z. T. extrem stiegen. Dazu kam als zweiter Faktor die langfristige Verschuldung, d. h. ein Teil der Güter wurde nicht mehr schuldenfrei. Hypotheken waren durch die beschriebenen gesetzlichen Veränderungen verkehrsfähig geworden[11] und sollten bis zum Aufkommen der Eisenbahnaktien in den vierziger Jahren des 19. Jahrhunderts eine der wichtigsten Kapitalanlageformen bleiben.

Ein Ergebnis des fast schlagartig vorhandenen reichlichen Hypothekenkredits war eine sich schnell drehende Preis- und Kreditspirale, die bald zu einer ersten Krise führte.[12] Verstärkt durch den Siebenjährigen Krieg kam es innerhalb kurzer Zeit zu einer Reihe von Subhastationen (Versteigerungen), die vor allem neue Besitzer betraf, die ihre Güter nach 1750 erworben hatten und nun nicht in der Lage waren, unter veränderten Bedingungen die Gläubiger zu befriedigen. Allerdings hatten auch die längerfristigen Besitzer im Zuge der

7 Die folgenden Ausführungen zum rechtlichen Wandel des Umganges mit Hypotheken fußen im wesentlichen auf M. WEYERMANN, Zur Geschichte des Immobiliarkreditwesens in Preußen mit besonderer Anwendung auf die Theorie der Bodenverschuldung, Karlsruhe 1910, hier besonders S. 24 ff.

8 Diese Privilegierungen später oder gar nicht eingetragener Gläubiger konnten z. B. aus erbrechtlichen Vorgängen resultieren.

9 WEYERMANN, Immobiliarkredit, S. 27.

10 Ebd., S. 28 f.

11 Ebd., S. 65.

12 Nach Weyermann wurden diese Krisen, von denen die erste zeitgleich mit dem Siebenjährigen Krieg auftrat, nun periodisch. WEYERMANN, Immobiliarkredit, S. 66.

allgemeinen Hausse auf dem Bodenkapitalmarkt vermehrt Schulden aufgenommen. Bereits in dieser Krise zeigten sich wesentliche Elemente staatlicher Wirtschaftspolitik, die auch später angewandt werden sollten. Als erstes wurde 1765 ein Generalindult, d. h. ein Aufschub jeglicher Zinszahlung verbunden mit einem Kündigungsschutz zugunsten der Schuldner, erlassen. Da jedoch bald deutlich wurde, dass eine Verbesserung der Situation auf diesem Wege nicht zu erreichen war, wurde nach anderen Auswegen gesucht und schließlich nach dem Plan des Berliner Kaufmannes Büring, den dieser 1767 vorlegte, auch das lange Zeit wirkende Hauptelement des Bodenkredites geschaffen.[13]

In Folge dessen kam es 1770 zur Gründung des ersten landschaftlichen Kreditinstitutes, der Schlesischen Landschaft. Sieben Jahre später folgten das Kur- und Neumärkische Ritterschaftliche Kreditinstitut und in den Folgejahren die anderen alten Ostprovinzen mit Ausnahme der späteren Provinz Sachsen.[14] Ziel der ursprünglich als kurzfristige und einmalige Maßnahme gedachten Gründungen war es, die schwierige bis ausweglose Kreditsituation vieler adliger Großgrundbesitzer zu verbessern. Entgegen dieser Intention wurden die ‚Landschaften'[15] jedoch zu dauerhaften Einrichtungen und langfristig zur wichtigsten Kreditquelle der Rittergutsbesitzer. Die ständische Organisation der ‚Landschaften' überlebte die Neuorganisation des Staates und führte dazu, dass die Rittergüter der Provinz Brandenburg bei verschiedenen Kreditinstituten beliehen wurden.[16]

Die Organisation der ständischen Kreditinstitute

Die Organisation der preußischen Kreditinstitute war ähnlich aufgebaut. Während in Schlesien, Pommern, Ost- und Westpreußen alle kreditberechtigten Gutsbesitzer zur ‚Landschaft' gehörten, wurde das ritterschaftliche Kreditin-

13 Vgl. ebd., S. 78 ff. Der Büring'sche Plan ist abgedruckt bei: MAUER, Kreditwesen, S. 190-195.

14 Die pommersche Landschaft wurde 1781, die westpreußische 1787 und die ostpreußische 1788 geschaffen. 1821 wurde der Kreditverein für das Großherzogtum Posen geschaffen. Der landschaftliche Kreditverband der Provinz Sachsen wurde erst 1864 gegründet. Ein Jahr später wurde das Kreditinstitut für die Königlich Preußische Ober- und Niederlausitz ins Leben gerufen

15 Der weitverbreitete Begriff ‚Landschaft' knüpfte an die älteren ständischen Kreditwerke an, die in vorabsolutistischer Zeit der Kontrolle und Einziehung der Steuern gedient hatten. Die kurmärkische Landschaft war jedoch die seit Hunderten von Jahren bestehende Korporation von Ritterschaft und Städten, die für Steuerbewilligung und -eintreibung verantwortlich war. Sie wurde erst 1820 aufgelöst und ist nicht identisch mit dem ritterschaftlichen Kreditinstitut. Vgl. VETTER, Kurmärkischer Adel, S. 22 ff. und Peter BAUMGART, Zur Geschichte der kurmärkischen Stände im 17. und 18. Jahrhundert, in: Gerhard Dietrich (Hg.), Ständische Vertretungen in Europa im 17. und 18. Jahrhundert, Göttingen 1969, S. 131-161, hier S. 157 f.

16 Die Güter der Altmark schieden zwischen 1809 und 1821 aus dem Kreditinstitut aus. Dagegen sind die Güter in den Kreisen Schivelbein und Dramburg beim Kur- und Neumärkischen Ritterschaftlichen Kreditinstitut verblieben. Robert FRANZ, Die Landschaftlichen Kreditinstitute in Preußen. Ihre rechtlichen und finanziellen Verhältnisse und ihre geschichtliche Entwicklung, Berlin 1902, S. 158.

stitut in Brandenburg nur von den ausdrücklich Eingetretenen gebildet.[17] Dem entsprechend hafteten hier auch nur die Mitglieder für die Pfandbriefe.[18] Die Korporation verwaltete sich unter staatlicher Oberaufsicht selbst. In der Kur- und Neumark bestanden fünf Ritterschaftskollegien (Altmark, Prignitz, Mittelmark, Uckermark und Neumark), die der Hauptritterschaftsdirektion in Berlin unterstanden. Diese Verwaltungsorgane wurden durch den mindestens einmal jährlich tagenden ‚landschaftlichen Generallandtag'[19] gewählt und durch den ‚Engeren Ausschuß' kontrolliert. Die Wahl der Direktoren und Räte erfolgte ebenso wie die der Kontrollgremien auf sechs Jahre. Die wichtigste Aufgabe der Ritterschaftsräte war das Aufstellen der Taxen und die Beaufsichtigung von Sequestrationen (Zwangsverwaltungen). Den einzelnen Ritterschaftsdirektionen waren außerdem festangestellte Syndici beigeordnet, die eine juristische Ausbildung besitzen mussten. Die Generalaufsicht führte ein königlicher Kommissar. Trotz dieser Kontrolle waren auch die Kreditinstitute neben den älteren ständischen Gremien, wie dem ‚Großen Ausschuß zur Biergeldkasse', Ersatz für die alten Landtage[20], ein Ort, den der großgrundbesitzende Adel zur Koordination und Einflussnahme nutzte.[21] Erst die 1823 gebildeten Provinziallandtage schufen einen Rahmen, der über die alten Möglichkeiten hinausging und die politische Bedeutung der Verwaltungsorgane der Kreditinstitute[22] zurücktreten ließ.[23]

Praktisch lief der Beleihungsvorgang wie folgt ab: Von dem zu beleihenden Gut wurde – wenn die Ritterschaftsdirektion dies für notwendig erachtete – von einer Kommission unter Vorsitz eines Ritterschaftsdirektors zunächst eine Taxe angefertigt, der ein ermittelter Reinertrag, später der zur Grundsteuerveranlagung ermittelte Grundsteuerreinertrag, zu Grunde lag.[24] Ausgehend

---

17 Um Mitglied des Kreditinstitutes zu bleiben, wurde in der Fideikommißstiftungsurkunde für Schönermark (Graf v. Schlippenbach) aus dem Jahre 1848 sogar ausdrücklich festgelegt, dass immer eine Pfandbriefschuld von 6.000 Tlr. bestehen bleiben musste. BLHA, Rep. 53A, Nr. 995.

18 Ebd. S. 107. Vgl. dazu auch C. v. VOSS, Das Creditinstitut der Kur- und Neumärkischen Ritterschaft in seinem Verhältnis zu den nichtassocirten Rittergutsbesitzern, Berlin 1835.

19 Die enge Verzahnung der Organisationen der Großgrundbesitzer zeigt sich darin, dass die Delegierten zu diesen Generallandtagen auf den Kreistagen gewählt wurden.

20 In Brandenburg war seit dem Landtagsrezeß von 1653 bis 1809 kein Landtag mehr einberufen worden.

21 VETTER, Kurmärkischer Adel, S. 22.

22 Eine Ausnahme bildete hier nur der Kreditverein für das Großherzogtum Posen, der lange Zeit ein wichtiger Kristallisationspunkt für die polnische Nationalbewegung war. Vgl. MAUER, Kreditwesen, S. 17 ff.

23 Welche negative Bedeutung der Staatskanzler Hardenberg und seine Berater den altständischen Vertretungen zumaßen, zeigt sich u. a. darin, dass 1820 die alte Kurmärkische Landschaft, also das Organ der Ritterschaft und der Städte zur Steuererhebung und Verwaltung der ständischen Angelegenheiten, parallel zur Neuordnung der Staatsschuldenverwaltung gewaltsam aufgelöst wurde. Allerdings gelang es den Ständen später (1829) wieder, die Landarmenverwaltung zu übernehmen. Vgl. VETTER, Kurmärkischer Adel, S. 98 ff und 105.

24 Detailliert dazu FRANZ, Kreditinstitute, S. 114 ff. und MAUER, Kreditwesen, S. 24 ff. Mauer weist zu Recht darauf hin, dass der Reinertrag, der übrigens auch von der Gesetzgebung anerkannt wurde, im Gegensatz etwa zur Größe oder dem letzten Verkaufspreis eines Gutes ein rational-kapitalistisches Element in sich trägt. Diese Fixierung auf den Reinertrag soll

von dieser Taxe konnte der Rittergutsbesitzer in Brandenburg sein Gut zunächst nur bis zur Hälfte, später bis zu zwei Dritteln des Wertes landschaftlich beleihen[25] und erhielt nach der Revision durch die Hauptritterschaftsdirektion und der Bestätigung durch den ,engeren Ausschuß' über den genehmigten Betrag Pfandbriefe. Da diese bis 1780 mit 4,5 % und dann bis 1835 mit 4 % verzinst wurden[26] sowie eine hohe Sicherheit boten, waren die Pfandbriefe auf dem Kapitalmarkt stark nachgefragt. Daher konnten die Großgrundbesitzer sie lange Zeit mit einem Aufgeld (Agio) weiterverkaufen.

Die Besonderheit des landschaftlichen Kredites bestand zunächst darin, dass der Schuldner zwar Zinsen zahlen, aber keine Amortisationszahlungen leisten musste. Das bedeutete, die Schulden konnten, mussten aber nicht getilgt werden. Eine geringe Amortisationszahlung wurde erst in den dreißiger Jahren des 19. Jahrhundert, dem Beispiel des Posener Kreditinstitutes folgend, eingeführt. Dabei wurde die Gelegenheit genutzt, dass die Zinsen der Pfandbriefe von 4 % auf 3,5 % gesenkt wurden. Das überschüssige halbe Prozent wurde nun einer Amortisationskasse zugeführt. Der Unwille eines großen Teils der Rittergutsbesitzer soll – laut Mauer – darauf hin dazu geführt haben, dass diese ihre Schulden bei der ,Landschaft' tilgten und private Hypotheken aufnahmen.[27]

Zur Teilnahme an den Kreditinstituten waren in der Regel die Besitzer adliger Güter berechtigt, unabhängig vom Stand der betreffenden Person.[28] Nicht zugelassen waren jedoch Korporationen und der Domänenfiskus.[29] Das Kur- und Neumärkische Kreditinstitut bildete darüber hinaus allerdings wiederum eine Ausnahme. Das Kreditreglement bestimmte nämlich, dass neben den Rittergütern auch alle anderen Güter, deren Hypothekensachen von den Oberlandesgerichten bearbeitet wurden und deren Taxwert 6.000 Taler überschritt, beleihungsfähig sein sollten. Da die Unterstellung unter die Oberlandesgerich-

darüber hinaus sogar direkt zu Bemühungen um eine ,rationellere Wirtschaft' geführt haben. Ebd., S. 24 und 26. Vgl. dazu ebenfalls Robert STEIN, Die Umwandlung der Agrarverfassung Ostpreußens durch die Reform des neunzehnten Jahrhunderts, Bd. I.: Die ländliche Verfassung Ostpreußens am Ende des achtzehnten Jahrhunderts, Jena 1918, S. 528; hier einige ostpreußische Beispiele für Nachbeleihungen nach Verbesserungen der Güter.

25 In Westpreußen hatten die Rittergutsbesitzer ebenfalls zunächst nur die Möglichkeit der Beleihung bis zur Hälfte. In Ostpreußen und Pommern und de facto auch in Schlesien erfolgte dagegen von Beginn an eine Beleihung bis zu zwei Dritteln. Ebd., S. 5 und FRANZ, Kreditinstitute, S. 116 f.

26 Obwohl ursprünglich sogar eine Verzinsung in Höhe von 5 % geplant war, wurden die ersten Pfandbriefe bis 1780 für 4,5 % ausgegeben. MAUER, Kreditwesen, S. 166.

27 MAUER, Kreditwesen, S. 39. In Pommern wurde die Amortisationszahlung 1848 sogar wieder abgeschafft.

28 Nur in Westpreußen wurde dagegen lange Zeit ausschließlich den adligen Grundbesitzern die Teilnahme am ritterschaftlichen Kreditinstitut gewährt, wie aus einem Antrag mehrerer bürgerlicher aber auch einiger adliger Rittergutsbesitzer vom 14. Dezember 1858 an den 14. Provinziallandtag der Provinz Preußen hervorgeht. APO, Provinzialverwaltung, Nr. 817.

29 Eine Ausnahme bildete die Beleihung der Domänen zur Deckung der Staatsschulden (Kriegskontribution) nach 1807. Vgl. dazu Hermann MAUER, Domänenverpfändungen von 1808 und 1818 in ihrer Einwirkung auf die Domänenverkäufe, in: Forschungen zur Brandenburgisch-Preußischen Geschichte 32 (1920), S. 205-219 und SCHILLER, Domänenveräußerungen, passim.

te offensichtlich nur eine Formsache war, wirkte diese Möglichkeit nach Mauer als starker Anreiz zur Bildung von größeren Gütern im Bereich des Institutes.[30] Um dem Einströmen eines großbäuerlichen Elementes in das sehr stark adlig geprägte ritterschaftliche Kreditinstitut Einhalt zu gebieten, wurde daher 1843 der Mindesttaxwert für Besitzungen ohne Rittergutsqualität auf 20.000 Taler angehoben. Rittergüter mussten dagegen nur den alten Taxwert erreichen[31], den auch nur sehr wenige unterschritten.[32] Nach den Handbüchern über den Grundbesitz von 1885 existierten in der Kurmark und der Neumark in diesem Jahr 381 Güter ohne Rittergutsqualität, die auch die neuen Beleihungskriterien erfüllt haben dürften.[33] Im Jahre 1910 waren es bereits 414. Ein Teil dieser Güter hatte seinen Ursprung nachweislich in den alten Lehnschulzengütern, ein weiterer entstand durch das Zusammenkaufen von bäuerlichem Besitz. Bauernland wurde, wie daraus ersichtlich ist, nicht nur von den Rittergütern absorbiert, es kam auch zu einem Konzentrationsprozess innerhalb der bäuerlichen Gruppen. Das ritterschaftliche Kreditinstitut der Kur- und Neumark hat – im Gegenteil zu den anderen altpreußischen Gebieten – spätestens seit der Mitte des 19. Jahrhunderts auch einen bedeutenden Anteil von Gütern ohne Rittergutsqualität beliehen.

Bevor auf die Entwicklungstendenzen der Bodenkreditnahme näher eingegangen wird, muss noch darauf hingewiesen werden, dass neben den ständischen Kreditinstituten noch weitere Möglichkeiten der Erlangung von Leihkapital bestanden, die offensichtlich lange Zeit stark genutzt wurden. So konnte nach wie vor Kredit bei privaten Hypothekengläubigern gesucht werden. Solange es nur begrenzte Geldanlagemöglichkeiten gab und die Zinsen niedrig waren, stand dieser reichlich zur Verfügung. Neben dem auf Grundbesitz gewährten Realkredit war es für die Rittergutsbesitzer im Notfalle auch möglich, einen Personalkredit zu erhalten. Diesem dienten auch die an die ständischen Kreditinstitute angegliederten Darlehenskassen oder Banken, die jedoch ebenso wie die Stammeinrichtungen primär nicht auf Gewinnerzielung ausgerichtet waren, sondern im Interesse der ‚verbundenen Gutsbesitzer' operierten. Die nach der Jahrhundertmitte entstandenen Hypothekenbanken wurden vom Großgrundbesitz ebenso wie von den anderen ländlichen Besitzern kaum genutzt.[34]

---

30 MAUER, Kreditwesen, S. 87.

31 FRANZ, Kreditinstitute, S. 115.

32 Von den beleihungsfähigen Rittergütern, die in den Handbüchern über den Großgrundbesitz ausgewiesen wurden, lag etwa jedes zehnte (absolute Zahl 150) unter der Bemessungsgrenze von 20.000 Tlr. (bzw. 60.000 RM). Allerdings erreichten nur 13 nicht einmal den Mindestwert von 6.000 Tlr., brachten also zum Zeitpunkt der Feststellung des Grundsteuerreinertrages weniger als 171 Tlr. ein. Allerdings war ein Teil der kleineren Güter Bestandteil eines größeren Komplexes, so dass von diesem Ertrag nicht die Existenz bestritten werden musste.

33 Nach dem alten Kriterium wären es 1885 sogar mindestens 491 Güter gewesen.

34 Vgl. dazu Felix HECHT, Die deutschen Hypothekenbanken, Bd. I. Die Statistik der deutschen Hypothekenbanken, Leipzig 1903. Die Statistik für die Preußische Hypotheken-Aktienbank Berlin zeigt, dass der Anteil städtischer Hypotheken bei diesem Kreditinstitut zwischen 1878 und 1896 nie unter 97 % fiel. Ebd., S. 603. Noch deutlicher war das Verhältnis bei der Preußischen Pfandbriefbank ausgeprägt. Ebd., S. 622.

Der Bodenkreditmarkt seit der Gründung der ständischen Kreditinstitute

Rittergüter konnten – wie bereits beschrieben – sowohl bei privaten Hypothekengläubigern als auch bei den ständischen Kreditinstituten verschuldet werden. Da über den Umfang der Verschuldung bei ersteren kaum Angaben zu ermitteln sind, soll im folgenden das ritterschaftliche Kreditinstitut im Mittelpunkt der Untersuchung stehen. Um eine Vorstellung über die Dimensionen der Beleihung zu erhalten, ist zunächst die Grundlage zu betrachten. Zu den rund 1.600 brandenburgischen Rittergütern kamen – wie bereits erwähnt – noch die beleihungsfähigen größeren Güter hinzu, so dass von rund 2.000 potentiellen Gütern ausgegangen werden kann. Hier fallen allerdings die langfristig in korporativem Besitz befindlichen ebenso heraus wie die zum Kronfideikommiß gehörigen. Des weiteren sind alle herauszurechnen, die aus den Matrikeln gelöscht wurden und jene, die de facto Teile von anderen Gütern waren und auch bei diesen geführt wurden. Darüber hinaus sind die nicht zum Bereich des Kreditinstitutes gehörigen Güter der Niederlausitz sowie der ehemals sächsischen bzw. schlesischen Gebiete abzuziehen, deren Zahl 440 betrug.

Danach ergibt sich für die zweite Hälfte des Jahrhunderts folgendes Bild: Es existierten im Bereich des Kreditinstitutes 1.323 beleihungsfähige Güter.[35] Diese Güter erbrachten zusammen einen Grundsteuerreinertrag von rund 9,8 Mio. Reichsmark.[36] Nach den revidierten Taxkriterien von 1868 konnte der 35fache Grundsteuerreinertrag zuzüglich des 10fachen jährlichen Nutzungswertes des Wohnhauses als Kapitalwert eines Gutes veranschlagt werden.[37] Letzterer steht für die folgende Berechnung allerdings nicht zur Verfügung, dürfte im Rahmen einer Gesamtberechnung aber auch nicht allzu sehr ins Gewicht fallen. Setzt man nun den Grundsteuerreinertrag aller beleihungsfähigen Güter mit diesen Taxkriterien in Verbindung, so ergibt sich – ohne den Wert der Wohnhäuser – eine maximale Beleihungsgrenze von knapp 344 Mio. Reichsmark.[38] Zu diesem Wert muss daher die im folgenden dargestellte Verschuldung zumindest für die zweite Hälfte des 19. Jahrhunderts in Beziehung gesetzt werden. Es ist außerdem noch in Betracht zu ziehen, dass – wenn gegen den ausgemittelten Grundsteuerreinertrag seitens des prüfenden Ritter-

---

35 Von diesen gehörten 1.254 zur Provinz Brandenburg und 69 zu den Kreisen Schivelbein (28) und Dramburg (41), die zur Provinz Pommern gehörten.

36 Die genaue Summe betrug 9.229.877 RM für die brandenburgischen Güter und rund 600.000 Mark für die in Pommern befindlichen Güter.

37 FRANZ, Kreditinstitute, S. 114. Dagegen betrug bei der 1857 gegründeten Posener Landschaft der Faktor, mit dem der Grundsteuerreinertrag multipliziert wurde, 60! Ebd., S. 299.

38 Die genaue Summe beträgt in diesem Falle 323.045.695 RM für die brandenburgischen Güter und rund 21 Millionen RM für die pommerschen. Der Wert der Güter wäre danach im Vergleich zum Jahrhundertbeginn auf das sechs- bis siebenfache gestiegen, wenn man die umstrittenen Zahlen von Krug zugrunde legt, der den Wert der Rittergüter der Kur- und Neumark (inklusive der Altmark) auf 48.760.000 Tlr. schätzte. Leopold KRUG, Betrachtungen über den Nationalreichtum des Preußischen Staates und über den Wohlstand seiner Bewohner, Bd. 2, Berlin 1805, S. 444-448. Vgl. kritisch dazu: MARTINY, Adelsfrage, S. 31, der den Wert als zu niedrig ansieht.

schaftsrates keine Bedenken vorlagen – weitere 5 bis 15 % aufgeschlagen werden konnten.[39] Das bedeutet, dass die hier ermittelte Summe mit Sicherheit nur das absolute Beleihungsminimum darstellt.

Diese Beleihungsgrenze spiegelt jedoch nicht den Wert der Güter wider, der bis zum Ende des Kaiserreiches ständig stieg. Nach Meitzen musste um 1865 der Grundsteuerreinertrag etwa mit dem Faktor 50 multipliziert werden, und um 1910 betrug der durchschnittliche Verkaufswert ländlicher Grundstücke im Regierungsbezirk Potsdam bereits das 115fache des Grundsteuerreinertrages.[40] Im folgenden wird daher der errechnete Wert der Güter zu verschiedenen Zeitpunkten mit der Beleihungsgrenze gemeinsam dargestellt (vgl. Tabelle 9).

Tabelle 9: Die Beleihungsgrenze und der Wert der beleihungsfähigen Rittergüter der Provinz Brandenburg 1865-1913

<table>
<tr><th>Jahr</th><th>Beleihungs-grenze</th><th>Wert nach dem Grundsteuerreinertrag</th></tr>
<tr><td>1865</td><td rowspan="2">344.000.000 RM</td><td>490.000.000</td></tr>
<tr><td>1913</td><td>1.078.000.000</td></tr>
</table>

Nach 1900 wurde von den Landschaftstaxen, die den Grundsteuerreinertrag benutzten, nicht einmal mehr die Hälfte des Verkehrswertes gedeckt.[41] Es ist daher zu vermuten, dass die Rittergutsbesitzer, die eine höhere Beleihung anstrebten, ihr Gut mit dem Preisanstieg auf der Basis des Verkehrswertes neu taxieren ließen.

Die Übersicht über die Entwicklung der Pfandbriefschuld (Vgl. Abbildung 4) zeigt, dass die Verschuldung der Güter beim ständischen Kreditinstitut sich lange Zeit stark in Grenzen hielt. Sie erreichte bis zu Beginn der Reformen – allerdings bei anderen Gütergrößen und Taxprinzipien – die 10 Millionengrenze. In der Zeit erhöhten Kapitalbedarfs bei der Umstellung der Güter auf freie Arbeitskräfte ist ein langsames Steigen zu beobachten, das zu einer Verdreifachung der Schuldsumme zwischen 1810 und 1830 führte. In diesem Rahmen blieb der weitere Anstieg der Verschuldung bis in die Mitte der 60er Jahre. Danach kam es zu einer rapiden Zunahme, die zwischen 1865 und 1897

39 FRANZ, Kreditinstitute, S. 114 f.

40 Im Regierungsbezirk Frankfurt/O war es das 113fache. Paul SEILER, Die Kaufpreise der ländlichen Besitzungen im Königreich Preußen von 1895 bis 1912, unter besonderer Berücksichtigung der Jahre 1910 bis 1912, in: Zeitschrift des Königlich Preußischen Statistischen Landesamts, Ergänzungsheft 44 (1917), S. XIII. Die Zahlen ergeben sich aus den Durchschnittswerten für Güter über 100 ha.

41 Auch nach Maßgabe der von Spenkuch benutzten Angaben betrugen sie um 1900 nur noch 50 bis 66,7 % des Verkehrswertes. SPENKUCH, Herrenhaus, S. 211. Noch stärker wurden die Ergebnisse der Grundsteuerkatastrierung für die Bauerngüter überholt. So deckten Werterrmittlungen auf dieser Basis in Einzelfällen um 1900 nur noch ein Zehntel des Verkehrswertes ab. Vgl. Max SERING (Hg.), Die Vererbung des ländlichen Grundbesitzes im Königreich Preußen, Bd. IX. Provinz Brandenburg (bearb. v. Max Benecke, Dietrich Preyer u. August Skalweit), Berlin 1910, S. 50.

– dem Höhepunkt der Entwicklung[42] – zu einer Vervierfachung der Pfandbriefschuld auf rund 200 Millionen Mark führte.

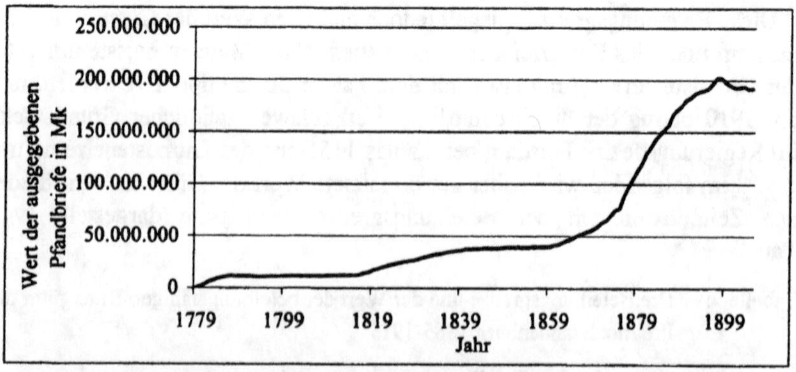

Abbildung 4: Die Entwicklung der Pfandbriefschuld beim Kur- und Neumärkischen Ritterschaftlichen Kreditinstitut 1779-1905[43]

Inwiefern dies allerdings eine reale Höherverschuldung der Güter beweist, ist nicht eindeutig zu klären. Rodbertus verwies darauf, dass in Zeiten, in denen der Kredit unsicher oder die Zinsen auf dem freien Kapitalmarkt zu hoch wurden, viele Großgrundbesitzer danach strebten, ihre Schulden zu konvertieren. Das heißt, sie wandelten private Hypotheken in Pfandbriefe um. So waren unter den in der Kurmark zwischen 1860 und 1865 ausgegebenen Pfandbriefen im Wert von rund 3,5 Mio. Tlr. fast die Hälfte konvertierte Schulden (1,7 Mio.).[44] Darüber hinaus ging Rodbertus – der selbst Großgrundbesitzer war – davon aus, dass dort wo mit den Pfandbriefen keine Besitzschuld verbunden war, diese noch „zum grössten Theil" im Besitz der Rittergutsbesitzer wären und jene damit „ihre eigenen Gläubiger sind."[45]

Dennoch dürfte das massive Ansteigen der Schulden nach 1860 nicht allein auf die Umwandlung von Privathypotheken zurückzuführen sein. Nach der Jahrhundertwende kam es dann zu einer Umkehrbewegung der Schuldentwicklung, und es ist wieder ein leichtes Abfallen der Gesamtbelastung der Güter zu konstatieren.[46] Bevor die möglichen Ursachen dieser Entwicklung diskutiert werden, muss jedoch festgehalten werden, dass die Schulden des Gesamtkorpus der ‚Kreditverbundenen' in den Spitzenzeiten knapp zwei

42 Leider liegen nur Daten bis zum Jahre 1905 vor.

43 Quelle: HECHT, Landschaften, S. 58 ff.

44 RODBERTUS, Erklärung, S. 38. Während das Verhältnis zwischen neuemittierten Pfandbriefen der Jahre 1860 bis 1865 und konsentierten Schulden in Schlesien (9,4 zu 5,6 Mio.) Ostpreußen (4,9 zu 3 Mio.) und Pommern (7,8 zu 4,7 Mio.) dem in Brandenburg ähnelte, waren in Westpreußen sogar die Mehrzahl der neuen Pfandbriefschulden umgewandelte ältere Privathypotheken (7,4 zu 6 Mio.).

45 Ebd., S. 39.

46 Buchsteiner konnte für Pommern nur eine Verringerung der Zahl der bepfandbrieften Güter, nicht aber einen Rückgang der Verschuldungssumme feststellen. Sie begründet die Abnahme der Güter mit dem Voranschreiten der inneren Kolonisation. BUCHSTEINER, Großgrundbesitz, S. 190 f.

Drittel des errechneten unteren Beleihungswertes erreichte, aber nur etwa ein Fünftel des rechnerischen Gesamtwertes.

Die alleinige Betrachtung der Verschuldungssituation auf der Grundlage der Daten über das ritterschaftliche Kreditinstitut führt jedoch zumindest für die erste Hälfte des Jahrhunderts zu einer eingeschränkten Darstellung der Situation, da in diesem Zeitraum auch die privaten Hypothekengläubiger noch stark auf dem Bodenkreditmarkt aktiv waren.[47] Für die Gesamtentwicklung des Bodenkredites stellte Weyermann für das 18. Jahrhundert einen Wechsel von Aufschwüngen und Krisen fest, der abgeschwächt auch noch im 19. Jahrhundert erkennbar ist.[48] Auf eine Verbesserung der Kreditsituation, sei es durch die neuen Hypothekengesetze oder die Bildung der ‚Landschaften', folgte eine allgemeine Erhöhung der Schulden und direkt damit verbunden eine Preissteigerung der Güter. Nach dem Erreichen eines ‚Sättigungspunktes' folgte durch verschlechterte Kreditmöglichkeiten ein Absacken der Preise, das wiederum negativ auf die Kreditsituation wirkte und so zu krisenhaften Erscheinungen führte. Die Krisen traten in einigen Fällen parallel zu anderen kritischen Situationen auf, wurden durch diese jedoch nicht direkt ausgelöst. Die erste Erschütterung folgte gegen Ende des Siebenjährigen Krieges und wurde zunächst durch die Bildung der ‚Landschaften' abgefangen.[49] Vor allem durch die verbesserten Kreditmöglichkeiten, weniger durch Meliorationen stiegen die Güterpreise zwischen 1750 und 1800 gewaltig an. Anhand ausgewählter Güter der Kurmark ermittelte Weyermann eine durchschnittliche Steigerung von mehr als 150 % für in diesem Zeitraum verkaufte Güter.[50]

Ein Vierteljahrhundert später folgte dann um 1806 der schwere Zusammenbruch. Da die Schwierigkeiten in Schlesien bereits deutlich früher einsetzten, kann der Kollaps nicht linear auf die Folgen des Krieges zurückgeführt werden.[51] Allerdings stellten diese Krisen bei weitem nicht den Großgrundbesitz in Frage, wie ein Teil der Zeitgenossen und ihnen folgend auch viele Historiker mutmaßten.[52] Vielmehr war ein je nach Provinz unterschiedlich großer Sektor von Gütern betroffen, die zuvor zu sehr hohen Preisen gekauft oder angenommen worden waren. Dagegen unterlag z. B. der große Sektor des gebundenen Besitzes – das heißt die Lehns- und Fideikommißgüter – restrikti-

47 So nimmt Martiny – allerdings aufgrund sehr unsicherer Angaben – an, dass um 1800 der Großteil der kündbaren Verschuldung des Adels nicht in Pfandbriefen, sondern in Hypotheken bestanden hat. MARTINY, Adelsfrage, S. 30 f.

48 WEYERMANN, Immobiliarkredit, S. 123 f.

49 Überprüfenswert wäre in diesem Zusammenhang, ob der hohe Anteil von bürgerlichen Rittergutsbesitzern in Ostpreußen auch Resultat der Verweigerung eines ständischen Kreditinstitutes für diese Provinz durch Friedrich II. gewesen sein könnte.

50 WEYERMANN, Immobiliarkredit, S. 127. Die Auswahl der Güter durch Weyermann ist allerdings kritikwürdig, wenngleich er der Reihenfolge in den Hypothekenbüchern gefolgt sein will. Ein Drittel der von ihm ausgewählten Güter wurde 3x verkauft, weitere sechs 2x. Das heißt, dass seine Zahlen für die häufiger veräußerten Güter ihre Berechtigung haben, nicht jedoch für alle, wie er indirekt auch aus seinen Ergebnissen schloss. Vgl. WEYERMANN, Immobiliarkredit, S. 58 ff. sowie zu Letzterem S. 127 f.

51 So bewies Weyermann, dass in Schlesien bereits um 1800 die Krise begann. WEYERMANN, Immobiliarkredit, S. 148 ff.

52 Siehe auch SPENKUCH, Herrenhaus, S. 209 ff.

ven Verschuldungsbegrenzungen, die erst mit dem Einsetzen der Agrarreformgesetzgebung gelockert wurden.

Die Tatsache, dass den Rittergutsbesitzern – wie schon zu Zeiten des Siebenjährigen Krieges – ein Generalindult gewährt wurde[53], führte dazu, dass sich die Kreditsituation des Großgrundbesitzes gerade in den kritischen zwanziger Jahren nicht verbesserte. Private Anleger investierten in dieser Zeit lieber in hochverzinsliche Wertpapiere als in unsichere Güter. Für den privilegierten Großgrundbesitz wurde die Situation dadurch verschärft, dass sich die ständischen Kreditinstitute bei der Vermittlung von Leihkapital stark zurückhielten, da auch sie durch Verluste bei Zwangsversteigerungen betroffen waren. In Folge dessen wurden die Taxprinzipien überall verschärft und die Beleihungsgrenze z. T. herabgesetzt.[54]

Erst ab etwa 1830 setzte, zeitgleich mit dem allgemeinen Umschwung der agrarischen Konjunktur, wieder ein Aufwärtstrend ein, der für längere Zeit anhalten sollte. Bis zum Aufkommen der Eisenbahnaktien war Kredit für die Großgrundbesitzer innerhalb und außerhalb der ständischen Kreditinstitute problemlos zu erhalten. Ein Beleg dafür ist die Tatsache, dass das Kur- und Neumärkische Kreditinstitut 1835 den Zinssatz von 4 % auf 3,5 % senken konnte. Diese Zinssenkung wurde jedoch – wie oben bereits dargestellt – nicht an die Schuldner weitergegeben, sondern zur Bildung eines Amortisationsfonds benutzt. Die von Mauer beschriebene Reaktion der Großgrundbesitzer darauf, die in einer massiven Kapitalkündigung und Wanderung zu privaten Hypothekengläubigern bestanden haben soll[55], ist für Brandenburg jedoch keineswegs nachvollziehbar. In den beiden der Einführung der Amortisationszahlung folgenden Jahren ist kein Abweichen von den normalen geringen Ablösungen zu erkennen, und die einmalige Steigerung von 1837 führte gerade einmal zur Löschung von 1,1 % der gesamten Verschuldungssumme.[56] Dies Jahr war auch das einzige, in dem die Neuverschuldung hinter den Ablösungen zurückblieb.

Durch reichlich vorhandenes Anlagekapital konnten Rittergutsbesitzer in den dreißiger und vierziger Jahren statt der vierprozentigen Landschaftskredite in Brandenburg und Pommern sogar Kredite für 3,5 % bekommen und waren damit nicht auf die Kreditinstitute angewiesen. Diese Entwicklungen auf dem Bodenkreditmarkt spiegeln sich auch in der Entwicklung der Kurse der Pfandbriefe wider (Vgl. Abbildung 5).[57]

---

53 Dieser Indult wurde für Ost- und Westpreußen sogar bis 1832 aufrecht erhalten. Vgl. WEYERMANN, Immobiliarkredit, S. 155.

54 Da in Brandenburg die Beleihungsgrenze ohnehin nur die Hälfte betrug, musste hier – im Gegensatz zu anderen Provinzen – zu diesem Mittel nicht gegriffen werden.

55 MAUER, Kreditwesen, S. 39. Mauer operiert hier wie so oft mit dem Beispiel Schlesiens und begründet seine Aussage mit der Tatsache, dass dort zwischen 1836 und 1845 Darlehen für rund 7 Millionen Taler zurückgezahlt worden sind. Diese Summe stellte 18 % der Gesamtverschuldung dar. Dagegen wurden für 2,86 Millionen Taler neue Pfandbriefe ausgegeben. Vgl. auch: HECHT, Landschaften, S. 3.

56 Vgl. ebd., S. 60.

57 MAUER, Kreditwesen, S. 41. Nach Weyermann gab es in den ‚wohlhabenderen Landesteilen' sogar mündelsichere Kredite für 3 % . WEYERMANN, Immobiliarkredit, S. 168 und 182.

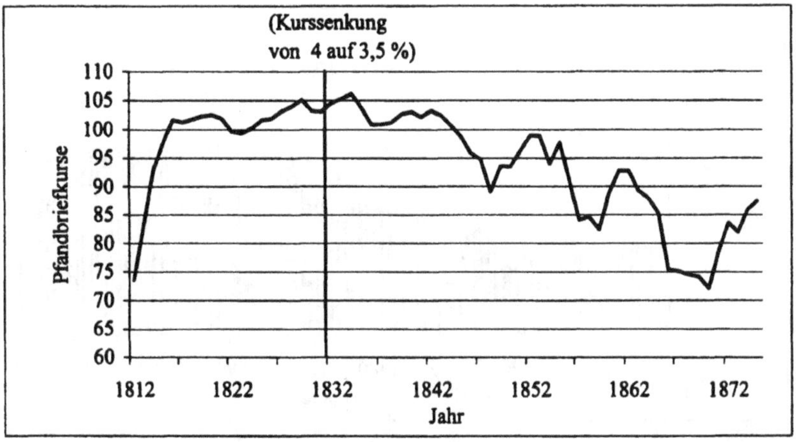

Abbildung 5: Die Pfandbriefkurse des Kur- und Neumärkischen Ritterschaftlichen Kreditinstitutes (1812-1875)[58]

Nach dem überraschend schnellen Anstieg der Kurse bereits während der Besatzungs- und Kriegszeit lagen diese lange Zeit deutlich über pari, wobei der Spitzenwert in Brandenburg bei 106,7 lag. Auch nach der Zinssenkung blieben die Kurse hoch. Der erste Einbruch trat dann gegen Ende der 1840er Jahre auf, als die rapide Emittierung und Kursentwicklung der Eisenbahnaktien für die risikobereiteren Anleger neue Geldanlagemöglichkeiten schufen.[59]

Seit dieser Zeit ging der private Hypothekenkredit zurück, und die ständischen Kreditinstitute wurden nun für die Rittergutsbesitzer zur wichtigsten Quelle von Leihkapital. In den sechziger Jahren sollen diese sogar die einzige Kreditquelle für den Großgrundbesitz gewesen sein.[60] Dem vermehrten Kreditbedarf der Güter, der durch die alte Verschuldungsursache Besitzkredit und nun aber auch durch weiter wachsende Kosten für Betriebsmittel entstand, trugen die Kreditinstitute dadurch Rechnung, dass sie die Verschuldungsgrenze wieder anhoben, eine Maßnahme, die durch gewachsene Güterpreise und Erträge begründet werden konnte. In Brandenburg erfolgte die Erhöhung der Beleihungsgrenze bereits 1858. Wenige Jahre später wurden außerdem die Taxkriterien zu Gunsten der Rittergutsbesitzer revidiert. Beides war für den danach verstärkten Anstieg der Verschuldung mit verantwortlich (vgl. Abbildung 6). Daneben wurde die Schuldaufnahme auch durch die Hypothekengesetze von 1872 begünstigt, die eine Reihe von weiteren Erleichterungen für Kreditsuchende mit sich brachten.[61]

---

58 Quelle: Julius KAHN, Geschichte des Zinsfusses in Deutschland seit 1815 und die Ursachen seiner Veränderung, Stuttgart 1884, S. 229 f.

59 Zwischen 1840 und 1855 wurden in Preußen 307 Millionen Taler in Eisenbahnaktien angelegt. Und allein zwischen 1849 und 1855 wurden 87 Aktiengesellschaften in anderen Wirtschaftsbereichen gegründet, die weitere 87 Millionen Taler auf sich vereinigten. WEYERMANN, Immobiliarkredit, S. 177 f.

60 Ebd.

61 Ebd., S. 202 ff.

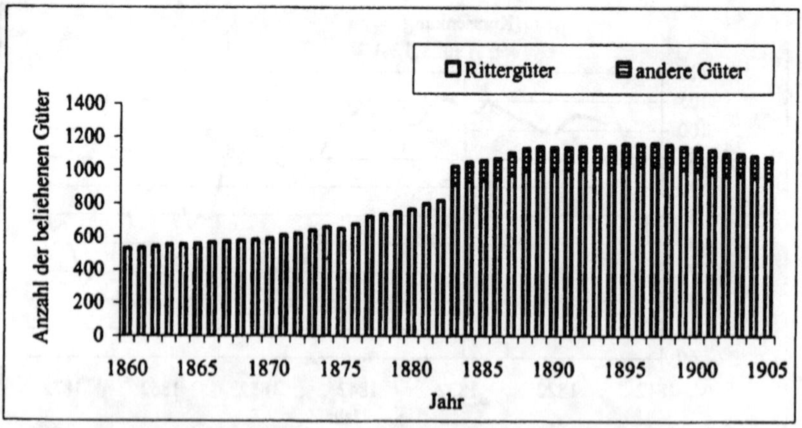

Abbildung 6: Die Zahl der beim Kur- und Neumärkischen Ritterschaftlichen Kreditinstitut bepfandbrieften Güter (1860-1905)[62]

Parallel zu der Erhöhung der Schuldsumme entwickelte sich die Zahl der bepfandbrieften Güter. Während um 1850 in den Ostprovinzen rund 3.000 Güter (25 %) diesen Kredit in Anspruch nahmen, waren es zwanzig Jahre später bereits doppelt so viel.[63] Für das Kur- und Neumärkische Kreditinstitut sind uns die Zahlen über die beliehenen Güter ab 1860 überliefert (vgl. Abbildung 6). Bei einer Betrachtung der Daten wird deutlich, dass bis zu Beginn der 1870er Jahre erst die Hälfte aller beleihungsfähigen Güter dem Kreditinstitut angehört haben. Danach kam es dann allerdings bis zum Jahrhundertende zu einer Verdopplung, die auch einen Grund das Anwachsen der Pfandbriefschuld liefert. In dieser Zeit deutlich verschlechterter Kreditmöglichkeiten blieben nur noch wenige Güter (12 %) außerhalb der Landschaften. Allerdings ist – wie oben bereits beschrieben – aus diesem Anwachsen nicht auch automatisch ein analoges Ansteigen der Verschuldung zu folgern. Ein nicht unbedeutender Teil der neu emittierten Pfandbriefe dürfte auch aus der Konvertierung privater Hypotheken herrühren.

Die beleihungsfähigen Güter ohne Rittergutsqualität traten nicht in dem Ausmaß an dem Kreditinstitut bei, wie sie es nach Ausweis der Grundsteuerangaben gekonnt hätten. Dennoch war auch von ihnen ein Drittel bis ein Viertel vom Kreditinstitut beliehen worden. Möglicherweise machten sie allerdings auch von der ihnen offenstehenden Kreditaufnahme beim Neuen Brandenburgischen Kreditinstitut, das dem alten angegliedert und vorrangig für den bäuerlichen Besitz gedacht war, Gebrauch.[64]

Aus dem Vorhergehenden wird deutlich, dass die Möglichkeiten der Rittergutsbesitzer, Kredit auf ihren Boden zu erhalten, im Verlauf des gesamten Untersuchungszeitraumes gewaltigen Schwankungen unterlagen. Wichtig ist

---

62 HECHT, Landschaften, S. 69-71 und 81. Die Angaben zu den Gütern ohne Rittergutsqualität setzen erst ab 1883 ein.

63 Ebd., S. 43 f.

64 Vgl. dazu MAUER, Kreditwesen, S.122 ff.

vor allem die Tatsache, dass eine verstärkte Schuldaufnahme bzw. Neuverschuldung erst ab den sechziger Jahren zu beobachten ist. Die aggregierten Daten für das Kur- und Neumärkische Ritterschaftliche Institut geben jedoch wenig Informationen über den Grad der Verschuldung einzelner Güter. Deshalb soll im Folgenden versucht werden, auf der Grundlage anderer Materialien hierzu einige Aussagen zu machen.

Die Verschuldungssituation der Güter

Angaben über die Verschuldungssituation der Rittergüter vor allem des Adels sind mit einer Reihe von Unwägbarkeiten behaftet. Die größte besteht neben den unsicheren Vergleichsgrößen darin, dass nur wenig Klarheit über die Art der Schulden zu erzielen ist. So konnten kündbare Hypotheken bei privaten Gläubigern neben unkündbaren Pfandbriefschulden und Erbabfindungen, wie sie vor allem das Lehnssystem hervorbrachte, stehen. Das bedeutet aber, dass nur ein Teil der Schulden zu einem bestimmten oder unter Beachtung von Kündigungsterminen festlegbaren Zeitpunkt bezahlt werden musste, während der andere nur dauerhaft zu verzinsen war. Hinzu kommt, dass vor allem die Erbabfindungsschulden z. T. nach bestimmten Ereignissen getilgt oder aber auch ausbezahlt werden mussten. Daher sind alle Einzelbeispiele über Schuldenhöhen, wie sie bspw. Martiny liefert, nur dann wirklich aussagekräftig, wenn über den Charakter der Schulden Informationen vorliegen.

Ältere Verschuldungsdaten

Eine Reihe von Angaben zur Verschuldung der Rittergüter liefert Weyermann, der die Daten allerdings immer wieder vorrangig für seine Argumentation gegen zuviel Bodenkredit aufbaute.[65] So wies er bei den von ihm untersuchten – mehrfach verkauften – Gütern[66] und aufgrund des ‚Studiums weiterer Grundbücher' um 1800 eine Verschuldung von 65-70 % des Kaufpreises nach.[67] Wenig oder nicht verschuldet waren dagegen Güter, die innerhalb der Familie gewechselt hatten oder testamentarischen Verschuldungsbegrenzungen unterlagen. In einer Zeit stetig wachsender Güterpreise sinken jedoch auch die Schulden relativ. Da die hohe Verschuldung eines Teils der Güter jedoch vor allem auf besseren Kreditmöglichkeiten und nicht auf höheren Wirtschaftserträgen beruhte, war um 1800 der Punkt erreicht, an dem die Zinszahlungen stockten und damit die beschriebene Krise eintrat. Die Zeit zwischen den napoleonischen Kriegen und etwa 1830 war nach Weyermann dadurch gekennzeichnet, dass die Verschuldung – relativ gesehen – wenig zunahm, was auch dem allgemeinen Kreditmangel zuzuschreiben sei.[68] Den-

65 In eine andere Richtung zielte dagegen die Argumentation der Arbeit zum landwirtschaftlichen Kredit von Mauer. Dieser sah einzig im unkündbaren Kredit der Landschaften den richtigen Weg zur Kapitalbereitstellung, während er Hypothekenkredit und vor allem Nachhypotheken für sehr gefährlich erachtete.

66 Vgl. die Kritik in Anm. 50.

67 WEYERMANN, Immobiliarkredit, S. 127.

68 Demgegenüber hat Koselleck gerade für die ersten Dezennien des Jahrhunderts eine rapide Steigerung der Verschuldung ausgemacht. Allerdings ist die Erhöhung der Pfandbriefemis-

noch kam es zwischen 1807 und 1830 fast zu einer Verdreifachung der Schulden beim Kur- und Neumärkischen Kreditinstitut. Dieser Anstieg resultierte allerdings zum Teil aus der Umschuldung nach Aufhebung des Indultes.[69]

Zwischen 1810 und 1824 führten die Oberlandesgerichte jährliche Nachweise über die Zu- und Abnahme der Hypothekenschulden.[70] Ein gesonderter Nachweis galt den Rittergütern (siehe Abbildung 7). Allerdings ist zu beachten, dass nach Kühnert erst die Zahlen ab 1818 relativ vollständig sind.[71]

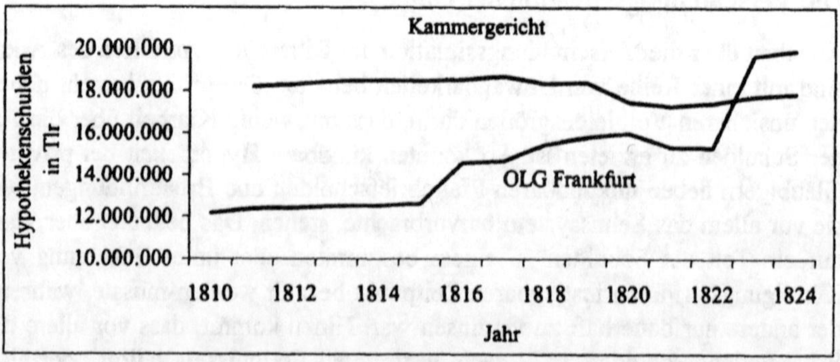

Abbildung 7: Die Hypothekenschulden der Rittergüter im Bereich des Kammergerichtes und des Oberlandesgerichtes Frankfurt/O 1810-1824[72]

Deutlich wird zunächst die unterschiedliche Entwicklung in den beiden Regierungsbezirken. Während sich in der Neumark und der Niederlausitz (Regierungsbezirk Frankfurt/O) die Schuldensumme um rund ein Drittel erhöhte, sank sie in der Kurmark (Regierungsbezirk Potsdam) seit etwa 1817 langsam ab – ein Trend, der sich allerdings am Ende des hier überlieferten Zeitraumes wieder umzukehren begann. Ein direkter Vergleich mit der Verschuldung beim Kur- und Neumärkischen Ritterschaftlichen Kreditinstitut (Abbildung 4, S. 92) ist nicht möglich, da rund ein Viertel der den Oberlandesgerichten unterstellten Rittergüter nicht bei diesem beleihungsfähig waren. Zu erkennen ist jedoch, dass die privaten Hypothekengläubiger relativ stark vertreten waren. Obwohl eine direkte Gegenüberstellung mit den Daten für die Zeit ab der Jahrhundertmitte nicht möglich ist, wird außerdem deutlich, dass sich die Verschuldung trotz der Kriegs- und Krisenjahre vor allem im Regierungsbezirk Potsdam deutlich in Grenzen hielt.

---

sion bei den Landschaften wohl eher als Zeichen einer Verlagerung der vorhandenen Schulden zu werten. KOSELLECK, Preußen, S. 508.

69 Vgl. dazu auch Abbildung 4, S. 92.

70 Vgl. v. a. F. KÜHNERT, Die ländliche Verschuldung in Preußen, in: Preußische Statistik 191 (1905-1908), Tl. 1, Erste Hälfte, 1905, S. 1.; teilweise auch abgedruckt bei MEITZEN, Boden, Bd. III., S. 192 ff.

71 KÜHNERT, Verschuldung, S. 1.

72 Quelle: MEITZEN, Boden, Bd. III., S. 210. Die Oberlandesgerichtsbezirke waren zu diesem Zeitpunkt identisch mit den Regierungsbezirken. Das Berliner Kammergericht war das Oberlandesgericht für den Regierungsbezirk Potsdam.

Mit den erleichterten Kreditbedingungen sowie der Vergrößerung und Verbesserung der Güter ging seit 1830 dann wiederum eine neue Welle der Preissteigerung und damit erhöhten Besitzverschuldung einher.[73] Allerdings ist es erforderlich, darauf hinzuweisen, dass nicht nur der ländliche Grundbesitz einen neuen Verschuldungsschub erlebte. Dieselbe Tendenz ist auch in den Städten nachzuweisen. So waren in Berlin 1848 die Grundstücke in ihrer Gesamtzahl zu etwa zwei Dritteln ihres steuerlichen Wertes verschuldet.[74]

1857 führte das Justizministerium im Zusammenhang mit erneuten Diskussionen über eine Erleichterung der Kreditvergabe für Großgrundbesitzer eine eigene Untersuchung durch.[75] Unter den sechs ausgewählten Kreisen war auch der brandenburgische Kreis Sternberg. Allerdings wurden nur Güter in die Untersuchung einbezogen, deren Wert ‚ersichtlich' war, d. h. von denen Kaufpreise oder Taxen vorlagen. Danach wurde die Schuldenbelastung berechnet, die im Kreis Sternberg mit 73 % im Jahre 1857 unter den anderen ‚Testkandidaten' noch verhältnismäßig niedrig lag.[76] Allerdings sind die Ergebnisse der amtlichen Untersuchung sehr zweifelhaft.[77] Durch die Art der Untersuchung wurden vor allem die in jüngerer Zeit erworbenen Güter berücksichtigt. Deren Schuldbelastung lag durch Kaufgeldreste naturgemäß höher als die von langfristig besessenen Gütern.

Dazu kommt noch, dass die Taxen nicht mit dem Verkehrswert identisch waren. Nach den Daten der nur wenige Jahre später durchgeführten Grundsteuerkatastrierung lag der Beleihungswert aller Güter des betreffenden neumärkischen (Doppel-) Kreises mindestens um 20 % höher[78], der Verkehrswert sogar bei fast dem Doppelten.[79]

Deshalb ist davon auszugehen, dass diese Untersuchung für die höherverschuldeten Güter repräsentativ ist. Sie klärt aber nicht die Frage der durchschnittlichen Verschuldung. An dieser Stelle kann nicht geklärt werden, inwieweit sich das Ziel einer Veränderung der Verschuldungsgesetzgebung auf

---

73 Beispiele mit Preissteigerungen zwischen 50 und 100 % bei WEYERMANN, Immobiliarkredit, S. 172 f.

74 Ebd., S. 175. Im Jahre 1851 standen in Berlin 462 Häuser unter Zwangsverwaltung und weitere 402 wurden versteigert. Ver- und Überschuldung war nicht nur ein Problem der Großgrundbesitzer.

75 MEITZEN, Boden, Bd. III., S. 110, vgl. auch: WEYERMANN, Immobiliarkredit, S. 168 f.

76 Die anderen untersuchten Kreise waren Neidenburg in Ostpreußen (Verschuldung 1857 rund 74 %), Konitz/Westpreußen (76 %), Wirsitz/Posen (84 %), Lauenburg/Pommern (89 %) und Rybnick/Schlesien (85 %).

77 Auch der mit der Verschuldungsproblematik gut vertraute Statistiker Evert urteilte, dass der „Werth (der Untersuchung R. S.) ziemlich zweifelhaft ist". G. EVERT, Die Verschuldung des ländlichen Grundbesitzes in einer Anzahl von Amtsgerichtsbezirken Preussens – von 1883 bis 1896, in: Zeitschrift des Königlich Preussischen Statistischen Bureaus, 38 (1898), S. 94.

78 In diesem Falle wurden die Angaben aller beleihungsfähigen Güter wiederum mit dem auch vom Kreditinstitut akzeptierten Faktor 35 multipliziert, der – wie schon dargestellt – nur das Minimum ausschöpfte, da um 1865 nach Meitzen der Grundsteuerreinertrag etwa mit dem Faktor 50 multipliziert wurde.

79 Gegenüber dem für 1857 angegebenen ‚ersichtlichen Wert' von 2.309.427 Tlr. ergibt die Multiplikation des Grundsteuerreinertrages der Rittergüter des Kreises mit dem Faktor 50 einen Wert von 5.472.266 Tlr.

das Ergebnis des Berichtes ausgewirkt hat. Festzuhalten bleibt jedoch, dass sich die Verschuldung der Güter des Kreises in den zwanzig Jahren zwischen 1837 (dem Ausgangspunkt der ministeriellen Erhebung) und 1857 fast verdoppelt hat.[80] Wesentlichste Ursache für diese Zunahme war – wie schon in früheren Zeiten – die Besitzverschuldung, d. h. das Stehenbleiben von Kauf- bzw. Übernahmegeldern im Hypothekenbuch.[81] Die Erhöhung der Schulden spiegelt also auch die Steigerung der Güterpreise in nicht unerheblichem Maße wider.

Die Verschuldungserhebungen von 1883 und 1896

Die erste größere Untersuchung der Verschuldung der Landwirtschaft fand 1883 und 1896 statt.[82] Da sie in jüngerer Zeit ausgewertet wurde[83], sollen im Folgenden nur die brandenburgischen Daten kurz vorgestellt werden. Die Untersuchung beschränkte sich auf rund 50 Amtsgerichtsbezirke, von denen vier in Brandenburg lagen (Kyritz, Jüterbog, Königsberg und Calau).[84]

Tabelle 10: Die Verschuldung der Fideikommisse in drei brandenburgischen Amtsgerichtsbezirken 1883 und 1896 (in RM)[85]

Amtgerichtsbezirk	1883		1896		Entwicklung der Verschuldung von 1883 zu 1896 *
	Grundsteuerreinertrag	Verschuldung	Grundsteuerreinertrag	Verschuldung	
Jüterbog	0	0	0	0	keine Fideikommisse
Kyritz	32.652	430.655	32.624	393.090	-9 %
Königsberg	24.093	0	18.023	454.622	unbekannt
Calau	15.912	630.000	27.304	133.900	-88 %

* Da die Grundsteuerreinertragswerte nicht vergleichbar sind, wurde die Verschuldung in Vielfachen des Grundsteuerreinertrages miteinander ins Verhältnis gesetzt

Sie enthält nur Angaben über die hypothekarische Verschuldung im Vergleich mit den Grundsteuerreinertragswerten, ließ aber die sehr wichtigen Vermögenswerte der Grundeigentümer außer acht. Ebenfalls unbeachtet blieb das

80 Die Verschuldung stieg von 1.319.330 auf 2.309.427 Tlr. MAUER, Kreditwesen, S. 169.

81 Beispiele aus der Mark dafür ebd., S. 173 f.

82 EVERT, Verschuldung, S. 93-140.

83 Eine ausführliche und kritische Vorstellung der Ergebnisse in HEß, Junker, S. 223-231.

84 Wie gering diese Zahl ist, wird daraus ersichtlich, dass 1913 dem Oberlandesgericht (Kammergericht) Berlin 10 Landgerichte unterstanden und denen wiederum 110 Amtsgerichte. Von diesen waren allerdings zehn Amtsgerichte nur für die Berliner Agglomeration zuständig und weitere sieben für größere Städte der Provinz. Im Durchschnitt zerfiel jeder Kreis damit in drei Amtsgerichtsbezirke. Vgl. Meyers Orts- und Verkehrslexikon des Deutschen Reiches. Leipzig u. Wien 1913[5], Bd. II., Anhang: Das Gerichtswesen des Deutschen Reiches, S. 1.

85 Quelle: EVERT, Verschuldung, S. 107.

Problem der Güterkomplexe. Daher gestatten die Daten nur einen Überblick über die Entwicklung der Verschuldung zwischen den beiden Eckdaten, weniger über das reale Ausmaß derselben.

Die Untersuchung differenziert zwischen einfachen Gütern und Fideikommissen. Da die Untersuchung lediglich 18 Fideikommißgüter einbeziehen konnte, sind die Zahlen für diesen Teil nur sehr bedingt interpretationsfähig (vgl. Tabelle 10:). Neben den Verschiebungen in den Grundsteuerreinertragswerten ist zum einen die starke Neuverschuldung im Kreis Königsberg zu erkennen, zum anderen die Abnahme der Verschuldung in den beiden anderen Kreisen. Vor allem bei den Fideikommißgütern im Amtsgerichtsbezirk Calau war eine erhebliche Schuldenreduzierung erfolgt.

Die Erhebung von 1896 gestattet tiefere Einblicke in die Verschuldungssituation. Aus ihr ergibt sich, dass über die Hälfte der untersuchten brandenburgischen Fideikommißgüter völlig schuldenfrei waren. Dagegen waren nur zwei der Besitzungen über das 30fache des Grundsteuerreinertrags verschuldet.[86] Da die hochverschuldeten Güter nach Aussagen des Bearbeiters jedoch zu größeren Komplexen gehörten, ist auch diese Verschuldungszunahme zu relativieren. Für die Fideikommisse stellte sich die Situation also überaus günstig dar.

Tabelle 11: Die Verschuldung der Güter mit mehr als 1.500 RM Grundsteuerreinertrag in vier brandenburgischen Amtsgerichtsbezirken 1883 und 1896 (in RM)[87]

Amtgerichtsbezirk	1883		1896		Entwicklung der Verschuldung von 1883 zu 1896
	GSRE	Verschuldung	GSRE	Verschuldung	
Jüterbog	71.604	2.207.627	67.575	2.837.055	+136 %
Kyritz	83.640	3.288.051	86.720	4.556.637	+134 %
Königsberg	343.194	10.347.479	355.197	11.934.019	+111 %
Calau	128.424	4.425.134	115.197	4.887.603	+123 %

Für die nicht gebundenen Güter mit einem Grundsteuerreinertrag über 1.500 RM, die von Evert zum Großgrundbesitz gerechnet wurden, sahen die Entwicklungen deutlich anders aus (vgl. Tabelle 11). In allen untersuchten Amtsgerichtsbezirken stieg die Verschuldung an. In den Bezirken Jüterbog und Kyritz machte die Neuverschuldung innerhalb der untersuchten 13 Jahre sogar rund ein Drittel aus, im Bezirk Calau ein Viertel.

Auch wenn die reale Verschuldung der Güter nicht das von Agrarverbänden und liberalen Kritikern postulierte Ausmaß erreichte, darf dieser Sachverhalt, der mit weiteren Krisenerscheinungen zusammentraf, nicht übersehen werden, da er für ein wachsendes Bedrohungsgefühl der Landwirte mit verantwortlich gewesen sein dürfte.

86 EVERT, Verschuldung, S. 122 ff.

87 Quelle: EVERT, Verschuldung, S. 108.

Setzt man die Verschuldungssummen nun der Beleihungsgrenze (35facher Grundsteuerreinertrag) oder gar dem Verkehrswert der Güter entgegen, ergibt sich eine erhebliche Belastung der Güter. Für Brandenburg wurde für den Zeitraum von 1871 bis 1881 ein durchschnittlicher Verkaufspreis pro 1 RM Grundsteuerreinertrag von 70,2 RM errechnet.[88] Ausgehend von diesem Wert[89] lag 1896 die Verschuldung der 122 Güter bei rund 55 %. Die untere Beleihungsgrenze des Kreditinstitutes wurde damit bereits überschritten. Genauer wird die Analyse dadurch, dass die Untersuchung von 1896 die Güter nach dem Verschuldungsgrad aufteilte (vgl. Tabelle 12).

Tabelle 12: Die Verschuldung der Güter über 1.500 MK Grundsteuerreinertrag in vier brandenburgischen Amtsgerichtsbezirken 1896[90]

Amtsgerichtsbezirk	Verschuldung in Vielfachen des Grundsteuerreinertrages								
	Schuldenfrei	bis 10fach	10-20fach	20-30fach	30-40fach	40-50fach	50-60fach	60-100fach	100-200fach
Jüterbog	1	2	1	1	4	4	2	3	1
Kyritz		1	2	5	1	2	3	9	1
Königsberg	3	5	6	6	8	6	4	5	0
Calau	3	2	4	3	3	7	4	10	0
gesamt	7	10	13	15	16	19	13	27	2
in %	5,7 %	8,2 %	10,7 %	12,3 %	13,1 %	15,6 %	10,7 %	22,1 %	1,6 %

Gering oder gar nicht verschuldet waren 14 % der Güter. Ein weiteres Viertel blieb z. T. deutlich unter der Beleihungsgrenze des Kreditinstitutes, bzw. die Verschuldung erreichte nicht die Hälfte des Verkehrswertes. Hochverschuldet war ein Drittel der untersuchten Güter, und von einem Viertel muss angenommen werden, dass die Beleihung den Verkehrswert erreichte oder überschritt.

Das Bild stellt sich noch schlechter für den Großgrundbesitz dar, wenn anstelle des multiplizierten Grundsteuerreinertrages die Schätzungen für die Ergänzungssteuer benutzt werden. Hier lagen jedoch nur für 73 der untersuchten Güter die entsprechenden Angaben vor.[91] Nach diesen Angaben verschieben sich die Proportionen weiter hin zu den hochverschuldeten Gütern, und es waren sogar ein Drittel (28) der Güter mit mehr als 60 % des Schätzwertes belastet.

88 EVERT, Verschuldung, S. 136, Anm. 1.

89 Dagegen wurden 1910-12 in der Provinz bereits 114 RM pro 1 RM Grundsteuerreinertrag bezahlt. (Vgl. S. 91, Anm. 40). Da die Preise von 1910 für die Provinz 47 % über denen von 1895 lagen, wurden um 1895 nach einer anderen Berechnung rund 73 RM pro 1 RM Grundsteuerreinertrag bezahlt. Ermittelt nach: Walter ROTHKEGEL, Die Bewegung der Kaufpreise für ländliche Besitzungen und die Entwicklung der Getreidepreise im Königreich Preußen von 1895 bis 1909, in: Jahrbuch für Gesetzgebung, Verwaltung und Volkswirtschaft im Deutschen Reich (Schmoller's Jahrbuch), 34 (1910), S. 244 f.

90 Ebd., S. 122-125.

91 Ebd., S. 138.

Die Verschuldungsstatistik von 1902

Eine monumentale Untersuchung zum Stand der Verschuldung der ländlichen Güter ist die Erhebung aus dem Jahre 1902[92], die – anders als die frühere Untersuchungen – nicht nur die Belastung mit dem Grundsteuerreinertrag verglich[93], sondern neben einer genaueren Aussage über den Wert des Großgrundbesitzes auch die gesamte Vermögenslage mit einbezog. Obwohl kleinere Fehlerquellen bei der Einschätzung des Vermögens oder der Schulden nicht mit hundertprozentiger Sicherheit auszuschließen sind, dürfte sich mit den Ergebnissen dieser Untersuchung ein relativ genaues Bild der Lage des Großgrundbesitzes um die Jahrhundertwende zeichnen lassen.[94]

Bevor die Daten diskutiert werden können, ist es notwendig, die Kriterien für Verschuldung kurz vorzustellen, welche die Statistiker benutzten. Die verschiedenen Stufen der Verschuldung wurden wie folgt eingeteilt:

- als *geringfügig* wurde eine Verschuldung bis zu einem Zehntel des Gesamtvermögens betrachtet;
- die Grenze für eine *mäßige* Verschuldung lag bei einem Viertel des Gesamtvermögens;
- bei einer Belastung bis zur Hälfte wurde eine *mittlere* Verschuldung konstatiert;
- eine Verschuldung über die Hälfte wurde als *hoch* und *bedenklich* betrachtet;
- *übermäßig* und *sehr bedenklich* waren Schulden, die 75 % des Gesamtvermögens überschritten;
- schließlich wurde eine Verschuldung, die 100 % des Gesamtvermögens überschritt, als *vollständig* bezeichnet.[95]

Zu bedenken ist dabei, dass – anders als bei den weiter oben vorgestellten Untersuchungen – hier nicht der Grundsteuerreinertrag bzw. eines seiner Vielfachen, sondern das von den Steuerbehörden erfasste Gesamtvermögen mit den Schulden in Beziehung gesetzt wurde.

Die Ergebnisse der Untersuchung zeigen für den Gesamtstaat eine Verschuldung aller Landwirte von rund einem Viertel ihres Bruttovermögens. Die Großgrundbesitzer – hier die Besitzer von Grundstücken mit einem Grundsteuerreinertrag von mehr als 1.500 RM – waren dabei höher verschuldet als die Bauern. So betrug in der Gruppe 1.500 – 3000 RM Grundsteuerreinertrag die Durchschnittsverschuldung 33,1 %. Bei den Besitzern über 3000 RM Grundsteuerreinertrag lag der Durchschnittswert bei 31,4 %.[96] Die Zahlen sind jedoch für eine genauere Beurteilung zu stark aggregiert, daher soll nun die detaillierte Betrachtung der Provinz erfolgen.[97] Dabei werden alle Güter

92 F. KÜHNERT: Die ländliche Verschuldung in Preußen. In: Preußische Statistik 191 (1905-1908). Siehe für den Gesamtstaat auch HEß, Junker, S. 231 ff., dessen Wertungen jedoch nur teilweise gefolgt werden kann.

93 Vgl. zum Grundsteuereintrag auch S. 223 ff.

94 Vgl. zu möglichen Fehlerquellen: KÜHNERT, Verschuldung, S. 21 ff.

95 Ebd., S. 25.

96 Ebd., S. 28.

97 Die folgenden Zahlen zur Provinz Brandenburg weichen von den von Kühnert veröffentlichten Gesamtergebnissen ab, da die Stadtkreise nicht mit aufgenommen wurden.

mit einem Grundsteuerreinertrag über 1.500 RM in die Betrachtung einbezogen. Diese niedrig angesetzte Grenze muss gewählt werden, da fast ein Fünftel (296) aller Rittergüter der Provinz nur einen Grundsteuerreinertrag von 1.500 bis 3.000 RM erreichte.[98]

Die Verschuldung in der Provinz Brandenburg war im Vergleich zu den Ostprovinzen relativ gering (vgl. Tabelle 13). Unter den alten Ostprovinzen wies nur die Provinz Sachsen, die ohnehin eine Sonderstellung einnahm, günstigere Werte auf. Dagegen war in Ost- und Westpreußen sowie in Posen der Großgrundbesitz wesentlich stärker belastet, auch Pommern und Schlesien wiesen deutlich höhere Verschuldungsquoten auf. Die größeren oder ertragreicheren Besitzungen in den Westprovinzen waren dagegen – mit Ausnahme des ähnliche Verhältnisse wie Brandenburg aufweisenden Schleswig-Holstein – geringer belastet.

Tabelle 13: Die Durchschnittsverschuldung der Güter mit einem Grundsteuerreinertrag über 1.500 RM in Preußen im Jahr 1902 (in % des Bruttovermögens)[99]

Provinz	Zahl der Besitzer mit einem GRE über 1.500 RM	Verschuldung (Grundsteuerreinertragsgruppen)	
		1.500-3.000 RM	über 3.000 RM
Ostpreußen	1.936	64,9 %	47,1 %
Westpreußen	1.981	63,1 %	54,0 %
Pommern	1.548	56,0 %	44,5 %
Posen	1.218	67,4 %	44,7 %
Schlesien	2.883	47,8 %	30,3 %
Brandenburg	1.743	37,5 %	34,1 %
Sachsen	4.342	22,7 %	25,1 %
Schleswig-Holstein	4.347	36,2 %	28,0 %
Hannover	3.561	21,0 %	22,5 %
Westfalen	1.713	14,3 %	15,7 %
Hessen-Nassau	433	16,3 %	16,9 %
Rheinprovinz	2.182	16,0 %	11,3 %

Die durchschnittliche Verschuldung wurde von den Statistikern ins Verhältnis zum Bruttovermögen gesetzt. Das Bruttovermögen der Landwirte setzte sich dabei aus folgenden Bestandteilen zusammen: 1. dem Grundvermögen, 2. dem Kapitalvermögen, 3. dem gewerblichen Anlage- und Betriebskapital und 4. dem Wert selbständiger Rechte. Diese Angaben wurden von den Steuerbehörden erhoben. Heß hat errechnet, dass das Grundvermögen unter Einschluss der Gebäude und des Inventars aller erfassten Güter in etwa dem

98 Im Gegensatz dazu operierte Spenkuch nur mit den Gütern über 3.000 RM. Vgl. SPENKUCH, Herrenhaus, S. 211 ff.

99 Quelle: KÜHNERT, Verschuldung, S. 37-65.

79fachen des Grundsteuerreinertrages entsprach und damit deutlich unter den Verkehrspreisen für Landgüter lag.[100]

In Brandenburg betrug das Verhältnis des Grundsteuerreinertrages zum Grundvermögen 1:73,7. Der Gebäudenutzungssteuerwert betrug mit rund 2,2 Millionen RM etwa ein Fünftel des 10 Millionen RM betragenden Grundsteuerreinertrages. Auch wenn der Wert der Gebäude nicht mit dem selben Faktor wie der Boden berechnet werden kann, ergibt sich, dass nur das 60- 65fache des Grundsteuerreinertrages in Anschlag gebracht wurde. Da der Durchschnittspreis für 1 RM Grundsteuerreinertrag in Brandenburg bereits um 1895 bei knapp 80 RM lag[101], ist das Bruttovermögen mindestens 15-20 % zu niedrig angesetzt. Dies ist bei den folgenden Ausführungen zu beachten.

Differenziert nach dem Grundsteuerreinertrag ergibt sich nun folgendes Bild (vgl. Tabelle 14). Nur sehr wenige Güter – 58 von 1.678 – waren um die Jahrhundertwende völlig schuldenfrei. Mäßig belastet (bis zum 25fachen des Grundvermögens[102]) waren 379 Güter. Gemeinsam mit den schuldenfreien Besitzungen war also nur rund ein Viertel (26 %) des Großgrundbesitzes der Provinz in einer unbedenklichen Verschuldungssituation. Dazu kommt rund ein Drittel (515) der Güter, deren Verschuldungslage als mittlere eingeschätzt werden kann.

Tabelle 14: Die durchschnittliche Schuldenbelastung des Großgrundbesitzes in der Provinz Brandenburg[103]

Belastung in Vielfachen des Bruttovermögens	**Grundsteuerreinertragsgruppe**			
	1.500-3.000 RM		**über 3.000 RM**	
	Eigentümer	v. H.	Eigentümer	v. H.
keine	30	3 %	28	4 %
bis 5	58	6 %	32	4 %
5 bis 10	31	3 %	32	4 %
10 bis 25	130	14 %	96	12 %
25 bis 50	315	34 %	200	26 %
50 bis 75	241	26 %	234	31 %
75 bis 100	98	11 %	118	16 %
über 100	16	2 %	19	3 %

100 HEß, Junker, S. 232 f., Anm. 88.

101 Der Durchschnittspreis wurde wie folgt errechnet. Rothkegel hat nur die Steigerungsraten angegeben. Nach seinen Untersuchungen gestaltete sich das Verhältnis der Preise für Besitzungen über 100 ha zwischen den Jahren 1895 und 1910 wie 100 zu 147. Dagegen kann bei Seiler, der leider für die Jahre zwischen 1895 und 1910 nur einen Mittelwert angibt, der durchschnittliche Kaufpreis von 1910 bis 1912 entnommen werden. Vgl. ROTHKEGEL, Kaufpreise, S. 244 f. und SEILER, Kaufpreise, S. XXVI.

102 Vgl. die Kriterien für die Verschuldung S. 103.

103 Quelle: KÜHNERT, Verschuldung, Tl. I., 1. Hälfte, S. 136-223.

Hoch und damit nach Ansicht der Statistiker bedenklich verschuldet waren dagegen 475 (28 %) Besitzungen. Weitere 216 (13 %) der größeren Güter waren übermäßig, d. h. sehr bedenklich und schließlich 35 (2 %) vollständig verschuldet. Die Situation stellte sich also wesentlich differenzierter dar, als es die Durchschnittswerte für die Provinz widerspiegelten.

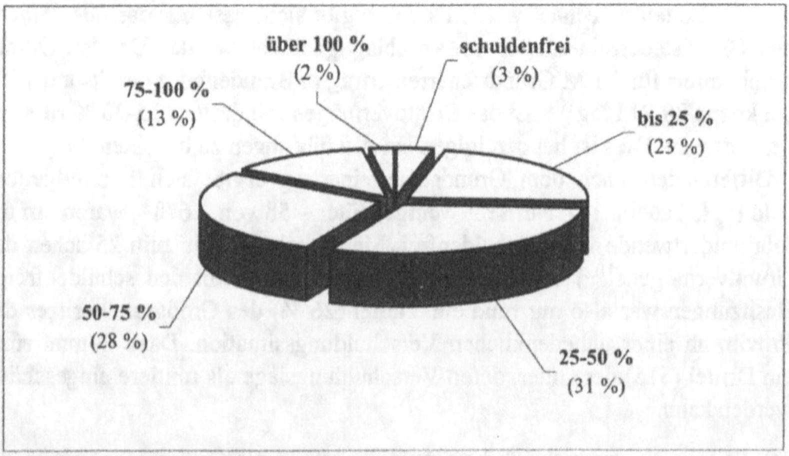

Abbildung 8: Die Verschuldung der brandenburgischen Güter mit mehr als 1.500 RM Grundsteuerreinertrag im Verhältnis zum Grundvermögen (1905)[104]

Selbst wenn man von einem zu niedrig angesetzten Grundvermögen ausgeht, bleibt der Sachverhalt bestehen, dass rund ein Viertel aller Güter bedenklich hoch verschuldet waren (vgl. Abbildung 8).

Von größerer Bedeutung für die Verschuldungssituation als der Grundsteuerreinertrag ist jedoch das Einkommen der Großgrundbesitzer, über das die Untersuchung von 1902 ebenfalls Aufschluss gibt. Allerdings sind die im Folgenden zu betrachtenden Einkommensgruppen nicht identisch mit den nach dem Grundsteuerreinertrag gebildeten, so dass sich hieraus Abweichungen in den Zahlen ergeben. Es wurden außerdem nur die Personen einbezogen, die ein Nettovermögen über 3.000 RM einbezogen.

Diese Art der Darstellung zeigt eine deutliche Stufung der Verschuldung nach den Einkommensverhältnissen (vgl. Tabelle 15). Die Bezieher von Einkommen über 9.500 RM waren sowohl bei den hoch- als auch bei den übermäßig bis vollständig Verschuldeten erheblich geringer vertreten. Weniger stark ist diese Stufung zwischen den beiden unteren Einkommensgruppen sichtbar, die vor allem bei der Verschuldung über 50 % des Bruttovermögens kaum Abweichungen zeigen. Der Vergleich mit den Daten über die Verschuldung nach dem Grundsteuerreinertrag zeigt einen verhältnismäßig geringen Anteil von Gütern in den Bereichen mit einer hohen Verschuldung auf (35 % Verschuldung über dem 50fachen des Bruttovermögens gegenüber 43 %). Dies entspricht der oben festgestellten Tatsache einer sinkenden Verschul-

104 Quelle: wie Anm. 103.

dung bei höherem Einkommen, da 491 Güter, die mit einem Grundsteuerreinertrag von über 1.500 RM nachgewiesen wurden, kein steuerpflichtiges Einkommen von mehr als 3.000 RM hatten und höher verschuldet waren.

Tabelle 15: Die Verschuldung der Eigentümer mit mehr als 1.500 RM Grundsteuerreinertrag und einem Nettoeinkommen über 3.000 RM in Brandenburg 1905[105]

Verschuldung im Verhältnis zum Bruttovermögen	Netto-Einkommen					
	Eigentümer mit 3.000-6.000 RM		Eigentümer mit 6.000-9.500 RM		Eigentümer mit über 9.500 RM	
ohne	18	3 %	8	4 %	28	7 %
bis 5 %	37	6 %	17	9 %	31	8 %
5 % bis 10 %	15	3 %	6	3 %	35	9 %
10 % bis 25 %	84	14 %	33	17 %	84	21 %
25 % bis 50%	203	34 %	55	28 %	123	31 %
50 % bis 75 %	158	27 %	53	27 %	72	18 %
75 % bis 100 %	69	12 %	22	11 %	23	6 %
über 100 %	10	2 %	1	1 %	2	1 %

Die Güter mit den hohen Einkommen haben also sowohl die Besitzverschuldung als auch die Kosten im Zuge der Modernisierung der Landwirtschaft besser abfedern können als die kleineren und einkommensschwächeren.

Im Folgenden soll die Verschuldungssituation in den historischen Regionen der Provinz betrachtet werden. Dazu werden alle Güter mit einem Grundsteuerreinertrag über 1.500 RM einbezogen (vgl. Abbildung 9).

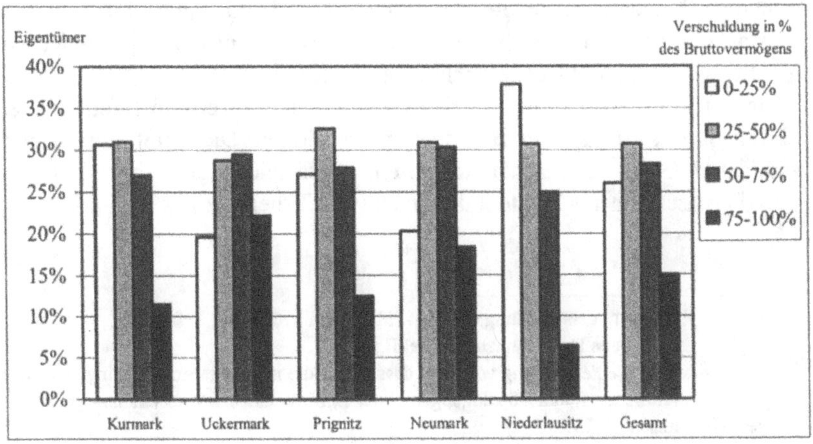

Abbildung 9: Die Verschuldung der Güter über 1.500 RM Grundsteuerreinertrag im Verhältnis zum Bruttovermögen in der Provinz Brandenburg 1905[106]

105 Quelle: KÜHNERT, Verschuldung, Teil II., S. 119-160.

Es fällt vor allem die relativ geringe Schuldenbelastung des Großgrundbesitzes in der Niederlausitz auf. Mit der Uckermark und der nördlichen Neumark waren die Gebiete mit den besten Böden am stärksten belastet. Dabei werden die Zahlen für die Uckermark dadurch verzerrt, dass der Kreis Templin, in dem sich u. a. die fideikommissarisch gebundene Herrschaft Boitzenburg mit umfangreichen Forsten befand, eine deutlich unterdurchschnittliche Belastung (20 %) aufwies, wohingegen der Großgrundbesitz in den Kreisen Prenzlau mit 54 % und Angermünde mit 42 % durchschnittlicher Verschuldung zu den Spitzenreitern der Provinz gehörte.[107]

Ebenfalls sehr hoch verschuldet waren die Besitzer in den nördlichen Kreisen der Neumark (Arnswalde [52 %], Königsberg [43 %] und Soldin [49 %]). Die hohe Verschuldungsquote im Kreis Crossen (52 %) ist, da hier nur 21 Besitzer erfasst wurden, nicht vergleichbar. Unter die Gebiete mit einer Verschuldungsquote, die geringer als 30 % war, fallen sechs der sieben niederlausitzischen Kreise sowie die im engeren und weiteren Ring um Berlin liegenden Kreise (Nieder-Barnim [21 %], Teltow [18 %]), aber auch Ost-Havelland [27 %], Ober-Barnim [28 %], Beeskow-Storkow[28 %] und Jüterbog-Luckenwalde [26 %]).

Es zeichnet sich damit eine doppelte Abhängigkeit der Verschuldungsqoten ab. Einerseits sind die marktnahen Kreise um Berlin – ganz im Sinne der Thünen'schen Aussagen – besser in der Lage gewesen, die Verschuldungswelle seit der Gründerzeit abzufangen. Zum anderen waren offensichtlich die waldreichen und ertragsschwächeren Regionen mit niedrigeren Güterpreisen und weniger Investionsmöglichkeiten und -anreizen von der verstärkten Verschuldung verschont geblieben.[108] Die hohe Verschuldung ist zu einem sehr großen Anteil auf die – auf Grund der Bodenwerte – höheren Güterpreise zurückzuführen, da den Hauptanteil der Belastung die Besitzschulden ausmachten. Daneben spielte die Verteilung des gebundenen Besitzes und die Erosion traditioneller Vererbungsmuster des Adels, auf die weiter unten einzugehen ist, eine nicht zu vernachlässigende Rolle.

Die von Heß festgestellte Relation zwischen hoher Verschuldung und Rentabilität lässt sich auch für Brandenburg bestätigen. Das heißt, die hochverschuldeten Güter erwirtschafteten ein im Vergleich zum Bruttowert ihres Grundbesitzes höheres Bruttoeinkommen (vgl. Tabelle 16).[109]

---

106 Quelle: KÜHNERT, Verschuldung, Tl. I., 1. Hälfte, S. 136-223.

107 Vgl. zu den genauen Daten Anhangtabelle III., S. 527.

108 Dies widerlegt die Feststellung von Heß, dass weder die naturgegebenen Bedingungen noch die wirtschaftlichen Rahmenbedingungen einen Einfluss auf die Verschuldung gehabt hätten. HEß, Junker, S. 239.

109 Heß stützte diese Behauptung auf die Zahlen für den Gesamtstaat. Ebd., S. 246. In dieselbe Richtung wie Heß argumentiert Buchsteiner, die dessen Behauptung jedoch dahingehend zuspitzt, dass die bürgerlichen Großgrundbesitzer – welche die meisten kleineren Güter besaßen – prinzipiell fortschrittlicher als die Adligen waren. Ihre Vermutung, dass Bürger eher produktive und Adlige konsumtive Kredite aufnahmen, bleibt unbelegt. BUCHSTEINER, Großgrundbesitz, S. 193 ff.

Tabelle 16: Vermögen, Einkommen und Wert des Grundbesitzes der hauptberuflichen Landwirte mit Gütern über 1.500 RM Grundsteuerreinertrag in der Provinz Brandenburg 1905[110]

Verschuldung im Verhältnis zum Bruttovermögen	Besitzer	durchschnittl. Schulden	Bruttowert Grundbesitz	Bruttovermögen	Bruttoeinkommen aus Grundbesitz	Nettogesamteinkommen
keine	72	0	462.073	924.033	19.547	52.227
unter 5 %	97	33.701	808.330	1.410.958	36.482	79.076
5-10 %	65	110.441	899.886	1.398.842	52.288	74.018
10-25 %	238	171.994	698.367	931.484	38.859	43.987
25-50 %	527	203.383	453.859	549.479	30.283	22.266
50-75 %	490	272.021	401.175	444.251	29.871	13.435
75-100 %	219	301.887	332.510	351.650	30.514	9.037
über 100 %	35	309.836	259.804	269.318	25.213	5.181
Durchschnitt	1.743	175.408	539.500	785.002	32.882	37.403

So eindeutig, wie die Zahlen auf den ersten Blick sind, stellt sich der Sachverhalt jedoch nicht dar. Die mäßig verschuldeten großen Güter hatten in ihrer Mehrzahl eine andere Struktur als die hochverschuldeten kleinen. Wie weiter unten noch zu zeigen ist, hatten sie meist einen viel größeren Forstanteil, was sich sowohl auf das Einkommen als auch auf die Verschuldbarkeit auswirkte. Ein Vergleich der niedrig verschuldeten Niederlausitz mit den hochverschuldeten Kreisen Prenzlau, Angermünde, Königsberg, Soldin und Arnswalde zeigt diese Abhängigkeit deutlich. Während in der Niederlausitz die Ackerfläche 28 % einnahm, fielen auf die Forsten der größeren Güter immerhin 60 %. Dagegen umfasste die Ackerfläche in den genannten Kreisen im Norden und Nordosten der Provinz 53 % und der Wald nur 32 %. Auch die Struktur des Großgrundbesitzes war neben den Standortfaktoren für die Verschuldungsdimension also mit verantwortlich.

Die von Heß gemutmaßte höhere Rentabilität lässt sich zu einem guten Teil demnach auch aus strukturellen Unterschieden innerhalb des Großgrundbesitzes erklären und ist nicht linear als größere Risikofreudigkeit der kleineren Besitzer zu deuten, wenngleich es zumindest für Teile der großen, wenig verschuldeten Besitzer plausibel ist, ihnen eher ein Rentiersdenken zu unterstellen. Die Situation auch der übermäßig verschuldeten Besitzer, die mehr als die Hälfte des Reineinkommens zum Schuldendienst benutzen mussten, unter ‚insgesamt günstig' zu summieren oder in ein ‚im großen und ganzen vorteilhaftes Bild' einzupassen, wie bei Heß geschehen[111], greift jedoch zu weit und wird auch der Reflexion durch die Zeitgenossen nicht mehr gerecht.

Des weiteren ist aus der vorstehenden Tabelle deutlich zu erkennen, dass die Verschuldung mit steigendem Gutswert sank, was sich auch anhand der durchschnittlichen Gutsgrößen (hier nicht aufgeführt) zeigen ließe.[112] Darüber

110 Quelle: KÜHNERT, Verschuldung, Teil II., S. 22 f.

111 HEß, Junker, S. 307 f.

112 Zu dem gleichen Ergebnis kommt auch BUCHSTEINER, Großgrundbesitz, S. 192 f.

hinaus zeichnet sich ein weiterer Sachverhalt sehr scharf ab: Die wenig verschuldeten Güter verfügten neben dem Einkommen aus dem Grundbesitz noch über weitere Einkommensquellen, sei es aus Kapitalbesitz oder aus gewerblichen Nebenbetrieben. Bei den schuldenfreien Besitzern machte das Einkommen aus dem Bodenbesitz sogar nur ein Drittel des gesamten Bruttoeinkommens aus.

Nach der großen Erhebung von 1902, die im vorstehenden ausführlich behandelt wurde, steht uns für die verbleibenden Jahre des Kaiserreiches kein vergleichbares Material mehr zur Verfügung. Einige Anhaltspunkte für die weitere Entwicklung lassen sich aus den Hypothekenstatistiken gewinnen, die jedoch in ihrer Anlage so unstrukturiert sind, dass sich detaillierte Aussagen nicht treffen lassen.[113] Daher sollen die Zahlen für die Provinz Brandenburg aus Mangel an anderem Material nur kurz vorgestellt werden. Die Hypothekeneintragungen folgen erwartungsgemäß dem schon bei der Pfandbriefschuldentwicklung festgestellten Trend. In Brandenburg vermehrten sich die Hypothekenschulden in den ländlichen Bezirken zwischen 1886 und 1914 um 964,52 Millionen Mark.[114] Da hierunter aber auch die Schulden der Nichtlandwirte verzeichnet wurden, sind diese Zahlen wenig aussagekräftig. Erst seit 1913 wurden die hauptberuflichen Landwirte extra ausgewiesen, so dass von diesem Zeitpunkt an die Nichtlandwirte ausgeschieden werden können. Dabei zeigt sich, dass rund ein Drittel aller Hypothekenbewegungen in den ländlichen Kreisen auf Nichtlandwirte zurückgingen. In den wenig industrialisierten und schwach urbanisierten Ostprovinzen verschob sich dieses Verhältnis allerdings erheblich zugunsten der Landwirte.

Tabelle 17: Die Hypothekenbewegung in den ländlichen Bezirken der Provinz Brandenburg in der Berufsgruppe Land- oder Forstwirte 1913 (in RM)[115]

Regierungs-bezirk	Eingetragene Hypotheken	Gelöschte Hypotheken	Entwicklung
Potsdam	35.365.003	18.360.939	+17.004.064
Frankfurt/O	35.027.089	20.834.484	+14.192.605

Auch zwischen den beiden Regierungsbezirken der Provinz Brandenburg waren diese Unterschiede schon zu bemerken, da sich 1913 im Regierungsbezirk Potsdam die eingetragenen Hypotheken der Land- und Forstwirte mit denen der anderen Berufe in etwa die Waage hielten, wohingegen erstere im Regierungsbezirk Frankfurt/O rund zwei Drittel innehatten.[116] Die Übersicht über die Hypothekenbewegung (vgl. Tabelle 17) zeigt außerdem, in welchem Maße in diesem Jahr Schulden gelöscht wurden. Dennoch war die Summe der

113 Vgl. die Auswertung und Kritik bei HEß, Junker, S. 250 ff.

114 Vgl. ebd., S. 255, siehe dort auch eine Zusammenfassung der an unterschiedlichen Orten publizierten Angaben.

115 Quelle: F. KÜHNERT, Hypothekenbewegung in Preussen nach Berufsgruppen der Hypothekenschuldner, in: Zeitschrift des Königlich Preussischen Statistischen Landesamtes, 55 (1915), S. 28 f. Die wesentlichen Ergebnisse auch abgedruckt bei: HEß, Junker, S. 259 ff.

116 Ebd., S. 259.

Neueintragungen im Regierungsbezirk Potsdam fast doppelt so groß wie die der Löschungen, im Regierungsbezirk Frankfurt/O erreichte sie zwei Drittel.

Der Vergleich des Grundsteuerreinertrages und des Verkaufswertes mit der Neuverschuldung zeigte für beide Regierungsbezirke keine bedenklichen Werte. Im Regierungsbezirk Potsdam betrug die Neuverschuldung 0,62 % des Verkaufswertes, im Regierungsbezirk Frankfurt/O sogar nur 0,45 %. Die Provinz lag damit deutlich unter dem Durchschnitt des Gesamtstaates. Vor allem in Ost- und Westpreußen sowie den Regierungsbezirken Köslin und Bromberg war dieses Verhältnis wesentlich ungünstiger (3 % bis 1,5 %). Damit ist das Urteil von Heß, dass sich die zusätzliche Belastung, die allein in diesem einen Jahr auftrat, ‚in Grenzen hielt', das er mit den Zahlen für den Gesamtstaat begründete, relativierungsbedürftig.[117]

Festzuhalten bleibt, dass die Hypothekenbewegung in Brandenburg eine weitere Verschuldung der Großgrundbesitzer vermuten lässt, die sich aber im Vergleich zum Gesamtstaat auf einem relativ niedrigen Niveau befand.
Daten über die reale Verschuldungssituation einzelner Güter sind auf Grund der Quellenüberlieferung nur schwer zu erlangen. Eine Ausnahme bilden die neu gestifteten Fideikommisse, da bei ihrer Bildung eine Art Offenbarungseid geleistet werden musste, der neben dem Wert des Besitzes auch die Verschuldungssituation mit einschloss. Die folgenden aus den Stiftungsurkunden einer Reihe brandenburgischer Fideikommisse entnommenen Angaben können nicht ohne weiteres verallgemeinert werden, da die betreffenden Güter/Güterkomplexe meist sehr lange Familieneigentum und z. T. vorher Lehnsbesitz waren und darüber hinaus zu den größeren Besitzungen gehörten. Dennoch ermöglichen sie uns zumindest einen partiellen Einblick in die Situation vor allem am Ende des 19. Jahrhunderts (vgl. Tabelle 18).

Tabelle 18: Die Verschuldungssituation brandenburgischer Fideikommisse zum Zeitpunkt der Stiftung 1881-1918[118]

Fideikommiß	Gründungsjahr	Grundsteuerreinertrag	Wert	Schulden	Schulden/Wert	Bemerkungen
Heinersdorf	1881	13.176	1.317.600	131.250	10,0 %	220.000 RM Kapital
Niederwitz	1881	7.359	735.900	220.000	29,9 %	gehörte nicht zum Fideikommiß
Fredersdorf/Weitzgrund	1884	3.442	344.200	18.100	5,3 %	Schulden sind Renten
Komplex Stolpe	1886	54.311	5.431.100	1.909.300	35,2 %	siehe auch die folgenden vier Güter
Stolpe	1886	10.902	1.090.200	794.850	72,9 %	Bestandteile des Fideikommiß Stolpe zu dem weitere 6 Rittergüter gehörten
Gelmersdorf	1886	12.493	1.249.300	264.900	21,2 %	
Dobberzin	1886	14.453	1.445.300	286.000	19,8 %	
Flemsdorf	1886	16.463	1.646.300	563.550	34,2 %	

117 HEß, Junker, S. 260; KÜHNERT, Hypothekenbewegung, S. 28.

118 Quelle: BLHA, Rep. 53, Nr. 967-972, 974, 975, 977, 982, 984, 995 und GStA PK, Rep. 84a, Nr. 6267, 6296.

Fideikommiß	Gründungsjahr	Grundsteuerreinertrag	Wert	Schulden	Schulden/ Wert	Bemerkungen
Zichow/ Netzow	1887	25.362	2.536.200	0	0,0	1919 wurden 100.000 RM Schulden gestattet
Dechtow und Karwesee	1888	12.962	1.296.200	0	0,0	1914 wurden 300.000 RM Schulden gestattet
Schönermark	1889	84.024	8.402.400	2.103.440	25,0 %	Komplex bestand aus 7 Gütern
Briesen	1891	11.915	1.191.500	515.000	43,2 %	
Tamsel/ Warnick	1892	unbekannt	2.348.582 (Taxwert)	1.424.641	60,7 %	193.091 RM Personalschulden des Vaters
Retzow II.	1902	5.535	553.500	263.900	47,7 %	
Nemischhof	1908	6.453	645.300	218.950	33,9 %	
Gosda	1910	7.975	797.500	205.060	25,7 %	4.010 RM Wertpapiererträge
Horst und Blumenthal	1912	7.077	707.700	0	0,0	1912 wurden 351.950 RM Schulden gestattet
Satzkorn	1914	8.608	860.800	250.000	29,0 %	
Komplex Hansfelde	1918	18.198	1.819.800	509.008	28,0 %	Kapital von 304.300 mitgestiftet
Hansfelde	1918	8.990	899.000	260.950	29,0 %	Bestandteile des Fideikommiß Hansfelde
Klepelshagen	1918	9.208	920.800	248.058	26,9 %	

Die Analyse der Daten bestätigt die oben festgestellten Befunde. Mit Ausnahme des hochverschuldeten Komplexes Tamsel/Warnick, wo die Verschuldung teilweise auf eine besondere Situation zurückzuführen ist[119], war keines der Güter/Güterkomplexe über die Hälfte des Verkehrswertes verschuldet.[120]

Besonders interessant sind die Fälle Hansfelde, Heinersdorf und Gosda, die auf einen Aspekt verweisen, der die allgemeine Verschuldungssituation zumindest teilweise relativiert. Hansfelde und Gosda waren mit etwa einem Viertel ihres Verkehrswertes verschuldet. Dennoch wurde in jedem Fall Kapital mitgestiftet, das jeweils mehr als die Hälfte der Schuldsumme umfasste. In Heinersdorf überschritt das mitgestiftete Kapital sogar deutlich die Schulden. Hier wird eine Praxis sichtbar, auf die jüngst auch Spenkuch hinwies.[121] Die Gelder aus günstigen Landschaftskrediten wurden teilweise wieder in höherverzinslichen Papieren angelegt.

---

119 Der letzte Besitzer vor der Stiftung des Fideikommiß war psychisch krank und hatte bereits von seinem Vater hohe Personalschulden übernehmen müssen. Vgl.: GStA PK, Rep. 84a, Nr. 6267. Immediatgesuch des Kurators v. Klitzing-Charlottenhof an den Kaiser mit Bitte auf Niederschlagung oder Herabsetzung des Stempels vom 29.Juni 1895.

120 Der Verkehrswert wurde mit dem 100fachen Grundsteuerreinertrag berechnet.

121 SPENKUCH, Herrenhaus, S. 215 f. mit weiteren Beispielen.

Auch wenn die Verschuldung in keinem der Fälle kritisch war, wird jedoch deutlich, dass die meisten Rittergüter Schulden in Höhe von mehreren hunderttausend Mark hatten, die aus den laufenden Einkünften nur in einem längeren Zeitraum zu tilgen waren.[122] Als Gegenmittel wurde in den aufgelisteten Fällen die Fideikommißstiftung gewählt, die durch die Ausschaltung des bedeutendsten Verschuldungsfaktors – der Besitz(übernahme)schulden – den Weg zur Schuldenfreiheit bzw. -begrenzung ebnen sollte. Auf die hierzu gewählten Methoden wird noch weiter unten im Zusammenhang mit dem Fideikommiß näher eingegangen.

Kapitalzufluss und Kapitalvermögen

Der Kapitalzufluss aus den Ablösungen

Neben der Möglichkeit, Kredit zu erhalten, stand den Gütern bis weit in die zweite Hälfte des 19. Jahrhunderts noch eine weitere Geldquelle zur Verfügung – die Ablösekapitalien. Wie oben bereits beschrieben, lösten die Bauern und Kossäten ihren Boden und ihre Dienstverpflichtungen nicht nur mit Land ab, sondern auch mit Geld- und Rentenzahlungen. Die dabei geleisteten Summen sollen sogar den Wert des abgetretenen Landes überstiegen haben.[123] Auffallend ist die zeitliche Asynchronität von Landabtretungen und anderen Entschädigungsleistungen. In den östlichen Provinzen wurden bis 1850 rund 95 % der Spanndienste und rund 73 % der Handdienste (in Brandenburg bereits 88 %) aufgehoben. Die Gutsherren erhielten dafür 388.952 ha Land. In den folgenden fünfzig Jahren kamen nur weitere 7,5 % an Landentschädigungen hinzu. Dagegen überstieg die Summe der Geldentschädigungen nach 1850 die bis zu diesem Zeitpunkt geleisteten Zahlungen um das Doppelte, und die festgelegten Geldrenten betrugen sogar mehr als das Dreifache. Nur bei den Roggenrenten waren mehr als 2/3 bereits vor 1850 fixiert worden.[124] Das bedeutet einerseits, dass nach der 1848er Revolution den Gütern nochmals erhebliche Geldmittel zuflossen, andererseits wird das Ausmaß der bis zu diesem Zeitpunkt trotz der Agrarreformen bestehen gebliebenen feuda-

[122] Ein Beispiel für einen ertragreichen, aber stark vom Schuldendienst belasteten Gutskomplex war Tamsel/Warnick, das 1895 inklusive des Inventars auf 2.348.583 RM getaxt wurde. Nach Ausweis der Taxe betrug der Reinertrag des Gutes 92.541 RM. Davon wurden allein 56.986 RM für die Zinszahlungen benötigt. Es blieben also ‚nur' Einkünfte von 35.555 RM übrig, die unter der Witwe und fünf abzufindenden Kindern geteilt werden mußten. GStA PK, Rep. 84a, Nr. 6267, Schreiben des Kammergerichtspräsidenten an den Justizminister vom 30. Juli 1895. Es ist ersichtlich, dass die Tilgung der rund 1½ Millionen betragenden Schulden längere Zeit in Anspruch genommen hätte.

[123] So betrugen die Ablösekapitalien verschiedenster Art nach der Berechnung von Moll etwa eine halbe Milliarde Mark, wohingegen das abgetretene Land nach Meitzen mit rund 210 Millionen anzusetzen ist. Georg MOLL, „Preußischer Weg" und bürgerliche Umwälzung in Deutschland, Weimar 1988, S. 87.

[124] Zahlen nach: MEITZEN, Boden, Bd. VI., S. 274 f.

len Bindungen deutlich. Da die Dienste zum großen Teil bereits abgelöst waren, spiegelt sich hier einerseits die Einbeziehung der bisher nicht regulierungsfähigen Stellen andererseits die Lösung des alten grundherrschaftlichen Beziehungsgeflechtes wider.

Die Entschädigungsleistungen sind von den berichtenden Behörden immer nur in Gesamtsummen angegeben worden, so dass nicht zu ersehen ist, in welche Richtung sie geflossen sind. Sie allein den Gütern zuzuweisen, ist jedoch falsch.[125] Auch gegenüber den Gutsherrschaften bestanden Forderungen, die im Zuge von Auseinandersetzungen kapitalisiert oder anderweitig entschädigt werden mussten. So stand bspw. den Untertanen der Herrschaft Wiesenburg allein im Wald folgendes zu: Die Hutung dort und auf verschiedenen Waldwiesen, die Waldstreuberechtigung, die Berechtigung zur Entnahme bestimmter Brennholzsortimente, das Recht zum Holen von Steinen, Sand und Lehm aus dem Wald sowie das Recht, Beeren und Pilze zu sammeln. Dafür hatten sie ein Holzgeld von 15 Silbergroschen zu leisten. Da hier im Gegensatz zu anderen Gütern die Berechtigungen nicht gegenseitig verrechnet worden waren, wurden die Bauern und Kossäten mit erheblichen Landstücken – meist minderwertigem Waldboden – entschädigt. Während im benachbarten Schmerwitz ebenfalls dieser Weg gegangen wurde, erhielten die Berechtigten in Mahlsdorf Geldrenten.[126] Die Herrschaft Muskau löste die Waldservitute ihrer Untertanen sogar mit insgesamt 1.400 Mg Wald ab.[127]

Dennoch ist das Gros der Renten und Kapitalien[128] in den Großgrundbesitz geflossen und dementsprechend sind die von diesem zu leistenden Entschädigungen wesentlich weniger belastend gewesen. Wenn im folgenden der Versuch unternommen wird, die Bedeutung dieser Leistungen für die Güter abzuschätzen, muss entsprechend dem oben beschriebenen jedoch bedacht werden, dass der Großgrundbesitz nicht die gesamten Entschädigungen erhielt.

Eine detaillierte Berichterstattung gibt es erst für die Zeit nach 1850, als die Rentenbanken zwischen die Parteien geschaltet wurden und diese die Ablösung der verschiedenen Rechte relativ einfach ermöglichten. Für die Zeit davor gibt es nur aggregierte Daten, so dass hier keine genaueren Aussagen über den Verlauf der Ablösungen in Geld oder Rente getätigt werden können. Eine Übersicht über die allgemeine Entwicklung bis 1848 hat Meitzen überliefert (siehe Tabelle 19). Die Tabelle zeigt die Durchschnittswerte pro Gut. Damit werden die Dimensionen der Gewinne ersichtlich. Während der Wert das abgetretenen Landes nur wenig differierte, variierten die Höhen der Kapi-

[125] Vgl. dazu z.B. Edwin STERNKIKER, Bäuerliche Ablösungsgelder, ihre Empfängergruppen und Verwendungsarten in Preußen nach 1850, in: Jahrbuch für Wirtschaftsgeschichte 1986/3, S. 83.

[126] Vgl. DORNO, Fläming, S. 102 f.

[127] V. ARNIM/BÖLCKE, Muskau, S. 203. Auch in dem bereits erwähnten schlesischen Jacobsdorf erhielten die Bauern als Entschädigung für diverse Gräserei- und Laubberechtigungen insgesamt fast 28 Morgen Ackerland. DYHRENFURTH, schlesisches Dorf, S. 50 ff. Weitere Beispiele für Landabtretungen der Gutsherrschaften in BERGHAUS, Landbuch, passim. So wurde bspw. das Areal von Raddach durch die Aufhebung der Forstservituten um 764 Mg (191 ha) verringert. Ebd. III., S. 303.

[128] Der Begriff Kapital ist zeitgenössisch und bezeichnet die bar ausgezahlten Gelder.

talabfindungen und auch der Roggenrenten zwischen den Regionen erheblich. Dies ist mit Sicherheit auf jeweils unterschiedliche Besitzgrößen und Eigentumsrechte zurückzuführen.

Tabelle 19: Die quantitative Verteilung der Ablösungs- und Regulierungsabfindungen in Land, Geld und Renten in den historischen Regionen der Provinz Brandenburg bis 1848 (in RM)[129]

Region	Kreise	Güter	durchschnittlich entfiel auf ein Rittergut (in RM)				
			Kapital	Rente	Roggenrente	Landwert	Gesamtsumme
Kurmark	14	998	9.365	587	42	34.415	44.366
Neumark	8	342	5.685	523	11	34.849	41.056
Niederlausitz	7	401	6.239	458	16	36.233	42.930
Gesamt	29	1.741	7.595	538	27	34.973	43.106

Auch wenn bis zum Inkrafttreten der Rentenablösungsgesetzgebung der größere Teil des Gewinnes der Güter in Boden bestand, haben die ausgezahlten Kapitalien und die jährlichen Rentengelder einen nicht unerheblichen Faktor im Rahmen der Gesamtrechnung der Güter gespielt. Dies um so mehr, als die jeweiligen Renten über einen langen Zeitraum jährlich anfielen, während in der Tabelle nur die Summe aller fixierten Renten angegeben ist.

Dass die oben angeführten Durchschnittszahlen durchaus einen realen Hintergrund haben, lässt sich aus den versprengten Archivquellen nachweisen. So vererbte Carl Friedrich v. Jena-Köthen seinem Sohn das Fideikommiß Nettelbeck mit der Bemerkung, dass dieser bereits 18.422 Tlr. Dienstablösungsgelder aus Nettelbeck erhalten habe.[130] Ähnlich lagen die Verhältnisse beim Rittergut Berlitt, dem 1841 noch 17.434 Tlr. von Bauern und Kossäten zustanden, die zum größten Teil Ablösungszahlungen gewesen sein dürften.[131] Ähnliche Summen flossen auch der Gutsherrschaft in Wustrau zu, wo von den Bauern – neben den weiter oben schon aufgeführten 1.023 Mg – zwischen 1819 und 1823 der Betrag von 18.384 Tlr. gezahlt werden musste, der sich aus Geldern für die Regulierung der Eigentumsverhältnisse, zur Dienstablösung und Hofwehrbezahlung zusammensetzte.[132] Dort wo wenig oder kein Land von den Berechtigten gefordert wurde, konnten die eingenommenen Summen noch wesentlich höher liegen. So mussten die Bauern der zur Herr-

129 Quelle: MEITZEN, Boden, Bd. IV, S. 290 f. Die kreisweise überlieferten Daten wurden zusammengefasst. Die Roggenrenten wurden mit 3 RM pro Scheffel gerechnet, der ha Land mit 500 RM. Vgl. zu diesem Verfahren Rudolf BERTHOLD, Der sozialökonomische Differenzierungsprozeß der Bauernwirtschaft in der Provinz Brandenburg während der industriellen Revolution (1816 bis 1878/82), in: Jahrbuch für Wirtschaftsgeschichte 1974/II., S. 29 und MOLL, Preußischer Weg, S. 76.

130 BLHA, Rep. 4A Testamente, Nr. 8462.

131 BLHA, Rep. 37, Berlitt und Kötzlin, Nr. 880, Handakte Fideikommiß Berlitt und Kötzlin 1841.

132 BRINKMANN, Wustrau, S. 135 ff.

schaft Boitzenburg gehörigen Gemeinde Haßleben zwischen 1818 und 1851 insgesamt 24.151 Tlr. Regulierungsrenten zahlen und noch einmal 17.289 Tlr. zur Ablösung dieser Renten. Insgesamt flossen damit – inklusive weiterer kleinerer Summen für die Schmiedestelle – 41.779 Tlr. an die Herrschaft, deren Gesamteinnahmen aus Regulierungskapitalien auf mehrere hunderttausend Taler geschätzt wurden.[133] An diese Dimensionen dürften allerdings die meisten kleineren Güter nicht herangekommen sein.[134]

Bei der Analyse dieser Zahlen ist jedoch zu bedenken, dass den Gütern durch die Umstellung auf eine andere Form der Arbeitsentlohnung, den Neubau von Vorwerken oder die Anschaffung von eigenem Vieh in der Folge der Reformen auch erhebliche Kosten entstanden, die aus den Geldern z. T. gedeckt wurden.[135] Auf diese Weise wurde zumindest ein Teil der Modernisierung der großen Güter von den früheren Untertanen finanziert.

Da die Revolution von 1848 auch auf dem Lande deutlich zu spüren war, wurde 1850 mit den Rentenbanken ein neues finanzpolitisches Instrument geschaffen[136]. Die Banken erleichterten und beschleunigten die Lösung der alten Verpflichtungen, die neben dem fehlenden Interesse seitens der Herrschaft in vielen Fällen auch am Kapitalmangel der Bauern und Kossäten gescheitert war, erheblich. Nach der Klärung der Höhe der zu zahlenden Gelder trat die Rentenbank als vermittelndes Bindeglied zwischen Berechtigte und Verpflichtete, indem sie die ausgehandelte Summe dem Empfänger sofort und vollständig in Form von Rentenbriefen aushändigte. Die Bauern konnten dann zwischen der Art der Ablösung wählen. Bei einprozentiger Amortisation dauerte die Löschung der Schuld bei der Rentenbank rund 41, bei ½-prozentiger dagegen 56 Jahre. Da trotz der Schaffung der Rentenbanken die Ablösungen offensichtlich nicht in dem Maße vorangingen, wie es sich die Behörden erhofften, wurde durch das Präklusionsgesetz von 1857 bestimmt, dass für Anträge, die nach 1859 eingingen, keine Rentenbriefe mehr ausgehändigt werden sollten. Ab diesem Zeitpunkt waren die Verpflichtungen mit dem 25fachen Jahresbetrag abzulösen. Untersuchungen zu Beginn der 1880er Jahre ergaben jedoch, dass immer noch eine große Anzahl an Reallasten vorhanden war, so dass die Rentenbanken 1881 wieder eröffnet wurden.[137]

133 HARNISCH, Boitzenburg, S. 243.

134 So erhielt das kleine schlesische Gut Jacobsdorf wesentlich weniger Geldentschädigungen. Dennoch zahlten auch hier die Gärtner mehr als 3.000 Tlr. DYHRENFURTH, schlesisches Dorf, S. 50 ff.

135 So teilte Friedrich Erdmann Carl v. Saldern-Wilsnack in seinem Testament von 1832 mit, dass die Dienstablösungsgelder komplett in neue Bauten geflossen waren. BLHA, Rep. 4A, Testamente, Nr. 17369.

136 Damit folgte Preußen auf diesem Gebiet Sachsen mit deutlichem Rückstand, wo ein ähnliches Institut bereits seit 1832 existierte. Allerdings war der Faktor, mit dem die Verpflichtungen kapitalisiert wurden hier höher als in anderen Ländern. So wurde in Sachsen das 25fache der jährlichen Leistungen angesetzt, in Preußen ab 1850 dagegen nur das 20fache, bei Barzahlung sogar nur das 18fache. Vgl. u. a.: Reiner GROSS, Die bürgerliche Agrarreform in Sachsen in der ersten Hälfte des 19. Jahrhunderts. Untersuchungen zum Problem des Übergangs vom Feudalismus zum Kapitalismus der Gegenwart, Weimar 1968 und STERNKIKER, Ablösungsgelder, S. 71.

137 MEITZEN, Boden, Bd. VI., S. 241.

In welch gewaltigem Maße in der zweiten Hälfte des Jahrhunderts über die Rentenbanken vermittelt Geld an die Berechtigten floss, sieht man daran, dass in Preußen bis 1890 Rentenbriefe im Wert von 483 Millionen RM ausgefertigt wurden. Nach diesem Zeitpunkt waren es bis 1922 dann nur noch rund 47 Millionen RM. Daher kann zu Recht davon ausgegangen werden, dass bis 1890 der wesentliche Teil der Ablösungen vollzogen worden war.[138] Ab 1849 sind Übersichten über die Regulierungen und Ablösungen für die einzelnen Regierungsbezirke vorhanden, die es uns ermöglichen, einen genaueren Einblick zu erhalten (vgl. Tabelle 20).

Tabelle 20: Die von 1849-1898 in den Regierungsbezirken der Provinz Brandenburg festgelegten Kapitalabfindungen, Geld- und Roggenrenten (in RM)[139]

Region	durchschnittlich erhielt jedes Gut	Kapital	Geld-renten*	Roggen-renten*
RB Potsdam	pro Jahr	353	1.280	77
	in 30 Jahren	17.629	63.982	3.851
RB Frankfurt/O	pro Jahr	328	1.283	31
	in 30 Jahren	16.376	64.156	1.539

* Da die Übersichten nur die in dem betreffenden Jahr neu festgelegten Renten nachweisen, wurden die Jahresbeträge zusammengezogen und für einen Zeitraum von dreißig Jahren extrapoliert.

Selbst wenn man bedenkt, dass den Rittergütern nicht alles, aber mit hoher Wahrscheinlichkeit der größere Teil der Abfindungen zufloss, bleibt der Befund bestehen, dass diesen lange Zeit erhebliche zusätzliche Geldmittel zugeflossen sind. Im Gegensatz zu den oben genannten Zahlen für die Zeit vor 1848 ist es durch die jährlichen Übersichten möglich, nicht nur die Gesamtzahl der festgesetzten Renten zu ermitteln, sondern auch deren Anwachsen im Verlauf der Jahre. Mit dem Ablösungsgesetz vom 2. März 1850 war festgelegt worden, dass die maximale vertraglich festlegbare Kündigungsfrist für Renten 30 Jahre betragen sollte. Daher kann davon ausgegangen werden, dass die Mehrzahl der nach 1850 festgelegten Renten bis zum Ende des Berichtzeitraums noch nicht oder gerade erst gekündigt worden waren.

Auch wenn man davon ausgeht, dass die Güter nur einen Teil der Abfindungen und Renten erhielten, wird deutlich, in welchem Maße diesen noch nach der Revolution finanzielle Mittel zuflossen. Die bar ausgezahlten Kapitalien überstiegen die vor der Revolution geleisteten Zahlungen noch einmal um ein Viertel, die Renten sogar um das vierfache. Im Gegensatz zu den meisten anderen Ostprovinzen lagen sogar die Roggenrenten deutlich höher.[140] Vor allem bei diesen fällt ein erheblicher Unterschied zwischen den Regierungsbezirken Potsdam und Frankfurt/O auf, der sich mit hoher Wahrscheinlichkeit auf die bessere Marktanbindung des Berliner Umlandes zurückführen lässt.

138 Vgl. Walter GIRNTH, 100 Jahre Landesrentenbank, Bonn 1953, S. 35 f.
139 Quelle: MEITZEN, Boden, Bd. VI., K4, S. (442-445).
140 Vgl. MOLL, preußischer Weg, S. 76 f.

Insgesamt sind den Gütern zwischen 1850 und 1900 im Schnitt Summen von mehreren zehntausend Mark zugeflossen.[141]

Den Besitzern des Rittergutes Klein-Machnow – den Brüdern v. Hake – mussten die Bauern 1851 für die Aufgabe ihrer noch vorhandenen Rechte insgesamt die Summe von 24.361 Tlr. (73.083 RM) bezahlen, die dazu diente, das hoch verschuldete Lehnsgut, das seit Jahren unter Zwangsverwaltung stand, zu sanieren.[142] Neben dem Schuldendienst dürfte allgemein auch ein erheblicher Teil der Ablösungsgelder aus den Gütern geflossen sein, da die Erbanteile der nicht den Grundbesitz erbenden Söhne mit den Güterpreisen stiegen. Ein anderer Teil wird in angekauftem Bauernland angelegt worden sein. Die Modernisierung und der Ausbau der Herrenhäuser bedurften ebenfalls beträchtlicher Kapitalsummen.[143] Darüber hinaus konnte das Geld auch in neuen Gütern angelegt werden, was auf Grund der ständig steigenden Bodenpreise jedoch schwierig war.[144]

Die Festlegung der Abfindungen erfolgte für die einzelnen Arten asynchron. Während die Renten zwei eindeutige Schwerpunkte zwischen den Jahren 1851-55 (40 %) und 1876-1880 (43 %) aufwiesen, lag der Schwerpunkt der Kapitalabfindungen eindeutig zwischen 1872 und 1876 (mit 78 % aller Leistungen). Zu diesem Zeitpunkt war es für die Verpflichteten offenbar besonders leicht, die notwendigen Mittel freizusetzen. Dies ist insofern erstaunlich, da die Rentenbanken erst Jahre später wieder geöffnet wurden. Der Schwerpunkt der Roggenrentenfixierung lag weniger stark ausgeprägt zwischen 1858 und 1868 mit 61 % aller Festlegungen. Angesichts dieser Zahlen fällt es schwer, den Abschluss der Bauernbefreiung bereits auf die Mitte des Jahrhunderts zu legen, da noch nach Gründung des Kaiserreiches offensichtlich erhebliche Verbindlichkeiten bestanden haben.[145]

Selbst wenn über die Verteilung der Abfindungssummen zwischen Bauern und Kossäten auf der einen Seite und Gutsbesitzern auf der anderen Seite

---

141 Beispiele dafür, mit welchen zusätzlichen Einnahmen auf den Gütern gerechnet werden konnte, liefert Berghaus, der für das Gut Gleissen/Kr. Ost-Sternberg um 1854 Realberechtigungen im Wert von 529 Tlr. überliefert. Ziebingen/Kr. West-Sternberg standen zur selben Zeit bare Gefälle von 918 Tlr. zu, die u. a. durch 3068 Handdiensttage ergänzt wurden. BERGHAUS, Landbuch, Bd. III., S. 283 u. 286.

142 Dietloff V. HAKE, Klein Machnow, Die Geschichte eines märkischen Rittergutes und seiner Besitzer, Berlin 1934, S. 55.

143 Die datenbankgestützte Analyse der baugeschichtlichen Daten von 307 Schlössern und Herrenhäusern in Brandenburg zeigt, dass im 19. Jahrhundert mindestens jedes dritte herrschaftliche Gebäude einmal erheblich umgebaut oder erweitert wurde. Die Mehrzahl der baulichen Veränderungen fand dabei nach 1850 statt.

144 Ein Beispiel für die erfolgreiche Vergrößerung des Rittergutsbesitzes stellen die Freiherren v. Manteuffel dar. Sie besaßen seit spätestens 1808 das aus drei Teilen bestehende Rittergut Drahnsdorf im Kreis Luckau. Um die Jahrhundertmitte erwarben sie die Rittergüter Krossen und Falkenhain, wenig später auch Schäcksdorf dazu. Am Ende des Jahrhunderts wurde der Komplex noch um das aus zwei Teilen bestehende Rittergut Jetsch erweitert. Allerdings dürften die erheblichen Summen zum Kauf der Güter nur teilweise aus Ablösungszahlen stammen.

145 So konstatiert Wehler, dass die Agrarreformen um 1860 ‚aufs Ganze gesehen' abgeschlossen waren. WEHLER, Gesellschaftsgeschichte, Bd. III., S. 48.

Unklarheiten bestehen, wurde aus dem Vorangegangen deutlich, in welchem Maße der Übergang der großen Güter zur ‚rationellen Landwirtschaft' durch langfristige Zahlungen ihrer früheren Untertanen abgefedert wurde. Wenn man davon ausgeht, dass um 1860 der durchschnittliche Reinertrag des brandenburgischen Großgrundbesitzes bei rund 6.215 RM lag, flossen diesem bei vorsichtiger Berechnung mindestens zehn bis zwölf Jahreseinnahmen zusätzlich zu.[146] Dazu muss außerdem noch der Wert des abgetretenen Landes hinzugezählt werden, der – die niedrige Berechnungsgrundlage von Meitzen zugrunde gelegt – mit rund 30.000 RM pro Gut zu veranschlagen ist.[147] Das zeigt eindeutig, dass der Großgrundbesitz das ganze 19. Jahrhundert erheblich von den kleineren Besitzern alimentiert wurde.

Bodenbesitz und das Kapitalvermögen der Großgrundbesitzer

Während über den Umfang und den Wert des Grundbesitzes vor allem für die Zeit nach den Agrarreformen vielfältiges Material zur Verfügung steht, ist man für Aussagen über das Kapitalvermögen für die Zeit vor der Jahrhundertwende vor allem auf verstreute Quellen angewiesen.[148] Nur die weiter oben bereits umfangreich ausgewertete Verschuldungsstatistik von 1902 und das Jahrbuch der Millionäre von 1912 bieten uns für die Zeit danach bessere Möglichkeiten zur Bewertung der über den Bodenwert hinausgehenden Vermögensbestandteile der Großgrundbesitzer.

Großgrundbesitz war bis zum Einsetzen der Industrialisierung eine der wichtigsten Grundlagen für Reichtum. Er blieb – ab einer bestimmten Dimension – auch darüber hinaus mindestens bis zum Ende des Kaiserreiches die Quelle für einen Wohlstand, der deutlich über den Einkommensgrenzen des größeren Teils des Bürgertums lag. Dabei darf jedoch nicht übersehen werden, dass einerseits die Zahl der Reichen spätestens seit der Bildung der Eisenbahn- und anderer Aktiengesellschaften erheblich gestiegen war, andererseits der Rückstand der Großgrundbesitzer auf die Industriellen und Bankiers rasch und erheblich wuchs. Dennoch bleibt festzuhalten, dass es sich nur um ein relatives Absinken handelte, das zudem durch Vorteile des Landlebens, wie die Deckung des Großteils der persönlichen Bedürfnisse aus den Gütern, das Zurückgreifen auf reichliches Personal oder die Pflege sonst sehr kostenintensiver Freizeitbeschäftigungen wie z. B. der Jagd, zumindest zum Teil

146 Die errechnete Summe von 74.738 RM setzt sich zusammen aus: 18.895 RM bis 1848 (7.595 RM Entschädigungsgelder pro Gut, 10.760 RM Rentenzahlungen und 540 RM Roggenrenten [die Rentensummen wurden dazu mit dem niedrigen Faktor 20 berechnet]) und 55.843 RM von 1849 bis 1898 (zur Berechnung wurden die Zweidrittelwerte aus Tabelle 20, S. 117 her-angezogen).

147 Dazu wurde der ha mit 500 RM gerechnet.

148 Staatlicherseits wurde über die Vermögensverteilung lange Stillschweigen bewahrt, wenngleich den Arbeiten der Statistiker verschiedene Basisdaten zu entnehmen waren. Die Veröffentlichung von Angaben über die großen Vermögen, die Rudolf Martin erarbeitete, war großen Anfeindungen, bis hin zu einer Hausdurchsuchung und einem Gerichtsverfahren ausgesetzt. Vgl. Rudolf MARTIN, Jahrbuch des Vermögens und Einkommens der Millionäre in Preußen, 2 Bde., Berlin 1912, Bd. 1, S. XIV.

kompensiert wurde. Dabei wird der bedeutsame Faktor Prestigegewinn noch außer acht gelassen.

Der Wert des Bodens

Das Vermögen der Großgrundbesitzer gliederte sich in mehrere Bestandteile. Den einen bildete der Boden an sich. Bei ständig steigenden Bodenpreisen – ein Trend, der auch für die Städte zutraf – wuchs dieser Anteil kontinuierlich. Wenn der Besitzer nicht verkaufte, konnte er allerdings nur in Form der synchron wachsenden Verschuldungsmöglichkeiten davon profitieren. Abgesehen von Konkursen, die nicht allzu zahlreich waren, dürften nur sehr wenige hochverschuldete Großgrundbesitzer nach dem Verkauf völlig verarmt gewesen sein. Der Rettungsanker Verkauf zur letzten Gewinnerzielung blieb bei steigendem Wert der Güter also immer erhalten. Aussagen über das Ansteigen der Preise für Großgrundbesitz im 19. Jahrhundert sind auf Grund der Quellenlage nur in sehr begrenztem Maße möglich. Trotz intensiver Suche konnten für die Rittergüter der Provinz Brandenburg nur insgesamt 518 Verkaufspreise ermittelt werden. Das Steigen oder Fallen von Preisen ist jedoch nur durch Vergleichszahlen zu ermitteln, die lediglich in 77 Fällen vorhanden sind. Bei der Benutzung der Angaben ist zu beachten, dass wir weder über den Zustand der verkauften Güter, die jeweiligen besonderen Umstände und den Umfang des Verkaufsobjektes – hier vor allem mit oder ohne Wirtschaftsinventar – informiert sind.

Die vorhandenen Daten bestätigen zunächst die bekannten Trends. In den Jahren vor 1806 kam es zu erheblichen Preissteigerungen, die es den Verkäufern ermöglichten, innerhalb kürzester Zeit Gewinne von bis zu 100 % und in einigen Fällen noch mehr zu erzielen.[149] Eine Besonderheit im Rahmen der registrierten Preise waren solche, die bei einer Gutsübernahme in der Familie gezahlt wurden. Da hier die Marktmechanismen ausgeschaltet waren, wichen diese zum Teil deutlich von dem oben beschriebenen Muster ab.[150] Allerdings lassen sich auch genügend Beispiele dafür finden, dass bei Übernahmen in der Familie dem deutlich gestiegenen Wert der Güter Rechnung getragen wurde und somit für die aus dem Gut weichenden Erben erhebliche Abfindungen

---

149 Die Beispiele dafür sind sehr vielfältig, aus der Fülle daher nur einige: Bärwalde (Königsberg) 1795 für 9.200 Tlr., 1805 für 20.300 Tlr.; Bussberg (Arnswalde) 1798 für 32.800 Tlr., 1805 für 50.200 Tlr.; Crampe (Arnswalde) 1800 für 26.500 Tlr., 1805 für 44.000 Tlr.; Hanseberg (Königsberg) 1799 für 80.000 Tlr., 1804 für 170.400 Tlr. und Ruwen (Soldin) 1798 für 25.300 Tlr., 1806 für 44.600 Tlr. Einen Extremfall stellt sicher Gralow/Kr. Landsberg dar, das 1800 bereits für die hohe Summe von 100.000 Tlr. gekauft wurde, aber nur drei Jahre später für 320.000 Tlr. den Besitzer wechselte. Weitere Beispiele u. a. bei WEYERMANN, Immobiliarkredit, S. 60 f., 123 ff, 152. Detaillierte Angaben für die Neumark: Paul SCHWARTZ, Der neumärkische Großgrundbesitz im Jahre 1809, in: Die Neumark. Jahrbuch des Vereins für die Geschichte der Neumark, 11 (1936), S. 57-171.

150 Bspw. blieb der Preis für Blankenfelde (Königsberg) in den Jahren der extremsten Preissteigerungen fast konstant. Wurden 1797 55.000 Tlr. bezahlt, erhöhte sich diese Summe bei der Gutsübernahme 1802 nur auf 59.000 Tlr.

bereitgestellt wurden.[151] Abgesehen von diesen Fällen war die Zeit bis etwa 1806 eine Phase der scheinbar unbegrenzten Möglichkeiten. Eine geglückte Spekulation konnte sowohl als Grundlage für den Aufbau eines Güterkomplexes[152] oder eines größeren Kapitalstockes als auch der Entschuldung dienen.

Auf den Zusammenbruch von 1806 folgte eine längere Phase des Preisverfalls bzw. des Verharrens auf niedrigem Niveau. Zu keinem Zeitpunkt waren die Güter billiger als zwischen 1807 und etwa 1830.[153] In dieser Phase dürften auf Grund der niedrigen Preise und der damit schmalen und unsicheren Gewinnspannen auch kaum Spekulationskäufe vorgekommen sein. Dafür konnten sich zielstrebige Landwirte relativ günstig einkaufen. Danach setzte ein erheblicher Aufschwung der Preise ein, der dazu führte, dass sich bei den Gütern des vorliegenden Samples in den meisten Fällen eine Verdopplung der Kaufpreise im Vergleich zum Stand um 1810/20 einstellte.[154] Spekulanten war es nun wieder möglich, auf dem Wege des Güterhandels schnelle Gewinne zu machen.[155] Eine Massenerscheinung, wie es für die Zeit vor 1806 zumindest die veröffentliche Meinung widerspiegelte, wurde die Güterspekulation nun anscheinend jedoch nicht mehr.

Seit etwa der Mitte der vierziger Jahre weisen eine Reihe von Vergleichspreisen ein Stehenbleiben oder auch einen unterschiedlich starken Rückgang auf. Möglicherweise wurden die in den Jahren der Konjunktur seit etwa 1830 überhöhten Preise jetzt korrigiert, oder es sank die Nachfrage nach Großgrundbesitz auf Grund besserer Geldverwertungsmöglichkeiten.[156] Weyermann – der Grundbücher auswertete – hat diese Entwicklung, welche die

---

151 So wechselte das im Kreis Königsberg gelegene Rittergut Dobberphul 1793 noch für 40.000 Tlr. innerhalb der Familie den Besitzer, 1809 waren es dagegen bereits 85.000 Tlr.

152 So entstand in dieser Zeit der Komplex Hohennauen II. (v. d. Hagen). Nachdem bereits 1720 ein zweites Rittergut zu dem Gutsanteil gekauft worden war, kamen um 1775 weitere 3 Rittergüter hinzu. Der Komplex, dem in der Mitte des 19. Jahrhunderts ein weiteres Gut angeschlossen wurde, bestand mindestens bis 1921.

153 Die Preise sind z. T. dramatisch gefallen, so z. B. für Görzig ((Beeskow-Storkow), das 1811 noch mit 17.110 Tlr. bezahlt wurde, fünf Jahre später dagegen mit 5.103 Tlr. nicht einmal mehr ein Drittel dieser Summe erreichte. Pinnow (West-Sternberg), 1795 noch mit 36.000 Tlr. bezahlt, kam 1817 gerade mal auf 22.050 Tlr. Auch 1836 war mit 28.650 Tlr. der Stand der Jahrhundertwende noch nicht wieder erreicht. Vgl. für Ostpreußen auch die umfassenden Angaben über im Jahre 1827 zum Verkauf stehende Rittergüter von Avenarius. Hier wurden in vielen Fällen die ehemaligen Taxen deutlich herabgesetzt. Ludwig AVENARIUS, Ueber den Verkauf zahlreicher adelicher Güter in der Provinz Preußen nebst einer gedrängten Beschreibung der zum Verkaufe gestellten Güter selbst, Halberstadt 1827, passim.

154 Beispiele: Bottschow (West-Sternberg) 1830 für 18.000 Tlr., 1844 für 50.000 Tlr.; Crämersborn (Crossen) 1836 für 39.225 Tlr., 1842 für 66.000 Tlr. und ein Jahr später für 74.000 Tlr. sowie Cunow (Crossen) 1825 für 18.500 Tlr., 1842 für 46.000 Tlr., 1848 dann für 60.000 Tlr. Weitere Beispiele bei WEYERMANN, Immobiliarkredit, S. 172.

155 Vgl. das Beispiel Crämersborn in der vorhergehenden Anmerkung.

156 Beispiele: Friedrichswille (West-Sternberg) 1836 für 17.000 Tlr., 1838 für 19.000 Tlr.; Gleissen (Ost-Sternberg) 1842 für 209.500 Tlr., 1855 für 92.434 Tlr.; Grabow (Ost-Sternberg) 1842 für 48.000 Tlr., 1849 für 47.000 Tlr.; Grabow (Sorau) 1848 für 36.700 Tlr., 1849 für 14.500 Tlr.; Groß Breesen (Guben) 1833 für 33.610 Tlr., 1860 für 25.440 Tlr.; Groß Drewitz (Guben) 1842 für 70.000 Tlr., 1846 für 50.000 Tlr. Diese Liste ließe sich mit weiteren Gütern fortführen.

Tendenz seiner Untersuchung nicht bestätigt, nicht bemerkt. Nach seinen Angaben haben wir es mit einem ständigen Ansteigen der Preise – und damit einhergehend der Verschuldung – zu tun. Allerdings verweist er selbst darauf, dass gegen Anfang der vierziger Jahre zunächst in Schlesien, dann auch in den anderen Provinzen die Kreditgrenzen allmählich ausgeschöpft waren.[157] Dies könnte, verbunden mit der Abwanderung von Kapital in die Eisenbahn- und anderen Aktiengesellschaften, zu einem – jedoch nur kurzfristigen – Stehenbleiben bzw. wie an einigen Beispielen ersichtlich, sogar Absinken der Preise geführt haben. Außerdem, dies gilt aber nicht für alle Beispiele, führten die Missernten 1846/47 und die mit der Revolution verbundenen Unruhen um 1848/49 zu einem vorübergehenden Schwanken der Preise.[158]

Für die Zeit nach der Jahrhundertmitte liegen nur noch so wenige Angaben vor, dass eine weitere Auswertung nicht erfolgen kann. Bevor jedoch auf die Sammlungen der Statistiker zum Steigen der Verkaufspreise für ländlichen Grundbesitz eingegangen wird, soll kurz noch das Verhältnis der Preise zum Wert der Güter betrachtet werden. Dabei steht als einzige Vergleichsgröße nur der Grundsteuerreinertrag aus den sechziger Jahren des 19. Jahrhunderts zur Verfügung, der den Zustand nach Vollzug der Besitzverschiebungen im Gefolge der Agrarreformen widerspiegelt. Um dem Rechnung zu tragen, werden im folgenden nur die Preise ab 1820 betrachtet. Die vorher aus den Einzelbeispielen gezogenen Schlussfolgerungen werden dabei bestätigt. Während der durchschnittliche Verkaufspreis in den Jahren zwischen 1820 und 1840 um das 20- bis 30fache des späteren Grundsteuerreinertrages schwankte, kam es nach 1840 bis in die 1850er Jahre zu einer Steigerung auf das 40- bis 55fache.[159] Allerdings ist der Variationskoeffizient für alle Jahrzehnte so groß, dass diese Ergebnisse nur mit sehr großer Vorsicht zu behandeln sind, da die Spannweite außerordentlich hoch war. Für die Zeit vor 1860 ist es daher sehr bedenklich, allein vom Grundsteuerreinertrag auf den möglichen Verkaufspreis zu schließen. Die weite Streuung zeigt auch, dass es zu dieser Zeit immer noch möglich war, sowohl sehr teuer zu verkaufen oder aber auch Güter zu günstigen Preisen zu erwerben.

Der erste Versuch, durchschnittliche Kaufpreise in den Kreisen des preußischen Staates zu ermitteln, erfolgte zwischen 1850 und 1860. Die Sammlungen, die aus den Hypothekenbüchern zusammengestellt wurden, dienten der Vorbereitung der Grundsteuerveranlagung. Allerdings sind die Zahlen der pro Kreis aufgenommenen Güter sehr gering, wie die teilweise überlieferten Angaben über die verkaufte Fläche zeigen. Die von Meitzen überlieferten Durchschnittspreise für 21 brandenburgische Kreise sind – da über die Qualität der verkauften Güter nichts bekannt ist – nur ein grober Anhaltspunkte für die Preisentwicklung zwischen 1850 und 1860.[160] Setzt man die in diesen Kreisen gezahlten Preise mit den durchschnittlich festgesetzten Werten des Grundsteuerreinertrages für dieselbe Fläche in Beziehung, so ergibt sich kein

157 WEYERMANN, Immobiliarkredit, S. 169 ff.

158 MEITZEN, Boden, Bd. III., S. 423.

159 20fach bedeutet hier, dass für 1 Tlr. Grundsteuerreinertrag 21 RM bezahlt werden mussten.

160 MEITZEN, Boden, Bd. IV., Anlage G., S. 222 f. und 228 f.

einheitliches Bild. Einerseits wurden in Regionen mit einem sehr hohen Grundsteuerreinertrag pro ha auch überdurchschnittliche Preise bezahlt.[161] Andererseits erreichten jedoch auch einzelne Güter in eher durchschnittlichen Gebieten vergleichsweise hohe Preise.[162]

Verbindet man den durchschnittlichen Grundsteuerreinertrag pro ha mit den Preisangaben Meitzens, so zeigt sich, dass für den Tlr. Grundsteuerreinertrag schon um 1860 sehr unterschiedliche Summen bezahlt wurden. Während die besten Böden unter dem Mittel von 58 RM. pro Tlr. Grundsteuerreinertrag lagen[163], erreichten die Preise in einigen Kreisen mit einem sehr geringen mittleren Ertrag pro ha deutlich höhere Werte.[164] Dies zeigt, dass schon zur Zeit der Festlegung des Grundsteuerreinertrages die Preise für bessere und schwächere Böden getrennte Entwicklungen durchmachten. Dieses Phänomen wurde im Kaiserreich dann noch deutlicher. Die Zeit ab etwa 1850 war die Phase einer erneuten deutlichen Bodenpreissteigerung. So hat der Statistiker Rothkegel bereits für 1861 einen durchschnittlichen Preis von 72 RM pro 1 Tlr. Grundsteuerreinertrag in der Provinz Brandenburg errechnet.[165]

Umfassende Untersuchungen zu den Bodenpreisen liegen dann erst seit der Jahrhundertwende vor.[166] Dabei zeigt sich, dass die schlechteren Böden stärkere Preissteigerungen aufwiesen als die bereits auf einem hohen Niveau befindlichen guten Böden. Darüber hinaus war die Preiserhöhung im Osten stärker als im Westen Preußens.[167] Ein Vergleich der nun durchschnittlich für einen Hektar Grundsteuerreinertrag gezahlten Summe zeigt einen immensen Anstieg der Preise innerhalb der letzten dreißig Jahre. Nun ist es auch möglich, sowohl zwischen den Größenklassen als auch den verschiedenen Stufen des Grundsteuerreinertrages, der von Rothkegel ebenso wie von anderen Statistikern immer noch als taugliches Mittel zur Bewertung eines Gutes betrach-

---

161 Dies trifft für die uckermärkischen Kreise Prenzlau und Angermünde zu, in denen nach Meitzen um 1860 für den Morgen 70-80 Tlr. bezahlt wurden. Im Kreis Ober-Barnim sollen es sogar 148 Tlr./Mg gewesen sein. Dies dürften jedoch Preise aus dem Oderbruch und nicht aus den höher gelegenen Gebieten gewesen sein. Eventuell haben hier auch ‚Liebhaberpreise' die Ergebnisse übermäßig verzerrt.

162 Dies waren die Kreise Landsberg (65 Tlr./Mg), Ruppin (55 Tlr./Mg), Königsberg (52 Tlr./Mg) und Nieder-Barnim (50 Tlr./Mg). Während dies für die an das Oder- bzw. Warthebruch angrenzenden Kreise Landsberg und Königsberg sowie für den an Berlin grenzenden Kreis Nieder-Barnim erklärbar ist, fällt dies im Falle des Kreises Ruppin schwer.

163 Während in den Kreisen mit dem besten Boden Prenzlau und Angermünde nur 47 bzw. 50 RM. pro 1 Tlr. Grundsteuerreinertrag bezahlt wurden, waren es in Spremberg und Züllichau 98 bzw. 80 RM. Der durchschnittliche Grundsteuerreinertrag pro ha betrug in den letztgenannten Kreisen jedoch nur ein Drittel bis ein Viertel dessen, was die beiden uckermärkischen Kreise erreichten.

164 Dies bedeutet jedoch nicht, dass für sie mehr bezahlt wurde. Vgl. auch Anm. 170.

165 Walter ROTHKEGEL, Die Kaufpreise für ländliche Besitzungen im Königreich Preußen von 1895 bis 1906, Leipzig 1910, S. 52.

166 Siehe vor allem ROTHKEGEL, Kaufpreise. Die Fortschreibung unter erweiterter Perspektive von ders.: Die Bewegung der Kaufpreise für ländliche Besitzungen und die Entwicklung der Getreidepreise im Königreich Preußen von 1895 bis 1909, in Jahrbuch für Gesetzgebung, Verwaltung und Volkswirtschaft im Deutschen Reich 34 (1910), S. 221-279, siehe außerdem SEILER, Kaufpreise, passim.

167 ROTHKEGEL, Bewegung, S. 222.

tet wurde[168], zu differenzieren. Dabei wird deutlich, dass sich in den Jahren zwischen 1861 und dem Jahrhundertende die Preissteigerung für ländlichen Grundbesitz fortsetzte. Insgesamt stiegen die Preise auf das 3½fache. Die schlechten Böden mit einem Grundsteuerreinertrag unter 2 Tlr. verachtfachten ihren Preis, wohingegen die besten nur um 50 % stiegen.[169] Dieser Anstieg der schlechten Böden ist jedoch nur ein relativer, da diese im Vergleich zu den besseren Böden dennoch deutlich billiger blieben.[170]

Auch nach der Jahrhundertwende stiegen die Bodenpreise weiter an (vgl. Abbildung 10). Dabei setzte sich die starke Wachstumstendenz der Preise für die schlechten Böden ebenfalls fort. Der durchschnittliche Wert der schlechteren Böden verdoppelte sich noch einmal (von 127 RM pro Tlr. GRE auf 211 Tlr.). Die mittleren und guten Böden erreichten dagegen nur Zuwächse von etwa zwei Dritteln bzw. einem Viertel.

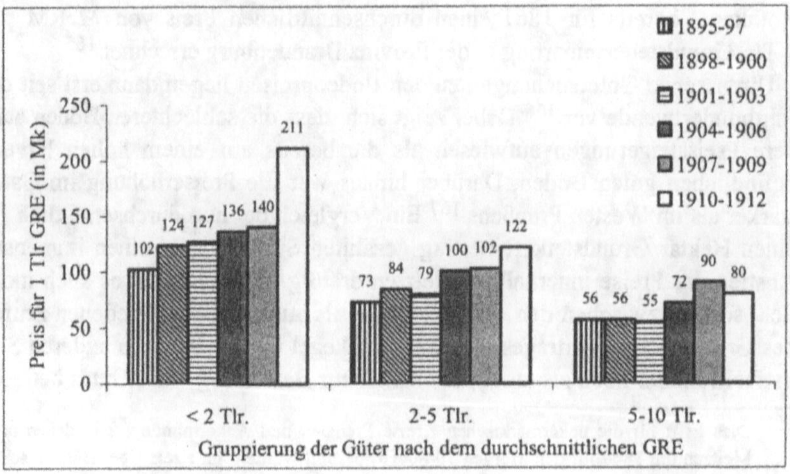

Abbildung 10: Die Entwicklung der Preise für Güter über 100 ha in der Provinz Brandenburg 1895-1912[171]

---

168 Ebd., S. 49 ff. Zu dem gleichen Ergebnis kommt auch KÜHNERT, Verschuldung, S. 21.

169 ROTHKEGEL, Kaufpreise, S. 54 f.

170 Ein Beispiel soll dies verdeutlichen: Während für ein 300 ha großes Gut mit einem durchschnittlichen Grundsteuerreinertrag von 1½ Tlr. im Regierungsbezirk Frankfurt/O um 1860 etwa 35.000 Tlr. bezahlt werden mußten, war es um die Jahrhundertwende mit 220.000 Tlr. etwa das sechsfache. Ein ebenso großes Gut, das jedoch einen Grundsteuerreinertrag von 15 Tlr. hatte, kostete bereits um 1860 etwa 350.000 Tlr. Vierzig Jahre später hatte sich der Preis mit 600.000 Tlr. dagegen noch nicht einmal verdoppelt. Während das Gut auf schlechtem Boden um 1860 nur ein Zehntel des auf gutem kostete, war es um die Jahrhundertwende nicht mal mehr ein Drittel. Die Beispiele wurden auf Grund der Daten bei ROTHKEGEL, Kaufpreise, S. 54 f. berechnet und z. T. gerundet.

171 Quelle: ROTHKEGEL, Kaufpreise, S. 160 ff, für die Jahre 1895-1906; für 1910-1912, SEILER, Kaufpreise, S. XXIV. Die Preise für 1907-1909, die nicht explizit angegeben waren, wurden aus den anderen Angaben extrapoliert. Die Abweichung des Wertes für 1907-10 in der Gruppe der Güter mit einem Grundsteuerreinertrag von 5-10 Tlr. könnte darin begründet

Rothkegel führt die überproportionale Verteuerung der schlechten Böden auf den ‚Aufschwung der Landwirtschaft in den letzten 50 Jahren' zurück, also auf die verbesserten Marktchancen durch Meliorationen, moderne Anbaumethoden und Dünger, aber auch auf eine erweiterte Marktanbindung bspw. durch Regionalbahnen.[172] Im Vergleich der Regierungsbezirke lagen die Preise im Osten der Provinz immer auf einem etwas niedrigeren Niveau, jedoch mit der Tendenz, sich zunehmend anzugleichen. Die kleineren Güter (zwischen 100-500 ha) waren in der Regel im Vergleich zu dem Preis der für eine RM Grundsteuerreinertrag bezahlt wurde, teurer als die größeren (über 500 ha). Dies dürfte aber auch mit der unterschiedlichen Struktur von Gütern verschiedener Größenordnungen, auf die weiter unten noch einzugehen ist, zusammenhängen.

Betrachtet man die Preisentwicklungen im Verlaufe des Jahrhunderts, so sind folgende Beobachtungen zu machen: Von 1830 bis in das Kaiserreich hinein stieg der Wert des Bodens unaufhaltsam (vgl. Abbildung 11). Insgesamt erlebte das Jahrhundert mehr als eine Verzehnfachung der Güterpreise.[173] Ein sehr starker Preisanstieg erfolgte dabei ab der Jahrhundertmitte. Diese Entwicklung ist unter anderem auf den landwirtschaftlichen Fortschritt zurückzuführen, der offensichtlich Großgrundbesitz – trotz der vergleichsweise besseren Möglichkeiten, die Industrie und Handel boten – immer noch als lukrative und sichere Kapitalverwertungsmöglichkeit erscheinen ließ. Zu der relativ niedrigen Verzinsung des in die Landwirtschaft investierten Kapitals, die lange Zeit zwischen drei und vier Prozent gelegen haben dürfte, kamen der Faktor andauernde Preissteigerung des Bodens und die außerhalb des engeren wirtschaftlichen Bereiches liegende Bedeutung von Großgrundbesitz noch hinzu. Die Tatsache, dass die zahlreichen Familien mit einer Besitztiefe von mehreren Generationen dennoch nicht verkauften, sondern den Besitz, dessen Wert z. T. erheblich war, behielten und in der Familie sicherten, gewinnt vor diesem Hintergrund weitere Bedeutung.

Welche Preise dabei für große Güter erzielt werden konnten, sollen nur einige Beispiele aufzeigen. Für die 40 km nordöstlich von Berlin gelegene, fünf Rittergüter umfassende Herrschaft Lanke bezahlte die Stadt Berlin dem Grafen v. Redern um 1913 rund 19 Millionen Mark.[174] Das etwa 1.000 ha große Rittergut Behlendorf (GRE 11.320 RM) erzielte 1887 mit 253.000 RM mehr als das zwanzigfache seines Grundsteuerreinertrages, und das niederlausitzische Vetschau (mit Tornow 1.200 ha/ GRE 15.380 RM) erzielte acht Jahre früher mit 465.000 RM sogar noch deutlich mehr, wobei sicher das bereits 1540 erbaute Schloss eine Ursache für den hohen Preis war.

liegen, dass hier nur für den Regierungsbezirk Potsdam, in dem in der Regel etwas höhere Preise für Großgrundbesitz bezahlt wurden, Werte vorliegen.

172 Ebd., S. 50 ff.

173 Diese Zahl ist jedoch nicht inflationsbereinigt.

174 BLHA, Rep. 1, Nr. 651, Die Errichtung bzw. Veränderung von Fideikommissen (Lanke/Graf v. Redern).

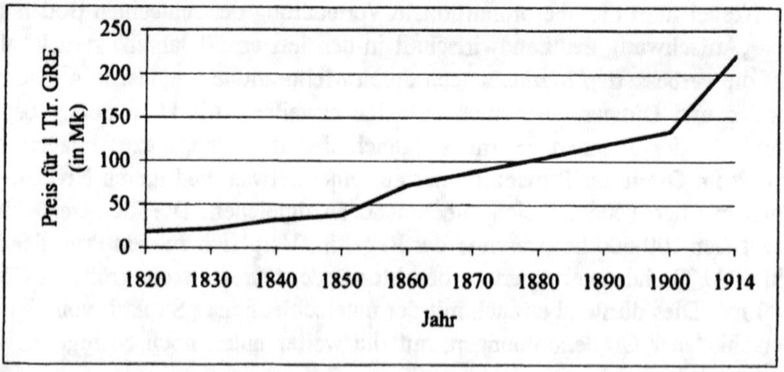

Abbildung 11: Die tendenzielle Entwicklung der Preise für Großgrundbesitz in derProvinz Brandenburg von 1820 bis 1910[175]

Die gewaltigen Preissteigerungen erklären auch das Ansteigen der Verschuldung, die weiter oben bereits behandelt wurde. Da der größte Anteil der Schulden sogenannte Besitzschulden waren, die bei der Übernahme oder dem Kauf eines Gutes entstanden, musste sich die Belastung der Güter bei jedem Besitzwechsel erhöhen. Dies ist sehr deutlich am synchronen Ansteigen der Güterpreise und der Pfandbriefschuld zu erkennen (vgl.Abbildung 4, S. 92). Dagegen nahm die relative Verschuldung durch den ständig wachsenden Wert der Güter immer wieder ab.

Für eine Analyse der Vermögensverhältnisse bleibt festzuhalten, dass der Boden von Jahr zu Jahr wertvoller und damit auch teurer wurde. Neben der immateriellen Bedeutung die der ‚Scholle' traditionell zugemessen wurde, dürfte dieser Faktor, vor allem auch im Denken und Handeln langfristig angesessener Familien, eine bedeutsame Rolle gespielt haben.[176]

Mobiler Besitz und Kapitalvermögen – Streiflichter

Den zweiten Teil des Vermögens bildeten der mobile Besitz und das Kapitalvermögen. Allein das den Gutsbetrieben zugehörige Inventarium konnte dabei einen erheblichen Wert erreichen. So wurde 1908 das Wirtschaftsinventar des Rittergutes Nemischhof (1.395 ha, GRE 6.453 RM) auf 80.000 RM getaxt.[177] Das Inventar des kleineren Rittergutes Retzow II. (481 ha, GRE 5.573 RM) wurde sechs Jahre früher mit 44.682 RM bewertet, wovon allein das Saateninventar 10.000 RM ausmachte.[178] Zum Ende des 19. Jahrhunderts kam als

175 Quelle: bis 1850 die gesammelten Kaufpreisdaten, für 1860 die Angaben von MEITZEN (vgl. Anm. 160), ab 1890/95 ROTHKEGEL, Kaufpreise; ROTHKEGEL, Bewegung und SEILER, Kaufpreise (vgl. Anm. 166). Zu bedenken ist, dass die Größe der Güter in der ersten Jahrhunderthälfte durch den Fortgang der Agrarreformen im Flusse war. Allerdings ersetzten die Landabtretungen die Dienste, die ja ebenfalls einen Wertfaktor darstellten.

176 Die anhaltende Nachfrage nach Großgrundbesitz konterkariert darüber hinaus die Auffassung, dass der Erwerb von Rittergütern lediglich aus Prestigegründen „entgegen ökonomischem Vernunftkalkül" geschah. Vgl. SCHISSLER, Junker, S. 114.

177 BLHA, Rep. 53A, Nr. 967.

178 BLHA, Rep. 53A, Nr. 970.

weiterer Faktor die zunehmende Maschinenausstattung und moderne technische Ausrüstung von Nebenbetrieben wie Brennereien oder Ziegeleien hinzu.

Tabelle 21: Der Wert der Wirtschafts- und Schlossinventare verschiedener brandenburgischer Rittergüter im letzten Viertel des 19. Jahrhunderts[179]

Gut/Güterkomplex	Größe (in ha)	GRE (in RM)	Wirtschaftsinventar (in RM)	Schlossinventar (in RM)
Demerthin	1.042	10.596	145.890	18.843
Briesen	2.276	11.915	88.493	
Dechtow-Karwesee	1.142	12.826	171.319	
Komplex Stolpe (9 Güter)	6.928	107.641	233.892	
Gosda	1.215	7.975	38.710	
Satzkorn	500	8.980	86.825	

Allein die Gerätschaften der Brennereien des Rittergutes Demerthin hatten um die Jahrhundertwende einen Wert von 18.750 RM.[180] Der ebenfalls auf diesem Gut vorhandene Dampfpflug, dessen Alter und Zustand unbekannt sind, wurde mit 7.500 RM veranschlagt.[181] Kam noch weiterer mobiler und immobiler Besitz, also vor allem das Herrenhaus oder Schloss nebst Einrichtung hinzu, konnte dieser Betrag noch erheblich höher ausfallen, wie bei der Stiftung des Fideikommisses Tamsel-Warnick, wo der Wert des Mobiliars und der Bibliothek auf 35.037 RM geschätzt wurde.[182] Ein anderer Fall zeigt, dass diese erheblichen Werte nicht erst am Ende des Jahrhunderts, also nach 50 Jahren hervorragender Konjunktur, vorhanden waren. Allein das Schloss Arendsee wurde bei der Stiftung des Gräflich Schlippenbachschen Fideikommisses Schönermark (4.467 ha, GRE 83.973 RM) im Jahr 1848 auf 35.000 Tlr. (=105.000 RM) taxiert, der Wert aller Gebäude des sieben Güter umfassenden Komplexes auf 167.550 Tlr. (=502.650 RM).[183] Weitere Beispiele lassen sich anfügen (vgl. Tabelle 21).

Allerdings ist an den Beispielen problematisch, dass sie aus Fideikommißurkunden stammen, also die Situation auf größeren und ertragreicheren Gütern widerspiegeln. Es ist anzunehmen, dass der Wert des Inventars – sowohl für den Wirtschaftsbereich als auch für die Gutshäuser – mit sinkender Gutsgröße stark abnahm. Es bleibt jedoch festzuhalten, dass der reine Geld-

179 Quellen: BLHA, Rep. 53A, Nr. 976, Nr. 969, Nr. 984, Nr. 968, Nr. 44, Nr. 971.Der relativ niedrige Wert für den Komplex Stolpe erklärt sich daraus, dass drei der Güter verpachtet waren und die Pächter wahrscheinlich das Inventar selbst stellen mußten.

180 BLHA, Rep. 53A, Nr. 976.

181 Ein Beispiel dafür, in welchen Dimensionen sich die Preise für moderne Landtechnik am Ende des Kaiserreiches und zu Beginn der Weimarer Republik bewegten, ist die Bewilligung der Aufnahme von 110.000 RM Schulden auf den Fideikommiß Zichow. Die Mittel sollten für den Stromanschluss (rd. 30.000 RM) und für Maschinen (Dreschmotor 10.000 RM, Heuaufzug 12.000 RM, Vendler-Dorn Pflug 50.000 RM sowie weitere kleine Posten) verwendet werden. BLHA, Rep. 53A, Nr. 972.

182 GStA PK, Rep. 84a, Nr. 6267, Schreiben des Kammergerichtspräsidenten an den Justizminister vom 30. Juli 1895.

183 BLHA, Rep. 53A, Nr. 995.

wert der Güter ebenso wie das durch die Umstrukturierung der Güter und die zunehmende Mechanisierung wertvoller werdende Inventar in eine Gesamtübersicht über das Vermögen der Großgrundbesitzer einbezogen werden muss.

Ein weiterer wichtiger Bestandteil innerhalb des Gesamtbesitzes der Großgrundbesitzer war das Kapitalvermögen. Bis zum Ende des Jahrhunderts sind wir diesbezüglich auf vereinzelte Quellenfunde angewiesen. Erst für das Jahr 1902 existiert mit der Verschuldungsstatistik eine einzigartige Quelle, die uns sowohl über das Kapital als auch über das Einkommen der Gesamtheit der Großgrundbesitzer zu diesem Zeitpunkt informiert. Ergänzend dazu steht für das Jahr 1912 das Handbuch der Millionäre von Rudolf Martin zur Verfügung.[184]

Im Vorangegangenen wurde gezeigt, welche Vermögenswerte die Rittergüter und ihre Ausstattung darstellten. Mit der landwirtschaftlichen Modernisierung wuchsen auch die Einkommen der Landwirte an. Es wurde bereits darauf verwiesen, dass diese allein zwischen 1830 und 1870 um das dreifache gestiegen sein sollen.[185] Dazu kamen noch die bereits ausführlich behandelten Zuwächse aus den Regulierungen und Ablösungen, eventuelle Spekulationsgewinne aus dem Güterhandel oder auch aus der Sicherstellung des Agios im Pfandbriefhandel sowie die Verzinsung bereits vorhandenen Kapitals. Diese wachsenden Gewinne konnten wieder in die Güter investiert oder unter den Erben in verschiedener Weise verteilt werden. Ein kleiner Einblick in die Quellen soll im folgenden zeigen, in welch unterschiedlichem Maße sich bereits im Verlaufe des 19. Jahrhunderts Vermögen ansammelten. Allerdings liegen uns auf Grund der Überlieferungssituation lediglich Angaben von größeren Rittergütern vor, die nur begrenzte Rückschlüsse auf die kleineren zulassen. Diese sind jedoch anschließend mit Hilfe der Verschuldungsstatistik zumindest teilweise zu erweitern.

Im Jahre 1838 verfasste Carl Friedrich v. Jena-Köthen sein Testament. Dabei konnte er unter seinen vier Kindern ein stattliches Erbe verteilen. Beide Söhne erbten Teile des umfangreichen Großgrundbesitzes und verschieden große Geldsummen. 40.000 Tlr. – abzüglich bereits vom Vater bezahlter Schulden – erhielt der ältere, 30.000 Tlr. ebenfalls abzüglich früher bezahlter Summen, der jüngere Sohn. Hoch war auch die Abfindung der Tochter, die 27.000 Taler erhielten. Das darüber hinaus gehende Vermögen, das er in seinem Testament mit 34.621 Tlr. bezifferte, sollte geteilt werden.[186] Auch die beiden Töchter des Kurt v. Bredow-Wagenitz erhielten jede 25.000 Tlr. aus dem um die selbe Zeit stammenden Testament ihres Vaters.[187] Die Töchter des Deichhauptmannes v. Moellendorff bekamen bei ihre Verheiratung zunächst nur 9.600 Tlr. Aus dem Testament ihres Vaters standen ihnen dann

184 MARTIN, Vermögen, passim.

185 WEHLER, Gesellschaftsgeschichte, Bd. 3, S. 41.

186 BLHA, Rep. 4A Testamente, Nr. 8462. Außerdem wurden noch verschiedene Beträge für die Bediensteten und die Tagelöhner des Gutes festgesetzt.

187 BLHA, Rep. 4A, Testamente, Nr. 2503.

jedoch noch einmal je 24.400 Tlr. zu.[188] In ähnlichen Dimensionen bewegte sich die finanzielle Mitgift der Frau von Hans Hermann Gottlob v. Stülpnagel-Lindhorst, die 30.000 Tlr. in die Ehe einbrachte, die sie gemeinsam mit ihrem Mann zum Ankauf von Gütern und Staatspapieren verwendete.[189]

In der Mitte des 19. Jahrhunderts erhielten die Töchter mehr als noch um 1800. Die Generation ihrer Mütter hatte – nach den vorliegenden Testamenten und anderen Quellen – teilweise deutlich weniger erhalten. So hatte die Frau des Hauptritterschaftsdirektors v. Bredow, die ebenfalls dem weitverzweigten Geschlecht angehörte und deren Eheschließung in die Jahre nach der Jahrhundertwende fallen dürfte, 11.000 Tlr. in die Ehe eingebracht, wovon sie einen Teil in einen Weinberg bei Dresden-Niederlössnitz investierte.[190] Die Frau des 1840 nobilitierten Rittergutsbesitzers v. Freier erhielt von ihren Eltern kurz nach der Jahrhundertwende 15.000 Tlr.[191] Caspar Christoph Adolph Friedrich v. Klitzing, der 1805 sein Testament verfasste, hielt fest, dass seine Frau 10.000 Tlr. in die Ehe eingebracht hatte, die ihr nach seinem Ableben wieder zufallen sollten.[192] Wahrscheinlich im Bereich der Untergrenze bewegten sich dagegen die 6.000 Tlr., welche die Frau des August Abraham v. Arnim auf Milmersdorf am Ende des 18. Jahrhunderts von ihren Eltern erhalten hatte.[193] Weitere Beispiele dafür, dass das von den Frauen eingebrachte Vermögen am Anfang des Jahrhunderts bei den auf größeren Gütern angesessenen Familien um die 10.000 Tlr. pendelte, ließen sich anfügen.[194]

Auf welche Art die sich ansammelnden größeren Beträge angelegt wurden, zeigen die folgenden Beispiele. Der Regierungspräsident Carl Ludolf Berhard v. Arnim legte seinem 1829 verfassten Testament eine umfangreiche Liste der Aktiva und Passiva bei. Daraus ergibt sich, dass er Wertpapiere und Schuldforderungen in einer Höhe von 41.887 Tlr. hatte, die sich wie folgt zusammensetzten: Den größten Posten machten 17.000 Tlr. in Pfandbriefen und Bankobligationen aus. Dazu kamen 8.000 Tlr., die ihm seine Frau vererbt hatte. Der Rest waren größere und kleinere Schuldposten, darunter ein Darlehen von 7.000 Tlr. für einen Gutsbesitzer Gamp in Friedrichshof bei Stettin.[195] Ein noch intensiveres Handeln auf dem Kapitalmarkt lässt die Auflistung des Allodialnachlasses des am 2. Februar 1837 in Paris verstorbenen Freiherrn Christoph Jacob Emilius Ludwig v. Königsmarck erkennen. Dieser – einer der wohlhabendsten Familien der Mark entstammend – hinterließ in seinem Privatvermögen neben 9.731 Tlr. Bargeld nicht weniger als acht ver-

188 BLHA, Rep. 4A Testamente, Nr. 12198.

189 BLHA, Rep. 4A Testamente, Nr. 17614.

190 BLHA, Rep. 4A, Testamente, Nr. 2451.

191 BLHA, Rep. 4A Testamente, Nr. 5121.

192 BLHA, Rep. 4A, Testamente Nr. 8733.

193 BLHA, Rep. 4A Testamente, Nr. 218.

194 Eine deutliche Abweichung waren allerdings die 55.175 Tlr. welche die nicht aus brandenburgischem Adel stammende Gräfin v. Hohenthal in ihre Ehe mit Friedrich Ernst v. Thümen auf Stangenhagen, das bis 1815 zum sächsischen Kurkreis gehörte, einbrachte. BLHA, Rep. 4A Testamente, Nr. 18680.

195 BLHA, Rep. 4A, Testamente, Nr. 343.

schiedene Geldanlagen, die ihm jährlich 897 Tlr. Zinsen einbrachten.[196] Insgesamt war auf diese Weise ein Kapital von 68.900 Tlr. angelegt, zu denen weitere 62.000 Tlr., die zum Fideikommiß gehörten, kamen. Mit hoher Wahrscheinlichkeit dürfte in diesen Summen auch ein Teil der Ablösungs- und Regulierungsgelder enthalten gewesen sein.[197] Das Anlegen der überschüssigen Gelder in Pfandbriefen und Staatspapieren war, wie weitere Beispiele zeigen, unter den Adligen gängige Praxis.[198]

Diese Beispiele aus der ersten Hälfte des Jahrhunderts zeigen, in welchem Maße bereits in diesem Zeitraum Kapitalvermögen auf den größeren Gütern vorhanden war. Die Vermögensbildung fand jedoch auch in der zweiten Jahrhunderthälfte kein Ende, wie die folgenden Exempel beweisen werden. Bei der Stiftung des Fideikommisses Petznick hinterlegte der Stifter – da das Gut wahrscheinlich verpachtet war – für das Inventar 110.400 RM in Wertpapieren beim Kammergericht. Auch wollte er die noch vorhandenen Schulden, über deren Höhe wir nicht informiert sind, mit Ausnahme der Lehnsschulden innerhalb von fünf Jahren tilgen.[199] Eine noch größere Summe wurde bei der Gründung des Fideikommisses Hansfelde-Klepelshagen mitgestiftet. Die 304.300 RM, die jährlich mit 5 % verzinst wurden, hätten dabei eine Mehreinnahme von 15.215 RM bedeuten können, wurden allerdings von den Zinszahlungen für die 509.008 RM betragenden Schulden vollkommen aufgebraucht.[200]

In welchen Dimensionen sich die finanziell sehr gut gestellten Familien des großgrundbesitzenden Adels bewegten, zeigen schließlich noch die Akten des Gräflich v. Zieten-Schwerinschen Fideikommisses. Der Rechenschaftsbericht von 1871/72 listet die Summen dieser ausschließlich aus Kapital bestehenden Stiftung auf. Dabei umfasst der sogenannte Geldfideikommiß I. 602.186 Tlr., der Geldfideikommiß II. 106.047 Tlr., der Reservefonds 142.195 Tlr., der Schuldentilgungsfonds 12.521 Tlr. und der Gutsgeldfideikommiß 9.369 Tlr. Insgesamt umfasste das Vermögen der Stiftung 872.318 Tlr., von denen 735.451 Tlr. an ‚verschiedene Grundbesitzer' für in der Regel 5 % verliehen waren.[201] Neben der Tatsache, dass hier jährlich rund 36.000 RM Zinsen anfielen, ist auch eine Quelle privaten Hypothekenkapitals ersichtlich. Die

196 Die verschiedenen Papiere waren: Österreichische Schuldverschreibungen (5 %) 2.000 Tlr., neapolitanische Anleihe (5 %) 21.000 Tlr., holländische Anleihe (5 %) 5.000 Tlr., Amortisationssyndicatobligationen (4½ %) 8.000 Tlr., neapolitanisch-englische Anleihe (5 %) 1.300 Tlr., spanische Anleihe (5 %) 2.400 Tlr., spanische passive Schuld (5 %) 1.200 Tlr., russisch-holländische Anleihe (5 %) 28.000 Tlr. BLHA, Rep. 37, Berlitt und Kötzlin, Nr. 880.

197 Aus dieser Quelle dürfte auch ein Teil des 60.000 Tlr. umfassenden Kapitals des Deichhauptmannes v. Moellendorff stammen, das dieser um 1830 in sein Testament aufnahm. BLHA, Rep. 4A Testamente, Nr. 12198.

198 So vermachte auch Kurt v. Bredow-Wagenitz seiner Frau um die Jahrhundertmitte unter anderem 35.000 Tlr. in ‚diversen Obligationen'. BLHA, Rep. 4A, Testamente, Nr. 2503. Vgl. auch die in Anm. 189, nachgewiesene Quelle.

199 BLHA, Rep. 53A, Nr. 973.

200 BLHA, Rep. 53A, Nr. 974.

201 BLHA, Rep. 37 Gutsarchiv Wustrau, Nr. 1771, Konferenzen des Familienrats der Gräflich v. Zieten-Schwerinschen Fideikommißstiftung 1872-76, Rechenschaftsbericht für das Jahr 1871/72.

Tatsache, dass in sichere Hypotheken investiert wurde und nicht in risikoreichere Aktien – die auch sonst nicht unter den Nachlässen zu finden waren[202] – zeigt, dass im brandenburgischen Adel der traditionelle Umgang mit dem Geld beibehalten wurde.[203]

Das Kapitalvermögen und Einkommen der Großgrundbesitzer im Jahre 1902

Wenngleich für das 19. Jahrhundert nur sehr wenige Quellen vorhanden sind, die uns über das Kapitalvermögen der Großgrundbesitzer aufklären, beweisen die verschiedenen Aktenfunde, dass zumindest im oberen Segment des Rittergutsbesitzes sich nicht unerhebliche Gelder ansammelten, von denen auf Grund des noch zu behandelnden Erbverhaltens ein nicht geringer Teil aus dem Großgrundbesitz floss. In welchem Maße die langfristig guten Konjunkturen und die immer wieder aus den verschiedensten Kanälen zufließenden Gelder das Kapitalvermögen der Großgrundbesitzer vermehrten, soll nun an Hand der Verschuldungsstatistik von 1902 näher betrachtet werden.

Das Neuartige und über alle älteren Verschuldungsstatistiken Hinausweisende der Untersuchung von 1902 war, dass neben der Belastung des Grundbesitzes auch Angaben über das Kapitalvermögen und das gewerbliche Anlagekapital erhoben wurden. Da diese Daten von den Steuerbehörden zusammengestellt wurden, sind wir über das von den Landwirten versteuerte Einkommen genau unterrichtet. Gegen die uneingeschränkte Benutzung dieser Daten steht allerdings der massive Verdacht ihrer Fälschung aus einer Allianz von Großgrundbesitzern, Landräten und den zuständigen oberen Behörden. Diesen hat Witt, ältere Vorwürfe vor allen von Hans Delbrück aufnehmend, zumindest teilweise nachgewiesen.[204] Dagegen wurde jüngst von Spenkuch argumentiert, dass – nach modernem Sprachgebrauch – Steuerhinterziehung keine allein auf die Großgrundbesitzer beschränkte Erscheinung war, sondern auch im Bürgertum im Rahmen einer älteren ‚moralischen Ökonomie' durchaus gängig war. Erst die Finanzkrisen des Reiches um 1909-1913 führten zu

202 Eine Ausnahme bilden Aktien der Landgesellschaft ‚Eigene Scholle', für die auch verschiedene Großgrundbesitzer Beträge gezeichnet haben. Allerdings zeigen die zurückgekauften Anteilsscheine, dass die hier erkennbaren adligen und bürgerlichen Großgrundbesitzer nur geringe Beträge von jeweils 1.000 RM eingebracht haben, so z. B. v. Bonin-Grabow (1912), v. Bonin-Bottschow (1918), Freiherr v. Rheinbaben-Fritschendorf (1912), Günther-Birkenfelde (1912), Fuß-Schmarse (1912), Herter-Zion (1912), v. Schulz-Möstchen (1912), Seydel-Liebesitz (1912). BLHA, Rep. 69, Landgesellschaft 'Eigene Scholle' Nr. 87, Anteilscheine über das Stammkapital/ übernommene Stammeinlagen (enthält zurückgekaufte Stammeinlagenanteilscheine), 1912-1939.

203 Ein ganz anderes Agieren auf dem Kapital- und Aktienmarkt beschreibt dagegen Thierry JACOB, Das Engagement des Adels der preußischen Provinz Sachsen in der kapitalistischen Wirtschaft 1860–1914/18, in: Heinz Reif, Adel und Bürgertum in Deutschland. Entwicklungslinien und Wendepunkte im 19. Jahrhundert, Bd. I., Berlin 2000, S.273-330, hier S. 278 ff.

204 Peter-Christian WITT, Der preußische Landrat als Steuerbeamter 1891-1918. Bemerkungen zur politischen und sozialen Funktion des deutschen Beamtentums, in: Imanuel GEISS u. Berndt Jürgen WENDT (Hgg.), Deutschland in der Weltpolitik des 19. und 20. Jahrhunderts. Düsseldorf 1973, S. 205-219. Hans DELBRÜCK, Volksvermögen und Steuerdeklaration, in: Preußische Jahrbücher 136 (1909), S. 166-187.

einer Änderung der Bewertung der Steuererhebung durch den Staat, der die Besitzenden bis dahin bewusst geschont hatte. Darüber hinaus formulierte Spenkuch auf der Grundlage von Einzelbeispielen Zweifel an dem seit den Arbeiten Witts erhobenem pauschalen Vorwurf der generellen Steuerhinterziehung durch den großgrundbesitzenden Adel.[205]

Bis 1861 war der Rittergutsbesitz weitgehend steuerfrei. Erst mit der hart umstrittenen Einführung der Grundsteuer wurden auch die privilegierten Güter, allerdings in wenig belastender Weise, zur Einnahmequelle für den Staat. 1893 verzichtete der Staat auf diese Steuerart zugunsten der Gemeinden und führte die sogenannte Ergänzungssteuer, die eine nominelle Vermögenssteuer war, ein. Der Besteuerung unterlag alles bewegliche und unbewegliche Vermögen unter Abzug der Schulden und periodisch zu erbringender Leistungen (Steuern, Versicherungen etc.). Die Heranziehung zu dieser Steuer erfolgte auf der Grundlage der Selbstangabe des Vermögens im Zusammenhang mit einer Einkommenssteuerveranlagung. Im Falle von Buchführung, wie sie für die meisten zum Großgrundbesitz zählenden Güter mit mehr als 3.000 RM Grundsteuerreinertrag üblich war, konnte diese zur Steuererklärung benutzt werden. Eine Überprüfung der Angaben fand in der Regel nicht statt.[206] Auf diese Art und Weise war allen Arten von Steuerhinterziehung natürlich ein weites Tor geöffnet.[207] Vor allem Mehrfachabschreibungen und der verdeckte Abzug der Haushaltungs- und Personalkosten scheinen durchaus üblich gewesen zu sein.[208] Der Steuersatz stand für alle Einkommen, die zwischen 30.500 und 100.000 RM lagen, bei 3 %, für die darunter liegenden bei 4 %.[209]

Bevor auf die Angaben der Steuererklärungen für 1902 eingegangen wird, sollen kurz noch die anderen Steuerarten, die den Großgrundbesitz am Ende des Kaiserreiches betrafen, Erwähnung finden. Die zweite preußische Staatssteuer war die Vermögenssteuer, die – 1893 eingeführt – nur wenig Bedeutung hatte, da sie lediglich 0,5 Promille betrug.[210] In die Kassen des Reiches flossen die Erbschaftssteuer und verschiedene Verbrauchssteuern. Da es die Großgrundbesitzer im Verein mit anderen Interessierten jedoch zu verhindern

---

205 SPENKUCH, Herrenhaus, S. 248 f.

206 WITT, Landrat, S. 213 ff.

207 Ein besonders krasses Beispiel liefert ein sicher nicht zufällig von ‚Urbanus' unterzeichneter Beitrag in der Zeitschrift „Die Nation". Der Verfasser wies hier nach, dass der bürgerliche Großgrundbesitzer Feuerherm, bei einem deutlich über 10.000 RM liegenden Einkommen und einem Vermögen von rund 500.000 RM nur 3.162 RM als steuerlich veranlagbares Einkommen angab. Feuerherm, der mit dem Landrat befreundet war, gelang es, damit trotz mehrerer Anfechtungen durchzukommen. Auf diese Weise ging er in die Statistik als Bezieher eines viel kleineren Einkommens ein, als er es tatsächlich erzielte, zumal er die Jagd nicht – wie möglich – für 3-6.000 RM verpachtete, sondern selbst ausübte. Seine Haushaltführung allein wurde auf 8-10.000 RM geschätzt. Vgl. URBANUS, Ein nothleidender Agrarier, in: Die Nation 11 (1893/94), Hft. 34, S. 509-510.

208 Ebd., S. 215 f.

209 Wolfram PYTA, Besteuerung und steuerpolitische Forderungen des ostelbischen Grundbesitzes 1890-1933, in: Heinz REIF (Hg.), Ostelbische Agrargesellschaft im Kaiserreich und in der Weimarer Republik. Agrarkrise, junkerliche Interessenpolitik, Modernisierungsstrategien. Berlin 1994, S. 362.

210 Ebd., S. 363.

verstanden, dass die Erbschaftssteuer von 3 % – bei einem Vermögen von mehr als einer Million – auch auf Ehegatten und Kinder ausgedehnt wurde, hatte diese geringere Bedeutung.[211] Die Branntwein- und die Zuckersteuer waren ebenfalls nur eine relativ geringe Belastung des Großgrundbesitzes.

Neben diesen Steuerarten existierte die Grundsteuer weiter. Da sie jedoch auf der Grundlage des alten Grundsteuerreinertrages erhoben und zudem in den Gutsbezirken von dem Hauptinteressierten – dem Gutsherrn selbst – mit festgelegt wurde, führten die Großlandwirte 1913 nur etwa 9,4 % des von der landwirtschaftlichen Entwicklung weitgehend überholten Betrages ab.[212] Neben diesen speziellen Steuern waren die Großgrundbesitzer außerdem noch klassen- bzw. später einkommenssteuerpflichtig.

Die umfangreiche Verschuldungsstatistik für 1902 beruhte auf den Angaben für die Ergänzungssteuer.[213] Auf Drängen des Preußischen Statistischen Landesamtes mussten die zuständigen Behörden für jeden Steuerpflichtigen, der in der Staatssteuerliste verzeichnet wurde, ein Zählblättchen ausfüllen, das folgende Angaben enthielt: Stand (in diesem Falle der Hauptberuf), Grundbesitz und Grundsteuerreinertrag, Vermögensarten, Schulden, Einkommen aus Grundbesitz und Jahresbetrag des steuerpflichtigen Einkommens.[214] Dadurch wurde neben dem Hauptziel der Untersuchung gleichzeitig auch eine umfassende Erhebung über die gesamte Vermögens- und Einkommenssituation des Großgrundbesitzes erreicht, die bislang nicht ausreichend beachtet wurde.

Die Großgrundbesitzer lassen sich entsprechend den vorliegenden Daten entweder nach dem Kriterium durchschnittlicher Grundsteuerreinertrag oder nach ihrem Einkommen klassifizieren. Da der Grundsteuerreinertrag der objektivere Vergleichsfaktor war, soll er der Ausgangspunkt für die folgenden Untersuchungen sein. Die Statistik unterschied neben dem kleineren tiefgestaffelten bäuerlichen Besitz zwei Grundsteuerreinertragsgruppen, die als Großgrundbesitz betrachtet wurden. Die erste umfasste die hauptberuflich in der Landwirtschaft Tätigen mit einem Grundsteuerreinertrag von 1.500 bis 3000 RM, die zweite, alle Besitzer mit einem über 3.000 RM liegenden Grundsteuerreinertrag. Für nicht unerhebliche Teile der Gruppe der kleineren Besitzer dürfte die Zuordnung zum Großgrundbesitz aber recht fraglich gewesen sein, und sie waren wahrscheinlich eher den Großbauern zuzuordnen.

Dies traf vor allem dann zu, wenn ihre Güter keinerlei Privilegierung, also Rittergutsqualität oder einfache Gutsqualität besaßen oder rein flächenmäßig nicht zum Großgrundbesitz gehörten. Die Untergrenzen für Großgrundbesitz waren nach Ausweis der zeitgenössischen Statistik entweder 1.500 RM Grundsteuerreinertrag oder 100 ha Fläche. Es wird sich jedoch zeigen, dass es sinnvoll war, nur dann von Großgrundbesitz zu sprechen, wenn mindestens beide Kriterien erfüllt wurden. Sonst wären bspw. auch die zahlreichen rund

---

211 Vgl. dazu: Peter-Christian WITT, Die Finanzpolitik des Deutschen Reiches von 1903 bis 1913. Eine Studie zur Innenpolitik des Wilhelminischen Deutschland, Lübeck und Hamburg 1970, S. 26 ff.

212 Ebd., S. 364.

213 KÜHNERT, Verschuldung, S. 6 ff.

214 KÜHNERT, Verschuldung, S. 9.

50 ha großen Bauerngüter im Oderbruch, die in der Regel einen deutlich über 1.500 RM liegenden Grundsteuerreinertrag aufwiesen, zum Großgrundbesitz zu zählen gewesen. Gegen eine durchgängige Klassifizierung dieser Grundsteuerreinertragsgruppe als Großgrundbesitz spricht außerdem noch die Tatsache, dass sich in ihr nur 155 (17 %) Rittergutsbesitzer[215] – unter diesen im Jahre 1902 lediglich 30 Adlige – befunden haben.[216] Auch dies beweist, dass hier der Grenzbereich zum großbäuerlichen Besitz widergespiegelt wird.[217]

Die Analyse der Ergebnisse für die kleineren Besitzer zeigt, dass die überwiegende Mehrzahl nach Ausweis ihrer Steuererklärung oder auf der Grundlage der Einschätzung durch die Steuerbehörde ein Nettoeinkommen erzielte, das zwischen 1.500 und 6.000 RM lag (vgl. Tabelle 22).

Tabelle 22: Die Durchschnittswerte für den Grundsteuerreinertrag, das Nettoeinkommen, das Kapitalvermögen und das Bruttoeinkommen aus Grundbesitz in der Gruppe der Großgrundbesitzer mit einem Grundsteuerreinertrag von 1.500 bis 3000 RM in der Provinz Brandenburg im Jahre 1902[218]

Einkommensgruppe (in RM)	Anzahl	durchschnittlicher/es (in RM)			
		GRE	Nettoeinkommen	Kapitalvermögen	Bruttoeinkommen aus Grundbesitz
bis 900	14	2.083	356	4.777	4.033
900-1.500	75	1.888	1.250	2.204	4.704
1.500-3.000	335	1.866	2.301	5.366	4.894
3.000-6.000	389	2.010	3.931	15.013	5.834
6.000-9.500	70	2.235	7.340	57.579	7.336
über 9.500	36	2.327	22.193	341.345	8.891

Mehr als die Hälfte aller in diesen Bereich fallenden Besitzer hatte ein Reineinkommen, das etwa dem doppelten des alten Grundsteuerreinertrags entsprach. Kühnert, der die Daten für das statistische Landesamt auswertete, war der Auffassung, dass Großgrundbesitz mit einem Grundsteuerreinertrag über 1.500 RM, der nicht ein Nettoeinkommen von über 6.000 RM erzielte, kaum noch einen Unternehmergewinn erzielte. Nach seiner Klassifikation lag ein gutes Einkommen eines Großbauern zwischen 3.000 und 6.000 RM, darüber

215 Die weite Streuung der Gutsgrößen zeigt sich außerdem daran, dass 70 selbständige Rittergüter nicht einmal einen Grundsteuerreinertrag von 1.500 RM erreichten.

216 Es gab natürlich mehr kleine Rittergüter, aber nur die oben genannte Zahl der Güter war selbständig, gehörte also nicht zu einem größeren Komplex.

217 Auch Conrad war der Auffassung, dass sich unter den Besitzungen zwischen 100 und 200 ha „noch ein größerer Teil einfacher Bauerngüter" befand. CONRAD, Latifundien, S. 135. Harnisch vertritt die Auffassung, dass die Bezeichnung Großgrundbesitz erst ab 200 ha Besitzgröße sinnvoll sei. Vgl. Hartmut HARNISCH, Adel und Großgrundbesitz im ostelbischen Preußen 1800-1914. Antrittsvorlesung an der Humboldt-Universität zu Berlin am 16. Juni 1992, Berlin 1993, S. 17.

218 Quelle: KÜHNERT, Verschuldung, Teil I., Bd. I., S. 136-223. In dieser Tabelle sind nur die hauptberuflichen Landwirte nachgewiesen.

standen dann die Großgrundbesitzer mit den höheren Einkommen.[219] Dementsprechend hatten von den Besitzern zwischen 1.500 und 3.000 RM Grundsteuerreinertrag nur knapp 12 % ein Einkommen, das sicher dem eines Großgrundbesitzers entsprach. Weitere 10 bis 15 % werden in die Nähe der Untergrenze gekommen sein.

Wenn man diese Zahlen diskutiert, muss man sich jedoch darüber im Klaren sein, dass wir hier – durch die Selbstveranlagung bedingt – nur die untere Grenze der Einkommen sehen[220] und dass die Kosten für den herrschaftlichen Haushalt zum großen Teil schon abgezogen waren. Eine ‚seigneurale' Herrschaft, das heißt eine mit ‚großbürgerlichen' Familien konkurrenzfähige Lebensführung, ermöglichten allerdings nur die wenigsten dieser kleinen Güter. Max Weber ging zum Zeitpunkt der Untersuchung davon aus, dass für eine ‚sturmfreie Existenz', die diese Konkurrenz erfolgreich bestehen kann, mindestens ein Reineinkommen von 10.000 bis 12.500 RM von Nöten sei. Dies würden jedoch die im Durchschnitt rund 600 ha großen Güter des preußischen Ostens nicht leisten, sie trügen – hier kolportierte er eine Äußerung des Finanzministers Miquel – keine Herrschaft mehr.[221] Gestützt wird die Zahl von rund 10.000 RM Reineinkommen zur Absicherung eines Verbleibens in den ‚oberen Klassen' auch durch den Entwurf für ein neues Fideikommißgesetz, der die alte Obergrenze von 7.500, die auf das ALR zurückging, nach oben verschieben wollte.[222] In diese Regionen stießen nur wenige der Besitzer kleinerer oder ertragsschwächerer Güter vor. Dagegen dürfte den meisten eine (gut-)bürgerliche Existenz[223], die durch das spezielle Ambiente ländlicher,

---

219 KÜHNERT, Verschuldung, Teil II., S. LI.

220 In diesem Zusammenhang muss auf das von den Steuerprüfern des Finanzministeriums festgestellte ‚Phänomen' hingewiesen werden, dass Pächter in der Regel das Drei- bis Sechsfache dessen erzielten, was bei einer Eigenbewirtschaftung als Einkommen angegeben wurde. WITT, Landrat, S. 216.

221 Max WEBER, Agrarstatistische und sozialpolitische Betrachtungen zur Fideikommißfrage in Preußen, in: Ders.: Gesammelte Aufsätze zur Soziologie und Sozialpolitik, Tübingen[2] 1988, S. 369 ff. Wenige Seiten später spricht Weber jedoch davon, dass auch 10.000 RM nicht ausreichen würden, um darauf einen ‚splendor familiae' zu gründen, ein solches Einkommen würde vielmehr einer „einfachen bürgerlichen Existenz" entsprechen. Ebd., S. 372. Dies wird allerdings dadurch konterkariert, dass noch 1913 nur 0,83 % aller Haushaltsvorstände oder selbständigen Personen ein Einkommen über 9.500 RM erzielten. Die ‚einfachen bürgerlichen Existenzen' auf diese kleine Gruppe zu begrenzen, erscheint jedoch sehr fraglich. Vgl.: Statistisches Jahrbuch für den Preußischen Staat. Berlin 1913, S. 313-315.

222 WEBER, Betrachtungen, S. 368. Auch ein Teil der um Stellungnahme zu dem Entwurf für ein neues Fideikommißgesetz befragten Regierungspräsidenten waren der Ansicht, dass für standesgemäße Lebensführung und wirtschaftliche Unabhängigkeit die Untergrenze des Reineinkommens für eine Fideikommißstiftung angehoben werden sollte, da hierzu mindestens 10.000 wenn nicht sogar 15.000 RM notwendig wären. Vgl. HEß, Junker, S. 125.

223 Als Referenzgruppe für eine ‚bürgerliche Existenz' werden hier die Einkommen von Privatangestellten, Gymnasiallehrern und mittleren Beamten herangezogen, die sich 1909 etwa zwischen 2.500 und 3.500 RM bewegten. Dabei ist zu beachten, dass bei den Großgrundbesitzern bereits ein erheblicher Teil der Ausgaben in den Steuererklärungen ‚versteckt' worden war. Vgl. Gerd HOHORST, Jürgen KOCKA und Gerhard A. RITTER., Sozialgeschichtliches Arbeitsbuch. Materialien zur Statistik des Kaiserreiches 1870-1914, München 1975, S. 112 f.

herrschaftlicher Lebenswelt jedoch erheblich erweitert wurde, möglich gewesen sein.[224] Zu der selben Einschätzung kam auch Johannes Conrad, der die Auffassung vertrat, dass viele Güter zwischen 200 und 600 ha nach Abzug aller Unkosten ein ‚mittelständisches' Einkommen ermöglichten, „dessen Ausdehnung man mit vollem Rechte herbeiwünscht".[225]

Ein Vergleich des Bruttoeinkommens aus Grundbesitz mit dem schließlich übrig bleibenden Nettoeinkommen zeigt deutlich, dass die Bezieher von Einkommen über 6.000 RM offensichtlich neben der Landwirtschaft über weitere Einnahmequellen verfügten. Dies werden einerseits Forstwirtschaft und landwirtschaftliche Nebengewerbe gewesen sein. Andererseits dürften bei den knapp 4 % den hauptberuflichen Landwirten in dieser Grundsteuerreinertragsgruppe, die Einkommen um die 20.000 RM bezogen, auch erhebliche Kapitalzinsen und Renditen aus den durchschnittlichen Vermögen von 341.000 RM hinzugekommen sein. Woher diese Vermögen stammten, ist nicht im einzelnen zu klären.[226] Nicht aus dieser Tabelle ersichtlich, aber dem Gesamtwerk über die Verschuldung zu entnehmen, ist die direkte Beziehung zwischen dem Grad der Verschuldung und dem Nettoeinkommen ebenso wie dem Kapitalvermögen. Die Bezieher der niedrigen Einkommen waren in der Regel auch die Höherverschuldeten. Vor allem die knapp 10 %, die mit einem Einkommen verzeichnet waren, das deutlich unter dem Grundsteuerreinertrag lag, befanden sich in den meisten Fällen unter den mit 75 und mehr Prozent Verschuldeten.

Wenden wir uns nun den Besitzern mit einem Grundsteuerreinertrag über 3.000 RM zu. Diese 795 Landwirte stellten zusammen mit dem oberen Sektor der Besitzer der bereits behandelten kleineren Güter den wirklichen Großgrundbesitz dar. Die vorliegenden Zahlen zeigen, dass der Zusammenhang zwischen einem hohen Grundsteuerreinertrag und dem Einkommen des Großgrundbesitzers auch um die Jahrhundertwende noch bestand.

In der gesamten Provinz gab es nach Ausweis der Handbücher über den Grundbesitz von 1903 insgesamt 520 Güter bzw. Güterkomplexe, die einen Grundsteuerreinertrag über 6.000 RM aufwiesen. Rund 90 % der Besitzer dieser Güter/Güterkomplexe dürften einen diesen Wert z. T. deutlich überstei-

224 Einen Einblick in diese Vorzüge des Lebens als Gutsbesitzer – allerdings in der Zeit der Weimarer Republik – liefert uns Gerhard v. Jordan in seiner Autobiographie. Er beschreibt, dass von den 42.850 RM Gesamteinnahmen des Gutes nach Abzug aller Kosten noch 7.250 RM für den Besitzer blieben. „Davon waren 3.200 RM Verwandtenhypotheken zu bezahlen, anfänglich sogar 8.000 RM. Es kamen nach ein paar schlechteren Jahren weitere Schuldzinsen hinzu. Da wurde die Jacke eng. Der Wald brachte zwar ein paar tausend Mark, verursachte aber auch Kosten: ... Mehr als 2.000 Mark konnte man ihm nicht entnehmen, wenn man den Bestand erhalten wollte. Tatsächlich wurde der Bargeldbedarf der Familie aus Vaters Offizierspension bestritten. Der Luxus des Besitzers lag in dem zahlreichen Personal zur Bedienung der Familie". Gerhard v. JORDAN, Unser Dorf in Schlesien, Berlin (West) 1987, S. 109.

225 CONRAD, Latifundien, S. 129.

226 Es könnte sich um ‚abgewandertes' industrielles Kapital handeln, um Gewinne aus Güterverkäufen, um Parzellierungsgewinne in der Korona wachsender Städte, um erfolgreiche Nebenbetriebe oder auch um die Ausbeutung von Braunkohlevorkommen in der Niederlausitz.

genden realen Reinertrag erzielt haben. Ein nicht unerheblicher Teil der Restlichen 10 % wird zumindest einen Reinertrag im Bereich von 6.000 RM gehabt haben. Im Vergleich der beiden Grundsteuerreinertragsgruppen zeigen sich die enormen Aufwendungen, die auf den großen Gütern zur Aufrechterhaltung des landwirtschaftlichen Betriebes notwendig waren. Den hohen Bruttoeinkommen der Besitzungen mit einem GRSE über 6.000 RM standen verhältnismäßig geringere Nettoeinkommen gegenüber, was auf Schuldendienst, Lohnkosten etc. zurückführen ist. Analog zu den kleineren ist auch bei den großen Besitzern – hier jedoch nicht so stark ausgeprägt – zu erkennen, dass die Einkommen über 9.500 RM nur noch zum Teil aus der Landwirtschaft stammten. Vor allem das Kapitalvermögen dürfte hierbei zu Buche geschlagen haben.

Die Binnendifferenzierung der Besitzer von Gütern mit mehr als 3.000 RM Grundsteuerreinertrag war erheblich (vgl. Tabelle 23). Der untere Bereich wurde von knapp 10 % der Großgrundbesitzer, die einen durchschnittlichen Grundsteuerreinertrag etwa zwischen 4.700 und 4.900 RM aufwiesen, gebildet. Diese in der Regel hochverschuldeten Besitzer versteuerten Einkommen, die deutlich unter 3.000 RM lagen. Vorausgesetzt, dass nicht massive Steuerhinterziehungen das Bild verfälschen, ist vor allem hier der ‚notleidende Landwirt' der agrarischen Propaganda vermuten.

Tabelle 23: Die Durchschnittswerte für den Grundsteuerreinertrag, das Nettoeinkommen, das Kapitalvermögen und das Bruttoeinkommen aus Grundbesitz in der Gruppe der Großgrundbesitzer mit einem Grundsteuerreinertrag über 3.000 RM in der Provinz Brandenburg im Jahre 1902[227]

Einkommens-gruppe (in RM)	Anzahl	durchschnittlicher/es (in RM)			
		GRE	Netto-einkommen	Kapital-vermögen	Bruttoeinkommen aus Grundbesitz
bis 900 RM	15	4.905	210	20.800	8.098
900-1.500	9	4.678	1.272	24.284	12.473
1.500-3.000	51	4.822	2.271	9.538	11.022
3.000-6.000	207	6.685	4.112	34.961	12.831
6.000-9.500	115	7.248	7.623	54.932	16.955
über 9.500	362	17.674	38.902	425.067	39.526

Die kleineren Besitzern in der Gruppe derer, die ein Einkommen zwischen 3.000 und 6.000 RM erzielten, waren wahrscheinlich geringer verschuldete und erfolgreiche Landwirte. Sie erzielten immerhin fast das Doppelte des Grundsteuerreinertrages ihrer Besitzungen. Dagegen ist dieselbe Einkommensgruppe bei den größeren Besitzern anders einzuschätzen. Wie an der erheblichen Differenz zwischen ihren Bruttoeinkommen aus der Landwirtschaft und dem schließlich versteuerten Nettoeinkommen zu ersehen ist, haben sie eine enorme Schuldenlast getragen. Dennoch waren ihre Kapitalvermögen durchschnittlich doppelt so hoch wie die der kleineren Besitzern.

227 Quelle: KÜHNERT, Verschuldung, Teil I., Bd. I., S. 136-223.

Beachtenswert und in starkem Gegensatz zu dem Topos von den ‚notleidenden Landwirten' ist jedoch die Tatsache, dass 63 % der größeren Besitzer zu den Beziehern von ‚besseren' Einkommen, im Sinne des Statistikers Kühnert gehörten. Annähernd die Hälfte bezog sogar Einkommen, die deutlich über dem von Weber genannten Mindestmaß für die Konkurrenzfähigkeit mit dem Großbürgertum lagen. Mit diesen Einkommen korrespondierten auch die durchschnittlichen Kapitalvermögen, die mit rund 425.000 RM sehr beachtlich waren.[228] Vor allem wenn man bedenkt, dass immer wieder erhebliche Summen über Erbabfindungen aus den Gütern flossen, ist das Ausmaß der angesammelten Rücklagen bemerkenswert.

Da für die vorangegangenen Aussagen nur die hauptberuflichen Landwirte die Ausgangsbasis bildeten, ist zur Vervollständigung des Bildes noch kurz auf diejenigen mit Nebenerwerb in der Landwirtschaft einzugehen. Als Nebenerwerbsbetriebe wurden alle diejenigen bezeichnet, die einen 60 RM übersteigenden Grundsteuerreinertrag hatten. In den meisten Fällen waren diese Betriebe relativ klein – ihre durchschnittliche Größe lag im Gesamtstaat bei 14 ha. Dennoch befanden sich auch als Großgrundbesitz einzustufende Betriebe darunter. Diesen kann man sich am ehesten über die Berufsgruppe, der die Nebenerwerbslandwirte angehörten, nähern. Die Verschuldungsstatistik unterteilte dabei die vier Gruppen, Hausbesitzer, Beamte/Offiziere/freie Berufe, Gewerbetreibende sowie Lohnarbeiter/Handwerker. Wenngleich nicht auszuschließen ist, dass auch gelegentlich Hausbesitzer und mit Sicherheit einige Fabrikanten Großgrundbesitz besaßen[229], sind es vor allem die Beamten und Offiziere, die hier in erster Linie interessieren. Ein Blick auf die Einkommensverteilung bestätigt diese Vermutung. Die Offiziere, Beamten und freien Berufe stellten in Brandenburg mit Abstand die meisten Bezieher höherer Einkommen in den Einkommensgruppen ab 3.000 RM. Auch die durchschnittliche Größe ihrer Güter betrug mit 83 ha das sechsfache des Gesamtstaatmittels. Für ein Viertel der Besitzungen, deren Inhaber Einkommen über 3.000 RM bezogen, kann eine Zugehörigkeit zum Großgrundbesitz relativ sicher angenommen werden (vgl. Tabelle 24). Bei den Beziehern von Einkommen unter 3.000 RM ist eine solche Zuordnung dagegen fraglich.

---

228 Dafür, dass die Kapitalvermögen nicht nur auf die sehr großen Vermögen einzelner herausragender Großgrundbesitzer zurückzuführen sind, verweist die Tatsache, dass sie über alle Kreise relativ gleichmäßig verteilt waren. Ein konkretes allerdings ostpreußisches Beispiel für die tatsächlich vorhandenen großen Geldsummen ist die Testamentseröffnung der Frau Majoratsbesitzerin Franziska Wilhelmine Emilie Adelheid Ida Maria v. Domhardt geborene v. Rosenberg-Gruszczynska zu Groß Bestendorf. Sie hinterließ den Erben neben dem Großgrundbesitz ein Kapitalvermögen von insgesamt 402.922 Mark, das außer einem relativ geringen Barbetrag aus verschiedenen Obligationen und einer Vielzahl von privaten Hypotheken bestand. Archiwum Państwowe w Olsztynie (Staatsarchiv Allenstein, im folgenden APO/Allenstein), Gutsarchiv Groß Bestendorf, Nr. 383/43.

229 Mit Sicherheit waren unter den 950 Gewerbebetriebsinhabern mit einer Nebenerwerbslandwirtschaft nur wenige Großgrundbesitzer. Auch von den 316, die Einkommen über 9.500 RM bezogen, besaß nur ein Bruchteil Großgrundbesitz, da sonst bspw. rund drei Viertel der bürgerlichen Rittergutsbesitzer gleichzeitig auch Fabrikanten gewesen sein müssten.

Tabelle 24: Die Einkommen der Beamten und Offiziere mit Nebenerwerb aus der Landwirtschaft in der Provinz Brandenburg im Jahre 1902[230]

	Einkommensgruppe (in RM)			
	bis 3.000	3.000-6000	6.000-9500	> 9500
Anzahl der Besitzer	316	83	48	110

Dennoch dürfte es sich auch bei den zum Großgrundbesitz zu zählenden Gütern in vielen Fällen um kleinere Besitzungen gehandelt haben, deren Inhaber auf ihr Einkommen aus der Tätigkeit als Beamter, Offizier, Arzt oder Anwalt angewiesen waren. Da keine weiteren Informationen verfügbar sind, kann nicht eingeschätzt werden, welchen Stellenwert der landwirtschaftliche Besitz im Rahmen des Gesamteinkommens einnahm. So könnte ein größeres Gut das Gehalt eines Subalternoffiziers, der als Leutnant oder Oberleutnant 2.000 bis 3.000 RM verdiente, erheblich aufgebessert haben.[231]

In jedem Falle erhöhen die Offiziere und Beamten – um die es sich hier im wesentlichen handeln wird[232] – unter den Nebenerwerbslandwirten, die Zahl der Bezieher von besseren (6.000-9.500 RM) und hohen Einkommen (> 9.500 RM) um je ein weiteres Fünftel. In der Provinz erzielten damit nach Ausweis der Steuerstatistik 508 Großgrundbesitzer Einkommen, die den von Max Weber geforderten Mindestbetrag für ein ‚sturmfreie' Existenz zumindest annähernd erreichten, in vielen Fällen jedoch mit Sicherheit deutlich überschritten. Dazu kommen weitere 273 Großlandwirte, die mehr als 6.000 RM erzielten und damit die von dem Statistiker Kühnert angegebene Untergrenze für ein besseres Einkommen überschritten.[233] Dies kontrastiert mit der weiter oben diskutierten z. T. hohen Verschuldung, die für eine Einschätzung der Situation des Großgrundbesitzes als alleiniger Indikator nicht ausreicht.

Gestützt werden die Angaben der Verschuldungsstatistik auch von der wenige Jahre früher durchgeführten Erhebung über die Rentabilität von Landwirtschaftsbetrieben. Hier wurden für 417 Großgrundbesitzungen mit einem Wert von mehr als 150.000 RM detaillierte Angaben erhoben. Entsprechend den zeitgemäßen Güterpreisen hatten diese Güter einen durchschnittlichen Grundsteuerreinertrag von 5.415 RM und ein Areal von 383 ha. Es handelte sich also durchschnittlich um kleinere Güter auf guten Böden. Nach Abzug aller Kosten blieb den Besitzern dieser Güter ein durchschnittlicher Reinertrag

230 Quelle: KÜHNERT, Verschuldung, Teil I., Bd. I., S. 85.

231 Vgl.: Das kleine Buch vom deutschen Heere, Kiel und Leipzig 1901, S. 126 ff.

232 Unter den zwischen 1900 und 1910 verzeichneten Berufen von Großgrundbesitzern waren nur ein Architekt, ein Rechtsanwalt und zwei promovierte Juristen ohne nähere Berufsbezeichnung. Die anderen registrierten Großgrundbesitzer waren Beamte oder Offiziere.

233 Bezöge man die Hausbesitzer und Fabrikanten, die Landwirtschaft im Nebenerwerb betrieben, mit ein, würde sich die Zahl der Einkommensbezieher in der Klasse von 6.000 - 9.500 RM mit 254 (93 %) und in der Klasse über 9.500 RM mit 423 (83 %) jeweils fast verdoppeln. Allerdings dürfte die Zahl der Großgrundbesitzer in diesen beiden Berufsgruppen deutlich geringer gewesen sein, als die Anzahl der Bezieher der hohen Einkommen.

von 11.955 RM.[234] Selbst wenn man ein West-Ostgefälle einkalkuliert, sind auch hier eher ‚satte Existenzen' als ‚notleidende Landwirte' zu erkennen.

Die Besitzer der größeren Rittergüter waren um die Jahrhundertwende gegenüber den Bankiers und Industriellen stark zurückgefallen, das bedeutete jedoch nicht, dass sie durchweg mittellose ‚Krautjunker' wurden. Sie waren auch auf der finanziellen Ebene noch zu erheblichen Anteilen Mitglieder der Oberschicht und gehörten in großer Zahl zu jenen rund 0,4 % (absolute Zahl 15.582) der Zensiten Preußens, die mehr als 30.500 RM Einkommen versteuerten.[235] Es ist davon auszugehen, dass über ein Drittel der Steuerpflichtigen beider Grundsteuerreinertragsgruppen, die nach Größe oder Grundsteuerreinertrag als Großgrundbesitzer anzusehen sind, im Durchschnitt ein Einkommen bezog, das etwa dem eines Ministers entsprach.[236] Da, wie noch zu zeigen sein wird, die Masse der Bezieher der sehr großen Einkommen Adlige waren, werden die tradierten Topoi über deren wirtschaftliche Unfähigkeit, den Grad ihrer Verschuldung etc. stark in Frage gestellt. Auch die Frage adliger Steuerhinterziehung stellt sich angesichts der großen Summen, die angegeben wurden, neu.[237] Zu Überdenken ist zudem die Äußerung Webers, dass die meisten Güter des Ostens keine Herrschaft mehr trugen. Auch wenn die Verschuldung in Brandenburg durchschnittlich geringer war und der starke Markt Berlin die Konkurrenzfähigkeit der Güter verbesserte, gab es auch in den anderen Ostprovinzen zahlreiche finanziell gutgestellte Großgrundbesitzer. Aus elitengeschichtlicher Perspektive ermöglichen uns die Daten von 1902 einen Teil des Fundamentes der langfristigen adligen Vormachtstellung zu sehen, die ohne eine stabile finanzielle Grundlage auf die Dauer nicht aufrecht zu erhalten gewesen wäre.

Abschließend sollen nun die kurz die Einkommen der Großgrundbesitzer in den östlichen Provinzen im Überblick dargestellt werden, um zu überprüfen, inwieweit die brandenburgischen Ergebnisse zu verallgemeinern sind (vgl. Tabelle 25). Zunächst zeigt ein Vergleich der Einkommensverteilung, dass in den Ostprovinzen nur zwei Drittel der hohen Einkommen (> 9.500 RM) und etwas mehr als die Hälfte der besseren Einkommen aus der Landwirtschaft (6.000 bis 9.500 RM) erzielt wurden. Dies deckt sich mit der – ebenfalls auf Grundlage der Verschuldungsstatistik getroffenen – Feststellung von Heß,

---

234 Die Ergebnisse der Erhebungen über die Rentabilität bestimmter Landwirtschaftsbetriebe im Jahre 1898, in: Archiv des Deutschen Landwirthschaftsraths 27 (1903), S. 509 f.

235 Statistisches Jahrbuch für den Preußischen Staat. 1 (1903), S. 187 ff. Die genaue Zahl für 1903 lässt sich nicht ermitteln, da die Zensiten mit steuerpflichtigem Einkommen unter 900 RM nicht mit angegeben wurden. Im Jahre 1913, nach erheblichen Erweiterungen aller Gruppen über 900 RM, betrug der Anteil der Zensiten mit einem Einkommen über 30.500 RM 0,17 %. Statistisches Jahrbuch für den Preußischen Staat. 1 (1903), 313 ff.

236 HOHORST, KOCKA u. RITTER, Arbeitsbuch, S. 109.

237 So lässt sich die von Witt – der die Verschuldungsstatistik nicht benutzte – auf Grund von Prüfungsberichten des Finanzministeriums aufgestellte Behauptung, dass viele Großgrundbesitzer überhaupt kein Kapitalvermögen angaben, zumindest für Brandenburg nicht halten, da die vorliegenden Zahlen aus den kreisweisen Übersichten zusammengestellt wurden. WITT, Landrat, S. 216.

dass ein Drittel der Großgrundbesitzer mit mehr als 3.000 RM Grundsteuerreinertrag in den Westprovinzen zu finden waren.[238]

Tabelle 25: Die Einkommen der hauptberuflichen Landwirte in den preußischen Ostprovinzen im Jahre 1902 (Güter mit einem Grundsteuerreinertrag ab 1.500 RM)[239]

Region	Einkommensklasse		
	3.000-6.000	**6.000-9.500**	**> 9.500**
Staat	10.474	3.627	5.177
Ostprovinzen	5.459	1.969	3.422
Ostpreußen	713	205	276
Westpreußen	671	182	206
Brandenburg	657	129	398
Pommern	517	190	465
Posen	253	131	332
Schlesien	910	299	737
Sachsen	1.739	833	1.008

Insgesamt erzielten in den Ostprovinzen 3.422 hauptberufliche Besitzer ein Einkommen über 9.500 RM. Legt man die brandenburgischen Werte zugrunde, denen zufolge die Besitzer mit Einkommen über 9.500 RM im Schnitt 37.000 RM Reineinkommen hatten, wird der Anteil der Großgrundbesitzer an den Meistverdienenden in Preußen um 1900 sichtbar. Rund ein Fünftel der preußischen Zensiten, die 1903 mehr als 30.500 RM versteuerten, dürften Großgrundbesitzer gewesen sein. Selbst wenn sie in ihrer Mehrheit im unteren Bereich der oberen 15.000[240] zu finden waren, bleibt dieser Befund elitengeschichtlich von hoher Bedeutung.

Wie für die Provinz müssen auch die Angaben für das östliche Preußen und den Gesamtstaat zumindest um einen Teil der nebenberuflichen Landwirte ergänzt werden. Anders als in Brandenburg spielen dabei vor allem für Sachsen und Schlesien auch die Inhaber von Gewerbebetrieben eine wichtige Rolle. So wurden beispielsweise im oberschlesischen Regierungsbezirk Oppeln 110 Gewerbebetriebsinhaber mit landwirtschaftlichen Nebenerwerbsbetrieben verzeichnet, die Güter mit einer Durchschnittsgröße von 945 ha besaßen.[241] Insgesamt vereinten diese beiden Provinzen allein 58 % aller Gewerbebetriebsinhaber mit einem Einkommen über 9.500 RM auf sich.

Bei den Beamten/Offizieren/Freien Berufen bietet sich ein ähnliches Bild. Besonders groß war diese Gruppe in der Provinz Sachsen, gefolgt von Bran-

238 Vgl. HESS, Junker, S. 77.

239 Quelle: KÜHNERT, Verschuldung, Teil I., Bd. I., S. 73.

240 Vgl. Anm. 235, S. 140.

241 HESS, Junker, S. 76, Anm. 96. Errechnet nach der landwirtschaftlichen Verschuldungsstatistik von 1902.

denburg und Schlesien, das allerdings auf Grund der Tatsache, dass es als Doppelprovinz anzusprechen ist, vom Mittel nur geringfügig abweicht. Während Brandenburg sowohl durch seine Nähe zum Behördenzentrum Berlin als auch die hohe militärische Konzentration – darunter vor allem das Gardekorps – ausreichende Erklärungen für einen großen Anteil von Beamten und Offizieren mit Großgrundbesitz bietet, fallen diese Gründe für die Provinz Sachsen nicht so schwer ins Gewicht. Denkbar wäre, dass sich der Adel dieser – durch die Zuckerindustrie ‚modernen' Provinz – anders als seine Standesgenossen weiter im Osten verhalten hat.[242] Dann könnte der Anteil der freien Berufe, hier vor allem Aufsichtsratspositionen etc., den der Offiziere und Beamten deutlich übersteigen.

Bezieht man die Nebenerwerbslandwirte – und hier vor allem die Beamten und Offiziere sowie die Gewerbebetriebsinhaber – mit in einen Gesamtüberblick ein, ist zu erkennen, dass mehr als 4.000 vielleicht sogar 4.500 Großgrundbesitzer Einkommen über 9.500 RM bezogen. Zusammen mit der darunter liegenden Einkommensgruppe zwischen 6.000 und 9.500, die ebenfalls etwa 2.500 Personen umfasste, bezogen zwei Drittel der Großgrundbesitzer Einkommen, die als besser oder hoch zu betrachten sind.

Tabelle 26: Die Einkommen der Beamten/Offiziere/Freiberufler und der Gewerbebetriebsinhaber mit Nebenerwerb aus der Landwirtschaft in den preußischen Ostprovinzen im Jahre 1902[243]

Region	Einkommensklassen (in RM)					
	Beamte/Offiziere/Freie Berufe			Gewerbebetriebsinhaber		
	3000-6000	6000-9500	>9500	3000-6000	6000-9500	>9500
Staat	2.124	893	1.231	7.501	2.457	4.518
Ostprovinzen	699	304	421	2.715	830	1.707
Ostpreußen	26	20	21	268	83	106
Westpreußen	13	10	11	108	43	76
Brandenburg	83	48	110	536	98	316
Pommern	34	17	27	259	81	133
Posen	31	12	12	187	51	80
Schlesien	106	44	94	526	205	496
Sachsen	406	152	146	831	268	502

Bedenkt man daneben, dass – worauf mehrfach hingewiesen wurde – durch die rein statistisch festgelegte Zuordnung von Besitzungen zum Großgrundbe-

242 Vgl. dazu jetzt vor allem JACOB, Engagement, passim.
243 Quelle: KÜHNERT, Verschuldung, Teil I., Bd. I., S. 85.

sitz eine breite Übergangszone zum großbäuerlichen Bereich bestand, wird das übrig bleibende Drittel schlechter Verdienender weiter relativiert. Unter den rund 3.000 Personen mit Einkommen zwischen 3.000 und 6.000 RM, war ein erheblicher Anteil, der – seinem Besitz entsprechend – ein gutes Großbauerneinkommen bezog. Daneben standen jedoch die Großgrundbesitzer, die zwar auf den Gütern ein herrschaftliches Leben ländlicher Prägung führen konnten, deren Bareinkünfte jedoch eher bescheiden waren, bzw. durch den Schuldendienst weitgehend absorbiert wurden. In jedem Falle war ihr Anteil gegenüber den bessergestellten Großgrundbesitzern jedoch deutlich kleiner.

Großgrundbesitzende Millionäre im Jahre 1912

Ergänzend zu den Angaben der Verschuldungsstatistik soll abschließend das im Jahre 1912/13 von dem ehemaligen Regierungsrat Rudolf Martin herausgegebene 'Jahrbuch des Vermögens und Einkommens der Millionäre in Preußen' herangezogen werden.[244] Dieser Überblick beruhte auf einer Zuordnung von Personen zu den veröffentlichten Angaben über die Vermögens- und Einkommenssteuer in Preußen.[245] Berta Krupp v. Bohlen-Halbach führte mit einem Vermögen von 187 Millionen und einem jährlichen Einkommen von 17 Millionen Reichsmark die Liste der rund 8.300 Millionäre an, gefolgt von oberschlesischen Magnaten, Bankiers und Industriellen. Angehörige des hohen oder niedrigen Adels sowie Bürger, die ihren Reichtum im wesentlichen auf Großgrundbesitz stützten, waren auf den vorderen Plätzen dieser Liste nicht zu finden. Erst auf Platz 91 rangierte mit einem geschätzten Vermögen von immer noch 18 Millionen und einem Einkommen von 700.000 Reichsmark der Fürst zu Solms-Baruth, dessen 17 brandenburgische Rittergüter allein rund 14.000 Hektar umfassten. Weitere 121 adlige und 38 bürgerliche Großgrundbesitzer der Provinz folgten[246], von denen jedoch über die Hälfte

244 Rudolf MARTIN, Jahrbuch des Vermögens und Einkommens der Millionäre in Preußen, 2. Bde., Berlin 1912. Vgl. dazu auch die kritischen Anmerkungen von SPENKUCH, Herrenhaus, S. 202. Ein Jahr später gab Martin einen separaten Band für Brandenburg heraus, der auch die Städte Charlottenburg und Wilmersdorf sowie alle anderen Vororte Berlins umfasste. Diese Arbeit, die einige Ergänzungen bietet, wurde zur Korrektur herangezogen. Vgl. Rudolf MARTIN, Jahrbuch des Vermögens und Einkommens der Millionäre in der Provinz Brandenburg, 2. Bde., Berlin 1913

245 Dies war vor allem für die Großstädte ein schwieriges Unterfangen. Da jedoch die ländlichen Kreise separat aufgeführt waren, dürfte die Fehlerquote für diesen Bereich geringer gewesen sein.

246 Im folgenden werden die grundbesitzenden Millionäre der Provinz aufgelistet. Die Zahl in den Klammer beziffert ihr geschätztes Vermögen einschließlich des Grundbesitzes. Die Angaben wurden durch Daten des separaten Brandenburg-Band des Jahrbuches von Rudolf Martin ergänzt.

Fürst zu Solms-Baruth (17-18), Frh. v. Eckardstein-Prötzel (11-12), Röder-Lichtenberg (11-12), Frh. v. Eckardstein-Haselberg (10-11), Graf v. Brühl-Pförten (10-11), Graf v. Schlippenbach (9-10), Gilka-Groß Ziethen (9-10), Gilka-Trieplatz (9-10), Roland-Lücke -Sonnenburg (8-9), Graf v. Arnim-Boitzenburg (8-9), Frh. v. Eckardtstein-Reichenow (7-8), Graf zu Solms-Sonnewalde (7-8), Graf v. Wilamowitz-Möllendorf-Gadow (6-7), Graf v. Voß-Dölzig (6-7), *Jeweils 5-6 Millionen*: Frh. v. Eckardstein-Prötzel (Ernst), Frh. v. Eckardstein-Prötzel (Arnold), Frfr. v. Eckardstein-Prötzel (Freda), Graf Finck von Finckenstein-Alt Madlitz, Fürst v.

'*nur*' im Bereich der einfachen Millionäre (1-2 Mio.) verzeichnet waren (vgl. Tabelle 27 und Anm. 246).

Die Angaben von Rudolf Martin beziehen sich mit Sicherheit auf das gesamte Vermögen, d.h. es ist der Wert des Grundbesitzes ebenso wie das Kapitalvermögen enthalten. Der Vergleich mit der Verschuldungsstatistik und mit Einzelbeispielen[247] zeigt jedoch, dass sich das Vermögen der brandenburgi-

---

Schönaich-Carolath-Amtitz, Graf v. Lynar-Lübbenau, v. Arnim-Suckow, v. Bredow-Wagenitz, v. Brand-Wutzig, Wilkins-Hornow, v. Grumme-Rehdorf, Dotti-Neuenhagen, v. Schack-Raackow

jeweils 4-5 Millionen: Frh. v. Eckardstein-Kletzke, Gräfin v. Fürstenstein-Wiesenburg, v. Hake-Kleinmachnow, v. Ribbeck-Ribbeck, Brandt v. Lindau-Schmerwitz, Graf v. Schwerin-Tamsel, Graf v. d. Schulenburg-Trampe, Mankiewicz-Falkenrehde (nur Pächter), v. Wollank-Gr. Glienicke, Wollank-Dammsmühle,

jeweils 3-4 Millionen: Prinz Reuß (Jüngere Linie)-Trebschen, v. Hake-Kleinmachnow, v. Langenn-Steinkeller-Birkholz, v. Klitzing-Charlottenhof, Graf v. Eickstädt-Peterswald, Gräfin v. Schönburg-Gusow, Müller-Hohen Landin, v. Keudell-Hohen Lübbichow, v. Brand-Lauchstädt, Fürst zu Eulenburg-Hertefeld, v. Wedel-Parlow-Polssen, Schmelzer-Sachsendorf, v. Wedemeyer-Schönrade, v. Weyrach-Stolzenhagen, Graf v. Houwald-Straupitz, Frh. v. Oelsen-Vietznitz, Prinzessin v. Reuß-Trebschen,

jeweils 2-3 Millionen: Gans Edler Herr zu Putzlitz-Groß Pankow, v. Bernstorff-Alt Thymen, v. Grävenitz-Schilde, Schulz-Petershagen, Fuss-Golzow, Schulz v. Heinersdorf, Killisch v. Horn, v. Waldow und Reitzenstein-Königswalde, v. Ritz-Lichtenow, v. Gerlach-Nordhausen, v. Wedemeyer-Pätzig, Graf v. Saldern-Ahlimb-Ringenwalde, v. Erxleben-Selbelang, v. Erxleben-Tankow, Schulz-Wulkow, Graf v. Witzleben-Alt Döbern

jeweils 1-2 Millionen: v. Buch-Tornow (Stolpe?), Graf v. Fürstenstein-Wiesenburg, Hans v. Brietzke-Kemnitz, Friedr. v. Brietzke-Kemnitz, v. Heyden-Alexanderhof, v. Kriegsheim-Barsickow, Frh. v. Maltzahn-Birkholz, Flügge-Blumenhagen, Fleischer-Breitenstein, v. Jena-Cöthen, Adda v. Risselmann-Crussow, Helene v. Risselmann-Crussow, v. Rohr-Levetzow-Dannenwalde, v. Klitzing-Demerthin, Mezner-Eggersdorf, Gad-Eichwerder, Frh. v. Wangenheim-Eldenburg, v. Bothe-Fredersdorf, v. Karstedt-Fretzdorf, v. Waldow-Fürstenau, v. Quast-Garz, v. Rohrscheidt-Garzau, v. Arnim-Gerswalde, v. Rochow-Golzow, Gräfin v. Redern-Görlsdorf, Graf v. Bredow-Görne, Salomon-Gräfendorf, Grunow-Herzfelde, v. d. Hagen-Hohennauen, v. Freier-Hoppenrade, v. Pfuel-Jahnsfelde, Frh. v. Carnap-Bornheim-Jahnsfelde, v. Winterfeldt-Karwe, Scherz-Kliestow, Merkens-Kossenblatt, v. Gersdorff-Kunersdorf, v. Wedel-Kutzerow, Graf v. Schwerin-Lemmersdorf, v. Kröcher-Lohm, v. Waldow-Mehrenthin, Pflug-Morrn, v. d. Hagen-Nackel, v. Jena-Nettelbeck, v. Winterfeldt-Neuhausen, Stolze-Neukammer, v. Diringshofen-Passow, v. Arnim-Petznick, v. Rathenow-Plänitz, Graf v. Königsmarck-Plaue, Kreusler-Plauer Hof, Graf v. Schmettau-Pommerzig, Otto-Quitzow, v. Witte-Ragow, Frh. v. Rheinbaben-Sauen, Willmann-Scaby, v. Vollard-Bockelberg-Schönow, Kraich-Schulzendorf, Kühne-Schwaneberg, Neuhaus-Selchow, Kretschmar-Sellin, Treichel-Stennewitz, v. d. Hagen-Stölln, Ebeling-Stigleben, v. Brucken gen. v. Fock-Stücken, Koch-Sydow, Müller-Topper, v. Rohr-Tramnitz, Graf Finck von Finckenstein-Trossin, v. Quast-Vichel, Frh. v. Bredow-Wagenitz, Treichel-Wardin, v. Baussen-Werder, Graf v. Schwerin-Wolfshagen, Gans Edler Herr zu Putlitz-Wolfshagen, Herrmann-Wulkow, Graf zu Eulenburg-Wulkow, Böckelmann-Wüsten-Buchholz, v. Platen-Wutike, v. Tilly-Zaatzke, v. Arnim-Zichow, v. Collmar-Zützen, v. Weyrauch-Stolzendorf, Gräfin v. Wilamowitz-Möllendorf-Gadow, v. d. Marwitz, v. Bischoffhausen-Bollersdorf, v. d. Schulenburg-Großkreuz, v. Wedel-Trampe (?), v. Burgsdorff-Hohenjesar, v. Gerlach-Nordhausen, Friedheim-Bärfelde.

247 So wurde von Martin das Vermögen von Günther Schulz v. Heinersdorf auf 2-3 Millionen geschätzt. Nur fünfzehn Jahre früher (1895) wurde sein Rittergut Heinersdorf einschließlich eines Stiftungskapitals von 220.000 RM noch auf 815.539 RM geschätzt. Selbst wenn man die erheblichen Preissteigerungen bedenkt, wird deutlich, in welchem Maße sich hier Grund-

schen Großgrundbesitzer neben dem Wert der Güter immer auch aus nicht unerheblichen Anteilen von Kapitalvermögen zusammensetzte.[248]

Tabelle 27: Die Verteilung der großgrundbesitzenden Millionäre in Brandenburg im Jahre 1910 nach Vermögensgruppen[249]

Vermögen (in Millionen RM)	Anzahl der Großgrundbesitzer
1-2	90
2-5	43
5-10	22
>10	5

Eine Betrachtung der Rangfolge der großgrundbesitzenden Millionäre zeigt uns erwartungsgemäß die Besitzer der großen Herrschaften an der Spitze. Danach folgen die Inhaber der größeren Güterkomplexe. Auf zwei Ausnahmen ist allerdings hinzuweisen. Das Vermögen des bereits an dritter Stelle stehenden Rittergutsbesitzers H. L. Roeder (vgl. Anm. 246) entstand mit Sicherheit durch die Parzellierung des Rittergutes zu Bauland für die wachsende Stadt Lichtenberg, die später ein Teil von Groß-Berlin wurde. Der von der Familie Roeder zwischen 1850-1856 erworbene Besitz von etwa 330 ha (GRE 11.550 RM) wurde bis 1921 um knapp 100 ha verkleinert. Dies war sicher die Quelle für den überdurchschnittlichen Reichtum Roeders.

Ein ähnliches Beispiel liefert die Familie v. Hake-Klein Machnow. Hier wurde der um 1885 noch 1.067 ha große Besitz bis 1921 auf 283 ha verkleinert. Der aus dem landwirtschaftlichen Wert des gemeinschaftlich besessenen Rittergutes nicht erklärbare Reichtum der beiden Brüder v. Hake rührt aus der als ‚goldene Fruchtfolge' bekannten Umwandlung von Ackerfläche in Bauland.[250] Aus dem Verkauf des Rittergut Pankow als Baugrund für Teile des

und Kapitalvermögen vermengten. GStA PK, Rep. 84a, Nr. 6254, Schreiben des Präsidenten des Kammergerichtes an den Justizminister vom 30. April 1895. Vgl. auch das Beispiel Klitzing-Charlottenhof in der vorhergehenden Anmerkung.

248 Martin selbst äußert sich hierzu nur unklar und spricht an einer Stelle sogar von dem ‚mobilen Kapital'. MARTIN, Vermögen, Bd. 1., S. VII. Ein Beispiel zeigt jedoch, dass es sich nur um die Summe der gesamten Kapitalwerte handeln kann. Bei der geplanten Stiftung des Fideikommisses Charlottenhof wurde 1906 der Wert des Besitzes auf knapp 1,4 Mio. RM beziffert, dazu kam ein Kapitalvermögen des Stifters zwischen 530.000-670.000 RM (Zinsertrag: 26.776 RM). Da nur ein Drittel des Einkommens aus Grundvermögen aus Charlottenhof stammte, ist der Wert des anderen Besitzes in der Provinz Sachsen auf mindestens 2 Mio. zu schätzen. Dies deckt sich ungefähr mit der Angabe von Martin, der den Besitz Georg v. Klitzings (bei einem Einkommen von 120.000 RM) auf 3-4 Mio. Mark schätzte. Tatsächlich versteuerte er 1906 ein Einkommen von 79.805 RM. BLHA, Rep. 1, Nr. 651, Die Errichtung oder Veränderung von Fideikommissen (v. Klitzing-Charlottenhof), Schreiben des Oberpräsidenten an den Minister für Landwirtschaft pp. vom 8. Mai 1906.

249 Quelle: MARTIN, Vermögen, Bd. 1.

250 Dietloff v. Hake führt in seinem Rückblick auf die Geschichte der Familie und des Gutes die Zerschneidung des Gutes durch den Teltowkanal und die damit verbundene Steuerlast als Hauptgrund für die Parzellierung an. Allerdings überliefert er selbst, dass die ersten Kolonien auf dem Areal des Gutes bereits früher errichtet wurden. V. HAKE, Klein Machnow, S. 57 ff.

späteren Stadtbezirkes von Groß-Berlin resultierte das Vermögen der Familie Wollank (z. T. nobilitiert).

Einen anderen Hintergrund hatten diejenigen Rittergutsbesitzer, die im Hauptberuf Bankiers oder Industrielle waren. Als Rittergutsbesitzer konnten sie auf ihren Gütern und nicht in ihrem städtischen Wirkungskreis zur Steuer veranlagt werden. Hierzu gehören die beiden Fabrikbesitzer Gilka oder der ehemalige Direktor der Deutschen Bank Roland-Lücke. In einigen Fällen reichte der Besitz der in Brandenburg besteuerten Millionäre über die Provinz hinaus. So besaß der Fürst Solms-Baruth weiteren Grundbesitz in Schlesien, der Graf v. Eickstädt-Peterswaldt solchen in Pommern. Außerdem sind in mehreren Fällen verschiedene Vertreter bzw. Vertreterinnen einer Familie (im engeren Sinne) im Jahrbuch verzeichnet. Acht weitere adlige Millionäre wohnten auf Gütern, die von anderen Adelsfamilien bzw. der Krone besessen wurden[251], drei weitere waren auf Besitzungen verzeichnet, die Martin fälschlicherweise als Rittergüter deklarierte. Nur zwei der ausgewiesenen einfachen adligen Millionäre wohnten in Städten der Provinz. Auch unter den weit über hundert Millionären in den Vororten Berlins waren nur sehr wenige Adlige.[252]

Wenn die Berliner Agglomeration nicht in die Betrachtung mit einbezogen wird, stellten die Rittergutsbesitzer 69 % der Millionäre der Provinz und dominierten damit diese Gruppe. Den 160 großgrundbesitzenden Millionären standen nur 73 in den Städten der Provinz wohnende Fabrikanten und Bankiers gegenüber. Dabei dominierten die Großgrundbesitzer den Bereich der höheren Vermögen besonders stark. Unter den mehrfachen Millionären betrug ihr Anteil sogar 82 %. Diese Angaben verdeutlichen, dass die Großgrundbesitzer, unter denen die Adligen nach wie vor außerordentlich stark vertreten waren, innerhalb der Provinz auch im Bereich des finanziellen Reichtums immer noch dominant waren. Allerdings ist dabei in Rechnung zu stellen, dass diese Bilanz vor allem durch den enormen Wert ihrer Besitzungen geprägt wird. Im direkten Vergleich von Kapitalvermögen könnten die Verhältnisse anders liegen. Bezieht man in diese Gegenüberstellung jedoch den Großraum Berlin mit ein, waren die ländlichen Millionäre nur noch eine kleine Gruppe. Mit den hier vorhandenen Vermögen konnten sie weder im Umfang noch in der Zahl konkurrieren.

Die Zahlen von Rudolf Martin zeigen das Ende einer Entwicklung, die im 18. Jahrhundert begann und dazu führte, dass der Besitz von umfangreichen Ländereien als wesentliche Quelle von Reichtum im Vergleich zu Industrie und Handel immer stärker in den Hintergrund trat. Es wird aber auch deutlich,

251 So war der Wohnsitz des Rittmeisters a. D. v. Forcade de Biaix das Schloss Stülpe, das den Rochows gehörte. Der Rittmeister a. D. v. Ramin wohnte in Göritz, einem langfristig den Wedels gehörenden Rittergut. Möglicherweise haben wir es hier allerdings auch mit Fehlzuordnungen Martins zu tun. Mit Sicherheit nicht falsch ist die Zuordnung des Hofmarschalls Graf v. Schwerin, der im Palais des Kronprinzen in Klein Glienicke wohnte.

252 Insgesamt ließen sich 15 adlige Namensträger in den Vororten (z. B. Charlottenburg, Wilmersdorf, Schöneberg, Grunewald, Nikolassee) ermitteln. Nur fünf gehörten zu den bekannten alten brandenburgischen Familien. Unter ihnen war mit H. v. Schwerin-Wolfshagen der einzige Rittergutsbesitzer der gleichzeitig Hausbesitzer war.

dass Großgrundbesitz immer noch einer enormen Anzahl von Personen und Familien – überwiegend adliger Herkunft – ein Einkommen gewährte, das sie auch auf diesem Gebiet zu den führenden Gruppen der Gesellschaft gehören ließ. Wenngleich Max Weber in den Großgrundbesitzern um die Jahrhundertwende im wesentlichen 'notleidende Landwirte' sah, zeigte sich 1912 eine stattliche Anzahl der von ihm so titulierten 'satten Existenzen'.[253] Über diesen Befund hinaus darf jedoch nicht vergessen werden, dass es unterhalb der Gruppe der sehr ertragreichen Güter einen breiten Bereich weniger profitabler Großgrundbesitzungen gab, die den „standard of life eines Mitgliedes der 'herrschenden Klassen'"[254] allein nicht mehr sichern konnten.

Die Untersuchung der Vermögen der Großgrundbesitzer im 19. und am Anfang des 20. Jahrhunderts hat eine Fülle von Erkenntnissen zu Tage gebracht, die elitengeschichtlich außerordentlich bedeutsam sind. Auch wenn in einigen Bereichen Unwägbarkeiten bleiben, zeichnet sich für den Adel und die bürgerlichen Großgrundbesitzer eine Entwicklung ab, die zu einer tiefgreifenden Differenzierung innerhalb des Großgrundbesitzes führte, bzw. diese verstärkte.

Auf der Gewinnerseite standen in jedem Falle die Besitzer der großen und ertragsstarken Güter/Güterkomplexe, die es überwiegend vermochten, die ihnen im Verlaufe des Jahrhunderts zugeflossenen erheblichen Summen trotz der mehrfachen Erbteilungen zu erheblichen Teilen in den Gütern zu halten. Die Mitglieder dieser Gruppe, denen zwischen einem Drittel und der Hälfte aller Rittergüter gehörte, waren in der Mehrheit durchaus in der Lage, einen großbürgerlichen Lebensstil zu finanzieren und damit ihren Anspruch auf die Zugehörigkeit zur gesellschaftlichen Führungsschicht auch ökonomisch zu untermauern. Wesentlich ist daneben die Tatsache, dass die reichen Rittergutsbesitzer noch 50 Jahre nach dem Einsetzen der Industrialisierung in der Provinz im Bereich der großen Vermögen führend waren.

Neben diesen großen Besitzern gab es eine breite Schicht von mittleren und kleineren Großgrundbesitzern, die mit ‚normalen' bürgerlichen Einkommen durchaus konkurrieren konnten und denen darüber hinaus noch die vielfältigen Vorteile der ländlichen Herrschaftsstellung zuflossen. An eine auch nur annähernde Konkurrenz mit den Einkommen der ‚neuen Reichen' vor allem in der Berliner Agglomeration war für diese Gruppe jedoch nicht mehr zu denken. Vor allem hier dürfte der adlige Anspruch einer auf Großgrundbesitz gestützten führenden Position in der Gesellschaft mit den realen Möglichkeiten zunehmend in Widerspruch geraten sein. Dies umso mehr, als sich auch die Gesellschaft eminent schnell wandelte, was nicht zuletzt von den Debatten um Deutschland als Agrar- oder Industriestaat unterstrichen wurde.

Der untere Sektor in der Einkommens- und Vermögenshierarchie wurde aus zwei verschiedenen Quellen gespeist. Einerseits sind hier viele der hoch- und überschuldeten Güter, die ihren Besitzern neben dem Schuldendienst wahr-

253 Max WEBER, Entwicklungstendenzen in der Lage der ostelbischen Landarbeiter, in: Gesammelte Aufsätze zur Sozial- und Wirtschaftsgeschichte, Tübingen 1924, S. 472 f.

254 Ebd.

scheinlich nur noch wenig Einkommen ließen, zu finden. Deren Zahl hielt sich jedoch, gemessen am Bild von der krisenhaften Lage der Landwirtschaft, in erstaunlich engen Grenzen. Die zweite Gruppe innerhalb dieses Sektors bildeten die nach den Nominalkriterien der Statistiker als Großgrundbesitz aufgefassten Güter, die jedoch meist nur das Kriterium eines Grundsteuerreinertrages über 1.500 RM erfüllten. Da in vielen Fällen ergänzende Kriterien, wie eine Mindestgröße oder auch die rechtliche Qualität als Rittergut oder Gutsbezirk nicht erfüllt wurden, haben wir es hier eindeutig mit dem Grenzbereich zu den Großbauern zu tun. Daher müsste in Einzelfällen entschieden werden, ob wir es mit einem guten großbäuerlichen Einkommen oder einem schlechten Großgrundbesitzerverdienst zu tun haben.

Konjunkturen und Krisen im 19. und am Anfang des 20. Jahrhunderts (1800-1914)

Die Konjunkturen und Krisen der Landwirtschaft im 19. Jahrhundert waren bereits vielfach Thema von historischen Abhandlungen unterschiedlichster Zielstellung. Besonderes Augenmerk galt dabei vor allem der großen Agrarpreiskrise in den 1820er Jahren und der seit einiger Zeit in ihrem Ausmaß stark angezweifelten Agrarkrise, die in der Mitte der 1870er Jahre begonnen haben soll und nach einigen Autoren bis zum Ende des Jahrhunderts oder sogar bis zum Beginn des I. Weltkrieges andauerte.[255] Die folgenden Ausführungen sollen daher nur kurz den regionalen Befund mit den meist auf größeren Aggregaten basierenden Aussagen vergleichen. Ergänzend dazu wird an anderer Stelle noch auf die Wirkungen, die diese Krisen oder krisenhaften Erscheinungen auf die Besitzverteilung hatten, einzugehen sein.

Ein wesentlicher Gradmesser für die Situation der Landwirtschaft sind traditionell die Agrarpreise, die für das jährliche Einkommen der Landwirte eine wesentliche Bedeutung haben. Ein zweiter Faktor ist daneben das jährliche Produktionsvolumen, das – in marktabgeschirmten Wirtschaftsräumen – einen sehr starken Einfluss auf den Preis hat. Eine auf Grund der Witterungslage oder durch Pflanzenkrankheiten entstehende Mindereernte kann dann durchaus mit Hilfe von höheren Preisen ausgeglichen werden. Andererseits können auch niedrigere Preise für landwirtschaftliche Erzeugnisse durch eine reichlichere Ernte kompensiert werden. Um dem Rechnung zu tragen, soll im folgenden versucht werden, beide Faktoren zusammenhängend zu betrachten.[256]

---

255 Eine überpointiert kritische Literaturübersicht zur Agrarkrise im Kaiserreich bei HEẞ, Junker, S. 14 ff.

256 Diese Art der Betrachtung gegenüber einem reinen Beobachten des Preisanstiegs wählten u. a. auch Dieter BAUDIS u. Helga NUSSBAUM, Wirtschaft und Staat in Deutschland vom Ende des 19. Jahrhunderts bis 1918/19, Berlin (Ost) 1978 und HEẞ, Junker, S. 218 ff.

Die Getreidepreise

Die Produktion von Getreide war ein wichtiger Einkommenszweig der Großgrundbesitzer. Die Beobachtung der langfristigen Trends zeigt folgende Entwicklungen: Einerseits waren sowohl der jährliche Getreideertrag als auch die Preise relativ starken ständigen Schwankungen unterworfen (vgl. Abbildung 12). Andererseits stiegen im Laufe des Jahrhunderts vor allem die Erträge ungeachtet aller Schwankungen kontinuierlich an.

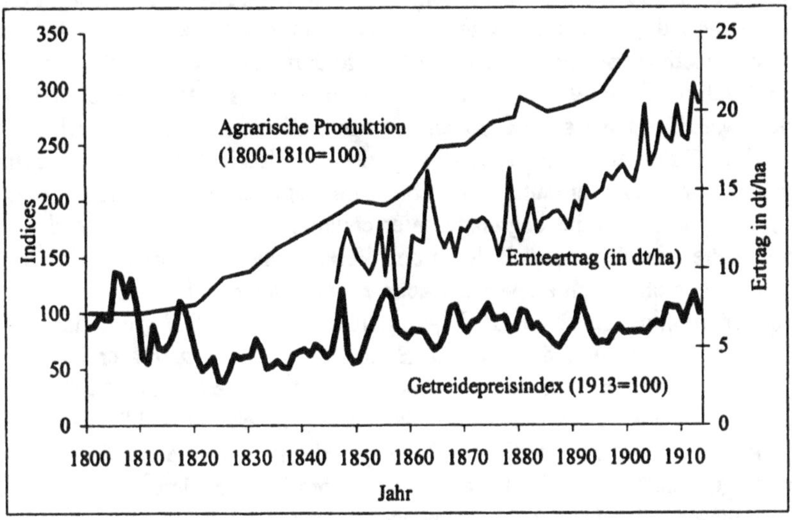

Abbildung 12: Der Berliner Getreidepreisindex, der Index der agrarischen Produktion in Deutschland und der Ernteertrag in Brandenburg 1800/46-1913[257]

Auch die Preise erreichten – sieht man von den Spitzen der Kriegs- und Krisenzeiten am Anfang des Jahrhunderts ab – um 1913 etwa das Doppelte des Standes, den sie in den 1820er Jahren gehabt hatten. Die Ursache lag neben dem allgemein gestiegenen Lebensstandard auch in der erheblich gewachsenen Bevölkerung. Mindestens auf dem selben Niveau wie diese Steigerung lag die der Erträge[258], deren Schwerpunkt allerdings erst gegen Ende des Jahrhunderts auszumachen ist. Zu beachten ist dabei, dass sich auch die Anbauflächen in Brandenburg wie im gesamten Deutschland mehr als verdoppelten.

Auf der Kostenseite standen dagegen nach den Agrarreformen zunächst die Ausgaben für die Neuerrichtung von Vorwerken und Gebäuden sowie – wenn nötig – des Inventars, die jedoch zu nicht unerheblichen Teilen aus den Ablösungs- und Regulierungsgeldern finanziert worden sein dürften. Die Arbeits-

257 Quellen: Agrarische Produktion nach Gertrud HELLING, Berechnung eines Index der Agrarproduktion in Deutschland im 19. Jahrhundert, in: JbfWG 1965/IV., S. 140; Ernteertrag nach: Wolfram GRAF FINCK V. FINCKENSTEIN, Die Getreidewirtschaft Preußens von 1800 bis 1930, Berlin 1934, S. 58-59; Getreidepreisindex nach: Alfred JACOBS u Hans RICHTER, Die Großhandelspreise in Deutschland von 1792 bis 1934, Berlin 1935, S. 52-55.

258 Ertragsangaben für die erste Hälfte des Jahrhunderts sind auf Grund der noch unausgebildeten statistischen Methoden problembehaftet.

löhne blieben bis in die sechziger Jahre sehr niedrig, stiegen dann jedoch deutlich an. Auch wurden die Zugewinne bei der Produktivität seit dem letzten Viertel des 19. Jahrhunderts hauptsächlich durch den kostenintensiven Einsatz von Maschinen und zusätzlichen Düngemitteln erkauft. Der – nach diesen Daten im Idealfalle – Verachtfachung der Einnahmen allein aus der Getreidewirtschaft standen also bedeutende Ausgaben gegenüber, die sich ab den siebziger Jahren des 19. Jahrhundert ausweiteten und verstetigten.

Die Entwicklungen in der ersten Hälfte des Jahrhunderts waren zunächst von der Agrarpreiskrise der zwanziger Jahre geprägt. Nach den hohen Preisen der Kriegsjahre hatten die schweren Missernten der Jahre 1815 bis 1817 zu einem nochmaligen gewaltigen Anstieg geführt. Die sehr guten Ernten seit 1818 führten dann allerdings zu einem massiven Preisverfall, der in der Mitte der zwanziger Jahre seinen Höhepunkt hatte. Die mangelnde Flexibilität der Märkte führte dazu, dass die Getreidepreise den niedrigsten Stand des gesamten Untersuchungszeitraumes erreichten. Im Gegensatz zu anderen kritischen Situationen kamen die begrenzten Verschuldungsmöglichkeiten und der extreme Preisverfall, der auch durch den Verkauf eines größeren Produktionsquantums nicht kaschiert werden konnte, erschwerend hinzu. Eine alleinige Rückführung der Krise auf die Überproduktionen nach 1817 greift zur Erklärung jedoch zu kurz, da hier ‚ein Bündel schwer korrigierbarer Faktoren' (Wehler) zusammenwirkte, zu denen die verstopften Exportkanäle, das ‚Landwirtschaftsfieber' der Jahrhundertwende, die ebenfalls fallenden Viehpreise und nicht zuletzt die Umstellung der Landwirtschaft auf die neuen Bedingungen, wie sie die Reformen hervorbrachten, zählen.[259] Die Bedeutung dieser Krise für den Großgrundbesitz ist am ehesten an den Verschiebungen im Rittergutsbesitz zwischen Adel und Bürgertum zu ermessen, die weiter unten gesondert behandelt werden.

Gegen Ende der zwanziger Jahre stabilisierten sich die Preise dann zunächst auf einem Niveau, wie es schon vor der Kriegs- und Krisenzeit bestanden hatte. Durch die Ausweitung der Anbauflächen und die dauernde Steigerung der Erträge erhöhten sich nun aber die Einkommen der Landwirte kontinuierlich. Zu diesem Zeitpunkt dürfte auf den Gütern die Umstellung auf die nachfeudale Zeit auch schon weit vorangeschritten gewesen sein. Parallel dazu stiegen auch die Verschuldungsmöglichkeiten, so dass nun die sogenannten ‚goldenen fünfzig Jahre' der Landwirtschaft begannen. Unterbrochen wurde diese Entwicklung nur kurzfristig durch die Missernten zwischen 1844 und 1846, die zu – vor dem Hintergrund des Pauperismus besonders katastrophalen – Rekordpreisanstiegen führten.

Diese letzte ‚Hungerkrise alten Typs' wurde vor allem auch durch einen weitgehenden Ausfall der Kartoffelernte bedingt. Der Kartoffelpreis folgte in der Regel den Schwankungen des Getreidepreises, da er wie dieser lange Zeit vorrangig durch die Witterungslage und andere das Produktionsvolumen beeinflussende Faktoren bestimmt wurde (vgl. Abbildung 13). Dabei sind jedoch die Ausschläge wesentlich stärker ausgeprägt, so dass Unterschiede von 40

259 WEHLER, Gesellschaftsgeschichte, Bd. II., S. 30 f.

Indexpunkten innerhalb von wenigen Jahren das ganze Jahrhundert zu beobachten waren. Allerdings wird eine Analyse der Kartoffelpreise dadurch erschwert, dass dieses agrarische Produkt sehr verschiedenartig verwertet werden kann. Die Spannweite reicht von dem Einsatz als Brennereigrundlage oder Schweinefutter bis hin zur Speisekartoffel.[260]

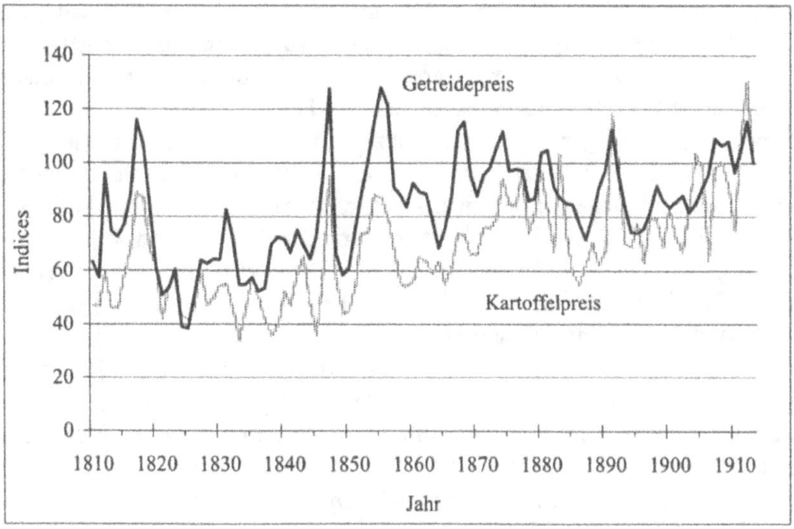

Abbildung 13: Die Indices der Berliner Getreide- und Kartoffelpreise 1810-1913 (1913=100)[261]

Auch nach 1850 kam es noch wiederholt zu schlechten Ernten. Keine brachte jedoch nochmals solche extremen Preisanstiege. Dennoch zeigen die ab 1846 vorliegenden Daten zur jährlichen Produktion, dass die enge Verbindung von Produktionsvolumen und Agrarpreis, die sich erst nach den 1890er Jahren abschwächte, weiterhin bestehen blieb.

Eine der wesentlichen Erscheinungen der landwirtschaftlichen Entwicklung in der zweiten Hälfte des 19. Jahrhundert war sicher die enorm beschleunigte Globalisierung des Handels mit Agrarprodukten. Durch sichere und schnelle Verkehrswege, die starke Ausdehnung der Anbauflächen vor allem in Nordamerika und der Ukraine sowie die rasch wachsende Nachfrage im eigenen Land wurde Deutschland seit den sechziger Jahren vom Ausfuhr- zum Einfuhrland. Damit musste sich Deutschland mittelfristig mit der ausländischen Konkurrenz auseinandersetzen. Ab Mitte der achtziger Jahre zeigten die Berliner Getreidepreise und die brandenburgischen Hektarerträge erste Wirkungen auf diese neue Herausforderung. Die davor liegenden Schwankungen

260 So weist Rolfes darauf hin, dass für den bäuerlichen Kartoffelbau die Schweinepreise von erheblicher Bedeutung sind. Für die großen Güter spielte die Kartoffel dagegen bei der Branntweinerzeugung eine wesentliche Rolle. Die Branntweinpreise folgten jedoch den Getreidepreisen. ROLFES, Landwirtschaft, S. 502.

261 Quelle: JACOBS/RICHTER, Großhandelspreise, S. 52-55.

entsprachen durchaus noch dem Wechsel zwischen guten und schlechten Ernten und befanden sich darüber hinaus auf einem relativ hohen Niveau. Die unter den Nachkriegsautoren vor allem auf Rosenberg zurückgehende und von Wehler stark akzentuierte ‚Strukturkrise der Landwirtschaft' verschiebt sich damit um ein gutes Jahrzehnt nach hinten, wenn es sie in dem Ausmaße überhaupt gegeben hat, da die Getreidepreise ohne Berücksichtigung der Schwankungen des Produktionsvolumens nur ein ungenügender Krisenindikator sind. Die großagrarische Agitation legte dagegen aus gutem Grunde gerade auf diesen leicht mess- und verwertbaren Punkt ihr Hauptaugenmerk. Betrachtet man die Berliner Getreidepreise im langen Trend, so lagen die Indexwerte bspw. in den dreißiger Jahren (Ausnahme 1831) deutlich tiefer. Diese werden jedoch zu recht als Teil der ‚goldenen Jahre' betrachtet. Wenngleich auf diese Weise die Einbrüche der späten Bismarckzeit relativiert werden, ist nicht zu leugnen, dass die Preise in den achtziger und dann noch einmal in den frühen neunziger Jahren deutlich absackten. Die Tiefstwerte des Preisindexes in dieser Zeit lagen allerdings mindestens 20 Punkte über dem mittleren Preis der Periode zwischen 1830 und 1845.

Eine Reaktion vor allem auf die zyklische Krise der Industrie waren die Schutzzölle. Ihnen ging der Übergang der wichtigsten Handelspartner – mit Ausnahme Englands – zu einer prohibitiven Zollpolitik voraus. Der Anstoß zum Handelsprotektionismus ging von Interessenvertretungen derjenigen Wirtschaftssektoren aus, die von 1873 bis 1879 stark getroffen worden war.[262] Bereits 1875 gab es erste Schutzzollforderungen durch die in den Vorjahren gebildeten industriellen Pressure Groups. 1877 wurde der direkte Kontakt zur großagrarischen ‚Vereinigung der Steuer- und Wirtschaftsreformer' aufgenommen. Die ersten landwirtschaftlichen Schutzzölle waren de facto ein – von der Industrie nicht besonders erwünschtes – politisches und ökonomisches Geschenk an die Agrarier einschließlich Bismarcks, die für die Durchsetzung des Protektionismus gebraucht wurden.[263] Angesichts der mittelfristigen Preisentwicklung des Berliner Getreidemarktes ist eine Notwendigkeit zum Schutz der Landwirtschaft zu diesem Zeitpunkt jedoch kaum einzusehen. Bei den vier Hauptgetreidearten hatte es 1878 einen leichten Preiseinbruch gegeben, dem jedoch ein außerordentlich hoher Ernteertrag gegenüberstand. Dem waren darüber hinaus sieben gute Jahre vorangegangen. Dieser erste Schutzzoll fiel allerdings noch relativ niedrig aus, das Getreide wurde nur mit 4,6 bis 6,3 % belastet.[264]

Der erste massive Preiseinbruch in Berlin war erst in den Jahren 1886-87 zu verzeichnen. Allerdings ist zu bedenken, dass er einerseits auch in relativ guten Erntejahren stattfand und sich andererseits in das längerfristige Schwanken der Getreidepreise einordnete.[265] Solche Schwankungen traten im

262 WEHLER, Gesellschaftsgeschichte, Bd. III., S. 552.

263 Vgl. ebd., S. 637-647.

264 Ebd., S. 649. Eine Tonne Weizen, Roggen oder Hafer wurde mit 10 RM Steuer belegt.

265 Seit der Jahrhundertmitte ist ein Schwanken der Getreidepreise in einem unregelmäßigen Zyklus festzustellen. 1849-50 lag er – bedingt durch gute Ernten – außerordentlich niedrig; 1864-65 lag er, einer sehr guten Ernte 1863 folgend, auf annähend dem selben Stand wie

übrigen bereits vor dem massiven Vordringen ausländischen Getreides auf. Das kurze Absinken der Preise wurde jedoch bereits durch die schlechte Ernte von 1890 wieder korrigiert. Die nach wie vor bestehende Abhängigkeit zwischen Ernteertrag und Preisanstieg zeigt, dass zu diesem Zeitpunkt der Druck des Weltmarktes noch nicht stark genug war, um die Marktlücke bei gleichbleibenden niedrigen Preisen zu schließen. Allerdings korrespondierte mit der schlechten deutschen Ernte auch eine eben solche im Weltmaßstab.[266] Nach dieser kurzen Erholung der Preise kam es dann auf dem Berliner Markt zu einer fünf Jahre anhaltenden Tiefpreisphase, die allerdings durchaus mit den Indexwerten in der Mitte der sechziger Jahre vergleichbar ist. Noch bevor die Talsohle erreicht war, wurden 1885 die Getreidezölle verdreifacht.[267] Dennoch fielen die Preise in den nächsten zwei Jahren weiter stark ab. Daraufhin gelang es den agrarischen Interessenvertretern bereits 1887, die nächste Zollerhöhung durchzusetzen, den sogenannten dritten Bismarck-Tarif. Für Weizen und Roggen mussten beim Import nun 50 RM pro Tonne bezahlt werden, was für Roggen einem Wertzoll von 42 % und für Weizen von 28 % entsprach. Der schwächeren Ernte 1889 und einer Missernte in Russland, die dort zu einem Getreideausfuhrverbot führte, folgte nun wieder ein extremer Preisanstieg, der natürlich an die Konsumenten weitergegeben wurde. 1891 erreichten die Berliner Preise ein Niveau, wie sie es in den letzten 40 Jahren nicht gehabt hatten. Parallel dazu setzte jedoch in der Industrie ein Konjunkturabschwung ein, so dass sich die Regierung Caprivi gezwungen sah, angesichts hoher Lebenshaltungskosten und fallender Reallöhne die Zollerhöhungen zunächst zugunsten Österreich-Ungarns und dann aller anderen Länder, mit denen Meistbegünstigung vereinbart war, teilweise zurückzunehmen.

Ab etwa 1890 setzte ein weiterer Intensivierungsschub in der Landwirtschaft ein, der dazu führte, dass die Erträge fast jährlich stiegen und bereits um 1910 im Schnitt 25 % höher lagen als in den achtziger Jahren. Die guten Inlandsernten, verbunden mit einem nun noch verstärkter einsetzenden Druck ausländischen Getreides, führten dazu, dass nach dem kurzen Hoch bereits 1893 die Preise erneut sanken. Allerdings dürfte die massive Ausweitung des Produktionsvolumens im Gegensatz zum Preissturz in der zweiten Hälfte der achtziger Jahre die direkten Folgen für die Produzenten deutlich gemindert haben. Die agrarischen Interessenverbände, vor allem der in diesem Jahr gegründete Bund der Landwirte, machten für die Preisentwicklung natürlich die Zollsenkungen und den Kanzler Caprivi verantwortlich. Angesichts der sich globalisierenden Märkte greift eine solch monokausale Beantwortung der Frage nach den Ursachen jedoch zu kurz. So waren einerseits die Weltmarktpreise zwischen 1891 und 1894 um 40 Prozentpunkte gefallen und konterka-

---

1886-87. In den siebziger Jahren gab es, entgegen der These von der hier beginnenden Strukturkrise, keinen so extremen Tiefpunkt. Vgl. JACOBS/RICHTER, Großhandelspreise, S. 52-55.

266 Vgl. hierzu: BAUDIS/NUSSBAUM, Wirtschaft, S. 234.

267 Bei 30 RM/Tonne betrug der Wertzoll für Roggen nun schon 21 %. Vgl. ebd.

rierten damit die Einfuhrzölle[268], andererseits hatten die Landwirte selbst und hier vor allem die Großgrundbesitzer durch den Versuch marktkonformen Handelns zur Preisentwicklung beigetragen. So lässt sich seit etwa 1880 eine jährliche Veränderung der Anbauflächen für die Hauptgetreidearten feststellen, die sich jeweils an den Vorjahrespreisen orientierte. Auf diese Weise wurde jedoch durch die Ausweitung des Produktionsvolumens sogleich in Richtung einer Preissenkung gearbeitet.[269] Interessant ist dabei, dass es der Großgrundbesitz – und sicher nicht nur der bürgerliche – war, der marktwirtschaftlich reagierte.

Da die unter Caprivi ausgehandelten Verträge Laufzeiten von mindestens zwölf Jahren hatten, musste die Landwirtschaft – ebenso wie die Industrie – bis mindestens 1903 unter den Bedingungen einer verringerten Protektion existieren. Nicht nur die Einkommensstatistik von 1902, sondern auch die stark erhöhten Hektarerträge zeigen, dass es nicht unerheblichen Teilen der Landwirte gelang, sich auf die neuen Anforderungen einzustellen. Auch die oben erwähnte Flexibilisierung des Getreideanbaus muss in diesen Kontext eingeordnet werden. 1902 wurde dann ein neuer landwirtschaftsfreundlicher Tarif beschlossen, der allerdings erst 1906 in Kraft trat. Bei Roggen wurde der Vor-Caprivi-Stand wieder erreicht, bei den anderen Getreidesorten sogar übertroffen. Nach Inkrafttreten der neuen Tarife kam es zu einem – vor allem aber auch durch die Weltmarktpreise bestimmten – erheblichen Preisanstieg, der die Einkommen der Landwirte deutlich gesteigert haben muss.

Über das Ausmaß der Zugewinne, die den Großgrundbesitzern durch den Agrarprotektionismus – der keine deutsche Ausnahmeerscheinung war – zuflossen, gibt es nur grobe Schätzungen. Diese besagen, dass das jährliche Plus in etwa einem Prozent des gesamtdeutschen Nettosozialproduktes entsprach, das waren je nach Zeitpunkt zwischen einer halben und einer Milliarde Mark. Den Preis dafür zahlten die deutschen Verbraucher, die auf Grund der behinderten Einfuhr des billigeren ausländischen Getreides höhere Lebenshaltungskosten zu zahlen hatten.[270] Die politischen Interessenorganisationen des Großgrundbesitzes setzten sich im nicht spannungsfreien Wechselspiel mit denen der Industrie erfolgreich gegen die Freihändler in Politik und Bürokratie durch und verschafften sich auf diese Weise Zuwächse, die ohne den Agrarprotektionismus geringer ausgefallen oder ganz ausgeblieben wären.

Da den Großgrundbesitzern neben dem modern agierenden Bund der Landwirte weiterhin vorzügliche Kontakte zu den Spitzen der Bürokratie zur Verfügung standen, vermochten sie es vor allem in den neunziger Jahren, zusätzlich zu den Schutzzöllen noch eine Reihe weiterer Unterstützungen zu erhalten. Hierzu zählen die Staffeltarife für Getreide, die Langstreckentransporte verbilligten (1891-1893), die Aufhebung des Identitätsnachweises für Getreide (1894), die Novelle zum Viehseuchengesetz (1894), die Einrichtung

268 Wie groß die Nachfrage im Kaiserreich war, zeigt sich daran, dass Deutschland vor 1914 fast ein Viertel des Weltgetreideexports aufnahm. WEHLER, Gesellschaftsgeschichte, Bd. III., S. 651.

269 BAUDIS/NUSSBAUM, Wirtschaft, S. 236.

270 WEHLER, Gesellschaftsgeschichte, Bd. III., S. 653.

der Landwirtschaftskammern (1894)[271], das Börsengesetz (1896) und das ‚Margarinegesetz' (1897).

Von großer Bedeutung war die Aufhebung des Identitätsnachweises. Seit 1879 konnte für importierte Waren, die weiter exportiert wurden, der Einfuhrzoll zurückerstattet werden. Allerdings musste die Identität der ein- und ausgeführten Waren nachgewiesen werden. Mit der Aufhebung dieser Pflicht 1894 wurden die Einfuhrscheine zum Handelsobjekt. Getreideexporteure konnten ihre Einfuhrscheine an Importeure gegen einen Abschlag weiterveräußern. Der Exporteur erhielt damit für sein zum Weltmarktpreis verkauftes Getreide eine verkappte Prämie, die nur etwas unterhalb des gültigen Einfuhrzolles lag. Vor allem dadurch wurde bewirkt, dass der Unterschied zwischen Weltmarktpreis und Inlandspreis in etwa dem Tarif entsprach.[272] Dies führte dazu, dass seit 1894 die Roggenausfuhr erheblich zunahm und zwischen 1906 und 1910 ein Exportüberschuss eintrat, der bis zum Beginn des Weltkrieges ständig anwuchs.[273] Dass sich auf diese Weise die Einnahmen der Güter auf den schwächeren Böden, die hauptsächlich Roggen anbauten, weiter verbesserte, ist leicht ersichtlich.

Aus dem Vorhergegangenen wird deutlich, dass die Einkommen der Landwirte und hierbei vor allem der Großgrundbesitzer mit einer hohen Marktquote seit dem Ende der dreißiger Jahre dauerhaft gestiegen waren, bis Anfang der achtziger Jahre eine kurzzeitige Stockung eintrat. Die Schutzzölle und andere Vergünstigungen für die Landwirtschaft bewirkten jedoch im Zusammenspiel mit der Preisentwicklung auf dem Weltmarkt spätestens seit der Mitte der neunziger Jahre, dass sich die Situation für die Landwirte deutlich verbesserte. Vor einer kurzen Einschätzung des Problems ‚Agrarkrise' im letzten Viertel des 19. Jahrhunderts sollen nun noch die Hauptentwicklungen im zweiten zentralen Bereich der landwirtschaftlichen Produktion – der Viehzucht – kurz betrachtet werden.

Die Fleischpreise

Mit der Umstellung auf modernere Formen der Landwirtschaft kam auch der Tierhaltung und Verwertung von Tierprodukten ein ganz neuer Stellenwert zu, der u. a. auch daran zu ermessen ist, dass sich die Viehbestände im Verlaufe des Jahrhunderts konstant erhöhten. Mit der Verbesserung der Einkommenssituation breiterer Kreise und der Zunahme der Bevölkerung wuchs der Absatzmarkt für die Produkte dieses Zweiges der Landwirtschaft vor allem seit der Mitte des Jahrhunderts ständig an. Ähnlich wie beim Ackerbau kam es neben der extensiven Ausweitung darüber hinaus zu einer Intensivierung, die

271 Die Landwirtschaftskammern wurden aus von den Grundbesitzern auf den Kreistagen gewählten Abgeordneten gebildet und waren den Behörden beigeordnete Korporationen mit eigenen aus Beiträgen und Zuschüssen gebildeten Finanzmitteln. Sie hatten Einfluss auf die agrarische Gesetzgebung und stellten darüber hinaus eine ‚seriöse Agitationsplattform' der Interessenverbände dar. Vgl. Hans-Jürgen PUHLE, Politische Agrarbewegungen in kapitalistischen Industriegesellschaften, Göttingen 1975, S. 56 ff.

272 BAUDIS/NUSSBAUM, Wirtschaft, S. 244.

273 ROLFES, Landwirtschaft, S. 499.

sich in der Erhöhung von Schlachtgewicht und Milchleistung sowie der Verkürzung des Umtriebes, d. h. des Erreichens der Schlachtreife, ausdrückten.

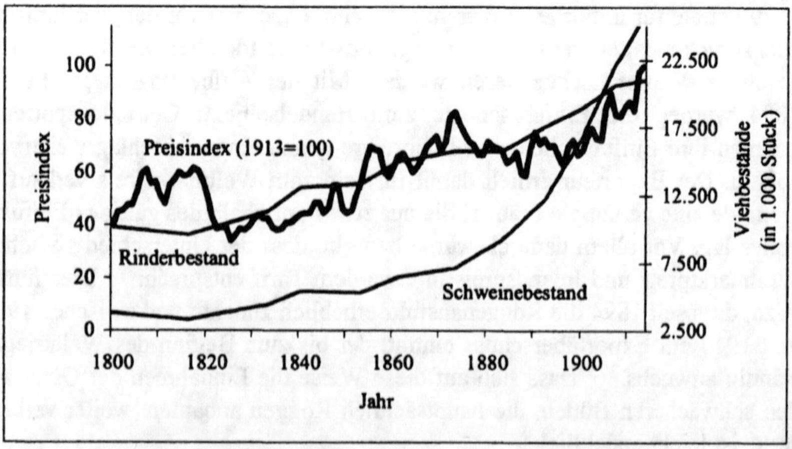

Abbildung 14: Die Berliner Marktpreise und die Entwicklung der Bestände von Rindern und Schweinen in Deutschland 1800-1910[274]

Die Entwicklung der Viehpreise, die sowohl lebende Tiere als auch Fleischgroßmarktpreise beinhalten, zeigt einen ähnlichen Verlauf, wie die der Getreide- und Kartoffelpreise (Vgl. Abbildung 14). Bis zum Ende der zwanziger Jahre lagen die Preise sehr hoch, was sicher neben dem Ersatz der Kriegsverluste auch auf den erhöhten Bedarf an eigenen Arbeitstieren auf den Gütern zurückzuführen ist.[275] Danach erlebten auch die Viehpreise – parallel zum Einbruch der Getreidepreise – ihren Jahrhunderttiefststand, der allerdings weniger ausgeprägt als beim Getreide war. Ab der Mitte der fünfziger Jahre begann ein rund dreißig Jahre dauernder kontinuierlicher Preisanstieg um etwa ein Drittel, der immer wieder von wellenförmigen Abwärtsbewegungen unterbrochen wurde.

Die Mitte der siebziger Jahre des 19. Jahrhunderts ist dann in doppelter Weise ein Wendepunkt gewesen. Zum einen wurde der lange Aufwärtstrend der Preise gestoppt und verwandelte sich in eine bis 1890 andauernde Abwärtsbewegung. Mit dem Preisverfall ging jedoch auf der anderen Seite eine erhebliche Aufstockung der Viehbestände einher, die zu einer Verdreifachung der Schweinebestände und einer Zunahme der Rinderzahl um ein Drittel führte. Die Landwirtschaft stellte sich also in relativ kurzer Zeit auf die neue Marktsituation ein, die durch einen erhöhten Bedarf an Fleisch und tierischen Produkten gekennzeichnet war. Die Mehreinnahmen durch die Tierproduktion dürften damit den Abschwung der Getreidepreise zumindest teilweise kompensiert haben. Die großen Güter waren in diesen Wandel der Balance zwischen Ackerbau und Viehzucht einbezogen, wenngleich ihr konkreter

274 Quellen: Marktpreise aus JACOBS/RICHTER, Großhandelspreise, S. 56-58; Viehbestände nach BITTERMANN, Agrarische Produktion, S. 42.

275 Darauf weisen die deutlich höheren Indexe der Rinderpreise hin.

Anteil daran nicht festzustellen ist. Aber auch wenn der Viehbesatz pro Hektar – wie oben schon diskutiert – zwangsläufig geringer war, haben die marktorientierten Großlandwirte die Chance der Umverlagerung ihrer Einkommensstruktur mit Sicherheit genutzt.

Seit spätestens der Mitte der 1890er Jahre zogen dann auch die Preise in diesem Bereich wieder an und dürften damit zusammen mit denen für Getreide für einen deutlichen Einkommenszuwachs gesorgt haben. Eine wichtige Ursache für die Preisstabilisierung waren die veterinärpolizeilichen Gesetze, die ohne große parlamentarische Anstrengungen auf dem Verordnungswege erlassen wurden und die Einfuhr von Lebendvieh fast vollständig beendeten sowie den Import von Fleisch und Fleischwaren zusammen mit den auch für diesen Bereich erlassenen Schutzzöllen um 90 % senkten.[276] Ähnliche Entwicklungen wie bei den Fleischpreisen sind auch für Agrarprodukte wie Milch, Käse und Butter zu erkennen, die ebenfalls der Agrarprotektion unterlagen.[277]

Eine andere Entwicklung als die Preise für Rinder und Schweine bzw. Milch nahmen dagegen die für Schafe und Wolle (vgl. Abbildung 15).

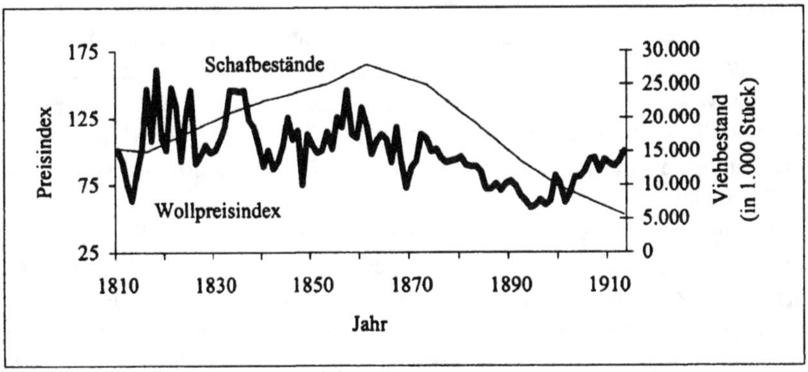

Abbildung 15: Die Entwicklung der Schafbestände in Deutschland und der Berliner Wollpreisindex (1810-1913)[278]

Wie weiter oben bereits kurz beschrieben, waren die Schafbestände – vor allem auch auf den großen Gütern – nach 1815 stark ausgedehnt worden. Der zwischen 1815 und 1837 stark schwankende, aber dennoch sehr hoch liegende, Wollpreis ermöglichte dabei in guten Jahren erhebliche Gewinne. Das Vordringen der Baumwolle stoppte diese Entwicklung jedoch, und vor allem

276 WEHLER, Gesellschaftsgeschichte, Bd. III., S. 651. Die Schutzzölle für Rindfleisch und Schweinefleisch betrugen bis 1906 pro Tonne 150, bzw. 170 RM, danach einheitlich 270 RM. BAUDIS/NUSSBAUM, Wirtschaft, S. 244.

277 Vgl. JACOBS/RICHTER, Großhandelspreise, S. 58 f. Allerdings weist Rolfes darauf hin, dass 1876 die Berliner Milchpreise sehr niedrig lagen und erst nach der Jahrhundertwende eine Besserung aus Sicht der Produzenten eintrat. ROLFES, Landwirtschaft, S. 503.

278 Quellen: Wollpreisindex nach JACOBS/RICHTER, Großhandelspreise, S. 66 f.; Viehbestand nach BITTERMANN, Agrarische Produktion, S. 42.

nach 1860 sank der Wollpreis 40 Jahre lang kontinuierlich. Damit parallel kam es bis 1910 zum Abbau der Bestände auf etwa ein Fünftel des Standes von 1860.

Seit etwa 1900 stiegen die Preise für Wolle dann allerdings wieder langsam an und legten innerhalb von zehn Jahren um rund ein Drittel zu. Die immer noch großen Schafbestände auf den Gütern, die mit ihrem hohen Weideanteil für diese Art der Tierhaltung prädestiniert waren, dürften also nach der Jahrhundertwende wieder einen leicht vergrößerten Anteil zum Einkommen beigetragen haben.

Die Holzpreise und die Jagdverpachtungen

Seit 1810 zeigten die Holzpreise eine konstant wachsende Tendenz.[279] Der Eisenbahnbau führte in dem Jahrzehnt nach 1850 zu einer ersten deutlichen Spitze, der ein weiterer Anstieg in der Gründerzeit (1872-1875) folgte. Dabei waren die ostelbischen Nutzhölzer gegenüber denen der Westprovinzen konkurrenzfähig.[280] Die Holzpreise folgten dem allgemeinen Preisverfall im Gefolge der Wirtschaftskrise nach der Gründerzeit mit etwa zwei Jahren Verspätung, sackten dann aber für einige Zeit erheblich ab. Dieser Preisknick führte im Zusammenspiel mit dem Abschwenken von der Freihandelspolitik dazu, dass zeitgleich mit den Industrie- und Agrarschutzzöllen auch Holzzölle erhoben wurden. Diese richteten sich vor allem gegen Russland.[281] Die Zölle betrugen für gesägtes Holz 1,50 RM und für rohes Holz 0,60 RM pro Festmeter. Daraufhin sanken zwischen 1873 und 1881 die Importe auf weniger als die Hälfte ab.

Dennoch waren die Jahre zwischen 1873 und 1880 für die Forstwirtschaft ein Zeitraum erheblicher Gewinnminimierungen. Nach jahrzehntelangem Anstieg der Preise erlebten die Forstwirte nun plötzlich innerhalb einer kurzen Zeitspanne ein Sinken ihrer Reineinnahmen um 30-40 %.[282] Der Einbruch der Holzpreise bildete daher einen weiteren Mosaikstein in einer allgemein als bedrohlich empfundenen Situation. Ihm folgten etwas später die Preiseinbrüche beim Getreide, die – weil sie alle Großgrundbesitzer trafen – noch stärker mobilisierend wirken sollten. 1885 gelang es den Waldbesitzern, die Holzzölle weiter zu erhöhen. Es gelang jedoch mit diesem Mittel nicht, die Holzeinfuhren dauerhaft zu unterdrücken. Bereits 1889 lagen die Importzahlen über denen von 1885. 1906 erfolgte eine erneute Erhöhung der Schutzzölle auf Holz, die jedoch für Staaten mit den Handelsverträge bestanden geringer ausfielen.

---

279 Vgl. zum folgenden u. a. Kurt MANTEL, Wald und Forst in der Geschichte. Ein Lehr- und Handbuch, Hannover 1990, S. 260.

280 So erzielte Kiefernnutzholz im Berliner Umland Preise bis zu 22 Rittmeister pro Festmeter, während in Rheinpreußen nur 11-14 RM erzielt worden sind. Ebd.

281 Der Reichskanzler, Waldbesitzer und Inhaber einer Papier und Zellstofffabrik Bismarck hatte sich persönlich im Reichstag gerade auch für die Holzzölle stark gemacht. Vgl. Heinrich RUBNER, Forstgeschichte im Zeitalter der industriellen Revolution, Berlin 1967, S. 151.

282 Ebd., S. 152.

Trotz steigender Importe stiegen die Preise nach 1880 wieder an. Zwischen 1880 und 1890 erhöhten sie sich für Fichten um 11 % und für Kiefern um 6 %. Von 1890 bis 1900 legten die Preise für Fichtenholz dann um weitere 19 %, die für Kiefern sogar um 24 % zu. Die Nutzholzpreise stiegen im Kaiserreich im Jahresdurchschnitt bei Nadelholz um 1,2 – 1,6 % und beim Laubholz um 3-5 %. Zwischen 1820 und 1900 erlebten sie damit eine Vervierfachung.[283]

Angesichts konstant steigender Erträge bedeutete dies, dass Waldbesitz im 19. Jahrhundert immer profitabler wurde, zumal nach 1900 von einigen kurzen Einbrüchen abgesehen, der Preisanstieg weiter ging. „Waldbesitz konnte im späteren 19. Jahrhundert, besonders aber seit den 1860er Jahren ... (ein) zweites Standbein jedes vermögenderen adligen Agrariers mit Forsten oberhalb der 500 – 1.000 ha Grenze werden.[284]

Einige eindrucksvolle Beispiele für die Ertragsdimensionen von großem Privatwaldbesitz hat Theilemann zusammengetragen. So erzielten die 12.349 ha großen Forsten der v. d. Schulenburgschen Standesherrschaft Lieberose 1909 Roheinnahmen in Höhe von 297.000 RM. Abzüglich der von den Zeitgenossen als überhöht charakterisierten Betriebsausgaben von 110.000 RM, betrug der Reinertrag in diesem einen Jahr 186.000 RM. Für Königswalde in der Neumark sind in dem selben Jahr 247.000 RM als Reinertrag nachgewiesen.[285] Für die rund 4.000 ha Forst der Herrschaft Wiesenburg schätzt Theilemann den Ertrag von 1910 auf mindestens 28.000 RM, er lag jedoch mit hoher Wahrscheinlichkeit deutlich darüber. Diese Zahlen belegen eindeutig, dass die großen Wälder ernorme Ertragsquellen waren und vor allem für die großen Herrschaften wesentlich mehr Bedeutung als die Landwirtschaft gehabt haben.

Eine weitere Ertragsquelle des Waldes der Rittergüter und anderen Großgrundbesitzungen war die Jagd, deren ökonomische Bedeutung bislang unterschätzt worden ist.[286] So brachte die Jagd einerseits in Form des geschossenen Wildes Erträge und Beiträge zur Speisekarte auf den Gütern, andererseits konnten durch die Verpachtung oder durch Abschussgenehmigungen Nebeneinkünfte aus den Wäldern gezogen werden. Die reinen Erträge aus Abschüssen lagen um 1850 bei 0,04 RM/ha. Sie stiegen auf 0,11 RM um 1870 und erreichten um 1912 0,25 RM/ha.[287] Bedeutender waren daneben die Erträge aus der Verpachtung, denn um 1889 wurden im preußischen Durchschnitt 4-6 RM/ha gezahlt. Damit konnten auf großen Herrschaften allein durch Jagdverpachtungen und Abschussgenehmigungen jährlich 3.000 RM und mehr eingenommen werden.[288]

---

283 THEILEMANN, Adel, S. 297.

284 Ebd., S. 232 f. Vgl. zu den Forstbetriebsgrößen auch S. 222.

285 Ebd., S. 311.

286 Vgl. dazu jetzt vor allem Theilemann, S. 204-226.

287 Ebd., S. 210.

288 Ebd., S. 211.

Anmerkungen zur Krise der Landwirtschaft im letzten Viertel des 19. Jahrhunderts

Betrachtet man die Getreidepreisentwicklung im Zusammenhang mit den jährlichen Erträgen sowie den Viehpreisen, ist – aus der Sicht des Großgrundbesitzes – starke Skepsis an der These von der „säkularen Wendemarke" 1875, an der eine „drückende Depression" begann[289], angebracht. Im längerfristigen Auf und Ab der Getreidepreise war das letzte Viertel des Jahrhunderts, vor allem dann, wenn vom Mittel und nicht von den Spitzenwerten ausgegangen wird, keine extreme Ausnahme.

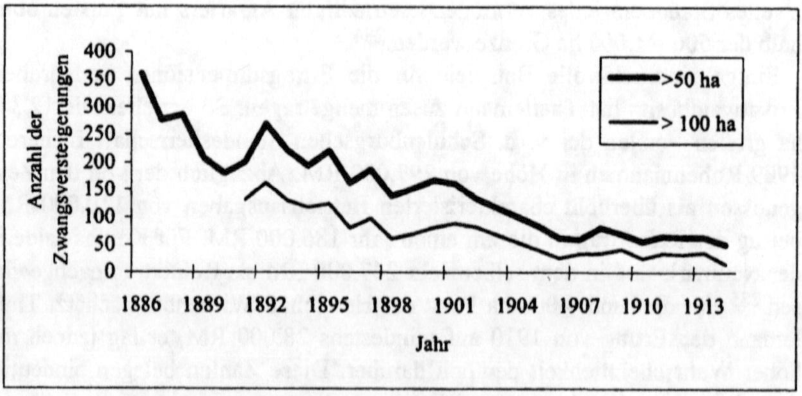

Abbildung 16: Die Zwangsversteigerungen ländlicher Grundstücke über 50 und über 100 ha in Preußen 1886-1914[290]

Darüber hinaus kompensierten Produktionszuwächse zumindest teilweise die Preisschwächen. Sicher waren vor allem die achtziger Jahre, die nach einem langen Aufwärtstrend vorläufig nur noch geringe Zuwächse oder sogar einen leichten Rückgang der Einkommen brachten, für viele Landwirte eine schwierige Zeit. Vor allem die mit hohen Besitzschulden belasteten neueren Eigentümer, die ihre Güter in der Erwartung eine Fortschreitens der Preise erworben hatten, dürften z. T. schwer getroffen worden sein. Ebenso traf es jene, die ohnehin mit relativ schmalen Einkommen leben mussten und den größten Teil ihres Einkommens aus dem Anbau von Getreide bezogen. Die Zahlen der Zwangsversteigerungen seit der zweiten Hälfte der achtziger Jahre sprechen dabei für sich (vgl. Abbildung 16). Nach einem Rückgang um 1890 stiegen sie während des zweiten starken Preisabfalls noch einmal deutlich an, um dann ab 1892/93 kontinuierlich abzusinken. Dies weist darauf hin, dass die

289 WEHLER, Gesellschaftsgeschichte, Bd. III, S. 58 f.

290 Als Quelle wurde die Zusammenstellung der entsprechenden Statistiken von Heß benutzt (Tabelle 75). Da für die Jahre 1886-1890 nur die Gesamtdaten für Besitzungen über 50 ha existieren, wurden diese hier dargestellt. Die Daten für 1903 und 1904 fehlen und wurden extrapoliert. Vgl. auch zum Problem der Statistik der Zwangsversteigerungen allgemein: HEß, Junker, S. 264 ff.

Einbrüche der Getreide- und auch der Viehpreise am Großgrundbesitz – im Gegensatz zur Auffassung von Heß – nicht schadlos vorbeigegangen sind.[291]

Allerdings wurden auf dem Höhepunkt der zweiten ‚Krise' von den 16.433 ländlichen Besitzungen mit mehr als 100 ha Fläche ganze 163 im Gesamtstaat zwangsversteigert. Damit wurde durchschnittlich in jedem dritten der 455 Landkreise[292] in diesem Jahr ein Gut zwangsversteigert. Beim ersten ‚Preisknick' in den achtziger Jahren waren es maximal doppelt so viel. In Rechnung zu stellen ist, dass die ostelbischen Gebiete stärker von den krisenhaften Erscheinungen getroffen worden waren.[293] Das bedeutet, dass auf dem Höhepunkt des ersten Preiseinbruches im Osten durchschnittlich in jedem Kreis ein größeres Gut zwangsversteigert wurde. Dies mag von der absoluten Zahl gering sein, die psychologischen Auswirkungen auf die ‚Nachbarn' sind jedoch nicht zu vernachlässigen.[294]

Da die Daten anzeigen, dass seit der Mitte der neunziger Jahre sowohl der Preis als auch das Produktionsvolumen beim Getreide anstiegen, ist die Etikettierung ‚tiefgreifende Depression' für die letzten Jahrzehnte des Kaiserreiches aus ökonomischer Sicht überzogen.[295] Dies um so mehr, da sie sich nur auf die Preisindices stützt und die Ertragssteigerungen zu wenig beachtet. Erweitert wird diese Kritik, neben dem Verweis auf die Möglichkeit der Kompensation durch verstärkte Viehzucht und Milchverwertung, auch noch durch andere Faktoren. So wurde ein Teil der Betriebsmittel, die nicht auf den Gütern selbst hergestellt werden konnten, billiger. Durch maschinelle Fertigung sanken die Preise für Pflüge und Eggen auf annähernd die Hälfte. Mit dem Masseneinsatz von Düngemitteln wurden hier ähnliche Ergebnisse erreicht.[296]

Allerdings stiegen die Preise für andere Geräte dagegen offensichtlich noch an.[297] Ein weiteres Indiz für die sich verbessernde Situation ist auch die Tatsache, dass trotz der anhaltenden Steigerung der Güterpreise die Verschuldung und auch die Zahl der verschuldeten Güter seit der Jahrhundertwende wieder abnahm. Darüber hinaus entwickelte sich die Schuldenbelastung beim Kreditinstitut gleichförmig und parallel zur Steigerung der Güterpreise. Die

291 Vgl. HEß, Junker, S. 268.

292 Ohne Hohenzollern, das in vier Oberämter zerfiel.

293 Die höchsten Werte erreichte Ostpreußen mit 6,6 Promille Zwangsversteigerungen von Gütern über 200 ha, Westpreußen folgte mit 4,1 ‰. Brandenburg lag mit 3,2 ‰ leicht unter dem Staatsdurchschnitt. Die Werte für die Westprovinzen lagen mit Ausnahme Schleswig-Holsteins deutlich niedriger. HEß, Junker, S. 270.

294 In den Jahrzehnten zwischen 1830 und 1860 lag die Zahl der Zwangsversteigerungen auf einem deutlich geringeren Niveau. Vgl. dazu auch: S. 340 f.

295 Daneben ist jedoch unbestritten, dass die Einbindung der ostdeutschen Landwirtschaft in den Weltmarkt strukturelle Umorientierungen erforderlich machte, die teilweise bis heute nicht abgeschlossen sind, wovon die dauerhafte Subventionierung der Landwirte zeugt.

296 ROLFES, Landwirtschaft, S. 504 f. So sank der Guanopreis von 13,20 RM auf 7,25 RM, der Preisindex für Salpeter bei starken Schwankungen von 1880/84 = 126,6 auf 1910/13 = 93. Vgl. BAUDIS/NUSSBAUM, Wirtschaft, S. 393 (nach SPIETHOFF und JACOBS/RICHTER).

297 Nach den Daten von Hoffmann stieg der Preisindex für landwirtschaftliche Maschinen zwischen 1880 und 1913 von 74 auf 100. HOFFMANN, Wachstum, S. 569 f.

Jahre niedriger Getreidepreise bewirkten weder einen auffälligen Schuldenanstieg noch ein Stehenbleiben oder Absinken der Bodenpreise.[298]

Einer Bewertung des Getreidepreises als Hauptindikator für eine Krisensituation stehen außerdem noch die Angaben über die Einkommensstruktur des Großgrundbesitzes um die Jahrhundertwende entgegen. Eine Erhebung des Deutschen Landwirtschaftsrates über die Rentabilität von Landwirtschaftsbetrieben ergab, dass von den Einkünften der Großbetriebe nur ein knappes Drittel bis ein Fünftel aus dem Getreideverkauf stammte. Bei den in die Untersuchung einbezogenen Betrieben Brandenburgs mit einem Wert von mehr als 150.000 RM stammten nur 26 % der Gesamteinnahmen aus dem Getreideanbau. Insgesamt machten die Produkte des Ackerbaus nur knapp ein Drittel der Einnahmen aus, während ein weiteres Drittel aus der Viehwirtschaft stammte. Gering war der Anteil der Einkünfte, welche die untersuchten Betriebe aus der Waldnutzung bezogen, dagegen steuerten die Nebengewerbe fast ein Viertel aller Einnahmen bei.[299] Es ist zu vermuten, dass diese Struktur auch ein Ergebnis der Preisbewegungen für agrarische Produkte seit 1880 war. Auf jeden Fall widersprechen diese zeitgenössischen Angaben dem Bild von unflexiblen Großbetrieben, die ausschließlich Monokulturen anbauten und beim ersten Flattern der Getreidepreise ins Wanken kamen.[300]

Zusammenfassend sind die Preiseinbrüche in der Mitte der achtziger und zu Anfang der neunziger Jahre aus ökonomischer Sicht deutlich geringer zu bewerten, als dies das Etikett von der ‚Depression' suggeriert, das sich eher mit den industriellen Entwicklungsdaten und deren Wahrnehmung durch die Zeitgenossen in Übereinstimmung bringen lässt.[301] In der Langzeitperspektive stellten die Preisabschwünge nur kurze Phasen der Stagnation und eventuell auch leichter Rückgänge dar, die es seit den dreißiger Jahren immer wieder gegeben hat.[302] Vor allem der zweite Preiseinbruch konnte von den inzwischen auf solche Entwicklungen besser vorbereiteten Landwirten mit Sicherheit besser abgefangen werden. Es ist durchaus wahrscheinlich, dass der zunehmende Druck des Weltmarktes die weitere Modernisierung der Land-

298 Zu der selben Feststellung kamen auch BAUDIS/NUSSBAUM, Wirtschaft, S. 206.

299 Die Ergebnisse der Erhebungen über die Rentabilität bestimmter Landwirtschaftsbetriebe im Jahre 1898, in: Archiv des Deutschen Landwirthschaftsraths 27 (1903), S. 516.

300 Die Daten für die Großbetriebe in Ostelbien waren in der Regel den brandenburgischen ähnlich. Allerdings lag der Anteil des Einkommens vom gesamten Ackerbau für die Provinz Sachsen und für Posen deutlich höher, was im ersten Falle auf die Rübenproduktion zurückgeführt werden kann. Vgl. ebd.

301 Der bereits von den Zeitgenossen geprägte Begriff ‚große Depression' für die Jahre zwischen 1873 und 1895 bezog sich vor allem auf die industrielle Entwicklung und wurde von der wirtschaftshistorischen Forschung widerlegt. Wehler spricht stattdessen resümierend von der großen Deflation, d. h. einem langfristigen Preisverfall bei ständig anwachsender Produktion. WEHLER, Gesellschaftsgeschichte, Bd. III., S. 348 f.

302 Allerdings sollten die Preiseinbrüche bei aller Relativierung nicht vollends ignoriert werden und an Hand von Daten, die zum größten Teil aus den neunziger Jahren und danach stammen, in eine weitgehend krisenfreie Zeit umgedeutet werden, wie es Heß tut. Sicher ist der Feststellung, dass die Preiseinbrüche in den neunziger Jahren kompensiert werden konnten – die vor ihm bereits andere Autoren äußerten – zuzustimmen, dabei dürfen jedoch die achtziger Jahre nicht ausgeblendet werden. HEß, Junker, S. 306 ff.

wirtschaft, wie sie seit Beginn der neunziger Jahre deutlich zu erkennen ist, mit angeregt hat. Vor allem die fast zwanzigjährige Phase protektionsgestützter dauernder Zuwächse seit der Mitte der 1890er Jahre verbietet es jedoch, den Begriff Depression zu überstrapazieren.

Ganz anders dürfte dagegen die subjektive Wahrnehmung dieser Jahre durch die Großgrundbesitzer zu bewerten sein. Die Preiseinbrüche beim Getreide reihten sich in eine lange Kette von Verlust- und Bedrohungserfahrungen auf ökonomischem und politischem Gebiet ein. Hierzu zählen auf der einen Seite vor allem die Einbußen wesentlicher politischer Vorrechte im Gefolge von Agrarreformen und 1848er Revolution sowie die Niederlagen beim Abwenden der Grundsteuerreform oder bei der Kreisverfassungsreform. Daneben belastete die Großgrundbesitzer mit Sicherheit auch die seit einer Generation massiv wachsende Verschuldung sowie die – mit Lohnerhöhungen verbundene – beginnende ‚Leutenot'. Auf einer anderen Ebene waren jedoch auch das sichtbare Anwachsen des großbürgerlichem Kapitals und die daraus resultierenden Mitbestimmungsansprüche Bausteine einer agrarischen Defensiv- und Notstandsstimmung. Als die seit Jahrzehnten steigenden Einnahmen stagnierten oder kurzzeitig zurückgingen, reihte sich ein neues Bedrohungsmoment in die Kette ein.[303]

Die adlig dominierten Interessenvertretungen der ostelbischen Landwirtschaft haben aus dieser subjektiv als ‚Rücken zur Wand'-Lage gedeuteten Situation den Schluss gezogen, jede Möglichkeit, Boden wettzumachen, zu nutzen. Die traditionelle Klage über das Notleiden der Landwirtschaft konnte dabei im Rahmen der sich entwickelnden offenen Austragung von Interessen, die auch die Mobilisierung der öffentlichen Meinung mit einschloss, politisch hervorragend instrumentalisiert werden.[304] Darüber hinaus bot der Rekurs auf die gemeinsame Notlage aller Landwirte die Gelegenheit für den politisch aktiven Großgrundbesitz, ‚das Land' als Massenbasis zur Durchsetzung seiner Interessen zu mobilisieren. Die Folge war, dass es den agrarischen Interessenvertretungen gelang, den von Teilen der Industrie auf den Weg gebrachten Zollschutz dauerhaft für die Landwirtschaft zu einzufordern. Leichten Turbulenzen folgte daher ein ‚Altweibersommer' der kaiserzeitlichen Landwirtschaft. Der Preis für den langfristigen Zollschutz und die steuerliche Begünstigung wurde dann in der Weimarer Republik bezahlt. Eine deutlich stärkere staatliche Belastung, erheblich gestiegene Arbeitslöhne und Lohnnebenkosten sowie der nach Beendigung der Kriegswirtschaft kaum gebremste Druck des Weltmarktes führten dazu, dass die Landwirtschaft trotz weitgehender Entschuldung in der Inflationszeit am Ende der zwanziger Jahre zum ersten Mal wirklich massiv getroffen wurde und die alte Klage vom Notleiden der Land-

303 Allein zwischen 1850 und 1880 waren nach den Berechnungen von v. d. Goltz die Reinerträge der großen Güter bei ‚ordnungsgemäßer Bewirtschaftung' auf das Doppelte gestiegen. Theodor v. d. GOLTZ, Geschichte der deutschen Landwirtschaft, Bd. 2: Das neunzehnte Jahrhundert, Stuttgart u. Berlin 1903, S. 350 f.

304 Treffend wurde dies von Eugen Richter in der Devise ‚Lerne zu klagen, ohne zu leiden' karikiert. Zit. nach PUHLE, S. 51.

wirtschaft für einen größeren Kreis von Landwirten von der Realität eingeholt wurde.

Zusammenfassung

Seit der Mitte des 18. Jahrhunderts hatten sich in Preußen zunächst ein rechtssicheres Hypothekenwesen und wenig später spezielle Kreditinstitute für den Rittergutsbesitz herausgebildet. Diese Landschaften gewährten langfristigen Kredit zu außerordentlich günstigen Konditionen und trugen zu einer Beschleunigung des Güterumschlages bei. Spätestens seit der Mitte des 19. Jahrhunderts, als sich im Kapitalmarkt mit den Eisenbahnaktien neue Geldanlagemöglichkeiten eröffneten, wurden die ständischen Kreditinstitute dann zur Hauptkreditquelle für die Rittergüter, da private Hypothekenkredite immer schwerer zu erhalten waren. Seit diesem Zeitpunkt nahm sowohl die Zahl der beliehenen Güter als auch die Schuldenbelastung erheblich zu.

Die Schulden der Besitzungen wurden durch wachsende Kaufpreise immer wieder relativiert. Dennoch gab es seit der Neugestaltung der Hypothekenordnung um 1750 dauerhaft das – von den Zeitgenossen stark reflektierte – Problem von hochverschuldeten Gütern bzw. Bankrotten. Beide Tendenzen betrafen jedoch nur einen eingeschränkten Bereich des Großgrundbesitzes, das waren vor allem die kleineren, häufiger wechselnden Güter, auf denen meist hohe Besitzschulden hafteten.[305]

Alle Quellen zeigen eine dauerhafte Erhöhung der Verschuldung des Großgrundbesitzes, mit Ausnahme der gebundenen Güter. Konkrete Aussagen über die Verschuldung der Güter sind erst für die Zeit um 1900 zu erhalten, da alle früheren Untersuchungen z. T. gravierende Mängel aufwiesen. Von besonderer Bedeutung ist dabei die Verschuldungsstatistik von 1902, die auch Angaben zu Einkommen und Kapitalvermögen beinhaltete. Die Daten zeigen, dass in der relativ gering verschuldeten Provinz Brandenburg die Großgrundbesitzer durchschnittlich mit rund einem Drittel ihres Bruttovermögens verschuldet gewesen sind. Differenziert man weiter, zeigt sich, dass ein Viertel der großen Güter schuldenfrei oder nur gering belastet war. Bei etwa einem weiteren Drittel der Güter erreichte die Verschuldung bis zu 50 % des Bruttovermögens, und wurde als mittlere eingeschätzt. Hoch verschuldet waren 28 % und übermäßig 13 % der Güter verschuldet. Die Situation war also sehr differenziert und hing wahrscheinlich vor allem vom Erwerbszeitpunkt der Güter ab. Erst vor kurzer Zeit erworbene Güter waren hoch mit Besitzschulden belastet, während langfristig in Familienbesitz befindliche, deutlich weniger Schulden aufwiesen. Dies wird auch dadurch bewiesen, dass in den Gegenden mit den

305 Auch Conrad wies nachdrücklich darauf hin, dass vor allem die Besitzschulden den Hauptteil der Belastung ausmachten. „Der Hauptgrund (der Verschuldung – R. S.) aber liegt bekanntlich in der Überschuldung als Folge nicht allgemeiner und nicht genügender Bevorzugung des Anerben, die wir für unbedingt notwendig halten, sowie als Folge des allgemeinen Strebens, ein möglichst großes Gut auch mit geringem Vermögen zu kaufen". CONRAD, Latifundien, S. 169.

höchsten Bodenpreisen auch die höchste Schuldenbelastung auszumachen war. Geringer verschuldet waren dagegen die Güter in den Kreisen mit den schlechteren Böden sowie in besonders marktgünstig gelegenen Gebieten.

Um 1900 war damit selbst in – im Vergleich mit den anderen Ostprovinzen Preußens sehr gut abschneidenden – Brandenburg etwa jeder siebente Großgrundbesitzer übermäßig bis vollständig verschuldet. Ein weiteres Viertel der Großlandwirte war hoch und damit in den Augen der zeitgenössischen Statistik bedenklich belastet. Vor diesem Hintergrund ist es irreführend, die Situation auf Grund von hochaggregierten Zahlen zu positiv zu bewerten.

Für das subjektive Empfinden der Landwirte war es darüber hinaus mit Sicherheit sehr wichtig, dass die Kreditmöglichkeiten immer mehr auf die ständischen Kreditinstitute beschränkt wurden. Darüber hinaus war der immense Anstieg der Verschuldung seit der Gründung des Kaiserreiches innerhalb der Lebensspanne einer Generation erfolgt und fiel mit anderen objektiv oder subjektiv bedrohlichen Faktoren politischer und wirtschaftlicher Natur zusammen.

Im Gegensatz zur älteren Forschung, die zu sehr den Aussagen der landwirtschaftlichen Interessenvertreter und den liberalen Kritikern des Junkertums folgte, ist aber unbedingt festzuhalten, dass etwas mehr als die Hälfte des Großgrundbesitzes bis zum Ende des Kaiserreiches nicht hochverschuldet war. Hierzu gehörten vor allem die Besitzer der großen, langfristig im Besitz einer Familie gebliebenen Güter und Güterkomplexe. Diese Eigentümer verfügten in den meisten Fällen auch über die größeren Einkommen, die sich häufig auch neben dem Boden aus anderen Quellen speisten. Außerdem zeichnet sich eine Abhängigkeit der Verschuldung von verschiedenen weiteren Faktoren, wie der Marktnähe und der Qualität des Bodens ab.[306]

Aufgrund der dargestellten tiefgehenden Diffenzierungen ist ein Pauschalurteil nicht möglich. Die Auswirkungen des unterschiedlichen Verschuldungsgrades werden jedoch im Verlauf dieser Untersuchung, sowohl wenn es um die Struktur des Großgrundbesitzes als auch um die Besitzwechsel im Verlauf des betrachteten Zeitraumes geht, weiter betrachtet werden müssen.

Den großen Gütern flossen im Zuge der Ablösungen und Regulierungen über lange Zeiträume erhebliche finanzielle Mittel zu. Im Gegensatz zu den Landabtretungen geschah dies vor allem nach 1850. Die Summe der Geldleistungen der bäuerlichen Untertanen an die ‚Herrschaft' überstieg den Wert des abgetretenen Landes um rund das Doppelte und entsprach im Durchschnitt mindestens zehn Jahreseinnahmen der Güter. Die nach der 1848er Revolution beschleunigte Ablösung der noch bestehenden Lasten wurde vor allem durch die Rentenbanken ermöglicht. Durch die Landabtretungen und Geldentschädigungen wurde der Übergang der Güter zu neuen Beschäftigungs- und Entlohnungsverhältnissen sowie zu rationaleren Wirtschaftsformen fast das

306 Vgl. hierzu auch die bei SPENKUCH, Herrenhaus, S. 212 ff. zusammengetragenen zeitgenössischen Urteile von Fachleuten wie Sering oder Meitzen, die allesamt die Verschuldung nicht überbewerteten.

ganze 19. Jahrhundert von den ehemaligen bäuerlichen Untertanen finanziell abgefedert.

Im Verlauf des Untersuchungszeitraumes kam es zu einer gewaltigen Preissteigerung für Großgrundbesitz, die mit den gestiegenen Einkommensmöglichkeiten korrespondierte. Nach Tiefpreisen bis zu Beginn der 1830er Jahre setzte ein bis zum Ende des Kaiserreiches ungebrochener Aufwärtstrend ein, der durchschnittlich zu einer Verzehnfachung der Bodenpreise führte. Dabei beschleunigte sich die Preissteigerung ab der Jahrhundertmitte noch einmal. Großgrundbesitz blieb damit das gesamte 19. Jahrhundert über eine lukrative und sichere Möglichkeit, um größeres Kapital anzulegen. Parallel zu den steigenden Bodenpreisen nahm die Verschuldung bei Neukäufen oder Besitzübernahmen zu.

Neben ihren Güter verfügten viele Großgrundbesitzer auch über erhebliche Kapitalvermögen. Dieser Teil des Besitzes war in der Regel in sicheren Anleihen, Staatspapieren oder Hypotheken angelegt, wohingegen Aktienbesitz in den Quellen nicht nachweisbar gewesen ist. Einen tiefen Einblick in die finanzielle Lage des Großgrundbesitzes ermöglicht die auf den Steuerunterlagen beruhende Verschuldungsstatistik von 1902. Sie zeigt, dass die Mehrzahl der Besitzer von kleinen Gütern mit einem Grundsteuerreinertrag zwischen 1.500 und 3.000 RM ‚mittelständische' Einkommen bezog. Von den Besitzern der großen Güter (> 3.000 RM GRE) erzielten rund die Hälfte Einkommen, die ihnen – nach Ansicht zeitgenössischer Statistiker und Max Webers – die Führung eines finanziell abgesicherten, herrschaftlichen Lebens auf dem Lande ermöglichten. Auf die Zahl der Rittergutsbesitzer bezogen bedeutet das: Mindestens jeder zweite von ihnen gehörte finanziell zur Oberschicht und ein weiteres Drittel bezog ein ‚besseres Einkommen' zwischen 6.000 und 9.500 RM. Geringe Einkommen bezogen nur rund 15 % der Großgrundbesitzer. Dies zeigt eindeutig, dass allein die Verschuldung für die Situation des Großgrundbesitzes nur bedingt aussagefähig ist.

Auch wenn der Landadel den Anschluss an den großen Reichtum in den Städten verlor, bildete Großgrundbesitz immer noch eine Quelle für gehobenen Wohlstand. So waren in Preußen um 1900 mindestens ein Fünftel der oberen 15.000 (Einkommen über 30.500 RM) Großgrundbesitzer. Die große Mehrzahl davon war adlig. Dieses Ergebnis wird auch von den Übersichten über die Millionäre der Provinz aus dem Jahr 1912 gestützt. Die Rittergutsbesitzer stellten 69 % aller Millionäre in der Provinz und dominierten mit 82 % die Gruppe der mehrfachen Millionäre deutlich. Obwohl Großgrundbesitz im 19. Jahrhundert als Reichtumsquelle zunehmend in den Hintergrund trat, gewährte er immer noch einer großen Anzahl von – überwiegend adligen – Familien Einkommen, die sie zu den führenden Gruppen der Gesellschaft gehören ließen.

Die konjunkturelle Entwicklung der Landwirtschaft des 19. Jahrhunderts ist im Wesentlichen durch zwei markante Punkte gekennzeichnet, wobei vor allem der zweite – die Preisschwankungen der 1880er Jahre – lange Zeit überbewertet wurde. Den Kriegs- und Besatzungswirren folgte die Getreidepreiskrise der 1820 Jahre, welche die tiefsten Preisstände des gesamten Jahrhunderts mit sich brachte. Ihr folgten fünfzig ‚goldene Jahre', die erst durch einen mehrjährigen Preisknick in der zweiten Hälfte der achtziger Jahre beendet wurden. Durch Produktionszuwächse und -umstellungen sowie das Einsetzen des Agrarprotektionismus konnten die Folgen dieser Preisabschwünge jedoch von der Mehrzahl der Landwirte wieder wettgemacht, so dass die Kennzeichnung als ‚tiefgreifende Depression' überzogen ist.

Zudem konnte ein erheblicher Teil der Landwirte auf – abgesehen von einem Preisknick in den 70er Jahren – stabile Einkommen aus der Forstwirtschaft zurückgreifen. Von den 1820er Jahren bis zum Ende des Kaiserreiches vervierfachten sich die Preise für Nutzholz und verhalfen vor allem den größeren Besitzern zu ernormen zusätzlichen Einkommen, wenn die Forstwirtschaft nicht sogar der Haupteinkommensträger war und die Landwirtschaft verpachtet wurde.

Wichtiger ist die Berücksichtungung der krisenhaften Erscheinungen im Gesamtzusammenhang der Großgrundbesitzentwicklung. Nach vielfachen politischen Niederlagen und einem allgemeinen Bedeutungsrückgang wurde eine fast zwei Generationen währende Prosperitätsphase der Land- und Forstwirtschaft für einige Zeit beendet: es kam zu Einkommensverlusten oder -stagnation. Die Zeit der 1870er und 80er Jahre war damit ein weiterer Baustein in einem allgemeinen Bedrohungsszenarium. Reagiert haben die Großgrundbesitzer zum einen ökonomisch – mit einem Modernisierungsschub – zum anderen politisch – mit der Mobilisierung ‚des Landes' und dem erfolgreichen Einfordern von Subventionen. Insofern stellen die krisenhaften Jahre am Ende des Jahrhunderts einen wichtigen Wendepunkt sowohl in der ökonomischen als auch der politischen Entwicklung des Großgrundbesitzes dar, während ihre konkreten materiellen Auswirkungen nicht überschätzt werden sollten.

IV. Die Struktur des Großgrundbesitzes in der Provinz Brandenburg

Statistische Vorarbeiten und neuere Studien zur Großgrundbesitzverteilung

Obwohl die preußische Bürokratie und auch die explizit mit statistischen Arbeiten beschäftigten Behörden im Verlauf des 19. Jahrhunderts ein außerordentlich feinmaschiges Netz der Datenerhebung und Auswertung entwickelt hatten, blieb über der Verteilung des Großgrundbesitzes ein Mantel des Schweigens. Als Johannes Conrad auf der Grundlage halbamtlichen veröffentlichten Materials in der zweiten Hälfte der 1880er Jahre daran ging, diesen so gut wie möglich zu lüften, bemerkte er, dass „man sehr sorgfältig registriert, wieviel Bohnen, Runkel-, Weiß-, Mohr- und Kohlrüben gebaut und geerntet werden", dennoch fehle es „an jeder genauern (sic!) Feststellung der Zahl der Grundbesitzer und der Größe ihres Besitztums". Diesem Missstand würde auch nicht durch die landwirtschaftliche Betriebsstatistik abgeholfen, da diese zur Klärung diesbezüglicher Fragen nicht beitragen könne und die Beantwortung dieser durch die Verpachtungsangaben eher noch erschwere.[1] Um dennoch zu Ergebnissen zu kommen, benutzte Conrad die Handbücher des Grundbesitzes als Quelle. Nachdem er in einer Überblicksdarstellung die Methodik und das Material vorgestellt hatte[2], erschienen zwischen 1891 und 1898 von ihm Aufsätze zu den Provinzen Ostpreußen, Westpreußen, Posen, Pommern und Schlesien.[3] Allerdings dienten die einzelnen Provinzstudien ausdrücklich nur der Veröffentlichung seines Materials, das er nicht, wie ursprünglich wohl geplant, in einer größeren Studie auswerten konnte. Für die Provinz Sachsen legte später ein Schüler Conrads eine Arbeit vor, die an die Vorgaben seines Lehrers anschloss.[4] Die Provinz Brandenburg bearbeitete Conrad ebenso wie die preußischen Westprovinzen nicht mehr.[5] Auch 24

1 CONRAD, Latifundien, S. 121 f.

2 Vgl. CONRAD, Latifundien.

3 Johannes CONRAD, Agrarstatistische Untersuchungen, VI. Der Großgrundbesitz in Ostpreußen, in: Jahrbücher für Nationalökonomie und Statistik, III. Folge, Bd. II. (1891), S. 817-844; VII. Der Großgrundbesitz in Westpreußen. Ebd., Bd. III. (1892), S. 481-495; IX. Der Großgrundbesitz in der Provinz Posen. Ebd., Bd. VI. (1893), S. 516-542; IV. Der Großgrundbesitz in Pommern. Ebd., Bd. X. (1895), S. 706-739; V. Der Großgrundbesitz in Schlesien. Ebd. Bd. XV. (1898), S. 705-729. Die Nummerierung der Beiträge könnte auf den größeren Rahmen, den Conrad ursprünglich geplant hatte, hinweisen.

4 Eduard MÜLLER, Der Großgrundbesitz in der Provinz Sachsen. Eine agrarstatistische Untersuchung, Jena 1912. Müller benutzte dabei auch Vorarbeiten von Conrad.

5 Im Jahre 1916 legte der Königsberger Staatswissenschaftler A. Hesse eine Untersuchung über den Grundbesitz in Ostpreußen vor, die sich jedoch im wesentlichen darauf beschränk-

Jahre nach der ersten Mahnung Conrads an die preußischen Statistiker, genaue Angaben über den Großgrundbesitz zu erheben und publik zu machen, war auf diesem Gebiet nichts geschehen.[6]

Offensichtlich war eine solche Erhebung, welche die krassen sozialen Unterschiede auf dem Lande konkret benennbar gemacht hätte, unerwünscht, da sie der liberalen und sozialistischen Kritik Tür und Tor geöffnet hätte.[7] Darüber hinaus waren die Großgrundbesitzer sicher auch bestrebt, die Nationalökonomen auf Distanz zu halten, da diese das Stereotyp vom ‚notleidenden Landwirt' auf der Grundlage von detaillierten Untersuchungen hätten in Frage stellen können. In der landwirtschaftlichen Presse wurden Grundbesitzer sogar aufgefordert, Doktoranden keinerlei Informationen über ihre wirtschaftlichen Verhältnisse zu geben, „da vielfach das Material von den Professoren in einer ihren Interessen entgegenstehenden Weise verwendet werde."[8] Hier zeichnet sich eine Frontlinie zwischen den 'Kathedersozialisten' und den Großgrundbesitzern ab, die durch die massiven Angriffe bspw. Max Webers noch verstärkt worden sein dürfte.[9] Dieser Konflikt zwischen Teilen der Agrarwissenschaft und den ‚Agrariern' bestand in der Weimarer Republik radikalisiert fort.[10]

Die verdienstvollen Untersuchungen Conrads bzw. Müllers stellen eine Fülle von Daten über die Grundbesitzverteilung zur Verfügung, die in historischen Arbeiten – z. T. unzulässig verkürzt – bereits häufig benutzt wurden. Überraschend ist es jedoch zu sehen, dass die posoitiven Ausführungen Conrads zu den Großgrundbesitzern nicht erwähnt wurden. Er kennzeichnete sie als den „angesehenen, intelligenten preußischen Gutsbesitzerstand, ... welcher der deutschen Landwirtschaft ihren hohen Ruf verschafft hat". Die Leistungen

---

te, die Ergebnisse der landwirtschaftlichen Betriebszählung zu referieren und weder die Methodik noch die Angaben Conrads einbezog. A. HESSE, Der Grundbesitz in Ostpreußen, Jena 1916.

6 MÜLLER, Großgrundbesitz, S. 2 f.

7 Ähnliche Erfahrungen musste in Bezug auf seine Arbeiten zur Benennung der Millionäre in Preußen auch Rudolf Martin machen.

8 MÜLLER, Großgrundbesitz, S. 68.

9 Allerdings hatte schon Adolf Frantz zu Beginn der sechziger Jahre des 19. Jahrhunderts darauf hingewiesen, dass die größte Schwierigkeit, detaillierte Angaben über den Großgrundbesitz zu erlangen, in der abweisenden Haltung eines Teils der Besitzer zu sehen ist. FRANTZ, Generalregister, S. 4. Auch Heinrich Berghaus hatte wenige Jahre früher mit einem umfangreichen Fragebogen, den er verschickte, dieselbe Erfahrung machen müssen. Die erhaltenen Unterlagen zeigen den Unwillen vieler Großgrundbesitzer, diesbezügliche Fragen zu beantworten. Neben grob gerundeten Pauschalangaben finden sich dann auch Vermerke wie ‚Der Herr von dem Knesebeck verweigert jede Antwort'. Vgl. BLHA, Rep. 16, Nachlass Heinrich Berghaus. Für den Kreis Crossen bemerkte Berghaus, dass „die Besitzer der meisten (Güter – R. S.) es für angemessen erachtet haben, die ihnen vorgelegten Fragen unbeantwortet zu lassen." BERGHAUS, Landbuch, Bd. III., S. 756.

10 So perhorreszierte Hermann Hilger-Spiegelberg als Vertreter des Reichslandbundes im Preußischen Landtag, dass der Präsident der Preußischen Zentralkasse Otto Klepper „sämtliche jungen Leute des Professors Aereboe auf das Land loslassen (werde), es seien schon 700 engagiert und es sollten bis zu 8.000 werden". Zit nach: Stephanie MERKENICH, Grüne Front gegen Weimar. Reichs-Landbund und agrarischer Lobbyismus 1918-1933, Düsseldorf 1998, S. 244.

und den Entwicklungsstand des Großgrundbesitzes schätzte er darüber hinaus im Vergleich zu den Bauern als in „außerordentlichster Weise“ überlegen ein.[11]

Während die Besitzverteilung für die Untersuchungsjahre Conrads gut zu erkennen ist, konnte er die Struktur des Großgrundbesitzes und seine regionale Gewichtung innerhalb der Provinzen ebenso wie die historische Entwicklung kaum untersuchen. Dies ist auch angesichts des gewaltigen Datenaufkommens, das sich erst mit heutigen elektronischen Verarbeitungsmethoden effektiv bewältigen lässt, verständlich.

In jüngerer Zeit hat zunächst Klaus Heß versucht, die Untersuchungen Conrads weiterzuführen und auf den Gesamtstaat auszudehnen.[12] Er zählte die von Conrad nicht bearbeiteten Provinzen aus und konnte so das allgemeine Bild der Großgrundbesitzverteilung vervollständigen.[13] Allerdings decken sich seine Daten für die Provinz Brandenburg nicht mit denen der – dieselbe Quelle benutzenden – vorliegenden Untersuchung.[14] Trotz der Konkretisierung seiner Ergebnisse anhand ausgewählter Regierungsbezirke bleiben seine Daten sehr hoch aggregiert und können nur sehr grobe Anhaltspunkte liefern.

Direkt an die Forschungen Conrads schließt die Untersuchung von Ilona Buchsteiner für Pommern an, die sich mit den folgenden Daten Brandenburgs am besten vergleichen lässt, wenngleich die Benutzung der EDV bessere Möglichkeiten der Analyse schafft. Von der Arbeit Buchsteiners unterscheidet sich dieser Teil der vorliegenden Untersuchung vor allem durch die bewusst gewählte Langzeitperspektive und die Verzahnung mit anderen Daten.

11 Johannes CONRAD, Agrarstatistische Untersuchungen. V. Die Latifundien im preußischen Osten, in: Jahrbücher für Nationalökonomie und Statistik, NF, 16 (1888), S. 121-170, hier S. 129, 137.

12 HEß, Junker, S. 79 ff. Allerdings ist sein Befund, dass Conrads Arbeiten weitgehend dem Vergessen anheimgefallen seien, nicht korrekt. Vgl. u. a. CARSTEN, Junker, S. 132 oder HARNISCH, Agrarreform, S. 157 oder BUCHSTEINER, Großgrundbesitz. Hanna Schissler dagegen, deren Arbeiten eine breite Rezeption erfuhren, verwendete die Angaben nicht.

13 HEß, Junker, S. 86.

14 Während die Zahlen der Besitzer und auch der Güter weitgehend deckungsgleich sind, treten für die Verteilung zwischen Adligen und Bürgerlichen z. T. erhebliche Unterschiede auf. So zählte Heß in Brandenburg 834 Bürgerliche mit 925 Gütern. Die Erhebungen des Verfassers, die durch weitere Jahrgänge der ‚Handbücher' und andere Quellen gestützt werden, ergaben dagegen nur 788 Bürgerliche mit 895 Gütern. Ein Teil der ‚verschwundenen' Güter taucht beim Adel wieder auf. Während die Zahl der adligen Besitzer annähernd gleich ist (Heß: 500, eigene Zahl 506), gab er die Zahl der Güter mit 908 an, wogegen der Verfasser 993 ermittelte. Diese nicht unbedeutenden Verschiebungen resultieren offensichtlich aus einer fehlerhaften Auszählung von Heß. Falsch ist auch die Angabe, dass der größte bürgerliche Grundbesitzer in Brandenburg ein Herr Roedelchen auf Klein Wasserburg sei (S. 92, Anm. 145). Die benannte Besitzung war ein Forstgut des königlichen Hausfideikommisses und der vermeintliche Besitzer der Oberförster.

Die Quellenbasis zur Untersuchung des Großgrundbesitzes

In der Forschung wurde bisher meist auf der Grundlage von Querschnitten für ein oder mehrere Jahre gearbeitet. Diese stützen sich je nach Untersuchungszeitraum auf Vasallentabellen, Rittergutsverzeichnisse oder Güteradreßbücher.[15] Im Rahmen dieser Arbeit wurde ein anderer Weg beschritten. Auf der Grundlage aller verfügbaren Daten für den Untersuchungszeitraum ist eine Längsschnittanalyse durchgeführt worden, die den Prozess des Eindringens Bürgerlicher in den Rittergutsbesitz über mehr als ein Jahrhundert nachzeichnet.

Erheblich erschwert wurde dieses Unterfangen dadurch, dass sowohl die Art der Quellen als auch ihr Umfang sehr unterschiedlich sind. Für die Zeit bis 1800 steht in den ritterschaftlichen Hypothekenbüchern eine geschlossene Überlieferung zur Verfügung. Diese Daten sind mit Ausnahme der Neumark in den historischen Ortslexika erfasst.[16] Für das 19. Jahrhundert sind die Angaben der Ortslexika allerdings nicht ausreichend. Dafür gibt es zwei Ursachen. Zum einen existieren die den Hypothekenbüchern vergleichbaren ritterschaftlichen Grundbücher nicht mehr[17], so dass das Ortslexikon für das 19. Jahrhundert deutliche Lücken aufweist. Zum anderen haben verschiedene gedruckte Güterverzeichnisse im Ortslexikon keinen Eingang gefunden. Darüber hinaus enden beim brandenburgischen Ortslexikon die Angaben über Gutsbesitzer 1872. Problematisch ist außerdem, dass es für die heute in Polen gelegenen Gebiete der Neumark kein Ortslexikon gibt. Daher wurden weitere gedruckte und ungedruckte Quellen erschlossen, die es ermöglichten, das Bild abzurunden. Die wichtigsten gedruckten Verzeichnisse sind die Güteradreßbücher von Rauer und Franz.[18] Dazu kommen das Landbuch der Mark Brandenburg von Berghaus[19] sowie einige Kreisbeschreibungen[20] und heimat-, landes- und familiengeschichtliche Untersuchungen.

---

15 Die Vasallentabellen wertete z. B. Martiny aus. Die Studien von Conrad stützen sich auf eine Analyse der Güteradreßbücher. Vgl. MARTINY, Adelsfrage und CONRAD, Agrarstatistische Untersuchungen.

16 Von Interesse für die Problematik dieser Arbeit war vor allem die unter Punkt 6 des Ortslexikons dargestellte Herrschaftszugehörigkeit.

17 Die beim Kammergericht geführten Grundbücher sind durch Kriegseinwirkung verloren gegangen. Vgl. Ortslexikon, Bd. VI., S. 666. Möglicherweise ist diese Lücke durch die Grundbücher der ehemaligen Amtsgerichte zu schließen, die zumindest teilweise im brandenburgischen Landeshauptarchiv überliefert sind. Dies war jedoch im Rahmen dieser Arbeit nicht zu leisten.

18 Karl Friedrich RAUER, Adress-Buch der Rittergutsbesitzer und Rittergüter in den preußischen Staaten, Berlin 1857; Adolf FRANTZ, Generalregister der Herrschaften, Ritter- und anderen Güter der Preußischen Monarchie mit Angaben über Areal, Ertrag, Grundsteuer, Besitzer, Kauf- und Taxpreis etc., Berlin 1863.

19 Heinrich BERGHAUS, Landbuch der Mark Brandenburg und des Markgrafthums Niederlausitz in der Mitte des 19. Jahrhunderts. Bd. I. - III. Brandenburg 1854-56.

20 Willy SPATZ, Der Teltow. Bilder aus der Vergangenheit des Kreises Teltow. Bd. I. - III., Berlin 1905-1920; Carl PETERSEN, Die Geschichte des Kreises Beeskow-Storkow, Beeskow 1922.

Ungedruckte Quellen sind neben den bis zum Beginn des Untersuchungszeitraumes reichenden Hypothekenbüchern und den Vasallentabellen zunächst die bisher nicht ausgewerteten Rittergutsmatrikeln aus dem Jahre 1828 und ihre Nachträge.[21] Daneben wurden die Gutsarchive systematisch durchgesehen und für die im 19. Jahrhundert veräußerten Domänen konnten umfangreiche Akten erschlossen werden.

Das archivalische Material und die älteren Zusammenstellungen wurden durch die gezielte Erschließung serieller Quellen ergänzt und in einer umfassenden Datenbank zum brandenburgischen Großgrundbesitz im 19. Jahrhundert gebündelt. Hervorragende Materialien sind vor allem die Handbücher über den Grundbesitz in Brandenburg (erfasste Jahrgänge 1885, 1896, 1903, 1910, 1921)[22] und das Niekammer'sche Güteradreßbuch (erfasster Jahrgang 1914).[23] Grundlage für die Aufnahme in die Datenbank war der Status als selbständiges Rittergut bzw. Gutbezirk oder eine Besitzgröße ab 100 ha. Ergänzend wurde für Teile der Provinz die amtliche Bekanntmachung über die Grundsteuerveranlagung von 1867/69 eingearbeitet.[24]

Durch die Zusammenführung der verschiedenen Quellen entstand eine umfangreiche Datenbank, in der alle verfügbaren Angaben über das betreffende Gut, wie bspw. dessen Rechtsqualität, Größe oder Wert, eventuell vorhandene ständische Rechte und vieles mehr gesammelt wurden. Neben den besitzbezogenen Daten wurden außerdem alle Angaben zu den verschiedenen Besitzern aufgenommen.

Innerhalb der Datenbank ist jede Angabe auf ihre Quelle rückführbar. Im Rahmen der vorliegenden Arbeit ist es jedoch – von einigen Ausnahmen abgesehen – unmöglich, die jeweiligen Belege anzuführen. Sofern nicht spezielle Quellen benannt werden, stammen alle folgenden Zahlenangaben aus der hier beschriebenen Datenbank.

Auch wenn eine hundertprozentige Rekonstruktion der Besitzverhältnisse nicht möglich ist, gestattet es die Datenbank, langfristige Entwicklungen zu erkennen. Für die folgenden Untersuchungen wurden darüber hinaus Stichjahre ausgewählt, in denen eine nahezu lückenlose Erfassung der zentralen Angaben möglich war. Diese Stichjahre (1804, 1828, 1857, 1885, 1903, 1914) korrespondieren in der Regel nicht direkt mit politischen oder ökonomischen Zäsuren, sondern ergeben sich aus der Dichte der Angaben in der Datenbank.

---

21 GStA PK, HA. I, Rep. 77, Tit. 1126, Nr. 64, Bd. II. Abgedruckt in: C. v. EICKSTEDT: Beiträge zu einem neueren Landbuch der Mark Brandenburg. Magdeburg 1840. S. 489-526.

22 Der erste Jahrgang des Handbuches (1879) konnte aus arbeitstechnischen Gründen nicht erfasst werden.

23 An dieser Stelle ist der Verfasser Scott Eddie (University of Toronto) zu Dank verpflichtet, der Teile seiner umfangreichen Datenbestände zur Verfügung stellte.

24 Die Ergebnisse der Grund- und Gebäudesteuerveranlagung im Regierungsbezirk Potsdam, hrsg. vom Königlichen Finanzministerium, Berlin 1867; Die Ergebnisse der Grund- und Gebäudesteuerveranlagung im Regierungsbezirk Frankfurt/O, hrsg. vom Königlichen Finanzministerium, Berlin 1869.

Die Anzahl der Großbetriebe

Die Rittergüter[25]

Die Entstehung der rechtlichen Kategorie ‚Rittergut' aus den älteren ‚adligen Gütern' im Gefolge der Bildung der Provinziallandtage wurde oben bereits beschrieben. Auf Grund verschiedener Faktoren war die Zahl dieser besonders privilegierten Güter jedoch keine statische Größe, sondern veränderte sich im Laufe des Jahrhunderts ständig. Kurz nach 1800 hatte der Statistiker Bratring in der Kurmark – ohne die Altmark – 736 Rittergüter mit 81 Meiereien gezählt.[26] Eine vollständige Auflistung aller Rittergüter erfolgte dann für die Provinz Brandenburg im Jahre 1828 in den Landtagsmatrikeln.[27] Die Veränderungen, die sich bis 1857 ergaben, sind aus der Zusammenstellung der Matrikeln bei Rauer zu ersehen (vgl. Tabelle 28).

Tabelle 28: Die Rittergüter der Provinz Brandenburg im Jahre 1857[28]

Region	Rittergüter			
	landtagsfähige	**kreistagsfähige**	**gelöschte**	**Gesamt**
Kurmark	806	29	40	875
Neumark	318	20	5	343
Niederlausitz	310	69	13	392
Gesamt	1434	118	58	1610

Dabei ist deutlich zu erkennen, dass sich die Zahl der Rittergüter der Kurmark gegenüber dem Stand um die Jahrhundertwende erhöht hat. Für diese Entwicklung gab es zwei Ursachen. Die wichtigste war, dass durch die massive Veräußerung von Domänenvorwerken in bedeutendem Umfang neuer Rittergutsbesitz geschaffen wurde.[29] Insgesamt kamen zwischen 1810 und 1850 wahrscheinlich mehr als 200 Güter aus Staatsbesitz ‚unter den Hammer'.[30] Allerdings wurde nur ein kleinerer Teil von ihnen auch zum Rittergut. Wie oben bereits beschrieben, gab es dabei die Abstufung zwischen voll- und bedingtberechtigten landtagsfähigen und kreistagsfähigen Gütern.

---

25 Vgl. Exkurs I.: Die Anzahl der Großbetriebe, S. 513

26 Friedrich Wilhelm August BRATRING, Statistisch-topographische Beschreibung der gesamten Mark Brandenburg, Berlin 1804-1808, Bd. 1, S. 40 f. Der Begriff Meierei ist dabei wahrscheinlich synonym mit Vorwerk.

27 GStA PK, I. HA, Rep. 77, Tit. 438, Nr. 10, Bd. 2. Die Matrikeln wurden wahrscheinlich nicht veröffentlicht, allerdings publizierte C. V. EICKSTEDT im Jahre 1840 eine komplette Abschrift einschließlich der bis zu diesem Zeitpunkt erfolgten Nachträge. Ders.: Beiträge, S. 489-526.

28 Quelle: RAUER, Matrikel, S. 69-124.

29 Vgl. SCHILLER, Domänenveräußerungen, passim.

30 Allein in der Kurmark wurden in diesem Zeitraum 182 Domänenvorwerke meistbietend versteigert, sofern keine Vorkaufsrechte geltend gemacht wurden.

Insgesamt wurden in der Provinz 83 ehemalige Domänenvorwerke zu Rittergütern. Nur 9 davon erhielten die uneingeschränkte Landtagsfähigkeit.[31] Von diesen wurden allerdings vier Güter, die zur Dotation des Generals v. Tauentzien gehört hatten, später vom Fiskus zurückgekauft.[32] Außerdem erhielten vier Rittergüter, die vorher dem Johanniterorden, dem Domstift Havelberg bzw. der Herrschaft Schwedt gehört hatten, die volle Landtagsfähigkeit.[33] Weiteren 20 Rittergutsbesitzern wurde zwischen 1825 und 1855 die Ausübung des aktiven und passiven Landtagswahlrechtes unter der Bedingung zugestanden, dass das Gut unzertrennt von einem ehelich geborenen Erben übernommen wurde.[34] Im Falle des Rittergutes Siede/Kr. Soldin erlosch daher die Landtagsfähigkeit nach dem Verkauf des Gutes zwischen 1853 und 1857. Das Gut wurde wieder unter die kreistagsfähigen Rittergüter eingereiht. Zu dieser Klasse gehörten in der gesamten Provinz 118 Rittergüter. Nur knapp die Hälfte davon waren allerdings ehemalige Domänen.[35] Die anderen kreistagsfähigen Güter konzentrierten sich auf den Kreis Sorau und waren ehemalige Vasallengüter der Standesherrschaften Forst, Pförten, Sorau, Triebel und Muskau. Ihnen war – ebenso wie der Masse der ehemaligen Domänenvorwerke – entgegen den Intentionen der Berliner Behörden nur die Kreistagsfähigkeit zugestanden worden. Die Besitzer der 68 ehemaligen niederlausitzischen Vasallengüter erhielten allerdings das Recht, zwei Kollektivabgeordnete für den Provinziallandtag zu wählen.[36]

Die zweite Quelle, aus der die ansteigende Zahl von Rittergütern resultierte, war die erfolgreiche Deklarierung von Besitzteilen als selbständige Einheiten. Offensichtlich gelang es den Rittergutsbesitzern – und hier vor allem dem Adel – eine erhebliche Anzahl separater oder neugegründeter Vorwerke als

---

31 Fünf von diesen Gütern gehörten zu Dotationen, welche die Generäle v. Tauentzien und v. Zastrow für ihre Leistungen während der Befreiungskriege erhielten. Zwei wurden von altadligen Rittergutsbesitzern mit weiterem Besitz in der Region erworben. Ebenfalls zwei erwarben Bürger, von denen einer später nobilitiert wurde (v. Humbert-Hohen-Kränig).

32 Die im Kreis Züllichau-Schwiebus gelegenen ehemaligen Domänengüter Birk, Bork, Riegel und Amt Crummendorf kamen 1830 an die möglicherweise als Kreditgeber fungierende Preußische Seehandlung und zwischen 1863 und 1885 an den Fiskus. Ihnen war in der Schenkungsurkunde von 1814 ausdrücklich die Rittergutsqualität zugesichert worden. Vgl. RAUER, Matrikel, S. 110.

33 Diese Güter wurden im Jahre 1810 im Gefolge der letzten Säkularisierungswelle enteignet und kamen kurzfristig zum Fiskus. Aus dieser Quelle stammte auch ein Teil der Dotationsgüter. Vgl. Säkularisationsedikt von 1810 in: HUBER, Dokumente, S. 48.

34 Unter den bekannten Ersterwerbern dieser Güter waren 13 Bürgerliche und 7 Adlige.

35 Den Status eines kreistagsfähigen Gutes erhielten 50 ehemalige Domänenvorwerke. Unter den Ersterwerbern waren neben 39 Bürgerlichen und einer Stadt auch neun adlige – vorwiegend aus altangesessenen Familien – und ein Nobilitierter (v. Beyme).

36 Der Gesetzentwurf des Ministerium sah die volle Landtagsfähigkeit dieser Rittergüter vor, die jedoch von den Ständen der Niederlausitz abgelehnt wurde. Inwieweit die ständische Herkunft der Besitzer dieser Vasallengüter dabei eine Rolle gespielt hat, ist nicht zu klären. Von den bekannten Inhabern der Güter war nur etwa die Hälfte adlig. Die Vasallengüter hätten jedoch die alten vollberechtigten Güter des Kreises, denen sie zahlenmäßig um das Dreifache überlegen waren, dominieren können. Daher könnte der frühzeitig sehr hohe Anteil von Bürgerlichen bei dieser Entscheidung der Stände durchaus eine Rolle gespielt haben. Vgl. auch LEHMANN, Niederlausitz, S. 560 f.

Rittergüter bestätigt zu bekommen. Durch die Einführung der neuständischen Provinzialverfassung erfuhr Rittergutsbesitz eine Wertsteigerung. Auf diese Weise konnte außerdem sichergestellt werden, dass bei künftigen Teilungen von größeren Komplexen allen Erben prestigeträchtige Rittergüter zufielen.

Ein Vergleich der Zahlen von 1800 mit der Matrikel weist außerdem darauf hin, dass auch die von Bratring gezählten Meiereien wahrscheinlich in großer Zahl zu eigenständigen Rittergütern wurden. Durch die Landabtretungen der Bauern dürfte dieser Prozess noch begünstigt worden sein, da nun größere arrondierte Besitzungen entstanden. Zur Sicherung von Rechten wurde zunächst einmal jeder Anspruch auf Rittergutsqualität angemeldet. So berichtete der Oberpräsident von Brandenburg 1826 bezüglich der Anlegung der Rittergutsmatrikeln an das Staatsministerium, dass diese schwierig seien und viele Spezialuntersuchungen erforderlich machen. Darüber hinaus gäbe es aus dem Kreis Ruppin den Vorschlag, dass jeder Rittergutsbesitzer für jedes seiner Bauerndörfer eine einzelne Stimme erhalten soll. Obwohl es vor 1804 ständische Berechtigungen gab, die sich lediglich auf den Besitz eines Dorfes ohne Rittergut gründeten, würden dadurch aber in erheblichen Maße neue ständische Qualitäten geschaffen. In einem Extremfall hatte ein Rittergutsbesitzer sogar für zwei zu seinem Gut gehörige Bauernhöfe, die sich in einem anderen Dorf befanden, eine separate Rittergutsqualität und die Landtagsfähigkeit gefordert.[37] Wie die späteren Löschungen beweisen, gelang es Adligen in einer ganzen Reihe von Fällen, Rittergüter ohne landwirtschaftlichen Eigenbetrieb in die Matrikeln aufnehmen zu lassen. So besaßen die Grafen v. Schwerin-Walsleben Hebungen und Dienste in dem Dorf Paalzow, das sie erfolgreich als Rittergut deklarierten. Die Rechte erloschen im Zuge der Regulierungen, und es entstand kein Vorwerk oder Gut. Im Zuge einer Überprüfung, bei der dieser Sachverhalt festgestellt wurde, erfolgte um 1853 die Löschung des landlosen Rittergutes.[38]

Nach der Erstellung der Matrikeln kam es nur noch in wenigen Fällen zu Neuschöpfungen von Rittergütern. So wurde Arnimshain 1839 auf dem Gebiet der Herrschaft Boitzenburg angelegt, Mellenau erst kurz nach 1850.[39] Beide Güter erhielten 1854 die bedingte Landtagsfähigkeit, und Mellenau wurde der Sitz einer Nebenlinie der Grafen v. Arnim-Boitzenburg. In Börnicke/Kr. Nieder-Barnim entstand offensichtlich im Verlauf des 18. Jahrhunderts ein selbständiges Gut, welches von dem Sohn Albrecht Daniel Thaers bis zur Jahrhundertmitte auf rund 1100 ha vergrößert wurde und das 1856 die bedingte Landtagsfähigkeit erhielt. Südwestlich von Berlin kaufte der Salz- und Schifffahrtsdirektor Bensch 1826 zunächst einen nach der Separation 211 ha großen Bauernhof und später noch ein Waldstück von rund 350 ha. Über

37 GStA PK, I. HA, Rep. 77, Tit. 438, Nr. 63, Bd. 1, Schreiben des Oberpräsidenten v. Bassewitz an das Staatsministerium vom 12. September 1826.

38 Undatiertes Schreiben des Verwalters der Gräflich v. Schwerin'schen Güter Justizrat Steegemann in Neuruppin an den Grafen v. Schwerin auf Wildenhoff in Ostpreußen. (Nach 1853). Archiwum Państwowe w Olsztynie (Staatsarchiv Allenstein, im folgenden APO), Gutsarchiv Schwerin, NR. 381/74, pag. 58.

39 Angaben nach ENDERS, Ortslexikon, Bd. VIII. Uckermark, S. 152 f und 646 f.

den Kaufmann Gilka kam das neugeschaffene Gut 1859 für 95.000 Taler an den preußischen Prinzen Friedrich Karl, der weitere kleinere Parzellen hinzukaufte. 1865 wurde der Neugründung auf Antrag der Kreisstände des Kreises Teltow die Rittergutsqualität verliehen. Als Reminiszenz an die Siege des Prinzen im Krieg gegen Dänemark erhielt das neue Rittergut den Namen Düppel.[40] In allen bekannten Fällen waren es prominente Persönlichkeiten oder deren Nachfahren, denen es gelang, ihren Besitz aufzuwerten.

Den wenigen Neuschöpfungen stand allerdings in viel größerem Maße das Verschwinden ehemaliger Rittergüter gegenüber. Dabei zeichnen sich zwei Hauptursachen ab. Auf der einen Seite wurden – wie oben bereits beschrieben – Güter ohne oder mit nur geringer Eigenwirtschaft nach den Regulierungen und Ablösungen gelöscht. Zum anderen wurde nach der Dismembration oder dem Abverkauf größerer Bestandteile die Rittergutsqualität ebenfalls annulliert. Bis 1857 waren bereits 58 Güter aus den Matrikeln gelöscht worden. Mehr als ein Viertel dieser Rittergüter hatten adligen Familien, mit weiterem – z. T. umfangreichem – Grundbesitz gehört und nur aus Rechten bestanden. Durch die Kabinettsordre vom 1. August 1831, die Erhaltung der Landtagsfähigkeit ritterschaftlicher Güter nach Ablösung der Reallasten betreffend, erloschen Rittergüter ohne Rittersitz, wenn die ehemaligen Dienste und Abgaben abgelöst worden waren. Dies trifft mit hoher Wahrscheinlichkeit auch auf vier der fünf gelöschten Güter, die sich in städtischem Besitz befanden, zu.[41] Darüber hinaus schieden bis 1857 sieben Besitzungen nach dem Ankauf durch den Fiskus aus den Reihen der Rittergüter aus.[42]

Weitere fünfzehn Rittergüter wurden wegen Zerstückelung gelöscht. In den meisten Fällen hatten hier die Gemeinden die Herrschaft ausgekauft.[43] Dismembration oder fehlendes Eigenland dürften auch in elf anderen Fällen (6 Adlige, 5 Bürgerliche) die Ursache dafür gewesen sein, dass die Rittergutsqualität verloren ging. Die Löschung der Rittergutsqualität erfolgte beim Unterschreiten einer bestimmten Größe oder eines festgelegten Mindestreinertrages. Für jede Region Preußens galten hier andere Grundsätze, so dass auch in der Provinz Brandenburg die historischen Territorien ihre eigenen Bemessungsgrenzen hatten. In der Kurmark durften – ebenso wie in Pommern –

40 Vgl. die umfangreiche Schilderung Theodor FONTANEs in den ‚Wanderungen durch die Mark Brandenburg'. Bd. V. Fünf Schlösser, Abschnitt Dreilinden. Berlin u. Weimar 1994, S. 336 ff.

41 Dagegen dürfte die Vererbpachtung des der Stadt Bernau gehörigen rund 250 ha großen Rittergutes Schmetzdorf bei Schönow der Anlass gewesen sein, weshalb es 1856 aus der Matrikel gelöscht wurde.

42 Dazu gehörten: Dahlem/Kr. Teltow 1841, Schönheide/Kr. Spremberg 1835, Frankenfelde/Kr. Ober-Barnim 1816, Gühlen-Glienicke 1844, Ruhleben/Kr. Teltow 1841.

43 So war Bagemühl/Kr. Prenzlau bereits 1799 von den Bauern und Kossäten erworben, aber erst 1855 gelöscht worden. Brinsdorf/Kr. Sorau wurde vor 1828 von der Gemeinde gekauft, Blumberg/Kr. Crossen 1839/40, Briesnigk/Kr. Sorau um 1836, Grunewald/Kr. Guben nach 1812, Grunow/Kr. Crossen 1829, Küdow/Kr. Ruppin vor 1854, Mietgendorf/Kr. Jüterbog-Luckenwalde 1852, Tornow/Kr. Crossen vor 1828, Schönermark/Kr. Ruppin 1809 und Tzschiegern/Kr. Guben vor 1810. Auch Teile von Klein-Buckow/Kr. Spremberg gingen wahrscheinlich vor 1837 an die Gemeinde über. Fünf der Güter wurden erst nach 1857 gelöscht.

1000 Mg (250 ha) nicht unterschritten werden. Alternativ dazu konnte auch der Bezug von 1000 Tlr. (3000 RM) ‚baren Bezügen' oder 50 Wispel[44] Pächten in Anrechnung gebracht werden. In der Neumark galten ebenfalls 1000 Mg oder aber 20.000 Tlr. Wert als Mindestvoraussetzung für ein Rittergut. Dagegen reichten in der Niederlausitz bereits 500 Mg (125 ha) aus.[45] Diese Untergrenzen wurden bei der Aufstellung der Matrikel wahrscheinlich noch nicht angewandt, wie eine ganze Reihe von sehr kleinen Rittergütern beweisen.[46] Auf der anderen Seite folgte einem Überschreiten dieser Mindestvoraussetzungen auch nicht die Aufnahme in die Klasse der Rittergüter. Die neue Ablösungsgesetzgebung nach 1850 führte dann in einer Reihe von Fällen dazu, dass die Voraussetzungen für die Rittergutsqualität, die durch den Bezug von Renten oder Naturalleistungen erfüllt worden waren, wegfielen.

Für die Zeit nach 1857 existieren keine Rittergutsmatrikeln mehr, so dass als Ersatz auf die ab 1885 verfügbaren Angaben aus den Handbüchern des Grundbesitzes[47] und die Angaben über die Gutsbezirke zurückgegriffen werden muss. Dabei zeigt sich eine noch stärkere Tendenz zur Auflösung von Rittergütern, wobei nicht eingeschätzt werden kann, inwieweit die ‚verschwundenen' Güter auch ihre ständische Qualität verloren haben.

Eine der wichtigsten Eigenschaften eines Rittergutes wurde – nach dem Verlust der Steuerfreiheit und der Einschränkung der kreisständischen Qualität durch die Kreisverfassungsreform von 1872 – die Qualifizierung als selbständiger Gutsbezirk. Das einzige umfassende Verzeichnis der älteren Gutsbezirke sind die Grundsteuererhebungslisten aus den sechziger Jahren.[48] Hier wurden die Ergebnisse der Bonitierung jeweils getrennt für städtische und ländliche Gemeindebezirke sowie für Gutsbezirke angegeben. Dabei zeigt sich – wie oben angemerkt –, dass die Zahl der Gutsbezirke nicht deckungsgleich mit den Angaben der Rittergutsmatrikeln sind.

Die Grundsteuertabellen wiesen allein für die ehemalige Kurmark 182 Besitzungen, die nicht die Rittergutsqualität besaßen, als selbständige Gutsbezirke aus. Ein Teil von ihnen waren allerdings Vorwerke von weiter entfernten Rittergütern. Auch von den ehemaligen Domänenvorwerken, die unter Ausschluss der Rittergutseigenschaft verkauft worden waren, behielten eine erhebliche Anzahl die Gutsbezirksqualität. Wie viele der anderen Gutsbezirke

44 1 Wispel waren in Preußen 13,19 hl.

45 MEITZEN, Boden, Bd. I., S. 540. In Schlesien und Sachsen waren 1000 Tlr. Reinertrag die Minimalbedingung, in Ostpreußen 500 Tlr. In Posen wurden 1000 Mg verlangt, von denen mindestens 500 'urbar' waren.

46 Im Jahre 1863 verzeichnete Frantz auf der Basis unvollständiger Angaben 175 Rittergüter, welche die vorgeschriebenen Minimalmaße unterschritten. FRANTZ, Generalregister, S. 5 und 63.

47 Die erste Ausgabe des Handbuches von 1879 konnte aus arbeitsökonomischen Gründen nicht benutzt werden.

48 Nach GENZMER, Gutsbezirke, S. 31 gab es keine offizielle Liste der Gutsbezirke älteren Rechtes, da die Rittergutsmatrikeln hierfür nicht geeignet waren. Damit kommt der hier benutzten, für den Gesamtstaat verfügbaren Quelle eine hohe Bedeutung zu. Es wäre zu prüfen, inwieweit einzelne Ortsverzeichnisse diese Lücke schließen können. Meyers Orts- und Verkehrslexikon des Deutschen Reiches von 1913 unterscheidet nur zwischen Rittergütern und Dörfern.

Neubildungen waren, kann nicht abgeschätzt werden. Nach 1856 war die Schaffung eines ‚Gutsbezirkes neuen Rechts' auf Grund königlicher Genehmigung möglich. Die Landgemeindeordnung von 1894 präzisierte dann noch einmal die Möglichkeiten dazu. Danach konnte aus gemeindefreien Gütern, aus Landgemeinden oder Teilen von diesen ein neuer Gutsbezirk entstehen, wenn der Umfang und die Leistungsfähigkeit des Besitzes dies rechtfertigte.[49] Damit wurde am Ende des Jahrhunderts die prinzipielle Möglichkeit zur Schaffung einer auf feudale Wurzeln zurückgehenden Rechtseinrichtung erneut gesetzlich festgeschrieben.

Die zweite Quelle, die uns über das weitere Schicksal der in den Matrikeln verzeichneten Güter informiert, sind die verschiedenen Jahrgänge der Handbücher über den Grundbesitz. Dort tauchen 116 Rittergüter, die in den Matrikeln als selbständig verzeichnet waren, nicht mehr auf, oder den Angaben ist ihre Auflösung zu entnehmen. Dabei setzte sich offenbar die Tendenz fort, dass Güter, die nur aus Rechten ohne einen Eigenbetrieb bestanden, gelöscht wurden. Insgesamt 31 Rittergüter verzeichnen die Handbücher nicht mehr, von denen bekannt ist, dass sie keinen Gutsbetrieb besaßen.[50] Darüber hinaus verschwanden weitere 17 Güter, die sich im Besitz verschiedener Korporationen befanden und von denen z. T. bekannt ist, dass sie vererbpachtet waren. Mindestens 35 Güter wurden bis zum Ende des Kaiserreiches parzelliert, wobei teilweise Restgüter bestehen blieben. In den meisten Fällen kam es jedoch zur Auflösung der Gutsbezirke und Eingemeindung in benachbarte Dörfer bzw. Städte. Die letzten bekannten Besitzer waren zu zwei Dritteln Bürgerliche und zu einem Drittel Adlige, darunter jedoch nur wenige aus altangesessenen Familien. Ein weiterer Grund, warum Rittergüter nicht mehr in den Handbüchern auftauchten, war die Tatsache, dass ihr Areal bei anderen Gütern mitverzeichnet wurde. Dieser Fall traf für rund 20 Rittergüter zu, ohne dass dabei im Einzelfall geklärt werden konnte, inwieweit noch eine wirtschaftliche Selbständigkeit dieser Betriebe bestand.

Im Zeitraum zwischen der Erstellung der Matrikeln und dem Ende des Kaiserreiches verschwanden rund 11 % aller Rittergüter (vgl. Tabelle 29). Für fast die Hälfte dieser Güter kann jedoch vermutet werden, dass hier kein realer Großgrundbesitz, sondern nur Rechte verschiedener Art bestanden haben. Mit Sicherheit wurde jedoch ein Drittel der gelöschten Besitzungen zerstückelt und aufgelöst. Hierbei hat es sich zum Teil um Güter in der Nähe von wachsenden Städten gehandelt, die dann Bauland wurden. Kleinere Güter sind auch von Bauerngemeinden komplett oder teilweise ausgekauft worden.[51] Nach

49 Vgl. dazu ausführlich GENZMER, Gutsbezirke, S. 39 ff.

50 Darunter waren allein 10 Rittergüter, die zur Herrschaft Boitzenburg gehörten und für die frühere Verzeichnisse angegeben hatten, dass sie ohne Rittersitz oder Gut waren. Die Angabe, dass kein Gutsbetrieb existierte, ist zum einen der Rauerschen Matrikel zu entnehmen, die im betreffenden Fall den Vermerk ‚ohne Rittersitz' beinhaltete, zum anderen den Daten der historischen Ortslexika.

51 Nur von einigen der ‚verschwundenen' Güter in der Kurmark sind Größenangaben bekannt, die jedoch zeigen, dass es sich hier um sehr kleine Besitzungen – unter 200 ha groß – handelte. So umfasste das gelöschte Anteilgut Glasow II. nach Berghaus 22,75 ha, wovon nur 2,25 ha Ackerland waren.

den Güterpreissteigerungen seit der Jahrhundertmitte kamen letztere Fälle jedoch kaum noch vor.

Tabelle 29: Die vermutlichen Ursachen für die Löschung oder das Verschwinden ehemals selbständiger Rittergüter in der Provinz Brandenburg zwischen 1828 und 1910

Ursachen für den Verlust der Rittergutsqualität						
ohne Eigenbetrieb	parzelliert	aus korporativem Besitz*	mit anderen Gütern verschmolzen	vom Fiskus erworben	unbekannt	gesamt
46	56	27	14	8	23	174

* Die korporativen Besitzungen waren i. d. R. in Parzellen oder komplett verpachtet.

Die Abgänge aus dem ständisch privilegierten Großgrundbesitz, die vor allem durch diese Parzellierungen bedingt waren, glichen damit im Laufe des Jahrhunderts in etwa den Zuwachs durch die Domänenveräußerungen aus.

Neuer Großgrundbesitz

Neben den Rittergütern entwickelten sich im Verlaufe des 19. Jahrhunderts weitere, die Dimensionen bäuerlichen Besitzes z. T. deutlich übersteigende Güter, die jedoch – von den oben benannten Ausnahmen abgesehen – nicht in den Kreis der ständisch privilegierten Güter aufgenommen wurden. Hierzu zählten zunächst einmal die nach 1824/25 veräußerten Domänenvorwerke, denen die Rittergutsqualität nicht mehr verliehen wurde. Außerdem zeigt sich eine starke Tendenz zur Besitzkonzentration in den Bauerndörfern, die dazu führte, dass eine Vielzahl von Gütern, die – von den Statistikern festgelegte – Mindestgrenze für Großgrundbesitz überschritten. Obwohl schon mehrfach darauf hingewiesen wurde, dass eine solche schematische Zuweisung problematisch ist, werden im Folgenden, um die Vergleichbarkeit der Angaben zu gewährleisten, Betriebe mit über 100 ha zum Großgrundbesitz gezählt. Der Grundsteuerreinertrag wird zur Klassifizierung nicht benutzt, weil dann rein bäuerliche Betriebe, die in einigen Fällen unter 50 ha Umfang besaßen, aufgenommen werden müssten. Außerdem suggeriert der Begriff Großgrundbesitz eine gewisse Flächendimension.

Die ersten Verweise darauf, dass es neben Rittergutsbesitz auch noch anderen Großgrundbesitz gab, lieferte zunächst Berghaus 1854 ff. und dann Frantz 1863.[52] Letzterer führte neben den Rittergütern auch 173 sogenannte Privatgüter auf, die mit einer durchschnittlichen Größe von 325 ha die Mindestmaße für Rittergutsbesitz in der Regel deutlich überschritten.[53] Von diesen unter der Kategorie ‚Angebliche Ritter- und andere Privatgüter' summierten Betrieben

52 Vgl. BERGHAUS, Landbuch, passim und FRANTZ, Generalregister, passim.

53 Im Regierungsbezirk Potsdam befanden sich 79 Privatbesitzungen, die mit durchschnittlich 374 ha deutlich größere waren als die 94 Güter im Regierungsbezirk Frankfurt/O, deren mittlere Größe 277 ha betrug.

gehörten 73 adligen und 91 bürgerlichen Besitzern, in wenigen Fällen auch Besitzerinnen.

Während die vorgenannten Übersichten immer noch stark auf die Rittergüter orientiert waren und die Privatgüter nur als Anhang zu diesen auflisteten, folgten die ‚Handbücher über den Grundbesitz' bereits einem etwas anderen Ordnungsprinzip. Hier wurden die Güter nicht mehr, wie noch bei Rauer, nach der Bedeutung von Familien oder nach dem Rechtsstatus sortiert, sondern in alphabetischer Reihenfolge, wobei Besitzkomplexe zusammenhängend aufgeführt wurden. Der Übergang von der rechtlichen Kategorie Rittergutsbesitz zur statistisch definierten Kategorie Großgrundbesitz wurde damit vollzogen. Die preußischen Statistiker, die in ihren Arbeiten zum Großgrundbesitz sehr vorsichtig waren, hatten die Benutzung der Bezeichnung Rittergut ohnehin weitgehend vermieden.[54]

Ein Vergleich des ‚Adressbuches' von Frantz mit den verschiedenen analysierten Jahrgängen der ‚Handbücher', einschließlich der zweiten Ausgabe des ‚Niekammers' von 1914, zeigt ein unaufhörliches Ansteigen der Zahl der einfachen Güter, das im Kontrast zum Absinken bei den Rittergütern steht (vgl. Tabelle 30).

Tabelle 30: Die zahlenmäßige Entwicklung des nicht zum Rittergutsbesitz gehörenden Großgrundbesitzes in Brandenburg 1885-1921 (ohne Domänen und Kronfideikommiß)[55]

Jahr	gesamt	davon ‚Güter'
1863	271	186
1885	567	391
1896	557	383
1903	551	382
1910	568	393
1914	944	691
1921	1.039	747

Die Verfünffachung der Anzahl der Großgrundbesitzungen, die nicht zu den Rittergütern oder Domänen gehörten, bedeutet nicht, dass man daran direkt die Chronologie eines Konzentrationsprozesses ablesen kann. Allerdings zeichnet sich ein begrenzter zweiter Gutsbildungsprozeß ab. Bis zu Beginn der achtziger Jahre entwickelten sich rund 400 kleinere Güter, die in einer ganzen Reihe von Fällen auch den Charakter von Gutsbezirken erhielten. Der kleinere Teil davon waren ehemalige Domänenvorwerke. Rund 17 % entstammten dieser Quelle und waren damit Gutsbezirke älteren Rechts.[56]

54 Sicher ist es aus der Sicht eines Statistikers auch einfacher nur mit Größen- oder Ertragsangaben zu arbeiten, als mit – noch dazu fluktuierenden – Rechtsverhältnissen, die darüber hinaus von der Entwicklung weitgehend überholt waren. Auch Conrad ließ die Rittergüter als eigene Gruppe weitgehend außer acht.

55 Quellen: für 1863, FRANTZ, Generalregister, für 1885, 1896, 1903, 1910, 1921 Handbuch des Grundbesitzes, für 1914 Niekammers Güteradressbuch.

56 Für 68 dieser Güter ist die Herkunft aus dem Domänenbesitz sicher zu ermitteln gewesen. Auf Grund der Überlieferungssituation für die Neumark könnte die Zahl etwas größer gewe-

Für eine unbestimmbare Anzahl der anderen Güter ist zu vermuten, dass sie im Gefolge von Separationen aus großen Bauernhöfen[57] oder zusammengekauftem Land entstanden.[58] Dabei wurde häufig auch der Wohnsitz des ‚Gutsbesitzers' aus dem Dorf auf den eigenen geschlossenen Besitz verlegt. Vielfach wurde die Neubildung außerdem noch mit dem Namen des Gründers versehen.[59] Inwieweit parallel dazu ein Konzentrationsprozess in den Bauerndörfern ablief, ist nicht zu klären, da erst in den Adressbüchern von Niekammer der rein bäuerliche größere Grundbesitz in seinem ganzen Ausmaß zu erkennen ist. Zum Zeitpunkt der Zusammenstellung des benutzten Adressbuches im Jahre 1914 überschritt eine Vielzahl ehemals bäuerlicher Höfe die nominelle Grenze zum Großgrundbesitz. Die Ursachen für diese Besitzkonzentration können an dieser Stelle nicht geklärt werden. Es ist einerseits wahrscheinlich, dass analog zur Ausdehnungstendenz der Rittergüter auch die größeren Bauern den kleineren Besitz auskauften. So wurden zwischen 1816 und 1859 in Brandenburg allein 778 ehemals spannfähige ‚bäuerliche Nahrungen' anderen Bauerngütern zugeschlagen.[60] Allerdings ist auch in Rechnung zu stellen, dass viele der großen Bauerngüter, welche die 100 ha-Grenze überschritten, bereits älteren Ursprungs sein könnten.[61]

So wurden 1914 erstmals drei zwischen 145 und 214 ha große Güter in Alt Thymen/Kr. Templin verzeichnet. In dem Ort existierten jedoch schon im 18. Jahrhundert drei überdurchschnittlich große Bauerngüter, die größer als 100 ha waren.[62] Wenn sie von besserer Rechtsqualität waren, was zumindest für den Schulzenhof zu vermuten ist, dürften die Flächeneinbußen im Zuge der

sen sein. Deutlich wird jedoch, dass nicht alle ehemaligen Domänenvorwerke den Charakter von Gutsbezirken erhielten. Rund ein Viertel blieb den Domänenrentämtern, welche die Aufgaben des Gutsherrn wahrnahmen, unterstellt.

57 So entstand Augustwalde, ein rund 200 ha großes Gut im Kreis Arnswalde, dadurch, dass der Oberförster Schmidt in den ersten Jahrzehnten des 19. Jahrhunderts verschiedene Grundstücke zusammenkaufte oder erbpachtete. Nach der Ablösung des Pachtkanons und der Separation wurde daraus dann das Gut, das wahrscheinlich den Vornamen seines Begründers erhielt.

58 In einigen Fällen handelte es sich allerdings um ältere Besitzungen. So wurde Nesselgrund/Kr. Soldin bereits 1781 als Kolonistengut eingerichtet. Die Hypothekenangelegenheiten des knapp 200 ha großen Gutes (GRE 1.546 RM) wurden bereits 1809 offensichtlich beim Kammergericht geführt, als der Besitz auf 8.300 Tlr. getaxt wurde. Ebenfalls eine Neugründung war das 230 ha große, um 1800 angelegte, ‚Etablissement' Friedrichswille/Kr. West-Sternberg, das dem Ordenskammerrat und Bürgermeister der Stadt Reppen Friedrich Schmiedecke gehörte. Vgl. u. a. SCHWARTZ, Großgrundbesitz, S. 92 f.

59 So bspw. der Köhnshof/Kr. Prenzlau, der 1861 auf der Feldmark der Stadt Strasburg als sogenannter Abbau angelegt wurde und ein selbständiger Gutsbezirk war. Das rund 300 ha große Gut mit einem Grundsteuerreinertrag von über 7.000 RM gehörte bis mindestens 1921 Mitgliedern der Familie Koehn. Vgl. u. a. ENDERS, Ortslexikon, Bd. IIIV., S. 519.

60 MAUER, Kreditwesen, S. 87.

61 Des weiteren ist auf eine andere ältere Wurzel zu verweisen. So existierten noch verschiedene Burglehngüter, die in den meisten Fällen nicht die Rittergutsqualität erhielten. Ein Beispiel dafür ist das freie Burglehn Zielenzig/Kr. Ost-Sternberg, das um 1800 noch einen adligen Besitzer aufwies, der es für 6.000 Tlr. erworben hatte. In den ‚Handbüchern' wurde Zielenzig dann als Gut mit einer Größe von 228 ha geführt. SCHWARTZ, Großgrundbesitz, S. 98.

62 Vgl. Enders, Ortslexikon, Tl. 8., S. 1013.

Agrarreformen nur relativ gering gewesen sein und wurden durch die Gemeinheitsteilungen eventuell mehr als kompensiert. Erst mit den veränderten Aufnahmekriterien in Niekammers Güteradreßbuch werden diese älteren Güter als Großgrundbesitz sichtbar.

Zusammenfassend lässt sich festhalten, dass die Handbücher des Grundbesitzes bzw. die Adressbücher neben den Rittergütern auch in zunehmendem Maße anderen Großgrundbesitz verzeichneten. Deshalb ist ein reiner Zahlenvergleich zwischen den aus dieser Quelle gewonnen Angaben mit denen älterer Rittergutsmatrikeln nicht zulässig. Es wird im weiteren notwendig sein, die Struktur und Größe dieser neuen Güter im weiteren Sinne mit der des älteren Rittergutsbesitzes zu vergleichen, um zu überprüfen, ob eine allgemeine Summierung unter der Bezeichnung Großgrundbesitz sinnvoll ist.

Andere statistische Zuordnungen – Grundsteuerreinertrag und Betriebsgröße

Neben der Definition von Großgrundbesitz anhand der Mindestgröße und der Zuordnung zu einem Eigentümer, wie sie durch die Benutzung der Grundbesitzverzeichnisse zwingend vorgegeben ist, kann man sich dem Problem auch auf andere Weise annähern. Zum einen wurde bereits erwähnt, dass auch der Grundsteuerreinertrag als Kriterium benutzt werden kann, zum anderen ist es möglich, die Betriebsgröße – unter vollständiger Ausklammerung der Eigentumsverhältnisse – heranzuziehen. Beide Methoden bilden nur abstrakte Zugänge zum Großgrundbesitz, eine Weiterführung der Linien zu den Großgrundbesitzern ist auf der Grundlage der vorhandenen statistischen Erhebungen dieser Art jedoch nicht möglich. Dennoch sollen die diesbezüglichen Angaben hier kurz vorgestellt werden, da sie das Bild über den Großgrundbesitz abzurunden vermögen.

Großgrundbesitz auf der Grundlage des Grundsteuerreinertrages

Einen umfassenden Überblick über den Besitz, der mit einem Grundsteuerreinertrag über 1.500 RM katastriert war, bietet die schon benutzte Verschuldungsstatistik von 1902 (vgl. Tabelle 31). Die dort zusammengestellten Daten beruhten auf dem geschlossenen Besitz von Personen. Deshalb war es notwendig, neben Rittergütern in Einzelbesitz, die Gutskomplexe zusammenzufassen. Die dabei festgestellte Anzahl von Rittergutsbesitzern zeigt, dass im Durchschnitt auf einen Eigentümer zwei Rittergüter fielen.

Die in der Tabelle zusammengestellten Zahlen suggerieren eine annähernde Übereinstimmung zwischen Großgrundbesitz, der entweder auf der Grundlage der Fläche oder des Grundsteuerreinertrages definiert wurde. Da jedoch 21 % der Rittergüter und der Güter über 100 ha einen Grundsteuerreinertrag von weniger als 1.500 RM aufwiesen, ist dies problematisch.[63] Die Daten zeigen damit erneut die Schwierigkeit der statistischen Abgrenzung des Großgrundbesitzes zum großbäuerlichen Besitz.[64] Bauernwirtschaften auf guten Böden – bspw. in den Bruchgebieten – konnten leicht höhere Reinerträge als oft doppelt so große Güter in schlechteren Lagen erreichen.

Tabelle 31: Die Anzahl der Rittergüter, Güterkomplexe und der Güter über 100 ha im Vergleich mit der Anzahl von Güter mit mehr als 1.500 RM Grundsteuerreinertrag nach der Verschuldungsstatistik von 1902

Region	Rittergüter*	Rittergutsbesitzer	andere Güter über 100 ha**	Rittergüter, Gutskomplexe und Güter über 100 ha	Güter mit einem GRE über 1.500 RM[65]
Kurmark	785	339	603	942	1.027
Neumark	323	194	259	453	511
Niederlausitz	333	183	82	265	140
Gesamt	1.441	716	944	1.660	1.678

* Ohne die bis 1910 gelöschten oder nicht mehr aufgeführten Rittergüter

** Entsprechend den umfassenderen Angaben aus dem Niekammer'schen Adressbuch von 1914

In Brandenburg erreichten im Durchschnitt erst Betriebe mit 140 ha Fläche einen 1.500 RM übersteigenden Grundsteuerreinertrag.[66] Auch dies spricht dafür, die Bemessungsgrenze für Großgrundbesitz heraufzusetzen. Die Bearbeiter des brandenburgischen Teils des umfassenden Werkes über die Vererbung des ländlichen Grundbesitzes in Preußen, schätzten sogar ein, dass unter mittleren Bodenverhältnissen mindestens 200 bis 300 ha notwendig wären, um ein Gut zum Großgrundbesitz zu zählen.[67]

63 76 Rittergüter weisen einen Grundsteuerreinertrag unter 1.500 RM auf. Darunter war allerdings kein Güterkomplex. Von den einfachen Gütern mit mehr als 100 ha Fläche lagen sogar 264 unter der Marke für Großgrundbesitz.

64 Bei einer Heraufsetzung der Mindestfläche auf 200 ha sinkt der Anteil der Güter, die unter 1.500 RM Grundsteuerreinertrag aufweisen, auf 12 %. Dann gäbe es (ohne Rittergüter) nur noch 474 Güter, die zum Großgrundbesitz zu zählen sind, von denen nur noch 59 einen Grundsteuerreinertrag unter 1.500 RM aufweisen.

65 Quelle: KÜHNERT, Verschuldung, Tl. I., 1. Hälfte, S. 136-223.

66 Während in ganz Preußen eine durchschnittliche Größe von 100 ha zur Erzielung von 1.500 RM Grundsteuerreinertrag notwendig war, gab es erhebliche Differenzen zwischen den östlichen und westlichen Gebieten. In den Ostprovinzen außer Sachsen und Schlesien wurden zwischen 160 ha (Ostpreußen) und 140 ha (Brandenburg) benötigt. In den Westprovinzen einschließlich Sachsens waren dagegen nur 36 ha (Rheinland) bis 78 ha (Hessen-Nassau) notwendig. Vgl. Grundeigentum und Gebäude im Preußischen Staate auf Grund der Materialien der Gebäudesteuerrevision im Jahr 1878 (Preußische Statistik, 146, Teil I.) Berlin 1889, S. XXVIII.

67 SERING, Vererbung, Bd. 9, S. 51.

Großgrundbesitz nach der Betriebsgröße – die landwirtschaftliche Betriebsstatistik

Die zweite Möglichkeit, sich der Definition von Großgrundbesitz zu nähern, bietet die Analyse der Betriebsstatistik.[68] Diese kann jedoch ebenfalls nur als Ergänzung dienen, da sie mit sehr vielen Schwierigkeiten behaftet ist, die leicht zu einer Verzerrung des Bildes führen können.[69] Da auf diese Probleme schon häufig hingewiesen wurde, sollen sie hier nur kurz Erwähnung finden. Die Betriebsstatistiken konzentrierten sich zum einen auf selbständige Betriebseinheiten. Dabei war es unerheblich, ob sich mehrere davon im Besitz eines Eigentümers befanden. Zum anderen war bei der Erstellung der Statistiken die Herkunft des Landes – ob aus Eigentum oder Pacht – unerheblich. Auf diese Weise wurde zwar ein Bild von der Betriebsstruktur der Landwirtschaft erstellt, der Rückschluss auf die Eigentums- und damit auch Gewinnverteilung blieb jedoch definitiv versperrt. Eine qualitative Wertung der Betriebe bleibt durch die ausschließliche Konzentration der Betriebsstatistiken auf die Fläche ohne Angabe des Grundsteuerreinertrages ausgeschlossen. Für die bäuerlichen Betriebe, bei denen Eigentum und Besitz[70] weitgehend identisch sind, ergibt sich damit ein relativ konturenscharfes Bild. Für den Großgrundbesitz trifft dies nicht zu. Die preußischen Statistiker erfüllten damit ihre Arbeit, vermieden es jedoch weitgehend, dass ihr Material in den politischen Debatten über den Großgrundbesitz genutzt werden konnte.

Tabelle 32: Die Anzahl der landwirtschaftlichen Großbetriebe in der Provinz Brandenburg 1882, 1895 und 1907[71]

Betriebsgröße	**Jahr**		
	1882	**1895**	**1907**
100-200	758	737	696
200-500	913	836	831
500-1000	454	452	414
>1000	77	85	53
Gesamt	2.202	2.110	1.994

68 Im Kaiserreich fanden drei Betriebszählungen statt, die auf ähnlichen, aber nicht identischen Erhebungsmethoden beruhten. Vgl.: Landwirthschaftliche Betriebsstatistik nach der allgemeinen Berufszählung vom 5. Juni 1882. (= Statistik des Deutschen Reichs. NF, Bd. 5 (1885)); Die Landwirthschaft im Deutschen Reich. Nach der landwirthschaftlichen Betriebszählung vom 14. Juni 1895. (= Statistik des Deutschen Reichs. NF, Bd. 112 (1898)); Landwirthschaftliche Betriebsstatistik. Berufs- und Betriebszählung vom 12. Juni 1907. (= Statistik des Deutschen Reichs. NF, Bd. 212, Tl. 1 (1909), Tl. 2 (1912)).

69 Vgl. dazu bereits CONRAD, Latifundien, S. 121 ff.; HEß, Junker, S. 46 ff.; BUCHSTEINER, Großgrundbesitz, S. 28 ff.

70 Im Falle von Besitz kann der Betrieb ausschließlich oder teilweise aus Pachtland bestehen, während im Falle von Eigentum der Betrieb dem Inhaber auch persönlich gehört.

71 Quelle wie Anm. 68, S. 185.

Während die ‚Handbücher über den Grundbesitz' einen Zuwachs der Betriebe über 100 ha suggerieren, zeigt die Betriebsstatistik eine gegenläufige Tendenz (vgl. Tabelle 32). Diese ist im wesentlichen auf den Rückgang der Verpachtung und auf Parzellierungen größerer Güter, vor allem im Bereich wachsender Städte zurückzuführen. Darüber hinaus ist eindeutig ersichtlich, dass die ‚Handbücher' – wie vermutet – die Masse des bäuerlichen Besitzes über 100 ha nicht verzeichnete. Sie sind daher gerade für die kleinen Güter zwischen 100 und 200 ha, sofern es sich nicht um Rittergüter oder einfache Gutsbezirke handelte, nur in sehr begrenztem Maße als Quelle zu benutzen.

Die Verteilung des Großgrundbesitzes innerhalb der Provinz

Zur Beurteilung Brandenburgs als einem der Kerngebiete der Gutswirtschaft ist es unumgänglich, die Verteilung sowohl der Rittergüter als auch des statistisch definierten Großgrundbesitzes innerhalb der Provinz näher zu untersuchen. Da hier beträchtliche Unterschiede bestanden, lassen sich auf diese Weise stärker vom Großgrundbesitz geprägte Gebiete von solchen unterscheiden, in denen der bäuerliche Besitz eine größere Bedeutung hatte.

Der Großgrundbesitz einschließlich des Staatsbesitzes nahm in der Provinz Brandenburg 51 % des Bodens ein (vgl. Tabelle 33). Dabei zeigen sich beachtliche Unterschiede.

Tabelle 33: Die Anteile des staatlichen und privaten Großgrundbesitzes an der Gesamtfläche der Provinz Brandenburg (1914)[72]

	Staatsbesitz			privater Großgrundbesitz		
	Domänen	Forsten	Summe	Rittergüter	andere Güter über 100 ha	Summe
Anzahl	101	107	208	1.395	1.129	2.524
Fläche in ha	80.920	457.944	538.864	1.104.247	353.874	1.458.121
v. H. der Provinz	2 %	11 %	13 %	29 %	9 %	38 %

In den südwestlichen Kreisen Jüterbog-Luckenwalde und Zauche-Belzig sowie in der nordwestlich gelegenen Prignitz war der Anteil des Großgrundbesitzes an der Gesamtfläche am niedrigsten[73] (Vgl. zu den Kreisen Anhangtabelle IV., S. 529). Dies ist auf die hochmittelalterliche Ostsiedlung zurückzuführen, da einerseits die Zahl der Kolonisten zu Beginn der Siedlung noch höher war und dadurch diese Gebiete dichter besiedelt wurden. Andererseits war hier das Siedlerrecht besser, so dass im Gefolge der Agrarreformen weni-

72 Diese Tabelle spiegelt nur den in den ‚Hand- bzw. Adressbüchern' aufgenommenen realen Großgrundbesitz wider. Nomineller Rittergutsbesitz und gelöschte Güter sind nicht enthalten.

73 Jüterbog-Luckenwalde (33 %), West-Prignitz (33 %), Zauche-Belzig (37 %) und Ost-Prignitz (40 %).

ger bäuerliches Land verloren ging.[74] In den anderen westlichen Kreisen (Ruppin, Teltow, Ost- und West-Havelland) umfasste der Großgrundbesitz einschließlich der Domänen dagegen zwischen 47 % und 50 % der Gesamtfläche der Kreise. Die Uckermark und vor allem die nördliche Neumark wiesen einen durchweg überdurchschnittlichen Großgrundbesitzanteil auf, der in den Kreisen Arnswalde und Soldin die 70 %-, im Kreis Templin die 80 %-Marke überschritt. In der Niederlausitz lag der Anteil des Großgrundbesitzes weitgehend gleichmäßig verteilt bei etwa 45 %.

Da der größte Großgrundbesitzer der Staat war, ist es notwendig, seinen Anteil gesondert zu betrachten. Die Domänen und Forsten umfassten mit 13 % der Gesamtfläche der Provinz. Das war ein Viertel des nichtbäuerlichen Bodens. Innerhalb der einzelnen Kreise konnte der staatliche Anteil noch deutlich höher liegen.[75] Den größeren Teil des staatlichen Besitzes machten die umfangreichen Forsten aus. In fünf Kreisen überstieg ihr Anteil an der Gesamtfläche die 20 %-Marke z. T. deutlich.[76] Dagegen waren nur in fünf Kreisen mehr als 5 % des Bodens im Besitz von staatlichen Domänen.[77]

Der private Großgrundbesitz umfasste 38 % der Gesamtfläche der Provinz. Besonders hoch war er in den nördlichen und nordöstlichen Kreisen. Allerdings nahm er nur in drei Kreisen mehr als die Hälfte der Gesamtfläche ein.[78] Analog zur Verteilung des gesamten Großgrundbesitzes in der Provinz waren die westlichen Kreise stärker bäuerlich geprägt. Hier lagen die Anteile des privaten Großgrundbesitzes an der gesamten Fläche zwischen 27 % und 33 %. Ähnlich lagen die Verhältnisse in den westlichen Kreisen der Niederlausitz (Luckau und Lübben). Die östlich gelegenen wiesen dagegen deutlich höhere Anteile auf.

Da bereits auf die Genese des Großgrundbesitzes aus Rittergütern und ,neuen Gütern' hingewiesen wurde, werden die Anteile der beiden Gruppen getrennt betrachtet. Die Rittergüter, die 29 % der Gesamtfläche der Provinz umfassten, besaßen dreimal soviel Land wie die einfachen Großgrundbesitzungen. In einem Drittel aller Kreise lag ihr Anteil an der Gesamtfläche je-

---

74 Vgl. HARNISCH, Rechtsqualität, passim.

75 Allerdings existierten auch Kreise ohne staatlichen Großgrundbesitz. In den Kreisen Beeskow-Storkow, Calau, Friedeberg, Guben, Lübben, Spremberg, West-Prignitz und Zauche-Belzig gab es am Ende des Jahrhunderts keine Domänen sowie in den Kreisen Spremberg und Züllichau-Schwiebus keine Staatsforsten.

76 Neben den waldreichen neumärkischen Kreisen Landsberg (24,6 %) und Friedeberg (24,9 %) konzentrierte sich der staatliche Waldbesitz vor allem auf drei Kreise, die Teile der Schorfheide umfassten. Dies waren Angermünde (22,3 %), Templin (21,8 %) und Nieder-Barnim (32,7 %). Die großen Waldgebiete der Niederlausitz waren dagegen in geringerem Maße in Staatsbesitz, da hier die ausgedehnten Standesherrschaften bestanden.

77 Templin (7,8 %), Luckau (6,9 %), Cottbus (6,8 %), Ost-Havelland (6,5 %) und Königsberg (5,1 %)

78 Dies betraf die beiden Uckermark-Kreise Prenzlau (60 %) und Templin (55 %). Der dritte uckermärkische Kreis Angermünde lag auf Grund des hohen Anteils an staatlichem Besitz dagegen im Mittel der Provinz. Außerdem erreichte der private Großgrundbesitz im nordneumärkischen Kreis Arnswalde 56 %.

doch unter 25 %.[79] In keinem Kreis der Provinz Brandenburg lag der Anteil der Rittergüter über der 50 %-Marke. Sehr hohe Werte wiesen wiederum die uckermärkischen Kreise Prenzlau (46 % der Gesamtfläche) und Templin (36 %) auf. Auch in drei niederlausitzischen Kreisen lag der Rittergutsanteil deutlich über dem Mittel der Provinz.[80] Ein weiteres Konzentrationsgebiet des Rittergutsbesitzes war außerdem noch der Kreis Züllichau-Schwiebus (45 %).

Da der Anteil an der Gesamtfläche auf Grund der unterschiedlichen Anzahl und Größe der Rittergüter und auch der Kreise nur bedingt aussagefähig ist, ist ergänzend die Verteilungsdichte der Güter zu betrachten. Dabei zeigen sich erhebliche Unterschiede. Während bspw. im Kreis Calau auf 12 km^2 ein Rittergut kam, waren es im Kreis Landsberg 76 km^2. Die Kreise mit der größten Flächenausdehnung des Großgrundbesitzes waren auch die stärksten Konzentrationsgebiete des Rittergutsbesitzes. Allerdings wies auf der anderen Seite nur ein Teil der Westkreise eine schwächere Prägung durch den Rittergutsbesitz auf. Dies lässt sich durch eine größere Anzahl kleinerer Güter in diesen Regionen erklären. Neben den Kreisen Teltow[81] und Zauche-Belzig waren dagegen die beiden Sternberg-Kreise sowie Friedeberg, Nieder-Barnim und Lübben Gebiete mit einer geringen Rittergutsdichte.

Für die Betrachtung des nicht privilegierten Großgrundbesitzes sind vorweg einige Einschränkungen zu machen. Die ,Hand- und Adressbücher' listeten neben dem kleineren Großgrundbesitz auch eine Anzahl reiner Forstbetriebe mit oftmals erheblichem Umfang auf. Da diese z. T. zu Gutskomplexen[82] oder zum Kronfideikommiß[83] gehörten, würden bei einer Gleichsetzung mit dem einfachen Großgrundbesitz die Zahlen verzerrt werden. Daher ist es notwendig, diese Forstgüter und die Stadtforsten[84] aus der Betrachtung herauszunehmen.

Auch beim nicht ständisch privilegierten Großgrundbesitz bietet sich kein monokausal erklärbares Bild. Insgesamt umfassten die einfachen Großgrundbesitzungen 6,9 % der Fläche der Provinz. Dabei gab es allerdings eine erhebliche Streuung. Während in elf Kreisen – davon fünf niederlausitzischen – ihr Anteil an der Fläche unter 5 % blieb, lag er in einer Reihe von anderen Kreisen deutlich über dem Mittel. Dies waren auf der einen Seite Kreise, die einen überdurchschnittlichen Anteil an Rittergutsfläche und bessere Böden aufwie-

[79] Eine Ursache dafür war ein jeweils großer Anteil an Staatsbesitz. Während bspw. im Kreis Nieder-Barnim der Großgrundbesitz 56 % der Fläche umfasste, lag der Anteil der Rittergüter nur bei 15 %. Analog lagen die Verhältnisse im Ober-Barnim und im Kreis Cottbus.

[80] Sorau (36 %), Calau (38 %), Spremberg (43 %).

[81] Der Kreis Teltow wies bedingt durch seine Nähe zu Berlin eine enorm hohe Anzahl von Löschungen von Rittergütern auf.

[82] So gehörte zur Standesherrschaft Fürstlich Drehna das 1.471 ha große Forstgut Babben, das keine Rittergutsqualität besaß. Mit 1.910 ha noch größer war der zur v. Schöning'schen Stiftung gehörige Kathlower Forst.

[83] Zum Kronfideikommiß gehörten folgende Forsten: (Heinersdorf/Kr. Angermünde, 4.710 ha: Klein Wasserburg, 10.072 ha; Meierei/Kr. Beeskow-Storkow 2.238 ha; Peetzig/Kr. Königsberg 3.579 ha; Semmelei/Kr. Teltow 6.407 ha und Staakow 2.219 ha).

[84] Einige Städte besaßen größere Forsten wie z. B. die Stadt Brandenburg den Stadtforst Görden mit 1.956 ha, Berlin das Waldgebiet Gorin mit 1.044 ha oder Strausberg den Stadtforst mit 1.871 ha.

sen. Die Uckermark, die nördliche Neumark und der Kreis Lebus sind hier zu nennen. Möglicherweise begünstigte die – durch gute Böden erleichterte – frühere Modernisierung der Landwirtschaft die Konzentration der Fläche in den Händen einer kleiner werdenden Gruppe von Besitzern. Dies könnte sowohl für die Rittergüter als auch für die anderen Besitzungen gelten. Daneben lag der Anteil einfacher Güter in einer Reihe von Westkreisen mehr oder weniger deutlich über dem Durchschnitt. Hier könnte neben dem bereits genannten Faktor der landwirtschaftlichen Modernisierung und der damit verbundenen stärkeren Marktorientierung auch die fehlende Konkurrenz von Land aufkaufenden Rittergütern eine Rolle gespielt haben. Außerdem ist wieder auf die bessere Rechtsstellung eines Teils der Bauern zu verweisen, die den Erhalt größerer Bauerngüter sicherte und damit eine gute Ausgangsposition für die Neubildung von größeren Gütern schuf.

Zusammenfassend ist zur Verteilung des Großgrundbesitzes in der Provinz Brandenburg folgendes festzuhalten:

Innerhalb der Provinz gab es ein deutliches West-Ostgefälle. Mit fortschreitender Besiedlung des Landes wurde einerseits die Siedlungsdichte geringer, andererseits erhielten die Bauern wahrscheinlich ein schlechteres Recht. Dies führte dazu, dass nach den Agrarreformen vor allem im Nordosten, aber auch in der Niederlausitz, die Anteile des Großgrundbesitzes stärker ausgeprägt waren als in den westlichen Grenzkreisen.

Der größte Grundbesitzer war – vor allem durch die umfangreichen Forsten – der Staat. In der Niederlausitz war der staatliche Forstbesitz jedoch geringer ausgeprägt.

Rittergüter existierten in fast allen Kreisen in größerer Anzahl. Die umfangreichste Fläche umfassten sie im Norden und Nordwesten sowie in der Niederlausitz und den östlich daran angrenzenden Kreisen.

Der nicht privilegierte Großgrundbesitz hatte einen Schwerpunkt in den nordöstlichen Regionen mit hoher Rittergutsdichte und besseren Böden. Des weiteren war er in den westlichen Kreisen ebenfalls stärker vertreten. Vor allem in der Niederlausitz und den südlichen Kreisen spielte er dagegen eine deutlich geringere Rolle.

Die Veränderung der Verteilung des Großgrundbesitzes im 19. Jahrhundert

Das Eindringen Bürgerlicher in den jahrhundertelang exklusiv dem Adel vorbehaltenen Bereich des Rittergutsbesitzes bedeutete einen fundamentalen Wandel im Gefüge der ländlichen Gesellschaft.[85] Das Ausmaß und die Qualität dieses Prozesses lassen sich am deutlichsten an den Gewichtsverschiebungen innerhalb des Rittergutsbesitzes erkennen. Daneben ist dann auch der

---

85 Vgl. auch: Robert BERDAHL, Junker and Burgher: Conflicts Over the Purchase of Rittergüter in the Early Nineteenth Century, in: Mentalitäten und Lebensverhältnisse. Beispiele aus der Sozialgeschichte der Neuzeit. Rudolf Vierhaus zum 60. Geburtstag, Göttingen 1982, S. 160.

weitere Großgrundbesitz ohne ständische Qualitäten in die Untersuchung mit einzubeziehen. Erst vor dieser Folie kann nach unterschiedlichen ökonomischen, sozialen und politischen Verhaltensmustern der einzelnen Besitzergruppen gefragt werden.

Quantitative Veränderungen im Großgrundbesitz und im Rittergutsbesitz der Provinz 1804-1914

Geht man allein von der statistischen Definition von Großgrundbesitz aus, ist festzustellen, dass Bürger und Bauern den Adel wahrscheinlich spätestens um die Jahrhundertmitte in der Zahl der besessenen Güter numerisch überholt hatten.

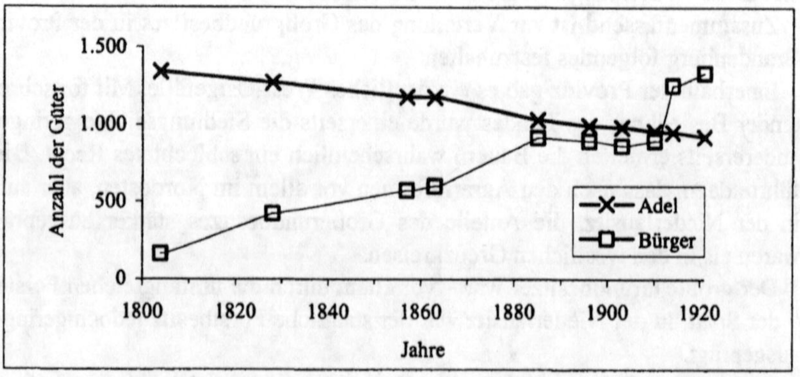

Abbildung 17: Die Besitzverschiebungen im Großgrundbesitz der Provinz Brandenburg 1800-1921[86]

Abgesehen davon, dass dies den Zeitgenossen mangels detaillierter Untersuchungen lange Zeit gar nicht bewusst war[87], dürfte der Unterschied zwischen einem privilegierten Rittergut und einem anderen Gut bzw. (über)großen Bauernhof im Verständnis der zeitgenössischen Betrachter mittelfristig allerdings noch so groß gewesen sein, dass man sie kaum in einen gemeinsamen Topf geworfen hätte.

Die vorstehende Abbildung zeigt ein langsames und kontinuierliches Absinken der Güter aller Art im Besitz des Adels von 1.339 im Jahre 1804[88] auf

86 Der bürgerlich/bäuerliche Anteil lag mit Sicherheit bereits viel früher über dem adligen als die Abbildung widerspiegelt, da erst 1885 und dann noch einmal 1914 die wahren Dimensionen vor allem des bäuerlichen Besitzes in den Hand- bzw. Adressbüchern sichtbar werden.

87 Die Untersuchung von Conrad dürfte eine der ersten diesbezüglichen überhaupt gewesen sein.

88 Die Quellensituation, die – wie in der Einleitung beschrieben – sehr schwierig ist, bedingt, dass obwohl für den übergroßen Teil der Besitzungen mehr Daten vorliegen, bestimmte besonders gut gesicherte Stichjahre ausgewählt wurden. Diese Jahre sind: 1804 (Bratrings statistisch-topographische Beschreibung), 1828 (die Urschrift der Rittergutsmatrikeln), 1857 (Rauer), 1863 (Frantz) sowie die Erscheinungsjahre der verschiedenen Handbücher bzw. Adressbücher 1885, 1896, 1903, 1910, 1914, 1921.

921 im Jahre des Kriegsausbruchs 1914 (vgl. Abbildung 17). Der adlige Besitzanteil sank damit auf 69 % des Ausgangsstandes.[89] Der bürgerlich/bäuerliche Besitz nahm dagegen von nur 163 um mehr als das achtfache auf 1.333 zu. Dahinter steht, wenngleich Abstriche zu machen sein werden, eine Erfolgsgeschichte des nichtadligen Großgrundbesitzes auf dem Lande. Allerdings ist unbedingt anzumerken, dass der breite Sektor des im bürgerlich-bäuerlichen Grenzbereich angesiedelten statistischen Großgrundbesitzes erst seit 1885 teilweise und 1914 weitgehend sichtbar wird. Geht man davon aus, dass die rund 600 Güter, die erst seit diesen beiden Stichjahren registriert wurden, bereits in der Mitte des Jahrhunderts in der Mehrzahl vorhanden waren, so würde bereits zu diesem Zeitpunkt ein rein nomineller Gleichstand in der Zahl der Besitzungen erreicht worden sein. Da sich die meisten Rittergüter jedoch sowohl durch ihre ökonomische Potenz als auch durch ihre hervorgehobene Rechtsstellung deutlich von den später hinzugekommenen Gütern abhoben, ist ein solcher Vergleich wenig sinnvoll. Erst die politische Teilnivellierung durch den Wegfall der Landtagsfähigkeit im Jahre 1872 schuf eine gewisse Berechtigung dafür, an die Stelle der alten rechtlichen Kategorie Rittergutsbesitz die neue statistische Kategorie Großgrundbesitz zu stellen.

Wenden wir uns zunächst dem adligen Besitzsegment zu. Hier zeigt sich eine ganz eindeutige und für die Gesamtbewertung der vorangegangenen Zahlen wichtige Tendenz. Von 921 im Jahre 1914 im Besitz von Adligen befindlichen Gütern waren nur 31 keine Rittergüter, bzw. gehörten nicht zu anderen Rittergütern oder Güterkomplexen. Das bedeutet, dass für den Großteil des Adels bis zum Ende des Kaiserreiches nur der Besitz von Rittergütern in Frage kam.[90] Nicht privilegierter Großgrundbesitz in den Händen von Adligen war dagegen in mehr als zwei Dritteln der Fälle nur ein Annex zum Rittergutsbesitz. Die Adligen, die keine Rittergutsbesitzer waren, kamen in der übergroßen Mehrzahl nicht aus dem Altadel der Provinz. Unter ihnen befanden sich darüber hinaus fünf Nobilitierte und der Sohn oder Enkel eines Nobilitierten. Ihre Güter lagen mit wenigen Ausnahmen im Bereich der kleineren und ertragsschwachen Besitzungen. Annähernd die Hälfte fiel nach dem Kriterium Grundsteuerreinertrages gar nicht in den Bereich des Großgrundbesitzes.[91] Nur bei sieben nichtprivilegierten Gütern bestand eine reelle Chance, dass sie einen für Großgrundbesitz angemessenen Ertrag zu liefern in der Lage waren.[92]

89 Zieht man die nominellen Rittergüter ohne Rittersitz vom Ausgangswert ab, so gingen dem Adel als Gruppe nur 29 % der realen Besitze verloren.

90 Die Zahl der Rittergüter in adligem Besitz betrug zu diesem Zeitpunkt 800.

91 Vorausgesetzt, das Gut Mathildenhof/Kr. Ost-Prignitz war der einzige Besitz des Rittmeisters a. D. v. Oertzen, dessen Familie im betreffenden Jahr 1914 kein weiteres Gut in der Provinz besaß, dann lebte dieser auf dem 135 ha großen Gut, das mit dem enorm niedrigen Grundsteuerreinertrag von nur 104 RM verzeichnet war, wenn er keine außerlandwirtschaftlichen Einkommensquellen besaß, in sehr bescheidenen Verhältnissen. Weitere Beispiele ließen sich anfügen.

92 Fünf Güter lagen im Bereich von 3.000 bis 6.000 RM Grundsteuerreinertrag. Nur das über 1.000 ha große ehemalige Domänenvorwerk Birkholz/Kr. West-Prignitz (Freiherr v. Maltz-

Angesichts der Feststellung, dass der Adel fast ausschließlich im Bereich des Rittergutsbesitzes zu finden war, ist es notwendig, das Verhältnis der verschiedenen sozialen Gruppen in diesem Bereich gesondert zu betrachten (vgl. Abbildung 18). Dabei zeigt sich sofort ein anderes Bild. Während die Entwicklung des adligen Segmentes auf Grund der gezeigten Präferenz zum Rittergutsbesitz ähnlich verlief, erreichte der bürgerliche Anteil im Vergleich dazu nur drei Fünftel. Insgesamt stieg er allerdings von 9,2 % im Jahre 1804 auf 36 % der Güter zu Beginn der I. Weltkrieges.[93] Während das Kontingent korporativer Besitzer konstant zwischen 5,8 und 5,3 % pendelte, speiste sich der bürgerliche Zuwachs in hohem Maße aus dem Absinken des adligen Anteils.

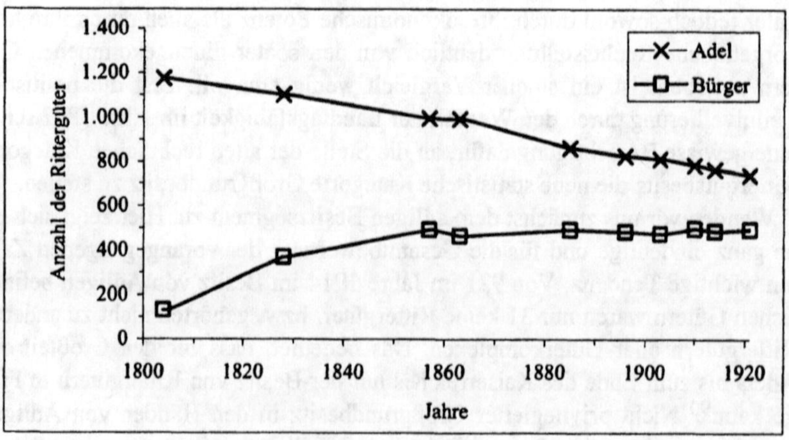

Abbildung 18: Die Besitzverschiebungen im Rittergutsbesitz der Provinz Brandenburg 1800-1921

Das Ungleichgewicht zwischen bürgerlichen Zuwächsen und adligen Verlusten verweist je nach Zeitpunkt aber auch auf die mehr oder weniger starken Abgänge aus dem Rittergutsbesitz, die weiter oben bereits behandelt wurden.

Der steile Anstieg der Zahl bürgerlicher Rittergutsbesitzer zwischen 1804 und etwa 1830 speiste sich aus zwei Quellen. Zum einen wechselten zwischen dem Ende der letzten Spekulationswelle vor 1806 und der Preiskrise der zwanziger Jahre eine hohe Zahl von Rittergütern aus adligem in bürgerlichen Besitz. Zum anderen kam es durch die Domänenveräußerungen zu einem gewaltigen Schub, da die Mehrzahl der ehemaligen Staatsgüter von Bürgern, in Einzelfällen eventuell auch Bauern erworben wurden. Zwischen 1804 und 1828 nahm die Zahl von Rittergütern, die von Bürgerlichen besessen wurden von 131 auf 370 zu. Mehr als ein Fünftel dieses Zuwachses waren jedoch

ahn) und das aus Bauernland zusammengekaufte Oderbruchgut Friedrichshof/Kr. Königsberg (v. Tilly) überschritten um 1910 mit über 9.000 RM diese Werte deutlich.

93 Für die Ermittlung der Prozentwerte wurde nur die jeweils vorhandene Anzahl von Rittergütern herangezogen.

nicht adlige Verluste sondern verkaufte ehemalige Domänenvorwerke.[94] Da der Schwerpunkt der Veräußerungen von Domänen in der Kurmark lag, betrug hier der Anteil der Domänen am Zuwachs des bürgerlichen Rittergutsbesitzes in diesem Zeitraum sogar 40 %.[95]

Während es zwischen 1828 und 1857 nochmals zu einem deutlichen Zuwachs des bürgerlichen Sektors um ein Viertel auf 493 Güter kam, stagnierte die Zahl danach weitgehend und sank 1863 und 1903 sogar unter den Stand der Jahrhundertmitte ab.[96] Der adlige Anteil zeigte dagegen im gesamten Untersuchungszeitraum eine langsame und kontinuierlich sinkende Tendenz. In der Zeit des stärksten bürgerlichen Zuwachses bis etwa 1828/1830 ,verlor' der Adel nur 75 Rittergüter. Die in Wirklichkeit höheren Verluste – jährlich gingen zu dieser Zeit im Durchschnitt acht Rittergüter an Bürgerliche – wurden einerseits durch Domänenkäufe Adliger und Dotationen für Generäle der Befreiungskriege und den Staatskanzler Hardenberg, andererseits durch die erfolgreiche Umwandlung von ehemaligen Vorwerken oder Meiereien in Rittergüter kompensiert.[97] Nach 1828 gingen dann pro Jahr im Schnitt drei bis vier Rittergüter aus adligem Besitz an Bürgerliche über oder verloren ihre privilegierte Qualität. Letzter Prozess wird besonders stark nach 1857 sichtbar, da ab 1885 nur noch die tatsächlich auch als Großgrundbesitz vorhandenen Rittergüter verzeichnet wurden. Die Abgänge aus dem Rittergutsbesitz, die – wie oben beschrieben – vor allem durch Löschungen aus der Matrikel oder Zerstücklungen von Gütern zustande kamen, werden vor allem im anhaltenden Absinken des adligen Anteils sichtbar.[98]

Bei allen adligen Verlusten bleibt jedoch festzuhalten, dass der rein numerische adlige Anteil am Rittergutsbesitz auch am Ende des Kaiserreiches noch um knapp zwei Fünftel über dem bürgerlichen lag. Der Adel bewahrte also in der Provinz sein Übergewicht in der Anzahl der besessenen privilegierten Großgrundbesitzungen, die bis 1872 sowohl auf der Kreis- als auch auf der Provinzebene politisch überproportional repräsentiert waren.

Da jedoch mehrere Rittergüter und andere Besitzungen in Güterkomplexen zusammengefasst sein konnten, sind die Zahlen über die Besitzverhältnisse nicht mit denen der Besitzer kongruent (vgl. Tabelle 34).

---

94 Von den 239 hinzugekommenen Rittergütern in bürgerlichem Besitz waren 50 ehemalige Domänen.

95 Vgl. SCHILLER, Domänenveräußerungen, S. 104.

96 Möglicherweise stellt hierbei das Jahr 1848 einen Einschnitt im Verhalten von Teilen des Adels dem Rittergutsbesitz gegenüber dar.

97 Aus den bürgerlichen Zuwächsen ist zu ersehen, dass dem Adel in dieser Zeit 189 Rittergüter verloren gingen. Dem standen jedoch u. a. 12 erworbene ehemalige Domänenvorwerke und die Dotationsgüter für den Grafen v. Hardenberg und die Generäle v. Zastrow und Graf v. Tauentzien zu Wittenberg als Neuzugänge gegenüber.

98 Dies bedeutet jedoch nicht automatisch, dass auch die Mehrzahl der Parzellierungen von Adligen eingeleitet wurden. Auch wenn hierfür die benutzten Quellen nur begrenzt aussagefähig sind, deutet sich an, dass Bürgerliche hieran stärker beteiligt waren. Dagegen waren die gelöschten Rittergüter ohne Wirtschaftsbetrieb fast ausschließlich in adligem Besitz gewesen.

Tabelle 34: Die Entwicklung des Zahlenverhältnisses zwischen adligen und bürgerlichen Besitzern von Rittergütern und Güterkomplexen 1804-1910[99]

Jahr	Adel	Bürger	Gesamt
1804	774	103	877
1828	735	300	1.035
1857	616	391	1.007
1885	485	445	930
1910	422	431	853

Die deutlich geringere Zahl von adligen Rittergutsbesitzern verweist darauf, dass es vor allem diese waren, die mehrere Güter in ihrem Besitz vereinigten. Obwohl die Adligen erheblich mehr Rittergüter besaßen, gab es am Ende des Kaiserreiches in der Provinz Brandenburg ein leichtes zahlenmäßiges Übergewicht bürgerlicher Rittergutsbesitzer. Die Zahl Adliger, die auf dem Lande ein Rittergut besaßen, war in dem betrachteten Zeitraum auf 54 % abgesunken. Die Bürgerlichen erfuhren – wie bereits aus den anderen Daten ersichtlich war – im ersten Viertel des Jahrhunderts die deutlichsten Zuwächse, während nach 1857 vor allem aber 1885 die Entwicklung stark gebremst wurde, bzw. rückläufig waren. Die unterschiedlichen Zuwächse und Abgänge verweisen einerseits auf das Verschwinden von Rittergütern andererseits auf die Konzentration mehrerer Güter in größeren Komplexen.[100] Außerdem gab es auf Grund der unterschiedlichen historischen Ausgangsbedingungen leicht differierende Entwicklungen in den verschiedenen Regionen.[101]

Abschließend soll nun versucht werden, die Tendenzen der Besitzverteilung im gesamten ostelbischen Preußen einschließlich der Provinz Sachsen zu untersuchen. Eine einfache Nebeneinanderstellung der vorliegenden Daten für die einzelnen Provinzen und den Gesamtstaat zeigt, dass von den über 16.000 zum Großgrundbesitz gezählten Gütern um 1884/85[102] rund 42 % in adligem Besitz waren (vgl. Tabelle 35).[103] Deutlich sichtbar wird, dass in den Provinzen Ostpreußen, Westpreußen und Sachsen der Adelsanteil am gesamten Großgrundbesitz geringer als in den anderen Provinzen war. Für Ost- und Westpreußen liegt die Ursache neben einem größeren Anteil bürgerlicher

99 Die Besitzerzahlen weichen von den Güterzahlen durch die Tatsache des Mehrfachbesitzes erheblich ab. Darüber hinaus war die Gesamtzahl der Besitzer durch Zu- und Abgänge von Rittergütern sowie deren Aufgehen in oder Herauslösung aus größeren Komplexen Fluktuationen unterworfen. Die korporativen Besitzer und nominelle Rittergüter ohne Wirtschaftsbetrieb wurden in diese Übersicht nicht mit aufgenommen.

100 Vgl. S. 197

101 Vgl. Exkurs II. Die Entwicklung der Besitzverteilung in den Regionen und Kreisen, S. 515

102 Für die meisten Provinzen liegen die Daten aus diesen beiden Jahren vor. Für Schlesien stammen sie aus dem Jahr 1892. Auf Grund der Literaturlage waren Angaben für die Provinz Sachsen nur aus dem Jahre 1907 zu erlangen.

103 Die Zahl von 100 ha Umfang übersteigenden Gütern war – wie die wenig später erfolgenden Betriebszählungen zeigten – noch größer. Die von Conrad und Müller benutzten Handbücher verzeichneten jedoch – wie oben beschrieben – den rein großbäuerlichen Besitz nicht, so dass mit diesen Angaben gearbeitet werden muss.

Rittergutsbesitzer wahrscheinlich auch darin, dass hier auf Grund der früheren Herrschaft des Deutschen Ordens neben den Rittergütern die kölmischen Güter verschiedenster Art existierten.[104] Diese traditionell freien Güter bildeten vermutlich die Basis für einen hohen Anteil nichtprivilegierten Grundbesitzes über 100 ha. Allerdings lag in Ostpreußen auch der Anteil bürgerlicher Rittergutsbesitzer schon um 1800 deutlich höher als in den anderen Provinzen, da entweder der friderizianische Adelsschutz hier weniger wirksam gewesen war oder andere weiter zurückreichende Traditionen bürgerlichen Rittergutsbesitzes bestanden haben.[105]

Tabelle 35: Die Gesamtanzahl von Rittergütern und Gütern über 100 ha sowie von Gütern im Besitz Adliger in den preußischen Ostprovinzen (1884/85, 1892, 1907)[106]

Provinz*	Alle Güter über 100 ha	Rittergüter (1857)	Güter im Besitz von Adligen**
Brandenburg (1885)	2.031	1.594	993 (49 %)
Ostpreußen (1884)	2.245	1.126	534 (24 %)
Westpreußen (1885)	1.727	780	422 (24 %)
Posen (1884)	2.724	1.420	1.222 (45 %)
Pommern (1884)	2.375	1.657	1.178 (50 %)
Schlesien (1892)	3.687	3.073	2.119 (57 %)
Sachsen (1907)	1.784	962	535 (30 %)
Gesamt	16.573	10.612	7.003 (42 %)

* Die Zahl in Klammern gibt das jeweils benutzte Handbuch des Grundbesitzes von Ellerholz an.

** Die Prozentzahlen geben den Anteil der von Adligen besessenen Güter im Vergleich zur Gesamtanzahl aller Güter wider.

Die Provinz Sachsen, in der die Rittergüter – ähnlich wie in Westpreußen – nur annähernd die Hälfte des Großgrundbesitzes ausmachten, ist mit den anderen Ostprovinzen nur bedingt vergleichbar, da sie nur noch teilweise eine Region der dominierenden Gutsbetriebe war. Dennoch nähert sich die adlige Präsenz, wenn nur der Rittergutsbesitz betrachtet wird, dem Durchschnitt des preußischen Ostens mehr an als die von Ost- und Westpreußen. Die größten Anteile am gesamten Großgrundbesitz hatte der Adel in Schlesien, Pommern und Brandenburg.

Da weiter oben beschrieben wurde, dass Adlige in der Regel Rittergutsbesitzer waren und im nichtprivilegierten Großgrundbesitz kaum vertreten waren, ist abschließend eine Beschränkung auf die Rittergüter notwendig. Dabei zeigt sich, dass der Adel im Gesamtdurchschnitt des östlichen Preußen einen etwas niedrigeren Anteil am Rittergutsbesitz wahrte, als wir ihn für Branden-

104 Vgl. hierzu vor allem: STEIN, Agrarverfassung, Bd. 1, S. 136-149.

105 Vgl. SCHILLER, Adelsschutz, S. 280 f.

106 Quelle für Ostpreußen, Westpreußen, Posen, Schlesien und Pommern: CONRAD, Agrarstatistische Untersuchungen; für die Provinz Sachsen: MÜLLER, Großgrundbesitz, S. 44 f.; für Brandenburg eigene Auswertungen.

burg feststellen konnten. Immerhin 54 % aller Rittergüter blieben in adligem Besitz. Geht man von einem durchschnittlichen Anteil korporativer Besitzer von mindestens 5 % aus, besaßen Bürgerliche auch um 1885 nur zwei Fünftel des Rittergutsbesitzes in den östlichen Provinzen. In Brandenburg, Pommern, Schlesien und Posen lag der Anteil der von ihnen besessenen Rittergüter nur bei etwa einem Drittel. Da sie außerdem vor allem die kleineren Rittergüter aufkaufen konnten, war die von ihnen besessene Bodenfläche noch geringer.

Tabelle 36: Der prozentuale Anteil Adliger am Rittergutsbesitz in den preußischen Ostprovinzen (1884/85, 1892, 1907)[107]

Provinz*	Anzahl Rittergüter	Anzahl Rittergüter in adligem Besitz	adliger Anteil am Rittergutsbesitz
Brandenburg (1885)	1.410	828	58,7 %
Ostpreußen (1884)	1.141	371	32,5 %
Westpreußen (1885)	785	292	37,2 %
Pommern (1884)	1.781	1.040	58,4 %
Posen (1884)	1.601	959	59,9 %
Sachsen (1885)	1.016	525	51,7 %
Schlesien (1880)	3.008	1.767	58,7 %
Gesamtstaat	10.742	5.782	53,8 %

* Die Zahl in Klammern gibt das jeweils benutzte Handbuch des Grundbesitzes an.

Diese Daten zeigen eindeutig, dass die allseits präsentierte bürgerliche Erfolgsbilanz gegenüber dem Adel, die sich auf den gesamten Großgrundbesitz stützt, eine unzulässige Verzerrung ist.[108] Die überwiegend kleinen ‚neuen' Güter, die aus dem großbäuerlichen Bereich herausragten, waren nie in adligem Besitz gewesen. Auch nach der (de jure) Nivellierung der Rittergüter durch die Kreisordnung von 1872 waren Adlige auf ihnen nur in Ausnahmefällen zu finden. Die Verteilung des statistisch definierten Großgrundbesitzes ist mit den Zahlen der Rauerschen Rittergutsmatrikel nicht zu vergleichen. Dies um so mehr, als noch zu zeigen sein wird, dass zwischen Rittergütern und anderen Gütern erhebliche Größen- und Einkommensunterschiede bestanden.

Der höchste Adelsanteil am Rittergutsbesitz bestand in Posen[109], gefolgt von Brandenburg, Pommern und Schlesien. In den beiden erstgenannten Pro-

107 Quelle sind die Daten aus den jeweils angegebenen Handbüchern über den Grundbesitz, die in freundlicher Weise von Scott EDDIE (Toronto) zur Verfügung gestellt wurden.

108 Vgl. u.a. WEHLER, Gesellschaftsgeschichte, Bd. 3, S. 811 f., ähnlich falsch auch V. TRESKOW, Adel, S. 360.

109 Der Anteil polnischer Besitzer war in dieser Provinz – ähnlich wie in Westpreußen – hoch. Anhand einer Überprüfung der Namen vermutete Conrad, dass im Regierungsbezirk Posen 44,5 % und im Regierungsbezirk Bromberg 35,3 % aller Großgrundbesitzer Polen waren, allerdings wurden die Adligen nicht gesondert ausgewiesen. Vgl. CONRAD, Agrarstatistische Untersuchungen IX., S. 525. In Westpreußen war der Anteil von Großgrundbesitzern mit polnischen Namen nach Conrad von 66,4 % um 1800 bis 1885 auf 12,9 % gefallen. Allerdings vermischt er hier unzulässig Rittergüter und anderen Großgrundbesitz, so dass der An-

vinzen korrespondiert dies damit, dass auch der Anteil des Großgrundbesitzes an der gesamten landwirtschaftlich genutzten Fläche am größten war und deutlich über dem preußischen Mittel lag.[110] Die einzigen Provinzen, in welchen der Adel weniger Rittergüter als die Bürgerlichen besaß, waren Ost- und Westpreußen.[111]

Die Vereinigung mehrerer Besitzungen in einer Hand

Die Ansammlung mehrerer Güter in einer Hand war kein Phänomen des 19. Jahrhunderts. Die historischen Ortslexika zeigen, dass eine große Anzahl der meist auf kleinem Raum konzentrierten Güterkomplexe lang zurückreichende Wurzeln hatte. Aus den vorhandenen Quellen lassen sich die zu größeren Einheiten gehörenden Rittergüter seit der Aufstellung der Matrikeln 1828 sicher fassen.[112] Sehr genaue Zuordnungen im Rahmen der Gesamtprovinz ermöglichen dann die ‚Hand- und Adressbücher', die in der Regel auch Vornamen und Titel bzw. Dienstgrade aufführten, was eine Identifikation von gleichen Besitzern wesentlich vereinfacht.

Als Güterkomplex wird die Vereinigung von mindestens zwei selbständigen Besitzungen in einer Hand verstanden.[113] In der Regel bildete mindestens ein Rittergut das Zentrum der Besitzanhäufung. Lediglich in 19 Fällen waren Komplexe nur aus nichtprivilegierten Gütern zusammengesetzt.[114] Ausschließlich aus Rittergütern bestand nur die Hälfte aller Komplexe (158). 221 bestanden – z. T. allerdings nur zeitweise –aus mindestens zwei Rittergütern und weiteren nicht privilegierten Bestandteilen. Zu fast zwei Fünfteln (129) aller Komplexe gehörte im Verlauf des Untersuchungszeitraumes wenigstens ein einfaches Gut, das manchmal auch ein separates Vorwerk oder Forstgut sein konnte.[115] Besonders hoch war die Zahl der einfachen Besitzungen in

teil polnischer Adliger am Rittergutsbesitz ebenfalls nicht sicher bestimmt werden kann. Vgl. CONRAD, Agrarstatistische Untersuchungen VII., S. 484.

110 Im Durchschnitt entfielen in den östlichen Provinzen 42 % der landwirtschaftlichen Fläche auf Güter über 100 ha. In Posen waren es 55,3 %, in Pommern sogar 57,4 %. Dagegen lag dieser Anteil in Schlesien und Brandenburg nur bei 34,5 % und 36 %. CONRAD, Agrarstatistische Untersuchungen IX, S. 517.

111 Damit wird deutlich, dass die Abstützung von generellen Aussagen über den ostelbischen Adel auf ostpreußische Beispiele, wie sie in Rezeption älterer Arbeiten häufig zu finden ist, unzulässig ist.

112 Mit Ausnahme der Niederlausitz, für die es einige Lücken gibt, ist auch das Stichjahr 1804 relativ gut überliefert.

113 Im Gegensatz dazu rechneten die Betriebszählungen jede selbstständige Besitzung separat.

114 Mit einer Ausnahme handelte es sich bei diesen Komplexen um kleine, erst ab 1885 verzeichnete und meist nicht sehr stabile Besitzanhäufungen. Nur das vier Güter umfassende rund 3.000 ha große Schulamt Blankenburg/Kr. Angermünde, das seit dem 17. Jahrhundert dem Joachimsthalschen Gymnasium gehörte, war ein alter und großer Komplex. Im Gegensatz zu anderen Gütern korporativer Besitzer wie dem Stift Heiligengrabe oder dem Stift Neuzelle erhielt Blankenburg jedoch nicht die Rechte eines Rittergutes.

115 In 61 Fällen setzte sich der Komplex aus nur einem Rittergut und einer oder mehreren nichtprivilegierten Besitzungen zusammen.

den sehr großen Komplexen, zu denen dennoch in der Regel mehrere Rittergüter gehörten.[116]

Tabelle 37: Die Anzahl und Zusammensetzung der Güterkomplexe in der Provinz Brandenburg 1804-1910[117]

		Anzahl der Güterkomplexe im Stichjahr				
		1804	1828	1857	1885	1910
Anzahl der Güter im Komplex	2	112	113	124	140	141
	3	36	36	34	47	47
	4	16	17	26	32	29
	5	11	11	11	13	13
	mehr als 5	19	21	23	24	22
Anzahl der Komplexe		194	198	218	256	252
Anzahl der dazu gehörigen Güter		599	631	711	834	814
davon Rittergüter		546	560	567	551	554

Die Übersicht über die Anzahl und den Bestand der Güterkomplexe in den fünf Stichjahren (Tabelle 37) zeigt, dass es eine erhebliche Zunahme sowohl der Komplexe als auch der dazu gehörigen Güter gab. Da jedoch vor 1885 nur ein Teil des nichtprivilegierten Großgrundbesitzes verzeichnet wurde, war die Zunahme geringer als die Daten dies widerspiegeln. Andererseits täuscht jedoch auch die relativ gleichbleibende Zahl der Rittergüter in den Komplexen, da fast alle wegen Nichtexistenz eines Wirtschaftsbetriebes gelöschten Rittergüter zu größeren Besitzkonzentrationen gehörten. Aus diesen Einschränkungen folgt zweierlei. Es wird einerseits ein Trend zur Konzentration von mehreren Besitzungen in einer Hand sichtbar. Darüber hinaus wurden einer ganzen Reihe von Rittergütern weitere separate Bestandteile angegliedert. Die erwähnten Landgewinne aus den Regulierungen und Ablösungen sowie dem Auskaufen von Bauern schlug man nicht nur den bestehenden Rittergütern zu. Vielfach wurden daraus kleine separate Güter oder Vorwerke gebildet.

Neben der Zunahme der Zahl der Besitzkomplexe wird jedoch auch der Zerfall einer ganzen Reihe von Besitzanhäufungen sichtbar. Dies widerspiegelt sich darin, dass insgesamt 307 Komplexe registriert wurden. In den einzelnen Stichjahren lag die Zahl der Mehrfachbesitzungen jedoch nie über

116 So gehörten zur Herrschaft Baruth sieben Rittergüter und zehn nicht privilegierte Güter, darunter große Forsten.

117 Die Daten für das Jahr 1804 sind auf Grund einer schlechten Überlieferung vor allem für die Niederlausitz unvollständig.

256.[118] Daher ist es sinnvoll und notwendig, zwischen älteren und jüngeren sowie länger- und kurzfristig existierenden Güterkomplexen zu differieren.

Knapp zwei Drittel (192) der Komplexe stellten langfristige Besitzvereinigungen dar, dass heißt, sie existierten bereits am Anfang des Jahrhunderts.[119] 106 davon waren den gesamten Untersuchungszeitraum über im Besitz einer Adelsfamilie.[120] Hier kristallisiert sich ein wesentliches Element des Kerns altadliger Beharrungskraft heraus.[121] Im Gegensatz zu den alten Besitzanhäufungen entstanden die ‚neuen' Komplexe erst im Verlaufe des Untersuchungszeitraumes. Im Vergleich der beiden Gruppen zeigt sich, dass die neuen Güterkomplexe meist aus zwei Gütern bestanden (vgl. Tabelle 38).

Tabelle 38: Die Anzahl und Struktur der alten und neuen Güterkomplexe in der Provinz Brandenburg 1800-1918

		alte Güterkomplexe	**neue Güterkomplexe**		**gesamt**
			längerfristig**	**kurzfristig*****	
	Anzahl*	192	69	46	307
Komplexe bestehen aus	2 Gütern	81	53	43	177
	3 Gütern	38	10	3	51
	4 Gütern	31	5		36
	5-10 Gütern	34	1	–	35
	mehr als 10 Gütern	8	–	–	8
	erweitert	38	/	/	/
	Teilverkäufe	25	/	/	/
	zerfallen	21	14	12	47

* Maximale Anzahl der zum Komplex gehörenden Güter.

** Zwischen 1810 und 1885 entstanden und länger als 30 Jahre existierend.

*** Nach 1885 entstanden.

Die Auflösungsrate war bei ihnen hoch, da jeder fünfte zwischen 1810 und 1885 entstandene Komplex wieder aufgelöst wurde. Von den nach 1885 entstandenen wurde sogar jeder vierte wieder liquidiert. Die alten Güterkomplexe, die bereits zu Beginn des Jahrhunderts vorhanden waren, zeigten dagegen eine größere Stabilität. Das bedeutet jedoch nicht, dass daraus auch auf Besitzkonstanz einer Familie zu schließen ist.

Während die Hälfte aller Komplexe den Zusammenschluss von zwei – häufig benachbarten – Gütern darstellte, zeigt die vorstehende Tabelle auch den Grad der Konzentration des Großgrundbesitzes an. Neben acht sehr großen

118 In 12 Fällen entstanden die Besitzagglomerationen allerdings erst nach 1910, so dass sie in der Tabelle 37 nicht verzeichnet wurden.

119 Um 1804 existierten noch zwei weitere Komplexe, die jedoch zwischenzeitlich getrennt wurden und erst am Ende des Untersuchungszeitraumes wieder in einer Hand vereinigt wurden. Diese wurden daher nicht zu den alten Komplexen gezählt.

120 Weitere fünf gehörten zu alten korporativen Besitzern, wie den Stiften Heiligengrabe und Neuzelle, der Kämmerei Brandenburg oder dem Joachimsthalschen Gymnasium.

121 Zu diesen 106 Komplexen gehörten dauernd oder zeitweise insgesamt 429 Güter, davon 336 Rittergüter.

Herrschaften mit mehr als zehn Gütern[122] gab es 71 Besitzer von Güterkomplexen, die sich aus vier bis zehn Besitzungen zusammensetzten.

Nach 1800 entstanden nur wenige größere neue Komplexe. Von den 16 Neubildungen mit mehr als zwei Gütern waren fünf aus Zukäufen zu alten, schon lange Zeit im Eigentum der betreffenden Familien befindlichen Besitzungen entstanden.[123] Die dreizehn anderen größeren Güterkomplexe wurden alle im Verlauf des Jahrhunderts völlig neu zusammengekauft.[124] Fünf davon waren am Ende des Kaiserreiches – z. T. auf Grund von Erbauseinandersetzungen – bereits wieder zerfallen.

Über die Hälfte (120) der alten Güterkomplexe blieb den gesamten Untersuchungszeitraum über in ihrem Bestand unverändert. Allerdings wurde nur in 60 Fällen auch die Namenskontinuität der Besitzer gewahrt.[125] Zu 38 bereits aus mehreren Gütern bestehenden Komplexen kamen im Untersuchungszeitraum insgesamt 71 Besitzungen hinzu.[126] Die Schwerpunkte dieser Zugänge, die sowohl Käufe als auch Erbschaften sein konnten, lagen einmal zwischen 1820 und 1860 (33 Güter, davon 13 an die v. Redern) und dann noch einmal

---

122 Dies waren Alt Döbern (v. Witzleben) – 11 Güter, Baruth (Fürsten zu Solms) – 17 Güter, Boitzenburg (Grafen v. Arnim) – 13 Güter, Görlsdorf (Grafen v. Redern) – 24 Güter, Lübbenau (Fürst zu Lynar) – 12 Güter, Neuzelle (Stift) – 13 Güter, Pförten (Grafen v. Brühl) – 14 Güter und Prötzel (Freiherren v. Eckardstein) – 14 Güter. Nur ein Teil der Besitzungen waren auch als Rittergüter qualifiziert. Wie das Beispiel Boitzenburg zeigt, wurden einige von diesen allerdings in der zweiten Hälfte des Jahrhunderts gelöscht.

123 So war Retzin/Kr. West-Prignitz nachweislich seit 1489 im Besitz der Familie Gans Edle Herren zu Putlitz. Der selbständige Komplex mit diesem Gut als Zentrum entwickelte sich allerdings erst im 19. Jahrhundert, als die Rittergüter Rohlsdorf (1829) und Rosenhagen (zwischen 1854 und 1857) – beide vorher in bürgerlichem Besitz – gekauft wurden. Zusammen wurde der Komplex auf einen Grundsteuerreinertrag von knapp 11.000 RM getaxt und sicherte damit eine ,herrschaftliche Existenz'. Die Einzelgüter für sich genommen, hätten dies kaum gewährleistet. Eine etwas andere Entwicklung nahm der Komplex Züsedom-Lützlow (v. Arnim). Hier kam zu dem 1842/43 gekauften Rittergut Züsedom im Jahre 1861 das auf der Feldmark von Fahrenwalde neu angelegte Gut Karlsruhe hinzu. Noch vor 1885 wurde dann das Rittergut Stramehl erworben. Durch Erbgänge in der Familie kam um die selbe Zeit (1881) auch noch das alte Arnim-Gut Lützlow dazu. Der Komplex in der Uckermark hatte schließlich einen Umfang von rund 2.500 ha und war mit einem Grundsteuerreinertrag von 55.000 RM eingeschätzt.

124 Die letzte sehr große Vereinigung mehrerer Güter in einer Hand am Ende des Kaiserreiches war der Komplex Dallmin/Kr. West-Prignitz, der vom Landwirtschaftsminister Victor v. Podbielski um die Rittergüter Streesow (vor 1896) und Bootz (um 1914) erweitert wurde und mit einem Grundsteuerreinertrag von 27.000 RM veranschlagt wurde.

125 Der Anteil der nicht durch Verkauf weitergegebenen Güter dürfte jedoch größer sein, da Besitzübergänge auf dem Erbwege, bei denen die Namen der Besitzer wechselten, nur in Ausnahmefällen registriert werden konnten.

126 Während in den meisten Fällen nur ein oder zwei Güter zuerworben wurden, fallen allein 16 hinzugekaufte Rittergüter auf die Grafen v. Redern. Zu dem älteren Komplex von fünf vor 1772 besessenen Gütern, deren ältestes seit 1355 im Besitz der Familie war, wurden zunächst zwischen 1821 und 1830 fünf Güter hinzugekauft. Zwischen 1841 und 1861 folgten weitere acht Besitzungen. Nach 1896 kamen noch mal drei Güter hinzu. Allerdings wurde 1913 die fünf Güter umfassende ,Herrschaft' Lanke für 19 Mio. an die Stadt Berlin verkauft. Das älteste Familiengut Schwante war bereits nach 1885 veräußert worden. Vor dem Verkauf des ,Herrschaft' Lanke umfasst der Gesamtbesitz 17.400 ha und war mit einem Grundsteuerreinertrag von fast 200.000 RM veranschlagt.

besonders stark ausgeprägt in den letzten zwei Dezennien vor der Jahrhundertwende (23 Güter). Während der krisenhaften achtziger und neunziger Jahre kam es also nochmals zu einer Vergrößerung einer ganzen Reihe von Güterkomplexen. Dies zeigt einerseits, dass die finanziellen Mittel der Besitzer der ertragsstarken Güterkomplexe – und dazu zählten die meisten – auch zu diesem Zeitpunkt erheblich waren, deutet andererseits allerdings auch darauf hin, dass möglicherweise in einigen Jahren Güter günstig zu erwerben waren.

Eine andere Tendenz wird sichtbar, wenn die Abgänge aus den alten Komplexen betrachtet werden. Insgesamt wurden aus 25 Güterverbänden 44 einzelne Besitzungen herausgetrennt. Auf der einen Seite spiegeln sich hier Erbteilungen wider, die zur Abspaltung von Teilkomplexen[127] oder Einzelgütern führen konnten.[128] Die Tatsache, dass fast alle Abverkäufe oder Teilungen nach 1885, in überwiegendem Maße jedoch erst nach der Jahrhundertwende (34 Güter) stattfanden, deutet darauf hin, dass bei Erbauseinandersetzungen zwischen Geschwistern, die traditionelle Solidarität mit dem den Besitz übernehmenden Sohn immer weniger funktionierte. Dieses Bild wird durch die Einbeziehung der 22 zerfallenen alten Komplexe bestätigt. Wiederum setzten die Abgänge erst nach 1885 ein. Der Höhepunkt lag mit 13 Auflösungen nach der Jahrhundertwende. Neben sehr wenigen allerdings spektakulären Totalverkäufen[129] blieben in den meisten Fällen einzelne Güter bei den alten Besitzern zurück.[130] Nicht geklärt werden kann dabei, ob es sich um Sanierungsverkäufe oder Erbreglungen handelte. Da die meisten Verkäufe jedoch in der

---

127 So gelangten bspw. die beiden Oderbruchgüter Beauregard und Croustillier wahrscheinlich um 1900 aus dem Verband der ‚Herrschaft' Prötzel (Freiherren v. Eckardstein) über seine Ehefrau (geb. Freifrau v. Eckardstein) an einen Grafen Finck v. Finckenstein.

128 Während beim Vorhandensein von mehreren Besitzungen durchaus in verschiedenen Fällen zu Teilungen geschritten wurde, kam es im 19. Jahrhundert nicht mehr – wie früher weit verbreitet – zur Teilung einzelner Güter in verschiedene Anteile.

129 Der größte zerfallene Komplex war die ‚Herrschaft' Alt Döbern. Hier hatte der Sohn des Oberpräsidenten der Provinz Sachsen Heinrich v. Witzleben zwischen 1879 und 1889 zu einem älteren bereits fünf Güter umfassenden Güterkomplex weitere sechs Besitze hinzugekauft. Der über 5.000 ha große Komplex war mit einem Grundsteuerreinertrag von rund 28.000 RM eingeschätzt. 1914 musste er aus Liquiditätsgründen verkauft werden. Vgl. dazu auch LEHMANN, Niederlausitz, S. 105. und SPENKUCH, Herrenhaus, S. 206, Ebenfalls ein großer Komplex war Bornsdorf-Zieckau. Zieckau hatte der Familie v. Thermo spätestens seit 1745 gehört, vier weitere Güter waren im Verlauf des 19. Jahrhundert hinzugekommen. Nach 1903 wurde der Komplex schrittweise aufgelöst. Jeserig in der Zauche war seit 1644 im Besitz der Familie v. Rochow. Nachdem bereits um 1900 das Vorwerk Jungfernheide verkauft wurde, zerfiel der alte Familienbesitz nach 1914. Der wohl bekannteste Zusammenbruch war schließlich der des großen Komplexes Blankensee-Stangenhagen, zu dem sechs Güter gehört hatten. Die z. T. seit 1388 der Familie v. Thümen gehörenden Güter wurden nach der Jahrhundertwende von der Landbank und anderen privaten Besitzern, darunter dem Dichter Hermann Sudermann, der Blankensee bereits vorher gepachtet hatte, erworben. Nach dem Verkauf wurde der letzte Besitzer im Jahrbuch der Millionäre unter der Rubrik 1-2 Mio. Mark geführt. Er besaß das Haus Friedrichsstraße 134 in (Berlin-) Wilmersdorf.

130 Von 19 ehemaligen Mehrfachbesitzungen blieben nur einfache – zum Teil allerdings immer noch sehr umfangreiche – Güter zurück.

ausgesprochenen Prosperitätsphase nach 1900 stattfanden, deutet sich eine Bestätigung des oben angedeuteten Wandels der Verzichtbereitschaft an. Darauf wird bei der Untersuchung der Besitzweitergabe noch zurückzukommen sein.

Die Besitzkomplexe waren trotz dieser Abgänge ein wesentlicher Stabilitätsfaktor auf dem ländlichen Gütermarkt. Dies wird dadurch besonders deutlich, dass fast die Hälfte (135) aller Mehrfachbesitzungen im Verlaufe des Untersuchungszeitraumes bei einer Familie blieben.[131] Im Besitz dieser Familien befanden sich damit rund 500 Güter, darunter 386 Rittergüter[132], die dem freien Bodenmarkt in den meisten Fällen dauerhaft entzogen waren. Die meisten dieser alten Familienbesitzungen (119) befanden sich in den Händen von Adligen. Hier kam es allerdings immer wieder auch zur Aufspaltung größerer Komplexe in kleinere Einheiten. Neben einigen Korporationen gab es nur drei bürgerliche Familien, auf z. T. sehr kleinen Besitzkomplexen, mit einer vor das Jahr 1807 zurück reichenden ununterbrochenen Tradition.[133]

Die Größe und der Wert des adligen und bürgerlichen Besitzes

Neben der rein numerischen Analyse der Besitzverteilung zwischen adligen und bürgerlichen Großgrundbesitzern, die vor allem dann von Interesse ist, wenn es um die Machtverteilung in den neuständischen politischen Gremien geht, soll nun das Verhältnis der beiden Gruppen auf ökonomischer Ebene im Vordergrund stehen. Dabei wird neben die reine Größenausdehnung die Ertragsfähigkeit der Güter zu stellen sein. Darüber hinaus ist es notwendig, auf die unterschiedliche Struktur der Besitzungen einzugehen, die sowohl für das Einkommen ihrer Besitzer als auch für ihre Anfälligkeit gegenüber Krisen von Bedeutung ist.

Traditionell ist vor allem die Fläche verglichen worden, die Adlige und Bürgerliche besaßen, um Aussagen über das Verhältnis beider Gruppen im Großgrundbesitz zu treffen.[134] Gegen dieses Verfahren spricht vor allem die

---

131 Allerdings wechselten allein von den alten Komplexen 29 zweimal, 27 dreimal, 11 viermal und 23 mehr als viermal den Besitzer.

132 Abzüglich der Zu- und Abgänge.

133 Seit 1668 saß die Familie Meurer auf den beiden kleinen Rittergütern Radeweise und Papproth (590 ha, GRE 2.463 RM). Kerstenbruch gehörte der Familie Christiani seit 1793, zwei weitere Oderbruchgüter kamen später hinzu (380 ha, GRE 21.800 RM). Pretschen war seit dem Ende des 18. Jahrhunderts im Besitz der Familie Paschke (1.1194 Ha, GRE 6.424 RM). Die größten bürgerliche Großgrundbesitzer der Provinz kamen aus der Familie Schulz. Der erste Großgrundbesitzer der Familie saß seit 1802 auf Heinersdorf und kaufte im Laufe der Jahre eine ganze Reihe von Gütern auf, was ihm den Beinamen ‚Güterschulze' einbrachte. Seine Söhne und Enkel, die sich die Besitzungen teilten, trugen zur weiteren Vermehrung auch über die Grenzen der Provinz hinaus bei. Der Heinersdorfer Zweig der Familie wurde 1881 nobilitiert.

134 Während Conrad und sein Schüler Müller wenigsten partiell neben der Fläche auch den Grundsteuerreinertrag mit einbezogen, verwandte Buchsteiner ausschließlich die Fläche. Heß benutzte beide Angaben, was jedoch nicht auf methodische Überlegungen sondern auf das von ihm verwendete gedruckte statistische Material zurückzuführen ist. Auf die Bedeu-

unterschiedliche Güte des Bodens. Die Gesamtgröße eines Rittergutes gestattet nur bedingte Angaben über seinen Ertrag, da die Qualität des Bodens sogar im Rahmen des geographisch relativ begrenzten Untersuchungsgebietes sehr unterschiedlich ist.[135] Selbst bei einer Beschränkung auf die landwirtschaftliche Nutzfläche[136] werden die unterschiedlichen Nutzungsarten des Bodens als Acker, Wiese oder Weide nicht berücksichtigt. Da Hektarzahlen neben ihrem durch die Bodenqualität z. T. sehr eingeschränkten Wert jedoch auch eine symbolische Bedeutung haben[137] und um die Vergleichbarkeit mit den anderen Studien zu gewährleisten, soll zunächst die reine Flächenverteilung zwischen Adligen und Bürgerlichen analysiert werden, bevor eine qualitative Wertung auf der Grundlage des Grundsteuerreinertrages erfolgt. Zuvor ist jedoch kurz auf die Dynamik der Flächenentwicklung des Großgrundbesitzes in der zweiten Hälfte des Jahrhunderts einzugehen.

Die Vergrößerung des Großgrundbesitzes nach 1850

Die Fläche des Großgrundbesitzes zerfiel in folgende Bestandteile: Ackerland, Wiesen, Weiden, Unland, Wasser und Forst. Bei der ursprünglichen Grundsteuerkatastrierung wurde auch noch das meist hochwertige Gartenland separat aufgenommen. Da es aber nur wenige Hektar pro Gut ausmachte, wurde es nicht in die Handbücher aufgenommen und zur Ackerfläche hinzugezählt. Bevor Aussagen zur Flächenverteilung gemacht werden, ist unbedingt noch einmal darauf zu verweisen, dass diese in den meisten Betrieben einer ständigen Fluktuation unterlag. Neben den erheblichen Zuwächsen im Gefolge der Agrarreformen wurde – wie beschrieben – den gesamten Untersuchungszeitraum über bäuerliches Land aufgekauft. Auf der anderen Seite kam es auch zu Abgängen verschiedenster Art. Neben eher gering zu veranschlagenden Verlusten bei der Regulierung alter Rechte verschwanden Güter teilweise oder ganz als Bauland im Umland wachsender Städte, vor allem im Berliner Großraum. Daneben kam es zu den bereits erwähnten Güterzerstückelungen. Ausschließlich beim bäuerlich geprägten Großgrundbesitz war darüber hinaus in einigen Fällen die Teilung von Gütern in kleinere Einheiten zu beobachten. Nicht zuletzt veränderte sich die interne Bodenverteilung in den Gütern. Vor allem in Gebieten mit geringerer Bodenqualität wurde der Forstanteil zu Ungunsten des Ackers, der Wiesen und Weiden ausgedehnt.

---

tung des Grundsteuerreinertrages als wichtigstes Vergleichsmittel weist dagegen Spenkuch hin. Vgl. SPENKUCH, Herrenhaus, S. 201 ff.

135 So hatte Kerstenbruch (auch als Alt Wriezen I. bezeichnet), ein am Oderbruch gelegenes Rittergut, um 1865 einen durchschnittlichen Reinertrag der Ackerfläche von 174 Silbergroschen pro Morgen (30 Sgr = 1 Tlr.). Dagegen erreichte Damsdorf im Kreis Jüterbog-Luckenwalde den im Regierungsbezirk Potsdam geringsten Ackerreinertrag von nur 4 Sgr/Mg.

136 Buchsteiner hat die Waldfläche von der Gesamtfläche abgezogen und das Ergebnis als landwirtschaftliche Nutzfläche bezeichnet. Dabei werden sowohl Wasserflächen als auch Unland mit dem Acker in einer Kategorie vereinigt.

137 Unabhängig von der Bodenqualität suggeriert der Besitz von 1.000 ha Land Größe und Reichtum.

Eine Vorstellung von den Ausmaßen dieses Prozesses liefert ein Vergleich zwischen dem Stand um 1865 mit dem um 1910.[138] Allerdings steht dafür nur ein Ausschnitt aus dem Sample aller Güter zur Verfügung. Zum einen existieren für 1868/69 nur Angaben zu den Gutsbezirken, d. h. alle anderen Besitzungen fallen hierbei heraus. Zum anderen kann nur ein Teil der Güter, die zu den Komplexen gehörten, einbezogen werden, da die Registrierung von Vorwerken oder Forsten unregelmäßig war. In einigen Jahren tauchen diese als selbständige Einheiten auf, in anderen wurden sie beim Hauptgut mit aufgeführt. Darüber hinaus waren viele Güterkomplexe dynamische Gebilde, die Veränderungen unterlagen. Deshalb wurden nur Komplexe einbezogen, die zwischen 1868/69 und 1910 in ihrem Bestand unverändert blieben.

Die Daten für die Kurmark[139] zeigen, dass ein Großteil der Güter und Güterkomplexe während der zweiten Hälfte des 19. Jahrhunderts einen weiteren Größenzuwachs erfuhr.[140] Besonders stark war diese Tendenz bei den – in der Regel größeren und ertragsstärkeren – Güterkomplexen ausgeprägt, von denen 83 % eine Erweiterung ihrer Gesamtfläche erfuhren (vgl. Tabelle 39).

Tabelle 39: Die prozentuale Entwicklung der Gesamtfläche, der Ackerfläche und der Forstfläche ausgewählter Gutsbezirke und Güterkomplexe der Kurmark 1868/69 - 1910 (absolute Zahlen in den Klammern)[141]

Besitzart	Entwicklung der Flächen 1868/69-1910								
	Gesamtfläche			Ackerfläche			Forst		
	unverändert	Zunahme	Abnahme	unverändert	Zunahme	Abnahme	unverändert	Zunahme	Abnahme
Gutsbezirke	22 % (78)	67 % (241)	11 % (41)	44 % (160)	42 % (149)	14 % (51)	69 % (250)	18 % (65)	13 % (45)
Güterkomplexe	6 % (3)	83 % (39)	11 % (5)	17 % (8)	62 % (29)	21 % (10)	47 % (22)	38 % (18)	15 % (7)

138 Den Stand um 1860 kann man den gedruckten, aber bislang kaum benutzten Veröffentlichungen der Ergebnisse der Grund- und Gebäudesteuerveranlagung entnehmen, die für die einzelnen Regierungsbezirke seit der zweiten Hälfte der 1860er Jahre erschienen. Der Stand für 1910 entstammt dem entsprechenden Band des Handbuches über den Großgrundbesitz.

139 Die Daten aus den Grundsteuererhebungen der sechziger Jahre konnten aus arbeitsökonomischen Gründen ausschließlich für die Kurmark – also den Regierungsbezirk Potsdam zuzüglich des Kreises Lebus – verarbeitet werden.

140 Dies widerspricht eindeutig dem von Buchsteiner auf der Basis von hochaggregierten Daten für Pommern festgestellten Trend zu einer Besitzverkleinerung oder zumindest -stagnation bei Adligen und Bürgerlichen! Vgl. BUCHSTEINER, Großgrundbesitz, S. 114 ff.

141 Quelle für 1868/69: Die Ergebnisse der Grund- und Gebäudesteuerveranlagung im Regierungsbezirk Potsdam, hg. vom Königlichen Finanzministerium, Berlin 1867. Für den Kreis Lebus: Die Ergebnisse der Grund- und Gebäudesteuerveranlagung im Regierungsbezirk Frankfurt/O, hg. vom Königlichen Finanzministerium, Berlin 1869. Die Quelle für 1910 ist das Handbuch über den Großgrundbesitz aus diesem Jahr. Um Unsicherheitsfaktoren auszuschalten, konnte nur ein Teil aller Gutsbezirke und Güterkomplexe, für die Angaben vorhanden sind, in diese Untersuchung mit aufgenommen werden. Die 360 untersuchten Gutsbezirke waren zu keinem Zeitpunkt Teil eines Güterkomplexes und wurden bis 1910 auch nicht aufgelöst.

Die Fläche der nicht zu größeren Komplexen gehörenden 360 Gutsbezirke nahm mit 8.312 ha innerhalb der untersuchten rund 45 Jahre um 4 % zu, das sind im Schnitt 23 ha pro Gut. Dagegen wurden die 47 untersuchten Gutskomplexe um 2.804 ha (3,4 %) erweitert, was rund 60 ha pro Komplex entspricht. Der Großteil der Zuwächse bei den Gütern lag dementsprechend im Bereich bis 50 ha. Bei den Gutsbezirken erreichte ein Viertel Zuwächse, die 100 ha zum Teil deutlich überschritten.[142] Diese Flächenzunahmen nach 1865 verweisen wiederum auf die ökonomische Stabilität eines erheblichen Teils des Großgrundbesitzes in einer Zeit, die für die Landwirtschaft gern mit dem Schlagwort der Krise in Verbindung gebracht wird.

Sowohl bei den Güterkomplexen als auch bei den einfachen Gutsbezirken wurden bei Landverkäufen in der Regel größere Flächen – ab 50 ha aufwärts – abgetrennt. Verstärkt lässt sich diese Tendenz wiederum im Umland von Berlin erkennen, wo Bauland Preise erzielte, die deutlich über den ohnehin schon hohen Bodenpreisen lagen.[143]

Eine detailliertere Untersuchung zeigt, dass keineswegs ausschließlich Äcker hinzugekauft worden sind, da sich nur bei 42 % der Güter und 62 % der Komplexe die Ackerfläche vergrößerte. Die Forstflächen der Gutsbezirke und Güterkomplexe unterlagen dagegen geringeren Veränderungen. Sie blieben immerhin bei ⅔ der Güter konstant. Allerdings fällt auf, dass die Zunahme auch hier – ähnlich wie beim Acker – bei den Güterkomplexen stärker ausgeprägt war. Insgesamt lässt sich feststellen, dass Güterkomplexe in allen Größenklassen prozentual einen geringeren Anteil Waldfläche besaßen als selbstständige Rittergüter.[144]Während nur etwa jeder zehnte Gutsbezirk oder Güterkomplex Verluste der Gesamtfläche aufweist, zeigen die höheren Werte bei der Abnahme der Acker- bzw. Forstfläche, dass zumindest bei Teilen der Güter Anpassungsprozesse vollzogen wurden, in deren Folge das interne Verhältnis der Bodennutzungsarten verschoben wurde.[145]

---

[142] So vergrößerte sich bspw. der aus vier Gütern bestehende Gutskomplex Neuensund (v. Arnim), der bei der Grundsteuerkatastrierung 3.138 ha umfasste, bis 1910 auf 3.711 ha. Gusow (Fürsten v. Schönburg) wurde 1869 mit einem Gesamtumfang von 1.847 ha angegeben. 1910 verzeichnete das Handbuch bereits 2.152 ha.

[143] So waren unter den 21 Gutsbezirken, die zwischen 1868/69 und 1910 mehr als 100 ha Land abgaben, allein 9 im unmittelbaren Umland der Berliner Agglomeration. Sie wurden zusammen um mehr als 3.000 ha verkleinert.

[144] Vgl. dazu 217.

[145] Ein Beispiel für solche Anpassungen ist das kleine Rittergut Fröhden im Kreis Jüterbog-Luckenwalde. 1868 waren von den 328 ha Gesamtfläche 286 als Acker- und nur 33 ha als Waldfläche ausgewiesen. Bis 1910 waren durch Aufforstungen 129 ha Wald entstanden. Der wegen der schlechten Bodenqualität ertragsarme Acker war auf 200 ha zurückgegangen. Ähnliches wird für das Fideikommiß Nemischhof (v. Arnim) berichtet. Auch dort war der schlechteste Sandboden durch erhebliche Aufforstungen in Waldfläche umgewidmet worden. Vgl.: BLHA; Rep. 1, Nr. 651, Bericht des Regierungspräsidenten an den Oberpräsidenten aus dem Jahre 1907 über die Errichtung bzw. Veränderung von Fideikommissen (Arnim-Nemischhof). In Gegenden mit besseren Böden bzw. guter Marktanbindung lassen sich allerdings auch genau entgegengesetzte Tendenzen feststellen. So wurde in Satzkorn im Kreis Ost-Havelland bei gleichbleibender Gesamtfläche der Waldanteil von 119 ha im Jahre 1885 auf 11 ha reduziert. Die gerodete Fläche wurde in Acker- und Wiesenland umgewandelt.

Die Flächenanteile adliger und bürgerlicher Großgrundbesitzer

Wie im Vorhergehenden gezeigt wurde, ist die Fläche der Güter auch nach dem Abschluss der Agrarreformen nicht als statische Größe zu behandeln. Da es nicht möglich ist, für die Zeit vor dem Erscheinen der ‚Hand- und Adreßbücher' umfassende und sichere Angaben zu erhalten[146], ist für den folgenden Flächenvergleich eine Extrapolation der Daten notwendig. Während für die Stichjahre 1885 und 1910 die entsprechenden ‚Handbücher' benutzt werden können, wird für das Stichjahr 1857 auf die Daten von 1885 zurückgegriffen. Dies ist dadurch zu rechtfertigen, dass zwischen den 1868/69[147] veröffentlichten Daten der Grundsteuererhebung und den Angaben des ersten ausgewerteten Handbuchjahrganges von 1885 nur geringfügige Differenzen bestehen. Darüber hinaus war bis 1850 der weitaus größte Teil der Landablösungen bereits vollzogen. Sehr problematisch ist dagegen eine Extrapolation der Daten von 1885 zum Stichjahr 1828, da zu diesem Zeitpunkt die Agrarreformen noch im vollen Gange waren. Wenn sie dennoch vorgenommen wird, dann nur dazu, um Tendenzen der Besitzverteilung, nicht aber Fakten zu ermitteln. Ein auf Stichjahre begrenzter Größenvergleich hat neben den oben beschriebenen Problemen außerdem noch die Schwierigkeit, dass vor 1885 bzw. noch einmal vor 1910/14 eine erhebliche Anzahl von einfachen Gütern nicht nachgewiesen wurde.[148] Diese Besitzungen müssen daher getrennt untersucht werden.

Tabelle 40: Die prozentualen Flächenanteile von Adligen, Bürgerlichen, korporativen Besitzern und des Hauses Hohenzollern am alten Großgrundbesitz der Provinz Brandenburg 1828-1910[149]

Jahr	1828	1857	1885	1910
Fläche Großgrundbesitz	1.158.418 ha	1.191.342 ha	1.207.651	1.175.629 ha
Adel	71,7 %	66,1 %	63,7 %	62,3 %
Bürger	20,2 %	26,1 %	27,9 %	27,3 %
Korporationen	4,9 %	4,5 %	4,7 %	6,2 %
Hohenzollern*	3,2 %	3,3 %	3,7 %	4,2 %

* Unter diesem Punkt wurde der brandenburgische Besitz der Gesamtfamilie Hohenzollern einschließlich der süddeutschen Linien summiert. Den Hauptanteil daran machte der Kronfideikommiß aus.

146 Eine Ausnahme stellen die Ergebnisübersichten der Grundsteuererhebung dar, die jedoch nur die Gutsbezirke nachweisen und wegen der disparaten Anordnung der Daten einen erheblichen Arbeitsaufwand erfordern.

147 In diesen beiden Jahren erfolgte die Publikation der seit 1861 erhobenen Daten.

148 So wurden in den ausgewerteten Handbüchern ab 1885 973 ‚neue' Güter erstmalig registriert, davon allein 581 nach 1914.

149 Der alte Großgrundbesitz umfasste im wesentlichen den Rittergutsbesitz zuzüglich einer kleineren Anzahl älterer Gutsbezirke, für welche die Besitzverhältnisse seit mindestens 1828 bekannt sind. Die Angaben für 1828 und 1857 sind Extrapolationen der Daten von 1885. Vgl. dazu die Anmerkungen im Text. Quellen für 1885 und 1910 sind die entsprechenden Jahrgänge des Handbuches über den Grundbesitz.

Betrachten wir zunächst den alten Großgrundbesitz, d. h. die Rittergüter zuzüglich einer Reihe von älteren ständisch nichtprivilegierten Gutsbezirken (vgl. Tabelle 40). Obwohl der Adel nach 1828 – wie bereits beschrieben – mehr als ein Viertel seiner Rittergüter (333) verlor, blieb sein Anteil an der Gesamtfläche eindeutig dominierend und sank insgesamt nur um ein Achtel. Dies verweist darauf, dass dem Adel in überwiegendem Maße die kleineren und – wie noch zu überprüfen sein wird – ertragsschwächeren Rittergüter ‚verloren' gingen. Dementsprechend stieg der Anteil bürgerlicher Rittergutsbesitzer an der Gesamtfläche nur um wenige Punkte, obwohl sie rein nominell zwischen 1828 und 1910 um 32 % anwuchsen. Dagegen erlebten die beiden anderen hier getrennt ausgewiesenen Besitzergruppen, die Korporationen und das Haus Hohenzollern, gemessen an ihren Ausgangspositionen erhebliche Zuwächse.

Nachdem die relativ geringfügigen Verschiebungen in den Anteilen an der Gesamtfläche im Bereich des alten Großgrundbesitzes sichtbar gemacht wurden, muss nun in einem zweiten Schritt auch der ‚neue' Großgrundbesitz einbezogen werden. Dieser hat sich nicht – wie beschrieben – erst zu den Stichjahren herausgebildet, sondern taucht erst spät in den Quellen auf. Außerdem ist zu beachten, dass diese neuen Güter fast ausschließlich bürgerlich-großbäuerliche Besitzer hatten, während der Adel in dieser Gruppe kaum präsent war[150].

Obwohl sich die Zahl der Güter um knapp ein Drittel vermehrte, blieb die Dominanz des Adels an der Gesamtfläche bestehen. Noch 1910 besaßen Adlige mehr als die Hälfte der nicht in Staatsbesitz befindlichen Fläche des Großgrundbesitzes. Bezieht man den staatlichen Domänen- und Forstbesitz in diese Bilanz mit ein, so besaßen Adlige 41 %, Bürgerliche 24 % und der Staat ebenfalls 24 % der in Großbetrieben zusammengefassten Fläche. Der Anteil korporativer Besitzer lag bei 5 %, der des Hauses Hohenzollern bei 4 %.

Tabelle 41: Die Flächenanteile von Adligen, Bürgerlichen, korporativen Besitzern und des Hauses Hohenzollern am gesamten Großgrundbesitz der Provinz Brandenburg 1885-1910[151]

Jahr	1885	1910
Fläche Großgrundbesitz	1.288.327 ha	1.350.325 ha
Adel	60,4 %	55,4 %
Bürger	29,6 %	32,1 %
Korporationen	5,0 %	7,3 %
Hohenzollern	5,0 %	5,2 %

150 Unter diesen neuen Gütern lag der Anteil des Adels bei 5,6 %.

151 Quelle wie in der vorhergehenden Anmerkung. Zu den in Tabelle 40 benutzten Angaben von rund 1.600 Gütern kamen nun weitere 702 Besitzungen hinzu, die erst ab 1885 bzw. 1910/14 in den Quellen greifbar wurden.

Einen deutlichen Strukturunterschied zwischen adligen und bürgerlichen Betrieben erkennt man, wenn man die Acker- und Forstflächen in diesem Rahmen gesondert untersucht. Die Ackerfläche des Adels verringerte sich stärker als seine Gesamtfläche (vgl. Tabelle 42).

Tabelle 42: Die Flächenanteile von Adligen, Bürgerlichen, korporativen Besitzern und des Hauses Hohenzollern an den Ackerflächen des alten Großgrundbesitzes der Provinz Brandenburg 1828-1910

Jahr	1828	1857	1885	1910
Ackerfläche	522.953 ha	538.844 ha	557.358 ha	542.313 ha
Adel	71 %	64 %	61 %	57 %
Bürger	24 %	32 %	34 %	35 %
Korporationen	4 %	3 %	3 %	5 %
Hohenzollern	1 %	1 %	2 %	3 %

Der Waldanteil nahm dagegen geringer ab und wurde nach 1885 sogar wieder leicht erhöht, obwohl die Gesamtforstfläche rückläufig war (Tabelle 43). Die Zunahme der Waldfläche bei den Adligen korrespondierte darüber hinaus mit einer Abnahme bei den Bürgerlichen. Teilweise könnte dies allerdings auch ein Ergebnis des oben angedeuteten Strukturwandels innerhalb der Güter gewesen sein. Festzuhalten bleibt, dass Bürger tendenziell häufiger Güter mit einem höheren Acker- und einem geringeren Waldanteil als Adlige besaßen.[152] Dennoch hatte der Adel noch 1910 ein Drittel mehr Ackerfläche. Darüber hinaus ist zu erkennen, dass auch der korporative Besitz, vor allem aber der des Hauses Hohenzollern, in starkem Maße Waldbesitz war.

Tabelle 43: Die Flächenanteile von Adligen, Bürgerlichen, korporativen Besitzern und des Hauses Hohenzollern an den Forstflächen des alten Großgrundbesitzes der Provinz Brandenburg 1828-1910

Jahr	1828	1857	1885	1910
Forstfläche	461.646 ha	470.190 ha	465.943 ha	455.138 ha
Adel	71 %	67 %	66 %	67 %
Bürger	17 %	21 %	21 %	19 %
Korporationen	6 %	6 %	6 %	8 %
Hohenzollern	6 %	6 %	6 %	6 %

Abschließend zu diesem Komplex sind die ‚neuen' Besitzungen einzubeziehen. Wiederum zeigt sich, dass diese überwiegend von Bürgerlichen und Großbauern besessenen Güter einen hohen Ackeranteil hatten (vgl. Tabelle 44). Der bürgerlich-bäuerliche Großgrundbesitz war ausgeprägter als der adlige auf den Acker als Haupterwerbsquelle orientiert. Diese Tendenz verstärkte sich deutlich mit der Erweiterung der Untersuchungsgruppe von den Rittergütern zum statistisch definierten Großgrundbesitz deutlich. Während

152 Vgl. dazu auch die Befunde für Pommern in BUCHSTEINER, Großgrundbesitz, S. 112 ff.

bei den Adligen sich das Verhältnis von Acker zu Wald zwischen 1828 und 1910 nur von 1,14 : 1 auf 1,02 : 1 veränderte, war die Entwicklung bei den Bürgerlichen gravierender. Stand die Ackerfläche noch 1828 in einem Verhältnis von 1,56 : 1 m Wald, so verschob sich dies bis 1910 auf 2,46 : 1. Damit wird deutlich, dass der ‚neue' Großgrundbesitz im wesentlichen aus Ackerflächen und nur zu einem geringen Teil aus Forst bestand.

Tabelle 44: Die Flächenanteile von Adligen, Bürgerlichen, korporativen Besitzern und des Hauses Hohenzollern an den Acker- und Waldflächen des gesamten Großgrundbesitzes der Provinz Brandenburg 1885-1910

Bodenart	Acker		Forst	
Jahr	1885	1910	1885	1910
Fläche	594.356 ha	631.972 ha	499.066 ha	515.760 ha
Adel	57 %	50 %	63 %	60 %
Bürger	38 %	42 %	21 %	21 %
Korporationen	3 %	6 %	7 %	10 %
Hof	2 %	3 %	9 %	9 %

Abschließend ist festzuhalten, dass der Anteil des Adels an der Gesamtfläche erheblich größer blieb, als das Absinken der Zahl seiner Güter erwarten ließ. Dies verweist deutlich darauf, dass vor allem die kleinen Güter in bürgerliche Hände wechselten. Darüber hinaus sank der Ackeranteil des Adels stärker als der Waldanteil. Um die sich daraus ergebenden Fragen näher zu untersuchen, wird nun die Struktur der Güter in Abhängigkeit von der sozialen Herkunft ihrer Besitzer im Mittelpunkt stehen müssen.

Die Binnendifferenzierung des brandenburgischen Großgrundbesitzes

Die rein quantitative Auszählung von Gütern liefert uns zwar eine erste Vorstellung über die Verteilung des Großgrundbesitzes zwischen verschiedenen sozialen Gruppen und verweist auf differierende Entwicklungen in den Regionen und Kreisen. Sie ist jedoch nicht in der Lage, den Wert und die Struktur der unterschiedlichen Besitzungen widerzuspiegeln. Deshalb muss nun in einem zweiten Schritt eine qualitative Analyse der Besitzeinheiten erfolgen, die es ermöglicht, über rein numerische Aussagen hinaus die Binnendifferenzierung des Großgrundbesitzes der Provinz zu erkennen.

Größenklassen

Die Gruppierung des Großgrundbesitzes in verschiedene Größenklassen zeigt sehr deutlich die Unterschiede zwischen dem alten Rittergutsbesitz und den anderen Gütern (vgl. Tabelle 45).

Tabelle 45: Die Verteilung der Rittergüter und der anderen Güter der Provinz Brandenburg auf einzelne Größenklassen um 1900[153]

Besitz-art	Größenklassen (in ha)							Gesamt-anzahl
	<100	100-199	200-499	500-999	1.000-1.999	2.000-5.000	>5.000	
Ritter-güter	26	85 (6,0 %)	434 (30,7 %)	517 (36,6 %)	270 (19,1 %)	68 (4,8 %)	12 (0,8 %)	1.412
andere Güter	26	615 (49,1 %)	435 (34,7 %)	142 (11,3 %)	20 (1,6 %)	6 (0,5 %)	4 (0,3 %)	1.248

Nur eine relativ geringe Anzahl von Rittergütern war im Bereich des sehr kleinen Großgrundbesitzes (bis 200 ha) zu finden. Diese Gruppe wird dadurch noch weiter marginalisiert, dass eine ganze Reihe dieser sehr kleinen Rittergüter zu einem Komplex gehörten. Bedeutend anders stellten sich die Verhältnisse beim nicht privilegierten Großgrundbesitz dar. Die Hälfte dieser Güter wiesen einen Flächenumfang auf, der zwischen 100 und 200 ha lag. Diese durchschnittlich nur 138 ha großen Besitzungen hatten, wie bereits mehrfach betont wurde, deshalb mit hoher Wahrscheinlichkeit in den meisten Fällen einen großbäuerlichen Wirtschafts-zuschnitt.

Etwa ein Drittel aller Güter lag in der Größenklasse von 200 bis 500 ha. Die Unterschiede zwischen Ritter- und anderen Gütern lassen sich jedoch an zwei Merkmalen feststellen. Zum einen waren die Rittergüter dieser Gruppe durchschnittlich 50 ha größer, zum anderen gehörte fast die Hälfte von ihnen dauerhaft oder zeitweilig zu einem Güterkomplex. Bei den anderen Güter waren es dagegen nur knapp ein Drittel. Während bei den Rittergütern immerhin 36 % 500 bis 1.000 ha groß waren, erreichte nur noch eine wesentlich geringere Anzahl von einfachen Gütern diese Dimension. Ein Fünftel davon waren ehemalige Domänen, die ohne die Rittergutsqualität verkauft worden waren. Auch bei den anderen handelte es sich in den meisten Fällen um ältere Gutsbezirke, die darüber hinaus zur Hälfte Güterkomplexen angehörten. Mit Ausnahme der Forsten dürfte ein nicht unbeträchtlicher Teil dieser Güter aus bäuerlichem Entschädigungsland und weiteren Zukäufen entstanden sein.

Eine hohe Anzahl von Rittergütern erreichte einen Umfang, der zwischen 1.000 und 2.000 ha lag. Fast jedes fünfte Rittergut, das als selbständige Einheit in den Handbüchern geführt wurde, gehört zu dieser Größenklasse. Der mittlere Umfang betrug dabei 1.350 ha. Unter den 20 einfachen Gütern dieser Größe waren zu einem Drittel reine Forstgüter, die entweder Bestandteil von Güterkomplexen waren oder sich in städtischem Besitz befanden. Ausschließlich um Forsten handelte es sich auch bei den 10 nichtprivilegierten Gütern, die eine Größe von 2.000 ha überschritten. Von den Rittergütern umfassten sechs Prozent mehr als 2.000 ha Land. Ein Großteil davon war darüber hinaus der Mittelpunkt eines Güterkomplexes. Das Spitzensegment bildeten schließ-

153 Für alle Güter war die größte bekannte Ausdehnung die Berechnungsgrundlage.

lich die Güter mit mehr als 5.000 ha Fläche, die von den Nationalökonomen des Kaiserreiches als Latifundien bezeichnet wurden.[154]

Bevor die Beziehung zwischen der Größe des Besitzes und der sozialen Herkunft der Besitzer näher untersucht werden kann, ist es unumgänglich, die vorliegenden Angaben für die Besitzkomplexe zu korrigieren.

Tabelle 46: Die Verteilung der Gutskomplexe, der Rittergüter und der anderen Güter der Provinz Brandenburg auf einzelne Größenklassen (1885)[155]

Größe (in ha)	100-199	200-499	500-999	1000-1999	2000-5000	>5000	gesamt
Komplexe	1	13	48	96	73	27	258
Rittergüter	55	252	296	108	24	0	735
andere	608	338	69	7	1	1	1.024
gesamt	664	603	413	211	98	28	2.017
Anteil	32,2 %	29,3 %	20,4 %	10,3 %	4,7 %	1,3 %	100 %

Durch diesen Schritt verringert sich die Anzahl der Besitzungen um etwa 600, die nun als Teil in einem größeren Komplex aufgehen. Eine auf dem Bestand der Güterkomplexe von 1885 beruhende Zusammenstellung aller Besitzungen zeigt erwartungsgemäß eine deutliche Verschiebung innerhalb der Größenklassen (vgl. Tabelle 46). Im Bereich der latifundienartigen Komplexe mit mehr als 5.000 ha Gesamtumfang ist fast eine Verdopplung festzustellen.[156]

---

154 Die über 5.000 ha großen selbständigen Güter waren: *Baruth* (11.513 ha), Fürsten zu Solms; *Beutnitz* (9.412 ha), Fürst zu Hohenzollern-Hechingen; *Boitzenburg* (11.272 ha), Graf v. Arnim; *Heideschäferei* (5.414 ha), Stadtgemeinde Guben; *Königswalde* (6.363 ha), v. Waldow und Reitzenstein; *Lieberose* (11.610 ha), Graf v. d. Schulenburg; *Neuzelle* (14.419 ha), Stiftsherrschaft Neuzelle, *Pförten* (21.261 ha), Graf v. Brühl; *Schmerwitz* (5.788 ha), Brandt v. Lindau; *Sonnewalde* (5.047 ha), Graf zu Solms; *Steinbusch* (7.278 ha), verschiedene Besitzer; *Straupitz* (7.289 ha), Graf v. Houwald sowie *Wiesenburg* (5.202 ha), v. Watzdorf. Zum Kronfideikommiß gehörten *Klein Wasserburg* (10.072 ha), *Schwenow* (6.255 ha) und *Semmelei* [später Hammer] (6.407 ha).

155 Für den Bestand der Gutskomplexe wurde das Stichjahr 1885 ausgewählt. Für die Größenangaben der Güter wurde der größte bekannte Umfang benutzt.

156 Die Latifundien (Stand 1885) waren: *Alt Madlitz* (5.167 ha), Graf Finck von Finckenstein; *Bärfelde*/Kr. Königsberg (5.479 ha), v. Sydow; *Baruth* (14.150 ha), Fürst zu Solms; *Beutnitz* (10.720 ha), Fürst zu Hohenzollern; *Biesenbrow [später Leopoldsthal]* (6.599 ha), Herzog v. Anhalt-Dessau; *Boitzenburg* (14.370 ha), Graf v. Arnim; *Buckow*/Kr. Lebus (5.160 ha), Graf v. Flemming; *Görlsdorf*/Kr. Angermünde (15.161 ha), Graf v. Redern; *Haselberg* (7.997 ha), Freiherr v. Eckardstein (seit 1841); *Hoppenrade*/Kr. Ruppin (5.231 ha), Freiherr v. Werthern (nach 1863); *Königswalde* (10.579 ha), v. Waldow und Reitzenstein; *Lauchstädt* (5.139 ha), v. Brand; *Liebenberg*/Kr. Templin (5.311 ha), Fürst zu Eulenburg-Hertefeld; *Lieberose* (12.728 ha), Graf v. d. Schulenburg; *Lübbenau* (6.223 ha), Fürst zu Lynar; *Neuhardenberg* (7.255 ha), Graf v. Hardenberg; *Neuzelle* (14.419 ha), Stiftsherrschaft Neuzelle; *Pförten* (22.047 ha), Graf v. Brühl; *Prötzel* (10.011 ha), Freiherr v. Eckardstein; *Schmerwitz* (5.788 ha), Brandt v. Lindau; *Selbelang* II. und III. (6.035 ha), v. Erxleben; *Sonnewalde* (5.042 ha), Graf zu Solms; *Steinbusch* (8.283 ha), verschiedene Besitzer; *Stolpe*/Kr. Angermünde (6.928 ha), v. Buch; *Straupitz* (7.289 ha), Graf v. Houwald; *Trebichow* (5.179 ha) und v. Schierstädt (nach 1863). Der mit Abstand größte Besitz gehörte zum Kronfideikom-

Außerdem zeigt sich, dass die Güterkomplexe zu 80 % größer als 1.000 ha waren. Mit dieser Konzentration einher geht eine Abnahme der Anzahl der einzelnen Güter in fast allen anderen Größenklassen (vgl. dazu die Angaben in Tabelle 45).

Auch die Unterschiede zwischen Rittergütern und einfachen Besitzungen treten nun noch stärker hervor. Eine erhebliche Anzahl der Güter ohne Rittergutsqualität vor allem mit mittlerem und großem Flächenumfang war Bestandteil von Güterkomplexen, so dass die Mehrzahl der selbständigen einfachen Güter im Bereich unter 500 ha – fast zwei Drittel sogar unter 200 ha – auftauchen. Nur noch eine relativ geringe Zahl überschritt die 500 ha-Grenze. Unter den neun nichtprivilegierten Besitzungen mit einem Flächenumfang von über 1.000 ha waren darüber hinaus sechs städtische Forsten[157] und eine ehemalige Domäne (Blossin). Nur zwei nichtprivilegierte Güter, die beide älterer Herkunft waren, stießen in diese Größenregion vor.[158]

Da mit Ausnahme weniger Fälle im Zentrum eines Gutskomplexes ein Rittergut stand, sollen nun die Komplexe und die Rittergüter gemeinsam betrachtet werden (vgl. Tabelle 47). Es wird in etwa eine Drittelung der privilegierten Besitzungen sichtbar. Die Grenzen verliefen dabei bei 500 und 1.000 ha.[159] Dies bedeutet, dass neben 358 kleineren Gütern bzw. Güterkomplexen eine etwa doppelt so große Anzahl mittlerer und auch großer Besitzungen standen. Insgesamt überschritten 314 selbständige Rittergüter bzw. Güterkomplexe die 1.000 ha-Grenze, viele davon sogar deutlich.

Tabelle 47: Die Verteilung der Gutskomplexe und separaten Rittergüter der Provinz Brandenburg auf einzelne Größenklassen

Größe (in ha)	100-199	200-499	500-999	1.000-1.999	2.000-5.000	>5.000	gesamt
Anzahl	66 (7 %)	265 (26 %)	344 (34 %)	204 (20 %)	97 (10 %)	27 (3 %)	1.003

miß, der zu Beginn des I. Weltkrieges in Brandenburg 40 Güter mit einem Gesamtumfang von fast 70.000 ha umfasste

157 Es waren dies die Stadtforsten von Fürstenwalde (4.742 ha), Brandenburg (1.956 ha), Guben (5.369 ha), Spremberg (1.199 ha) und Strausberg (1.871 ha). Der viele Rittergüter besitzenden Stadtgemeinde Berlin gehörte der Forst Gorin (1.044 ha).

158 Für das rund 1.100 ha große Gut Groß Drewitz im Kreis Guben war der Status nicht zu klären. Groß Drewitz wird zwar weder 1828 noch 1857 als Rittergut in den Matrikeln geführt, 1863 wurde es von Frantz jedoch als Vasallengut der Standesherrschaft Pförten bezeichnet. Auch Lehmann weist es im Historischen Ortslexikon der Niederlausitz als Rittergut aus. Vgl. LEHMANN, Ortslexikon, Bd. II., S. 189 und FRANTZ, General-Register, S. 105. Das knapp über 1.000 ha große Rüdersdorf war eine ehemalige Domäne, die 1835 ohne die Ehrenrechte und die Polizeigewalt zunächst an die Gemeinde veräußert wurde. Spätestens seit 1850 gehörte das Gut der Familie Thaer, ab 1865 den Oppenheims. Obwohl Rüdersdorf nie Rittergut war, wurde 1914 und 1921 die ‚Rittergut Rüdersdorf GmbH.' als Besitzer ausgewiesen.

159 Dieses Ergebnis deckt sich – zumindest im unteren Drittel – mit Max Webers Gesamtbefund für Ostelbien. Weber stellte fest, dass etwa 1/3 aller Rittergüter des Ostens kleiner als 500 ha wären und damit keine ‚Herrschaft' mehr getragen hätten. WEBER, Entwicklungstendenzen, S. 472.

Die vorstehenden Angaben gestatten neben Aussagen zur Verteilung der Güter auf verschiedene Größenklassen auch solche zur realen Anzahl von Großgrundbesitzern in der Provinz. Die rund 1.500 bis 1.600 Rittergüter[160] mit ihren zugehörigen Forsten und Vorwerken hatten nur etwas mehr als 1.000 Besitzer. In dieser Dimension bewegte sich auch die Zahl der neuen Großgrundbesitzer, die jedoch in den meisten Fällen nur sehr kleine Besitzungen besaßen.

Die Verteilung der Großgrundbesitzungen der verschiedenen Größenklassen zwischen Adel, Bürgertum und anderen Besitzern

Weiter oben wurde bereits darauf hingewiesen, dass die Zahl adliger Besitzer weitaus geringer als die Zahl der von ihnen besessenen Güter war. Dies erklärte sich vor allem aus dem Mehrfachbesitz von Rittergütern. Im Folgenden soll untersucht werden, wie sich Adlige und Bürgerliche auf die verschiedenen Größenklassen verteilten und welche Wechsel sich dabei vollzogen.

Betrachtet man zunächst die Entwicklung der Besitzverhältnisse von Rittergütern und Güterkomplexen, so zeigt sich ein deutliches Ungleichgewicht in der Verteilung der Besitzungen der verschiedenen Größenklassen zwischen den beiden Gruppen (vgl. Tabelle 48). Die bürgerlichen Rittergutsbesitzer erlangten bis zum Ende des Kaiserreiches im Bereich der Güterkomplexe und Rittergüter bis 1.000 ha ein Übergewicht, das sich vor allem bei den Besitzungen bis 500 ha deutlich manifestierte. Dennoch verschwand der Adel nicht aus dem Bereich der kleinen Güter[161], sondern behielt noch fast ein Viertel aller hierher gehörenden Besitzungen. Während bei den 500 bis 1.000 ha großen Besitzungen das Verhältnis bereits vor 1885 zugunsten der Bürgerlichen kippte, wahrte der Adel in den Bereichen darüber seine Vormachtstellung. Noch stärker als es bei den kleineren und mittleren Gütern zu beobachten war, stockte hier der – seit Mitte des Jahrhunderts ohnehin auf geringem Niveau erfolgende – Prozess des Eindringens Bürgerlicher. Nach 1885 war ihre Zahl sogar leicht rückläufig.

Wie aus der folgenden Tabelle ersichtlich ist, gab es in der Provinz trotz einer Anzahl von rund 1.600 Rittergütern nur zwischen 948 (1857) und 869 (1910) Rittergutsbesitzer, wenn man die korporativen Besitzer und das Haus Hohenzollern außer acht lässt. Würde man die gelöschten oder aufgelösten Rittergüter mit einbeziehen, die in den ‚Hand- und Adressbüchern' nicht mehr verzeichnet wurden, vergrößerte sich die Zahl um insgesamt 120 einzelne und 52 korporative Rittergüter. Allerdings würde sich an den Zahlen über die Besitzer relativ wenig ändern. Drei Viertel (87) der aufgelösten Rittergüter hatten als letzten bekannten Besitzer einen Adligen. In einer ganzen Reihe dieser Fälle wurden die ‚verschwundenen' Rittergüter größeren Komplexen einverleibt. Den anderen Hauptteil machten gelöschte Güter ohne Wirtschaftsbetrieb aus. Das heißt, die gelöschten Rittergüter aus adligem Besitz

160 Die Zahl schwankte – wie beschrieben – durch die Löschung von Gütern aus den Rittergutsmatrikeln bzw. die Auflösung von Gutsbezirken.

161 Zu beachten ist, dass es sich um die kleinen Güter nach den Stand von 1885 handelt.

waren in den wenigsten Fällen selbständige Einheiten. Bei den Bürgern sah dies allerdings anders aus, da hier die betroffenen Güter nur in Ausnahmefällen in anderen Gütern aufgingen. Die Zahl bürgerlicher Rittergutsbesitzer würde sich daher wahrscheinlich leicht erhöhen, jedoch keinesfalls in einem Umfang, der die generellen Aussagen der vorstehenden Tabelle in Frage stellte.

Tabelle 48: Die Verteilung der Rittergüter und Güterkomplexe zwischen adligen und bürgerlichen Besitzern in Brandenburg (1804-1910)[162]

Größenklassen (in ha)*	Gruppe	Jahr 1804	1828	1857	1885	1910
100-199	Adel	27 (68 %)	29 (63 %)	29 (57 %)	9 (21 %)	7 (19 %)
	Bürger	13 (32 %)	17 (37 %)	22 (43 %)	34 (79 %)	30 (81 %)
200-499	Adel	172 (79 %)	130 (57 %)	105 (41 %)	79 (32 %)	55 (24 %)
	Bürger	46 (21 %)	100 (43 %)	152 (59 %)	167 (68 %)	177 (76 %)
500-999	Adel	283 (91 %)	250 (73%)	196 (56 %)	159 (48 %)	137 (44 %)
	Bürger	29 (9 %)	92 (27 %)	151 (44 %)	161 (52 %)	166 (56 %)
1000-1999	Adel	174 (95 %)	151 (78 %)	136 (69 %)	132 (68 %)	129 (70 %)
	Bürger	9 (5 %)	44 (22 %)	63 (31 %)	67 (32 %)	61 (30 %)
2000-5000	Adel	74 (99 %)	68 (92 %)	70 (95 %)	79 (92 %)	77 (92 %)
	Bürger	1 (1 %)	6 (8 %)	4 (5 %)	8 (8 %)	8 (8 %)
>5000	Adel	16 (100 %)	16 (100 %)	20 (100 %)	24 (96 %)	22 (100 %)
	Bürger	0 (0 %)	0 (0 %)	0 (0%)	1 (4 %)	0 (0 %)

* Die Prozentangabe in den Klammern stellt das Verhältnis von Adligen und Bürgerlichen in der jeweiligen Größenklasse dar.

Durch die Studien Conrads und Müllers ist es nun möglich, einen Rückschluss auf die Gesamtanzahl adliger Großgrundbesitzer in den sieben preußischen Ostprovinzen zu ziehen. Um 1885 betrug ihre Zahl rund 3.700 (vgl. Tabelle 49). Auch im Gesamtmaßstab des östlichen Preußen wird die weiter oben bereits erkennbare Drittelung des adligen Großgrundbesitzes deutlich, die jeweils bei 500 und 1.000 ha ihre Grenzen hatte. Das bedeutet, ein Drittel aller adligen Großgrundbesitzer wirtschafteten auf Gütern, die 500 ha Gesamtum-

162 Die Zahl der Besitzer schwankt zwischen den Untersuchungszeiträumen auf Grund der Fluktuationen unter den Rittergütern und den Güterkomplexen. Die korporativen Besitzer und die Güter, die bis 1885 als selbständige Wirtschaftseinheiten verschwanden oder aus der Matrikel gelöscht wurden, sind nicht in die Übersicht aufgenommen worden.

fang nicht überschritten. Allerdings kann daraus kein direkter Rückschluss auf die Wirtschaftlichkeit des Besitzes gezogen werden, da die Bodenqualität mit zu berücksichtigen ist.[163] Dennoch dürften die Unterschiede im Lebenszuschnitt vor allem zur Gruppe derer, die mehr als 1.000 ha besaßen, sehr deutlich gewesen sein.

Tabelle 49: Die Anzahl adliger Großgrundbesitzer in den preußischen Ostprovinzen in den verschiedenen Größenklassen (ohne Souveräne)[164]

Provinz*	**Größenklassen (in ha)**						
	100-199	200-499	500-999	1.000-1.999	2.000-5.000	>5.000	gesamt
Brandenburg (1885)	9	79	159	132	78	24	481
Ostpreußen (1884)	17	79	110	68	34	10	318
Westpreußen (1885)	23	90	97	53	26	8	297
Posen (1884)	29	206	219	133	84	21	692
Pommern (1884)	8	118	213	204	82	17	642
Schlesien (1892)	66	313	218	130	62	37	826
Sachsen (1907)	58	182	98	54	18	3	413
Gesamt	210	1.067	1.114	774	384	120	3.669

* Die Zahl in Klammern gibt das jeweils benutzte Handbuch des Grundbesitzes von Ellerholz an.

Bei einem Vergleich der einzelnen Provinzen werden Kontraste in der Flächenausdehnung des adligen Großgrundbesitzes sichtbar. So besaßen in Pommern und Brandenburg fast die Hälfte aller adligen Besitzer Güter mit einem Flächenumfang, der 1.000 ha überschritt. Dagegen lag in Westpreußen, Schlesien und in der Provinz Sachsen der Anteil adliger Rittergutsbesitzer mit Gütern unter 500 ha deutlich höher. Da vor allem die Böden der Provinz Sachsen eine höhere Qualität hatten, ist daraus nicht automatisch der Rückschluss zu ziehen, dass der Adel hier ärmer war.

Mit einem Drittel (37) lag der Schwerpunkt der latifundienartigen Besitzungen (>5.000 ha) eindeutig in Schlesien, das allerdings wegen der überdurchschnittlichen Anzahl der hier vorhandenen Güter als Doppelprovinz zu be-

163 Darüber hinaus stützt der Anteil von 5,7 % Adligen mit Gütern unter 200 ha nicht die Behauptung Wehlers, dass „...viele Junker über die Größe eines bäuerlichen Eigentums nicht hinausgelangten [...]". Da Adlige in der Regel Rittergüter besaßen und diese nur in wenigen Fällen sehr klein waren, wird hier eine beliebte Vorlage aus dem Bildersaal aufgeklärtbürgerlicher Junkerkritik kolportiert. Vgl. WEHLER, Gesellschaftsgeschichte, Bd. 3, S. 812.

164 Quelle für Ostpreußen, Westpreußen, Posen, Schlesien und Pommern: CONRAD, Agrarstatistische Untersuchungen; für die Provinz Sachsen: MÜLLER, Großgrundbesitz, S. 44 f.; für Brandenburg eigene Auswertungen.

trachten ist. Eine hohe Anzahl der sehr großen Besitzungen wiesen vor allem Brandenburg (23) und Posen (21), etwas abgeschwächter auch Pommern (17) auf. Dagegen waren in der Provinz Sachsen nur drei Besitzungen, deren Gesamtumfang 5.000 ha überschritt, zu finden.

Setzt man die vorliegenden Zahlen über die adligen Großgrundbesitzer mit den Schätzungen über die Anzahl adliger Personen und Familien in Preußen in Beziehung, wird die Trennung eines Teils des Adels vom direkten Bodenbesitz deutlich. Allerdings sind Angaben über die Anzahl adliger Personen für Preußen auf Grund des Fehlens einer Immatrikulationspflicht des Adels schwer zu erlangen.[165]

Die wahrscheinlich beste bislang aufgefundene Quelle sind die vom Heroldsamt um 1880 auf der Grundlage von Volkszählungszählkarten angelegten Übersichten über alle Träger des Namenszusatzes ‚von'.[166] Allerdings enthalten diese Zahlen einige Unsicherheitsfaktoren. So gab es einerseits in einer Reihe von Westprovinzen das sogenannte bürgerliche ‚von', das einem Adelstitel nicht gleichkam. Darüber hinaus waren Fälle von Adelsanmaßungen nicht selten.[167] Folgt man der Vorgehensweise v. Kalms, der davon ausging, dass etwa 10 % der Adelstitel in Ostelbien unrechtmäßig waren, so ergibt sich für 1880/85 folgendes Bild (vgl. Tabelle 50): Ausgehend von der Annahme, dass neben dem adligen Großgrundbesitzer im Durchschnitt vier weitere Personen auf dem Besitz wohnten[168], waren um 1880 mindestens 41 % aller Adligen in der Provinz auf den Gütern zu finden. Da es die Regel war, dass neben der Kernfamilie häufig noch weitere Verwandte – z. T. auch auf den Nebengütern – wohnten, dürfte diese Zahl immer noch zu gering sein.

Während also zwei Fünftel des in der Provinz angesessenen Adels auf den Gütern wohnte, dürfte sich der andere Teil auf die Städte mit Provinzbehörden, Garnisonen und höheren Bildungseinrichtungen konzentrieren. Der durchschnittliche Anteil der adligen Personen an der Gesamtbevölkerung machte in den Ostprovinzen – wie im Gesamtstaat – 0,3 % aus.[169] Allerdings

---

165 Im Gegensatz dazu war der bayerische Adel seit dem Anfang des Jahrhunderts dazu verpflichtet, sich in Matrikeln einschreiben zu lassen. In Preußen scheiterten solche Pläne jedoch. Vgl. dazu Harald V. KALM, Der Versuch einer Statistik über den preußischen Adel für das Jahr 1880, in: Der Herold. Vierteljahrsschrift für Heraldik, Genealogie und verwandte Wissenschaften, NF. 13 (1992), Hft. 9, S. 247.

166 Vgl. ebd., S. 248. Die Zahlen v. Kalms werden bei Wehler falsch übernommen, der sie allein auf das ‚preußische Junkertum' bezieht. Da jedoch v. Kalm den Adel des Staates Preußen mit dem Gebietsstand von 1880 zu identifizieren versuchte, geht der Bezugsrahmen über das östliche Preußen, wo ‚die Junker' zu verorten sind, hinaus.

167 Zu Recht weist v. Kalm darauf hin, dass unrechtmäßig geführte Titel für die Öffentlichkeit als solche nicht erkennbar waren und ihre Träger daher durchaus auch als Adlige gezählt werden können. Ebd., S. 250.

168 Diese Zahl stellt eher den Mindestwert dar, da nach den vorliegenden Untersuchungen zu alteingesessenen adligen Großgrundbesitzerfamilien – die weiter unten vorgestellt werden – die zwischen 1840 und 1870 geborenen Gutsbesitzer im Durchschnitt mindestens drei Kinder hatten. Bei der vorhergehenden Generation lag die Zahl um ein Kind höher.

169 Zwischen den Ostprovinzen gab es leichte Schwankungen. So betrug der Adelsanteil im bevölkerungsarmen Westpreußen 0,6 %, dagegen in Schlesien und der Provinz Sachsen nur 0,2 %. Alle Berechnungen nach ebd., S. 248.

lebte hier nur knapp die Hälfte aller Adligen Preußens.[170] Da in den westlichen Provinzen – mit Ausnahme Schleswig-Holsteins – jedoch wesentlich weniger Adlige Rittergüter besaßen, lag hier der Anteil von direkt mit dem Großgrundbesitz verbundenen Personen deutlich niedriger. Auch dies spiegelt noch einmal die Bedeutung des Großgrundbesitzes für den ostelbischen Adel wider.

Tabelle 50: Der Anteil adliger Personen mit einer direkten Beziehung zum Rittergutsbesitz in den preußischen Ostprovinzen um 1880 (Schätzung nach v. Kalm)[171]

Provinz	adlige Personen*	davon auf den Rittergütern**
Brandenburg	6.887***	2.420
Ostpreußen	4.020	1.590
Westpreußen	8.081	1.485
Posen	6.861	3.460
Pommern	5.736	3.210
Schlesien	8.951	4.130
Provinz Sachsen	4.747	2.065
Gesamt	46.049	18.360

* Die Ausgangszahlen v. Kalms wurden entsprechend seiner Vorgaben zum Ausschluss von Adelsanmaßungen und bürgerlicher Namensträger („bürgerliche von's") um 10 % reduziert.

** Pro Rittergut wurden ein Inhaber und vier weitere Familienangehörige angenommen.

*** Da in den Basisdaten Berlin und Brandenburg zusammen aufgeführt sind, wurde die Summe halbiert. Sie liegt für Brandenburg wahrscheinlich immer noch zu hoch.

Die Flächenaufteilung des Großgrundbesitzes

Die Aussagen zur Gesamtfläche der über 100 ha großen Güter gestatten einen ersten Eindruck über die Strukturierung des Großgrundbesitzes. Da sich das Areal eines Gutes jedoch aus verschiedenen Arten von Nutzflächen zusammensetzte, ist nun nach der Binnenstruktur zu fragen. Dabei werden entlang der im vorhergehenden festgelegten Größenklassen die Anteile der jeweiligen Nutzungsart zu untersuchen sein.

Allerdings ist bei dieser Verfahrensweise zu beachten, dass die durchschnittliche Gesamtgröße innerhalb der verschiedenen Größengruppen nicht identisch ist, so dass beispielsweise ein prozentual geringerer Waldanteil an der Gesamtfläche der Komplexe dennoch eine größere Fläche umfassen kann als bei den Rittergütern und anderen Besitzungen. Wie die Übersicht über die durchschnittliche Fläche der einzelnen Kategorien von Besitzungen zeigt, besaßen die Güterkomplexe in allen Größenklassen die meiste Fläche (vgl. Tabelle 51). Dagegen waren die nichtprivilegierten Besitzungen – dort wo sie in ausreichender Anzahl vertreten waren – immer deutlich kleiner als die

170 Von geschätzten 85.000 Adligen im Gesamtstaat lebten rund 45.000 in den sieben Ostprovinzen. Es ist daher von etwa 11.000 Familien auszugehen. Vgl. ebd., S. 250.

171 Quelle für die Anzahl adliger Personen: V. KALM, Versuch, S. 248. Quelle für die Anzahl von Adligen mit direkter Beziehung zum Großgrundbesitz siehe Anm. 164.

Rittergüter und die Komplexe. Dabei erhöhte sich die Differenz von Größenklasse zu Größenklasse. Die Unterschiede zwischen den Rittergütern und den Güterkomplexen waren nicht in dem selben Maße ausgeprägt.

Tabelle 51: Die durchschnittliche Größe der brandenburgischen Güterkomplexe, Rittergüter und anderen Besitzungen in Brandenburg nach Größenklassen (1914)[172]

Größenklasse (in ha)	100-199	200-499	500-999	1.000-1.999	2.000-4.999	>5.000
Komplexe	/	374	756	1.488	2.985	8.867
Rittergüter	153	354	720	1.317	2.650	/
andere Güter	131	294	593	/	/	/

Betrachten wir zunächst die kleineren Güter, so ist eine relative Übereinstimmung zwischen der Verteilung der einzelnen Bodennutzungsarten zu erkennen (vgl. Abbildung 19). In der Gruppe der kleinsten Güter mit einem Gesamtumfang zwischen 100 und 200 ha – in der die Güterkomplexe nicht vertreten sind – fallen bereits leichte Unterschiede zwischen Rittergütern und anderen Besitzungen auf. Neben der Tatsache, dass die Rittergüter durchschnittlich größer waren, ist hierbei besonders auf den höheren Waldanteil zu verweisen. Bezieht man die unterschiedlichen Durchschnittsgrößen in die Betrachtung mit ein, zeigt sich, dass die Ackerfläche fast identisch ist. Dagegen ist die durchschnittliche Waldfläche der kleinen Rittergüter mit 34 ha fast doppelt so groß wie die der einfachen Besitzungen.

In der Gruppe der Besitzungen zwischen 200 und 500 ha – in der auch 13 Güterkomplexe vertreten sind – fällt vor allem der Unterschied zwischen den Rittergütern und den Komplexen auf. Während fast ein Viertel der Gesamtfläche der Rittergüter als Forst ausgewiesen war, war dieser Anteil bei den Komplexen viel geringer (13 %). Dagegen wiesen diese einen deutlich höheren Acker- und Wiesenanteil als die beiden anderen Besitzarten auf. Der 60 ha betragende Größenunterschied zwischen Rittergütern und einfachen Besitzungen beruht wiederum vor allem auf der deutlich größeren Forstfläche. Die Rittergüter dieser Größenklasse besaßen im Durchschnitt mit 84 ha Forst fast das Doppelte der einfachen Besitzungen.[173]

---

172 In den nicht ausgefüllten Feldern wären Durchschnitte aus einer so geringen Anzahl von Fällen gebildet worden, dass es statistisch nicht haltbar wäre. Vgl. zur Anzahl der verschiedenen Besitzungen in den einzelnen Größenklassen Tabelle 46, S. 211.

173 Damit besaß wahrscheinlich ein Großteil dieser Rittergüter ein ausreichendes eigenes Jagdrevier, wenn man den Aussagen von Forstfachleuten folgt, die besagen, dass etwa 100 ha Wald dafür vonnöten sind. Grenzte der eigene Forst darüber hinaus an andere Waldungen, konnte die Grenze noch tiefer liegen. In diesem Sinne bestimmte auch das Jagdpolizeigesetz vom 7. März 1850, dass die Jagd nur auf einem mindestens 75 ha großen zusammenhängenden Gelände oder in einem vollständig eingefriedeten Grundstücke stattfinden darf. Vgl.: GS., S. 165.

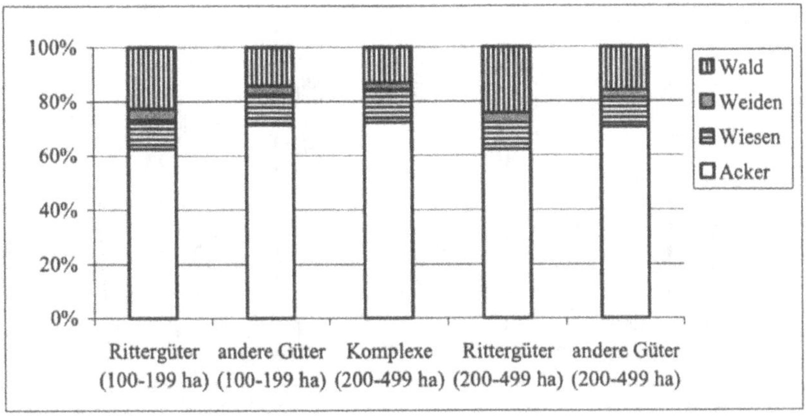

Abbildung 19: Die Verteilung der einzelnen Bodennutzungsarten bei den Güterkomplexen, Rittergütern und anderen Besitzungen zwischen 100 und 500 ha Gesamtfläche (1885)[174]

In der nächsten Gruppe, mit einer Größe zwischen 500 und 1.000 ha, verschiebt sich das Bild etwas (vgl. Abbildung 20). Die durchschnittlichen Acker- und Wiesenflächen der Komplexe sind zwar auch hier größer als bei den Rittergütern und den anderen Besitzungen, jedoch sind die Unterschiede nicht so deutlich ausgeprägt. Auffallend ist vor allem der mit 31 % hohe Waldanteil der anderen Besitzungen, der darauf verweist, dass in dieser Größenklasse nicht nur vorwiegend landwirtschaftlich genutzte Güter zu finden sind, sondern zum Teil auch kleinere städtische Forsten. Allerdings ist zu beachten, dass die anderen Besitzungen im Durchschnitt nur vier Fünftel der Fläche der Komplexe und Rittergüter besaßen.

Bei den Rittergütern und Güterkomplexen, die ein Areal zwischen 1.000 und 2.000 ha umfassten, fällt das noch ausgeprägtere Ungleichgewicht in der Verteilung von Acker-, Wiesen- und Forstflächen auf.[175] Dadurch dass die Güterkomplexe in dieser Größenklasse durchschnittlich 171 ha mehr Fläche besaßen, wurde diese Tendenz verstärkt. Obwohl die Rittergüter im Mittel nur 89 % des Umfanges des Komplexe umfassten, war ihre durchschnittliche Waldfläche mit 511 ha um fast ein Fünftel größer.[176]

---

174 Für die Komplexe wurde der Besitzstand von 1885 zu Grunde gelegt. Das selbe Jahr wurde auch als Stichjahr für die Größenangaben ausgewählt. Beim Nichtvorhandensein von Angaben wurde auf spätere Jahrgänge zurückgegriffen.

175 Unter den sieben anderen Besitzungen (vgl. Tabelle 46) waren – wie beschrieben – mehrere städtische Forsten, so dass es hierfür nicht sinnvoll ist, Durchschnittswerte anzugeben.

176 Die durchschnittliche Größe der Forsten der Komplexe betrug 412 ha.

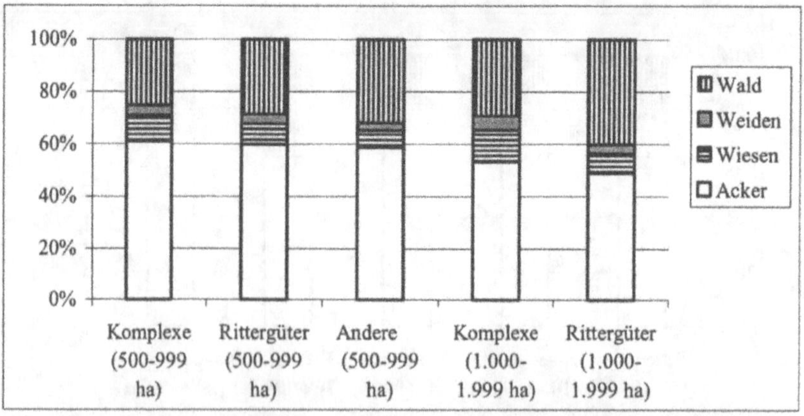

Abbildung 20: Die Verteilung der einzelnen Bodennutzungsarten bei den Güterkomplexen, Rittergütern und anderen Besitzungen zwischen 500 ha und 999 ha sowie zwischen 1.000 ha und 2.000 ha Gesamtfläche[177]

Insgesamt betrug der Umfang der Forsten der Rittergüter 39 %, derjenige der Güterkomplexe dagegen nur 28 %. Das bedeutet, dass die Acker-, Wiesen-, und Weideflächen der Güterkomplexe größer waren. In dieser Größenklasse nahmen auch die Wasserflächen, d. h. die Seen und kleineren Gewässer bereits mit durchschnittlich 70 ha bei den Güterkomplexen und 37 ha bei den Rittergütern einen erheblichen Raum ein.[178]

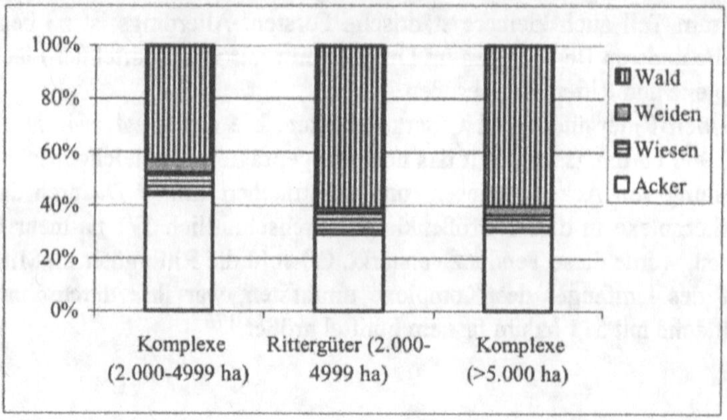

Abbildung 21: Die Verteilung der einzelnen Bodennutzungsarten bei den Güterkomplexen und Rittergütern zwischen 2.000 ha und 4.999 ha sowie mit mehr als 5.000 ha Gesamtfläche[179]

177 Quelle vgl. Anm. 174.

178 In der Größenklasse von 500 - 1.000 ha waren es 13 ha bei den Komplexen und 17 ha bei den Rittergütern.

179 Quelle vgl. Anm. 174.

Im Bereich der sehr großen Güterkomplexe und Rittergüter sowie der Latifundien nahm die Bedeutung des Waldes im Rahmen der internen Flächenverteilung weiter zu (vgl. Abbildung 21). Bei den nicht zu einem Komplex gehörenden Rittergütern mit einem Gesamtareal zwischen 2.000 und 5.000 ha überstieg der Forstanteil mit 59 % den der landwirtschaftlichen Nutzfläche erheblich. Dennoch blieben sie mit durchschnittlich 743 ha Acker- und 207 ha Wiesenfläche weiterhin auch auf die Landwirtschaft orientierte Großbetriebe. Daneben war die Forstwirtschaft jedoch ein mindesten gleichberechtigter zweiter Betriebszweig.

Die Güterkomplexen zwischen 2.000 ha und 4.999 ha hatten eine durchschnittliche Größe von 2.985 ha und waren damit 335 ha größer als die Rittergüter dieser Größenklasse. Bei den Komplexen nahm der Waldanteil mit 42 % ebenfalls eine bedeutende Rolle ein, die landwirtschaftlich genutzte Fläche war jedoch nach wie vor größer. Dies änderte sich erst bei den latifundienartigen Besitzungen mit mehr als 5.000 ha Gesamtfläche, in denen die Forsten 57 % des Areals umfassten.

Die Verschiebung der Anteile an der Gesamtfläche von der landwirtschaftlich hin zur forstwirtschaftlich genutzten Fläche hin bedeutete jedoch keinesfalls einen absoluten Rückgang des Acker- und Weidelandes. Bei einer Nebeneinanderstellung zeigt sich vielmehr dass die durchschnittliche Ackerfläche mit steigender Größenklasse deutlich zunahm (vgl. Tabelle 52). Während die Ackerfläche bei den Güterkomplexen relativ gleichmäßig anstieg und sich jeweils fast verdoppelte, war der Anstieg bei den Rittergütern ab einer Größe über 1.000 ha deutlich gebremst. Dies korrespondiert mit dem stärkeren Waldanteil dieser Besitzungen. Für die nichtprivilegierten Besitzungen ist diese Tendenz noch früher zu erkennen, was zum einen auf die geringere Gesamtgröße, zum anderen auf die Tatsache, dass gerade hier ab 1.000 ha Umfang viele reine Forstbesitzungen zu finden waren, zurückzuführen ist.

Tabelle 52: Die durchschnittliche Ackergröße der Güterkomplexe, Rittergüter und anderen Besitzungen nach Größenklassen (in ha)

Größe (in ha)	100-199	200-499	500-999	1.000-1.999	2.000-4.999	>5.000
Komplexe	/	268	451	752	1.278	2.553
Rittergüter	93	215	417	622	743	
andere	90	199	335	174		

Festzuhalten bleibt die Tatsache, dass die Mehrheit aller Großgrundbesitzungen auf die Landwirtschaft orientiert war. Mit steigender Größe der Betriebe nahm dann allerdings die Forstwirtschaft zumindest den Charakter eines zweiten Standbeines an, wenn sie nicht – wie bei einigen der ganz großen Herrschaften – der Hauptwirtschaftszweig wurde. Hieraus erklärt sich zum Teil die weiter oben festgestellte Tatsache, dass die großen Betriebe in der Regel deutlich geringer verschuldet waren als die kleineren, deren Existenz vorrangig auf die Landwirtschaft ausgerichtet war.

Das in allen Größenklassen zu beobachtende Phänomen, dass die Rittergüter, die nicht zu einem größeren Besitzkomplex gehörten, einen prozentual höheren Anteil an Waldfläche als die aus mehreren Gütern zusammengesetzten Besitzungen hatten, lässt sich nicht ohne weiteres erklären. Die Ursachen liegen sicher auch in der Bodenqualität der brandenburgischen Güter begründet. Ein gewisser Prozentsatz des Bodens konnte nur als Forst sinnvoll genutzt werden.

Abschließend zu diesem Komplex soll der Waldbesitz von adligen und bürgerlichen Großgrundbesitzern in drei Stichjahren verglichen werden. Erwartungsgemäß zeigt sich zunächst das Anwachsen der Zahl Bürgerlicher in der Gruppe des kleinen Forstbesitzes (< 100 ha). Wälder dieser Größe brachten in der Regel jedoch keinen dauerhaften Ertrag und waren erst ab 75 ha Größe als eigenes Revier bejagbar. Die Bewirtschaftung der Wälder unter 500 ha wurde von der zeitgenössischen Forstwirtschaft als unzureichend eingeschätzt. Sinnvoll für eine effektive Forstwirtschaft wurden erst Betriebsgrößen ab 500 ha und mehr gehalten.[180]

Tabelle 53: Der Waldbesitz von Adligen und Bürgerlichen in der Provinz Brandenburg 1804-1910[181]

	Adel			Bürger		
Größe in ha	**1804**	**1857**	**1910**	**1804**	**1857**	**1910**
<100	345	248	103	57	197	234
100-500	277	221	183	36	165	161
500-1.000	85	86	70	7	23	27
>1.000	67	61	66	3	6	9
gesamt	774	616	422	103	391	431

Die Daten zeigen damit, dass für eine Bewirtschaftung auf Revierförsterniveau (500-1.500 ha) oder Oberförsterniveau (1.500-5.000 ha) nur jedes fünfte Rittergut bzw. Gutskomplex in Frage kam. Bei diesen 20 % machte die Forstwirtschaft jedoch einen zunehmend wichtigeren Wirtschaftszweig aus. Dabei dominierte der Adel die größeren und ganz großen Forstbetriebe. Vor allem bei den Forstbetrieben über 1.000 ha gab es kaum Veränderungen im Laufe des Jahrhunderts, wenngleich sich ihre Zahl durch den Bildung von Güterkomplexen leicht erhöhte und auch einige Bürgerliche als Besitzer von Wäldern über 1.000 ha auftraten. Die ganz großen Wälder (> 2.000 ha) blieben jedoch das gesamte Jahrhundert in adliger Hand. Sie halfen den reichsten Adelsfamilien ihre Position im Großgrundbesitz über alle wirtschaftlichen Gefälle hin zu wahren und bildeten langfristig eine Quelle ihres Reichtums.

180 Vgl. THEILEMANN, Wald, S. 234.

181 Die Größe des Waldes wurde für die Jahre 1804 und 1857 auf der Basis der Daten von 1885 extrapoliert. Die Zahlen widerspiegeln daher nur die Trends und geben keine genauen Größenangaben wider.

Annäherungen an den Ertrag der Güter in der zweiten Hälfte des 19. Jahrhunderts auf der Grundlage des Grundsteuerreinertrages

Die Ermittlung des Grundsteuerreinertrages und seine Verwendbarkeit für die Großgrundbesitzstatistik

Eine andere Möglichkeit der Bewertung des Großgrundbesitzes, die nicht auf der reinen Flächenausdehnung beruht, sondern qualitative Faktoren mit einbezieht, ist die Benutzung des Grundsteuerreinertrages. Am 21. Mai 1861, wurde durch das Gesetz, betreffend die anderweitige Regelung der Grundsteuer[182], für den bis dahin nur gering belasteten ostelbischen Grundbesitz eine flächendeckende Besteuerung eingeführt. Die Grundsteuer ist eine Real- bzw. Objektsteuer, die sich im Gegensatz zur konkurrierenden Besteuerungsmethode – der Ertragssteuer – nicht dynamisch an die jeweilige Situation anpasst. Als feste Objektsteuer wurde sie nach einem Kataster erhoben und bezog weder Belastungen des Grundstückes noch nachträgliche Verbesserungen mit ein. Das Grundsteuergesetz in Preußen bedeutete dennoch einen Fortschritt, weil damit erstmalig Grund- und Gebäudesteuer getrennt, die Steuerfreiheit bevorrechteten Besitzes aufgehoben sowie ein umfangreicher Kataster zu Klassifizierung und Verteilung der Steuer erarbeitet wurden.[183]

Die Steuer musste von allen ertragsfähigen Grundstücken, die nicht der Gebäudesteuer unterlagen, entrichtet werden. Grundsteuerfrei waren die Domänen, Kirchen und Schulgrundstücke, öffentlich genutzte Flächen sowie der Besitz der Mitglieder des königlichen Hauses und der ehemals reichsunmittelbaren Familien. Dennoch wurde auch für diese Grundstücke für den Fall einer künftigen Veräußerung der Steuerwert festgelegt. Ermittelt wurde die zu zahlende Summe über den Grundsteuerreinertrag. Das war der Ertrag, der von einem Grundstück nach Abzug aller Bewirtschaftungskosten nachhaltig zu erzielen war. Ein 'mittlerer Kulturzustand' sollte dabei angenommen werden. Es wurde also nicht der wirklich von einem Grundstück erzielte Reinertrag sondern die Ertragsfähigkeit im Vergleich mit anderen Grundstücken zu Grunde gelegt.[184] Dazu kommt, dass die festgelegten Tarifklassen der Kreise von der übergeordneten Behörde in einigen Fällen noch korrigiert wurden, um den der jeweiligen Provinz zugeordneten Betrag der Grundsteuer zu erreichen.

Der Grundsteuerreinertrag wurde von Veranlagungskommissionen kreisweise festgelegt.[185] Um den unterschiedlichen Nutzungsarten Rechnung zu tragen, wurde – wie bereits erwähnt – in folgende Kategorien unterteilt: Ackerland, Gartenland, Wiesen, Weiden, Forst, Gewässer, Ödland und Unland.

---

182 GS., 1861, S. 253.

183 Vgl. Artikel: Grundsteuer, in: Johannes CONRAD u. a. (Hg.): Handwörterbuch der Staatswissenschaften, Bd. 5, Jena 1910³, S. 189.

184 Vgl. Walter ROTHKEGEL, In welcher Weise können die Ergebnisse der alten Grundsteuereinschätzungen für die Zwecke der Veranlagung zur Reichsvermögenssteuer nutzbar gemacht werden? In: Bericht über Landwirtschaft, NF. Bd. II. (1925), S. 452-467.

185 Vgl. dazu den umfassenden Bericht in MEITZEN, Boden, Bd. 3, S. 23 ff.

Letzteres wurde nicht besteuert. Dann wurden für jede dieser Kategorien 8 Steuerklassen festgesetzt, wobei jeweils der beste und der schlechteste Boden des Kreises die Enden der Skala bildeten. Im Falle starker Unterschiede in einem Kreis wurden zwei verschiedene Bemessungsgebiete festgelegt, so z. B. im Kreis Lebus die Klassifikationsdistrikte Höhe für den Barnim und Niederung für das Oderbruch. Danach wurde ortsweise die Eingruppierung des Landes in die verschiedenen Klassifikationstarife unter Hinzuziehung von Beauftragten der Grundbesitzer durchgeführt. Eine Neuvermessung der Grundstücke geschah nur selten, da die Unterlagen der Kommissionen zur Regulierung der gutsherrlich-bäuerlichen Verhältnisse benutzt werden konnten. Im Regierungsbezirk Potsdam wurden z. B. von 8.105.245 Mg einzuschätzendem Land nur 853.254 Mg (10,5 %) neu vermessen.[186]

Die Ergebnisse dieser Erhebungen wurden in die Grundsteuermutterrollen eingetragen und liegen gedruckt vor.[187] Die mit der Festlegung der Grundsteuer betrauten Behörden arbeiteten nach Aussagen aller Beobachter außerordentlich gewissenhaft. Dennoch blieben die Ergebnisse wegen der zu Grunde liegenden Methodik begrenzt. Die Aufgabe, den ,natürlichen dauernden Reinertrag' jeder Einzelparzelle zu ermitteln, wäre allerdings auch nicht lösbar gewesen. Solange die Besteuerung des Bodens gering war, erhob sich wenig Protest seitens der Betroffenen.[188] Erst die massive Abgabenbelastung in der Weimarer Republik sollte dies ändern.

Das Problematische an den Angaben ist neben ihrer prinzipiellen Beschränktheit, dass sie im Gegensatz zu den Gebäudesteuerverzeichnissen nicht fortgeschrieben wurden. Sie spiegeln also bis zum Ende des Kaiserreiches den Stand von 1860 wider.[189] Bis zu diesem Zeitpunkt hatten sich allerdings eine Reihe grundlegender Faktoren stark geändert. Zum einen war die Einbindung der platten Landes in größere wirtschaftliche Strukturen durch den massiven Ausbau der Infrastruktur wesentlich verändert worden.[190] So wuchs die Länge der Chausseen allein zwischen 1862 und 1900 auf fast das Vierfache. Das Eisenbahnnetz nahm in ähnlichen Dimensionen zu.[191] Die bessere Marktanbindung eines Gutes spielte aber für seine Bewertung durch Kaufinteressenten eine wichtige Rolle.

Auf der anderen Seite hatten sich die Preise sowohl für den Boden als auch für landwirtschaftliche Produkte stark verändert. Während die Getreidepreise – verglichen mit den hohen Werten zwischen 1850 und 1860 – geringer ge-

---

186 Ebd., S. 33.

187 Die Ergebnisse der Grund- und Gebäudesteuerveranlagung im Regierungsbezirk Potsdam, hg. vom Königlichen Finanzministerium, Berlin 1967. Die Ergebnisse der Grund- und Gebäudesteuerveranlagung im Regierungsbezirk Frankfurt/O, hg. vom Königlichen Finanzministerium, Berlin 1969.

188 Willy WYGODZINSKI, Die Besteuerung des landwirtschaftlichen Grundbesitzes in Preußen. Eine kritische Studie, Jena 1906, S. 17.

189 Über eine Revision im Zusammenhang mit einer gerechteren Heranziehung des landwirtschaftlichen Grundbesitzes zur Vermögenssteuer wurde erst in der Mitte der zwanziger Jahre nachgedacht. Vgl. ROTHKEGEL, In welcher Weise, S. 452.

190 Vgl. dazu: WYGODZINSKI, Besteuerung, S. 60-70.

191 Angaben nach WYGODZINSKI, Besteuerung, S. 62.

worden waren, verzeichneten die Fleischpreise einen leichten Aufwärtstrend, der durch die massive Ausweitung der Viehhaltung jedoch potenziert wurde.[192] Dadurch kam es zu einem relativen Steigen der Ertragswerte der Weiden und Wiesen gegenüber dem Ackerland. Eine entgegengesetzte Wirkung hatte allerdings der starke Einbruch der Wollpreise, da die minderen Weiden, die wesentlich der Schafzucht gedient hatten, nun eine Abwertung erfuhren und z. T. Ödland wurden. Durch die Verbreitung des Einsatzes von Kunstdüngern und Meliorationen wurden die Bodenpreise in ihrem Gefüge verändert. Es wurde bereits darauf hingewiesen, dass vor allem die ärmeren Böden durch diese Entwicklung eine erhebliche Aufwertung erfuhren.

Trotz dieser Entwicklungen hielten viele Fachleute den Grundsteuerreinertrag noch über das Ende das Kaiserreiches hinaus für ein brauchbares Instrument der Wertermittlung von landwirtschaftlichen Grundstücken, wie auch verschiedene landwirtschaftliche Kreditinstitute auf dieser Grundlage die Verschuldungsgrenzen der Güter festlegten.[193] Ebenso war es für die Beamten, die über den Wert von Fideikommissen zu berichten hatten, selbstverständlich, dass sie den Grundsteuerreinertrag derselben vermeldeten. Spätestens seit den achtziger Jahren wurde dieser bei Mangel an anderen Angaben durch die Behörden auch für Wertschätzungen heranzogen.[194] Auch die Besitzer der Güter erkannten den Grundsteuerreinertrag als Richtgröße für die Bodenbewertung an.[195]

Die Ursache dafür ist vor allem in der Tatsache zu suchen, dass sich die natürlichen Rahmenbedingungen – d. h. die Beschaffenheit des Bodens, die Wasser- und Geländeverhältnisse sowie das Klima – in den meisten Fällen nicht veränderten. Ausnahmen waren die Urbarmachung von Sumpf- und Moorgebieten oder die Veränderung der Wasserverhältnisse durch die Anlage von Kanälen. Diese können jedoch in einem größeren Rahmen, wie ihn die Provinz bildet und bei einer Beschränkung auf den Großgrundbesitz vernachlässigt werden. Dagegen ist die Qualität des Bodens weitgehend gleichbleibend oder wie es der Statistiker Rothkegel 1925 formulierte, als er die Ver-

---

192 Vgl. dazu S. 155 f.

193 Vgl. u. a. ROTHKEGEL, In welcher Weise, S. 455. Max Weber benutzte den Grundsteuerreinertrag, wie die meisten Statistiker ohne Einschränkungen. WEBER, Fideikommißfrage, S. 370.

194 So bemerkte der mit der Berechnung des Stempels für die Fideikommißstiftung Heinersdorf (Schulz v. Heinersdorf) befasste Beamte, dass zwar eine Wertschätzung des Gutes fehle, aber „ ...es in neuerer Zeit auch für zulässig angesehen worden sei, dass 40fache des Grundsteuerreinertrages und das 25fache der Gebäudesteuernutzungswertes als Kapitalwert der Immobilien anzusehen". GStA PK, Rep. 84a, Nr. 6254, Fideikommißakten Schulz v. Heinersdorf, pag. 20, Schreiben des Präsidenten des Kammergerichtes an den Justizminister vom 30. April 1895.

195 So wurde in der Stiftungsurkunde für den Fideikommiß Nemischhof-Neukörtnitz festgelegt, dass eine Neuverschuldung des Fideikommisses ohne die Einwilligung von Anwärtern und Kontrollbehörden dann erfolgen durfte, wenn neue Bestandteile hinzu erworben wurden. Allerdings musste der 30fach zu kapitalisierende Grundsteuerreinertrag und der 15fache Gebäudesteuernutzungswert die Verschuldung durch die neuen Pertinenzen übersteigen. BLHA, Rep. 53A, Nr. 967, Stiftungsurkunde des Familienfideikommiß v. Arnim Nemischhof-Neukörtnitz (1908).

wendung des alten Grundsteuerreinertrages für eine Vermögenssteuer diskutierte: „Ein armer trockener Sandboden gehört heute wie früher zu den geringwertigsten Böden, während der milde humose Lehmboden auch heute wie früher zu den besten gehört."[196] Auf dieser Grundlage und ausgehend von der Feststellung, dass sowohl die Bonitierungsgrundsätze als auch die Einordnung der jeweiligen Flurstücke in die jeweiligen Ertragsklassen hinreichend gut waren, schlug er lediglich eine Veränderung der Tarifsätze vor. Als Basis dafür wollte er die Bodenpreisentwicklung benutzen.[197]

Setzt man die Preise für geschlossene Besitzungen von 1901 und von 1914 mit dem alten Grundsteuerreinertrag in Beziehung, so wird die Wertsteigerung der landwirtschaftlichen Grundstücke im Vergleich mit dem Stand um 1860 in Umrissen sichtbar (vgl. Tabelle 54). Im Jahre 1901 wurde für einen Taler Grundsteuerreinertrag das 1,9fache bezahlt. Allerdings werden innerhalb der Bodenklassen starke Unterschiede deutlich. So erreichten die geringwertigen Böden deutlich höhere Zuwächse als die besten. Deren Absinken gegenüber 1861 führte Rothkegel auf eine Überschätzung der schweren Böden in den brandenburgischen Flussniederungen zurück.[198] Durch die enorme Preissteigerung, die allerdings zu nicht unbedeutenden Teilen spekulativ war, wurde 1914 in Brandenburg für einen Taler Grundsteuerreinertrag bereits durchschnittlich das 3,1fache verlangt. Obwohl die Preise für alle Bodenklassen anzogen, waren es wieder die schlechteren Böden, welche die meisten Zuwächse erhielten.

Tabelle 54: Das Verhältnis des Grundsteuerreinertrages zu den Bodenpreisen der Jahre 1901 und 1914 in der Provinz Brandenburg (nach Rothkegel)[199]

durchschnittlicher GRE pro ha	auf den Boden vom Gesamtpreis entfallender Anteil		Preis pro 1 Tlr. GRE im Jahre 1861	Preissteigerung seit 1861
	Preis pro ha	Preis pro 1 Tlr. GRE		
Preisstand des Jahres 1901				
1 Tlr.	230	230	72	3,2
3 Tlr.	430	140	72	1,95
7 Tlr.	700	100	72	1,4
13 Tlr.	900	69	72	0,95
Preisstand des Jahres 1914				
1 Tlr.	400	400	72	5,6
3 Tlr.	660	220	72	3,1
7 Tlr.	1080	160	72	2,2
13 Tlr.	1340	103	72	1,4

196 ROTHKEGEL, In welcher Weise, S. 455.

197 Die Preise danach hielt er entweder für zu spekulativ (bis 1918) oder auf Grund der Kriegsfolgen für zu niedrig. Ebd., S. 459 ff.

198 Ebd., S. 162.

199 Quelle: Ebd., S. 461.

Die Daten von Rothkegel decken sich mit anderen Befunden, die darauf hinweisen, dass der real zu erzielende Reinertrag der Güter um 1900 etwa dem Doppelten des alten Grundsteuerreinertrages entsprach. Max Weber ging 1904 davon aus, dass „durchschnittlich etwa das 2 ½ – oder etwas mehrfache des Grundsteuerreinertrages als ‚nachhaltiges Einkommen' angesetzt werden" muss.[200] Leider stehen Angaben über den Reinertrag von Gütern nur in wenigen Fällen zu Verfügung. Eine der spärlichen Quellen sind die Stiftungsurkunden von Fideikommissen. Da die Gewährleistung eines Mindesteinkommens von 7.500 RM verlangt wurde, hatten die Stifter über den Reinertrag ihres Besitzes Rechenschaft abzulegen. Diese Unterlagen sind teilweise noch erhalten.

Tabelle 55: Das Verhältnis zwischen Grundsteuerreinertrag und Reinertrag verschiedener brandenburgischer Fideikommisse (1877-1914)

Fideikommiß	Grundsteuerreinertrag	Reinertrag im Stiftungsjahr	Stiftungsjahr	Wertsteigerung	Nebenbetrieb*
Genshagen	10.381	13.000	1877	1,3	B.
Zichow	21.623	59.993	1887	2,8	
Tamsel	63.423	92.541	1892	1,5	B.
Cöthen	28.185	60.848	1901	2,2	B.
Torgelow	4.243	8.282	1901	2,0	
Charlottenhof	24.162	19.592	1906	0,8	B., Z., S.
Gosda	7.975	16.400	1910	2,1 (1,4)**	G., Bk.
Jahnsfelde	13.302	25.000	1911	1,9	B., Z.
Arnimshain	6.387	19.963	1911	3,1	
Rehdorf	6.843	49.046	1911	7,2	B.
Friedrichshof	10.100	17.800	1911	1,8 (1,4)**	
Malchow	11.802	23.258	1911	2,0	
Leuthen	9.482	29.197	1913	3,1	B., Z.
Satzkorn	10.945	36.746	1914	3,4	

* B. = Brennerei, Bk. = Braunkohlenabbau, G. = Glasfabrik, S. = Sägewerk, Z. = Ziegelei.

** Bei diesen Fideikommissen wurden Geldsummen hinzugestiftet, die das Verhältnis verzerren. In den Klammern daher die allein auf dem Ertrag der Güter beruhende Wertsteigerung.

Der Vergleich des Grundsteuerreinertrages mit den bei der Fideikommißstiftung angegebenen Reinerträgen zeigt mit Ausnahme von Charlottenhof, wo wir es wahrscheinlich mit einer Fehleinschätzung zu tun haben[201], in allen

200 WEBER, Fideikommißfrage, S. 370.

201 Charlottenhof gehörte seit 1815 der Familie v. Klitzing. Der Stifter des Fideikommisses Georg v. Klitzing, der neben einer Fülle anderer Funktionen auch im Herrenhaus saß, hat wahrscheinlich die Einkünfte deutlich zu niedrig angegeben, um die Stempelkosten zu verringern. Es ist kaum vorstellbar, dass ein Gut, dessen großer Wald „in ausgezeichnetem Kulturzustande" war, das jährlich 15 Remontepferde und weitere Hengste aus seiner Pferdezucht abgab, das eine Brennerei, eine Ziegelei und eine Schneidemühle aufwies und dessen

Fällen eine mehr oder weniger deutliche Wertsteigerung. Dabei muss – gerade auch angesichts des Beispieles Charlottenhof – davon ausgegangen werden, dass die Reinertragssummen ebenso wie die Wertschätzungen der Stiftungsgüter aus steuerlichen Gründen so niedrig wie möglich gehalten wurden. Dennoch stieg der durchschnittliche Ertrag (unter Weglassung des niedrigsten und des höchsten Wertes)[202] nach 1900 auf das 2,2fache.

Auffälligerweise erfuhren die beiden Stiftungen, die mit größeren Kapitalsummen ausgestattet wurden – Gosda und Friedrichshof – nach Abrechnung dieser, relativ geringe Wertsteigerungen. Neben dem Verdacht der Manipulation können dafür aber auch andere Ursachen verantwortlich sein. So bestand Gosda, auf schlechtem Boden liegend, zu mehr als zwei Dritteln aus Waldfläche. Dagegen war das sehr kleine Gut Friedrichshof im Oderbruch, das der Besitzer erst neu zusammengekauft hatte, schon sehr hoch bewertet. Da Rothkegel die schweren Böden gerade dieser Region für überschätzt hielt, war ohnehin eine geringere Wertsteigerung zu erwarten.

Für den Reinertrag der Güter waren neben den Einkünften aus Land- und Forstwirtschaft auch die verschiedenen Nebengewerbe, die innerhalb oder neben der Gutswirtschaft betrieben wurden von Bedeutung. Aus den vorliegenden Daten über den Reinertrag verschiedener Güter bzw. Güterkomplexe ergibt sich jedoch kein direkter Zusammenhang zwischen einem hohen Reineinkommen und den verschiedenen Nebengewerben.Die vorliegenden Reinertragsdaten gestatten es, im Einklang mit den Annahmen der zeitgenössischen Statistiker davon auszugehen, dass um 1900 mindestens das Doppelte des alten Grundsteuerreinertrages von den meisten Gütern als Reineinkommen zu erzielen war, wenn die Schuldenbelastung nicht übermäßig hoch war. Im Falle intensiver Bewirtschaftung und des effektiven Betriebes von landwirtschaftlichen Nebengewerben dürfte der Reinertrag sogar bei dem drei- und mehrfachen gelegen haben. Damit ist es möglich, über reine Flächenvergleiche hinaus eine Annäherung an die ökonomische Situation der Großgrundbesitzer zu versuchen. Natürlich ist dabei zu beachten, dass der Einzelfall von den extrapolierten Daten mehr oder weniger stark abweichen kann. Die vorliegenden Reinertragsdaten verweisen jedoch darauf, dass dem alten Grundsteuerreinertrag ein relativ hoher Wahrheitswert zugesprochen werden kann.

Zu bedenken ist jedoch, dass sämtliche Nebeneinnahmen der Gutsherrschaft bei der Festlegung des Grundsteuerreinertrages außer acht geblieben sind.

Besitzer als ausgewiesen hervorragender Landwirt in der Landwirtschaftskammer, im Landesökonomiekollegium und im märkischen Forstverein Führungspositionen bekleidete, einen Reinertrag erzielen sollte, der unter dem alten Grundsteuerreinertrag lag. Da Georg v. Klitzing im Jahre 1906 darüber hinaus noch 26.776 RM Erträge aus Kapitalvermögen und 38.613 RM Einkommen aus außerbrandenburgischem Großgrundbesitz versteuerte, haben wir es hier wohl mit einem sehr deutlichen Fall von Steuerhinterziehung zu tun.

202 Während Charlottenhof wahrscheinlich deutlich zu niedrig bewertet wurde (siehe vorhergehende Anm.) dürfte in Rehdorf (v. Grumme-Douglas) noch andere Einkünfte mit verzeichnet worden sein. Da das Rittergut nur mit 222.520 RM Gesamtwert taxiert wurde, ist es mehr als unwahrscheinlich, dass es allein aus dem Wirtschaftsbetrieb den Reinertrag von 49.046 RM erbrachte. Es ist daher anzunehmen, dass in die Stiftung noch größere in den Quellen nicht genannte Kapitalien einflossen.

Befand sich z. B. eine Brennerei oder Ziegelei auf dem Gut, so wurde sie zwar über die Gebäudesteuer teilweise erfasst, tauchte aber in den Angaben über die Grundsteuer nicht auf.[203] Allerdings ist die Gebäudesteuer für eine Schätzung des Ertrags der Nebenbetriebe nicht zu benutzten. Sie bezog die Wohngebäude mit 4 % und die gewerblich genutzten Gebäude mit 2 % ihres ‚Nutzungswertes' ein. Maschinen und Geräte jeder Art waren davon jedoch ausgenommen.[204] So, wie der Grundsteuerreinertrag Nebenverdienste und Verbesserungen nicht berücksichtigte, blieben bei der Grundsteuerveranlagung allerdings auch die Belastungen der Güter außer acht.

Dennoch scheint es bei allen Einschränkungen sinnvoll, den Grundsteuerreinertrag zu benutzen. Dies umso mehr, als es keine andere qualitative Größe gibt, die flächendeckend und nach den gleichen Kriterien erhoben für den gesamten Großgrundbesitz zur Verfügung steht. Im folgenden soll daher die weiter oben auf der Grundlage des Flächenumfangs gebildete Klassifizierung des Großgrundbesitzes mit Hilfe des Grundsteuerreinertrages überprüft werden.

Die Klassifizierung des Großgrundbesitzes nach dem Grundsteuerreinertrag und die Abschätzung des Einkommens aus dem Landbesitz

Im Gegensatz zu den Angaben über die Verteilung der Besitzungen einzelner Größenklassen zwischen Adligen und Bürgerlichen, ist eine Extrapolation der bekannten Daten von 1885 in die erste Hälfte des 19. Jahrhunderts auf Grund zu großer Unwägbarkeiten nicht möglich. Daher soll im folgenden anhand von zwei Stichjahren das Verhältnis der beiden Gruppen untereinander betrachtet, und dabei auch der Frage nachgegangen werden, ob die Ergebnisse des reinen Flächenvergleichs bei einer Einbeziehung des Grundsteuerreinertrages bestätigt werden.

Dabei soll zunächst der Stand im Stichjahr 1857 untersucht werden.[205] Zu beachten ist, dass der festgelegte Grundsteuerreinertrag in der Regel wohl eher als die Untergrenze des real zu erzielenden Ertrages anzusehen ist. Die Staffelung der Besitzer von Rittergütern und anderen Besitzungen in Grundsteuerreinertragsgruppen bestätigt die Ergebnisse des Flächenvergleichs.[206] So ist zwischen den Ertragsgruppen und den Größenklassen eine relative Übereinstimmung der Anzahl der jeweils zugeordneten Besitzer zu erkennen.[207] Auch die Verhältnisse zwischen Adligen und Bürgerlichen sind

---

203 Die einen viel geringeren Anteil der Steuersumme ausmachende Gebäudesteuer wurde auch nicht analog zu den Grundsteuermutterrollen gedruckt nachgewiesen.

204 MEITZEN, Boden, Bd. 3, S. 47 ff.

205 In Anbetracht der Tatsache, dass sich die Größen- und die Grundsteuerreinertragsangaben aus den Grundsteuerlisten und dem ersten benutzten Handbuchjahrgang kaum unterscheiden, wurde auf die Zahlen von 1885 zurückgegriffen.

206 Vgl. dazu die Angaben in Tabelle 48, S. 214. Die Gesamtanzahl der Güter in liegt allerdings etwas über der in Tabelle 48, da hier neben den Rittergütern und Güterkomplexen auch noch 87 einfache Güter mit einbezogen wurden.

207 Bei einer anderen Staffelung der Gruppen würde diese noch deutlicher. Die Tabelle wurde jedoch nach der Einkommensteuerstatistik gegliedert.

deutlich sichtbar widergespiegelt. Als grobe Faustregel lässt sich ableiten, dass um 1860 bei den großen Gütern der Grundsteuerreinertrag (in RM) etwa dem zehnfachen ihrer Fläche in ha entsprach. Auch in den unteren Ertragsgruppen lässt sich die Übereinstimmung mit den Ergebnissen des Flächenvergleiches wiederfinden, hier jedoch etwas verzerrt durch die Einbeziehung der nichtprivilegierten Besitzungen. Allerdings ist die oben abgeleitete Regel nicht mehr anwendbar. So erreichte nur noch die Hälfte der Adligen, die ein Gut mit einer Größe zwischen 500 und 1.000 ha besaßen, auch einen Grundsteuerreinertrag zwischen 4.800 und 9.600 RM.[208]

Tabelle 56: Der Grundsteuerreinertrag adliger und bürgerlicher Großgrundbesitzer im Jahre 1857 (in RM)[209]

GRE	<3.000	3.000-4.800	4.800-9.600	9.600-19.200	19.200-28.800	28.800-60.000	60.000-96.000	>96.000
Adel	122 (21 %)	80 (14 %)	137 (24 %)	137 (24 %)	43 (7 %)	39 (7 %)	9 (2 %)	4 (1 %)
Bürger	176 (37 %)	93 (20 %)	125 (26 %)	60 (13 %)	10 (2 %)	2 (0,4 %)	0	0

Der Grundsteuerreinertrag kann eigentlich nicht direkt für eine Einkommensschätzung der Großgrundbesitzer herangezogen werden, da die Belastungen des Besitzes durch Zinszahlungen in ihm nicht widerspiegelt werden. Da jedoch auch weder die Tierhaltung noch landwirtschaftliche Nebenbetriebe oder Kapitalerträge im Grundsteuerreinertrag enthalten waren, scheint es gerechtfertigt, diesen für den folgenden Versuch eines Einkommensvergleiches ungekürzt zu benutzten (vgl. Tabelle 56). Diese Entscheidung wird auch dadurch gerechtfertigt, dass uns andere Angaben in auch nur annähernd vergleichbarer Dichte nicht zur Verfügung stehen. Die auf dem Grundsteuerreinertrag beruhenden Schätzungen über das Einkommen werden allerdings erst dann für die Stellung der Großgrundbesitzer aussagekräftig, wenn man sie mit dem Verdienst weiterer Gruppen vergleicht. Neben den Staatsdienern in Verwaltung und Militär, für die Angaben zur Besoldung relativ gut zu erlangen sind, wäre als Referenzgruppe natürlich vor allem das Wirtschaftsbürgertum von Interesse. Allerdings sind Angaben zu Unternehmereinkommen für die Zeit um 1860 nur schwer in größerem Maßstab zu erlangen, so dass hier auf andere Daten ausgewichen werden muss. Zu bedenken ist in jedem Falle, dass dem Gutsbesitzer neben dem Reineinkommen die Vorteile seines landwirtschaftlichen Besitzes zur Verfügung standen.

Wenden wir uns als erster Vergleichsgruppe der Bürokratie zu. Die Spitzenbeamten waren über den Vormärz hinaus unter den Meistverdienenden der Gesellschaft zu finden. Die Akademiker in der Verwaltung stiegen nach we-

---

208 Daraus ließe sich der Schluss ableiten, dass sich die großen Güter zum Zeitpunkt der Festlegung des Grundsteuerreinertrages in einem besseren ,Kulturzustand' als die kleineren befanden, da sie trotz ihrer großen Waldanteile höher bewertet wurden.

209 Berechnungsgrundlage für diese Angaben ist der Grundsteuerreinertrag, wie er im Handbuch über den Grundbesitz für das Jahr 1885 nachgewiesen wurde.

nigen Dienstjahren einkommensmäßig in die Oberschicht auf und die führenden Beamten gehörten lange Zeit zu den Personen mit den höchsten Einkommen.[210] So verdiente ein Minister zwischen 1849 und 1865 30.000 RM und bewohnte außerdem eine Dienstwohnung mit einem Mietwert von rund 3.600 RM.[211] Danach folgten die Oberpräsidenten mit 18.000 RM und einer Dienstwohnung, dann die Unterstaatssekretäre und Regierungspräsidenten mit etwa 12- bis 13.500 RM. Vortragende Räte (2. und 3. Klasse) in den Ministerien erhielten in diesem Zeitraum zwischen 6.000 und 9.000 RM., Regierungsräte (4. Klasse) zwischen 2.400 und 6.000 RM. Dazu kamen, je nach Stelle noch verschiedene Zulagen.

Ein Vergleich mit den Grundsteuerreinertragsdaten zeigt, dass knapp 10 % aller adligen Rittergutsbesitzer ein Einkommen bezogen, dass denen der Spitzenverdiener in der Bürokratie gleichwertig oder überlegen war. Die meisten Besitzer der latifundienartigen Güterkomplexe mit über 50.000 RM Grundsteuerreinertrag lagen dabei sogar noch deutlich darüber. Neben diesen sehr hohen Einkommen hatte die Hälfte der adligen Rittergutsbesitzer Erträge, die mit denen der leitenden Beamten unterhalb der Ministerebene konkurrieren konnten. In diesem Bereich waren auch ein Drittel der bürgerlichen Rittergutsbesitzer zu finden. Während 14 % der Adligen und 20 % der Bürgerlichen den Einkommen von Regierungsräten vergleichbare Einkünfte erzielt haben könnten, war dies bei einem Fünftel der Adligen und mehr als einem Drittel der Bürgerlichen bei einer Zugrundelegung des Grundsteuerreinertrages nicht mehr der Fall. Das für diese Güter geschätzte Einkommen bewegte sich mit unter 3.000 RM z. T. nicht einmal mehr auf dem Niveau von Sekretären, Buchhaltern und Bürobeamten. Da jedoch davon auszugehen ist, dass die Einkommen bereits um 1860 über dem Grundsteuerreinertrag lagen, ist der Anteil der geringen Einkommen wahrscheinlich zu hoch berechnet. Außerdem mussten die Beamten von den Einkommen ihre Wohnungen, die Nahrung und das Personal finanzieren, Kosten, die bei den Großgrundbesitzern zumindest teilweise schon vorher abgezogen waren.[212]

Während Adlige und bürgerliche Oberschichten in der Bürokratie im Regelfall nicht in den subalternen Positionen zu finden waren, da sich die Qualifikationswege von niederem und höherem Beamtentum relativ deutlich unterschieden, ist dies beim Militär anders. Hier muss jeder Offizier über die subalternen Ränge in die höheren Dienstgrade aufsteigen. Im Fehlen der schwer überwindbaren Barriere zwischen mittleren und höheren Diensträngen lag

210 Vgl. zu den Einkommen der Staatsdiener vor allem: Horst KÜBLER, Besoldung und Lebenshaltung der unmittelbaren preußischen Staatsbeamten im 19. Jahrhundert, Nürnberg 1976. Zusammenfassend auch Bernd WUNDER, Geschichte der Bürokratie in Deutschland, Frankfurt a. M. 1986, S. 52, 104 f.

211 Vgl.: Die Beamtenbesoldungen in Preußen. In: Statistisches Jahrbuch für den preußischen Staat, 13 (1916), S. 402 ff. Der vergleichbare Mietwert ergibt sich aus einer 1850 gewährten Mietentschädigung. Ebd., S. 403.

212 Subalternbeamte mußten in Berlin 1867 etwa ein Viertel ihres Einkommens für Mietkosten ausgeben. Bei den Räten der verschiedenen Kategorien entfiel auf die Miete immerhin noch ein Fünftel bis ein Achtel des Einkommens. Vgl. Das Verhältnis von Miethe und Einkommen in Berlin, in: Berlin und seine Entwicklung, 2 (1868), S. 265.

allerdings auch eine der wesentlichen Chancen des Militärberufes im Vergleich mit der Bürokratie.[213] Eine der Folgen des Einstiegs auf vergleichbar niedriger Ebene war jedoch die außerordentlich geringe Bezahlung in den unteren Dienstgraden. Ein Leutnant verdiente um 1850 mit knapp 1.000 RM etwa genauso viel wie die untersten Beamtenränge.[214] Da jedoch der soziale Anspruch von dieser Beamtengruppe wesentlich verschieden war, reichte dieses Gehalt nicht aus. Daher mussten Offiziersanwärter in der zweiten Hälfte des 19. Jahrhunderts für die Zeit ihrer Leutnantsjahre Zulagen erhalten, die bei der Infanterie ihrem Jahresgehalt entsprachen, bei der Kavallerie dagegen oft das doppelte erreichten.[215]

Diese Anschubfinanzierung entsprach in gewisser Weise den unbezahlten Referendariatsjahren der Beamten. Erst in den höheren Dienstgraden wurden dann Gehälter erreicht, die den finanziellen Anschluss an die Oberschichten ermöglichten. So verdiente ein Generalleutnant ab 1877 jährlich 12.000 RM und ein Stabsoffizier (Major) etwa 7.800 RM. Ein Hauptmann/Rittmeister (2. Klasse) erreichte dagegen mit 2.160 RM noch nicht das Gehalt eines Regierungsrates. Verglichen mit den geschätzten Einkommen der Rittergutsbesitzer zeigt sich, dass etwa die Hälfte der Adligen einkommensmäßig mit den Dienstgraden ab der Stabsoffiziersebene konkurrieren konnten. Dagegen war es für die 21 % mit Einkommen unter 3.000 RM wahrscheinlich bereits schwierig, die Anfangsphase der Offizierslaufbahn der Söhne zu finanzieren.

Abschließend sollen die geschätzten Angaben über den Reinertrag der Güter mit den gesamten Einkommen im preußischen Staat verglichen werden. Eine Übersicht über die Steuerpflichtigen der verschiedenen Steuerarten[216] für das Jahr 1875 zeigt die erheblichen Disproportionen in der Einkommensverteilung in Preußen. Nur 2 % der Bevölkerung wurden zur Einkommenssteuer herangezogen, da ihr Einkommen 1.000 Tlr. (3.000 RM) überschritt. Zwei Drittel dieser Steuerpflichtigen hatten allerdings ein Einkommen zwischen 1.000 und 1.400 Tlr. so dass sich die Einkommenspyramide nach oben weiter verengte. Im Vergleich mit dem Gesamtstaat hatte Brandenburg einen etwas geringeren durchschnittlichen Anteil an sehr hohen Einkommen. Dagegen konzentrierten sich diese vor allem in Berlin, wo allein 15 % aller Bezieher von Einkommen über 1.000 Tlr. zu finden waren.[217]

---

213 Vgl. Manfred MESSERSCHMIDT, Militärgeschichte im 19. Jahrhundert (1814-1890), in: Deutsche Militärgeschichte in sechs Bänden 1864-1939, München 1983, Bd. 2, Tl. 2, S. 26.

214 Nach Messerschmidt bekam der Leutnant in der ‚nachrevolutionären Zeit' 20 Tlr. Gehalt, 4 Tlr. Wohngeld und 2 Tlr. Tischzulagen. Das entspricht einem Jahresgehalt von 936 RM. Ebd., S. 28.

215 Ebd., S. 32.

216 Seit 1851 wurden alle Bezieher von Einkommen über 1.000 Tlr. zu einer klassifizierten Einkommensteuer herangezogen. Dagegen zahlten die Bezieher von Einkommen zwischen 140 bis 1.000 Tlr. nach wie vor die 1820 eingeführte Klassensteuer. Einkommen unter 140 Tlr. waren steuerfrei.

217 Dabei waren hier verstärkt die höheren Einkommen zu finden. Eine Ausnahme bildete lediglich die letzte Gruppe über 96.000 RM, die ‚nur' mit 13 % vertreten war.

Tabelle 57: Die Verteilung der Klassen- und Einkommenssteuerpflichtigen Personen in Preußen sowie der Provinz Brandenburg und die Einkommen der Großgrundbesitzer (1857/1875)[218]

Einkommens-Stufen in (RM)	Gesamtstaat	Brandenburg	
		Provinz	Großgrund-besitzer
<3000	4.850.791 (98 %)	418.040 (98 %)	298
3000-4800	63.178 (1,3 %)	5.090 (1,2 %)	173
4800-9600	11.686 (0,24 %)	760 (0,18 %)	262
9600-19200	12.305 (0,25 %)	695 (0,16 %)	197
19200-28800	3.023 (0,06 %)	160 (0,04 %)	53
28800-60000	2.354 (0,05 %)	130 (0,03 %)	42
60000-96000	598 (0,01 %)	40 (0,01 %)	9
>96000	446 (0,01 %)	2 (0,0005 %)	4

Vergleicht man die Daten für die Provinz mit den auf der Grundlage der Grundsteuerreinertragsangaben geschätzten Einkommen wird der starke Anteil des Großgrundbesitzes deutlich. Es ist im Vergleich mit den Daten des Handbuches der Millionäre wahrscheinlich sogar davon auszugehen, dass ein nicht unbedeutender Anteil der Großgrundbesitzer mit Hilfe des Grundsteuerreinertrages zu niedrig eingestuft wurde. Außerdem sind die mit der Selbsteinschätzung verbundenen Probleme hinreichend bekannt. Dennoch zählten bereits nach unserer Rechnung um 1860 rund drei Viertel der Großgrundbesitzer zu jenem kleinen Bereich von Beziehern hoher Einkommen. Die Spitzeneinkommen in der Provinz gingen mit Sicherheit an die Besitzer der großen latifundienartigen Komplexe. Auch in den darunter liegenden Gruppen ist wahrscheinlich von einem höheren Anteil Großgrundbesitzer auszugehen. Daneben bildeten ein knappes Drittel aller größeren Besitzungen kaum die materielle Basis für eine Zugehörigkeit zu den Oberschichten. Hier zeichnen sich schwere Disproportionen zu dem gesellschaftlichen Führungsanspruch vor allem der adligen Großgrundbesitzer ab.

Die vorliegenden Ergebnisse zum Einkommen der Großgrundbesitzer um 1860 beweisen die enorme Binnendifferenzierung. Neben einem wenige Personen umfassenden Spitzensegment und einem relativ schmalen Mittelfeld höherer Erträge, gewährleisteten die meisten Güter nur Bareinkünfte, die denen des gehobenen Bürgertums entsprachen. Wenn von diesen noch die Karrierefinanzierung der Söhne und die Aussteuer der Töchter bestritten werden musste, blieb aus dem Ertrag der Güter nur noch relativ wenig zur Bildung finanzieller Reserven übrig. Allerdings ist in Rechnung zu stellen, dass den Gütern – wie beschrieben – im Zuge der Agrarreformen bis in die achtzi-

218 Quelle: Ernst ENGEL, Die Klassensteuer und die klassifizierte Einkommenssteuer und die Einkommensverteilung im preußischen Staat in den Jahren 1852 bis 1875, in: Zeitschrift des Königlich Preußischen statistischen Bureaus, 15 (1875), S. 136 f. Die Daten über die Einkommensteuerpflichtigen entsprechen dem Stand von 1875. Es war notwendig dieses Jahr auszuwählen, da es das einzige war, in dem Berlin und die Provinz getrennt nachgewiesen wurden. Zu den Angaben über die Großgrundbesitzer vgl. Tabelle 56, S. 230.

ger Jahre zusätzliche finanzielle Mittel zuflossen. Darüber hinaus wurde bereits auf die nicht unerheblichen Kapitalreserven, die zumindest auf den größeren Gütern vorhanden waren hingewiesen. Nicht zuletzt konnte sich die finanzielle Situation im Zuge einer Eheschließung oder einer Erbschaft verbessern.

Die rund fünfzig Jahre zwischen der Mitte des 19. Jahrhunderts und dem Beginn des Ersten Weltkrieges waren eine Zeit, in der die Vermögensakkumulation im Bürgertum ein vorher nicht gekanntes Ausmaß – sowohl die Höhe der Vermögen als auch den Umfang der daran beteiligten Gruppe betreffend – annahm. Für das Stichjahr 1910 soll daher – soweit dies mit dem vorliegenden Material möglich ist – untersucht werden, inwieweit die Großgrundbesitzer an dieser Entwicklung partizipieren konnten und ob sie ihre Teilhabe an den Führungspositionen in der Provinz wahren konnten.

Wird der Grundsteuerreinertrag, entsprechend dem weiter oben überprüften Verfahren, mit dem Faktor 2 multipliziert[219], ergibt sich ein verändertes Bild der Einkommenssituation der Großgrundbesitzer (vgl. Tabelle 58).

Tabelle 58: Das geschätzte Reineinkommen adliger und bürgerlicher Großgrundbesitzer 1910 (in RM)[220]

Reineinkommen (in RM)	<1.500	1.500-3.000	3.000-6.000	6.000-9.500	9.500-20.500	20.500-50.000	50.000-100.000	>100.000
Adel	17 (3 %)	22 (4 %)	55 (11 %)	50 (10 %)	123 (25 %)	154 (32 %)	43 (9 %)	23 (5 %)
Bürger	135 (11 %)	209 (17 %)	370 (29 %)	227 (18 %)	222 (18 %)	86 (6 %)	10 (0,8 %)	0

Im Gegensatz zu den Daten für 1857 sind wir für die Zeit nach 1900 in der Lage, die geschätzten Angaben zu kontrollieren, da die Einkommensverteilung für 1902 detailliert bekannt ist (vgl. Tabelle 59). Dabei zeigt sich, dass die Einkommensschätzung auf der Grundlage des Grundsteuerreinertrages etwas zu optimistisch ist. Obwohl die Zahl der von der Verschuldungsstatistik erfassten Güter nur unwesentlich geringer war, als die der nach dem Merkmal der Mindestgröße über 100 ha erfassten[221], wurden zu viele hohe und zu wenig niedrige Einkommen ermittelt. Dieser Befund bleibt auch dann bestehen, wenn man den Einkommenszuwachs zwischen 1902 und 1910 mit in Rechnung stellt. Eine Ursache für diese Differenz dürfte in der wachsenden Verschuldung der Güter zu suchen sein. Daneben ist natürlich in Rechnung zu

219 Vgl. die diesbezüglichen Ausführungen auf S. 227.

220 Berechnungsgrundlage für diese Angaben ist der Grundsteuerreinertrag, wie er im Handbuch über den Grundbesitz für das Jahr 1910 nachgewiesen wurde. Darüber hinaus wurden zur Ergänzung die ‚Hand- bzw. Adressbücher' für die Jahre 1914 und 1921 benutzt. Zur Abschätzung der Reineinkommens wurde der Grundsteuerreinertrag mit dem Faktor 2 multipliziert.

221 Die Verschuldungsstatistik von 1902 zählte 1.678 Güter mit einem Grundsteuerreinertrag über 1.500 RM. Aus den ‚Hand- und Adressbüchern' lassen sich dagegen 1.735 Güter mit einem 100 ha übersteigenden Umfang ermitteln.

stellen, dass die Einkommensdaten zumindest teilweise manipuliert waren und damit die Wahrheit eher in der Mitte zwischen der Schätzung und dem wirklich versteuerten Einkommen lag.

Tabelle 59: Die versteuerten Einkommen der brandenburgischen Großgrundbesitzer im Jahre 1902[222]

Einkommensgruppe (in RM)	bis 900	900 bis 1.500	1.500 bis 3.000	3.000 bis 6.000	6.000 bis 9.500	über 9.500
Großgrundbesitzer	29	84	386	596	185	398

Betrachtet man – eingedenk der gemachten Einschränkungen – die auf der Grundlage des Grundsteuerreinertrages geschätzten Reineinkommen adliger und bürgerlicher Großgrundbesitzer im Vergleich mit dem Stand um 1857, ist eine deutliche Verringerung der Adligen im Bereich der Einkommensbezieher unter 3.000 RM zu erkennen. Dieser Befund bleibt auch dann bestehen, wenn man bedenkt, dass der alte Grundsteuerreinertrag mit dem Faktor 2 multipliziert wurde. Offensichtlich reichte 1910 ein so geringes Einkommen kaum noch für eine adlige Existenz auf dem Lande aus. Dagegen lag die Zahl der Adligen, die – eine nicht zu hohe Verschuldung vorausgesetzt – ‚bessere' Einkommen im Sinne der zeitgenössischen Statistiker[223] oder standesgemäße Erträge nach Weber[224] erzielten, mit gut vier Fünfteln überraschend hoch. Daraus lässt sich nur der Schluss ableiten, dass die Mehrzahl der adligen Großgrundbesitzer keine notleidenden Landwirte waren, sondern vom Lande durchaus angemessen leben konnten. Anders stellt sich der Befund bei den Bürgerlichen. Über die Hälfte blieben nach Ausweis des Grundsteuerreinertrages unterhalb der Einkommensgrenze von 6.000 RM. Angesichts des festgestellten Zusammenhanges zwischen hoher Verschuldung und kleinen ertragsschwächeren Gütern sind die ‚notleidenden Landwirte' wohl im wesentlichen in diesem Bereich zu suchen.

Da sich die Besitzverhältnisse vor allem im Bereich der mittleren Güter zwischen 1857 und 1910 noch einmal verschoben haben, sind auch die Relationen zwischen Adligen und Bürgerlichen im Bereich der ertragsstärkeren Güter verändert worden. So erhöhte sich die Zahl der Bürgerlichen im Bereich der geschätzten Reineinkommen über 9.500 RM auf mehr als das Vierfache, während die der Adligen nur um 47 % wuchs. Neben dem Anstieg durch die Multiplizierung des Grundsteuerreinertrages mit dem Faktor zwei und adlige Verluste war dafür vor allem der Zuwachs durch vor 1885/1910 nicht registrierte einfache Güter verantwortlich.[225] Da sich die Gesamtzahl der Bürgerli-

222 Quelle: KÜHNERT, Verschuldung, Teil I., Bd. I., S. 136-223.

223 Für Kühnert, den Bearbeiter der Verschuldungsstatistik von 1902, begannen diese – wie oben bereits mitgeteilt – ab 6.000 RM. KÜHNERT, Verschuldung, Tl. II., S. LI.

224 Für Weber waren dies mindestens 10-12.500 RM. WEBER, Fideikommißfrage, S. 369 ff.

225 Von den 319 Gütern im Besitz von Bürgerlichen, die 1910 – nach der Schätzung auf Grundlage des Grundsteuerreinertrages – Einkommen über 9.500 RM ermöglichten, waren 110 keine Rittergüter. Im Jahre 1857 fiel nur ein Gut in diese Kategorie. Dies deutet eventuell

chen jedoch auf Grund der hinzugekommenen Vielzahl kleiner Güter erheblich vergrößerte, sind hier die prozentualen Verhältnisse in den oberen Einkommensregionen fast unverändert. Dennoch bleibt festzuhalten, dass die Bürgerlichen – obwohl die fünfzig ertragsstärksten Güter weitgehend in adliger Hand blieben – um 1910 im Bereich der besseren Einkommen aus der Landwirtschaft deutlich stärker vertreten waren als noch in der Mitte des 19. Jahrhunderts.

Wie bereits für 1857/75 soll nun wiederum das geschätzte Einkommen der Großgrundbesitzer zu dem der Gesamtbevölkerung ins Verhältnis gesetzt werden. Ein Vergleich der steuerpflichtigen Einkommen die 1910 erzielt wurden, mit denen aus dem Jahr 1875 zeigt zunächst einmal einen immensen Anstieg in den höheren Einkommensgruppen.[226] So verzehnfachte sich die Zahl derer, die Einkommen über 100.000 RM (96.000 RM im Jahre 1875) versteuerten. Damit wuchs die Zahl der Meistverdiener im Vergleich mit allen anderen Gruppen am stärksten. Die Einkommensgruppe zwischen 9.500 und 100.000 RM (9.600 und 96.000 RM im Jahre 1875) wuchs von 17.180 Personen auf 130.388, was immerhin noch dem 7,5fachen entspricht. Da die Zahl und Größe der landwirtschaftlichen Besitzungen sich dagegen kaum veränderte, wurden die Großgrundbesitzer rein qualitativ im Gesamtstaat zu einer Randgruppe. Dies trifft teilweise auch für die Provinz zu. Die Zahlen für Brandenburg zeigen, dass die besseren Einkommen aus der Landwirtschaft – wenngleich sie deutlich höher als im dritten Viertel des 19. Jahrhunderts waren – unter den gesamten höheren Einkünften nur noch ein schmales Segment bildeten. Im konkreten Falle war dafür aber zumindest teilweise auch der umschlossene Großraum Berlin verantwortlich. So war zwar der Stadtkreis Berlin eine separate – hier nicht nachgewiesene Einheit – die vorstädtischen Siedlungen und Ballungsgebiete fielen aber zur Provinz. Dieser Zusammenhang wird besonders bei einer getrennten Betrachtung der Regierungsbezirke deutlich. So sind die im Regierungsbezirk Potsdam in allen Einkommensgruppen deutlich höheren Zahlen nicht allein durch den höheren Industrialisierungsgrad dieser Region, sondern vor allem durch das Berliner Umland zu erklären. Unter anderem müssen auch die Villenvororte zu Potsdam gezählt worden sein. Anders ist es kaum zu erklären, dass jeder zehnte Einwohner Preußens, der ein Einkommen über 30.500 RM versteuerte, hier wohnte. Zusammen mit dem Stadtkreis Berlin wurden dort sogar 17 % der Einkommen über 100.000 RM und 16 % der Bezüge zwischen 30.500 und 100.000 RM versteuert.

Diese Zahlen zeigen, dass für eine detailliertere Untersuchung der Provinz auf kleinere geographische Einheiten ausgewichen werden muss. Nach Maßgabe der vorliegenden statistischen Daten steht dafür nur noch der Regierungsbezirk zur Verfügung. Eine Trennung der Einkommensbezieher nach ihrem Wohnort zeigt dabei nochmals den gewachsenen Abstand von städti-

---

auf einen Konzentrationsprozess hochwertiger Böden in den Händen kapitalstarker Bürgerlicher hin.

226 Vgl. für 1875 Tabelle 57, S. 233. Die Gruppierung der Einkommen konnte auf Grund des vorliegenden statistischen Materials nicht synchronisiert werden.

schen und ländlichen Bezügen (vgl. Anhangtabelle VI, S. 533). Selbst im eindeutig landwirtschaftlich geprägten Regierungsbezirk Frankfurt/O fiel 1915 die Mehrzahl der höheren Einkommen in den Städten an. Allerdings zeigt sich, dass die ostelbischen Großgrundbesitzer abseits der industriellen Ballungszentren keineswegs so marginalisiert waren, wie es die Zahlen für den Gesamtstaat suggerieren. So waren unter den 28 Personen, die im Regierungsbezirk Frankfurt/O mehr als 100.000 RM Einkommen versteuerten, mindestens neun Rittergutsbesitzer.[227] Während sie jedoch 1875 noch allein die Gruppe der Meistverdienenden bildeten, stellten sie nun nur noch ein Drittel. Ein Vergleich der geschätzten Einkommen der Großgrundbesitzer mit den Angaben der Steuerlisten von 1915 zeigt darüber hinaus wiederum, dass der verdoppelte Grundsteuerreinertrag nicht von allen Gütern erreicht wurde (vgl. Anhangtabelle VII, S. 534).

Die möglichen Ursachen dafür wurden bereits weiter oben diskutiert. Dagegen sind die Zahlen im Regierungsbezirk Potsdam – für den nur die Angaben für die Gemeinden und Gutsbezirke mit weniger als 2.000 Einwohnern abgebildet wurden – wesentlich deckungsgleicher. Entweder hängt dies auch noch mit dem Ballungsraum Berlin zusammen oder die bessere Marktlage vieler Betriebe und die guten Böden im Norden spiegelten sich deutlicher im Ertrag wider.

Trotz der Diskrepanzen zwischen den auf der Basis des Grundsteuerreinertrages geschätzten und den tatsächlich versteuerten Einkommen bleibt der Befund bestehen, dass ein erheblicher Teil der Großgrundbesitzer nach wie vor von der Einkommensseite her zur Oberschicht zu zählen ist. Dies trifft für die Adligen allerdings weit mehr zu als für die Bürgerlichen. Allerdings wurden sie von den schnellen städtischen Aufsteigern immer stärker überholt und der Abstand zu den großen Vermögen wuchs unaufhaltsam. Dies kontrastierte zunehmend mit dem tradierten gesellschaftlichen Führungsanspruch vor allem der adligen Großgrundbesitzer, die neben den Geldeinkommen jedoch mit ihren Schlössern und Herrenhäusern, ihren Parks, Wäldern und Seen nach wie vor auf bestimmten Ebenen konkurrenzfähig blieben.

Noch stärker als die Einkommen der Großgrundbesitzer blieben die der Beamten und Offiziere hinter der allgemeinen Entwicklung zurück.[228] Dies umso mehr, als diese Berufsgruppen von den allgemein gestiegenen Lebenshaltungskosten[229] viel stärker als die Großgrundbesitzer betroffen waren, die

---

227 Unsere Zahl wird mit hoher Wahrscheinlichkeit zu klein sein, da gerade die Bezieher großer Einkommen auch sehr beträchtliche Einkünfte aus Kapitalien verschiedener Art hatten. Es ist daher zu vermuten, dass alle neun im ländlichen Raum lebenden Personen mit Einkommen über 100.000 RM Großgrundbesitzer waren.

228 Vgl. für die Beamten: Die Beamtenbesoldungen in Preußen, in: Statistisches Jahrbuch für den preußischen Staat, 13 (1916), S. 402 ff.; für die Offiziere: Das kleine Buch vom deutschen Heere. Kiel und Leipzig 1901, S. 126 ff. Danach verdiente bspw. ein Leutnant inklusive Servis und Wohngeldzuschuß zwischen 1.692 und 2.148 RM, ein Hauptmann (I. Klasse) zwischen 4.692 und 5.772 RM und ein Generalmajor zwischen 10.338 und 12.120 RM.

229 Die Lebenshaltungskosten von Arbeitnehmern mit Einkommen unter 3.000 RM stiegen beispielsweise in Indexwerten von 1871 = 105,8 auf 1913 =129,8 (1895=100). Index nach Desai. Zit. nach Sozialgeschichtliches Arbeitsbuch (1870-1914), S. 107.

einen Großteil dieser Kosten aus den Gütern bestreiten konnten. Zusammenfassend ist festzuhalten, dass der preußische Adel zwischen der Jahrhundertmitte und dem Beginn des Ersten Weltkrieges aus dem Bereich der Spitzenverdiener weitgehend verschwand. Dabei gelang es den Großgrundbesitzern allerdings am ehesten, den Anschluss zu wahren, während Offiziere und Beamte bereits von breiten Kreisen des Bürgertums überholt wurden.

Zusammenfassung

Im Übergang vom 18. zum 19. Jahrhundert setzte sich für die privilegierten ehemaligen Lehnsgüter in Preußen die Bezeichnung Rittergut durch. Die genaue Zahl der Rittergüter wurde erst 1828 im Zuge der Schaffung der Provinziallandtage fixiert. In den Jahrzehnten davor hatte sie vor allem durch ehemalige Domänen und um Ablösungsländereien vergrößerte Gutsvorwerke eine erhebliche Vermehrung erfahren. 1828 wurde auch der Unterschied zwischen landtagsfähigen und kreistagsfähigen Gütern definiert. Mit den kreistagsfähigen Rittergütern wurde eine Kategorie minderberechtigter Besitzungen geschaffen.

Insgesamt gab es in der Provinz 1.610 Rittergüter, von denen allerdings 118 nur kreistagsfähig gewesen sind. Im Verlaufe des 19. Jahrhunderts verschwanden 174 Güter aus den entsprechenden Verzeichnissen, die entweder ohne Eigenbetrieb waren, parzelliert wurden, vererbpachtet wurden oder auf sonstige Weise ihre Rittergutsqualität verloren. Neben den Rittergütern entstand durch Zusammenlegungen oder Domänenveräußerungen eine erhebliche Anzahl von Großgrundbesitzungen, die nicht rechtlich privilegiert waren. Diese Entwicklung ist als zweiter Gutsbildungsprozess zu kennzeichnen. Da die seit dem Kaiserreich erscheinenden ‚Handbücher über den Grundbesitz' durch die Einbeziehung dieser neuen Güter und teilweise auch von eindeutig großbäuerlichem Besitz eine ganz andere Basis als die älteren Rittergutsmatrikeln hatten, sind direkte Zahlenvergleiche zwischen beiden nicht möglich.

Der Großgrundbesitz nahm in der Provinz Brandenburg 51 % des Bodens ein. Davon gehörten 13 % dem Staat als größtem Grundbesitzer. Die Rittergüter umfassten 29 % der Fläche der Provinz, der ‚neue' Großgrundbesitz 7 %, der Rest waren große Forstgebiete. Die größten Großgrundbesitzkonzentrationen gab es im Norden und Nordosten. Innerhalb der Provinz herrschte ein siedlungsgeschichtlich bedingtes starkes Ost-Westgefälle, d.h. je weiter man nach Osten kam, desto mehr Rittergüter waren vorhanden.

Betrachtet man den gesamten Großgrundbesitz, so sank der Adelsanteil kontinuierlich auf 69 % seines Ausgangsstandes und fiel unter den Anteil bürgerlicher Großgrundbesitzer. Da Adlige jedoch ausschließlich Rittergüter besaßen, ist vor allem ihr Anteil am Rittergutsbesitz von Interesse. Hier wahrten sie eindeutig ein Übergewicht und besaßen auch am Ende des Kaiserreiches noch ⅔ der privilegierten Güter. Weil die Adligen in der Tendenz mehr als ein Rittergut besaßen, erlangten die Bürgerlichen bis zum Ende des Kaiserreiches allerdings ein leichtes zahlenmäßiges Übergewicht. Zeitlich war das Eindringen Bürgerlicher in den Rittergutsbesitz bereits zur Jahrhundertmitte weitgehend beendet. Von diesem Zeitpunkt an stagnierte ihre Zahl und sank zeitweise sogar wieder leicht ab.

Ein großer Teil von Rittergütern und anderen zum Großgrundbesitz gehörenden Gütern war Bestandteil von Güterkomplexen. Der Kern dieser z. T. sehr umfangreichen Güteransammlungen blieb den gesamten Untersuchungszeitraum über in seinem Bestand weitgehend unverändert und bildete ein statisches Element in der Besitzverteilung. Die am Ende des 19. Jahrhunderts einsetzende Tendenz zum Abverkauf von Teilen aus diesen Güterkomplexen deutet darauf hin, dass die innerfamiliäre Solidarität vor allem in adligen Familien erodierte und immer mehr Erben einen Teil vom Bodenbesitz forderten.

Obwohl der bürgerliche Anteil an den Rittergütern und dem alten, nichtprivilegierten Großgrundbesitz im Verlauf des 19. Jahrhunderts erheblich anwuchs, stieg der Anteil an der besessenen Fläche nur relativ gering. Dies hat seine Ursache darin, dass die Bürgerlichen überwiegend die kleineren Rittergüter erwarben. 1910 besaß der Adel in Brandenburg 41 % des gesamten Großgrundbesitzes, während Bürgerliche trotz ihres zahlenmäßigen Übergewichtes nur 24 % innehatten. Differenziert nach Acker und Forstfläche zeigt sich, dass die Adligen – auf Grund der Struktur ihrer größeren Güter – in der Regel deutlich mehr Forstfläche besaßen, während die Bürgerlichen stärker auf Ackerflächen als Haupterwerbsquelle ausgerichtet waren.

Eine Untersuchung der Binnendifferenzierung des Großgrundbesitzes zeigt, dass nur wenige Rittergüter kleiner als 200 ha waren. Ein Drittel wies Größen zwischen 200 ha und 500 ha auf, ein weiteres Drittel bis 1.000 ha. Ein Viertel der Rittergüter war größer als 1.000 ha. Die nichtprivilegierten Besitzungen waren dagegen im Durchschnitt deutlich kleiner. Über die Hälfte erreichten keine 200 ha und blieben damit in der Nähe zum großbäuerlichen Besitz. Nur etwas mehr als 10 % erreichten Größen von über 500 ha. Da sehr viele Güter jedoch in Güterkomplexen zusammengefasst waren, verschieben sich die Zahlen für die Rittergüter hin zu den oberen Größenklassen. Insgesamt gab es in Brandenburg 314 Güterkomplexe, die größer als 1.000 ha waren.

Im Verlauf des 19. Jahrhunderts erlangten die Bürgerlichen im Bereich der Güter bis 1.000 ha ein leichtes Übergewicht, das besonders stark im Bereich der Güter unter 500 ha ausgeprägt gewesen ist. In den großen und ganz großen Gütern bewahrte der Adel jedoch seine Vormachtstellung und baute sie nach 1885 sogar noch leicht aus. Im Rahmen der Provinz und des gesamten östlichen Preußen lässt sich am Ende des Jahrhunderts eine Dreiteilung der adligen Besitzergruppe erkennen. Jeweils ein Drittel besaß bis zu 500 ha, 500 bis 1.000 ha oder größere Güter bzw. Güterkomplexe. Dies zeigt die Differenzierungen, die innerhalb der Gruppe adliger Großgrundbesitzer bestanden haben.

Unter Benutzung des Grundsteuerreinertrages ist es möglich, die auf der Grundlage der Steuerstatistik von 1902 gewonnenen Einblicke zu vertiefen und eine Annäherung an den Ertrag der Güter zu versuchen. Dabei zeigt sich zum einen der erhebliche Einkommenszuwachs, den die Großgrundbesitzer zwischen der Jahrhundertmitte und dem Anfang des 20.Jahrhunderts erfahren haben. Der Befund, dass die meisten Adligen in der Lage waren, aus ihren Gütern eine Oberschichtexistenz zu bestreiten, wird bestätigt. Vier Fünftel von ihnen verfügten am Ende des Jahrhunderts über Einkommen, die 10.000 RM z. T. deutlich überschritten. Das Gros der Bürgerlichen war dagegen eher im Bereich der geringeren Einkommen zu verorten. In den auf kleinen und hochverschuldeten Gütern sitzenden Bürgerlichen, sind auch die vielzitierten ‚notleidenden Agrarier' der Landwirtschaftspropaganda am ehesten zu suchen. Ein geringerer Teil der Bürgerlichen war jedoch am Ende des Jahrhunderts einkommensmäßig mit den Adligen konkurrenzfähig, wenngleich sie nie in den Bereich der sehr großen Einkommen und Vermögen vordrangen.

Trotz dieser Entwicklungen verlor der Adel zunehmend den Anschluss an die Spitzenverdiener in der Städten, wobei der Landadel die Verluste am ehesten kompensieren konnte. Adliger Führungsanspruch konnte nicht mehr auf dem Feld von Vermögen und Einkommen realisiert werden. Den Kampf um die Luxuskonkurrenz mit dem reichen Bürgertum hatte der Adel am Ende des Jahrhunderts eindeutig verloren, wenngleich er in den Landkreisen der meisten östlichen Provinzen immer noch die Einkommenspyramide dominierte. Gesamtgesellschaftlich wurden die wohlhabenden Großgrundbesitzer jedoch immer mehr zu einer Randgruppe, vor allem im Vergleich mit der Besitz- und Einkommensakkumulation im Großraum Berlin.

Zweiter Abschnitt

Konvergenz und Differenz
Adlige und bürgerliche Großgrundbesitzer im 19. Jahrhundert

V. Die Großgrundbesitzer

Auf den 3.241 erfassten Besitzungen, die zum Großgrundbesitz der Provinz Brandenburg zu zählen sind, wurden im Untersuchungszeitraum 8.516 Besitzer oder Familien registriert.[1] Die Zahl der Familiennamen reduziert sich allerdings nach Abzug der Doppelnennungen auf rund 5.500. Hinter diesen Daten ist eine Fülle von verschiedenen Typen von Großgrundbesitzern zu finden. Neben langfristig angesessenen Familien stehen nur kurzfristig erfaßbare Einzelbesitzer, neben korporativen Besitzern, wie Stiftern, Schulen oder Kirchen und auch Aktiengesellschaften, tauchen Berliner Fabrikanten und Bankiers auf.

Um dieser Vielzahl von Großgrundbesitzern systematisierend beizukommen, sollen im Folgenden zunächst die verschiedenen Muster im Verhalten gegenüber dem Großgrundbesitz kurz dargestellt werden. Daran anschließend werden adlige und bürgerliche Großgrundbesitzer auf verschiedenen Untersuchungsebenen – wie Besitzdauer, Besitzweitergabe, gebundener Besitz – untersucht.

---

1 Da die Quellenlage für einige Zeiträume schwächer ist und vor allem der großbäuerliche Großgrundbesitz erst seit 1885/1914 weitgehend sichtbar wird, spiegelt diese Zahl die Realität nur umrissartig wider.

Verhaltensmuster gegenüber dem Großgrundbesitz

Großgrundbesitzer lassen sich nach folgenden verschiedenen Kriterien klassifizieren: nach der Besitzdauer, nach den mit dem Erwerb bzw. der Besitzsicherung verbundenen Intentionen sowie nach der sozialen Herkunft. Nimmt man die Besitzdauer im Zusammenspiel mit den Besitzintentionen als Maßstab, so existieren drei wesentliche Verhaltensmuster.

1. Die generationenübergreifende Besitzwahrung (mehr als 40 Jahre)
   Diese war traditionell beim Adel stark zu beobachten.[2] Seit Beginn des 19. Jahrhunderts ist diese Art der Besitzwahrung zunehmend auch bei einem Teil der Bürgerlichen festzustellen, die sich damit neben dem alten Adel langfristig auf dem Lande etablierten. Bei dieser Behandlung von Großgrundbesitz ist das Gut bzw. der Güterkomplex oft die wesentliche Quelle des Erhaltes der Stammfamilie und dient auch der Chancenerhöhung der nichterbenden Familienmitglieder im Staats- und Militärdienst. Darüber hinaus ist vor allem beim Adel, als einer sich ganz wesentlich aus Tradition und Geschlecht definierenden Sozialgruppe, eine nicht nur ökonomisch determinierte Bindung an das Familiengut zu beobachten.
2. Die mittelfristige Besitzwahrung (15-40 Jahre)
   Bei dieser Art der Besitzbehandlung war das Gut über einen längeren Zeitraum im Besitz einer Familie oder Person. Allerdings gelang die dauerhafte, eine Reihe von Generationen übergreifende Besitzwahrung nicht. Die Ursachen dafür können einerseits wirtschaftlicher Natur sein, andererseits aber auch im Generationenwechsel zu suchen sein. Nach dem Ableben des meist eine ganze Reihe von Jahren auf dem Gut wirtschaftenden Inhabers, der in vielen Fällen auch der Käufer des Gutes war, gab es entweder keine Einigung über die Nachfolge oder keinen geeigneten Gutsübernehmer. Daher wurde der Besitz von den Erben relativ schnell weiter veräußert. Eine Vererbung des ‚Berufs' Großgrundbesitzer erfolgte hier nicht. Dennoch bildeten die Güter auch in diesen Fällen über längere Zeiträume den Mittelpunkt der betreffenden Familien.
3. Der kurzfristige Besitz (bis 15 Jahre)
   Ein wesentliches Merkmal dieser Art des Umganges mit Großgrundbesitz war, dass er in den meisten Fällen nicht mit der Lebensdauer des Käufers verbunden wurde. Vor allem drei Ursachen lassen sich für die schnelle Besitzweitergabe ausmachen. Zum einen zählt hierher natürlich der Erwerb von Gütern zu spekulativen Zwecken. Mit Ausnahme der Periode der geringen Güterpreise nach 1807 gab es wahrscheinlich immer Gutskäufer, die den stetig steigenden Wert des Bodens zumindest als einen Kaufgrund mit einkalkulierten. Damit wurde der Großgrundbesitz zur Ware, die je nach Verwertungsaussichten genutzt oder schnell wieder

2 Allerdings gab es spätestens seit dem 17. Jahrhundert neben fest in der Hand einer Familie befindlichen Gütern auch viele – wahrscheinlich oft kleinere – Besitzungen, die häufig den Besitzer wechselten.

veräußert wurde. Daneben gab es auch Käufer, die sich ökonomisch verrechnet hatten und nach wenigen Jahren wieder aufgeben mussten. Es ist zu vermuten, dass diese Gruppe wuchs, je höher die Bodenpreise und damit die Besitzverschuldung war.
Außerdem sind in dieser Gruppe auch noch vereinzelt höhere Beamte und Offiziere zu finden, die ihren Status durch den Erwerb eines Gutes in der Nähe ihres Dienstortes demonstrierten. Nach einer Versetzung wurde auch das Gut wieder veräußert. Für diesen Besitzertyp lassen sich allerdings nur wenige Beispiele finden.

Nicht in diese drei Typen sind die korporativen Besitzer einzuordnen. Während diese lange Zeit eine sehr konstante Gruppe hinsichtlich der Zahl ihrer Besitzungen bildeten, veränderte sich dies seit der zweiten Hälfte des 19. Jahrhunderts. Daneben kauften seit der Jahrhundertmitte auch vereinzelt Firmen Großgrundbesitz als Industriestandort. Vor allem in der Niederlausitz traten Braunkohleabbaufirmen – oft in Verbindung mit Brikettfabriken – auf diese Art in Erscheinung. Daneben versuchten die Städte – allen voran die Bestandteile der Berliner Konglomeration – zunehmend in ihrem Umland Güter zu erwerben. Während anfänglich vor allem die Abwasserbeseitigung mit Hilfe von Rieselfeldern im Mittelpunkt stand, wurden später langfristige Möglichkeiten zur räumlichen Expansion gesichert.

Verstärkt gegen Ende des Jahrhunderts kam dann noch eine Käufergruppe hinzu, für die der landwirtschaftliche Nutzen des Boden sekundär war. Es handelt sich um Berliner Großindustrielle und Bankiers, wie Siemens, Borsig oder Mendelssohn, für die der Erwerb eines Gutes ganz wesentlich Statuskonsum und Lebensart war.[3] Vor allem die Schlösser und Herrenhäuser mit ihren Parkanlagen und Jagdgebieten standen für diese Gruppe, der es jedoch nur begrenzt möglich war, in den großen Landbesitz einzudringen, im Zentrum des Interesses.

Die adligen Großgrundbesitzer

Im Untersuchungszeitraum lassen sich auf den Großgrundbesitzungen der Provinz Brandenburg insgesamt 3.237 adlige Personen oder Familien registrieren.[4] Hinter dieser Zahl stehen 823 adlige Geschlechter[5], von denen fast die

---

3 Vgl. dazu Dieter HERTZ-EICHENRODE, Zwischen Kontor und Gutshof. Berliner Unternehmer als Gutsbesitzer (1850-1914), in: Karl Heinrich KAUFHOLD und Bernd SÖSEMANN (Hgg.), Wirtschaft, Wissenschaft und Bildung in Preussen. Zur Wirtschafts- und Sozialgeschichte Preussens vom 18. bis zum 20. Jahrhundert, Stuttgart 1998, S. 213-230.

4 Die Zugehörigkeit der Familien zum Adel wurde unter Zuhilfenahme von Adelslexika, des ‚Gothas', des Historischen Lexikons der deutschen Länder und der Nobilitierungsverzeichnisse von Gritzner und Houwald überprüft. Nur ein geringer Teil der Namen konnte darin nicht nachgewiesen werden. Benutzt wurden u. a. Leopold Freiherr v. LEDEBUR, Adelslexikon der preußischen Monarchie, Berlin 1855; Ernst Heinrich KNESCHKE, Neues allgemeines deutsches Adels-Lexikon, Leipzig 1859 ff.; Adolf Maximilian Ferdinand GRITZNER, Chronologische Matrikel der Brandenburgisch-Preußischen Standeserhöhungen und Gnadenakte

Hälfte allerdings nur einmal vertreten war (vgl. Tabelle 60). Immerhin 17 % der vorkommenden Familiennamen tauchten jedoch im Untersuchungszeitraum auf mehr als fünf Gütern der Provinz auf. Mit Abstand die meisten Güter besaßen Angehörige der weit verzweigten Familie v. Arnim, die auf 159 Besitzungen der Provinz nachzuweisen sind. Danach folgten die Bredows mit 52, die Freiherren v. Eckardstein mit 43, die Wedel mit 42, die Winterfeldt mit 41 und die Rochow mit 37 zeitweilig oder dauerhaft besessenen Gütern. Mit Ausnahme der Freiherren v. Eckardstein handelte es sich dabei – ebenso wie bei fast allen Familien mit mehr als 10 besessenen Gütern[6] – um den Altadel der verschiedenen Regionen der Provinz.

Tabelle 60: Die Anzahl der adligen Familien im Großgrundbesitz Brandenburgs (1800-1914)

Vorkommen des Namens	1	2-5	6-10	10-20	20-50	>50
Anzahl der Familien	377	301	80	41	20	2

Die absolute Zahl der vorkommenden Adelsnamen zeigt, dass auch noch im 19. Jahrhundert ein großer Anteil der in Ostelbien existierenden Geschlechter – zumindest zeitweise – Bodenbesitz hatte. Die 10.000 bis 12.000 Adelsfamilien, die in den preußischen Ostprovinzen lebten[7], gehörten maximal 5.000 bis 6.000 Geschlechtern an.[8] Verteilt auf die sieben Provinzen könnte also – die brandenburgischen Werte extrapoliert – durchaus mindestens ein Angehöriger von fast jedem Geschlecht im Rittergutsbesitz zu finden gewesen sein. Neben dieser theoretischen Möglichkeit wird jedoch auch sichtbar, dass ein großer Anteil der adligen Familien im engeren Sinne keine direkte Verbindung mit dem Boden mehr hatte.

Nach der Anzahl der Familien und Geschlechter ist nun nach der Qualität und Herkunft der Adelstitel der brandenburgischen Großgrundbesitzer zu fragen. Dabei werden die Differenzierungslinien einerseits zwischen hohem und niederem Adel zu ziehen und letzterer darüber hinaus noch in titulierten, untitulierten und nobilitierten zu unterscheiden sein.[9]

---

von 1600-1873, Berlin 1874; Albrecht Freiherr v. HOUWALD, Brandenburg-preussische Standeserhöhungen und Gnadenakte, Görlitz 1939; Gerhard KÖBLER, Historisches Lexikon der deutschen Länder, München[4] 1992.

5 Unter Geschlecht werden in dieser Arbeit alle Adligen eines Namens zusammengefasst.

6 Die einzige weitere Ausnahme bei den Familien mit mehr als zehn dauerhaft oder zeitweise besessenen Gütern waren die nobilitierten Treskows. Vgl. dazu auch Rüdiger v. TRESKOW, Adel in Preußen, Anpassung und Kontinuität einer Familie 1800-1918, in: Geschichte und Gesellschaft 17 (1991), S. 344-369.

7 Vgl. v. KALM, Versuch einer Statistik, Siehe auch S. 214 f.

8 Die Summe der Adelsfamilien ergibt sich aus der Teilung der 46.049 adligen Personen in den preußischen Ostprovinzen durch den Faktor vier. Da jedoch in der Regel mehrere Linien einer Familie existierten, ist eine Halbierung dieser Zahl durchaus angemessen.

9 Vgl. zur Problematik adelsrechtlicher Klassifizierungen aus sozialgeschichtlicher Sicht: REIF, Adel in der modernen Sozialgeschichte, S. 36 ff.

Standeserhöhungen in Preußen

Da neben älteren Titeln hier vor allem auch die Entwicklungen von der Reformära bis zum Ende des Kaiserreiches interessieren, muss zunächst kurz die preußische Praxis der Standeserhöhungen in diesem Zeitraum untersucht werden. Die Übersicht über die Standeserhöhungen (Tabelle 61) zeigt, dass die Erhebungen in den einfachen Adel die Zahl der Verleihung von höheren Adelstiteln deutlich überwog.

Tabelle 61: Die Anzahl der Nobilitierungen und Erhebungen in den titulierten Adel zwischen 1798-1918[10]

König/Kaiser	einfacher Adel (mit Adoptionen)	Adelsanerkennung	Freiherr	Graf	Fürsten und Herzöge
Friedrich Wilhelm III.	371	117	28	111	12
Friedrich Wilhelm IV.	152	24	30	50	3
Wilhelm I. (als Regent und König)	240	13	28	17	2
Wilhelm I. (als Kaiser)	313	85	56	16	1
Friedrich III.	42	1	9	7	2
Wilhelm II.	739	192	53	31	13
Gesamt	1.857	434	204	232	33

Die Arten der Standeserhöhungen hatten dabei z. T. voneinander abweichende zeitliche Höhepunkte. So nahm die Zahl der einfachen Adelsverleihungen kontinuierlich zu. Während Friedrich Wilhelm III. (1798-1840) und sein Nachfolger (1840-1858) – die Krönungsjahre ausgenommen – jährlich sechs bis sieben Personen in den Adelsstand erhoben, waren es unter Wilhelm I. bereits 17 und unter Wilhelm II. dann 25. Wenn man die Adelsanerkennungen hinzuzählt, die in vielen Fällen einer versteckten Nobilitierung gleichkamen, wäre das Ungleichgewicht noch größer.

Ebenfalls eine wachsende Tendenz zeigte die Verleihung des Freiherrentitels. Über die Hälfte aller diesbezüglichen Erhöhungen wurde nach 1871 ausgesprochen. Eine andere Tendenz wird bei den Grafentiteln sichtbar. Hier lag der Schwerpunkt eindeutig in der ersten Jahrhunderthälfte. Die Ursachen dafür sind sicher vielschichtig. Neben dem Versuch der preußischen Könige, ein Gegengewicht gegen den titulierten Hochadel des Südwestens zu schaffen,

10 Für die Zeit von 1798-1872 stützt sich die Tabelle auf die Auswertung des ‚GRITZNER', für die Zeit des Kaiserreiches wird auf die Angaben von CECIL, Creation zurückgegriffen. Das Problem, dass die Angaben von Gritzner z. T. ungenau sind, ist bekannt. Für das hier verfolgte Ziel sind sie jedoch ausreichend. Vgl. Johann Karl v. SCHROEDER, Standeserhöhungen in Brandenburg-Preußen 1663-1918, in: Der Herold, Vierteljahrsschrift für Heraldik, Genealogie und verwandte Wissenschaften, NF 9 (1978), S. 282 ff.

diente ein erheblicher Teil der Standeserhöhungen mit Sicherheit der Integration adliger Führungsgruppen in neu zum preußischen Staat gekommenen Gebieten. Fast die Hälfte aller Grafungen Friedrich Wilhelm III. sind hier einzuordnen, wobei allein 34 (30 %) auf die Provinz Posen fielen.[11] Nach der Jahrhundertmitte wurde dann mit der Vergabe des Grafentitels wesentlich sparsamer umgegangen. Bei den Fürstungen schließlich fallen die hohen Zahlen am Anfang des Jahrhunderts und dann wieder unter Wilhelm II. auf.[12]

Die Angaben zu den Nobilitierungen zeigen, dass im 19. und 20. Jahrhundert der titulierte und untitulierte Adel erhebliche Zuwächse erfuhr.[13] Im folgenden wird neben der absoluten Verteilung von Standeserhöhungen zwischen den einzelnen Kategorien des Adels auch danach zu fragen sein, inwieweit großgrundbesitzende Familien davon betroffen waren.

Angehörige regierender Häuser, des Hochadels und gefürstete Familien im Großgrundbesitz

Im Großgrundbesitz der Provinz Brandenburg waren nur verhältnismäßig wenige Angehörige regierender Häuser oder hochadliger Geschlechter zu finden. Von den sogenannten regierenden Häusern waren nur die Herzöge von Anhalt-Dessau und die Fürsten Reuß (jüngere Linie) langfristige Besitzer von Rittergütern in der Provinz. Seit den letzten Regierungsjahren Friedrichs II. hatten erstere einen Komplex von vier – allerdings z. T. weit verstreuten – Gütern[14] erworben, der nach 1903 noch erweitert wurde. Mit dann 7.681 ha und einem Grundsteuerreinertrag von 95.197 RM gehörte er zu den größten Besitzungen in der Provinz. Den Fürsten Reuß gehörte seit 1765 bzw. 1788 ein Komplex aus vier Rittergütern im Kreis Züllichau, der mit 2.121 ha Fläche und 25.506 RM Grundsteuerreinertrag auch zu den ertragsstärkeren zählte.

Dagegen waren die Herzogin v. Holstein-Beck[15] oder der Herzog von Schleswig-Holstein-Sonderburg-Augustenburg[16], ebenso wie der Prinz Wil-

---

11 Vgl. dazu auch v. SCHROEDER, Standeserhöhungen, S. 9.

12 Vgl. dazu auch Röhl, der auf das Ziel Wilhelm II., die Zahl protestantischer Fürsten zu erhöhen, hinweist. John C. G. RÖHL, Hof und Hofgesellschaft unter Kaiser Wilhelm II, in: Ders. Kaiser, Hof und Staat. Wilhelm II. und die deutsche Politik, München[4] 1995, S. 78-115, hier S. 109 ff. Siehe auch Lamar CECIL, The Creation of Nobles in Prussia, 1871-1918, in: The American Historical Review, Volume LXXV, Number 3 (1970), S. 775 ff.

13 Allerdings hielten sich die preußischen Standeserhöhungen verglichen mit anderen Ländern noch in relativ engen Grenzen. So gab es bspw. im allerdings bevölkerungsreicheren Österreich zwischen 1701 und 1918 12.408 Standeserhöhungen, von denen 10.567 einfache Nobilitierungen waren. Grafen und Fürstentitel wurden dagegen mit insgesamt 278 Verleihungen wesentlich sparsamer vergeben. Angaben von H. Jäger-Sunstenau in Hannes STEKL, Zwischen Machtverlust und Machtbehauptung. Österreichs Hocharistokratie vom 18. bis ins 20. Jahrhundert, in: Hans-Ulrich WEHLER (Hrsg.) Europäischer Adel 1750-1950, Göttingen 1990, S. 146.

14 Dies waren 1783 Biesenbrow [Leopoldsthal] (Kreis Angermünde), 1785 Stolzenberg und Wormsfelde (Kreis Landsberg) und 1802 Rabenstein (Kreis Belzig). Vor 1910 kam noch das Rittergut Carlshof im Kreis Königsberg dazu.

15 Von 1800 bis 1815 auf Friedrichsfelde bei Berlin.

16 1856 auf Dolzig im Kreis Sorau nachweisbar.

helm von Braunschweig (1799-1817), die Fürstin von Wied-Neuwied (1881-1883), der Fürst Bariatinski (1815-1816), die Fürsten zur Lippe-Detmold (1808-1817; 1914-1921), und die Grafen zur Lippe-Biesterfeld-Weissenfeld (1792-1864) nur kurz- oder mittelfristig im Besitz brandenburgischer Rittergüter.

In der Provinz waren fünf hochadlige Familien längerfristig angesessen. Dies waren die Grafen zu Solms-Baruth (1596) und Solms-Sonnewalde (1536), die ursprünglich aus Italien stammenden Grafen v. Lynar-Lübbenau (1621) und Lynar-Drehna (1796) und die im Sächsischen beheimateten Grafen v. Schönburg-Glauchau, denen seit 1804 der Güterkomplex Gusow gehörte.[17] Darüber hinaus besaßen die Grafen v. Castell bis zur Mitte des Jahrhunderts und dann wieder am Ende des Kaiserreiches mehrere Güter.[18] Auf dem Wege einer Erbschaft gelangten die Grafen von Stolberg-Wernigerode-Dönhoffstädt in den Besitz des mit 2.458 ha sehr großen Rittergutes Groß Cammin (GRE = 41.023 RM) im Kreis Landsberg, welches sie über das Ende des Kaiserreiches hinaus innehatten. Nur kurzfristig war dagegen der Fürst zu Bentheim-Tecklenburg-Rheda Besitzer des Rittergutes Frauendorf/Kr. West-Sternberg (mindestens von 1839 bis 1846), das anschließend zum Kronfideikommiß gelangte. Wenig mehr als dreißig Jahre (vor 1885 bis vor 1914) waren schließlich die aus Bayern stammenden Grafen v. Löwenstein-Wertheim-Freudenburg Besitzer eines rund 2.500 ha großen Güterkomplexes (GRE 9.324 RM) im Kreis Crossen. Außer diesen wenigen Ausnahmen haben hochadlige Familien in der Provinz Brandenburg keinen Großgrundbesitz erworben. Abgesehen von den Güterkomplexen der Grafen v. Castell und der Grafen v. Löwenstein-Wertheim-Freudenburg, die zwar durchaus imposante Flächenausdehnungen, jedoch nur relativ geringe Grundsteuerreinertragswerte erzielten, gehörten die Besitzungen der hochadligen Familien zu den ertragsstärkeren. Dies gilt vor allem für die Grafen (später Fürsten) zu Solms-Baruth, denen noch weitere Güter in Schlesien gehörten und die im Handbuch der Millionäre von 1911 auf Platz 91 weit vor allen anderen Großgrundbesitzern der Provinz geführt wurden.

Eine Ergänzung erfuhren diese hochadligen Familien durch die Fürstungen einiger Familien, die z. T. auch in Brandenburg Großgrundbesitz besaßen. Während die überwiegende Zahl der preußischen Fürstentitel an mediatisierte Hochadelsfamilien verliehen wurde, fiel nur ein kleinerer Teil an Mitglieder des landsässigen Adels.[19] Unter diesen waren wiederum die oberschlesischen Magnaten, die nur bedingt zum Landadel zu rechnen sind, stark vertreten.

Im Untersuchungsgebiet wurde 1814 der Graf v. Hardenberg in den Fürstenstand erhoben, der Titel von seinen Nachkommen jedoch nicht benutzt.

---

17 Nach 1900 stand er unter der Verwaltung der fürstlichen Linie Schönburg-Waldenburg. Vgl. Heft Gusow, in: Schlösser und Gärten der Mark, Tl. II. Berlin o. J., S. 15.

18 Zwischen 1749 und 1860 gehörten die zusammen rund 1.200 ha großen Güter Wolkenberg und Stradow (GRE 7.975 RM) den Grafen v. Castell. Im Jahre 1914 wurden die Grafen v. Castell-Rüdenhausen dann auf einem vier Güter umfassenden Komplex im Kreis Schwiebus (2.500 ha Gesamtfläche, GRE 6.846 RM) als neue Besitzer ausgewiesen

19 Vgl. hierzu die Anhangtabelle VI., S. 533.

1822 erhielt der Graf v. Pückler-Muskau den Titel, der neben seiner schlesischen Herrschaft Muskau noch den bei Cottbus gelegenen Güterkomplex Branitz (5.047 ha, GRE 41.891 RM) besaß.[20] Darüber hinaus hatten die in Schlesien ansässigen Fürsten (seit 1741) Schönaich-Carolath-Beuthen – neben einer Reihe nur kürzere Zeiträume besessener Güter – die rund 5.000 ha große niederlausitzische Standesherrschaft Amtitz inne. Von den vier langfristig angesessenen hochadligen Familien – die Grafen v. Schönburg-Glauchau sind als sächsische Untertanen hier nicht mit einzubeziehen – erreichten zwei im 19. Jahrhundert den Fürstentitel. Bereits 1805 erhielt die jüngere Linie der Grafen v. Lynar-(Fürstlich)Drehna von Österreich die Standeserhebung, die ein Jahr später in Preußen anerkannt wurde. Die fürstliche Linie der Lynars verlor allerdings ihren – im Vergleich mit den anderen hochadligen Güterkomplexen ertragsschwächeren – Großgrundbesitz (4.919 ha, GRE 20.976 RM) um 1860.[21] Durchaus ihrem ökonomischen Gewicht entsprechend wurden 1888 die Grafen zu Solms-Baruth von Kaiser Friedrich III. in den Fürstenstand erhoben. Im Jahre 1900 wurde schließlich der Freund Kaiser Wilhelm II. Graf Philipp v. Eulenburg-Hertefeld ebenfalls zum Fürsten, ohne dass – wie die Zeitgenossen anmerkten – seine Besitzungen dem neuen Status vollends entsprachen.[22]

Zusammenfassend lässt sich festhalten, dass – abgesehen von den beschriebenen wenigen Ausnahmen – Mitglieder auswärtiger regierender Häuser sowie des Hochadels im Großgrundbesitz der Provinz nur sehr schwach vertreten waren.

---

20 Vgl. dazu v. ARNIM/BOELCKE, Muskau, S. 179 ff.

21 Die Ursache dafür war die kinderlose Ehe des letzten Fürsten mit Amalie Saenger, die unter dem Namen ‚v. Golmiz' um 1852 den Adel erhalten hatte. Nach dem frühen Tod ihres Ehemannes vererbte ihr dessen Vater 1860 die Standesherrschaft. Ihrer schnellen Wiederverheiratung mit einem Freiherrn v. Eckardstein folgte 1877 der Verkauf des Besitzes an die Familie Wätgen, die 1888 nobilitiert wurde. Der Übergang der Standesherrschaft in bürgerliche Hände war ein Skandal wie Hermann Freiherr v. ECKARDSTEIN in seinen Erinnerungen mitteilt: „Diese Heirat erregte seinerzeit großes Aufsehen und bei einem gewissen Teil der Berliner Gesellschaft sogar Ärgernis, indem der alte Fürst seiner jungen Witwe (?) den bei weitem größten Teil seines beträchtlichen Vermögens sowie die Standesherrschaft Fürstlich-Drehna hinterlassen hatte. Sie war von bürgerlicher Abstammung und eine geborene Fräulein Sänger aus Berlin." In: Ders., Persönliche und politische Erinnerungen, Bd. I., Leipzig 1919, S. 34.

22 Die vier Güter umfassende Herrschaft Liebenberg gehörte mit rund 5.300 ha Umfang und einem Grundsteuerreinertrag von 41.000 RM zu den ertragsstarken Komplexen. Gemessen am Grundsteuerreinertrag, nahm sie unter den brandenburgischen Güterkomplexen allerdings ‚nur' den dreißigsten Platz ein. Da jedoch außerdem die niederrheinische Herrschaft Hertefeld dazu gehörte, könnte Liebenberg die Vorstellungen des Heroldsamtes, das für die Verleihung der Fürstenwürde einen fideikommissarisch gesicherten Besitz mit einem Einkommen von mindestens 85.000 RM verlangte, erfüllt haben. Vgl. dazu Harald v. KALM, Das preußische Heroldsamt (1855-1920). Adelsbehörde und Adelsrecht in der preußischen Verfassungsentwicklung, Berlin 1994, S. 85.

Die gräflichen Geschlechter und Familien im Großgrundbesitz

Das oberste Segment des niederen Adels der Provinz bildeten die Grafen. Diese lassen sich intern noch einmal nach ihrem ursprünglichen Herkunftsgebiet und dem Zeitpunkt der Standeserhöhung differenzieren. Ein Drittel (25) der insgesamt 71 gräflichen Familien die im 19. Jahrhundert im Großgrundbesitz registrierbar sind, waren Reichsgrafen, d. h. ihnen war der Titel vor 1806 vom Kaiser verliehen worden. Mit einer Ausnahme hatten alle Reichsgrafen die Standeserhöhung im siebzehnten oder achtzehnten Jahrhundert erhalten. Nach 1815 war es jedoch in Preußen nicht mehr gestattet, sich als Reichsgraf zu bezeichnen. Ebenso wie die Reichsfreiherren, mussten sich die Familien auf den einfachen Titel ohne den – auf den Verleiher verweisenden – Zusatz beschränken.[23] Fünf weiteren Familien war der Titel von einem ausländischen König verliehen worden.[24] Den Grafen v. Fürstenstein, die als Erben der ausgestorbenen Familie v. Watzdorf seit 1881 den Güterkomplex Wiesenburg (4.467 ha, GRE 33.520 RM) besaßen, war ihre Standeserhöhung im Königreich Westfalen zuteil geworden. Der alte Name der ursprünglich aus Frankreich stammenden Familie war le Camus gewesen. Zwei weitere Angehörige gräflicher Familien stammten ebenfalls nicht aus Deutschland, dies waren die portugiesischen Grafen v. Oriola, die zwischen 1822 und 1853 im Großgrundbesitz nachzuweisen sind und die Gräfin v. Fontana, die von 1800 bis 1846 die beiden Rittergüter Golssen und Prierow besaß.

Etwas mehr als die Hälfte (38) der Familien besaßen preußische Grafentitel, die bis auf einen aus der Zeit nach 1740 stammten. Auf Friedrich II. gingen dabei neun, auf seinen Nachfolger Friedrich Wilhelm II. elf der Standeserhöhungen zurück. Von den im 19. Jahrhundert gegraften Familien hatten bis auf vier Ausnahmen alle den Titel vor 1861 erhalten. Vierzehn der von preußischen Königen standeserhöhten Familien[25] gehörten zum brandenburgischen Uradel.[26] Allerdings lag nicht in allen Fällen auch der Hauptbesitz in der Provinz (Graf v. Eickstädt [Pommern], Graf v. Schlabrendorff [Schlesien], Graf v. Blankensee [Posen]).

Während ein großer Teil der gräflichen Familien nur kurz- oder mittelfristig im Großgrundbesitz zu verzeichnen waren, sind 20 Familien (28 %) mindes-

23 Edikt vom 21. Juni 1815 über die Führung des Reichsgrafen- oder Reichsfreiherrntitels. Siehe dazu auch die Instruktion vom 30. Mai 1820.

24 So besaßen die Grafen v. Schlippenbach – eines der langangesessenen und wohlhabendsten Geschlechter der Provinz – einen schwedischen Grafenbrief aus dem Jahre 1654. Die Bedeutung die diesem beigemessen wurde, zeigt sich z. B. in der Stiftungsurkunde für das Schlippenbach'sche Fideikommiß Schönermark aus dem Jahre 1848, in welcher der Grafenbrief vor allen anderen für die Familiengeschichte bedeutsamen Gegenständen, die in die Stiftung mit aufgenommen wurden, aufgeführt ist. BLHA, Rep. 53A, Nr.995.

25 Graf v. Schlieben (1718), Graf v. Redern-Görlsdorf (1757), Graf v. Schlabrendorff (1772), Graf v. Arnim-Boitzenburg (1786), Graf v. Blumenthal-Horst (1786), Graf v. Blankensee-Filehne (1798), Graf v. Bredow-Friesack (1798), Graf v. Itzenplitz-Groß Behnitz (1815), Graf v. d. Schulenburg-Trampe (1816), Graf v. Königsmarck-Stöffin (1817), Graf v. Eickstädt-Peterswaldt (1840), Graf v. Zieten-Wustrau (1840), Graf v. Berg-Schönfeld (1842), Graf v. Wilamowitz-Möllendorf-Gadow (1857), Graf v. Zieten-Wustrau (1840).

26 Vgl. zu diesem Begriff auch die Ausführungen auf S. 251.

tens zwischen 1700 und 1870 ununterbrochen als Inhaber meist größerer Güterkomplexe zu finden. Neben vier Reichs- und einem dänischen Grafen waren die Titel dieser altangesessenen Familien überwiegend preußischer Herkunft. Diese überwiegend zwischen 1786 und 1857 verliehenen Standeserhöhungen zeigen das Bemühen der preußischen Könige, den alten und wohlhabenderen Adel ihrer Stammterritorien in der Titelhierarchie zumindest teilweise überregional konkurrenzfähig zu machen. Ähnliches dürfte allerdings in geringerem quantitativem Maße auch für die Fürstungen gelten.

Die freiherrlichen Geschlechter und Familien im Großgrundbesitz[27]

Insgesamt lassen sich im 19. Jahrhundert auf dem Großgrundbesitz der Provinz Brandenburg 90 freiherrliche Familien oder Geschlechter nachweisen.[28] Von diesen hatten 36 die Titulatur von einem preußischen König erhalten, oder ihnen war die Weiterführung erlaubt worden. Siebzehn Familien trugen einen in Preußen anerkannten außerpreußischen Titel. Weitere 25 Familien besaßen einen – in der Regel älteren – Reichsfreiherrentitel.[29] Bei 12 freiherrlichen Familien war die Herkunft der Rangerhöhung nicht zu ermitteln. Dies waren teilweise französische Emigranten, wie die de la Motte Fouque oder reichsritterliche Familien, die sich jedoch in keinem Fall lange festzusetzen vermochten.[30] In einigen Fällen dürfte es sich auch um angemaßte oder falsch überlieferte Titel gehandelt haben.

Die Mehrzahl der Freiherrentitel stammte aus dem alten Reich, nur 27 Standeserhöhungen erfolgten nach 1806, zwei davon nach 1871. Eine nähere Untersuchung der Dauer des Landbesitzes der freiherrlichen Geschlechter zeigt, dass unter den nach 1800 erhöhten, nur eine alte Familie war.[31] Dies deutet darauf hin, dass der Freiherrntitel von den langfristig angesessenen Familien nicht in dem Maße nachgesucht wurde wie der Grafentitel.

---

27 Eine Standeserhöhung betraf nicht immer das gesamte Geschlecht, sondern beschränkte sich in der Regel nur auf einen oder mehrere Zweige, die hier als Familien gekennzeichnet werden.

28 Der Freiherrentitel – zu dem die Bezeichnung Baron synonym ist – hatte sich in einem längeren Prozess zur herausgehobenen Stufe des niederen Adels entwickelt. Er stand adelsrechtlich unter dem Grafentitel.

29 Während von den preußischen Freiherrentiteln über die Hälfte erst nach 1800 vergeben wurden, lassen sich von den Reichsfreiherren allein fünf auf das fünfzehnte und sechzehnte Jahrhundert zurückführen. Die Mehrzahl stammte allerdings aus dem 18. Jahrhundert.

30 Reichsritterliche Familien waren die v. Gemmingen (1851-1853 auf Arensdorf nachgewiesen), die v. Schönberg (1903-1914 auf Wormlage), die v. Brömbsen (1800-1803 auf Zietenfier) und die v. Waldenfels (1849-1864 auf drei Gütern in der Niederlausitz).

31 Von den adligen Familien, die mindestens zwischen 1820 und 1900 Grundbesitz in der Provinz hatten, wurde 1840 der auf Wagenitz angesessene Zweig der Familie v. Bredow in den Freiherrenstand erhoben. Daneben ist nur noch die Erhebung und Namensvereinigung der Freiherren v. d. Knesebeck-Mylendonck zu stellen, bei der allerdings der ältere Freiherrentitel der v. Milendonck weitergeführt wurde. Von den altangesessenen adligen Familien erhielten außerdem die Freiherren v. Romberg, den von ihnen seit langem geführten Titel bestätigt.

Einen Sonderfall stellt die Familie Gans Edle Herren zu Putlitz dar, deren Versuch eigener Herrschaftsbildung im Spätmittelalter von den Askaniern abgeblockt wurde. Auf Grund des Status der Familie, die ursprünglich deutlich vom niederen Adel abgehoben war, blieben ihr einige Sonderrechte erhalten.[32] Darüber hinaus soll sich die Familie zweimal den Freiherrentitel bestätigen haben lassen, ohne dass er geführt wurde.[33]

Der untitulierte Adel im Großgrundbesitz

Die Mehrheit der adligen Großgrundbesitzer gehörte dem untitulierten Adel an. Dabei war es jedoch möglich, dass einzelne Zweige eines Geschlechtes auch im titulierten Adel vertreten waren. Insgesamt lassen sich im 19. Jahrhundert 687 untitulierte Familien nachweisen, von denen 182 (26 %) briefadliger Herkunft waren. Der Unterschied zwischen Uradel und Briefadel, der ursprünglich vor allem rechtspraktischer Natur war[34], ist ein Konstrukt des 19. Jahrhunderts. Seine Benutzung rechtfertigt sich jedoch durch den Übergang in den zeitgenössischen Denk- und Sprachgebrauch. Nicht zuletzt die Anlage der verschiedenen Reihen des ‚Gotha' entlang dieser Trennlinie, weist nachdrücklich auf die Bedeutung hin, die dem Alter als Distinktionsmerkmal vor allem gegenüber den Nobilitierten des 19. Jahrhunderts zugeschrieben wurde.

Eine Untersuchung der ursprünglichen Herkunftsgebiete der alten Familien zeigt, dass der Anteil des brandenburgischen Uradels knapp ein Viertel ausmachte (vgl. Tabelle 62). Bezieht man jedoch die direkt angrenzenden preußischen Provinzen (Pommern, Schlesien, Provinz Sachsen), die Nachbarländer (Mecklenburg, Sachsen, Anhalt) und Polen mit ein, so wird sichtbar, dass immer noch zwei Drittel (306) aller untitulierten adligen Großgrundbesitzer/Großgrundbesitzerfamilien aus einem relativ begrenzten geographischen Raum kamen. Deutlich schwächer vertreten waren dagegen Adelsfamilien aus den Westprovinzen und aus anderen deutschen Staaten – die Nachbarländer wiederum ausgenommen. Einen hohen Anteil unter den Ausländern hatten erwartungsgemäß französische Familien (10), die in den meisten Fällen bereits im Zuge des Ediktes von Nantes nach Brandenburg-Preußen eingewandert waren. Noch höher lag der Anteil polnischer Familien (19).

---

32 Neben protokollarischen Vorrechten besaß die Familie z. B. noch nach der Reformation die Obrigkeit über das auf Allodialgut gegründete Kloster Stepenitz. Vgl. u. a. Peter-Michael HAHN, Struktur und Funktion des brandenburgischen Adels im 16. Jahrhundert, Berlin 1979, S. 6.

33 Hinweis von Prof. Dr. v. Barsewisch, Groß Pankow.

34 So weist Kalm darauf hin, dass der Begriff Uradel auch deswegen eingeführt wurde, um den alten adligen Familien die Beweislast für die Echtheit ihres Adelstitels zu erleichtern. Vgl. Harald v. KALM, Der Begriff des Uradels als adelsrechtlicher Terminus im ausgehenden 18. und 19. Jahrhundert, in: Der Herold, N.F. 13 (1992), S. 340.

Tabelle 62: Die ursprünglichen Herkunftsgebiete der uradligen großgrundbesitzenden Familien[35]

Herkunftsregion	Anzahl
Brandenburg*	109
andere Ostprovinzen	111
Nachbarländer**	76
Polen	19
Westprovinzen	14
Reich (ohne Nachbarländer)	24
Ausland	34
unbekannt	87
Gesamt	474

* Zu Brandenburg werden hier alle Ursprungsorte innerhalb der späteren Provinz gezählt.
** Anhalt, Mecklenburg und Sachsen.

Die nobilitierten Familien im Großgrundbesitz[36]

Ein knappes Viertel (182) des untitulierten Adels, der sich auf den Großgrundbesitzungen der Provinz im 19. Jahrhundert nachweisen lässt, gehörte zum Briefadel, das heißt seine Adelserhebung beruhte auf einem Diplom, das nach 1350 ausgestellt worden war. Die Mehrzahl der Standeserhöhungen war allerdings jüngeren Datums. So waren nur 54 der 182 Nobilitierungen vor 1750 erfolgt. Fast eben so viele (51) waren dagegen erst nach 1850 ausgesprochen worden.

Während die meisten Angehörigen der nobilitierten Familien zum Teil viele Jahre oder Jahrzehnte nach der Standeserhöhung als Großgrundbesitzer registriert werden konnten, wurden zwischen 1798 und 1918 insgesamt 41 Personen nobilitiert, die zum Zeitpunkt der Adelsverleihung Rittergutsbesitzer in der Provinz waren. Der erste Nobilitierte war 1798 der Rüstungslieferant und Spiegelfabrikant Eckard. Er erhielt, nachdem er Rittergüter für mehr als eine Million Taler gekauft hatte, sofort den Freiherrenstand unter dem Namen v. Eckardstein.[37] Unter Friedrich Wilhelms III., der offenbar ähnliche Nobilitierungsvorstellungen wie Friedrich II. hatte, gab es in der Provinz nur eine weitere Adelsverleihung an einen Großgrundbesitzer, die mit August Gotthelf

35 Die Quelle für diese Angabe ist die jeweilige Herkunftsbezeichnung im ‚Gotha'. (z.B. v. Arnim – märkischer Uradel)

36 Vgl. dazu auch ausführlicher René SCHILLER, Vom Rittergut zum Adelstitel? Großgrundbesitz und Nobilitierungen im 19. Jahrhundert, in: Ralf Pröve u. Bernd Kölling (Hgg.), Leben und Arbeiten auf märkischem Sand. Wege in die Gesellschaftsgeschichte Brandenburgs 1700-1914, Bielefeld 1999, S. 49-89.

37 Vgl. dazu: Rudolf SCHMIDT, Die Herrschaft Eckardstein, Bad Freienwalde 1926.

Leupoldt auf einen Rittergutsbesitzer fiel, dessen Familie bereits seit 1550 in der Niederlausitz angesessen war (Horlitza-Reuthen 800 ha, GRE 4.473). Die Leupoldts besaßen außerdem seit 1612 einen kaiserlichen Wappenbrief.[38] Mit dem Regierungsantritt Friedrich Wilhelm IV. änderten sich die Nobilitierungsquoten von bürgerlichen Großlandwirten dann einschneidend. Nun wurde fast jedes Jahr ein Rittergutsbesitzer in den Adelsstand erhoben.[39] Unter Wilhelm I. und Wilhelm II. nahmen die Zahlen der nobilitierten Großgrundbesitzer leicht zu. Insgesamt lässt sich jedoch bei den Nobilitierungen kein Muster und auch keine Verschiebungen erkennen. Den Standeserhöhung in Preußen hing ein ‚erratischer' Zug (Berghoff) an und die Titelkäuflichkeit blieb beschränkt, wenn auch nicht unmöglich. Neben dem Vermögen oder dem Großgrundbesitz blieben andere Faktoren, wie militärische Ränge, Beamtentitel und familiäre Beziehungen immer von außerordentlicher Bedeutung.

Bei einer genaueren Betrachtung der Besitzgrößen und des Reinertrages der Güter bzw. Güterkomplexe der brandenburgischen Nobilitierten fällt eine erhebliche Spannweite zwischen dem Umfang und dem Ertrag der Güter auf. Ein Viertel der Besitzungen war nicht einmal 500 ha groß. Dagegen umfassten die acht größten Güter/Güterkomplexe von Nobilitierten jeweils mehr als 2.000 ha. Das bedeutet, dass eine erhebliche Anzahl der bürgerlichen Inhaber sehr großer Besitzungen eine Standeserhöhung erreichen konnten.[40] Diese kamen allerdings überwiegend aus städtischen Industriellenkreisen.[41] Nur hier war offensichtlich ausreichend Geld vorhanden, um solche Besitzungen zu erwerben.

Dagegen lag die Hälfte der Güter der brandenburgischen Nobilitierten mit einem Grundsteuerreinertrag von weniger als 7.500 RM unter der Einkommensgrenze, die für eine Fideikommißgründung festgelegt war. Mit der tendenziellen Verdopplung des Einkommens sank dieser Anteil allerdings zum Jahrhundertende ab. Dennoch dürfte ein Teil dieser ertragsschwächeren Güter eine adlige Herrschaft mit ihren hohen finanziellen Anforderungen nur bedingt getragen haben. Auf der Ebene der Provinz waren allein die Inhaber der großen Besitzungen ökonomisch konkurrenzfähig, was sich nicht zuletzt auch daran zeigt, dass unter den immerhin 145 brandenburgischen Großgrundbesitzern im Jahrbuch der Millionäre von 1912 nur sieben der Standeserhöhten bzw. ihre Nachkommen verzeichnet waren.[42]

38 GRITZNER, Standeserhöhungen, S. 94.

39 Vgl. dazu auch S. 491.

40 Von 1857 bis 1910 schwankte die Zahl der Bürgerlichen mit Güterkomplexen über 2.000 ha Gesamtgröße zwischen sechs und sieben Besitzern. Vgl. Tabelle 48, S. 214.

41 Eckardstein (nobilitiert 1798), Borsig (1909), Caro (1906), Wätgen (1888) oder Wülfing (1908).

42 Vgl. MARTIN, Millionäre.

Die bürgerlichen Großgrundbesitzer

Insgesamt 4.399 bürgerliche Inhaber von Großgrundbesitzungen lassen sich für die Provinz Brandenburg im Untersuchungszeitraum feststellen. Davon fallen jedoch mindestens 902 mit hoher Wahrscheinlichkeit in den Grenzbereich zu den Großbauern, da ihre Besitzungen die 200 ha-Grenze nicht überschritten. Fast die Hälfte dieser Besitzer (424) besaßen zudem Güter, die erst nach 1910 registriert wurden, als in den ‚Hand- und Adressbüchern' die reine Gutsgröße endgültig an die Stelle des rechtlichen Charakters des Besitzes getreten war.[43] Inhaber eines Rittergutes waren dagegen ‚nur' 2.480 Personen oder Familien bürgerlicher Herkunft. Zu diesen sind außerdem noch die 968 Besitzer von älteren Gütern ohne Rittergutsqualität hinzuzurechnen, die allerdings keine politischen Rechte hatten. Reduziert man die Zahl der vorkommenden Familiennamen wiederum um die Doppelnennungen, bleiben rund 2.000 Namen übrig. Unter Einbeziehung der Tatsache, dass hinter einem gleichen Familiennamen nicht miteinander verwandte Besitzer stehen können, zeigt sich im Vergleich zum Adel, dass auf den Rittergütern und den größeren Besitzungen etwa dreimal soviel bürgerliche ‚Geschlechter' zu finden waren.[44]

Obwohl es nicht möglich ist, die Bürgerlichen – analog der Vorgehensweise beim Adel – einfach auf Grund ihres Namens zu Geschlechtern zusammenzufassen, gestattet auch hier eine Häufigkeitsanalyse erste Erkenntnisse über die Struktur der Gruppe (vgl. Tabelle 63).

Wie die Angaben zur Besitzdauer erwarten ließen, liegt die Zahl von nur einmal vorkommenden Familiennamen wesentlich höher als bei den Adligen. Neben dieser Tatsache, die darauf verweist, in welchem Maße der Großgrundbesitz ein Durchgangsort für bürgerliches Kapital war, sind jedoch auch die hohen Zahlen von Mehrfachnennungen zu beachten.

Tabelle 63: Die Anzahl von bürgerlichen Personen und Familien gleichen Namens im Großgrundbesitz Brandenburgs (1800-1918)[45]

Vorkommen des Namens	1	2-5	6-10	10-20	20-50
Anzahl der Familien	1.443	548	36	12	5

Selbst wenn man für viele der weit verbreitetsten Familiennamen davon ausgehen muss, dass nicht nur ein bürgerliches Geschlecht dahinter stand, zeigen sie, dass es ein relativ breites Korpus von ‚Berufsgroßlandwirten' bzw. von Landwirtsfamilien gab, die immer wieder und über einen längeren Zeitraum als Großgrundbesitzer aktiv waren. Darüber hinaus kristallisiert sich ein Kreis von bürgerlichen Familien heraus, der zumindest im Bereich der mittleren

43 Vgl. dazu S. 143 ff.

44 Vgl. zu den adligen Geschlechtern S. 243.

45 Für diese Untersuchung wurden die Güter mit weniger als 200 ha, die mit hoher Wahrscheinlichkeit großbäuerlichen Zuschnitt hatten, außer Acht gelassen.

Güter mit dem Adel langfristig konkurrieren konnte. Ein Teil dieser Familien – wie die Karbes (auf 14 Gütern nachzuweisen), Lehmann (25 Güter), Bohnstedt (7 Güter), Schultze (7 Güter), Hoffmann (9 Güter), Horn (5 Güter), Lüder (4 Güter) und Sydow (7 Güter) – stammte aus den Reihen der bereits seit dem 18. Jahrhundert bekannten und erfolgreichen Domänenpächter[46] und blieb neben dem Rittergutsbesitz teilweise auch weiterhin Pächter, nicht nur von Domänen, sondern auch von Rittergütern. Neben einer ganzen Reihe von weiteren dem Pächterspektrum zuzuweisenden Familien gab es aber auch solche, die sich auf Grund erheblicher Eigenkapitalien, die nicht aus der Landwirtschaft stammten, massiv einzukaufen vermochten. Hierzu gehört vor allem die Familie Schulz, die unter den Bürgerlichen in Brandenburg bezüglich der Anzahl und Größe ihrer Güter einen Ausnahmefall darstellt.[47]

Unter den bürgerlichen Großgrundbesitzern zeichnen sich zwei verschiedene Gruppen ab. Die erste und wesentlich größere wird aus Besitzern gebildet, die in der Regel nur einmal und dann auch nur für relativ kurze Zeit Inhaber eines Gutes waren, das sie meist nach wenigen Jahren wieder verkauften. So sind von den nur einmal registrierten Personen und Familien nur 5 % nachweislich länger als 40 Jahre auf der betreffenden Besitzung gewesen und können damit zu den langfristigen Gutsinhabern mit intergenerationeller Besitzweitergabe gezählt werden (vgl. Tabelle 64).

Dagegen gab es mehr als zwei Drittel kurzfristige Besitzer. Über die Ursachen dieser doch erheblichen Fluktuation sind auf Grund des Fehlens von Quellen nur Spekulationen möglich. In jedem Falle wird die anhaltende Attraktivität von Grund und Boden sichtbar, die immer wieder neue Käufergruppen auf das Land brachte, wenn auch in vielen Fällen nur für kurze Zeit.

Tabelle 64: Die Besitzdauer der bürgerlichen Familien und Personen, deren Name nur einmal im Untersuchungszeitraum nachweisbar ist[48]

Besitzdauer	**unter 10 Jahre**	**10-20 Jahre**	**20-40 Jahre**	**über 40 Jahre**
Anzahl der Besitzer	981 (68 %)	237 (16 %)	152 (11 %)	73 (5 %)

Von diesen Besitzern lässt sich deutlich die Gruppe der bürgerlichen Familien abgrenzen, die längerfristig im Großgrundbesitz der Provinz verankert waren und in denen der Beruf Großgrundbesitzer mit dem Besitz vererbt wurde. Ihre wachsende Stärke wird darin sichtbar, dass unter den bürgerlichen Millionären von 1912 eine Reihe waren, deren Familien im Verlauf des Jahrhun-

---

46 Vgl. diese Namen mit der von Müller für die Zeit um 1800 aufgestellten Liste von aktiven Domänenpächtern, die zu diesem Zeitpunkt auch Rittergutsbesitzer waren. Die Liste ließe sich fortführen. Hans Heinrich MÜLLER, Domänen und Domänenpächter in Brandenburg-Preußen im 18. Jahrhundert, in: Jahrbuch für Wirtschaftsgeschichte, Teil IV, 1965, S. 190.

47 Den Grundstock für den umfangreichen Besitz der Gesamtfamilie hatte eine Magdeburger Kaufmannstochter in die Familie gebracht.

48 Vgl. zu den quellenbedingten Einschränkungen bezüglich der Besitzdauer S. 172 ff. In den Angaben sind wiederum die Besitzer von Gütern unter 200 ha nicht enthalten.

derts auf mehreren Gütern nachzuweisen sind. Neben dem Adel hat sich nach 1807 ein langfristig großgrundbesitzendes Bürgertum etabliert, dessen Spitzen in Bezug auf den Wert ihrer Güter und den daraus fließenden Einkommen zumindest mit einem Teil des Adels konkurrieren konnten. Der Umfang dieser Gruppe und ihre Größe im Vergleich zum Adel wird im folgenden weiter zu präzisieren sein.

Eine der wesentlichen Fragen bei der Beschäftigung mit bürgerlichen Großgrundbesitzern ist die nach ihrer sozialen Herkunft. Leider gestatten die zur Verfügung stehenden Quellen dazu nur sehr begrenzte Aussagen. Für bürgerliche Besitzer von 925 Gütern über 200 ha liegen Angaben zu ausgeübten Berufen, Dienstgraden oder Titeln vor. Dabei ist in einer Reihe von Fällen nicht zu klären, ob die jeweilige Angabe sich auf eine Tätigkeit bezog, die vor dem Erwerb oder parallel zum Besitz des jeweiligen Gutes ausgeübt wurde. Außerdem kann ein Teil der Angaben nicht verwendet werden, da sie zeitlich zu weit von dem Kauf des Besitzes entfernt sind. Für die folgende Auswertung wurden daher nur Daten verwendet, die innerhalb eines Zeitraumes von maximal 30 Jahren nach dem Erwerb des Gutes zu finden waren. Damit liegen für rund ein Fünftel der bürgerlichen Großgrundbesitzer Angaben vor. Die folgenden Aussagen sind daher als vorsichtige Annäherung zu betrachten.

Als eine der Hauptquellen, aus der sich der Zuwachs bürgerlicher Großgrundbesitzer speiste, wird in der Literatur übereinstimmend die Gruppe der Domänenpächter identifiziert.[49] Allerdings gibt es zu dem Problem der Herkunft bürgerlicher Rittergutsbesitzer bislang kaum detaillierte Studien.[50] Ebenso fehlt eine umfassende sozialgeschichtliche Untersuchung der Domänenpächter, obwohl jenen bei der Modernisierung der Landwirtschaft eine wichtige Rolle zugewiesen wird. Domänenpächter erkennt man an den von ihnen geführten Titeln 'Amtmann', 'Oberamtmann' oder 'Amtsrat'. Da ein Pächter in der Regel spätestens nach 5 Jahren bereits zum Amtmann ernannt wurde[51], dürfte die übergroße Mehrheit von ihnen einen der aufgeführten Titel besessen haben. Ebenso wie die Dienstgrade der Offiziere wurden diese Titel in offiziellen und offiziösen Publikationen, wie sie u. a. die ‚Hand- und Adressbücher' darstellten sowie in behördlichen Schriftwechseln aufgeführt.[52] Daher dürften bei der relativen Dichte der Quellen die meisten großgrundbesitzenden Domänenpächter identifizierbar sein.

49 Diese Auffassung geht im wesentlichen auf einen Aufsatz von Hans-Heinrich Müller über Domänenpächter im 18. Jahrhundert zurück, in dem er nachwies, dass einige der erfolgreichsten von ihnen später auch Rittergutsbesitz erwarben. Diese Aussagen wurden in der Folgezeit – z. T. ohne korrekte Benennung der Quelle – vor allem durch die Rezeption der Studie von Hanna Schissler generalisierend übernommen. Vgl. MÜLLER, Domänen, S. 189 ff. und stellvertretend für andere SCHISSLER, Agrargesellschaft, S. 167.

50 Vgl. die einzigen Daten zu diesem Problemkreis auf der Grundlage eines kleineren und spezielleren Samples in SCHILLER, Domänenverkäufe, S. 102 f.

51 Vgl. MÜLLER, Domänen, S. 172.

52 Dies zeigt u. a. auch die vergleichende Auswertung paralleler Quellen, wie sie die Hypothekenbücher und die gleichzeitigen Akten über die Ableistung des Homagialeides 1798 (d. h. des Huldigungseides für den neuen König) darstellen.

Tabelle 65: Die bekannten Berufszugehörigkeiten der bürgerlichen Rittergutsbesitzer und Inhaber anderer Güter über 200 ha

Berufsgruppe	gesamt	davon wahrscheinlich Ersterwerber
Domänenpächter	141	133
andere Landwirte	20	20
Beamte*	178	160
Offiziere	206	182
Wirtschaftsbürger	126	123
Andere	71	61
gesamt	742	679
unbekannt	2.755	
gesamt	3.497	–

* Zu dieser Gruppe gehören u. a. 34 Ökonomieräte und -inspektoren, von denen 29 Ersterwerber waren.

Die vorliegenden Angaben zeigen eindeutig, dass die Domänenpächter nur einen geringen Anteil der bürgerlichen Rittergutsbesitzer in Brandenburg ausmachten (vgl. Tabelle 65). Im Rahmen der Provinz lag er für das gesamte 19. Jahrhundert bei 4 %. Eine zeitliche Differenzierung zeigt jedoch, dass zwei Drittel der Pächter von Staatsgütern (104) ihren Besitz bis 1828 erworben haben. Nur ein Fünftel erwarben ihre Rittergüter dagegen nach 1857. Dies lässt sich dahingehend interpretieren, dass die Domänenpächter einen besonders starken Anteil an der ersten Welle bürgerlicher Besitzer hatten, die nach 1807 in der Zeit niedriger Güterpreise in den Großgrundbesitz strömte. Danach nahm ihre Zahl deutlich ab, und andere Käufer traten an ihre Stelle.

Zahlreich waren die Pächter naturgemäß unter den Käufern der ehemaligen Staatsgüter vertreten. So besaßen ein Drittel aller Domänenpächter (36), die bis 1828 Güter erworben hatten, frühere Domänen.[53] Dass sie nach den Veräußerungen der ersten Jahrhunderthälfte überhaupt nicht mehr die Voraussetzungen hatten, den bürgerlichen Großgrundbesitz zu dominieren, zeigt bereits die Zahl der vorhandenen Domänen nach den Verkäufen. So gab es in der Provinz 1885 nur noch 99 Domänen, von denen zwei Drittel einen Grundsteuerreinertrag hatten, der über 7.500 RM lag. Anders als um 1800 dürften nur wenige dieser Pachtmöglichkeiten noch die Basis für die Anhäufung von sehr großem Reichtum gewesen sein, so dass das starke Abnehmen der Domänenpächter unter den Großgrundbesitzern hier eine weitere Erklärung findet.

53 Auch unter den Ersterwerbern der Domänen in der ehemaligen Kurmark waren ein Drittel ehemalige Domänenpächter, denen allerdings in den entsprechenden Verkaufsinstruktionen auch ein Vorkaufsrecht eingeräumt worden war. Vgl. SCHILLER, Domänenverkäufe, S. 102 f.

Wesentlich geringer als die Zahl der am Titel erkennbaren Domänenpächter war die der anderen ausgewiesenen Landwirte. Nur 20 von ihnen waren als Pächter oder ehemalige Verwalter gekennzeichnet, ein einziger führte den Titel eines Diplomlandwirtes. Dessen ungeachtet dürfte ein großer Teil der Erstkäufer ohne Berufsangabe wahrscheinlich aus dem Spektrum der Berufslandwirte stammen. Als Pächter oder Verwalter von Rittergütern oder anderen Besitzungen hatte diese Gruppe am ehesten das nötige Wissen, um ein größeres Gut erfolgreich zu leiten. Die hohen Zahlen nur kurzfristig nachweisbarer Besitzer könnten allerdings darauf verweisen, dass in diesen Berufen das erforderliche Kapital zur langfristigen Sicherung eines Großgrundbesitzes nur in der geringeren Anzahl der Fälle aufgebracht werden konnte.

Eine zweite Gruppe, aus der sich der Zuwachs bürgerlicher Großgrundbesitzer speiste, waren die Beamten, deren absolute Zahl, die der Domänenpächter überschritt. Eine Untersuchung des Kaufzeitpunktes zeigt für die Beamten aller Kategorien ein anderes Bild als für die Domänenpächter. Hier erfolgte nur knapp die Hälfte der Nennungen (72) bis 1828. Das heißt, dass nur rund 45 % der identifizierbaren Beamten ihren Besitz in der Phase niedriger Gutspreise erwarben. Trotz der geringen Entwicklung der Beamtengehälter nach 1848, kaufte ein knappes Drittel aller registrierten Beamten ihren Großgrundbesitz erst nach 1885. Dennoch ist darauf hinzuweisen, dass die Beamten unter den Rittergutsbesitzern mit bekannter Berufsangabe zwar ein Viertel, innerhalb der Gesamtgruppe jedoch mit sechs Prozent nur wenig mehr als die Domänenpächter ausmachten.

Tabelle 66: Die bekannten Titel von bürgerlichen Ersterwerbern aus Bereich der Bürokratie und der städtischen Selbstverwaltung

Kategorie	Anzahl
Minister, Direktoren, Geheime Räte, Räte und Oberförster	86*
Ökonomieräte und -inspektoren	31
Bürgermeister, Stadträte und städtische Beamte	12
Richter, subalterne Beamte, Förster	31**

* Darunter ein Staatsminister a. D. (Dr. Rudolf Friedenthal, 1885) und ein päpstlicher Geheimer Kammerherr (M. Strack, 1914).

** Davon 4 Stadtrichter.

Die nach Titeln differenzierende Untergliederung der Beamten zeigt ein Übergewicht der höheren Ränge ab Rat bzw. Oberförster (vgl. Tabelle 66). Stark vertreten waren daneben Mitglieder der staatlichen Auseinandersetzungsbehörden (der Generalkommissionen), welche die Titel von Ökonomieräten oder

-inspektoren[54] trugen. Nicht zu den Beamten sind die Bürgermeister und Stadträte zu zählen, die in der Regel einem wirtschaftsbürgerlichen Kontext entstammten.

Ebenso wie die vorgenannten Gruppen dürften auch die bürgerlichen Offiziere, die Rittergutsbesitz erwarben, weitgehend erfasst worden sein. Ihr Anteil an der Gesamtgruppe lag mit knapp 6 % am höchsten. Die Frage, ob das Rittergut während oder nach Beendigung der Laufbahn gekauft wurde, ist allerdings nicht zu klären. In dieser Gruppe spiegelt sich die veränderte Haltung des Bürgertums zum Militär deutlich wider. So tauchte die Mehrzahl der Offiziere (145 = 80 %) erst nach 1885 in den Quellen auf. Darüber hinaus gab es nur relativ wenige Offiziere, die auf eine längere Militärlaufbahn zurückblicken konnten. Die Leutnants und Oberleutnants stellen fast zwei Drittel (106) aller Nennungen. Neben 63 Hauptleuten/Rittmeistern waren dann nur noch wenige Stabsoffiziere (10) und als Ausnahme ein Admiral verzeichnet. Das bedeutet, dass der Anteil der Reserveoffiziere in dieser Gruppe deutlich dominierte. Mit Ausnahme der höheren Dienstgrade sehen wir hier Angehörige des gehobenen Bürgertums und keine Berufsmilitärs. Letztere waren mit ihrem Einkommen sicher kaum in der Lage gewesen, Großgrundbesitz zu finanzieren.

Eine weitere wichtige Gruppe, über die vorsichtige Aussagen getroffen werden können, sind die Wirtschaftsbürger. Hier ist – ebenso wie bei den Offiziersdienstgraden – eine deutliche Erhöhung der Zahl der Angaben nach 1885 festzustellen. Während auch schon davor immer wieder vereinzelte Kaufleute und Bankiers registriert wurden, setzte nun offensichtlich ein verstärkter Druck der Spitzen des Wirtschaftsbürgertums auf den Großgrundbesitz ein. Nach der Anlaufphase der Industrialisierung besaßen Bank- und Fabrikdirektoren offensichtlich nicht nur ausreichend überschüssiges Kapital zum Kauf eines Rittergutes, sondern verbanden damit auch verschiedene Interessen, deren Pole vom Nobilitierungswunsch bis zur erholsamen oder mondänen Freizeitgestaltung reichten.[55]

Neben den beschriebenen vier Hauptgruppen gab es noch ein Reihe von seltener vorkommenden Berufen. Zu diesen ‚Sonstigen' gehörten u. a. sechs Prediger, acht Professoren, ein Historiker[56], sowie zwei Rechtsanwälte. Sie blieben jedoch neben Domänenpächtern, Beamten, Offizieren und Wirtschaftsbürgern deutlich in der Minderheit. Es wurde bereits darauf hingewiesen, dass nur rund ein Viertel aller bürgerlichen Rittergutsbesitzer mit Berufs- bzw. Titelangaben erfasst werden konnten. Für den Teil, der auf Grund der Quellenlage weitgehend gesichtslos bleiben muss, lassen sich zwei Hauptwurzeln vermuten. Zum einen dürften – wie schon erwähnt – viele Besitzer aus dem breiten Spektrum der Güterpächter, Inspektoren und Verwalter sowie in

54 Den größten Anteil an dieser Gruppe hatten die 21 Ökonomieräte.

55 Neben Vertretern der Berliner Finanz- und Industriewelt gehörten jedoch auch Mühlenbesitzer und Mauermeister zu den Wirtschaftsbürgern, die ein Rittergut erwarben.

56 Von 1862 bis zu seinem Tode 1872 besaß der brandenburgische Landeshistoriker Adolf Friedrich Riedel das Rittergut Britz bei Berlin (668 ha, GRE 16.880 RM).

einigen Fällen sicher auch Großbauern[57] gekommen sein, die versuchten, ein meist kleines Gut unabhängig zu bewirtschaften. Die andere Gruppe dürfte in vermögenden Stadtbürgern zu suchen sein, die ihr Geld in den langfristig sicheren Boden zu investierten versuchten.[58] Die nur kurzen Besitzzeiten des übergroßen Teils der bürgerlichen Besitzer könnten entweder auf eine permanente Güterpreisspekulation hinweisen oder aber darauf, dass moderne Landwirtschaft immer mehr liquide Mittel erforderte, die bei einer hohen Besitzverschuldung auf kleineren Gütern nicht zu erwirtschaften waren. Den häufigen Besitzumschlag der Bürgerlichen in Abgrenzung vom Adel als ‚modern' zu kennzeichnen, ist daher auf Grund der vorhandenen Quellen nicht ohne weiteres zu rechtfertigen. Gegen eine solche Auslegung argumentierte bereits der bürgerliche Zeitgenosse Niendorf: „Wer will auch im Ernst die güterbesitzenden (adligen R. S.) Familien für ganz specifisch untauglich zu dem Geschäft des Landbau's verurtheilen, wo die bürgerlichen Familien, welche in diesen Geschäftszweig eintreten, ebenso rasch und den untrüglichen Zahlen nach noch weit rascher wieder vertrieben werden?"[59]

Adlige und Bürgerliche als Großgrundbesitzer

Der Kauf und Verkauf von Landbesitz

Der Adel

Für eine genauere Einschätzung des adligen Bodenbesitzes ist es notwendig, diesen nach Zeit und Besitzdauer näher zu differenzieren. Dabei ist zunächst erkennbar, dass das adlige Engagement im Großgrundbesitz zum Ende des Jahrhunderts deutlich nachließ (vgl. Tabelle 67). Sowohl die Verkäufe als auch die Käufe reduzierten sich im Vergleich mit der Hochzeit des Güterhandels von 1807 auf rund ein Sechstel. Besonders stark war der Abfall nach 1885, der noch einmal einen deutlichen Einschnitt markiert. Dennoch ist erkennbar, dass Adlige auch nach der Freigabe des Gütermarktes für Bürger immer noch massiv auf diesem vertreten waren.

---

57 So berichtet Paul WAHNSCHAFFE in seinen Lebenserinnerungen (1896) von einem Bauerngutsbesitzer aus Gorgast im Oderbruch, der sich um 1840 ein Rittergut in Schlesien kaufte. Vgl. ders., Handschriftliche Lebenserinnerungen, im Besitz von Dr. Klaus Karbe (Potsdam).

58 Diese Käufergruppe beschrieb Niendorf wie folgt: „Das Gros der gleichsam herrenlosen Güter vagiert bereits irrend zwischen freiwilligem Kauf und Verkauf und zwangsweiser Subhastation ruhelos hin und her. Die Besitzer derselben sind meistens Städter, die aus begünstigten städtischen Betriebszweigen Vermögen erwarben, oder Erworbenes erbten und von dem Reiz des herrenmäßigen Landlebens angezogen, sich in die Region dieser gefahrvollen Klippen begaben, wo sie nach einem Menschenalter verfehlten Ringens und Probirens verarmt an's Ufer zurückgeworfen werden, von dem sie ausgingen." M. Ant. NIENDORF, Die Rittergüter der östlichen Provinzen. Ihre historische Entstehung, Entwicklung und ihre sociale Lage in der Gegenwart, Berlin 1871, S. 41 f.

59 Ebd., S. 64.

Die sehr hohen Verkaufszahlen für die Zeit zwischen 1857 und 1885 müssen etwas nach unten korrigiert werden, da hier als Gründe für die Beendigung des Gutsbesitzes auch die Löschung von Rittergütern zu Buche geschlagen ist. Insgesamt verringerte sich die Zahl der Güter des Adels um rund 400. Die hohe Anzahl von Käufen und Verkäufen zeigt darüber hinaus jedoch, in welchem Maße der Großgrundbesitz auch im 19. Jahrhundert von Adligen als Ware behandelt wurde.

Tabelle 67: Die An- und Verkäufe von Großgrundbesitz durch Adlige zwischen 1800 und 1910

Zeitraum	Verkäufe		Käufe	
	gesamt	pro Jahr	gesamt	pro Jahr
1808-1828	541	27	408	20
1829-1857	456	16	493	18
1858-1885	572	21	349	13
1886-1910	193	8	155	6
gesamt	2.117	19	1.710	16

Angesichts der Tatsache, dass nach 1807 dem Adel rund ein Drittel der von ihm besessenen Rittergüter verloren ging, ist neben der Frage, welche Güter dies waren, auch die nach dem Alter der verdrängten adligen Familien und ihrer Bindung an den Großgrundbesitz in Brandenburg zu stellen. Dabei tritt folgender Befund zu Tage. Von den zwischen 1800 und 1914 aus dem Großgrundbesitz verdrängten 263 Geschlechtern hatten nur 62 bereits vor 1700 in der Provinz Güter besessen (vgl. Tabelle 68).

Tabelle 68: Das Verschwinden langfristig angesessener Adelsfamilien aus dem Großgrundbesitz im 19. Jahrhundert

Zeitraum des Erwerbs	alte Geschlechter		Anzahl der veräußerten langfristig besessenen Güter
	die langfristig besessenen Besitz verloren	die dauerhaft aus der Provinz verschwanden	
vor 1500	15	13	31
1500-1700	47	37	63
1700-1800	201	164	352
gesamt	263	214	446

Der Großteil der Familien, die nach 1800 älteren Großgrundbesitz verkauften, hatte sich jedoch erst im Verlauf des 18. Jahrhunderts angekauft. Mehr als vier Fünftel der Geschlechter verloren dauerhaft die Verbindung zum Großgrundbesitz der Provinz. In 49 Fällen gelang jedoch die spätere Neuansiedlung auf einem anderen Besitz. Nachweisbar ausgestorben sind nur einige Geschlechter.[60]

60 So z. B. die v. d. Liepe, die bereits 1375 im Landbuch Kaiser Karl IV. verzeichnet waren, die v. Burghagen (seit 1443 auf dem betreffenden Gut nachgewiesen) und die v. Wilmers-

Die relativ geringe Anzahl alter Adelsfamilien im Vergleich zur Gesamtanzahl war also nur z. T. das Ergebnis von inneradligen Besitzverschiebungen im 18. Jahrhundert gewesen. In der Kurmark – d. h. dem Regierungsbezirk Potsdam zuzüglich des Kreises Lebus – verschwanden auch im 18. Jahrhundert ‚nur' 48 Familien, die vor 1720 bereits verzeichnet waren. Von diesen Familien starb jedoch mehr als die Hälfte aus. Dies verweist darauf, dass es ein ständiges Kommen und Gehen adliger Familien im Rittergutsbesitz gab, das sich nach der Allodifikation der Lehen wahrscheinlich verstärkte, hierin aber nicht seine Ursache hatte. Ein Blick in die historischen Ortslexika zeigt, dass ein Teil des Rittergutsbesitzes immer im Flusse war und neben einem Kern alter Familien häufig wechselnde adlige Namen auftauchten. Vor allem nach 1807 traten Bürgerliche auf diesem Markt kleinerer und mittlerer Güter dann in Konkurrenz zum Adel. Dem entspricht, dass von den nach 1700 ‚neuangesessenen' Familien bis 1910 mehr als die Hälfte wieder aus dem Gutsbesitz verschwunden war. Die rasche Fluktuation wird dabei durch die Tatsache besonders deutlich, dass über die Hälfte dieser Abgänge bereits bis 1857 erfolgt waren.

Eine zeitliche Analyse der Aufgabe des älteren Gutsbesitzes durch die verschiedenen Adelsfamilien im 19. Jahrhundert zeigt, dass allein in der Endphase des Güterhandels bis 1807 mehr als ein Drittel der Besitzungen (163) veräußert wurden. Das bedeutet, dass diese Verkäufe in den meisten Fällen spekulative Gewinne eingebracht haben dürften und nicht primär auf eine Notlage der Besitzer schließen lassen. Ein weiteres Viertel der Güter (126) wurde jedoch in der Zeit niedriger Guts- und Agrarpreise bis zum Beginn der dreißiger Jahre verkauft. Von diesen war jedoch die Hälfte (59) erst nach der Gründung des ständischen Kreditinstitutes 1777 erworben worden. Während zwischen 1828 und 1885 noch einmal mit 148 Familien eine große Anzahl ihren Besitz aufgab, sank dieser Anteil für die Zeit zwischen 1885 und 1910 auf 25 ab. Dies bedeutet, dass in der Zeit, die für die Landwirtschaft als besonders krisenhaft beschrieben wird, die älteren bereits vor 1800 angesessenen Adelsfamilien nur noch in geringer Zahl aus dem Großgrundbesitz verschwanden.

Eine Untersuchung der Größe und des Grundsteuerreinertrages[61] der veräußerten Güter bzw. Güterkomplexe zeigt, dass die Mehrzahl der Güter zu den kleineren und ertragsschwächeren gehörte. Von den 284 Besitzungen, die nicht zu einem Komplex gehört hatten, lagen drei Viertel zur Zeit der Erstellung der Steuerkataster in den sechziger Jahren unter 7.500 RM Grundsteuerreinertrag, sie gehörten also zu den einkommensschwächeren Besitzungen. Nur 47 Güter erreichten Werte, die 10.000 RM deutlich überschritten. Allerdings war die Hälfte der großen Güter bereits in der Zeit zwischen 1800 und 1807 veräußert worden. Unter den Besitzungen, die vor 1800 erworben und

dorf (1636). Vgl. dazu auch Leopold v. LEDEBUR, Die in dem Zeitraum von 1740-1840 erloschenen altadligen Geschlechter der Mark, in: Märkische Forschungen, NF 2 (1843), S. 374-388.

61 Dieser kann für die erste Hälfte des Jahrhunderts allerdings nur als Richtwert benutzt werden.

im Verlaufe des 19. Jahrhunderts wieder veräußert wurden, waren auch 28 alte Güterkomplexe, von denen im Verlaufe des 19. Jahrhunderts zwölf einen Grundsteuerreinertrag erreichten, der 15.000 RM zum Teil deutlich überstieg.[62] Trotz dieser Beispiele lässt sich jedoch vermuten, dass der im 19. Jahrhundert erfolgte Verkauf von vor 1800 erworbenen Gütern in einer ganzen Reihe von Fällen seine Ursache auch darin hatte, dass diese den Ansprüchen an eine adlige Lebenshaltung nicht mehr entsprachen.[63]

Das Zunehmen der Zahl bürgerlicher Rittergutsbesitzer war also nur teilweise von einem Exodus alter Adelsfamilien mit mehrhundertjähriger Besitztiefe begleitet. Die Bürgerlichen verdrängten in den meisten Fällen vielmehr ihrerseits erst wenige Jahre oder Jahrzehnte ansässige Adelsfamilien und drangen damit in einen bereits bestehenden Markt häufig veräußerter – meist kleinerer – Güter ein. Neben der langfristigen Bindung adliger Familien und Geschlechter an eine Region stand immer auch eine ungebundenere Verhaltensweise. Sie hatte zur Folge, dass verschiedene Adelsfamilien für einige Jahrzehnte in der Region auftauchten und dann wieder verschwanden. Wie aus der abnehmenden Zahl der adligen Gutskäufe zu ersehen ist, war diese Art des Umganges mit Gutsbesitz jedoch rückläufig. Die Ursache dafür ist mit hoher Wahrscheinlichkeit in den massiv steigenden Güterpreisen und der starken Konkurrenz Bürgerlicher um den kleineren Großgrundbesitz zu sehen.

Die Bürgerlichen

Die Daten über die An- und Verkäufe von altem Großgrundbesitz durch Bürgerliche zeigen wiederum deutliche Unterschiede zu den vergleichbaren Angaben für die adligen Besitzer (vgl. Tabelle 69). Vor 1807 ist noch die durch die Adelsschutzpolitik gebremste Entwicklung zu erkennen. Nach der Freigabe des Gütermarktes durch das Oktoberedikt erhöhte sich dann die Zahl bürgerlicher Transaktionen auf dem Bodenmarkt sprunghaft. Ab 1828 lag dann die Zahl bürgerlicher An- und Verkäufe immer über jener der Adligen.[64] Analog zur Entwicklung bei diesen waren auch bei den Bürgerlichen die Jahre zwischen 1828 und 1857 der Zeitraum des lebhaftesten Güterumschlages. Bürgerliche haben also verstärkt erst in der beginnenden Prosperitätsphase der Landwirtschaft in den Boden investiert. Im Gegensatz zu den adligen Besitzern blieb das bürgerliche Interesse jedoch auch nach 1857 hoch und steigerte sich zum Ende des Kaiserreiches nach einem zwischenzeitlichen leichten

---

62 Einige dieser Komplexe gehörten nach späteren Erweiterungen zu den ertragsstärksten der Provinz. So erwarb der Freiherr von Eckardstein 1801 fünf ehemals den Grafen v. Kameke gehörige Güter, die den Grundstock des später zeitweise 13 Güter umfassenden Komplexes bildeten (GRE im Jahre 1910 112.133 RM). Nach einer Erbteilung in der Familie wurde 1841 Haselberg und weitere Güter erworben und zu einem 8 Teile umfassenden Güterkomplex ausgebaut (GRE im Jahre 1910 77.843 RM).

63 Die Vermutung wird auch dadurch gestützt, dass 67 der 284 Besitzungen, die nicht zu Güterkomplexen gehört hatten, nach 1885 nicht mehr ausgewiesen wurden, also gelöscht oder ohne Wirtschaftsbetrieb waren. Weitere 130 hatten einen Flächenumfang unter 500 ha, davon 24 unter 200 ha.

64 Vgl. dazu Tabelle 67, S. 261.

Rückgang noch einmal. Diese anhaltende Nachfrage nach Großgrundbesitz beweist einerseits dessen Attraktivität, andererseits könnte sie darauf hindeuten, dass auf bürgerlicher Seite – in stärkerem Maße als beim Adel – auch das Kapital vorhanden war, die deutlich gestiegenen Bodenpreise zu bezahlen.

Tabelle 69: Die An- und Verkäufe von älterem Großgrundbesitz durch Bürgerliche zwischen 1800 und 1910[65]

Zeitraum	Ankäufe		Verkäufe	
	gesamt	pro Jahr	gesamt	pro Jahr
1800-1807	79	10	53	7
1808-1828	456	23	319	16
1829-1857	839	30	668	24
1858-1885	652	24	688	25
1886-1910	712	30	664	28
gesamt	2.738	25	2.392	22

Bezugnehmend auf die weiter oben getroffenen Feststellungen zur Zusammensetzung der bürgerlichen Großgrundbesitzer ist anzumerken, dass das Bild der zahlreichen Domänenpächter im Großgrundbesitz auch durch den hohen Anteil, den diese bis 1828 hatten, geprägt worden ist. Während sie nach 1828 zu einer marginalen Größe herabsanken, war bis zu diesem Zeitpunkt fast jeder vierte Käufer ein Domänenpächter. Diese hohe Zahl resultierte jedoch – wie bereits angemerkt – zu einem nicht unbeträchtlichen Teil aus den Domänenveräußerungen des preußischen Staates.

Diese Verkaufszahlen lassen sich dahingehend interpretieren, dass nach der Öffnung des Gütermarktes zunächst die professionellen Landwirte, vor allem die Pächter – begünstigt durch niedrige Bodenpreise – in den Großgrundbesitz strömten. Als auf Großbetrieben modern organisierte Landwirtschaft dann immer rentabler wurde, erweiterte sich das Spektrum der Käufer hin zu weiteren finanzstarken Kreisen des Bürgertums, die neben dem professionellen Aspekt teilweise auch die Erweiterung der Lebensqualität und den Prestigewert der Güter besonders schätzten. Die anhaltende Nachfrage vor allem bürgerlicher Käufer war dabei sicher auch eine Ursache für die dauerhaft steigenden Bodenpreise, die von ehemaligen Pächtern und Verwaltern kaum noch bezahlt werden konnten.

Großgrundbesitz auf dem Gütermarkt

Die Besitzzeiten adliger und bürgerlicher Großgrundbesitzer

Ein getrennter Vergleich der Besitzzeiten adliger und bürgerlicher Rittergutsbesitzer zeigt, dass große Teile beider Gruppen zu jeweils unterschiedlichen Typen von Großgrundbesitzern gehörten (vgl. Tabelle 70).

65 Als älterer Großgrundbesitz werden im folgenden Rittergüter und bereits vor 1885 registrierte andere Güter zusammengefasst.

Tabelle 70: Die Mindestbesitzzeiten adliger und bürgerlicher Rittergutsbesitzer in den Stichjahren 1828, 1857, 1885 und 1910[66]

Stich-jahr	Besitzer-gruppe	Gesamt anzahl	Rittergut wurde gekauft vor*					
			1700	1767	1807	1828	1857	1885
1828	Adel	1.095	387 (35 %)	542 (49 %)	823 (75 %)	-	-	-
	Bürger	367	2 (1 %)	12 (3 %)	76 (21 %)	-	-	-
1857	Adel	981	328 (33 %)	431 (44 %)	590 (60 %)	710 (72 %)	-	-
	Bürger	490	2 (0,4 %)	10 (2 %)	35 (7 %)	116 (24 %)	-	-
1885	Adel	846	264 (31 %)	339 (40 %)	447 (53 %)	511 (60 %)	638 (75 %)	-
	Bürger	495	2 (0,4 %)	7 (1 %)	19 (4 %)	58 (12 %)	167 (34 %)	-
1910	Adel	775	229 (30 %)	289 (37 %)	376 (49 %)	431 (56 %)	513 (66 %)	661 (85 %)
	Bürger	498	1 (0,2 %)	6 (1 %)	14 (3 %)	32 (6 %)	79 (16 %)	174 (35 %)

* Die Prozentangaben stellen den Anteil der Güter der betreffenden Kategorie im Vergleich zur Gesamtgruppe der Adligen oder der Bürgerlichen dar.

Während bei den Adligen die Zahl derjenigen Güter, die erst innerhalb der letzten 25-30 Jahre gekauft worden waren, sich 1828 bei 25 % befand und bis 1910 auf 15 % absackte, lag dieser Anteil bei den Bürgerlichen in allen Stichjahren wesentlich höher. In der ersten Hälfte des Jahrhunderts waren nur ein knappes Viertel aller gehandelten Güter über einen längeren Zeitraum (mehr als 21, bzw. 29 Jahre) bei einem bürgerlichen Besitzer, bzw. einer Familie. Nach 1857 erhöhte sich dieser Anteil auf ein Drittel. Dies bedeutet, dass sich über einen großen Zeitraum – neben einer erheblichen Zahl langfristig angesessener adliger Besitzer – nur wenige Bürgerliche fanden, die sich nicht erst vor einigen Jahren angekauft hatten. 1857 standen 350 adligen Ritterguts- oder Güterkomplexbesitzern mit 590 vor 1807 angekauften Besitzungen nur 35 Bürgerliche gegenüber, die ebenfalls Güter besaßen, die mindestens fünfzig Jahre der Familie gehörten. Dies ist angesichts des friderizianischen Adelsschutzes allerdings auch nicht verwunderlich.

Bis 1910 hatte sich dieses Verhältnis dann erheblich verändert. Kam noch 1857 auf zehn von Adligen mehr als fünfzig Jahre lang besessene Güter eines von Bürgerlichen, waren es nun nur noch 3,7:1. Angesichts des Mehrfachbesitzes von Adligen verschiebt sich diese Relation bei einem Vergleich der

[66] Da ein Besitzer sowohl ein mehrere hundert Jahre im Besitz seiner Familie befindliches Rittergut als auch ein erst kürzlich angekauftes Gut innehaben konnte, sind in dieser Tabelle alle Rittergüter ausgewiesen. Zu beachten ist, dass die Zahl der realen Besitzer – vor allem beim Adel – auf Grund von Mehrfachbesitz erheblich geringer war. Das Stichjahr 1767 wurde ausgewählt, weil für diesen Zeitpunkt die Quellengrundlage für die sonst schlechter überlieferte Neumark besonders gut ist. Vgl. SCHWARTZ, Großgrundbesitz, S. 57.

Besitzerzahlen weiter zugunsten der Bürger. Neben dem Adel hatte sich also ein längerfristig angesessenes Bürgertum etabliert. Allerdings konnte es mit den Besitzzeiten der adligen Familien in den meisten Fällen nicht konkurrieren. Für die Adligen zeichnet sich daneben ein weiterer Trend deutlich ab. So nahm die Zahl derer, die auf langfristig im Besitz der Familie befindlichen Gütern saßen, sowohl relativ als auch absolut zu. Dies zeigt die Differenzierungsprozesse unter den adligen Großgrundbesitzern. Während es einem leicht wachsenden Teil von ihnen gelang, sich immer dauerhafter festzusetzen, schrumpfte die Gruppe derer, die nur kurzzeitig ein Gut besaßen. Dies korrespondiert mit der festgestellten Abnahme der Anzahl Adliger bei den kleineren und mittleren Gütern. Dafür war neben den ständig steigenden Güterpreisen sicher auch der zu geringe Gewinn aus den kleinen Gütern, der eine adlige Existenz immer weniger abstützten konnte, verantwortlich. Nach dem Anziehen der Bodenpreise ab etwa 1830 wurde es wesentlich schwieriger, ‚nebenbei' ein Gut zu erwerben und für einige Jahre zu behalten. Dieses adlige Muster des Umganges mit Großgrundbesitz, wie es sich spätestens mit der Bildung der ritterschaftlichen Kreditinstitute entwickelt hatte, funktionierte nun zunehmend weniger.

Obwohl die Zahl längerfristig angesessener bürgerlicher Familien stieg, zeigt die Tabelle wiederum, dass Bürgerliche in vielen Fällen nur als kurzfristige Besitzer auftauchten. Sowohl 1885 als auch 1910 war der Anteil der weniger als 25 bzw. 28 Jahre angesessenen Bürgerlichen deutlich höher als bei den Adligen. Lange nach der Beendigung des friderizianischen Adelsschutzes waren immer noch zwei Drittel der Bürgerlichen in diesem Bereich zu finden. Ein Vergleich der Besitzzeiten der beiden Gruppen bestätigt diesen Befund eindrucksvoll (vgl. Tabelle 71).

Tabelle 71: Die durchschnittliche Besitzzeit adliger und bürgerlicher Rittergutsbesitzer zwischen 1800 und 1921

	Besitzzeit in Jahren					**gesamt**
	0 bis 10	**11 bis 20**	**21 bis 40**	**41-100**	**>100**	
Adel	792 (29 %)	288 (11 %)	449 (17 %)	466 (17 %)	714 (26 %)	2.709
Bürger	1.448 (58 %)	454 (18 %)	329 (13 %)	214 (9 %)	35 (1 %)	2.480

Obwohl Bürgerliche selbst am Ende des Kaiserreiches nur ein Drittel der Rittergüter besaßen, stellten sie nur 9 % weniger Rittergutsbesitzer als die Adligen. Das heißt, auf einer kleineren Anzahl von Besitzungen rotierte eine deutlich größere Zahl von Besitzern. Bürgerliche hatten daher im Schnitt erheblich kürzere Besitzzeiten als Adlige. Während von diesen im 19. Jahrhundert 44 % ihre Rittergüter länger als 40 Jahre besaßen, waren es von den Bürgerlichen nur 10 %. Dieses Verhältnis würde sich auch dann nicht wesentlich verschieben, wenn eine lückenlose Erfassung aller Besitzzeiten möglich wäre.

Dies lässt sich dahingehend interpretieren, dass zumindest Teile der Adligen und der Bürgerlichen ein voneinander abweichendes Muster in Bezug auf den Erwerb und die Behandlung von Großgrundbesitz zeigten. Während eine nicht unbeträchtliche Anzahl der Adligen auf den längerfristigen Besitz ihrer Güter orientiert waren, behandelten viele Bürgerliche landwirtschaftlichen Grundbesitz offensichtlich frühzeitig als reines Arbeitsmittel oder Ware. Rentierten sich die Investitionen bei der maximal zwischen 3 und 4 % liegenden Verzinsung des eingebrachten Kapitals nicht oder nicht schnell genug, bzw. war das Geld anderweitig besser zu verwerten, wurde der Besitz weiter verkauft. Dabei wurde auf Grund der steigenden Bodenpreise wahrscheinlich außerdem meist noch ein höherer Preis erzielt. Auf diese Weise waren im Untersuchungszeitraum etwa die Hälfte aller bürgerlichen Rittergutsbesitzer nur einen Zeitraum von rund 10 Jahren auf einem Gut. Von den Adligen erreichten nur knapp ein Fünftel eine so kurze Besitzzeit. Dies könnte neben einer unterschiedlichen Einstellung zum Großgrundbesitz jedoch auch seine Ursache darin gehabt haben, dass immer weniger Adlige die Mittel zum Kauf eines Gutes aufbrachten.

Der Güterumschlag

In den vorangegangenen Abschnitten wurde das Bild eines regen Güteraustausches gezeichnet. Im folgenden wird nun zu prüfen sein, welche Güter auf dem Bodenmarkt verstärkt und welche selten oder gar nicht auftauchten. Betrachtet man zunächst die Güter, die nicht zu den Güterkomplexen gehörten, also im Verlaufe des Untersuchungszeitraumes immer eine selbstständige Einheit bildeten, so ist festzustellen, dass diese im Schnitt viermal zwischen 1800 und 1918 den Besitzer gewechselt haben (vgl. Anhangtabelle VIII, S. 535). Leicht über dem Durchschnitt lagen die kleineren Güter mit einer Größe zwischen 200 und 500 ha, während die 47 sehr großen Einzelgüter mit einem Gesamtareal über 2.000 ha im Mittel nur zwei Besitzerwechsel erlebten.

Neben den Durchschnittswerten ist die Verteilung der Anzahl der Besitzer bzw. Familien pro Gut von Interesse (vgl. Anhangtabelle IX, S. 535). Sie zeigt, dass immerhin ein Fünftel aller nicht zu Besitzkomplexen gehörenden Güter im Verlaufe des Untersuchungszeitraumes überhaupt nicht veräußert wurden. Gemeinsam mit Gütern, die nur einen Besitzwechsel erlebten, machte dieser stabile Bereich des Großgrundbesitzes sogar ein Drittel aus. Dagegen wurde die Hälfte aller älteren Großgrundbesitzungen mindestens alle 30 Jahre einmal verkauft[67], ein Viertel mindestens alle 20 Jahre. Nur eine geringe Anzahl von Gütern erlebte mehr als zehn Veräußerungen. Sie waren in fast allen Fällen von geringer Größe oder hatten einen Grundsteuerreinertrag, der im Verhältnis zu ihrer Fläche sehr niedrig war.[68]

---

67 In dieser Zahl können auch Besitzübergänge auf dem Erbweg an Personen mit anderen Familiennamen enthalten sein, die als solche nur in Einzelfällen erkannt werden konnten.

68 Die einzige Ausnahme ist das 646 ha große Rittergut Eichstädt im Kreis Ost-Havelland, dass einen Grundsteuerreinertrag von 11.457 RM hatte und damit zu den ertragsstärkeren gehörte.

Der Besitzumschlag hat sich bei den älteren Großgrundbesitzungen nach Ausweis der Zahlen also durchaus in Grenzen gehalten, und die meisten Käufer dürften eine Reihe von Jahren auf ihrem Gut gewirtschaftet haben, bevor sie es weiterveräußerten. Die hohen Zahlen von Großgrundbesitzern mit Besitzzeiten unter 10 Jahren weisen jedoch auch darauf hin[69], dass es – wie in der Phase vor 1807 – einen spekulativen Umgang mit dem Boden gegeben haben muss. Dieser wird sich weitgehend kongruent zur Bodenpreisentwicklung verhalten und erst nach 1830 eingesetzt haben.

Im Bereich der Güterkomplexe verlief der Umschlag des Bodens gebremster als bei den einfachen Besitzungen. Hier wechselten die Besitzungen im Verlauf des Untersuchungszeitraumes im Schnitt nur etwas mehr als einmal ihren Besitzer (vgl. Anhangtabelle IX, S. 535). Auf den Güterkomplexen fanden also deutlich weniger Besitzwechsel[70] als auf den einfachen Gütern statt. Besonders gering war die Quote – analog zu den einfachen Gütern – auf den sehr großen Besitzungen (>2.000 ha).

Das Bild geringerer Mobilität der – in der Regel größeren und ertragreicheren – Komplexe wird von der Angaben über die Zahl der Besitzer/Familien pro Komplex bestätigt (vgl. Anhangtabelle XI, S. 535). Die Hälfte der Güterkomplexe blieb das gesamte 19. Jahrhundert über in der Hand einer meist adligen Familie. Mindestens alle dreißig Jahre wechselte nur ein Fünftel der Komplexe. Nur für einen konnten neun und für zwei weitere acht Besitzer zwischen 1800 und 1918 registriert werden.

Zusammenfassend lässt sich keineswegs ein einheitliches Bild des Güterumschlages in der Provinz zeichnen. Vielmehr sind deutlich zwei verschiedene Segmente des Großgrundbesitzes zu erkennen. Auf der einen Seite stehen die Güter und Güterkomplexe, die zwischen 1800 und 1918 regelmäßig ihren Besitzer wechselten. Dabei ist deutlich zu erkennen, dass die Besitzungen mit abnehmendem Wert immer häufiger veräußert wurden.[71] Demgegenüber stehen die Güter mit keinem oder einem Besitzübergang. Sie bilden ein stark immobiles Element im Bodenmarkt, das keineswegs gering zu veranschlagen ist. So waren 1910 immerhin 592 Rittergüter seit 50 Jahren in der Hand einer Familie, 390 davon sogar mindestens seit 1806. Angesichts der Tatsache, dass es 1910 nur noch 1.400 Rittergüter gab, bedeutet dies, dass 28 % der Güter im Untersuchungszeitraum gar nicht verkauft wurden. Darüber hinaus waren 42 % der Besitzungen nach 1857 ununterbrochen in einer Hand. Neben dem schnellen Umschlag – vor allem der kleineren und mittleren Güter – existierte auch ein statischer Sektor von Rittergütern, zu denen noch die

---

69 Vgl. Tabelle 71, S.266.

70 Besitzwechsel wird hier verstanden als der Wechsel zwischen verschiedenen Familien. Besitzwechsel innerhalb der Familie – bei Beibehaltung des Namens – sind damit nicht gemeint.

71 So wurden die Güter (ohne Komplexe) mit einem Grundsteuerreinertrag bis 3.000 RM im Schnitt 4,9mal veräußert. Dieser Wert verringerte sich mit zunehmendem Grundsteuerreinertrag dann kontinuierlich (3.000-6.000 RM = 3,95; 6.000-9.000 RM = 3,58; > 9.000 RM = 3,04).

anderen älteren Großgrundbesitzungen hinzugezählt werden müssen[72], die kaum oder nie auf den Bodenmarkt gelangten. Daher ist die vielfach gepflegte Vorstellung, dass es nach 1807 einen offenen Gütermarkt gab, so nicht zutreffend. Nur im Bereich der kleineren und mittleren Güter – und auch hier nur teilweise – gab es einen Markt, während vor allem die großen Güter und die Güterkomplexe diesem weitgehend entzogen waren. Im folgenden wird zu untersuchen sein, welche Anteile Adel und Bürgerliche an den jeweiligen Bereichen hatten. Darüber hinaus wird die wesentliche Bedeutung, die der gebundene Besitz für diese Entwicklung hatte, darzustellen sein.

Der längerfristige Besitz

Der Adel

Adlige Personen und Familien waren – wie bereits gezeigt wurde – sowohl als kurzfristige wie auch sehr langfristige Großgrundbesitzer zu finden. Aus elitengeschichtlicher Perspektive sind vor allem die dauerhaft angesessenen Familien von Interesse, die über größere Zeiträume immer wieder in Spitzenpositionen gelangten und als Meinungsführer die Geschicke ihrer Region und des Staates beeinflusst haben. Dieser Kern des großgrundbesitzenden Adels der Provinz wird im folgenden näher zu beschreiben sein.

Insgesamt lassen sich 172 Familienzweige, die zu 97 Geschlechtern gehörten, zwischen 1800 und 1910 ununterbrochen im Großgrundbesitz der Provinz nachweisen. Als Familienzweig wird hier nur der auf einem bestimmten Gut bzw. Güterkomplex angesessene Teil eines Geschlechtes bezeichnet. In der Regel führten diese Familienzweige zur Unterscheidung die Benennung des Hauptgutes als zusätzlichen Namensbestandteil (z. B. v. Kröcher-Lohm), wie ihnen dieses im ALR auch ausdrücklich gestattet worden war. Die Zahl der grundbesitzenden Familienzweige wuchs im Verlaufe des Untersuchungszeitraumes, da es in einigen Fällen – wie weiter unten noch zu zeigen sein wird – zu Teilungen größerer Komplexe kam. Dennoch zeichnen sich alle am Ende des Kaiserreiches noch vorkommenden durch eine ununterbrochene Besitzkontinuität aus. In einigen weiteren Fällen wurde nach dem Aussterben des ursprünglich auf dem betreffenden Gut angesessenen Familienzweiges das Gut innerhalb des Geschlechtes vererbt, so dass der Name kontinuierlich weiter existierte. Diese Art des Besitzüberganges ist nur teilweise rekonstruierbar.

Zu diesen beschriebenen Familien müssen noch die hinzugezählt werden, bei denen die Besitzweitergabe ebenfalls auf dem Erbwege stattfand, der Name jedoch wechselte.[73] Hier erfolgte der Übergang über erbende Töchter, die den Besitz in eine neue Familie einbrachten. Dabei handelte es sich meist um die letzten Vertreterinnen aussterbender Geschlechter. In einer Reihe von

---

72 Insgesamt wurden 463 ältere Großgrundbesitzungen zwischen 1807 und 1910 nicht verkauft.

73 Auch hier ist eine Dunkelziffer nicht auszuschließen, da solche Besitzübergänge auf Grundlage der Quellenbasis nicht immer zu ermitteln waren. Das heißt, die Zahl der langfristig angesessenen Familien dürfte in Wirklichkeit noch etwas höher gelegen haben.

Fällen wurde der Name von anderen Familien weitergeführt.[74] Häufig ging damit eine fideikommissarische Bindung einher. In der Regel erfolgte der Übergang auf ein anderes adliges Geschlecht, nur in einem Fall ging der Besitz auf einen bürgerlichen Adoptivsohn über.[75]

Insgesamt lassen sich 28 Besitzwechsel dieser Art feststellen. Da hier – ebenso wie bei den anderen Fällen von langfristiger Vererbung – die Kontinuität außerhalb des Gütermarktes gewahrt wurde, ist es legitim, diese Besitzungen im folgenden in die Darstellung mit einzubeziehen. Weil ein Teil zu den bereits vorgestellten alten Geschlechter gehörte, erhöht sich deren Zahl insgesamt nur um 12 auf 109. Zwei Drittel der Geschlechter (78) waren nur mit einem Familienzweig angesessen (vgl. Tabelle 72). Insgesamt 31 waren dagegen in mehreren Linien zu finden. Diese stammten fast ausschließlich aus dem Uradel der verschiedenen Regionen der Provinz, bzw. waren bereits seit Jahrhunderten in ihn integriert worden.[76]

Tabelle 72: Die Anzahl der Familienzweige der zwischen 1800 und 1910 ununterbrochen angesessenen Adelsgeschlechter in der Provinz Brandenburg

Familienzweige im Großgrundbesitz	1	2	3	4	5 -14
Geschlechter	78	11	9	3	8

Auch unter den langangesessenen Familien waren die Arnims wiederum am stärksten vertreten. Am Ende des Jahrhunderts lassen sich insgesamt 14 Familienzweige nachweisen, die Großgrundbesitz innehatten, der bereits vor 1800 im Besitz des Geschlechtes gewesen war. Dies war u. a. auch ein Resultat der sehr starken Ausgangsposition der Familie, die im Verlauf des Untersuchungszeitraumes mehrere Besitzteilungen ermöglichte, ohne dass die Substanz der abgespalteten Besitzteile zu gering wurde. Ebenfalls mit einer bedeutenden Anzahl von langangesessenen Familienzweigen waren daneben die v. Bredow (10), v. Winterfeldt (9), v. Wedel (7), Grafen v. Schwerin (6), Gans Edle Herren zu Putlitz (5), v. d. Hagen (5), v. Kleist (5), v. Quast (4), v. Rochow (4) und v. Zieten (4) im Großgrundbesitz vertreten. Allein die dauerhaft angesessenen Linien dieser elf weitverzweigten Geschlechter besaßen im Verlauf des Untersuchungszeitraumes in der Provinz 221 Besitzungen, von

74 So bspw. im Falle der Grafen (Fürsten) v. Eulenburg-Hertefeld, der (Grafen) v. Saldern-Ahlimb-Ringenwalde, Stülpnagel-Dargitz, Kleist v. Bornstedt, Kleist-Retzow, v. Rohr-Wahlen-Jürgaß.

75 Um 1847 vererbte der Major Saher v. Weißenstein sein seit mindestens 1793 im Besitz der Familie befindliches Rittergut Strausdorf an den Regierungsassessor und Leutnant der Kavallerie Burscher, dessen Nachkommen das Gut unter dem Namen Burscher v. Saher zum Weißenstein bis über das Ende des Kaiserreiches hinaus besaßen.

76 Als eine der wenigen ursprünglich nicht brandenburgischen Familien wären z. B. die v. Saldern zu erwähnen, die in der Mitte des 16. Jahrhunderts – aus Hildesheim kommend – umfangreichen Grundbesitz erwarben.

denen 178 Rittergüter waren.[77] Das bedeutet, dass sich jedes neunte Rittergut zumeist langfristig in ihrem Eigentum befand. Im Stichjahr 1910 umfassten ihre Besitzungen 197.194 ha mit einem Grundsteuerreinertrag von 1.324.593RM. Damit hielten allein diese Geschlechter ein Zehntel des alten Großgrundbesitzes der Provinz in ihren Händen.[78] Zusammen besaßen die 200 alten Familien 574 Güter[79], davon 458 Rittergüter. Das heißt, jedes dritte Rittergut war in ihrem Besitz und damit dem Gütermarkt entzogen.[80]Insgesamt besaßen sie 1910 mit 617.333 ha etwas mehr als die Hälfte der Gesamtfläche des alten Großgrundbesitzes. Diese Verschiebung ist dadurch begründet, dass ihnen tendenziell die größeren Güter gehörten.[81]

Die meisten der ,alten' Familienzweige gehörten dem sogenannten Uradel (177) oder dem Hochadel (6) an. Nur sechs Familien waren nobilitiert worden, drei davon erst im 18. Jahrhundert.[82] Dies zeigt wiederum deutlich, wie erfolgreich ein Teil des alten Adels in der Lage war, seine Positionen im Großgrundbesitz über einen langen Zeitraum zu verteidigen und wie gering die Zahl der Aufsteiger in diesem Bereich war.

Untersucht man die Besitzdauer der 109 Geschlechter, die das gesamte 19. Jahrhundert über ihren Besitz wahrten, so erhält man ein stark differenziertes Bild. Bis 1375 – dem Zeitpunkt der Erstellung des Landbuches Kaiser Karl IV. – waren nur 10 Geschlechter bereits auf den Gütern angesessen, die sie auch 1918, nun aufgegliedert in 21 Familienzweige, noch innehatten. Die Zahl der zu dieser Zeit bereits vorkommenden uradligen Namen liegt dagegen höher. Für die Zeit vor 1500 erhöht sich die Zahl auf 25 Geschlechter (55 Familienzweige). Bis 1600 waren es dann 35 Geschlechter (75 Familienzweige). Von den insgesamt hier betrachteten 109 Geschlechtern waren auch vor 1700 nur 54 (114 Familienzweige) bereits auf ihren später erfolgreich behaupteten Gütern angesessen. Diese Daten verweisen wiederum auf die starke Fluktuation der Adligen im Rittergutsbesitz, lange bevor die Lehnsverfassung aufgehoben wurde. Obwohl die Mehrzahl uradligen Familien entstammte, hatte nur ein relativ kleiner Teil seinen Besitz bereits seit dem Mittelalter inne. Die Hälfte der Familienzweige, die sich nach 1800 erfolgreich behaupteten, hatten ihre Güter dagegen erst im 18. Jahrhundert erworben.

77 Vor allem durch Löschungen von Rittergütern ohne Wirtschaftsbetrieb sank die Zahl der Güter bis 1910 dann auf 172 ab.

78 1910 betrug die Gesamtfläche des alten Großgrundbesitzes 1.175.629 ha. Vgl. dazu S. 206.

79 Bis 1910 reduzierte sich die Zahl der Güter durch Abverkäufe und Löschungen auf 443.

80 Die konterkariert die Behauptung Wehlers, dass die „verklärte soziale Stabilität des bodensässigen Rittertums" nur eine „teils nostalgische, teils romantisierend-heuchlerische Erinnerung" war. Ders. Gesellschaftsgeschichte, Bd. II., S. 155.

81 Der auf ihre Besitzungen entfallende Grundsteuerreinertrag betrug 3.748.226 RM, das entspricht einem Drittel der Gesamtsumme des alten Großgrundbesitzes. Vom gesamten Großgrundbesitz (ohne Domänen und Forsten) machte dies ein Viertel des Grundsteueraufkommens aus. Der Unterschied zwischen dem Anteil an der Fläche und dem am gesamten Grundsteuerreinertrag resultiert vor allem aus den umfangreichen Forsten, die deutlich geringere Reinertragswerte als die Ackerflächen hatten.

82 Dies waren die Familien v. Weyrach (1702), v. Risselmann (1746) und v. Zimmermann (1786).

Ein Kriterium für den langfristigen Besitzerhalt war offensichtlich die Stellung der Familie im Spätmittelalter und in der frühen Neuzeit. So sind von schloßgesessenen Familien[83], die um 1540 bezeugt werden, sehr viele auch noch fast 400 Jahre später auf den gleichen Gütern zu finden. Es waren dies neben den Gans Edle Herren zu Putlitz – in den westlichen und mittleren Teilen Brandenburgs die v. Arnim, v. Bredow, v. Buch, v. Burgsdorf, v. d. Hagen, v. Hake, v. Holtzendorff, v. Klitzing, v. Pfuel, v. Rochow und v. Rohr.[84] Außer den in Brandenburg ausgestorbenen Familien v. Bellin (1751), v. Krummensee (1827), v. Schapelow (vor 1750) und v. Uchtenhagen (nach 1604) wanderten die v. Schlabrendorff und die v. Sparr in andere Territorien ab oder verloren die Beziehung zum Großgrundbesitz.[85] Ihre ursprünglich sehr starke Stellung büßten auch die Quitzows ein, denen von den ersten Landesherren aus dem Hause Hohenzollern erhebliche Teile ihres Besitzes genommen wurden. Die Reste ihres Großgrundbesitzes verkauften sie jedoch erst in den Jahren nach 1806. Ab 1824 sind Gutsbesitzer aus diesem Geschlecht dann nicht mehr nachweisbar, es ist jedoch nicht ausgestorben.[86] Die einzige Familie aus diesem Kreis der älteren Schloßgesessenen, die nach 1900 ihren Restbesitz verkaufte, waren die v. Barfuß, denen von vielen Gütern nur noch Batzlow (613 ha, GRE 10.851 RM) geblieben war, das zwischen 1903 und 1910 veräußert wurde.

Von den 21 schloßgesessenen Familien konnten also über die Hälfte ihren Großgrundbesitz halten. Dagegen verloren – abgesehen von den ausgestorbenen Geschlechtern – nur vier ihren Besitz, bzw. wichen in andere Regionen aus. Dazu kamen noch die schloßgesessenen Familien der Neumark. Von den um 1540 hier verzeichneten 13 Geschlechtern[87] existierten in Brandenburg am Ende des Kaiserreiches noch sechs in altangesessenen Familienzweigen (v. Waldow, v. Sydow, v. Zobeltitz, v. Muschwitz, v. d. Marwitz, v. Wedel). Für sechs weitere Familien, die teils in den schlesisch-sächsischen (v. Rothenburg, v. Löben, v. Kalckreuth, v. Kanitz, v. Lossow), teils den pommerschen Raum (v. Borcke) gehören, dürfte dies auch zutreffen.[88] Der Kreis der

83 Die Schloßgesessenen bildeten hinsichtlich ihrer ökonomischen Potenz und vor allem ihrer militärischen Macht eine im Spätmittelalter deutlich aus der Masse des landsässigen Adels herausgehobene Gruppe. Ihr wesentlichstes Kennzeichen war es, Inhaber einer Burg von überregionaler Bedeutung zu sein. Der Anteil dieser Gruppe am gesamten Adel der Mark wird auf maximal 5 % veranschlagt. Vgl. u. a. Gerd HEINRICH, Nordostdeutscher Adel im Übergang vom Spätmittelalter zur Neuzeit, in: Eckart Henning u. Werner Vogel (Hgg..), Festschrift der Landesgeschichtlichen Vereinigung für die Mark Brandenburg zu ihrem hundertjährigen Bestehen, Berlin 1984, S. 108 und Peter Michael HAHN, Fürstliche Territorialhoheit und lokale Adelsgewalt, Berlin 1989, S. 404.

84 Vgl. Adolph Friedrich RIEDEL, Von dem Unterschied zwischen den beschlossenen und unbeschlossenen Geschlechtern der brandenburgischen Ritterschaft, in: Märkische Forschungen, 1 (1841), S. 277-280 und Gerd HEINRICH, Der Adel in Brandenburg-Preussen, in: Helmuth Rössler (Hg.), Deutscher Adel 1555-1740, Büdinger Vorträge 1964, Darmstadt 1965, S. 268.

85 Beiden Geschlechtern gelang allerdings die Erhebung in den Grafenstand.

86 Noch 1903 wurde im Brockhaus das Weiterbestehen der Familie vermerkt.

87 Vgl. die Literaturangaben in Anm. 84, S. 272.

88 Hier scheint lediglich die Familie v. Günthersberg verschwunden zu sein.

Schloßgesessenen wurde im 16. Jahrhundert durch die formale Verleihung dieses Titels an mehrere führende Amtsträger und ihre Familien noch erweitert. So wurden zwischen 1577 und 1612 u. a. die v. Kloster (vor 1800 ausgestorben), v. Flans (nach 1780 nicht mehr in Brandenburg, später erloschen), v. Röbel (nach 1776 nicht mehr in Brandenburg), ein weiterer Zweig der v. Löben (kurmärkischer Besitz um 1725 verkauft, weiterer kurz- und mittelfristiger Besitz in der Niederlausitz) sowie die v. Oppen, v. Ribbeck und v. Broesigke in den Status von Schloßgesessenen erhoben.[89] Die letzten drei Familien wahrten ihren Besitz bis über das Ende des Kaiserreiches hinaus. Insgesamt waren damit unter den 31 Geschlechtern, die ihren Besitz vor 1600 erwarben und ihn bis nach 1918 behielten, 21 mit Familienzweigen, die zu den Schloßgesessenen gehörten. Dies unterstreicht nachdrücklich die starke Ausgangsposition dieser Familien, die sich vom übrigen landsässigen Adel frühzeitig auch durch die Größe ihrer Lehen unterschieden.[90]

In diesem Zusammenhang ist auf ein besonderes Privileg hinzuweisen, das vor allem von den führenden Familien im Spätmittelalter stark nachgesucht war – die Verleihung des Besitzes zur ‚ganzen Hand'. Wurde diese gewährt, konnte im Falle des Aussterbens einer Linie eine andere desselben Geschlechtes in die Erbfolge eintreten. Von den 235 Gütern, die 1857 als Lehnsbesitz gekennzeichnet waren, befanden sich 118 im Besitz der ehemals schloßgesessenen Familien. Diese waren damit unter den Lehnsbesitzern komplett vertreten. Dies könnte darauf hindeuten, dass die meisten von ihnen die ‚ganze Hand' an ihren Besitzungen hatten. Eine wesentliche Folge davon war, dass der Besitz erheblich schwieriger veräußert werden konnte, da alle ‚Berechtigten' Ansprüche geltend machen konnten. In dieser aus dem Spätmittelalter herrührenden Lehnsbindung, ist mit Sicherheit eine der Ursachen für die langfristige Besitzwahrung der früheren schloßgesessenen Familien und weiterer alter Adelsgeschlechter zu sehen.

Ein Blick auf die Größe und Ertragsfähigkeit der alten Besitzungen zeigt eine weitere Grundlage des langfristigen Überlebens der alten Familien. Ihre Güter und Güterkomplexe gehörten – abgesehen von wenigen Ausnahmen – zu den größeren und ertragreichen (vgl. Tabelle 73).

Tabelle 73: Der Grundsteuerreinertrag der Besitzungen der langfristig angesessenen adligen Familien (um 1900)

Grundsteuer-reinertrag	**<5.000**	**5.000-10.000**	**10.000-20.000**	**20.000-50.000**	**>50.000**
Anzahl der Familien	35	44	67	40	14

Nur 35 Besitzungen hatten nach 1860 einen Grundsteuerreinertrag, der unter 5.000 RM lag und erreichten damit um 1900 wahrscheinlich nicht oder nur

89 Vgl. HAHN, Struktur, S. 11, (dort auch Anm. 71).

90 Ebd. Dazu kommt, dass es vor allem diesen einflussreichen Familien gelang, im Zuge der Säkularisation von Kirchenländereien beträchtliche Vergrößerungen ihres Besitzes durchzusetzen. Ebd., S. 45.

knapp ein Einkommen, dass für eine ‚herrschaftliche' Existenz im Sinne Max Webers bzw. Miquel's notwendig war. Die weitaus überwiegende Anzahl erzielten jedoch – nach Maßgabe der bekannten Angaben – Einkünfte, die diese Grenze und auch die für eine Fideikommißgründung deutlich überschritten haben dürften. Die alten Familien sind daher in den meisten Fällen auch mit den wohlhabenderen gleichzusetzen. Von den 95 adligen Besitzern, die 1857 auf Gütern/Güterkomplexen mit einem Grundsteuerreinertrag über 20.000 RM saßen, gehörten dementsprechend über die Hälfte (53) zu den langfristig Angesessenen. Die Inhaber der 20 größten Besitzungen kamen ausschließlich aus ihren Reihen.[91] Auch von den Millionären, die Rudolf Martin 1912 verzeichnete, stellten sie mehr als ein Drittel. Tendenziell gehörten die alten Familien auch hier zu den reicheren. So stammten von den 23 Personen mit einem Vermögen von über sechs Millionen RM 15 aus ihrem Kreis.

Erweitert wird das Spektrum der langfristig angesessenen adligen Familien durch jene, die sich in der ersten Hälfte des 19. Jahrhunderts ankauften und ihren Besitz ebenfalls mindestens bis zum Ende des Kaiserreiches behielten, bzw. in einigen Fällen noch vermehrten. Bis 1828 waren dies insgesamt 34 Familien[92], wobei in einigen Fällen das Gut auch schon kurz vor 1800 erworben worden sein kann. Knapp die Hälfte der Betreffenden hatte noch zur Zeit der hohen Güterpreise bis 1806 gekauft, die anderen erst nach deren Verfall. Die relativ starke Position der oben besprochenen alten Geschlechter zeigt sich auch daran, dass von den 34 ‚neuangesessenen' Familienzweigen weitere 15 aus diesem Spektrum stammten. Einem Teil der alten Geschlechter gelang es also zu Beginn des Jahrhunderts ihre Stellung noch auszubauen.

Bezieht man die Güter dieser – seit dem ersten Viertel des 19. Jahrhunderts dauerhaft angesessenen – Familien mit ein, dann waren mehr als ein Drittel aller Rittergüter dem Bodenmarkt entzogen und in langfristigem Besitz.[93] Der Anteil des alten Besitzes an der Gesamtfläche (alter Großgrundbesitz) stieg damit im Jahre 1910 auf 57 %, der am Grundsteueraufkommen auf 39 %. Dagegen machten die 234 langfristig angesessenen Rittergutsbesitzer von den 874[94], die es zu diesem Zeitpunkt gab, nur ein Viertel aus. Dies zeigt die Gewichtsverteilung im Großgrundbesitz der Provinz, der von den dauerhaft angesessenen wohlhabenderen Familien dominiert wurde. Innerhalb dieser stellten die alten brandenburgischen Geschlechter – vor allem die ehemals schloßgesessenen – einen über Jahrhunderte stabilen Kern des regionalen Adels. Daneben etablierten sich im 18. und frühen 19. Jahrhundert weitere Adelsfamilien aus anderen Regionen. Das Nachlassen der starken Fluktuatio-

91 Vgl. dazu auch S. 230.

92 In weiteren fünf Fällen, die hier jedoch nicht gezählt werden, hatten Bürgerliche, die bis 1848 in den Adelsstand erhoben wurden, langfristig Großgrundbesitz erworben.

93 Insgesamt besaßen die ‚neuangesessenen' langfristigen adligen Besitzer 71 Güter (davon 59 Rittergüter) mit einer Gesamtfläche von 64.302 ha und einem Grundsteuerreinertrag von 624.967 RM.

94 Vgl. S. 194.

nen innerhalb des adligen Besitzerspektrums ist auch auf diesen Prozess zurückzuführen.

Den Gegenpol zur Erfolgsbilanz eines Teils der alten Geschlechter und der im Verlaufe späterer Jahrhunderte neu in die Region Gekommenen bilden die Familien, die ihren zum Teil seit dem Spätmittelalter behaupteten Rittergutsbesitz im 19. Jahrhundert verloren haben und dauerhaft aus dem Großgrundbesitz verschwunden sind. Wie weiter oben jedoch gezeigt wurde, war ihr Anteil auf Grund der hohen Fluktuation im Rittergutsbesitz geringer als erwartet, da die Mehrzahl der Familien, die ihre Beziehung zum Großgrundbesitz verloren, nur auf eine kürzere Besitzzeit zurückblicken konnten.[95]

Die Bürgerlichen

Weiter oben wurde bereits beschrieben, dass die Mehrzahl der bürgerlichen Inhaber von Gütern nur kurz- oder mittelfristige Besitzer waren. Demgegenüber wurde jedoch auch ein Prozess der Herausbildung eines längerfristigen angesessenen bürgerlichen Segmentes im Großgrundbesitz festgestellt, das im folgenden näher dargestellt werden soll. Ein direkter Vergleich mit dem adligen Besitz ist auf Grund der Auswirkungen des friderizianischen Adelsschutzes nur begrenzt möglich. Daher soll zunächst die Besitzdauer der bürgerlichen Familien im Stichjahr 1914 beschrieben werden. In diesem Jahr gab es 444 bürgerliche Rittergutsbesitzer auf 376 Einzelgütern und 68 Güterkomplexen[96], die durch 168 Inhaber älterer Großgrundbesitzungen, die bereits vor 1885 in den Quellen auftauchten, ergänzt wurden.

Die Übersicht über die Besitzdauer bestätigt nochmals eindeutig den Befund, dass die Hälfte der bürgerlichen Inhaber von altem Großgrundbesitz auch am Ende des Kaiserreiches nur wenige Jahre auf ihren Gütern saßen (vgl. Tabelle 74).[97]

Tabelle 74: Die Besitzdauer der bürgerlichen Inhaber von älterem Großgrundbesitz im Stichjahr 1914

Zeitpunkt des Gutserwerbs	Anzahl der Besitzer (Einzelgüter)*	Anzahl der Besitzer (Komplexe)	Gesamt
bis 1828	30	6	36
1829-1857	51	9	60
1858-1885	89	14	103
1886-1903	93	15	108
1904-1914	279	25	304
gesamt	542	69	611

* Rittergüter und älterer Großgrundbesitz

95 Vgl. dazu S. 261.

96 Die meisten dieser Güterkomplexe waren allerdings Neubildungen der letzten Jahrzehnte des 19. Jahrhunderts. Nur 20 hatten bereits seit Beginn des Jahrhunderts bestanden.

97 Der Unterschied im Anteil vor 1885 bereits angesessener Besitzer zur Tabelle 70, S. 265 ergibt sich daraus, das dort nur die Rittergüter aufgeführt sind. Dies zeigt, dass der nicht privilegierte ältere Großgrundbesitz noch häufiger veräußert wurde als die Rittergüter.

Als längerfristig angesessen sind dagegen vor allem die 96 bürgerlichen Familien anzusehen, die bis 1857 ihre Güter erwarben und diese am Ende des Kaiserreiches noch innehatten und in vielen Fällen bis 1945 behielten. Die Mehrzahl der alten Familien besaß Rittergüter, nur 14 hatten nicht privilegierten Großgrundbesitz inne.[98] Darüber hinaus waren zu Beginn des Ersten Weltkrieges weitere 103 Familien mindestens eine Generation (29-57 Jahre) angesessen. Im Jahre 1885 hatte es dagegen nur 75 Familien mit mehr als fünfzigjähriger Besitzkontinuität gegeben. Innerhalb des bürgerlichen Besitzsegmentes nahm also die Tendenz zu längerfristiger Besitzwahrung ebenso wie beim Adel zu.

Allerdings lassen sich darüber hinaus weitere langfristig angesessene bürgerliche Familien nachweisen, die bis 1914 ihren Besitz schon wieder verkauft hatten. So wurden für den gesamten Untersuchungszeitraum 125 Familien ermittelt, die mindestens 50 Jahre im Besitz ihres Güter gewesen waren, dann aber vor 1914 wieder aus dem Großgrundbesitz ausgeschieden sind. Unter diesen befanden sich auch 15 Familien mit mehr als hundertjähriger Besitzdauer.[99] Da allerdings eine Besitzweitergabe auf dem Weg über erbende Töchter bei den Bürgerlichen noch schwerer nachzuweisen ist als bei den Adligen, ist anzunehmen, dass in einer ganzen Reihe von Fällen die Besitzkontinuität gewahrt blieb, der Name jedoch wechselte. Sicher registriert werden konnten nur zehn solche Besitzübergänge, die in die vorstehenden Angaben (Tabelle 74) mit einbezogen wurden. In zwei Fällen kam es dabei zur Vererbung von Gütern aus adligem Besitz an Bürgerliche.[100] Nur bedingt in diesen Kreis alter bürgerlicher Familien gehören außerdem die nobilitierten brandenburgischen Familien, die ebenfalls zu den längerfristigen Besitzern zu zählen sind.[101]

Die vorstehenden Angaben bestätigen damit deutlich die Aufspaltung der bürgerlichen Großgrundbesitzer in zwei Gruppen. Neben der großen Zahl nur kurzfristig feststellbarer Personen existierte ein breiterer Kreis von rund 200-

98 Mindestens die Hälfte dieser Güter stammte aus Domänenverkäufen nach 1824. Während die meisten relativ klein waren, erreichten einige neben beträchtlichen Größen auch relativ hohe Grundsteuerreinertragswerte. Hierzu zählen: Ludwigsburg (Keibel, GRE 11.709) und Treskow (Jacobs, GRE 10.160).

99 Von diesen älteren Gütern hatten sich drei Besitzungen bereits im 17. Jahrhundert in den Händen der betreffenden Familien befunden. Zwei davon waren allerdings schon bis 1815 veräußert worden. Die seit 1625 auf Krauschow (zweiter Anteil) im Kreis Züllichau-Schwiebus angesessene Familien Bone verkaufte das Rittergut nach mehr als 278jährigem Besitz zwischen 1903 und 1910.

100 So wurde 1817 das bereits seit 1375 der aus brandenburgischem Uradel stammenden Familie v. d. Dollen gehörige Rittergut Klein Luckow auf dem Wege über eine Erbtochter an die Familie Keibel weitergegeben, die es bis 1945 besaß. Ebenfalls über eine Tochter wurde das Rittergut Zilmsdorf, das seit spätestens 1800 der alten schlesischen Familie v. Reibnitz gehört hatte, an die Familie Linke vererbt, die es noch 1921 besaß.

101 Es sind dies die Familien v. Kähne (Großgrundbesitzer seit spätestens 1830, nobilitiert 1840), v. Freier (seit 1803, nobilitiert 1840), v. Humbert (seit 1827, nobilitiert 1848), v. Meyer (seit 1846, nobilitiert 1865), Schulz v. Heinersdorf (seit 1802, nobilitiert 1881) und v. Pappritz (seit 1803, nobilitiert 1901). Diese Familien waren im Gegensatz zu den meisten anderen nobilitierten brandenburgischen Großgrundbesitzern noch 1914 nachzuweisen.

250 Familien, die ihre Güter mindestens eine Generation weitervererben konnten. Die langfristige Sicherung der Besitzungen gelang jedoch nur etwa der Hälfte dieser Familien, die dementsprechend auch am Ende des Untersuchungszeitraumes noch nachzuweisen waren.

Die Frage nach der sozialen Herkunft der nicht nur kurzfristig im Großgrundbesitz auftauchenden Familien, ist auf Grund der Quellenlage schwer zu beantworten. Relativ sicher zu ermitteln ist ein überdurchschnittlicher Anteil von Domänenpächterfamilien. So stammte von den 1914 nachweisbaren Familien, die vor 1857 Großgrundbesitz erwarben, jede zehnte aus diesem Kreis. Ebenso verhält sich die Relation bei dem längerfristigen Familieneigentum, das bis 1914 wieder verkauft wurde. Dies weist darauf hin, dass die ehemaligen Domänenpächter offensichtlich in besonderem Maße die fachlichen Qualitäten zur Führung eines großen Besitzes mitbrachten und auch an folgende Generationen weitergaben. Jede fünfte Familie aus diesen Kreise, die vor 1857 ein Rittergut erwarb, vermochte es, dieses länger als 50 Jahre zu behalten, jede zehnte war noch 1914 darauf angesessen. Obwohl die diesbezüglichen absoluten Zahlen relativ gering sind[102], dürfte auch auf dieser Grundlage der Mythos erwachsen sein, dass die Mehrzahl der bürgerlichen Rittergutsbesitzer ehemalige Domänenpächter waren. Die Bedeutung der Domänenveräußerungen mit Rittergutsqualität für diese Gruppe spiegelt sich auch darin wider, dass 10 % der Besitzungen der alten bürgerlichen Familien aus dieser Quelle stammten. Sechs davon verblieben bis mindestens 1914 in den Familien, die mit hoher Wahrscheinlichkeit schon vor dem Kauf zwischen 1810 und 1824 die Pächter gestellt hatten.

Für eine Aussage über die Herkunft der anderen älteren Familien reichen die vorliegenden Angaben nicht aus. Es ist jedoch zu vermuten, dass neben höheren Beamten und vermögenden Stadtbürgern ein weiterer Teil der Käufer aus dem Spektrum der professionellen Landwirte kam, die vor allem in der Zeit der niedrigen Bodenpreise stark in den Großgrundbesitz gestrebt sind.

Analog zu den alten adligen Familien ist nun die Frage nach der Größe und Ertragsfähigkeit der Güter der langfristig angesessenen bürgerlichen Familien zu stellen (vgl. Tabelle 75). Hier zeigt sich im Vergleich zum Adel eine deutliche Verschiebung hin zu den ertragsschwächeren Gütern.[103] Zunächst wird sichtbar, dass einige Güter – trotz ihrer Zugehörigkeit zum Ritterguts- oder anderem alten Großgrundbesitz – von ihrem Grundsteuerreinertrag eher als großbäuerlich zu bezeichnen sind. 40 % aller Güter oder Güterkomplexe, die zwischen 1857 und 1914 ununterbrochen im Besitz einer bürgerlichen Familie waren, erreichten nur einen Grundsteuerreinertrag bis zu 5.000 RM. Damit lag die Mehrzahl dieser Besitzungen deutlich unter der Grenze für eine Fideikommißstiftung und erreichten auch die von Max Weber benannte Untergrenze für ein großbürgerliches Einkommen mit hoher Wahrscheinlichkeit nicht,

102 Von den 1914 angesessenen 96 älteren bürgerlichen Familien stammten zwölf Familien von Domänenpächtern sowie drei weitere von Ökonomieräten ab. Unter den bis 1914 aus dem Großgrundbesitz verschwunden 125 bürgerlichen Familien mit mehr als fünfzigjähriger Besitzkontinuität waren ebenfalls zwölf, die aus diesen Kreisen entstammten.

103 Vgl. zum Adel Tabelle 73, S. 273.

Tabelle 75: Der Grundsteuerreinertrag der Besitzungen der langfristig angesessenen bürgerlichen Familien (um 1900)[104]

Grundsteuer-reinertrag	<1.500	1.500-5.000	5.000-10.000	10.000-20.000	20.000-50.000
Anzahl der Familien	7	33	28	24	4

Das von ihm benannte Limit von mindestens 10.000 RM Reineinkommen dürfte von den meisten anderen Gütern jedoch erbracht worden sein. Ebenso wie bei den langfristig angesessenen adligen Familien bewegte sich mehr als die Hälfte der Besitzungen im Bereich zwischen 5.000 und 20.000 RM Grundsteuerreinertrag und hat damit im Normalfall einen gehobenen Lebensstandard gesichert. Im Bereich der sehr großen und ertragreichen Güter waren dagegen neben 54 alten adligen Familien nur noch vier bürgerliche Familien vertreten.[105] Unter den Besitzern der Güterkomplexe mit einem Grundsteuerreinertrag über 50.000 RM waren keine der alten bürgerlichen Familien mehr zu finden. Aus diesen Angaben wird letztendlich deutlich, dass nur etwa 20 bis 30 der alten bürgerlichen Familien mit einiger Sicherheit bedeutendere Einkommen aus dem Großgrundbesitz bezogen, bzw. sehr hochwertige Güter besaßen. Damit war die Zahl von ökonomisch gleichrangigen Partnern mit längerer Besitzkonstanz, die den vermögenden alten Adelsfamilien zur Seite gestellt werden konnten, auch am Ende des Kaiserreiches relativ gering. Dementsprechend verzeichnet auch das Jahrbuch der Millionäre nur Mitglieder aus neun alten bürgerlichen Großgrundbesitzerfamilien, wobei jedoch hinzu kommt, dass in einigen Fällen der Großgrundbesitz mit Sicherheit nicht die alleinige Quelle des Reichtums gewesen sein kann.[106]

Im Gegensatz zu den alten adligen Familien existierte von den meisten bürgerlichen nur eine langfristige Linie im Großgrundbesitz. Lediglich sieben Namen tauchen mehrfach auf, wobei teilweise nicht zu klären war, ob die betreffenden Familien aus einer Wurzel entstammen oder nur Namensgleichheit besteht.[107] Über ihren langfristig besessenen Großgrundbesitz hinaus spielten die alten bürgerlichen Familien auf dem Gütermarkt der Provinz eine bedeutende Rolle. Auch wenn wiederum das Problem der Namensgleichheit besteht, zeigt die Zahl von 690 Gütern aller Art, die sich im Besitz von Perso-

---

104 Wie weiter oben ausführlich dargestellt wurde, sind diese Werte für die Zeit um 1900 mit dem Faktor zwei zu multiplizieren.

105 Es waren dies die Familien Honig (seit 1819 auf Gralow, GRE 32.886. 3.035 ha), Ramm (seit 1831 auf Mellenthin, GRE 24.048, 1.029 ha), Treichel (seit 1835 auf Stennewitz, GRE 21.297, 1.573 ha) und Glahn (seit 1850 auf Cranzin, GRE 27.496 RM, 1.636 ha).

106 So erreichten sechs Güter Grundsteuerreinertragswerte, die zum Teil deutlich unter 7.500 RM lagen. Möglicherweise ist dies darauf zurückzuführen, dass die Methode von Rudolf Martin fehleranfällig ist, oder die Besitzer verfügten über andere Einkommensquellen.

107 Während bei den mehrfach vorkommenden Namen Fischer (2x) und vor allem Paschke (7x in der westlichen Niederlausitz) ein Familienzusammenhang nicht sicher ist, waren die Keibels (2x), die Jacobs (2x), die Scherz (2x) und die Paech (2) verwandtschaftlich verbunden. Einen Sonderfall hinsichtlich ihres Besitzumfanges nahm die bereits erwähnte Familie Schulz ein, die in mehreren Linien zahlreiche Rittergüter in der Provinz besaß.

nen mit identischem Familiennamen befanden, in welchem Maße diese Familien im Großgrundbesitz aktiv waren. Während nur 26 der Namen der 82 alten Familien[108] einmal auftauchen, erscheinen 30 mehr als vier Mal. Besonders häufig war dabei der Name Schulz, der mit 208 Nennungen allein fast ein Drittel stellte. Auch wenn ein bedeutender Teil auf die ökonomisch bedeutendste Familie der Provinz entfällt, sind hier mit Sicherheit weitere Familien gleichen Namens zu finden. Während in der Region häufige Namen wie Paschke (91x), Fischer (38x) oder Krüger (32x) und andere sicher auf mehrere Familien verweisen, sind die weiteren Namensträger Paech (16), Karbe (12), Scherz (12), Schultz (12), Jacobs (10), Schütze (9), Boldt (8), Flügge (7), Bohnstedt (7) und Seidel (7) mit hoher Wahrscheinlichkeit auf die langfristig angesessenen Familien zurückzuführen.

Im Besitz der alten bürgerlichen Familien befanden sich insgesamt 113 Güter, von denen 92 Rittergutsqualität besaßen. Damit waren weitere 7 % der Rittergüter dem Gütermarkt langfristig entzogen. Zusammen mit den alten und den im ersten Viertel der 19. Jahrhunderts hingekommenen adligen Familien waren somit 609 Rittergüter in dauerhaftem Besitz. Setzt man diese Zahl zu den am Ende des Kaiserreiches noch existierenden Rittergütern in Beziehung, zeigt sich, dass mehr als zwei Fünftel dieser Besitzungen auf dem Gütermarkt gar nicht oder seit vielen Jahrzehnten nicht mehr aufgetaucht waren. Die alten bürgerlichen Familien banden mit 62.503 ha nur etwas mehr als fünf Prozent der Fläche des alten Großgrundbesitzes und mit 734.060 RM rund sechs Prozent des gesamten Grundsteuerreinertrages. Dies Verhältnis zeigt, dass die langfristig angesessenen Bürgerlichen im Vergleich mit den Adligen tendenziell weniger niedriger dotierten Wald und mehr Ackerfläche besaßen. Es wäre jedoch eine Überinterpretation, wenn man daraus schließen wollte, dass die Bürger stärker ökonomisch orientiert waren als die Adligen. Viele der großen Waldflächen in adligem Besitz standen nie zum Verkauf, und darüber hinaus waren große Wälder ebenfalls eine sehr gute Einkommensquelle.

Zusammenfassend ist folgendes festzuhalten: Neben den alten adligen Familien etablierte sich in der ersten Hälfte des 19. Jahrhunderts eine etwa halb so große Anzahl bürgerlicher Familien dauerhaft im Großgrundbesitz. Während ein nicht unerheblicher Teil von ihnen auf kleineren und damit potentiell ertragsschwächeren Gütern angesessen war, vermochte eine ganze Reihe von Familien mit den Einkommen der Mehrzahl der alten adligen Familien durchaus zu konkurrieren. Im Bereich der großen Güterkomplexe waren sie dagegen deutlich unterrepräsentiert. Es wird im folgenden sowohl bei der Betrachtung des gebundenen Besitzes als auch bei der vergleichenden Analyse alter adliger und bürgerlicher Familien danach zu fragen sein, ob und inwieweit sich diese beiden Gruppen aneinander annäherten.

---

108 Da bereits unter den 96 alten Familien die oben benannten Mehrfachnennungen auftauchen, reduziert sich die Ausgangszahl auf 86.

Die Vererbung des gebundenen und ungebundenen Besitzes

Die Sicherung der Übergabe des Großgrundbesitzes an die nächste Generation war für einen bedeutenden Teil der adligen aber auch für bürgerliche Landeigentümer mit hoher Wahrscheinlichkeit eine der wesentlichsten Entscheidungen, die sie als Inhaber eines Rittergutes oder eines Güterkomplexes zu treffen hatten. Besonders für adlige Rittergutsbesitzer, die auf seit Jahrhunderten im Familienbesitz befindlichem Boden wirtschafteten, war dieser nicht einfach nur ein Produktionsmittel. Mit dem Gut verband sich gleichzeitig ein wesentlicher Teil der Familiengeschichte, das Herrenhaus war Aufbewahrungsort der materiellen Hinterlassenschaft von vielen Generationen, die verschiedenen Bauten und die Wälder ließen sich auf das Wirken der Vorfahren zurückführen, die in den Familienbegräbnissen ruhten. Daher ist es von besonderem Interesse zu untersuchen, auf welche Weise die Großgrundbesitzer ihren Besitz weitergaben und welche Sicherungsvorkehrungen sie trafen, um den Familienbesitz nicht nur der nächstfolgenden Generation zu übergeben.

Neben der freien Vererbung spielte der gebundene Besitz eine besondere und teilweise unterschätzte Rolle bei der langfristigen Sicherung der großen Güter. Vor allem die bislang fast unbekannte Weiterexistenz der Lehnsbindung, über deren Wirkungsweise und schließliche Aufhebung in der Literatur nur spärliche Informationen zu finden sind[109], wird zunächst zu untersuchen sein. Dem folgend wird die Entwicklung der Fideikommisse, welche die Lehen zunächst überlagerten und dann vollständig ablösten, dargestellt. Abschließend wird auf der Basis der vorliegenden Informationen, die freie Vererbung der Güter Gegenstand der Betrachtung sein.

Die Lehen

Auf die Tatsache, dass die Lehen – mit Ausnahme der Johanniterordenslehen[110] – nach der Allodifikation 1717 nicht, wie vielfach behauptet[111], einfach verschwanden, sondern auf Wunsch der adligen Familien beibehalten werden konnten, wurde weiter oben bereits hingewiesen.[112] Während das

109 Der einzige, der sich diesem Problem ausführlicher widmete, war Fritz MARTINY, der seine Argumentation jedoch im wesentlichen auf der Grundlage von Denkschriften entwickelte, die gegen das Lehnswesen gerichtet waren. Vgl. MARTINY, Adelsfrage, S. 14 ff.

110 Die Ordenslehnsgüter wurden erst nach 1800 allodifiziert. Ebd., S. 27.

111 So behauptete z. B. Otto BÜSCH, dass im Laufe des 18. Jahrhunderts die Vollallodifikation der Lehen erfolgte. Ders., Militärsystem und Sozialleben im alten Preußen, Frankfurt a. M. u. a. 19812, S. 150. Auch Theodor Schieder war der Auffassung, dass nach der Allodifikation alle Lehen zu allodialem Besitz wurden. Theodor SCHIEDER, Friedrich der Große. Ein Königtum der Widersprüche, Frankfurt a. M. u. Berlin 1986, S. 74 f. Ebenso argumentieren u. a. Friedrich Wilhelm Henning und Hans Ulrich Wehler, von denen letzterer ausführte, dass seit 1717 „fast alle Lehnsgüter allodifiziert (wurden), um die rechtliche Vorbedingung für die freie Verfügungsgewalt ... zu schaffen“. Dies deckt sich eindeutig nicht mit dem brandenburgischen Befund! Vgl. Friedrich Wilhelm HENNING, Deutsche Wirtschafts- und Sozialgeschichte im Mittelalter und der frühen Neuzeit, Paderborn u. a. 1991, S. 918 und WEHLER, Gesellschaftsgeschichte, Bd. 1, S. 85.

112 Vgl. S. 40 f.

königliche Obereigentum – unter Aufrechterhaltung des Untertanenverhältnisses – aufgehoben wurde, blieb es den adligen Familien selbst überlassen, wie sie mit dem Besitz verfahren wollten. Abgesehen von der ausdrücklichen Genehmigung zum Erlass von Familienverträgen[113] regelte für die Kurmark die „Constitution, wie es wegen der Succession, Consens der Agnaten bey den Veräusserungen, Versorgung der Wittwen, Aussteuer der Töchter, ... bey den vormahligen Lehn- nunmehro von Sr Königl. Majestät für Allodial- und Erb-erklärten Gütern in der Alten-Marck, Prignitz, Mittel- und Ucker-Marck, auch bees- und Storkauischen Creyse zu halten“[114], die wesentlichen Fragen der Weitergabe des Besitzes zwischen den Erbberechtigten und der Abfindung der Witwen und Töchter. Die in der ‚Constitution' enthaltenen Bestimmungen gingen in allen wesentlichen Punkten auch in die Kodifizierungsentwürfe des märkischen Provinzialrechtes ein.[115] Von der Grundtendenz her ähnlich mit verschiedentlich abweichenden Spezialbestimmungen und Erb- oder Abfindungsportionen war auch das neumärkische Lehnsrecht.[116] Allerdings erleichterte es die Aufhebung des Lehnsverbandes erheblich, so dass es zwischen Kur- und Neumark, wie noch zu zeigen ist, zu unterschiedlichen Entwicklungen kam.

Die Vererbung der Lehen

Das wesentliche Merkmal des Lehnsgutes war, dass der jeweilige Inhaber nur der Nutznießer, die gesamte Lehnsfamilie jedoch der Besitzer war. Deshalb mussten wichtige, das Gut betreffende Entscheidungen, das heißt die Verschuldung und der Verkauf, von allen lehnsberechtigten Männern (Agnaten) gemeinsam getroffen werden. Wurde bei einer Hypothekenaufnahme ein im Hypothekenbuch eingetragener Agnat nicht befragt, brauchte er die Schulden nicht anzuerkennen. Die Auflösung des Lehnsverbandes durch einen Famili-

---

113 Vgl. zum Problem der Familienverträge für den benachbarten sächsischen Raum Josef MATZERATH, „dem gantzen Geschlechte zum besten“. Die Familienverträge des sächsischen Adels vom 16. bis zum 19. Jahrhundert, in: Kathrin KELLER u. Joseph MATZERATH (Hgg.) in Zusammenarbeit mit Christine KLECKER und Klaus-Dieter WINTERMANN, Geschichte des sächsischen Adels, Köln, Weimar u. Wien 1997, hier besonders S. 299-302. Für den preußischen Raum behauptete Theodor Schieder, dass hier ‚eine Fülle von Familienverträgen' nach der Allodifizierung der Lehen aufgesetzt worden wären. Leider ließ sich in den Archiven für diesen Zeitraum kein Beleg dafür finden. SCHIEDER, Königtum, S. 74.

114 CCM, Tl. 2, Abt. 5, Nr. 64.

115 Vgl. Carl SCHOLTZ (V. SCHOLTZ UND HERMENSDORFF), Das bestehende Provinzialrecht der Kurmark Brandenburg. Zweite, auf den Grund der Berathungs-Verhandlungen und der neueren Gesetzgebung umgearbeitete Auflage, Berlin 1854, Bd. I., S. 14-39. Allerdings bestand in bestimmten Punkten zwischen den verschiedenen Bearbeitern des Provinzialrechtes keine Übereinstimmung, so dass es Differenzen in der Auslegung gab. Vgl. dazu Carl SEGER, Das Gesetz betreffend die Auflösung des Lehns-Verbandes der nach dem Lehnrecht der Kurmark, Altmark und Neumark zu beurtheilenden Lehne, Vom 23. Juli 1875. Berlin 1886, S. 18 ff.

116 Vgl. CCM, Tl. 2, Abt. 5, Nr. 78, Constitution, für die Ritterschafft der Neu-Marck, Sternberg und incorporirten Creyser, wie es mit Verpfändung und Veräusserung der Adelichen Güter, als auch mit der Dispositione ultimae voluntatis über dieselben, Succession der Agnaten etc. gehalten werden soll. De dato Berlin, den 14. Augusti 1724.

enschluss, wie sie das ALR und das Oktoberedikt festlegten[117], war in der Kurmark nur unter Hinzuziehung aller Agnaten – auch der nicht im Hypothekenbuch eingetragenen – zulässig. War einer von ihnen nicht befragt worden, so konnte er ein bereits verkauftes Gut unentgeltlich zurückfordern. Durch diese Restriktionen wurde gesichert, dass auch die Gläubiger bzw. Käufer vor der Beleihung oder dem Kauf eines Lehnsgutes auf die korrekte Konsenseinholung drängten. Eine vom Recht in der Kurmark wesentlich verschiedene Bestimmung existierte in der Neumark. Hier waren die Söhne des Lehnsinhabers ohne Einspruchsrecht an die Entscheidungen ihres Vaters gebunden, wenn dieser die Lehnseigenschaft seines Besitzes aufheben wollte.[118]

Der Verkauf eines Lehnsgutes durfte bis 1850 in der Kurmark nur dann geschehen, wenn konsentierte oder gesetzliche Schulden nicht bezahlt werden konnten. Dann war das Gut den Erbberechtigten sechs Monate lang anzubieten. Darüber hinaus konnten die Agnaten auch auf einer Veräußerung unter Wahrung eines Rückkaufrechtes (Relution) bestehen. Außerdem besaßen die Lehnserben bei einer gerichtlich anberaumten Versteigerung das Vorkaufsrecht. Ähnliche Bestimmungen galten auch für die Neumark.[119]

Erbberechtigt am Lehnsgut waren zunächst die ehelich geborenen Söhne des letzten Besitzers[120], ohne dass die Landesgesetze eine Primogeniturregelung vorsahen.[121] Die Entscheidung darüber, wer das Lehnsgut übernahm, lag beim Erblasser oder bei den männlichen Erben. Dabei wurde zumindest in der ersten Hälfte des Jahrhunderts von beiden Möglichkeiten Gebrauch gemacht.[122] Während in einer ganzen Reihe von Fällen die Gutserben namentlich benannt wurden[123], bestimmte z. B. Adolph v. Klützow-Dedelow in seinem Testament von 1831 „Sobald meine 4 ältesten Söhne .... majoren sind, bleibt es selbigen überlassen, sich wegen des Besitzes des Gutes Dedelow und Pertinenzen und ihres Anteils daran entweder gütlich oder durch das Loos

---

117 ALR, Teil II., Tit. 4, §§ 42-46 und § 9 des Ediktes betreffend den erleichterten Besitz und den freien Gebrauch des Grundeigenthums sowie die persönlichen Verhältnisse der Landbewohner (‚Oktoberedikt'), in: STADELMANN, Landescultur, S. 336 ff.

118 Vgl. CCM, Tl. 2, Abt. 5, Nr. 78, Constitution, für die Ritterschafft der Neu-Marck ..., § 1 und § 160. Vgl. dazu auch SEGER, Gesetz, S. 17.

119 Vgl. SEGER, Gesetz, S. 19 ff.

120 Die beiden einzigen Ausnahmen von dieser Regel waren das ehemalige Johanniterlehen Tempelhof in der Kurmark und das Rittergut Tamsel in der Neumark. Bei ersterem waren die Töchter mit den Söhnen gleich erbberechtigt. Bei letzterem waren die Töchter vor den Agnaten erbberechtigt, wenn keine Söhne vorhanden waren. Vgl. ebd., S. 17.

121 Die gleichen Regeln galten auch in Hessen. Vgl. PEDLOW, Hessian Nobility, S. 36.

122 Die folgenden Aussagen stützen sich im wesentlichen auf die Testamente adliger Gutsbesitzer, die durch den Verlust eines Teils der Kammergerichtsakten nur für die erste Hälfte des 19. Jahrhunderts überliefert sind.

123 Vgl. u.a. BLHA, Rep. 4A, Testamente, Nr. 13085, Erbvertrag v. Oppen aus dem Jahre 1825 (ältester Sohn als Erbe); BLHA, Rep. 4A, Testamente, Nr. 8462, Testament des Carl Friedrich v. Jena-Köthen aus dem Jahre 1838 (Güterteilung zwischen drei Söhnen); BLHA, Rep. 4A, Testamente, Nr. 17369, Testament des Friedrich Erdmann Carl von Saldern-Wilsnack aus dem Jahre 1832 (Güterteilung zwischen zwei Söhnen); BLHA, Rep. 4A, Testamente, Nr. 18680, Testament des Friedrich Ernst v. Thümen-Stangenhagen aus dem Jahre 1819 (ältester Neffe, da kinderlos).

auseinander zu setzen."[124] Ebenso hatte bereits 1814 Friedrich v. Knoblauch-Buschow bestimmt, dass derjenige das Lehnsgut erhält, den das Los erwählt.[125] Für seine zum Zeitpunkt der Testamentsniederlegung noch minderjährigen Söhne legte auch Friedrich v. d. Hagen-Rhinow 1808/1810 fest, dass sie um den Besitz losen sollten, sobald der erste volljährig sei.[126]

Waren keine männlichen ehelich geborenen Erben vorhanden, ging das Gut an eventuell vorhandene Töchter über und wurde damit allodialer Besitz.[127] Wenn das Lehen sich im Besitz der gesamten Hand befand, weitete sich der Kreis der Erbberechtigten erheblich aus. Alle männlichen ehelich geborenen Angehörigen der Lehnsfamilie, die von den sogenannten Gesamthändern abstammten, waren dann nach der sogenannten Lineal-Gradualfolge erbberechtigt.[128] Auch später konnte noch eine gesamthänderische Bestimmung erlassen werden. So legte der v. Oppen'sche Ehevertrag zwar einen Sohn als Lehnsguterben fest, bestimmte aber, dass der jüngere Bruder die Mitlehnschaft und die ‚ganze Hand' erhält, damit seine Nachkommen lehnserbberechtig waren, wenn der Stamm seines Bruders aussterben sollte.[129] Durch Lehnsbesitz zur ganzen Hand war es möglich, dass nach dem Aussterben einzelner Zweige eines Geschlechtes der Besitz an entfernte Verwandte überging, die schon lange keine direkte Verbindung mit dem Grundbesitz mehr hatten. Damit blieb aber auch das Interesse am Grundbesitz der Familie in einem weitaus stärkeren Maße erhalten, als dies durch allodialen Besitz gewährleistet werden konnte. Auf die Tatsache, dass im Spätmittelalter und der frühen Neuzeit vor allem die führenden Familien des brandenburgischen Adels die Belehnung zur gesamten Hand erhalten hatten, wurde bereits weiter oben hingewiesen.[130]

Hatte der Erblasser keinen Nachfolger bestimmt, so mussten – wie z. T. auch von den Vätern festgelegt – sich die lehnsberechtigten Erben einigen, kam keine Einigung zustande, entschied das Los. Daneben gab es noch zwei weitere Möglichkeiten. Dies war zum einen der gemeinschaftliche Besitz[131], zum anderen die Teilung des Besitzes, die im 19. Jahrhundert auf Grund der Beleihungsmodalitäten jedoch nicht mehr vorkam.[132] Gelang es den Erben

---

124 BLHA, Rep. 4A, Testamente, Nr. 9540.

125 BLHA, Rep. 4A, Testamente, Nr. 9238.

126 BLHA, Rep. 4A, Testamente, Nr. 7177.

127 SCHOLTZ, Provinzialrecht, S. 22 f.

128 Bei diesem Erbfolgemodus traten die Brüder des Verstorbenen, bzw. deren Söhne an die erste Stelle. Danach kamen dann die Verwandten, die mit dem Erblasser den nächsten gemeinsamen Vorfahren hatten. Ebd., S. 22.

129 BLHA, Rep. 4A, Testamente, Nr. 13085.

130 Vgl. S. 272 f.

131 Eines der wenigen bekannten Beispiele für die gemeinsame Bewirtschaftung eines Lehnsgutes im 19. Jahrhundert stellen die Brüder Albert und Karl v. Hake auf Klein Machnow dar, deren erbende Söhne den durch Kolonisation ohnehin bereits stark geschrumpften Besitz später dann allerdings teilten. Vgl. v. HAKE, Klein Machnow, S. 55 ff.

132 Nach Martiny sind reine Güterteilungen auch vor 1800 eher die Ausnahme gewesen, wohingegen oftmals die Besitz- und Herrschaftsrechte geteilt wurden. Dadurch konnten in einem Gutsdorf mehrere Adlige Ansprüche auf die Dienste und Abgaben der Bauern haben. Vgl. MARTINY, Adelsfrage, S. 18.

nicht, sich über den Wert des Besitzes zu verständigen, so wurde dieser auf der Grundlage der alten Hypotheken- und Konkursordnung von 1722 geschätzt, wobei für die Gebäude nicht der Taxwert sondern ein geringerer Pauschalwert veranschlagt wurde.[133] Bereits bestehende Schulden wurden dabei vom Wert abgezogen. So reduzierte sich zum Beispiel 1846 der Lehnswert des Rittergutes Wilmersdorf, das der Familie v. Buch gehörte, von 57.975 Tlr. (173.925 RM) durch konsentierte, also von den Agnaten offiziell anerkannte, Lehnschulden auf 19.325 Tlr. (57.975 RM).[134] Das bedeutete in diesem Falle, dass die Töchter erheblich niedrige Erbanteile bekamen.

Die Lehnsstämme

Die Anteile der nicht das Gut erbenden Männer mussten wiederum als Lehnsbesitz angelegt werden und blieben zunächst, in den meisten Fällen mit fünf Prozent verzinst, als Lehnsschuld auf dem Gut stehen. Sie konnten von dem Gutsinhaber gelöscht und dann in sicheren Papieren, meist Pfandbriefen angelegt werden. Damit erlosch die Lehnsqualität der Kapitalien nicht. Erwarb ein mit Geld abgefundener Erbe mit seinem Lehnsanteil ein neues Gut, so konnte der Inhaber des alten Lehnsgutes den Betrag bar bezahlen und sich und seine Nachkommen auf das neue Gut als Lehnsberechtigte eintragen lassen. Hatte er die erforderliche Summe nicht zur Verfügung und deshalb das alte Lehnsgut hypothekarisch belastet, ging die Lehnsberechtigung am neuen Gut auf alle Agnaten und Gesamthänder über.

Wurde die Geldabfindung eines Erben nicht wieder in Grund und Boden angelegt, so existierte sie als Lehnsstamm weiter und wurde entsprechend den Bestimmungen für Lehnsbesitz vererbt. Nur durch einen Familienschluss, dem sämtliche erbberechtigte Agnaten zustimmen mussten, war es möglich, von diesen Regeln abzuweichen und einer zu weitgehenden Zersplitterung einzelner Anteile entgegenzuwirken. Durch diese Konstruktion der Lehnsstämme konnten den Nachkommen aus den lehnsbesitzenden Familien auch dann noch ursprünglich aus dem Lehnsgut stammende Einkommen zustehen, wenn sie schon lange die direkte Verbindung zum Bodenbesitz verloren hatten. Andererseits konnten auf diesem Weg auch immer wieder Gelder in den Großgrundbesitz zurückfließen, da auch die Gutsbesitzer z. B. die Lehnserben ihrer unverheirateten Brüder waren und der Erbanteil unverheirateter Töchter in das Lehen zurückfloss.[135] Zum Zeitpunkt der Auflösung der Lehen dürfte

---

133 SCHOLTZ, Provinzialrecht, S. 31 f.

134 BLHA, Rep. 4A, Testamente, Nr. 2500. Der Lehnswert des Gutes dürfte mit 173.925 RM zu niedrig angesetzt gewesen sein. Um 1850 betrug der durchschnittliche Kaufpreis für einen Tlr. Grundsteuerreinertrag 37,8 RM. Auf der Basis des wenige Jahre später festgelegten Grundsteuerreinertrages dürfte der Wert von Wilmersdorf zu diesem Zeitpunkt also um mindestens 35.000 RM höher gelegen haben. Da die Böden im Kreis Angermünde jedoch zu den besten gehörten, ist auch diese Schätzung mit hoher Wahrscheinlichkeit noch zu gering.

135 So vermerkte Heinrich Friedrich August v. d. Hagen-Schmiedeberg in seinem Testament ausdrücklich, dass seine vier (unehelichen) Kinder als Erben seines Allodialnachlasses auch die in seinem Besitz allod werdenden Lehnsstämme erhalten sollten. BLHA, Rep. 4A Testamente, Nr. 7495.

die Zahl dieser Lehnsstämme mindestens jener der Lehnsgüter entsprochen haben, wenn nicht sogar deutlich darüber gelegen haben. So gab die Regierung um 1874 die Zahl der Lehnsgüter in den Marken (Kur-, Alt-, und Neumark) auf Grund der Unkenntnis genauerer Zahlen mit rund 500 an. Diese Zahl war jedoch zu hoch gewesen, da den Behörden genaue Übersichten fehlten. Insgesamt gab es in der Kurmark, der Neumark sowie in den ehemals brandenburgischen Kreisen der Provinzen Sachsen und Pommern bereits 1857 nur 357 Besitzungen, die zum alten und befestigten Besitz gezählt wurden. Darunter war noch eine ganze Anzahl älterer Fideikommisse und allodialer Rittergüter, so dass es in den Marken mit Sicherheit deutlich weniger als 350 Lehnsgüter gab.[136] Der Berichterstatter der Kommission zur Vorbereitung eines Gesetzes zur Lehnsauflösung, die im Abgeordnetenhaus gebildet wurde, v. Bismarck-Flatow schätzte auf der Basis der Regierungsangabe von 500 Lehnsgütern, deren Wert auf etwa 75 Millionen Tlr. (225.000.000 RM). Diesem Wert stand nach seinen Angaben die „große Masse von Lehnsstämmen" gegenüber, „die vielleicht auf 50 Millionen zu beziffern ist."[137]

Auch wenn die Zahl der Lehnsgüter geringer war, schätzte der Kenner der Materie also, dass der Umfang der Lehnsstämme etwa zwei Dritteln des schuldenfreien Wertes des Großgrundbesitzes entsprach. Hier wird sichtbar, welche erheblichen Kapitalien langfristig zur Sicherung der nicht die Güter erbenden Söhne – zumindest in Form der Zinsen – aus den Gütern geflossen sind. Das Lehnswesen sicherte damit auch den abgefundenen Söhnen und ihren Nachkommen Anteile am Ertrag des Großgrundbesitzes. Der in jedem Falle bedeutende Umfang der Lehnskapitalien dürfte außerdem einen erheblichen Teil der Schuldenlast der Lehnsgüter ausgemacht haben. Über die Verwendung der Gelder, die nach der Lehnsauflösung zur Verfügung standen, kann an dieser Stelle nur spekuliert werden. Ein Teil von ihnen floss in die zur selben Zeit entstehenden Fideikommisse ein. Außerdem bildeten ehemalige Lehnskapitalien sicher auch den Grundstock vieler Familienstiftungen, die in dieser Zeit entstanden sind.

Die Abfindung der Töchter und Witwen

Wenn männliche Erben vorhanden waren, standen den Töchtern und Witwen festgelegte Erbanteile zu. Dabei erhielten in der Kurmark – vorausgesetzt der Erblasser hatte nichts anderes bestimmt – die Töchter Ehe- und Ausstattungsgelder, die einem Viertel dessen entsprachen, was ihre Brüder bekamen.[138] Die Gesamtsumme für die Töchter durfte jedoch die Hälfte des Lehnswertes nicht überschreiten. Dazu erhielten sie Hochzeits-, Schmuck-, Kisten- und Kastengerätsgelder, die noch einmal einem Fünfzehntel der Ehe- und Ausstat-

[136] In der Kur- und Neumark zuzüglich des Kreises Cottbus existierten 1857 nur noch 190 Lehen, zu denen in den Kreisen Stendal, Osterburg, Salzwedel und Gardelegen, die in ständischer Hinsicht zu Brandenburg gehörten, weitere 23 Güter kamen.

[137] Zit. nach: SEGER, Gesetz, S. 28.

[138] Als Beispiel führt das kurmärkische Provinzialrecht aus, dass bei einem Bruder und drei Schwestern der Lehnswert in sieben Anteile zu zerlegen sei, von denen der Bruder vier und die Schwestern je einen zu erhalten hätten. SCHOLTZ, Provinzialrecht, S. 23.

tungsgelder entsprachen. Außerdem stand ihnen das freie Wohnrecht bis zu ihrer Verheiratung zu. Solange die Schwestern unverheiratet blieben, erhielten sie ihre Anteile mit fünf Prozent verzinst, erst nach der Eheschließung wurden sie ausbezahlt. Die an die Töchter gezahlten Beträge besaßen keine Lehnsqualität. Während die Söhne der Lehnsinhaber in Bezug auf ihren Lehnsanteil nicht enterbt werden konnten, stand es dem Vater frei, die Erbanteile der Töchter zu verringern. Allerdings blieben ihnen gesetzlich gesicherte Mindestanteile.[139] Zugunsten des übernehmenden Sohnes durften sie jedoch auch nicht mehr als vorgeschrieben aus dem Lehen erhalten. Erbte ein Seitenverwandter das Lehnsgut, standen den Töchtern höhere Abfindungen zu.[140] Bei einer ‚unstandesgemäßen' Ehe mit einem Bauern oder einem Angehörigen des ‚niedrigsten Bürgerstandes' wurde die Erbportion der betreffenden Tochter auf ein Drittel herabgesetzt. Lebte sie in ‚öffentlicher und kundbarer Schande' oder war mit einer ‚infamen (der bürgerlichen Ehre verlustigen) Person' verheiratet, so verlor sie jeden Anspruch am Lehnserbe.[141] Das Lehnsrecht tradierte damit bis in die ersten Jahre des Kaiserreiches mittelalterliche Distinktionsregeln.

Der Witwe stand – im Gegensatz zu den Töchtern – nur dann ein Erbteil aus dem Lehen zu, wenn sie nicht von ihrem gesetzlichen Erbrecht Gebrauch machte.[142] Tat sie dies, erhielt sie entweder die in einem Ehevertrag festgelegten Anteile oder ihr eingebrachtes Vermögen (‚Dos'), sofern dieses in das Lehen geflossen war.[143] Konnten im letzteren Falle die Erben nicht das Gegenteil beweisen, erhielt sie außerdem zusätzlich als ‚Gegenvermächtnis' die Hälfte der eingebrachten Summe. Nur im Falle ‚wirklicher Bedürftigkeit' sollte ihr der ‚notdürftige Unterhalt' aus dem Besitz gewährleistet werden. In den vorliegenden Testamenten wurden für die Sicherung der Witwen jedoch meist umfangreichere Vorkehrungen getroffen. Neben der Festsetzung einer Rente aus dem Lehnsbesitz, die je nach den Verhältnissen des Erblassers unterschiedlich ausfallen konnte[144], erhielten sie vielfach große Teile des mobilen Nachlasses sowie Anteile des allodialen Vermögens. Häufig wurden

---

139 Ebd., S. 30 f. Bei bis zu vier Kindern konnte der Vater den Anteil der Töchter maximal auf ein Drittel des Gesetzmäßigen verringern, waren mehr als vier Kinder vorhanden, auf die Hälfte.

140 Ebd., S. 24 f.

141 Ebd., S. 26.

142 Vgl. zum märkischen Erbrecht u. a. SERING, Vererbung, Bd. 9, S. 46 ff. Neben den erbrechtlichen Bestimmungen gab es auch noch die Möglichkeit der Gütertrennung, von der z. B. die Eheleute v. Buch-Wilmersdorf Gebrauch gemacht hatten. Dadurch war es Alexander Detloff v. Buch 1846 möglich, über seinen Allodialnachlaß ohne Berücksichtigung seiner Frau zu disponieren. Aus dem Lehn stand ihr allerdings eine Rente zu. BLHA. Rep. 4A, Testamente, Nr. 2500.

143 SCHOLTZ, S. 27.

144 200 Tlr. v. Buch-Wilmersdorf (1846), 400 Tlr. v. d. Hagen-Rhinow (1808/10), 500 Tlr. v. d. Hagen-Schmiedeberg (1816), 800 Tlr. v. Holtzendorff-Jagow (1827), 400 Tlr. v. Klützow-Dedelow (1831), 200 Tlr. v. Pfuel-Jahnsfelde (1813), 2.400 Tlr. v. Moellendorff-Krampfer (1826/33).

– neben der Festlegung eines Wohnsitzes[145] – auch noch bestimmte Naturalrenten festgesetzt.

Da neben dem Lehnsbesitz, dessen Umfang sich zum einen aus den alten Lehnsbriefen ergab und zum anderen durch die Lehnsgesetzgebung definiert wurde, in den meisten Fällen auch ein Allodialnachlaß vorhanden war, hatten die Erblasser – wie die Testamente zeigen – häufig einen breiteren Spielraum bei der Verteilung ihres Nachlasses. So konnten bspw. die Ansprüche der Töchter aus dem Privatbesitz befriedigt werden, um das Lehnsgut nicht übermäßig zu belasten.

Des weiteren finden sich in den Testamenten immer wieder Festlegungen über den Wert des Lehnsgutes, die unter dem Verkehrswert lagen.[146] Adolph Heinrich v. Klützow-Dedelow machte dies in seinem letzten Willen auch ganz deutlich, als er festlegte, dass Dedelow einen Geldwert von 37.000 Tlr. Gold und 63.000 Tlr. Courant haben solle, wenn seine Söhne darum losen. Das Gut habe zwar einen höheren Wert, „wie ich mich durch Erfahrung einer mehrjährigen Selbstbestellung davon überzeuget habe, jedoch darf der Besitzer des Gutes nicht zu hoch gesetzt werden, damit selbiger die Unglücksfälle welche sich ereignen dürften, tragen und mit Anstand leben kann."[147] Ebenso legte Friedrich Erdmann Carl von Saldern-Wilsnack die Lehnswerte fest und bestimmte, dass das erheblich kleinere Rittergut Klein Leppin (1885: 572 ha, GRE 9.863 RM) genauso viel wert wie das größere Wilsnack (1885: 1.353 ha, GRE 11.044 RM) sei. Er wusste, dass ihm dies auf Grund der Lehnsgesetze nicht zustand, forderte seine beiden Söhne jedoch auf, dies als seinen Wunsch zu akzeptieren. Sollte einer der Erben dagegen gerichtlich vorgehen, so würde er nur den Pflichtteil erhalten.[148]

Diese Pflichtteilsdrohung findet sich in fast jedem Testament, das von adligen Rittergutsbesitzern überliefert ist. Sie war offenbar ein Sanktionsmittel zur Durchsetzung der väterlichen Vorstellungen der Besitzweitergabe und Sicherung. Auf Grund der Lehnsgesetzgebung bezog sie sich jedoch ausschließlich auf den allodialen Nachlass.

Die Einengung des wirtschaftlichen Handlungsspielraumes durch die Lehen

Der Verschuldung eines Lehnsgutes waren enge Grenzen gesetzt. Die spätere Provinzialgesetzgebung unterschied dabei zwischen absoluten[149] und subsidi-

[145] So legte Friedrich Heinrich Ludwig v. Pfuel 1813 fest, dass seiner Ehefrau nach der Volljährigkeit der Kinder vier Stuben im Herrenhaus zur Verfügung zu stellen sind. Adolph Heinrich v. Klützow-Dedelow bestimmte, dass seiner Gattin bis zu einer eventuellen Wiederverheiratung das freie Wohnrecht in Dedelow zustehen soll. Und Wichard Wilhelm Peter Friedrich v. Holtzendorff stellte es seiner Frau frei, nach seinem Tod eines der beiden Herrenhäuser aus seinem Besitz auszuwählen.

[146] Vgl. dazu auch das Beispiel Wilmersdorf (v. Buch) in Anm. 134.

[147] BLHA, Rep. 4A, Testamente, Nr. 9540.

[148] BLHA, Rep. 4A, Testamente, Nr. 17369.

[149] Hierunter fielen: 1. Verlöbnis oder Hochzeitskosten eines Sohnes, 2. die Abfindung eines Bruders, 3. die Ausstattung einer Tochter, 4. die Ausstattung einer Schwester, 5. die Auszahlung einer Schwester des Vaters, 6. die Auszahlung der Mutter, 7. die Verbesserung der Gü-

ären[150] Lehnsschulden. Der Unterschied zwischen beiden Arten war, dass erstere auch dann aus dem Lehen zu begleichen waren, wenn Allodialvermögen vorhanden war. Zur Begleichung subsidiärer Lehnsschulden wurde das Lehen dagegen erst dann herangezogen, wenn das nachgelassene Allodialvermögen nicht ausreichte. Die Agnaten waren verpflichtet, den Konsens zur Aufnahme von absoluten Lehnsschulden zu erteilen.

Während beide Arten von gestatteten Schulden vor allem der Erhaltung einer standesgemäßen Existenz der nicht den Gutsbesitz erbenden Mitglieder der Familie dienten, war die Möglichkeit, Schulden zur Modernisierung des Gutes aufzunehmen, nur marginal ausgeprägt. Dies spiegelt allerdings durchaus die Kreditsituation zum Zeitpunkt der Entstehung der ‚Constitution' wieder. Wie weiter oben ausgeführt wurde, entstand der ‚moderne' Agrarkredit erst ab der Mitte des 18. Jahrhunderts.[151] Zum Zeitpunkt der Umwandlung des alten mittelalterlichen Lehnsrechtes in Privatrecht ging es vor allem darum, die Sicherung einer standesgemäßen Existenz des Lehnsinhabers mit den Ansprüchen der Agnaten in Übereinstimmung zu bringen.

Durch das Gesetz vom 15. Februar 1840[152], „die Erleichterung gewisser Dispositionen über kurmärkische Lehne betreffend", wurden in einem anderen Bereich der Konsenseinholung Erleichterungen ermöglicht. Es fixierte eine Reihe von Fällen, in denen eine Veränderung des Lehnsbesitzes unumgänglich war und für die nur noch von den beiden nächsten Agnaten die Bestätigung erforderlich war.[153]

Als durch die Bildung der Pfandbriefinstitute den Gütern reichlich Kredit zur Verfügung stand, ist das Lehnswesen zumindest teilweise zur Fessel geworden. Allerdings bestehen am düsteren – von Martiny vor allem auf der Grundlage von Denkschriften gegen das Lehnswesen entworfenen – Bild einige Zweifel. Den größten Anteil an der Verschuldung machte zu allen Zeiten die Besitzverschuldung aus. Da jedoch die bei der Übernahme des Besitzes zu zahlenden Summen auf einem den steigenden Güterpreisen nicht direkt Rechnung tragenden Niveau fixiert waren, wirkte das Lehnswesen hier verschuldungshemmend. Problematisch waren vor allem die Barauszahlungen zur Abfindung der Frauen, die aus der Substanz des Lehnsbesitzes genommen werden mussten. Dagegen dürfte ein erheblicher Teil der Lehnsschulden ge-

---

ter, 8. die Zahlung des Kaufgeldes für ein Lehnsgut oder Lehnsstück sowie 9. die Bezahlung des Lehnpferdegeldes. Vor allem die Frage, was zur Verbesserung eines Gutes führte, dürfte dabei immer wieder zu Komplikationen geführt haben. Vgl. auch MARTINY, Adelsfrage, S. 21.

150 Zu den subsidiären Schulden zählten: a) die Abführung des Gesindelohns, b) Begräbniskosten, c) die Morgengabe für die Frau, d) rückständige Steuerzahlungen (Kontribution) und e) Schulden, die aufgenommen worden waren, um Kriegsdienste, ein Studium oder eine Reise zu finanzieren.

151 Vgl. S. 83 f.

152 GS, S. 290.

153 Hierzu zählten: Veränderungen des Lehens auf Grund einer Rechtsverbindlichkeit (Landabtretungen durch Gemeinheitsteilungen, Regulierungen, Straßen- und Eisenbahnbau), der Tausch von einzelnen Parzellen, der Verkauf einzelner Parzellen zum Erwerb anderer und verschiedene Transaktionen mit Lehnskapitalien. SCHOLTZ, Provinzialrecht, S. 16.

genüber den Brüdern langfristig auf den Gütern eingetragen gewesen und nur verzinst worden sein. Erschwert war vor allem die Teilnahme am aufblühenden Kreditmarkt, so dass bei verweigertem Agnatenkonsens das Lehen außer in den benannten Fällen de jure nicht verschuldet werden konnte, obwohl günstige Möglichkeiten dafür bestanden. Auch eine Veräußerung bei hohen Güterpreisen konnten die Agnaten blockieren. Die Lehnsbindung wirkte also durchaus als Schutz gegen Verkauf und Überschuldung. Sie konnte auf der anderen Seite aber auch einer Kreditaufnahme in Notsituationen oder zur Verbesserung des Gutes im Wege stehen und behinderte damit die wirtschaftliche Beweglichkeit ihrer Besitzer. Vor allem in der Hochzeit des Güterhandels im letzten Viertel des 18. Jahrhunderts hat es daher Fälle gegeben, in denen der Agnatenkonsens nicht eingeholt wurde oder auch Güter ohne Konsens verkauft wurden.[154]

Eine deutlich beschleunigte Aufhebung der Lehnseigenschaft zum Verkauf von Rittergütern ist in dieser Zeit jedoch nicht zu erkennen. Zwischen 1723 – dem Jahr in dem die ‚Constitution' erlassen wurde – und 1800 wurden in der Kurmark von den 885 Rittergütern, die später in die Matrikeln aufgenommen wurden, 348 verkauft.[155] Auch wenn man die Möglichkeit in Rechnung stellen muss, dass bei den Neukäufen zum Teil wieder Lehnsgüter geschaffen wurden, dürfte bis 1800 auf diese Weise mindestens jedes dritte Rittergut die Lehnseigenschaft verloren haben. Nach der Gründung der Kurmärkischen Landschaft 1777 wurden allerdings nur 83 Rittergüter, die bereits vor 1723 im Besitz der Verkäufer waren, veräußert. Das deutet darauf hin, dass die rasante Steigerung der Güterpreise in dieser Zeit den Prozess der Aufhebung der Lehnsqualität der Güter nicht weiter beschleunigte. Neben der Allodifizierung durch den Verkauf konnte die Lehnseigenschaft einzelner Güter[156] oder der Lehnsverband der Familie auch durch einen Familienschluss aufgehoben werden. So überliefert Martiny, dass die Familie v. Wahlen-Jürgaß im Jahre 1783 diesen Schritt ging.[157] Zwei Jahre später wurde dann das Rittergut Dessow, dass der Familie seit 1650 gehört hatte, veräußert. Dagegen blieb das Teilgut Ganzer I. in Familienbesitz. Allerdings ist zu vermuten, dass der Familienschluss nur von wenigen berechtigten Agnaten mitgetragen werden musste, da die Wahlen-Jürgaß wenige Jahrzehnte später ausgestorben sind.[158]

Die Aufhebung der Lehnsbindung

Bereits seit der zweiten Hälfte des 18. Jahrhunderts gab es verschiedene Versuche der Reform oder aber der Aufhebung des Lehnsverbandes, die sich im

154 Vgl. die Fälle bei MARTINY, Adelsfrage, S. 21 ff.

155 Aus der Tatsache, dass sich insgesamt 743 Verkäufe registrieren lassen, ist zu erkennen, dass jedes dieser Güter im Schnitt zweimal veräußert wurde.

156 Beispiele dafür bei MARTINY, Adelsfrage, S. 26 ff.

157 Ebd., S. 27.

158 Das Erbe wurde von einem Großneffen des letzten Besitzers angetreten, der 1835/36 die Genehmigung zu einer Namens- und Wappenmehrung bekam. Über das Ende des Kaiserreiches hinaus gehörte Ganzer I. dann der Familie v. Rohr, genannt v. Wahlen-Jürgaß. Vgl. GRITZNER, Matrikel, S. 99.

19. Jahrhundert fortsetzten.[159] Dabei ist deutlich zwischen den daran interessierten Parteien zu unterscheiden. Während seit der Reformzeit vor allem von Seiten der Bürokratie, später dann auch der liberalen Parteien aus wirtschaftsliberalen Gesichtspunkten auf eine Abschaffung des Lehnswesens gedrängt wurde, scheinen die ersten Attacken dagegen vor allem aus den Reihen des Adels selbst gekommen zu sein. Bereits 1750 – zeitgleich mit der neuen Kreditsituation für den Großgrundbesitz – gab es einen ersten Revisionsversuch, der vor allem die Agnatenerbfolge und die Abfindung der Frauen betraf.[160] Neben diversen Vorschlägen einzelner Adliger wurde der gesamte Problemkreis durch die Gründung der landwirtschaftlichen Kreditinstitute dann erneut zur Diskussion gestellt. Doch die vorrangig auf die Verhinderung der Teilung der Lehen, den Abbau bzw. die Beschränkung des Agnatenkonsenes, die Abwehr zu großer Barauszahlungen aus dem Lehen und Beschneidung der Frauenanteile gerichteten Reformvorschläge scheiterten an der Unfähigkeit der Stände, zu einer Einigung zu kommen. Deshalb wurde das Thema von der ständischen Kommission, die sich Anfang der neunziger Jahre des 18. Jahrhunderts mit der Revision des allgemeinen Landrechtes und der Herausgabe eines Provinzialgesetzbuch befasste, zurückgestellt und nicht bearbeitet.[161]

Im Zuge der preußischen Reformen, die wirtschaftliberalem Gedankengut innerhalb der Bürokratie breiteren Zugang verschaffte, wurde auch die Frage der Lehen und Fideikommisse erneut aufgeworfen. Den Anstoß dazu hatten Großgrundbesitzer aus Pommern, deren Lehnsrecht offensichtlich rigider als das märkische war, gegeben.[162] Deshalb beauftragte Friedrich Wilhelm III. den Minister v. Schrötter mit der Vorbereitung der Lehnsauflösung. Er schrieb dabei: „Diese Maasregel wird durch die Zeitverhältnisse und durch die Nothwendigkeit, jedes Hindernis einer freyen Boden-Cultur, fortzuschaffen, für meinen ganzen Staat dringend herbeygeführet; ist indessen, da sie in die Privatrechte so sehr eingreift, einer Vorbereitung bedürftig."[163] In der Folgezeit wurden Gutachten eingeholt, die jedoch in den meisten Fällen zu dem Ergebnis kamen, dass die Auflösung der Lehen und Fideikommisse ohne Eingriffe in ‚wohlerworbene Rechte' der Agnaten zum damaligen Zeitpunkt nicht realisierbar war.[164] Obwohl es bereits einen Gesetzentwurf für die Aufhebung der Lehnsverfassung in Pommern gab, waren auch die Stände dieser

---

159 Vgl. zu den älteren Versuchen vor allem MARTINY, Adelsfrage, S. 14 ff.

160 Ebd., S. 23.

161 Ebd., S. 25.

162 GStA PK, I. HA, Rep. 77, Tit. 532, Nr. 1, Bd. 1, CO an den Minister v. Schrötter vom 30. März 1808 „Einige pommersche Güter-Besitzer haben die Aufhebung der bisherigen Lehns-Verfassung in Antrag gebracht."

163 Ebd.

164 Vgl. u. a. das Schreiben des Justizministers Kircheisen an Hardenberg vom 25. Oktober 1812, in dem er sich auch auf ein gleichlautendes Votum des Präsidenten des Obertribunals v. Grollmann bezog. (Das Votum Grollmanns vom 18. September 1812 vgl. GStA PK, I. HA, Rep. 84a, Nr. 3438.) Auch Hardenberg hatte die Aufhebung der Lehnsverfassung in einem Schreiben an den Staatsrat Sack vom 20. März 1812 als einen „allerdings sehr wichtigen Gegenstand" bezeichnet, dessen Erledigung zu fördern sei. GStA PK, I. HA, Rep. 77, Tit. 532, Nr. 1, Bd. 2.

Provinz nicht in der Lage, zu einer abschließenden Regelung zu kommen. Die Abgeordneten des brandenburgischen Generallandtages lehnten eine diesbezügliche Entscheidung ebenfalls ab. Obwohl sie die Aufhebung der Lehen „der Förderung der Landeskultur diensam" hielten, betrachteten sie sich nicht als berechtigt, die Frage der Lehnsauflösung zu diskutieren.[165] In der Folgezeit ging das Projekt mit dem Erstarken der Adelsopposition unter, und das märkische Lehnsrecht blieb unverändert Bestandteil des Provinzialrechts.[166]

Erst nach der Revolution von 1848 konnten wieder neue Schritte zur Lehnsauflösung eingeleitet werden. Die oktroyierte Verfassung von 1850 bestimmte in § 40, in Abmilderung der Entwürfe der preußischen Nationalversammlung, dass die Errichtung von Lehen und die Stiftung von Fideikommissen untersagt sein sollte und die bestehenden aufzulösen wären. Familienstiftungen waren von den Bestimmungen ausgenommen.[167] Bereits am 5. Juni 1852 wurde der § 40 dahingehend geändert, dass die Fideikommisse komplett ausgenommen wurden und sich das Gründungsverbot und die Aufhebungsklausel nur noch auf die Lehen bezog.[168] Dies ist als Teilerfolg des grundbesitzenden Adels gegenüber den liberalen Gesetzen der Revolutionszeit zu werten.[169] Trotz der eindeutigen Festlegung sollten noch Jahre vergehen, bis die Lehnsbindungen endgültig gelöst wurden. Eine Ursache dafür war sicher auch die Tatsache, dass nicht in allen preußischen Provinzen Lehen existierten. Während in Schlesien fast ausschließlich Majorate und Fideikommisse vorkamen, gab es eine größere Anzahl von Lehen nur in Pommern und den Marken. Die Zahl der ostpreußischen Lehnsgüter war zwischen 1807 und 1857 dagegen wahrscheinlich drastisch zurückgegangen. Mit Hilfe der Rauerschen Matrikel lassen sich 1857 hier nur noch acht Rittergüter dieser Qualität ermitteln. Nach 1815 wurden im Bereich der Provinzen Brandenburg und Sachsen die Zahlen durch ehemals sächsische Lehnsgüter noch einmal erhöht. Daneben gab es

---

165 GStA PK, I. HA, Rep. 77, Tit. 532, Nr. 1, Bd. 1, Bericht des Oberpräsidenten Sack über den Generallandtag.

166 Der brandenburgische Provinziallandtag beschäftigte sich u. a. Anfang der vierziger Jahre mit der Frage der Kodifizierung des Lehnsrechtes. Vgl. u. a. BLHA. Rep. 54, Nr. 11.

167 Während der Kommissionsentwurf der Nationalversammlung noch vorsah, dass die Lehen und Fideikommisse am Tag der Verfassungsverkündung entschädigungslos allodialer Besitz in der Hand des ‚gegenwärtigen' Inhabers werden sollten, sah die Verfassungsurkunde der Nationalversammlung vom 5. Dezember 1848 eine nicht näher definierte Umwandlung in freies Eigentum auf dem Wege gesetzlicher Anordnungen vor. Vgl. ARNDT, Verfassungsurkunde, 90 ff.

168 Ebd., S. 91.

169 Noch 1875 bemerkte das Herrenhausmitglied v. Winterfeldt anlässlich des Gesetzes zur Auflösung des Lehnsverbandes in den Marken, „dass der jetzige Zeitpunkt, in dem das Gesetz zur Ausführung kommt, nicht so feindlich ist, wie die Zeit, wo die Grundlagen zu diesem Gesetz gegeben wurden; das ist die Zeit, wo ein Preußischer Minister sich nicht scheute, auf der Tribüne zu erklären, dass mit solchem Gesetze ein Schnitt in das Fleisch der Reaktion gethan werden solle und damit zu erkennen gab, dass das nicht ein Akt der Gerechtigkeit sei, sondern ein Akt der politischen Rache". Zit. nach SEGER, Gesetz, S. 29.

auch in Westfalen Lehnsgüter, für die 1876 ein diesbezügliches Auflösungsgesetz erlassen wurde.[170]

Besonders unbequem muss die Lehnsgesetzgebung in Pommern gewesen sein. Von hier aus erfolgten daher bereits kurz nach Erlass der Verfassung weitere Vorstöße zur Aufhebung derselben. 1856 wurde ein Gesetz zur erleichterten Umwandlung der Alt-, Vor- und Hinterpommerschen Lehen in Fideikommisse[171] erlassen, dem 1857 ein ähnlich lautendes für Ostpreußen folgte.[172] Auch für Brandenburg wurde im selben Zeitraum ein Entwurf vorgelegt, der 1863 auch die Zustimmung des Provinziallandtages erhielt, aber nicht zur Ausführung kam. Der Grund dafür war, dass das Abgeordnetenhaus vor der Beschlussfassung seine Sitzungsperiode beendete.[173] An einer Wiederaufnahme der Beratungen über dieses Thema bestand bei den Betroffenen offensichtlich nur wenig Interesse. So wurde mehrfach zum Ausdruck gebracht, dass es kein Bedürfnis wie in Pommern gebe, den Lehnsverband aufzulösen und die große Mehrheit der Lehnsberechtigten auf die Erhaltung des gebundenen Besitzes großen Wert lege. Letztendlich sei nur der Zwang, der Revidierten Verfassung Rechnung zu tragen, für die Auflösung ausschlaggebend, da das Lehnswesen der Mark wohlgeordnet sei.[174] Dieser Argumentation folgte auch der Berichterstatter im Herrenhaus v. Wedel, der auf der 6. Sitzung am 8. März 1875 u. a. ausführte, dass die Rechtsverhältnisse der märkischen Lehen im Ganzen wohlgeordnet und übersichtlich seien, dass der ökonomische Zustand durchaus befriedigend und anders als bei den pommerschen Lehen keine praktischen Gründe vorlägen, die zu einer schnellen Allodifikation drängten.[175]

In Pommern wurde die Auflösung des Lehnsverbandes schließlich durch das Gesetz vom 4. März 1867 eingeleitet, dass auch für die Marken Vorbildwirkung erlangen sollte. Dem Erlass von Lehnsaufhebungsgesetzen in den anderen Provinzen war 1873 ein Antrag des liberalen Mitgliedes des Abgeordnetenhauses Schmidt-Stettin vorangegangen – den unter anderen Virchow und v. Saucken-Tarputschen unterstützten – in dem darauf gedrängt wurde, „die königliche Staatsregierung aufzufordern, den Entwurf eines Gesetzes über die Auflösung des noch in Preußen bestehenden Lehnsverbandes mit thunlicher Beschleunigung vorzulegen.“[176] Das preußische Justizministerium erarbeitete dann 1874 einen Gesetzentwurf für Brandenburg, der anschließend vom Provinziallandtag begutachtet wurde.[177] Nach der Annahme in den bei-

---

170 Gesetz vom 3. Mai 1876 in GS, S. 112. Die napoleonische Allodifikation der Lehen wurde nach 1815 u. a. aus finanziellen Gründen wieder rückgängig gemacht und erst 1850 abgeschlossen. Der Lehnsverband der Familien scheint dabei aber nicht aufgelöst worden zu sein. Vgl. REIF, Westfälischer Adel, S. 185, 203.

171 GS, S. 554.

172 GS, S. 109.

173 SEGER, Gesetz, S. 34 f.

174 SEGER, S. 15, 23.

175 Zit. nach SEGER, S. 25.

176 Der Antrag ist u. a. überliefert in: GStA PK, I. HA, Rep. 77, Tit. 532, Nr. 128, Bd. 1.

177 Vgl. BLHA, Rep. 54 Brandenburgischer Provinziallandtag, Nr. 15, Begutachtung des Entwurfs eines Gesetzes betreffend die Auflösung des Lehnsverbandes.

den Kammern erlangte am 23. Juli 1875 schließlich das „Gesetz über die Aufhebung des Lehnsverbandes der nach dem Lehnsrecht der Kurmark, Altmark und Neumark zu beurtheilenden Lehne in der Kurmark" Rechtskraft.[178] Zwei Jahre später folgte ein ähnliches Gesetz für die ehemals sächsischen Lehen in der Provinz Sachsen und den südlichen Teilen der Provinz Brandenburg.[179]

Das Gesetz für die märkischen Lehen bestimmte, dass diese generell aufzulösen waren. Die Lehnsstämme wurden dabei den Lehnsgütern gleichgesetzt. Den jeweiligen Lehnsberechtigten wurde die Möglichkeit eingeräumt, innerhalb eines Zeitraumes von vier Jahren die Auflösung durch einen Familienschluss zu vollziehen. Außerdem wurde der Inhaber berechtigt, das Lehen unter Zustimmung der nächsten beiden Agnaten in ein Fideikommiß für die zur Lehnssukzession bestimmten Familienmitglieder umzuwandeln.[180] Besonders attraktiv dabei war die Tatsache, dass der Fideikommißstempel, der bei einer Gründung zu entrichten war, auf ein Drittel – also ein Prozent des Taxwertes – gemindert wurde.

Mit diesem Gesetz wurde die Auflösung des Lehnsverbandes unter Wahrung von Übergangsfristen deutlich zu Gunsten des jeweiligen Inhabers geregelt, wenn es den Berechtigten nicht gelang, sich vorher zu einigen. Durch den erleichterten Übergang der Güter in die andere Art des gebundenen Besitzes – das Fideikommiß – wurde die ursprünglich bezweckte Aufhebung jeglicher Besitzbindung konterkariert. Wie weit die Lehnsinhaber davon Gebrauch gemacht haben, wird im Zusammenhang mit den Fideikommissen zu untersuchen sein.

Die Entwicklung des Lehnsverhältnisses in der Provinz Brandenburg bis zu ihrer Auflösung

Genaue Zahlen, welche die Entwicklung der Lehnsverhältnisse widerspiegeln, gibt es vor 1857 nicht. Für 1806 ist lediglich die Angabe von Magnus v. Bassewitz überliefert, dass der ‚größere Teil' der Rittergüter noch im Lehnsver-

178 GS, S. 537. Vgl. auch die umfangreiche Erläuterung und Darstellung der Genese des Gesetzes bei SEGER, Gesetz, passim und den Artikel, Die Aufhebung der märkischen Lehen, in: Deutsches Adelsblatt 4 (1886), Nr. 1 bis Nr. (Teil I. - III.).

179 Es folgten ebenfalls analoge Gesetze für Westfalen (1876), Schlesien (1876) und Ostpreußen (1877).

180 Wenn keine Einigung erzielt werden konnte, hatte der Lehnsinhaber sechs Jahre nach Erlass des Gesetzes die Wahl, die anderen Berechtigten mit einer Abfindung von insgesamt zehn Prozent des Lehnswertes abzüglich der Lehnsschulden auszuzahlen oder den Besitz in ein Fideikommiß umzuwandeln (§ 9). Wurde kein Fideikommiß gestiftet, waren die anderen Berechtigten auszuzahlen (§ 13). Für die Bildung eines Fideikommiß wurde mindestens ein Reinertrag von 6.000 RM vorausgesetzt (§ 14). Damit lag die Mindestgrenze unter den vom ALR festgesetzten 7.500 RM. Wenn Seitenverwandte den Lehnsbesitz erbten, mussten sie die Töchter und Witwen nach der Lehnsgesetzgebung auszahlen (§ 16). Wenn keine Einigung über die Teilung der zehn Prozent Allodifikationsgelder erzielt wurde, welche der das Gut oder den Lehnsstamm Übernehmende zu zahlen hatte, waren diese als Familienstiftung anzulegen (§ 23). Der Wert der Lehnsgüter wurde auf der Basis der Grundsteuerveranlagung – also des Grundsteuerreinertrages – ermittelt (§ 25).

band war.[181] Auch der Landrat des Kreises Prenzlau berichtete um 1900, dass bis in das erste Drittel des 19. Jahrhunderts in seinem Kreise die Vererbung nach Lehnsrecht die Regel war. Seit den vierziger Jahren hätte dann die Tendenz eingesetzt, an Stelle der Lehnstaxe die deutlich höhere Landschaftstaxe bei Erbteilungen zu Grunde zu legen. Dadurch wurden die Lehnsgüter sehr stark mit Schulden belastet.[182] Die Tendenz zur Auflösung des Lehnsverbandes hielt sicher auch aus diesem Grunde nach 1800 unvermindert weiter an.

Im Jahre 1857, in dem die Rauer'sche Rittergutsmatrikel genau vermerkte, welches Gut noch Lehen war, ließen sich in der Kurmark 179 Besitzungen dieser Art finden. Damit war zu diesem Zeitpunkt noch fast jedes vierte Rittergut dieser Region als Lehen gebunden, wenn man die Streichungen aus den Matrikeln mitrechnet. Insgesamt gab es in der Provinz Brandenburg zu diesem Zeitpunkt noch 226 Lehnsgüter.

Auf Grund der Besonderheiten des neumärkischen Lehnsrechtes gab es in der Neumark[183] nur noch neun Lehnsgüter. Damit war hier der auf diese Weise gebundene Besitz auf einen Anteil von weit unter fünf Prozent abgesunken. Ehemals sächsische Lehen gab es in den Kreisen Jüterbog-Luckenwalde und Zauche-Belzig sowie der Niederlausitz (ohne Cottbus). Mit insgesamt 38 Gütern war die Dichte der Lehen hier deutlich höher als in der Neumark, erreichte aber nicht die kurmärkischen Werte.[184] Eine Untersuchung der regionalen Streuung zeigt, dass in acht Kreisen der Provinz überhaupt keine Lehen vorhanden waren.[185] In weiteren zehn Kreisen gab es nicht mehr als vier. Besonders hohe absolute Zahlen existierten in den Kreisen West-Prignitz (15), Ost-Prignitz (18), Calau (21), West-Havelland (23), Templin (24), Zauche-Belzig (26) und Prenzlau (38). Auf die Anzahl der Rittergüter in den Kreisen bezogen ergeben sich folgende Werte: In 13 von 23 Kreisen lag die Anzahl der Lehen z. T. deutlich unter 25 %.[186] In weiteren zehn Kreisen lag der Anteil der Lehen zwischen einem Viertel und der Hälfte aller Güter.[187] Nur im Kreis Zauche-Belzig waren 1857 noch 59 % aller Rittergüter – und damit die Mehrzahl – in Lehnsbesitz.

Ein Vergleich dieser Angaben mit denen über die Besitzverteilung zwischen Adligen und Bürgerlichen zeigt eine weitgehende Kongruenz. Die Kreise mit einer hohen Adelsdichte hatten mit einer Ausnahme auch eine hohe Anzahl

---

181 Magnus Friedrich v. BASSEWITZ, Die Kurmark Brandenburg. Ihr Zustand und ihre Verwaltung unmittelbar vor dem Ausbruche des Krieges im Oktober 1806. Von einem ehemaligen höheren Staatsbeamten, Leipzig 1847, S. 16. Vgl. auch MARTINY, Adelsfrage, S. 27 f.

182 SERING, Vererbung, Bd. 9, S. 52.

183 Der alte brandenburgische Kreis Cottbus, der in ständischer Hinsicht zur Neumark gehörte, wurde in die Angaben mit einbezogen. Hier existierten 1857 noch zwei Lehnsgüter.

184 Zu den Lehen der Niederlausitz gehörten 1857 auch die beiden Standesherrschaften Straupitz und Sonnewalde.

185 Dies waren die Kreise Arnswalde, Beeskow-Storkow, Nieder-Barnim, Friedeberg, Landsberg, Züllichau-Schwiebus, Sorau und Spremberg.

186 In acht Kreisen lag der Anteil des Lehnsbesitzes unter 7 %.

187 An der Spitze lagen dabei die Kreise Prenzlau (43 %) und West-Havelland (47 %)

von Lehnsgütern.[188] Allerdings gab es daneben auch Kreise mit einer relativ geringen Anzahl Lehen, in denen der Adelsanteil dennoch vergleichsweise hoch war.[189] Dies zeigt, dass der Lehnsverband in der Provinz Brandenburg eine sehr wichtige, aber nicht die einzige Art der adligen Besitzsicherung war. Von den 303 kurmärkischen Rittergütern, die zwischen der Allodifikation durch den Landesherren 1717/1723 und 1857 immer im Besitz der gleichen Familie blieben, waren knapp zwei Drittel Lehen. Neben der Lehnsbindung gab es daher auch noch andere erfolgreiche Strategien. Zu diesen zählten die weiter unten zu behandelnden Fideikommisse und wahrscheinlich auch Familienverträge, über die auf der Basis der benutzten Quellen kein Material gefunden werden konnte.

Für das Jahr 1857 soll nun der Lehnsbesitz detaillierter untersucht werden. Die 226 zu diesem Zeitpunkt in der Provinz noch existierenden Lehen, befanden sich im Besitz von 64 Geschlechtern (vgl. Tabelle 76). Dabei war die Anzahl pro Geschlecht sehr unterschiedlich. 27 Geschlechter besaßen nur ein Gut in der Provinz, weitere 15 besaßen zwei Güter. Einundzwanzig Geschlechter – also rund ein Drittel – besaßen dagegen mehr als zwei Lehnsgüter. Allein 38 (16 %) aller Besitzungen dieser Art fielen wiederum auf die v. Arnim[190], denen die v. Rochow (22), v. Bredow (14) und v. Winterfeldt[191] (14) folgten. Damit besaßen diese vier Geschlechter 1857 mehr als ein Viertel aller Lehnsgüter. Dies ist mit Sicherheit auf gesamthänderische Lehnsbindungen zurückzuführen.

Tabelle 76: Die Verteilung der Lehnsgüter auf die adligen Geschlechter im Jahre 1857

Anzahl der Güter	1	2	3-5	6-10	11-38
Anzahl der Geschlechter	27	15	12	5	4

Die Mehrzahl der kur- und neumärkischen Lehnsbesitzungen war bereits vor Erlass der Konstitution im Besitz der betreffenden Familien. Von den 226 im Jahre 1857 als Lehen gekennzeichneten Gütern dieser beiden Regionen wurden nur 15 nach 1717 erworben, keines davon nach 1800.

Die Tendenz der Auflösung der Lehnsverfassung wurde also offensichtlich nur in wenigen Fällen durch die Neudeklarierung von Lehnsgütern unterlaufen. Allerdings lassen sich auch solche Fälle ermitteln. So setzte Friedrich Carl Leopold v. d. Hagen-Rhinow um 1810 in seinem Testament seine Frau

188 Die Ausnahme bildete der Kreis Ost-Sternberg, in dem die Zahl der adligen Besitzer nur wenig höher als der Anteil an Lehnsgütern war.

189 Dies waren z. B. die Kreise Angermünde (1857: Lehnsanteil 16 %, Adelsanteil 91 %), Cottbus (Lehnsanteil 4 %, Adelsanteil 61 %), Friedeberg (Lehnsanteil 0 %, Adelsanteil 69 %), Ober- Barnim (Lehnsanteil 7 %, Adelsanteil 75 %), Königsberg (Lehnsanteil 5 %, Adelsanteil 71 %) und Ruppin (Lehnsanteil 6 %, Adelsanteil 74 %).

190 Vgl. dazu auch das Verzeichnis des Lehnsbesitzes der Familie Arnim in Brandenburg. BLHA, Rep. 37, Gutsarchiv Bärwalde-Wiepersdorf, Nr. 1572, o. J. (Ende 19. Jahrhundert).

191 Die Tatsache, dass ein v. Winterfeldt im Herrenhaus den Gesetzentwurf zur Lehnsauflösung referierte, zeigt, dass die lehnsbesitzenden Familien an dessen Ausarbeitung in ihrem Sinne maßgeblich beteiligt waren. Auch die Familie eines anderen Referenten (v. Wedel) hatte allein in den Marken fünf Lehnsgüter. Vgl. SEGER, Gesetz, S. 26.

und Kinder als Universalerben ein. Sein Anteilgut Rhinow war – im Gegensatz zu dem anderen ebenfalls einem Zweig des Geschlechtes gehörenden – nach seiner Aussage „bis auf einen darauf stehenden Lehnsstamm von 2000 Tlr. Allod". Dennoch bestimmte er: „Dies Allodium will ich indessen, unter meinen Kindern hiermit und Kraft dieses für Lehn erklären, dergestalt, dass so lange männliche Descendenz von mir vorhanden, solches nur von diesen mit Ausschluß aller weiblichen Descendenten besessen werden kann."[192] Im Jahre 1857 waren daher beide Anteile Lehen im Besitz der Gebrüder v. d. Hagen.[193] Eine ähnliche Vorgehensweise ist auch bei Adolph Heinrich v. Klützow-Dedelow zu erkennen, der 1831 bestimmte, dass Dedelow und der Anteil in Falkenhagen „mit Lehnsqualität belegt verbleiben und den Lehnsgesetzen unterliegen" sollen.[194]

Die vorliegenden Daten verweisen jedoch darauf, dass die Beibehaltung oder Wiedererrichtung des Lehnsverbandes nicht die Regel war. Ausdrücklich erklärte Wichard Wilhelm Peter Friedrich v. Holtzendorff 1827, dass auf den ehemaligen Lehnsgütern Rittgarten und Jagow keine agnatischen Ansprüche mehr haften und betonte in seinem letzten Willen am Ende noch einmal: „Es versteht sich, und ich wiederhole dass ich meine Lehnsgüter zum Zweck der Ausführung meines letzten Willens allodifiziere."[195] Heinrich Friedrich August v. d. Hagen-Schmiedeberg setzte 1816 sogar dem Justizrat v. Tempelhof(f) eine Prämie von 100 Tlr. aus, wenn er die Allodifizierung der Lehnsgüter Ketzür (I.), Gortz (I.), Döberitz und Paaren erstreiten würde, was diesem offensichtlich auch gelang.[196] Friedrich Heinrich Ludwig v. Pfuel berichtete im Ehevertrag mit seiner Gemahlin, dass er sich mit seinem Bruder geeinigt hat und das Rittergut Jahnsfelde nun allodialer Besitz in seiner Hand geworden sei. Eine erneute Einbringung in sein Lehnserbe, zu dem das Rittergut Gielsdorf gehörte, ordnete er nicht an.[197] Dass er die Lehnsbindung nicht auf-

---

192 BLHA, Rep. 4A Testamente, Nr. 7177.

193 Die Familie besaß das Gut bis über das Ende des Kaiserreiches hinaus.

194 BLHA, Rep. 4A Testamente, Nr. 9540.

195 BLHA, Rep. 4A Testamente, Nr. 7551. Die Aufhebung der Lehen wurde auf Grund von Verfahrensfehlern jedoch nicht rechtskräftig, so dass Rittgarten und Jagow im Lehnsverband blieben. Die Holtzendorff lösten den gesamthänderischen Lehnsverband bereits 1821 auf. In der Folge gingen die meisten alten Familiengüter – auch in Ostpreußen – verloren. Vgl. W. v. HOLTZENDORFF, Die Holtzendorff in der Mark Brandenburg und Chur-Sachsen. Eine genealogische Studie, Berlin 1876, S. 76 f.

196 Döberitz wurde bereits um 1817 zumindest teilweise von der Gemeinde erworben, Gortz I. und Ketzür I. wurden um 1828 an bürgerliche Käufer veräußert, Paaren im Glien erhielt keine Rittergutsqualität. Nach den Veräußerungen dürfte sich die finanzielle Situation dieses Zweiges der v. d. Hagens erheblich verbessert haben, die noch im Testament von 1816 als äußerst kritisch beschrieben wurde. „Meiner Frau und meinen Kindern sind die Gründe, die mich zu dieser Disposition bestimmen nicht unbekannt. Mein Vermögen befindet, sich in einer Lage, in der nur die freyeste Behandlung durch einen redlichen Mann mit eigenen Aufopferungen desselben mir die Hoffnung geben kann, noch irgend etwas zu retten. Tritt das gewöhnliche Verfahren ein, so muß ich alles für verloren achten, da die Verwicklungen meiner Lage zu groß sind und nur außerordentliche Mittel hier aufhelfen können". In einem Kodizil von 1828, wahrscheinlich kurz bevor die Güter verkauft wurden, hat er die Lage dann allerdings als verbessert beschrieben. BLHA, Rep. 4A Testamente.

197 BLHA, Rep. 4A Testamente, Nr. 13331.

heben konnte, bedauerte Friedrich Ernst v. Thümen-Stangenhagen. Der kinderlose Gutsbesitzer widmete in seinem Testament eine längere Vorrede seiner Ehefrau, der er „das Glück seines Lebens verdanke“ und bestimmte: „Ihr gehört also meine volle Dankbarkeit, und sie soll nicht allein ihr Vermögen vollständig zurückerhalten, sondern auch das Meinige, so lange sie mich überlebt ungestört so fortbesitzen, als ich es selbst besaß.“[198]. Sie erhielt den vollen Nießbrauch an seinen Lehnsgütern Stangenhagen und Schönhagen, die erst nach ihrem Tode wieder zum Hauptgut Blankensee zurückfallen sollten.

Die Auflösung des Lehnsverbandes und die erst damit mögliche freie Verfügung über die Güter war also zumindest für einen Teil des Adels ein erstrebenswertes Ziel.[199] Die der Allodifizierung häufig folgende Veräußerung der Güter[200] zeigt jedoch, dass dem Erhalt des Besitzes in den Familien damit nicht gedient war, da spätestens bei der nächsten Erbteilung den Gutsübernehmer wesentlich höhere Besitzschulden erwarteten als zu den Zeiten, in denen das Gut noch Lehen war. Deshalb fanden sich immer auch Stimmen, die sich für die Beibehaltung des Lehnsverbandes aussprachen. Darauf, dass diese in Brandenburg stärker als in Pommern vertreten waren, wurde bereits hingewiesen.

Eine Ursache der Fürsprache für den Lehnsverband könnte – neben dem Ziel der Standessicherung – auch in der Größe und Ertragsfähigkeit der Güter gelegen haben. Ein Vergleich der Verteilung der Rittergüter mit Lehnseigenschaft gegenüber denen ohne zeigt zunächst keine deutlichen Abweichungen (vgl. Tabelle 77).

Tabelle 77: Die Größe der Lehnsgüter im Vergleich mit der durchschnittlichen Rittergutsgröße in Brandenburg (1857)[201]

Rittergüter	<100	100-199	200-499	500-999	1000-1999	2000-5000	>5000
gesamt (1.412)	26 (1 %)	85 (6 %)	434 (31 %)	517 (37 %)	270 (19 %)	68 (5 %)	12 (1 %)
mit Lehnsqualität (197)	3 (2 %)	16 (8 %)	57 (29 %)	79 (40 %)	34 (17 %)	6 (3 %)	2 (1 %)

198 BLHA, Rep. 4A Testamente, Nr. 18680.

199 Durch das Gesetz vom 2. März 1850 wurde eine weitere Möglichkeit der Aufhebung des Lehnsverbandes geschaffen. Für Lehen die wegen Überschuldung versteigert werden mussten, stand den Agnaten ein Vorkaufsrecht zu. Ursprünglich blieb in einem solchen Falle die Lehnseigenschaft des Gutes bestehen. Nach 1850 könnten auf diese Weise Güter bei gleichzeitiger Aufhebung der Lehnseigenschaft im Besitz der Familie erhalten worden sein. Vgl. SEGER, Gesetz, S. 21.

200 Vgl. auch MARTINY, Adelsfrage, S. 28.

201 Für 29 Lehnsgüter waren keine Größenangaben zu ermitteln, da sie entweder mit anderen Gütern gemeinsam aufgeführt, oder ohne eigenen Wirtschaftsbetrieb waren. Das Basisjahr für die Größenangaben ist 1885. Vgl. auch S. 209 f.

Da jedoch nur 59 der Lehnsgüter selbständige Einheiten waren, die nicht zu einem größeren Komplex gehörten, ist eine weitere Differenzierung notwendig (vgl. Tabelle 78). Von den selbständigen Besitzungen gehörte die Hälfte in die Gruppe der mittelgroßen Güter (500-1.000 ha). Nur vier Güter waren im Bereich darüber zu finden.[202] Die 18 Güter, die kleiner als 500 ha waren, dürften nur sehr bedingt in der Lage gewesen sein, die Sicherung der standesgemäßen Existenz eines größeren Kreises von Lehnsberechtigten zu gewährleisten.[203]

Die Bedeutung der Lehnsgüter für den großen und sehr großen adligen Grundbesitz wird deutlich, wenn die Güterkomplexe untersucht werden. Während weniger als ein Fünftel von den Güterkomplexen, die vollständig oder teilweise aus Lehnsanteilen bestanden, im Bereich unter 1.000 ha zu finden waren, stellten sie mit steigender Größe einen immer größeren Anteil. So bestanden von den adligen Güterkomplexen mit einer Größe über 2.000 ha 82 % teilweise oder vollständig aus Lehnsgütern.[204]

Tabelle 78: Lehnsgüter und Güterkomplexe mit Lehnsanteil (1857)

Größe in ha	100-199	200-499	500-999	1.000-1.999	2.000-5.000	>5.000
Einzelgüter mit Lehnsqualität (47)*	5 (10,6 %)	13 (27,7 %)	25 (53,2 %)	3 (6,4 %)	1 (2,1 %)	0
Komplexe mit Lehnsanteil (167)	0	4 (2,4 %)	26 (15,9 %)	60 (36,6 %)	57 (34,8 %)	17 (10,4 %)

* Für zwölf Einzelgüter waren keine Größenangaben zu ermitteln.

Diese Daten machen eine Wurzel der Weiterexistenz der Lehnsbindung deutlich. Die Familien, die den Lehnsverband bis 1857 nicht aufgehoben haben, gehörten in überwiegendem Maße auch zu den wohlhabenderen der Provinz. Sicher ist in Rechnung zu stellen, dass der gesamthänderische Besitz – vor allem großer Familien – schwer aus dem Lehnsverband zu lösen war. Darüber hinaus dürfte der größere Teil der Lehnsgutübernehmer jedoch in der Lage gewesen sein, die Schulden, die sich durch die Geschwister- und Witwenabfindung ergaben, aus den Besitzungen zu decken. Auf Grund der Weiterexistenz der Lehnsverfassung wurde demnach bis zu Beginn der 1880er Jahre aus den großen Gütern und Güterkomplexen ein erheblich breiterer Kreis von

202 Das mit Abstand größte Gut dieser Gruppe war Warnitz (3.202 ha, GRE 24.867 RM) im Kreis Königsberg, dass von 1440 bis nach 1918 der Familie v. d. Osten gehörte.

203 Ein Teil der sehr kleinen Güter wurde wenige Jahre nach 1857 verkauft und verlor damit seine Lehnseigenschaft. So z.B. Buderose (215 ha), Kückebusch (271 ha), Lauenhagen I. (135 ha), Sandberg I. (135 ha). Von den neun Gütern, die kleiner als 300 ha waren, blieben nur zwei dauerhaft im Besitz der Lehnsfamilien (Brunne: 256 ha, v. Zieten 1387-nach 1918; Siewisch: 267 ha, v. Köckritz 1527-1945).

204 Von den Güterkomplexen mit einer Größe zwischen 2.000 und 5.000 ha gehörten 1857 insgesamt 70 adligen Familien. 57 (81 %) davon setzten sich ganz oder teilweise aus Lehnsbesitz zusammen. Von den 20 Güterkomplexen mit einem Flächenumfang über 5.000 ha bestanden 17 (85 %) ganz oder teilweise aus Lehnsbesitz. Der Rest der großen Güter in Adelsbesitz war darüber hinaus überwiegend fideikommissarisch gesichert.

Adligen – Männern wie Frauen – aus den Besitzungen alimentiert, als es die reine Zahl der adligen Gutsinhaber vermuten lässt.

Die Tatsache, dass es vor allem größere Besitzungen waren, welche die Lasten des Lehnswesens trugen, dürfte eine der Ursachen für die breite Fürsprache aus Kreisen des märkischen Adels gewesen sein. Daneben hatte sich gezeigt, dass die Lehnsbindung eine der sichersten Möglichkeiten des Besitzerhaltes der alten Familien war, deren Aufhebung den Bestand an Großgrundbesitz stark gefährdete.[205]

Die Fideikommisse

Anders als die Lehen – deren Weiterexistenz bis in das Kaiserreich von Historikern nur selten registriert wurde – waren und sind die Fideikommisse relativ häufig Gegenstand historischer, statistischer und volkswirtschaftlicher Untersuchungen gewesen.[206] Neben ihrer Bedeutung in der Praxis fanden dabei vor allem die Diskussionen über eine Umgestaltung der Fideikommißgesetze eine breite Beachtung. An den langfristigen Debatten über eine Reform – die letztendlich nie stattfand – hatten sich u. a. die bekanntesten Nationalökonomen und Agrarwissenschaftler des Kaiserreiches intensiv beteiligt.[207]

Die Fideikommisse waren gegenüber den Lehen die jüngere Art der dauerhaften Besitzbindung. Neben Vorläuferformen aus dem späten Mittelalter entwickelten sie sich zum einen auf der Basis des deutschen Partikularrechts, zum anderen nach dem Vorbild der spanischen Majorate seit dem 16. und 17. Jahrhundert als eigenständige Form.[208] Weder im Alten Reich noch im Kaiserreich unterlagen sie einer reichsweit identischen Gesetzgebung. Nicht einmal in Preußen wurden alle Fideikommisse nach den gleichen Rechtsgrundsätzen behandelt. Ein erster Versuch, die Fideikommisse als eine, den

205 In diesem Sinne argumentiert z. B. W. v. Holtzendorff in seiner Familiengeschichte. Nach einer Würdigung Steins und seiner auf Erhalt alten Großgrundbesitzes gerichteten Politik, der viele märkische Adelsfamilien gefolgt sein sollen, stellt er fest, dass diese Denkweise in seinem Geschlecht nicht verbreitet war: „... denn anstatt in dem Fortbestande des Lehnsverhältnisses eine Stütze für die Erhaltung eines bedeutenden Grundbesitzes und für das fernere Gedeihen des Geschlechtes zu erkennen, schritt man zur Aufhebung des Lehnsverbandes." Ders., Die Holtzendorffs, S. 77.

206 Vgl. vor allem HEß, Junker S. 101-214 mit einer umfassenden Übersicht über die ältere Literatur. Heß stellte die Fideikommisse stark in das Zentrum seiner Untersuchung und lieferte vor allem eine Zusammenschau von Angaben und Argumenten aus der statistischen, volkswirtschaftlichen und agrarpolitischen Literatur des Kaiserreiches. Da er jedoch kaum Einzelfälle untersuchte, bleiben seine Aussagen vielfach auf abstrakt rechtshistorischem Niveau und spiegeln die Wirklichkeit nur begrenzt wider. BUCHSTEINER, Großgrundbesitz, bearbeitete das Problem für Pommern nur am Rande. Der neuere Aufsatz von Fusao KATO, Die wirtschaftliche und soziale Bedeutung der Fideikommißfrage in Preußen 1871-1918, in: REIF, Agrargesellschaft, S. 73-93 behandelt Teilaspekte der Problematik mit einer Mischung aus marxistischer und Weber'scher Argumentation.

207 Vgl. dazu HEß, Junker, S. 119-141. Von großer Wirkung war vor allem der Aufsatz von Max Weber zu dieser Problematik: Max WEBER, Agrarstatistische und sozialpolitische Betrachtungen zur Fideikommißfrage in Preußen, in: Ders., Gesammelte Aufsätze zur Soziologie und Sozialpolitik, Tübingen[2] 1988, S. 323-393.

208 Vgl. Ebd., S. 102 f.

liberalen Denkmodellen widersprechende Rechtsform abzuschaffen, fand im Gefolge der Französischen Revolution statt. Er blieb jedoch in Deutschland auf wenige Regionen beschränkt (Rheinpfalz, Oldenburg).[209]

Sowohl das Frankfurter Parlament als auch die Berliner Nationalversammlung von 1848 wollten die Fideikommisse ebenso wie die Lehen vollständig abschaffen, wobei der Frankfurter Verfassungsentwurf der radikalere war. Er bestimmte – ebenso wie für die Lehen –, dass mit Erlass der Verfassung aller gebundener Besitz im Eigentum des derzeitigen Besitzers allod werden sollte. Der preußische Entwurf sah dagegen gesetzliche Ausführungsbestimmungen vor.[210] Auch die oktroyierte preußische Verfassung bestimmte zunächst, die Fideikommisse aufzuheben. Im Zuge des Erstarkens der adligen Reaktion wurden diese dann jedoch am 2. Juni 1852 sowohl aus dem Gründungsverbot als auch aus dem Aufhebungsgebot ausgenommen. Danach galt für die ostelbischen Fideikommisse wieder das Allgemeine Landrecht.[211] Das Bürgerliche Gesetzbuch von 1900 ließ zwar die Neubildung von Fideikommissen nicht zu, stellte jedoch den Einzelstaaten die Gesetzgebung über diese Materie frei. Damit traten in Preußen ebenso wie in den meisten anderen Staaten de facto keine Veränderungen ein. Erst die Weimarer Reichsverfassung vom 11. August 1919 verlangte die Auflösung aller noch bestehenden Fideikommisse in den Ländern, die jedoch die dafür notwendigen Gesetze autonom erlassen konnten. Obwohl in Preußen bereits kurz vorher – am 10. März 1919 – die Aufhebung der Fideikommisse angeordnet wurde, zog sich die Auflösung hin. So bestanden um 1930 die Hälfte der brandenburgischen Fideikommisse immer noch.[212] Im Jahre 1938 wurde schließlich die Liquidierung aller noch bestehenden Fideikommisse zum 1. Januar 1939 gesetzlich festgelegt. Die Regulierung der Vermögensverhältnisse zog sich jedoch in einigen Fällen noch Jahre hin.[213] Ein nicht unbeträchtlicher Teil der ehemaligen Fideikommisse konnte in andere Formen gebundenen Besitzes – vor allem in Schutzforsten und Waldgüter – umgewandelt werden, die rund ein Drittel der Fläche auffingen.

Die Fideikommisse in der Provinz Brandenburg

In der Provinz Brandenburg lassen sich im Verlauf des Untersuchungszeitraumes insgesamt 151 Fideikommisse nachweisen.[214] In dieser Zahl sind die

209 Ebd., S. 103.

210 Vgl. dazu ARNDT, Verfassungsurkunde, S. 90 f.

211 Vgl. zu den rechtlichen Bestimmungen für Fideikommisse das ALR, Teil II., Titel 4, Abschnitt 4, §§ 47 ff.

212 GStA PK, I. HA, Rep. 84a, Nr. 3619, Statistische Übersichten über die Fideikommisse und Thronlehen (1929-1933).

213 Vgl. dazu HEß, Junker, S. 103-105.

214 Die Quellen für diesen Abschnitt sind die Fideikommißakten im Geheimen Staatsarchiv und im Brandenburgischen Landeshauptarchiv. Mit diesem Material lassen sich die meisten Fideikommisse nachweisen. Für einige ältere Fideikommisse ist das Stiftungsdatum nicht zu ermitteln gewesen. Über die aufgelösten älteren Fideikommissen ist nur wenig in Erfahrung zu bringen.

wenigen adligen Geldfideikommisse nicht enthalten, die fast ausschließlich von Personen gestiftet wurden, die in Berlin lebten.[215]

Von den Fideikommissen, die sich auf Grundbesitz stützten, wurden elf im Verlauf der zweiten Hälfte des 19. Jahrhunderts aufgelöst.[216] Zu den verbliebenen Fideikommissen gehörten insgesamt 486 Besitzungen, von denen 382 Rittergüter waren.[217] Insgesamt ist davon auszugehen, dass am Ende des Kaiserreiches jedes vierte noch existierende Rittergut (27 %) zu einem Fideikommiß gehörte oder Bestandteil eines Güterkomplexes war, dessen Zentrum ein Fideikommiß bildete. Dies unterstreicht nachdrücklich die Bedeutung dieser Form des gebundenen Besitzes.

Eine Untersuchung des Alters dieser Stiftungen bestätigt die bereits bekannte Tatsache, dass ein großer Teil der Fideikommisse erst seit der zweiten Hälfte des 19. Jahrhundert entstanden ist. Nur vier lassen sich auf das siebzehnte Jahrhundert zurückführen (vgl. Abbildung 22).

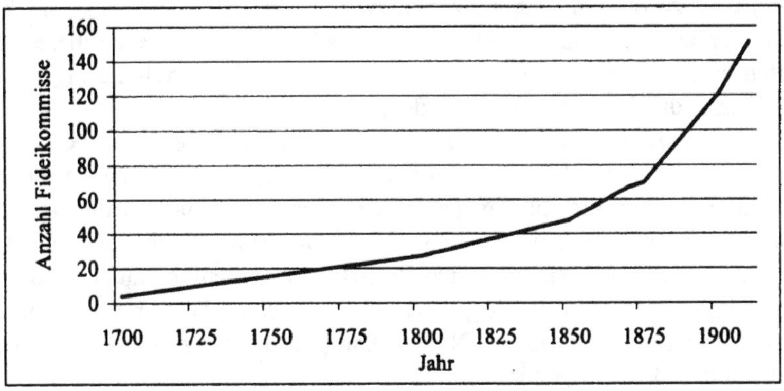

Abbildung 22: Die Stiftung von Fideikommissen in der Provinz Brandenburg (1610 und 1918)[218]

215 Die bekannten Geldfideikommisse konzentrierten sich erwartungsgemäß ausschließlich auf die Stadt Berlin und nicht auf die Provinz Brandenburg, wie Heß behauptete. Vgl. HEß, Junker, S. 57 f. Von den in Berlin zu ermittelnden 21 Geldfideikommissen gehörten 10 adligen Besitzern bzw. einer Besitzerin und brachten ihren Inhabern bzw. ihrer Inhaberin z. T. erhebliche Jahreseinkommen ein. Vgl. Anhangtabelle XII, S. 536.

216 Diese Güter waren entweder bei Bratring, in der Rauerschen Matrikel oder bei Berghaus verzeichnet. Für die fideikommissarische Bindung dieser Güter lassen sich keine weiteren Belege finden, so dass entweder die betreffenden Einträge falsch waren oder aber die Fideikommisse aufgelöst wurden. Da in keinem Fall die Besitzkontinuität gewahrt wurde, ist letzteres durchaus denkbar. Für Hoppenrade ist die Auflösung des Fideikommisses bei Fontane belegt. Vgl. Theodor FONTANE, Wanderungen durch die Mark Brandenburg. Fünf Schlösser, Berlin 1994, S. 212 f.

217 Das einzige Fideikommiß, zu dem kein Rittergut gehörte, war Treplin (Lebus). Der selbständige Gutsbezirk (495 ha, GRE 3224 RM) war im Verlauf des 19. Jahrhunderts wahrscheinlich von Hohenjesar abgetrennt und 1918 zum Fideikommiß gewidmet worden.

218 Bei 17 Fideikommissen ist das Gründungsjahr unbekannt. 14 von ihnen sind wahrscheinlich zwischen 1750 und 1857 gestiftet worden. Sieben dieser Fideikommisse waren nach 1885

Dies waren die drei großen niederlausitzischen Standesherrschaften Amtitz (1610), Lieberose (1665) und Lübbenau (1679) und das sehr kleine Rittergut Rietschütz (1620) im Kreis (Züllichau-) Schwiebus. Im Verlauf des 18. Jahrhunderts kamen dann 23 Neustiftungen hinzu, darunter die vierte große Standesherrschaft Forst-Pförten (Graf v. Brühl, 1756). Während der Schwerpunkt der frühen Stiftungen im Bereich der Niederlausitz lag, wurde erst um 1726 mit dem Rittergut Pommerzig (Crossen) der Reichsfreiherren (seit 1742 Grafen) von Schmettau der erste Besitz in den Marken gebunden. Das erste Fideikommiß in der Kurmark war Suckow (v. Arnim), das im Jahre 1733 gestiftet wurde.

Das Bemühen Friedrichs II., den Adel zur vermehrten Besitzbindung zu animieren, spiegelt sich in der Zahl der relativ wenigen Fideikommisse nicht wider. Während er 1754 die Bildung von Majoraten lediglich empfahl, versuchte er sie 1765 auf dem Verordnungswege durchzusetzen.[219] Die Gründe für das Scheitern dieser Bemühungen sind vor allem in der Tatsache zu suchen, dass zu diesem Zeitpunkt mindestens zwei Drittel der Güter noch im Lehnsverband standen. Für die adligen Familien, in deren Besitz diese Güter waren, bestand – abgesehen von der Schwierigkeit der Durchführung – kaum ein Grund, die Form der Besitzbindung zu ändern. Wenn zur Auflösung des Lehnsverbandes geschritten wurde, dann meist um den Besitz oder einen Teil davon zu veräußern. Außerdem wurde weiter oben darauf hingewiesen, dass es immer einen Sektor häufig gehandelter Güter gab. Für den Inhaber eines solchen – meist kleineren – Gutes, der vielleicht auch mit den steigenden Bodenpreisen spekulierte, war eine Besitzbindung ebenfalls nicht erwünscht. Daher lassen sich bis 1800 insgesamt nur 27 Fideikommisse registrieren, von denen neun noch dazu in der Niederlausitz lagen, die zu diesem Zeitpunkt nicht zu Brandenburg gehörte.

Bis 1848 sind weitere 24 Neustiftungen festzustellen, von denen ein kleiner Teil eventuell auch schon aus dem 18. Jahrhundert stammte. Es fällt auf, dass der Anteil hochadliger und alter Reichsgrafenfamilien vor der 1848er Revolution besonders groß war. Bis zur Jahrhundertmitte kam fast ein Drittel aller Fideikommißstiftungen aus ihren Reihen. Dies deutet darauf hin, dass in diesen Familien – abgesehen von den sehr frühen Bindungen der Standesherrschaften – das Fideikommiß als Besitzsicherungsstrategie früher erkannt und umgesetzt wurde als beim niederen Adel. Dies korrespondiert damit, dass diese Familien in der Regel auch über den größeren Grundbesitz verfügten.

Das erste nachweisbare bürgerliche Fideikommiß in Brandenburg wurde bereits 1749 von dem Rittergutsbesitzer Bone auf Krauschow II. (Kr. Züllichau [-Schwiebus]) gestiftet. Das erste bürgerliche Fideikommiß nach der Gesetzgebung des ALR errichtete dagegen erst 1847 die Familie Scherz auf Kränzlin. Nur acht Jahre davor war – nach behördeninternen Diskussionen – aus-

nicht mehr im Besitz der ursprünglichen Familie und wurden in den ‚Handbüchern' auch nicht als Fideikommiß ausgewiesen.

219 Vgl. Th. SCHIEDER, Königtum, S. 74 f.

drücklich klargestellt worden, dass Bürgerliche überhaupt berechtigt waren, Fideikommisse zu stiften. Laut dem ALR war dies ein adliges Privileg.[220]

Ein regelrechter Fideikommißboom setzte dann – sicher nicht zufällig gleichzeitig mit der endgültigen Auflösung der Lehen – ab 1875 ein. Während zwischen 1848 und 1875 nur weitere 22 Fideikommisse gestiftet wurden, waren danach bis 1918 insgesamt 81 Gründungen zu registrieren. Nach 1900 lässt sich allerdings wieder ein Rückgang der Neugründungen feststellen.

Unter den 151 Fideikommißstiftern waren 27 bürgerliche Rittergutsbesitzer.[221] Nur drei der bürgerlichen Stiftungen wurden vor 1848 errichtet.[222] Die Mehrzahl (16) der bürgerlichen Fideikommisse wurde erst im Kaiserreich gegründet. In neun Fällen hing die Stiftung direkt mit der Nobilitierung des Stifters zusammen.[223] Diese wurde dabei teilweise ausdrücklich von der Gründung eines Fideikommisses abhängig gemacht.[224] Nur in drei Fällen wurden dabei alte bürgerliche Familien, die seit vielen Jahrzehnten Rittergüter besessen hatten, mit der Standeserhöhung bedacht (Schulz v Heinersdorf und zwei Linien v. Seidel). In den anderen Fällen hatten reiche Industrielle, Bankiers sowie ein Bodenspekulant (v. Wollank) ihr Vermögen auf dem Umweg über fideikommissarisch gebundenen Großgrundbesitz geadelt. Zwischen langfristigem Besitz und der Stiftung eines Fideikommisses auf der einen Seite und der Nobilitierung auf der anderen Seite bestand eindeutig keine direkte Verbindung. Zwölf der bürgerlichen Fideikommißstifter saßen auf Gütern, die ihren Familien seit mehreren Generationen gehörten. Nur eine dieser Familien wurde nobilitiert. Dies deutet darauf hin, dass der Verdacht, Bürgerliche hätten Fideikommisse vor allem gestiftet, um die Nobilitierung zu erreichen – den unter anderem Max Weber äußerte – für die alten Landwirtsfamilien nicht begründet war. Auch die Zahl von Wirtschaftsbürgern, die zu Fideikommißstiftern wurden, um in den Adelsstand zu gelangen, blieb in Brandenburg gering.[225]

---

220 GStA PK, I. HA, Rep 77, Tit. 532, Nr. 1, Bd. 1. Eine entsprechende Kabinettsordre erging am 12. August 1839. Siehe dazu auch SCHILLER, Adelsschutzpolitik, S. 276.

221 Gleich drei Fideikommisse stiftete der Ökonomierat Stolze. Jeder seiner Fideikommisse wurde an ein anderes Familienmitglied vererbt, so dass drei Linien entstanden.

222 Bone-Krauschow II. (1749), Bernhardi-Adlig Crummendorf (vor 1857) und Scherz-Kränzlin II. (1847).

223 Schulz v. Heinersdorf (1881), v. Caro (1906), v. Rautenstrauch (1906), v. Wülfing (1908), v. Seidel-Diedersdorf (1909), v. Seidel-Gosda (1911), v. Wollank (1913), v. Blaschke (1913), v. Wollank (1913).

224 So unterzeichnete Wilhelm II. am 27. Jan. 1906 eine Kabinettsordre, in der es hieß: "Ich habe mich aus Anlaß des heutigen Tages bewogen gefunden, dem Oberleutnant der Landwehrcavallerie und Geheimen Kommerzienrat Dr. jur. Georg Caro hierselbst auf sein Ansuchen den erblichen Adel zu verleihen, nachdem derselbe sich bereit erklärt hat, die ihm zugehörigen Güter Wilkendorf und Giehlsdorf bei Strausberg zum Fideikommiß zu stiften. Der Ausfertigung und Vorlegung des Diploms sehe ich entgegen, nachdem die über die Stiftung zu verlautbarende Urkunde Meine Genehmigung erhalten hat". GStA PK, Rep. 176, VI. C, Nr. 188. Siehe dazu auch SCHILLER, Vom Rittergut zum Adelstitel, S. 79 f.

225 Vgl. dazu auch in SCHILLER, Vom Rittergut zum Adelstitel, S. 79 f. das Beispiel des Kommerzienrates (v.) Caro und weitere Verweise.

Weiter oben wurde ein Segment von 96 älteren bürgerlichen Großgrundbesitzerfamilien ausgemacht.[226] Ein Vergleich mit den von Bürgerlichen gestifteten Fideikommissen zeigt, dass von diesen Familien nur elf (11 %) ihren Besitz in eine gebundene Form überführten. In der Mehrzahl der alten bürgerlichen Familien wurde zur Besitzsicherung also nicht der Weg der faktischen Enterbung eines Teils der Kinder gewählt. Die Stifter aus den neu angesessenen Familien hatten sich alle erst im Kaiserreich in den Großgrundbesitz eingekauft. Wenn man die Nobilitierungsstiftungen außer acht lässt, bleiben in dieser Gruppe letztendlich nur vier bürgerliche Stifter – von denen einer allerdings drei Fideikommisse gründete – übrig. Dies zeigt, dass bei Bürgerlichen die Stiftung eines Fideikommisses eine Ausnahme blieb und dieser Weg vor allem von längerfristig angesessenen Familien gegangen wurde. Diese Feststellung bleibt auch dann bestehen, wenn man bedenkt, dass für die Genehmigung einer Stiftung ein Mindestreinertrag von 7.500 RM zu erreichen war. Im Jahre 1910 erreichten mindestens 250 bürgerliche Großgrundbesitzer einen Reinertrag, der über dieser Untergrenze für eine Fideikommißstiftung lag.[227] Dennoch entschied sich nur ein Bruchteil von ihnen für die Besitzbindung.

Bei den elf nach 1700 nobilitierten Familien lagen meist Generationen zwischen der Standeserhöhung und der Fideikommißstiftung. Nur in zwei Fällen betrug der Zeitraum zwischen diesen Ereignissen weniger als 15 Jahre.[228] Hier ist zu vermuten, dass der Nobilitierte selbst das Fideikommiß errichtete, um den Besitz und den Namen zu schützen. In den meisten anderen Fällen folgten die Nachkommen der Nobilitierten dagegen wohl eher adligen Besitzsicherungsmustern, wie sie sich im Verlauf des 19. Jahrhunderts herausbildeten.

Das Gros der Fideikommißstifter stellte erwartungsgemäß der Adel. Insgesamt 118 (78 %) aller Fideikommisse wurden von Angehörigen alter Adelsfamilien oder vor 1700 Nobilitierten gestiftet (vgl. Tabelle 79). Insgesamt gehörten damit – einschließlich der nach 1700 Nobilitierten – 89 % aller Fideikommisse in der Provinz Adligen.

Tabelle 79: Die Herkunft der brandenburgischen Fideikommißstifter

alter Adel	Nobilitierte		Bürgerliche
	vor 1700	nach 1700	
113 (75 %)	5 (3 %)	11 (7 %)	22* (15 %)

* Fünf (3 %) bürgerliche Rittergutsbesitzer wurden sofort nach der Stiftung nobilitiert.

226 Vgl. auch S. 275 f.

227 Als Ausgangswert wurde der verdoppelte Grundsteuerreinertrag benutzt. Um der – durch den meist erst einige Jahre zurückliegenden Ankauf des Gutes – hohen Belastung durch Besitzschulden Rechnung zu tragen, wurden nur Güter ausgewählt, die nach dieser Rechnung einen Ertrag von mindestens 10.000 RM erreichten.

228 Dies waren v. Uckro – Nobilitierung 1865, Fideikommißstiftung 1875 und v. Grumme (-Douglas) 1900 bzw. 1914.

Fast drei Viertel (85) der adligen Gründer eines Fideikommisses gehörten zu den langfristig angesessenen Familien und Geschlechtern, die weiter oben beschrieben wurden.[229] Unter diesen 200 alten Familien machten sie jedoch nicht einmal die Hälfte aus.

Ein Vergleich mit der Zahl der Rittergüter und Güterkomplexe, die zum Zeitpunkt der Auflösung des Lehnsverbandes noch vollständig oder teilweise Lehen waren, zeigt eindeutig, dass nur ein Teil der adligen Großgrundbesitzer für seinen Besitz eine Bindung wünschte. Offensichtlich vertrauten die anderen darauf, dass der Besitz auch ohne fideikommissarische Bindung dauerhaft in der Familie bleiben würde. Dies bedeutete jedoch auch, dass einerseits die nichterbenden Kinder aus dem väterlichen Erbe besser ausgestattet wurden, andererseits die Belastung der Güter bei jeder Besitzübernahme anstieg.
Von 1875 nachweisbaren 226 Lehen[230] gingen nur 76 in neu gebildete Fideikommisse ein. Da vielfach mehrere ehemalige Lehnsgüter gemeinsam gebunden wurden, waren nur 23 Fideikommisse (28 %), die nach 1875 neu gestiftet wurden, auf der Grundlage des Lehnsauflösungsgesetzes entstanden. Die hohe Zahl von Neustiftungen nach 1875 lässt sich also nur begrenzt auf die Umwandlung ehemaliger Lehen in Fideikommisse zurückführen.

Reduziert man die entsprechenden Angaben über die Neustiftungen um die Lehen (Abbildung 22, S. 301), so wird ersichtlich, dass sich auch in dieser Zeit nur der seit der ersten Hälfte des 19. Jahrhunderts leicht angestiegene Trend zur verstärken Fideikommißbildung fortgesetzt hat.[231] Dabei nahm nach der Lehnsauflösung die Zahl der gebundenen Güter in adliger Hand trotz der leicht verstärkten Tendenz zur Gründung eines Fideikommisses ab. Während 1857 insgesamt 182 adlige Güter/Güterkomplexe entweder als Lehen oder als Fideikommiß gebunden waren, betrug die Anzahl der Fideikommisse in adliger Hand im Jahre 1910 nur 120. Die Fideikommisse waren also nur in begrenztem Maße ein Ersatz der ehemaligen Lehen, und die früheren Lehen

---

229 Vgl. auch S. 269 f.. In einem Fall war eine Besitzübertragung zu beobachten. Im Jahre 1898 verkaufte der Graf v. Voß seine Güter Buch und Karow (1.329 ha, GRE 16.673 RM) an die Stadt Berlin. Von dem Kaufgeld erwarb er die deutlich größeren Güter Dölzig und Hammer (3.381 ha, GRE 29.019 RM) im Kreis Sorau, die er sofort in einen Fideikommiß einbrachte.

230 Vgl. S. 295 f.

231 Vgl. dazu auch HEß, Junker, S. 144 f., der die Angaben der zeitgenössischen Statistik zusammenstellte, die aufzeigen, dass die Tendenz zur verstärkten Fideikommißbildung vor allem in den preußischen Ostprovinzen vorhanden war. Während die hohen Zahlen für Brandenburg und Pommern, ev. auch für die Provinz Sachsen, mit Sicherheit auf die Auflösung der Lehnsverfassung zurückgehen, wirkten in Schlesien und Posen sicher auch andere Tendenzen mit. In Schlesien hatte es traditionell neben den Lehen immer viel mehr Fideikommisse und Majorate gegeben, so dass hier eine andere Einstellung zu dieser Art der Besitzbindung anzunehmen ist. Vgl. GStA PK, I. HA, Rep 84a, Nr. 3438, Schreiben v. Grolmanns an den Justizminister v. Kircheisen betreffend die Auflösung der Lehen und Fideikommisse, pag. 362. In Posen wirkte sich dagegen die antipolnische Politik des preußischen Staates aus, der die Fideikommißstiftungen hier nicht nur durch Stempelerlass, sondern auch durch daran geknüpfte Nobilitierungen massiv unterstützte. So waren von 26 nach 1880 in dieser Provinz nobilitierten Rittergutsbesitzern 21 gleichzeitig auch Fideikommißstifter. Vgl. auch SCHILLER, Vom Rittergut zum Adelstitel, S. 76 ff.

waren in hohem Maße nicht wieder in gebundenen Besitz eingebracht worden.[232]

Die räumliche Verteilung der Fideikommisse in der Provinz Brandenburg entspricht weitgehend dem oben entworfenen Bild von adelsstarken und adelsschwachen Regionen. Die Mehrzahl der Fideikommisse konzentrierten sich in der ehemaligen Kurmark. Die restlichen verteilten sich zwischen Niederlausitz und Neumark. Die höchsten Konzentrationen in der Kurmark waren dabei in den beiden Prignitzkreisen (Ost-Prignitz 10, Westprignitz 11), Prenzlau (12) und Lebus (11) zu erkennen. Auch in den anderen Regionen folgte die Verteilung der Fideikommisse mit wenigen Ausnahmen der Adelsdichte.
Unter den zwanzig in der Niederlausitz nachweisbaren Fideikommissen befanden sich sechs der acht Standesherrschaften. Nur zwei weitere Fideikommisse wurden darüber hinaus auf Gütern errichtet, welche die betreffenden Familien schon vor 1800 besessen hatten.. In dieser Region war mit der ‚Herrschaft Alt Döbern' auch der einzige Fideikommiß zu finden, der in der Zeit des Kaiserreiches auf Grund wirtschaftlicher Schwierigkeiten aufgelöst wurde.[233]

Eine Analyse der Größe der Fideikommisse zeigt, dass die adligen Großgrundbesitzer mit steigender Besitzgröße immer stärker dazu tendierten, ihren Besitz fideikommissarisch zu binden. Von den kleinen und mittleren Gütern bis 1.000 ha gehörten im Jahre 1910 nur etwa ein Sechstel zum gebundenen Besitz. Dagegen waren von den Gütern zwischen 1.000 und 2.000 ha über ein Drittel fideikommissarisch gebunden. Bei den Gütern zwischen 2.000 und 5.000 ha überschritt der Wert bereits die 50 %-Marke. Und von den latifundienartigen Komplexen mit einem Flächenumfang über 5.000 ha waren etwas mehr als zwei Drittel fideikommissarisch gebunden (vgl. Anhangtabelle XIII, S. 536).[234] Die Gruppe der latifundienartigen Güterkomplexe (> 5.000) wurde von hochadligen und alten Grafenfamilien (einschließlich der gefürsteten) dominiert. Nur drei der 14 Familien dieser Gruppe gehörten dem untitulierten Adel an.

Untersucht man die Gruppe der Grafen (einschließlich der gefürsteten Familien), die – wie oben dargestellt[235] – hinsichtlich ihrer Herkunft und ihres Alters nicht homogen war, ergibt sich folgendes Bild. Im Jahre 1910 lassen sich 50 Grafen als Besitzer von 28 Rittergütern und 22 Güterkomplexen nachweisen. Dabei hatten sich die meisten Grafenfamilien, die Inhaber von nur einem Rittergut waren, erst im 19. Jahrhundert angekauft. Die Grafenfamilien, die Besitzer von Güterkomplexen waren, konnten dabei – mit einer

232 1857 existierten 130 Besitzungen, die teilweise oder vollständig Lehnsbesitz waren. Daneben bestanden bereits 52 Fideikommisse in adliger Hand. Da nur 27 Fideikommisse aus früherem Lehnsbesitz entstanden waren, wird deutlich, dass der Bedarf an gebundenem Besitz bei den Inhabern der ehemaligen Lehen relativ gering war.

233 Vgl. dazu Anm. 128, S. 201 und LEHMANN, Niederlausitz, S. 105.

234 Dies entspricht auch den Befunden für den gesamten preußischen Osten. Vgl. HEß, Junker, S. 154 und zu den Besitzungen über 5.000 ha vor allem auch CONRAD, Latifundien, passim.

235 Vgl. S. 246 f.

Ausnahme – auf Besitztraditionen, die mindestens ins 18. Jahrhundert reichten, zurückblicken. Die Mehrzahl der Grafen, die einen Güterkomplex besaßen, konnte auf eine mehrere Jahrhunderte währende Familientradition auf ihrem Besitz zurückblicken. Im Jahre 1910 gehörten insgesamt 21 Grafen zu den Inhabern von Fideikommissen. Von diesen zählten 18 zu den langfristig angesessenen Familien.

Das bedeutet, dass dreiviertel der Grafenfamilien, die bereits vor 1800 angesessen waren, am Ende des Kaiserreiches ihren Besitz fideikommissarisch gesichert hatten. Da nur eine Standeserhöhung nach den Adelsreformplänen Friedrich Wilhelm IV. stattfand[236], ist zwischen der Grafung und der Fideikommißstiftung keine direkte Verbindungslinie zu ziehen.

Das Fideikommiß wurde demnach für die alteingesessenen Familien mit einem Grafentitel zunehmend zu einem festen Bestandteil ihrer Besitzsicherungsstrategie. Ein Grund dafür lag – neben ‚dynastischen' Erwägungen – sicher auch darin, dass die alten Grafen- und Fürstenfamilien in der Regel auf den sehr großen und latifundienartigen Güterkomplexen mit einem hohen Waldanteil zu finden waren, die durch eine ‚Realerbteilung' unweigerlich massiv verschuldet worden wären (vgl. Anhangtabelle XIV, S. 536). Die Zersplitterung der großen Güterkomplexe hätte zwar die Ansprüche mehrerer Erben befriedigt, den Anspruch der Familie auf Vorrang in der Provinz jedoch beeinträchtigt. Darüber hinaus ist nicht zu vergessen, dass den Besitzern der großen Herrschaften genügend Mittel zur Verfügung standen, um die nichterbenden Kinder großzügig auszustatten.

Für den untitulierten Adel und die wenigen freiherrlichen Familien stellte sich die Situation wie folgt dar: Von den 370 im Jahre 1910 nachweisbaren adligen Großgrundbesitzern dieser Gruppe waren 101 (27 %) Fideikommißbesitzer. Das bedeutet, dass fast jeder dritte adlige Großgrundbesitzer (ohne Grafen) am Ende des Kaiserreiches Inhaber eines Fideikommisses war. Ähnlich wie bei den Grafen dominierten dabei die alten Familien auf den großen Gütern. Dennoch bleibt festzuhalten, dass ein erheblicher Teil des grundbesitzenden Adels – darunter auch viele der alten Familien – keinen Fideikommiß stifteten, sondern weiterhin auf die im folgenden zu beschreibenden herkömmlichen Methoden der Besitzvererbung vertrauten.

Die Ursachen der – allgemein in den preußischen Ostprovinzen zu erkennenden – verstärkten Neigung eines Teils der adligen Großgrundbesitzer Fideikommisse zu stiften sind sicher vielschichtig. Neben der Umwandlung ehemaliger Lehen, die jedoch nicht in allen Provinzen in dem Maße wie in Pommern oder Brandenburg vorhanden waren, spielten auch inneradlige Prozesse eine Rolle. Solange sich die Erben der Verfügungsgewalt der Väter unterordneten und mit einem geringeren Anteil als die Gutserben zufrieden waren, bedurfte es für die Besitzweitergabe keiner speziellen Sicherungsmaßnahmen. Wenn jedoch diese innerfamiliäre Solidarität nachließ, konnte dies eine Motivation sein, ein Fideikommiß zu stiften, um den Besitz langfristig zu sichern. Daneben war auch die Gefährdung des Familienbesitzes auf Grund

---

236 Grafen v. Berg-Schönfeld (1842).

der ökonomischen Situation das Motiv für eine solche Entscheidung. Da die Traditionen des Lehnswesens es nahe legten, alle Söhne zumindest annähernd gleich zu behandeln, bestand die Gefahr, dass die Verschuldung bei ständig steigenden Bodenpreisen etwa alle dreißig Jahre extrem anstieg. Weil es immer unmöglicher wurde, diese Schulden innerhalb der Besitzzeit abzutragen, oder durch rasche Besitzwechsel innerhalb der Familien die Zeitspanne dafür nicht ausreichte, suchten die Inhaber der Güter nach einem Ausweg. In dem Moment, als eine wirkliche, bzw. angenommene Notsituation der Landwirtschaft die Reinerträge stagnieren oder sogar schrumpfen ließ, sahen viele dann in der Stiftung eines Fideikommisses das letzte Heilmittel.

Dabei wirkten sicher auch die öffentliche Meinung und das Vorbild anderer Standesgenossen katalysierend mit. Zum einen stieg durch die Lehnsauflösungsgesetzgebung die Zahl der adligen Fideikommißstiftungen stärker als zuvor an. Zum anderen könnten auch die öffentlichen Debatten und die scharfe Polarisierung der Fideikommißfreunde auf der konservativen und der Gegner auf der liberalen bzw. sozialdemokratischen Seite die Bereitschaft zu Neustiftungen verstärkt haben. Hinzu kam eine deutlich erkennbare Sammlungs- und Rückbesinnungstendenz des preußischen Adels, die spätestens mit der Gründung des Kaiserreiches einsetzte und ihren Ausdruck u. a. in der Gründung der Deutschen Adelsgenossenschaft (DAG) und dem sprunghaften Ansteigen der Zahl von adligen Familienverbänden fand. Im Rahmen dieser Entwicklungen war die verstärkte Sicherung des Bodens als „Substrat adligen Vorranges“[237] eine logische Konsequenz.

Auch über die Ursachen bürgerlicher Fideikommißstiftungen kann hier nur spekuliert werden. Neben den Stiftungen, die als Gegenleistung für eine Nobilitierung erfolgten, standen sicher auch solche, die analog den oben beschriebenen Mustern bei adligen Stiftern zustande kamen. Da es vor allem ältere bürgerliche Großgrundbesitzerfamilien waren, die zur Stiftung schritten, dürfte auch hier das Ziel der Sicherung des Familienbesitzes in einer schwer abschätzbaren ökonomischen Situation eine bedeutende Rolle gespielt haben. Möglicherweise stand jedoch auch die Hoffnung auf eine spätere Nobilitierung oder eine Imitation adliger Verhaltensweisen im Vordergrund.

Der Stiftungsakt und die Bestandteile der Fideikommisse

Im Gegensatz zu den Lehen, die ihren Ursprung im Mittelalter oder der frühen Neuzeit hatten und deren Charakter aus der Belehnung durch den Landesherren entsprang, war die Bildung eines Fideikommisses in den meisten Fällen die freie Entscheidung des jeweiligen Stifters. Allerdings geschah die Stiftung z. T. auch auf Grund von letztwilligen Verfügungen. Eine Reihe von Fideikommissen wurde darüber hinaus beim Erlöschen alter Adelsgeschlechter von deren letzten Vertretern oder ihren Erben gestiftet. In allen diesen Fällen wurde dabei die Weiterexistenz des alten Namens in Verbindung mit dem Namen des Erben gesichert.[238]

---

237 REIF, Adelspolitik, S. 215.

238 Vgl. die Beispiele in Anm. 74, S. 270.

Die Fideikommißgründung sagt auf Grund der direkten Entscheidung des Stifters – die vorgenannten Fälle ausgenommen – über die Behandlung des Großgrundbesitzes durch den Adel im 19. Jahrhundert daher mindestens ebensoviel aus, wie die Beibehaltung des Lehnsverbandes. Bevor ein Fideikommiß gültig wurde, musste die Stiftungsurkunde eine gerichtliche Genehmigung erhalten.[239] Anschließend übernahmen die staatlichen Gerichte die Rechtspflege in Fideikommißsachen. In allen Fällen, in denen ein Reinertrag von 30.000 RM überschritten wurde, hatte der König das Gesuch zu bestätigen. Wenn Angehörige alter Adelsfamilien um diese Genehmigung baten, dürfte die Zusage nur eine Formsache gewesen sein. Aus der Provinz Posen sind jedoch mehrere Fälle bekannt, in denen polnischen Adligen diese Bestätigung versagt wurde.[240]

Der Grund der Stiftung musste nur dann angegeben werden, wenn die neue Stiftung ein ehemaliges Lehen war und der Besitzer von der Möglichkeit der vereinfachten Überleitung in ein Fideikommiß Gebrauch machte. Die meisten Stiftungsurkunden beschränkten sich darüber hinaus im wesentlichen auf den rechtlichen Inhalt. Allerdings fanden häufig Ermahnungen an künftige Erben ihren Platz in den Präambeln oder Schlusssätzen der Stiftungsurkunden. Sie konnten in Einzelfällen geradezu paradigmatisch den Anspruch Adliger im Umgang mit ihrem Familienbesitz widerspiegeln, so z. B. im Falle des Familienfideikommisses v. Arnim-Nemischhof-Neukörtnitz (1908). Hier hielt der Stifter folgende Hoffnung und Aufgabe fest: „Meine Nachfolger im Fideikommiß ermahne ich, alle Zeit in unverbrüchlicher Treue zu stehen zu König und Vaterland und das ihnen anvertraute Fideikommiß durch Fleiß, Sparsamkeit und gute Wirtschaft zu pflegen. Jeder Nachfolger im Fideikommiß soll sich dessen bewusst sein, dass das Fideikommiß nicht dazu bestimmt ist, ihm nur die Mittel zu einer anspruchsvollen Lebensweise zu gewähren, sondern es ihm vielmehr die Aufgabe erleichtern soll, in treuer Arbeit seine Kräfte dem Wohl der Familie und der Allgemeinheit zu widmen.“[241] Vor allem mit der schwierigen Lage der Landwirtschaft und der Angst, dass das alte ‚Stammgut der Familie' in Gefahr geraten könnte, wurde die Stiftung des v. Klitzingschen Fideikommisses Demerthin im Jahre 1898 begründet.[242] In den abschließenden Sätzen der aufwendig gedruckten Urkunde ermahnte der Stifter Caspar Werner v. Klitzing seine Nachfolger im Fideikommiß eindringlich, dass der Besitz mit der Verpflichtung verbunden sei, „den guten Ruf und das Ansehen der Familie hochzuhalten und fortzupflanzen.“ Der Inhaber sollte ein „leuchtendes Vorbild“ und ein „fester Hort und Schutz“ für jedes Mitglied der Fami-

---

239 Eine Zusammenfassung der rechtlichen Bestimmungen über eine Fideikommißstiftung bei HEß, Junker, S. 108-112. Die konkreten Stiftungsurkunden konnten jedoch von den theoretischen Vorgaben abweichen, wie auch die folgende Auswertung von rund 40 Fideikommißgründungen zeigt.

240 Vgl. HEß, Junker, S. 203 f.

241 BLHA, Rep. 53A, Nr. 967, pag. 4 f.

242 Die Stiftungsurkunde verweist allerdings auch darauf, dass die Ehefrau des Stifters in ihrem Testament ihrem Gatten die Verpflichtung auferlegt hatte, Demerthin und die dazu gehörigen Güter dauerhaft zu sichern. BLHA, Rep. 53A, Nr. 976.

lie sein.[243] Obwohl das Fideikommiß de facto eine starke Beschneidung der Erbportionen der anderen Kinder bedeutete, wurde den Inhabern hier die Ermahnung mitgegeben, die ganze Familie zu stützen. In den meisten Fällen wurde jedoch nur kurz der Wunsch ausgedrückt, den oft seit Jahrhunderten im Familieneigentum befindlichen Besitz auch den (männlichen) Nachkommen ungeschmälert zu erhalten.[244]

Nach dem Namen der Stiftung, der in der Regel aus dem Familien- und dem Ortsnamen bestand[245], wurden die zum Fideikommiß gehörigen Bestandteile genau festgelegt. Neben dem Großgrundbesitz, der aus dem Rittergut bzw. den Rittergütern und eventuell dazu aus separaten Forsten bestand, wurde in fast allen untersuchten Fällen auch Bauernland – meist in Form von ganzen Stellen – einbezogen.[246] Über den Zeitpunkt des Erwerbs der Stellen sind häufig keine oder nur sehr spärliche Informationen zu erlangen. Die vorhandenen Bruchstücke weisen jedoch darauf hin, dass das Auskaufen von Bauern- und Kossätenstellen ein seit den Agrarreformen andauernder Prozess war, der auch noch im Kaiserreich anhielt.

So erwarb der sehr vermögende Mitinhaber des Bankhauses Bleichröder und mexikanische Generalkonsul Albert Blaschke 1909 das Rittergut Staffelde im Kreis Ost-Havelland für rund 1,5 Millionen Mark. Innerhalb von drei Jahren kaufte er zwei ganze Bauernhöfe und weitere Parzellen (insgesamt 52 ha) hinzu, bevor er 1912 die Zulassung einer Fideikommißstiftung erbat. Obwohl der zuständige Landrat und der Oberpräsident sich aus Gründen des Bauernschutzes und der inneren Kolonisation gegen die Stiftung aussprachen, erhielt Blaschke die Genehmigung. Ein Jahr später wurde er in den erblichen Adelsstand erhoben.[247] In einem weiteren Fall war es ebenfalls ein reicher Bürgerlicher, der nach dem Erwerb eines Rittergutes massiv Bauernland aufkaufte. So meldete der Regierungspräsident von Frankfurt/O im Jahre 1911 an den Oberpräsidenten, dass der Großkaufmann Franz Hi(n)tze, der eine Fideikommißurkunde eingereicht hatte, nach dem Erwerb des Rittergutes Frauen-

---

243 Ebd., S. 20.

244 So begründete bspw. Caspar Christoph Adolph Friedrich v. Klitzing in seinem Testament von 1805 seinen Wunsch einen Fideikommiß zu errichten damit, dass er, nachdem der Besitz endlich schuldenfrei sei, keine neuerliche Belastung wünsche. Außerdem sollten die Güter auch nach seinem Tode zusammen bleiben, da sie dann einen höheren Ertrag abwerfen würden. Die Erben sind dem Auftrag des Testamentes allerdings nicht gefolgt. BLHA, Rep. 4A, Testamente, Nr. 8733.

245 In einer Reihe von Fällen wurden auch mehrere Bestandteile des Fideikommisses in den Namen mit aufgenommen. Während bei Adligen in den untersuchten Fällen weder die Titel noch der Vorname des Stifters in den Namen der neuen Gründung aufgenommen wurden, gab es dies in Einzelfällen bei bürgerlichen Stiftern. So existierte bspw. die ‚Ökonomierath Herrmann Gottlieb Stolze'sche Familienfideikommißstiftung Metzelthin und Bückwitz' (1893), vgl. GStA PK, Rep. 84a, Nr. 6442. Hier trat das Andenken an den Stifter, der noch zwei weitere Fideikommisse errichtete, vor den Familiennamen.

246 Vgl. dazu auch S 60 f.

247 BLHA, Rep. 1, Nr. 651. Vgl. auch V. HOUWALD, Standeserhöhungen, S. 209. Bemerkenswert ist, dass der neuadlige Neulandwirt in sein Wappen sowohl einen Merkurstab als auch Kornähren aufnehmen ließ, welche die Verbindung zwischen Handel und Rittergut symbolisieren sollten.

dorf im Kreis Cottbus (vor 1896) in bedeutendem Umfang Bauernland aufgekauft habe. Auf Grund der hier besonders zu Tage tretenden „schändlichen Tendenz des Bauernlegens" sprach er sich nachdrücklich gegen die Genehmigung aus und begründete dies weiter: „Diesem hier wie an manchen anderen Stellen hervorgetretene Bestreben in Städtischen Gewerben reich gewordener Leute, Landbesitz anzukaufen und ihn dann durch Hinzukauf bäuerlichen Besitzes zu arrondieren, darf m. E. staatlicherseits in keiner Weise Vorschub geleistet werden."[248] Trotz dieser Einwände wurde die Stiftung bestätigt, möglicherweise jedoch mit Auflagen. Dass auch Adlige weiterhin bäuerliches Land aufkauften, zeigt die Stiftungsurkunde des Fideikommisses Horst und Blumenthal (v. Moellendorff). Hier wurde 1912 die Aufnahme einer hohen Pfandbriefschuld gestattet, um unter anderem auch weitere Ländereien dem Fideikommiß einzuverleiben.[249]

In fast allen Begutachtungen von Fideikommißurkunden tritt der unauflösbare Widerspruch der preußischen Agrarpolitik in Erscheinung, der darin bestand, einerseits die Erhaltung und Stärkung der kleineren Landwirte – möglichst auch auf dem Wege der inneren Kolonisation – anzustreben, andererseits die Bildung von Fideikommissen massiv zu fördern. In diesem Sinne gelang es auch Bürgerlichen immer wieder, ihre Stiftungsurkunden bestätigt zu bekommen, wenngleich aus den Akten nicht hervorgeht, ob der ehemals bäuerliche Besitz aus dem Fideikommißvermögen herausgenommen werden musste.[250]

In welchem Maße es Adlige schafften, die preußische Agrarpolitik auf dem Wege einer Fideikommißstiftung zu unterlaufen, soll schließlich noch das folgende Beispiel zeigen. Nach 1910 erwarb der Oberregierungsrat v. Tilly neben dem Oderbruchgut Friedrichshof noch weitere bäuerliche Grundstücke, so dass sein Besitz, der nicht die Qualität eines selbständigen Gutsbezirkes hatte und für den er 1911 eine Fideikommißurkunde zur Genehmigung einreichte, zusammen 174 ha umfasste. Der Grundsteuerreinertrag betrug auf den sehr guten Böden des Oderbruchs 11.724 RM, und der Reinertrag wurde auf 17.800 RM getaxt. Obwohl sich der Regierungspräsident und der zuständige Landrat energisch gegen die Genehmigung aussprachen, wurde sie 1914 erteilt.[251] Ebenso wie in diesem besonders extremen Fall gelang es wahrscheinlich auch den anderen Fideikommißstiftern, die Klippen Bauernschutz und innere Kolonisation zu umschiffen, da die obersten Behörden der Stiftung von Fideikommissen immer sehr geneigt gegenüberstanden und bei einer Werteabwägung meist zugunsten der letzteren entschieden.

---

248 BLHA, Rep. 1, Nr. 651.

249 BLHA, Rep. 53A, Nr. 977.

250 Lediglich in einer Fideikommißurkunde ist ausdrücklich festgehalten, dass die zwei zum Rittergut gehörigen Kossätenstellen nicht in das Fideikommiß aufgenommen werden sollten. Unklar ist jedoch, ob es sich hier um die Befolgung einer staatlichen Auflage oder um den Erhalt von Allodialvermögen für die vom Erbe ausgeschlossenen Kinder handelte. BLHA, Rep. 53A, Nr. 982.

251 BLHA, Rep. 1, Nr. 651, Die Errichtung bzw. Veränderung von Fideikommissen (v. Tilly-Friedrichshof) 1911.

Die gutachtenden Landräte und Regierungspräsidenten schenkten um die Jahrhundertwende der Problematik der inneren Kolonisation und des Bauernschutzes in der Regel breite Beachtung und wandten sich immer wieder gegen „Latifundienbildung auf Kosten des kleinbäuerlichen Besitzes“ und die Tendenz zur „Aufsaugung kleiner Grundbesitzer zu Gunsten eines Fideikommisses“.[252] Regelmäßig versuchten sie, die Einbindung ehemals bäuerlicher Ländereien zu verhindern. Allerdings waren ihre Bestrebungen dann wesentlich energischer, wenn der Stifter bürgerlich war. [253] Bei alten langangesessenen Adelsfamilien fiel ihr Protest meist schwächer aus. In einigen Fällen, in den der ehemals bäuerliche Besitz schon seit vielen Jahren zum Gut gehörte, fehlte er ganz.[254]

Trotz der nach der Jahrhundertwende gehäuft auftretenden Bedenken gegen die Einbindung bäuerlichen Bodens in Fideikommisse, findet sich in den meisten Gutachten die ausdrückliche Unterstützung der Neustiftungen. Der Grundtenor ist dabei immer gleich. So befürwortete der Landrat des Kreises Lebus die Stiftung des Fideikommisses Jahnsfelde durch den aus ältestem märkischen Adel stammenden Heino v. Pfuel und fügte als Begründung die aus seiner Sicht ungesunde Entwicklung des Gütermarktes hinzu: „Die Käufer, in der Regel Berliner, die entweder den Kreisen der Grundstücksspekulanten oder der Finanz- und Börsenwelt entstammen, bilden sozial wie politisch einen sehr unerwünschten Zuwachs des hiesigen Großgrundbesitzes.“ Dagegen sei die Besitzbindung durch alte im Kreis verwachsene Familien sehr zu begrüßen.[255]

Ebenfalls mit dem langfristigen Besitz durch die allerdings bürgerliche Familie Brandhorst (seit 1753 auf Satzkorn/Kreis Ost-Havelland) begründete der Landrat seine Zustimmung zu deren Fideikommißgründung. Auf diese Weise würde Boden der Bauspekulation entzogen. „Das gilt besonders von einem Gut, das nicht, wie eine erhebliche Anzahl der großen Besitzungen des Kreises, in den letzten Jahren seinen Eigentümer gewechselt und aus der Hand der landgesessenen Familien in die wohlhabender Industrieller und Kaufleute

252 BLHA, Rep. 1, Nr. 651, Die Errichtung bzw. Veränderung von Fideikommissen (v. Quast-Vichel) 1905.

253 BLHA, Rep. 1, Nr. 651, Die Errichtung bzw. Vergrößerung von Fideikommissen (Seidel-Diedersdorf) 1909; (v. Quast-Vichel) 1905; (Blaschke-Staffelde) 1911; (Frauendorf-Hitze) 1911; (Graf v. Kleist-Gebersdorf) 1911; (v. Tilly-Friedrichshof) 1911.

254 BLHA, Rep. 1, Nr. 651, Die Errichtung bzw. Veränderung von Fideikommissen (v. Wedel-Malchow) Schreiben des Kammergerichtes an den Oberpräsidenten vom 6.März 1911. Darin wurde festgestellt, dass vier angrenzende Bauernhöfe (132 ha, GSRE 962 Tlr., Ertragstaxe 8.739 RM), „die schon lange im Wedelschem Besitz sind“, zum Fideikommiß hinzugefügt werden sollen. Dennoch bemerkte der Regierungspräsident in einem Schreiben an den Oberpräsidenten vom 11. Mai 1911, dass keine Bedenken „nationalpolitischer oder agrarpolitischer Natur bestehen“ würden.

255 BLHA, Rep. 1, Nr. 651, Die Errichtung bzw. Veränderung von Fideikommissen (v. Pfuel-Jahnsfelde), Schreiben des Landrates des Kreises Lebus an den Regierungspräsidenten von Frankfurt/O vom 2. Juli 1913.

gelangt ist.“[256] Dabei wurde die Förderung des langfristigen Besitzes von Großgrundbesitz von den Verantwortlichen durchaus als dem ‚Gemeinwohl dienend' verstanden. Nicht anders ist es zu verstehen, wenn in einem Bericht an den Oberpräsidenten „die Befestigung des Rittergutes Siede in der Kalckstein'schen Familie“ als „im öffentlichen Interesse liegend“ bezeichnet wurde.[257]

Dieselben Argumente wurden auch zugunsten erst neu angekaufter Stiftungswilliger, deren Gesuche aus Gründen des Bauernschutzes eigentlich verworfen wurden, angebracht.[258] In den behördlichen Gutachten zeichnen sich zwei Haupttendenzen deutlich ab. Zum einen wurden vor allem die langfristig angesessenen Familien der Kreise unverhohlen bei der Bildung von Fideikommissen – bis hin zur Bitte um Stempelerlass[259] – unterstützt, zum anderen kultivierten die Landräte offensichtlich Berlin und seine finanziellen Oberschichten als Feindbild[260]. „[...] besonders mit Rücksicht auf die Nähe von Berlin (ist es) im hiesigen Kreise wünschenswert, den Grund und Boden möglichst weitgehend den Güterspekulanten zu entziehen, um einer Mobilisierung des Grundbesitzes vorzubeugen. Auch ist hier namentlich in den letzten Jahren wiederholt das Eindringen von Elementen in die Kreise der Großgrundbesitzer zu beobachten gewesen, die weder sozial noch politisch als ein erwünschter Zuwachs bezeichnet werden können. Es handelt sich um reich gewordene Leute, meistens Berliner Kaufleute, Bankiers etc., die lediglich das Verlangen, ihrem Reichtum auch das nötige soziale Relief zu geben, zum

256 BLHA, Rep. 1, Nr. 651, Die Errichtung bzw. Veränderung von Fideikommissen (Brandhorst-Satzkorn), Schreiben des Regierungspräsidenten an den Oberpräsidenten vom 2. Juli 1913.

257 BLHA, Rep. 1, Nr. 651, Die Errichtung bzw. Veränderung von Fideikommissen (v. Kalckstein-Siede), 1909.

258 Obwohl der Landrat des Kreises Ost-Havelland das massive Auskaufen der Bauern kritisierte (siehe auch S. 310), bescheinigte er der Umwandlung von Staffelde in ein Fideikommiß „unverkennbare Vorteile“. Die Nähe Berlins und die ständig wachsenden Vororte würden der Land- und Forstwirtschaft immer mehr Grund und Boden entziehen, der zum großen Teile der Industrie zufiele. „Die Festlegung durch Fideikommisse würde hier regulierend wirken.“ Die Tendenz, die Güter als Handelsobjekte zu bewerten, wäre entschärft und der Wald vor der Gefahr der Veräußerung und Zerstörung geschützt. BLHA, Rep. 1, Nr. 651, Die Errichtung bzw. Veränderung von Fideikommissen (Blaschke-Staffelde) Schreiben des Landrates des Kreises Ost-Havelland an den Oberpräsidenten vom 17. Sept. 1912.

259 So wurde vom Regierungspräsidenten in Frankfurt/O für die v. Arnimsche Fideikommißstiftung Nemischhof um Stempelerlaß gebeten, weil es im Kreis Arnswalde angeblich polnische Kolonisationsbestrebungen gebe. BLHA, Rep. 1, Nr. 651, Errichtung bzw. Veränderung von Fideikommissen (Arnim-Nemischhof) 1907. Ein gleichlautendes Gesuch für die v. Klitzingsche Stiftung Charlottenhof im benachbarten Kreis Landsberg wurde vom Justizministerium abgelehnt, da nationalpolitische Gründe nicht vorlägen und die Vermögenslage des Stifters als sehr günstig eingeschätzt wurde. BLHA, Rep. 1, Nr. 651, Die Errichtung oder Veränderung von Fideikommissen (v. Klitzing-Charlottenhof) Schreiben des Justizministers vom 10. Oktober 1906 an den Rittergutsbesitzer Georg v. Klitzing.

260 Der Konflikt der Landräte mit der Metropole lässt sich auch in der ganz aus der Sicht dieses Feindbildes geschriebenen Studie von Wilke erkennen. Vgl. Claudia WILKE, Die Landräte der Kreise Teltow und Niederbarnim im Kaiserreich: Eine biographisch-verwaltungsgeschichtliche Studie zur Leistungsverwaltung in der Provinz Brandenburg. Potsdam 1998, passim.

Erwerb eines Rittergutes veranlasst hat. Für sie ist die Rentabilität des landwirtschaftlichen Betriebes Nebensache und der Besitz eines Gutes nur ein angenehmer Luxus. Sie zahlen infolgedessen auch anormale Liebhaberpreise, was gewöhnlich ein ungesundes Ansteigen der Güterpreise in der ganzen Umgebung zur Folge hat."[261]

Hinter dieser Argumentation stand sicher zumindest teilweise auch das Bestreben der Landräte, das politische Potential des Großgrundbesitzes im Kreis zu erhalten. Von einer alten Familie konnte offensichtlich erwartet werden, dass sie ihren Besitz auch als Verpflichtung auffasste, in den verschiedenen Gremien des Kreises und der Provinz tätig zu werden.[262] Von Städtern mit einem Landsitz, die dazu nicht unbedingt zur loyal konservativen Klientel rechneten, war die Bereitschaft, im Kreis zu wirken weniger zu erhoffen. So erschien dem Landrat die Stiftung des Wollankschen Fideikommisses Groß Glienicke „im Interesse des Kreises Ost-Havelland (...) erwünscht", da „eine erhebliche Anzahl von größeren Gütern (...) zu Parzellierungen für Wohnzwecke bestimmt worden (ist). Es fällt schon jetzt vielfach schwer, geeignete Großgrundbesitzer zur Besetzung der Ehrenämter in der Selbstverwaltung zu finden." Der Besitzer sei, „wie alle übrigen Mitglieder der Familie Wollank, von königstreuer, konservativer Gesinnung." Er war Mitglied des Kreistages, des Kreisausschusses und mehrerer Kreiskommissionen, auch Kreisdeputierter und zählte „zu den wenigen Großgrundbesitzern des Kreises, die sich eifrig und erfolgreich in der Selbstverwaltung betätigen."[263] In diesem wie auch in anderen Schreiben wird deutlich, dass für die Landräte nach 1900 die Trennlinie nicht zwischen adligen und bürgerlichen Großgrundbesitzern verlief, sondern zwischen im Kreis verankerten Berufslandwirten und reichen Städtern mit einer ländlichen Freizeitdependance.

Neben den vorgestellten Gründen trat noch ein weiteres Argument in einer Reihe von behördlichen Begründungen auf – der Schutz des Waldes. Hier spiegelt sich mit hoher Wahrscheinlichkeit die auch in den öffentlichen Debatten immer wieder gezogene Verbindungslinie zwischen Fideikommissen

---

261 BLHA, Rep. 1, Nr. 651, Die Errichtung bzw. Veränderung von Fideikommissen (Graf v. Flemming-Buckow), Schreiben des Landrates des Kreises Lebus an den Regierungspräsidenten in Frankfurt/O vom 15. Mai 1911. Der Lebuser Landrat zeichnete sich durch eine besondere verbale Aggressivität gegenüber dem Berliner Großbürgertum aus.

262 Anderseits wurde es auch vermerkt, wenn die Mitglieder aus langfristig angesessenen Familien sich nicht am „öffentlichen Leben der Provinz" beteiligten, wie z. B. die Angehörigen der Familie Brandhorst auf Satzkorn. Bei der Abwägung für oder gegen die Fideikommißstiftung zählte es daher der Regierungspräsident zu den Negativposten, dass es sich „...nicht sagen (läßt), ob von ihnen die Pflicht des Großgrundbesitzes innerhalb des Kreisverbandes empfunden und eine spätere Teilnahme an den Interessen der Allgemeinheit beabsichtigt wird." Er fügte allerdings hinzu: „Gegen die königstreue Gesinnung der Familie sind Zweifel nicht zu erheben." BLHA, Rep. 1, Nr. 651, Schreiben des Regierungspräsidenten an den Oberpräsident vom 2. Juli 1913.

263 BLHA, Rep. 1, Nr. 651, Die Errichtung bzw. Veränderung von Fideikommissen (Wollank-Gr. Glienicke), Schreiben des Landrates des Kreises Ost-Havelland an den Regierungspräsidenten vom 16. März 1911.

und Wald wider.[264] Der Schutz des Waldes vor Abholzung und Devastierung tauchte daher immer wieder in den Gutachten als Argument für die Stiftung eines Fideikommisses auf. So berichtete der Regierungspräsident von Frankfurt/O, dass das Rittergut Nemischhof auf schlechtestem Sandboden liegt und daher bereits erhebliche Aufforstungen durch den Besitzer v. Arnim getätigt wurden. Solche Investitionen wären nur dann möglich, wenn in Generationen gedacht wird. „Während sonst bei jedem Besitzwechsel die Gefahr besteht, dass nicht nur weitere Aufforstungen unterbleiben, sondern auch die schon bestockten Waldflächen[265] der Axt von Waldverwüstern zum Opfer fallen." Die Bestimmungen der Fideikommißurkunde wären dagegen – wie sich auch an anderen Stiftungsurkunden zeigen lässt – auf den Schutz des Waldes ausgerichtet.[266]

Fideikommißstiftungen als Maßnahmen der Erinnerungssicherung

Neben dem Boden, der – mit Ausnahme der wenigen Geldfideikommisse – den Hauptteil der Stiftungen ausmachte, wurden in der Regel das landwirtschaftliche Inventar oder sein Gegenwert sowie die vorhandenen Gebäude eingebracht. Darüber hinaus wurden in einer ganzen Reihe von Fällen bedeutende Erinnerungsstücke des Geschlechtes oder des Stifters auf Dauer in dem Fideikommiß gebunden.

So bestimmte die Stiftungsurkunde des Gräflich v. Schlippenbachschen Fideikommisses (1848), dass „der schwedische Grafenbrief, ein Degen Carl XII. von Schweden, ein Abendmahlskelch und Oblathenteller von Vermeil, ein vergoldetes Elfenbeintrinkgeschirr" sowie ein Bild des Hofmarschalls Graf v. Schlippenbach und seiner Gemahlin unveräußerlich dem Bestand gehören sollte.[267]

Besonderen Wert auf seine Erinnerungsstücke legte auch der Generalleutnant z. D. Adalbert Friedrich Wilhelm v. Bredow, der 1887 sein Rittergut Briesen im Kreis West-Havelland zum Fideikommiß widmete. Er legte fest, dass alle in einem gesonderten Anhang verzeichneten Gegenstände – „insbesondere aber noch die mir von Sr. Majestät dem Kaiser und Könige verehrten beiden französischen Geschütze" – auf ewig Bestandteil seines Fideikommisses sein sollten.[268] Unter den Dingen, die er seiner Familie als Traditionsstücke hinterließ, waren u. a. ein Pokal der Gardehusarenkaserne, sämtliche Bücher, bestimmte Möbelstücke, „mein Bild zu Pferde als Ulan", verschiedene

264 Vgl. dazu u. a. die Zusammenstellungen bei HEẞ, Junker, S. 171. Allerdings ist die abschließende Feststellung Heß', dass der Wald der Fideikommisse den anderen Privatwäldern nicht deutlich überlegen war, kaum nachvollziehbar. Nach den Angaben der Zeitgenossen erwirtschafteten die Fideikommisse das 2 ½ fache dessen, was die anderen Privatforsten erreichten. Diese Tatsache wird durch die Argumentation von Heß nicht widerlegt.

265 Bestockte Waldflächen sind forstwirtschaftlich genutzte Flächen mit mindestens zehn Jahre alten Beständen.

266 BLHA, Rep. 1, Nr. 651, Errichtung bzw. Veränderung von Fideikommissen (v. Arnim-Nemischhof), 1907.

267 BLHA, Rep. 53A, Nr. 995.

268 BLHA, Rep. 53A, Nr. 969.

andere Familienbildnisse und Photos sowie zwei Bilder der Schlacht von Vionville, an der er in führender Position teilgenommen hatte.[269] Mit dieser Fideikommißstiftung wurde nicht nur der – seit rund 150 Jahren in Familienbesitz befindliche – Grund und Boden gesichert. Gleichzeitig wurde für diesen Zweig des Geschlechtes v. Bredow eine Erinnerungsspur gelegt, welche die kommenden Generationen auch visuell immer an die Leistungen des Fideikommißstifters erinnern sollte. Darüber hinaus gestattet die Stiftungsurkunde auch einen Einblick in die Jagdleidenschaft des Generals, der alle Geweihe, die sich in seinem Herrenhaus befanden, dauerhaft in das Fideikommiß band. Dieselbe Festlegung fand sich auch in anderen Stiftungsurkunden.

Dass nicht nur Männer die Erinnerung an ihre (militärischen) Taten den Nachkommen dauerhaft zum Gedächtnis überwiesen, zeigt die Fideikommißstiftung Siede. Hier waren es zwei Frauen – Mutter und Tochter –, die, einer letztwilligen Verfügung folgend, ein Fideikommiß gründeten. Neben verschiedenen Pretiosen und Erinnerungstücken bestimmten die Stifterinnen, dass die Beutestücke, die einer ihrer Vorfahren nach der Schlacht von Belle-Alliance aus dem persönlichen Besitz Napoleons machte, ebenso dauerhaft zum Fideikommiß gehören sollten, wie ein Ehrendegen ihres Ehemannes und Vaters und ein vergoldeter Lorbeerkranz, den dieser bei dem Einzug in eine französische Stadt erhalten hatte. Dies deutet darauf hin, dass auch diese beiden Frauen den Wert ihrer Familie vor allem über deren militärische Leistungen definierten.[270]

Devotionalien, welche die große Nähe der Familie zum Thron oder zu ausländischen Monarchen widerspiegelten – wie der oben benannte schwedische Königsdegen oder die von Kaiser Wilhelm II. geschenkten Kanonen – wurden meist separat vermerkt. Dies deutet auf die hohe Wertschätzung hin, die solche Zeichen königlicher bzw. kaiserlicher Gunst für die Familientradition besaßen. Dabei konnte die Erinnerungspflege soweit gehen, dass neben Bildern und Geschenken auch die Gläser, aus denen Mitglieder des Hohenzollernhauses bei einem Besuch getrunken hatten, in das Fideikommiß eingebracht wurden.[271]

Die Einbindung von bestimmten Möbelstücken oder auch dem kompletten Inventar war in den untersuchten Stiftungsurkunden relativ selten aufzufinden. Vor allem für die Familienerinnerung bedeutsame Gemälde – meist Porträts[272] – und die zum Teil sehr umfangreichen Bibliotheken[273] wurden ge-

---

269 BLHA, Rep. 53A, Nr. 969, Inventarverzeichnisse des Fideikommisses v. Bredow-Briesen (1887). Die beiden Schlachtenbilder waren betitelt: 1. Großes Schlachtenbild bei Vionville und 2. Angriff der mobilen 12. Kavalleriebrigade bei Vionville unter ihrem Führer General v. Bredow.

270 GStA PK, I. HA, Rep. 84a, Nr. 5214.

271 So verzeichnet das Inventarverzeichnis von Demerthin – unter vielen anderen Einrichtungsgegenständen aus dem Schloss – auch ein „Glas, aus dem Friedrich Wilhelm IV. und Kaiser Wilhelm II. getrunken haben, mit eingeschliffenen Namenszügen". BLHA, Rep. 53A, Nr. 976. Für Siede wurden zwei Fotografien, die Wilhelm II. dem Ersterwerber noch als Kronprinz geschenkt hatte, separat vermerkt. GStA PK, I. HA, Rep. 84a, Nr. 5214.

272 Auch der v. Klitzowschen Fideikommißurkunde für Demerthin wurde ein umfangreiches Schloßinventar, das von vereidigten Sachverständigen aufgestellt worden war, beigegeben,

sondert aufgezählt. Neben der konkreten Benennung von bestimmten Erinnerungsstücken wurde häufig aber auch nur pauschal festgelegt, dass das Inventar des Herrenhauses zum Fideikommiß gehören soll.[274]

Auch bürgerliche Stifter bemühten sich um eine Sicherung von familiengeschichtlich bedeutsamen Erinnerungsstücken, vor allem dann, wenn sie bereits eine längere Tradition auf dem betreffenden Gut hatten. So sind im Inventar für das Fideikommiß Satzkorn der alten bürgerlichen Familie Brandhorst – neben einer ganzen Reihe von konkret benannten einzelnen Möbelstücken und den pauschal aufgelisteten Einrichtungen für acht herrschaftliche Räume – unter den Positionen 16 bis 55 die Porträts von überwiegend bürgerlichen Familienangehörigen und preußischen Prinzen und Königen (vom Großen Kurfürsten bis zu Friedrich Wilhelm III.) genau verzeichnet.[275] An der Spitze der Aufzählung rangierte dabei das Ölbild des königlichen Leibarztes Brandhorst, der als Spitzenahn und Ersterwerber des Rittergutes innerhalb der Familienüberlieferung eine Sonderstellung einnahm. Außerdem wurde dem Fideikommiß noch eine Ortschronik von Satzkorn beigegeben, in der mit Sicherheit die Leistungen der bürgerlichen Gutsherren für ‚ihren' Ort genau registriert waren. Auch hier wurden mit dem Fideikommiß eindeutig Erinnerungsmarken gesetzt, die den jeweiligen Besitzer in die Geschichte und Denkweise der Familie einbinden sollten.

Ebenfalls der Sicherung der Familientradition dienten darüber hinaus besondere Verpflichtungen, die in einigen Stiftungsurkunden zu finden waren. So wurde jeder Inhaber des v. Arnimschen Fideikommisses Hansfelde-Klepelshagen durch den § 16 der Stiftungsurkunde verpflichtet, „...das Familienarchiv sorgfältig zu bewahren und den Stammbaum seiner Familie vollständig und mit den nötigen Urkunden belegt, fortzuführen und sicher aufzubewahren."[276] In Stolpe wurde die Erhaltung und Pflege der bedeutenden Parkanlage von Lenné (1845) ausdrücklich festgehalten.[277] Die gleiche Verpflichtung wurde dem Besitzer von Cöthen (v. Jena) auferlegt.[278] Der Stifter

das u. a. 21 Ölbilder von Vorfahren aufzählte, darunter auch Mitglieder der bürgerlichen Familie Bennecke, die ein beachtliches Vermögen in die Familie gebracht hatten. BLHA, Rep. 53A, Nr. 976. Siehe auch GStA PK, Rep. 84a, Nr.5318, Anlage B, Schlossinventar.

273 So wurde in das Fideikommiß Heinersdorf der wenig später nobilitierten Familie Schulz (v. Heinersdorf) ausdrücklich auch die Bibliothek, deren Wert zusammen mit dem Silberzeug auf 4.000 RM geschätzt wurde, aufgenommen. BLHA, Rep. 53A, Nr. 982. Der erwähnte Katalog ist leider verschollen. Auch die wertvolle Schlossbibliothek von Tamsel wurde bei der diesbezüglichen Fideikommißstiftung extra erwähnt. GStA PK, Rep. 84a, Nr. 6267.

274 In den meisten Fällen wurde das Inventar in gesonderten Listen erfaßt und der Urkunde als Anhang beigegeben. So bestimmte z. B. die v. Klitzingsche Stiftungsurkunde, dass das in Anlage B verzeichnete Schloßinventar zum Fideikommiß gehören soll. BLHA, Rep. 53A, Nr. 976.

275 BLHA, Rep. 53A, Nr. 971.

276 BLHA, Rep. 53A, Nr. 974.

277 BLHA, Rep. 53A, Nr. 968.

278 BLHA, Rep. 1, Nr. 651, Die Errichtung bzw. Veränderung von Fideikommissen (die v. Jena'sche Fideikommißveränderung) 1901. Vgl. zu den Parkanlagen: Paul Ortwin RAVE, Verzeichnis der alten Gärten und ländlichen Parke in der Mark, in: Brandenburgische Jahrbücher 14/15 (1939), S. 151, 180.

des Fideikommisses Pommerzig Graf v. Schmettau bestimmte, dass jährlich eine bestimmte Summe zur Verschönerung des Schlosses einzusetzen war.[279]

Die Vererbung der Fideikommisse

Die gebräuchlichste Art der Vererbung der Fideikommisse war die Primogenitur im Mannesstamm, das heißt die Besitzweitergabe an den ältesten Sohn. Beim Nichtvorhandensein von Söhnen wurden die Brüder – soweit diese nicht ausgeschlossen worden waren – und dann deren Söhne erbberechtigt. Bei großen Familien konnte die detaillierte Festlegung der Erbfolge innerhalb der verschiedenen Linie sehr umfangreich ausfallen.[280] Trotz der üblichen Festlegung der Primogeniturregelung behielten sich die meisten Stifter das Recht vor, ihren ersten Nachfolger – i. d. R. einen der Söhne – testamentarisch festzulegen.[281] Zumindest bei der ersten Weitergabe des Gutes bestand damit also die Möglichkeit, den geeignetsten unter den Nachfolgern auszuwählen, während danach der älteste Sohn automatisch der Erbe war. Nur in einem Fall wurde – trotz Festlegung der Primogeniturfolge – dem jeweiligen Inhaber ausdrücklich das Recht zugesichert, seinen Nachfolger testamentarisch festzulegen. Außerdem konnte hier – wie auch in anderen Fällen[282] – der Familienrat feststellen, dass jemand zur Führung des Fideikommisses nicht befähigt war.[283] Dem Inhaber des Fideikommisses v. Buch-Stolpe wurde 22 Jahre nach der Stiftung durch einen Familienschluss zugesichert, dass er Kinder vom Fideikommißerbe ausschließen konnte, wenn Gründe vorlagen, die auch einen Ausschluss aus dem Pflichtteil gestatteten.[284]

Bei in Fideikommisse übergeleiteten Lehen waren die ehemaligen Agnaten erbberechtigt. Hier wurde – allerdings nicht in allen Fällen – ebenfalls die dem märkischen Lehnsrecht eigentlich fremde Primogenitur eingeführt. Durch die auf alle männlichen Erben des ursprünglichen Lehnsnehmers bzw. auch der Ganzhänder ausgedehnte Lehnserbfolge war der Kreis der potentiellen Fideikommißerben wesentlich größer als bei Stiftungen auf allodialem Boden.

Frauen waren in der Regel erst dann erbberechtigt, wenn keine Männer mehr vorhanden waren. Dann ging das Fideikommiß über die Tochter an eine andere Familie über. In den meisten Fideikommißurkunden wurden die Besit-

---

279 BERGHAUS, Landbuch, III., S. 752.

280 So umfasste die Nachfolgeregelung des Gräflich v. Schlippenbachschen Fideikommisses mehrere Seiten. BLHA, Rep. 53A, Nr..

281 Einen Sonderfall stellte die Regelung für die erste Besitzweitergabe des v. Bredow-Briesenschen Fideikommisses dar. Hier bestimmte der Stifter, dass derjenige seiner Söhne erben sollte, der den ältesten ehelichen Sohn besitzt. Wenn noch kein Enkel geboren sein sollte, dann würde das Los entscheiden. Danach sollte die Primogeniturregelung eintreten. Dennoch behielt sich der Stifter auch hier das Ernennungsrecht des Erben vor. BLHA, Rep. 53A, Nr. 969.

282 BLHA, Rep. 53A, Nr. 976.

283 BLHA, Rep. 53A, Nr. 967. Es durfte aber nicht von der allgemeinen Erbfolge abgewichen werden.

284 BLHA, Rep. 53A, Nr. 968.

zer für diesen Fall verpflichtet, den Namen des Fideikommißstifters zu erlangen. Die Verbindung mehrerer Fideikommisse in einer Hand wurde von einigen adligen Stiftern ausgeschlossen.[285] Hier spielte sicher die Überzeugung eine Rolle, dass ein Fideikommiß dem Inhaber und seiner Familie in der Regel einen hohen Lebensstandard ermöglichte. Um den Stand in seiner Breite zu erhalten, war es daher nicht sinnvoll, wenn mehrere Fideikommisse in einer Hand vereinigt wurden.

War nur noch eine berechtigte Person vorhanden, so erlangte der Besitz nach ihrem Tod allodialen Charakter. Während dieser Fall nur in wenigen Urkunden thematisiert wurde, enthielten die meisten Bestimmungen für eine freiwillige oder zwangsweise Auflösung.[286] Der bürgerliche Fideikommißstifter Brandhorst legte z. B. fest: „Bei gänzlichem Aussterben meiner Familie kann der letzte Besitzer über das Fideikommiß von Todes wegen verfügen. Es ist aber mein Wunsch, dass er es unter gleichen oder ähnlichen Bedingungen einer deutschen Familie übergibt oder dem Staate für deutschnationale Zwecke zuwendet." Weibliche Erben sollten sich darum bemühen, den Namen Brandhorst-Satzkorn zu erlangen.[287] Detaillierte Festlegungen für den Fall einer Auflösung wurden auch in der Stiftungsurkunde des Fideikommisses Heinersdorf (Schulz [Schulz v. Heinersdorf]) getroffen. Im Falle einer Beendigung der fideikommissarischen Bindung durch einen Familienschluss sollte die Hälfte des Vermögens an die Schulz-Heinersdorf'sche Kaiserstiftung in Müncheberg fallen, falls diese Stiftung nicht mehr existierte, an die Stadt Müncheberg, die dann eine Stiftung zu wohltätigen Zwecken errichten sollte. In der Stiftungsurkunde wurde auch dafür Vorsorge getroffen, dass das Fideikommiß durch „staatliche Zwangsgesetzgebung" aufgelöst werden könnte.[288] In diesem Falle sollte eine Familienstiftung errichtet werden, von deren Einkünften der Stamm des letzten Fideikommißbesitzers das dreifache im Vergleich zu den anderen Stämme erhalten sollte.[289] Eine besondere Form wählte Caspar Werner v. Klitzing für seine Stiftung Demerthin. Hier wurde auf das Fideikommiß zugunsten der v. Klitzingschen Familienstiftung eine Grundschuld von 500.000 RM eingetragen. Solange das Fideikommiß bestand oder im Besitze eines v. Klitzing war, wurde diese Summe jedoch nicht verzinst. Erst wenn die vorgenannten Bedingungen nicht mehr gegeben waren, sollte von dem neuen Besitzer entweder die Grundschuld ausbezahlt oder mit 5 % verzinst werden.[290] Damit sicherte der Stifter seinem Geschlecht – hier vertreten durch die Familienstiftung – für den Fall der Auflösung des Fideikommisses oder die Vererbung an eine andere Familie in jedem Fall einen beachtlichen Vermögenswert.

---

285 So z. B. bei den v. Klitzing-Demerthin und den v. Arnim-Nemischhof.

286 Die Möglichkeit der Auflösung von Fideikommissen durch einen Familienschluß wurde durch den § 9 des Oktoberediktes von 1807 geschaffen.

287 BLHA, Rep. 53A, Nr. 971.

288 Eine ähnliche Festlegung fand sich auch für das Fideikommiß Tamsel und Warnick.

289 BLHA, Rep. 53A, Nr. 982.

290 BLHA, Rep. 53A, Nr. 976.

Eine interessante Ausnahme bei den adligen Fideikommissen bildete die Gräflich v. Schwerinsche Stiftung Tamsel-Warnick, bei der die Töchter nach den Söhnen erbberechtigt waren. Im Falle des Fehlens von Söhnen konnten die Töchter vor den anderen männlichen Berechtigten das Erbe antreten. Die Stifterin Pauline Reichsgräfin v. Schwerin behielt sich sogar ausdrücklich vor, auch als erste Inhaberin des Fideikommisses eine ihrer Töchter einzusetzen.[291] Die Ursachen für diesen Sonderfall liegt darin begründet, dass Tamsel schon unter den brandenburgischen Lehen eine Sonderrolle einnahm, weil es vom üblichen Lehnsrecht abwich. Die Töchter waren hier, wenn keine Söhne vorhanden waren, vor den Agnaten erbberechtigt.[292] Da der letzte männliche Besitzer geisteskrank gewesen war, beantragte seine Witwe die nachträgliche Genehmigung der Umwandlung des Lehnsgutes in ein Fideikommiß, was ihr auch gelang. Die alte lehnsrechtliche Erbkonstruktion wurde dabei mit in die Fideikommißstiftung übernommen. Inwieweit die Tatsache eine Rolle spielte, dass hier auf Grund der Ausnahmesituation eine Frau als Stifterin in Erscheinung trat, kann wegen der Quellenlage nicht geklärt werden. Dennoch weist die Bestimmung, dass die Gräfin es sich vorbehielt, auch eine ihrer Töchter als Nachfolgerin zu berufen, darauf hin, dass sie sich anders verhielt als alle männlichen adligen Stifter. Eine Frau als potenzielle Nachfolgerin kommt in keiner der untersuchten adligen Fideikommißstiftungen vor.

Während die meisten untersuchten bürgerlichen Fideikommißurkunden denen der adligen stark ähnelten, gab es doch bei einigen auffällige Unterschiede. So setzten zwei bürgerliche und ein neunobilitierter Stifter als erste Nachfolgerinnen im Fideikommiß ihre Ehefrauen ein (Seydel-Gosda[293], Hitze-Frauendorf[294] und [v.] Grumme-Douglas-Rehdorf[295]). Ein analoger Vorgang bei Adligen wäre nicht denkbar gewesen. Die Bevorzugung der Ehefrauen vor den Söhnen deutet auf ein anderes Familienkonzept bei den Bürgerlichen hin. Im Falle der Fideikommißstiftung Gosda ist bekannt, dass die Ehefrau des Stifters – die aus adliger Familie stammte (geb. v. Muschwitz) – laut Stiftungsurkunde 100.000 RM mit einbrachte und sich damit möglicherweise auch als erste Erbin einkaufte.[296] Vielleicht war die Erbfolgeregelung eine Referenz an ihre adlige Geburt. Auch im Falle des Fideikommisses Rehdorf des ehemaligen Flügeladjudanten des Kaisers v. Grumme (nobilitiert 1900, seit 1912 v. Grumme-Douglas) war die als erste Erbin eingesetzte Ehefrau aus

291 GStA PK, Rep. 84a, Nr. 6267.

292 Siehe auch S. 282, Anm. 120.

293 BLHA, Rep. 1, Nr. 651, Errichtung oder Vergrößerung von Fideikommissen ([v.] Seydel-Gosda), 1910 (ein Jahr später nobilitiert) und GStA PK, Rep. 84a, Nr. 6296.

294 BLHA, Rep. 1, Nr. 651, Die Errichtung bzw. Veränderung von Fideikommissen (Frauendorf-Hitze), 1911.

295 BLHA, Rep. 1, Nr. 651, Die Errichtung bzw. Veränderung von Fideikommissen (v. Grumme-Douglas-Rehdorf), 1914.

296 Die Summe setzte sich aus neun verschiedenen sicheren Wertpapiertypen mit einer Verzinsung zwischen 3 und 4 % zusammen. GStA PK, Rep. 84a, Nr. 6296.

sehr wohlhabender nobilitierter Familie.[297] Möglicherweise wurde auch hier ihrem Rang oder ihrem eingebrachten Vermögen Rechnung getragen. Noch weitere darüber hinaus gehende Rechte besaßen Frauen bei der Familie (v.) Seydel. Hier war es gestattet, dass – im Falle des Fehlens einer ausreichenden Anzahl von Männern – Frauen dem fünfköpfigen Familienrat angehören durften. Die Frauen, die z. T. erhebliche Vermögen mit in die Güter brachten, besaßen nach Ausweis dieser Quellen, zumindest in einigen bürgerlichen bzw. dann nobilitierten Familien, eine stärkere Rolle als in den adligen.[298]

Schließlich ist noch auf eine weitere Besonderheit hinzuweisen, die nur bei Bürgerlichen zu finden war – die Einbringung des Fideikommißvermögens in gemeinnützige Stiftungen, für den Fall des Aussterbens der Familie. So sollte der dritte Fideikommiß des Ökonomierates Herrmann Gottlieb Stolze beim Nichtvorhandensein von Erben in eine Stiftung „für invalide landwirtschaftliche Beamte und Arbeiter männlichen und weiblichen Geschlechts des Ruppin'schen und Osthavelländischen Kreises" übergeleitet werden.[299] Auf die geplante Einbringung der Hälfte des Fideikommißvermögens in eine bereits bestehende wohltätige Stiftung im Falle des Fideikommiß Heinersdorf wurde bereits hingewiesen.[300] Möglicherweise sollten diese Bestimmungen in den Stiftungsurkunden jedoch auch dazu dienen, die verantwortlichen Behörden zu positiven Gutachten anzuregen. Da adlige Stifter ohnehin von den Landräten und Regierungs- bzw. Oberpräsidenten gern gesehen waren, bedurften ihre Gründungen dieses Beiwerkes nicht.

Vermögende bürgerliche Rittergutsbesitzer übernahmen nach Ausweis der vorliegenden Quellen, relativ weitgehend das von Adligen geprägte Rechtsinstitut Fideikommiß. In einigen Fällen fügten sie ihren Fideikommißstiftungsurkunden jedoch Modifikationen hinzu, die bei Adligen nicht zu finden waren. Vor allem die Anzeichen für eine stärkere Rolle der Ehefrauen bleiben dabei festzuhalten.

Alle Stiftungsurkunden enthalten einen mehr oder weniger langen Katalog von Ausschlussbestimmungen aus dem Erbe, die durchaus sehr verschieden sein konnten. Als paradigmatisch dafür sollen die sehr strengen Bestimmungen des Fideikommisses v. Arnim-Nemischhof-Neukörtnitz vorgestellt werden. Hier bestimmten die §§ 9-11 wer nicht am Fideikommiß erbberechtigt war. Dies waren zunächst alle Kinder aus nichtigen Ehen oder uneheliche Kinder, auch wenn sie legitimiert waren. Die Nachkommen dieser Familienangehörigen waren ebenfalls ausgeschlossen, dasselbe galt für Adoptivkinder.

297 Nobilitierung und Erhebung in den Freiherrenstand für den Bergswerksbesitzer Sholto Douglas im Jahre 1886, Grafenstand 1888 [Diplom von 1894]. Vgl. v. HOUWALD, Standeserhöhungen, S. 48, 91.

298 Dies widerspricht der – vor allem im höfischen Bereich gewonnenen – Auffassung von Diemel, dass adlige Frauen im 19. Jahrhundert ‚gleichberechtigter' waren, als bürgerliche. Vgl. Christa DIEMEL, Adlige Frauen im bürgerlichen Jahrhundert. Hofdamen, Stiftsdamen, Salondamen 1800-1870, Frankfurt a. M. 1998, S. 214.

299 GStA PK, Rep. 84a, Nr. 6442.

300 Vgl. dazu auch S. 319.

Die Erbberechtigung ging außerdem verloren, wenn die Reichsangehörigkeit oder deutsche Nationalität nicht vorhanden waren, wenn der oder die Berechtigte nicht evangelisch war, wenn sie eine Zuchthausstrafe verbüßt hatten oder ihnen die bürgerlichen Ehrenrechte aberkannt worden waren, wenn sie wegen Verschwendung, Trunksucht, Geisteskrankheit oder Geistesschwäche entmündigt und die Anfechtungsklage abgewiesen waren, wenn sie eine Person geheiratet hatten, deren Eltern irgendwann keiner Konfession angehörten oder wenn sie den Namen v. Arnim nicht angenommen hatten.

Darüber hinaus konnte der Familienrat Ausschlüsse einstimmig festgelegen, wenn die Anwärter a) sich einer entehrenden Handlungsweise schuldig gemacht hatten, b) eine weibliche Person geheiratet hatte, deren ‚Bescholtenheit' ihnen bekannt war oder c) zur Verwaltung des Fideikommisses wegen körperlicher oder geistiger Gebrechen oder wegen Ermangelung der erforderlichen Fähigkeiten nicht in der Lage oder aber der Stellung eines Fideikommißbesitzers unwürdig waren. Die Ausschließungsgründe galten für männliche und weibliche Berechtigte und Inhaber. Darüber hinaus konnten Frauen, die als „geschlechtlich bescholten" galten, durch einen Familienratsbeschluß ausgeschlossen werden. Ein Teil der Ausschließungsgründe wirkte sich auch auf die schon vorhandenen oder noch zu erwartenden Nachkommen aus. Im Falle eines Ausschlusses vom Fideikommißerbe galt der oder die Betroffene und eventuell auch deren Nachkommen für die Erbfolge als gestorben und die nächsten Berechtigten rückten an ihre Stelle.[301]

Dieser Ausschlusskatalog zeigt, dass auf dem Wege der Fideikommißstiftung die Vorstellungen von einem standesgemäßem Verhalten zusammen mit starken Disziplinierungsmitteln an die nächsten Generationen weitergereicht werden sollten. Dies gilt um so mehr, als nicht nur die potentiellen Erben des Fideikommisses damit erreicht wurden, sondern auch solche, die eine Apanage zu erwarten hatten.

Die Ausschlussbestimmungen gliederten sich in politisch-konfessionelle, gesundheitliche und Standesmäßigkeitskriterien. Nicht alle diese Kriterien waren in jeder Stiftungsurkunde zu finden. Vor allem die politisch-konfessionellen Bestimmungen waren nicht so häufig. Zu ihnen zählte die Festlegung der Staatsangehörigkeit, die entweder auf Preußen oder das Reich beschränkt war. Das Bestehen auf der Evangelischen Konfession – wie im vorgestellten Fall – war nicht üblich, es wurde in der Regel nur die Zugehörigkeit zu einer christlichen Konfession, eine kirchliche Ehe und die Angehörigkeit der Eltern zu einer christlichen Konfession gefordert. Die Aufnahme der gesundheitlichen Kriterien sollte verhindern, dass geistig oder körperlich Behinderte oder Personen mit – aus Sicht der Stifter – schweren charakterlichen Defiziten das Erbe antreten konnten. In einem solchen Fall musste eine Entmündigung wegen Geisteskrankheit, Trunksucht oder Verschwendung rechtskräftig sein, um die Ausschlussbestimmung in Kraft treten zu lassen.

Den breitesten Raum nahmen in den meisten adligen Stiftungsurkunden die standesgemäßen Kriterien ein. Abgesehen davon, dass ein Fideikommißerbe

301 BLHA, Rep. 53A, Nr. 967.

hinsichtlich seiner Geburt makellos zu sein hatte, wurde von ihm erwartet, dass er die Gesetze des Staates respektierte und nicht mit ihnen in einen schwerwiegenden Konflikt gekommen war, bzw. kam.[302] Außerdem überlebten – nicht nur in adligen Fideikommissen – frühneuzeitliche Ehedistinktionen und Ehrbarkeitsvorstellungen. Die potentiellen Fideikommißerben waren damit angehalten, sich an die traditionellen Formen von Ehe und Familie zu halten, wenn sie ihre Ansprüche nicht verlieren wollten.

In einer Reihe von adligen Stiftungsurkunden wurde darüber hinaus dem Familienrat eine besondere Stellung bei der Sicherung der Ehrbarkeit der Berechtigten zugewiesen. Im vorgestellten Beispiel beendete daher nicht nur der Verlust der bürgerlichen Ehrenrechte – ein Passus, der in fast jeder neueren Fideikommißurkunde vorkommt – die Anrechte am Fideikommiß. Der Familienrat konnte darüber hinaus einstimmig festlegen, ob ein Anwärter sich einer „entehrenden Handlungsweise" schuldig gemacht hatte, woraufhin er ebenfalls seine Rechte verlor.[303] Der Familienschluss der v. Buch auf Stolpe präzisierte den Inhalt dieser Bestimmung dahingehend, dass darunter gerichtliche, ehrengerichtliche oder disziplinarische Verurteilungen und Strafen zu verstehen waren.[304] Damit bot sich ein breiter Rahmen zur Disziplinierung von Familienmitgliedern, die den standesgemäßen Normen nicht entsprachen.

Eine auf den sich zuspitzenden Nationalitätenkampf im Kaiserreich hindeutende Besonderheit findet sich bei der Fideikommißstiftung der Familie v. Kalckstein auf Siede. Hier wurde den um diese Zeit bei adligen Familien üblichen strengen Ausschlussregeln noch eine weitere hinzugefügt, die besagte, dass der Fideikommißerbe und seine Familie die deutsche Sprache als Umgangssprache benutzen müssen.[305] Dieser Passus richtete sich wahrscheinlich gegen die polnischsprachigen Zweige der Familie.[306] Möglicherweise wurde auf diesem Wege jedoch auch versucht, die Chancen für einen Erlass des Fideikommißstempels aus nationalpolitischen Gründen zu verbessern.[307]

Ein chronologischer Vergleich der Stiftungsurkunden deutet darauf hin, dass sich die Ausschluss- und Disziplinierungsbestimmungen zum Ende des

---

302 Dabei differierten die Festlegungen zwischen Ausschluß wegen jeglicher Zuchthausstrafe (v. Arnim-Nemischhof) oder mindestens dreijähriger Zuchthausstrafe (v. Klitzing-Demerthin, Grafen v. Schwerin-Tamsel).

303 Ebd. Eine identische Bestimmung findet sich auch in der Fideikommißurkunde v. Kalckstein-Siede. GStA PK, I. HA, Rep. 84a, Nr. 5214.

304 BLHA, Rep. 53A, Nr. 968.

305 GStA PK, I. HA, Rep. 84a, Nr. 5214.

306 Die v. Kalckstein zählen zum ostpreußischen Uradel. Nach der Teilung des Ordensgebietes in der Folge des 2. Thorner Friedens 1466 kam es wahrscheinlich zur Polonisierung der in Westpreußen ansässigen Teile der Familie.

307 Der Stempel in Höhe von 22.000 RM wurde nach Ausweis der Akten erlassen. Allerdings spielten die sogenannten nationalpolitischen Gründe dabei keine Rolle. Vielmehr wurde besonders herausgestellt, dass Siede mit Hilfe einer kaiserlichen Dotation in Höhe von 240.000 RM von dem Ehemann und Vater der beiden Stifterinnen – dem Generalleutnant v. Wittich – erworben wurde. Außerdem wurde auch auf die hohe Verschuldung des Gutes verwiesen. Das die Situation jedoch nicht so schlimm war, zeigt sich daran, dass die erlassene Stempelsumme dazu verwandt wurde, eine Stiftung zur Sesshaftmachung der Sieder Landarbeiter einzurichten. GStA PK, I. HA, Rep. 84a, Nr. 5214.

19. Jahrhunderts deutlich verstärkten. Dies bestätigt die bereits auf der Grundlage anderer Befunde getroffene Feststellung, dass die Bereitschaft der nachwachsenden Generationen, innerhalb der traditionellen Werte zu verharren, in der Zeit des Kaiserreiches nachließ. Die Fideikommisse stellten damit eine – auch materiell fundierte – Sicherungslinie des grundbesitzenden Adels dar. Der offenbar abnehmenden Verzichtsbereitschaft innerhalb des Adels, sei es beim Erbübergang der Güter oder aber auch beim Einhalten der standesgemäßen Normen, konnte mit Hilfe dieser Form der Besitzbindung – zumindest im Denken der Stifter – Einhalt geboten werden.

Die untersuchten Stiftungsurkunden von Bürgerlichen enthielten – mit einer Ausnahme – einen geringeren Katalog von Ausschlussbestimmungen. Während die gesundheitlichen und teilweise auch politisch-konfessionelle Kriterien in den Urkunden auftauchten, waren die standesgemäßen Kriterien meist stark verkürzt. Der Passus über den Ausschluss vom Erbe bei Aberkennung der bürgerlichen Ehrenrechte kam meist ebenfalls vor, weiterreichende Ehrbarkeitsbestimmungen waren aber kaum zu finden. Auch ein Regelungsrecht für einen Familienrat, das sich nur bei einer bürgerlichen Fideikommißfamilie überhaupt nachweisen lässt, existierte nicht. Allerdings findet sich in einigen bürgerlichen Stiftungsurkunden ebenfalls der Ausschluss von unehelichen oder adoptierten Kindern. Insgesamt lässt sich festhalten, dass die bürgerlichen Fideikommißstifter offensichtlich ihr Hauptaugenmerk auf die Besitzsicherung legten, während adlige Stifter in der Mehrzahl auch darauf achteten, dass die Nachkommen an den Ehren- und Verhaltenskodex ihres Standes gebunden wurden.

Apanagen und Abfindungen

Neben der Erbfolgeregelung wurde in vielen Stiftungsurkunden der Frage der finanziellen Absicherung der eventuell hinterbliebenen Witwen und der Kinder, die nicht das Fideikommiß erbten, ein breiter Bereich eingeräumt. Diese Angaben gestatten Einblicke in die Vorstellungen von adligen und bürgerlichen Großgrundbesitzern bezüglich der Grundausstattung für einen standesgemäßen Lebenswandel.

Durch die Fideikommißgesetzgebung des ALR war das minimale Reineinkommen, das dem Inhaber eines Fideikommisses in jedem Falle bleiben musste, auf 7.500 RM festgelegt. Diese Summe musste ihm garantiert zufallen. Apanagen oder andere Beiträge brauchten bei einem Unterschreiten dieser Summe nicht mehr ausgezahlt zu werden. Darüber hinaus konnte der Fideikommißstifter die dem Inhaber zugesicherte Mindestsumme jedoch auch noch erhöhen. Dies ist bei einigen der untersuchten Stiftungen geschehen. Dabei zeigt die in verschiedenen Fällen vorkommende Verdopplung der geforderten Mindestsumme, dass auch adlige Stifter 7.500 RM Reineinkommen für die Führung eines standesgemäßen Fideikommißhauses als kaum ausreichend betrachteten.[308]

---

308 So z. B. v. Arnim-Nemischhof – 8.000 RM (1908); v. Arnim-Zichow 15.000 RM (1889); v. Arnim-Hansfelde 15.000 RM (1918); [v.] Caro – 15.000 RM (1906). In keinem dieser Fi-

Nur ein Teil der Stiftungen war mit detaillierten Apanageregelungen versehen. In einigen fehlten sie völlig.[309] Damit hingen alle nicht erbenden Kinder in hohem Maße von dem jeweiligen Inhaber des Fideikommisses ab. Allerdings zerfiel der Nachlass eines Fideikommißbesitzers ebenso wie der eines Lehnsbesitzers in zwei Teile – den fideikommissarischen und den allodialen. Den erste Teil bekam der Nachfolger. Die Erben des allodialen Nachlasses mussten sich eine Verringerung ihres Anteils gefallen lassen, wenn nachweisbar war, dass sich unter dem Vorgänger die Substanz des Fideikommisses verschlechtert hatte. Die Schäden wurden dann – soweit möglich – aus dem allodialen Anteil ersetzt. Auf diese Weise sollte verhindert werden, dass die Substanz der Fideikommisse bei Erbgängen geschmälert wurde. Andererseits wurde in einigen Fällen vom Erben des Fideikommisses erwartet, dass er zugunsten der anderen Erbberechtigten auf seinen Anteil am allodialen Nachlass verzichtete oder sich auf den Pflichtteil beschränkte.[310]

In den Stiftungsurkunden, in denen konkrete Apanageregelungen fehlten, wurden die Inhaber häufig dazu verpflichtet, zugunsten der nichterbenden Kinder eine Lebensversicherung abzuschließen.[311] Teilweise ist dabei auch die Mindestversicherungssumme festgesetzt worden.[312] Auf diese – sehr modern anmutende – Weise sollte garantiert werden, dass in jedem Falle allodiales Erbe vorhanden war. Neben der Versorgung der nicht das Gut erbenden Kinder dienten diese Bestimmungen natürlich auch dazu, das Fideikommiß abzusichern, da damit auch eine Substanzverminderung durch den Vorgänger abgefedert werden konnte.

Parallel zur Versicherungspflicht wurde in einigen Fideikommissen außerdem die Bildung von Fonds zur Abfindung und Sicherung der Nichterbenden eingerichtet. In Nemischhof hatte der Inhaber des Fideikommisses jährlich 1.000 bis 1.500 RM zur ‚Versorgungsmasse' einzuzahlen. Wenn diese eine Höhe von 100.000 RM erreicht hatte, sollten die Zinsen vom Familienrat verteilt werden. Dieselbe Summe sollte der ‚Reservefonds' in Gielsdorf ([v.]

---

deikommisse erreichte der festgelegte Mindestreinertrag die Höhe des einfachen Grundsteuerreinertrages.

309 So z. B. in Demerthin (v. Klitzing).

310 So wurde der Fideikommißerbe von Horst und Blumenthal lt. Stiftungsurkunde ausdrücklich vom Allodialerbe ausgeschlossen. BLHA, Rep. 53A, Nr. 977. Auch Franziska v. Domhardt-Groß Bestendorf (Ostpreußen) erwartete von ihrem das Fideikommiß erbenden Sohn, dass er sich nur auf den Pflichtteil beschränken würde. APO, Gutsarchive (v. Domhardt), Nr. 383/40. Der Fideikommißerbe von Demerthin wurde ausdrücklich von den Erträgen der Lebensversicherung ausgeschlossen (vgl. auch das folgende).

311 So wurde bei den folgenden Fideikommißstiftungen eine Lebensversicherung zur Verpflichtung gemacht: v. Arnim-Nemischhof (1908), v. Buch-Stolpe (1886), Grafen v. Schwerin-Tamsel (1892). Dagegen sprachen die Stifter der folgenden Fideikommisse nur die Empfehlung aus, eine solche abzuschließen: v. Bredow-Retzow II. (1902), v. Arnim-Zichow (1887), v. Arnim-Petznick (1883).

312 So hatte die Lebensversicherung des jeweiligen Inhabers von Nemischhof mindestens 100.000 RM bei Todesfall oder eine Jahresrente von 2.500 RM zu gewährleisten. In Tamsel sollte die zugunsten der Witwe abgeschlossene Lebensversicherung ein Rente von mindestens 6.000 RM gewährleisten. BLHA, Rep. 53A, Nr. 967. GStA PK, Rep. 84a, Nr. 6267.

Caro) erreichen.[313] Auch beim Fideikommiß der Grafen v. Schlippenbach-Schönermark sollte ein ‚Schuldentilgungs- und Verwandtenunterstützungsfond' eingerichtet werden, in den bis zu einer Kapitalhöhe von 500.000 Tlr. (1,5 Mio. RM) eingezahlt werden musste.[314] Neben festgelegten Jahresraten geschah die Auffüllung dieser Fonds häufig auch in der Zeit der Minderjährigkeit der Nachfolger, die dann nicht den vollen Ertrag des Besitzes erhielten.

Dass die Ansammlung solcher Kapitalien nicht nur Wunschvorstellungen der Stifter waren, zeigt die Bestandsübersicht der Gräflich v. Zieten-Schwerinschen Fideikommißstiftung von 1871/72. Neben zwei Geldfideikommissen im Wert von über 2,1 Mio. RM existierten ein ‚Reservefonds' in Höhe von 426.585 RM sowie zwei weitere kleinere Fonds.[315] Damit verfügte die Familie über erhebliche Geldreserven, mit deren Zinsen (Reservefonds = 17.000 RM bei 4 %) es möglich war, verarmte Angehörige wirksam zu unterstützten, ohne die Einkünfte des Fideikommisses zu verringern.

Ein interessantes älteres Beispiel für eine solche Versorgungsmasse – allerdings ohne dazu gehörige Fideikommißstiftung – ist für das Rittergut Taschenberg überliefert. Hier stiftete Adolph Friedrich v. Stülpnagel in seinem Testament von 1819 einen Geldfideikommiß, der auf Grund seines geringen Umfanges jedoch nur familienintern geblieben sein dürfte. Mit der Begründung, dass die Einkünfte des Rittergutes zu klein wären[316], um darauf ein Fideikommiß zu stiften, setzte er fest, dass 3.000 Tlr. (9.000 RM) dauerhaft gebundenes Kapital bleiben sollten. Damit wollte er verhindern, dass seine Familie verarmt. Das Grundkapital sollte in zwei Teile zerlegt und solange Zinsen angesammelt werden, bis eine Summe von je 40.000 Tlr. erreicht war. Danach sollten die ersten Ausschüttungen stattfinden. Erst wenn je 100.000 Tlr. zusammen waren, sollten die Zinsen vollständig an die Berechtigten herausgegeben werden. Dem Stifter war vollkommen klar, welche Zeiträume dafür vonnöten wären, denn er hängte einen Berechnungsplan an, nach dem hundert Jahre später 50.000 Tlr. erreicht werden sollten.[317] Dieses Beispiel zeigt geradezu paradigmatisch das adlige Denken in Generationen. Es ist darüber hinaus anzunehmen, dass auch in anderen Adelsfamilien solche langfristigen Vorsorgepläne in die Tat umgesetzt wurden, um Familienmitglieder, die in finanzielle Nöte geraten waren, zu unterstützen. Der Boden und seine Einkünfte waren daher für einen wesentlich größeren Kreis Adliger von Bedeutung, als es die absoluten Zahlen der Rittergutsbesitzer aussagen.

In den Fideikommißurkunden, in denen konkrete Apanageregelungen vorhanden waren, zerfallen diese in der Regel in zwei Teile. Den ersten Teil machte die Sicherung der standesgemäßen Weiterexistenz der Witwe des Fideikommißinhabers aus. Häufig wurde ihr ein Wohnrecht im Herrenhaus/

313 Ebd. und GStA PK, Rep. 176, VI. C, Nr. 188.

314 BLHA, Rep. 53A, Nr. 995.

315 BLHA, Rep. 37 Wustrau, Nr. 1771.

316 Dies wirft ein Schlaglicht auf die Situation der Landwirtschaft in den Jahren der Agrarpreiskrise. Taschenberg wurde später mit einem Grundsteuerreinertrag von 15.699 RM eingeschätzt, übertraf also die Einkommensmindestgrenze um mehr als die Hälfte.

317 BLHA, Rep. 4A Testamente, Nr. 17127.

Schloss oder einem separaten Gebäude zugewiesen.[318] Darauf, dass die Auseinandersetzung mit der Witwe und auch anderen Verwandten nicht immer konfliktarm verlief, verweist der Passus in der Stiftungsurkunde von Petznick, wo der Stifter seine Nachfolger nachdrücklich dazu ermahnte „[...] die überlebende Mutter achtungsvoll zu behandeln und würdige dürftige Verwandte etwa durch Gewährung von Wohnung auf einem der Güter zu unterstützen."[319] Neben der Frage des Wohnrechtes wurden in vielen Fällen für die Witwen feste Renten ausgesetzt. Wie die folgenden Beispiele zeigen, konnten diese – vor allem bei großen Fideikommissen – erhebliche Summen erreichen. Auch dies ist wiederum ein Beweis dafür, wie wohlhabend ein Teil der Großgrundbesitzer war.

Tabelle 80: Die festgelegten Witwenrenten verschiedener brandenburgischer Fideikommisse[320]

Fideikommiß	Stiftungsjahr	Summe
v. Arnim-Petznick	1883	6.000 RM
v. Oppen-Huldenberg-Fredersdorf	1884	1.800 RM
Stolze-Dechtow	1888	4.500 RM
v. Arnim-Zichow	1889	2.400 RM
v. Bredow-Briesen	1891	1.000 RM
Gräflich v. Schwerinscher Fideikommiß Tamsel	1892	6.000 RM
Stolze-Metzelthin	1893	4.000 RM
(v.) Caro	1906	4.000 RM
v. Arnim-Nemischhof	1908	4.000 RM oder Zusatzrente bis 4.000 RM
Brandhorst-Satzkorn	1914	4.000 RM oder Zinsen des Witwenfonds
v. Arnim-Hansfelde-Klepelshagen	1918	5.000 RM

Mit wenigen Ausnahmen erhielten die Witwen in den vorgestellten Beispielen Renten, die in etwa den Gehältern von Regierungsräten oder Hauptleuten und Rittmeistern entsprachen.[321] In Verbindung mit dem Wohnrecht auf dem Gut konnten ihre Einkünfte sogar noch darüber liegen. Damit verblieb ihnen auch nach dem Tode des Fideikommißinhabers ein erheblicher finanzieller Spielraum, der durch die Auszahlung von Lebensversicherungen noch vergrößert werden konnte. Fast alle Stiftungsurkunden enthalten Regelungen für das Vorhandensein von mehreren Witwen. Entweder schlossen ältere Ansprüche die neueren aus, oder die festgesetzten Summen mussten geteilt werden. Darüber hinaus existierte in den meisten Fällen die Bestimmung, dass eine Wiederverheiratung alle Ansprüche an das Fideikommiß zum Erlöschen brachte.

318 In Nemischhof erhielt sie das ‚Jagdhaus', in Tamsel das ‚Reservehaus' zugewiesen. In Fredersdorf stand der Witwe ein Teil der Wohnhauses, eine separate Küche und ein Viertel des Gartens zu. In Petznick erhielten die Witwe und die unverheirateten Töchter die obere Etage des Herrenhauses.

319 BLHA, Rep. 53A, Nr. 973.

320 Quellenbelege siehe im vorangegangenen Text.

321 Vgl. auch S 227 ff.

Die Festlegung von Apanagen für Kinder des verstorbenen Fideikommißinhabers war seltener als die für Witwen. Offensichtlich wurde erwartet, dass die Väter ihre Kinder aus dem Allodialvermögen versorgten. Außerdem hatten die Witwen, deren Einkünfte sich in einigen Fällen beim Vorhandensein von Kindern erhöhten, die verbliebenen unverheirateten Kinder aus ihren Einkünften häufig mitzuversorgen. Einige Stiftungsurkunden erlegten den Inhabern auch die Pflicht auf, für bedürftige Familienangehörige zu sorgen. Nur in wenigen Fällen wurden konkrete Summen benannt. Den nichterbenden Söhnen in Petznick und Hansfelde-Klepelshagen wurden dabei mit 6.000 bzw. 5.000 RM jährlichen Apanagen Summen bewilligt, die ihnen eine standesgemäße Existenz ermöglicht haben.[322]

Die Apanageregelungen zeigen, dass die Fideikommißstifter in den meisten Fällen darum bemüht waren, die nichterbenden Kinder und vor allem die Witwen abzusichern. Dabei wurden verschiedene Wege eingeschlagen, die von sehr konkreten Festlegungen bis zu Fonds unter der Verwaltung von Familienräten reichten. Je geringer das Ausmaß der Regelung war, desto größer war die Abhängigkeit der Kinder vom Fideikommißinhaber oder von einem Familienrat. Vom Vater wurde erwartet, dass er bei der Nachlassregelung seines Allodialvermögens Vorsorge für die nichterbenden Kinder traf.

Auch wenn die Fideikommisse de facto eine weitgehende Enterbung der nicht den Großgrundbesitz übernehmenden Kinder waren, führten sie nicht unbedingt dazu, dass einem reichen Fideikommißinhaber nur verarmte und deklassierte Adlige gegenüberstanden. Die in einigen Fällen sehr üppigen Apanagen für die anderen Söhne und die relativ hohen Renten der Mütter, denen oft ein Wohnrecht blieb, zeigen, dass auch die nachgeborenen Kinder aus den Fideikommissen – hier jedoch vor allem die Söhne – relativ gute Startchancen gesichert bekamen.

Wirtschaftliche Festlegungen und die Verschuldbarkeit der Fideikommisse

Gebundenem Besitz und damit auch den Fideikommissen wurde vor allem vorgeworfen, dass sie inflexible Gebilde darstellten, die durch Verschuldungshemmung und das Auseinanderfallen von Besitzer und Inhaber nur schwer in der Lage waren, auf neue wirtschaftliche Herausforderungen zu reagieren. Daher ist die Frage von besonderer Bedeutung, welche Festlegungen die häufig langfristig auf den Gütern angesessenen Stifter – die mit Fragen der Betriebsführung sicher vertraut waren – trafen, um ihre Fideikommisse auf die Wechselspiele der agrarischen Konjunktur und Produktion vorzubereiten. Die Untersuchung der Stiftungsurkunden aus der Zeit des Kaiserreiches zeigt, dass trotz der Besitzbindung versucht wurde, den Inhabern

322 BLHA, Rep. 53A, Nr. 973; BLHA, Rep. 53A, Nr. 974. Im gleichen Zeitraum wurden jedoch auch deutlich niedrigere Apanagen für nichterbenden Kinder festgesetzt. So erhielten in Fredersdorf die Kinder bis zum Erreichen der Volljährigkeit 400 RM. In Zichow – auch einem v. Arnimschen Fideikommiß – erhielten die Söhne, wenn keine Witwe vorhanden war 800 RM, die Töchter 400 RM. Existierte eine Witwe, reduzierten sich die Beträge auf 600 bzw. 300 RM. Vgl. BLHA, Rep. 53A, Nr. 972 und BLHA, Rep. 53A, Nr. 975.

möglichst weite Spielräume zu lassen, die es ihnen ermöglichten, ohne die umständliche Einholung eines Agnatenkonsens oder Ähnlichem schnell auf wirtschaftliche Erfordernisse zu reagieren.

Die Selbstbewirtschaftung des Fideikommisses wurde in keiner Stiftungsurkunde ausdrücklich zur Pflicht gemacht, wenngleich sowohl adlige als auch bürgerliche Stifter es ihren Nachfolgern eindringlich empfahlen.[323] In den meisten Fällen war die Verpachtung der Güter genau geregelt und an vorherige Genehmigungen gekoppelt. Dabei blieb in der Regel die Erb- und die Parzellenpacht ausdrücklich verboten. Außerdem enthielten die Stiftungsurkunden in der Regel Bestimmungen über die maximale Dauer von Pachtverträgen. Auf diese Weise wurde gesichert, dass der Besitz zusammen blieb und die Inhaber in regelmäßigen Abständen mit seiner wirtschaftlichen Führung konfrontiert wurden. In fast allen Fideikommissen war es verboten, den Wald zu verpachten. Dieser unterlag meistens gesonderten Restriktionen, vor allem der Art, dass im Abstand von fünf bis zehn Jahren Forstnutzungspläne von höheren Forstbeamten erstellt werden mussten. Außerdem war die Verringerung der Waldbestände in einigen Fällen ausdrücklich verboten.[324]

Von entscheidender Bedeutung war die Frage, wie das Problem der Einholung von Genehmigungen, welche die Substanz des Fideikommisses betrafen, geregelt wurde. Ein Hauptargument gegen das Lehnswesen war, dass der Agnatenkonsens die Besitzer in außerordentlichem Maße behindert und zu einer großen Inflexibilität der Lehnsgüter geführt hatte. Angesichts der bekannten Problemlage hatte der preußische Staat seit der Reformzeit die Konsenseinholung sowohl für Lehen als auch für Fideikommisse in bestimmten unumgänglichen Fragen (Landabtretung, Eisenbahn- und Wegebau, Kapitalumwandlungen) erleichtert.

Obwohl der Großgrundbesitz durch den Stiftungsakt Eigentum der gesamten Fideikommißfamilie wurde, vereinfachten die meisten Stifter die Genehmigungsverfahren für kleinere Zu- und Abgänge sowie für die Schuldenaufnahme. Eine besondere Bedeutung kam dabei der Hauptritterschaftsdirektion zu.[325] In der Mehrzahl der untersuchten Stiftungsurkunden wurden ihr weitreichende Vollmachten bis hin zur Vertretung der Anspruchsberechtigten eingeräumt. In Nemischhof wurden der Hauptritterschaftsdirektion die Mitwirkungsrechte der Anwärter vollständig übertragen. Das bedeutete, dass diese bei keinem das Fideikommiß betreffenden Rechtsgeschäft hinzugezogen werden mussten. Ausdrücklich wurde auch festgelegt, dass damit die Zustimmung der nächsten beiden Anwärter nicht mehr erforderlich war.[326] Ähnliche Regelungen lassen sich auch für andere Fideikommisse nachweisen.[327] Durch

---

323 Für Demerthin wurde bestimmt, dass der Inhaber selbst wirtschaften sollte, allerdings wurde die Verpachtung ‚ausnahmsweise' gestattet, wenn bestimmte Bedingungen erfüllt waren. In Nemischhof sollte der Besitz ‚tunlichst' selbst bewirtschaftet werden, und auch in Satzkorn wurde dem Inhaber aufgetragen ‚möglichst selbst zu wirtschaften'.

324 So in Nemischhof und Petznick.

325 Vgl. auch S. 87 ff.

326 BLHA, Rep. 53A, Nr. 967.

327 So für Dechtow, Heinersdorf, Retzow II., Satzkorn, Stolpe und Zichow.

diese Festlegung musste sich der Fideikommißinhaber nicht in jedem Falle mit den Anwärtern einigen, sondern konnte sich sofort an eine – adlig kontrollierte – landwirtschaftliche Institution wenden, von der auch ein größerer Sachverstand erwartet wurde. Langwierige Familienschlußprozeduren wurden auf diese Weise verhindert und die Position der Gutsinhaber innerhalb der Familie gestärkt. Zur regelmäßigen Kontrolle der Inhaber wurden in der Regel fünf- oder zehnjährige Revisionen angeordnet, die dafür sorgen sollten, dass sich die Substanz des Fideikommisses nicht verringerte.

In anderen Fällen wurden die Rechte der Anwärter auf Fideikommißpfleger oder -kuratoren delegiert.[328] In Briesen musste der Pfleger aus den nächsten drei Anwärtern ausgewählt und von der Hauptritterschaftsdirektion bestätigt werden.[329] In Demerthin wurden alle näheren Verwandten bis zum dritten Grad von dem Amt des Pflegers ausgeschlossen. Die Einsetzung eines Pflegers bedeutete ebenfalls eine Vereinfachung der Genehmigungseinholung. In Demerthin konnte der Fideikommißinhaber mit dem Pfleger fast alle Rechtsgeschäfte abwickeln, ohne die Anwärter mit einzubeziehen. Ausnahmen bildeten lediglich der Beitritt zu einer Meliorationsgenossenschaft, die für seine Nachfolger verbindliche Annahme von landwirtschaftlichem Personal und die Aufnahme von Substanzschulden, die ein Familienrat bestätigen musste. Dieser trat in einigen Fällen neben den Kurator oder Pfleger und hatte vor allem die Ausschlussbestimmungen der Stiftungsurkunde zu überwachen.[330] Er konnte mit dem Familienrat des Geschlechtes identisch sein (v. Arnim-Nemischhof). Es gab aber auch die Möglichkeit, einen Familienrat für Fideikommißangelegenheiten aus einem engeren Kreis zu berufen. So gehörten ihm in Hansfelde-Klepelshagen der Inhaber des Fideikommisses, der Kurator und die nächsten drei Erben an. In Gosda gehörten alle erbberechtigten Männer zum Familienrat, dem – wie beschrieben – bei einer zu geringen Anzahl von Männern auch Frauen beitreten durften, um die Mindestanzahl von fünf Personen zu erreichen.[331] Im Fall von Hansfelde-Klepelshagen war dieses Gremium darüber hinaus auch zu Familienschlüssen berechtigt.[332]

Die vorgestellten Beispiele zeigen, dass die Fideikommißstifter versuchten, die negativen Seiten des Lehnswesens – vor allem den Agnatenkonsens – nicht in die Fideikommisse zu übernehmen. Die Inhaber wurden von einer Mitwirkung der Erben weitgehend entlastet, wenngleich sie nicht frei in ihren Entscheidungen waren. Durch die Einschaltung landwirtschaftlicher Sachverständiger, sei es in Form der Hauptritterschaftsdirektion oder von Pflegern bzw. Kuratoren, sollte gewährleistet werden, dass notwendige Rechtsgeschäfte in Bezug auf die Substanz der Fideikommisse schnell und ohne große Aufwände durchgeführt werden konnten. Die Kontrollberechtigten kamen dabei

328 In Fredersdorf wurde ein Kuratorium bestimmt, dass die Rechte der Anwärter zu vertreten hatte. BLHA, Rep. 53A, Nr. 975.

329 BLHA, Rep. 53A, Nr. 969. Das Fideikommiß Tamsel-Warnick wurde sofort bei seiner Stiftung unter Kuratel gestellt.

330 BLHA, Rep. 53A, Nr. 976.

331 GStA PK, Rep. 84a, Nr. 6296.

332 BLHA, Rep. 53A, Nr. 974.

in der Mehrzahl aus dem eigenen Stand und waren oft ebenfalls Rittergutsbesitzer. Damit wurde eine deutlich größere Interessenübereinstimmung zwischen Fideikommißbesitzer und Zustimmungsberechtigten gewährleistet, als sie der alte Agnatenkonsens mit sich brachte.
Weiter oben ist bereits ein Überblick über die Verschuldungssituation einiger brandenburgischer Fideikommisse zum Zeitpunkt ihrer Stiftung gegeben worden.[333] Dabei wurde deutlich, dass nur wenige der untersuchten Güter oder Besitzkomplexe zu diesem Zeitpunkt schuldenfrei waren. Vielmehr waren die meisten mit einem Viertel oder einem Drittel ihres Wertes belastet. Die Abtragung der bestehenden Schulden und die Verhinderung einer Neuverschuldung muss daher als eine wichtige Ursache für die Stiftung eines Fideikommisses angesehen werden.[334] Daraus folgt jedoch nicht, dass die Stifter die Aufnahme von Schulden generell verhindern wollten. Schulden haben ja nicht nur einen negativen Aspekt, sondern können vielmehr, wenn sie für die landwirtschaftliche Modernisierung eingesetzt werden, den Wert einen Gutes nachhaltig steigern. Mit der Bildung eines Fideikommisses wurde dagegen die Hauptursache der allgemein steigenden Verschuldung ausgeschaltet – die Besitzschulden, die bei der Übernahme der Güter in etwa 30jährigem Rhythmus immer wieder entstanden und den Hauptteil der Belastung darstellten.

Gemäß dem ALR war es einem Fideikommißbesitzer ohnehin gestattet, Schulden auf die Einkünfte (Revenuen) des Besitzes aufzunehmen.[335] Anders als die Schulden bei den landschaftlichen Kreditinstituten unterlagen diese jedoch einer Amortisationspflicht. Die Höhe der Revenuenschulden wurde in einigen Fideikommißurkunden definiert. In Demerthin durfte der Inhaber auf die Einkünfte 150.000 RM aufnehmen, die innerhalb von zwanzig Jahren zurückzuzahlen waren.[336] Der Ökonomierat Stolze legte seinen Nachfolgern nahe, nach Möglichkeit nur Revenuenschulden aufzunehmen, die darüber hinaus die Summe von 100.000 RM nicht überschreiten durften.[337] Das besondere an den Revenuenschulden war, dass eine Zwangsvollstreckung in das Fideikommiß nicht möglich war. Die Substanz blieb damit geschützt.

Neben dieser Art von Schulden gestatteten die meisten Fideikommißurkunden des Kaiserreiches außerdem auch die sogenannten Substanzschulden. Nur einige ältere Stiftungen beschränkten sich auf die Genehmigung der gesetzlichen Schulden gemäß dem ALR. So bestimmte die Stiftungsurkunde für das Fideikommiß Horst, dass Schulden „nur nach dem Gesetz" erlaubt seien. 1912 wurde es dem Inhaber dann jedoch per Familienschluss gestattet, den Besitz mit Pfandbriefen für 351.950 RM zu belasten, wobei konkret benannt wurde,

---

333 Vgl. dazu auch S. 109 f.

334 Teilweise existierten zum Zeitpunkt der Stiftung konkrete Schuldentilgungspläne (z. B. in Demerthin), die gewährleisten sollten, dass das Fideikommiß in absehbarer Zeit entschuldet wurde.

335 ALR, II. Teil, Vierter Titel, §§ 80 ff.

336 BLHA, Rep. 53A, Nr. 976, S. 10. In Tamsel lautete die Bestimmung ähnlich, nur dass die Amortisation innerhalb von 15 Jahren zu erfolgen hatte.

337 GStA PK, Rep. 84a, Nr. 6442.

wofür diese Summe zu verwenden war.[338] In der Folgezeit scheint es dann zu einer Neubewertung der Schulden gekommen zu sein, die dazu führte, dass solche – auch wenn sie die Substanz des Besitzes belasteten – vereinfacht aufgenommen werden konnten. Teilweise wurde dabei die Obergrenze der Verschuldung konkret festgelegt. Sie lag in den untersuchten Fideikommissen zwischen 70.000 RM und 450.000 RM.[339] In Stolpe (v. Buch) war sogar die Verschuldung bis zur zulässigen Beleihungsgrenze des ritterschaftlichen Kreditinstitutes gestattet.[340] Darüber hinaus bestand für alle Fideikommißinhaber die Möglichkeit, einen Familienschluss über eine Substanzverschuldung des Besitzes herbeizuführen. Außerdem konnte der Inhaber auch persönliche Schulden aufnehmen, die jedoch ebenso wie die Revenuenschulden nicht in das Fideikommiß vollstreckt werden konnten.

Die vorliegenden Angaben zur Verschuldungsmöglichkeit von Fideikommissen in der Zeit des Kaiserreiches zeigen, dass sich die Stifter in den meisten Fällen sehr wohl im klaren darüber waren, dass zu einer effektiven Bewirtschaftung und Modernisierung eines großen Gutes oder Güterkomplexes in bestimmten Zeiten eine Verschuldung unumgänglich war. Sie räumten daher in den meisten Fällen den Inhabern erleichterte Möglichkeiten der Kreditaufnahme ein. In der Regel wurde allerdings verlangt, dass die aufgenommenen Schulden in einem festgesetzten Zeitraum wieder gelöscht wurden. Die Besitzer älterer Fideikommisse mussten den wahrscheinlich schwierigeren Weg eines Familienschlusses oder einer Einigung mit anderen Kontrollorganen gehen, um die notwendigen Mittel zur Modernisierung zu erhalten. Der Umgang mit dem Problem der Verschuldung in den Fideikommißurkunden zeigt darüber hinaus, dass Schulden als eine völlig normale Angelegenheit betrachtet wurden, die in einem kontrollierten Rahmen keine Gefahr darstellten.

Die Vereinfachung von Rechtsgeschäften, die das Fideikommiß betrafen, durch die Festlegung einzelner Personen, eines überschaubaren kleinen Personenkreises oder die Einschaltung der Hauptritterschaftsdirektion und die relativ großzügigen Möglichkeiten Kredite aufzunehmen, zeigen, dass die Großgrundbesitzer die wesentlichen Schwächen des Lehnssystems nicht in die Fideikommisse übernahmen. Durch die Ausschaltung der Besitzschulden konnten sie erwarten, ihre Familiengüter langfristig zu entschulden und wo es nötig war zu sanieren. Die in Zeiten exorbitant hoher Bodenpreise bei nicht gebundenem Besitz immer bestehende Gefahr des Verkaufs aus Gründen der Erbteilung wurde bei einer Fideikommißstiftung ebenfalls gebannt. Im Inte-

338 BLHA, Rep. 53A, Nr. 977. Von dem Geld sollten sechs Tagelöhner-, Gärtner- und Beamtenhäuser gebaut werden. Außerdem sollten verschiedene Ländereien hinzu gekauft und eine elektrische Anlage mit Wasserkraft errichtet werden. Darüber hinaus dienten die Mittel dem Bau einer Chaussee, der Verbesserung des Herrenhauses in Horst, Meliorationen und der Inventarvermehrung. Die Kontrolle über die Verwendung erhielt die Ritterschaftliche Hauptdirektion.

339 Dechtow (Stolze) 100.000 RM, Metzelthin (Stolze) 100.000 RM, Heinersdorf (Schulz/Schulz v. Heinersdorf) 70.000 RM, Briesen 450.000 RM (v. Bredow), Fredersdorf 115.000 RM (v. Oppen).

340 BLHA, Rep. 53A, Nr. 968.

resse der Weiterexistenz der Familien war daher die Gründung eines Fideikommisses für langfristig angesessene Großgrundbesitzer ein folgerichtiger Entschluss, soweit nicht andere Sicherungsmechanismen wie das Lehnswesen oder Familienverträge existierten. Abgesehen davon, dass ein bestimmter Reinertrag zur Gründung eines Fideikommisses vorliegen musste, standen auf der Kostenseite vor allem zwei Punkte. Erstens war die einmalige Besteuerung einer Fideikommißstiftung durch den drei- bzw. bei ehemaligen Lehen einprozentigen Stempel eine kostspielige Angelegenheit, die um die Jahrhundertwende mindestens eine Jahreseinnahme verschlang.[341] Vor allem hierin dürften die Versuche begründet gewesen sein, der Stempelzahlung aus nationalpolitischen Gründen zu entgehen.

Wesentlich schwerwiegender als diese einmalige Zahlung war jedoch zweitens der Ausschluss eines Teils der Kinder vom Gutserbe, der den Traditionen des brandenburgischen Lehnsrechtes widersprach. Auch wenn darauf hingewiesen wurde, dass für nichterbende Kinder von Fideikommißbesitzern – vor allem in Form von Lebensversicherungen oder speziellen Fonds – Auffanglinien geschaffen wurden, kann nicht übersehen werden, dass von ihnen zugunsten der Gutserben ein erheblicher Verzicht verlangt wurde. Allerdings ist zu bedenken, dass auch vor der Stiftung eines Fideikommisses aus Gründen der Besitzerhaltung keine gleiche Erbteilung stattgefunden hat und vor allem die Töchter nur relativ geringe Erbportionen erhielten. Durch die Gründung eines Fideikommisses wurde jedoch auch zuungunsten der nichterbenden Söhne eine dauerhafte Teilenterbung festgeschrieben, die es in dieser Form davor nicht gegeben hatte.

Der ungebundene Besitz

In allen Abschnitten des Untersuchungszeitraumes gehörte der größere Teil des Großgrundbesitzes zu den allodialen Gütern, die keiner rechtlich abgesicherten Form der Besitzbindung unterlagen. Wenngleich eine Sicherung der Besitzweitergabe durch Familienverträge – zumindest bei größeren Gütern und Güterkomplexen – denkbar ist, unterlagen die meisten dieser Besitzungen der freien Vererbung. Voraussetzung dafür war jedoch, dass es überhaupt zu einem Erbgang kam und das Gut nicht bereits vorher wieder veräußert wurde.

Für die adligen Familien kann davon ausgegangen werden, dass im gesamten Untersuchungszeitraum mindestens zwei Drittel der Besitzungen auf dem Erbwege weitergegeben wurden. Dagegen zeigen die kurzen Besitzzeiten der Bürgerlichen, dass dort der Verkauf der Güter die Vererbung deutlich überwog. Ein Vergleich der Besitzdauer von Adligen und Bürgerlichen für das

341 So betrug der Stempel für Wilkendorf (GRE 16.327 RM) 46.631 RM; Heinersdorf (GRE 24.498 RM) 26.972 RM; Tamsel (GRE 66. 283 RM) 70.458 RM [nur 1 % als ehemaliges Lehen]. Für Charlottenhof (GRE 24.162 RM) sind 41.730 RM und für Nemischhof (GRE 6.453 RM) 21.600 RM zu veranschlagen. Da sich die Preise z. T. nach dem Verkehrswert richteten, stiegen sie mit den Bodenpreisen an. Im Falle von Heinersdorf war der 40fache Grundsteuerreinertrag und der 25fache Gebäudesteuerwert zur Wertermittlung benutzt worden.

Jahr 1857 bestätigt diese Feststellung (vgl. Tabelle 81). Während zu diesem Zeitpunkt zwei von drei Adligen auf einem Gut saßen, das sie mit hoher Wahrscheinlichkeit geerbt hatten, traf dies nur für jeden fünften Bürgerlichen zu.[342] Von diesen war dagegen die Hälfte der Besitzer erst maximal 15 Jahre auf dem betreffenden Gut. Eine Vererbung ist bei dieser relativ kurzen Besitzzeit nicht zu vermuten.

Tabelle 81: Die Besitzdauer der Inhaber von älterem Großgrundbesitz in der Provinz Brandenburg im Jahre 1857[343]

	Anzahl	Besitzdauer		
		weniger als 15 Jahre	mehr als 30 Jahre	mehr als 60 Jahre
Adel	672*	150 (22 %)	441 (66 %)	336 (50 %)
Bürger	413**	201 (49 %)	96 (23 %)	27 (7 %)

* Darunter 52 Fideikommisse und 130 ganz oder teilweise aus Lehen bestehende Besitzungen
** Darunter 6 Fideikommisse

Diese Daten werden auch durch das Material von Rodbertus über die Besitzveränderungen zwischen 1835 und 1864 gestützt (vgl. Tabelle 82).

Tabelle 82: Übersicht über die Besitzveränderungen der Rittergüter im Bereich des Kammergerichtes und des Oberlandesgerichtes Frankfurt/O 1835-1864 (nach Rodbertus)[344]

Departments	Zahl der Rittergüter	Vererbungen	Freiwillige Verkäufe	Subhastationen
Kammergericht	1.036	682	827	62
Frankfurt/O	817	494	1.089	73
Summe	1.853	1176	1.916	135

Innerhalb des dreißigjährigen Untersuchungszeitraumes wurden demnach – gemessen an der Gesamtzahl der Güter – rund zwei Drittel aller Besitzungen vererbt. Da innerhalb dieser Zeitspanne in der Regel nur eine Vererbung stattgefunden haben dürfte, entfällt wahrscheinlich nur ein geringer Prozentsatz auf zweimal vererbte Güter. Darüber hinaus ist jedoch zu bedenken, dass ein Teil der vererbten Güter noch innerhalb der untersuchten Zeitspanne verkauft worden sein dürfte. Unter Beachtung dieser beiden Faktoren kann davon aus-

342 Bei einer Besitzdauer von mehr als 30 Jahren wird eine Vererbung angenommen.

343 Zum älteren Großgrundbesitz werden hier alle bereits 1857 verzeichneten Besitzungen gezählt.

344 Vgl. RODBERTUS, Erklärung, Anhangtabelle. Die Zahl der Rittergüter ist nicht mit der für die Provinz Brandenburg identisch. Für diesen Unterschied gibt es zwei Erklärungen. Zum einen gehörten zum Rechtsbereich der beiden Oberlandesgerichte möglicherweise die 232 Rittergüter in der Altmark und in Pommern, die nach 1815 von der Kur- bzw. Neumark abgetrennt wurden. Zum anderen führten die brandenburgischen Oberlandesgerichte auch die Hypothekenakten der größeren Privatgüter.

gegangen werden, dass in diesem Zeitraum etwa die Hälfte aller Güter auf dem Erbwege den Besitzer wechselten. Die überwiegende Mehrzahl der Vererbungen erfolgte – nach Ausweis der Zahlen – in adligen Familien. Die Zahl der freiwilligen Verkäufe überstieg die der Vererbungen deutlich. Daraus zog nicht nur Rodbertus den Schluss, dass sich die Rittergüter auf dem freien Markt in einem ständigen Zyklus von Kauf und Verkauf befunden hätten.

Eine Kontrolluntersuchung zeigt jedoch, dass hinter der hohen Zahl freiwilliger Verkäufe eine deutlich geringere Zahl von Rittergütern stand, da fast die Hälfte der betreffenden Güter mehr als eine Veräußerung erlebten. Aufgrund der etwas anderen Auswahl des Rodbertus'schen Samples und bedingt durch Quellenlücken lassen sich für die Rittergüter der Provinz Brandenburg in dem betreffenden Zeitraum nur 1.211 Besitzveränderungen, die als freiwilliger Verkauf oder Subhastation begriffen werden können, registrieren. Diese Transaktionen betrafen jedoch nur 681 Rittergüter, das heißt nicht einmal die Hälfte, wenn man von rund 1.550 privilegierten Gütern zu diesem Zeitpunkt ausgeht. Nur jedes zweite der Rittergüter, die einen Besitzwechsel erlebte, wurde mehr als einmal verkauft.

Das bedeutet: Innerhalb der 30 Jahre zwischen 1835 und 1864 wechselten etwas mehr als die Hälfte aller Rittergüter ihren Besitzer auf dem Erbweg. Ein Viertel erlebte eine Veräußerung – was innerhalb des relativ langen Zeitraumes nicht gerade als Zeichen ‚schwunghaften' Güterhandels bezeichnet werden kann – und nur ein weiteres Viertel ‚walzte' zwischen mehreren Besitzern hin und her. Die Schlussfolgerung, zu der Rodbertus auf der Basis der absoluten Zahlen kam, dass jedes Gut im Schnitt zweimal den Besitzer gewechselt hätte, ist damit eindeutig falsch.[345]

Tabelle 83: Die Besitzdauer der Inhaber von älterem Großgrundbesitz in der Provinz Brandenburg im Jahre 1910

	Anzahl	**Besitzdauer**		
		weniger als 15 Jahre	**mehr als 30 Jahre**	**mehr als 60 Jahre**
Adel	412*	61 (15 %)	299 (73 %)	258 (63 %)
Bürger	578**	314 (54 %)	106 (18 %)	61 (11 %)

* Darunter 120 Fideikommisse

** Darunter 13 Fideikommisse

Vergleicht man die Angaben von 1857 mit denen von 1910, so hatten sich die Verhältnisse nur relativ geringfügig verändert (vgl. Tabelle 83)[346]. Bei der um mehr als ein Drittel reduzierten Zahl der adligen Besitzer hatte der prozentuale

345 Rodbertus beobachtete vor allem Güter mit häufigen Besitzwechseln und bedachte nicht, dass mit einer Vererbung nicht auch per se eine erhöhte Besitzverschuldung einherging. Die Tatsache, dass ein Teil der Güter gebunden war, übersah er vollständig. Sein Blick ist der des Unternehmer-Rittergutsbesitzers, dem adlige Mentalität und Praktiken fremd waren.

346 Die Gesamtzahlen für 1857 und 1910 weichen voneinander ab. Einerseits wurde eine Anzahl von Rittergütern gelöscht. Andereseits kam es zu einem Konzentrationsprozess.

Anteil der langfristigen bewahrten Besitzungen zugenommen. Die Zahl der erst kurzfristig als Besitzer nachweisbaren adligen Inhaber eines Gutes hatte sich dagegen deutlich verringert. Da die absoluten Zahlen zurückgingen, bedeutete dies für den Adel insgesamt einen Rückgang der Erbvorgänge im Vergleich zu 1857.

Vor allem für die über mehrere Generationen vererbten Güter und Güterkomplexe wird die Bedeutung der verschiedenen Arten des gebundenen Besitzes deutlich. Von den 336 Gütern/Güterkomplexen, die sich seit mehr als 60 Jahren in Familienbesitz befanden, waren 1857 über die Hälfte Lehen oder Fideikommisse. Dieses Verhältnis bestand auch 1910. Allerdings war die Anzahl der gebundenen Besitzungen zurückgegangen, da durch die Auflösung der Lehnsbindung weniger rechtlich besonders gesicherte Güter/Güterkomplexe bestanden als 1857.

Bei den Bürgerlichen, deren Zahl auch durch das Hinzukommen von nicht privilegierten Gütern – die erst ab 1885 registriert werden konnten – zunahm, erhöhte sich die Anzahl derer, die ein seit mehr als einer Generation in Familienbesitz befindliches Gut übernahmen nur geringfügig. Damit war der prozentuale Anteil der ererbten Güter (>30 Jahre) in dieser Gruppe sogar rückläufig. Das heißt, es waren 1910 nicht viel mehr bürgerliche Güter als 1857 geerbter Besitz. Unter den vererbten Gütern gab es jedoch eine höhere Zahl längerfristig besessener Güter (>60 Jahre). Deutlich vermehrt hatte sich vor allem der Anteil der Bürgerlichen, die erst kurzfristig ein Gut besaßen. Dies weist auf einen zum Ende des Kaiserreiches noch einmal verstärkten Güterumschlag zwischen den bürgerlichen Besitzern hin. Außerdem zeigt sich, dass der Bereich langfristig im Großgrundbesitz verankerter bürgerlicher Familien zwischen 1857 und 1910 nur noch geringfügig gewachsen war. Für beide Gruppen ist aus den vorliegenden Angaben zu ersehen, dass weniger als die Hälfte (41 %) aller 1910 besessenen Güter bzw. Güterkomplexe von ihren Besitzern auf dem Erbwege erworben wurde. Dabei war von diesen Besitzungen jede dritte ein Fideikommiß.

Diese Zahlen über die Vererbung des Großgrundbesitzes werden auch von Erhebungen, die auf der Basis von amtlichem Material um die Jahrhundertwende erstellt wurden, gestützt.[347] Dabei zeigt sich, dass im Regierungsbezirk Potsdam die Anzahl der Erbgänge deutlich höher als im Regierungsbezirk Frankfurt/O war.[348] Dies lässt sich vor allem aus der unterschiedlichen Adelsdichte dieser beiden Regionen erklären.

---

347 SERING, Vererbung, Bd. 9, S. 102 ff.

348 Für den Zeitraum von 1896 bis 1899 registrierten die Behörden bei den Gütern über 100 ha im Regierungsbezirk Potsdam einen Anteil der Erbgänge unter den Besitzwechseln von 45 %, im Regierungsbezirk Frankfurt/O von 32 %. Ebd., S. 103 (untere Tabelle). Die Bearbeiter des Seringschen Werkes über die Vererbung des Grundbesitzes irrten jedoch, als sie auf Grund einer nicht ganz nachvollziehbaren Rechnung annahmen, dass der Anteil der vererbten Güter um 1900 insgesamt bei über 60 % gelegen hat. Diese Annahme wird durch die vorliegenden Zahlen nicht gestützt.

Eine Untersuchung über das Erbverhalten im Grundbesitz, die sich auf amtliche Unterlagen stützte und kurz vor dem ersten Weltkrieg veröffentlicht wurde, unterteilte die Großgrundbesitzer in zwei Gruppen. Diese lassen sich verschiedenen geographischen Räumen zuordnen. Auf der einen Seite ermittelten die Verfasser auf der Grundlage von Aussagen der zuständigen Amtsgerichte und Landräte die Tendenz zur „Behandlung des Großgrundbesitzes als Familieneigentum". Diese war vorrangig in den westlichen, nordwestlichen und nordöstlichen Regionen der Provinz Brandenburg auszumachen. Im mittleren nördlichen Teil, der Region um Berlin sowie in den südlichen und südöstlichen Bereiche herrschte dagegen die „Anschauung (vor), die den ländlichen Besitz als Vermögensobjekt betrachtet."[349]

Diese Strukturierung der Provinz nach Erbgewohnheiten deckt sich weitgehend mit den weiter oben dargestellten Anteilen adliger und bürgerlicher Großgrundbesitzer in den verschiedenen Regionen.[350] In den bürgerlich dominierten Gebieten herrschte demnach beim Großgrundbesitz de facto ‚Realteilung' vor, wenngleich es nicht zur Güterzerstückelung kam. Der Besitz wurde, wenn es auf Grund des häufigen Güterumschlages überhaupt zu einer Vererbung kam, zwischen allen Erben auf der Basis des Marktwertes geteilt. Dazu kam, dass in diesen Regionen die schnelle Weiterveräußerung der Güter je nach Marktlage sehr ausgeprägt war. Diese Güter wurden in der Studie über die Vererbung des Grundbesitzes bezeichnenderweise auch „Unternehmergüter" genannt.

Die andere Art von Gütern wurde dagegen als „altadlig" betitelt.[351] In den adlig dominierten Gebieten herrschte anstelle der Gleichberechtigung der Nachkommen die eindeutige Festlegung des Gutserben durch den Vater vor. Damit verbunden war, dass der Erblasser einen Gutsübernehmer bestimmte und die Abfindungen der anderen Erben festsetzte.[352] Der für die Erbteilung angenommene Wert des Gutes lag dabei in der Regel deutlich unter dem Verkehrswert. So berichtete der Landrat des (Adels-)Kreises West-Havelland, dass die „Abfindung für alle übrigen Miterben [...] in der Regel nicht ein Drittel oder die Hälfte des Gutswerts (überschreitet)." In der Ost-Prignitz wurde häufig die Pfandbrieftaxe zur Grundlage gemacht.[353] Auch die Abfindung der anderen Erben erfolgte meist in Pfandbriefen, die erst nach längeren Zeiträumen gekündigt werden durften. Die Frauen erhielten in der Regel geringere Anteile. Damit zeigt sich im Erbverhalten eine klare Kontinuitätslinie zur Vererbung nach dem Lehnsrecht. Solange diese Mechanismen funktionierten, war eine zusätzliche Absicherung der Güter nicht notwendig.

349 Ebd., S. 53.

350 Vgl. Exkurs II. Die Entwicklung der Besitzverteilung in den Regionen und Kreisen, S. 515 ff.

351 SERING, Vererbung, Bd. 9, S. 55.

352 Vgl. dazu auch die Berichte der Amtsgerichte und Landräte in ebd., 54 f.

353 Vgl. ebd., S. 54, 58 f.

Die regionale Verschiedenheit der Erbgewohnheiten lässt sich also nur mit der Verteilung des adligen Besitzes erklären. Der alte bürgerliche Besitz – in diesem Fall die Güter mit mehr als sechzigjähriger Besitzkonstanz – war dagegen relativ gleichmäßig über die gesamte Provinz verstreut. Er war zwar etwas stärker in den Gebieten mit ‚adligen' Erbgewohnheiten zu finden, doch sind die absoluten Zahlen zu gering, um daraus eine Tendenz nachzuweisen.

Die vorliegenden Daten zeigen, dass unkontrollierte Erbgänge bei Adligen deutlich seltener als bei Bürgerlichen waren. Die tradierte Bevorzugung der Söhne, und dabei vor allem des Gutsübernehmers, wurde beibehalten. In den meisten Fällen wurde die Entscheidung, wer den Besitz zu welchen Konditionen übernimmt, nicht den Erben überlassen, sondern es wurde versucht, diese für die Familienkontinuität enorm wichtige Frage rechtzeitig zu klären. Daneben existierte zumindest in der ersten Jahrhunderthälfte das aus der Lehnsvererbung bekannte Verfahren des Losentscheides unter Brüdern. Allerdings lassen sich anhand der überlieferten Testamente aus den 1820er bis 1840er Jahren beide Methoden – Festlegung durch den Vater und Losentscheid – erkennen. Mit der Verknappung der Ressource Grundbesitz dürfte sich dann jedoch die Festlegung des Gutserben zunehmend durchgesetzt haben.

Demgegenüber deuten die vorliegenden Daten über die Besitzweitergabe ebenso wie der betreffende Teil des Seringschen Werkes über die Vererbung des ländlichen Grundbesitzes darauf hin, dass bei bürgerlichen Großgrundbesitzern, wenn es zu einer Vererbung kam, eine Bevorzugung des Gutserben seltener stattfand und das Gut zum Zwecke der Erbteilung häufig verkauft wurde. Parallel zu diesen Fällen existierte aber auch eine kleinere Gruppe älterer bürgerlicher Großgrundbesitzerfamilien, die sich offensichtlich an den ‚adligen' Vererbungsmustern orientierte.

Angesichts der im Vergleich zum Bodenwert relativ geringen Rendite und der hohen Bodenpreise war ein solches Verhalten vor allem dann zweckrational, wenn nicht der Gewinn und die möglichst hohe Abfindung aller Erben, sondern die Sicherung des Großgrundbesitzes in der Familie als oberstes Ziel definiert worden war. Dieses Ziel konnte jedoch nur durch einen Verzicht der anderen Erben erreicht werden.

Neben – im Rahmen dieser Untersuchung nicht zu ermittelnden – familieninternen Sanktionsmechanismen wurde bereits auf die Drohung, die Erbportion auf den Pflichtteil zu beschränken, hingewiesen. Die absoluten Zahlen über die erfolgreichen Erbübergänge innerhalb adliger Familien spiegeln allerdings nicht die Kämpfe wider, die es immer wieder unter den Erben gegeben haben dürfte. Verschiedene Beispiele zeigen, dass es keine durchgehende Verzichtsbereitschaft im Namen der Familie gab und in einer nicht abschätzbaren Zahl von Fällen nach Wegen gesucht wurde, ein Stück vom Bodenbesitz zu bekommen. Dennoch spricht die absolute Zahl der adligen Erbübergänge dafür, dass der geordnete Besitzwechsel auf einen oder mehrere Söhne die Regel war.

Über die Mechanismen der Vererbung hinaus ist auch nach den Ursachen für die Veräußerung von Gütern zu fragen. Da in dieser Studie nach der ökonomischen Fundierung ländlicher Eliten gefragt wird, ist die langfristige Besitzdauer und die Weitergabe innerhalb der Familie von besonderem Interesse. Allerdings greift es zu kurz, nur dieses Muster im Umgang mit Großgrundbesitz als Erfolg zu begreifen.[354] Es stellt sich die Frage, welche Ziele die jeweilige Großgrundbesitzergruppe mit ihren Gütern verfolgten. Wenn es ‚nur' darum ging, vorhandenes Kapital effektiv zu verwerten, dann stand einem schnellen Verkauf zu günstiger Zeit nichts im Wege. In diesem Falle wurde das Gut zur Ware, in die man Geld investierte, von der man Zinsen auf dem Wege des Verkaufs der Produkte erzielte und die man wieder veräußerte, wenn es sich besser rechnete. Eine Selbstbewirtschaftung des Gutes musste damit nicht unbedingt einher gehen.[355] Diese dürfte das vorrangige Ziel der Landwirtschaftsspezialisten gewesen sein, die von der Pacht zum Eigentum geschritten sind. Weiter oben wurde bereits ausgeführt, dass in der Zeit der niedrigen Bodenpreise die Domänenpächter massiv in den Großgrundbesitz eindrangen. Auch später haben mit Sicherheit Angehörige der großen Gruppe der Rittergutspächter und leitenden landwirtschaftlichen Beamten versucht, eigenen Boden zu erwerben. Doch auch in dieser Gruppe überwog offensichtlich die kurz- bzw. mittelfristige Ausnutzung der Güter. Das häufige Vorkommen einer Reihe von Familiennamen aus den Pächterkreisen deutet allerdings darauf hin, dass zumindest teilweise eine Wanderung zu anderen Gütern stattfand.

Der Verkauf eines Gutes konnte aus einer ganzen Reihe von Gründen stattfinden. Neben zwangsweiser Aufgabe gehörten die Realisierung von Gewinnen aus der Bodenpreissteigerung, Erbteilungen und die Beendigung der Berufslaufbahn dazu. Da genauere Daten fehlen, kann – mit Ausnahme der Zwangsversteigerungen – nicht eingeschätzt werden, welchen Anteil die einzelnen Gründe an den zahlreichen Veräußerungen von Großgrundbesitz hatten.

Alle vorliegenden Daten beweisen, dass die Zwangsversteigerung auf Grund unwirtschaftlichen Verhaltens die Ausnahme war. Die Zahlen von Rodbertus zeigen, dass es innerhalb der von ihm zusammengestellten dreißig Jahre 135 Versteigerungen im Bereich der brandenburgischen Oberlandesgerichte gab, das heißt pro Kreis wechselte in den ‚goldenen Jahren' der Landwirtschaft etwa alle zehn Jahre ein Gut auf diesem Wege seinen Besitzer. Eine erhebliche Zunahme hat es auf dem Höhepunkt der Getreidepreiskrise in der

---

354 Dabei muss eingestanden werden, dass es schwer ist, sich aus der Fixierung auf den generationenübergreifenden Besitz zu lösen. Dem liegt mit Sicherheit eine Denktradition zu Grunde, die mit positiv besetzten Begriffen, wie etwa ‚alteingesessen' suggeriert, dass Erfolg auf dem Lande auch und ganz wesentlich mit Besitzdauer verbunden ist.

355 So beschrieb Ferdinand Nies, der zwischen 1823 und 1842 das Rittergut Herrendorf besaß, in seiner ungedruckten Lebensbeschreibung einen Fabrikanten, der das Gut von einem seiner Nachfolger für eine enorme Summe erworben hatte. Dieser reiche Stadtbürger wollte offensichtlich nur sein Geld anlegen und nahm weder seinen Wohnsitz in Herrendorf, noch wirtschaftete er selbst. Vgl. Ferdinand NIES, Meine Biographie niedergeschrieben im Juli und August 1863, Privatarchiv Klaus Karbe, Potsdam, S. 15.

ersten Hälfte der achtziger Jahre gegeben, wo in jedem Kreis durchschnittlich ein Gut pro Jahr von einer Zwangsversteigerung betroffen war.[356] Allerdings gingen die diesbezüglichen Zahlen seit der zweiten Hälfte der achtziger Jahre wieder deutlich zurück.

Ein zweiter Grund für den Verkauf eines Gutes war mit Sicherheit die Realisierung von Gewinnen aus dem Anstieg der Bodenpreise. Weiter oben wurden bereits eine Reihe von Beispielen angeführt[357], so dass hier nur ein weiteres detaillierter vorgestellt werden soll. Der erfolgreiche Kaufmann Ferdinand Nies erwarb 1823 für 36.000 Tlr. das Rittergut Herrendorf, das er 19 Jahre lang besaß. Er investierte 6.000 Taler in eine Brennerei und brachte den Besitz in einen guten Kulturzustand. 1842 verkaufte er das Rittergut an den Amtmann Karbe für 110.000 Tlr. Abgesehen davon, dass er 19 Jahre als ‚Herr' auf dem Lande lebte und in dieser Zeit die Erträge seines Besitzes voll verwerten konnte, erzielte er allein durch die hohe Wiederverkaufssumme darüber hinaus eine jährliche indirekte Verzinsung[358] seines eingebrachten Kapitals von 5,3 %.[359] Sein Nachfolger blieb nur vier Jahre auf dem Gut und entnahm dem Wald Holz für rund 25.000 Tlr. 1846 wurde es dann für 90.000 Tlr. an einen Herrn v. Vaerst veräußert. Der spekulative Gewinn war damit begrenzt. Der Major a. D. v. Vaerst verkaufte das Gut 1863 an einen schlesischen Fabrikanten weiter, der 215.000 Tlr. dafür bezahlte. Damit hatte sich die Kaufsumme von 1846 – ungeachtet aller Erträge des Gutes – wiederum mit jährlich 5,3 % (indirekt) verzinst. Dazu müssen noch die Einkünfte des Besitzes, die nach Abzug eventuell vorhandener Schulden wahrscheinlich um die 3 % ausgemacht haben dürften, hinzugerechnet werden.[360] Nicht zu vergessen sind außerdem die nicht in Geld messbaren Vorteile eines Rittergutes. Dieser Überschlag zeigt, dass – unter Einbeziehung der stetigen Wertsteigerung des Bodens – die Rendite, die beim Erwerb von Großgrundbesitz zu erwarten war, über den sicheren Geldanlagemöglichkeiten wie Pfandbriefen und Staatspapieren lag. Neben der dauerhaften Besitzsicherung gab es also durchaus auch eine wirtschaftliche Logik des kurz- und mittelfristigen Besitzes.

Dem ehemaligen Besitzer von Herrendorf Ferdinand Nies erschien im übrigen der 1863 gezahlte Preis als völlig exorbitant.[361] Dennoch entsprach der

---

356 Vgl. dazu S. 157 f.

357 Vgl. dazu S. 120 f.

358 Als direkte Verzinsung ist dagegen der Verkauf der Produkte des Gutes anzusehen.

359 Vgl. NIES, Biographie, S. 14 ff. Vgl. dazu auch den Beitrag von Klaus KARBE, Das fremde Familienbild, in: Nachrichtenblatt der Familie Karbe 33 (1973), S. 23 ff. Die Verzinsung wurde unter Einbeziehung des Zinseszinses errechnet.

360 Für das späte Kaiserreich hat eine Erhebung der DLG zwischen 1906-1912 eine durchschnittliche Verzinsung des Gesamtvermögens von 4-5 % errechnet, während konkurrierende Untersuchungen von ‚interessierter Seite' niedrigere Werte ergaben. Vgl. die Zusammenstellung bei HEß, Junker, S. 216 ff.

361 So notierte Nies nach der Bemerkung, dass dieser Kaufpreis ganz unglaublich erscheint: „Ich fürchte, dass der Käufer sich dabei sehr verrechnet haben wird, da die enormen Zinsen ohnmöglich (sic!) heraus geschafft werden können, er ist daher zu bedauern." NIES, Biographie, S. 15.

mehr als verdoppelte Kaufpreis der allgemeinen Entwicklung der Bodenpreise zwischen 1840 und 1860.[362] Und sollte es dem schlesischen Fabrikanten gelungen sein, das Gut wie sein Vorgänger rund 20 Jahre zu halten, so würde sich der Preis des Besitzes mit Sicherheit um mindestens weitere 25 % erhöht haben. Allerdings sank zwischen 1860 und 1900 die sehr hohe indirekte Verzinsung des eingebrachten Kapitals deutlich ab, da sich die Bodenpreise in dieser Periode nur etwa um 15 Prozent pro Dekade erhöhten. Erst durch die Verdopplung der Bodenpreise zwischen 1900 und 1914 stieg dieser Faktor wieder deutlich an.

Dieses Beispiel, das keinen Einzelfall darstellt, zeigt ganz deutlich, dass die Geldanlage in Großgrundbesitz – neben der direkten Verzinsung des eingebrachten Kapitals – durch den Verkauf der Produkte der Gutswirtschaft immer auch einen indirekten Gewinn durch die Bodenpreissteigerung erbrachte. Dieser Gewinn war besonders hoch in den ‚goldenen Jahren' zwischen 1830 und 1870 und dann wieder nach 1900. Der mehr oder weniger schnelle Verkauf eines Gutes konnte daher durchaus auch eine Art der Amortisation des eingebrachten Kapitals sein. Dies setzte aber voraus, dass dem Boden nicht irgendwelche transzendenten Verpflichtungen zugeschrieben wurden und der Verwertung einer Marktchance gegenüber dem Ziel intergenerationeller Vererbung höhere Priorität beigemessen wurde. Hier bestand zwischen einem großen Teil der bürgerlichen Käufer und den adligen Großgrundbesitzern offensichtlich ein deutlicher Unterschied. Sicher wird es auch Adlige gegeben haben, die den späteren Verkauf des Gutes mit einkalkulierten. Die vorliegenden Daten weisen aber darauf hin, dass ihre Zahl innerhalb der Gesamtgruppe erheblich geringer gewesen ist, als der Anteil der ‚spekulierenden Großgrundbesitzer' bei den Bürgerlichen. Dabei muss natürlich bedacht werden, dass die enormen Mittel zum Ankauf eines Gutes in steigendem Maße wahrscheinlich nicht mehr innerhalb der Landwirtschaft akkumuliert werden konnten, so dass es in immer stärkerem Maße Kaufleute, Bankiers und Industrielle waren, welche die Güter kauften. Dass diese Gruppe vor allem in ökonomischen Kategorien dachte und auch den Boden nach wirtschaftlichen Gesichtspunkten behandelte, verwundert nicht.

Ein weiterer Grund für die Veräußerung eines Gutes konnte eine Erbteilung sein. Wie oben dargestellt, war es vor allem in den bürgerlich dominierten Gebieten nicht üblich, dass die Gutserben deutlich besser gestellt wurden.[363] In diesen Regionen wurde das Gut nicht als Familienbesitz, sondern als Vermögensobjekt betrachtet. Hinter dieser Auffassung stand offensichtlich ein unterschiedlicher Familienbegriff. Während in der adligen Familie die vergangenen und auch – in diesem Falle besonders wichtig – die kommenden Generationen mitgedacht wurden, war die bürgerliche Familie offensichtlich viel stärker gegenwartsbezogen. Daher stand hier jedem Erben ein gleicher Anteil zu. Dies konnte schon bei nur zwei Geschwistern leicht eine Belastung in Höhe des halben Verkehrswertes des Gutes nach sich ziehen. Aus diesem

---

362 Vgl. dazu auch S. 126.

363 Vgl. auch SERING, Vererbung, Bd. 9, S. 53 ff.

Grunde ist häufig zu einem Verkauf des geerbten Gutes geschritten worden. In einer Reihe von Fällen wurde der Besitz auch noch einige Jahre auf Rechnung einer Erbengemeinschaft verwaltet oder auch verpachtet. Kam es dann zu keiner Einigung zwischen den Erben, stand ebenfalls die Veräußerung an.[364] Solche Erbauseinandersetzungen unter Aufgabe des Bodenbesitzes kamen auch in alten bürgerlichen Familien vor, in denen der Beruf ‚Großlandwirt' über mehrere Generationen vererbt wurde. So war im oben vorgestellten Fall des Rittergutes Herrendorf eine Erbauseinandersetzung der Grund, warum die Karbes den Besitz nach nur vier Jahren wieder abstoßen mussten. Offensichtlich konnten sie dabei auch wenig oder gar nicht von der allgemeinen Güterpreissteigerung der Zeit profitieren, was dafür spricht, dass es sich um einen überstürzten Verkauf zur schnellen Teilung des Erbes gehandelt haben könnte.[365]

Ebenfalls in einer Erbauseinandersetzung zerfiel der umfangreiche Grundbesitz der Familie Thaer. Das Rittergut Möglin – Sitz der berühmten Landwirtschaftsakademie – ging nach dem Tode Albrecht Daniel Thaers im Jahre 1828 an seinen fünften Sohn Albrecht Philipp über.[366] Dieser erweiterte den Besitz um die Güter Alt Gaul und Börnicke, die beide keine Rittergutsqualität besaßen, so dass dieser Komplex zeitweise 2.136 ha umfasste und einen Grundsteuerreinertrag von 24.607 RM aufwies. Nach dem Tode Albrecht Philipps im Jahre 1863 wurden alle drei Güter verkauft, obwohl zwei seiner Söhne ebenfalls Landwirte waren. Eine Besitzweitergabe scheiterte hier wahrscheinlich daran, dass acht Kinder sich das Erbe teilten.[367]

Während Verkäufe wegen Erbauseinandersetzungen in geringer Anzahl auch bei adligen Familien zu beobachten waren, lässt sich noch ein Phänomen der Besitzaufgabe beobachten, das wohl als rein bürgerlich zu bezeichnen ist – die Beendigung des Berufslebens als Landwirt und der Rückzug in ein städtisches Rentiersleben. Anders als bei den Bauern in Anerbengebieten gab es für Rittergutsbesitzer in der Regel keine Art von Altenteil. Ein geordneter Übergang auf den übernehmenden Sohn lässt sich aus den Quellen nur selten ermitteln.[368] Eine Ausnahme bildete lediglich der Verkauf oder die Verpach-

364 Sowohl die älteren Matrikeln als auch die Güteradressbücher zeigen diesen Vorgang sehr deutlich. In vielen Fällen wurden Besitzungen, die von den Erben gemeinsam besessen wurden, sehr bald veräußert.

365 Vgl. auch KARBE, Familienbild, S. 24 f.

366 Der älteste Sohn pachtete ein Gut in Schlesien, der zweitälteste wurde Arzt und zwei weitere Söhne starben im Kindesalter.

367 Die Angaben über die Familie Thaer entstammen dem Bürgerlichen Geschlechterbuch, Bd. 160 (= Brandenburgisches Geschlechterbuch, Bd. 3), Limburg/Lahn 1972, S. 413-476.

368 Möglicherweise war dies bei Domänenpächtern anders, da es hier günstig sein konnte, den vorgesetzten Behörden noch bei Lebzeiten den Sohn als Übernehmer zu präsentieren. So beschreibt Adolf Karbe auch, dass sein inzwischen greiser und kranker Vater, nachdem er Gramzow für eine neue Pachtperiode von 24 Jahren zugesprochen bekommen hatte, die Domäne an seinen Sohn übergab und sich in das Altenteil zurückzog. Adolf KARBE, Aus dem Leben meiner seligen Eltern, 1868, S. 53, ungedrucktes Manuskript im Besitz von Klaus Karbe (Potsdam).

tung an den Sohn, der jedoch nicht als Regelfall anzusehen ist.[369] Eine drastische Beschreibung der Verhältnisse lieferte Gerhard v. Jordan, der aus der Rückschau berichtete: „[...] da die Väter bis zu ihrem Tode die Verantwortung nicht abgaben, gingen die Erben in den Staatsdienst. Wenn der Erbfall eintrat, waren sie oft 50 bis 60 Jahre alt, hatten von der Landwirtschaft keinen Schimmer und ließen den Inspektor weiterwursteln, der schon den Vater betrogen hatte." Erst nach dem Weltkrieg hätten sich die Verhältnisse grundlegend geändert, „[...] weil sich eine andere Einstellung zum Besitz und zur Arbeit darauf durchsetzte. Intensive landwirtschaftliche Tätigkeit gehörte nun zum guten Ton. Väter übergaben rechtzeitig ihre Betriebe an den Sohn, oder der Sohn arbeitete als Inspektor unter seinem Vater."[370]

Neben dieser Tendenz des Wirtschaftens bis zum Tode lässt sich in einigen Fällen ein gegenläufiges Handlungsmuster erkennen. Nach der oft jahrzehntelangen erfolgreichen Bewirtschaftung eines Gutes verkaufte der bürgerliche Besitzer dieses und zog sich in die Stadt zurück, um als Rentier seinen Lebensabend zu beschließen. Diesen Weg wählte auch der bereits erwähnte Herrmann Nies auf Herrendorf, der als 58-jähriger das Rittergut verkaufte und nach Berlin in die Nähe seiner Tochter zog. Allerdings hatte er keine männlichen Erben, und von seinen Töchtern lebte nur noch diese eine, die mit einem Berliner Kaufmann vermählt war.[371] Auf Grund der Quellenüberlieferung ist es schwierig abzuschätzen, ob eine Besitzaufgabe zum Zwecke des Ruhestandes vorliegt oder ob andere Gründe die Ursache waren. In einer ganzen Reihe von Fällen ist jedoch die Vermutung gerechtfertigt, dass an Stelle der anstrengenden Führung eine landwirtschaftlichen Großbetriebes das Lebens als Rentier gewählt wurde.[372] Die bekannten Beispiele aus den alten bürgerlichen Landwirtsfamilien sprechen jedoch dafür, dass dieser Weg vor allem dann gegangen wurde, wenn keine Erben vorhanden waren und damit auch keine Verpflichtung, das Gut zu halten.

Möglicherweise ist diese Art des Umgangs mit dem Großgrundbesitz aus der Tradition der Guts- und Domänenpächter entstanden. Diese gaben ihren Pachtbesitz nach langjähriger Bewirtschaftung im Alter oft ab. Nach Beendigung ihrer Pächterzeit zogen sie sich dann wahrscheinlich als Rentiers in die Städte zurück, während ihre Söhne oder andere neue Pächter die Domänen übernahmen.[373] So berichtet Adolf Karbe vom Sohn eines Domänenpächters,

---

369 Ein (bürgerliches) Beispiel für einen solchen Wechsel zwischen Vater und Sohn ist der Verkauf des Rittergutes Dahnsdorf in der Familie Leo in den 30er Jahren des 19. Jahrhunderts. BLHA, Rep. 37, Dahnsdorf, Nr. 90. Wilhelm Albrecht Gysae pachtete von seinem Vater, als dieser siebzig wurde das Rittergut Strehlow. Wilhelm Albrecht GYSAE, Aufzeichnungen (1950) im Besitz von Dr. Klaus Karbe (Potsdam).

370 JORDAN, Dorf in Schlesien, S. 49 f.

371 NIES, Biographie, S. 14 f.

372 So verkaufte bspw. der aus alter bürgerlicher Großgrundbesitzerfamilie stammende Ernst Scherz sein Rittergut Cummerow im Alter von 60 Jahren. Nach Ausweis der Quellen war er unverheiratet. Leopold Baath verkaufte das von seinem Vater ererbte Rittergut Behlendorf im Alter von 65 Jahren. Auch er war unverheiratet.

373 Im folgenden sollen nur einige Beispiele, die nicht das Ergebnis einer gezielten Suche waren, kurz vorgestellt werden: Der Oberamtmann Gustav Eger (geb. 1840) war Pächter der

der – nachdem er ebenfalls diesen Beruf wählte – als Oberamtmann „von seinen Renten in Berlin" lebte. Sein Schwager der Amtsrat Gründler lebte nach aufgegebener Pacht bei Eberswalde „in wohlverdienter Ruhe".[374] Dieses Muster könnte auch noch auf nachfolgende Generationen weitergewirkt haben, vor allem dann, wenn keine eigenen Kinder vorhanden waren. Großgrundbesitzer bzw. Landwirt war dabei nur ein Beruf. Das Ende der Berufsausübung war gleichbedeutend mit der Veräußerung der Grundlage der Tätigkeit.

Ein analoger Fall aus einer adligen Familie ist nicht bekannt. Dies dürfte unter anderem wiederum mit den verschiedenen Familienmodellen zusammenhängen. So waren einerseits bei der Weitläufigkeit des adligen Familienbegriffs viel eher Erben zu finden. Andererseits wurde beim Aussterben der Familie – wie bereits beschrieben – versucht, den Namen an einen adligen Schwiegersohn weiterzugeben.[375] Die gezielte Aufnahme einer Rentiersexistenz in einer Stadt unter Preisgabe des Großgrundbesitzes dürfte dagegen für einen Adligen kaum denkbar gewesen sein.

Die Verpachtung der Güter

Die Verpachtung von Großgrundbesitz hat eine lange Tradition. Bereits vor Beginn des 19. waren die Domänen und zahlreiche Rittergüter in den Händen von bürgerlichen Pächtern.[376] Für Brandenburg kann davon ausgegangen werden, dass am Ende des 18. Jahrhunderts etwa die Hälfte der zu diesem Zeitpunkt vorhandenen Rittergüter nicht von ihren adligen Eigentümern bewirtschaftet worden sind. Müller machte im ausgehenden Jahrhundert sogar noch eine Zunahme der Verpachtungen aus.[377] Mit der Pachtung von Großgrundbesitz ließen sich in diesem Zeitraum beträchtliche Vermögen ansammeln, die dazu führten, dass nicht wenige der bedeutendsten Pächterfamilien später Großgrundbesitz erwarben.

Für das 19. Jahrhundert fehlen über weite Zeiträume Angaben zur Pacht. Erst am Ende des Jahrhunderts stehen uns in den ‚Handbüchern über den

Domäne Drense und dann Besitzer eines Gutes in Westpreußen. Obwohl er sieben Kinder hatte, veräußerte er das Gut und zog sich als Rentier nach Prenzlau zurück. Christian Schultz (geb. 1776) zog sich ebenfalls, nachdem er im Laufe seines Lebens Pächter verschiedener Rittergüter gewesen war, im Alter als Rentier nach Prenzlau zurück. Hugo Menz (geb. 1828) lebte, nachdem er Besitzer verschiedener Güter gewesen war, am Ende seines Lebens als Rentier in Berlin. Er hatte allerdings keine Söhne. Schließlich soll noch auf das gleichgelagerte Beispiel von Carl Niemann (geb. 1847) verwiesen werden, der trotz zahlreicher Nachkommenschaft sein Rittergut bei Stettin verkaufte und anschließend eine Rentiersexistenz in Berlin und Wernigerode führte. Vgl. KERN, Nachkommen, S. 14, 29, 30 u. 42.

374 Adolf KARBE, Aus dem Leben meiner seligen Eltern, 1868, S. 46, ungedrucktes Manuskript im Besitz von Klaus Karbe (Potsdam).

375 Lediglich ein Beispiel einer aussterbenden Familie ist bekannt, wo diese Namenssicherung nicht vollzogen wurde. So heiratete die letzte Tochter der uradligen Familie v. d. Döllen einen Herrn Keibel. Das Gut Klein Luckau blieb bis mindestens 1921 im Besitz der Familie.

376 Vgl. für das 18. Jahrhundert MARTINY, Adelsfrage, S. 34 ff und vor allem MÜLLER, Märkische Landwirtschaft, S. 108-130.

377 Ebd.

Grundbesitz' umfangreiche Materialien zur Verfügung, da nicht nur Verpachtungen sondern auch die Pächter detailliert aufgeführt worden sind. Die diesbezüglichen Angaben zeigen, dass auch zu diesem Zeitpunkt die Verpachtung von Rittergütern in adligen Händen immer noch in beträchtlichem Umfang erfolgt ist. Legt man die unsicheren Daten vom Beginn des Jahrhundert als Maßstab an, ging die Rittergutspacht in diesem Bereich kaum zurück. Sowohl 1885 als auch 1910, den beiden für diesen Komplex ausgewählten Stichjahren, waren 30 % der adligen Rittergüter verpachtet.[378] Drei Viertel (1882=196) der verpachteten Rittergüter waren nicht selbstständig. Das heißt, sie gehörten zu einem Komplex und waren daher möglicherweise durch ihren Inhaber effektiv nicht zu bewirtschaften. Darüber hinaus war auf den großen Herrschaften ohnehin die Verpachtung das Normale, da die reichen Spitzen des Landadels sicher nur in Ausnahmefällen als praktizierende Landwirte in Erscheinung getreten sind. Außerdem erwirtschafteten diese zu bedeutenden Teilen aus Wald bestehenden Güterkomplexe ohnehin nur einen Teil aus der Landwirtschaft und waren sehr stark auf ihre ertragreichen Forstwirtschaften konzentriert.

Etwa ein Viertel (1885=65) der selbstständigen Rittergüter war ebenfalls verpachtet. Da sich im Jahre 1902 110 Rittergutsbesitzer als nebenberufliche Landwirte bezeichneten, tritt hier die zweite Ursache für Verpachtung zu Tage, die in häufiger Abwesenheit vom Gut zu sehen ist. Zwischen 1885 und 1910 gab es kaum Veränderungen in den Verpachtungszahlen adliger Rittergüter. Setzt man die Angaben über Verpachtungen mit der Zahl der adligen Rittergutsbesitzer ins Verhältnis, zeigt sich, dass nur etwa jeder zweite sein Gut selbst bewirtschaftet hat. Dies relativiert den direkten Anteil, den Adlige an der Modernisierung der Landwirtschaft hatten. Daneben haben allerdings das ganze 19. Jahrhundert über eine bedeutende Zahl von Adligen selbst gewirtschaftet. Vor allem im Bereich der kleineren und mittleren Güter und Güterkomplexe hat die Selbstbewirtschaftung dominiert, sofern der Besitzer seinen Lebensunterhalt nicht in Heer oder Verwaltung erwarb. Je größer das Gut, bzw. je mehr Güter im Komplex, um so wahrscheinlicher war eine teilweise oder komplette Verpachtung.

Auch bürgerliche Rittergutsbesitzer haben ihre Besitzungen verpachtet, allerdings in viel geringerem Umfang. 1885 wurden 5 % (26 Güter) nicht selbst bewirtschaftet. Im Zuge des stärkeren Einströmens des Berliner Großbürgertums in den Großgrundbesitz nahm dann die Verpachtung jedoch zu. 1910 hatte sich die Zahl der verpachteten Rittergüter in bürgerlichen Händen fast verdoppelt und ihr Anteil war auf 9 % (44 Güter) gestiegen. Dabei waren selbstständige Güter und Güterkomplexe in gleichem Maße verpachtet. Dies zeigt einmal mehr, dass die neuen Reichen aus der Hauptstadt mit dem Erwerb eines Gutes keineswegs Landwirte werden wollten, sondern dass sie vor allem an dem Prestige- und Erholungswert ihrer Besitzungen interessiert gewesen sind.

378 Dies deckt sich mit den Zahlen von Buchsteiner, die für Pommern einen Wert von 31 % ermittelte. Vgl. BUCHSTEINER, Großgrundbesitz, S. 81 ff.

Die Daten über die Verpachtung von Rittergütern zeigen, dass es im gesamten Jahrhundert für professionelle Landwirte zahlreiche Gelegenheiten gab, ihre Fähigkeiten bei der Führung eines Großbetriebes unter Beweis zu stellen. Rechnet man die Domänen und die Güter in korporativem Besitz hinzu, hat es mindestens 400 Pachtbetriebe im Großgrundbesitz Brandenburgs gegeben. Auch wenn in einer Reihe von Fällen mehrere Güter zusammen verpachtet waren, bleibt diese Zahl beachtlich, vor allem auch dann, wenn man sie auf das gesamte Preußen extrapolieren würde. Eine erhebliche Anzahl der Erwerber von Rittergütern, die in den Quellen ohne Berufsangaben verzeichnet sind, dürften aus den Reihen dieser Pächter gekommen sein. Für diese Berufslandwirte war der Erwerb und Verkauf von Bodenbesitz sicher viel stärker reinen Marktgesichtspunkten unterworfen, als es bei Adligen der Fall war. Das fluktuierende Spektrum nur kurzfristig angesessener bürgerlicher Rittergutsbesitzer dürfte daher in nicht geringem Maße aus ihren Reihen gespeist worden sein.

Zusammenfassung

Bei den rund 8.500 Großgrundbesitzern, die für die Provinz Brandenburg im Untersuchungszeitraum zu ermitteln sind, lassen sich deutlich unterschiedliche Umgangsweisen mit ihren Gütern erkennen. Die Adligen waren in der Regel auf den längerfristigen Besitz ihrer Güter orientiert und konnten diesen nach 1850 auch häufig gewährleisten. Dagegen behandelten die meisten Bürgerlichen ihre Güter als reines Arbeitsmittel und Geldanlage. Dementsprechend verkauften im zwischen 1800 und 1918 etwa die Hälfte aller bürgerlichen Rittergutsbesitzer bereits nach etwa 10 Jahren wieder ihren Besitz.

Die auf die längerfristigen Besitzer fokussierte Analyse zeigt für den Adel, dass die Mehrheit der Großgrundbesitzer aus diesem Stand dem untitulierten Adel des östlichen Deutschlands angehörte, während Angehörige des Hochadels und Regierender Häuser nur in Ausnahmefällen Großgrundbesitz in der Provinz besaßen. Unter der großen Anzahl bürgerlicher Familien wird ein relativ breites Korpus von ‚Berufsgroßlandwirten' bzw. von Landwirtsfamilien sichtbar, die immer wieder und über einen längeren Zeitraum als Großgrundbesitzer aktiv waren. Ein Teil davon etablierte sich bis zum Ende des Kaiserreiches neben dem Adel. Relativ spät und in begrenzter Zahl drängten daneben die Spitzen des Berliner Wirtschaftsbürgertums in den Großgrundbesitz.

Neben einem statischen Segment langfristig besessener Güter gab es auch schon vor 1800 ein Segment von Besitzungen, die häufige Besitzwechsel erlebten. Die Mehrzahl dieser Güter gehörte zu den kleineren und ertragsschwächeren. Vor allem diesen Sektor des Gütermarktes übernahmen die Bürgerlichen in der ersten Hälfte des 19. Jahrhunderts. Dabei war das Anwachsen der Zahl bürgerlicher Rittergutsbesitzer nur begrenzt mit dem Exodus alter, seit Jahrhunderten angesessener Adelsfamilien verbunden. Verdrängt wurden in der Mehrzahl zugewanderte Adelsfamilien auf kleineren Gütern, die nicht zum alten Adel der Provinz gehörten. Vor allem bis etwa 1830 erwarben erfolgreiche Domänenpächter Großgrundbesitz. In der Zeit danach bildeten sie als Käufer von Rittergütern eine zu vernachlässigende Größe.

Durch die Besitzverschiebungen und die Konsolidierung des in der Regel auf großen Gütern und Güterkomplexen sitzenden Landadels entstand bis zum Ende des 19. Jahrhunderts die Situation, dass sich in vielen Regionen neben langfristig angesessenen Adligen nur wenige Bürgerliche fanden, die nicht erst seit kurzer Zeit Großgrundbesitzer waren. Daraus resultierte bis zum Ende des Kaiserreiches ein Teil der strukturellen Überlegenheit des Adels, dem kein auch nur annähernd so gefestigtes ländliches Bürgertum gegenüberstand. So waren etwa ein Drittel der Rittergüter im gesamten Untersuchungszeitraum dem Bodenmarkt entzogen und dauerhaft im Besitz einer – meist seit dem Mittelalter in der Provinz nachweisbaren – Adelsfamilie. Einen sehr stabilen Kern innerhalb dieses statischen Adelsblocks bildeten die ehemals Schlossgesessenen Familien, die über eine besonders starke Ausgangsposition und gut funktionierende Erbmechanismen verfügten.

Auch innerhalb des bürgerlichen Besitzersegmentes nahm im Verlauf des 19. Jahrhunderts die Tendenz zu längerfristiger Besitzwahrung zu. Da diese Bürgerlichen in der Regel jedoch kleinere und mittlere Güter besaßen, gab es auch am Ende des Kaiserreiches nur relativ wenige ökonomisch gleichwertige und längerfristig angesessene Großgrundbesitzer, die als Partner für den Adel in Frage kamen.

Besondere Bedeutung für die langanhaltende Stärke des Adels hatten das Lehnswesen und die Errichtung von Fideikommissen. Durch das Lehnswesen hatten nicht nur der Gutsübernehmer sondern auch die abgefundenen Söhne und ihre Nachkommen Anteile am Großgrundbesitz. Die Auflösung des Lehnsverbandes konterkarierte durch die Möglichkeit des erleichterten Übergangs der Güter zu Fideikommissen das liberale Ziel der Aufhebung feudaler Besitzbindungen. Die Bedeutung der Lehen wird daran sichtbar, dass in der adelsstarken Kurmark noch zu Beginn des Kaiserreiches fast jedes vierte Rittergut auf diese Art rechtlich gebunden war. Die Tatsache, dass das langfristige adlige Besitzsegment jedoch auch aus einer bedeutenden Anzahl ungebundener Gütern bestand, zeigt, dass der Lehnsverband eine sehr bedeutsame, aber nicht die einzige Art der adligen Besitzsicherung war.

Schon vor der Auflösung der Lehen nahm die Bedeutung der Fideikommisse allmählich zu. Durch die Überführung eines Teils der Lehen in Fideikommisse wurde dieser Prozess weiter beschleunigt. Allerdings blieb die Zahl der in Fideikommisse umgewandelten Lehen relativ gering. Am Ende des Kaiserreiches gehörte jedes vierte Rittergut (27 %) zu einem Fideikommiß. Besonders frühzeitig waren die wenigen hochadligen Familien und die alten Reichsgrafenfamilien zu dieser Art der Besitzbindung übergegangen. Auch Bürgerliche, vor allem aus längerfristig angesessenen Familien, stifteten Fideikommisse, jedoch blieb deren Zahl insgesamt ebenfalls gering.

Zwischen Adligen und Bürgerlichen lassen sich deutliche Unterschiede im Umgang mit fideikommissarischem Besitz erkennen. So besaßen bei den Bürgerlichen die Ehefrauen der Stifter eine sehr stark Position. Andererseits finden sich die ständischen Normenkataloge adliger Fideikommißurkunden bei bürgerlichen Stiftungen nicht. Während Bürgerliche im Wesentlichen auf die Besitzsicherung Wert legten, nutzten adlige Fideikommißstifter ihre Gründungen immer auch zur Weitergabe ihrer Vorstellungen von einem standesgemäßen Verhalten, die durch starke Disziplinierungsmittel durchgesetzt werden sollten. Daneben waren die Fideikommißstifter des 19. Jahrhunderts darum bemüht, die Witwen und die nichterbenden Kinder finanziell abzusichern.

Von großer Bedeutung für die Bewirtschaftung der Güter waren die Festlegungen über die Verschuldbarkeit. Dabei wurde der vom Lehnswesen bekannte und sehr problematische Agnatenkonsens weitgehend ausgeschaltet, indem die Inhaber von der Mitwirkung der potentiellen Erben bei Wirtschaftsfragen entlastet wurden. An deren Stelle wurden Institutionen oder Personen mit landwirtschaftlichem Sachverstand als Sicherungsinstanzen eingesetzt.

Die Mehrzahl der Güter gehörte nicht zum gebundenen Besitz. Die ungebundenen Güter in adliger Hand wurden in der Regel nach Prinzipien ähnlich dem Lehnsrecht vererbt. Das bedeutete, dass der Gutserbe vor den anderen Geschwistern bevorzugt wurde. Dagegen herrschte bei den Bürgerlichen eher die Gleichbehandlung aller Kinder vor, was häufig zur Besitzaufgabe wegen Erbteilung geführt hat. Ein Teil der alten bürgerlichen Familien ging jedoch zu adligen Vererbungspraktiken über.

Nur die Hälfte aller Güter wurde auf dem Erbwege weitergegeben. Neben der adligen Besitzwahrungslogik griff die bürgerliche Verkaufslogik. Denn auch der Verkauf eines Gutes war eine Amortisation des eingebrachten Kapitals, die durch die seit 1830 anhaltenden Bodenpreissteigerungen sinnvoll war. Adlige und bürgerliche Logiken und Verhaltensweisen im Umgang mit Großgrundbesitz waren nicht kongruent und jede war in sich schlüssig.

Das ganze 19. Jahrhundert über war etwa ein Drittel der Rittergüter in adliger Hand verpachtet und nur etwa jeder zweite Adlige bewirtschaftete seinen Besitz selbst. Die Ursachen dafür lagen einerseits in der Besitzgröße und der Anzahl der besessenen Güter, die effektiv nicht selbst bewirtschaftet werden konnten. Andererseits war ein Teil der Besitzer immer als Offiziere oder Beamte in einem städtischen Kontext gebunden und konnte die Güter nicht selbst führen. Daher war die Verpachtung ein typisch adliger Umgang mit dem Grundbesitz. Am Ende des 19. Jahrhunderts nahm dann auch bei Bürgerlichen die Verpachtung zu. Die Hauptursache dafür war, dass die Spitzen des Berliner Großbürgertums zwar Großgrundbesitz erwarben, ihn jedoch in den meisten Fällen nicht selbst bewirtschaftet haben. In Brandenburg gab es im ganzen 19. Jahrhundert auf diese Weise rund 400 Großgrundbesitzungen, die gepachtet werden konnten und die Grundlage für die Existenz einer großen Gruppe professioneller Großlandwirte gewesen sind. Diese stellten mit Sicherheit einen bedeutenden Teil der bürgerlichen Erwerber von Großgrundbesitz.

VI. Die langfristig angesessenen adligen und bürgerlichen Großgrundbesitzer im demographischen Vergleich

Die Quellengrundlage[1]

Nachdem in den vorangegangenen Abschnitten der Zugang zu den Großgrundbesitzern im wesentlichen auf der Grundlage von statistischem Material zu den großen Gütern erfolgt ist, soll nun versucht werden, einen Teil der Besitzer näher zu betrachten. Nicht nur auf Grund des relativ spärlichen Archivmaterials bietet sich dabei wiederum ein quantitativer Zugriff an, der durch weiterführendes Material erweitert wird.

Für die adligen Familien existiert eine deutlich bessere Quellenlage, da die außerordentlich zahlreichen Familiengeschichten und Autobiographien das ohnehin dichtere archivalische Material ergänzen. Darüber hinaus wurden in den letzten Jahren mehrere quantitativ arbeitende Projekte zu adligen Familien abgeschlossen und teilweise veröffentlicht.[2] Wesentlich schlechter sieht dage-

1 Für diesen Teil der Arbeit konnten einige z. T. sehr umfangreiche Privatarchive benutzt werden. An dieser Stelle möchte ich vor allem folgenden Personen für ihre großzügige Unterstützung danken: Pfarrer Thomas Dietz (Schönfeld/UM), Dr. Klaus Karbe (Potsdam) und Woldemar Schulz-Wulkow (Frankfurt a. M.).

2 Hier sind vor allem die Arbeiten von Ilona Buchsteiner, Gregory W. Pedlow und Rainer Pomp/Kathrin Wehry zu nennen. Ilona BUCHSTEINER, Pommerscher Adel im Wandel des 19. Jahrhundert, in: Geschichte und Gesellschaft 25 (1999), S. 343-374; DIES., Adel und Bodeneigentum – Wandlungen im 19. Jahrhundert, in: Wolfgang NEUGEBAUER und Ralf PRÖVE (Hgg.), Agrarische Verfassung und politische Struktur. Studien zur Gesellschaftsgeschichte Preußens 1700-1918, Berlin 1998, S. 37-64. Gregory W. PEDLOW, The Survival of the Hessian Nobility, 1770-1870, Princeton 1988; Rainer Pomp und Kathrin Wehry erstellten im Rahmen des DFG-Projektes ‚Elitenwandel', in dem auch diese Studie entstand, eine Datenbank zum deutschen Adel im 19. Jahrhundert. Der bislang unveröffentlichte Abschlußbericht des Projektes von Rainer POMP, Elitenwandel und gesellschaftliche Modernisierung. Einige Ergebnisse zur Statistik des deutschen Adels im 19. Jahrhundert, Berlin 1999, lag dem Verfasser vor. Neben diesen Studien ist für Brandenburg außerdem auf die Arbeiten von Brunner zu verweisen: Reinhold BRUNNER, Die Junker – Eine Untersuchung zu ihrer klassenmäßigen Einordnung im letzten Drittel des 19. Jahrhunderts (am Beispiel der Provinz Brandenburg). Halle 1990, Phil. Diss. (MS.), hier vor allem, S. 83-161; Ders., Landadliger Alltag und primäre Sozialisation in Ostelbien am Ende des 19. Jahrhunderts, in: Zeitschrift für Geschichtswissenschaft 39 (1991), S. 995-1011. Für einen Teil des Untersuchungszeitraumes (1800-1860) kann durch die Daten von Reif der Vergleich mit einer geschlossenen katholischen Adelsgruppe geführt werden. REIF, Westfälischer Adel, S. 240 ff. Für die sicher nicht typische nobilitierte Familie v. Treskow liegt die Untersuchung Rüdiger V. TRESKOWS, Adel in Preußen: Anpassung und Kontinuität einer Familie 1800-1918, vor. Darüber hinaus existiert für den niedersächsischen Adel die weitgehend unbenutzte Studie von Horst V. KATTE, Niedersachsenadel. Soziologische und bevölkerungspolitische Untersuchungen der niedersächsischen Geschlechter mit adliger Tradition, Jena 1938. Die sehr detaillierte Arbeit spiegelt allerdings in den verschiedenen Kapiteln in problematischer Wei-

gen die Situation für die bürgerlichen Familien aus. Während fast alle größeren Adelsfamilien seit den letzten Jahrzehnten des 19. Jahrhunderts darum bemüht waren, eine Familiengeschichte erstellen und drucken zu lassen[3], findet sich für keine der langfristig angesessenen bürgerlichen Großgrundbesitzerfamilien in Brandenburg etwas vergleichbares. Diese Lücke kann nur teilweise durch Material aus Privatarchiven und gedruckte und ungedruckte genealogische Zusammenstellungen geschlossen werden.

Die bürgerlichen Großgrundbesitzer folgten den adligen auf diesem Gebiet mit einer Verspätung von mehr als einem halben Jahrhundert. Fast alle alten untitulierten Adelsfamilien Brandenburgs waren bereits in den Vorläufern der seit 1900 erschienenen Gothaischen Genealogischen Taschenbücher der adligen Häuser ausführlich verzeichnet.[4] Dagegen enthielt erst der 1941 erschienene (erste brandenburgische) Band des Deutschen Geschlechterbuches einige der bürgerlichen großgrundbesitzenden Familien.[5] Die Mehrzahl der relevanten Stammfolgen war jedoch erst in den lange nach Flucht und Vertreibung veröffentlichten Bänden 2 und 3 enthalten.[6] Die dort enthaltenen genealogischen Angaben konnten durch die wenigen gedruckten Selbstzeugnisse und Briefsammlungen aus diesen Kreisen[7] und das privat überlieferte archivalische Material ergänzt werden.

Eine wesentliche methodische Frage beim Aufbau einer Datenbank für den beschriebenen Personenkreis besteht in der Auswahl des vorhandenen Materials. Familiengeschichten sind dabei mit großer Wahrscheinlichkeit die Quelle,

---

se den Geist der NS-Zeit wider, etwa wenn der Autor mit deutlicher Erleichterung feststellt, dass seine Untersuchungsgruppe mit 0,89 % ‚nichtarisch-semitischen Allianzen' weniger ‚jüdisch versippt' sei, als der übrige deutsche Adel. Ebd., S. 117-119. Andererseits weist das Literaturverzeichnis mit Werken von Simmel, Tönnies und Max Weber darauf hin, dass der Autor sich in seinem soziologischen Verständnis auch auf die älteren Autoritäten stützte.

3 Diese Entwicklung lässt sich ziemlich eindeutig auf die Entstehung der Familienverbände zurückführen, zu deren Zielen auch die Erstellung der identitätsfördernden Familiengeschichten gehörte. Das v. d. Schulenburgische Familienstatut legte sogar ausdrücklich fest, dass aus dem Familienfonds eine familiengeschichtliche Darstellung finanziert werden sollte. Vgl. BRUNNER, landadliger Alltag, S. 1002 (Anm. 45).

4 Vgl. Jahrbuch des deutschen Adels, (hrsg. v. d. Deutschen Adelsgenossenschaft, bearb. v. Marcelli JANECKI), 3 Bde., Berlin 1896-1899.

5 Vgl. Brandenburgisches Geschlechterbuch, Bd. 1 (= Bürgerliches Geschlechterbuch, Bd. 111) Görlitz 1941. Dieser Band enthält die Angaben für die Familien Karbe und Kersten.

6 Vgl. Brandenburgisches Geschlechterbuch, Bd. 2 (= Bürgerliches Geschlechterbuch, Bd. 150) Limburg 1969 und Bd. 3 (= Bd. 160) Limburg 1972. Etwas früher erschien außerdem an anderer Stelle die Gesamtgenealogie Schultz. Vgl. Ernst-Heinrich KERN, Die Nachkommen des märkischen Gutspächters Christian Friedrich Schultz (1742-1806), in: Deutsches Familienarchiv, Bd. 12, Neustadt a. d. Aisch 1959, S. 1-98.

7 Die einzige gedruckte Autobiographie eines bürgerlichen Großgrundbesitzers aus Brandenburg stammt von Johann Gottlieb KOPPE. Sie war jedoch ursprünglich nicht für eine Veröffentlichung, sondern nur für den Gebrauch im Familienkreis vorgesehen. Vgl. das Vorwort von Heidemarie QUASTEN, geb. Koppe, in: Koppe, Mitteilungen, S. 10. Darüber hinaus liegt noch eine – ebenfalls im Privatdruck erschienene – umfangreiche Briefsammlung für einen Kreis von Pächter und Großgrundbesitzerfamilien vor. Charlotte Louise Bennecke und ihr Kreis. Familienbild für Verwandte und Freunde zusammengestellt von Gertrud JONAS, 2 Bde., Berlin 1910.

die eine relativ dichte Annäherung ermöglichen.[8] Neben den Basisdaten zu Geburt, Tod, Gattenwahl oder Großgrundbesitz gestatten sie oftmals die Aufnahme weiterer Angaben zu Bildungs- und Karrierewegen sowie anderer vergleichbarer Daten. Allerdings schränken eine Reihe von Faktoren die alleinige Konzentration auf Familiengeschichten ein.

Der erste betrifft die Verfügbarkeit. Bei weitem nicht jede adlige Familie hat ein familiengeschichtliches Werk erstellen lassen. Vor allem die kleineren und ärmeren Geschlechter sind mit hoher Wahrscheinlichkeit unterrepräsentiert. Das bedeutet, dass die Konzentration auf Familiengeschichten gleichzeitig eine stärkere Gewichtung der größeren und erfolgreicheren adligen Geschlechter mit sich bringt. Die absteigenden Adelsfamilien sind auf diesem Wege kaum zu fassen. Da es aus dem brandenburgischen Raum kaum identisches Material für bürgerliche Familien gibt, scheidet die Konzentration auf diese Art der familiären Erinnerungskultur aus Vergleichsgründen ebenfalls aus.

Ein weiterer Faktor, der gegen die alleinige Benutzung der Familiengeschichten spricht, sind die frühen Veröffentlichungsjahre.[9] Der Welle der Familienverbandgründungen seit etwa 1870 folgten eine Menge entsprechender Veröffentlichungen. Daher sind nach dem Veröffentlichungsjahr Geborene ebenso wenig zu finden wie die Karriere- und Bildungswege der Heranwachsenden. Schließlich gilt für Familiengeschichten ebenso wie für andere Quellen aus diesem Bereich, dass Außenseiter und abweichendes Verhalten in ihnen kaum widergespiegelt werden. Deshalb ist es durchaus wahrscheinlich und in einigen Fällen auch bekannt, dass nicht in den Rahmen der Standesnorm passende adlige Männer und Frauen in die Familiengeschichten nicht aufgenommen wurden.

Trotz der vorgebrachten Einwände gegen die vorrangige Benutzung von Familiengeschichten stellen diese eine sehr ergiebige Quelle für statistische Untersuchungen dar. Da in dieser Studie jedoch das Erfassen einer möglichst großen Zahl von Großgrundbesitzern und ihrer direkten Verwandten sowie der Vergleich von Adligen und Bürgerlichen angestrebt wurde, konnten Familiengeschichten nur in Ausnahmefällen herangezogen werden.

Die einzige vergleichbare Quelle, die sowohl für Bürgerliche als auch für Adlige in ausreichender Zahl zur Verfügung steht, sind die Genealogischen Taschenbücher, bzw. die ähnlich strukturierten Bürgerlichen Geschlechterbücher. Sie stellen in den meisten Fällen jedoch nur begrenzte Angaben zur Verfügung. Neben Geburts- und Todesdatum, Eheschließungen und Kinderzahl findet sich für die Männer in der Regel noch eine Berufsangabe bzw. ein Dienstgrad und teilweise die Angabe eines Truppenteils. Wenn die entsprechende Person bereits verstorben war, ist davon auszugehen, dass man es hier mit dem letzten erreichten Dienstgrad zu tun hat. Berufsangaben für Frauen

8 So verwendeten Buchsteiner und Pomp/Wehry hauptsächlich Familiengeschichten. Dagegen stützte sich v. Katte ausschließlich auf ‚den Gotha' und vergleichbare Handbücher.

9 Deshalb wichen Buchsteiner und Pomp/Wehry auch auf die partielle Benutzung des ‚Gotha' aus. Damit lässt aber die Datendichte für die Zeit nach etwa 1900 nach. Vgl. BUCHSTEINER, Pommerscher Adel, S. 344 f.

finden sich erst nach der Jahrhundertwende. Davor wurden in der Regel nur die Zugehörigkeit zu Damenstiftern verzeichnet. Die Angaben über den Grundbesitz deckten sich überraschend genau mit den aus anderen Quellen gewonnenen Daten.

Bei der Benutzung der genealogischen Taschenbücher muss man sich – ebenso wie bei den Familiengeschichten – der ihnen innewohnenden Probleme bewusst sein. Die einzelnen Genealogien wurden und werden von den Familien erarbeitet und dienen der Repräsentation des Geschlechtes. Diesem Zweck wurde in einigen Fällen nachweisbar die Wahrheitsgetreue der Angaben untergeordnet. Fälle devianten Verhaltens wurden daher kaschiert oder ignoriert.[10] Den Außenseiter wird man auch in den genealogischen Taschenbüchern selten erkennen können. Darüber hinaus wurden einige Stammfolgen nach dem Überlebenserfolg zusammengestellt, das heißt, dass unverheiratete bleibende Brüder und die Schwestern nicht mit aufgeführt wurden. Diese – in der Regel leicht erkennbaren – Fälle blieben jedoch die Ausnahme und waren z. T. mit anderem Material korrigierbar.[11] Schwieriger und nicht so offensichtlich wird es, wenn nur einige Kinder – sicher teilweise auch aus Unkenntnis – weggelassen wurden. Die Zahlen über Kindersterblichkeit und Lebenserwartung, die im folgenden diskutiert werden, deuten darauf hin, dass dies vor allem für die frühen Zeiträume in nicht zu vernachlässigender Weise der Fall gewesen ist. Diese Lücken sind jedoch nicht zu schließen. Allerdings ist zu vermuten, dass sie für die späteren Geburtsjahrgänge geringer ausfallen, so dass das Material dennoch uneingeschränkt benutzt werden kann.

Problematisch bei der Verwendung der genealogischen Handbücher ist darüber hinaus die Tatsache, dass der Männeranteil und die zu diesen ermittelbaren Daten für alle Zeiträume größer sind als für die Frauen. Dies liegt vor allem daran, dass weitergehende Angaben zu den Töchtern in der Regel fehlen. Meist wird nur der Ehegatte und sein Dienstgrad bzw. seine Tätigkeit aufgeführt, Angaben zur Anzahl der Kinder sind dagegen nicht mehr zu finden. Darüber hinaus sind auch die anderen Angaben zu den Männern umfangreicher. Schließlich deuten die ermittelten Werte für die erste Jahrhunderthälfte darauf hin, dass vor allem früh verstorbene Töchter in der Familienerinnerung schwächer reflektiert wurden als ihre Brüder. Daher ist es keine methodische Entscheidung, sondern Resultat einer Quellenlücke, wenn im folgenden die Aussagen zu den Männern dichter als zu den Frauen sind.

Ein weiteres methodisches Problem ist schließlich die Eingrenzung der Untersuchungsgruppe und die Tiefe der Datenerfassung. Buchsteiner oder Pomp/Wehry legten bspw. jeweils ein Sample von Familien fest und erfassten da-

10 Dazu gehören z. T. bereits Eheschließungen mit standesungleichen Personen.

11 Diese Art der Darstellungsweise war häufiger in den 30er und 40er Jahre des 20. Jahrhunderts zu beobachten. Das bedeutete in diesen Fällen, dass nur für einen Teil der Angehörigen der letzten untersuchten Generation die Daten für den Zeitraum nach 1900 aufgenommen werden konnten.

nach von einer Basisgeneration ausgehend alle weiteren Generationen.[12] Die Festlegung der zu untersuchenden Familien strukturiert dabei die Ergebnisse vor. Da die Familien gut überliefert sein sollen – also in der Regel eine Familiengeschichte vorliegt – und außerdem sowohl am Ende als auch am Anfang des Untersuchungszeitraumes existent sein müssen, scheiden Absteiger und ausgestorbene Familien von vornherein aus. Ein weiteres und sehr schwerwiegendes Problem besteht darüber hinaus darin, dass die Basisgenerationen sich in den meisten Fällen aus erfolgreichen adligen ‚Stammvätern' zusammensetzte.[13] Mit der deutlichen Vergrößerung der Zahl der Personen in der Generationenfolge erhält man bei prozentualen Vergleichen zwischen den Generationen dann oft ein Bild des Abstiegs eines großen Teils der Adligen. Die Ursache dafür ist, dass Großgrundbesitz und Führungspositionen nur in begrenztem Rahmen vorhanden waren und außerdem teilweise im Kampf gegen bürgerliche Mitbewerber verloren gingen.

Diese Probleme sind jedoch generell schwer zu umgehen. Da die Auswahl eines genügend großen und repräsentativen Samples von Adelsfamilien – zumindest für Preußen – jenseits des Großgrundbesitzkriteriums sehr schwer ist, stellt das Bodeneigentum einen der besten Ansatzpunkte für quantitative Untersuchungen dar. Von dieser Grundlage ausgehend, wird eine Konzentration auf die längerfristig angesessenen Familien geradezu zwangsläufig, weil die Identifikation kurzfristiger adliger Besitzer auch arbeitsökonomisch nicht vertretbar ist. Damit ist jedoch allen bisherigen Studien – und auch dieser Untersuchung – das Problem inhärent, dass die adligen Familien, die entweder den Großgrundbesitz frühzeitig verloren oder überhaupt keine direkte Beziehung mehr zu ihm hatten, weitgehend aus dem Blickfeld verschwinden. Eine Beschreibung des preußischen Adels im 19. Jahrhundert aus der Sicht der langfristig angesessenen Großgrundbesitzer birgt daher die Gefahr in sich, den Schwerpunkt mehr auf Erfolg und Beharrung als auf Verluste und Niedergang zu legen.

Da die vorliegende Studie jedoch vor allem auf die agrarischen Eliten ausgerichtet ist, fällt es leichter, die Konzentration auf die langfristig angesessenen Familien zu begründen. Ausgehend von der Grundannahme, dass die Zugehörigkeit zu einer auf Besitz, Prestige und Einfluss gegründeten Elite kein temporäres Phänomen ist, wurden auf der Basis vorliegender Angaben über die Besitzverhältnisse in der Provinz die adligen Familien ausgewählt, die zwischen 1800 und 1918 mindestens 100 Jahre Besitzkontinuität aufwiesen. Für diese Untersuchungsgruppe wurden die relevanten Daten für alle direkt mit dem Großgrundbesitz verbundenen Personen aus den verschiedenen genealogischen Handbüchern herausgezogen. Mit dem Großgrundbesitz verbunden, bedeutet hier, dass alle Großgrundbesitzer, ihre Geschwister und ihre Kinder aufgenommen wurden. Die Nachkommen nichterbender Familienmit-

---

12 Pomp/Wehry untersuchen von einem vor 1760 geborenen Stammvater ausgehend auf diese Weise insgesamt 51 Familien. Buchsteiner analysierte 55 ‚Hauptlinien' von 16 ausgewählten pommerschen Geschlechtern. BUCHSTEINER, Pommerscher Adel, S. 346.

13 Als erfolgreich ist z. B. der Besitz von Rittergütern oder die Bekleidung von hohen Staatsämtern bzw. Dienstgraden anzusehen.

glieder fallen bei dieser Verfahrensweise aus der Betrachtung heraus.[14] Aus Gründen der Rückkopplung mit dem Besitz wurden außerdem nur Familienzweige mit Gütern im Untersuchungsgebiet erfasst.

Im Ergebnis dieser Vorgehensweise sind relativ umfangreiche Aussagen zu den adligen Großgrundbesitzern aus langfristig angesessenen Familien möglich. Der Vergleich mit den anderen Studien wird zeigen, inwieweit diese Gruppe und ihre direkten Verwandten einen besonderen Teil innerhalb des Adels bildete oder inwieweit sich adlige Lebensentwürfe unabhängig vom Bodenbesitz generell ähnelten. Mit der Begrenzung auf die langfristig angesessenen adligen Familien wird der in Anbetracht von Besitzgröße und Besitzdauer wichtigste Sektor adligen Bodenbesitzes weitgehend abgedeckt. Darüber hinaus werden, da die Zahl der Rittergutsbesitzer zwischen 950 und 850 schwankte, rund ein Viertel der jeweils tätigen Inhaber für die verschiedenen Zeiten erfasst. Dennoch bleibt das Problem bestehen, dass nicht sicher ist, inwieweit die Muster, die sich bei den erfolgreichen Adelsfamilien erkennen lassen, auch für die Familien galten, die ihren Besitz aufgeben mussten.

Quellengrundlage für die folgenden Auswertungen ist eine umfangreiche Datenbank, die auf der Grundlage der verschiedenen Reihen der Gothaischen Genealogischen Taschenbücher und ihrer Nachfolgeserien sowie des Bürgerlichen Geschlechterbuches, erstellt wurde.[15]

Die Auswertung demographischer Daten kann auf verschiedenen Wegen erfolgen. Beim Vorhandensein von ausreichendem Material ist es meist sinnvoll, mit Kohorten, die aus einer Anzahl von Geburtsjahren gebildet werden, zu arbeiten. Für die Adligen ist eine solche Vorgehensweise für den großen Teil der interessierenden Jahrgänge des 19. Jahrhundert möglich, da die meisten der aus Zehnjahresabschnitten gebildeten Kohorten ausreichend stark sind.[16] Dabei erklärt sich der personelle Abbruch nach 1880 aus zwei Tatsachen: Zum einen nahm die Geburtenrate weiterhin ab, und zum anderen stammen viele genealogische Übersichten des alteingesessenen brandenburgischen Adels aus den letzten Jahren des 19. bzw. aus der Anfangsphase des zwanzigsten Jahrhunderts, so dass hier Lücken entstanden sind. Diese wären zumindest teilweise zu schließen gewesen.[17] Da es jedoch vor allem um die bis zum Beginn des Weltkrieges tätigen Jahrgänge geht, wurde der Aufwand beschränkt. Dies ist auch dadurch gerechtfertigt, dass die nach 1890 geborenen Jahrgänge bis 1914 kaum noch wirksam wurden.

Wesentlich schwieriger gestalten sich die Möglichkeiten der Auswertung für das zahlenmäßig schwächere bürgerliche Sample. Die Kohorten sind zwar

---

14 Dieses Verfahren war zwingend notwendig, da die komplette Aufnahme von 176 adligen Familien, die den Ausgangsrahmen bildeten, den Rahmen des Möglichen gesprengt hätte.

15 Vgl. Exkurs III. Der Aufbau einer Datenbank zu langfristig angesessenen Großgrundbesitzer familien, S. 518 ff.

16 Für die Stammvätergenerationen mit Geburtsjahren vor 1780 wurden die Kohorten aus Zwanzigjahresabschitten gebildet, da sonst die Personenanzahl zu gering wird.

17 So hat Ilona Buchsteiner für ihre Studien auch Daten bis in die Weimarer Republik und darüber hinaus erhoben.

ziemlich gleichmäßig überliefert, machen jedoch maximal ein Fünftel der adligen aus. Damit steht eine Auswertung nach Geburtskohorten für die Bürgerlichen auf einer schwachen Basis, so dass nach einer ergänzenden Methoden gesucht werden muss. Eine solche bietet sich mit der Bildung von Generationen an und wurde von den meisten zu Vergleichszwecken benutzten Studien zu adligen Familien ebenfalls verwendet. Dabei variierten jedoch die Zeiträume, die für die Geburtsjahre der verschiedenen Generationen ausgewählt wurden je nach zeitlichem Schwerpunkt der Untersuchung und den Fragestellungen.[18] Dagegen wurde die Generation – mit einer Ausnahme – einheitlich als eine 30 Geburtsjahre umfassende Kohorte begriffen. Die Entscheidung, welchen Zeitrahmen man zur Festlegung der Generationen wählt, ist zu einem erheblichen Teil eine Ermessensfrage.[19]

Für diese Art der Untersuchung wurden fünf Gruppen auf der Basis der angenommenen dreißigjährigen Generationsfolge gebildet, denen zur besseren Identifikation jeweils ein spezifischer Name gegeben wurde.[20] Die friderizianische Generation umfasst die zwischen 1750 und 1779 Geborenen. Aufgrund des Aufbaus der genealogischen Handbücher sind hier die Männer in der Überzahl.[21] Diese Generation wurde noch stark durch die Vorreformära und die Strukturen von Staat und Gesellschaft, wie sie sich in der Zeit Friedrich II. herausbildeten, geformt. Die zweite Gruppe – die Reformzeitgeneration – ist zwischen 1780 und 1809 geboren worden. Ihre Mitglieder dürften besonders durch die Befreiungskriege und die nachfolgenden Reformen geprägt worden sein. Bei einem durchschnittlichen Alter von 63 Jahren (derer, die mindestens

18 Während Buchsteiners erste Generation bereits für den Zeitraum von 1725-1755 festgesetzt wurde, bestimmten Pomp/Wehry für ihre erste Generation die Jahre von 1751 bis 1780. Die Generationen wurden dabei nach dem Geburtsjahr gebildet. Bei v. Katte bildete das Jahr der Eheschließung das Kriterium der Zugehörigkeit zu den einzelnen Generationen. Da das durchschnittliche Heiratsalter bei etwas über 30 Jahren lag, müssen seine Generationen rückdatiert werden. Das heißt, v. Katte's erste Generation, die den Zeitraum von 1800-1829 umfasst, entspricht in etwa den Geburtsjahrgängen 1770-1799. Reif hat für seine Untersuchung des münsterländischen Adels drei Gruppen, die jeweils 50 Geburtsjahre umfassen, gebildet. Von diesen sind hier vor allem die beiden letzten (Geburtsjahre zwischen 1770 und 1870) interessant. Ebenfalls mit Fünfzigjahresabschnitten und in Einzelfällen mit Heiratsjahrgängen arbeitete Pedlow. Allerdings sind seine Kohorten nicht identisch mit denen von Reif. Damit haben alle fünf Studien mit verschiedenen Zeiträumen operiert, was einen Vergleich erschwert. Die Daten unseres Samples werden daher – wo es nötig ist – denen der anderen Untersuchungen angepasst. Vgl. BUCHSTEINER, Pommerscher Adel, S. 347; V. KATTE, Niedersachsenadel, S. 17; REIF, Westfälischer Adel, S. 243 ff.

19 Da die Untersuchung von Pomp/Wehry in enger Zusammenarbeit mit dieser Studie entstand, liegt beiden Arbeiten das gleiche Einteilungsschema zugrunde.

20 Adlige Personen: 1. Generation (1750-1779): 384 Mitglieder; 2. Generation (1780-1809): 601 Mitglieder; 3. Generation (1810-1839): 776 Mitglieder; 4. Generation (1840-1869): 899 Mitglieder; 5. Generation (1870-1900): 586 Mitglieder. Bürgerliche Personen: 1. Generation (1750-1779): 25 Mitglieder; 2. Generation (1780-1809): 79 Mitglieder; 3. Generation (1810-1839): 135 Mitglieder; 4. Generation (1840-1869): 154 Mitglieder; 5. Generation (1870-1899): 98 Mitglieder

21 Wahrscheinlich bedingt durch das vorliegende Material oder auf Grund prinzipieller Entscheidungen sind umfassendere Angaben zu Ehefrauen und Kindern bei einer Reihe von Familien bzw. Geschlechtern erst ab dem letzten Drittel des 18. Jahrhunderts überliefert.

das 16. Lebensjahr erreichten) dominierten ihre Mitglieder das Preußen vor der Reichsgründung. Die nächste Gruppe bildet die Revolutionsgeneration, der die zwischen 1810 und 1840 Geborenen angehörten. Bis zur Reichsgründung übernahmen ihre Angehörigen die Güter und die Funktionen ihrer Väter. Für sie dürften die Ereignisse von 1848 zentral gewesen sein.[22] Die nächste Gruppe bildet die Gründerzeitgeneration, die sich aus den nach 1840 Geborenen zusammensetzt, die bis zum Ende des Kaiserreiches die Führung übernahm. Die Gruppe der zwischen 1870 und 1900 Geborenen ist die Kaiserreichgeneration. Obwohl dieser letzten Gruppe eine bedeutende Anzahl der aufgenommenen Personen angehören, verliert das Material hier an Aussagefähigkeit, zum einen weil Teile der Generation im Untersuchungszeitraum nicht mehr wirkungsmächtig wurden, zum anderen weil die Angaben, die frühen Handbüchern aus der Zeit um die Jahrhundertwende entstammen, nur einen ersten Lebensabschnitt der Probanden wiedergeben.

Zur Überprüfung der These, dass Adlige als Großgrundbesitzer und Adlige im städtischen Umfeld unterschiedliche Verhaltensweisen in Bezug auf Kinderzahlen, Heirat, Berufswahl und Karrierechancen aufwiesen, werden die Daten mit Untersuchungssamples aus verschiedenen Regionen verglichen.[23]

Da – wie gezeigt – das Material für die Bürgerlichen zu dünn ist, um eine präzisere, auf enger eingegrenzten Kohorten beruhende Untersuchung durchzuführen, wird für die Gegenüberstellung von adligen und bürgerlichen Großgrundbesitzern sowie ihren Angehörigen teilweise auf die definierten Generationen als jeweilige Vergleichsgruppe zurückgegriffen. Um die Aussagen für die Adligen detaillierter zu gestalten, werden darüber hinaus für diese in Einzelfällen auch die Zehnjahreskohorten untersucht.

Die demographischen Basisdaten von adligen und bürgerlichen Großgrundbesitzern

Das 19. Jahrhundert stellte – bevölkerungsgeschichtlich betrachtet – die Epoche eines fundamentalen Wandels dar, der als demographischer Übergang beschrieben wird und in weiten Teilen Europas seinen voraussichtlichen Abschluss erst vor einigen Jahrzehnten gefunden hat. Die demographische Transition erfolgte nach einem idealtypischen Modell in vier Abschnitten, von denen die ersten drei teilweise oder vollständig in das 19. Jahrhundert fallen.[24]

22 Der Protagonist dieser Gruppe war mit Sicherheit Bismarck, der im Jahre 1815 geboren wurde und dessen politische Sozialisation ebenso wie sein Aufstieg eng mit den Ereignissen des Jahres 1848 verbunden ist.

23 Vgl. die Quellenangaben in Anm. 2. S. 349.

24 Vgl. aus der umfangreichen Literatur zur demographischen Transition u. a. Peter MARSCHALCK, Bevölkerungsgeschichte Deutschlands im 19. und 20. Jahrhundert, Frankfurt a. M. 1984 und die Zusammenfassung des Forschungsstandes in Thomas NIPPERDEY ; Deutsche Geschichte 1866-1918, Bd. I. Arbeitswelt und Bürgergeist, München 1993, S. 9-42.

Ausgangspunkt war zunächst ein erhebliches Bevölkerungswachstum, das bereits im 18. Jahrhundert einsetzte und sich durch die Aufhebung von Ehehemmnissen und die Schaffung neuer Erwerbsmöglichkeiten in der ersten Hälfte des 19. Jahrhunderts weiter verstärkte. Die zu Grunde liegende generative Struktur veränderte sich dabei allerdings nur wenig, das heißt, die Fruchtbarkeits- und Sterblichkeitsverhältnisse blieben relativ konstant, die Bevölkerungsbewegung befand sich noch auf einem ‚vorindustriellen' Niveau.[25] Nach der Jahrhundertmitte setzte eine erste wesentliche Veränderung ein, die sich in einer anhaltend wachsenden Lebenserwartung widerspiegelte. Von dieser Entwicklung profitierten am stärksten die jüngeren Altergruppen, wobei vor allem bei den 1 bis 4-jährigen die Sterblichkeit um 65 % zurückging. Die Säuglingssterblichkeit blieb allerdings noch sehr hoch und ging erst nach 1885 zurück.[26]

Die Säuglings- und Kindersterblichkeit sowie die Lebenserwartung

Ein Vergleich der Säuglingssterblichkeit der in den meisten Fällen auf den Gütern geborenen Kinder des Untersuchungssamples mit den allgemeinen Daten für Preußen scheint darauf hinzuweisen, dass die Überlebenschancen der Nachkommen von adligen Großgrundbesitzern deutlich höher waren. In Preußen überlebten im Durchschnitt um 1816 17 % der Neugeborenen nicht das erste Lebensjahr. Durch die zunehmende Urbanisierung stieg dieser Wert dann im Verlaufe des Jahrhunderts sogar auf 22 % (1870), um nach der Jahrhundertwende wieder zu fallen.

Bei den adligen Familien lag diese Quote nach Ausweis der benutzten Materialien das gesamte Jahrhundert nur bei durchschnittlich 6 - 7 % (vgl. Abbildung 23).[27] Diese Werte sind jedoch zumindest für den Zeitraum vor 1850 sehr zweifelhaft. Hier spiegelt sich die Schwäche des Untersuchungsmaterials bezüglich früh verstorbener Personen wider. Wenngleich die Kindersterblichkeit auf dem Lande ohnehin niedriger war und bei den Adligen auch aus diesem Grunde geringere Werte zu erwarten waren, liegen die Daten außerhalb des Glaubwürdigen. Dass die Säuglingssterblichkeit bei den Adligen nicht losgelöst von den allgemeinen Trends war, zeigt sich an der Tatsache, dass auch für den Landadel der allgemeine Anstieg um 1870 auf niedrigerem Niveau festzustellen ist. Nach 1870 sank die Säuglingssterblichkeit innerhalb des Untersuchungssamples dann erheblich ab, und um 1900 dürfte die Säuglingssterblichkeit beim Landadel auf dem Niveau des gehobenen Bürgertums oder noch darunter gelegen haben.[28]

25 Vgl. MARSCHALCK, Bevölkerungsgeschichte, S. 27.

26 Ebd., S. 41.

27 Die benutzten Daten über die Säuglingssterblichkeit liegen in Fünfjahreswerten vor, von denen jeweils nur das Anfangsjahr angegeben wurde. Für jeden Zeitabschnitt lagen – mit Ausnahme der beiden letzten – zwischen 107 und 177 Geburten vor.

28 So lag die Säuglingssterblichkeit in Bremer Bürgervierteln im Zeitraum von 1900/1910 bei 5 %. Vgl. NIPPERDEY, Deutsche Geschichte 1866-1918, Bd. I., S. 19. In anderen sozialen Gruppen lag sie aber zur selben Zeit noch deutlich über den preußischen Durchschnittswerten. Vgl. die Zusammenstellungen in HUBBARD, Familiengeschichte, S. 122.

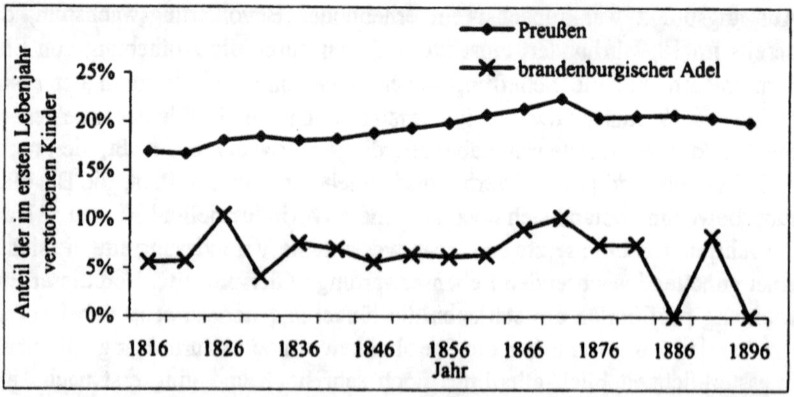

Abbildung 23: Die Säuglingssterblichkeit im Gesamtstaat Preußen und beim brandenburgischen Landadel (1816-1900)[29]

Für die bürgerlichen Rittergutsbesitzerfamilien sind auf Grund des nicht geschlossenen Samples keine so detaillierten Aussagen wie für die Adligen zu machen, jedoch zeigen die vorliegenden spärlichen Daten, dass die Kindersterblichkeit in den bürgerlichen Familien deutlich höhere Werte als bei ihren adligen Nachbarn aufwies. Sie lag in den Generationen 3 (1810-1839) bis 5 (1870-1899) nach Ausweis der Zahlen durchschnittlich bei 14 %.[30] Da jedoch – anders als beim Adel – keine kontinuierlichen Datenreihen für alle Generationen vorliegen, sondern vielmehr gerade zu der dritten Generation viele ‚Gründungsväter' gehörten, die ohne ihre Geschwister aufgenommen werden mussten, steht zu vermuten, dass sich die Kindersterblichkeit der Bürgerlichen eher der städtischer Referenzgruppen, wie den Beamten und Selbständigen annäherte.[31] Worin die Ursachen für diesen signifikanten Unterschied liegen, lässt sich nicht erkennen. Denkbar wäre – neben Mängeln der Quellen –, dass die Betreuung durch Ammen, Ärzte und Kindermädchen in den überwiegend wohlhabenden adligen Familien besser organisiert und finanziert war oder aber dass die bürgerliche Gutsherrin viel stärker in die Leitung des Haushaltes einbezogen war und daher weniger Zeit hatte, sich als Mutter um ihre Kinder zu kümmern.

---

29 Quelle für den Gesamtstaat: William H. HUBBARD, Familiengeschichte. Materialien zur deutschen Familie seit dem Ende des 18. Jahrhunderts, München 1983, S. 120, die Angaben beziehen sich auf Todesfälle unter Lebendgeborenen im ersten Lebensjahr.

30 Die konkreten Zahlen sind: 3. Generation 11 %, 4. Generation 14 % und 5. Generation 16 %. Unter den zur 3. und 4. Generation gehörigen Personen sind jeweils eine erhebliche Anzahl Erstkäufer von Rittergütern und ihre Ehefrauen, für die keine Daten über ihre Geschwister vorliegen, so dass es zu diesen – dem allgemeinen Trend entgegenstehenden – Daten kommt. Erst die Zahl für die 5. Generation dürfte das allgemeine Kindersterblichkeitsniveau besser widerspiegeln.

31 Bei Selbständigen lag die Kindersterblichkeit 1877/79 bei 18,2 % und bei Beamten im selben Zeitraum bei 17,5 %. Vgl. HUBBARD, Familiengeschichte, S. 122.

Tabelle 84: Die Säuglings- sowie die Kinder- und Jugendsterblichkeit in den alteingesessenen brandenburgischen adligen Großgrundbesitzerfamilien (1760-1900)

Geburtsjahre	Anzahl Geburten	davon im Säuglingsalter gestorben		davon im Alter von 2-17 gestorben		insgesamt vor dem 18. Lebensjahr verstorben
		Anzahl	in %	Anzahl	in %	
1760-1779	221	23	10 %	17	8 %	18 %
1780-1789	195	14	7 %	18	9 %	16 %
1790-1799	214	15	7 %	17	8 %	15 %
1800-1809	214	17	8 %	16	7 %	15 %
1810-1819	241	20	8 %	14	6 %	14 %
1820-1829	293	24	8 %	14	5 %	13 %
1830-1839	242	14	6 %	14	6 %	12 %
1840-1849	286	18	6 %	19	7 %	13 %
1850-1859	333	21	6 %	18	5 %	12 %
1860-1869	290	22	8 %	18	6 %	14 %
1870-1879	281	25	9 %	18	6 %	15 %
1880-1889	182	8	4 %	9	5 %	9 %
1890-1899	76	4	5 %	2	3 %	8 %
Gesamt	2847	202	7,3 %	177	6,3 %	13,6 %

Glaubt man den genealogischen Handbüchern, bestanden trotz der nach wie vor hohen Säuglingssterblichkeit für die Nachkommen von Adligen also relativ gute Chancen, diese gefährliche Phase der Kindheit zu überstehen, während die Bürgerlichen stärker gefährdet waren. Auch wenn man den Blickwinkel auf den Zeitraum bis zum Erreichen des 18. Lebensjahres erweitert, bleibt dieser Befund bestehen. Die Sterblichkeitsziffern für die 2- bis 17-Jährigen lagen bei den Adligen in den selben Bereichen wie für die Säuglinge bis zum Erreichen des ersten Lebensjahres (vgl. Tabelle 84).[32]

Bei den Bürgerlichen übertrafen sie die ohnehin schon höheren Werte der Säuglingssterblichkeit noch einmal. Dies bedeutete, dass bis zur Gründung des Kaiserreiches aus den untersuchten Familien jedes dritte bürgerliche Kind das achtzehnte Lebensjahr nicht erreicht hat. Erst in der Kaiserreichgeneration (1870-1899) ging dieser Wert zurück. Nun wurden vier von fünf Geborenen älter als achtzehn Jahre. Die vermuteten Ursachen dafür liegen auf den selben Gebieten wie bei der Säuglingssterblichkeit. Dennoch bleiben die beobachteten Unterschiede frappierend und sind zum großen Teil auch durch die sorgfältigere Überlieferung der Angaben der bürgerlichen Familien zu erklären.

32 Auch wenn die Daten für die Säuglingssterblichkeit für die erste Hälfte des 19. Jahrhunderts mehr als zweifelhaft sind, zeigt der Vergleich mit dem hessischen Adel oder der britischen Peerage deutliche Ähnlichkeiten. Vgl. die Zusammenstellung bei PEDLOW, Hessian Nobility, S. 53.

Die vorliegenden Zahlen für den Adel zeigen, dass in den einzelnen Kohorten im Durchschnitt mindestens jedes siebte Kind das Erwachsenenalter nicht erreichte.[33] Da diese Zahl in der Wirklichkeit wahrscheinlich lange Zeit erheblich höher lag, mussten die adligen ebenso wie die bürgerlichen Eltern immer damit rechnen, einen oder mehrere Nachkommen zu verlieren. Auch wenn sich für die nach 1880 geborenen Jahrgänge die Überlebenschancen erheblich verbesserten, hatte die Familienplanung dieser Gefahr Rechnung zu tragen. Da zur Übernahme des Besitzes immer ein männlicher Nachkomme erwünscht war, folgte daraus lange Zeit das Ziel, mindestens zwei Söhne in das Erwachsenenalter zu führen. Die vorliegenden Zahlen für den Adel bestätigen dies. So lag der Durchschnittswert für männliche Nachkommen der Rittergutsbesitzer bei 2,45, während er für alle Männer (die Kinder hatten) nur bei 1,9 lag. Der Wunsch, männliche Nachkommen zu haben, spiegelt sich auch im Verhältnis männlicher und weiblicher Kinder wieder. So lagen die Anteile für Söhne bis zur Kaiserreichgeneration deutlich höher als die für Mädchen. Vorausgesetzt früh verstorbene Mädchen wurden nicht erheblich stärker in den genealogischen Taschenbüchern ignoriert als Jungen, bedeutet dies, dass das Reproduktionsverhalten eindeutig auf männlichen Nachwuchs orientiert war. Besonders zeigt dies auch die Tatsache, dass die durchschnittliche Zahl der Töchter nur geringfügig zunahm, egal ob einer oder vier Söhne geboren wurden.[34] War eine ausreichende Anzahl von lebenden Söhnen vorhanden, wurde offensichtlich zur Geburtenregulierung übergegangen.

Aber auch das Erreichen des Erwachsenenalters, das hier mit 18 Jahren sehr niedrig angesetzt ist[35], war keine Garantie dafür, dass beim Ableben des Vaters ein Erbe vorhanden war. Die Zahl der vor Erreichen des 18. Lebensjahres Verstorbenen schwankte für alle untersuchbaren Kohorten (1780-1880) sowohl bei Männern wie auch Frauen um die 13 % und nahm dabei im Verlauf des Jahrhunderts nur leicht ab. Dies ist wiederum ein deutlicher Beleg für die Lücken der Angaben der genealogischen Taschenbücher für die erste Jahrhunderthälfte. Während des besten Heiratsalters (18-35 Jahre) verstarben weitere 8 %, wobei der Anteil der Frauen niedriger war und sich im Lauf der Zeit auch deutlicher verringerte. Diese Aussage trifft auch für die Altergruppe der 35-60jährigen zu. Während jeder vierte Mann innerhalb dieses Lebensabschnittes verstarb, war es nur jede siebente Frau. Älter als sechzig Jahre wurden 54 % der Männer und 58 % der Frauen.

---

33 Vgl. zur Kindersterblichkeit auch die Angaben von BUCHSTEINER, Pommerscher Adel, S. 371.

34 Die Zahlen sind: Auf eine Ehe mit einem Sohn kamen 2,39 Töchter; 2 - 2,38, 3 - 2,61; 4 - 2,95; 5 - 3,43.

35 Da es jedoch einige Adlige gab, die bereits in diesem Alter geheiratet haben, konnten nicht die Maßstäbe der Zeit, die den Eintritt in das Erwachsenenalter in der Regel sechs Jahre später ansetzten, verwendet werden. So musste bspw. der Erbe des v. Arnimschen Fideikommisses Hansfelde/Klepelshagen 24 Jahre sein, bevor er die Güter übernehmen durfte. Auch in anderen Stiftungsurkunden findet sich diese Altersgrenze. BLHA, Rep. 53A, Nr. 974.

Tabelle 85: Die Lebenserwartung der Männer des münsterländischen Adels und des brandenburgischen Landadels (Geburtsjahre 1770-1819, Mindestalter 15 Jahre)[36]

erreichtes Alter	münsterländischer Adel		brandenburgischer Landadel	
	Anzahl Fälle	in %	Anzahl Fälle	in %
15-29	10	8,3 %	49	9,7 %
30-59	38	31,7 %	147	29,2 %
>60	76	63,3 %	307	61,0 %

Insgesamt ist damit für den Adel ein relativ statisches Bild der Lebenserwartung im 19. Jahrhundert zu erkennen. Dies deckt sich mit den Ergebnissen für die Adelsgruppen anderer Regionen. So zeigt der Vergleich der brandenburgischen Daten für die Geburtsjahrgänge 1770-1819 mit denen des münsterländischen Adels eine sehr hohe Übereinstimmung (vgl. Tabelle 85). In beiden Gruppen wurden von den über 15jährigen zwei Drittel älter als sechzig. Die Ergebnisse für die Frauen weichen dagegen etwas stärker voneinander ab.

Tabelle 86: Die Lebenserwartung der Frauen des münsterländischen Adels und des brandenburgischen Landadels (Geburtsjahre 1770-1819, Mindestalter 15 Jahre)[37]

erreichtes Alter	münsterländischer Adel		brandenburgischer Landadel	
	Anzahl Fälle	in %	Anzahl Fälle	in %
15-29	7	11,7 %	25	9,5 %
30-59	20	33,3 %	79	30,2 %
>60	33	55,0 %	158	60,3 %

Die brandenburgischen Frauen sind etwas älter als die in Westfalen geworden. Möglicherweise führte die höhere Kinderzahl der Frauen des münsterländischen Adels dazu, dass diese eine niedrigere Lebenserwartung hatten. Allerdings ist die Anzahl der Fälle für beide Gruppen relativ gering, so dass die Ergebnisse nicht überbewertet werden dürfen. Auffällig ist jedoch, dass in Brandenburg die Daten für Männer und Frauen weitgehend übereinstimmen, während im Münsterland die Männer eine deutlich höhere Lebenserwartung hatten. Dieser Unterschied verschwand dann allerdings für die nächste Gruppe von Geburtsjahrgängen (1820-1869).

Abschließend muss noch kurz ein beliebter Topos adliger Selbstdarstellung für den brandenburgischen Landadel auf seinen Wahrheitsgehalt überprüft werden. Eine stereotyp wiederholte Behauptung war die, dass der Adel in seinem Dienst für König und Vaterland einen sehr hohen ‚Blutzoll' gebracht

36 Angaben für den münsterländischen Adel errechnet nach Reif, Westfälischer Adel, S. 249. Da Reif nur die Männer aufführte, die das 15. Lebensjahr erreichten, sind die Zahlen nicht deckungsgleich mit den für das gesamte Untersuchungssample.

37 Quelle: ebd. S. 251. Die Zahlen für den münsterländischen Adel enthalten nur die verheirateten Frauen.

hätte, der seine Vorrangsstellung mit begründen würde. Dementsprechend wurde in den genealogischen Taschenbüchern auch ausdrücklich vermerkt, ob die Todesursache im Zusammenhang mit dem militärischen Dienst stand.[38] Eine Auswertung der vorliegenden Daten zeigt, dass der diesbezügliche Anteil aller erfassten Männer bei 4,5 % lag.[39] Da jedoch der Zeitraum des I. Weltkrieges nicht komplett erfasst wurde, müssen die Zahlen auf die Befreiungs- bzw. die Einigungskriege begrenzt werden. Dann reduziert sich der Anteil der gefallenen Männer der betreffenden Geburtskohorten insgesamt auf 3,7 % der über 18jährigen.

Da aber die Gefallenen der beiden Kriege nur jeweils drei Geburtskohorten angehörten, muss das daraus resultierende Verhältnis separat betrachtet werden. Dabei zeigt sich, dass von den zum Zeitpunkt der jeweiligen kriegerischen Auseinandersetzungen 20 bis 40jährigen sowohl in den Befreiungskriegen als auch zwischen 1864 und 1871 rund 6 % ihr Leben ließen. Das bedeutet, dass sich die Zahlen der Gestorbenen aus diesen Altergruppen in Kriegszeiten mehr als verdoppelt haben. Allerdings waren darunter nur sehr wenige Rittergutsbesitzer. Möglicherweise gab es eine inoffizielle Praxis der Schonung von Gutsbesitzern und Erben, für die jedoch keine Quellen vorliegen.

Einen anderen Stellenwert erhalten die Zahlen über Gefallene, wenn sie nicht auf die Gesamtgruppe, sondern nur auf die Offiziere bezogen werden. Dann zeigt sich, dass von den jeweilig betroffenen Geburtskohorten in den Befreiungskriegen 31 % und in den Einigungskriegen 23 % der Offiziere ihr Leben ließen. Dies zeigt, in welch hohem Maße diese Berufsgruppe in Kriegszeiten gefährdet war und dass die immer wiederholte Behauptung des hohen Anteils gefallener Adliger eine reelle Grundlage hatte.

Die Frage, ob der adlige Anteil an den Gefallenen der Kriege größer als der anderer Gruppen war, ist nur schwer zu beantworten. Da Adlige fast ausschließlich als Offiziere dienten, die im Krieg bessere Überlebenschancen hatten als die Soldaten, ist die Vermutung gerechtfertigt, dass vor allem die Landbevölkerung und die städtischen Unterschichten einen noch höheren Anteil an Gefallenen zu verzeichnen hatten. Bedingt durch das weitläufige adlige Familienmodell und die gesellschaftlichen Kontakte des Adels wurden jedoch die Toten innerhalb dieser Gruppe von einem wesentlich größeren Personenkreis wahrgenommen. Dies dürfte das Gefühl eines bedeutenden ‚Blutzolls' für das Vaterland weiter verstärkt haben, das sich als Argument in politischen Debatten ebenso wie in Adelsreform- und Elitediskussionen sehr gut verwerten ließ.

---

38 Dabei wurde vermerkt, ob derjenige in der Schlacht gefallen oder an den Folgen einer Verletzung gestorben war. Beide Todesursachen werden im folgenden zusammen betrachtet.

39 Unter den 1.127 Männern aller Geburtsjahre, die mindestens das 18. Lebensjahr erreichten, waren 51 im militärischen Dienst Getötete.

Der Rückgang der Kinderzahl

Ein zweiter wesentlicher Faktor des demographischen Verhaltens ist die Geburtenrate. Nachdem die Sterblichkeit in immer stärkerem Maße sank, begann im gesamtgesellschaftlichen Maßstab etwa ab 1900 die Geburtenrate zurückzugehen. Dabei sanken vor allem die Zahlen für die Geburten ab dem dritten Kind. Diese dritte Phase des demographischen Übergangs hat für das gehobene Bürgertum jedoch bereits wesentlich früher eingesetzt.

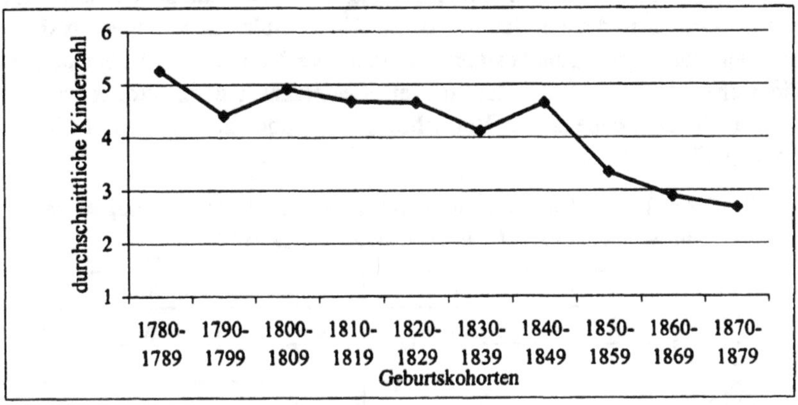

Abbildung 24: Die durchschnittliche Kinderzahl der adligen Rittergutsbesitzer in Brandenburg 1780-1880 (einschließlich Mehrfachehen)

Für die untersuchten Adelsfamilien ist sogar schon seit Beginn des 19. Jahrhunderts ein allmähliches Absinken der durchschnittlichen Kinderzahl pro Ehe festzustellen. Während bis zur Geburtskohorte 1800-1810 pro Ehe im Schnitt fünf Kinder geboren wurden (ohne kinderlose Ehen), sank der Durchschnitt bereits zur Jahrhundertmitte auf drei Nachkommen ab. Auch danach setzte sich der Trend zu verringerter Kinderzahl – unterbrochen von einer deutlichen Abweichung für die zwischen 1840-1849 Geborenen – fort. Allerdings sind wiederum die Einschränkungen bezüglich der Quelle zu bedenken, so dass die Kinderzahlen wahrscheinlich erst zur Jahrhundertmitte, dann aber in erheblichem Maße zurückgingen. Betrachtet man die Rittergutsbesitzer separat, zeigt sich, dass diese in allen Kohorten eine größere Kinderzahl als die Adligen ohne Großgrundbesitz hatten (Vgl. Abbildung 24).[40] Allerdings weicht die Kinderzahl der nichterbenden Männer nicht so stark ab wie beim münsterländischen Adel, so dass nicht wie dort verschiedene Familienmodelle nebeneinander existierten.[41] Erwartungsgemäß war auch die Zahl der Kinder

---

40 Auch Buchsteiner erkennt insgesamt einen Trend zur Zwei- und Dreikindehe, wobei die Großgrundbesitzer im Schnitt ein Kind mehr hatten. Vgl. ebd., S. 372.

41 Reif hat für diese Gruppe drei Familientypen rekonstruiert. Neben zwei verschiedenen Typen von Stammherrenfamilien, von denen der eine 6-7 Personen, der andere 10-12 umfasste, bestand die durchschnittliche Familie der nachgeborenen Söhne nur aus 2-5 Mitgliedern. REIF, Westfälischer Adel, S. 249.

bei mehrfach verheirateten Männern in fast allen Untersuchungsgruppen höher als der Durchschnitt.[42]

Diese Ergebnisse decken sich auch mit denen des anders strukturierten Samples von Pomp/Wehry, die ebenfalls ab etwa 1800 einen Rückgang der Kinderzahlen des Adels ausmachten.[43] Allerdings fiel dieser bei ihrer – von Adligen aus allen Gebieten Deutschlands gebildeten – Großgrundbesitzergruppe schwächer aus. Darüber hinaus erkannten sie für die Zeit nach 1840 sogar wieder einen leichten Anstieg der Kinderzahl bei den Großgrundbesitzern. Diese Differenzen haben ihre Ursache in dem bedeutenden Anteil katholischer Adliger in diesem Sample, deren Kinderzahlen höher lagen als die der evangelischen Großgrundbesitzer. So zeigt der Vergleich mit dem münsterländischen Adel nicht nur, dass dessen Kinderzahl generell größer war, sondern auch die Tendenz zur Vermehrung der Kinderzahlen nach 1820 (vgl. Tabelle 87).

Tabelle 87: Die Kinderzahlen des münsterländischen und des brandenburgischen Adels im Vergleich 1770-1869 (ohne kinderlose Ehen)[44]

Geburtsjahre	Münsterland		Brandenburg	
	Adel	davon Stammherren	Adel	davon Rittergutsbesitzer
1770-1819	4,8	5,7	4,2	4,8
1820-1869	4,5	6,2	3,8	4,1

Besonders auffällig sind die Unterschiede in den Werten für die münsterländischen Stammherren – die deutlich mehr Kinder als ihre de facto enterbten Brüder hatten[45] – und den brandenburgischen Rittergutsbesitzern. Während die Geburtsjahrgänge 1770-1819 im Münsterland im Schnitt nur ein Kind mehr hatten, waren es bei den nachfolgenden Jahrgängen schon zwei. Der katholische Adel des Münsterlandes und der überwiegend protestantische Brandenburgs wiesen also in diesem Bereich sehr differierende demographische Verhaltensmuster auf. Allerdings könnte für den Zeitraum der ersten Hälfte des 19. Jahrhunderts auch die dünnere Quellenlage das Bild verschwimmen lassen.

Dagegen zeigt der Vergleich mit den Daten für den hannoveranischen Adel mit Ausnahme einer Generation eine weitgehende Übereinstimmung (vgl. Tabelle 88).

42 Im Schnitt hatten Männer, die mehr als einmal verheiratet waren, ein Kind mehr als nur einmal Verheiratete. Diese Tendenz hielt – mit Ausnahme für die Geburtskohorte 2 (1800-1809) – bis zum Ende des Untersuchungszeitraumes unverändert an.

43 Vgl. POMP, Elitenwandel.

44 Die Angaben für das Münsterland errechnet nach ebd.

45 So betrugen die Kinderzahlen der Stammherren im von Reif untersuchten Zeitraum durchschnittlich 5,9 und die der nachgeborenen Söhne dagegen nur 1,7. Berechnet nach REIF, Westfälischer Adel, S. 243,246.

Tabelle 88: Die Kinderzahlen des hannoveranischen und des brandenburgischen Adels im Vergleich 1770-1889 (ohne kinderlose Ehen)[46]

Geburtsjahre	Kinderzahl	
	Hannover	Brandenburg
1770-1799	4,74	4,65
1800-1829	3,75	4,54
1830-1859	3,47	3,65
1860-1889	2,86	2,95

Warum die Kinderzahlen in Hannover früher zurückgingen, kann nur gemutmaßt werden. Möglicherweise war der Anteil grundbesitzloser Adliger in der betreffenden Generation (1800-1829) – die auf Grund der Vorgehensweise v. Katte's eigentlich die Eheschließungen zwischen 1860-1859 umfasst – besonders hoch. Viel wahrscheinlicher ist jedoch, dass wir darin auch eine Reaktion auf die ‚unsicheren Zeiten' nach der Besetzung des Königreiches (1866) sehen. Da die Stellen in der Verwaltung der preußischen Provinz zunächst nicht von eingesessenen Adligen besetzt werden konnten und die Karriereaussichten in der preußischen Armee unsicher erschienen[47], dürften vor allem die bodenbesitzlosen Adligen die Kinderzahlen reduziert haben. Sehr wahrscheinlich blieben die Entwicklungen der beiden Adelsgruppen gleicher Konfession, die sich rasch anglichen, nach 1890 ähnlich, so dass die Kinderzahl der zwischen 1890-1919 geborenen brandenburgischen Adligen in der Nähe des hannoveranischen Wertes von 2,3 gelegen haben wird.[48]

Die bürgerlichen Rittergutsbesitzerfamilien trugen der höheren Kindersterblichkeit in ihren Reihen mit einem gegenüber dem Adel deutlich langsameren Absenken der Kinderzahlen Rechnung (vgl. Tabelle 89). Erst nach 1900 kam es zu einer allmählichen Angleichung auf diesem Gebiet. Auf Grund der höheren Kindersterblichkeit bei den Bürgerlichen wuchs die Gruppe der Adligen damit langfristig stärker an. Gesamtgesellschaftlich verringerte sich der Anteil des Adels jedoch, da andere Bevölkerungsgruppen eine deutlich höhere Geburtenrate aufwiesen und Gruppen mit ähnlichen Werten – wie sie vor allem das gehobene Bürgertum darstellte – wesentlich offener für Neuzugänge waren.

---

46 Die Zahlen für Hannover errechnet nach V. KATTE, Niedersachsenadel, S. 156. Zu beachten ist wiederum, dass die Geburtsjahre nur auf der Grundlage des durchschnittlichen Heiratsalters geschätzt werden konnten. Vgl. auch Anm. 18, S. 355.

47 Vgl. V. KATTE, Niedersachsenadel, S. 22.

48 Die vorliegenden Daten decken sich auch mit denen von Buchsteiner, die für die Ehen ihrer 5. Generation (1846-1875) eine durchschnittliche Kinderzahl von 3,5 und der 6. Generation (1876-1905) von 3,1 feststellte (ohne kinderlose Ehen). BUCHSTEINER, Pommerscher Adel, S. 371. Auch in Hessen nahm die Kinderzahl ab, und betrug für die Ehen, die zwischen 1850-1879 geschlossen wurden durchschnittlich 4. Damit lagen die Werte für den hessischen Adel etwas höher als für die ostelbischen Familien. Vgl. PEDLOW, Hessian Nobility, S. 50.

Tabelle 89: Die durchschnittliche Kinderzahl in bürgerlichen und adligen Großgrundbesitzerfamilien (1780-1900)[49]

Generation	Anzahl der Kinder		
	Bürgerliche		Adel
	gesamt	davon Rittergutsbesitzer	
2 (1780-1809)	5,7	5,4	4,5
3 (1810-1839)	5,8	5,4	4,1
4 (1840-1869)	4,1	5,0	3,4
5 (1870-1899)	3,3	3,6	2,7

Auffällig im Vergleich mit dem Adel ist die Tatsache, dass die bürgerlichen Rittergutsbesitzer der Generationen, die zwischen 1780 und 1839 geboren wurden, eine Kinderzahl hatten, die unter dem Durchschnitt für das bürgerliche Gesamtsample lagen. Nur in der Gründerzeitgeneration (1840-1869) näherte sich das Verhältnis der Kinderzahlen zwischen bürgerlichen Großgrundbesitzern und anderen Söhnen den adligen Werten an. Anders als beim Adel gab es zwischen den verschiedenen Nachkommen bürgerlicher Großgrundbesitzer also nur relativ geringfügige Unterschiede im demographischen Verhalten.

Eine der Ursachen dafür ist mit Sicherheit darin zu suchen, dass sehr viele nicht den Großgrundbesitz des Vaters übernehmende Söhne als Pächter im selben Umfeld blieben und nicht – wie die meisten adligen Offiziere und Beamten – in die Städte zogen. Sie blieben damit einem ländlichen Familienmodell, das sich durch eine höhere Kinderzahl auszeichnete, weiterhin verbunden. Langfristig sanken jedoch auch die Kinderzahlen der Bürgerlichen, wenngleich nicht ganz so stark wie beim Adel. Zwischen adligen und bürgerlichen Großgrundbesitzern näherten sich die Werte zum Ende das Kaiserreiches allerdings allmählich an.

Die sinkende durchschnittliche Kinderzahl in beiden Gruppen zeigt die Reaktion auf die verbesserten Überlebenschancen, die im Verlauf des 19. Jahrhunderts immer deutlicher erkennbar wurden. Die höheren Zahlen für die Großgrundbesitzer innerhalb des Adels lassen sich aus zwei verschiedenen Richtungen deuten. Zum einen hatten die adligen Rittergutsbesitzer mit hoher Wahrscheinlichkeit das stärkere ökonomische Potenzial und konnten sich daher eine größere Kinderzahl auch aus finanzieller Sicht leisten. Zum anderen trugen sie aus der Sicht des Geschlechtes die Verantwortung für die Sicherung des Bodenbesitzes durch die Stellung eines Nachfolgers. Der Erbe und mindestens ein Ersatzkandidat für den Ausfall des ersteren mussten daher be-

49 Um die Vergleichbarkeit zu sichern, wurden für die Adligen nur Großgrundbesitzer einbezogen. Für beide Gruppen blieben die kinderlosen Ehen unberücksichtigt. Die Daten der 5. Generation sind für den Adel auf Grund von Quellenlücken zu gering. Wahrscheinlich ist für diesen Zeitraum von einer Annäherung der Werte auszugehen.

reitstehen, was in einigen Fällen bedeutete, dass eine große Anzahl von Kindern gezeugt wurde.[50]

Neben der Zuordnung der adligen Männer zu den Großgrundbesitzern oder nicht, gab es – mit Sicherheit eng damit verflochten – einen weiteren Faktor, der in einigen der adligen Geburtskohorten deutlich erkennbar ist. Dieser Faktor war der Geburtsstand der Ehefrauen. Mit Ausnahme einer Kohorte waren die Ehen der zwischen 1760 und 1870 geborenen Männer kinderreicher, wenn die Ehepartnerin ebenfalls adliger Herkunft war. Während vor allem bei den Ehen der zwischen 1820 und 1840 Geborenen der Unterschied gravierend war[51], zeigt sich bei den nach 1850 Geborenen eine schnelle Konvergenz der entsprechenden Mittelwerte. Aus den Differenzen zog v. Katte die Schlussfolgerung, dass die nichtadligen Ehefrauen ein anderes Reproduktionsverhalten in den Adel brachten.[52] Er zeigte außerdem, dass in städtischem Kontext aufgewachsene Frauen häufiger kinderlos blieben bzw. im Durchschnitt weniger Kinder bekamen.[53] Diese lineare Deutung ist jedoch zumindest teilweise zu bezweifeln. Wie weiter unten noch zu zeigen sein wird, heirateten Großgrundbesitzer deutlich weniger bürgerliche Frauen als ihre Brüder. Daher überschneiden sich die beiden Faktoren Großgrundbesitz und Herkunft der Ehefrau. Für eine stärkere Gewichtung zugunsten des Großgrundbesitzes spricht die Tatsache, dass hier der Trend höherer Kinderzahlen bis weit über das Kaiserreich hinaus evident blieb, während sich die Kinderzahlen adliger und bürgerlicher Ehefrauen unseres Samples anglichen.

Eine weitere Tendenz, auf die bereits v. Katte aufmerksam machte, ist die deutliche Vergrößerung des Anteils der kinderlosen Ehen.[54] Während von den Ehen aller zwischen 1780 und 1820 geborenen Männer 5-10 % kinderlos blieben, steigerte sich dieser Anteil für die ab 1860 Geborenen auf 18 bis 20 %.[55] Den Hauptanteil der kinderlosen Ehen stellten in allen untersuchten

50 Auffällig ist die Tatsache, dass in allen Generationen und unabhängig von der Kinderzahl mehr Söhne als Töchter geboren wurden. Dies ist möglicherweise ein Problem der Quelle oder auch der dieser zu Grunde liegenden Überlieferung, die männliche Nachkommen höher schätzt als weibliche. Allerdings kommen auch andere Untersuchungen, die bei v. Katte diskutiert werden, zu dem Ergebnis, dass bei adligen Geschlechtern generell ein Überschuss männlicher Nachkommen existierte. Vgl. V. KATTE, Niedersachsenadel, S. 144 ff. und 179 ff.

51 Kohorte 4 (1820-1829) durchschnittliche Kinderzahl adlige Ehefrau 3,74 – bürgerliche Ehefrau 2,95; Kohorte 5 (1830-1839) Adel 3,4 – Bürger 2,75; Kohorte 6 (1840-1849) Adel 4 – Bürger 2,4.

52 Vgl. V. KATTE, Niedersachsenadel, 153 ff.

53 Ebd., S. 171 ff.

54 Vgl. ebd. S. 147 ff. Auch hier zeigt V. KATTE einen Unterschied zwischen Frauen mit ländlicher bzw. städtischer Herkunft. Von ersteren blieben 16 % in der Ehe kinderlos, von letzteren 24 %. Vgl. S. 172.

55 In ähnlichen Dimensionen verlief diese Entwicklung beim niedersächsischen Adel: Generation I (1770-1799) 8,8 % kinderlos, Generation III. (1830-1859) 17,1 %. Vgl. ebd., S. 148, Tabelle 102. Auch das Sample von Buchsteiner bestätigt dieses Ergebnis. BUCHSTEINER, Pommerscher Adel, S. 371. Von den Ehen der nachgeborenen Söhne des münsterländischen Adels, die zwischen 1820-1869 geboren wurden, blieben ebenfalls 16 % kinderlos, während dieser Anteil bei den Stammherren – ähnlich wie in Brandenburg – nur bei 9 % lag. Errechnet nach Reif, Westfälischer Adel, S. 243, 246.

Gebieten die Adligen ohne Großgrundbesitz. Bei den Großgrundbesitzern blieb er in der Regel unter 10 %. Dies deutet darauf hin, dass es bei den aus dem Großgrundbesitz scheidenden Männern eine sich zum Ende des Jahrhunderts verstärkende Geburtenkontrolle gegeben hat, die möglicherweise auch die gewollte Kinderlosigkeit mit einschloss. Demgegenüber entsprechen die Daten für die adligen Großgrundbesitzer in etwa dem heutigen Anteil ungewollt kinderloser Ehen. Vergleichbare Angaben können für die Bürgerlichen auf Grund zu geringer Daten nicht gemacht werden.

Das Heiratsverhalten

Das Heiratsalter

Nachdem im Vorausgegangenen die Daten zur Kindersterblichkeit und Kinderzahlen diskutiert wurden, soll nun mit dem Heiratsverhalten ein weiteres Feld historisch-demographischer Untersuchungen in den Mittelpunkt treten. Eine erste wichtige Größe innerhalb diesbezüglicher Untersuchungen ist dabei das Heiratsalter, das lange Zeit in enger Verbindung mit der Kinderanzahl stand. So stellte Reif für den münsterländischen Adel fest, dass eine Verschiebung der Eheschließung der Frauen über das Alter von 20 bis 24 Jahren hinaus im Schnitt zu einer Reduzierung des Nachwuchses um zwei Kinder führte.[56] Generell wird von der ‚alteuropäischen Tradition' eines relativ hohen Heiratsalters ausgegangen, die auch das gesamte 19. Jahrhundert anhielt.[57] Dabei gab es deutliche schichtenspezifische Unterschiede. Für die in unserem Zusammenhang interessierenden Sozialgruppen gilt, dass das Heiratsalter der Männer mit einem hohen Sozialstatus in der Regel über dem anderer Gruppen lag. Dagegen heirateten Frauen aus den Oberschichten meist früher als die Angehörigen anderer Schichten.

Die Männer

Wie bei der Säuglings- und Kindersterblichkeit sowie der Kinderanzahl zeigte der brandenburgische Landadel auch beim Heiratsalter ein ausgeprägtes Oberschichtenverhalten. Dabei lassen sich bei den im Zeitraum zwischen 1750 und dem ersten Jahrzehnt des Kaiserreiches geborenen Männern nur geringfügige Unterschiede feststellen. In allen Geburtskohorten (1740-1880) schwankte der durchschnittliche Zeitraum der Eheschließung der Männer zwischen 30 und 31 Jahren.[58] Die im Sample zahlenmäßig stärker vertretenen Rittergutsbesitzer heirateten dabei deutlich früher als die anderen Söhne, was dafür spricht, dass die gesichertere finanzielle Perspektive das Heiratsverhalten nachhaltig

56 Vgl. REIF, Westfälischer Adel, S. 244.

57 Vgl. NIPPERDEY, Deutsche Geschichte 1866-1918, Bd. I., S. 21.

58 Diesen Zahlen liegen 1.081 Eheschließungen adliger Männer zu Grunde, die zwischen 1740 und 1880 geboren wurden.

beeinflusste. Der durchschnittliche zeitliche Abstand lag bei 2,1 Jahren.[59] Die differenziertere Analyse zeigt jedoch, dass die Bandbreite des realen Heiratsalters hinter den Durchschnittswerten relativ weit war.

Nur sehr wenige Männer (4,1 % der Rittergutsbesitzer) heirateten, bevor sie das 22. Lebensjahr erreicht hatten (vgl. Tabelle 90). Zwei Drittel dieser früh Heiratenden hatten den Vater bereits als Kind verloren und dabei den Rittergutsbesitz geerbt. Auf ihnen lastete daher die Verantwortung für die Sicherung der Familienexistenz, und sie trugen dem Rechnung, indem sie sehr schnell eine Ehe eingingen. Nur einer der unter 22jährigen gehörten nicht zu den Rittergutsbesitzern.[60]

Tabelle 90: Das Heiratsalter der männlichen Angehörigen des brandenburgischen Landadels und der bürgerlichen Großgrundbesitzerfamilien

Alter	Rittergutsbesitzer				nicht erbende Söhne			
	Adel		Bürgerliche		Adel		Bürgerliche	
	Fälle	in %	Fälle	in %	Fälle	in %	Fälle	in %
unter 22	36	4,1 %	2	1,9 %	1	1,0 %	1	1,5 %
23-25	135	15,4 %	13	12,3 %	15	7,3 %	4	6,1 %
26-30	360	41,1 %	47	44,3 %	40	19,5 %	22	33,3 %
31-35	187	21,3 %	30	28,3 %	76	37,1 %	22	33,3 %
36-40	95	10,8 %	8	7,5 %	49	23,9 %	7	10,6 %
älter als 40	63	7,2 %	6	5,7 %	23	11,2 %	10	15,2 %

Im Alter von 23 bis 25 Jahren – also immer noch relativ früh – schlossen weitere 15,4 % der Rittergutsbesitzer ihre Ehen. Auch von diesen Männern war jeder zweite zu diesem Zeitpunkt bereits Besitzer der väterlichen Güter. Die frühen Heiraten bei den Rittergutsbesitzern dienten in der Mehrzahl der Fälle also der Sicherung der Weiterexistenz der Familie. Vor allem deshalb lag der prozentuale Anteil der Heiraten in diesem Alter bei den Rittergutsbesitzern deutlich über dem der Söhne ohne Bodenbesitz.

Diese Unterschiede lassen sich in wesentlich stärkerem Maße auch in der Gruppe derer ausmachen, die zwischen dem 26. und dem 30. Lebensjahr eine Ehe eingingen. Während hier 41 % der Rittergutsbesitzer zu finden waren[61],

59 Den gleichen Abstand ermittelte BUCHSTEINER auch für Pommern. Dies., Pommerscher Adel, S. 366.

60 Diese Ehe wurde 1806 möglicherweise angesichts des bevorstehenden Ausrückens des Ehemannes geschlossen.

61 Damit war der Anteil dieser Altergruppe genauso groß wie bei den zwischen 1820-1869 geborenen Stammherren des münsterländischen Adels,(41,8 %). Da es hier jedoch weniger frühe und mehr späte Heiraten gab, heirateten diese im Durchschnitt mit 32 Jahren. Für die Nachgeborenen Söhne lag das Heiratsalter sogar bei 37 Jahren. Dies deutet eventuell darauf hin, dass entweder die Erbausstattungen der Söhne des preußischen Adels oder ihre Karrierechancen besser waren, so dass sie früher heiraten konnten. Vgl. REIF, Westfälischer Adel, S. 247 f. Ähnliche Daten wie für den westfälischen Adel liegen auch für Österreich vor. Vgl. PEDLOW, Hessian Nobility, S. 40. Ebenfalls höher als die Zahlen für den ostelbischen Adel waren auch die Werte für den hannoverschen Adel mit einem durchschnittlichen Heiratsalter

war der Anteil der Söhne ohne Bodenbesitz nur halb so groß. Damit zeigt sich in viel stärkerem Maße als in den Durchschnittswerten die unterschiedliche Verteilung von Lebenschancen und ein daraus resultierendes anderes Verhalten von Gutserben und nichterbenden Söhnen. Da es – nicht nur im Adel – lange Zeit üblich war, erst dann eine Ehe einzugehen, wenn der Mann in der Lage war, eine Familie standesgemäß zu versorgen, kehrten sich die Verhältnisse mit steigendem Heiratsalter um. Die Tatsache, dass mehr als 70 % der Männer ohne Bodenbesitz, die eine Ehe eingingen, erst nach ihrem 30. Lebensjahr heirateten, spiegelt die relativ geringen Verdienstmöglichkeiten und die langen Wege in die besseren Stellungen im Militär und der Verwaltung eindrucksvoll wider.

Ein Vergleich des Heiratsalters adliger und bürgerlicher Rittergutsbesitzer zeigt trotz quellenbedingter Schwankungen ähnliche Tendenzen. Nach einem vergleichsweise hohen Heiratsalter der Bürgerlichen der – zahlenmäßig schwachen (8 Fälle) – friderizianischen Generation (1750-1779) näherten sich die Durchschnittswerte einander an (vgl. Tabelle 91). In beiden Gruppen war dabei die Tendenz zu einem immer höheren Heiratsalter deutlich ausgeprägt.

Tabelle 91: Das durchschnittliche Heiratsalter adliger und bürgerlicher Rittergutsbesitzer in Brandenburg (1750-1899)[62]

Generation	durchschnittliches Heiratsalter	
	Bürger	Adel
1 (1750-1779)	31,6	29,9
2 (1780-1809)	28,8	30,2
3 (1810-1839)	30,6	30,6
4 (1840-1869)	31,3	31,0
5 (1870-1899)	32,5	32,1*
Durchschnitt	31,0	30,7

* Wert nach Buchsteiner

Vergleicht man das tatsächliche Heiratsalter beider Gruppen (vgl. Tabelle 90, S. 369), so werden leichte Unterschiede sichtbar. So heiratete ein höherer Anteil von Bürgerlichen im Kernbereich zwischen 26 und 35 Jahren, während bei den Adligen eine stärkere Streuung sowohl bei den sehr frühen als auch bei den sehr späten Ehen zu verzeichnen ist.[63] Dies gilt auch für die Söhne

von 32,7 Jahren. Da in diesem Sample jedoch deutlich weniger Großgrundbesitzer waren, ist zu vermuten, dass sich der betreffende Wert für die Rittergutsbesitzer nicht so stark von dem brandenburgischen unterschied. Allerdings gab es weniger frühe Heiraten. Leider sind die Altersangaben für die über 40jährigen nur kohortenweise überliefert, so dass die Zahl als Rundungswert anzusehen ist. Vgl. V. KATTE, Niedersachsenadel, S. 127.

62 Da die letzte adlige Generation unvollständig überliefert ist, wurde der Wert durch die Angabe von Buchsteiner für ihre 6. Generation (1876-1905) ergänzt. Da in diesem Wert jedoch auch nicht bodenbesitzende Adlige eingeschlossen sind, ist davon auszugehen, dass das durchschnittliche Heiratsalter der Rittergutsbesitzer etwas niedriger lag.

63 Die Durchschnittswerte entsprechen den – nicht näher spezifizierten Angaben – für den hessischen Adel weitgehend. Vgl. PEDLOW, Hessian Nobility, S. 38.

ohne Bodenbesitz. Diese gingen zwar auch bei den Bürgerlichen später als die Rittergutsbesitzer eine Ehe ein, jedoch war der Unterschied zur gleichen Gruppe bei den Adligen auffallend. Während jeder dritte Adlige ohne Großgrundbesitz erst nach seinem 35. Lebensjahr heiratete, war es bei den Bürgerlichen nur jeder vierte.[64]

Bei all diesen Überlegungen muss jedoch beachtet werden, dass nur ein Teil der Männer überhaupt eine rechtlich sanktionierte Lebensgemeinschaft eingehen konnten, während eine große Gruppe diesen Status nie erreichte.[65] Abgesehen davon, dass es sicher zu allen Zeiten auf Grund persönlicher oder sexueller Neigungen einen Anteil eheunwilliger Männer gab, zeigen die Daten auch in diesem Bereich die deutliche Grenzlinie, die der Großgrundbesitz innerhalb der Familien und zwischen Brüdern zog.

Während in der Regel neun von zehn adligen Großgrundbesitzern eine Ehe eingingen, lag dieser Anteil für die Söhne, die aus dem Großgrundbesitz ausschieden, nur bei etwa 50 % (vgl. Tabelle 92).

Tabelle 92: Die Heiratschancen adliger Großgrundbesitzer und ihrer Brüder ohne Bodenbesitz[66]

Geburtsjahrgänge	eine Ehe gingen ein	
	Rittergutsbesitzer	Adlige ohne Grundbesitz
1740-1759	91,9 %	50,0 %
1760-1779	89,2 %	50,0 %
1780-1789	97,6 %	48,1 %
1790-1799	91,1 %	53,3 %
1800-1809	92,9 %	48,5 %
1810-1819	87,7 %	58,1 %
1820-1829	92,3 %	55,6 %
1830-1839	88,7 %	55,6 %
1840-1849	86,6 %	50,0 %
1850-1859	84,0 %	61,1 %
Durchschnitt	90,2 %	53,0 %

Die meisten der unverheirateten Söhne erreichten wahrscheinlich kein Einkommen, das ihnen die Gründung einer Familie auf standesgemäßem Niveau erlaubt hätte. Dies gilt möglicherweise auch für einen Teil der unverheirateten

64 In Rechnung zu stellen sind jedoch die unterschiedlich starken Untersuchungsgruppen, die hier vielleicht zu Verzerrungen geführt haben.

65 Die hohen Zahlen unverheirateter Männer lassen die Vermutung gerechtfertigt erscheinen, dass ein erheblicher Teil von ihnen in nichtlegitimierten Beziehungen lebte.

66 Auf Grund der Zusammensetzung des Samples ist die Datenbasis für beide Gruppen unterschiedlich groß. Während für die Großgrundbesitzer zwischen 71 und 111 Personen pro Kohorte registriert werden konnten, lag der Anteil der nichterbenden Söhne etwa bei der Hälfte dieser Werte. Für die letzten beiden Geburtskohorten werden die Zahlen dadurch leicht verfälscht, dass späte Eheschließungen teilweise nicht mehr erfasst wurden.

Rittergutsbesitzer. Inwieweit die unverheirateten Männer nach Sublimierungsmöglichkeiten gesucht haben, lässt sich hier nicht klären. Es ist jedoch zu vermuten, dass uneheliche Gemeinschaften, aus denen auch Kinder hervorgingen, keine Seltenheit waren. Diese Kinder und ihre Mütter wurden von den Vätern – wie Beispiele zeigen – durchaus auch testamentarisch bedacht und trugen teilweise auch deren Namen ohne den Adelszusatz ‚von'.[67]

Die Legitimierung von unehelichen Kindern war prinzipiell möglich, jedoch machen die vorliegenden Angaben deutlich, dass diese im 19. Jahrhundert Seltenheitswert hatte. So gab es zwischen 1798 und 1871/72 in Preußen insgesamt 54 Nobilitierungen, die gleichzeitig Legitimierungen unehelicher Kinder adliger oder hochadliger Abkunft waren.[68] Ein bedeutender Teil davon (21 Legimationsnobilitierungen) ging jedoch an Mitglieder der preußischen Herrscherfamilie und illegitime Abkömmlinge anderer regierender Häuser. Das heißt, auf mehr als zehntausend adlige Familien entfielen in diesem Zeitraum lediglich 33 diesbezügliche Rechtsakte. Unwahrscheinlich ist dagegen, dass es weiteren unehelichen Nachkommen auf dem Wege der Adelserneuerung gelang, den Stand ihres Vaters zu erreichen, da die diesbezüglichen Matrikeln dafür keinen Anhalt bieten.[69]

Vergleicht man die Daten über die brandenburgischen Adligen aus großgrundbesitzenden Familien mit denen von Buchsteiner für ein etwa gleich starkes Samples pommerscher Adliger, wird eine erhebliche Abweichung sichtbar. Von den zwischen 1756 und 1785 geborenen, bodenbesitzlosen Männern blieben 62,5 % unverheiratet. Bereits in der folgenden – zwischen 1786-1815 geborenen – Generation sank dieser Anteil auf 34,7 %.[70] Da das pommersche Sample nicht nur die Großgrundbesitzer sondern auch alle anderen Familienzweige aufnahm, könnte dies auf Unterschiede zwischen Rittergutsadel und solchen Familien, die schon länger keinen Boden mehr besessen hatten, hinweisen.[71] Die Vorstellung, unter welchen finanziellen Voraussetzungen eine standesgemäße Ehe eingegangen werden konnte, wurde möglicherweise entscheidend durch die eigene Herkunft beeinflusst. Für Adlige, die in der herrschaftlichen Atmosphäre eines Rittergutes aufgewachsen waren, lag die Meßlatte eventuell viel höher als für solche, die in einer städtischen Offiziersfamilie groß wurden. Im vorliegenden brandenburgischen Sample deutet sich erst für die etwa ab 1880 heiratenden Adligen ohne Großgrundbesitz

---

67 So errichtete Wolf Friedrich v. Quast im Jahre 1812 ein Testament, in dem er bestimmte, dass sein Nachlass als Majorat behandelt werden sollte. Erst wenn der letzte seiner vier unehelichen Söhne (mit zwei verschiedenen Frauen, darunter einer Schauspielerin) volljährig war, sollte das Erbe, über dessen Umfang nichts mitgeteilt wurde, ungeteilt an den Ältesten gehen, der außerdem den Namen Quast anzunehmen hatte. Obwohl der grundbesitzlose Erblasser keine standesgemäßen Beziehungen eingegangen war, behandelte er seinen Besitz und seine Erben also durchaus nach adligen Prinzipien. BLHA, Rep. 4A, Testamente, Nr. 14052.

68 Ausgezählt nach GRITZNER, Matrikel, vgl. auch SCHILLER, Rittergut, passim.

69 Diese Möglichkeit wurde von v. Treskow als Weg zur Überwindung der illegitimen Geburt angeführt. Dafür lassen sich jedoch keine Belege finden. Vgl. TRESKOW, Adel, S. 346.

70 BUCHSTEINER, Pommerscher Adel, S. 364.

71 Ähnliche Werte errechneten auch POMP/WEHRY, die eine Verheiratetenquote von rund 90 % für die Grundbesitzer und 70 % für die bodenbesitzlosen Adligen ermittelten.

(Geburtsjahrgänge nach 1850) eine leichte Verbesserung der Heiratschancen an. Im katholischen Adel des Münsterlandes – mit seiner ganz anderen Tradition der Besitzweitergabe zu Gunsten der Stammherren auf Kosten der anderen Söhne – waren die Verhältnisse dagegen noch ungleicher. Während die Stammherren alle verheiratet waren, konnten von der zwischen 1770-1819 geborenen Generation nur 37,3 % eine Ehe eingehen, für die nachfolgende (1820-1869) stieg der Wert nur leicht auf 41,4 %.[72] Das bedeutet, dass in Westfalen und in etwas schwächerem Maße auch in Brandenburg die Brüder der Großgrundbesitzer den Preis für den Besitzerhalt mit gewollter oder erzwungener Ehelosigkeit bezahlten.[73] Dieses Verhalten war nur dann sinnvoll, wenn es galt, ein größeres Erbe vor Zersplitterung zu schützen. Daher besaßen Adlige aus nicht bodenbesitzenden Familien bessere Heiratschancen.[74]

Vergleicht man wiederum die Adligen mit den Bürgerlichen, so werden Parallelen aber auch Unterschiede deutlich (vgl. Tabelle 93).

Tabelle 93: Die Heiratschancen der Angehörigen adliger und bürgerlicher Großgrundbesitzerfamilien in Brandenburg (1750-1869)[75]

Generation	Adel		Bürgerliche	
	Ritterguts-besitzer	andere	Ritterguts-besitzer	andere
1 (1750-1779)	90,7 %	50,0 %	100 %	k. A.
2 (1780-1809)	94,9 %	50,0 %	96,4 %	72,7 %
3 (1810-1839)	90,0 %	56,7 %	79,4 %	57,1 %
4 (1840-1869)	83,5 %*	54,3 %	89,7 %	65,7 %
5 (1870-1899)	k. A.	k. A.	94,4 %	61,1 %

* Dieser Wert ist quellenbedingt zu niedrig und lag mit Sicherheit auf dem Niveau der anderen Generationen

Auch bei den bürgerlichen Familien besaßen die Rittergutsbesitzer deutlich bessere Heiratschancen, wenngleich der hohe Anteil unverheirateter Männer dieser Gruppe in der Revolutionsgeneration (1810-1839) auffällt, der jedoch auch auf die Quellengrundlage zurückzuführen sein kann.[76] Abgesehen von derselben quellenmäßig schwächeren Generation, zeigen sich für die bodenbesitzlosen Söhne im Vergleich zum Adel etwas bessere Heiratschancen. Während lange Zeit jeder zweite adlige Sohn, der keinen Großgrundbesitz erbte, unverheiratet blieb, war es bei den Bürgerlichen nur jeder dritte. Dies verweist einerseits darauf, dass letztere im Gegensatz zu ihren adligen Nach-

72 Errechnet nach REIF, Westfälischer Adel, S. 241 f. Da v. Katte nur verheiratete Personen aufgenommen hat, stehen für Hannover keine vergleichbaren Materialien zur Verfügung. Vgl. v. KATTE, Niedersachsenadel, S. 16.

73 Im Gegensatz zu Westfalen war diese gerade bei den Lehen von hoher Bedeutung, da die Lehnsanteile unverheirateter Geschwister wieder in das Lehen zurückfielen.

74 Zu den Heiratschancen der hessischen Adligen siehe PEDLOW, Hessian Nobility, S. 37. Hier deuten sich insgesamt Tendenzen an, die eher dem pommerschen Sample entsprechen.

75 Die Datenbasis für die erste bürgerliche und die letzte adlige Generation ist sehr gering oder unzuverlässig, so dass die entsprechenden Werte nicht angegeben werden konnten.

76 So fehlen für einige bürgerliche Großgrundbesitzer die entsprechenden Angaben zu den Ehefrauen, obwohl sie mit hoher Wahrscheinlichkeit verheiratet waren.

barn nicht nur auf eine geringe Anzahl von relativ schlechtbezahlten Berufsfeldern eingeschränkt waren, sondern aus dem gesamten Kanon der ‚bürgerlichen Berufe' auswählen konnten. Andererseits zeigt die immer noch hohe Quote unverheirateter Bürgerlicher, dass auch ihre Chancen nicht uneingeschränkt waren. Die tendenziell abnehmende Verheiratetenquote könnte einerseits darauf hinweisen, dass Brüder bewusst zugunsten des Familienbesitzes auf eine Ehe verzichteten oder aber – wiederum analog zu den Adligen – dass die Ansprüche für eine standesgemäße Eheschließung auch in dieser Gruppe zunehmend stiegen und immer weniger erfüllt werden konnten.

Untersucht man die unverheirateten adligen Rittergutsbesitzer näher, so ergibt sich kein einheitliches Bild. Zwei Drittel (41) der mit Sicherheit Ehelosen (58 Personen)[77] hatten ihren Besitz vom Vater geerbt, das heißt ihre wirtschaftliche Lage war längerfristig abschätzbar. Allerdings war jeder fünfte (9) von ihnen bei der Besitzübernahme bereits älter als 40 Jahre. Elf weitere verstarben, bevor sie das 40. Lebensjahr erreichten. Möglicherweise spielen auch Offizierskarrieren in diesem Rahmen eine Rolle, da durch die schlechte Bezahlung in den unteren Diensträngen, die Chancen eine Ehe zu schließen, sanken. Unter den unverheirateten Rittergutsbesitzern hatten fast die Hälfte (29) einen militärischen Dienstgrad. Allerdings erreichten nur 10 Stabsdienstgrade (ab Major), was darauf schließen lässt, dass sie längerfristig aktive Offiziere gewesen sind. Bei weiteren neun Rittmeistern/Hauptleuten ist diese Zuordnung dagegen nicht sicher. Für die Ehelosigkeit von Rittergutsbesitzern gab es also verschiedene Ursachen, die in ihrer Bedeutung schwer abzuschätzen sind.

Fragt man nach der potentiellen Einflussnahme der adligen Väter auf die Partnerwahl der Söhne, zeigen sich ebenso wie bei den Heiratschancen und den Heiratsalter Unterschiede zwischen Rittergutsbesitzern und anderen Adligen, die allerdings nicht so gravierend ausfallen. Zunächst ist noch einmal daran zu erinnern, dass auf Grund der relativ hohen Sterblichkeit nur zwei von drei erwachsenen Männern älter als 60 Jahre wurden. Damit einher geht die Tatsache, dass ein hoher Prozentsatz der Väter starben, bevor ihre Söhne in das Heiratsalter kamen. Analog zu den Sterblichkeitsdaten lebten nur noch zwei von drei Vätern (64 %), wenn ihre Söhne 23 Jahre alt waren. Da die Gutserben – wie gezeigt – früher heirateten, konnten die Väter in der überwiegenden Mehrzahl der verbleibenden Fälle (70 %) auf die Wahl der Ehepartnerin Einfluss nehmen. Für die später heiratenden anderen Söhne ging dieser Wert dagegen leicht zurück (61 %). Für beide Gruppen wird damit die hohe Bedeutung anderer Familienangehöriger – hier vor allem wahrscheinlich der Mutter – bei der Partnerwahl deutlich, wenn man davon ausgeht, dass ein adliger Mann eine solche Entscheidung nicht losgelöst von seinem familiären Umfeld getroffen hat.

---

77 Da eine erhebliche Anzahl von Daten den Jahrbüchern des deutschen Adels, deren erster Band 1896 erschien, entnommen wurden und die Möglichkeit später Eheschließungen nicht auszuschließen ist, wurden alle unverheirateten Rittergutsbesitzer, die nach 1850 geboren sind, in die folgenden Untersuchungen nicht mit einbezogen. Ebenfalls nicht mit einbezogen wurden Männer, die das 18. Lebensjahr nicht erreichten.

Jeder siebente von den adligen Männern, die eine Ehe eingingen, war mehr als einmal verheiratet. Bis zu den Geburtsjahrgängen, die vor 1875 heirateten, lag die Hauptursache dafür darin, dass die erste Ehefrau verstorben war. Danach begann die Ehescheidung zunehmend an Bedeutung zu gewinnen. Diese Gewichtsverlagerung wurde auch deshalb immer massiver, weil die Zahl der früh verstorbenen Frauen gleichzeitig weiter abnahm. Dennoch ist die Ehescheidung kein Phänomen, das erst nach der Einführung der Zivilehe sichtbar wurde.[78]

Da die brandenburgischen Daten für zwei Generationen unsicher erscheinen, werden sie gemeinsam mit denen von Buchsteiner für Pommern betrachtet (vgl. Tabelle 94). Dabei zeigt sich zum einen, dass der Anteil der Zweitehen, denen Scheidungen vorausgingen, für die erste abgebildete Generation sehr hoch lag. Die brandenburgischen Daten für die zwischen 1846-1875 geborenen Männer sind unvollständig, da hier durch die zur Verfügung stehenden Quellen nur ein Teil der Entwicklungen abgebildet werden konnte. Das pommersche Sample ergänzt jedoch die Lücken und bestätigt die Trends.

Tabelle 94: Zweitehen und Scheidungen in brandenburgischen und pommerschen Adelsfamilien[79]

Brandenburg			
Generation	**Ehen gesamt**	**davon Zweitehen**	**Scheidungen**
1756-1785	177	24 (13,6 %)	6
1786-1815	271	49 (18,1 %)	7
1816-1845	305	48 (15,7 %)	8
1846-1875	294	22 (7,5 %)	7
Pommern			
1756-1785	107	18 (16,8 %)	2
1786-1815	168	21 (12,5 %)	3
1816-1845	193	26 (13,5 %)	4
1846-1875	304	51 (16,8 %)	15
1876-1905	252	46 (18,3 %)	35

Dabei zeigt sich zum einen, dass der Anteil der mehrfach verheirateten Männer nur geringfügig schwankte und in allen Generationen die große Mehrzahl der Männer nur eine Ehe eingingen. Vor allem mit Hilfe des pommerschen Samples wird deutlich, in welchem Maße zum Ende des Jahrhunderts dann die Zahl der Scheidungen anstieg. Der frühe Tod der ersten Ehefrau war dadurch immer weniger die Ursache für eine zweite Ehe.

78 Vgl. auch BUCHSTEINER, S. 365. Dagegen hat v. Treskow in seinem Sample erst nach 1880 Scheidungen festgestellt, V. TRESKOW, Adel, S. 360.

79 Die Werte für Pommern wurden zusammengestellt und errechnet nach BUCHSTEINER, Pommerscher Adel, S. 364 f. Die Generationen wurden entsprechend der Vorgehensweise von Buchsteiner gebildet.

Die Gründe für die Ehescheidungen sind aus den benutzten Quellen nicht zu ersehen. Sie könnten vor allem für die Rittergutsbesitzer auch darin zu suchen sein, dass der Ehefrau eine ungewollte Kinderlosigkeit vorgeworfen wurde.[80] Diese Vermutung wird dadurch gestützt, dass es vor allem Großgrundbesitzer waren, die sich scheiden ließen. Insgesamt fallen 76 % aller getrennten Ehen auf diese Gruppe. Da mit zwei Ausnahmen die Scheidungen der grundbesitzlosen Söhne erst nach der Wende zum 20. Jahrhundert einsetzten, steigt dieser Anteil für die vor 1900 geschiedenen Ehen noch einmal erheblich. Dies könnte auf den primären Zweck der Ehen der Rittergutsbesitzer und die Rolle, die den Ehefrauen darin zugewiesen worden war, verweisen. Konnten sie diese – aus Sicht der Ehemänner – nicht erfüllen, wurde auf dem Weg der Scheidung nach einem Ersatz gesucht. Auch wenn einige Indizien für eine solche Interpretation sprechen, ist sie allein auf der Grundlage von statistischem Material schwer zu beweisen, zumal aus den Quellen auch Gegenbeispiele bekannt sind.[81]

Die Frauen

Die Töchter von Großgrundbesitzern zeigten – wie nach den allgemeinen Trends der Bevölkerungsgeschichte Deutschlands zu erwarten – ein deutlich anderes Heiratsverhalten als ihre männlichen Geschwister. Dies ist zunächst am Heiratsalter der adligen Frauen klar zu erkennen (vgl. Tabelle 95). Die zwischen 1760 und 1789 geborenen Frauen, die etwa zwischen 1780 und 1820 eine Ehe eingingen, wiesen ein sehr hohes Heiratsalter auf. Für die darauf folgenden Geburtskohorten, die etwa zwischen 1810 und 1840 heirateten, lassen sich dagegen deutlich niedrigere Werte ermitteln. Vor allem die zwischen 1800 und 1809 geborenen Töchter heirateten relativ jung, während sich danach ein durchschnittliches Heiratsalter von etwa 24 Jahren durchsetzte. Damit zeigten sich in Brandenburg andere Entwicklungen als in Westfalen.[82]

80 So waren unter den geschiedenen und dann wiederverheirateten Großgrundbesitzern eine ganze Reihe, denen erst in ihrer zweiten Ehe Kinder geboren wurden.

81 So blieb bspw. die Ehe des Friedrich Ernst v. Thümen auf Stangenhagen kinderlos. Trotzdem trennte er sich nicht von seiner Frau. Vielmehr vermerkte er in seinem Testament: „Das Glück meines Lebens verdanke ich zum größten Teil meiner Ehegemahlin [...] . Ihr gehört also meine volle Dankbarkeit, und sie soll nicht allein ihr Vermögen vollständig zurückerhalten, sondern auch das Meinige, so lange sie mich überlebt, ungestört so fortbesitzen, als ich es selbst besaß." BLHA, Rep. 4A Testamente, Nr. 18680.

82 Im Münsterländischen Adel gab es die eindeutige Tendenz zu einem immer höheren Heiratsalter der Frauen. Bei den Ehefrauen von Stammherren stieg das Heiratsalter von 19 (Eheschließungen zwischen 1720-1769) über 23 (1770-1819) auf 26 Jahre (1820-1869) an. Das Heiratsalter der Ehefrauen nachgeborener Söhne lag noch höher. Vgl. REIF, Westfälischer Adel, S. 243, 246. Zu beachten ist jedoch, dass es sich um die einheiratenden Ehefrauen, nicht um die Töchter handelt.

Tabelle 95: Das durchschnittliche Heiratsalter der Frauen aus brandenburgischen Landadelsfamilien (1760-1889)

Geburtsjahre	verheiratete adlige Frauen		davon mit Rittergutsbesitzern verheiratet	
	Anzahl	durchschnittliches Heiratsalter	Anzahl	durchschnittliches Heiratsalter
1760-1779*	23	26,6	14	25,4
1780-1789	27	25,5	13	24,8
1790-1799	46	23,8	20	22,6
1800-1809	45	22,2	30	21,2
1810-1819	52	24,3	20	23,0
1820-1829	66	23,6	35	22,7
1830-1839	67	24,2	28	24,5
1840-1849	67	23,3	35	22,0
1850-1859	68	23,9	26	23,7
1860-1869	72	23,9	25	23,4
1870-1879	59	22,9	22	23,5
1880-1889	29	24,3	8	24,0
Gesamt	621	24,0	276	23,4

* Die erste hier abgebildete Geburtskohorte umfasst auf Grund der geringen Anzahl von Fällen zwanzig Geburtsjahre, alle weiteren 10 Jahre.

Betrachtet man nicht das durchschnittliche Alter, sondern bestimmte Altersgruppen, so werden die Entwicklungen im Untersuchungszeitraum noch klarer (vgl. Tabelle 96). So war einerseits die Zahl der sehr jung verheirateten Frauen rückläufig. In allen untersuchten Generationen ging dagegen jede zweite Frau ihre erste Ehe im Alter zwischen 20 und 25 Jahren ein. Der Anteil der 26 bis 30jährigen stieg leicht an, während im Schnitt nur jede zehnte Frau nach ihrem dreißigsten Lebensjahr noch eine Ehe eingehen konnte.[83] Ein noch stärkerer Rückgang der frühen Eheschließungen wurde für Hannover registriert. So waren unter den Frauen des hannoveranischen Adels, die zwischen 1890 und 1919 heirateten, nur knapp 6 % jünger als 20 Jahre, wohingegen der Anteil derer, die zwischen dem 25. und dem 35. Lebensjahr eine Ehe eingingen, bei 36 % lag.[84]

83 Warum der Anteil der Frauen die älter als dreißig waren, bei denen die zwischen 1840-1870 heirateten, höher lag als in den Generationen davor oder danach, kann hier nicht geklärt werden.

84 Vgl. v. KATTE, Niedersachsenadel, S. 136. Für die nächste Generation (Eheschließungen zwischen 1920 und 1936) gingen die frühen Heiraten weiter zurück (3,5 %). Dagegen gingen nun bereits 44 % der Frauen erst zwischen dem 25. und dem 35. Lebensjahr eine Ehe ein. Den langfristigen Trend beobachtend, konstatierte v. Katte daher, dass sich das Heiratsalter der Männer und Frauen anglich. Ebd., S. 138. Die hessischen Durchschnittszahlen gleichen denen für Brandenburg. Vgl. PEDLOW, Hessian Nobility, S. 42.

Tabelle 96: Das Heiratsalter der Töchter aus brandenburgischen Landadelsfamilien (1780-1869)

Alter	Geburtsjahrgänge		
	1780-1809	1810-1839	1840-1869
unter 20	21,9 %	20,8 %	17,6 %
20-25	53,5 %	50,8 %	55,7 %
26-30	14,9 %	14,2 %	17,1 %
31-35	5,3 %	8,2 %	7,1 %
36-40	2,6 %	4,9 %	1,4 %
>40	1,8 %	1,1 %	1,0 %
Anzahl Fälle	114	183	210

Die Frage, warum bereits die Durchschnittswerte für die zwischen 1860-1889 heiratenden Frauen des hannoveranischen Adels niedriger als die der vergleichbaren Jahrgänge in Brandenburg waren, führt zum Beruf bzw. der Stellung der Ehemänner, die für Hannover leider nicht untersucht wurde. Dabei zeigt sich, dass die Frauen, die einen Rittergutsbesitzer heirateten, im Durchschnitt jünger als die Frauen waren, deren Ehemänner andere Berufe ausübten (vgl. Tabelle 95, S. 377). So verließ jede vierte Tochter, die im Untersuchungszeitraum einen Rittergutsbesitzer ehelichte, das Elternhaus vor ihrem zwanzigsten Lebensjahr, während es von den anderen nur jede fünfte war. Die höhere Kinderzahl der Großgrundbesitzer hatte also auch in dem jüngeren Heiratsalter der Ehefrauen ihre Ursache.

Dabei zeigt sich jedoch, dass auch in Brandenburg die frühen Ehen zurückgingen, wenngleich sie immer noch deutlich über dem Durchschnitt blieben (vgl. Tabelle 97).

Tabelle 97: Das Heiratsalter der Töchter aus brandenburgischen Landadelsfamilien, die eine Ehe mit einem Rittergutsbesitzer eingingen (1780-1869)

Alter	Geburtsjahrgänge		
	1780-1809	1810-1839	1840-1869
unter 20	30,6 %	28,4 %	24,1 %
20-25	53,2 %	49,4 %	54,0 %
26-30	9,7 %	7,4 %	12,6 %
31-35	4,8 %	8,6 %	6,9 %
36-40	0,0 %	4,9 %	1,1 %
>40	1,6 %	1,2 %	1,1 %
Anzahl Fälle	62	81	87

Von den zwischen 1790 und 1829 geborenen Töchtern hatte jede dritte, die einen Rittergutsbesitzer heiratete[85], das zwanzigste Lebensjahr noch nicht

85 Eine der seltenen Reflektionen über diese frühen Eheschließungen finden sich bei der allerdings aus einer englischen Familie stammenden Daisy Fürstin v. Pleß, die berichtet: „Ich traf

erreicht. Bei den zwischen 1840 und 1869 Geborenen war es dann nur noch jede vierte. Diese Entwicklung setzte sich fort.[86] Neben dem möglicherweise vorhandenen Ziel der Großgrundbesitzer, den eigenen (männlichen) Nachwuchs durch die Wahl einer jungen Frau zu sichern, ist jedoch auch zu beachten, dass diese in einem jüngeren Alter als ihre aus dem Bodenbesitz scheidenden Brüder heirateten. Hinter dem deutlich höheren Anteil früher Heiraten könnte daher auch einfach die Tatsache stehen, dass jüngere Rittergutsbesitzer jüngere Frauen heirateten, die altersmäßig besser zu ihnen passten.[87] Dennoch ist in den meisten Fällen davon auszugehen, dass die adligen Männer mehrere Jahre älter als ihre Ehefrauen waren, während gleichaltrige Ehepartner nur sehr selten vorkamen. Damit könnten bereits auf der Grundlage des Lebensalters innerfamiliäre Hierarchien vorstrukturiert gewesen sein.

Ein Vergleich der Daten für die adligen Frauen mit denen für die bürgerlichen, die allerdings in geringerer Anzahl vorliegen, zeigt für beide Gruppen ähnliche Entwicklungen (vgl. Tabelle 98).

Tabelle 98: Das Heiratsalter der Töchter aus bürgerlichen Großgrundbesitzerfamilien, die eine Ehe mit einem Rittergutsbesitzer eingingen (1780-1899)

Heiratsalter	Generationen			
	1780-1809	1810-1839	1840-1869	1870-1899
unter 20	6 (33 %)	8 (20 %)	7 (16 %)	4 (15 %)
20-25	8 (44 %)	20 (49 %)	25 (56 %)	15 (56 %)
26-30	3 (17 %)	9 (22 %)	10 (22 %)	6 (22 %)
31-35	0	2 (5 %)	1 (2 %)	0
36-40	1 (6 %)	1 (2 %)	1 (2 %)	0
>40	0	1 (2 %)	1 (2 %)	2 (7 %)
Anzahl Fälle	18	41	45	27

So wie bei den Adligen fiel der Anteil der sehr jung verheirateten Frauen erheblich ab. Die späten Heiraten kamen dagegen etwas seltener vor. Dennoch gab es zwei Unterschiede zwischen adligen und bürgerlichen Töchtern. Der

meinen zukünftigen Gatten, den Prinzen Heinrich von Pleß, zum erstenmal auf einem Ball. [...] Mein Mann machte mir den Antrag in Holland-House. Ich merkte, daß meine Mutter ehrgeizig war und die Partie wünschte. In jenen albernen Zeiten tat sich eine Frau etwas zugute, wenn sie ihre Tochter in ihrer ersten Season (mit etwa 16 Jahren) weggeben konnte. ‚Weggeben' – ein scheußliches Wort. Ich sagte Hans, daß ich ihn nicht liebte. Er meinte, die Liebe käme in der Ehe. Vielleicht kommt sie manchmal, aber ich glaube, nicht oft. [...] Ich merkte es damals nicht ganz, aber ich wurde tatsächlich gekauft!" Daisy FÜRSTIN PLEß, Tanz auf dem Vulkan, Bd. I., Dresden 1930, S. 40 f.

86 In der darauffolgenden – hier wegen zu wenigen Fällen nicht abgebildeten – Generation war nur noch jede fünfte Frau, die einen Rittergutsbesitzer heiratete, jünger als 20 Jahre.

87 Leider lassen es die Daten nicht zu, das Heiratsalter von Ehepartnern abzugleichen.

erste bestand darin, dass das Heiratsalter letzterer nicht durch die Profession des Ehemanns beeinflusst wurde. Das heißt, bürgerliche Frauen, die einen Rittergutsbesitzer heirateten, waren nicht jünger als die anderen Frauen ihrer Gruppe.

Der zweite Unterschied verweist bereits auf ein anderes Feld der Untersuchung des Heiratsverhaltens – die soziale Herkunft der Ehepartner. Während das Heiratsalter der bürgerlichen Frauen weitgehend unabhängig davon war, ob der Ehemann adliger oder bürgerlicher Herkunft war, gab es deutliche Abhängigkeiten bei den adligen Frauen. Der Anteil bürgerlicher Ehemänner lag für alle adligen Frauen bei 8,7 %. Für die über 35jährigen adligen Frauen stieg er auf 30 %. Dies korrespondiert eindeutig mit den Heiratschancen adliger Frauen, die sich mit zunehmendem Alter stark verschlechterten. Dann war die Heirat mit einem Bürgerlichen ein Ausweg, der Ehelosigkeit zu entgehen. Die Chancen, eine Ehe einzugehen, waren für adlige Frauen im Vergleich zu den Männern etwas geringer. Während von den über 17jährigen Männern des Untersuchungssamples (Geburtsjahrgänge 1780-1869) insgesamt 77 % eine Ehe eingingen, waren es im vergleichbaren Zeitraum nur 70 % der Frauen. Allerdings sind die Großgrundbesitzer im vorliegenden Sample sehr stark repräsentiert, so dass der Anteil der verheirateten Frauen mit dem der aus dem Bodenbesitz scheidenden Söhne verglichen werden muss. Dann zeigt sich, dass die Töchter der adligen Großgrundbesitzer deutlich bessere Heiratschancen als ihre nichterbenden Brüder hatten, die nur zu 54 % eine Ehe eingehen konnten.[88] Dabei werden allerdings gegenläufige Tendenzen sichtbar. Während sich die Chancen nichterbender Söhne, eine Ehe einzugehen, etwas verbesserten (vgl. Tabelle 93, S. 373), verlief die Entwicklung für die adligen Töchter entgegengesetzt (vgl. Tabelle 99).

Tabelle 99: Die Heiratschancen adliger und bürgerlicher Frauen aus brandenburgischen Großgrundbesitzerfamilien (Geburtsjahre 1780-1869)[89]

Generation	Adlige Frauen		Bürgerliche Frauen	
	Fälle	Anteil der Verheirateten	Fälle	Anteil der Verheirateten
1 (1750-1779)	49	69,4 %	keine Fälle	
2 (1780-1809)	187	74,9 %	21	95,2 %
3 (1810-1839)	290	70,3 %	54	85,2 %
4 (1840-1869)	334	66,2 %	58	82,8 %
Gesamt	811	70,5 %	133	87,7 %

88 Zu dem selben Befund – bei niedrigeren Werten – kam Reif für den münsterländischen Adel. Vgl. REIF, Westfälischer Adel, S. 242.

89 Die 1. und die 5. Generation des Untersuchungssamples konnte in diese Übersicht nicht oder nur teilweise mit einbezogen werden, da die Überlieferung zu schlecht war, bzw. zu wenige Daten vorlagen.

So blieb von den Frauen, die zwischen 1800 und 1840 im heiratsfähigen Alter waren, nur jede vierte unverehelicht. Von denen, die zu dieser Gruppe zwischen 1860 und 1900 zählten, war es dagegen bereits jede dritte Frau.

Da sich die finanziellen Möglichkeiten der hier untersuchten adligen Familien im Verlaufe des 19. Jahrhunderts eindeutig verbesserten und außerdem tendenziell weniger Kinder auszustatten waren, deutet dies auf eine Verengung der Heiratskreise hin. Damit sind wiederum ähnliche Tendenzen wie in Westfalen – allerdings auf wesentlich höherem Niveau – festzustellen, da dort selbst in den günstigsten Jahren (1770-1819) nur 55 % der Töchter eine Ehe eingingen. Danach sank dieser Wert wieder auf 46 % ab.[90]

Vergleicht man die Heiratschancen der bürgerlichen Frauen mit denen der adligen, so sind erhebliche Unterschiede erkennbar. In allen Generationen lag der Anteil der verheirateten Töchter bürgerlicher Großgrundbesitzer deutlich höher. Auch ist ein Rückgang – wenn man von dem quellenbedingt sehr hohen Wert für die zweite Generation absieht – nicht sichtbar. Die Ursachen für diesen Unterschied liegen mit hoher Wahrscheinlichkeit im Bereich der Partnerwahl, der weiter unten noch ausführlicher behandelt wird. Im Gegensatz zu einer adligen Frau hatte die bürgerliche Tochter keine Standesschranken zu berücksichtigen, wodurch ihr ein viel breiteres Feld an potentiellen Partnern zur Verfügung stand. Darüber hinaus könnten auch die Unterschiede im Erbverhalten, die dazu führten, dass adlige Töchter ihren Brüdern – vor allem aber dem Gutserben – gegenüber benachteiligt wurden, für die unterschiedlichen Heiratschancen verantwortlich gewesen sein. Das heißt, es ist zu vermuten, dass die Töchter der Bürgerlichen finanziell besser ausgestattet waren als die der Adligen und damit aus ökonomischer Sicht ‚eine gute Partie' waren. Da die adlige Frau bei einer bürgerlichen Heirat ohnehin ihre Standeszugehörigkeit verlor, könnte dies in einer Zeit, welche die Ehe vor allem als Wirtschaftsgemeinschaft betrachtete, ihre Heiratschancen verschlechtert haben.

Betrachtet man die Heiratschancen und das Heiratsalter der adligen Frauen zusammen, so zeigt sich, dass der Zeitraum zwischen 1810 und 1840 offensichtlich eine Phase war, in der bestimmte vor- und nachher anzutreffende Verhaltensweisen einer zeitweiligen Verflüssigung unterlagen. So sank in dieser Zeit einerseits das Heiratsalter der adligen Frauen auf die niedrigsten Werte des Jahrhunderts ab. Andererseits hatte zu keinem anderen untersuchten Zeitpunkt eine größere Anzahl von Frauen die Chance eine Ehe einzugehen. Bei den adligen Männern waren diese Tendenzen weniger stark ausgeprägt. Zwar war auch hier das Heiratsalter im Vergleich zu späteren Generationen relativ niedrig, und die Rittergutsbesitzer hatten die besten Heiratschancen. Bei den nichterbenden Söhne sind die Abweichungen dann jedoch kaum noch wahrzunehmen.

---

90 Vgl. Reif, Westfälischer Adel, S. 242.

Die Ehepartnerwahl

Dem Konnubium wird eine hohe Aussagekraft bei der Beurteilung des Verhältnisses sozialer Gruppen beigemessen. Im Gegensatz zu einem rein politischen oder wirtschaftlichen Zusammengehen zeigt die Verheiratung der Nachkommen, dass auch auf der intimen Ebene der Familie und in den Geselligkeitskreisen intensive Kontakte aufgenommen und durch Eheschließungen publik gemacht wurden. Bei dem Konnubium zwischen Adligen und Bürgerlichen wurde die soziale Dimension allerdings durch eine ständische überlagert. Da der Adel sich in erster Linie immer als Stand begriffen hat, dessen soziale Unterfütterung zwar wichtig aber dennoch zweitrangig war, haftete der bürgerlichen Heirat lange Zeit ein Odium des Abstiegs oder der Heirat um des materiellen Gewinns an. Für die adligen Töchter kam dazu, dass sie definitiv aus dem Stand ausschieden und von anderen Adligen nicht mehr an Hand des Namens erkannt wurden.

Angesichts der zahlenmäßigen Überlegenheit des Bürgertums barg eine zu weitgehende Öffnung des Adels zum Bürgertum eine Entwertung der ständischen Qualitäten in sich. Daher musste die Zahl exogamer Eheschließungen begrenzt werden, solange der Adel als Stand intakt bleiben wollte. Das adligbürgerliche Konnubium ist daher als Maximalindikator zu begreifen, dem mit Sicherheit vielfältige soziale Kontakte auf einem niedrigeren – die Homogenität des Standes nicht gefährdenden – Level vorausgingen.

Im Gegensatz zu anderen Adelsgruppen hat es in Brandenburg offensichtlich zu keiner Zeit so strenge Grenzziehungen zwischen Adel und Nichtadel gegeben, wie sie aus anderen Regionen Deutschlands bekannt sind.[91] Bereits für das Spätmittelalter sind viele Beispiele für eine Gemengelage der Stände überliefert. So hat es vielfältige Eheverbindungen zwischen Adligen und Bürgerlichen gegeben. Darüber hinaus besaßen Bürgerliche Schlösser und Burgen und sprachen als Richter Urteile über Adlige aus. Besonders hervorzuheben ist außerdem, dass die Domkapitel nicht ausschließlich dem Adel vorbehalten waren und es sogar bürgerliche Bischöfe gegeben hat.[92] Eine Stiftsfähigkeit oder auch eine Turnierfähigkeit, die durch dauerhaft endogame Heiraten gesichert werden musste, hat es in Brandenburg – wie auch in den meisten anderen ostelbischen Gebieten – nicht gegeben. Falls Ansätze dazu vorhanden waren, wurden sie durch die Reformation und das damit verbundene Wegfallen der meisten geistlichen Pfründen unterbunden.[93]

91 Eine extreme Ausprägung endogamer Abgeschlossenheit repräsentierte bspw. der münsterländische Stiftsadel, neben dem aber auch ein nichtstiftsfähiger Adel existierte, der mit Sicherheit nicht so stark abgeschlossen gewesen ist.

92 Vgl. Felix PRIEBATSCH, Die Hohenzollern und der Adel der Mark, in: Historische Zeitschrift, 88 (1901), S. 202-203. Allerdings ist die Grundauffassung von Priebatsch, dass die märkischen Adligen sich auf einer niedrigeren Kulturstufe als die fränkischen befanden, schwer beweisbar. Die Ursache dafür ist, dass Priebatsch sich im wesentlichen auf fränkische Berichte stützt und diese nicht mit anderen Quellen überprüft hat.

93 Neben einigen Klöstern, die zu Damenstiftern umgewandelt wurden, blieben im Bereich der ehemaligen Domkapitel in Brandenburg und Havelberg einige auf Großgrundbesitz gestützte Pfründen erhalten, die jedoch der zweiten Säkularisierung nach 1810 zum Opfer fielen. Davon, dass die Domherrenstellen jedoch nicht nur eine Erweiterung der Titulatur und der

Eheschließungen außerhalb des Standes kamen daher wahrscheinlich zu allen Zeiten vor, was auch dadurch bewiesen wird, dass im 18. Jahrhundert auf dem Verordnungswege dagegen vorgegangen wurde. Allerdings wurde nicht prinzipiell jede Ehe zwischen Adligen und Bürgerlichen unterbunden, sondern die Bestrebungen vor allem Friedrich Wilhelms I. richteten sich darauf, die Ehrbarkeit der Ehefrauen seiner männlichen adligen Untertanen zu sichern und Heiraten mit Angehörigen aus den Unterschichten zu verhindern. Daher wurde 1739 nicht die Eheschließung mit Bürgerlichen schlechthin verboten, sondern nur die ‚allzu ungleichen' und die ‚schändlichen' Heiraten.[94] Bei einer Eheschließung mit einer Frau ‚geringen Standes', die darüber hinaus in ‚offenbarer Schande' lebte, drohte dem adligen Mann der Verlust der Standeszugehörigkeit. War er Lehnsinhaber, schied er zu Gunsten des nächsten Agnaten aus dem Geschlecht aus. Bei einer ‚allzu ungleichen' Ehe dagegen erhielten die Kinder nicht die Standeszugehörigkeit des Vaters.[95] Da die adligen Töchter bei einer ungleichen Ehe ohnehin aus dem Stand ausschieden, bedurfte es hier keiner Sonderregelungen. Die wiederholten Verordnungen zeigen, dass diese Art der Eheverbindungen offensichtlich keine Ausnahmeerscheinung war. Sie verweisen außerdem darauf, dass die ständischen Grenzen von Teilen des Adels nur bedingt akzeptiert wurden. Dennoch fixierte das ALR die Eheschränkungen für Adlige erneut, bis sie 1869 endgültig beseitigt wurden.[96]

Die Männer

Für adlige Männer war die Eheschließung mit einer Frau aus dem gehobenen Bürgertum weder formal eine Schwierigkeit[97], noch war dadurch ihre Zuge-

---

Karrierechancen mit sich brachten, zeugt die Bitte des Grafen v. Königsmarck an den König, seinem Sohn, der letzter Minor des aufgelösten Domkapitels von Havelberg war, doch wenigstens eine halbe Stelle zu gewähren, da dies wichtig für seine Laufbahn wäre. Obwohl das Kapitel aufgelöst war, wurde dem Antrag zugestimmt und Graf Adolf Wilhelm Hans v. Königsmarck erhielt ab 1825 eine vierteljährliche Präbende von 404 Tlr. BLHA, Rep. 37, Berlitt und Kötzlin, Nr. 960.

94 Vgl. Edict, wieder die allzuungleiche und zum Theil schändliche Heyrathen deren von Adel in den Königl. Landen vom 8. Mai 1739. Vgl. auch V. KATTE, Niedersachsenadel, S. 110 ff. Nicht nur an dieser Stelle zeigt sich, dass v. Kattes Buch nicht nur als wissenschaftliche Literatur sondern auch als Quelle für adliges Denken zu benutzen ist. So schreibt er eine Laudatio auf das Verhalten Friedrich Wilhelm I., in der u. a. ausgeführt wird: „Wer einmal Gelegenheit hatte, zu beobachten, wie ganze Familien durch eine unüberlegte Ehe korrumpiert werden, wie schlechte Charaktereigenschaften in jeder Generation von neuem über gute siegen, wie sich die Nachkommen einer solchen Frau, gleichgültig welchen Familiennamen sie tragen, mit staunenswerter Zähigkeit in der Nachbarschaft des Kriminellen halten, der wird die hausväterliche Sorge eines Königs, der Huren nicht als Ahnfrauen preußischer Adelsgeschlechter wissen wollte, voll verstehen." Ebd., S. 112.

95 Eine reiche Mitgift konnte das Makel der allzu ungleichen Geburt jedoch wieder aufheben. Vgl. ebd., S. 111.

96 Vgl. BUCHSTEINER, Pommerscher Adel, S. 367.

97 Vollständig beseitigt wurden die Einspruchsmöglichkeiten der Landesherren jedoch bis zum Ende des Kaiserreiches nicht, wie einige Beispiele bei Röhl zeigen. Allerdings geht aus ihnen nicht hervor, ob sich der Einfluss vor allem auf die Mitglieder der Hofgesellschaft erstreckt hat. Vgl. John C. G RÖHL, Hof und Hofgesellschaft unter Kaiser Wilhelm II., in:

hörigkeit zum Stand gefährdet.[98] Das in autobiographischen Aufzeichnungen erkennbare Unbehagen der Verwandtschaft einer bürgerlichen Ehefrau gegenüber, dürfte zumindest teilweise durch die Mitgiften aufgewogen worden sein. Während durch die adligen Vererbungstechniken die Erbanteile der Töchter relativ gering gehalten wurden, ist durchaus zu vermuten, dass die bürgerlichen Schwiegerväter die ‚Aufwärtsheiraten' ihrer Töchter durch eine gute finanzielle Ausstattung begünstigten.[99] Dennoch stand die adlige Umwelt den bürgerlich geborenen Frauen mit Zurückhaltung gegenüber. So berichtet bspw. Editha v. Münchhausen – deren Vater als Müller v. Schönaich nobilitiert wurde[100] – über ihre Großmutter: „An beiden Männern (Vater und Bruder der Braut Julie v. Somnitz [R. S.]) war nichts auszusetzen, auch nicht an der Mutter. Denn wenn sie [...] auch eine Bürgerliche, eine geborene Harkort, war, so hatte sie doch zweifellos Geld. Aber woher dieser unsägliche Hochmut? [...] Eine Frau die drei Sprachen beherrschte, dazu Griechisch und Latein, und deren Haushalt dennoch tadellos in Ordnung schien. Sie bewegte sich in diesem ihr ganz neuen Kreis mit so viel Sicherheit, dass man nur staunen konnte."[101] Noch nachträglich ist bei der Autorin die Verwunderung zu spüren, dass sich die bürgerliche Frau – die immerhin ihre Großmutter war – so überlegen in dem ihr fremden gesellschaftlichen Umfeld bewegt hatte.

Dass sich die prinzipielle Haltung den eingeheirateten bürgerlichen Frauen gegenüber lange Zeit kaum wandelte, erfuhr auch der 1912 geborene Klaus v. Bismarck, der berichtete: „Wenn ich als junger Landwirt oder Offizier oder einfach als tanz- und jagdfreudiger junger Mann von der ländlichen ‚Gesellschaft' zu Festen oder Jagden eingeladen wurde, wurde ich häufig von Müttern und Töchtern mit und ohne „Klapp-Altar" (so drückte man die listigen Bemühungen aus, den Erben eines ansehnlichen Besitzes durch Heirat einzufangen) gefragt: ‚Was ist denn Ihre Frau Mutter für eine Geborene?' Und wenn ich antwortete, meine Mutter sei eine geborene Koehn aus Berlin, so löste das zwar niemals eine abschätzige Bemerkung zur nicht standesgemäßen

---

Kaiser, Hof und Staat. Wilhelm II. und die deutsche Politik, München⁴ 1995, S. 78-115, hier S. 107.

98 Ein Versuch Friedrich Wilhelm IV. aus dem Jahre 1842, unebenbürtige Heiraten mit Adelsverlust der Nachkommen zu bestrafen, wurde von seinen Ministern – mit Ausnahme des Innenministers v. Rochow – einhellig abgelehnt. Gegen den Versuch von 1840, die Vererbung des Grafen- bzw. Freiherrentitels neben fideikommissarischem Besitz auch an eine adlige Mutter zu knüpfen, erhob sich adliger Protest. Vgl. Siegfried NEUMANN, Die Stufen des preußischen Konservatismus. Ein Beitrag zum Staats- und Gesellschaftsbild Deutschlands im 19. Jahrhundert, Berlin 1930, S. 30 f.

99 Auf die Bedeutung der Ausstattung für die soziale ‚Verbesserung' der Töchter verweist auch v. Treskow für seine nobilitierte Familie. V. TRESKOW, Adel, S. 359.

100 Die Nobilitierung wurde dadurch begünstigt, dass die Mutter des Kandidaten eine geborene v. Schönaich war und sich ihr Vetter, der Prinz v. Schönaich, für ihren Sohn einsetzte. Vgl. V. MÜNCHHAUSEN, Dotterblumen, S. 121 ff.

101 Die Eheschließung des fünfzigjährigen Majors Benno Müller v. Schönaich dürfte etwa um 1870/1880 stattgefunden haben. Ebd., S. 24.

Herkunft meiner Mutter aus, aber es war auch ohne Worte unverkennbar, dass in vielen adligen Familien so gedacht wurde."[102]

Während es noch in der ersten Hälfte des 19. Jahrhunderts ein Skandal war, wenn sich eine Frau ohne den entsprechenden ständischen Hintergrund in der Hofgesellschaft zu sehr exponierte[103], sind die bürgerlich geborenen Frauen auf den Rittergütern und in den adligen Familien schon rein quantitativ nicht mehr zu übersehen gewesen.

Tabelle 100: Der Anteil adliger Ehepartnerinnen der männlichen Angehörigen brandenburgischer Landadelsfamilien (1740-1879)

Geburtsjahre*	eine adlige Frau heirateten			
	Rittergutsbesitzer		andere Söhne	
	Fälle	in %	Fälle	in %
1740-1759	58	85,3 %	-	-
1760-1779	86	86,9 %	13	64,3 %
1780-1789	61	76,3 %	19	69,2 %
1790-1799	62	88,6 %	8	66,7 %
1800-1809	63	79,7 %	16	62,5 %
1810-1819	53	84,1 %	10	60,0 %
1820-1829	85	89,5 %	10	63,3 %
1830-1839	53	84,1 %	10	70,0 %
1840-1849	61	85,9 %	10	78,1 %
1850-1859	62	78,5 %	17	71,7 %
1860-1869	32	74,4 %	11	77,8 %
1870-1879	24	88,9 %	-	-
	700	83,6 %	137	69,9 %

* Die ersten beiden Geburtskohorten umfassen je zwanzig Geburtsjahre

Die Auswertung der Eheschließungen in unserem Sample zeigt, dass jede fünfte Frau (nur Erstheiraten) auf den Rittergütern und jede dritte Frau eines

102 Klaus V. BISMARCK, Aufbruch aus Pommern. Erinnerungen und Perspektiven, München u. Zürich 1992, S. 27 f. Aber wie bei der Quellengattung Autobiografie nicht anders zu erwarten, gibt es auch Zeugnisse für eine andere Haltung. So berichtet Fedor V. ZOBELTITZ über seine Mutter: „Sie war die erste Bürgerliche in der Familie, und ich glaube, grade uns Kindern hat der bürgerliche Blutzuschuß außerordentlich gutgetan. Bei den Verwandten wurde die liebreizende junge Frau sofort mit offenen Armen aufgenommen." Ders., Ich habe so gern gelebt. Die Lebenserinnerungen, Berlin 1934, S. 18.

103 So berichtet bspw. Karoline v. Rochow über die Gräfin Pappenheim, die eine Tochter aus der ersten Ehe des Staatskanzlers Hardenberg war, dass sie bei Hofe mit zwei Töchtern erschien, „von denen nur die ältere wirklich Gräfin Pappenheim war, die andere adoptiert, aber durchaus auf gleichem Fuß mit der sogenannten Schwester in allen Beziehungen auftretend und in die große Welt eingeführt, was für ein namenloses Wesen bisher noch eine unerhörte Sache war. Sehr hübsch und angenehm, gehörte sie zu den vorzüglich vom Könige protegierten jungen Damen, und man froh als sie, ohne nähere Beziehungen, wieder vom Schauplatz verschwand." Karoline V. ROCHOW (geb. v. d. Marwitz), Vom Leben am preußischen Hofe 1815-1852, Aufzeichnungen bearbeitet von Luise v. d. Marwitz, Berlin 1908, S. 104.

nicht erbenden Sohnes bürgerlicher Herkunft war (vgl. Tabelle 100).[104] Dabei ist bei den Großgrundbesitzern in Ansätzen eine Übergangsphase – wie sie auch im Münsterland beobachtet wurde[105] – zu erkennen. So war der Anteil bürgerlicher Eheschließungen für die zwischen 1780-1789 geborene Generation deutlich höher als bei den vorhergehenden und nachfolgenden. Das deutet darauf hin, dass vor allem die Reformära eine offenere Periode war. Der starke Anstieg des Anteils adliger Ehefrauen bei der zwischen 1870-1879 geborenen Generation scheint dagegen auf eine beginnende ständische Abschließung im Kaiserreich hinzudeuten.

Diese Zahlen stützen jedoch nicht die immer wieder aufgestellte, aber nicht belegbare These, dass Teile des preußischen großgrundbesitzenden Adels nur überleben konnten, weil sie kurz vor dem Konkurs eine vermögende Fabrikantentochter heirateten.[106] Wenn man die weitgehend ähnlichen Angaben für die pommerschen Großgrundbesitzer mit heranzieht, zeigt sich erst für die etwa ab 1900 heiratenden Generationen eine stärkere Öffnung zum Bürgertum. Während auch hier bei den zwischen 1786 und 1875 geborenen Generationen nur jede fünfte Frau aus bürgerlichen Kreisen stammte, war es bei den nach 1875 Geborenen bereits jede dritte.[107]

Bei den deutlich stärker bürgerlich heiratenden Brüdern ist dagegen für das brandenburgische Sample sogar ein gegenläufiger Trend auszumachen. Die ab etwa 1855 heiratenden Männer ohne Großgrundbesitz suchten sich ihre Ehepartnerinnen in immer stärkerem Maße wieder innerhalb des eigenen Standes und näherten sich in dieser Frage ihren bodenbesitzenden Brüdern weitgehend an.[108]

---

104 Noch stärker war dieser Trend in Hessen ausgeprägt, wo von den zwischen 1850-1899 geborenen Männern bereits 49 % eine bürgerliche Frau heirateten. Vgl. PEDLOW, Hessian Nobility, S. 45.

105 Während die Stammherren, also die Großgrundbesitzer des münsterländischen Stiftsadels, zur Wahrung der Familienrechte in der Regel ausschließlich adlig und zu einem hohen Anteil wiederum Stiftsadlige heirateten, stellte Reif für den Zeitraum von 1770 bis 1819 eine Umbruchsphase fest, in der 17 % dieser Gruppe bürgerliche Ehefrauen wählten. Nach 1820 war das Bürgertum als Heiratspartner der Stammherren wieder weitgehend ausgeschlossen. Die münsterländischen Adligen, die nicht Stammherren wurden, verhielten sich dagegen ähnlich wie die nachgeborenen Söhne in Ostelbien oder Hannover und heirateten sehr stark bürgerlich. Zwischen 1820-1869 lag der Anteil bürgerlicher Ehefrauen mit 45 % in etwa auf dem selben Niveau wie in Pommern. Vgl. REIF, Westfälischer Adel, S. 241 f. und BUCHSTEINER, Pommerscher Adel, S. 367.

106 Vgl. u. a. v. Treskow, der – von seiner für den preußischen Adel nicht repräsentativen Gruppe ausgehend – behauptet, dass dem Bemühen um Fabrikantentöchter ein wirtschaftlicher Niedergang in den 1880er und 1890er Jahren sowie ‚gewaltige Besitzveränderungen' vorausgingen. Keine seiner auf die liberale Adelskritik des 19. Jahrhunderts zurückgehenden Thesen lässt sich für Brandenburg verifizieren. V. TRESKOW, Adel, S. 355. Siehe auch Hans Joachim HENNING, Sozialgeschichtliche Entwicklungen in Deutschland von 1815 bis 1860, Paderborn 1975, S. 82 oder WEHLER, Gesellschaftsgeschichte, Bd. II, S. 153 f.

107 BUCHSTEINER, Adel und Bodeneigentum, S. 60. Eine Differenzierung dieser Generation zwischen den Männern, die noch im Kaiserreich heirateten und denen, die in der Weimarer Republik eine Ehe schlossen, würde sicher weitere Unterschiede deutlich machen.

108 Ein identischer Vorgang war auch bei den nachgeborenen Söhnen des münsterländischen Stiftsadels zu beobachten, bei denen spätestens nach 1870 die „ältere ständische Orientie-

Diese Entwicklungen stehen in deutlichem Widerspruch zu den Daten für größere Adelsgruppen in Pommern und Hannover, die – ungeachtet einiger Schwankungen – einen eindeutigen Trend hin zu bürgerlichen Ehen erkennen lassen.[109] Da in beiden Untersuchungsgruppen jedoch die Großgrundbesitzer in der zweiten Hälfte des 19. Jahrhunderts in der Minderzahl waren, erklären sich die Unterschiede ganz wesentlich wieder aus der Sonderrolle der Rittergutsbesitzer und ihrer Geschwister. Diese haben konsequenter an dem tradierten, überwiegend endogamen Heiratsmodell festgehalten. Eine Betrachtung des Adels als Gesamtgruppe, die dem Unterschied zwischen Großgrundbesitzern und anderen Adligen nicht Rechnung trägt, führt daher zu einer Verwischung der erheblichen Binnendifferenzierung, die nicht zuletzt im Heiratsverhalten ihren Ausdruck fand.

Dennoch war auch bei den Rittergutsbesitzern immer ein Teil der Ehefrauen und damit auch der Mütter der nächsten Generationen bürgerlicher Herkunft. Auch wenn sie sich den adligen Umgangs- und Geselligkeitsformen anpassen musste, konnte eine bürgerliche Frau ganz andere Werte in die adlige Familie einbringen und vor allem an die Kinder weiterreichen. Eindringlich berichtet darüber u. a. der aus dem Baltikum stammende Hugo Freiherr v. Freytag-Loringhoven: „Uns Geschwistern ist ein verstärkter deutscher Einschlag zuteil geworden durch unsere hanseatische Mutter Mathilde geborene Kalkmann, Tochter eines Bremer Reeders. [...] Durch meine Mutter erhielt unser Elternhaus in vielem das Gepräge des guten deutschen Bürgerhauses. Die deutsche Bildung der zweiten Hälfte des 19. Jahrhunderts war in ihm herrschend."[110] Auf einem ähnlichen Erfahrungshintergrund fußt auch die Schilderung der ebenfalls aus baltischem Adel stammenden Camilla v. Stackelberg, die darüber berichtet, wie sie in die rein adlige Familie ihres ersten Mannes eingeführt wurde: „Ich mußte mich erst an das neue, von meinem Elternhaus so grundverschiedene Milieu gewöhnen. Langsam begriff ich, daß die durch meine Mutter (eine Pastorentochter [R. S.]) so stark vertretene Welt des Bürgertums etwas völlig anderes war als die Welt des Adels."[111]

Ein mögliches Kriterium, das die Bedeutung der bürgerlich geborenen Mutter für ihre Kinder widerspiegeln kann, ist deren Heiratsverhalten. Und in der Tat zeigt sich, dass die adligen Söhne bürgerlich geborener Frauen häufiger außerhalb des Standes heirateten. Während im Gesamtsample jeder fünfte Adlige eine bürgerliche Frau heiratete, war es von denen mit einer bürgerli-

rung des Heiratsverhaltens" wieder an Stärke gewann. Heinz REIF, »Erhaltung adligen Stamm und Namens« – Adelsfamilie und Statussicherung im Münsterland 1770-1914, in: Neidhard BULST u. a. (Hg.) Familie zwischen Tradition und Moderne, Göttingen 1981, S. 295.

109 Vgl. v. KATTE, Niedersachsenadel, S. 108 und BUCHSTEINER, Pommerscher Adel, S. 367. Im Gegensatz zu ihrer Untersuchung über Adel und Bodeneigentum hat Buchsteiner in diesem Aufsatz jeweils nur das von ihr zusammengestellte Gesamtsample pommerscher Adliger untersucht.

110 Hugo FREIHERR VON FREYTAG-LORINGHOVEN, Menschen und Dinge wie ich sie in meinem Leben sah, Berlin 1923, S. 6.

111 Camilla V. STACKELBERG, Verwehte Blätter. Erinnerungen aus dem alten Baltikum, Berlin 1992, S. 126.

chen Mutter jeder dritte. Eine noch stärkere Abhängigkeit stellte Buchsteiner für ihre pommersche Untersuchungsgruppe fest. Hier heiratete von den nach 1846 geborenen Männern mit einer bürgerlichen Mutter sogar die Mehrzahl wiederum bürgerlich.[112]

Betrachtet man jedoch nur die Rittergutsbesitzer, zeigt sich erneut deren besondere Stellung innerhalb des Adels. Nach Ausschluss der Männer aus nobilitierten Familien, die ein anderes Heiratsverhalten als der übrige Adel aufwiesen, ist eine weitgehende Konvergenz im Heiratsverhalten von adligen Großgrundbesitzern festzustellen. Während von denen mit einer bürgerlichen Mutter 18 % (16 von 89) eine bürgerliche Frau heirateten, waren es von denen mit ausschließlich adligen Eltern 15 % (113 von 759). Diese Daten verweisen darauf, dass im stark adlig geprägten Umfeld des Großgrundbesitzes die bürgerliche Herkunft der Mutter – zumindest was das Heiratsverhalten ihrer Kinder anging – an Bedeutung verlor. Anders als in der Stadt, wo es ein geschlossenes adliges Milieu, wenn man von der Berliner Hofgesellschaft vor 1888 absieht, nur in begrenztem Umfang gab, wurde die bürgerliche Frau auf dem Lande von ihrer adligen Umwelt wahrscheinlich sehr stark assimiliert.

Allerdings verweist die Entscheidung einen Rittergutsbesitzer oder potentiellen Gutserben zu heiraten, auch darauf, dass seitens der bürgerlichen Frau und ihrer Eltern, die Bereitschaft in diese Umwelt einzugehen, vorhanden war. Im Bereich der Rittergüter konnte der Adel in viel stärkerem Maße als in der Stadt einen homogenen Geselligkeitsbereich aufrechterhalten, was sich auch im Heiratsverhalten widerspiegelte. Hinzu kommt, dass der adlige Rittergutsbesitzer viel stärker als seine Standesgenossen in städtischem Umfeld in der Lage war, eine standesgemäße Existenz ohne die Finanzspritze einer stattlichen (bürgerlichen) Mitgift zu sichern. Dies zeigt wiederum die Bedeutung, welche die Rittergüter als Rückzugs- und Sicherungslinien des Standes hatten. Bei der in der zweiten Hälfte des 19. Jahrhunderts für das brandenburgische Sample sichtbaren Abschließung des Adels als Gesamtgruppe erfolgte daher – nicht nur im Heiratsverhalten der nachgeborenen Söhne – auch eine Reorientierung auf Werte und Verhaltensweisen, die auf den Gütern und von deren Besitzern konserviert worden waren. Die aktive Rolle, die der Adel bei der Aufrechterhaltung und Forcierung des Stadt-Land-Gegensatzes gespielt hat, dürfte nicht zuletzt ihre Ursache in der erkannten Gefährdung des Standes durch städtische, bürgerliche Lebens- und Verhaltensweisen gehabt haben.

Der dennoch in allen Generationen nicht unbedeutende Anteil bürgerlicher Heiraten des brandenburgischen Landadels bedeutete nicht, dass jede Familie bzw. jedes Geschlecht sich in dieser Beziehung öffnete. In einem Drittel der untersuchten Geschlechter kam es im gesamten Untersuchungszeitraum zu keiner Verbindung mit bürgerlichen Frauen. Fast ausschließlich endogam heirateten erwartungsgemäß die hochadligen Familien, die ohnehin einen vom übrigen Adel weitgehend abweichenden eigenen hochadligen Heiratskreis bevorzugten.[113] Auch die alten Reichsgrafenfamilien und ein großer Teil der

112 Vgl. BUCHSTEINER, Pommerscher Adel, S. 369.

113 Unter den 27 Eheschließungen hochadliger Männer des Samples (Grafen v. Brühl, Grafen v. Lynar, Grafen/Fürsten v. Solms) gab es nur zwei mit einer bürgerlichen Frau. Während

von preußischen Königen in den Grafenstand erhobenen Familien wiesen ausschließlich adlige Ehefrauen auf.[114] Hinzu kamen schließlich noch eine Reihe untitulierter alter adliger Familien.

Die Männer aus nobilitierten Familien zeigten dagegen deutliche Präferenzen zu ihrer ursprünglichen Herkunftsgruppe und heirateten weiterhin stark bürgerlich.[115] Im Falle größerer Vermögen stand einer partiellen Assimilation in den alten Adel im Verlaufe einiger Generationen offensichtlich nichts im Wege. So lassen sich bspw. für die Familien v. Risselmann (nobilitiert 1746), v. Cranach (Adelstitel seit dem 18. Jahrhundert geführt)[116], v. Treskow (1797) oder die Freiherren v. Eckardstein (1799) im 19. Jahrhundert eine Vielzahl von Verbindungen mit dem alten Adel feststellen. Dennoch überstieg der Anteil bürgerlicher Ehen den in den Uradelsfamilien deutlich. Es ist daher problematisch, wenn die Ergebnisse der Untersuchung solcher Familien auf den preußischen Adel als Gesamtgruppe übertragen werden.[117] Vielmehr ist danach zu fragen, welche Nachkommen von Nobilitierten in welche sozialen Gruppen heirateten. Die Daten unseres für dieses Problem zahlenmäßig sehr schwachen Samples weisen darauf hin, dass es auch hier vor allem die Rittergutsbesitzer waren, die im wesentlichen adlig heirateten, während die anderen Söhne in noch stärkerem Maße als die aus altadligen Familien ihre Frauen aus dem Bürgertum wählten.

---

die bürgerliche Frau des nicht den Großgrundbesitz erbenden Graf v. Brühl im gesellschaftlichen Umfeld sicher nicht so auffiel, war die Hochzeit des Erben von Fürstlich Drehna ein Skandal. Noch Jahrzehnte später berichtete Hermann Freiherr v. Eckardstein: „Diese Heirat erregte seinerzeit großes Aufsehen und bei einem gewissen Teil der Berliner Gesellschaft sogar Ärgernis, indem der alte Fürst seiner jungen Witwe den bei weitem größten Teil seines beträchtlichen Vermögens sowie die Standesherrschaft Fürstlich-Drehna hinterlassen hatte. Sie war von bürgerlicher Abstammung und eine geborene Fräulein Sänger aus Berlin. Um nach den damaligen Gesetzen den alten Fürsten heiraten zu können, hatte ihr Friedrich Wilhelm IV. den Namen von Gollwitz verliehen." FREIHERR V. ECKARTSTEIN, Erinnerungen, Bd. I., S. 34.

114 Ausschließlich adlig heirateten bspw. die in das Sample aufgenommenen Angehörigen der Grafen v. Berg, Grafen v. Eickstedt, Grafen v. Hardenberg, Grafen v. Houwald, Grafen v. Redern, Grafen v. d. Schulenburg, Grafen v. Voß und die Grafen v. Wilamowitz-Möllendorff

115 Von den 46 Männern aus im 18. oder 19. Jahrhundert nobilitierten Familien heirateten 22 (48 %) bürgerlich. Ein noch stärker auf bürgerliche Ehepartner bezogenes Heiratsverhalten der Nobilitierten machten Pomp/Wehry aus. In ihrer Untersuchungsgruppe lag der Anteil bürgerlicher Ehefrauen der Männer aus nobilitierten Familien in allen Generationen bei 70 %. Dagegen stellten sie für Standesherren und Reichsritter – die im brandenburgischen Sample nicht vertreten sind – eine verhältnismäßig geringe Affinität zu bürgerlichen Ehefrauen fest, die sich in etwa auf dem Niveau der münsterländischen Stammherren oder der brandenburgischen Rittergutsbesitzer aus alten adligen Familien befunden hat.

116 Dieser Familie, die in direkter Linie von dem Maler Lukas Cranach d. Ä. abstammt, wurde kein Adelsdiplom verliehen. Dennoch wird sie seit Ende des 18. Jahrhunderts zum preußischen Adel gezählt. Möglicherweise hat sich der Rittergutsbesitzer und Hauptmann a. D. Christian Lukas (v.) Cranach (1753-1824) den Adelstitel zugelegt und unbeanstandet geführt.

117 Vgl. v. TRESKOW, Adel, S. 368 f. Leider sind die Zahlen über die Familie v. Treskow nicht so aufbereitet, dass sie mit denen der anderen Untersuchungen zu vergleichen wären.

Welche Bedeutung die bürgerlichen Ehefrauen für die einzelnen Geschlechter hatten, ist schwer zu rekonstruieren. Während in einige Familien(-zweige) über Generationen hinweg immer wieder bürgerliche Ehefrauen eintraten, wurden in anderen ausschließlich Adlige geheiratet.[118] Ein Beispiel für besonders zahlreiche Verbindungen mit Bürgerlichen war die Familie v. Klitzing. Diese war bereits sehr frühzeitig mehrfach Ehebeziehungen mit Mitgliedern des Kreises um die vorwiegend im magdeburgisch-altmärkischen Raum angesiedelte bürgerliche Landwirtsfamilie Benecke eingegangen. Diese brachten für die wirtschaftliche Entwicklung der Güter des adligen Geschlechtes große Vorteile.[119]

Im folgenden soll die regionale Herkunft der adligen Frauen, die einen brandenburgischen Großgrundbesitzer heirateten, näher untersucht werden. Für die Zuordnung der Ehepartnerinnen zu den verschiedenen Adelsregionen steht in den meisten Fällen nur die Angabe des ‚Gotha' über die ursprüngliche Zugehörigkeit der Familien (z. B. ‚niedersächsischer Uradel') zu Verfügung. Auch wenn sich diese Angabe mit der realen geographischen Zuordnung der Adligen nicht gleichsetzen lässt, ermöglicht sie eine grobe Einordnung der Geschlechter der Ehefrauen. Eine sichere Zuweisung ist dagegen bei der Herkunft aus einer Familie mit Großgrundbesitz in der Provinz möglich. Die diesbezüglichen Daten zeigen, dass jede vierte adlige Ehefrau (170 von 713) aus den selben sozialen Kreisen der Provinz wie ihr Ehemann stammte. Dieser Anteil blieb über den gesamten Untersuchungszeitraum weitgehend konstant. Er wird durch die Einbeziehung der Rittergutsbesitzer, deren Güter in anderen preußischen Provinzen lagen, auf 34 % erhöht. Mindestens jede dritte adlige Ehefrau eines Rittergutsbesitzers kam also ebenfalls von einem Gut.

Aus brandenburgischem Adel mit und ohne Großgrundbesitz stammten insgesamt 42 % aller Ehefrauen.[120] Aus dem Adel des ostelbischen Preußen kamen sogar zwei von drei Frauen der adligen Großgrundbesitzer (64 %). Das

118 Anschauliche Beispiele dafür lassen sich in der weitverzweigten Familie v. Arnim finden. Von 106 registrierten Ehen von männlichen Namensträgern wurden 24 mit bürgerlichen Frauen eingegangen. Diese verteilten sich jedoch sehr ungleich auf die verschiedenen Familienzweige, so dass in einer beachtlichen Anzahl von ihnen bürgerliche Ehefrauen eine Ausnahme blieben oder gar nicht vorkamen. Adelsfamilien mit einer großen Anzahl oder einem hohen Anteil bürgerlicher Frauen waren u. a. : v. Bredow (71 Eheschließungen darunter 10 bürgerliche Frauen), v. d. Hagen (38/8), v. Holtzendorff (22/8), v. Klitzing (25/8), v. Rheinbaben (14/7), v. Stülpnagel (24/10), v. Wartenberg (17/7), v. Winterfeldt (81/16).

119 Bei der Stiftung des alten Familiengutes Demerthin zum Fideikommiß waren daher unter den zum Fideikommissvermögen zählenden 21 Gemälden auch drei von Mitgliedern der Familie Bennecke. Vgl. BLHA, Rep. 53A, Nr. 976, Die Inventare des Fideikommisses Demerthin und Rehfeld, Anlage B, Schlossinventar (1898).

120 Auf Grund der Restriktionen, welche die Wahrung der Stiftsfähigkeit mit sich brachte, war der Heiratskreis des westfälischen Stiftsadels deutlich stärker eingeschränkt. Hier heirateten – mit Ausnahme der Umbruchsphase (1770-1819) – mehr als 80 % der Stammherren innerhalb des eng umgrenzten Heiratskreises. Die nachgeborenen Söhne wählten ihre Frauen – wenn sie eine Ehe eingehen konnten – dagegen nur in sehr geringem Maße aus der sozialen Gruppe, der sie entstammten. In der Zeit zwischen 1820-1869 überstieg der Anteil bürgerlicher Frauen (45 %) den von Frauen aus dem westfälischen Stiftsadel (22 %) um das Doppelte. Vgl. REIF, Westfälischer Adel, S. 241.

bedeutet, dass diese zu großen Teilen innerhalb eines relativ geschlossenen adligen Heiratskreises blieben. Allerdings ist die Größe des ostelbischen Preußen und die enorme Anzahl der dort vorhandenen Adelsfamilien zu bedenken, die bei Wahrung der traditionellen Muster eine breite Palette von Möglichkeiten bot. Bezieht man den Adel der direkten Nachbarstaaten, wie Sachsen, Hannover oder Mecklenburg mit ein, dann stammte nur jede vierte Frau, die einen brandenburgischen Großgrundbesitzer heiratete, nicht aus der gleichen Adelsregion oder ihrem näheren Umfeld. Bürgerlich geborenen Frauen dürfte es in einem solchen Umfeld, in dem man sich entweder bereits persönlich kannte oder zumindest am Namen erkannte, sehr schwer gefallen sein, eine bürgerliche Identität zu wahren.

Zur Herkunft der bürgerlichen Frauen adliger Männer liegen auf Grund der Quellenlage kaum verwertbare Informationen vor. Es kann einzig die Frage beantwortet werden, inwieweit zwischen dem alten Landadel und den längerfristig etablierten bürgerlichen Großlandwirtsfamilien Heiratsverbindungen angeknüpft worden sind. Die These von der Verschmelzung adliger und bürgerlicher Rittergutsbesitzer zu einer gemeinsamen Klasse legt die Annahme nahe, dass ab einem bestimmten Zeitraum auch in diesem Bereich intensivere Beziehungen entstanden.

Die diesbezüglichen Zahlen zeigen jedoch eindeutig, dass sich die bereits auf vielen anderen Ebenen konstatierten Unterschiede auch in den Heiratsbeziehungen manifestierten. Unter den 221 bürgerlichen Ehepartnerinnen, die sich im Rahmen von insgesamt 1.123 Eheschließungen ausmachen lassen, waren lediglich zehn Töchter von bürgerlichen Großgrundbesitzern. Selbst wenn noch einige Fälle hinzukämen, die bei häufig vorkommenden Namen nicht sicher zu identifizieren sind, würde sich der Anteil der Frauen aus dieser Gruppe nur unwesentlich vergrößern. Es bleibt daher festzuhalten, dass die Töchter der alten bürgerlichen Großgrundbesitzer in Brandenburg eindeutig nicht zu den Kreisen zählten, aus denen die adligen Männer ihre Frauen wählten.[121] Ihr Anteil blieb sogar unter den bürgerlichen Frauen marginal, was die Frage aufwirft, welchen Kreisen des Bürgertums diese entstammten.[122]

---

121 Ganz im Gegensatz dazu vermittelt v. Treskow – ohne genaue und zuordnungsfähige Zahlen zu nennen – den Eindruck, dass adlige Großgrundbesitzer neben ständisch gleichgestellten Frauen bevorzugt die Töchter von bürgerlichen Rittergutsbesitzern geheiratet hätten. Dies verweist einmal mehr auf die begrenzte Aussagekraft seines zahlenmäßig relativ kleinen Samples für ‚den' preußischen Adel. Vgl. v. TRESKOW, Adel, S. 361.

122 Einen wesentlich größeren Anteil von ländlichem Bürgertum und bürgerlichen Gutsbesitzern unter den Ehepartnern des Adels hat Buchsteiner für Pommern ermittelt. Beide – von ihr nicht näher definierten – Gruppen sollen jeweils rund 20 % der bekannten Schwiegerväter der nach 1845 geborenen adligen Männer gestellt haben. BUCHSTEINER, Adel und Bodeneigentum, S. 60 f. Dass diese Zahlen überhöht sind, ist jedoch daran zu erkennen, dass die bekannten bürgerlichen Schwiegerväter der vierten Generation 26,6 % (Tabelle 17, S. 61) ausmachten, während der Anteil bürgerlicher Ehefrauen in dieser Generation – ähnlich wie in Brandenburg – nur bei 18,4 % lag (Tabelle 16). Zur genaueren Darstellung der Relationen hätten die Prozentwerte in Bezug zur Gesamtgruppe gesetzt werden müssen. Außerdem bleibt unklar, wer zum ländlichen Bürgertum zu zählen ist. Etwas abweichende Zahlen liefert Buchsteiner in ihrem Aufsatz über den Pommerschen Adel, auch diese erscheinen jedoch zu hoch. Vgl. BUCHSTEINER, Pommerscher Adel, S. 370.

Da es hierzu kaum Informationen gibt, ist zu vermuten, dass es vor allem die großen Städte und die Garnisonsorte waren, in denen adlige Männer ihre späteren Ehefrauen kennen lernten. Während der Militärdienstzeiten, des Studiums oder im Rahmen von Beamtenlaufbahnen boten sich mit Sicherheit eine Vielzahl von Möglichkeiten der Partnerwahl. Im ländlichen Raum oder bei den Hofbällen waren bürgerliche Frauen dagegen lange Zeit eher eine Ausnahme gewesen. Die bürgerlichen Frauen dürften daher in der Mehrzahl aus dem Kreise hoher Beamter, Militärs und der Wirtschaftsbürger gekommen sein, wobei eine Gewichtung zwischen diesen Gruppen nicht möglich ist. Eine Vermittlungsfunktion könnten dabei frühere Heiraten in die gleichen Kreise hinein gehabt haben. So zeigte v. Treskow für seine Untersuchungsgruppe eine starke Beziehung zu den Spitzen der französischen Kolonie in Berlin.[123] Allerdings waren die Heiratskreise des Adels nicht nur auf das preußische Bürgertum beschränkt, sondern es ist bspw. auch eine Affinität zum patrizischen Bürgertum der Hansestädte erkennbar. Möglicherweise wurde diese adelsähnliche Gruppe, die auf wesentlich älteren Fundamenten als der Berliner oder rheinisch-westfälische Geldadel fußte, in besonderem Maße als ebenbürtig wahrgenommen.[124]

Ein geradezu spiegelverkehrtes Bild liefert die Untersuchung des Heiratsverhaltens der Söhne der bürgerlichen Rittergutsbesitzer (vgl. Tabelle 101).

Tabelle 101: Die soziale Herkunft der Ehepartner der männlichen Angehörigen bürgerlicher Großgrundbesitzer in Brandenburg (1780-1899)

Generation	**Rittergutsbesitzer**		**andere**	
	Ehefrau kam aus dem			
	Bürgertum	**Adel**	**Bürgertum**	**Adel**
2 (1780-1809)	24 (88,9 %)	3 (11,1 %)	7 (87,5 %)	-
3 (1810-1839)	23 (85,2 %)	4 (14,8 %)	15 (88,2 %)	2 (11,8 %)
4 (1840-1869)	25 (83,3 %)	5 (16,7 %)	19 (73,1 %)	7 (26,9 %)
5 (1870-1899)	14 (73,7 %)	5 (26,3 %)	13 (86,7 %)	2 (13,3 %)
Gesamt	92 (82,9 %)	17 (17,1 %)	55 (82,1 %)	12 (17,9 %)

123 Ebd., S. 353.

124 Umgekehrt hatten es mittellose Adlige in dieser Gesellschaft jedoch auch nicht leicht, anerkannt zu werden, wie v. Schubert eindrucksvoll berichtet: „Das Gefühl, inmitten des mich umgebenden Wohlstandes ein armer Schlucker zu sein, lastete anfangs wohl recht drückend auf mir, denn die Zugehörigkeit zu einem ehrenwerten und geachteten Stande hatte in Hamburg – wenigstens damals – keine Bedeutung und ausgleichende Geltung." v. SCHUBERT, S. 32 f.

Sie heirateten in genauso starkem Maße innerhalb der eigenen Gruppe, wie die Adligen mit Bodenbesitz dies taten. Ungeachtet der Schwankungen in einigen Generationen, die der geringen Anzahl von Daten zuzuschreiben sind[125], heirateten durchschnittlich vier von fünf Söhnen wiederum eine bürgerliche Frau. Es zeigt sich wie schon beim Heiratsalter und den Heiratschancen, dass sich die Männer ohne Großgrundbesitz ähnlich wie ihre Brüder verhielten. In beiden Gruppen ist der Anteil adliger Ehefrauen weitgehend identisch.

Die Untersuchung der Herkunft der bürgerlichen Ehefrauen zeigt eine noch stärkere Konzentration auf das engere Umfeld, als sie beim Adel feststellbar war (vgl. Tabelle 102). Fast die Hälfte der bürgerlichen Ehefrauen (43 %) kamen entweder von einem Rittergut, oder ihre Väter waren Pächter eines landwirtschaftlichen Großbetriebes. Dies zeigt die enge Verzahnung zwischen den bürgerlichen Großlandwirten, egal ob sie Pächter oder Eigentümer waren.

Tabelle 102: Die Berufe der Schwiegerväter der männlichen Angehörigen bürgerlicher Großgrundbesitzer in Brandenburg

Beruf des Schwiegervaters	Anzahl	in %
Rittergutsbesitzer	37	23,3 %
Pächter	31	19,5 %
Beamter	22	13,8 %
Kaufmann	11	6,9 %
Offizier	6	3,8 %
Pfarrer	5	3,1 %
Bauer	3	1,9 %
andere	9	5,7 %
unbekannt	35	22,0 %
gesamt	159	100 %

Adlige Männer haben dagegen nur in Ausnahmefällen die Töchter von Pächtern geheiratet. Da sie auch nur selten die Töchter der altangesessenen bürgerlichen Rittergutsbesitzer geheiratet haben, werden zwei getrennte Heiratskreise sichtbar, die auch auf separierte Geselligkeitskreise schließen lassen.[126] Eine mögliche Ursache für die noch stärkere Bevorzugung der eigenen sozialen Gruppe durch die Bürgerlichen könnte sein, dass deren Kontaktfelder beschränkter waren. Im Gegensatz zu den Adligen, die vor der Übernahme der

125 Das prozentuale Absinken des Anteils bürgerlicher Ehen bei den Rittergutsbesitzern der 5. Generation lässt sich nicht linear als verändertes Verhalten gegenüber dem Adel interpretieren, da damit kein entsprechender Anstieg der Zahl adliger Ehefrauen verbunden war. Vielmehr ist bei dieser Generation die Auswirkung des I. Weltkrieges erkennbar, die dazu führte, dass die Zahl der Ehen deutlich zurückging.

126 Für solche Verbindungen sind nur zwei Beispiele bekannt. Im Jahre 1812 heirateten die beiden Brüder Leberecht und Ludwig v. Klitzing zwei Töchter aus der sehr vermögenden Pächterfamilie Benecke. Vgl. dazu auch S. 390.

Güter durch Studium, Offizierskarrieren oder Beamtenlaufbahnen längerfristig in den Städten lebten und außerdem die Hof- und Ballsaison zur Partnersuche nutzen konnten, wird von bürgerlichen Gutserben vielfach berichtet, dass sie in der Zeit vor der Übernahme eines eigenen Gutes bei Verwandten oder Bekannten die Leitung eines landwirtschaftlichen Großbetriebes erlernten. Dies schränkte die Möglichkeiten der Partnerwahl mit Sicherheit ein und erklärt die hohen Präferenzen für die eigene Herkunftsgruppe.

Dennoch beschränkte sich die Ehepartnerwahl der auf den Rittergütern geborenen bürgerlichen Männer nicht ausschließlich auf die eigene Gruppe, wie die Anteile der Beamten, Kaufleute und Offiziere zeigen. Sie verweisen darauf, dass auch zwischen ländlichem und städtischem Bürgertum eine Reihe von Kontaktflächen bestanden haben. Dagegen waren andere ländliche Gruppen, wie Pfarrer, Mühlenbesitzer oder Bauern, nach Ausweis der genealogischen Überlieferung nur in Ausnahmefällen als Ergänzung des Heiratskreises akzeptabel. Dies zeigt, dass die untersuchten langfristig angesessenen bürgerlichen Rittergutsbesitzer in Bezug auf die Ehepartnerinnenwahl eine deutliche Orientierung auf die eigene Gruppe sowie Teile der städtischen Oberschichten aufwiesen. Ähnlich wie beim alten Adel existierten zum neuen Wirtschaftsbürgertum der Städte jedoch nur wenige Verbindungen.

Die 29 adligen Frauen, die im Verlaufe des 19. Jahrhunderts in die untersuchten bürgerlichen Familien einheirateten, stammten zu zwei Dritteln (19) aus nobilitierten Familien[127], von denen einige seit Generationen zu den Heiratskreisen der bürgerlichen Großgrundbesitzer gehörten. In den meisten Fällen bestätigen die Eheverbindungen bürgerlicher Rittergutsbesitzer mit adligen Frauen damit bereits bei den Nobilitierten beobachtete Verhaltensweisen. Diese blieben häufig in den ersten Generationen noch stark mit ihren Herkunftsgruppen verbunden. Da in vielen Fällen die Nobilitierung außerdem erst kurz vor der Eheschließung der Töchter erfolgte, sind ein Teil dieser Ehen ohnehin kaum als adlig-bürgerliche Verbindungen zu betrachten.

Auffällig bei den verbleibenden wenigen Eheschließungen mit Frauen aus alten adligen Familien (10) ist, dass viele erst nach der Gründung des Kaiserreiches stattfanden. Vor 1848 gab es nur drei Verbindungen zwischen uradligen Familien und Angehörigen aus den untersuchten bürgerlichen Geschlechtern, die sich zudem jeweils aus Besonderheiten der betreffenden Familien erklären lassen.[128]

Der immer wieder zu findende Verdacht, dass die Bürgerlichen versucht hätten, auf dem Wege über eine Heirat mit einer Adligen Kontakte zu den alten Eliten zu knüpfen, wird für die Rittergutsbesitzer eindeutig nicht bestä-

[127] Hierzu sind bspw. die Familien v. Gansauge oder v. Baerensprung zu zählen, die über Generationen hinweg sowohl vor als auch nach der Nobilitierung als Domänenpächter nachweisbar sind.

[128] So heirateten 1844 und 1847 zwei Brüder aus der Familie Honig zwei Schwestern der Familie v. Klitzing, auf deren besondere Beziehungen zu bürgerlichen Familien bereits hingewiesen wurde. Ebenfalls einen Sonderfall stellt die 1817 erfolgte Heirat von Karl Friedrich Keibel mit einer Frau v. d. Dollen dar. Diese war die letzte ihres Geschlechtes und brachte das seit Jahrhunderten im Besitz ihrer Familie befindliche Rittergut Klein Luckow in die Ehe mit ein, das bis 1945 der Familie Keibel gehörte.

tigt.[129] Die Ursachen dafür sind mit Sicherheit vielschichtig. Zum einen ist auf die Unterschiede zwischen beiden Gruppen hinsichtlich ihrer Wirtschaftskraft hinzuweisen. Auf der anderen Seite hat es auf adliger Seite mit hoher Wahrscheinlichkeit auch sehr lange eine Verweigerungshaltung gegenüber den bürgerlichen Nachbarn gegeben. Darüber hinaus agierten beide Gruppen in unterschiedlichen Geselligkeitskreisen.

Die Frauen

Die auf den Gütern geborenen adligen Frauen haben erwartungsgemäß in noch geringerem Maße bürgerliche Männer geheiratet, als dies bei ihren Brüdern zu beobachten war.[130] Im ganzen 19. Jahrhundert lag der Anteil der Frauen, die durch eine bürgerliche Ehe aus dem Stand ausschieden, bei ungefähr 10 % (vgl. Tabelle 103).[131]

Dabei sind – ähnlich wie bei den adligen Rittergutsbesitzern – nur relativ geringfügige Schwankungen festzustellen. Während in den meisten Geburtskohorten die Zahl adliger Ehepartner bei 90 % lag, weisen nur drei größere Schwankungen auf. Die relativ große Anzahl bürgerlicher Ehemänner (17,9 %) bei den etwa zwischen 1810 und 1825 heiratenden Frauen (Geburtskohorte 1790-1799) wird jedoch durch den nachfolgenden Jahrgang weitgehend kompensiert, so dass nur wenig auf eine Verflüssigungsperiode hinweist.

Auffälliger ist jedoch der Rückgang adliger Ehemänner in der letzten Kohorte, der auf ein sich allmählich veränderndes Heiratsverhalten hinweist.[132] Auch das nicht auf den Großgrundbesitz konzentrierte Sample von Pomp/ Wehry zeigt, dass adlige Frauen in zunehmendem Maße bürgerliche Männer heirateten. Allerdings lagen die entsprechenden Anteile für den gesamten Untersuchungszeitraum mit rund 20 % bürgerlichen Ehemännern wesentlich höher und stiegen in der letzten Generation (zwischen 1871 und 1900 geborene) sogar auf 36 %.[133] Dies könnte – neben regionalen Unterschieden – wiederum auf die besonderen Verhaltensweisen der Großgrundbesitzer und ihres direkten Umfeldes zurückzuführen sein.

129 Abgesehen von den beiden Klitzing-Brüdern (siehe vorhergehende Anm.) gab es nur noch drei weitere Eheschließungen mit Angehörigen des brandenburgischen Adels.

130 Leider ist ein Vergleich der Daten für die adligen Frauen mit anderen Untersuchungen nicht möglich, da diese sich in den meisten Fragen stark oder ausschließlich auf die adligen Söhne konzentrieren. Das Sample v. Kattes beschränkt sich sogar ausschließlich auf die Eheschließungen der Männer. Vgl. v. KATTE, Niedersachsenadel, S. 106.

131 Dies zeigt, dass die von Wehler auf Grund der Analyse von Beamtenehen gezogene Schlussfolgerung, dass adlige Töchter ‚ziemlich häufig' als ‚zweitbeste Wahl' bürgerliche Ehemänner hatten, für die Großgrundbesitzer nicht stimmt. Vgl. WEHLER, Gesellschaftsgeschichte, Bd. II,., S. 154.

132 Noch stärkere Tendenzen in dieser Richtung lassen sich in v. Treskows Sample feststellen. Hier heirateten von 42 zwischen 1800 und 1900 geborenen adligen Frauen 7 (16 %) bürgerliche Männer. Da alle Eheschließungen mit Bürgerlichen nach 1880 stattfanden, muss der Anteil bürgerlicher Ehemänner im Kaiserreich besonders hoch gewesen sein. Leider ist eine genauere Gewichtung nicht möglich, da die Daten nicht differenziert wiedergegeben wurden. v. TRESKOW, Adel, S. 359.

133 Vgl. POMP, Elitenwandel. Dem entsprechen auch die Zahlen von PEDLOW, Hessian Nobility, S. 45 für Hessen.

Tabelle 103: Der Anteil adliger und bürgerlicher Ehepartner der weiblichen Angehörigen brandenburgischer Landadelsfamilien (1780-1879)

Geburtsjahre	Eheschließung mit			
	adligem Mann		bürgerlichem Mann	
	Fälle	in %	Fälle	in %
1780-1789	34	94,4 %	2	5,6 %
1790-1799	46	82,1 %	10	17,9 %
1800-1809	49	98,0 %	1	2,0 %
1810-1819	53	88,3 %	7	11,7 %
1820-1829	62	87,3 %	9	12,7 %
1830-1839	69	90,8 %	7	9,2 %
1840-1849	66	93,0 %	5	7,0 %
1850-1859	65	91,5 %	6	8,5 %
1860-1869	64	88,9 %	8	11,1 %
1870-1879	49	80,3 %	12	19,7 %
gesamt	584	89,6 %	68	10,4 %

Die Töchter der Gutsherren heirateten demnach – wie ihre Brüder – in viel stärkerem Maße adlig als ihre Standesgenossinnen aus Familien ohne Bodenbesitz. Dies ist ein erneuter Hinweis darauf, dass der Rittergutsbesitz für die Kohäsion der ständisch definierten Gruppe Adel von immenser Bedeutung gewesen ist.

Die Analyse der Berufs- und Tätigkeitsstruktur der adligen Ehemänner zeigt in sehr klarer Weise, in welchem Maße innerhalb der traditionellen Heiratskreise geheiratet wurde. Den größten Anteil stellten dabei die Rittergutsbesitzer. Jede zweite Tochter der untersuchten adligen Großgrundbesitzerfamilien heiratete wiederum einen adligen Großgrundbesitzer (310 von 638 = 48,6 %). Die andere entscheidende Gruppe waren die Offiziere, aus der jeder dritte Ehepartner (34 %) kam.[134] Für eine adlige Tochter, die auf einem Rittergut aufgewachsen war, bildeten diese beiden Berufskategorien die Hauptreferenzgruppe, während die adligen Beamten nur noch knapp 4 % der Ehemänner ausmachten. Dies ist ein deutlicher Hinweis auf die Geselligkeitskreise, in denen die adligen Töchter einen Ehepartner finden konnten. Neben den Hofbällen, an denen jedoch nicht jede Familie teilgenommen haben wird, war dies vor allem die Sphäre der Rittergüter. Hier verkehrte in der Regel die weitere Verwandtschaft mit anderen Rittergutsbesitzern und den adligen Offiziere der nahe gelegenen Reiterregimenter. Adlige Beamte waren dagegen auf dem ‚platten Land' seltener und vor allem im Umfeld der Regierungssitze in Potsdam und Frankfurt/O sowie im Berliner Umland zu finden.

134 In dieser Zahl sind nur die Personen enthalten, die einen Offiziersdienstgrad hatten und nicht gleichzeitig Rittergutsbesitzer waren.

Der großgrundbesitzende Adel hat also nach Ausweis der Quellen in starkem Maße innerhalb der eigenen Gruppe geheiratet. Von den großgrundbesitzenden Männern wählten 34 %, von den – in geringerer Anzahl heiratenden – Frauen 49 % ihren Partner aus dem selben Umfeld. Dennoch schlossen sich die Großgrundbesitzer und ihre Familien nicht gegenüber den übrigen, ihnen verwandtschaftlich eng verbundenen Familienzweigen ab. Sie hielten weiterhin intensive Heiratsverbindungen vor allem mit dem Militäradel aufrecht. Da auf der anderen Seite die Beziehungen zu den bürgerlichen Großgrundbesitzern – gemessen am Heiratsverhalten – marginal blieben, ist es sinnvoller, den niederen oder kleineren Adel als nach wie vor ständisch definierte Gruppe zu begreifen, anstatt ihn in ein modernisierungstheoretisch orientiertes Klassenmodell zu zwängen.

Dieser Stand hatte dabei, wie die Herkunft der adligen Männer aus verschiedenen Adelsregionen beweist, ein weiträumiges Beziehungsgeflecht, das quer zu den sozialen Einordnungen angesiedelt war. Dabei haben die adligen Töchter, vor allem bedingt durch den hohen Offiziersanteil, in stärkerem Maße als ihre Brüder auch in den Adel anderer Regionen geheiratet. So stammte nur die Hälfte der Rittergutsbesitzer, die sich als Gatten nachweisen lassen, aus Brandenburg. Brandenburgische Adlige mit und ohne Bodenbesitz machten insgesamt nur 27,4 % der Ehemänner aus.[135] Ebenfalls niedriger lagen auch die Anteile der ostelbischen Familien sowie des Adels der direkten Nachbarländer. Die Töchter von den Gütern bildeten also in noch stärkerem Maße als ihre großgrundbesitzenden Brüder, welche die Region nicht verlassen mussten, Brücken zwischen den verschiedenen Adelslandschaften. Ein ähnliches Verhalten ist allerdings auch für die adligen Männer ohne Großgrundbesitz zu vermuten, die in wesentlich geringerem Maße in der Region gehalten wurden.

Im Gegensatz zur Heirat mit einem Angehörigen des eigenen Standes war für eine adlige Frau die Eheschließung mit einem Bürgerlichen mit dem Ausscheiden aus dem Adel verbunden. Selbst wenn der Partner wohlhabend war oder sogar selbst Rittergutsbesitzer, standen die meisten Adligen einer solchen Entscheidung lange Zeit mit Ablehnung gegenüber. So stieß Maria Gräfin v. Maltzan in ihrer Familie noch 1935 auf eine weitgehend geschlossene Front, als sie den Münchener Schauspieler Walter Hillbring heiratete. Sie berichtete, dass ihre bürgerlichen Freunde diese Nachricht mit „spontaner Freude" aufnahmen, „während sich mein Bruder erwartungsgemäß sperrte. [...] Die einzige, die freundlich reagierte, war meine Tante Auguste, die Schwester meines Vaters, die mir einen reizenden Brief schrieb: ‚Ihr seid beide Protestanten. Ihr habt also die gleiche Religion. Ich sehe nicht ein, warum dann eine Ehe nicht geht.' Von einer Frau aus ihrer Generation fand ich das großartig."[136] Die

---

135 Dieser Anteil lag bei den Männern fast doppelt so hoch. Vgl. S. 390.

136 Maria GRÄFIN V. MALTZAN, Schlage die Trommel und fürchte dich nicht. Erinnerungen, Frankfurt a. M. u. Berlin 1986, S. 107 f. Wie extrem altständisch gesinnt die Familie der Autorin war, wird auch daran sichtbar, dass sie sich sogar gegen die Hochzeit einer anderen Schwester stellte, die einen adligen Mann (v. Reichenau) mit bürgerlicher Mutter heiraten wollte. Ebd., S. 29.

Ablehnung ging in diesem Falle so weit, dass ihre Familie nicht einmal, wie es üblich war, die Hochzeit ausrichtete, was daraufhin eine bürgerliche Freundin übernahm.

Die Eheschließung mit einem bürgerlichen Mann hatte – zumindest in diesem Beispiel – auch noch in der NS-Zeit den Charakter abweichenden Verhaltens. Das Ausscheiden der bürgerlich verheirateten Tochter wurde dabei teilweise auch dadurch dokumentiert, dass sie ihren Platz im ‚Gotha' verlor.[137] Daraus ist jedoch nur bedingt zu schlussfolgern, dass diese Töchter dann auch aus dem ‚Familiengedächtnis' gestrichen wurden. Die Tatsache, dass immer wieder Ehemänner oder Kinder von adligen Frauen nobilitiert wurden[138], könnte auch dahingehend gedeutet werden, dass die alten Kontakte zumindest teilweise weiterhin bestehen blieben und zu Gunsten der Rückgewinnung des Standes genutzt wurden, wie aus einigen Fällen bekannt ist.[139]

Festzuhalten bleibt jedoch, dass die bürgerliche Eheschließung einer adligen Frau in den meisten Fällen einen erheblichen Erklärungsbedarf mit sich brachte. Vor allem in älteren Autobiographien (vor 1945) wurden die bürgerlichen Vorfahren daher wahrscheinlich häufig einfach weggelassen. So beginnt Herrmann Freiherr v. Eckardstein seine ‚Erinnerungen' nicht – wie altadlige Selbstzeugnisse – mit einem kurzen Abriss der Familiengeschichte, sondern damit, dass er von den uradligen Frauen seines Vaters und Großvaters berichtet.[140] Editha v. Münchhausen ‚erklärt' dagegen langwierig, warum ihre altadlige Großmutter einen Bürgerlichen heiratete. Interessanterweise baut sie an dieser Stelle ihrer Autobiographie sogar noch eine Tante als Erzählerin ein, so dass die Distanz zu ihr vergrößert wird. So lässt sie berichten: „Doch nun begann erst der Kreuzweg der jungen Frau. Die Gläubiger kamen [...] Mehr und mehr Schulden tauchten auf. Jahr um Jahr dauerte der Kampf der einsamen jungen Frau um Haus und Hof. Sie selbst arbeitete wie eine Magd. [...] Freunde nannten ihr einen Mann, der Geld flüssig habe. An den wandte sie sich. Er lieh ihr die Summe, um die sie gebeten hatte und dringend benötigte, zu mäßigen Zinsen. Er gewann Einblick in ihre Not, und sah, daß die von ihr aufgenommene Summe niemals genügen würde, um das Gut wirklich zu retten. Er fand die übrigen Gläubiger ab, nur ihm war sie noch schuldig. Er hatte die schöne und tapfere Frau schätzen gelernt und machte ihr einen Hei-

---

137 Es wäre jedoch zu überprüfen, inwieweit eine solche Verfahrensweise allgemein üblich war oder von besonderen ‚Familienprinzipien' abhing. Außerdem ist zwischen den Nachweisen der lebenden Namensträger und den sogenannten Stammreihen oder älteren Genealogien zu unterscheiden. In letzteren – auf die sich diese Untersuchung maßgeblich stützt – wurde in den meisten Fällen wohl eher auf Vollständigkeit geachtet. Vgl. auch v. TRESKOW, Adel, S. 358 , der davon ausging, dass die Streichung generell üblich war.

138 Im Kaiserreich hatten rund 20 % aller Nobilitierten ein adliges Elternteil, und weitere 30 % waren mit adligen Frauen verheiratet. CECIL, Creation, S. 762 f. Auch für die Zeit vor 1871 lässt sich eine allerdings geringere Quote von Nobilitierten mit engen verwandtschaftlichen Verbindungen zum Adel registrieren. Vgl. SCHILLER, Rittergut, S. 83.

139 Der Rittergutsbesitzer Benno Müller (v. Schönaich) verdankte seine Nobilitierung bspw. dem Fürsten v. Schönaich-Carolath-Beuthen, der ein Vetter seiner Mutter (geb. v. Schönaich) war.

140 FREIHERR V. ECKARDSTEIN, Erinnerungen, Bd. I., S. 19.

ratsantrag. [...] Er hieß Müller, war Reserveleutnant und bürgerlich."[141] Letztendlich hat sich ihr bürgerlicher Großvater demnach regelrecht in das Gut und die Ehe eingekauft, und ihre adlige Großmutter willigte ein, um den Besitz zu erhalten.

Da die meisten adligen Frauen, die einen Bürgerlichen heirateten, jedoch keine Rittergüter in die Ehen einbrachten, ist vor allem danach zu fragen, in welche Kreise sie einheirateten. Eine Analyse der Berufsangaben der Ehemänner lässt dabei Pfarrer und akademisch gebildete Männer sowie in etwas geringerer Anzahl Beamte Offiziere und Rittergutsbesitzer, als die wichtigsten Gruppen hervortreten (vgl. Tabelle 104). Allerdings sind die geringen absoluten Zahlen zu bedenken, die nur sehr vorsichtige Interpretationen erlauben.

Tabelle 104: Die Berufe der Ehemänner adliger Frauen aus brandenburgischen Landadelsfamilien

Berufsgruppe	Anzahl d. Fälle	in %
Pfarrer	11	17,5 %
Akademiker	10	15,9 %
Beamte	8	12,7 %
Rittergutsbesitzer	6	9,5 %
Offiziere	6	9,5 %
Kaufleute	4	6,3 %
andere	6	11,1 %
unbekannt	11	17,5 %
gesamt	63	

Unter den adligen Frauen des Untersuchungssample, die bürgerlich heirateten, ging jede sechste die Ehe mit einem protestantischen Geistlichen ein.[142] In den meisten Fällen handelte es sich um einfache Pfarrer – z. T. sogar der gutsherrlichen Patronatskirche des Vaters der betreffenden Frauen[143] –, in wenigen anderen um höhere kirchliche Würdenträger. In fast dem gleichen Maße wie die Pfarrer traten graduierte Akademiker als Ehemänner in Erscheinung. Alle Ehemänner dieser Gruppe besaßen einen Doktorgrad, der möglicherweise – wie in der Frühen Neuzeit – ein gewisses Surrogat für die nicht vorhandene ständische Ebenbürtigkeit bildete. Fünf Männer dieser Gruppe

141 V. MÜNCHHAUSEN, Dotterblumen, S. 121 ff.

142 Welche Anerkennung eine solche Ehe fand, beschreibt Joachim V. DISSOW (d. i. J. V. RANTZAU): „In töchterreichen protestantischen Adelshäusern heiratete ein übriggebliebenes spätes Mädchen, was auch in England häufig zu beobachten ist, besonders gern einen protestantischen Geistlichen. Wie meine witzige Tante Röntenberg sagte, hieß diese dann immer ‚die Gute'." Ders.: Adel im Übergang. Ein kritischer Standesgenosse berichtet aus Residenzen und Gutshäusern, Stuttgart 1961, S. 175.

143 Ein prominentes Beispiel für einen solchen Fall, der allerdings in die zweite Hälfte des 18. Jahrhunderts fiel (1768), war der Kronprinzenerzieher und spätere Minister (v.) Woellner. Sein Aufstieg begann mit der Heirat der Tochter seines Patronatsherren v. Itzenplitz, die Friedrich II. zu verhindern gesucht hatte.

besaßen außerdem einen Professorentitel, den sie jedoch auch nach der Eheschließung erhalten haben können.[144] Da die adligen Frauen, die bürgerliche Männer heirateten, jedoch in der Regel in einem höheren Alter eine Ehe schlossen, ist davon auszugehen, dass auch ihre Männer ein überdurchschnittliches Heiratsalter aufwiesen.[145]

Jede achte adlige Frau des Untersuchungssamples heiratete einen mittleren oder höheren Beamten. Auf noch geringerem Niveau bewegten sich die Eheschließungen mit bürgerlichen Rittergutsbesitzern. Innerhalb der ohnehin niedrigen Gesamtzahl der Eheschließungen adliger Frauen mit bürgerlichen Männern (64 Heiraten) lassen sich nur sechs Fälle für solche Eheverbindungen feststellen. Damit wird der Befund, der bereits für die Männer gemacht wurde, erneut bestätigt. Eheschließungen zwischen den Nachkommen adliger und bürgerlicher Rittergutsbesitzer waren eine Ausnahme. Nur sechs von 652 adligen Frauen, die eine Ehe eingingen, wählten ihren Partner aus der bürgerlichen Referenzgruppe. Von diesen stammten überdies nur drei aus Brandenburg. Analog zu den Entwicklungen, die bereits bei den Männern festzustellen waren, gab es in der ersten Hälfte des 19. Jahrhunderts keine Eheschließungen adliger Frauen mit bürgerlichen Rittergutsbesitzern. Dieser Umstand weist darauf hin, dass es vor 1848 zwischen Adligen und Bürgerlichen auf dem Lande in diesem Bereich massive Barrieren gab. Aber auch nach 1848 hat es keine Verzahnung der Heiratskreise gegeben, die es zulassen würde, von einer ‚sozialen Verschmelzung' von Adel und Bürgertum auf dem Lande zu reden.[146]

Im Gegensatz zu den adligen Frauen haben die Töchter der bürgerlichen Großgrundbesitzer etwas stärker außerhalb ihrer sozialen Gruppe geheiratet. Dennoch suchten sich auch bei ihnen vier von fünf Frauen ihren Partner aus dem Bürgertum. Die Affinität zu den eigenen Herkunftskreisen war bei den bürgerlichen Töchtern noch stärker ausgeprägt als bei den Männern. Jede Zweite heiratete wiederum eine Rittergutsbesitzer oder einen Domänenpächter. Von größerer Bedeutung waren daneben außerdem die bürgerlichen Offiziere.

Die Frage nach den Beziehungen zwischen den bürgerlichen Töchtern und den bürgerlichen Offizieren ist quellenmäßig nicht zu beantworten. Es ist jedoch zu vermuten, dass es sich einerseits um Militärkameraden der Brüder, die in hoher Anzahl Einjährigfreiwillige waren, gehandelt haben wird. Anderseits könnten die bürgerlichen Güter – in Nachahmung adliger Praktiken – auch ein Anlaufpunkt für die bürgerlichen Berufsoffiziere der umliegenden

144 Neben einem Realschuldirektor, einem Prof. Dr. phil. und einem Mediziner war darunter auch der Direktor des statistischen Büros Dieterici, der 1819 eine Frau v. Wedel geheiratet hatte.

145 Vgl. dazu auch S. 380.

146 Hanna SCHISSLER, Preußische Agrargesellschaft im Wandel, Göttingen 1978, S. 164. Der Kapitelüberschrift ‚Die soziale Verschmelzung und die ständischen Privilegien der neuen Gutsbesitzerklasse' folgten allerdings keine weiteren Ausführungen, in welcher Art und Weise diese Verschmelzung stattgefunden haben soll. Folgt man den Vorstellungen Max Webers, dann ist vor allem das Konnubium ein Indikator für eine weitgehende soziale Verschmelzung.

Garnisonen gewesen sein. Neben Großlandwirten und Offizieren waren nur noch die Beamten verschiedenster Institutionen und Ränge von Bedeutung (8 %), denen Akademiker und Ärzte sowie Kaufleute (beide 6,3 %) folgten. Die für die adligen Frauen so bedeutsamen Prediger blieben als Ehemänner bürgerlicher Töchter Ausnahmeerscheinungen (4 Fälle). Dies lässt auf ausgeprägte Distinktionslinien innerhalb des Bürgertums auf dem Lande schließen. Während eine adlige Frau der Ehelosigkeit durch die Heirat mit einem Landpfarrer entgehen konnte, bedeutete diese für die Tochter eines bürgerlichen Rittergutsbesitzers möglicherweise einen kaum akzeptablen sozialen Abstieg innerhalb eines anderen Hierarchieverhältnisses.[147]

Tabelle 105: Die soziale Herkunft der Ehepartner der Töchter bürgerlicher Großgrundbesitzer in Brandenburg (1780-1899)

Generation	Bürgertum	Adel
2 (1780-1809)	18 (90 %)	2 (10 %)
3 (1810-1839)	33 (71,7 %)	13 (28,3 %)
4 (1840-1869)	42 (87,5 %)	6 (12,5 %)
5 (1870-1899)	19 (67,9 %)	9 (32,1 %)
gesamt	112 (78,9 %)	30 (21,1 %)

Ähnlich wie bei den bürgerlichen Männern, heiratete jede fünfte bürgerliche Tochter einen Adligen (vgl. Tabelle 105). Dabei gab es zwischen den verschiedenen Generationen z. T. erhebliche Unterschiede, die auf Grund des geringen Ausgangsmaterials jedoch nicht überbewertet werden dürfen.

Dennoch scheint es so, als ob einer offeneren Phase mit einem relativ hohen Anteil adliger Ehemänner eine deutlich geschlossenere folgte, welche die Eheschließungen zwischen etwa 1860 und 1890 umfasste. Danach stieg die Zahl der adligen Ehemänner wieder deutlich an. Eine solche Interpretation, die mit dem Heiratsverhalten bodenbesitzloser adliger Männer korrespondiert, benötigt zu ihrer Untermauerung jedoch eine breitere Basis, zumal zunächst geklärt werden muss, um welche Art von Adel es sich gehandelt hat.

Im Vergleich zu den bürgerlichen Männern, deren adlige Ehepartnerinnen vorrangig aus den Kreisen der Nobilitierten stammten[148], heirateten die bürgerlichen Frauen stärker in den alten Adel hinein. Von 26 Adligen, deren Adelsqualität feststellbar war, entstammten 16 dem sogenannten Uradel. Die Hälfte dieser Männer waren ebenfalls Rittergutsbesitzer. Von den neun nobilitierten Ehemännern besaß dagegen nur einer Großgrundbesitz. Ähnlich wie

[147] Die meisten Eheschließungen mit Geistlichen kamen in der Familie Karbe vor, die sich vor allem um die Jahrhundertmitte durch einen intensiv gelebten pietisch-orientierten Glauben auszeichnete.

[148] Vgl. dazu S. 390.

bei den Männern fanden auch bei den Frauen die meisten adlig-bürgerlichen Eheschließungen nach 1848 statt. Eine Ausnahme bildete lediglich die weit verzweigte Familie Karbe, in der zwischen 1838 und 1850 insgesamt sechs Töchter adlige Männer heirateten. Darunter waren vier der fünf Töchter des selbst mit einer Frau aus nobilitierter Familie (v. Wolff) verbundenen Leopold Karbe (1782-1857). Dieser war Rittergutsbesitzer auf Sieversdorf, Secondeleutnant im 1. Gardedragonerregiment und Pächter des Amtes Chorin. Neben der in einigen Fällen beachtlichen Mitgift[149] könnte die Ursache dafür vor allem darin gelegen haben, dass einige Mitglieder der Familien Karbe sehr stark in die vormärzliche konservative Bewegung eingebunden und zumindest Teile der Familie pietistisch orientiert waren.[150]

Die vorliegenden Daten zum Heiratsverhalten zeigen eindeutig, das adlige und bürgerliche Rittergutsbesitzer im 19. Jahrhundert klar von einander getrennte Heiratskreise besessen haben. Die Überschneidungsfläche zwischen beiden Gruppen war in diesem Bereich nur sehr schmal. Insgesamt waren unter den 320 Eheschließungen der männlichen und weiblichen Angehörigen bürgerlicher Rittergutsbesitzerfamilien, die sich für das Untersuchungssample feststellen ließen, nur 26 mit Personen aus uradligen Geschlechtern. Von diesen Adligen verfügte allerdings nicht einmal die Hälfte über Großgrundbesitz. Andererseits zeigen die Zahlen für die Ehefrauen des alten Adels, dass diese – wenn sie bürgerlich waren – nur sehr selten aus den Kreisen der nichtadligen Rittergutsbesitzer kamen. Von einer ‚sozialen Verschmelzung' zwischen beiden Gruppen auf dem Wege des Konnubiums kann daher nicht die Rede sein.

Karrierechancen und Berufswahl

Da für die vorliegende Untersuchung die Quellen weitgehend auf die genealogischen Taschenbücher beschränkt wurden, sind zu dem Problemkreis der Berufswahl und der Karrierechancen[151] nur begrenzte Aussagen möglich. Vor allem Ausbildungs- und Karrierewege sind auf Grund der spärlichen Angaben nicht rekonstruierbar, da in der Regel nur der letzte Dienstgrad bzw. erreichte

149 So heiratete ein v. Scheven, dessen Vater nobilitiert worden war, 1841 eine Tochter von Carl Karbe auf Lichterfelde und erhielt von diesem das Rittergut Speck im Kreis Naugard.

150 Vgl. dazu auch die aufschlussreichen Brieffragmente von Karbe-Brüdern in der Revolutionszeit, aus denen ihre engen Verbindungen zu den Organisatoren des ‚Junkerparlamentes' und auch zu Bismarck persönlich hervorgehen. Klaus KARBE, „Ein Junker namens Karbe", in: Nachrichtenblatt des Familienverbandes Karbe, 53 (1987), S. 49 f. Zum Pietismus in der Familie vgl. Adolf KARBE, Aus dem Leben meiner seligen Eltern, 1868, S. 43, 50, ungedrucktes Manuskript im Besitz von Klaus Karbe (Potsdam).

151 Wenn im folgenden der Begriff Karriere benutzt wird, so ist damit zunächst der relativ wertfreie Begriff der Laufbahn gemeint. Dem gegenüber steht die Benutzung von ‚Karriere' im Sinne des schnellen und erfolgreichen Absolvierens der verschiedenen Laufbahnstufen mit dem Ziel, einen hohen oder den höchsten erreichbaren Posten oder Dienstgrad zu erreichen.

Rang verzeichnet ist. Für die bürgerlichen Großgrundbesitzer, deren Genealogien erst wesentlich später veröffentlicht wurden, sind die Daten besser überliefert. Dennoch bieten die verfügbaren Daten die Möglichkeit, einen Einblick in die typischen Berufsfelder der Männer aus dem Großgrundbesitz zu gewinnen, der durch den Vergleich mit anderen Datensätzen noch vertieft werden kann.

Den Frauen wird an dieser Stelle kein eigener Abschnitt gewidmet. Für die insgesamt 382 zwischen 1740 und 1889 geborenen unverheirateten Frauen des Samples, die älter als 17 Jahre wurden, sind nur für 38 weiterführende Angaben überliefert. Neben einigen Hofdamen und Diakonissinnen war die Mehrzahl (25) Stiftsdame oder Ehrenstiftsdame in einem der evangelischen nordostdeutschen Damenstifte, was die Möglichkeit bot, am öffentlichen Leben teilzunehmen. Für die meisten anderen Frauen ohne Ehepartner ist zu vermuten, dass sie eine eher karge ‚Tantenexistenz' fristeten.[152]

Die Betrachtung der Basisdaten für die Männer zeigt eine Tendenz sehr deutlich: Der prozentuale Anteil derer, die ebenso wie ihre Väter wiederum Rittergutsbesitzer wurden, sank im Verlauf des Untersuchungszeitraumes ab (vgl. Tabelle 106). Da der Umfang des Großgrundbesitzes der untersuchten Adelsgruppe jedoch im Laufe des Jahrhunderts im wesentlichen gewahrt blieb, lag die Ursache dafür nicht in der Abnahme der Zahl erbender Söhne. Vielmehr überlebten auf den Gütern trotz reduzierter Kinderzahlen immer mehr andere Söhne, die sich damit ein Auskommen außerhalb des Großgrundbesitzes suchen mussten.

Die Daten zeigen eindeutig, dass dafür im wesentlichen der Militärdienst in Frage kam. Eine Beamtenlaufbahn – traditionell als wichtige Option angesehen – kam für die Männer von den Gütern nur in Ausnahmefällen in Frage. Die Ursache dafür lag möglicherweise darin, dass die in klaren Herrschaftsverhältnissen auf dem Lande Aufgewachsenen diese bekannten Strukturen am besten im Militär reproduziert fanden. Außerdem war der erste Offiziersdienstgrad und damit ein wesentliches Distinktionsmerkmal relativ schnell erreicht, während gehobene Stellungen in der Bürokratie – der die Großgrundbesitzer ohnehin seit den Reformen kritisch gegenüberstanden – neben einem abgeschlossenen Studium und bestandenen Prüfungen den jahrelangen Dienst in untergeordneten Stellungen als Referendar und Assessor voraussetzten.

---

152 Prägnant beschrieb Helmut v. Gerlach die Aussichten adliger Töchter: „Waren die jungen Mädchen von etwa sechzehn Jahren mit der ‚Pension' oder mit dem ‚adligen Stift' fertig, dann blieben sie im Elternhaus und warteten auf den Mann. Kam er – ‚standesgemäß' mußte er natürlich sein –, so war die Sache befriedigend erledigt. Befriedigend wenigstens für die Eltern. Kam der Mann nicht, so war die Sache aus. Nur selten fand sich ein Mädchen, das das, was ihr legaliter versagt blieb, sich illegaliter holte und mit einem jungen Kutscher oder Verwalter aus der Reihe tanzte. Die meisten waren so wohlerzogen, daß sie resigniert verblühten und mit Handarbeiten oder Missionsschriften ihr leeres Leben zu füllen versuchten. Zu einer wirklichen Arbeit schwangen sich nur ganz seltene Ausnahmen auf." Helmut V. GERLACH, Erinnerungen eines Junkers, Berlin 1924, S. 121.

Tabelle 106: Die Berufsfelder der männlichen Angehörigen des brandenburgischen Landadels (über 17jährige der Geburtsjahrgänge 1760-1860)[153]

Geburts-kohorte*	Männer (über 17 Jahre)	davon wurden			zusammen	andere
		Ritterguts-besitzer	Offizier	Beamter		
1760-1779	139	111 (79,9 %)	14 (10,1 %)	2 (1,4 %)	127 (91,4 %)	12 (8,6 %)
1780-1789	109	82 (75,2 %)	18 (16,5 %)	2 (1,8 %)	102 (93,6 %)	7 (6,4 %)
1790-1799	109	79 (72,5 %)	18 (16,5 %)	1 (0,9 %)	98 (89,9 %)	11 (10,1 %)
1800-1809	118	85 (72,0 %)	21 (17,8 %)	5 (4,2 %)	111 (94,1 %)	7 (5,9 %)
1810-1819	116	73 (62,9 %)	30 (25,9 %)	2 (1,7 %)	105 (90,5 %)	11 (9,5 %)
1820-1829	158	104 (65,8 %)	9 (18,4 %)	1 (0,6 %)	134 (84,8 %)	24 (15,2 %)
1830-1839	107	71 (66,4 %)	21 (19,6 %)	3 (2,8 %)	95 (88,8 %)	12 (11,2 %)
1840-1849	146	82 (56,2 %)	49 (33,6 %)	0 (0,0 %)	131 (89,7 %)	15 (10,3 %)
1850-1859	184	94 (51,1 %)	66 (35,9 %)	5 (2,7 %)	165 (89,7 %)	19 (10,3 %)
gesamt	1.270	855 (67,3 %)	269 (21,2 %)	23 (1,8 %)	1.147 (90,3 %)	123 (9,7 %)

* Die erste Geburtskohorte umfasst zwanzig Jahre.

Damit soll nicht ausgedrückt werden, dass die Landadligen – entsprechend den alten Junkertopoi – unfähig zu höherer Bildung waren, sondern dass sie bei ihrer Berufswahl offensichtlich den Weg wählten, der bei begrenzten Bildungsanstrengungen relativ schnell gesellschaftliches Ansehen ermöglichte, ohne besonders weit auf die bürgerliche Gesellschaft zugehen zu müssen.

Neben den Rittergutsbesitzern, Offizieren und Beamten existierte außerdem immer noch eine Gruppe von Adligen, die nicht in diese adelstypischen Professionen einzureihen ist. Etwa jeder zehnte Mann aus den landadligen Familien ist hierzu zu zählen. Neben solchen, die auf Grund physischer oder psychischer Behinderungen von vornherein für einen standesgemäßen Beruf ausfielen[154], zählen hierzu auch die wenigen in den ‚genealogischen Taschenbüchern' sichtbaren Außenseiter. Möglicherweise verbergen sich hinter den Männern ohne weitere Angaben jedoch auch Rentiersexistenzen oder aber in unstandesgemäße Bereiche abgestiegene Familienangehörige.

153 Doppelnennungen wurden herausgerechnet, so dass von den Offizieren und Beamten keiner gleichzeitig Rittergutsbesitzer war. Für die weitere Differenzierung der Rittergutsbesitzer und Offiziere siehe die folgenden Abschnitte.

154 Neben der seltenen Mitteilung, dass sich eine Person in einer Anstalt für geistig Behinderte befand, wird diese Vermutung auch dadurch gestützt, dass 40 Männer ohne Berufsangabe vor Erreichen des 30. Lebensjahres starben.

Hauptberufliche Tätigkeiten, die mit Industrie, Handel oder Banken zu tun hatten, lassen sich für Angehörige dieser Adelsgruppe nicht ausmachen. Künstlerische[155] oder wissenschaftliche[156] Berufe stellten eine Ausnahme dar. Auch eine feste Position ‚bei Hofe' oder im diplomatischen Dienst traten nur sehr wenige brandenburgische Landadlige an.[157]

Die Mehrzahl der adligen Männer von den Gütern verblieb also innerhalb eines engen Bereiches, der mit den Stichworten Rittergut und Kaserne am treffendsten umschrieben wird. Diese Fixierung auf wenige Berufsfelder ist jedoch nicht nur als ständische Borniertheit abzuqualifizieren. Dahinter könnte sich auch die adlige Erkenntnis verbergen, dass sich der – im Vergleich zum Bürgertum – zahlenmäßig unterlegene Adel bei einer zu weiten Aufsplittung der Berufsfelder ‚in der Masse verlieren' würde. Darüber hinaus sprach für den Militärdienst – ebenso wie für den Rittergutsbesitz – die Tatsache, dass es sich hierbei bis zum Ende des Kaiserreiches um ein dezidiert nichtbürgerliches Berufsfeld handelte, in dem andere Normen und Werte als in der bürgerlichen Gesellschaft galten. Dennoch wurde beiden Tätigkeiten eine große Wertschätzung nicht nur vom eigenen Stand, sondern auch von bedeutenden Teilen eben dieser bürgerlichen Gesellschaft entgegengebracht, die mit dem adligen Elitenanspruch korrespondierte. Aus dieser Sicht bedeutete schon die Teilnahme an der Konkurrenz in der gemischt bürgerlich-adligen Bürokratie einen Schritt hin zur bürgerlichen Gesellschaft, den die Angehörigen des Landadels nur in seltenen Fällen vollzogen haben.

Ein Vergleich mit dem pommerschen Sample Buchsteiners, das mehr Adlige ohne direkte Verbindung zum Großgrundbesitz erfasste, zeigt – bei einer anderen Gewichtung zwischen Gutsbesitz und Militärdienst – bis zur Jahrhundertmitte ähnliche Tendenzen.[158] Allerdings wird für die nach 1845 geborenen Männer eine etwas stärkere Präferenz zur Bürokratie sichtbar. Dies verweist wiederum auf die Unterschiede innerhalb des ostelbischen Adels, die offensichtlich durch die Nähe oder Ferne zum Großgrundbesitz bedingt wa-

155 So ist die Vererbung der Intendanz des Hoftheaters Karlsruhe von Gustav Gans Edler Herr zu Putlitz (1821-1890) auf seinen Sohn Joachim (geb. 1860) einer der wenige Fälle, in denen Männer aus einer der angesehensten Familien des Landadels einen untypischen Beruf – noch dazu weit weg von den angestammten Regionen – ergriffen haben.

156 Dennoch entstammten den untersuchten Familien des brandenburgischen Landadels insgesamt fünf Professoren, die in Wien, München und an preußischen Universitäten lehrten.

157 Dies deckt sich auch mit den Befunden von Holländer über die Zusammensetzung des preußischen Hofes in den Jahren 1798-1840. Allerdings ist es fraglich, ob seine – im wesentlichen aus den autobiographischen Aufzeichnungen der in Hofnähe aufgewachsenen Caroline v. Rochow gewonnenen – Ansichten über den ‚deplazierten' Landadel das Verhältnis der großen Gutsbesitzer zum Hof adäquat widerspiegeln. Den Beweis, dass der ‚Tausch der Gutswirtschaft gegen das höfische Parkett' für „einen adligen Herrn auf eigenem Grund und Boden" – den von ihm sehr schablonenartig gezeichneten ‚einfachen Landjunker' – wirklich reizvoll war, bleibt Holländer schuldig. Vgl. Kay-Uwe HOLLÄNDER, Vom märkischen Sand zum höfischen Parkett. Der Hof Friedrich Wilhelm III. – ein Reservat für die alte Elite des kurbrandenburgischen Adels? In: Ralf Pröve u. Bernd Kölling (Hgg.): Leben und Arbeiten auf märkischem Sand. Wege in die Gesellschaftsgeschichte Brandenburgs 1700-1914. Bielefeld 1999, S. 21.

158 Vgl. BUCHSTEINER, Pommerscher Adel, S. 353.

ren. Das zeitlich weiterreichende Sample Buchsteiners zeigt außerdem, dass sich auch die in der Weimarer Republik wirksam werdenden Generationen außerordentlich langsam von den traditionellen Berufsfeldern lösten und damit nur sehr bedingt der bürgerlichen Gesellschaft öffneten.

Gegenüber dem ostelbischen Befund lässt sich für das hannoveranischer Sample eindeutig eine Dreiteilung zwischen Großgrundbesitzern, Militärs und Beamten erkennen, in der die Militärs die stärksten Zuwächse verzeichneten, während die Anteile der anderen Gruppen aus den verschiedensten Gründen zurückgingen.[159] Da die Beamten jedoch bereits in der Ausgangsgeneration mit etwa einem Drittel sehr stark vertreten waren, ist ein direkter Vergleich mit den brandenburgischen und den pommerschen Daten nicht möglich. Es ist jedoch wahrscheinlich, dass neben einem großgrundbesitzenden Adelssegment hier außerdem die Umrisse von zwei weiteren Segmenten – einem Militäradel und einem Beamtenadel – sichtbar werden, die durch die über den Großgrundbesitz definierten ostelbischen Samples nicht in dem Maße widergespiegelt werden.

Für den stark auf Dienst in Heer und Verwaltung angewiesenen kurhessischen Adel liegen ebenfalls keine direkt vergleichbaren Daten vor. Dennoch zeigen die Angaben über die Berufswahl, dass sich von den nach 1790 geborenen Männern 47,5 % für eine Militärkarriere entschieden, während rund 25 % eine Beamtenlaufbahn einschlugen.[160] Das heißt, für den kurhessischen Adel war der Verwaltungs- und auch der Hofdienst (5 %) ein wesentlich stärker gewähltes Berufsfeld als für die mehr oder weniger eng mit dem Großgrundbesitz verbundenen Adligen in den preußischen Kernprovinzen. Dagegen zeigt in abgeschwächter Form das Beispiel Westfalen, dass der Großgrundbesitz auch hier zu einer stärkeren Verengung der ohnehin eingeschränkten Berufsfelder führte. So übernahmen von den zwischen 1795 und 1845 geborenen Söhnen knapp ein Drittel als Stammherren den Familienbesitz, ein weiteres Drittel strebte eine Militärlaufbahn an, während nur 13,4 % eine Beamtenlaufbahn einschlugen.[161]

Daher bleibt festzuhalten, dass nicht nur in Ostelbien der Großgrundbesitz die Berufswahl der auf ihm sozialisierten Söhne stark beeinflusst hat. Dabei nahm die Bedeutung des Militärdienstes nach den Heeresvermehrungen noch zu, während Beamtenlaufbahnen relativ selten blieben. Neben den beschriebenen Vorteilen der Offizierslaufbahn waren dafür in Preußen mit Sicherheit auch die ständig neu aufflackernden Konflikte zwischen den sich allmählich organisierenden Großgrundbesitzern und dem Staat bzw. seinen Vertretern ursächlich, deren Chronologie mit den Reformen begann und sich über die Revolutionsjahre, die Neue Ära, Bismarcks Annäherung an die Nationalliberalen, die Caprivizeit und schließlich die zunehmende Ablehnung Wilhelm II.

159 v. KATTE, Niedersachsenadel, S. 20 f.

160 Vgl. PEDLOW, Hessian Nobility, S. 147. Die Kategorien höhere, niedere Beamte und Forstbeamte wurden zusammengezählt.

161 REIF, Westfälischer Adel, S. 378 f., berechnet nach den Tabellen 1 und 3. Allerdings ist aus den Zahlen nicht zu ersehen, wie hoch der Anteil nur kurzfristig in der Armee dienender Söhne war.

fortsetzte und zuspitzte.[162] Wenn die adligen Beamten jedoch in der großen Mehrzahl nicht von den Gütern stammten, ist zu vermuten, dass sie eine eigene Gruppe mit anderen Heiratskreisen als die Großgrundbesitzer und einer starken Tendenz zur Selbstrekrutierung bildeten. Inwieweit eine solche Feststellung auch für die Militärs gilt, deren Konnexionen zum Landadel – auch auf dem Gebiet des Heiratsverhaltens – immer enger waren, kann hier nicht beantwortet werden.

Im folgenden sollen die Daten für die Großgrundbesitzer und die Militärs einer detaillierteren Untersuchung unterzogen werden, da die schematische Zuordnung zu einer der Gruppen zwar für eine erste Gewichtung notwendig ist, der Binnendifferenzierung innerhalb dieser Bereiche jedoch nicht genügend Rechnung trägt.

Die adligen Großgrundbesitzer

Die Besitzweitergabe

Für die Großgrundbesitzer interessieren hier vor allem zwei Fragestellungen: Erstens, aus welchen Quellen der Besitz stammte und ob er Vatererbe oder Neukauf war. Und zweitens, in welchen Berufsfeldern die künftigen Gutserben vor der Besitzübernahme tätig waren und ob sie danach ihre begonnenen Karrieren fortsetzten oder sich allein ihren Gütern widmeten.

Weiter oben wurden die Vererbungsmechanismen ausführlich dargestellt und aufgezeigt, dass vor allem die alten adligen Familien – ungeachtet der Tatsache, ob der Besitz juristisch gebunden wurde oder Lehnsbesitz war – diese sehr sicher handhabten.[163] Da es auf Grund der Gemengelage von gebundenem und ungebundenem Besitz sowie des zeitlichen Flusses von Lehnsauflösung und Fideikommißbildung unmöglich ist, diese verschiedenen Rechtsformen getrennt zu betrachten, werden im folgenden alle Besitzungen der langfristig angesessenen Adelsfamilien zusammen untersucht.

Dabei zeigen sich einige bemerkenswerte Entwicklungen (vgl. Tabelle 107). Die wichtigste ist, dass ausgehend von der Anzahl der ‚Stammväter' die Zahl der Rittergutsbesitzer um ein Drittel anstieg. Dabei blieb der prozentuale Anteil derer, die ihren Gutsbesitz vom Vater erbten, annähernd gleich, so dass dieses Anwachsen vorrangig auf die Teilung größerer Besitzungen zurückzuführen ist.

---

162 Ein ähnlich starker Konflikt dürfte für den kurhessischen und hannoveranischen Adel allerdings die Okkupation durch Preußen gewesen sein. In Kurhessen stand der Adel darüber hinaus bereits dem Kurfürsten nach verschiedenen Eingriffen in alte Rechte sehr distanziert gegenüber, was dazu führte, dass 1830 die meisten Abgeordneten der Ritterschaft gemäßigt liberal waren. Vgl. Gregory W. PEDLOW, Der Kurhessische Adel im 19. Jahrhundert – Eine anpassungsfähige Elite, in: Armgard v. Rheden-Dohna u. Ralph Melville (Hgg.), Der Adel an der Schwelle des bürgerlichen Zeitalters, Stuttgart 1988, S. 282.

163 Vgl. dazu die Abschnitte über Fideikommisse, Lehnswesen und die Vererbung des ungebundenen Besitzes.

Tabelle 107: Die Herkunft der Gutsbesitzes der Angehörigen der langfristig angesessenen adligen Familien der Provinz Brandenburg (Geburtsjahrgänge 1750-1869)

Generation	Guts-besitzer	Herkunft des Gutes/der Güter									
		vom Vater	%	vom Bruder	%	anderes Erbe	%	neues Gut	%	der Frau	%
1 (1750-1779)	162	127	78	5	3	15	9	25	15	3	2
2 (1780-1809)	238	169	71	8	3	26	11	36	15	8	3
3 (1810-1839)	253	184	73	9	4	30	12	37	15	8	3
4 (1840-1869)	243	185	76	10	4	29	12	16	7	4	2

Ein Teil der alten Familien war also in der Lage, seine großen Güterkomplexe mitunter auch mehrfach zu teilen, ohne dass diese damit die Fähigkeit verloren, ‚Herrschaft' zu tragen. Flankiert wurde dieser Prozess allerdings von dem enormen Anstieg der Produktivität und der Vergrößerung der adligen Bodenfläche. Damit wurde es möglich und sinnvoll, relativ kleine Güter abzuspalten und so die Bildung neuer Familienzweige mit Bodenbesitz zu begünstigen. Das Zunehmen der Fideikommißbildung deutet jedoch darauf hin, dass für vielen Adelsfamilien diese Möglichkeit immer weniger praktikabel erschien.

Dennoch bleibt festzuhalten, dass sich im Untersuchungszeitraum die Zahl der Familienzweige der langfristig angesessenen adligen Familien erweiterte. Damit wird ein anderes Verhalten gegenüber dem Großgrundbesitz sichtbar, als es beispielsweise der münsterländische Stiftsadel praktizierte. Während dieser das Familienvermögen zugunsten der Stammherren restriktiv zusammenhielt, waren die alten Familien Brandenburgs in der Lage, einer größeren Anzahl von Söhnen ein sicheres Auskommen auf der Basis von eigenem Bodenbesitz zu gewähren. In vielen Fällen, in denen Mehrfachbesitz vorhanden war, wurde dieser zu Gunsten mehrerer Erben geteilt. Damit ist auch die Verantwortung für den Erhalt des Geschlechtes auf mehrere Stützen verlagert worden. Möglich wurde dies einerseits durch die Expansionschancen, welche die ostelbischen Adelsfamilien im 19. Jahrhundert nutzten und durch das offenere Familienmodell, das eine stärkere Gleichberechtigung der Söhne beinhaltete.[164] Erfolgreich waren sowohl das westfälische als auch das brandenburgische Konzept, wobei das brandenburgische, wie auch an der Zahl der Neukäufe ersichtlich ist, offensiver war.[165]

Die detaillierte Untersuchung der Besitzweitergabe zeigt, dass noch in der zwischen 1840 und 1869 geborenen 4. Generation jeder vierte Rittergutsbesit-

164 Allerdings ‚flossen' die Güter nicht so unkontrolliert durch die Geschlechter, wie Reif dies vermutet, da eine starke Kontinuität der ‚Stammlinien' durchaus gewährleistet war. Vgl. REIF, Adel, S. 31.

165 Dies gilt auch im Vergleich zum ebenfalls erfolgreichen hessischen Modell, bei dem häufig das Stammgut Familienbesitz blieb und die männlichen Erben sich die Einkünfte teilten. Auf Grund der relativ geringen Zahl von Gütern, die obendrein meist relativ klein waren, blieben hier jedoch wenig Expansionschancen.

zer einen Anteil aus einem geteilten größeren Komplex erhalten hat (vgl. Tabelle 108).

Tabelle 108: Die Anzahl der adligen Großgrundbesitzer, die nur einen Teil des väterlichen Großgrundbesitzes erbten (Geburtsjahrgänge 1750-1869)

Generation	vom Vater auf den vererbte Besitzungen		
	Gesamtanzahl	davon	
		vollständig vererbt	nur Teile vererbt
1 (1750-1779)	127	79 (62 %)	48 (38 %)
2 (1780-1809)	169	100 (59 %)	69 (41 %)
3 (1810-1839)	184	111 (60 %)	73 (40 %)
4 (1840-1869)	185	124 (67 %)	61 (33 %)

Darin spiegelt sich die ernorm starke Ausgangsposition wider, die ein Teil der untersuchten Familien am Anfang des 19. Jahrhunderts hatte. Ihre großen Besitzkonglomerationen konnten mehrfach in kleinere, sich selbst tragende Einheiten, geteilt werden. Allerdings deutet sich für die letzte Generation ein Rückgang dieser Praxis an. Dabei muss noch einmal darauf hingewiesen werden, dass es nicht zur Teilung von einzelnen Gütern kam. Diese in der frühen Neuzeit häufig praktizierte Methode ließ sich für das 19. Jahrhundert in keinem Fall mehr nachweisen.[166] In einigen Fällen teilten sich jedoch – wie es in Hessen eher die Regel war – mehrere Erben in den Besitz, ohne dass daraus eine Zersplitterung resultierte.

In allen Generationen beerbten zwischen 12 und 16 % der Gutsbesitzer ihre Brüder oder andere Verwandte. Dies war zum Teil sicher eine Folge des Lehnswesens. Dennoch zeigten sich bei der Vererbung der Lehen keine Abweichungen vom bisher beobachteten Muster. So übernahmen auch hier 78 % den Besitz von ihren Vätern, während rund 15 % ein Gut aus einer anderen Linie erbten. Die Lehen waren demnach ebenso wie die anderen Güter in die beobachtbaren Erbteilungsprozesse einbezogen, u. a. auch deshalb, weil sich die Güterkonglomerationen aus allodialem und Lehnsbesitz zusammensetzten. Da etwa jedes siebente Rittergut nicht auf dem direkten Erbweg weitergegeben wurde, sondern von einem Bruder oder anderen Verwandten stammte, musste auch der adlige Mann, der von seinem Vater kein Gut erbte, immer bereit sein, Rittergutsbesitz zu übernehmen. Dies dürfte die Bindung an die Familiengüter erheblich gesteigert haben.

Im Unterschied zum Erbfall war die Möglichkeit, ein Gut zu erheiraten in allen Generationen aufgrund der hohen Zahl nichterbender Söhne nur selten gegeben. Neben Einzelbeispielen, in denen dies doch geschehen ist, wurde in einer Reihe von Fällen die letzte Erbtochter eines aussterbenden Geschlechtes

[166] Die Ursache dafür liegt mit Sicherheit auch darin, dass die Kreditinstitute darauf achteten, dass die beliehenen Güter in ihren Bestand gewahrt blieben.

geheiratet und in der Regel Namen und Wappen beider Familien zusammengeführt.[167] Bei einigen adlig-bürgerlichen Eheschließungen war die Aussteuer der bürgerlichen Tochter ein Rittergut, so dass auf diese Weise bürgerlicher Besitz wieder in Adelshand kam.

Relativ lange bestand auch für einen Teil der nichterbenden Söhne die Möglichkeit, ein neues Gut zu erwerben. Von den bis 1840 Geborenen hatte immerhin jeder sechste Rittergutsbesitzer ein vorher nicht der Familie gehöriges Gut – teilweise allerdings in anderen Provinzen – erworben. Dadurch, dass die Schere zwischen vererbtem Kapital und Bodenpreisen nach der Krise der zwanziger Jahre immer weiter aufging, war die Zahl dieser Neukäufe allerdings stark rückgängig.

Abschließend zum Themenkomplex adlige Besitzweitergabe muss die Frage der Erbfolge unter Brüdern betrachtet werden. Das Ergebnis spiegelt die beschriebenen Besitzweitergabestrategien eines Teils des Adels wider. Von 596 untersuchten Erbgängen vom Vater auf Söhne gab es nur 2/3 Übergänge auf den ältesten überlebenden Sohn.[168] In jedem fünften Erbgang bekam der zweite Sohn einen Teil oder den gesamten Grundbesitz. In einem weiteren knappen Fünftel erbten nicht oder nicht nur die beiden ersten Söhne. Eine strenge Erstgeborenenregelung gab es bei den langfristig angesessenen adligen Familien in Brandenburg also nicht, wenngleich die ältesten Brüder deutliche Vorteile gegenüber den jüngeren hatten.

Die Berufe der Großgrundbesitzer

Da die meisten Männer erst in einem Alter von etwa 30 Jahren den Besitz ihres Vaters oder Teile davon erbten, waren sie genötigt, einen mindestens 10 Jahre langen Abschnitt ihres Lebens in irgendeiner Weise berufstätig zu verbringen.

Nach der üblichen Ausbildung durch Hauslehrer besuchten sie anschließend in immer stärkerem Maße ausgewählte Adelsschulen oder Gymnasien.[169] Für den pommerschen Adel konnte Buchsteiner zeigen, dass der Anteil derer, die eine höhere Schulbildung erhielten, stetig anstieg, so dass von den zwischen 1876 und 1905 geborenen adligen Männer fast jeder zweite ein Gymnasium oder eine Adelsschule wie – z. B. die brandenburgische Ritterakademie – besuchte.[170] Da die Zahl der Plätze an den exklusiven Schulen limitiert war, speiste sich der Zuwachs fast ausschließlich aus der Zunahme der Gymnasiasten. Allerdings war der Besuch des Gymnasiums nicht gleichbedeutend mit dem Abitur, vielfach wurde wahrscheinlich nur die Primareife angestrebt, welche die Voraussetzung für eine Offizierskarriere war.

---

167 Z. B. v. Saldern-Ahlimb oder in einer dreifachen Kombination v. Wahlen-Jürgaß, dann v. Rohr-Wahlen-Jürgaß. Häufig waren solche Namensverbindungen aussterbender Familien mit Fideikommissen verknüpft, welche die Weiterführung des Namens zur Bedingung machten.

168 Die Söhne, die das Jugendalter nicht überlebten oder vor ihrem Vater starben, wurden bei dieser Berechnung nicht in die Zählreihenfolge aufgenommen, so dass der älteste Sohn nicht in jedem Fall der Erstgeborene war.

169 Vgl. zur adligen Schulbildung auch SPENKUCH, Herrenhaus, S. 186 ff.

170 Vgl. BUCHSTEINER, Pommerscher Adel, S. 359.

Der Anteil der Söhne von Großgrundbesitzern unter den Besuchern höherer Schulen war nach Buchsteiner wesentlich größer als der anderer Adliger. Sie dominierten weitgehend die Ritterakademien und Klosterschulen. Obwohl genaue Zahlen hierfür nicht überliefert sind, kann also davon ausgegangen werden, dass die Mehrzahl der Söhne von Großgrundbesitzern – die von ihren persönlichen Voraussetzungen dafür in Frage kamen – die Chance hatten, eine höhere Schulbildung zu erhalten. Damit standen ihnen theoretisch eine ganze Reihe von Möglichkeiten der Berufswahl offen. Der Besuch von Kadettenanstalten dürfte demgegenüber eher für grundbesitzlose Adlige eine Möglichkeit gewesen sein, ihren Kindern den Einstieg in eine Militärkarriere zu ermöglichen.

Nach dem Schulbesuch oder dem Externenexamen wählten die künftigen Rittergutsbesitzer nur zwischen zwei verschiedenen Berufswegen. Entweder sie gingen zur Armee, oder sie entschieden sich für die Aufnahme eines Studiums. Da sie im letzteren Falle ihrer Wehrpflicht nachzukommen hatten, dienten sie dann mit als Einjährigfreiwillige.[171] Angesichts der Tatsache, dass die Landwehr vor den Roon'schen Reformen einen schlechten Ruf genoss, war jedoch kaum zu erwarten, dass diese Adligen anschließend Landwehroffiziere wurden. Unter den 577 Rittergutsbesitzern, deren Dienstgrade bekannt sind, waren daher auch nur drei ausgewiesene Landwehroffiziere, die zudem alle erst nach den Heeresreformen von 1860 in die Armee eingetreten waren.

Nach Buchsteiners Angaben nahmen mehr als die Hälfte der Absolventen höherer Schulen auch ein Studium auf.[172] Dementsprechend ist auch für diejenigen, die keine Militärkarriere anstrebten, zu vermuten, dass sie beim Vorliegen der Voraussetzungen in größerer Zahl ein Studium zumindest anfingen.[173] Während Land- oder Forstwirtschaft lange Zeit eher selten zu den gewählten Fächern zählten, war ein Studium der Staats- und Rechtswissenschaften zur Vorbereitung auf die spätere Funktion als Ortsobrigkeit und Inhaber der Polizeigewalt (bis 1872) durchaus sinnvoll. Den Schritt, nach beendetem Studium auch ein Auskommen im Staatsdienst zu suchen und eine Stelle als Referendar anzutreten, vollzog dann aber nur noch eine Minderheit. Die Anteile der Großgrundbesitzer unter denen, die versuchten, den langwierigen und schlecht bzw. in der Anfangszeit gar nicht bezahlten Laufbahnweg zu gehen, haben sich in engen Grenzen gehalten haben.

Die bis 1830 geborenen Rittergutsbesitzer strebten noch in dem selben Maße in die Bürokratie wie ihre nichterbenden Brüder. Die Erfolgsaussichten der Rittergutsbesitzer in die höheren Positionen (ab Rat) einzurücken, waren dabei stärker als die von Adligen ohne Grundbesitz.[174] Eine Änderung ist für die

171 Vgl. zum Institut der Einjährigfreiwilligen und den unterschiedlichen Anforderungen an deren Schulbildung, MESSERSCHMIDT, Militärgeschichte, Tl. 1, S. 87 ff.

172 BUCHSTEINER, Pommerscher Adel, S. 361 ff.

173 Allerdings bestand auch nach mindestens einjährigem Studium die Berechtigung zur Offiziersprüfung und damit des Wechsels zum Militär.

174 Es erreichten von 423 zwischen 1780 und 1829 geborenen Rittergutsbesitzern 36 (8,5 %) eine Position ab Rat aufwärts, während es von den 187 nicht erbenden Söhnen nur 9 (4,8 %) waren.

nach 1830 geborenen Generationen festzustellen. Hier fielen die Werte der Rittergutsbesitzer noch unter die ebenfalls niedrigen Zahlen für die anderen Söhne. Bis zur Jahrhundertmitte ist damit das Abklingen eines spätmittelalterlichen/frühneuzeitlichen Verhaltensmusters zu erkennen, das in der Kopplung von Rittergut und Amt – später dann Beamtenlaufbahn – bestand. Mit der Professionalisierung der Beamtenschaft und den zugespitzten Konflikten zwischen Großgrundbesitzern und der Bürokratie zerfiel diese Verbindung zunehmend. Dabei scheint die Herkunft vom Lande und der damit verbundene ständische und materielle Hintergrund den wenigen Beamtenkarrieren durchaus nicht abträglich gewesen zu sein. Immerhin erreichten mehr als die Hälfte der Beamten den Titel eines Geheimen Rates, darunter u. a. ein Minister, ein Ober- und ein Regierungspräsident.

Während die Zahl der Beamten unter den späteren Rittergutsbesitzern immer gering blieb und nur einmal für die zwischen 1780 und 1789 Geborenen die 10 %-Marke überschritt, lag der Anteil der Offiziere in allen Generationen deutlich darüber (vgl. Tabelle 109). Dabei zeichnen sich die generellen Entwicklungen im preußischen Heer deutlich ab. So lag der Offiziersanteil der Generationen, die in den Koalitions- und Befreiungskriegen aktiv waren, höher als in nachfolgenden Jahrzehnten. Das Überangebot an Offizieren und der damit verbundene Beförderungsstau scheint dann den Offiziersberuf bis zu den Heeresvermehrungen weniger attraktiv für die Rittergutsbesitzer gemacht zu haben, so dass von den zwischen 1800 und 1820 Geborenen nur noch jeder dritte zumindest zeitweilig als Offizier tätig war. Demgegenüber blieb im pommerschen Sample der Offiziersanteil auch in dieser Periode annähernd konstant.[175] Das bedeutet, dass sich die Großgrundbesitzer aus dem Militär zeitweilig zurückzogen, während die auf Dienst angewiesenen bodenbesitzlosen Adligen – die im pommerschen Sample stärker vertreten sind – weiterhin in hoher Zahl die Offiziersstellen frequentierten.

Tabelle 109: Adlige Rittergutsbesitzer mit einem Offiziersdienstgrad (Geburtsjahrgänge 1780-1859)[176]

Geburtskohorte	Rittergutsbesitzer	davon Offizier	
1780-1789	82	50	61,0 %
1790-1799	79	35	44,3 %
1800-1809	85	30	35,3 %
1810-1819	73	29	39,7 %
1820-1829	104	53	51,0 %
1830-1839	71	45	63,4 %
1840-1849	82	65	79,3 %
1850-1859	94	64	68,1 %
gesamt	670	371	55,4 %

175 BUCHSTEINER, Pommerscher Adel, S. 356.
176 Ohne Portepeefähnriche und Avantageure.

Ab etwa 1840/1845 stieg dann jedoch die Zahl der Offiziere wieder allmählich an, um mit dem Einsetzen der Heeresreform (ab 1860) ihren höchsten Stand zu erreichen. Die Reform führte dazu, dass von den Jahrgängen, die zwischen 1840 und 1850 geboren wurden, vier von fünf späteren Rittergutsbesitzern eine Offizierslaufbahn begannen. Durch die schlagartige Vermehrung des Offiziersbestandes um zunächst 1.202 Stellen[177] war zu Beginn der Heeresreform, wie zu keiner anderen Zeit, die Möglichkeit gegeben, Offizier zu werden. Der hohe Anteil von Militärs in den betreffenden Generationen zeigt den Bedarf, den es auf Seiten des ‚Junkermaterials' gegeben hat.[178]

Während zwischen 1860 und 1890 der prozentuale Anteil der Söhne von Rittergutsbesitzern unter den Offizieren in etwa gleich blieb, scheinen die Zahlen von Demeter für den Zeitraum danach einen deutlichen Rückgang zu belegen. So nahm der Anteil der Gutsbesitzersöhne unter den Kriegsschülern zwischen den Stichjahren 1888 und 1913 von 17,6 % auf 9,1 % ab.[179] Dahinter stand zum einen die weitere Vermehrung der Offiziersstellen, in die vor allem Bürgerliche einrückten. Erklärungsbedürftiger ist dagegen der zweite Aspekt, der darin bestand, dass auch die absoluten Zahlen der Gutsbesitzersöhne um ein Drittel zurückgingen. Wurden 1888 noch 147 Kriegsschüler aus diesen Kreisen gezählt, waren es 1913 nur noch 107, nachdem die Zahl zwischenzeitlich bereits auf 83 – also fast die Hälfte – abgesunken war.[180] Dies verweist möglicherweise darauf, dass die Anziehungskraft des Offiziersberufes vor allem für die Gutserben um die Jahrhundertwende wieder nachließ.

Dieser Befund wird auch von den Ergebnissen des pommerschen Samples bestätigt (vgl. Tabelle 110). Einerseits wuchs hier der Anteil der Offiziere (ohne Rittergutsbesitzer) kontinuierlich an und erlebte erst in der zwischen 1875 und 1905 geborenen Generation einen leichten Abfall, der sich jedoch vor allem mit dem Ende des Kaiserreiches erklären lässt.[181] Dagegen ist der Rückgang des Anteils der Rittergutsbesitzer, die vor ihrem Militärdienst eine Offizierslaufbahn einschlugen, nicht damit zu erklären, dass hier die fünf letzten Geburtsjahrgänge (1901-1905) auf Grund des Zusammenbruchs des Kaiserreiches fehlten. Im Gegenteil ist zu vermuten, dass die Kriegsjahrgänge

177 MESSERSCHMIDT, Militärgeschichte, Tl. 1, S. 183.

178 Vgl. dazu das häufig kolportierte Zitat von Lothar v. Schweinitz: „Unsere Macht findet dort ihre Begrenzung, wo unser Junkermaterial zur Besetzung der Offiziersstellen aufhört." Denkwürdigkeiten des Botschafters H. L. v. Schweinitz hg. von W. V. SCHWEINITZ, Bd. I., Berlin 1927, S. 259. Zu den Verschiebungen zwischen Adel und Bürgertum im Offizierskorps vgl. u. a. Karl DEMETER, Das deutsche Offizierskorps in Gesellschaft und Staat 1650-1945, Frankfurt a. M. 1962, S. 18 ff. und Nikolaus V. PRERADOVICH, Die Führungsschichten in Österreich und Preußen (1804-1918), Wiesbaden 1955, S. 124 ff.

179 Errechnet nach DEMETER, Offizierskorps, S. 23.

180 DEMETER, Offizierskorps, S. 22. Allerdings sind die Zahlen von Demeter nicht eindeutig. So liefert er zwei frühe, möglicherweise vom Trend abweichende Stichjahre – 1888 und 1899 –, während ab 1903 jährliche Daten aufgelistet sind. Außerdem gibt es keine Auskunft darüber, wie er aktive Offiziere, die gleichzeitig Rittergutsbesitzer waren, einordnete.

181 BUCHSTEINER, Pommerscher Adel, S. 353. Den selben Befund, einer sich bis zum Ende des Kaiserreiches immer weiter vergrößernden absoluten Anzahl von adligen Offizieren lieferte auch v. Katte für das Königreich bzw. die spätere Provinz Hannover. V. KATTE, Niedersachsenadel, S. 35.

die noch schwächeren Werte der unmittelbaren Vorkriegszeit wieder etwas korrigierten. Offensichtlich verlor die Offizierslaufbahn für einen Teil der pommerschen Rittergutsbesitzer an Attraktivität, nachdem die Heeresvermehrung zunächst für einen entgegengesetzten Trend gesorgt hatte.

Tabelle 110: Der Rückgang der Anzahl der pommerschen Rittergutsbesitzer, die vor der Gutsübernahme eine Militärkarriere begonnen haben (Geburtsjährgänge 1756-1905) [nach Buchsteiner][182]

Geburtsjahrgänge	Ritterguts-besitzer	davon Offiziere	in %
1756-1785	93	63	67,7 %
1786-1815	124	62	50,0 %
1816-1845	124	56	45,2 %
1846-1875	142	70	49,3 %
1876-1905	106	43	40,6 %

Für Brandenburg lässt sich dieser Befund auf Grund der zu schwach überlieferten letzten Generation nicht verifizieren. Allerdings weisen die vorliegenden Zahlen darauf hin, dass der Anteil der Offiziere unter den Rittergutsbesitzern höher als in Pommern gewesen ist (vgl. Tabelle 111). Möglicherweise haben wir es hier mit einer Art ‚Gardeeffekt' zu tun. Durch die hohe Konzentration ‚guter Regimenter' an ‚guten Standorten' in der Nähe des eigenen Großgrundbesitzes könnte die Sogwirkung auf die potentiellen Rittergutsbesitzer verstärkt worden sein, Offizier zu werden.

Tabelle 111: Die Anzahl der brandenburgischen Rittergutsbesitzer, die vor der Gutsübernahme eine Militärkarriere begonnen haben (Geburtsjährgänge 1756-1875)[183]

Geburts-jahrgänge	Ritterguts-besitzer	davon Offiziere	in %
1756-1785	166	84	50,6 %
1786-1815	241	106	44,0 %
1816-1845	257	151	58,8 %
1846-1875	215	148	68,8 %

Es ist jedoch nicht auszuschließen, dass auch in Brandenburg die Zahl der Rittergutsbesitzer, die vor der Gutsübernahme Offizier gewesen sind, nach der Jahrhundertwende ebenso wie in Pommern wieder rückgängig gewesen ist. Möglicherweise ist die Ursache dafür darin zu suchen, dass der Vorbereitung

182 Tabelle nach BUCHSTEINER, Pommerscher Adel, S. 354.

183 Im Gegensatz zum pommerschen Sample kann die letzte Generation auf Grund zu weniger Daten hier nicht aufgeführt werden.

auf die Gutsübernahme in Folge der gestiegenen Anforderungen an die Leitung eines Großbetriebes zunehmend mehr Bedeutung beigemessen wurde.[184]

Es hat vor allem bei den Adligen lange Zeit keine Vorbereitung auf den Beruf ‚Rittergutsbesitzer' im Sinne einer kanonisierten Ausbildung gegeben. Daher weisen die Angaben Demeters und Buchsteiners wahrscheinlich darauf hin, dass ein wachsender Teil der als Erben vorgesehenen Söhne sich stärker als bisher auf ein Studium und den Erwerb praktischer Kenntnisse zur Führung eines landwirtschaftlichen Großbetriebes orientierte.[185] So zeigt sich für die pommerschen Großgrundbesitzer, dass immer mehr von ihnen durch den Besuch von landwirtschaftlichen Schulen oder die Aufnahme eines land- bzw. forstwissenschaftlichen Studiums, dem Anforderungsprofil eines modernen Gutswirtes zu entsprechen versuchten.[186] Daneben blieb es allerdings weiter üblich, dass erste Erfahrungen und Kenntnisse in der Praxis, bei Verwandten oder ausgewiesenen erfolgreichen Landwirten erworben wurden. Da der Grad der dabei vermittelten Fähigkeiten schwer zu ermessen ist, kommt neben den das Gut selbst leitenden Rittergutsbesitzern oft auch ihren gut ausgebildeten und praxiserfahrenen Inspektoren und Verwaltern ein nicht gering einzuschätzendes Verdienst am Erhalt und der Verbesserung der Güter zu.

Neben der Frage, wie viele Rittergutsbesitzer eine militärische Karriere einschlugen, ist natürlich der qualitative Aspekt – ausgedrückt in den erreichten Dienstgraden – von Bedeutung. Es ist ein erheblicher Unterschied, ob jemand nach wenigen Jahren als Leutnant ausschied, um das väterliche Gut zu übernehmen oder ob er weiter in der Armee blieb und damit für die Leitung des Besitzes mittel- oder langfristig ausfiel. Eine genaue Gewichtung wird jedoch durch die Tatsache erschwert, dass vor der Militärreform die Verweilzeiten in den einzelnen Dienstgradgruppen sehr lange waren. So erreichte um 1835 ein mit 17 Jahren eingetretener Offizier durch die im Schnitt 21-22 Jahre lange Leutnantszeit erst kurz vor seinem vierzigsten Lebensjahr den Hauptmannsrang, auf dem er weitere 14-18 Jahre verharren musste, um Major zu werden.[187] Viele Offiziere blieben daher an der ‚Majorsecke' hängen und wurden z. T. als Hauptmann ‚mit dem Charakter eines Majors' entlassen. Nach der Heeresreform verbesserten sich die Beförderungschancen dann etwas, so dass die Offiziere um 1900 nach 8-10 Dienstjahren Oberleutnant, nach 14-16

---

184 Die Ursache könnte allerdings auch darin zu suchen sein, dass sich die Zahl der adlig dominierten und damit standesgemäß akzeptablen Regimenter zunehmend verringerte. Dies würde darauf hindeuten, dass die Adligen auch den Zustrom von Offizieren aus den „erwünschten Kreisen" des Bürgertums nicht in dem Maße tolerierten, wie sich bspw. Kaiser Wilhelm II. dies wünschte. Vgl. zu den „erwünschten Kreisen" v. a. Detlev BALD, Der deutsche Offizier. Sozial- und Bildungsgeschichte des deutschen Offizierkorps im 20. Jahrhundert, München 1982, 43 ff.

185 Dagegen findet Demeters Aussage, dass die Söhne der alten Offiziersfamilien und des niederen Landadels nicht mehr dienen, sondern im kaufmännischen Leben Geld erwerben wollten, in keiner Weise eine Bestätigung. Vgl. DEMETER, Offizierskorps, S. 23.

186 BUCHSTEINER, Pommerscher Adel, S. 354, 362.

187 MESSERSCHMIDT, Militärgeschichte, Tl. 2, S. 25

Dienstjahren Hauptmann und nach 24-27 Dienstjahren Major werden konnten.[188]

Problematisch ist in diesem Zusammenhang die Frage, in welchem Umfang sich unter den unteren Dienstgradgruppen nach 1860 Reserveoffiziere befunden haben, die keinen aktiven Dienst geleistet haben, sondern durch regelmäßige Manöverteilnahme zu Beförderungen kamen. Das nach der Heeresreform entwickelte Institut des Reserveoffiziers beruhte zu einem wesentlichen Teil auf der Ausbildung der Einjährigfreiwilligen, die am Ende ihrer Dienstzeit eine Offiziersprüfung ablegen und vom Offizierskorps ihres Truppenteils angenommen werden mussten. Darüber hinaus konnten auch aktive Offiziere in die Reserve übertreten, wenn sie nicht um ihre entgültige Verabschiedung gebeten hatten. Reserveoffiziere konnten, wenn sie als geeignet befunden wurden, zeitgleich mit den aktiven Offizieren ihrer Dienstaltersgruppe bis zum Hauptmann befördert werden.[189]

Da in den Fällen, wo die Offiziere nicht aktiv waren, der Status a. D. (außer Dienst) oder d. R. (der Reserve) angegeben wurde, lässt sich eindeutig feststellen, dass die adligen Männer der Untersuchungsgruppe fast durchweg keine Reserveoffiziere waren. Von 371 Offizieren waren 314 außer Dienst, 51 zum Zeitpunkt der Aufnahme in das jeweilige Handbuch noch aktiv, und nur 6 waren Reserveoffiziere. Dass es sich wirklich um sofortige Außerdienststellungen handelte und nicht um Offiziere, die erst in der Reserve und dann außer Dienst waren, wird durch die hohe Anzahl von Leutnantsrängen bewiesen, da nicht zu erwarten ist, dass ehemals aktive adlige Offiziere als Reservisten nicht mehr befördert wurden und dadurch den Hauptmannsrang nicht erreichten.

Das bedeutet, dass die Kennzeichnung des Reserveoffizierskorps als Domäne des Bürgertums seine Berechtigung hat und offensichtlich von den Adligen auch so wahrgenommen wurde. Ein Adliger war daher entweder aktiver Offizier, oder er nahm seinen Abschied. Auf diese Weise blieb die Distinktion zu den überwiegend bürgerlichen Reservisten, die innerhalb ihres Dienstes als Einjährigfreiwillige die – von den Berufssoldaten kritisch beurteilten – Voraussetzungen erwarben, Offizier der Reserve zu werden, deutlich gewahrt. Möglicherweise änderte sich dieses Verhalten, denn für den Hannoveranischen Adel konnte v. Katte – vor allem für die etwa zwischen 1860 und 1890 geborenen Jahrgänge[190] – deutliche Präferenzen feststellen, preußischer Reserveoffizier zu werden. Von diesen Jahrgängen war jeder fünfte Offizier (21,5 %) ein Reservist.[191] Eventuell gab es auch in Preußen eine ähnliche Tendenz, die jedoch nicht vor dem Ende des Jahrhunderts zum Tragen gekommen ist.

Die detaillierte Aufschlüsselung des Verhältnisses der einzelnen Dienstgradgruppen zu einander lässt eine Dreiteilung deutlich werden. Diese ist mit

188 Vgl. Das kleine Buch vom deutschen Heere, S. 96.

189 Das kleine Buch vom deutschen Heere, S. 83-88, 102.

190 Das sind bei v. Katte die Männer, deren Eheschließungen zwischen 1890 und 1919 lagen.

191 Allerdings war auch schon bei der vorhergehenden Generation der Anteil der Reserveoffiziere mit 5,7 % deutlich höher als in Preußen gewesen. V. KATTE, Niedersachsenadel, S. 35.

Ausnahme der letzten beiden Geburtskohorten, deren Daten durch die hohe Zahl noch aktiver Offiziere allerdings verfälscht wurden, den gesamten Zeitraum über zu beobachten (vgl. Tabelle 112).

Tabelle 112: Die Dienstgrade der adligen Rittergutsbesitzer, die eine Offizierslaufbahn einschlugen (Geburtsjahrgänge 1780-1859)

Geburts-kohorten	Leutnants	Hauptleute/ Rittmeister	Majore	Oberst-leutnante	Oberste	Generäle	gesamt
1780-1789	13 (26 %)	15 (30,0 %)	13 (26,0 %)	6 (12,0 %)	2 (4,0 %)	1 (2,0 %)	50
1790-1799	16 (46 %)	6 (17,1 %)	9 (25,7 %)	3 (8,6 %)	0	1 (2,9 %)	35
1800-1809	13 (43 %)	10 (33,3 %)	7 (23,3 %)	0	0	0	30
1810-1819	9 (31 %)	9 (31,0 %)	6 (20,7 %)	1 (3,4 %)	2 (6,9 %)	2 (6,9 %)	29
1820-1829	16 (30 %)	18 (34,0 %)	11 (20,8 %)	2 (3,8 %)	4 (7,5 %)	2 (3,8 %)	53
1830-1839	11 (24 %)	13 (28,9 %)	12 (26,7 %)	3 (6,7 %)	4 (8,9 %)	2 (4,4 %)	45
1840-1849	14 (22 %)	36 (55,4 %)	10 (15,4 %)	0	4 (6,2 %)	1 (1,5 %)	65
1850-1859	19 (30 %)	35 (54,7 %)	8 (12,5 %)	1 (1,6 %)	0	1 (1,6 %)	64
gesamt	111 (30 %)	142 (38,3 %)	76 (20,5 %)	16 (4,3 %)	16 (4,3 %)	10 (2,7 %)	371

Das erste Drittel der Offiziere schied bereits in einem Leutnantsrang aus dem Dienst aus.[192] Für diese Offiziere ist zu vermuten, dass sie mit der Übernahme der Güter ihren Abschied einreichten und den Offiziersdienst nur als temporäre Phase ihres Lebens betrachtet haben.

Ein weiteres Drittel erreichte den Dienstgrad eines Hauptmannes oder Rittmeisters und war damit zwischen 10 und 20 Jahren Offizier. Sofern der Dienstgrad nicht beim Ausscheiden verliehen wurde, könnte hier in vielen Fällen durchaus eine ernsthafte Berufsentscheidung gestanden haben, die nicht nur als Übergangslösung gedacht war. Dies gilt in noch stärkerem Maße für die Majore, die diesen Dienstgrad in der Regel erst nach 25 bis 30 Jahren erreichten. Allerdings könnten in dieser Gruppe auch eine erhebliche Anzahl von sogenannten ‚Charaktermajoren' gewesen sein. Dies waren Hauptleute oder Rittmeister, die den Dienstgrad Major nicht erreichten und den aktiven Dienst lediglich ‚mit dem Charakter eines Majors' verließen.[193] Doch auch in diesem Falle lag hinter den betreffenden Offizieren eine längere Militärkarriere, die mit hoher Wahrscheinlichkeit dazu geführt hat, dass zeitweilig Ritter-

[192] Die einzelnen Leutnantsränge, wie Sekonde-, Premier- oder Oberleutnant wurden hier zusammen mit den einfachen Leutnants als eine Gruppe aufgefasst.

[193] Auf diesen Status weisen die genealogischen Taschenbücher allerdings erwartungsgemäß nicht hin.

gut und Kaserne konkurrierende Größen gewesen sind.Etwa jeder zehnte Rittergutsbesitzer, der Offizier wurde, überwand die ‚Majorsecke' und erreichte einen höheren Dienstgrad. Abgesehen von den Jahrzehnten des Beförderungsstaues zwischen etwa 1820 und 1860 gab es immer einige Rittergutsbesitzer, die Oberste oder Generäle wurden und damit erfolgreich die militärische Karriereleiter bestiegen. Diese Männer erbten in ihrer Mehrzahl väterlichen Großgrundbesitz und widmeten sich dennoch ausschließlich dem Militärberuf. Es handelte sich also nicht um Berufsmilitärs, die erst in späten Jahren ein Gut erwarben.

In 20 % der Fälle ist neben dem Dienstgrad auch ein Regiment angegeben, in dem der Betreffende als Offizier gedient hat. Da anzunehmen ist, dass nicht jeder Offizier seine gesamte Dienstzeit in einem Truppenteil verbracht hat, könnte es sich in einigen Fällen um das letzte Regiment, in dem gedient wurde, handeln. Eine Aufschlüsselung nach geographischen Gesichtspunkten liefert einen erneuten Beweis für die starke Verankerung der Großgrundbesitzer im ostelbischen Preußen (vgl. Tabelle 113).

So diente jeder zweite spätere Großgrundbesitzer direkt in der Provinz. Bei den bekannten Regimentern handelte es sich nur in der Minderzahl (12 %) nicht um Kavallerietruppenteile. Die adligen Männer trafen sich daher in einer begrenzten Anzahl von Reiterregimentern wieder, in denen in einigen Fällen bereits ihre Väter und Großväter Dienst getan hatten. Dadurch war sichergestellt, dass sie bereits an Hand ihres Namens erkannt wurden, was ihre Aufnahme in das jeweilige Regiment begünstigte.

Fast die Hälfte der in einem brandenburgischen Regiment dienenden Offiziere gehörten dabei zum Kürassierregiment Nr. 6 Kaiser Nikolaus I. von Russland in Brandenburg a. d. Havel, das noch stärker als die ‚Zietenhusaren' in Rathenow und die Kaiser Alexander II. von Russland-Ulanen in Fürstenwalde bevorzugt wurde. Möglicherweise spielte die Nähe der Ritterakademie, durch die eine Reihe der betreffenden Offiziere gegangen ist, dabei eine besondere Rolle.[194]

Tabelle 113: Die Provinzen, in denen die Garnisonsorte der adligen Großgrundbesitzer lagen, die eine Offizierslaufbahn einschlugen

Provinz/Region	absolut	in %
Brandenburg	23	30,3 %
Berlin/Potsdam (Garde)	17	22,4 %
Pommern	7	9,2 %
Provinz Sachsen	3	3,9 %
Ost-/Westpreußen/Posen	5	6,6 %
Schlesien	8	10,5 %
Ostprovinzen gesamt	63	82,9 %
andere	13	17,1 %
gesamt	76	-

194 Demeter hat für diese adelsdominierten Regimenter den Begriff der ‚Provinzgarde' eingeführt. DEMETER, Offizierskorps, S. 28.

Neben den brandenburgischen Reiterregimentern waren außerdem die Berliner und Potsdamer Garderegimenter besonders häufig gewählte Truppenteile. Dabei waren es vor allem die ‚einfachen' Gardetruppenteile – darunter auch Fußtruppen –, in denen die Offiziere dienten. Im Nobilitierungbelregiment Gardes du Corps waren die brandenburgischen Landadligen dagegen nur in Ausnahmefällen zu finden.[195] Neben den brandenburgischen und den Garderegimentern besaßen außerdem die – in nah an den Provinzgrenzen gelegenen – besseren Garnisonen Pommerns und der Provinz Sachsen eine stärkere Anziehungskraft für die späteren Rittergutsbesitzer. In außerpreußischen Regimentern dienten sie dagegen fast überhaupt nicht.[196]

Die vorliegenden Daten zu den Rittergutsbesitzern, die vor oder nach der Übernahme des Besitzes eine Offizierskarriere begannen, zeigen, dass ein erheblicher Teil diese Laufbahn nur als temporär betrachtet hat. Dennoch kann davon ausgegangen werden, dass mindestens jeder dritte Rittergutsbesitzer, der Offizier wurde, zwanzig und mehr Jahre in der Armee diente und seine Militärzeit damit nicht nur ein Übergangsstadium für ihn bildete. Die Tatsache, dass zwei Drittel nicht über die Dienstgrade von Truppenoffizieren (Leutnant bis Hauptmann) hinausgekommen sind, ist vor dem Hintergrund der Gutsübernahme verständlich.[197] Nur der Vergleich mit den nicht erbenden Söhnen kann zeigen, wie groß die Möglichkeiten für adlige Berufsoffiziere waren, die höheren Dienstgrade zu erreichen.

Die Berufswahl der Söhne, die aus dem Großgrundbesitz ausschieden

Im Gegensatz zu ihren Brüdern waren die nicht den Bodenbesitz erbenden Söhne stärker darauf angewiesen, durch die Wahl eines Berufes einen neuen Lebensmittelpunkt und je nach Umfang des Erbes auch eine Existenzgrundlage zu finden. Auch wenn durch die auf dem alten Lehnsrecht beruhenden Erbgewohnheiten davon ausgegangen werden kann, dass einem bedeutenden Teil der Erben zumindest die Zinseinkünfte nicht unbeträchtlicher Vermögen zustanden, dürfte für die Mehrzahl der Männer die Orientierung auf eine Berufslaufbahn unausweichlich gewesen sein. Dabei zeigt sich erwartungsgemäß, dass für die Söhne von den Gütern vor allem eine Offizierslaufbahn in Frage kam (vgl. Tabelle 114).

---

195 Das selbe gilt auch für das bis 1806 bestehende Regiment Gens d'armes.

196 Eine Ausnahme bildeten hier u. a. die drei zwischen 1850 und 1856 geborenen Brüder Richard, Matthias und Clemens v. Oppen-Huldenberg, die vom Güterkomplex Fredersdorf-Weitzgrund im früher sächsischen Teil des Kreises Zauche-Belzig stammten. Alle drei Brüder dienten in Sachsen, und einer von ihnen wurde später Kommandeur des vornehmen sächsischen Gardereiterregimentes. Die genealogischen Taschenbücher legen im übrigen auch auf anderen Gebieten ein deutliches Zeugnis für die langanhaltende Orientierung der Oppen's nach Sachsen ab.

197 Darüber hinaus müsste noch bewiesen werden, dass für adlige Rittergutsbesitzer der bürgerliche, auf Erfolg orientierte Karrierebegriff, wirkungsmächtig war. Viel wahrscheinlicher ist für diese Adelsgruppe, dass die Militärzeit als Teil der allgemeinen Bildung des adligen Mannes begriffen wurde und ein Leutnants- oder Rittmeisterrang vollkommen ausreichte, um die uneingeschränkte gesellschaftliche Anerkennung des eigenen Standes und der Gutsbevölkerung zu erreichen.

Tabelle 114: Die Berufswahl der Söhne des brandenburgischen Landadels, die keinen Anteil vom Bodenbesitz erbten (über 18jährige der Geburtsjahrgänge 1780-1869)

Geburtsjahrgänge	Offiziere	Beamte	andere	ohne Angabe	gesamt
1780-1789	18 (66,7 %)	3 (11,1 %)	0	6 (22,2 %)	27
1790-1799	21 (70 %)	2 (6,7 %)	1 (3,3 %)	6 (20,0 %)	30
1800-1809	21 (63,6 %)	6 (18,2 %)	0	6 (18,2 %)	33
1810-1819	30 (69,8 %)	3 (7 %)	1 (2,3 %)	9 (20,9 %)	43
1820-1829	29 (53,7 %)	2 (3,7 %)	4 (7,4 %)	19 (35,2 %)	54
1830-1839	21 (58,3 %)	3 (8,3 %)	0	12 (33,3 %)	36
1840-1849	49 (76,6 %)	0	1 (1,6 %)	14 (21,9 %)	64
1850-1859	66 (73,3 %)	5 (5,6 %)	4 (4,4 %)	15 (16,7 %)	90
1860-1869	56 (75,7 %)	2 (2,7 %)	3 (4,1 %)	13 (17,6 %)	74
gesamt	311 (69 %)	26 (5,8 %)	14 (3,1 %)	100 (22,2 %)	451

Ebenso wie bei den Rittergutsbesitzern ist auch für die nichterbenden Söhne die Bedeutung der Heeresvermehrung zu erkennen, da von den betreffenden Jahrgängen, die nach 1860 ihre Laufbahn begannen, drei von vier Männern Offizier wurden.

Jenseits von Offiziers- oder Beamtenlaufbahn lassen sich noch zwei weitere Gruppen finden. Zunächst die prozentual und absolut auf sehr geringem Niveau bleibenden anderen Berufe, unter denen sich mit zwei Ausnahmen jedoch keine Tätigkeiten in Industrie, Handel und Finanzwesen finden lassen.[198] Neben den bereits erwähnten Professoren und im künstlerischen Bereich tätigen Männern[199] waren hierunter Ärzte und Rechtsanwälte, zwei Plantagenbesitzer in Übersee, ein sächsischer Hofmeister, ein Direktor der Kunstakademie, ein Pastor und einige promovierte Juristen, für die lediglich der akademische Grad angegeben wurde.

Neben diesen Außenseitern existierte außerdem immer eine mehr oder weniger große Gruppe von Männern ohne Berufsangabe, der – mit abnehmender Tendenz – etwa jeder fünfte Mann angehörte. Hierunter fallen mit Sicherheit Männer, die auf Grund körperlicher oder geistiger Behinderungen für eine

198 In einem Falle wurde für einen 1874 geborenen Adligen die unscharfe Bezeichnung ‚Kaufmann' angegeben. Eindeutig einzuordnen ist dagegen die Tätigkeit von Otto v. Holtzendorff-Rittgarten (geb. 1817), der Direktor bei der Grundkreditbank war.

199 Vgl. zu den Professoren Anm. 156, zu den künstlerisch tätigen Männer Anm. 155.

Berufswahl ausfielen oder relativ jung verstarben. So erreichte ein Viertel dieser Gruppe das 30. Lebensjahr nicht. Es war aber mit hoher Wahrscheinlichkeit in den Generationen vor der Heeresvermehrung 1860 eine beträchtliche Anzahl darunter, die eine Beamtenlaufbahn nicht einschlagen konnte oder wollte und keinen anderen Beruf ergriff. Dies wird dadurch deutlich, dass die Jahrgänge, für welche die Heeresvermehrung sich auswirkte, einen stark sinkenden Anteil von Berufslosen hatten, während der Anteil der Offiziere anstieg. Darin spiegeln sich einerseits mit Sicherheit die niedrigeren Anforderungen, die der Militärdienst stellte, wider. Andererseits war die Beamtenlaufbahn – so wie der Offiziersdienst – mit einer erheblichen Anschubfinanzierung verbunden, die sich jedoch erst nach langer Zeit durch gesellschaftliches Ansehen und entsprechende Gehälter amortisierte. Möglicherweise haben Väter und Söhne auch diese Anstrengungen gescheut. Die nicht unbeträchtlichen und langfristig notwendigen Zuwendungen, welche bei einer Militärlaufbahn notwendig waren, standen den Söhnen dagegen offensichtlich in ausreichendem Maße zur Verfügung.[200]

Die Frage, was die Söhne machten, die keine oder nur eine kurze Militärlaufbahn hinter sich hatten und auch nicht in die Bürokratie gingen, ist auf Grundlage der Quellen nicht zu beantworten. Es ist zu vermuten, dass sie von ihrem Erbe lebten und zumindest teilweise auf den Gütern wohnten. Nach der Heeresvermehrung (1860) und Abzug der relativ früh Verstorbenen dürfte ihr Anteil bei etwa 10 % der nichterbenden Söhne gelegen haben. Unter ihnen waren neben wohlhabenden Rentiers mit Sicherheit auch immer einige, die durch die Netze des familiären Zusammenhaltes durchgefallen waren und auf unstandesgemäße Weise ihren Lebensunterhalt erwarben.[201]

Die Mehrzahl der Männer, die aus dem Großgrundbesitz ausschieden, bekam jedoch die Chance, als Offizier einen standesgemäßen Beruf auszuüben. Analog zu den Großgrundbesitzern soll nun abschließend untersucht werden, welche Dienstgrade sie dabei erreichten. Der Vergleich mit den Brüdern, die den Großgrundbesitz erbten und dennoch eine Militärlaufbahn einschlugen, zeigt zunächst eine deutliche Parallele. Ebenso wie bei den Rittergutsbesitzern (vgl. Tabelle 112, S. 417) schied ein Drittel der Offiziere bereits mit einem Leutnantsdienstgrad aus (vgl. Tabelle 115).

---

200 Im Jahre 1901 wurde davon ausgegangen, dass ein Leutnant bei den Fußtruppen 45 Mark, bei der Feldartillerie 70 Mark und bei der Kavallerie 150 Mark von der Familie an Zuschuss zu erhalten hatte, wobei diese Summen bei der Garde und in größeren Garnisonen noch erhöht werden musste. Erst nach Erreichen des Dienstgrades Hauptmann konnte dieser Zuschuss wegfallen. Kleines Buch vom Deutschen Heere, S. 95. Vgl. auch MESSERSCHMIDT, Militärgeschichte, Tl. II., S. 32.

201 Vgl. dazu u. a. die zeitgenössische Kritik von Vollrath V. LEPEL, Verkommener Adel – Namensheiraten, adlige Zuhälter und adlige Geisteskranke, Zürich 1910.

Tabelle 115: Die Dienstgrade der nicht den Großgrundbesitz erbenden Söhne des brandenburgischen Landadels, die eine Offizierslaufbahn einschlugen (Geburtsjahrgänge 1780-1859)

Geburts-kohorten	Leut-nants	Hauptleute/ Rittmeister	Majore	Oberst-leutnante	Oberste	Generäle	gesamt
1780-1789	5 (31,3 %)	4 (25 %)	3 (18,8 %)	3 (18,8 %)	0	1 (6,3 %)	16
1790-1799	9 (50 %)	2 (11,1 %)	1 (5,6 %)	3 (16,7 %)	0	3 (16,7 %)	18
1800-1809	5 (25 %)	5 (25 %)	7 (35 %)	1 (5 %)	0	2 (10 %)	20
1810-1819	15 (50 %)	6 (20 %)	1 (3,3 %)	2 (6,7 %)	3 (10 %)	3 (10 %)	30
1820-1829	8 (28,6 %)	4 (14,3 %)	9 (32,1 %)	0	3 (10,7 %)	4 (14,3 %)	28
1830-1839	7 (33,3 %)	5 (23,8 %)	4 (19 %)	1 (4,8 %)	3 (14,3 %)	1 (4,8 %)	21
1840-1849	11 (24,4 %)	8 (17,8 %)	10 (22,2 %)	4 (8,9 %)	5 (11,1 %)	7 (15,6 %)	45
1850-1859	21 (31,1 %)	22 (32,8 %)	13 (19,4 %)	1 (1,5 %)	4 (6 %)	6 (9 %)	67
gesamt	78 (33,1 %)	55 (22,9 %)	48 (19,6 %)	15 (6,1 %)	18 (7,3 %)	27 (11 %)	245

Niedriger war dagegen die Zahl der Hauptleute und Rittmeister, die mit 22,9 % deutlich unter den 38,3 % der Rittergutsbesitzer lag. Damit kam jeder zweite adlige Sohn, der keinen Großgrundbesitz erbte, über den Dienstgrad eines Truppenoffiziers nicht hinaus. Dies zeigt deutlich, wie schwierig es auch für adlige Berufsoffiziere war, im Rahmen einer Militärkarriere einen Rang als Stabsoffizier oder höher zu erreichen. Dies relativiert auch den hohen Anteil von Truppenoffizieren unter den Rittergutsbesitzern, von denen sogar zwei von drei nur einen Dienstgrad bis zum Hauptmann oder Rittmeister bekleideten. Am Ende einer Offizierskarriere stand daher in vielen Fällen auch nach einer längeren Dienstzeit ‚nur' ein relativ niedriger Dienstgrad.

Fast die Hälfte (44 %) der nichterbenden Söhne, die eine Offizierslaufbahn einschlugen, beendete die Karriere allerdings mit einem höheren Dienstgrad. Wiederum sind dabei die Auswirkungen der Heeresvermehrung, die in ihrem Gefolge deutlich bessere Beförderungschancen mit sich brachte, klar zu erkennen. Nach einigen Schwankungen pegelte sich der Anteil der Offiziere, die ihre Laufbahn als Major oder ‚mit dem Charakter eines Majors' beendeten, auf rund ein Fünftel ein. Ebenfalls etwa jeder fünfte Offizier erreichte den Dienstgrad eines Obersten oder Generals, wobei die Werte für die letzte Generation gerade in diesem Bereich zu niedrig sind, da eine Reihe aktiver Offiziere noch nicht am Ende ihrer Karriere angelangt waren.

Damit zeigen sich hier deutliche Unterschiede zu den Rittergutsbesitzern, die sich offensichtlich in vielen Fällen eher für das Rittergut und gegen die

Fortsetzung der Laufbahn entschieden haben. Möglicherweise spielte dabei die mangelnde Bereitschaft, sich zu weit weg vom eigenen Gut versetzen zu lassen, eine Rolle. Festzuhalten bleibt – unter der Voraussetzung, dass diese Zahlen nicht nur für die Adligen aus dem Bereich des Großgrundbesitz zutreffen –, dass die Chancen eines adligen Offiziers aus altpreußischer Familie, einen hohen oder sehr hohen Dienstgrad am Ende seiner Karriere zu erreichen, 5 : 1 gestanden haben und dass sehr viele als Truppenoffizier oder Major ihre Laufbahn beendeten. Solange vergleichbare Daten fehlen, sagt diese Relation noch nichts über die Qualität der altadligen Offiziere aus, sondern widerspiegelt zunächst nur die generellen Beförderungschancen. Die Frage, was die Offiziere nach ihrem Ausscheiden aus der Armee taten, ist auf der Grundlage der Quellen leider nicht zu beantworten. Möglicherweise lebten sie als Pensionäre in den Städten oder auf den Gütern. Mit hoher Wahrscheinlichkeit speisten sie das Personal konservativer Bewegungen und Vereine.

Abschließend soll wiederum die Frage nach den Regimentern der Offiziere gestellt werden. Von Interesse ist besonders, ob auch die nicht erbenden Söhne überwiegend in den ‚guten Regimentern' der näheren Umgebung dienten oder ob sie stärker in andere Regionen abgedrängt worden sind. Der Vergleich mit den Rittergutsbesitzern (vgl. Tabelle 113, S. 418) zeigt eindeutig, dass die Söhne, die aus dem Großgrundbesitz schieden, wesentlich mobiler waren. Nur für 58,7 % lassen sich Regimenter in den Ostprovinzen ausmachen (vgl. Tabelle 116).

Abgesehen von denen, die bei der Garde in Berlin oder Potsdam aufgenommen wurden, ist darüber hinaus zu erkennen, dass sie in anderen Regimentern als ihre großgrundbesitzenden Brüder dienten. So ließen sich nur zwei nachgeborene Söhne als Offiziere in den drei bevorzugten Truppenteilen der Rittergutsbesitzer (6. Kürassiere in Brandenburg, 3. Husaren in Rathenow und 3. Ulanenregiment in Fürstenwalde) finden. Dazu kommt, dass ein Viertel der nichterbenden Söhne, deren Regimenter bekannt sind, in Infanterietruppenteilen dienten.

Tabelle 116: Die Provinzen, in denen die Garnisonsorte der adligen Söhne ohne Großgrundbesitz lagen, die eine Offizierslaufbahn einschlugen

Provinz/Region	absolut	in %
Brandenburg	17	18,5 %
Berlin/Potsdam (Garde)	23	25,0 %
Pommern	4	4,3 %
Provinz Sachsen	1	1,1 %
Ost-/Westpreußen/Posen	6	6,5 %
Schlesien	3	3,3 %
Ostprovinzen gesamt	54	58,7 %
andere	38	41,3 %
gesamt	92	-

Korrespondierend damit ließ sich eine viel höhere Anzahl von Offizieren in den Westprovinzen oder den 1866 annektierten Teilen Preußens finden.[202] Dies ist sicher nur zum Teil ein Indiz für die Abdrängung der nichterbenden Söhne in schlechtere Regimenter. Die Fortsetzung der Karriere stand sicher häufig auch mit einem Wechsel des Truppenteils in Verbindung. Dennoch spiegeln die Daten auch die Tatsache wider, dass sich die Rittergutsbesitzer offensichtlich auf eine eingeschränkte Zahl von Truppenteilen in Ostelbien konzentrierten, wobei die Kosten für die mit Sicherheit teuren Regimenter keine Rolle gespielt haben. Die anderen Söhne wählten dagegen in einer beträchtlichen Anzahl von Fällen Garnisonen, die weniger kostenintensiv waren und in denen möglicherweise die inneradlige Konkurrenz nicht so groß war, wie in den ‚besseren Regimentern'. Das heißt, die langfristige Karriereplanung könnte bereits bei der Auswahl des ersten Truppenteils der nichterbenden Söhne von erheblicher Bedeutung gewesen sein. Für die Rittergutsbesitzer hatte dagegen das Prestige und der Name der Einheit sowie die Tatsache, dass dort bereits die Väter und Großväter dienten, einen höheren Stellenwert.

Die bürgerlichen Großgrundbesitzer

Da das Zahlenmaterial für die Söhne der bürgerlichen Rittergutsbesitzer relativ dünn ist, sind daraus nicht so abgesicherte Erkenntnisse wie für den Adel zu erwarten. Dennoch zeigen sich bestimmte Tendenzen sehr eindeutig. So war der Anteil der Rittergutsbesitzer, die ein Gut von ihrem Vater erhalten hatten, erheblich niedriger als bei den Adligen.[203] Nur jeder zweite bürgerliche Mann aus den untersuchten Familien bekam seinen Besitz aus väterlicher Hand (vgl. Tabelle 117). Von einem Bruder oder der Ehefrau erhielten nur sehr wenige ein Rittergut. Vererbungen aus der weiteren Verwandtschaft, wie sie das Lehnswesen mit sich brachte, gab es bei den Bürgerlichen nicht.

Das bedeutet, dass ein erheblich größerer Teil als beim Adel in der Lage war, ein neues Gut zu erwerben. Bevor daraus auf eine prinzipielle Überlegenheit der Bürgerlichen geschlossen wird, ist jedoch noch einmal auf zwei Ursachen für diese Entwicklung hinzuweisen. Zum einen verteilten die bürgerlichen Rittergutsbesitzer ihr Erbe gleichmäßiger unter den Söhnen, so dass Kaufwillige über mehr Startkapital als die Adligen, die aus dem Großgrundbesitz ausschieden, verfügten. Zum anderen kauften die Bürgerlichen auch die kleineren Güter, die für eine adlige Lebensführung nicht mehr ausreichten. Hinzu kommt außerdem, dass die adligen Familien häufig größere Besitzkomplexe besaßen, die sie in mehrere kleine Einheiten teilen konnten, während dies bei den Bürgerlichen nur selten der Fall war.

202 Einige Offiziere waren auch in Dienststellungen abseits des Mainstreams der regulären Regimenter zu finden. So waren ein Chef der hanseatischen Kavallerie, ein Flügeladjutant in Schwarzburg-Rudolstadt und auch ein österreichischer Offizier zu verzeichnen.

203 Vgl. zu den Adligen die Angaben auf S. 408.

Tabelle 117: Die Herkunft des Großgrundbesitzes der Männer aus den untersuchten bürgerlichen Landwirtsfamilien

Herkunft	Anzahl	in %
vom Vater	69	53,9 %
vom Bruder	4	3,1 %
von der Frau	4	3,1 %
neues Gut	51	39,8 %
gesamt	128	-

Dennoch bleibt festzuhalten, dass die alten bürgerlichen Familien ein erhebliches Expansionspotenzial besaßen, das sich jedoch in starkem Maße auch außerhalb Brandenburgs ein Betätigungsfeld suchte.[204] Allerdings zeichnete sich auch hier eine Entwicklung ab, die der beim Adel ähnelte. So nahm die Zahl der Neukäufe ab etwa 1850 stark ab (vgl. Tabelle 118).

Tabelle 118: Neukäufe, Erweiterungen und Verkleinerungen sowie Totalverlust von Gütern in den untersuchten brandenburgischen Landwirtsfamilien (1780-1899)

Geburtsjahrgänge	neues Gut	Gut erweitert	Gut verkleinert	Totalverlust
1780-1809	16	4	3	3
1810-1839	13	8	1	2
1840-1869	9	5	0	4
1870-1899	3	0	1	2

Offensichtlich gingen auch die erfolgreichen alten bürgerlichen Familien allmählich stärker zum adligen Modell der Bevorzugung des Gutserben über. Daneben zeigen die Angaben über die Erweiterung oder Verkleinerung von Gütern, dass die bürgerlichen Familien am Gütermarkt ständig aktiv und dabei auch wesentlich mobiler als die adligen Geschlechter waren, die sich an ihre Stammsitze gebunden fühlten. So standen den zwölf Totalverkäufen in der Provinz Brandenburg fünf Neukäufe durch die selben Großgrundbesitzer in anderen Regionen gegenüber. Trotz der Zukäufe wurden in allen Generationen nur etwa die Hälfte der Söhne wiederum Großgrundbesitzer. Für die anderen Männer gab es nach Ausweis der vorliegenden Daten drei wesentliche Berufsfelder (vgl. Tabelle 119). Ein bedeutender Teil blieb im landwirtschaftlichen Bereich aktiv. So kamen aus den untersuchten Familien immer wieder die Pächter von Rittergütern und Domänen, wobei der Anteil dieser Tätigkeiten unter den nichterbenden Söhnen zurückging.

---

204 Darüber scheint es, dass die alten bürgerlichen Großgrundbesitzerfamilien in starkem Maße an der Verdrängung des polnischen Adels in Posen und Westpreußen beteiligt waren.

Tabelle 119: Die Berufswahl der Söhne aus den bürgerlichen Landwirtsfamilien, die keinen Großgrundbesitz erbten oder erwarben

Geburts-jahrgänge	davon wurden						
	Pächter	Landwirt (Bauer)	Offizier	Beamter	andere	ohne Angabe	gesamt
1810-1839	11 (45,8 %)	4 (16,7 %)	3 (12,5 %)	2 (8,3 %)	2 (8,3 %)	2 (8,3 %)	24
1840-1869	6 (16,2 %)	5 (13,5 %)	13 (35,1 %)	7 (18,9 %)	1 (2,7 %)	5 (13,5 %)	37
1870-1899	5 (26,3 %)	0	6 (31,6 %)	2 (10,5 %)	3 (15,8 %)	3 (15,8 %)	19

Daneben kann jedoch auch ein Phänomen beobachten werden, das beim Adel undenkbar war. Söhne, die aus dem Großgrundbesitz ausschieden, erwarben ein Bauerngut und machten damit in der sozialen Stufenleiter einen Schritt nach unten. Allerdings ist dabei zu bedenken, dass die Grenze zwischen ertragsarmen kleinen Gütern und Großbauerngütern relativ fließend war, so dass nicht prinzipiell davon auszugehen ist, dass diese Männer durchweg verarmten oder sozial abstiegen. Außerdem wurde im Verlauf des 19. Jahrhunderts aus manchem Großbauerngut durch den Zukauf von Land ein statistisch zum Großgrundbesitz gehörendes Gut. Für beide in der Landwirtschaft verbleibenden Gruppen – Pächter und Bauern – bleibt festzuhalten, dass ihr Anteil unter den nichterbenden Söhnen von etwa der Hälfte auf ein Drittel zurückging. Da diese Berufsfelder für Adlige nicht standesgemäß waren, markieren die hohen Anteile der bürgerlichen Söhne hier deutlich andere Lebensziele und Verwirklichungschancen. Außerdem wird noch einmal die auch schon bei den Heiratsbeziehungen festgestellte enge Verzahnung von bürgerlichen Rittergutsbesitzern und Pächtern erkennbar. Damit existierte ein Netzwerk von bürgerlichen Berufslandwirten, das über seine vielfältigen Kommunikationskanäle auch als Multiplikator für technisches Know How und ökonomische Kompetenzen wirken konnte.

Nach der Jahrhundertmitte, vor allem aber nach 1860, gewann dann der Offiziersberuf auch für die Söhne aus bürgerlichen Familien zunehmend an Attraktivität (vgl. Tabelle 120). Für jeden dritten nichterbenden Sohn lässt sich nun nur ein Offiziersdienstgrad, aber keine andere Berufsbezeichnung feststellen, so dass davon auszugehen ist, dass dahinter in vielen Fällen Karrieren als Berufsoffiziere standen. Während die drei zwischen 1810 und 1839 geborenen Männer Truppenoffiziere blieben, erreichten von den 26[205] nach 1840 Geborenen eine ganze Reihe höhere Dienstgrade. Zwei Generäle, ein Oberst, zwei Oberstleutnants und vier Majore zeigen, dass die Aufstiegschancen für die bürgerlichen Berufsoffiziere in etwa denen der Adligen entsprachen.

205 Zu den 19 in Tabelle 14 vermerkten Männer kommen noch 7 weitere, die kurz nach 1900 geboren wurden.

Da es sich bei ihnen allerdings auch um Teile der ‚erwünschten Kreise' handelte, ist dies nicht verwunderlich.[206] Vorausgesetzt, es liegt keine zufällige Häufung in den untersuchten Familien vor, ist der Anteil von Söhnen, die eine Militärkarriere anstrebten, allerdings sehr hoch. Für die Söhne der finanziellen Oberschicht des Kaiserreiches ermittelte Augustine einen Anteil von 12,2 %, der ‚aristokratische Berufe' wählte.[207] Der Anteil des Militärs darunter wird kleiner gewesen sein, so dass die hohen Zahlen der aus brandenburgischen Landwirtsfamilien stammenden Offiziere eine Besonderheit darstellen. Offensichtlich ‚färbte' die Berufswahl der adligen Nachbarn in zunehmendem Maße auch auf die Bürgerlichen ab und drängte sogar die Tätigkeit als Berufslandwirt, die lange Zeit dominierte, zurück.

Tabelle 120: Militärische Dienstgrade der bürgerlichen Rittergutsbesitzer der untersuchten Familien (1780-1899)

Geburts-jahrgänge	Anzahl Ritter-gutsbesitzer	davon Offizier	erreichte Dienstgrade		
			Leutnant	Hauptmann	Major
(1780-1809)	28	6 (21,4 %)	4	2	0
(1810-1839)	34	5 (14,7 %)	4	1	0
(1840-1869)	33	8 (24,2 %)	4	4	0
(1870-1899)	20	9 (45,0 %)	2	6	1

Diese Tendenz ist auch deutlich bei den Rittergutsbesitzern zu erkennen. So stieg die ohnehin bereits hohe Zahl der Offiziersdienstgrade seit den 1860er Jahren weiter an, so dass von der letzten Generation fast jeder zweite Mann einen militärischen Rang hatte. Allerdings ist in den meisten Fällen davon auszugehen, dass dahinter Laufbahnen als Landwehr- oder Reserveoffiziere standen.[208] Dennoch scheint die wachsende Zahl von Offizieren unter den bürgerlichen Rittergutsbesitzern darauf hinzuweisen, dass diese sich zunehmend auch einen militärischen Habitus zulegten und bemüht waren, mit ihren adligen Nachbarn in diesem Bereich gleichzuziehen.[209] Allerdings trifft das gleiche auch für ihre Brüder zu, die eine Beamtenlaufbahn einschlugen. In den letzten beiden Generationen lag der Anteil der Reserveoffiziere – analog zu den Rittergutsbesitzern – bei fast 50 %. Das Umfeld des Großgrundbesitzes wirkte daher offensichtlich in starkem Maße auch auf die alten bürgerlichen Familien dahingehend ein, dass eine militärische Laufbahn oder zumindest

206 Vgl. auch BALD, Offiziere, S. 43 ff.

207 AUGUSTINE, Patricians and Parvenus, S. 148. Die Angaben für die ‚Pre-industrial elite' bzw. die ‚aristocratic professions' sind nicht aufgelöst, so dass der Anteil der Offiziere nicht bestimmbar ist.

208 In sechs Fällen lassen sich Reserveoffiziere direkt nachweisen.

209 Auch die Söhne, die Beamte wurden, waren in zunehmendem Maße als Reserveoffiziere tätig.

der – in der bürgerlichen Gesellschaft – prestigeträchtige Rang eines Reserveoffiziers in immer stärkerem Maße angestrebt wurde.

Auch bei der Auswahl der Regimenter hat es dabei deutliche Analogien zu den Adligen gegeben. So dienten die Rittergutsbesitzer, deren Truppenteile bekannt sind[210], ausschließlich bei Kavallerieeinheiten. Allerdings waren nur einige in den besseren Regimentern der Region oder bei den Garderegimentern zu finden.[211] Von den Männern ohne Großgrundbesitz, die keine zeitlich befristete oder Reserveoffizierslaufbahn einschlugen, diente über die Hälfte in Infanterieregimentern. Fast niemand war in den besonders prestigeträchtigen Truppenteilen zu finden.

Zusammenfassung

Im vorangegangenen Kapitel wurden die verfügbaren demografischen Informationen zu den langfristig angesessenen adligen und bürgerlichen Großgrundbesitzern zusammengetragen und verglichen. Als Quellengrundlage dienten dafür die Genealogischen Taschenbücher bzw. die ähnlich strukturierten Bürgerlichen Geschlechterbücher. Sie sind die einzige vergleichbare Quelle, die sowohl für Adlige als auch für Bürgerliche in ausreichender Zahl zur Verfügung steht. Das Bodeneigentum stellt einen guten Ausgangspunkt für die Auswahl der Familien dar. Es birgt jedoch das Risiko, dass vor allem die Adelsgeschichte im 19. Jahrhundert überwiegend aus der Sicht der erfolgreichen Familien und weniger aus jener der Absteiger analysiert wird.

Auf der Basis der vorliegenden Daten wurden sechs zentrale Bereiche untersucht: die Säuglings- und Kindersterblichkeit, die Kinderzahl, das Heiratsverhalten, das Heiratsalter, die Ehepartnerwahl sowie Karrierechancen und Berufswahl.

Die Daten verweisen darauf, dass die Säuglingssterblichkeit beim Adel lange Zeit erheblich niedriger als bei Gesamtbevölkerung gewesen ist. Die Werte der Bürgerlichen waren dagegen höher und glichen eher denen städtischer Referenzgruppen. Vor allem für die erste Hälfte des 19. Jahrhunderts liegt hier jedoch für den Adel mit hoher Wahrscheinlichkeit ein Quellenproblem vor.

Trotz der vorsichtig zu interpretierenden Zahlen zeigt sich, dass im Schnitt mindestens jedes siebte adlige Kind das Erwachsenenalter nicht erreichte. Bei den Bürgerlichen lag der Anteil frühgestorbener Kinder noch höher. Deshalb mussten adlige und bürgerliche Eltern immer den Verlust von einem oder mehreren Nachkommen einkalkulieren. Daneben zeigt sich, dass das adlige Reproduktionsverhalten sehr stark auf männlichen Nachwuchs ausgerichtet war.

---

210 Von 25 der 62 Offiziere aus den bürgerlichen Familien ist das Regiment überliefert.

211 Dabei könnten sich in einigen Fällen auch eigene Familientraditionen herausgebildet haben. So dienten Angehörige von zwei Generationen der Familie Krahmer bei den zu den besseren Regimentern zählenden 2. Kürassieren in Pasewalk.

Die Daten gestatten es, auch den Anteil von im Militärdienst Gefallenen zu ermitteln. Dabei wurde deutlich, dass in Kriegszeiten zahlreiche adlige Offiziere ihr Leben ließen. So fielen in den Befreiungskriegen 31 % und in den Einigungskriegen 23 % der Adligen, die Offizier waren. Das bedeutet, dass die immer wiederholte Behauptung vom ‚Blutzoll' des preußischen Adels durchaus eine reelle Grundlage hatte.

Schon seit Beginn des 19. Jahrhunderts sank bei den Adligen die durchschnittliche Kinderzahl pro Ehe. Dabei wurden auf den Rittergütern generell mehr adlige Kinder geboren, als in den Ehen von Söhnen, die aus dem Großgrundbesitz ausschieden. Demgegenüber gab es zwischen den verschiedenen Söhnen bürgerlicher Großgrundbesitzer kaum Unterschiede im Reproduktionsverhalten. Langfristig sanken auch die Kinderzahlen der Bürgerlichen, wenngleich nicht in dem Maße wie beim Adel. Bis zum Ende das Kaiserreiches kam es dann allerdings zu einer allmählichen Angleichung.

Auch beim Heiratsalter zeigten die adligen Großgrundbesitzer ein deutliches Oberschichtenverhalten. Dabei waren die Lebenschancen zwischen Gutserben und nichterbenden Söhnen unausgeglichen. Während die übergroße Mehrzahl der Großgrundbesitzer relativ jung eine Ehe eingehen konnte, heirateten 70 % der Männer ohne Bodenbesitz erst nach ihrem 30. Lebensjahr. Allerdings konnten von ihnen nur etwa 50 % überhaupt eine Ehe eingehen, während neun von zehn adligen Großgrundbesitzern verheiratet gewesen sind. Wie es in anderen Regionen auch beobachtet wurde, zahlten die Brüder der Großgrundbesitzer den Preis für den Besitzerhalt mit gewollter oder erzwungener Ehelosigkeit. Damit halfen sie das Familienerbe vor Zersplitterung zu bewahren.

Der Vergleich mit Daten aus anderen Adelslandschaften zeigt, dass Adlige aus nicht bodenbesitzenden Familien bessere Heiratschancen besaßen als die auf den Gütern geborenen Männer, die aus dem Großgrundbesitz ausschieden. Auch die bürgerlichen Söhne ohne Großgrundbesitz besaßen deutlich bessere Heiratschancen. Dies zeigt, dass Adlige mit direkter Beziehung zum Großgrundbesitz in Teilbereichen andere Verhaltensweisen aufwiesen, als Adel, der bereits überwiegend in den Städten wohnte.

Gegen Ende des Jahrhunderts stieg die Zahl der Scheidungen an. Dabei wurde der frühe Tod der ersten Ehefrau als Ursache für eine zweite Ehe immer seltener.

Ein deutlich anderes Heiratsverhalten als bei ihren männlichen Geschwister war bei den Töchtern von Großgrundbesitzern zu beobachten. Sie wiesen ein durchschnittliches Heiratsalter von etwa 24 Jahren auf. Da die Männer später heirateten, kamen gleichaltrige Ehepartner nur sehr selten vor. Die Frauen, die einen Rittergutsbesitzer heirateten, verließen das Elternhaus am frühesten. Auch darin hatte die höhere Kinderzahl der Großgrundbesitzer ihre Ursache.

Zwischen den adligen und bürgerlichen Töchtern gab es in Bezug auf das Heiratsalter viele Parallelen, aber auch zwei deutliche Unterschiede. Zum einen waren bürgerliche Frauen, die einen Rittergutsbesitzer heirateten, nicht jünger als die anderen Frauen ihrer Gruppe. Zum anderen war das Heiratsalter der bürgerlichen Frauen weitgehend unabhängig davon, ob der Ehemann adliger oder bürgerlicher Herkunft war.

Betrachtet man die Heiratschancen, dann zeigt sich, dass die Töchter der adligen Großgrundbesitzer den nichterbenden Brüdern gegenüber im Vorteil gewesen sind. Allerdings war im Laufe des Jahrhunderts der Trend zu beobachten, dass sich auch die Chancen der nichterbenden Söhne verbesserten. Die bürgerlichen Töchter hatten dagegen deutlich bessere Heiratschancen als die adligen. In allen Generationen war der Anteil der verheirateten Töchter bürgerlicher Großgrundbesitzer wesentlich höher.

Von besonderer Bedeutung für das Verhältnis von Sozialgruppen ist die Ehepartnerwahl. Auf Grund des besonders ausgeprägten Namensrechtes des deutschen Adels ist das adlig-bürgerliche Konnubium hier als Maximalindikator für eine Annäherung an andere Stände zu begreifen. Dies schließt jedoch nicht aus, dass es soziale Kontakte auf einem niedrigeren Level gab, welche die ständische Homogenität des Adels weniger beeinträchtigten.

Nach 1800 hat es zahlreiche Eheschließungen von adligen Rittergutsbesitzern mit bürgerlichen Frauen gegeben. Jede fünfte Frau der Großgrundbesitzer und jede dritte Frau der anderen Söhne kam aus dem Bürgertum. Für die ab 1900 heiratenden Generationen ist dabei eine noch stärkere Öffnung zum Bürgertum zu erkennen. Nun stammte auch auf den Gütern bereits jede dritte Frau nicht mehr aus dem Adel.

Für die in allen Generationen stärker bürgerlich heiratenden Söhne ohne Großgrundbesitz ist ab etwa 1855 ein Wechsel im Heiratsverhalten auszumachen. Sie suchten sich ihre Ehepartnerinnen nun wieder stärker innerhalb des eigenen Standes. Damit näherten sie sich in diesem Bereich ihren bodenbesitzenden Brüdern an. Zwischen den brandenburgischen Daten und denen für größere Adelsgruppen in Pommern und Hannover bestehen deutliche Unterschiede. Diese zeigen wiederum, dass sich Großgrundbesitzer und ihre Brüder anders verhielten als schon länger vom Boden getrennte Adlige. Deshalb muss bei der Betrachtung des Adels dem Unterschied zwischen Großgrundbesitzern und anderen Adligen in gebührendem Maße Rechnung getragen werden.

Ein besonderer Faktor für das Heiratsverhalten war die soziale Herkunft der Mütter. Es zeigt sich, dass adlige Söhne bürgerlich geborener Frauen häufiger wieder bürgerlich heirateten. Dennoch wurden die bürgerlichen Frauen auf den Gütern von ihrer adligen Umwelt stark assimiliert. Daher widerspiegelt das Heiratsverhalten insgesamt den Befund, dass der Adel auf den Gütern lange Zeit einen homogenen Geselligkeitsbereich aufrecht erhalten hat. In der zweiten Hälfte des 19. Jahrhunderts wird eine Abschließung des Landadels als Gesamtgruppe – einschließlich der nichterbenden Söhne – sichtbar. Die aktive Rolle, die der Adel bei der Aufrechterhaltung und Forcierung des Stadt-Land-Gegensatzes gespielt hat, dürfte nicht zuletzt ihre Ursache in der Gefährdung des Standes durch städtische, bürgerliche Lebens- und Verhaltensweisen gehabt haben.

Auch wenn bürgerliche Ehefrauen auf den Gütern keine Ausnahme waren, überwogen adlige bei weitem. Dabei gab es eine deutliche Fixierung auf die preußisch-protestantischen Adelsregionen. Zwei von drei Frauen der adligen Großgrundbesitzer entstammten dem Adel des ostelbischen Preußen. Jede dritte adlige Ehefrau eines Rittergutsbesitzers kam ebenfalls von einem Gut. Dagegen zählten die Töchter der alten bürgerlichen Großgrundbesitzer eindeutig nicht zu den Heiratskreisen des Landadels. Sogar unter den bürgerlichen Ehefrauen adliger Rittergutsbesitzer blieben sie eine zu vernachlässigende Größe. Die bürgerlichen Partnerinnen der Adligen stammten dagegen mit hoher Wahrscheinlichkeit aus dem Beamtentum, dem Militär und dem Wirtschaftsbürgertum.

Die Söhne der bürgerlichen Rittergutsbesitzer heirateten in starkem Maße innerhalb der eigenen Gruppe. Vier von fünf Bürgerlichen hatten ebenfalls eine bürgerliche Frau. Dabei waren die bürgerlichen Großlandwirte, Pächter und Großgrundbesitzer eine eng verwobene Gruppe. Es gab jedoch auch zwischen ländlichem und städtischem Bürgertum eine Reihe von Heiratsbeziehungen. Allerdings gab es nur wenige Verbindungen zum neuen Wirtschaftsbürgertum. Die These, dass die Bürgerlichen über eine Heirat mit einer Adligen nach sozialem Aufstieg gesucht haben, kann nicht bestätigt werden. Die unterschiedlichen sozialen Gruppen, aus denen die jeweiligen Ehepartner kamen, deuten auf jeweils eigene Geselligkeitskreise hin. Von großer Bedeutung dafür war mit Sicherheit die lang anhaltende Verweigerungshaltung des Landadels gegenüber den bürgerlichen Eindringlingen.

Die adligen Frauen haben sehr lange endogam geheiratet. Allerdings deutet sich für das späte Kaiserreich ein allmählicher Wechsel im Heiratsverhalten und eine begrenzte Öffnung an. Dennoch heirateten die Töchter von den Gütern – analog zu ihren Brüdern – stärker innerhalb des Standes als die Töchter aus Familien ohne Bodenbesitz. Großgrundbesitz besaß für die Kohäsion des Adels eine erhebliche Bedeutung. Bürgerliche Großgrundbesitzer traten dagegen als Ehepartner von adligen Frauen kaum in Erscheinung. In der ersten Hälfte des 19. Jahrhunderts gab es überhaupt keine Eheschließungen adliger Frauen mit bürgerlichen Rittergutsbesitzern, danach nur sehr wenige.

Letztendlich zeigen die Daten zur Ehepartnerwahl adliger Männer und Frauen eindeutig, das adlige und bürgerliche Rittergutsbesitzer im 19. Jahrhundert klar von einander getrennte Heiratskreise besessen haben. Auch deshalb kann von einer ‚sozialen Verschmelzung' beider Gruppen auf dem Wege des Konnubiums keine Rede sein.

Die Untersuchung der Berufsangaben der adligen Männer beweist, dass die meisten nur zwischen Rittergut und Kaserne wählen konnten. Von den nach 1840 geborenen Söhnen wurden vier von fünf Offizier. Dagegen kam eine Beamtenlaufbahn für die Männer von den Gütern nur in Ausnahmefällen in Frage. Karrieren in Industrie, Handel oder Bankenwesen lagen völlig außerhalb ihres Handlungsspielraumes. Für die nichterbenden Söhne gab es fast keine Alternativen zum Militärdienst. Der Vergleich mit anderen Adelslandschaften und Gruppen belegt, dass es wiederum der Großgrundbesitz war, der die Berufswahl der auf ihm sozialisierten Söhne stark beeinflusste.

Die meisten Großgrundbesitzer erhielten ihren Besitz aus der Familie, meist vom Vater. Die Zahl der Zukäufe blieb beim alten Adel begrenzt, wenngleich sie nicht zu vernachlässigen ist. Dabei ist von besonderem Interesse, dass innerhalb der untersuchten Familienzweige die Zahl der Rittergutsbesitzer um ein Drittel anstieg. Dies resultierte überwiegend aus der Teilung größerer Besitzungen. Die alten Familien waren in der Lage, ihre Güterkomplexe z. T. mehrfach zu teilen. Dennoch blieben die Teilungsstücke groß genug, um ‚Herrschaft' zu tragen. Dies war nur möglich, weil die Produktivität der Güter anstieg und durch die Agrarreformen Boden hinzugewonnen wurde. Damit vergrößerte sich im nach 1800 die Zahl der Familienzweige der langfristig angesessenen adligen Familien. Bei den Bürgerlichen stammte dagegen ein großer Teil der Güter aus Neukäufen, da diese Gruppe insgesamt auf dem Gütermarkt sehr aktiv war und stammgutähnliche Konstruktionen kaum kannte.

Der brandenburgische Landadel wies ein anderes Verhalten gegenüber dem Großgrundbesitz auf, als z. B. der münsterländische Stiftsadel. Während dort die Stammherren fast alles bekamen, versorgten die Brandenburger eine größere Anzahl von Söhnen mit Bodenbesitz. Damit sicherten sie die Fortexistenz des Geschlechtes in mehreren Linien. Ein weiterer Unterschied war der, dass es eine strenge Erstgeborenenregelung de jure und de facto nicht gab. Allerdings hatten die ältesten Brüder Vorteile.

Die Zeit zwischen dem Ende der Schulzeit und der Übernahme des Gutes wurde von den meisten als Offizier überbrückt. Für viele der späteren Rittergutsbesitzer war diese Laufbahn nur eine temporäre Phase ihres Lebens. Mindestens jeder dritte Rittergutsbesitzer blieb jedoch langfristig Offizier. Noch höhere Anteile an Berufsoffizieren zeigten erwartungsgemäß die nichterbenden Söhne. Allerdings war es auch für sie schwierig, den Dienst mit einem höheren Dienstgrad zu beenden. Nur die knappe Hälfte der Söhne erreichte einen Stabsdienstgrad ab Major aufwärts. Deutliche Unterschiede gab es bei der Regimentswahl. Die künftigen Rittergutsbesitzer dienten in einer Handvoll ‚guter' Kavallerieregimenter der Provinz und bei der Garde. Die nichterbenden Söhne waren dagegen überwiegend in weniger prestigeträchtigen Truppenteilen im allen Teilen Preußens zu finden.

Die bürgerlichen Männer von den Gütern hatten seit der Mitte des Jahrhunderts einen auffallend hohen Anteil von Offizieren. Möglicherweise färbte die Berufswahl der adligen Nachbarn immer stärker auf die Bürgerlichen ab. Sie drängte sogar das lange Zeit vorherrschende Berufsfeld Großlandwirtschaft zurück. Von der im Kaiserreich geborenen Generation hatte dementsprechend bereits jeder zweite Mann einen militärischen Rang. Die bürgerlichen Rittergutsbesitzer legten sich offensichtlich einen militärischen Habitus zu und versuchten damit eventuell, eine neue Beziehungsebene zu ihren adligen Nachbarn aufzubauen. Allerdings wurde die militärische Prägung bei ihnen nie so stark wie beim Adel.

Außerdem waren die Bürgerlichen nicht wie die Adligen auf ein Berufsfeld eingeschränkt. Sie hatten vor allem im Bereich der Landwirtschaft weite Entfaltungsmöglichkeiten als Pächter, Verwalter oder sogar Großbauer. Auch Beamtenlaufbahnen wurden von ihnen häufiger gewählt. Typisch bürgerliche Berufe in Industrie und Handel waren jedoch eine Ausnahmeerscheinung.

Zusammenfassend zu diesem Bereich ist festzuhalten, dass die Unterschiede zwischen adligen und bürgerlichen Großgrundbesitzern und ihren Nachkommen in vielen Bereichen erheblich waren. Sie überwogen in den meisten Fällen die Gemeinsamkeiten. Das bedeutet, dass Adlige und Bürgerliche auf dem Lande nicht einfach nur als Besitzklasse zu definieren sind, sondern dass den zahlreichen Unterschieden zwischen beiden Gruppen Rechnung zu tragen ist. Die Großgrundbesitzer zerfielen in mehrere sehr verschiedene Segmente, die mit einem Klassenbegriff kaum noch adäquat zu beschreiben sind.

Außerdem haben die Untersuchungen an vielen Punkten deutlich gemacht, dass Adlige mit direkter Beziehung zum Großgrundbesitz sich anders verhielten als solche, die in den Städten lebten. Der Großgrundbesitz wirkte offensichtlich der Auflösung des Standes entgegen. Der großgrundbesitzende Adel war daher für die Aufrechterhaltung des ständischen Zusammenhaltes und für die Abwehr des Bürgertums von außerordentlicher Bedeutung.

VII. Adlige und bürgerliche Großgrundbesitzer – eine schwierige Nachbarschaft

Dem Verhältnis zwischen Adligen und Bürgerlichen auf dem Lande wurde – wenn man von rein statistischen Untersuchungen absieht – bislang überwiegend aus zwei Blickwinkeln Aufmerksamkeit geschenkt. Zum einen sind – auf Grund von einigen, meist zufälligen Beobachtungen – die Beziehungen zwischen beiden Gruppen häufig als ‚soziale Einbahnstraße' beschrieben worden. Die Bürgerlichen wurden je nach Sprachgebrauch ‚sozial verschluckt', ‚feudalisiert', ‚assimiliert' oder zu Bestandteilen der ‚Junkerklasse' erklärt.[1] Daher verwundert es nicht, dass bei den ohnehin seltenen Versuchen, Bürgerlichkeit als kulturelles Phänomen außerhalb der Städte zu suchen, die nichtadligen Großgrundbesitzer in der Regel übergangen wurden. Bürgertum auf dem Lande waren allenfalls Pastoren, ländliche Justizbeamte und auch Domänenpächter, aber nur selten die nichtadligen Bewohner der Herrenhäuser auf den Rittergütern.[2]

Die Frage, ob es neben der Zugehörigkeit zur selben sozialen Formation – einer ‚Klasse' von landwirtschaftlichen Großproduzenten – auf kultureller Ebene auch andere, vielleicht plausiblere Zuordnungsmöglichkeiten gab, wurde im Zusammenhang mit den Großgrundbesitzern nicht gestellt. Die wirkungsmächtige These der Verschmelzung von Adel und Bürgertum auf dem Lande zur ‚Junkerklasse' blockierte dies von vornherein. Dies wurde dadurch unterstützt, dass die Befunde der Politikgeschichte für die Zeit nach 1848 sehr eindeutig darauf verweisen, dass es zwischen den beiden Gruppen von Großgrundbesitzern keine nennenswerten Differenzen gab, wenngleich die Führung der agrarnahen Parteien und der mächtigen Interessenverbände lange Zeit in den Händen des Adels lag.

Während auf diese Weise die bürgerlichen Rittergutsbesitzer zu einem weitgehend gesichtslosen Annex des Landadels wurden, erlebten sie andererseits dann gesteigerte Aufmerksamkeit, wenn es darum ging, die gewaltige Modernisierung der Landwirtschaft im 19. Jahrhundert zu erklären. Diese wurde und wird in der Regel vor allem als Leistung bürgerlicher Protagonis-

---

1 Vgl. u. a. KOSELLECK, Reform, S. 515 , WEHLER, Gesellschaftsgeschichte, Bd. II., S. 153 und Jürgen KOCKA, Bürgertum, S. 66.

2 Vgl. dazu u.a. Monika WIENFORT, Preußische Patrimonialrichter im Vormärz. Bildungsbürgertum auf dem Lande zwischen staatlichem Einfluss und gutsherrlichen Interessen, in: Klaus Tenfelde u. Hans-Ulrich Wehler (Hg.), Wege zur Geschichte des Bürgertums. Vierzehn Beiträge, Göttingen 1994, S. 57-77, DIES., Preußisches Bürgertum auf dem Lande 1820-1850, in: FBPG (NF) 5 (1995), S. 75-98. Dagegen zählte jüngst Bratvogel auch die bürgerlichen Rittergutsbesitzer – in diesem Falle Mecklenburgs – zum ländlichen Bürgertum. Friedrich W. BRATVOGEL, Landadel und ländliches Bürgertum. Mecklenburg-Strelitz und Oberschwaben 1750-1850, in: Geschichte und Gesellschaft 25 (1999), S. 405. Zu den Randgruppen des Bürgertums rechnete Kocka auch „städtisch orientierte Großbauern". Vgl. KOCKA, Bürgertum, S. 6. Bei den ‚neuen Bürgerlichen' verortete Wehler die Pächter. WEHLER, Gesellschaftsgeschichte, Bd. 1, S. 204.

ten beschrieben, während dem Adel allenfalls eine Nebenrolle zugebilligt worden ist. Die Tatsache, dass einige der bekanntesten Vorreiter der agrarischen Modernisierung aus dem Bürgertum stammten, ist unbestritten. Daneben traten auch eine Vielzahl Adliger in diesem Prozess in Erscheinung, die lange Zeit von der Geschichtswissenschaft übergangen worden sind.[3] Die adligen Großgrundbesitzer werden dementsprechend in der Regel auf ökonomischem Gebiet häufig als weniger ‚modern' und ihre landwirtschaftlichen Betriebe im Vergleich zu denen der Bürgerlichen als weniger effizient beschrieben. Darauf aufbauend wird geschlussfolgert, dass das Überleben des Landadels vor allem dem staatlichen Protektionismus zu verdanken ist.[4]

Von diesen beiden in sich teilweise sehr widersprüchlichen Beobachtungen ausgehend, soll im folgenden versucht werden, eine Annäherung an die Problemkomplexe ‚wirtschaftliche Konkurrenz' und ‚soziale Beziehungen' zwischen Adel und Bürgertum auf dem Lande zu finden.

Die sozialen Beziehungen

Die adlige Sicht auf die Bürgerlichen – von weitgehender Ablehnung zu partieller Akzeptanz

Bevor die Entwicklung der sozialen Beziehungen zwischen Adel und Bürgertum auf dem Lande näher untersucht werden kann, ist zunächst zu diskutieren, welche Segmente beider Gruppen für nähere Kontakte überhaupt in Frage kamen. Dabei zeigt eine kurze Übersicht über die Genese des adligen Bildes von den bürgerlichen Rittergutsbesitzern wesentliche Verlaufslinien deutlich auf.

Während es mit Sicherheit für einen Adligen, der sich neu angekauft hatte, nicht schwer war, mit den angesessenen Familien der Umgebung in Kontakt zu treten, dürfte dies für einen Bürgerlichen in der Regel ganz anders gewesen sein. Dabei sind drei Grenzziehungen zu vermuten. Die erste dürfte auf der Ebene der Besitzgröße und des Rechtscharakters des Gutes gelegen haben, die zweite bei der Besitzdauer und die dritte bei der Herkunft und dem allgemeinen Leumund des bürgerlichen Besitzers.

---

3 Möglicherweise hat zur besonderen Heraushebung bürgerlicher Landwirte auch die Tatsache beigetragen, dass die Agrargeschichte sowie die in den Anfängen mit ihr eng verbundene Nationalökonomie in starkem Maße von liberal orientierten bürgerlichen Wissenschaftlern geprägt wurde. Diese ließen, so wie Max Weber, z. T. unbewusst ihre politischen Abneigungen gegen den Landadel als Gruppe auch in ihre Arbeiten einfließen. Dass diese Tendenz von einer dezidiert ‚kritischen' Geschichtswissenschaft noch vertieft wurde, ist dabei nicht verwunderlich.

4 Vgl. z. B. PUHLE, Agrarbewegungen, S. 46. Zweifel an der These von der Staatsprotektion als notwendige Überlebenshilfe finden sich dagegen u. a. bei Lothar GALL, Von der ständischen zur bürgerlichen Gesellschaft, München 1993, S. 36.

Konkret bedeutet dies, dass die Chancen des Eigentümers eines nichtprivilegierten Gutes im Grenzbereich zum großbäuerlichen Besitz, von seinen adligen Nachbarn als halbwegs gleichberechtigt wahrgenommen zu werden, von vornherein geringer gewesen sein dürften als die eines langfristig angesessenen Bürgerlichen auf einem mittleren Rittergut. Ebenso wird bei dem schnellen Güterumschlag im bürgerlichen Sektor in einer großen Anzahl von Fällen die Verweildauer der Bürgerlichen auf dem Lande zu kurz gewesen sein, um als Nachbarn integriert zu werden. Ein Ausdruck dessen war u. a. die Festlegung, dass zur Zulassung eines Rittergutsbesitzers zu den Provinziallandtagen eine mindestens zehnjährige ununterbrochene Besitzdauer verlangt wurde.

Dazu kam, dass spätestens seit der massiven Umschichtung der Besitzverhältnisse zwischen 1806 und 1830 – nicht nur in der Sicht des Adels – den Bürgerlichen der Geruch von neureichen Emporkömmlingen anhing, die in eine ökonomische und gesellschaftliche Sphäre eindrangen, in die sie nicht gehörten. Bereits 1809 brachte dies Barthold Georg Niebuhr im Zusammenhang mit dem Verkauf von Staatsgütern sehr deutlich zum Ausdruck. Er war nicht zuletzt deshalb gegen den Verkauf der Rittergutsqualität bei den Domänenveräußerungen, weil „ein bedeutender Teil der Käufer zu den aus der allgemeinen Kalamität Reichgewordenen, getauften Juden, Lieferanten und dergleichen gehöre.“[5] Dies zeigt, dass nicht nur der Adel Vorurteile gegenüber den bürgerlichen Aufsteigern im Rittergutsbesitz hatte. Dennoch ist die stärkste Ablehnung erwartungsgemäß von diesem gekommen. So schrieb der spätere preußische Innenminister Gustav Adolf v. Rochow 1823 in einer Denkschrift, dass einige verblendete Adlige ihre Güter an Leute „von der niedrigsten Abkunft“ veräußert hätten.[6] Friedrich Ludwig August v. d. Marwitz bezeichnete etwa um die selbe Zeit die neuen Rittergutsbesitzer als Wucherer, deren Güterbesitz täglich zunehme.[7] Und noch 1846 schrieb der konservative Professor der Rechte an der Berliner Universität Carl Wilhelm v. Lancizolle rückblickend auf die Zeit der Agrarreformen, dass „viele Güter in nicht adlige Hände gekommen sind, und zwar nicht selten in die Hände solcher Besitzer, deren sittlicher und intellectueller Bildungsstand nicht geeignet war, sie dem Stande, in den sie durch ihr Geld oder auch nur durch ihren Credit eintraten, zu assimiliren, geschweige denn ihm frische, heilsame Säfte und Kräfte zuzuführen.“[8] In Bezug auf die Landstandschaft, die von jedem erworben werden könne, führte er aus, dass dies ein „überaus großer Übelstand“ sei, der „mit Recht großen Anstoß“ errege.[9] Diese Vorbehalte gegenüber der Herkunft bürgerlicher Rittergutsbesitzer waren mit Sicherheit keine Einzelfälle.

5 Zit. nach: Robert STEIN, Domänenverkäufe in Ostpreußen vor hundert Jahren, in: Altpreußische Forschungen, 3. Jahrgang, Hft. 1, S. 119. Vgl. auch SCHILLER, Domänenverkäufe, passim.

6 Zit. nach Hartmut HARNISCH, Adel und Großgrundbesitz im ostelbischen Preußen 1800-1914, Antrittsvorlesung an der Humboldt-Universität zu Berlin am 16. Juni 1992, Berlin 1993. S. 19.

7 Ebd.

8 Carl Wilhelm v. LANCIZOLLE, Ueber Königthum und Landstände in Preußen, Berlin 1846, S. 313.

9 Ebd. , S. 475. Vgl. weitere Beispiele bei WEHLER, Gesellschaftsgeschichte, Bd. II,., S. 153.

So formulierte auch Ernst v. Bülow-Cummerow 1842 in seinem stark rezipierten Buch über die preußische Verfassung „Wenn heute jemand Schornsteinfeger ist, morgen Rittergutsbesitzer, und übermorgen den Pfarrer ernennt, so ist dies nicht passend.“[10] Auch Bismarck teilte noch viele Jahrzehnte nach den Agrarreformen dem Reichstag – mit Bezug auf die Politik Theodor v. Schöns während der Krise der zwanziger Jahre – mit, er wisse, dass damals „Schäfer, Gastwirte“ und „Pferdehändler“ zu Rittergutsbesitzern wurden.[11] Dass er diese Leute als Rittergutsbesitzer nicht akzeptabel fand, steht außer Zweifel. Deutlicher wurde etwas später der Generalstabschef Graf Alfred v. Waldersee, der um 1890 zum Güterwechsel in den Ostprovinzen notierte, dass „neue Besitzer von erheblich geringerer Qualität“ an die Stelle der bisherigen treten würden.[12]

Deutlich zeigt sich in diesen Äußerungen aus verschiedenen Jahrzehnten die adlige Ablehnung gegenüber Bürgerlichen, die durch ihr Vermögen in den Großgrundbesitz aufstiegen und dadurch an den Privilegien und dem Prestige, die ein Rittergut seinem Inhaber brachten, teilhatten. Das tiefe Misstrauen vor allem des grundbesitzenden Adels gegenüber den Aufsteigern bestand – wenn auch mit veränderten Nuancen – im Grund genommen mindestens bis zum Ende des Kaiserreiches, wenn nicht sogar darüber hinaus. Nur wurde die ziemlich unverhohlene Abscheu über die Herkunft der Käufer ehemals adliger Güter, zunehmend durch die Kritik an dem Egoismus der Bürgerlichen und ihrer Wirtschaftsgesinnung überlagert.

Diese Kritik hatte ihre Wurzeln u. a in der seit dem Ende des 18. Jahrhunderts nicht aufhörenden Klage darüber, dass die Rittergüter – denen adlige Autoren immer eine moralische und soziale Verpflichtung gegenüber dem Staat und den Gutsuntertanen beilegten – zur Ware in den Händen von ‚Kapitalisten' geworden seien. Diesen, so die angesichts des bürgerlichen Güterumschlags nicht ganz unberechtigte adlige Sicht, bedeute nur das Geld etwas, während paternalistische Pflichten und Dienst für den Staat in ihrer Rechnung keine Rolle spielten. Bereits in einem Bericht des kurmärkischen Pupillenkollegiums[13] über die Auflösung der Lehen und Fideikommisse aus dem Jahr 1809 wurde dies deutlich ausgedrückt. Nachdem die Argumente gegen Fideikommisse und Lehen als falsch und schlecht zu beweisen zurückgewiesen wurden, führten die Juristen aus: „Diese neuen Käufer werden aus Kaufleuten, Lieferanten, Fabrikanten bestehen, die sich zur Ruhe setzen wollen, diese werden vielleicht Lustgärten oder Prachtwohnungen anlegen. Auf bessere Kultur werden die sich nicht leicht einlassen, denn die Landwirtschaft verstehen sie nicht, und wenn sie sich Projectmachern anvertrauen, werden sie mehr Schaden als Vortheil stiften; oder es werden Kapitalisten die Käufer sein.

---

10 Ernst v. BÜLOW-CUMMEROW, Preußen, seine Verfassung, seine Verwaltung, sein Verhältniss zu Deutschland. Berlin 1842, S. 96. Vgl. dazu auch BERDAHL, Junker and Burgher, S. 163 f.

11 Horst KOHL (Hg.), Die politischen Reden des Fürsten Bismarck, Bd. 10, Stuttgart 1903, S. 463.

12 Zit. nach CARSTEN, Junker, S. 134.

13 Das Pupillenkollegium war ein Vormundschaftsgericht.

Diese suchen auf die leichteste Art die höchsten Zinsen von ihrem Capital zu genießen." Die Gutachter gingen davon aus, dass die ‚Kapitalisten' die Güter zu hoch verpachten würden, so dass die Pächter diese aussaugen müssten.[14] Auch v. d. Marwitz klagte wenige Jahre später: „Der mit seinem Eigentum stets handelnde Grundbesitzer ist losgerissen vom Staat und eilt dahin, wo mehr Geld zu erwerben ist [...]."[15]

Ganz ähnlich äußerte sich 1844 der pietistische pommersche Konservative v. Thadden-Trieglaff: „Wer übrigens sein Rittergut ganz allein als Erwerbsquelle betrachtet, wer z. B. seinen Jährlingsstall täglich, seine Dorfschule niemals, den Viehmarkt immer, den Kreistag nimmer besucht; wer auf den sauren Arbeitsschweiß seiner Tagelöhner lospresst [...] der thut sehr wohl, sein Gut an einen wirklichen Rittergutsbesitzer zu verkaufen, und dafür in [...] Nordamerika eine Plantage zu erwerben [...]."[16] Allerdings schloss Thadden-Trieglaff in seine Kritik, die u. a. als Ermahnung für seine Standesgenossen gedacht war, ausdrücklich auch Adlige ein, die den Profit über die Fürsorge stellten.

Siebzig Jahre später existierte für den Grafen v. Schwerin-Putzar dann nur noch die Trennlinie zwischen Gutsherren, die einer ‚germanisch-sozia-listischen' Gemeinnutzvorstellung oder einer ‚jüdisch-individualistischen' Eigennutzauffassung folgten.[17] Obwohl nirgendwo explizit genannt, war damit auch ein Gegensatz von Adel und Bürgertum gemeint.[18] Den angeblich so krassen Gegensatz zwischen dem brutal kapitalistisch wirtschaftenden Bürgerlichen und dem in althergebrachten paternalistischen Kategorien denkenden adligen Rittergutsbesitzers zeichnete auch noch nach 1945 Wolfgang Gans Edler Herr zu Putlitz, als er über seine Lehrjahre bei einem Bürgerlichen berichtete: „Ohne Zweifel bestand ein erheblicher Unterschied zwischen dem Großgrundbesitz, auf dem wie bei uns noch mehr oder weniger die jahrhundertealten Feudalverhältnisse herrschten und dem, wo bereits der rein bürgerliche Erwerbsgeist ausschlaggebend war. Althergebrachte patriarchalische oder sonstige menschliche Bindungen zwischen Schmidt und seinen Gutsangehörigen gab es nicht. Jeder sah im anderen lediglich die Melkkuh, aus der man herausholte, was herauszuholen war."[19]

14 GStA PK, I. HA., Rep. 84a, Nr. 3438, pag. 366.

15 Zit nach: MEUSEL, Marwitz, Bd. 2., Teil 2, S. 21. Vgl. auch die bei NIPPERDEY, Deutsche Geschichte 1800-1866, S. 148 mitgeteilte Kritik Adam Müllers an den Auffassungen Thaers.

16 [Adolph] v. THADDEN-TRIEGLAFF, Der Schacher mit Rittergütern (Ein Streifzug), in: Archiv für vaterländische Interessen oder Preußische Provinzial-Blätter. NF, 1 (1844), S. 365-377, hier S. 367.

17 GRAF V. SCHWERIN-PUTZAR, Die Aufgaben des ostelbischen Gutsherrn, Stettin o. J. (um 1915), S. 5 f.

18 An wen Schwerin-Putzar vor allem dachte, wenn er von der ‚germanisch-sozialistischen Einstellung' schreibt, wird dort deutlich sichtbar, wo er über Fideikommisse spricht, die er als allgemeine Einrichtung ablehnt und nur für „die Erhaltung derjenigen Familien, welche erfahrungsgemäß Individuen mit hervorragenden Führereigenschaften auf militärischem, politischen oder organisatorischem Gebiet hervorbringen", sinnvoll findet. Ebd., S. 21.

19 Wolfgang GANS EDLER HERR ZU PUTLITZ, Unterwegs nach Deutschland. Erinnerungen eines ehemaligen Diplomaten, Berlin 1956, S. 24.

Jeder, der hier nur exemplarisch aufgeführten Autoren, konstruiert einen deutlichen Widerspruch zwischen zwei Typen von Großgrundbesitzern, wobei – ob ausgesprochen oder nicht – immer auch ein Adel-Bürgertum-Problem sichtbar wird. Denn dass die durchweg adligen Autoren die meisten ihrer Standesgenossen auf der einen und die meisten oder auch alle Bürgerlichen auf der anderen Seite vermuteten, scheint ziemlich sicher. Die Frage ist jedoch, ob hier nicht vor allem sich zunehmend verfestigende Topoi bedient wurden, die adlige Kapitalismuskritik weitgehend linear auf die bürgerlichen Großlandwirte oder zumindest einen Teil von ihnen übertrugen. Denn einerseits wurde weiter oben gezeigt, dass jenes vielbeschworene paternalistische Bild adliger Selbstdarstellung, das vor allem auch aus Autobiographien hinlänglich bekannt ist[20], von den starken Wanderungsbewegungen der Landarbeiterschaft um 1900 bereits weitgehend konterkariert wurde. Andererseits bedingte die räumliche Nähe, verbunden mit einer großen sozialen Distanz zwischen Landarbeitern und Herrschaft, – ganz gleich ob diese adlig oder bürgerlich war – gewisse Formen des Umgangs, die von beiden Seiten einzuhalten waren.[21] Der Paternalismus war daher vor allem im ländlichen Bereich einerseits notwendige Umgangsform ‚der Herrschaft' mit ‚den Leuten' und andererseits auch vielbeschworene Ideologie und Gegenentwurf zu den unpersönlichen Beziehungen in den Städten und der mit ihr verbundenen Industrie.[22]

In der jahrhundertelangen Einübung eines herrschaftlichen Umganges mit der ländlichen Bevölkerung auf den Rittergütern wurden wesentliche Bestandteile des adligen Habitus geprägt. Die Überzeugung von der angeborenen Fähigkeit zur Herrschaft über Land und Leute und die daraus erwachsenden gesamtgesellschaftlichen Ansprüche konnten sich hier besonders entwickeln und verfestigen.[23] Dort wo Adlige den Gegensatz zwischen ihrer Art ‚die Leute' zu behandeln und der brutal-kapitalistischen Ausbeutung durch Bürgerliche zeichnen, tritt jedoch die ideologische Komponente des Paternalismus in den Vordergrund, die nicht nur gegen die Städte gerichtet war, sondern eben auch gegen die bürgerlichen Nachbarn oder zumindest doch einen Teil von ihnen.[24]

---

20 Vgl. dazu vor allem Marcus FUNCK u. Stephan MALINOWSKI, Geschichte von oben. Autobiographien als Quelle einer Sozial- und Kulturgeschichte des deutschen Adels in Kaiserreich und Weimarer Republik, in: Historische Anthropologie 7 (1999), S. 236-270, hier S. 253 ff.

21 Vgl. dazu vor allem Robert M BERDAHL, Preußischer Adel: Paternalismus als Herrschaftssystem, in: Hans Jürgen Puhle u. Hans-Ulrich Wehler (Hg.), Preußen im Rückblick, Göttingen 1981, S. 123-145.

22 Dabei steht sicher außer Frage, dass es immer wieder auch Entgleisungen seitens der Gutsherrschaft gegeben haben wird. Angesichts der sich zunehmend verschlechternden Arbeitskräftesituation und der Freizügigkeit der Landarbeiterschaft dürften diese für den Alltag auf den Gütern jedoch nicht repräsentativ gewesen sein.

23 FUNCK/MALINOWSKI, Geschichte von Oben, S. 254 f.

24 Dieser Gegensatz wurde auch auf die bürgerlichen Inspektoren übertragen. So war Magnus Freiherr v. Braun der Überzeugung, dass „die Gutsherren meist sehr viel sozialer denken als die Gutsinspektoren." Magnus FREIHERR V. BRAUN, Von Ostpreußen bis Texas, Oldenburg 1955, S. 282. Auch Dankwart Graf v. Arnim erinnert sich in an die kapitalistisch denkenden

Dabei ist es sehr wahrscheinlich, dass die bürgerlichen Gutsherren und ihre Angehörigen den vom Adel über einen langen Zeitraum geprägten Mustern des Umgangs mit Personal, Angestellten und Landarbeitern sowie den anderen Gutsbewohnern in weiten Teilen folgten und auch folgen mussten. In den wenigen Selbstzeugnissen bürgerlicher Großgrundbesitzer lassen sich daher die aus adligen Autobiographien hinlänglich bekannten Szenen des ländlichen Paternalismus[25] – das Pflegen Kranker, das Spiel mit den Landarbeiterkindern, die traditionellen Erntedankfestrituale, die weihnachtliche Bescherung der Gutseinwohner durch die Herrschaft, die Fürsorge in Form von Schulneubauten bzw. Schenkungen an die Kirche – ebenfalls wiederfinden.[26]

Die Parallelität adliger und bürgerlicher Erinnerung in Bezug auf bestimmte typische paternalistische Verhaltensmuster verweist dabei einerseits darauf, dass der Gutsherr und seine Familie im Umgang mit den Gutseinwohnern ein Set von Regeln einzuhalten hatten, die dazu dienten, die großen sozialen Differenzen auszugleichen. Andererseits ist zu vermuten, dass die zahlreichen autobiographischen Vorlagen Adliger mit ihrer bewusst starken Betonung paternalistischer Verhaltensweisen zumindest auf die zur Veröffentlichung gedachten bürgerlichen Autobiografien massiv einwirkten. Daher vermischen sich in den Selbstzeugnissen immer Teile der historischen Realität mit ideologischen Versatzstücken der Erinnerung an verlorene, bessere Lebenswelten.

Allerdings dürften die Adligen auf Grund der Tatsache, dass die ständische Distanz zwischen ihnen und ‚den Leuten' wesentlich größer war, virtuoser auf der Klaviatur des Paternalismus zu spielen vermocht haben. Denn auch wenn sie sich ‚gemein' machten, blieben sie auf Grund ihres Adelstitels immer deutlich abgehoben.[27] Dagegen dürfte es für die Bürgerlichen erheblich schwieriger und wahrscheinlich auch wichtiger gewesen sein, die Distanz zu ihren Untertanen herzustellen und zu wahren. Bezeichnend für die damit verbundenen Komplikationen ist, dass der selbst noch als Leibeigener geborene Johann Gottlieb Koppe, obwohl er ebenfalls paternalistische Muster bediente,

---

bürgerlichen Administratoren in dieser Weise. „Diese Administratoren wechselten häufig. Alle gehörten einer nach dem Ersten Weltkrieg aufgebauten Wirtschaftsorganisation an, der "Kur- und hauptmärkischen Ritterschaft", die schon früh begann, die Landwirtschaft unter Hinzuziehung scharfer Kalkulation und moderner agrarischer Erkenntnisse zu betreiben, und in das patriarchalisch-hausväterliche Denken auf dem ostelbischen Lande einen ungewohnten und gelegentlich bitter und ablehnend beobachteten kaufmännischen Zug hineinbrachte." Dankwart GRAF V. ARNIM, Als Brandenburg noch die Mark hieß, Berlin 1991, S. 96.

25 Umfangreiche Beispiele für besonders typische Verhaltensmuster und deren z. T. stereotype Wiederholung in adligen Autobiographien bei FUNCK/MALINOWSKI, Geschichte von Oben, S. 247-260.

26 WEIDENDAHL, Bendomin, S. 106 f (Erntedankfestrituale), S. 113 f. (weihnachtliche Bescherung), S. 140 (essen der Tochter bei ‚den Leuten'), S. 87 (spielen mit den Kindern). Auch KOPPE, Lebensgeschichte, S. 168 berichtet davon, dass seine Tochter „die Krankenpflegerin der Armen und Verlassenen" war und führt S. 129 seine Bemühungen für die Pfarrstelle in Beesdau sowie die von ihm betriebene Gründung einer Schule in Crinitz auf.

27 Vgl. dazu FUNCK/MALINOWSKI, Geschichte von Oben, S. 259.

sich mehrfach darüber beklagte, dass die Gemeinden ihm seine z. T. bedeutenden finanziellen Anstrengungen nie mit Anerkennung vergolten haben.[28]

Nicht immer war die adlige Ablehnung der ,Kapitalisten und Spekulanten' gegen alle bürgerlichen Großgrundbesitzer gerichtet. In einem Teil der vorliegenden Quellen wird deutlich, dass sich die Gegenüberstellungen von fürsorglichen und egoistischen Gutsherren vor allem gegen zwei Arten von bürgerlichen Großgrundbesitzern richteten. Neben den ,Spekulanten', die an einer Pflege der Beziehungen zu den Gutseinsassen bzw. den Gemeinden ohnehin kaum interessiert gewesen sein dürften, waren es einerseits vor allem die ,Kapitalisten', die ihre Güter schonungslos ausbeuteten und bei besseren Geldverwertungsmöglichkeiten sofort bereit waren, weiter zu wandern. Die andere – zunehmend bedeutendere – Stoßrichtung zielte auf die Industriellen und Bankiers, die ihren städtischen Lebensstil nicht aufgaben und Rittergüter nur zur Erweiterung ihres ,sozialen Reliefs' kauften.[29] Sie verpachteten ihre Güter in der Regel und waren damit als Herrschaft nicht vor Ort. Außerdem entzogen sie sich, ebenso wie die ,Kapitalisten', den meisten anderen dem Rittergutsbesitz von Seiten des Adels zugeschriebenen Verpflichtungen, indem sie sich an der Mitarbeit in den regionalen Vertretungskörperschaften kaum beteiligten und nur in sehr begrenztem Rahmen Nachwuchs für die Armee und die Beamtenschaft stellten.

Daher scheint sich bis zum Ende des Kaiserreiches – wie weiter oben bei den Fideikommissen bereits dargestellt – die ursprünglich viel weiter gehende Ablehnung bürgerlicher Landwirte bei einigen Autoren in eine partielle gewandelt zu haben, indem ein zunehmender Stadt-Land-Konflikt die alten Grenzlinien überlagerte.[30] Dies hatte zur Folge, dass die Akzeptanz der alteingesessenen bürgerlichen Familien, die z. T. seit sehr vielen Jahrzehnten als Nachbarn bekannt waren, stieg.[31]

---

28 KOPPE, Lebensgeschichte, S. 129. Da Koppe's autobiografische Notizen nicht zur Veröffentlichung bestimmt waren, dürfte die ideologische Komponente in seinen Erinnerungen geringer zu veranschlagen sein als bei der Autobiografie von Modeste Weidendahl.

29 So formuliert vom Landrat des Kreises Lebus. BLHA, Rep. 1, Nr. 651, Die Errichtung bzw. Veränderung von Fideikommissen (Graf v. Flemming-Buckow), Schreiben des Landrates des Kreises Lebus an den Regierungspräsidenten in Frankfurt/O vom 15. Mai 1911.

30 Dabei fühlten auch Angehörige alter bürgerlicher Familien sich erst neu angesessenen Familien überlegen, wie dies deutlich in dem Lebenserinnerungen von Wilhelm Albrecht Gysae sichtbar wird. An mehreren Stellen weist er auf die besseren Beziehungen zwischen der Gutsherrenfamilie und den Gutseinsassen oder auf die ordentlicher gepflegten Dörfer oder Schulen in der Hand alter Familien hin, zu denen er die Gysae's selbstverständlich zählte. Wilhelm Albrecht GYSAE, Aufzeichnungen (1950) im Besitz von Dr. Klaus Karbe (Potsdam).

31 Eine solche implizite Einbeziehung der längerfristig angesessenen Bürgerlichen findet sich – bei vordergründiger Orientierung auf den Adel – z. B. in den Schriften Claus v. Eickstedts. „Trotzdem hat sich besonders dort , wo die Güter durch Generationen hindurch in einer Familie geblieben sind, der patriarchalische Einschlag im Arbeitsverhältnis am längsten erhalten, während dort wo die Güter häufig durch Verkauf innerhalb verhältnismäßig kurzer Zeit in verschiedene Hände übergingen, die traditionelle Bindung zwischen Arbeitgeber und Arbeitnehmer sehr bald schwand. Dasselbe ist der Fall, wo Pächter und Administratoren die Wirtschaft leiten und häufig wechseln, und die Besitzer nicht selbst auf ihrem Gute woh-

Eine solche Entwicklung war schon zu einem sehr frühen Zeitpunkt von dem bereits erwähnten Berliner Rechtsprofessor v. Lancizolle antizipiert worden. Er hatte kurz vor 1848 den Vorschlag in die Diskussion gebracht, ‚unwürdige' Rittergutsbesitzer von der Landstandschaft zu suspendieren. Unwürdig waren dabei in seiner Sicht zunächst vor allem die Juden, da sie als Gutsherren Macht über christliche Untertanen auszuüben vermochten.[32] Antisemitische Äußerungen hatten bei adligen Autoren eine lange Tradition und waren vor allem aus einer Gleichsetzung von städtischem Reichtum und Juden sowie religiösem Eifer begründet.[33] Aber nicht nur die Juden wollte v. Lancizolle ausgeschlossen wissen, sein Vorschlag richtete sich auch gegen die Güterspekulanten und Personen, die er aus sittlichen und moralischen Gründen ungeeignet fand, als Rittergutsbesitzer die Landstandschaft zu besitzen. Wen er damit alles meinte, lässt sich aus der Liste derer ablesen, die er – neben dem Adel – für würdig befand. Mittelfristig sollten Rittergutsbesitzer mit vollen Rechten werden: 1. die Adligen, 2. Offiziere ab Rittmeister aufwärts, 3. Beamte ab Rat aufwärts und 4. die Söhne unbescholtener bürgerlicher Rittergutsbesitzer.[34] Bezüglich der Aufnahme neuer Rittergutsbesitzer mit ständischen Rechten sollte außerdem die Ritterschaft des jeweiligen Kreises ein Mitspracherecht besitzen. Auch wenn diese Pläne, nicht nur angesichts der wenige Jahre später im Gefolge der Revolution erlassenen Verfassung, Makulatur waren, lassen sie doch einige interessante Beobachtungen zu. Zum einen zeigen sie, welche sozialen Gruppen als neue bürgerliche Rittergutsbesitzer erwünscht waren. Dabei wurde der Rahmen von Lancizolle sehr eng gezogen und im Prinzip auf langfristig gediente Offiziere bzw. Beamte beschränkt, während er Wirtschaftsbürger und Angehörige der freien Berufe offensichtlich unwürdig fand.

---

nen." Claus v. EICKSTEDT, Wahre Arbeitsgemeinschaft auf dem Lande, Langensalza 1923, S. 13 f.

32 Die Identifikation jüdischer Rittergutsbesitzer ist auf Grund der Quellen nur in Ausnahmefällen möglich. Es hat aber den Anschein, als ob vor den Gründerjahren nur wenige Juden im Rittergutsbesitz auftauchten. In den bekannten Fällen veräußerten sie ihre Güter darüber hinaus bereits wieder nach kurzer Zeit. Erst mit dem zunehmenden Interesse der finanziellen Oberschichten Berlins vermehrte sich auch der Anteil jüdischer Rittergutsbesitzer. WEHLER, Gesellschaftsgeschichte, Bd. II, S. 155 nennt die Zahl von 51 Juden, die im Jahre 1835 Rittergüter besaßen.

33 v. LANCIZOLLE, Königthum, S. 313. Auch v. Thadden-Trieglaff sprach sich vehement dagegen aus, dass Juden über Christen herrschen und rief daher alle Rittergutsbesitzer auf, ihnen keine Güter zu verkaufen. v. THADDEN-TRIEGLAFF, Schacher, S. 368. Eine deutliche Verbindung zwischen Juden, individualistischer Weltanschauung und Mammonismus zog GRAF v. SCHWERIN-PUTZAR, Aufgaben, S. 6. Allerdings ist auch hier vor allem die Gleichsetzung von Kapitalismus und Judentum und noch kein rassischer Antisemitismus zu erkennen. Vgl. auch die Belege für adligen Antisemitismus bei CARSTEN, Junker, S. 89 f.

34 v. LANCIZOLLE, Königthum, S. 476. Da Lanzizolle 1841 einer vom König einberufenen Adelsreformkommission angehörte, sind seine diesbezüglichen Äußerungen nicht nur weltferne Thesen eines Gelehrten. Vgl. Gunther HEINICKEL, Adelsidentität nach der Ständegesellschaft: Der preußische Adel in adelspolitischen Bildern und Vorschlägen um 1840, in: Heinz Reif: Adel und Bürgertum in Deutschland. Entwicklungslinien und Wendepunkte im 19. Jahrhundert, Berlin 2000, S. 67.

Besonders festzuhalten ist die Tatsache, dass er zumindest einen Teil der bereits angesessenen Bürgerlichen – ‚die unbescholtenen' –, soweit als assimiliert ansah, dass ihre Söhne ebenfalls zu den ‚erwünschten Kreisen' zählten. Das Land adelte demnach im Verlaufe von mindestens einer Generation in gewisser Hinsicht seine Besitzer.[35] Hier deutet sich die, in den zeitlich späteren Fideikommißakten ebenfalls sichtbar werdende, zunehmende Akzeptanz alteingesessener Bürgerlicher an. Die Ursache dafür lag sicher nicht zuletzt auch in der Tatsache begründet, dass diese Bürgerlichen – wie die weiter oben vorgestellten Angaben zur Berufswahl zeigen – zumindest teilweise Verhaltensweisen des Landadels übernahmen.[36]

Wenn das Kriterium Besitzdauer also eine zunehmende Bedeutung für die Akzeptanz der Bürgerlichen durch den Landadel erhielt, ist noch einmal darauf zu verweisen, dass z. B. 1910 nur jeder dritte Bürgerliche mindestens 25 Jahre auf seinem Gut angesessen war und nur jede sechste Familie auf eine mindestens 50-jährige Besitzdauer verweisen konnte.[37] Der größere Teil der Bürgerlichen gehörte daher für den Adel nicht zu den alteingesessenen bürgerlichen Familien. Im Wechselspiel von altadliger Ablehnung der ‚Kapitalisten' auf der einen Seite sowie vorsichtiger und partieller Akzeptanz der langfristig angesessenen bürgerlichen Familien auf der anderen Seite dürfte daher die ablehnende Haltung den stärkeren Nährboden besessen haben. Eine einheitliche ländliche Elite, in die man relativ schnell durch den Erwerb eines Rittergutes aufsteigen konnte, hat es, wenn man den Zeugnissen adliger Autoren folgt, nicht gegeben. Dafür war die ideologisch überhöhte Ablehnung des Kapitalismus im ländlichen Raum offensichtlich zu stark. Damit fehlte jedoch auch die Basis für eine Kooperation mit den relativ wenigen führenden Vertretern der Industrie- und Finanzwelt, die sich seit der Gründung des Kaiserreiches auf dem Lande ankauften. Die alten bürgerlichen Familien waren dagegen – wie die Untersuchungen zum Heiratsverhalten und der Berufswahl zeigen – sehr stark auf das Land und die eigene Gruppe bezogen, so dass sie als Mittler zwischen Adel und städtischem Bürgertum ausschieden. Die Voraussetzungen für die Bildung einer adlig-bürgerlichen, gesamtstaatlichen Elite, die auch auf Großgrundbesitz basierte, waren damit außerordentlich beschränkt.

---

35 Die deckt sich mit der Feststellung Webers, dass der ‚Parvenü' niemals persönlich wirklich vorbehaltlos akzeptiert wird, selbst wenn er sich in der Lebensführung vollständig anpasst. Erst seine Nachfahren, die in den Standeskonventionen erzogen wurden und ihre ‚Ehre' nie befleckt haben, besitzen die Chance auf Anerkennung. WEBER, Wirtschaft und Gesellschaft, S. 352.

36 Auch die Zugehörigkeit der bürgerlichen Gutsbesitzer zu den ‚erwünschten Kreisen' des Offiziersnachwuchses weist eindeutig darauf hin, dass diese spätestens im Kaiserreich nicht mehr durchweg als Parvenüs und Eindringlinge betrachtet wurden. Vgl. BALD, Offizier, S. 43 ff.

37 Vgl. S 263.

Kontaktfelder zwischen Adligen und Bürgerlichen auf dem Land

Neben der Frage, welche Teile der bürgerlichen Rittergutsbesitzer überhaupt für nähere Kontakte mit dem Adel in Betracht kamen, ist als nächstes die Art der Beziehungen zu klären. Die möglichen Beziehungsebenen sind dabei vor allem im ökonomischen und im politischen Bereich sowie bei geselligen bis hin zu familiären Kontakten zu suchen.

Ökonomische Kontakte

Die erste Ebene, auf der adlige und bürgerliche Großgrundbesitzer in einen engeren Kontakt traten, war der ökonomische Bereich im weiteren Sinne. Als Besitzer oder auch Pächter von Rittergütern und Domänen waren Großlandwirte, unabhängig von ihrer sozialen Herkunft, frühzeitig an einem Austausch von Kenntnissen interessiert. Die zahlreichen Denkschriften zu landwirtschaftlichen Fragen aus der zweiten Hälfte des 18. Jahrhunderts, die allesamt in den Kontext der Aufklärung gehören, schufen bereits vor der Gründung ökonomischer Gesellschaften, bzw. später der landwirtschaftlichen Vereine eine begrenzte überständische Öffentlichkeit, die sich vor allem praktischen Fragen zuwandte.

Das erste offene Gremium, in dem sich adlige und bürgerliche Landwirte in Brandenburg dann regelmäßig treffen konnten, stellte die Märkische Ökonomische Gesellschaft zu Potsdam dar, die – 1791 gegründet – jedoch kein ausschließlich auf die Landwirtschaft orientierter Verein war. Obwohl die Gründungsmitglieder überwiegend einen stadtbürgerlichen Hintergrund hatten[38], waren die ersten Direktoren der Gesellschaft adlige Rittergutsbesitzer. Gemäß der übergreifenden aufklärerischen Zielsetzung der Gesellschaft lag nach knapp zehn Jahren der Anteil der Großgrundbesitzer nur bei 10 %, während die adligen Mitglieder bis 1799 insgesamt 26,6 % ausmachten.[39] Neben Beamten, Pfarrern und Wirtschaftsbürgern im weiteren Sinne machten auch die bürgerlichen Domänenpächter einen bedeutenden Anteil der Mitglieder aus. Daher war die Gesellschaft einer der ersten Orte, an dem reformfreudige adlige und bürgerliche Landwirte in engeren – vor allem auf ökonomische Sachfragen orientierten – Kontakt traten.

Ausschließlich auf landwirtschaftliche Probleme orientiert waren die nach der Jahrhundertwende gegründeten landwirtschaftlichen Vereine.[40] Bereits 1811 wurde unter Mitwirkung von Thaer der Landwirtschaftliche Verein des Oberbarnimschen Kreises gegründet, dem bis 1842 weitere 54 Neubildungen folgten. Unter den zu diesem Zeitpunkt 4.750 Mitgliedern befanden sich zahl-

---

38 Vgl. dazu Helga EICHLER, Die Märkische Ökonomische Gesellschaft zu Potsdam um 1800, in: FBPG (NF) 2 (1993), S. 193.

39 Ebd., S. 204, 206.

40 Vgl. dazu u. a. Rudolph STADELMANN, Das landwirtschaftliche Vereinswesen in Preußen, Halle 1874.

reiche adlige und bürgerliche Großgrundbesitzer.[41] Trotz möglicher Doppelmitgliedschaften stellten die Gutsbesitzer in Brandenburg jedoch nicht die Mehrheit der Vereinsmitglieder. Die weitere Mitgliedschaft wurde mit Sicherheit von Beamten, anderen Bildungs- und Wirtschaftsbürgern sowie möglicherweise auch von Großbauern, bzw. den Vertretern korporativ beigetretener Bauerngemeinden gestellt.[42] Gegen eine adlige Dominierung der auf landwirtschaftliche Probleme orientierten Vereine spricht die Tatsache, dass bereits 1846 von den Vorsitzenden mehr als die Hälfte bürgerlich waren.[43]

Am Ende des Vormärz' existierte in jedem Kreis mindestens ein landwirtschaftlicher Verein, in dem adlige und bürgerliche Großgrundbesitzer als Agrarfachleute aufeinander trafen. Allerdings ist nicht anzunehmen, dass jeder neue Gutsinhaber sofort auch einem solchen Verein, der in der Regel einen Mitgliedsbeitrag einforderte, beitrat. Vielmehr dürften sich dort vor allem die selbstwirtschaftenden, an moderner Landwirtschaft interessierten Besitzer getroffen haben. Das bedeutet, dass jeweils nur Teile der adligen und der bürgerlichen Großgrundbesitzer als Mitglieder zu vermuten sind, vor allem wiederum die Angehörigen der lang- oder längerfristig angesessenen Familien. Daneben dürften auch die Domänen- und Rittergutspächter sowie die landwirtschaftlichen Beamten (Administratoren, Verwalter etc.) vertreten gewesen sein.

Im Jahre 1896 existierten in der Provinz dann 181 landwirtschaftliche Gesellschaften, die sich auf lokaler oder regionaler Ebene gebildet hatten. Dabei gab es eher allgemein orientierte oder Spezialproblemen gewidmete Vereine.[44] 29 dieser Vereine sind als kreisbezogen und damit regional orientiert zu klassifizieren.[45] Zehn wurden von adligen und 18 von bürgerlichen Großgrundbesitzern geführt, einer von einem bürgerlichen Beamten. Damit zeigt sich das weiterhin hohe Interesse der Großgrundbesitzer an der Teilnahme in diesen Vereinen, das mit Sicherheit nicht nur politisch bedingt war. Die landwirtschaftlichen Vereine blieben daher mindestens bis zum Ende des Kaiserreiches ein Ort der Kommunikation zwischen adligen und bürgerlichen Großgrundbesitzern, den der Adel jedoch nicht dominierte.

Ein weiterer Ort, an dem ökonomische Kontakte zwischen Adligen und bürgerlichen Großgrundbesitzern sowie größeren Bauern stattfanden, waren

41 Vgl. dazu Klaus KLATTE, Die Anfänge des Agrarkapitalismus und der preußische Konservativismus, Hamburg 1974, Diss. Phil. (MS.), S. 103 ff. MÜLLER/MÜLLER, Brandenburg, S. 425 überliefern die Zahl von 4.660 Mitgliedern.

42 Bereits die hohe Mitgliederzahl konterkariert die – am hier wohl nicht repräsentativen Beispiel Pommern aufgestellte – Behauptung KLATTEs, Anfänge, S. 106, dass die Vereine einen „exklusiven und elitären Charakter trugen". Vielmehr ist für Brandenburg denkbar, dass die stark marktorientierten Bauern des Berliner Umlandes, die im Westen der Provinz vorhandenen ehemaligen Freibauern und die Inhaber der großen Lehnschulzengüter die Mitgliedschaft der Vereine wesentlich erweiterten.

43 KLATTE, Anfänge, S. 107 zieht aus der Tatsache, dass von 316 landwirtschaftlichen Vereinen, die im Jahre 1846 in Preußen nachweisbar waren, 146 einen adligen Vorsitzenden hatten, allerdings den Schluss, dass der Adel die Vereine dominierte.

44 Vgl. Handbuch über den Grundbesitz 1896, S. XIII. ff.

45 In der Regel saß der landwirtschaftliche Verein des Kreises in der Kreisstadt. In einigen Fällen ließ sich allerdings kein Kreisverein identifizieren.

die landwirtschaftlichen Genossenschaften. Diese Zusammenschlüsse agrarischer Produzenten nahmen vor allem im letzten Jahrzehnt des 19. Jahrhunderts einen enormen Aufschwung, wenngleich in Brandenburg das Genossenschaftswesen im Vergleich mit den anderen Ostprovinzen unterentwickelt war. Dennoch vermehrte sich auch hier die Zahl der Agrargenossenschaften zwischen 1890 und 1899, und zwar von 34 auf 444.[46] Eine ostelbische Besonderheit war die hohe Anteilnahme von Großgrundbesitzern an der Gründung und Leitung der Genossenschaften. Quellenmaterial über die Zusammensetzung der Genossenschaften ist kaum vorhanden, so dass auf die spärlichen Angaben in den Handbüchern über den Großgrundbesitz zurückgegriffen werden muss. Allerdings ist angesichts der geringen Zahlen zu vermuten, dass nur besonders interessierte Großgrundbesitzer die Mitgliedschaft in einer Genossenschaft auch angaben. Danach gehörten ein knappes Zehntel aller Rittergüter am Ende des Kaiserreiches einer solchen Vereinigung an.[47] Zwei Drittel davon waren Mitglied in einer Molkereigenossenschaft, jedes fünfte gehörte einer Brennereigenossenschaft an. Deutlich seltener war dagegen die Teilnahme an Einkaufs- oder Maschinennutzungsgenossenschaften. Inwieweit es darüber hinaus Absatzgenossenschaften gab, ist nicht zu klären gewesen.

Die Mitgliedschaft in den Genossenschaften wurde je zur Hälfte von adligen und bürgerlichen Großgrundbesitzern gestellt und es ist zu vermuten, dass diese in größeren genossenschaftlichen Vereinen zusammenarbeiteten. Die Mehrheit der Adligen wirtschaftete auf Gütern, die nicht in der ersten Generation im Besitz der betreffenden Familien waren.[48] Auch unter den Bürgerlichen befanden sich nur wenige, die sich erst kurzfristig angekauft hatten.[49] Damit stellten die Genossenschaften und ihre Zentralvereine – ebenso wie die landwirtschaftlichen Vereine – in erster Linie einen Kommunikationsort für die aus lang- oder längerfristig angesessenen adligen und bürgerlichen Familien stammenden aktiven Landwirte dar. Diese beiden Fraktionen dürften es auch gewesen sein, die sich in den Aktiengesellschaften der regionalen Eisenbahnen bzw. der ‚Landgesellschaft Eigene Scholle'[50] oder unter den Finan-

---

46 Angaben nach Stephan MERL, Das Agrargenossenschaftswesen Ostdeutschlands 1878-1928. Die Organisation des landwirtschaftlichen Fortschritts und ihre Grenzen, in: Reif, Ostelbische Agrargesellschaft, S. 294.

47 Für 78 Rittergüter bzw. Güterkomplexe wurde die Mitgliedschaft in einer Genossenschaft angegeben. Damit gehörten insgesamt 109 Rittergüter zu solchen Zusammenschlüssen. Neben den Rittergütern waren außerdem weitere 49 der anderen Güter über 100 ha – darunter zwei Domänen – Mitglieder von Genossenschaften.

48 Insgesamt 33 von 40 Adligen wirtschafteten auf Gütern, die mindestens 30 Jahre im Besitz ihrer Familien waren.

49 Von 38 Bürgerlichen waren 22 länger als 20 Jahre angesessen, nur vier Besitzer waren weniger als zehn Jahre auf ihren Gütern nachweisbar.

50 Vgl. BLHA; Rep 69, Landgesellschaft 'Eigene Scholle' Nr. 87 (1912-1939), Anteilscheine über das Stammkapital, übernommene Stammeinlagen und zurückgekaufte Anteilsscheine. Dort finden sich neben städtischen Investoren auch altadlige Namen und überwiegend längerfristig angesessene bürgerliche Großgrundbesitzer.

ziers lokaler bzw. regionaler Verarbeitungsbetriebe für landwirtschaftliche Erzeugnisse am häufigsten wiedertrafen.[51]

Trotz des nur spärlich vorhandenen Materials zeichnen sich im ökonomischen Bereich eine Reihe von Kommunikationskanälen zwischen adligen und bürgerlichen Großgrundbesitzern ab, die vor allem von den fest verankerten längerfristigen Besitzern genutzt worden sein dürften. Wie weit Adlige und Bürgerliche sich auf dieser Ebene aufeinander zu bewegten, hing dabei mit Sicherheit auch von den Rahmenbedingungen in den anderen Bereichen adlig-bürgerlichen Aufeinandertreffens ab. Solange die Situation überwiegend von Misstrauen und Ablehnung geprägt und eine Basis gemeinsamen Handelns nicht notwendig war, dürfte eine partielle Annäherung in diesem Bereich das Gesamtverhältnis nur wenig beeinflusst haben. Langfristig hat es jedoch mit hoher Wahrscheinlichkeit dazu beigetragen, dass die Reibungsflächen zwischen dem alten Adel und den bürgerlichen Familien, die sich in der ersten Hälfte des 19. Jahrhundert ankauften und den Besitz wahrten, vermindert wurden.

Politische Kontakte

Anders als auf dem landwirtschaftlichen Gebiet standen adlige und bürgerliche Großgrundbesitzer im politischen Bereich zunächst auf deutlich unterschiedlichen Positionen und in einer sehr spannungsgeladenen Beziehung. Das grundlegende Problem war dabei lange Zeit die Frage der Standschaft, das heißt die Diskussion darüber, ob Bürgerliche, wenn sie denn überhaupt ein Rittergut kaufen durften, auch berechtigt wären, die ständischen Privilegien wahrzunehmen. Vor der Bildung der Provinziallandtage ging es dabei vor allem um die Teilnahme an den ständischen Versammlungen in den Kreisen.

Ein frühes Beispiel für die Ablehnung der bürgerlichen Eindringlinge ist aus dem neumärkischen Kreis Crossen bekannt. Bei der Landratswahl im Jahre 1769 bestritten die adligen Rittergutsbesitzer den bürgerlichen Eigentümern der Stadt Crossen und dem Pächter des gleichnamigen Amtes das Recht auf Teilnahme an der Wahl. Nachdem die Neumärkische Kammer mit Zustimmung des Generaldirektoriums zunächst die Abgabe der Voten durchgesetzt hatte, wandten sich die Adligen immediat an den König. Dieser wies daraufhin an: „Nein die adlichen Sollen in Keinem Stük in ihren privilegia gekrenket werden, sie Sollen allein wehlen."[52] Darauf hin sollten Bürgerliche generell von den Kreisversammlungen ausgeschlossen werden.[53] Nicht zuletzt diese adlige Abwehr dürfte die Ursache dafür gewesen sein, dass Friedrich II. wenige Jahre später einen bedeutenden Teil der ständischen ‚Ehrenrechte' – darunter die Kreisstandschaft – für bürgerliche Neuerwerber suspendierte. Damit wurden die Bürgerlichen von jeglicher Mitsprache in Kreisangelegenheiten –

51 Vgl. zum Eisenbahnaktienbesitz adliger Großgrundbesitzer Dietrich EICHHOLTZ, Junker und Bourgeoisie vor 1848 in der preußischen Eisenbahngeschichte, Berlin 1962, S. 138 ff.

52 AB, Behördenorganisation, Bd. 15, S. 21.

53 Vgl. dazu SCHILLER, Adelsschutzpolitik, S. 232 f.

vor allem auch von der Wahl der Landräte – ausgeschlossen. Lediglich die passive Teilnahme an den Kreistagen blieb ihnen erlaubt.[54]

Diese Tradition des friderizianischen Adelsschutzes dürfte es den seit Beginn des 19. Jahrhunderts zahlreich in den Großgrundbesitz strömenden Bürgerlichen erschwert haben, sich zu behaupten. Dennoch zeigen die Ergebnisse der Landratswahlen in der stark adlig geprägten Kurmark für die erste Hälfte des 19. Jahrhunderts, dass sich auf den Kreistagen adlige und bürgerliche Großgrundbesitzer nicht überall in einem feindlichen Verhältnis gegenüber gestanden haben können. Knapp zwanzig Prozent der Landräte waren bürgerlicher Herkunft (vgl. Tabelle 121). Dies entsprach sogar fast der Adel-Bürgertum-Relation in dieser Region Brandenburgs. Allerdings wurden Bürgerliche besonders häufig in den Kreisen gewählt, in denen sie ohnehin traditionell stärker vertreten waren (Jüterbog-Luckenwalde, Lebus), während in den Adelsregionen Uckermark, Prignitz, Havelland und Zauche bürgerliche Landräte seltener oder gar nicht vorkamen.

Tabelle 121: Das Verhältnis zwischen adligen und bürgerlichen Landräten in der Kurmark (1816-1860)[55]

Kreise	Anzahl der Landräte	
	adlig	bürgerlich
Angermünde	4	0
Beeskow-Storkow	2	0
Jüterbog-Luckenwalde	0	2
Lebus	1	4
Nieder-Barnim	7	1
Ober-Barnim	4	0
Ost-Havelland	6	3
Ost-Prignitz	4	2
Prenzlau	2	0
Ruppin	2	0
Teltow	5	0
Templin	5	0
West-Havelland	3	0
West-Prignitz	3	0
Zauche-Belzig	3	0
Gesamt	51	12

Insgesamt ergibt sich ein sehr ungleichmäßiges Bild, da in zwei Dritteln der Kreise ausschließlich Adlige zum Landrat gewählt und dann vom König ernannt wurden. In den von ihm dominierten Regionen war der Adel weitgehend in der Lage, auch die Landräte zu stellen. Die verhältnismäßig hohe Zahl bürgerlicher Landräte in Gebieten mit einer ausgeglichenen Relation von Adel und Bürgertum könnte darauf verweisen, dass deren länger anhaltende und

54 Ebd., S. 233 f.

55 Quelle: HUBATSCH, Verwaltungsgeschichte, Bd. 5. Für den Kreis Beeskow-Storkow muss beachtet werden, dass dieser erst 1835 wieder hergestellt wurde.

massivere Präsenz früher zu einer Aufweichung adliger Abwehrhaltungen geführt hat.[56]

Die Kreistage, auf denen sich adlige und bürgerliche Rittergutsbesitzer trafen, besaßen neben dem Recht, Kandidaten für das Landratsamt vorzuschlagen, nur eine geringe politische Bedeutung. Die ungefähr einmal jährlich tagenden Kreisstände hatten ausdrücklich nur das Ziel, den Landrat in Kommunalangelegenheiten zu unterstützen. Ihr Wirkungskreis beschränkte sich darüber hinaus weitgehend auf die Umverteilung der kreisweise aufzubringenden Steuern und auf die Wahl von Klassensteuerreklamationskommissionen.[57] Trotz der verhältnismäßig hohen Anzahl bürgerlicher Landräte in der ersten Jahrhunderthälfte ist jedoch nicht davon auszugehen, dass in den ständischen Versammlungen und Gremien der untersten Ebene zwischen Adligen und Bürgerlichen durchweg eine friedliche Zusammenarbeit stattfand. Vielmehr scheint es so, als ob vor allem dort, wo der Adel sehr stark war oder eindeutige Mehrheiten besaß, immer wieder kleinere oder größere Attacken gegen die bürgerlichen Eindringlinge geritten wurden.

Ein sehr deutliches Beispiel für die klare Ziehung von distinktiven Grenzen ist aus dem Bereich der Niederlausitz überliefert. Hier gab es bekanntlich neben den einfachen Rittergütern mehrere besonders privilegierte Standesherrschaften, deren z. T. hochadlige Inhaber besondere Rechte besaßen und die ‚Herrentafel' der Niederlausitz bildeten.[58] Im Jahre 1841 fiel die kleinste dieser Standesherrschaften[59] an einen Bürgerlichen, den Amtmann Griebenow, der bereits 1811 das ehemalige Domänenvorwerk Niederschönhausen im Weichbild der Stadt Berlin gekauft hatte. Dieser Amtmann schrieb 1848 eine wahrscheinlich an die preußische Nationalversammlung gerichtete Petition, in der er sein Verhältnis zu den altadligen Standesherren in beredten Worten darstellte.[60] Nachdem der Verfasser seinem allgemeinen Unmut über den Adel Ausdruck verliehen hatte[61], berichtete er über den Ankauf der Standes-

56 Möglicherweise hing nicht nur im Kreis Lebus die verhältnismäßig hohe Zahl Bürgerlicher auch mit der Abstinenz von altständisch gesinnten Adligen bei den Kreistagen zusammen. So hielt sich z. B. v. d. Marwitz seit 1811 in dieser Beziehung völlig zurück. Die Ursachen dafür könnten das starke Einströmen Bürgerlicher, die Ablehnung der neuen Zusammensetzung der Kreistage und in Lebus der Protest gegen die Zergliederung des Kreises und die Abspaltung vom Regierungsbezirk Potsdam gewesen sein. Vgl. VETTER, kurmärkischer Adel, S. 104.

57 Vgl. KLATTE, Agrarkapitalismus, S.202-204.

58 Während die Stärke der brandenburgischen Kurfürsten in der Mark einen Herrenstand nicht zuließ[58], stellten die Besitzer der Standesherrschaften der Niederlausitz eine eigene Kurie in der Ständeversammlung. Auch nach der Bildung der Provinzialstände bildeten die adligen Inhaber weiterhin die von den übrigen Rittergütern abgehobene ‚Herrentafel'.

59 Groß Leuthen 2.620 ha, GRE 9.428 RM.

60 BLHA, Rep 37, Herrschaft Leuthen, Nr. 7, Denkschrift des Gutsbesitzers Christian Wilhelm Griebenow zu Groß-Leuthen betr. Verweigerung seiner ständischen Rechte und ungerechte Besteuerung. Bei der undatierten Denkschrift kann es sich nur um eine Petition aus der Zeit kurz nach den Märzkämpfen handeln.

61 „Wohl niemand ist im gesamten Bürgerstande, der nicht in seinem Leben schon einmal den Stolz und Uebermuth des Adels erfahren hätte! Der es nicht erfahren hätte, wie beim Empfangen der Adelsstand stets vorgezogen, dem Bürgerstande beim geben stets nachgesetzt worden wäre! Der Grund davon war, dass die meisten einflußreichen Stellen im Staate durch

herrschaft und darüber, dass sein „bürgerlicher Stand, den ich ehrenhaft gehalten und stets in Ehren bewahren werde“, die Ursache dafür war, dass ihm die Rechte eines Standesherren verwehrt blieben. Seine diesbezüglichen Beschwerden führten ihn immer wieder zum Landrat, der „ob meiner bürgerlichen Herkunft, mich in meinem Standesherrschafts-Besitzthum stets mit mißliebigen Augen betrachtete.“ Die beiden Landräte, an die er sich im betreffenden Zeitraum gewandt haben muss, waren beide adlig, einer von ihnen war selbst Besitzer einer Standesherrschaft.[62] Ganz offensichtlich ging es Griebenow jedoch nicht nur um die ständische Gleichberechtigung, denn aus der Blockade der Standesherren erwuchsen für ihn erhebliche ökonomische Belastungen. So teilte er mit, dass er als einziger im Kreis Lübben mit dem höchsten Satz der Klassensteuer belegt worden war, woraus sich auch sein Anteil an der Kriegssteuer errechnete. Dadurch wurde er mit jährlich 460 Tlr. besteuert, während die adligen Besitzer der weitaus größeren Standesherrschaften Lieberose, Straupitz und Lübbenau nur halb so viel Steuern wie er entrichteten. Gegen diese Besteuerung konnte er sich deshalb nicht zur Wehr setzen, da man ihn zur Klassifizierung der Steuersätze im Gremium der Standesherren nicht zuließ und die Landräte gegen ihn standen.

Dieses Beispiel belegt sehr deutlich die geschlossene adlige Abwehrphalanx gegen den ersten bürgerlichen Aufsteiger in den exklusiven Bereich der Standesherrschaften. Dabei wurde dem Amtmann Griebenow die soziale Distanz nicht nur im ständischen Bereich, sondern auch durch ökonomische Benachteiligungen sehr deutlich gemacht. Das von Griebenow vermutete Ziel, „mir durch allerlei Kränkungen das Leben auf meiner Herrschaft so leid zu machen, dass ich veranlaßt werden könnte, mich derselben zu entäußern damit sie wieder, wie der Adel wähnt, als sein Monopol ihm in die Hände fiele“, wurde schließlich wenige Jahre später erreicht, als Groß Leuthen um 1855 für 179.000 Tlr. wieder an einen adligen Besitzer (v. Gutzmerow) fiel, während Niederschönhausen noch weitere zwanzig Jahre im Besitz der Griebenows blieb. Die 1848er Hoffnungen des Bürgerlichen, dass der Adel am Ende seiner Macht war, hatten sich nicht erfüllt.[63]

Auch bei der Bildung der 1823 ausgerufenen Provinziallandtage wurde die Abwehr bürgerlicher Aufsteiger manifest. Da die Chancen, gegen die bürgerlichen Besitzer von Rittergütern vorzugehen, gering waren, richtete sich die

---

den Adel besetzt waren, dass, von einem adligen Vater erzeugt zu sein, Grund genug war Anwartschaft auf diese Stellen zu haben ohne dass Kenntnisse und die sonst von jedem Bürgerlichen und sei es zu der geringsten Stellung nothwendigen Eigenschaften, bei ihnen verlangt worden wären; dass der Adel sich in diesen Stellungen in seinem Hochmuth blähte, dass der selbe innig zusammen hielt, sich bereitwillig gegeneinander die Hand both zum steigen und stützen und halten. Der Bürger ein Wesen niederer Art durfte es nicht wagen empor klimmen zu wollen, er durfte es nicht wagen da sein Haupt zu erheben wo der Adel es erhob.“ Ebd., pag. 1.

62 Die Landräte des Kreises Lübben waren: von 1827-1845 Bernhard v. Patow (seit spätestens 1828/29 Besitzer des Rittergutes Groß Jehser) und von 1845-1871 Karl Gottlieb v. Houwald (Besitzer der Standesherrschaft Straupitz).

63 „Diese, gleich jener geistlichen Verbrüderung, die Welt beherrschende Aristokratie mußte gestürzt werden und Gott sei Dank sie ist es.“ Denkschrift, pag. 6.

Spitze gegen die neuen Rittergutsbesitzer, welche die ehemaligen Domänenvorwerke mitsamt der ständischen Rechte erworben hatten. Wiederum war es ein adliger Landrat, der einem ehemaligen Domänenpächter ständische Rechte verweigerte.[64] Als im Dezember 1823 im Kreis Zauche-Belzig die Abgeordneten des Provinziallandtages gewählt werden sollten, verwehrte der adlige Landrat dem Amtsrat Kühne, Besitzer der ehemaligen Domänenvorwerke Saarmund und Langerwisch, die Teilnahme.[65] Dem schloss sich auch die überwiegend adlige Ritterschaft des Kreises an. In der Folge dieser Abwehr, die offensichtlich in anderen Kreisen Nachahmung fand, wurden einerseits keine Staatsgüter mehr mit dem Charakter eines Rittergutes verkauft und andererseits der Großteil der ehemaligen Domänenvorwerke zu Rittergütern zweiter Klasse herabqualifiziert.[66] Diese reihten sich daher ebenso wie die vielen bürgerlichen Besitzer ehemaliger niederlausitzischer Vasallengüter in die Gruppe der kreistagsfähigen Güter ein.[67]

Sicher nicht nur durch diese erfolgreichen Abwehrversuche waren es fast ausschließlich Adlige, die – nach Ausweis der vorliegenden Quellen – als Vertreter der Ritterschaft zu den brandenburgischen Provinziallandtagen gewählt wurden. Bürgerliche Rittergutsbesitzer bildeten im brandenburgischen Kontingent, im Gegensatz zu Ostpreußen, eine Ausnahme.[68] Auch auf dem 1. Vereinigten Provinziallandtag 1847 wurde die Dominanz des Adels in Fragen der ständischen Repräsentation wiederum deutlich. Unter den 31 Abgeordneten des Ersten Standes der Gesamtprovinz befand sich nicht ein bürgerlicher Rittergutsbesitzer. Dagegen wurde von den ost- und westpreußischen Abgeordneten bereits ein Drittel nicht von Adligen gestellt.[69]

Wahrscheinlich prägte sich bereits in dieser Zeit das bis in die Weimarer Republik zu beobachtende Verhaltensmuster, dem Adel die Führung zu überlassen, aus. Allerdings spiegelt die Dominanz des Adels unter den Abgeordneten des ersten Standes auch die Besitzverhältnisse in großen Teilen der Provinz wider, wobei noch zu bedenken ist, dass die Zahl der bürgerlichen Rittergutsbesitzer mit passivem Landtagswahlrecht durch die Regel vom mindestens zehnjährigen Rittergutsbesitz begrenzt wurde. Darüber hinaus stellt sich die Frage, welchen konkreten Nutzen die Teilnahme an einer solchen Veranstaltung für einen Bürgerlichen besaß, abgesehen davon, dass viele

64 Möglicherweise war es für die Adligen besonders schwer, ehemalige Domänen- oder auch Rittergutspächter als Rittergutsbesitzer neben sich zu akzeptieren. Einerseits repräsentierten diese den Kapitalismus auf dem Lande – Landwirtschaft als Beruf und Erwerbsquelle – besonders stark. Andererseits setzten Adlige die Domänenpächter eventuell auch mit subalternem oder mittlerem Beamtentum gleich, dem sie in keinem Falle eine gleichberechtigte Rolle neben sich zudachten.

65 Vgl. die detaillierte Schilderung dieses Falles in SCHILLER, Domänenvorwerk, S. 95.

66 Ebd. S. 95 ff.

67 Vgl. S. 167 f.

68 Vgl. die Zusammenstellungen für den 5. und 6. Landtag (1834 bzw. 1837) die Angaben bei KOSELLECK, Reform, S. 692. Während am fünften Landtag noch zwei bürgerliche Rittergutsbesitzer aus Brandenburg teilnahmen, blieben beim sechsten die Adligen unter sich. Die Rittergutsbesitzer der Provinz stellten 36 Teilnehmer.

69 Vgl. die Mitgliederlisten in: Eduard BLEICH, Der Erste Vereinigte Landtag in Berlin 1847, Bd. 1, Berlin 1847, S. 335 ff.

selbst wirtschaftende Landwirte auf kleineren Gütern wahrscheinlich gar nicht abkömmlich waren und die Kosten für einen längeren Berlinaufenthalt scheuten. In einer ökonomischen Kosten-Nutzen-Rechnung brachte die Teilnahme am Provinziallandtag wenig. Das adlige Engagement fußte deshalb sicher nicht auf solchen Kalkulationen. Die Teilnahme an Provinziallandtagen entsprach dem adligen Selbstverständnis als Mittler zwischen Krone und Volk sowie seinen Auffassungen von den Aufgaben des ersten Standes, selbst wenn der direkte Wirkungskreis dieser vorparlamentarischen Provinzkörperschaft eng begrenzt war.

Auch die Provinziallandtage besaßen nur wenige Rechte. Neben der – unter königlichem Vorbehalt stehenden – Beschlussfassung über Kommunalangelegenheiten war ihnen lediglich die Begutachtung von Gesetzesentwürfen und die Abfassung von Bitten und Beschwerden der Provinz gestattet. Ihre Verhandlungen waren geheim und fanden unter Ausschluss der Öffentlichkeit statt. Die Nennung von Namen in den veröffentlichten Protokollen wurde durch die Bezeichnung des Standes ersetzt.[70] Durch diese Verfahrensweise ist es unmöglich, eventuelle Unterschiede im Verhalten adliger oder bürgerlicher Abgeordneter des Ersten Standes festzustellen. Die brandenburgischen Provinziallandtage waren, wiederum anders als die ostpreußischen, kein Ort liberaler Forderungen an den König. Die wesentlichen Themen, die bis zur Revolution verhandelt wurden, waren: 1. die Städteordnung, 2. die Gewerbeordnung, 3. allgemeine wirtschaftspolitische Fragen, 4. die Problematik der Zerstückelung bäuerlichen Grundbesitzes, 5. die Gesindeordnung, 6. die Frage nach der Aufhebung der Patrimonialgerichtsbarkeit, 7. das gutsherrlich-bäuerliche Verhältnis, 8. die Kreisordnung und 9. das Problem einer Landesverfassung.[71]

In verschiedenen Fragen gab es vor 1848 einzelne Repräsentanten der Rittergutsbesitzer, die gegen die Majorität ihres Standes stimmten.[72] Nicht zu klären ist jedoch, ob diese bürgerlich oder adlig waren. Gegen die große Mehrheit der Rittergutsbesitzer stand der Vorschlag eines namentlich nicht bekannten Mitgliedes des Ersten Standes während des 1. Provinziallandtages, die Patrimonialgerichtsbarkeit aus Kostengründen abzuschaffen.[73] Die Möglichkeit, über außerökonomischen Zwang zu verfügen, wollten die brandenburgischen Rittergutsbesitzer jedoch nicht aufgeben. Differierende Auffassungen gab es ebenso im Hinblick auf die für die Rittergutsbesitzer wohl wichtigste ökonomische Problematik, das sogenannte gutsherrlich-bäuerliche Verhältnis. Ein Teil der Mitglieder des ersten Standes unterstützte die Agrarreformen.[74]

---

70 Vgl. Übersicht über die Verhandlungen der Provincialstände der Mark Brandenburg und des Markgrafthums Niederlausitz auf dem 1., 1824 gehaltenen Landtage, Berlin 1924. Fortgesetzt als Verhandlungen (Protokolle) des Provinziallandtages der Mark Brandenburg und des Markgrafthums Niederlausitz, 2-19 (1827-1873).

71 Vgl. E. ALLMENRÖDER, Das politische Leben in den brandenburgischen Provinziallandtagen unter Friedrich Wilhelm III., Frankfurt a. M. 1922, Diss. Phil. (MS.), S. 5.

72 Ebd., S. 104-105.

73 Ebd., S. 46.

74 Ebd., S. 49.

Trotz der nur sehr spärlichen Informationen macht Allmenröder drei Gruppen innerhalb des Ersten Standes aus. Die erste Gruppe bestand um v. d. Marwitz und soll sich durch ‚hohen Idealismus' und ‚außerordentliche Prinzipientreue' ausgezeichnet haben. Die zweite Gruppe verweigerte in Einzelfragen die 'Standesgenossenschaft' und eine dritte wollte die Diskussionen über die Kreisverfassung nutzen, um die ständische Autonomie wiederherzustellen.[75] Unklar bleibt, ob und wie die wenigen bürgerlichen Rittergutsbesitzer sich hier positionierten. Eine offene Konfliktlinie zu ihren adligen Nachbarn scheint es jedoch nicht gegeben zu haben. Vielmehr deuten sich eher Auseinandersetzungen zwischen den altständischen 'Konservativen' um v. d. Marwitz und gemäßigteren Adligen an.[76]

Dennoch sind in der Reformzeit und im Vormärz verschiedentlich abweichende Haltungen von bürgerlichen Rittergutsbesitzern festzustellen. So waren einige Bürgerliche an der Ausformung der Agrarreformgesetzgebung intensiv beteiligt. Albrecht Thaer war vortragender Rat im Innenministerium, ohne jedoch dauerhaft in der Behörde anwesend zu sein. August Karbe, aus der bekannten Großlandwirtsfamilie, wurde Mitglied der interimistischen Nationalrepräsentation[77] und arbeitete außerdem als Mitarbeiter von Thaer an Fragen der Agrargesetzgebung. Bedeutende Vertreter dieser ersten Generation bürgerlicher Großgrundbesitzer sowie führende Domänenpächter bewahrten sich bis 1848 zumindest in Teilfragen abweichende Meinungen. Anhand des Vergleichs der Stellungnahmen von altadligen und bürgerlichen Landräten zu den Problemen Landgemeindeordnung und Parzellierungsbefugnis der Bauern machte Harnisch für diese Zeit deutliche Unterschiede zwischen Adligen und Bürgerlichen aus. Die Voten der Bürgerlichen kennzeichnete er als ‚liberal', während sich die Adligen durchweg konservativ verhielten.[78] Allerdings geht es zu weit, wenn man aus liberalen Gutachten zu Einzelfragen linear auch auf ein liberales ländliches Bürgertum vor 1848 schließen würde. Sicher waren unter den neuen Rittergutsbesitzern viele, die aus einem städtischen – potenziell liberalen – Umfeld gekommen und z. T. auch durch ihre Handlungen als Liberale zu identifizieren sind.[79] Des weiteren ist es unbestreitbar, dass gerade aus den Reihen der ehemaligen Domänenpächter eine Menge reformfreudiger

---

75 Ebd., S. 104-105. Unklar bleiben bei Allmenröder die Unterschiede zwischen der ersten und der dritten Gruppe.

76 Auf diese Differenzierung innerhalb des Adels verweist VETTER, kurmärkischer Adel, S. 149.

77 Auch zwei Mitglieder der Familie Bath gehörten der interimistischen Nationalrepräsentation an. Vgl. Harald RICHERT, Brandenburgische Landwirtsgeschlechter und ihre genealogischen Verknüpfungen, in: Archiv für Sippenforschung, 32 (1966), S. 506 f.

78 HARNISCH, Antrittsvorlesung, S. 13 f. Vgl. auch Ders., Probleme junkerlicher Agrarpolitik im 19. Jahrhundert, in Wissenschaftliche Zeitschrift der Universität Rostock, XXI. (1972), Gesellschafts- und Sprachwissenschaftliche Reihe, Hft. 1, Tl. 2, S. 99 ff.

79 Ein deutlicher Beleg für das abweichende politische Votum von Bürgerlichen ist z. B. die Tatsache, das Paul WAHNSCHAFFE in seinen Lebenserinnerungen (1896) berichtet, dass ihn sein Hauslehrer für einige Monate nicht unterrichten konnte, weil er eine Festungshaft als Demagoge abzusitzen hatte. Danach setzte er jedoch seine Lehrtätigkeit fort. Die handschriftlichen Lebenserinnerungen sind im Besitz von Dr. Klaus Karbe (Potsdam). Vgl. das auch Beispiel des schlesischen Landrates Gebel bei SCHISSLER, Agrargesellschaft, 124.

Landwirte kamen, die bereit waren, feudale Hindernisse im Gutsbetrieb aufzugeben. Andererseits waren jedoch die ländlichen Herrschaftsverhältnisse kein Nährboden für liberale Auffassungen. Auch Bürgerliche schätzten den Wert der überlieferten Rechte und Privilegien und waren – wie die Ereignisse nach 1848 schnell zeigten – in ihrer Mehrheit nicht bereit diese aufzugeben.

Dazu kam, dass der auch zahlenmäßig lange Zeit überlegene Adel eine hohe Ausstrahlungskraft besaß und seine Auffassungen bei einem Teil der Bürgerlichen ein aufnahmebereites Publikum fanden. Dies dürfte vor allem auf den Gebieten der Fall gewesen sein, wo es um konkrete ökonomische Fragen ging. Es greift jedoch zu kurz, von schneller Assimilation und Verschmelzung zu sprechen, wenn Bürgerliche zur Wahrung von ökonomischen Interessen dieselben Positionen wie Adlige einnahmen.[80] Außerdem herrschte unter den Großgrundbesitzern – ganz gleich ob adliger oder bürgerlicher Provenienz – während der Agrarreformen selten eine einheitliche Meinung. Befürworter und Gegner der immer auch experimentellen Charakter tragenden Reformen waren in beiden Gruppen zu finden.[81] Daher trugen sowohl Protesteingaben gegen die Reformgesetzgebung in den meisten Fällen auch bürgerliche Unterschriften, während sich auf der anderen Seite auch Adlige für die Reformen aussprachen.

Einen wesentlichen Kristallisationspunkt auf dem Weg zur Bündelung der Interessen der Großgrundbesitzer stellte das Revolutionsjahr 1848 dar. Während die Reformen niemals eine direkte Bedrohung des Großgrundbesitzes darstellten, sondern es vielmehr um die Frage ging, welche alten Rechte wie entschädigt werden, erlebten die Rittergutsbesitzer 1848 als kollektive Gefährdung. Waren es in den ersten Wochen noch mancherorts vorkommende größere oder kleinere Unruhen auf dem Lande[82], verlagerte sich die Bedrohung sehr schnell auf die gewählten Parlamente einerseits und die Märzregierungen andererseits. Während der Adel als Stand nur von einigen der radikalsten Vertreter der Revolution in Frage gestellt wurde[83], waren alle Großgrundbesitzer von den gesetzlichen Maßnahmen, die in Folge der Revolution erlassen wurden, betroffen. Stellten der Verlust der Polizeigewalt und des Jagdrechtes auf dem Boden der Gemeinden vor allem einen Prestigeverlust dar, bedeuteten die Pläne Hansemanns und v. Patow's direkte ökonomische

---

80 Vgl., ebd., S. 124 f.

81 Vgl., ebd. die in Anmerkung 41 zusammengestellten Literaturangaben zur zeitgenössischen Diskussion unter Großgrundbesitzern über die Vorteile und Kosten der Agrarreformen.

82 Vgl. u. a. auch die Schilderungen bei KOPPE, Mitteilungen, S. 152 ff., der von Tumulten in seinem Einflussbereich und einem ‚Aufstandsversuch' in Gusow berichtet, der durch das Militär erstickt wurde. Über die latente Bedrohungssituation teilt Koppe mit, dass er sich „auf die Möglichkeit eines Überfalls durch aufgeregtes Gesindel" gefasst machte und bereit war, einen solchen „mit Gewalt" zurückzuweisen. Für den Fall, dass „eine wilde Rotte" nachts vor sein Schlafgemach rückte, hielt er ein Paar geladene Pistolen bereit.

83 Vgl. zur Adelsdebatte in der Paulskirche: Peter WENDE, Die Adelsdebatte der Paulskirche, in: Adolf M. Birke u. Lothar Kettenacker (Hg.), Bürgertum, Adel und Monarchie. Wandel der Lebensformen im Zeitalter des bürgerlichen Nationalismus. München u. a. 1989, S. 37-50. Unter den konservativen Abgeordneten war mit Hermann Georg Gysae auch ein bürgerlicher Großgrundbesitzer.

Einbußen. Hansemann wollte Teile der Agrargesetzgebung zugunsten der Bauern revidieren, die Zuckerrüben- und Maischsteuer erhöhen und vor allem den Rittergutsbesitz besteuern. Dass diese Vorhaben den kollektiven Widerstand aller Rittergutsbesitzer ungeachtet ihrer sozialen Herkunft auf den Plan rief, ist nicht verwunderlich.

Dennoch lassen sich in der Argumentation der Mitglieder des ‚Vereins zur Wahrung der Interessen des Grundbesitzes und Förderung des Wohlstandes aller Volksklassen', der sich als eine Antwort auf Hansemanns Pläne bildete, neben übereinstimmender Ablehnung der Regierungsvorhaben teilweise erhebliche Unterschiede festmachen.[84] Diese sind wiederum nicht eindeutig an adliger oder bürgerlicher Herkunft festzumachen. Allerdings fällt auf, dass an der sehr konzessionsbereiten Gründungsversammlung des ‚Vereins zur Wahrung des Großgrundbesitzes', die sich in der neumärkischen Stadt Bernstein erstmals zusammenfand, sehr viele bürgerliche Rittergutsbesitzer teilnahmen. Dies hat seine Ursache sicher auch darin, dass gerade die drei neumärkischen Kreise Soldin, Arnswalde und Landsberg, in deren geografischer Mitte Bernstein lag[85], eine besonders hohe Anzahl bürgerlicher Rittergutsbesitzer aufwiesen.[86] Mit Sicherheit hatte diese Konstellation auch ihren Anteil daran, dass die erste ‚Bernsteiner Versammlung' ausdrücklich ihre Bereitschaft bekundete, „die veralteten Vorrechte des großen Grundbesitzes" aufzugeben.[87] Die materiellen Interessen der Großgrundbesitzer, die in den Parlamenten – nach Ansicht der Teilnehmer – deutlich unterrepräsentiert waren, sollten jedoch verteidigt werden.

Auf der nächsten großen Veranstaltung der Großgrundbesitzer, zu der v. Bülow-Cummerow nach Stettin eingeladen hatte, zeigte sich dann ein deutlicher Riss zwischen den verschiedenen Fraktionen, der dazu führte, dass eine Minderheit – die nach Klatte weitgehend identisch mit der Bernsteiner Versammlung war – scharf formulierte Angriffe gegen die Regierung nicht mittrug. Diese Minderheit war weiterhin zur Aufgabe von alten Rechten bereit und strebte auch die endgültige Aufhebung der Dienste an, verweigerte jedoch den Plänen Hansemanns aus verschiedenen anderen Gesichtspunkten ihre Zustimmung. Ein publizistisch aktives Mitglied der ‚Minorität' war der Sohn und Erbe des Agrarreformers Thaer. Um v. Bülow-Cummerow sammelte sich dagegen eine Gruppierung, die massiv gegen die Regierung polemisierte. Sie argumentierte strikt legalistisch und war zwar bereit, soziale Vorrechte aufzugeben, verteidigte jedoch die materiellen Privilegien des Großgrundbesitzes erbittert.[88] Da beiden Fraktionen Bürgerliche und Adlige angehörten, ist eine

---

84 Vgl. zum Verein und zum 'Junkerparlament' : JORDAN, Entstehung, S. 254-273 und vor allem KLATTE, Anfänge, S. 213-271, dem das Verdienst gebührt, das monolithische Bild des ‚Junkerparlamentes' aufgebrochen zu haben.

85 KLATTE, Anfänge, S. 228 lokalisierte Bernstein und die umliegenden Kreise fälschlicherweise in Pommern. Bernstein liegt geografisch genau im Schnittpunkt zwischen den Kreisstädten der brandenburgischen Kreise Arnswalde, Soldin und Friedeberg, lediglich Pyritz gehörte zu Pommern.

86 Vgl. dazu auch S. 192 f.

87 Zit nach KLATTE, Anfänge, S. 229.

88 Vgl. ebd., S. 234 ff.

lineare Zuordnung nicht möglich, wenngleich die Vermutung gerechtfertigt erscheint, dass den von Klatte als ‚progressiv' bezeichneten Agrariern besonders viele Bürgerliche angehörten. Damit ergibt sich durchaus eine Entwicklungslinie von den verschiedenen ‚abweichenden Voten' der Reformära und des Vormärz bis in die Revolutionszeit.

Nachdem sich im Juli 1848 der ‚Verein zur Wahrung der Rechte des Grundbesitzes und zur Aufrechterhaltung des Wohlstandes aller Volksklassen' unter faktischer Leitung von v. Bülow-Cummerow konstituiert hatte und eine nach Berlin entsandte Deputation keine Erfolge vorweisen konnte, wurde durch eine neue Gruppierung um v. Kleist-Retzow, v. Bismarck und v. Below-Hohendorf eine Generalversammlung des Vereins in Berlin angeregt. Diese pietistischen Adligen wollten über die Verteidigung aller Vorrechte und Privilegien des Großgrundbesitzes hinaus auf die Bildung einer konservativen Partei hinarbeiten. Die unter dem Namen ‚Junkerparlament' bekannt gewordene Versammlung wurde am 18. August 1848 in Berlin eröffnet.

Klatte machte insgesamt sieben verschiedene Fraktionen aus, die bereits vor dem ‚Junkerparlament' agierten und auf der Berliner Versammlung zusammentrafen.[89] Neben den bereits skizzierten ‚progressiven' und ‚re-aktionären Agrariern' gab es die Vertreter des Landesökonomiekollegiums, die ‚pietistischen Agrarier' um Kleist-Retzow und Bismarck, eine relativ konzessionsbereite Gruppe schlesischer Rittergutsbesitzer, die Gruppe um den Finanzclubgründer Graf Pinto und die ‚reinen Pietisten', zu denen die Gebrüder v. Gerlach, v. Thadden-Trieglaff und andere gehörten.[90] Bürgerliche Rittergutsbesitzer waren in allen Gruppen vertreten. Bspw. gehörte der Landrat des Kreises Nieder-Barnim Scharnweber – ein Sohn des Spiritus Rector der Agrarreformgesetzgebung – zu den Anhängern v. Bülow-Cummerows. Auch zu den 'pietistischen Agrariern', die – jegliche Veränderung ablehnend – als extremste Gruppe zu sehen ist, gehörte mit Alexander Andrae-Roman mindestens ein Bürgerlicher.[91] Besonders zahlreich scheinen die Bürgerlichen jedoch wiederum unter den 'progressiven Agrariern' vertreten gewesen zu sein. Während der Beratungen setzte sich dann vor allem die Gruppe um v. Bülow-Cummerow durch, während sowohl die ‚Pietisten' als auch die ‚Progressiven' an den Rand gedrängt wurden.

Während lange Zeit über die Zusammensetzung des Junkerparlaments und damit auch über die Frage nach der Anteilnahme bürgerlicher Rittergutsbesitzer an der Interessenvertretung des Großgrundbesitzes keine genauen Anga-

89 Ebd., S. 249-251.

90 Allerdings stimmt die Einschätzung Klattes nicht, dass es sich bei den meisten Gruppen um rein pommersche Großgrundbesitzer handelte, wenngleich hier sicher ein Schwerpunkt gelegen hat. KLATTE, Anfänge, S. 250.

91 Die Vorstellungen über die historischen Ereignisse um das Junkerparlament beruhten lange Zeit sehr wesentlich auf Andrae-Romans Autobiographie. Klatte bezweifelt allerdings wohl zu Recht die Richtigkeit einiger Aussagen. KLATTE, Anfänge, S. 225.

ben existierten[92], ermöglicht eine Adresse des Junkerparlaments an den König, die von 230 Personen unterzeichnet wurde, gesicherte Rückschlüsse.[93]

In der Adresse wandten sich die Teilnehmer des Junkerparlaments vehement gegen die Heruntersetzung des Ablösungsbetrages für noch bestehende Verpflichtungen vom 25- auf den 18fachen Kapitalwert. Darüber hinaus protestierten sie energisch gegen die geplante Einführung einer allgemeinen Grundsteuer. Friedrich Wilhelm IV., der die Petition an den Ministerpräsidenten v. Auerswald weiterleitete, übernahm in einem Begleitschreiben wesentliche Punkte der Argumentation. Er forderte Auerswald auf, beide Problemkomplexe – die er zwar „im wesentlichen" billigte – aufzuschieben, bis die Pläne mit den Ständen beraten und eine „Nationalversammlung mit angemessener Teilhabe der großen Besitzer" gewählt worden sei.[94]

Von Interesse ist die Unterschriftenliste, die im Original vorliegt und bis jetzt nur unvollständig ausgewertet wurde. Sie wurde von 169 Adligen unterschrieben, unter denen sich in großer Anzahl Vertreter fast aller bekannten märkischen Adelsfamilien befanden.[95] Neben diesen haben auch 61 bürgerliche Rittergutsbesitzer unterschrieben.[96] Dies sind 26,5 % aller Unterschriften. Das ‚Junkerparlament' war also keineswegs – wie die ‚Neue Rheinische Zeitung' behauptete – ein reines ‚Adelsparlament'.[97] Es spiegelt vielmehr die seit Beginn des Jahrhunderts deutlich veränderten Besitzverhältnisse auf dem Lande wider. Zu den Unterzeichnern gehörten Mitglieder der bekanntesten Agrarunternehmerfamilien wie Flügge, Karbe, Koppe, Schütz, Schulz, Seydel, Sydow, Thaer, die Landräte Meyer und Scharnweber sowie der durch seine Autobiografie bekannte Andrae(-Roman), um nur einige zu nennen.[98] Sowohl bei den Adligen als auch bei den Bürgerlichen sind brandenburgische Namen

---

92 Vgl. z. B. die Schätzungen ebd., S. 270.

93 Die Adresse befindet sich im GStA PK, I. HA, Rep. 92 Nachlass Auerswald II, Nr. 3. Der Wortlaut und die adligen Unterzeichner wurden bereits von Becker veröffentlicht. Da der hohe Anteil Bürgerlicher mit dem unterstellten Klassencharakter des Junkertums jedoch offensichtlich nicht korrespondierte, wurden die Bürgerlichen in dessen Auswertung nicht mit einbezogen. Vgl. Gerhard BECKER, Die Beschlüsse des preußischen Junkerparlaments von 1848, in: Zeitschrift für Geschichtswissenschaft 24 (1976), S. 889-918.

94 GStA PK, I. HA, Rep. 92 Nachlass Auerswald II, Nr. 3, Bl. 31.

95 Die Namen sind abgedruckt in: BECKER, Junkerparlament, S. 897-898. Becker zählte allerdings einen Adligen mehr.

96 Die aktive Beteiligung von bürgerlichen Rittergutsbesitzern an konservativen Vereinen war keine ostelbische Besonderheit. In Westfalen gehörten dem 'Verein zum Schutze des Privatrechts und des Eigentums sowie zur Beförderung des allgemeinen Wohls', der 30 bis 40 Mitglieder hatte, auch 8 Bürgerliche an. Vgl. Heinz REIF, Adel und landwirtschaftliches Vereinswesen in Westfalen 1819 bis 1862, in: Wolfgang Köllmann und Kurt Düwell (Hgg.), Rheinland und Westfalen im Industriezeitalter, Bd. 1, Wuppertal 1983, S. 50.

97 Die falsche Auffassung, dass es sich um eine weitgehend adlige Veranstaltung gehandelt hätte, findet sich u. a. auch bei CARSTEN, Junker, S. 109.

98 Eine weitere Eingabe gegen die Grundsteuerpläne, die am 14. August 1848 von ‚Mitgliedern des ersten Standes der Kreise Jerichow, Zauche, Ober-Barnim, Lebus, Sternberg und West-Havelland' an den Ministerpräsidenten v. Auerwald eingereicht worden war, unterzeichneten 56 adlige und 44 bürgerliche Großgrundbesitzer. Darunter waren, neben Teilnehmern am Junkerparlament, Mitglieder der Familien Bath, Boldt, Lehmann, Jäckel, Fischer und Pappritz. GStA PK, HA I., Rep. 92 Nachlass Auerswald II, Nr. 3, Bl. 32-35.

besonders stark vertreten, was sicher auf den Veranstaltungsort zurückzuführen ist.

Mit Sicherheit haben nicht alle Teilnehmer – zeitgenössische Quellen sprechen von 200 bis 300[99] – die Adresse unterzeichnet. Die wenigen einfachen Gutsbesitzer, Freischulzen und Bauern konnten mit einer ganz auf den Großgrundbesitz zugeschnitten Protestnote wahrscheinlich nichts anfangen. Denkbar ist außerdem, dass einige Teilnehmer die Veranstaltung bereits nach dem ersten Tag verließen und dass andere nicht unterzeichnet haben. Dennoch dürfte die überwiegende Mehrheit die Petition unterschrieben haben. Trotz der Schärfe der Adresse haben Angehörige der meisten – weiter oben aufgeführten – Gruppen unterschrieben, einschließlich der ‚progressiven Agrarier'.[100] Die verschiedenen Auffassungen führten nicht zum offenen Bruch, sondern die gemeinsamen materiellen Interessen bündelten sich in einer vereinten politischen Aktion.

Auch wenn die hochtitulierten Adligen, die Minister a. D., Oberpräsidenten, Exzellenzen, Landtagsmarschälle und Kammerherren sowie die Grafen und Freiherren die Versammlung wahrscheinlich auf Grund der Würde ihrer Titulaturen dominierten[101], dokumentiert das Junkerparlament, dass die bürgerlichen Großgrundbesitzer im ersten Stand auf dem Lande angekommen waren. Vierzig Jahre nach der Freigabe des Rittergutsbesitzes für Nichtadlige waren sie weder zu übersehen, noch als Partner im sich entwickelnden politischen Geschäft zu vernachlässigen. Dies zeigt sich eindrucksvoll auch an der Tatsache, dass die Listen nicht nach einer Rangfolge, etwa nach dem Stand oder dem Titel geordnet, unterzeichnet wurden. Der bürgerliche Rittergutsbesitzer unterschrieb direkt vor oder nach dem Grafen mit zehnmal so großem Landbesitz. Analog dazu steht – so wie es den Adligen im ALR zugestanden wurde – hinter jedem Namen der Herkunftsort, bspw. Schütz-Meseritz oder (Graf v.) Arnim-Boitzenburg. Einige Personen unterschrieben ausdrücklich als Deputierte der Stände ganzer Kreise oder im Auftrag mehrerer anderer Großgrundbesitzer.[102]

Nach den Revolutionsjahren ging mit der Bildung der Konservativen Partei und später des Bundes der Landwirte eine enorme Konzentrierung der konservativen Kräfte einher, und aus den Reihen der bürgerlichen Rittergutsbesitzer in Brandenburg lassen sich nur noch selten abweichende Meinungen fest-

---

99 Vgl. die Quellenangaben bei KLATTE, Anfänge, S. 270. Trotz relativ gesicherter Befunde wird immer wieder die Zahl von rund 400 Teilnehmern kolportiert, für die keine Quellenangabe existiert. So z. B. bei BECKER, Junkerparlament, S. 896 und CARSTEN, Junker, S. 109.

100 Deren Protagonisten v. Wedemeier und der Landrat Meyer sind unter den Unterzeichnern eindeutig zu identifizieren.

101 Vgl. BECKER, Junkerparlament, S. 897. Dennoch wurde auch von den Zeitgenossen der hohe Anteil Bürgerlicher wahrgenommen, die Nationalzeitung schätzte ihn auf etwa ein Drittel. Vgl. KLATTE, Anfänge, S. 270.

102 So unterzeichnete bspw. der Rittergutsbesitzer Kühlewein aus Pieskow „namens einiger zwanzig Rittergutsbesitzer der Mark Brandenburg" und der Rittergutsbesitzer Rathstock im Auftrage des Kreises Jüterbog-Luckenwalde.

stellen.[103] Dadurch, dass die Konservativen lange Zeit die Partei des Großgrundbesitzes schlechthin waren, wäre hier eine politische Entscheidung gegen sie auch für einen bürgerlichen Großgrundbesitzer irrational gewesen. Selbst wenn der eine oder andere Bürgerliche sich in der Frage des Gesamtkonzeptes der gesellschaftlichen Entwicklung eher bei den verschiedenen Strömungen des Liberalismus aufgehoben gefühlt hat, führten ihn die Fragen der Interessenpolitik nahezu zwangsläufig zu den Konservativen.[104] In weniger adelsdominierten Regionen, wie West- und vor allem Ostpreußen, in denen große Gebiete von bürgerlichen Rittergutsbesitzern dominiert wurden und alte liberale Traditionen bestanden, gab es jedoch auch andere politische Ausdrucksmöglichkeiten für Bürgerliche auf dem Lande. Neuere Arbeiten zeigen, dass hier die bürgerlichen Rittergutsbesitzer ganz im Gegensatz zu ihren brandenburgischen Pendants auch nach 1848 eine Trägergruppe des Liberalismus gewesen sind.[105]

Dazu kam, dass sich die Agrarier als Gruppe, auf Grund der engen Verknüpfung von Konservativer Partei und Großgrundbesitz, den dauerhaften Angriffen von Liberalen und später dann auch Sozialdemokraten ausgesetzt sahen. Diese Konstellation von Interessenpolitik und starker Polarisierung hat dazu geführt, dass die Großgrundbesitzer fast ausschließlich von der Konservativen Partei und ihren Absplitterungen vertreten wurden. Die bei bürgerlichen Rittergutsbesitzern vor 1848 durchaus vorhandenen liberalen Tendenzen hatten dadurch keine Chance zur Weiterentwicklung. Verstärkt wurde dieser Prozess sicher auch durch das andauernde Gefühl der Bedrohung, das durch den schrittweisen Abbau von alten Privilegien sowie die agrarische Krisenpropaganda dauerhaft aufrecht erhalten wurde. Die Einführung der allgemeinen Grundsteuer 1861, die neue Kreisordnung 1872 sowie die Kämpfe um Schutzzölle bzw. um deren Erhalt, all das schweißte die adligen und bürgerlichen Großgrundbesitzer weiter zusammen.[106] Nicht zuletzt hat auch der sich

103 So fiel bspw. der aus alter bürgerlicher Familie stammende Rudolf Schulz-Boossen dadurch auf, dass es im Gegensatz zu seiner konservativen Umwelt und Familie Mitglied der nationalliberalen Partei war und daher als ‚Liberaler' bezeichnet wurde. Erinnerungen von Karl v. STÜNZNER-KARBE (1933) aus dem Besitz von Dr. Klaus Karbe (Potsdam), S. 9. Ein Liberaler, der sich Großgrundbesitz kaufte, war Robert v. Benda (1816-1899). Daneben dürfte jedoch ein sozialdemokratischer Rittergutsbesitzer wie Adolf Hofer eine noch extremere Ausnahme gewesen sein. Vgl. zu seiner Biografie den entsprechenden Beitrag in: Jürgen LAUBNER (Hg.), Adel und Junkertum im 19. und 20. Jahrhundert. Biographische Studien zu ihrer politischen, ökonomischen und sozialen Entwicklung, in: Martin-Luther-Universität Halle-Wittenberg Wissenschaftliche Beiträge, 1990/17 (C 48), Halle/S. 1990.

104 Dennoch hat es auch in den konservativen ostelbischen Provinzen bürgerliche Großgrundbesitzer gegeben, die den Nationalliberalen angehörten. Vgl. BUCHSTEINER, Großgrundbesitz, S. 202. Die anderen bürgerlichen Großgrundbesitzer in Pommern waren dagegen konservativ, wobei der Schwerpunkt bei den Deutschkonservativen lag. Auf eine eigene Auszählung der Abgeordneten für Brandenburg wurde verzichtet, da größere Abweichungen hier nicht zu erwarten waren.

105 Dies ist ein Ergebnis der kurz vor ihrer Fertigstellung stehenden Dissertation von Christian PLETZING, die sich mit Liberalismus und Nationalismus in Ost- und Westpreußen beschäftigt.

106 Allerdings waren die Chancen der Konservativen in den westlichen Teilen der Provinz beschränkt. So galt der Wahlbezirk Frankfurt/O als sichere konservative Bastion, während

immer stärker ausprägende Stadt-Land-Widerspruch dazu geführt, dass das ‚Land' sich gegen die bedrohlich wachsenden Städte – vor allem aber gegen den ‚Moloch' Berlin – zusammenfand.[107]

Bereits im ‚Junkerparlament' zeichneten sich dabei die Optionen, die adlige und bürgerliche Großgrundbesitzer bei der gemeinsamen Abwehr von Angriffen auf soziale und wirtschaftliche Privilegien hatten, deutlich ab. Der Adel musste die bürgerlichen Nachbarn auf der politischen Ebene als gleichberechtigt akzeptieren. Damit dürften auch Obstruktionsversuche, wie die weiter oben beschriebenen, immer schwieriger und seltener geworden sein. Die Anerkennung als politische Partner ist jedoch nicht gleichbedeutend mit der sozialen Akzeptanz. Die Bürgerlichen – und hier wiederum vor allem die längerfristig angesessenen, denn diese waren in besonders starkem Maße im Junkerparlament vertreten – wurden 1848 zwar nicht mehr als zweitklassig von der politischen Vertretung ferngehalten. Sie erlebten jedoch bereits im Junkerparlament den Anspruch des Adels auf die Führung der Großgrundbesitzer, der durch sicheres gesellschaftliches Auftreten und weitreichende Beziehungen untermauert wurde.

Die Analyse der Teilnahme von pommerschen adligen und bürgerlichen Großgrundbesitzern in den parlamentarischen Vertretungen, die Buchsteiner vorgenommen hat, bestätigt diese Tendenzen bis zum Ende des Kaiserreiches.[108] Die Adligen stellten sowohl im Abgeordnetenhaus als auch später im Reichstag die klare Mehrheit der Vertreter des Großgrundbesitzes, wenngleich es meistens auch einige bürgerliche Rittergutsbesitzer gab, die in der Regel für eine der konservativen Parteien agierten. Das Herrenhaus blieb dagegen eine rein adlige Domäne, in die vorrangig die ökonomisch stärksten Geschlechter ihre Vertreter entsandten.

Für das deutliche Übergewicht der Adligen lassen sich eine Reihe von Gründen anführen. Als einer der wichtigsten erscheint die Tatsache, dass die personelle Decke langfristig angesessener bürgerlicher Familien auf dem Lande dünn blieb. Während dem Adel – vor allem in seinen Kernregionen – ein breites Polster von Kandidaten für politische Ämter zur Verfügung stand, waren pro Kreis immer nur wenige längerfristig angesessene bürgerliche Familien existent. Da Führungsansprüche auf dem Lande mit Sicherheit nicht

---

der Wahlbezirk Potsdam als ‚besonders aussichtslos' galt. Vgl. Gerhard RITTER, Die preußischen Konservativen und Bismarcks preußische Politik 1858-1871, Heidelberg 1913, S. 30.

107 Eine beeindruckende Darbietung der Widerspiegelung dieses Konfliktes aus der Sicht eines Mitgliedes einer langfristig angesessenen bürgerlichen Familie findet sich in der kleinen Schrift von Richard SCHULZ-WULKOW, Darf es so weitergehen?, o. O. 1902. In ihr legt der Verfasser, seinen breiten Bildungshorizont präsentierend, vor allem unter Bezug auf Mommsens ‚Römische Geschichte' die Sicht des ‚Landes' dar. Eine Trennungslinie zwischen adligen oder bürgerlichen Großgrundbesitzern zieht er dabei nicht, wohl aber die zu den „Industriekönigen an der Ruhr und an der Saar". Ebd., S. 47.

108 BUCHSTEINER, Großgrundbesitz, S. 195-212. Allerdings hat Buchsteiner die bürgerlichen Großgrundbesitzer, obwohl sie in der überwiegenden Zahl der Fälle konservativ waren, durchweg bei den bürgerlichen Abgeordneten eingereiht. Es erscheint jedoch sinnvoller, hier die Trennlinie eher zwischen städtischen Abgeordneten und solchen aus den Reihen der Großgrundbesitzer zu ziehen.

innerhalb weniger Jahre erworben werden konnten, hatten die alten adligen Familien hier deutliche Vorteile. Dazu kommt, dass politische Karrieren Zeit und Geld erforderten. Ein großer Teil der bürgerlichen Besitzer kleinerer Rittergüter schied daher von vornherein als potentieller Abgeordneter aus. Da gerade auf den kleinen Gütern die Leitung des Wirtschaftsbetriebes häufig nicht delegiert werden konnte und der Inhaber als Betriebsleiter dauerhaft vor Ort sein musste, war ein bedeutender Teil der bürgerlichen Berufslandwirte schon aus zeitökonomischen Gründen wahrscheinlich häufig gar nicht bereit, politische Funktionen zu übernehmen.[109] Gerade die Ersterwerber, die den Besitz nicht geerbt hatten und die unter den Bürgerlichen immer die Mehrheit darstellten, dürften sich stark der wirtschaftlichen Amortisation ihres Grundbesitzes gewidmet haben.[110] Die – wie gezeigt – in der Mehrzahl relativ wohlhabenden und auf seit Generationen vererbten Gütern sitzenden Adligen hatten daher auch hier klare Vorteile, zumal angenommen werden kann, dass relativ regelmäßige Berlinreisen, denn solche zog eine Abgeordnetentätigkeit nach sich, ohnehin zu ihrem Lebensstil gehörten, um in der Gesellschaft, vor allem am Hof, sichtbar zu bleiben.

Für die starke politische Vertretung der Interessen des Großgrundbesitzes durch Adlige gab es also auch strukturelle Gründe. Diese hatten ihre Ursache im unterschiedlichen Umgang mit dem Boden und der differierenden ökonomischen Ausgangslage von adligen und bürgerlichen Großgrundbesitzern. Dazu kamen in schwer zu gewichtender Weise weitere Vorteile adliger Politiker, denen bislang das Hauptaugenmerk der Geschichtswissenschaft galt. An aller erster Stelle sind dabei die Netzwerke zu nennen, die einerseits durch die starke Konzentration des Adels auf Militär und Verwaltung entstanden, andererseits durch das adlige Familienmodell vertieft wurden. Über die Bevorzugung des Adels bei der Besetzung von Führungsstellen in Heer und Bürokratie wurde bereits häufig geschrieben.[111] Neben der Tatsache, dass an vielen Schalthebeln der Macht Standesgenossen saßen, war für adlige Interessenvertreter ebenfalls von Vorteil, dass man sich häufig auch an Hand des Namens erkannte und damit in ein weitläufiges Netz von Familienbeziehungen eingebunden war. Auf diese Weise existierten für Adlige mannigfaltige Kanäle zu Entscheidungsträgern bis hin zum König bzw. Kaiser, die Bürgerlichen dauerhaft verschlossen blieben. Vor diesem deutlich erkennbaren Hintergrund

---

109 Auch KOPPE, Mitteilungen, S. 156, berichtet davon, dass er versuchte, sich Wahlämtern zu entziehen, um sich seinen Gütern widmen zu können.

110 Eine Ausnahmeerscheinung war hier jedoch offensichtlich der aus einer Kaufmannsfamilie stammende Dr. Gustav Roesicke (geb. 1856), der zwischen 1885 und 1896 das Rittergut Görsdorf im Kreis Jüterbog-Luckenwalde erwarb, nachdem er vorher beim Reichsversicherungsamt tätig gewesen war. Er stieg im BdL und später im RLB zum Vorsitzenden auf und leitete dennoch zielstrebig das Rittergut. In seiner Zeit wurden rund 150 ha, vor allem Ackerland, hinzugekauft, neben einer bereits vorhandenen Brennerei eine Mühle angelegt und bis 1921 ein Motorpflug erworben. Außerdem wurde frühzeitig der Anschluss an eine Überlandzentrale geschaffen. Der Wirtschaftsschwerpunkt in Görsdorf lag – sehr modern – auf Rinderzucht, Mast und Milchproduktion.

111 Vgl. dazu u. a.: CARSTEN, Junker, S. 149 ff.; KOSELLECK, Preußen, S. 681-693 oder V. PRERADOVICH, Führungsschichten, passim.

war die Entscheidung der Großgrundbesitzer für adlige Mandatsträger rational und sinnvoll. Die überall beobachtbare Dominanz Adliger in den Vertretungen des Großgrundbesitzes resultierte daher nicht nur aus strukturellen Faktoren, sondern auch aus der objektiven Tatsache, dass Adlige im monarchisch-konstitutionellen Regierungssystem, in dem ihre Standesgenossen immer noch wesentliche Positionen besetzt hielten, die besten Durchsetzungschancen hatten. Diese wurden durch ihre Erfahrungen im Umgang mit Macht und Herrschaft, in der Repräsentation von Führungseigenschaften und ihre Sicherheit in den gesellschaftlichen Umgangsformen noch weiter verstärkt.

Vor allem die zunehmend identischen politischen Grundüberzeugungen und die starke Ausrichtung auf die konservative Partei führten seit Beginn des Kaiserreiches dazu, dass adlige und bürgerliche Großgrundbesitzer in der Außenansicht als ein monolithischer Block wahrgenommen wurde. Die inneren Spannungen, die teilweise scharfe Abgrenzung der Adligen und andere Unterschiede innerhalb der Großgrundbesitzer wurden damit verwischt und das klar strukturierte Negativimage der ‚Agrarier' geschaffen, dessen Auswirkungen bis in die historische Forschung der Gegenwart zu spüren ist. Die Agrarier waren für die liberalen und sozialdemokratischen Politiker aus meist großstädtischen Lebenszusammenhängen ein die eigene Gruppenwahrnehmung und Selbstfindung verstärkendes Feindbild.[112] Es ermöglichte, nicht nur gegen die adligen ‚Junker' zu argumentieren, sondern schloss auch die Bürgerlichen, die teilweise auf ähnliche Ziele orientierten Bauern und die professionelle Politikmanager ein.

Die gesellschaftlichen Beziehungen

Eine Analyse der gesellschaftlichen Beziehungen zwischen adligen und bürgerlichen Großgrundbesitzern gestaltet sich auf Grund der Quellenlage sehr schwierig. Dennoch ist es trotz des spärlichen Materials unumgänglich, diesen Bereich in den Blick zu nehmen, da die Bedeutung von sozialen Kontakten unterhalb der Schwelle des Konnubiums gerade zwischen Adel und Bürgertum nicht zu gering zu veranschlagen ist.[113] Das Konnubium als Maximalindikator ermöglicht für eine durch ihren Namen explizit aus ‚der Masse' herausgehobene soziale Gruppe, wie es der Adel war und ist, vor allem Aussagen zur Stärke der inneren Kohäsionskräfte. Solange die Töchter kaum unebenbürtig heirateten und die Gutsherren überwiegend auf adlige Ehefrauen achteten, war der Stand – zumindest aus der hier präsentierten Sicht der Landadelsfamilien – relativ stabil. Das bedeutete jedoch nicht – wie im politischen und ökonomischen Bereich bereits gezeigt –, dass Kontakte zu anderen sozia-

112 Als Beispiel für die Benutzung des Begriffes ‚Agrarier' zur Auseinandersetzung mit bürgerlichen Großgrundbesitzern vgl.: URBANUS, Ein nothleidender Agrarier, in: Die Nation 11 (1893/94), Hft. 34, S. 509-510. Dagegen wurde ein 40 Jahre zuvor in den Adelsstand erhobener kauziger Nobilitierter an anderer Stelle geradezu als Prototyp des märkischen Junkers vorgeführt. Vgl.: BZ am Morgen vom 30. November 1910.

113 So weist auch Weber darauf hin, dass in Deutschland – anders als in den USA – bereits die ‚Satisfaktionsfähigkeit' für die Aufnahme in bessere Kreise von enormer Bedeutung war. Max WEBER, Wirtschaft und Gesellschaft, S. 535.

len Gruppen durchweg auf einem niedrigen Level bleiben mussten. Anders als der – überwiegend aus ökonomischen Gründen zustande gekommene – Austausch von landwirtschaftlichem Know How und die gemeinsame politische Interessenvertretung besitzt die Ebene der gesellschaftlichen und sozialen Beziehungen eine sehr hohe Wertigkeit für die Einschätzung der Beziehungen zwischen Adel und Bürgertum.

Ebenso wie die Beziehungen auf den anderen Ebenen unterlagen auch die sozialen Kontakte zwischen adligen und bürgerlichen Großgrundbesitzern im Laufe des 19. Jahrhunderts Änderungen, die sich zum einen aus dem Wandel des internen Verhältnisses der Rittergutsbesitzer, zum anderen aber auch aus gänzlich neuen Kommunikationsmöglichkeiten ergaben. Für eine erste Annäherung ist daher zunächst zu klären, in welchem Rahmen, wann und wo Adelige und Bürgerliche zusammentreffen konnten.

Die wichtigsten Begegnungsorte waren zum einen die Rittergüter, zum anderen die Städte in deren Umgebung. Vor allem bei politischen Versammlungen sowie den Sitzungen der landwirtschaftlichen Vereine – aber auch an Markttagen und ähnlichem – trafen die Rittergutsbesitzer zusammen, und es ist durchaus wahrscheinlich, dass sie auch daran anschließend private Kontakte pflegten.[114] Da an solchen Veranstaltungen jedoch meist nur die Männer teilnahmen, waren vor allem die Rittergüter der Ort, an dem sich sowohl Männer als auch Frauen treffen konnten.

Der Kommunikation zwischen den Besitzern der Rittergüter waren bis zum Ausbau eines feiner verästelten Eisenbahnnetzes und vor allem bis zur Durchsetzung des Automobils relativ enge Grenzen gesetzt. Der ‚normale' Verkehrskreis beschränkte sich auf die Rittergutsbesitzer und ihre Familien in einem Radius von 20 bis 25 Kilometern Entfernung. Ein Gut innerhalb dieses Umkreises konnte in einer annehmbaren Zeit erreicht werden.[115] Längere Fahrten in Kutschen dürften dagegen nur bei besonderen Anlässen angetreten worden sein. Damit wurde ‚die Gegend' zum wichtigsten sozialen Referenzfeld der ländlichen Oberschicht, das eventuell durch die Kreisgrenzen noch zusätzlich definiert wurde. Der Begriff taucht in sehr vielen adligen Autobiografien auf und kennzeichnet in den meisten Fällen den weiteren geografischen Raum um das eigene Gut. Eine sehr prägnante Beschreibung dieses vor allem durch die Verkehrsmöglichkeiten begrenzten Gebietes liefert z. B. v. Jordan: „Der gesellschaftliche Verkehr auf den Gütern war eng mit dem Begriff der ‚Gegend' verbunden und eigentlich auf diese beschränkt. ‚Gegend' waren die benachbarten Güter in einem Umkreis von ungefähr zwanzig Kilometer, was etwa einer zweistündigen Wagenfahrt entsprach. Auch als man später Autos hatte, wurde der Verkehr nicht wesentlich über den alten

114 KOPPE, Mitteilungen, S. 165 berichtet darüber, dass er während der Tagungszeit der Ersten Kammer, der er angehörte, regelmäßig an den Soireen des Ministers v. Manteuffel – seines ‚Landsmannes' – teilnahm.

115 Joachim v. WINTERFELDT-MENKIN berichtet in seinen Memoiren von häufigen Dinnereinladungen. Auf Grund der Tatsache, dass die Gäste im Hellen wieder zurückfahren mussten, wurde jedoch bereits um zwei oder drei Uhr begonnen. Ders., Jahreszeiten des Lebens, Berlin 1942, S. 22 f.

Radius ausgedehnt.“ [116] Nur innerhalb dieses Gebietes waren gegenseitige Besuche ohne Übernachtungen möglich. Zu dem so umgrenzten Raum zählten je nach Rittergutsdichte etwa 20 bis 40 Güter.

Vor allem aus diesem Kreis kamen die potenziellen Gäste für Geselligkeiten, Salonabende oder Jagden. Erweitert wurde er durch Offiziere der benachbarten Garnisonen und die führenden Beamten des Kreises, wenn diese akzeptabel schienen, andere Personen waren dagegen weitgehend ausgeschlossen.[117] Die Frage, ob sich adlige und bürgerliche Rittergutsbesitzer ab einem bestimmten Zeitpunkt auch gegenseitig einluden, ist nicht so einfach zu klären. Gerhard v. Jordan – selbst aus nobilitierter Familie stammend – teilt für die Zeit der Weimarer Republik mit, dass „[...] die Gegend keineswegs auf die Adligen beschränkt (war). Sie gaben wohl noch den Ton an, aber wahrscheinlich überwogen die Bürgerlichen.“[118] Allerdings existierte neben der Gesellschaft, in der die Jordans verkehrten, noch eine weitere. „Nicht alle Güter der Umgebung wurden der Gegend zugerechnet. Es gab eine Gruppe von Gutsbesitzern, die einem ganz anderen Lebensstil huldigten als wir und daher nicht zu uns paßten. Sie blieben lieber ohne uns und wir ohne sie, ohne dass es deswegen Feindschaft gab.“[119] Wahrscheinlich meinte v. Jordan damit die ökonomisch vom kleineren Adel und vom den Bürgerlichen besonders abgehobenen reichen Adelsfamilien, die es besonders in Schlesien in großer Zahl gab. Dennoch gab es offensichtlich spätestens in der Weimarer Republik zwischen Teilen des Adels und den längerfristig angesessenen Familien einen engeren gesellschaftlichen Verkehr.

Bis dahin war es jedoch ein langer Weg, der sicher auch von adliger Abwehr gegen die neuen bürgerlichen Nachbarn begleitet war.[120] Eine solche Auseinandersetzung fand bspw. 1849 zwischen dem interimistischen Landrat Freiherr v. Houwald und seinem Nachbarn, dem bürgerlichen Rittergutsbesitzer König, statt. Hier eskalierte ein Streit um einen alten Holunderbaum, der auf der Grenze zwischen beiden Gütern stand, soweit, dass sich schließlich das Gericht in Lübben damit befassen musste. Der Freiherr v. Houwald hatte versucht, das Fällen des Baumes zunächst zu verhindern und ihn dann, als das

116 v. JORDAN, Dorf, S. 155.

117 „Innerhalb dieses engen Radius herrschte eine fürchterliche Enge der Anschauungen. Städtische Berufe waren vom gesellschaftlichen Verkehr ausgeschlossen. Offiziere konnte man einladen oder den Landrat, wenn sie aus ‚gutem Hause' waren, vielleicht noch einen Richter. Aber diese Berufe gehörten nicht zur Gegend, und alle anderen Berufe kamen überhaupt nicht in Frage. Unser Hausarzt war ein recht wohlhabender Mann mit einem hübschen Haus und einer reizenden Frau. Obwohl sie von Geburt adlig war, wurde das Ehepaar nicht zu Gesellschaften eingeladen. Niemand wäre auf den Gedanken gekommen; allenfalls eine Einladung zum Tee war möglich – wenn kein anderer Besuch da war.“ Ebd., S. 155.

118 Ebd., S. 156.

119 Ebd., S. 156.

120 Auch in Schleswig waren um 1800 Adlige und Bürgerliche, obwohl es keinen Adelsschutz gab, deutlich voneinander geschieden. So wird für das Jahr 1802 berichtet, dass zwischen dem Amtsrat Reiche, Besitzer von Trögen bei Eckernförde und seiner Nachbarschaft „wenig oder kein Verkehr, der zu Geselischaftseben, Bällen oder dergleichen geführt hätte“, bestand. Adolf KARBE, Aus dem Leben meiner seligen Eltern, 1868, ungedrucktes Manuskript im Besitz von Klaus Karbe (Potsdam).

nicht gelang, in seiner Eigenschaft als Landrat beschlagnahmen lassen. Das Gericht machte dem adligen Großgrundbesitzer jedoch klar, dass er bei einem Prozess keine Chancen hätte und lehnte ein Untersuchungsverfahren ab.[121] Es erscheint mehr als fraglich, ob der Streit zwischen zwei adligen Nachbarn eine solche Eskalation erfahren hätte. Sehr wahrscheinlich ist jedoch, dass zwischen dem aus altem Adel stammenden Freiherrn v. Houwald und dem nur wenige Jahre auf seinem Gut wirtschaftenden Bürgerlichen kaum nachbarschaftliche Kontakte bestanden haben.

Auch wenn die Adligen vielfach bereits mit Bürgerlichen als Gutsnachbarn zusammentrafen, gab es jedoch längere Zeit beim Adel offensichtlich Wahrnehmungshemmnisse. Diese führten dazu, dass man die unstandesgemäßen neuen Rittergutsbesitzer einfach übersah. So berichtet Editha v. Münchhausen für die Zeit um etwa 1830, dass „damals niemand auf den Gütern bürgerlich (war).“[122] Zu diesem Zeitpunkt war im betreffenden Kreis Cottbus jeder fünfte Rittergutsbesitzer ein Bürgerlicher. Offensichtlich gehörten diese jedoch nicht zu der ‚Gegend', in der die adligen Familien verkehrten. Angesichts solcher Indizien ist es nicht verwunderlich, dass die bürgerlichen Rittergutsbesitzer und die Domänenpächter so extrem endogame Beziehungen unterhielten. Dies ist vor allem damit zu erklären, dass sie lange Zeit als ‚Zweite Gesellschaft' auf dem Lande fungierten und städtisches Bürgertum in ihren Verkehrskreisen kaum vorkam. Der Adel hatte dagegen durch seine überregionale Anbindung ein wesentlich erweitertes Geselligkeitsfeld, was sich auch in seinen Heiratsbeziehungen widerspiegelt.

Eine Nobilitierung erhöhte mit Sicherheit die Chancen, in die Gesellschaft der adligen Rittergutsbesitzer aufgenommen zu werden.[123] Dass es jedoch auch hier eines längerfristigen Prozesses der Adaption bedurfte, beschrieb u. a. der aufmerksam beobachtende Fontane, der selbst oft als Gast in Herrenhäusern weilte. So ließ er die frisch nobilitierte Frau v. Gundermann sagen: „Wir haben den Herrn von Stechlin, und das ist ein Glück, und es ist auch bloß eine gute halbe Meile. Die meisten anderen wohnen viel zu weit, und auch wenn sie näher wohnten, sie wollen alle nicht recht; die Leute hier, mit denen wir eigentlich Umgang haben müßten, sind so diffizil und legen alles auf die Goldwaage.“[124] Ähnliche Schwierigkeiten eines Neunobilitierten, in ‚die Gesellschaft' aufgenommen zu werden, beschrieb auch Georg Freiherr

121 BLHA, Rep. 37, Adlige Herrschaften (Neuhaus/Lübben), Nr. 2236, pag. 109-110.

122 V. MÜNCHHAUSEN, Dotterblumen, S. 123.

123 Einen sehr eindrucksvollen Beleg dafür bilden die Fotos zweier Gesellschaften aus dem ersten Viertel des 20. Jahrhunderts. Während bei der Silberhochzeit des vermögenden bürgerlichen Rittergutsbesitzers Schulz-Sembten aus der seit dem Beginn des Jahrhunderts in Brandenburg angesessenen Familie neben einer großen Zahl Bürgerlicher nur angeheiratete Adlige anwesend waren, fanden sich 1922 bei der Eheschließung des aus nobilitierter Familie stammenden Herrn v. Stünzner mit einer Tochter aus der alten bürgerlichen Familie Karbe fast alle adligen Rittergutsbesitzer des betreffenden Kreises ein. Die Mitgift der Braut war das Rittergut Sieversdorf. Beide Fotos befinden sich im Besitz von Woldemar Schulz-Wulkow (Frankfurt a. M.), die Namen der Personen sind auf den Bildern vermerkt.

124 Theodor FONTANE, Der Stechlin, Berlin u. Weimar 1969, S. 35.

v. Ompteda in seinem programmatischen Adelsroman ‚Eysen. Deutscher Adel um 1900'.[125]

Dabei ist jedoch keineswegs davon auszugehen, dass auf den adligen Landsitzen lange Zeit ausschließlich Adlige verkehrten. Unter den vielen Gästen, die dort vor allem in der Sommerzeit waren, befanden sich meist auch Bürgerliche. Vor allem waren es Künstler, denen entweder aus einer Art von Mäzenatentum ein längerer oder kürzerer Aufenthalt gewährt wurde oder die den Frauen für einige Zeit Unterricht gaben.[126] Dabei avancierten einige der Herrenhäuser über kürzere oder längere Zeit zu überregional bedeutsamen Zentren kulturellen und intellektuellen Austausches. Der Kreis um die Frau v. Friedland und ihre Tochter auf Kunersdorf, in dem sich zuerst bedeutende Berliner Aufklärer, wie z. B. Nicolai und später die Brüder v. Humboldt, v. Savigny, v. Chamisso, Schadow oder Leopold v. Ranke versammelten, ist hier zu nennen. Auch Nennhausen, wo sich um den Romantiker Baron de la Motte-Fouqué nicht nur bedeutende Dichter (E. T. A. Hoffmann, Heinrich v. Kleist u. a.) trafen, gehört dazu. Ebenso waren Wiepersdorf zur Zeit Achim und Bettina v. Arnim's oder zeitlich früher Ziebingen, wo der Romantiker Ludwig Tieck lange Zeit lebte, durchaus eigenständige Pendants zu den Berliner Salons. Die Gemeinsamkeit mit diesen wird nicht zuletzt auch durch die sich deutlich überschneidenden Personenkreise in Stadt und Land sichtbar, da viele Teilnehmer auch in den bekannten Salons der Hauptstadt verkehrten. Die Hochzeit der ‚märkischen Musenhöfe' lag ebenso wie die der Berliner Salons in der ersten Jahrhunderthälfte. Allerdings wurden auch danach interessante Bürger immer wieder auf die ländlichen Herrensitze eingeladen. Eine überregionale Bedeutung erlangten diese Geselligkeiten jedoch nicht mehr, wenngleich sie auch weiterhin Begegnungsorte von Adel und Bürgertum waren.[127]

---

125 Hier ist es der neunobilitierte Freiherr v. Gideon, der, um seinem neuen Stand mehr Rückhalt zu verleihen, das alte ‚Eisengut' Polze in der Prignitz kaufte. Allerdings merkten die ehemaligen Besitzer an: „Dieser Baron soll ja mit seinen Besuchen in der Nachbarschaft nicht viel Glück gehabt haben." Nachdem er jedoch die Tochter des vorherigen Gutsbesitzers heiratete, überwand er die Abneigung von dieser Seite sehr schnell. Georg FREIHERR V. OMPTEDA, Eysen. Deutscher Adel um 1900, Berlin 1900, Bd. II., S. 110, 259.

126 So berichtet Editha v. Münchhausen, dass sich auf dem Gut längere Zeit eine bürgerliche Malerin befand, die ihrer Mutter Unterricht gab. V. MÜNCHHAUSEN, Dotterblumen, S. 90.

127 Als einen solchen Ort der Kommunikation beschrieb der Freiherr v. Eckardstein bspw. das in der Niederlausitz gelegene Fürstlich Drehna. „Während des ganzen Sommers war das Schloß voller Gäste, welche sich ständig ablösten, denn, wenn der eine oder andere abreiste, so erschienen dafür sofort neue Gäste." Dort verkehrten Mitglieder der Hofgesellschaft, Künstler, hohe Beamte, Diplomaten, Rennstallbesitzer, Wissenschaftler, Offiziere des Generalstabes und Dichter, unter ihnen mehrfach auch Theodor Fontane. Dieser hat Fürstlich Drehna nicht in seine ‚Wanderungen' aufgenommen, angeblich – wie er dem Freiherrn v. Eckardstein erklärte – weil er die ‚guten Freunde' und ihre ‚äußerst liberale Geistesrichtung' nicht in die Öffentlichkeit zerren wollte. ECKARDSTEIN, Lebenserinnerungen, S. 48, 41 ff. Bei Robert v. Benda trafen sich Adlige und Bürgerliche vor allem auf Jagden, an denen z. B. mehrfach der Bildhauer Begas teilnahm. Erinnerungen von Robert V. BENDA (1899) aus dem Besitz von Klaus Karbe (Potsdam).

Die Sommermonate waren die Hauptzeit der Aufnahme von Gästen. In den restlichen Monaten blieben die Rittergutsbesitzer, sofern sie nicht – wie Teile des Adels – an der Ballsaison in Berlin teilnahmen, auf den Verkehr mit den umliegenden Gütern beschränkt. Dabei dürften in dem Maße, wie im politischen und ökonomischen Bereich die alten ständischen Vorurteile des Adels ihren bürgerlichen Nachbarn gegenüber abgebaut wurden, zunehmend auch die nachbarschaftlichen Kontakte erweitert worden sein. Allerdings haben sich diese – analog zu den anderen Beziehungsebenen – wahrscheinlich vor allem auf die vermögenderen und längerfristig angesessenen bürgerlichen Familien beschränkt. Dabei gab es Abstufungen, die von nachmittäglichen Höflichkeitsbesuchen über die Hasenjagd mit anschließendem Jagdessen der teilnehmenden Männer bis zu größeren Gesellschaften und Familienfesten reichten.[128] Vor allem in den adelsstarken Regionen wird es jedoch lange gedauert haben, bis die Bürgerlichen, selbst wenn man sie mittlerweile nicht mehr negierte, sondern akzeptierte, an größeren Veranstaltungen des Adels teilnehmen durften.

Darüber hinaus werden auch die Bürgerlichen vielfach unter sich geblieben sein; teilweise auch deshalb, weil die Adligen nicht kamen.[129] Dennoch berichtete z. B. Joachim v. Winterfeldt-Menkin, dass um 1880 zu den Dinnerpartys seines Vaters auch bürgerliche Großgrundbesitzer und Pächter eingeladen wurden, die den alten bürgerlichen Landwirtsfamilien angehörten.[130] Auch Paul Wahnschaffe teilte in seinen Erinnerungen mit, dass sich der nachbarschaftliche Verkehr während seiner Zeit als Administrator der Domäne Strzelno in Posen – besonders mit den gleichaltrigen Familien „sehr nett“ gestaltete und zählte neben einer Reihe bürgerlicher Nachbarn auch altadlige Familien auf (v. Bülow, v. Wilamowitz-Markowice).[131] Als er dagegen 1877 das alte Maltzahn-Schloss Rottmannshagen (1.175 ha) erwarb, hatte er Schwierigkeiten, als Bürgerlicher akzeptiert zu werden. Bezugnehmend auf seine Verhältnisse als Pächter der in der Provinz Sachsen gelegenen Domänen Egeln schrieb er: „Aus unserem reizenden Umgebungskreise kamen wir unter den grenzenlos langweiligen steifen Mecklenburger Adel, mußten uns also als

---

128 KOPPE, Mitteilungen, S. 165 u. S. 175 berichtet, dass er mit Mitgliedern der Familie v. Manteuffel, die seinen Gütern am nächsten wohnten, nachbarschaftlichen Verkehr hatte und der Minister v. Manteuffel ihn besuchte. Allerdings nahm Koppe durch seine landwirtschaftlichen Erfolge, seine guten Kontakte zu Regierungskreisen und sein Mandat in der Ersten Kammer auch unter den bürgerlichen Rittergutsbesitzern eine Sonderstellung ein. Auch für Hubertus GRAF V. STRACHWITZ war es völlig normal, dass zwischen benachbarten adligen und bürgerlichen Rittergutsbesitzern gesellschaftliche Kontakte bestanden. Ders., Eines Priesters Weg durch die Zeitenwende. Erlebnisse aus 50 Jahren, Dresden 1935, S. 248.

129 Vgl. dazu das Beispiel in Anm. 123. Dazu kommen sicher auch individuelle Charakterzüge. So wird von dem unverheirateten Wilhelm Gysae berichtet, das er wenig Verkehr mit der Nachbarschaft pflegte und lediglich im Sommer die Verwandtschaft zu Besuch kam. Wilhelm Albrecht GYSAE, Aufzeichnungen (1950) im Besitz von Dr. Klaus Karbe (Potsdam).

130 WINTERFELDT-MENKIN, Jahreszeiten, S. 22. Namentlich erwähnt wurden der v. Arnimsche Pächter Flügge und der Amtsrat Osterroth von der Domäne Brüssow.

131 Allerdings ist zu bedenken, dass die gesellschaftlichen Möglichkeiten der deutschen Großgrundbesitzer in Posen noch stärker eingeschränkt waren, als in der Provinz Brandenburg. Paul WAHNSCHAFFE, handschriftliche Erinnerungen im Besitz Dr. Klaus Karbe (Potsdam).

bürgerliche Leute unsere Stellung erkämpfen; der Lohn war nicht des Kampfes wert."[132] Besonders enge Beziehungen hat es mit Sicherheit in den seltenen Fällen gegeben, wo zwischen adligen und bürgerlichen Großgrundbesitzerfamilien Heiratsverbindungen bestanden haben.[133]

Möglicherweise war neben den gemeinsamen politischen Anschauungen und Interessen die Jagdleidenschaft, die Adlige und Bürgerliche vielfach teilten[134], eine der Brücken im ländlichen Raum, die eine Vertiefung der Beziehungen ermöglichte. Denn außerhalb der Sommermonate bildete die Jagd einen der wichtigsten Zeitvertreibe auf den Gütern.[135] Wer selbst ein gutes Jagdrevier hatte, das die Jäger der Umgebung anzog, konnte auch damit rechnen, woanders eingeladen zu werden.[136] Da die Jagd zudem durch die vorherige Auswahl der besten Trophäen eine differenzierte Abstufung der Jagdgesellschaft erlaubte, konnte die Distinktion zwischen den Jagdgästen gewahrt werden. Eine Bloßstellung von ‚Schießern', welche die Regeln des Waidwerkes nicht beherrschten, dürfte bei den bürgerlichen Großgrundbesitzern, die in der Regel über eigene Jagden und langjährige Erfahrungen verfügten[137], seltener erfolgt sein als bei ebenfalls eingeladenen Städtern.[138] Damit gelang einem Teil der bürgerlichen Nachbarn möglicherweise der Anschluss an die ‚Internationale des jägerischen Adels'.[139] Allerdings dürfen kleinere Jagden von Gutsnachbarn in ihrer Bedeutung auch nicht überschätzt werden, da sie durch den Ausschluss der weiblichen Familienangehörigen die Beziehungen

132 Ebd. an anderer Stelle berichtet er außerdem von der „Öde des Nachbarnverkehrs".

133 So berichtet Bertha Lehr, dass die Nachbarschaft von Charlottenhof für sie ein Glück war, da dort die verwandtschaftlich verbundene Familie v. Klitzing lebte. Darüber hinaus beschränkte sich der gesellschaftliche Kontakt der ersten Zeit jedoch auf den Prediger des Ortes. Ihre Schwester Luise berichtet darüber hinaus, dass sie auch an Bällen in Charlottenhof teilnahmen. Erinnerungen von Bertha LEHR geb. Honig und Luise GROPIUS geb. Honig (1906), in Privatarchiv Dr. Klaus Karbe (Potsdam).

134 Nahezu alle bürgerlichen Selbstzeugnisse enthalten – ebenso wie adlige Autobiografien – Jagdschilderungen, die auf den hohen Stellenwert dieses Zeitvertreibs im ländlichen Raum hinweisen.

135 Helmuth v. GERLACH sah in ihr zurückblickend sogar die Hauptbeschäftigung der Großgrundbesitzer. „Das Leben auf dem platten Lande war in den Siebziger und Achtziger Jahren, wo es weder Auto noch Radio noch Telephon gab, recht eintönig. Da half nur die Jagd. Ihr widmeten die Herren viel Zeit, oft mehr Zeit als der Landwirtschaft." Ders., Von Rechts nach links, Berlin 1937, S. 36.

136 Vgl. zur Bedeutung der Jagd für die adlige Selbstdarstellung: FUNCK/MALINOWSKI, Geschichte von Oben, S. 251 ff.

137 So führte der Pächter des benachbarten Rittergutes, ein Herr Flügge, der es im Gebrauch von Jagdwaffen ‚zur Meisterschaft' gebracht hatte, anstelle des sehschwachen Vaters den jungen Joachim v. Winterfeldt-Menkin und seine Geschwister in die Geheimnisse der Jagd ein. WINTERFELDT-MENKIN, Jahreszeiten, S. 22.

138 Vgl. dazu die Beispiele bei FUNCK/MALINOWSKI, Geschichte von Oben, passim.

139 Welche Bedeutung dabei die Qualität des eigenen Jagdreviers hatte, zeigt die folgende Anekdote. Während des zweiten Weltkrieges erbte ein Mitglied einer alten bürgerlichen Großgrundbesitzerfamilie das Gut eines Verwandten. Er sagte daraufhin sinngemäß zu seiner Familie: „Jetzt haben wir einen Wald mit Hirschen, nun kommen auch die Adligen zu uns zur Jagd." Mitgeteilt von Woldemar SCHULZ-WULKOW (Frankfurt a. M.).

auf einem niedrigeren Level hielten, als wenn man sich gegenseitig zu Jubiläen eingeladen bzw. sogar die eigenen Kinder miteinander verbunden hätte.[140]

Dennoch deuten die wenigen Quellen, die vorliegen, darauf hin, dass spätestens im letzten Viertel des 19. Jahrhunderts die längerfristig angesessenen bürgerlichen Familien zunehmend akzeptiert und in den gesellschaftlichen Verkehr des Landadels allmählich mit einbezogen wurden. Dies gilt wahrscheinlich besonders für bürgerliche Rittergutsbesitzer wie Thaer oder Koppe, die sich durch Nähe zu führenden Repräsentanten der Bürokratie, durch Titel und Orden oder durch ein großes öffentliches Ansehen auszeichneten.[141] Dabei gab es auf Seiten des Adels sicher Differenzierungen, die von dem Grad der Ausprägung des Standesbewusstseins der Adligen und ihrem Rang, dem Vermögen und dem Leumund der Bürgerlichen sowie der Adelsdichte der Region abhingen. Das nicht vorhandene Konnubium zwischen Landadel und bürgerlichen Großgrundbesitzern zeigt jedoch, dass eine wirkliche Anerkennung als gleichrangig nicht stattgefunden hat. Die Ursachen dafür liegen mit Sicherheit darin, dass der Adel zum einen zahlenmäßig auf dem Lande klar überlegen war und die Bürgerlichen immer in der Minderheit blieben.[142] Zum anderen verfügte der Adel über weiterreichende gesellschaftliche Kontakte, die über die relativ enge Sphäre der durch die Verkehrsmöglichkeiten beschränkten ‚Gegend' hinauswiesen.

An erster Stelle ist hier natürlich die Anbindung des Landadels an die Hofgesellschaft zu erwähnen. Es war in den meisten Familien üblich, zumindest dann, wenn Töchter vorhanden waren, auf den Hofbällen in Berlin zu erscheinen, die gleichzeitig die Funktion eines ‚Heiratsmarktes' besaßen. Auch darüber hinaus dürften die Familien, die in der adligen Gesellschaft ‚sichtbar' bleiben wollten, regelmäßig zur Ballsaison, die in den Wintermonaten lag, in die Haupt- und Residenzstadt gereist sein. Zusätzlich zu den Hofbällen gab es auch ähnliche adlige Veranstaltungen auf der Ebene der Provinzen und Regionen. Neben diesen zentralen gesellschaftlichen Ereignissen verblassten die kleineren Veranstaltungen auf den Gütern zwangsläufig, wodurch natürlich auch ihre Wertigkeit herabgesetzt wurde.

Darüber hinaus verbrachten die meisten Männer gerade die Jahre, in denen sie sich nach einer Partnerin umsahen, als Offiziere in den Städten. Hier kamen sie mit einer ganz anderen Art von Bürgertum in Berührung, aus dem sie

---

140 Die Tatsache, dass adlige und alte bürgerliche Rittergutsbesitzer miteinander zur Jagd gingen, beweist u. a. eine Jagdeinladungsliste aus dem Kreis Lebus. Der adlige Jagdherr lud neben Standesgenossen auch mehrere Bürgerliche ein, die seine Nachbarn waren und deren Familien seit Jahrzehnten im Kreis angesessen waren. Liste im Besitz von Woldemar SCHULZ-WULKOW (Frankfurt a. M.).

141 Auch Albrecht Daniel Thaer in dessen Haus in Möglin zahlreiche Adlige – z. T. als Schüler seiner Landwirtschaftsakademie verkehrte – hat natürlich auch auf Grund seiner Reputation enge Kontakte zu seinen adligen Nachbarn gehabt. Vgl. z. B. die Schilderungen des Lebens in Möglin bei Marie KÖRTE (1815-1884) Erinnerungen aus Kindheit und Jugend, Halberstadt 1936, S. 78, die berichtet, das der Thaersche Wohnsitz um 1823 „sehr en voque, sehr berühmt, sehr besucht von Ausländern, Inländern, Fürsten, Grafen und Herren" gewesen ist.

142 Bis heute wird dafür bei den Nachkommen bürgerlicher Rittergutsbesitzer der Begriff vom ‚Konzessionsschulzen' überliefert.

sich teilweise ihre Ehefrauen auswählten. In den Garnisonen eröffnete sich ihnen somit ein weites Geselligkeitsfeld, das sich von dem der Güter unterschied. Außerdem festigten sie in den von ihnen bevorzugten Edelregimentern frühzeitig ihre Kontakte innerhalb des Adels der Provinz.

Die weitverzweigten familiären Bindungen erschlossen den Adligen zusätzliche Geselligkeitsebenen, die ebenfalls über den Rahmen der Gegend hinauswiesen. Der Verkehr der Rittergutsbesitzer untereinander stellte für die Adligen nur eine Facette eines weit gefächerten gesellschaftlichen Lebens dar. Das gesellschaftliche Leben auf dem Land war – vor allem dann, wenn die bürgerlichen Nachbarn teilnahmen – in starkem Maße auch die Pflege von Kontakten unter Berufsgenossen und Eigentümern. Daher dürften auch landwirtschaftliche und politische Themen die Diskussionen bestimmt haben. Dem trug auch der obligate Gang in die Ställe des Gastgebers Rechnung. Bei höherwertigen gesellschaftlichen Ereignissen, die meist nicht auf den Gütern stattfanden, blieben die bürgerlichen Rittergutsbesitzer dagegen ausgeschlossen.

Zusammenfassend ist festzuhalten, dass zwischen den lang- und längerfristig angesessenen adligen und bürgerlichen Rittergutsbesitzern im Laufe des 19. Jahrhunderts eine Reihe von Kontakten auf verschiedenen Ebenen entstanden. Dabei dürften zunächst im ökonomischen und danach im politischen Bereich die ersten Annäherungen stattgefunden haben. Auch wenn allmählich Beziehungen im gesellschaftlichen Bereich aufgebaut wurden, verschmolzen beide Gruppen niemals zu einer einheitlichen ‚Klasse'. Dies umso mehr, als die große Anzahl der kurzfristig auf dem Lande angesessenen Bürgerlichen ebenso wie die einem ganz anderen Lebensstil huldigenden städtischen Bankiers und Industriellen kaum in ein engeres Verhältnis zum Landadel kamen. Vor allem die längerfristig angesessenen bürgerlichen Familien zählten nach 1848 zum ‚Land' und wurden auf einem begrenzten Level akzeptiert. Das folgende Schaubild zeigt jedoch, dass trotz ähnlicher ökonomischer Grundlagen und sich überschneidender Beziehungsebenen vor allem die Adligen in Bereichen agierten, die Bürgerlichen weitgehend oder komplett verschlossen blieben (vgl. Abbildung 25).

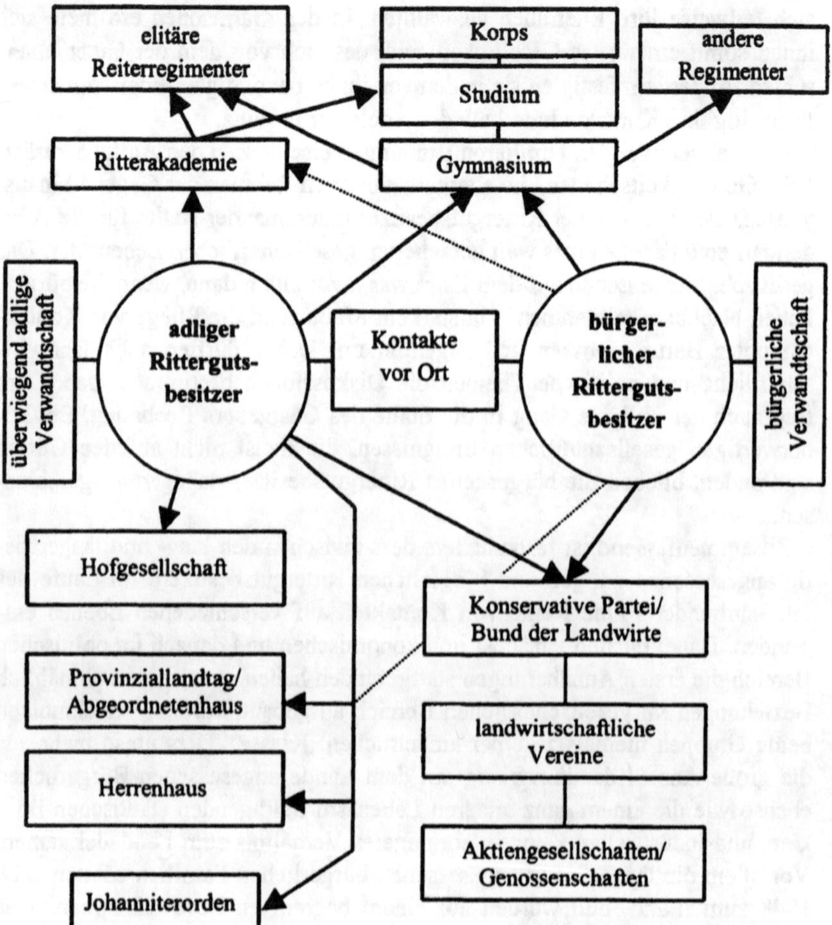

Abbildung 25: Gemeinsame und getrennte Interaktionsfelder adliger und bürgerlicher Rittergutsbesitzer

Neben den Rittergütern waren die Gymnasien und z. T. auch die Universitäten[143], die landwirtschaftlichen Vereine, die konservative Partei und wirtschaftliche Unternehmungen im der Region – vor allem solche, die im Zusammenhang mit der Landwirtschaft standen – gemeinsame Interaktionsfelder

143 Die studierenden Söhne adliger und bürgerlicher Rittergutsbesitzer trafen sich nicht erst im Kaiserreich in den schlagenden Verbindungen wieder, was ihre Kontakte weiter vertieft haben dürfte. So war Paul Wahnschaffes Bruder Mitte der 1850er Jahre Mitglied in einem Heidelberger Corps, Konrad Schulz-Alt Podelzig (geb. 1897), Student in Bonn und Heidelberg Mitglied der Saxoborussen, Ulrich Schulz-Sembten (geb. 1891) Mitglied des Bonner Corps Palatia und Rudolf Schulz-Sembten (geb. 1897) Mitglied der Bonner Pfälzer. Karl August Karbe, der um 1800 studierte, schloss in dieser Zeit ebenfalls Freundschaft mit verschiedenen Adligen. Vgl. Adolf KARBE, Aus dem Leben meiner seligen Eltern, 1868, ungedrucktes Manuskript im Besitz von Klaus Karbe (Potsdam). Vgl. zur adligen Korpsangehörigkeit auch SPENKUCH, Herrenhaus, S. 189.

von bürgerlichen und adligen Rittergutsbesitzern. Dagegen tauchten auf den exklusiven Adelsschulen und in den besseren Regimentern der Provinz bzw. bei der Garde die Söhne der bürgerlichen Nachbarn nur sehr selten auf.[144] Breite Bereiche, in denen der Adel agierte, blieben für die stark auf den ländlichen Wirkungsraum beschränkten bürgerlichen Rittergutsbesitzer weitgehend oder völlig verschlossen. Auf Grund seiner nach wie vor starken Stellung innerhalb der Großgrundbesitzer dominierte der Adel die parlamentarischen Körperschaften und blieb im Herrenhaus – bezogen auf die Vertretung des ländlichen Besitzes – unter sich. Ebenso waren die bürgerlichen Rittergutsbesitzer von der Hofgesellschaft ausgeschlossen und hatten keine Chance, in den prestigeverleihenden, bis 1918 rein adligen Johanniterorden aufgenommen zu werden. Die sich im Laufe der Zeit entwickelnden nachbarschaftlichen Kontakte zwischen einem Teil der Bürgerlichen und den Adligen können daher nicht darüber hinwegtäuschen, dass letztere dauerhaft in ganz anderen gesellschaftlichen Sphären verkehrten.

Der bessere Landwirt – Anmerkungen zu Modernität und Effizienz adliger Landwirtschaftsbetriebe im Verhältnis zu bürgerlichen

Die Beantwortung der Frage, ob es zwischen adligen und bürgerlichen Rittergutsbesitzern wesentliche Unterschiede in der Bewirtschaftung und Leitung ihrer Güter gegeben hat, ist – von wenigen Ausnahmen abgesehen – lange Zeit mit Deutungsmustern, die von einer permanenten Konkurrenz zwischen Adel und Bürgertum ausgingen, geradezu blockiert worden. Dazu kam, dass die liberale Junkerschelte in z. T, „sozialdarwinistischer Weise“ (Spenkuch) alte Topoi aus dem Bildersaal der aufgeklärten Adelskritik transportierte, die wesentlich von der Vorstellung getragen wurden, dass adlige Großgrundbesitzer schlechte und meist verschwenderische Landwirte waren. Dieses vor der breiten Durchsetzung der ‚rationellen Landwirtschaft' möglicherweise auch in der Realität häufiger anzutreffende Muster wurde ungeprüft und generalisierend in eine historische Sichtweise übernommen, der das Absterben des Adels zu langsam ging und die allein im Bürgertum die Träger von Modernisierung und Fortschritt sahen. Da jüngst von Hartwin Spenkuch eine kenntnisreiche und überzeugende Auseinandersetzung mit vielen Aspekten dieser tradierten Topoi erfolgt ist, sollen an dieser Stelle nur einige Ergänzungen, die sich vor allem aus der Langzeitperspektive ergeben, angeführt werden.[145]

Der weitverbreitete Vorwurf, dass die hohen Schulden, mit denen viele Güter belastet waren, bei Adligen neben schlechter Wirtschaftsweise vor allem

144 Dennoch waren diese Orte für Bürgerliche nicht völlig tabu. So besuchten aus der Familie Schulz eine ganze Reihe von Söhnen die Ritterakademie in Brandenburg, was für das zumindest in Teilen dieser Familie starke Streben nach Anerkennung durch den Adel spricht, die durch die Nobilitierung der Stammlinie auf Heinersdorf auch erfolgte.

145 Vgl. SPENKUCH, Herrenhaus, vor allem S. 211-227, dort auch weiterführende Literaturangaben.

aus öffentlichem Luxuskonsum (conspicuous consumption) herrührten, wurde bereits weiter oben als nicht haltbar zurückgewiesen.[146] Die Mehrzahl aller Schulden waren Besitzschulden, die bei der Übernahme eines Gutes entstanden. Die weitgehende Übereinstimmung der Entwicklungslinien der Güterpreise und der Verschuldung dokumentiert dies eindeutig. Da die Adligen in der Lage waren, die Besitzschulden relativ gering zu halten, verwundert es auch nicht, dass mit steigender Besitzgröße die Schuldenbelastung abnahm. Im Bereich der kleinen und mittleren Güter, die von den Bürgerlichen dominiert wurden, waren die Schulden dagegen deutlich höher. Da dies in der Regel eine Folge der meist erst wenige Jahre zurückliegenden Besitzübernahme war, zeigt sich hier allerdings auch keine bürgerliche Unterlegenheit.

Die Tatsache, dass Adlige einen höheren Luxusaufwand als die meisten Bürgerlichen trieben, ist nicht zu bestreiten. Da sie in der Regel auf den ertragsstärkeren Gütern bzw. Güterkomplexen saßen, ist dies jedoch auch ein Ausdruck ihrer anhaltenden ökonomischen Saturiertheit. Vor allem in der zweiten Jahrhunderthälfte kam es zu einer Welle von Ausbauten und Erneuerungen der ländlichen Herrensitze.[147] Von den kunstgeschichtlich bedeutenderen Anlagen wurde zwischen 1850 und 1914 jede vierte so stark verändert, dass Kunsthistoriker dies vermerkten.

Eine über das Maß der Adligen hinausgehende Art von Luxuskonsum betrieben jedoch die städtischen Bankiers und Industriellen, die sich ein Rittergut kauften. Mit Neubauten[148], Erweiterungen[149], Umgestaltungen der Parkanlagen[150] und kostspieligen Renovierungen[151] demonstrierten sie ihre zunehmende finanzielle Überlegenheit über den Landadel. In vielen Fällen verblieben ihre Bauten jedoch in den vorgegebenen Formen.[152] Nur in wenigen Herrenhäusern lässt sich die Zeichensprache der Moderne wiederfin-

146 Vgl. S. 94 ff.

147 Im Rahmen der Untersuchung wurden auch Angaben zu Schlössern und Herrenhäusern gesammelt. Da die Kunsthistoriker jedoch lange Zeit wenig Interesse an den durchschnittlichen Herrenhäusern hatten, existieren hier große Lücken. Mit 307 bedeutenderen Anlagen ist sicher nur etwa ein Viertel der herrschaftlichen Wohnsitze auf den Rittergütern erfasst worden.

148 So ließ der Teilinhaber der Metropol-Theater AG Fritz Paul Jentz ab 1910 in Briesen (Kr. Luckau) neben das bescheidene ältere Herrenhaus einen massiven Schlossneubau errichten. Die folgenden Angaben sind überwiegend entnommen aus: Die Mark Brandenburg, 21 (1996) und 34 (1999). Dort findet sich auch umfangreiches Bildmaterial.

149 Der 1908 nobilitierte Fabrikbesitzer Johann Abraham v Wülfing ließ das von ihm 1913 erworbene Schloss Groß Leuthen durch den ‚Burgenbaumeister' Bodo Ebhardt erweitern, wobei ein massiver sechsstöckiger Wohnturm den Gesamteindruck stark veränderte. Ebhardt errichtete auch für die altadlige Familie v. Hake in Klein Machnow einen historisierenden Burgenneubau.

150 So ließ der Geheime Kommerzienrat Eduard Arnhold im Park von Hirschfelde u. a. einen Marmorbrunnen aus Lucca, einen Mamorstier und einen Bronzehirsch aufstellen. Den Umbau des Herrenhauses führte der Messelschüler Paul Baumgarten durch.

151 Bereits 1869 ließ Albert Borsig das alte Herrenhaus in Groß Behnitz im Stil der italienischen Renaissance bedeutend umbauen.

152 Ein spätes und besonders eindrucksvolles Beispiel stellt der neobarocke, dreiflüglige Schlossneubau in Bärenklau dar, den der Gubener Textilunternehmer Lehmann zwischen 1926-1928 errichten ließ.

den.[153] Selbst wenn es im Kaiserreich eine Luxuskonkurrenz zwischen Adligen und Bürgerlichen auf dem Lande gegeben hat, so sind keine Fälle bekannt, in denen sie zum wirtschaftlichen Ruin geführt haben. Diese Feststellung deckt sich auch mit den Urteilen sachkundiger Zeitgenossen, die abseits politischer Parteikämpfe abgegeben worden sind.[154] Der adlige Verschwender – den es in Einzelfällen sicher auch gegeben hat – ist im 19. Jahrhundert keine Massenerscheinung gewesen, wie er wahrscheinlich auch in früheren Jahrhunderten eher die Ausnahme war. Als Zerrbild eines politischen Gegners hat er dennoch – ohne stichhaltige Beweise – immer wieder seinen Weg bis in neuere historische Deutungen gefunden.[155]

Ambivalent war und ist auch die Einschätzung des Wirtschaftsgebarens der (adligen) ‚Junker'. Während ihnen auf der einen Seite bestätigt wurde, dass sie sich – durch den Druck der Marktkräfte – zu kapitalistischen Agrarunternehmern wandelten, die sich in den ‚Geschäftsmethoden' und dem ‚Erwerbsgeist' von bürgerlichen Industrieunternehmern in nichts mehr unterschieden (Rosenberg)[156], wird auf der anderen Seite nach wie vor das Bild des ökonomisch unfähigen ‚Krautjunkers' oder ‚blasierten Aristokraten', dem die ‚methodische Zweck-Mittel-Relation des bürgerlichen Unternehmers' fremd blieb, kolportiert (Wehler).[157] Abgesehen von den statistisch fundierten Versuchen Buchsteiners, gegen die jedoch starke methodische Einwände zu erheben sind[158], gibt es vor allem für die Zeit nach der Jahrhundertmitte keine stichhaltigen Beweise für adlige Misswirtschaft.

Auch die kontrovers diskutierte Frage der Effizienz der Fideikommisse liefert nicht den Beweis, dass Adlige schlechter wirtschafteten als Bürgerliche.

---

153 So wurde das Herrenhaus in Glienigk nach 1900 im Jugendstil ausgebaut. Eine deutliche Ausnahme ist das Herrenhaus in Libnitz auf Rügen, das 1912 im Stil der frühen Sachlichkeit neu errichtet wurde und mit den ‚normalen' Anlagen kaum noch zu vergleichen ist. Vgl. Sabine BOCK u. Thomas HELMS, Schlösser und Herrenhäuser auf Rügen, Bremen 1993, S. 68 ff.

154 Vgl. hierzu auch SPENKUCH, Herrenhaus, S. 211 f.

155 Vgl. z. B. PUHLE, Agrarbewegungen, S. 42, MERKENICH, Grüne Front, S. 174 f., WEHLER, Gesellschaftsgeschichte, Bd. II., S. 160 f. und die weiteren Beispiele bei SPENKUCH, Herrenhaus, S. 211.

156 ROSENBERG, Pseudodemokratisierung, S. 90.

157 WEHLER, Gesellschaftsgeschichte, Bd. III., S. 176. Auch SCHISSLER sah es – ohne nähere Beweise – als erwiesen an, dass die bürgerlichen Rittergutsbesitzer ‚ökonomisch oft fortschrittlicher und erfolgreicher' waren. SCHISSLER, Agrargesellschaft, S. 165.

158 Regierungsbezirke sind für einen Vergleich der Effizienz des Wirtschaftens mit Sicherheit nicht die geeignete Untersuchungsebene. Abgesehen davon, dass schon die Bodenqualität zwischen den beiden Vergleichsgebieten abweichend war (BUCHSTEINER, Großgrundbesitz, S. 40), unterschied sich auch die Struktur des Großgrundbesitzes erheblich, da es im Regierungsbezirk Stettin deutlich mehr Betriebe über 500 ha gab (S. 315). Darüber hinaus ist bereits die Klassifizierung des Regierungsbezirks Stralsund als bürgerlich (49 % Bürgerliche unter allen Eigentümern) und des Regierungsbezirk Stettin als adlig geprägt (58 % adlige Eigentümer, errechnet nach S. 318) diskussionswürdig. Des weiteren ist der Kritik SPENKUCHs, Herrenhaus, S. 218 f. zu folgen, dass die relativ geringen Unterschiede zwischen den beiden Regierungsbezirken angesichts dieser methodischen Schwierigkeiten nicht signifikant sind.

Die von Heß zusammengestellten Daten zum Viehbestand[159], die für den ungebundenen Besitz einen höheren Besatz pro Hektar ausweisen, sind irreführend, da die Fideikommisse größer waren als die Durchschnittsbetriebe.[160] Daher wird für sie trotz größerer Viehbestände pro Gut ein geringerer Besatz pro ha ausgewiesen. Auch die als Kennzeichen extensiver Wirtschaft herangezogene stärkere Schafhaltung ist vor allem darauf zurückzuführen, dass die umfangreicheren Fideikommisse auch einen größeren Anteil schlechterer Böden hatten, die nur als Weideland effektiv genutzt werden konnten. Verglichen mit den durchschnittlichen Wiese- und Weidelandanteilen könnte diese Argumentation sogar für den gegenteiligen Beweis genutzt werden.[161]

Auch die vielzitierte Kritik Conrads, dass der ‚Husarensattel' oder die ‚Amtsstube' keine ausreichende Vorbereitung auf die Übernahme eines Gutes seien, reicht als Beleg für schlechtere adlige Wirtschaft so nicht aus[162], zumal die Ausführungen Conrads gerade an dieser Stelle außerordentlich widersprüchlich sind. Denn an der gleichen Stelle lobt er – ohne Unterscheidung zwischen Adel und Bürgertum – den ‚angesehenen intelligenten preußischen Gutsbesitzerstand'[163], der den Bauern deutlich überlegen sei.[164]

Conrad schließt, wie implizit auch die meisten anderen Kritiker adliger Wirtschaftsweise nach ihm, aus der Entwicklung der Besitzverteilung zwischen Adligen und Bürgerlichen, dass letztere die besseren Landwirte waren. Da er jedoch von einem Querschnitt und keiner Langzeitanalyse ausging und zudem die Rechtsqualität des Großgrundbesitzes nur bedingt in seine Betrachtung einbezog, ist diese Schlussfolgerung für die zweite Hälfte des 19. Jahrhunderts außerordentlich problematisch.

Das Eindringen Bürgerlicher in den Großgrundbesitz und die weitgehende Übernahme des Marktes kleinerer und teilweise auch mittlerer Güter bis zur Jahrhundertmitte ist zweifellos eine einzigartige Erfolgsgeschichte. Fraglos strömte dabei eine Vielzahl von Unternehmern und Pionieren in die Landwirtschaft, die an der gewaltigen Modernisierung derselben einen bedeutenden

159 HEß, Junker, S. 168 ff.

160 So hatten 1910 die ungebundenen Güter eine durchschnittliche Große von 688 ha, wovon die Ackerfläche 326 ha umfasste. Die Fideikommisse umfassten dagegen durchschnittlich 1.422 ha, und ihre Ackerfläche lag mit 509 ha ein Drittel höher. Dies bedeutet, dass auf den Fideikommissen in absoluten Zahlen deutlich mehr Vieh gehalten wurde als auf den ungebundenen Gütern.

161 Mit durchschnittlich 163 ha waren die Wiesen und Weiden der Fideikommisse mehr als doppelt so groß wie die entsprechenden Flächen der ungebundenen Güter (76 ha). Ihre Schafbestände überstiegen die der ungebundenen Güter jedoch nur um ein Fünftel. Dies relativiert – auch im Zusammenhang mit der Tatsache, dass die Fideikommissforsten denen der ungebundenen Güter überlegen waren – die Auffassung von deren geringerer Produktivität.

162 CONRAD, Latifundien, S. 168.

163 Ebd., S. 137.

164 Ebenso widersprüchlich sind seine Ausführungen zum Erbrecht. Einerseits spricht er sich – zur Reduzierung der Besitzschulden – ausdrücklich für ein Anerbenrecht beim Großgrundbesitz aus und erklärt, dass Fideikommisse ‚noch zu Recht' bestünden. An anderer Stelle kritisiert er jedoch wiederum den gebundenen Besitz des Adels, obwohl dieser doch die konsequente Umsetzung des Anerbenrechts darstellt. Ebd., S. 129; 169.

Anteil hatten. Allerdings wurde weiter oben gezeigt, dass sie überwiegend in einen bereits bestehenden Sektor häufig gehandelter Güter eindrangen, während der größere Besitz überaus stabil blieb und von einer Gruppe langfristig angesessener Adelsfamilien weiterhin dominiert wurde. Verdrängt wurden vor allem die Adligen auf den kleineren Gütern, die sich in der Zeit der Güterspekulation vor 1806 zu überhöhten Preisen eingekauft hatten. Hinzu kam, dass die Ansprüche an einen gehobenen, 'herrschaftlichen' Lebensstil im Laufe des 19. Jahrhunderts stiegen und ein wachsender Anteil der kleineren Rittergüter diese nicht mehr tragen konnten. Außerdem dürfte ein bedeutender Teil der nach 1807 in bürgerliche Hände gelangten Güter vorher nicht selbst bewirtschaftet, sondern verpachtet und in den Krisenjahren bis 1830 auf diese Weise nicht zu halten gewesen sein.

Das bedeutet: Während des großen ‚Clearings' bis in die vierziger Jahre wurden die ökonomisch schwächeren Adligen weitgehend verdrängt. Nach der Mitte des 19. Jahrhunderts hat es nur noch wenige Edelleute gegeben, deren Existenz mit dem pejorativen Schlagwort vom Krautjunker zu bezeichnen ist. Daneben gab es jedoch eine breite Schicht von adligen Familien auf mittleren und großen Gütern bzw. Güterkomplexen, die einerseits durch ihre spezifische Art der Besitzbindung, andererseits jedoch auch durch die flexible Übernahme von landwirtschaftlichen Neuerungen langfristig in der Lage waren, ihre Position zu stabilisieren. Auch wenn die bekanntesten Protagonisten der Agrarmodernisierung bürgerlicher Herkunft waren, ist nicht nur davon auszugehen, dass die Adligen deren Methoden in stetem Nachtrab lediglich kopierten. Die anhaltend starke Beteiligung des Adels an den landwirtschaftlichen Vereinen oder die zahlreichen bekannten adligen Musterwirtschaften – auch führender Konservativer wie bspw. Thadden-Trieglaff – weisen in die entgegengesetzte Richtung. Die Mehrzahl der adligen Rittergutsbesitzer hat sich – abgesehen von einigen Besitzern großer Komplexe, die nur durch Verpachtung sinnvoll genutzt werden konnten – immer in aller erster Linie als Landwirt gesehen.[165] Beweise dafür, dass sie schlechter als ihre bürgerlichen Nachbarn wirtschafteten, lassen sich kaum finden.

Die Besitzstatistik verweist eher auf das Gegenteil, da sich die Mehrzahl der Bürgerlichen nur relativ wenige Jahre auf dem Lande hielten, während ein großer Teil adliger Familien ihren Besitz auf die nächsten Generationen zu vererben vermochte. Außerdem führt kein Weg an der Tatsache vorbei, dass die Durchsetzung der Agrarmodernisierung vor Ort zu großen Teilen vom

[165] Schon am Anfang des 19. Jahrhunderts bemerkte die in Hofkreisen sozialisierte Karoline v. Rochow die starke Orientierung der adligen Rittergutsbesitzer auf ihre Wirtschaften: „Die Landjunker waren mir bis dahin ganz fremd geblieben [...]. Ich kann auch nicht sagen, dass sie mir in einer sehr liebenswürdigen Gestalt entgegentraten, sondern meist im materiellen Leben befangen, ihre Tätigkeit auf ihre Wirtschaft beschränkend. Ihre Geselligkeit bestand in Zusammenkünften, bei denen mehr gegessen und besonders getrunken wurde, als ich je in meinem Leben gesehen habe, um dann dem Spiel Karten und der Tabakspfeife Platz zu machen." V. ROCHOW, Leben, S. 111.

Adel getragen worden ist, da dieser nach wie vor die Mehrheit der Güter besaß.[166]

An dieser Stelle soll nicht das alte Bild mit einem Pendelschlag dahin verkehrt werden, dass Adlige die größeren Leistungen bei der Modernisierung der Landwirtschaft erbracht hätten. Es ist jedoch dahingehend zu korrigieren, dass die Entwicklungen im Agrarsektor nicht allein auf die Leistungen Bürgerlicher zurückzuführen sind, sondern dass beide Gruppen – adlige und bürgerliche Landwirte, daran gemeinsam beteiligt waren.

Darüber hinaus ist es außerdem nur sehr schwer vorstellbar, dass gerade die in der Vertretung ihrer politischen und ökonomischen Ziele so überaus erfolgreichen Adligen auf ihren Gütern gegen ihre eigenen Interessen, die zunächst einmal in der Erzielung von möglichst hohen Einkommen lagen, gehandelt haben sollen. Dies um so mehr, als es sich nicht um ein Geheimwissen handelte, sondern die Zeitgenossen über agrartechnische Probleme – bis hin zu Fragen der Betriebsführung – ausführliche Debatten geführt haben. Dazu kam, dass die Rittergutsbesitzer – adlige wie bürgerliche – ihre Wirtschaften in den meisten Fällen nicht allein führten, sondern durch geschultes landwirtschaftliches Personal unterstützt wurden, so dass es auf diesem Wege einen ständigen Zustrom von Know How gab. Ein land- oder forstwissenschaftliches Studium gehörte auch für bürgerliche Rittergutsbesitzer nicht zur Vorbereitung auf die Gutsübernahme.[167] Die notwendigen Kenntnisse erwarben die Erben traditionell bei Verwandten, Bekannten oder dem Vater.

Während der selbstwirtschaftende Rittergutsbesitzer in agrarischen Fragen sich die Unterstützung von Fachleuten sicherte, waren vor allem die Oberleitung der verschiedenen Betriebsteile, die Führung des Personals und die Kontrolle der Finanzen seine wichtigsten Aufgaben. Unter diesem Aspekt könnte sogar der Militärdienst – als Einübung von Führungsqualitäten – eine andere Bedeutung gewinnen, als ihm gemeinhin zugemessen wird.

Abschließend ist zu diesem Problemkomplex festzuhalten, dass sich das adlige Großgrundbesitzersegment nach dem Wegbrechen der kleinen und eines Teils der mittleren Güter spätestens seit der Mitte des 19. Jahrhundert stabilisiert hat. Die langfristige Besitzstatistik weist für die Zeit nach der Jahrhundertmitte keine wirklich stichhaltigen Indizien einer durchweg effizienteren bürgerlichen Wirtschaftsweise auf, durch die adligen Vererbungstechniken sind eher entgegengesetzte Tendenzen sichtbar. Alles deutet darauf hin, dass Adlige ebenso wie Bürgerliche die Möglichkeiten, welche die Modernisierung der Landwirtschaft mit sich brachte, erkannten und ausnutzten. Durch ihre in vielen Fällen stärkere Finanzkraft waren darüber hinaus gerade die Besitzer der großen Güter – die in ihrer Mehrzahl adlig waren – in der Lage, kostenin-

---

166 Vgl. auch die aus der zeitgenössischen Literatur zusammengestellten Angaben von SPENKUCH, Herrenhaus, S. 220 f. über erfolgreiche und bekannte adlige Landwirte.

167 Um 1850 wurde Paul WAHNSCHAFFE sogar vor die Alternative gestellt, entweder zu studieren oder die Wirtschaft seines Vaters zu übernehmen. Nach der Entscheidung für die Landwirtschaft lernte er auf zwei Gütern Bürgerlicher und wurde anschließend Inspektor bei seinem Vater. Die handschriftlichen Lebenserinnerungen Wahnschaffes sind im Besitz von Dr. Klaus Karbe (Potsdam).

tensive und risikoreiche Verfahren eher anzuwenden als die Besitzer der kleineren landwirtschaftlichen Betriebe.

Das im politischen Bereich produzierte Muster „Bürgertum vs. Adel gleich Fortschritt vs. rückwärtsgewandte Beharrung" lässt sich ohne überzeugende Beweise nicht auf die ökonomische Sphäre übertragen. Wenn sich der Adel wirtschaftlich so verhalten hätte, wie es ihm lange nachgesagt wurde, dann wäre er kaum in der Lage gewesen, seinen Besitzstand seit den 1840er Jahren zu halten und teilweise sogar zu erweitern.[168] Die ‚Krautjunker' verschwanden, übrig blieb ein ökonomisch an die moderne Zeit angepasster, das Land weiterhin dominierender Adel.

Wie bürgerlich waren die nichtadligen Rittergutsbesitzer?

Die bürgerlichen Großgrundbesitzer fristen seit den pointierten Arbeiten Rosenbergs und seiner Nachfolger neben den Adligen nur ein Schattendasein. Als ‚sozial verschluckte' (Koselleck) Angehörige einer ökonomisch definierten Klasse führten sie nur dann ein Eigenleben, wenn die Modernisierung der Landwirtschaft zu erklären war. Die Vorstellung von der (Neo-) Aristokratisierung und Assimilation der Bürgerlichen basierte vor allem auf dem beobachteten Übergewicht des Adels in den politischen Vertretungen und wurde durch einige Einzelbeispiele – meist von Nobilitierten – erweitert. Da die Struktur des bürgerlichen Besitzsegmentes jedoch weitgehend unbekannt blieb, handelt es sich um eine sehr gewagte Extrapolation. Weiter oben wurde bereits gezeigt, dass die politische Abstinenz der Bürgerlichen durchaus auch strukturelle Gründe hatte und nicht lediglich als bedingungslose Anpassung zu interpretieren ist. Daneben ist die Frage von Bedeutung, in wie weit die formal-juristische Zuschreibung ‚bürgerlich' für die nichtadligen Großgrundbesitzer auch in den mentalen und kulturellen Bereich auszudehnen ist, oder ob sie tatsächlich mit den Adligen zu einer Klasse von „Landjunkern" (Rosenberg) verschmolzen und sich nach 1848 auch das „Standesbewußtsein" und „die Lebenssitten und Ehrbegriffe" der beiden Gruppen anglichen.[169]

Von einem etwas anderen Ansatz aus operierte die agrarhistorische Forschung in der DDR. Bei Betonung der politischen Macht des Adels ging sie

168 Solange es keine detaillierten Untersuchungen zu einem repräsentativen Sample in ihrer Struktur vergleichbarer adliger und bürgerlicher Großgrundbesitzungen gibt, ist die These einer mangelnden Wirtschaftsgesinnung des Adels kaum aufrecht zu erhalten. Allerdings wird sich eine solche Arbeit zahlreichen Schwierigkeiten gegenübersehen, weil im Prinzip keine Wirtschaft mit einer anderen vergleichbar ist, da die interne Struktur, die Marktanbindung, die individuelle Kapitalsituation, die Verschuldung und weitere Faktoren kaum identisch sein werden. Da andere Quellen weitgehend fehlen, wäre es allenfalls denkbar, Güter mit ähnlicher Struktur in vergleichbaren Regionen mit analogen Bodenwerten zu eruieren und dann anhand der Angaben der Handbücher über den Grundbesitz deren Ausstattung mit Vieh, Maschinen oder Nebengewerben zu untersuchen. Dies würde Unterschiede eher sichtbar machen, als der Vergleich von Regierungsbezirken. Zu den Problemen des Vergleichs der Effizienz von Großgrundbesitzungen siehe auch HEß, Junker, S. 215 ff.

169 ROSENBERG, Pseudodemokratisierung, S. 91.

ebenfalls davon aus, dass die bürgerlichen Großgrundbesitzer in das Junkertum sozial eingeschmolzen wurden. Darauf basierend wurde die Theorie einer ‚halbfeudalen Mischklasse' entwickelt, welche die Modernisierung der Landwirtschaft gemeinsam mit der Reformbürokratie vorantrieb. Damit einher soll die Verbürgerlichung des Adel vorangeschritten sein, obwohl seine feudale Herkunft auch im Kaiserreich noch stark spürbar blieb. Den adligen Großgrundbesitzern wurde jedoch zunehmend ein eigener Platz neben der Monopolbourgeoisie eingeräumt, während ursprünglich von einer Einschmelzung in diese ausgegangen worden war.[170]

Betrachtet man zunächst mit den adligen Großgrundbesitzern die soziale Referenzgruppe auf dem Lande, so ist festzuhalten, dass diese trotz ‚objektiver Klassenmerkmale' bis mindestens zum Ende des Kaiserreiches als Stand zu beschreiben ist. Auch wenn es enorme Differenzierungen rechtlicher und ökonomischer Art gab, blieben die inneren Kohäsionskräfte des Adels über den Großgrundbesitz hinaus stark genug, um die ständischen Qualitäten und das ständische Selbstwertgefühl gegenüber der Lage als Besitzklasse dominieren zu lassen. Ob Rittergutsbesitzer, Offizier oder Beamter, die Adligen vereinten dauerhaft die Merkmale ständisch organisierter Gruppen, die Max Weber herausgearbeitet hat.[171] Dazu gehörten vor allem eine spezifische Form der Ehre und eine besondere Art der Lebensführung, die beim Adel vor allem darin bestand, dass er Arbeit um des reinen Gelderwerbs wegen ablehnte.[172] Im ursprünglich ständisch privilegierten Großgrundbesitz, im deutlich nichtbürgerlichen Berufsfeld Offiziersdienst und im Dienste der Behörden des Königs als Oberhaupt der ursprünglichen Ständepyramide besaß er innerhalb des Standes anerkannte und legitimierte Betätigungsfelder, die ihn – obwohl alle nach und nach auch von Bürgerlichen besetzt wurden – sein ständisches Eigenleben weiterführen ließen.

Trotz mehrerer Verflüssigungsphasen im 19. Jahrhundert kam es zu keiner wirklich fundamentalen Öffnung zum Bürgertum. Im Gegenteil, der Adel ‚erfand' sich als Reaktion auf bürgerliche Ansprüche und Reformversuche teilweise neu und zog in den labil werdenden ständischen Korpus neue Stützgerüste, wie die Familienverbände, den ‚Gotha' oder die DAG, ein.[173] Die demographischen Daten weiter oben zeigen, dass dabei vor allen den Großgrundbesitzern eine besondere Rolle als Bollwerk gegen die Erosion der ständischen Außengrenzen zukam, wie sie bei den in den Städten lebenden Militärs und Beamten festzustellen ist. Auch daher ist die zunehmende Definition des Adels als und durch ‚das Land', wie sie Reif feststellte, nicht verwunderlich.[174] Der Großgrundbesitz bildete die finanzielle Basis und das nach wie vor beherrschte Rückzugsfeld des ostelbischen Adels. Ein Teil der dort in der

---

170 Vgl. REIF, Adel in der modernen Sozialgeschichte, S. 40-44.

171 WEBER, Wirtschaft und Gesellschaft, S. 534 ff.

172 Vgl. außerdem die über die Definition von Stand hinausgehende Herausarbeitung von Kernelementen adliger Existenz und Mentalität bei Otto Gerhard OEXLE, Aspekte passim.

173 Vgl. dazu vor allem REIF, Adel, S. 29 ff.

174 Ebd., S. 39.

ersten Hälfte des 19. Jahrhunderts eingedrungenen Bürger wurde nach und nach akzeptiert, niemals jedoch vollständig assimiliert.

Analysiert man das bürgerliche Besitzersegment unter dem Gesichtspunkt der Möglichkeiten zur Assimilation oder ‚Verschmelzung' mit den adligen Großgrundbesitzern, so ist festzuhalten, dass der weitaus größere Teil dafür kaum in Frage kam, weil die meisten Bürgerlichen viel zu kurz auf dem Lande angesessen waren. So entstammte von den 1910 vorhandenen 445 bürgerlichen Rittergutsbesitzern in der Provinz Brandenburg nur jeder fünfte (79) einer Familie, die mindestens fünfzig Jahre in der Provinz angesessen war. Dagegen waren zwei Drittel erst innerhalb der letzten 25 Jahre Rittergutsbesitzer geworden, die meisten von ihnen wahrscheinlich innerhalb der letzten zehn Jahre. Von den insgesamt 2.480 bürgerlichen Rittergutsbesitzern, die sich zwischen 1800 und 1918 in der Provinz ermitteln lassen, war nur jeder dritte länger als zehn Jahre auf seinem Gut nachweisbar.[175]

Folgt man dem Weberschen Diktum, dass nicht der Parvenü, sondern erst sein Sohn Chancen hat, von dem Stand, in den er sich einkauft, akzeptiert zu werden[176], fallen die meisten bürgerlichen Großgrundbesitzer als Objekte der Assimilation aus. In den wenigen Jahren, in denen sie ihr Gut besaßen, sind sie kaum in engeren Kontakt zum Adel gekommen, und ob allein der temporäre Besitz eines Rittergutes ‚feudale Prätentionen' und ‚adliges Ehrgefühl' vermittelten, muss bezweifelt werden. Ein bedeutender Teil dieser kurzfristigen Besitzer kam aus städtischem Umfeld und ging mit hoher Wahrscheinlichkeit dorthin wieder zurück.[177] Da nicht zu vermuten ist, dass die Bürgerlichkeit dieser überwiegend aus dem Besitz- und dem Bildungsbürgertum stammenden Rittergutsbesitzer während ihrer ‚Landjahre' massiv gelitten hat, ist die Annahme, dass sie mit den ‚Junkern' auf Grund ihrer zeitweise übereinstimmenden ‚objektiven Klassenlage' dauerhaft zu einer ‚solidarischen Produzentenschicht' verschmolzen, abwegig. Dabei soll nicht ausgeschlossen werden, dass sich ein Teil dieser Bürger weniger aus ökonomischen Motiven als aus Prestigegründen ein Rittergut kaufte. Doch den langen Weg zur partiellen Akzeptanz oder gar zur Nobilitierung beschritten letztendlich nur sehr wenige.

Auch für eine zweite Gruppe, die der Bankiers und Industriellen, die sich verstärkt seit den Gründerjahren auf dem Lande einkaufte, ist weder eine Verschmelzung mit dem alten Adel nachweisbar noch die Aufgabe ihrer Bürgerlichkeit, das heißt ihrer städtischen Existenz und Lebensweise, zu erkennen.[178] Sie bildeten eine deutlich von den ‚Landwirten' – adligen wie bürgerlichen – abgehobene Gruppe, die neben der Übernahme im ländlichen Raum

175 Vgl. S. 265 f.

176 WEBER, Wirtschaft und Gesellschaft, S. 538.

177 So kaufte bspw. Ferdinand Nies von seinem mit Handel in Stettin erworbenen Vermögen ein Rittergut, wirtschaftete dort viele Jahre und kehrte dann wieder in städtisches Umfeld, diesmal nach Berlin zurück. Seine durchweg bürgerlich anmutenden Erinnerungen ergeben nicht den geringsten Hinweis darauf, dass er das Gut vorrangig kaufte, um sozial aufzusteigen. Vgl. Lebenserinnerungen von Ferdinand NIES (1863) im Besitz von Klaus Karbe, Potsdam.

178 Vgl. dazu auch die aus der entgegengesetzten Richtung kommende Studie von AUGUSTINE, Patricians and Parvenus, passim.

vorgeprägter Muster teilweise einen eigenen Stil im Umgang mit Großgrundbesitz entwickelte. Allerdings blieb ihre Zahl begrenzt, und maximal ein Zehntel der bürgerlichen Großgrundbesitzer sind ihnen am Ende des Kaiserreiches zuzurechnen.[179] Sieht man von dem Extrembeispiel des BdL-Führers Gustav Roesicke ab, dann wurde das Rittergut für die meisten vor allem ein Ort der Geselligkeit, der Jagd und der Erholung. Die Landwirtschaft wurde delegiert, d. h. meist verpachtet. Der konsequenteste Ausdruck dieses Umgangs mit ländlichem Besitz war der Kauf des kleinen Hohenzollernschlösschens in Bad Freienwalde durch Walter Rathenau, das überhaupt keinen landwirtschaftlichen Betrieb besaß. Schwerpunkt des wirtschaftlichen, politischen und kulturellen Lebens dieser – vom ‚Land' nie akzeptierten – Rittergutsbesitzer blieb eindeutig die Stadt. Da nach 1872 die Privilegien der Rittergüter bis auf die Ortsobrigkeit und das Patronat weitgehend verschwunden sowie die politischen Vorrechte der Rittergutsbesitzer formal stark eingeschränkt waren, kauften sich die finanzstarken Bankiers und Industriellen nur noch sehr bedingt feudale ‚Herrschaft'. Abgesehen von den Fällen, wo das fideikommissarisch gebundene Rittergut nur ein Vehikel zur Erreichung der Nobilitierung war[180], bildete der Kauf von Großgrundbesitz keine Eingangspforte in die gesellschaftlich und politisch dominanten Adelskreise. Daher ist neben anderen Gründen für den Kauf eines Rittergutes der Aspekt, dass die reichen Bürger ihren Wohlstand durch Großgrundbesitz demonstrieren und die besonderen Qualitäten des Landlebens genießen wollten, kaum zu unterschätzen.[181] Angesichts ihrer Bedeutung in Wirtschaft und Politik sowie ihres meist die landadligen Dimensionen weit überschreitenden Reichtums hält die Vermutung, dass die städtischen Industriellen und Bankiers auf dem Lande sozial verschluckt worden wären – von den Nobilitierten abgesehen – einer Überprüfung nicht stand.[182]

Damit schälen sich die langfristig angesessenen bürgerlichen Familien als die Gruppe heraus, die potentiell dem Landadel am nächsten stand und für die sich das Problem stellt, ob die ökonomische und politische Nähe auch in eine soziale Angleichung mündete. Im Laufe der Untersuchung wurde versucht zu zeigen, welche Unterschiede zwischen den beiden langfristig im Großgrundbesitz verankerten Gruppen Adel und Bürgerliche bestanden haben. Unter

179 Hertz-Eichenrode hat für seine Untersuchung insgesamt 44 Personen und Familien erfasst, von denen jedoch nicht alle in Brandenburg angesessen waren und einige nicht zum Wirtschaftsbürgertum zu zählen sind. Vgl. HERTZ-EICHENRODE, Kontor und Gutshof, S. 215.

180 Vgl. die entsprechenden Beispiele bei SCHILLER, Rittergut, S. 79.

181 Hertz-Eichenrode führt außerdem noch als Grund für den Kauf eines Rittergutes die Möglichkeit an, dass Vermögen sicher und gewinnbringend angelegt werden sollten. Dieser Aspekt scheint jedoch, ebenso wie die Schaffung einer Basis für politische Aktivitäten, nicht im Vordergrund gestanden zu haben. HERTZ-EICHENRODE, Kontor und Gutshof, S. 216.

182 Dies wird auch dadurch bestätigt, dass sich führende Vertreter dieser Gruppe, wie Georg Siemens oder Walter Rathenau auf deutlich anderen politischen Standpunkten befanden als ihre agrarischen ‚Nachbarn'. Vgl. ebd., S. 225, 227 f. Vgl. ganz in diesem Sinne auch die Zusammenfassung der neueren Forschung bei NIPPERDEY, Deutsche Geschichte 1866-1918, Bd. I., S. 392: „[...] Rittergut oder Villa, Reitpferd oder Jagd – das machte niemanden 'feudal'. [...] Die Verhaltensweise und die Wertskala der Unternehmer, nicht nur im Ökonomischen, blieb bürgerlich [...].

Benutzung des Konstruktes vom sozialen Raum (Bourdieu) lassen sich bereits jetzt erhebliche Divergenzen feststellen, die den langfristig angesessenen adligen und bürgerlichen Großgrundbesitzern streckenweise zwar benachbarte Orte zuweisen, jedoch unterschiedliche Ressourcen deutlich werden lassen.[183] Bereits auf der Ebene des ökonomischen Kapitals, das sehr viele Chancen determinierte, waren die Adligen – nachdem die kleinen Güter in bürgerliche Hände übergegangen waren – dominierend. Ebenfalls klare Vorteile besaßen sie auch im Bereich des kulturellen Kapitals, hier nicht als Ausbildung, sondern als Bildung entsprechend einem bestimmten gesellschaftlichen Ideal verstanden. Durch ihr innerständisches, weit ausgreifendes Beziehungsgeflecht besaßen sie auch auf der Ebene des sozialen Kapitals ganz andere Möglichkeiten als die Bürgerlichen, die stark auf die eigene Berufsgruppe beschränkt waren, zu der im weiteren Sinne auch die Pächter zu zählen sind. Daraus resultierte letztendlich ein weitaus stärkeres symbolisches Kapital der Adligen als Wahrnehmung der Anerkennung der ersten drei Ressourcen im sozialen Raum.

Natürlich haben auch die bürgerlichen Rittergutsbesitzer von dem symbolischen Kapital der Adligen mitgezehrt. Dem Besitztitel ‚Rittergutsbesitzer' haftete immer mehr an, als nur der Ausweis für einige hundert Hektar Land zu sein. Daneben ist zu bedenken, dass die Bankiers und Industriellen kraft ihrer anders verteilten Kapitalien in vielen Bereichen einen ebenbürtigen oder auch überlegenen Platz im sozialen Raum einnehmen konnten. Dennoch besaßen die Adligen vor allem im ländlichen Raum einen Vorsprung, der vielleicht auf der ökonomischen Ebene kompensiert werden konnte, nicht jedoch in den Bereichen, in denen Herrschaftswissen und Führungsqualitäten der tausend Jahre alten sozialen Formation Adel nach wie vor starke Positionen sicherte.

Für den direkten Vergleich von langfristig angesessenen adligen und bürgerlichen Rittergutsbesitzern reicht es daher nicht aus, lediglich von ökonomischen Kriterien auf eine gemeinsame Klassenlage zu schließen, die alle internen Unterschiede zuschüttet. Es wird deshalb im Folgenden gefragt, ob aus den beobachtbaren unterschiedlichen Positionen im sozialen Raum auch ein verschiedener Habitus der Akteure erwuchs.

Während für den Adel durch die Fülle an gedruckten autobiografischen Aufzeichnungen reichhaltiges Material zur Verfügung steht, um Facetten des Habitus zu ergründen, ist die Quellensituation für die Bürgerlichen wesentlich schlechter. Dennoch sind durch umsichtige Sicherungsarbeiten von Nachkommen der alten bürgerlichen Familien eine Reihe von ungedruckten Selbstzeugnissen erhalten geblieben.[184] Im Gegensatz zu den adligen Auto-

183 BOURDIEU, Sozialer Raum, S. 7 ff.

184 Ungedruckte Quellen: Aus dem Privatarchiv Dr. Klaus Karbe: Lebenserinnerungen von Ferdinand NIES (1863); Lebenserinnerungen von Paul WAHNSCHAFFE (1896); ‚Aus dem Leben meiner seligen Eltern' Aus sicheren Quellen und nach der Erinnerung aufgeschrieben von Pastor Adolf KARBE (1868); Erinnerungen von Bertha LEHR, geb. Honig und Luise GROPIUS, geb. Honig (1906); Die Familie Lehr (aufgeschrieben von Erich V. KÖHNE-WRANKE-DEMINSKI) (1928); Lebenserinnerungen von Wilhelm Albrecht Otto GYSAE (1950); Von Pfarrer Thomas Dietz zur Verfügung gestellt: Erinnerungen von Paul und Fritz SCHULTZ (um 1948), Vier Generationen KEIBEL in Ludwigsburg (1919). Gedruckte Quel-

biografien, von denen die nach 1918 bzw. 1945 verfassten häufig den Untergang des Standes zu deuten versuchen und die gute alte Zeit verschwundener Lebenswelten stilisieren,[185] waren die überlieferten Lebensbeschreibungen Bürgerlicher überwiegend nicht für die Öffentlichkeit bestimmt, sondern wurden – z. T. auf Anregung genealogisch interessierter Familienmitglieder – nur für den familiären Gebrauch niedergeschrieben.[186] Sie gehören damit einer anderen Quellengattung an und sind viel stärker als die gedruckten adligen Texte Lebensberichte und viel weniger Rechtfertigungen.

Um eine Annäherung an die Frage zu ermöglichen, ob die langfristig angesessenen Bürgerlichen sich in ihrer Lebensführung und in ihren Wertmaßstäben tatsächlich an die Adligen anglichen, werden die oben vorgestellten Konzepte von Bürgerlichkeit und Adeligkeit parallel benutzt.[187] Befragt man die vorhandenen bürgerlichen Selbstzeugnisse entlang der kurz vorgestellten Raster für Adeligkeit bzw. Bürgerlichkeit, neigt sich die Waage stark zu Gunsten der Bürgerlichkeit. Ein zentraler Kern fast aller überlieferten Dokumente von Großgrundbesitzern ist die Heraushebung der eigenen wirtschaftlichen Leistung oder der ihrer Väter und Großväter. So nehmen in den Erinnerungen von Ferdinand Nies seine wirtschaftlichen Transaktionen vor und nach dem Erwerb seines Rittergutes breiten Raum ein. Paul Wahnschaffe erzählt in seinem fast fünfzigseitigen Lebensbericht detailliert immer wieder von seinen persönlichen Anstrengungen, die ihn alle wirtschaftlichen Schwierigkeiten überstehen ließen. In den kurzen Lebenserinnerungen von Paul und Fritz Schultz wird mit genauer Jahresangabe jeder Stall- und Scheunenneubau aufgelistet.[188] Wilhelm Albrecht Gysae berichtet mehrfach über die wirtschaftlichen Leistungen seiner Vorfahren, die bedeutende Schafherden besaßen, früh landwirtschaftliche Neuerungen einführten und führende Landwirte waren. Der erste Gang seines Großvaters nach einer Reise führte ihn dementsprechend zunächst durch Hof und Ställe, um zu kontrollieren, ob alles in Ordnung war.[189]

Aus den meisten Selbstzeugnissen tritt uns der frühmorgens – meist zwischen fünf und sechs – aufstehende selbstwirtschaftende Landwirt entgegen,

---

len: KOPPE, Mitteilungen, JONAS, Bennecke, WEIDENDAHL, Bendomin und KÖRTE, Erinnerungen.

185 Vgl. den Aufsatz von FUNCK/MALINOWSKI, Geschichte von Oben, passim, die danach fragen, was sich hinter der schillernden Oberfläche adliger Selbstzeugnisse an Habituellem verbirgt.

186 Eine Ausnahme sind die gedruckten Erinnerungen von Modeste Weidendahl, die sicher nicht zufällig in vielem adligen Texten ähneln. Vgl. WEIDENDAHL, Bendomin, passim.

187 Vgl. dazu S. 24 ff.

188 Diese Erinnerungen enthalten mit Ausnahme kurzer Angaben zur Gymnasialzeit fast nur Schilderungen über die Erweiterung der Wirtschaft und über die Jagd.

189 Eine typische Beschreibung findet sich auch für den Onkel des Verfassers: „In rastloser Arbeit, selbst sehr bescheiden und anspruchslos, hat er Strehlow wirtschaftlich ständig verbessert und den Erkenntnissen Liebigs, Schultz-Lupitz u. a. in der Wissenschaft und Praxis der aufsteigenden deutschen Landwirtschaft folgend, ist Strehlow unter seiner Leitung in der ganzen Uckermark bekannt gewesen." Wilhelm Albrecht GYSAE, Aufzeichnungen, S. 27. Ganz ähnlich beschreibt er auch seinen Vater, der von morgens bis spät abends die Wirtschaft leitete.

der alle Arbeiten organisiert und kontrolliert, die maßgeblichen Entscheidungen selbst trifft[190], die neuesten Entwicklungen der Agrarwissenschaft und -technik kennt und anwendet sowie erst spät abends, nachdem der nächste Tag vorbereitet und die Buchführung abgeschlossen ist, zu Bett geht. Ein solches Bild des hart arbeitenden allgegenwärtigen landwirtschaftlichen Betriebsleiters zeichnet keine adlige Autobiografie. Nicht weil adlige Landwirte dieser Art wahrscheinlich seltener existierten, sondern weil die Selbststilisierung des Adels die Darstellung einer so rein auf Landwirtschaft als Geschäft und Erwerbsquelle zugeschnittenen Lebensführung nicht zuließ. Der Tätigkeit als Landwirt wird in den adligen Autobiografien nur wenig Platz eingeräumt, während sie in den bürgerlichen Selbstzeugnissen – zumindest der Männer, die aktive Landwirte waren – breiten Raum einnimmt.[191] Die Bürgerlichen aus langfristig angesessenen Familien definierten sich noch nach Generationen auf dem Lande sehr stark über ihre Tätigkeit als selbstwirtschaftende Großgrundbesitzer. Typische Elemente adliger Autobiographien, wie die Stilisierung von Herrschaft über Land und Leute, fehlen dagegen weitgehend.[192]

Dem entspricht beispielsweise auch, dass es für Wilhelm Albrecht Gysae, obwohl seine Familie zu den angesehensten und ältesten bürgerlichen Großgrundbesitzern der Uckermark zählte, selbstverständlich war, dass er seinen Militärdienst nicht in einem der prestigeträchtigen Reiterregimenter, in denen sich der Adel traf, ableistete. Als er 1911 einen Truppenteil suchte, bei dem er seinen Einjährigfreiwilligendienst ableisten konnte, zog er zunächst das 5. Husarenregiment in Stolp in Betracht. Da in der Stadt ein gleichnamiger Verwandter ein Ladengeschäft besaß, hatte er jedoch keine Chancen, dort als Reserveoffizier angenommen zu werden, „weil eine zu große Verbrüderung zwischen eingesessenem Bürgertum und Militär vermieden werden sollte."[193] Auf eine Nachfrage bei den überwiegend adligen (3.) Zietenhusaren in Rathenow sagte der dortige Kommandeur seinem Vater: „Wenn ihr Sohn dienstlich seine Sache macht, kann er im Regiment Reserveoffizier werden; leichter

190 Dabei hatten auch alle bürgerlichen Landwirte, die ihren Betrieb selbst leiteten, Unterstützung durch erfahrene Beamte und Inspektoren, mit denen sie ihre Pläne durchsprechen konnten.

191 Möglicherweise hängt dies teilweise auch damit zusammen, dass Adlige, die ‚nur' Großgrundbesitzer gewesen sind, kaum Selbstzeugnisse hinterlassen haben. Die Mehrzahl adliger Schreiber von Selbstzeugnissen scheint dagegen im öffentlichen Raum als Offizier, Politiker, Diplomat oder Künstler tätig gewesen zu sein. Da die große Welle der adligen Autobiografien nach 1918 einsetzte, könnte dies ein Hinweis darauf sein, dass der Großgrundbesitz auch in der Weimarer Republik den stabilsten Bereich des Adels darstellte, dessen Vertreter es nicht nötig hatten, durch autobiografische Schriften nach Sinn und Rechtfertigung zu suchen.

192 Unter diesem Gesichtspunkt wäre zu überlegen, ob der von Dipper verwendete Begriff ‚Agrarbourgeoisie' zutreffend ist. Abgesehen von den hochspezialisierten Rübenindustriegebieten wiesen die meisten bürgerlichen Güter jedoch weder in Hinsicht auf ihren Industrialisierungsgrad noch auf den Reichtum ihrer Besitzer einen wirklich ‚bourgeoisen' Charakter auf, so dass die Kennzeichnung als Agrarunternehmer angemessener erscheint. Vgl. DIPPER, Neue Perspektiven, S. 36.

193 Ebd., S. 99.

wäre es allerdings für ihn, wenn er adelig wäre." Für Gysae waren diese Zustände völlig normal, und er sah in ihnen keinen Adelsstolz sondern lediglich die Traditionen widergespiegelt. Er diente darauf hin in einem sächsischen Husarenregiment.

Neben umfangreichen Schilderungen der Einführung landwirtschaftlicher Neuerungen, von Neu- und Umbauten, von der Anschaffung neuer Maschinen sowie der täglichen Arbeitseinteilung auf den Gütern heben die meisten Lebensbeschreibungen außerdem die persönliche Bescheidenheit, die bis hin zum Geiz gehen konnte, hervor. Auch bei Adligen wird oft der Topos vom kargen Landleben – vor allem festgemacht am einfachen Essen – vorgeführt. Von den Bürgerlichen wird dagegen an mehreren Stellen eine Sparsamkeit beschrieben, die über das bei Adligen vorstellbare Maß hinausgeht, da dadurch das persönliche Erscheinungsbild beeinträchtigt wurde. So trug Emil Schultz, dessen Ehefrau (geb. Lindenberg) ihm das Rittergut Tornow mit in die Ehe gebracht hatte, teilweise so „räuberhafte Kleidung", dass der Gendarm ihn verfolgte.[194] Auch Wilhelm Gysae trat in der Öffentlichkeit in so einfacher und altmodischer Kleidung auf, dass er auf einer Beerdigung seines Vetters in Berlin für einen „verarmten Verwandten" vom Lande gehalten wurde.[195] Hugo Schulz auf Petershagen ließ sich, da er trotz enormen Reichtums die Pferde für ein persönliches Gespann sparte, häufig mit einem Ochsenfuhrwerk von der Bahn abholen.[196] Ein solches Verhalten, das mit der Repräsentation von Herrschaft durch das persönliche Auftreten nicht vereinbar ist, war für Adlige weitgehend undenkbar. Für sie dürfte in dieser Beziehung eher ein Denken repräsentativ gewesen sein, wie es der Graf v. Hardenberg prägnant formulierte, als er zu seinen Kindern sagte: „Wer nicht einen Tag im Straßengraben und am nächsten Tag im Schloß schlafen kann, ohne die Haltung zu verlieren, der hat keine Kultur."[197]

Mit dem Männerbild korrespondierend ist auch das gezeichnete Frauenbild ein anderes. Kaum eine Autorin oder ein Autor adliger Herkunft hätte seine Mutter so beschrieben, wie es bspw. Adolf Karbe tat, der diese – ebenso wie seine Schwägerin – als „fleißig und selbst handanlegend und ihre Vorräthe in Keller, Speise- und Vorrathskammer treu mit eigenen Augen inspicierend" beschrieb.[198] Demgegenüber war der Platz adliger Frauen – sowohl in der Fremd- als auch in der Selbstzuschreibung – anstelle von Hauswirtschaft und Kindererziehung viel eher im Bereich der gesellschaftlichen Kommunikation

[194] Erinnerungen von Paul und Fritz SCHULTZ (1948) im Besitz von Thomas Dietz (Schönfeld/Uckermark).

[195] Erinnerungen von Wilhelm Albrecht GYSAE, S. 29.

[196] Erinnerungen von Karl V. STÜNZNER-KARBE (1933) aus dem Besitz von Klaus Karbe (Potsdam), S. 5. Skurril ist der Bericht darüber, dass Hugo Schulz einen Ochsen zu Futterentzug ‚verurteilte', weil dieser eine Scheibe eingestoßen hatte.

[197] Zit. nach Ingeborg GEISENDÖRFER, „... ein prägender Teil meines Lebens." Als Hauslehrerin in Neuhardenberg, in: Günther Agde (Hg.), Carl-Hans Graf v. Hardenberg. Ein deutsches Schicksal im Widerstand, Berlin 1994, S. 198.

[198] Adolf KARBE, Aus dem Leben meiner seligen Eltern, 1868, ungedrucktes Manuskript im Besitz von Klaus Karbe (Potsdam).

zu finden.[199] Die meist bürgerliche Ehefrau der nichtadligen Großgrundbesitzer war neben ihren Aufgaben im Gefüge der Gutswirtschaft häufig auch ein Mittelpunkt der Familie. Innerhalb dieser wurden intensive Beziehungen gepflegt, die dem bürgerlichen Familienideal entgegen kamen. In allen Selbstzeugnissen treten starke emotionale Bindungen zwischen den Familienmitgliedern – Eltern und Kindern, Geschwistern, Verwandten – in den Blickpunkt, die zeigen, dass die aus dem städtischen Bereich bekannten Muster bürgerlichen Familienlebens auch hier wirksam waren.

Die Tatsache, dass sich die langfristig angesessenen bürgerlichen Rittergutsbesitzer und ihre Familien den meisten Teil ihres Lebens auf dem Lande aufhielten, bedeutete nicht, dass sie von bürgerlicher Kultur weitgehend ausgeschlossen waren. Zum einen bestanden immer feste Beziehungen zur nächsten größeren Stadt, die sowohl für gehobenen Konsum als auch zu kultureller Aktivität genutzt wurde.[200] Darüber hinaus besuchte die übergroße Mehrzahl der Söhne aus diesen Kreisen – analog zu den Adligen – städtische Gymnasien bzw. teilweise auch Universitäten und die Töchter z. T. die höheren Töchterschulen der umliegenden Städte.[201] Dabei lebten sie mehrere Jahre meist als Pensionäre bei Stadtbürgern. Dabei lernten sie den Bildungskanon des Bürgertums kennen und bekamen durch die Gasteltern bürgerliche Werte vermittelt.[202] Dem entspricht, dass eine Erziehung außerhalb dieser Werte als Besonderheit vermerkt wurde. So tadelte Adolf Karbe den Pflegevater seiner Mutter, weil er ihr nicht den üblichen Privatunterricht angedeihen ließ und sie stattdessen in die Dorfschule schickte. Ebenso wurde ihr keine ‚anregende Lektüre' geboten, sondern nur „Unterhaltungsbücher ohne Auswahl". Nur Gottes Gnade – so der spätere Pastor – „verhütete schlimmere Eindrücke".[203] Ganz deutlich entstammte der Autor einem Haushalt, in dem auf ‚richtige' Bildung großen Wert gelegt wurde. So betont er auch, dass seine Schwester dagegen in der Luisenstiftung in Berlin erzogen wurde, wo ihr jedoch nicht „die feinste Tournüre u. dergl. beigebracht wurde". Vielmehr wird die Anstalt als eine Einrichtung beschrieben, die den Zweck hatte, „in den Familien des

---

199 Vgl. dazu DIEMEL, Adelige Frauen, passim. Allerdings beschränkt sich Diemel auf die besser überlieferten Bereiche Hof, Stift sowie Salon und lässt dadurch den ländlichen Raum, in dem zumindest in Preußen etwa die Hälfte der adligen Frauen lebten, weitgehend außer acht.

200 Der Vater von Wilhelm Albrecht Gysae nutzte z. B. seine Berlinaufenthalte immer auch zu Theater-, Museums- und Vortragsbesuchen. Vielfältige Beispiele für Beziehungen zur nächsten Stadt – in diesem Falle Magdeburg – finden sich auch in JONAS, Bennecke, passim.

201 Wilhelm Albrecht Gysae ging bereits als neunjähriger nach Danzig ‚in Pension'. Dort wohnte auch ein Teil seiner Verwandtschaft. Seine spätere Ehefrau und die Mädchen ‚vom Lande' – also von den größeren Gütern – besuchten dagegen entweder die Lemcke'sche Privatschule oder die höhere Töchterschule in Prenzlau.

202 An dieser Stelle steht allerdings die Frage, welche Bedeutung diese Gymnasialjahre für die Adligen hatten, die nicht an exklusiven Standesschulen unterrichtet wurden. Möglicherweise spiegelt die in vielen Autobiografien berichtete Auflehnung gegen Lehrer die bewusste oder unbewusste Ablehnung der bürgerlichen Welt des Gymnasiums wider. Vgl. zu diesem Problem auch FUNCK/MALINOWSKI, Geschichte von Oben, S. 256 f.

203 Adolf KARBE, Aus dem Leben meiner seligen Eltern, 1868, S. 12; ungedrucktes Manuskript im Besitz von Klaus Karbe (Potsdam).

höheren Bürgerstandes den Sinn für häusliches Leben zu pflegen und zu fördern."[204] Nach der Rückkehr aus Berlin musste die Tochter dann zunächst auf dem Domänenamt Gramzow und später bei der Frau eines anderen Domänenpächters intensiv die Hauswirtschaft erlernen. Eine solche Ausbildung wird von adligen Frauen – selbst wenn es sie ebenfalls gegeben haben sollte – nicht überliefert.

Auch die Militärzeit, wenn sie in oder bei einer größeren Stadt absolviert wurde, konnte von den Söhnen bürgerlicher Rittergutsbesitzer genutzt werden, um die kulturellen Angebote des urbanen Raumes zu nutzen.[205] Dies alles verweist darauf, dass – obwohl bürgerliche Kultur sich überwiegend in der Stadt verwirklichte[206] – die Träger von Bürgerlichkeit auch außerhalb der Städte leben konnten. Auf Grund ihrer ökonomischen Möglichkeiten besaßen die bürgerlichen Großgrundbesitzer sowie in begrenzterem Rahmen auch die Pächter dabei einen weiteren Spielraum als die Pfarrer und andere Bildungsbürger auf dem Lande. Die überlieferten Zeugnisse belegen eindeutig, dass es den Bürgern vom Lande nicht schwer fiel, in stadtbürgerlichen Kontexten zu agieren und dass sie offensichtlich sehr schnell aufgenommen wurden. Dies bedeutet, dass ihr Habitus ‚bürgerlich' war und sie die kulturellen Praktiken beherrschten oder sich schnell aneignen konnten, die für die Teilhabe am gehobenen bürgerlichen Leben notwendig waren. Darüber hinaus verfügten sie in der Regel auch über die Freiheit von materiellen Sorgen, die immer eine notwendige Voraussetzung dafür war, dass jemand sehr schnell Anschluss finden konnte.[207]

Auch die Bildungs- und Bäderreisen der bürgerlichen Rittergutsbesitzer verweisen darauf, dass sie auf dem Lande nicht abseits der Trends der städtischen Gesellschaft standen und sie ein typisches Oberschichtenverhalten an den Tag legten.[208] Ebenso ist das starke Engagement der bürgerlichen Großgrundbesitzer in den landwirtschaftlichen Vereinen, in denen sich in den ersten Jahrzehnten ja nicht nur Landwirte einfanden, ein Indiz dafür, dass sie an dem

---

204 Ebd., 42.

205 Wilhelm Albrecht Gysae zählte sein Dienstjahr bei Dresden, in denen er „soviel Schönes an Kunst und Theater usw. erlebte", auch in dieser Hinsicht zu den wichtigsten seines Lebens.

206 KOCKA, Bürgertum, S. 27 f.

207 Vgl. KASCHUBA, Bürgerlichkeit, S. 25.

208 Paul WAHNSCHAFFE unternahm z. B. eine viermonatige Reise nach Italien und mehrere Kuren, die Töchter der Familie HONIG verbrachten ihren Urlaub im Ostseebad Swinemünde, die Hochzeitsreise führte die eine Tochter um 1840 ebenfalls nach Italien, ein kranker Bruder versuchte seine gesundheitlichen Leiden durch mehrere Reisen nach Madeira zu lindern. Auch der Vater von Wilhelm Albrecht GYSAE kurierte um 1900 die Folgen einer Lungenentzündung in Italien aus. Darüber hinaus war er in England, auf dem Balkan, in Griechenland, Frankreich, Holland, Belgien, Spanien und Ägypten gewesen. Daneben hatte er auf vielen Reisen „wohl alle deutschen Länder, Residenzen, Großstädte, Gebirge und Orte von Ruf, alle Bauten und Stätten alter Kunst und Kultur [...] besucht." Wilhelm Albrecht GYSAE, Aufzeichnungen, S. 49. Die weiteren Quellen siehe Anm. 184, S. 483. Die Mutter von Adolf KARBE erholte sich um 1820/30 mehrfach im Seebad Putbus.

als bürgerlich beschriebenen Trend der Selbstorganisation teilhatten.[209] Die Beantwortung der Frage, inwieweit die bürgerlichen Großgrundbesitzer darüber hinaus in städtischen Geselligkeitsvereinen, halbwissenschaftlichen Altertumsvereinen[210] oder Logen[211] aktiv wurden, ist auf der Grundlage des vorliegenden Materials nicht möglich. Da sich auch die landwirtschaftlichen Vereine in den Städten trafen, ist es jedoch durchaus denkbar, dass die Angehörigen der ländlichen Oberschicht in diesem Bereich – in Abhängigkeit von den Verkehrsmöglichkeiten – am bürgerlichen Leben der Städte teilnahmen.

Geht man die verschiedenen Facetten von Bürgerlichkeit bzw. Adeligkeit durch, wird deutlich, dass auch die längerfristig angesessenen bürgerlichen Familien auf dem Lande neben dem Adel eine eigene soziale Gruppe darstellten. Sie standen auf kulturellem Gebiet dem Bürgertum wesentlich näher als dem Adel. Eine ‚Assimilation', verstanden als bedingungslose Übernahme der Werte und Verhaltensweisen des Adels, hat es nicht gegeben. Dennoch bleiben natürlich eine Reihe von ‚unbürgerlichen' Elementen festzuhalten. Dazu gehört – mit unterschiedlicher zeitlicher Abstufung – die persönliche Herrschaft über Leute, die Verfügungsgewalt über autonome Machtmittel im ländlichen Raum oder die – zumindest potentielle – Teilhabe an ständisch definierten Vertretungskörperschaften. Mit der zunehmenden Ausprägung des Stadt-Land-Widerspruches, der in Teilen auch ein Konflikt zwischen Adel und Bürgertum war, fanden sich die bürgerlichen Großgrundbesitzer in einer Frontstellung gegen das städtische Bürgertum wieder. Durch ihre frühe Interessenkongruenz mit dem Adel auf ökonomischem Gebiet und die als massive Drohung erfahrene Revolution von 1848 haben vor allem die langfristig angesessenen bürgerlichen Familien sehr zeitig die Teilhabe am ‚bürgerlichen Projekt', für die vorher durchaus Ansatzpunkte zu erkennen waren, aufgegeben. Dies hängt möglicherweise damit zusammen, dass sie eher als das städtische Bürgertum in Konflikte mit Bauern und ländlichen Unterschichten gerieten. Auch beim städtischen Bürgertum bewirkten die Auseinandersetzungen mit der Arbeiterklasse wenig später eine zunehmende Distanz zu den Versprechen und Hoffnungen des Liberalismus.

Trotz all dieser, die Bürgerlichkeit der nichtadligen Rittergutsbesitzer retardierenden Momente bleibt abschließend festzuhalten, dass sie ungeachtet objektiver Klassenlagen und partieller Interessenübereinstimmung mit Teilen des Adels ein – wenn auch frühzeitig konservativer – Teil des Bürgertums blieben. Dieses Nebeneinander von bürgerlichem Erwerbsstreben und vielen weiteren Aspekten von Bürgerlichkeit sowie streng konservativer Gesinnung zeigt sich geradezu paradigmatisch in der Person des Rittergutsbesitzers und Domänenpächters Carl August Ferdinand Karbe (1780-1852). Während er auf

209 August Karbe bspw., aus der weiter oben beschriebenen Familie, war Gründer und langjähriger Präsident des landwirtschaftlichen Vereins zu Prenzlau und gehörte weiteren landwirtschaftlichen Gesellschaften an. Vgl. RICHERT, Landwirtsgeschlechter, S. 506.

210 So nahmen bspw. an der Gründung der ‚Gesellschaft für Pommersche Geschichte und Altertumskunde' auch Rittergutsbesitzer teil. Vgl. WIENFORT, Bildungsbürgertum, S. 94.

211 Der Vater von Adolf Karbe war zu Beginn des 19. Jahrhunderts in den Freimaurerorden eingetreten, später jedoch nicht mehr aktiv.

der einen Seite ein moderner Agrarunternehmer war und in seiner ganzen Persönlichkeit das gehobene Bürgertum auf dem Lande verkörperte, war er auf der anderen Seite immer der königstreue Beamte, den pietistische Neigungen frühzeitig in das Lager des entstehenden Konservatismus führten. Als er sich kurz vor seinem Tode malen ließ, waren die Accessoires, die neben ihm auf dem Tisch lagen, eine Bibel und die Kreuzzeitung.[212] Dennoch unterschieden er und seine Familie sich in so vielem von ihren adligen Nachbarn, dass es trotz der gemeinsamen politischen Zielrichtung falsch ist, davon auszugehen, dass hier eine Verschmelzung stattgefunden hat, an deren Ende eine einheitliche Klasse landwirtschaftlicher Produzenten i. S. Max Webers stand.

Die einzige Gruppe, für die eine bereitwillige Assimilation und – nach einer Reihe von Generationen – auch eine Verschmelzung mit dem alten Adel zu konstatieren ist, sind die Nobilitierten.[213] Wer sich um die ‚Erhebung' in den Adelsstand bemühte, dokumentierte damit sein Streben, in eine mit höherem Sozialprestige ausgestattete Gruppe aufzusteigen und dafür zumindest einen Teil seiner Bürgerlichkeit aufzugeben. Wenn er und vor allem seine Nachkommen sich gemäß den ständischen Normen verhielten und in der Lage waren, ihren Wohlstand zu sichern, stand einer Einschmelzung in den alten Adel nach etwa zwei bis drei Generationen nichts im Wege.

Die Zahlen zur Nobilitierung von Rittergutsbesitzern belegen eindeutig, dass zumindest von Seiten der Krone und den entscheidungsvorbereitenden Instanzen der Kreis der Aufsteiger gering gehalten worden ist.[214] Zwischen 1798 und 1918 wurden von den preußischen Königen insgesamt 379 Rittergutsbesitzer nobilitiert (vgl. Tabelle 122).

---

212 Das Gemälde ist beschrieben bei Adolf KARBE, Aus dem Leben meiner seligen Eltern, 1868, S. 56. Es sollte jährlich zu einem anderen seiner sechs überlebenden Kinder weitergereicht werden und an dem Ort, wo es hing, sollten sich seine Kinder jeweils am 29. September treffen.

213 Vor allem für diese Nobilitierten scheint die häufig kolportierte Rosenberg-These haltbar, dass sich die neuen Rittergutsbesitzer ‚junkerlicher' als der alte Adel verhielten. Vgl. hierzu die Untersuchung von KRAUS, Bürgerlicher Aufstieg, passim über die Familie Nathusius. Sehr charakteristisch ist auch der Nachruf auf den 1840 ohne eigenes Zutun nobilitierten Carl v. Kähne aus dem Jahre 1910. Obwohl seine bürgerliche Herkunft bekannt war, wurde er als „der Typ eines märkischen Junkers" beschrieben, der seinen wirtschaftlichen Vorteil robust durchsetzte, jedem Neuen gegenüber aber feindlich eingestellt war. So ließ er das Telefon abschaffen und verhinderte den Bau der Eisenbahn durch sein Rittergut. Er führte einen Kleinkrieg gegen Berliner Ausflügler, die durch seinen Wald am Schwielochsee wandern wollten und schrieb diesbezüglich seinem Förster eigenhändig in den Dienstvertrag: „Gott regiert die Welt und der Knüppel die Leute". BZ am Morgen vom 30. November 1910. Es ist wahrscheinlich, dass er 1910 auch unter den Adligen seiner Region bereits als skurril und schrullig gegolten hat.

214 Vgl. ausführlich zu diesem Thema SCHILLER, Rittergut, passim.

Tabelle 122: Die Nobilitierung von Rittergutsbesitzern in Preußen 1798-1918 (einschließlich der Adoptionen)[215]

König/Kaiser	nobilitierte Rittergutsbesitzer	Anteil an der Gesamtzahl der Nobilitierungen (in %)	pro Jahr
Friedrich Wilhelm III.	40	11	1,0
Friedrich Wilhelm IV.	62 (29)*	41	3,4 (1,9)*
Wilhelm I. (als König)	71 (31)*	30	5,5 (3,3)*
Wilhelm I. (als Kaiser)	57	18	3,4
Friedrich III.	18	43	
Wilhelm II.	131	18	4,4

* Die Zahlen in den Klammern sind die Nobilitierungen der Krönungsjahre Friedrich Wilhelm IV. und Wilhelm I., in denen jeweils ein starker einmaliger Schub erfolgte. Die Angaben für die jährliche Nobilitierungsquote wurden dementsprechend mit berechnet.

Auf die Ostprovinzen (einschließlich der Provinz Sachsen) entfielen dabei 297 Standeserhöhungen.[216] Gemessen an der Zahl von 260 Landkreisen wurde in einem Zeitraum von 110 Jahren im Schnitt etwa ein Rittergutsbesitzer pro Kreis geadelt. Dies ist, ungeachtet der Tatsache, dass nach der Jahrhundertmitte die Nobilitierungen zunahmen, eine sehr überschaubare Größenordnung.

Neben den relativ geringen absoluten Zahlen ist vor allem die Frage von Bedeutung, welche bürgerlichen Rittergutsbesitzer nobilitiert worden sind. In Brandenburg wurden zwischen 1798 und 1918 insgesamt 41 Rittergutsbesitzer in den Adelsstand erhoben. Diese lassen sich in drei ungleichgewichtige Gruppen unterteilen. Die erste umfasst Kaufleute, Industrielle und Bankiers, die auch Rittergutsbesitzer waren. Zumindest ein Teil von ihnen wurde ausdrücklich auf Grund des Besitzes von privilegiertem Grund und Boden nobilitiert.[217] In der Regel dürfte jedoch nicht allein die Tatsache, dass die Betreffenden Rittergutsbesitzer waren, den entscheidenden Ausschlag für die Standeserhebung gegeben haben.

---

215 Quelle: GRITZNER, Matrikel und HOUWALD, Standeserhöhungen.

216 Vgl. die Angaben in ebd., S. 76.

217 Ein frühes Beispiel ist der 1798 nobilitierte Rüstungslieferant und Spiegelfabrikant Eckart, der für mehr als eine Million Taler Rittergüter kaufte und dafür direkt in den Freiherrenstand erhoben wurde. Vgl. dazu: SCHMIDT, Herrschaft Eckardstein, passim. Auf der Grundlage einer Fideikommißstiftung wurden die in Industrie, Handel oder Bodenspekulation tätigen Rittergutsbesitzer Kommerzienrat Caro (1906), Generalkonsul Blaschke (1913), der Chemieunternehmer Wülfing (1908), der vor allem durch Bodenverkauf im Nordosten Berlins reichgewordene Rittergutsbesitzer Wollank (1913) und der wahrscheinlich mit dem Kommerzienrat gleichen Namens verwandte Theodor Rautenstrauch (1906) nobilitiert. Vgl. dazu SCHILLER, Rittergut, S. 79. Ohne Fideikommißstiftung erfolgte 1873 die Nobilitierung des Terrainunternehmers Carstenn, 1888 des aus einer Reederfamilie stammenden Besitzers der Standesherrschaft Fürstlich Drehna Karl Wätgen; 1907 folgte der Bankier Schwabach (Besitzer von Kerzendorf), 1909 die Gebrüder Borsig (Groß Behnitz) und 1910 nach vielen Umwegen der Sohn des Herausgebers der Börsenzeitung Killisch (Besitzer von Horlitza und Reuthen, als Killisch v. Horn).

Eine zweite Gruppe von Nobilitierten umfasst Angehörige der langfristig angesessenen Familien, verdiente Landwirte[218] und Landräte.[219] Über Jahrzehnte behaupteter Großgrundbesitz und die teilweise damit einhergehende Generationentiefe spielten im Rahmen der ‚erratischen' Nobilitierungspolitik der preußischen Könige jedoch nur eine sehr untergeordnete Rolle.[220] Lediglich sieben der Nobilitierten entstammten Gütern, die länger als 30 Jahre in den Händen ihrer Familien waren und bei denen zumindest eine Generationenfolge anzunehmen ist. Nur in drei Fällen, in denen die Hauptgüter mindestens zwischen 64 und 99 Jahren im Besitz der betreffenden Familien waren, ist eine Vererbung über drei oder sogar vier Generationen zu vermuten. Weder die Größe oder der Ertrag des Gutes noch die Dauer des Familienbesitzes spielten für eine Nobilitierung eine besondere Rolle.[221] Einen Mechanismus, nach dem beim Erfüllen bestimmter an Großgrundbesitz geknüpfter Voraussetzungen die Erhebung in den Adelsstand erfolgte, gab es nicht. [222] Das Rittergut wurde keineswegs zur Eingangspforte in die gesellschaftlichen Eliten, wenngleich es seinem Inhaber Prestige und in begrenztem Maße auch Wohlstand sichern konnte.

Ganz offensichtlich waren für eine Nobilitierung neben dem Großgrundbesitz andere Voraussetzungen von erheblicher Bedeutung. Daher wird die dritte und größte Gruppe von solchen Rittergutsbesitzern gebildet, die in der Regel nur wenige Jahre auf einem – in vielen Fällen relativ kleinen – Gut angesessen waren. Häufig wechselte ihr Rittergut nach der Nobilitierung rasch wieder den Besitzer. Der bescheidene – nicht fideikommissarisch gebundene – Bodenbesitz war hier nur einer von verschiedenen Faktoren, welche die Nobilitierung begünstigten. Dazu zählten vor allem verwandtschaftliche Beziehungen zu adligen Familien, sei es über die Ehefrau, die Mutter oder andere Verwandte. Außerdem spielten militärische Ränge, Beamtentitel sowie Orden und Auszeichnungen eine bedeutende Rolle. Nur vier der 41 bürgerlichen Rittergutsbesitzer, die nobilitiert wurden, trugen keine Dienstgrade oder Titel und waren auch nicht mit Adligen oder Neuadligen verwandt.

Da die Angehörigen der alten bürgerlichen Familien in den meisten Fällen weder über adlige Verwandtschaft noch höhere Dienstgrade oder Protektion verfügten, die eine Nobilitierung begünstigten, hätte für sie die Errichtung

218 Ein besonders starker Schub der Nobilitierung von verdienten ländlichen Beamten oder Staatsdienern mit Rittergut fand 1840 statt, als allein in Brandenburg sechs bürgerliche Rittergutsbesitzer den Adelstitel erhielten. Dies waren zum einen drei Amtsräte, die gleichzeitig Rittergüter besaßen [Kähne (seit 1830 auf Neuendorf, später dann auf Petzow), Freier (seit 1803 u. a. auf Hoppenrade), Karbe (1840 auf Staffelde)]; ebenfalls 1840 wurden der Ingenieurmajor Becherer (vor 1828 auf Klein Mehssow), der Geheime Rat bei der Staatsschuldenverwaltung Endell (seit 1821 auf Hohen Lübbichow) sowie der Landrat Albrecht (siehe auch folgende Anmerkung) nobilitiert.

219 Insgesamt erhielten drei bürgerliche Landräte mit Großgrundbesitz den Adelstitel. Dies waren die Landräte Albrecht (1840 nobilitiert, seit 1830 auf Güterfelde), Meyer (1865 nobilitiert, seit 1846 auf Helpe) und Weiss (1888 nobilitiert, seit 1874 auf Rostin).

220 Vgl. die Einschätzung der Nobilitierungspolitik bei BERGHOFF, Aristokratisierung S. 178-204.

221 Vgl. dazu SCHILLER, Rittergut, S. 85 f.

222 Den selben Befund machte für die Unternehmer BERGHOFF, Aristokratisierung, S. 194.

eines Fideikommisses eine wichtige Schiene zum Aufstieg in den Adel sein können. Weiter oben wurde bereits gezeigt, dass sich die Bürgerlichen an der Fideikommissgründungswelle in beschränktem Umfang beteiligt haben.[223] Dennoch führten nur drei von siebzehn Stiftungen[224], die aus den Reihen längerfristig angesessener Familien errichtet wurden, direkt zur Standeserhöhung.[225] Da in diesen Fällen ein eindeutiger Nexus zwischen Fideikommißstiftung und Nobilitierung bestanden hat, ist davon auszugehen, dass die anderen bürgerlichen Fideikommisse vor allem zur Besitzsicherung und nicht zur Statusverbesserung gestiftet wurden. Zusammenfassend ist somit festzuhalten, dass auch die Nobilitierungsstatistik keinen Anhaltspunkt für eine massive Anbiederung der alten bürgerlichen Großgrundbesitzerfamilien an den Adel bietet, die mit einer Standeserhöhung ihre Krönung gefunden hätte. Dies schließt natürlich nicht aus, dass der eine oder andere mit dem Adelstitel geliebäugelt hat. Eine breite Nachfrage auch auf Kosten eines Fideikommisses hat es jedoch nicht gegeben. Verschiedene Indizien sprechen dagegen eher dafür, dass vor allem die erste – aber auch noch spätere – Generationen der bürgerlichen Selfmademen im Großgrundbesitz eine Nobilitierung nicht nur nicht anstrebten, sondern teilweise sogar abgelehnt haben.[226]

Die Sichtung der vorliegenden Selbstzeugnisse und der statistischen Daten zeigt, dass die alten bürgerlichen Familien, sich in der übergroßen Mehrheit wesentliche Aspekte ihrer Bürgerlichkeit bewahrten, die sie deutlich vom Landadel unterschieden. Dass sie auf Grund ihrer personellen Schwäche politisch nur wenig in Erscheinung traten und dem mit besseren Kontakten und sicherem Auftreten versehenen Adel – auch in ihrem eigenen Interesse – die Führung überließen, bedeutet nicht, dass sie von diesem gleichzeitig ‚sozial verschluckt' worden wären. In der eng verwobenen Welt der nichtadligen Großlandwirteblieben sie bürgerlich, ob als Pächter oder Eigentümer.

Die Bewahrung ihrer Bürgerlichkeit ist jedoch auch als ein Resultat adligen Verhaltens anzusehen, da sich der Landadel bis mindestens zum Ende des Kaiserreiches als Gralshüter des Standes in besonderer Weise abschottete. Nachdem der Adel seine geschlossene Abwehrhaltung gegen die bürgerlichen Eindringlinge aufgeben musste, öffnete er sich nur sehr kalkuliert gegenüber einem ausgewählten Teil der Bürgerlichen und bezog diese in seine Front gegen die Städte und die ‚neuen Rittergutsbesitzer' aus der Industrie- und Finanzwelt ein. Eine gleichberechtigte Beziehung zwischen Adligen und

---

223 Vgl. S. 301 f.

224 Dies waren Schulz v. Heinersdorf (1881), v. Seidel-Diedersdorf (1909) und v. Seidel-Gosda (1911).

225 Als längerfristiger Besitz wurde hier eine mindestens dreißigjährige Besitzdauer gerechnet.

226 Vgl. weitere Angaben bei SCHILLER, Rittergut, S. 86 ff., hier vor allem die über drei Generationen gehende Tradition der Wahnschaffes, eine angebotene Nobilitierung abzulehnen. Auch für Koppe wird von einem adligen Nachkommen berichtet, er habe die Nobilitierung abgelehnt. V. GERLACH, Erinnerungen, S. 14 schreibt dazu: „Den Adel, der ihm mehrfach angeboten worden war, hatte er zurückgewiesen, weil er stolz auf seinen von ihm zu Ehren gebrachten bürgerlichen Namen war". Auch einer der Führer der Hakatisten – der Landesökonomierat Kennemann – hat die Nobilitierung abgelehnt. Vgl. ROSENBERG, Pseudodemokratisierung, S. 88.

Bürgerlichen auf dem Lande entstand daraus jedoch nicht, da der Adel sich immer als Stand begriff und nur die wenigen Nobilitierten eine Chance besaßen, in diesen aufgenommen zu werden. Die Großgrundbesitzer zerfielen daher bis zum Ende des Kaiserreiches und darüber hinaus in mehrere deutlich getrennte Segmente, die mit einem ökonomisch determinierten Klassenbegriff nicht ausreichend beschrieben werden können.

Zusammenfassung

Der Adel hat lange Zeit ein tiefes Misstrauen und eine ablehnende Haltung gegenüber den Bürgerlichen artikuliert, die durch ihr Vermögen in den Großgrundbesitz aufgestiegen waren. Im Laufe der Zeit wurde die generelle Ablehnung gegenüber den ‚Newcomern' dann von der spezifischeren Kritik am Egoismus der Bürgerlichen und an ihrer Wirtschaftsgesinnung überlagert. Eine Wurzel dieser bereits im ausgehenden 18. Jahrhundert entstandenen Einschätzung war die Auffassung, dass der Besitz eines Rittergutes eine moralische und soziale Verpflichtung gegenüber dem Staat und den Gutsuntertanen implizierte. In den Händen von Bürgerlichen seien die Güter jedoch zu einer reinen Ware in den Händen von Kapitalisten geworden.

Vor allem die alten bürgerlichen Familien haben im Laufe des 19. Jahrhunderts eine zunehmende, jedoch immer nur partielle Akzeptanz erfahren. Dennoch hat bis zum Ende des Kaiserreiches die ablehnende Haltung des Adels gegenüber den ‚Kapitalisten' und ‚Spekulanten' mehr Gewicht besessen. Damit wurde ‚das Land' kein Vermittlungsort zwischen Adel und Bürgertum. Dies hatte seine Ursache auch darin, dass die alten bürgerlichen Familien sehr stark auf die eigene Gruppe bezogen waren und als Mittler zwischen Adel und städtischem Bürgertum kaum in Frage kamen.

Adel und Bürgertum auf dem Lande sind sich auf mehreren Ebenen begegnet. Die älteste Beziehungsebene existierte im (land-)wirtschaftlichen Raum, im Rahmen der landwirtschaftlichen Vereine, von denen am Ende des Vormärz in jedem Kreis mindestens einer existiert hat. Dort trafen adlige und bürgerliche Großgrundbesitzer als Agrarfachleute aufeinander. Diese Vereine blieben bis zum Ende des Kaiserreiches ein wichtiger Ort der Kommunikation zwischen beiden Gruppen. Der Adel hat sich aus den Vereinen nie zurückgezogen, sie jedoch auch zu keinem Zeitpunkt dominiert.

Neben den landwirtschaftlichen Vereinen haben Adlige und Bürgerliche auch in den Genossenschaften zusammengearbeitet. Von den Großgrundbesitzern, die nachweisbar Mitglieder landwirtschaftlicher Genossenschaften gewesen sind, waren etwa die Hälfte adlig. Die Genossenschaften und ihre Zentralvereine waren damit ebenfalls ein Kontaktraum von Adligen und Bürgerlichen. Hier trafen sich vor allem Großgrundbesitzer aus lang- oder längerfristig angesessenen adligen und bürgerlichen Familien. Insgesamt wird erkennbar, dass zwischen den Großgrundbesitzern im ökonomischen Bereich mehrere Kommunikationskanäle existierten.

Ein beliebter Topos der Junkerkritik ist der von der Unfähigkeit des Adels moderne Landwirtschaft zu treiben. Stichhaltige Beweise für adlige Misswirtschaft lassen sich jedoch nach der Jahrhundertmitte nicht finden und auch die Daten für Besitzwechsel und Verschuldung liefern keine Anhaltspunkte für diese Vermutung. Die Mehrzahl der adligen Rittergutsbesitzer betrachtete sich als Landwirte und hat nach Ausweis der Quellen nicht wesentlich schlechter gewirtschaftet als ihre bürgerlichen Nachbarn. Allerdings sind adlige und bürgerliche Güter auf aggregierter Ebene nur schwer zu vergleichen, da sie in der Regel unterschiedliche Strukturen besessen haben.

Es zeichnet sich deutlich ab, dass bis zur Jahrhundertmitte die ‚Krautjunker' verschwanden. Dennoch dominierte den Großgrundbesitz auch danach ein ökonomisch an die moderne Zeit angepasster Adel. Landwirtschaftlicher Fortschritt wurde häufig allein bürgerlichen Protagonisten zugeschrieben. An den Entwicklungen im Agrarsektor waren adlige und bürgerliche Landwirte und ihr technisches Personal gleichermaßen beteiligt.

Eine weitere Beziehungsebene zwischen Adligen und Bürgerlichen waren die politischen Vertretungen. Vor allem auf der Ebene der Kreise traf man immer wieder aufeinander. Die Ergebnisse der Landratswahlen zeigen, dass sich adlige und bürgerliche Großgrundbesitzer dort arrangiert haben. So waren bereits in der ersten Hälfte des 19. Jahrhunderts zwanzig Prozent der Landräte bürgerlicher Herkunft. Besonders häufig wurden Bürgerliche in Kreisen mit einem hohem Anteil an bürgerlichen Großgrundbesitzern gewählt, während der Adel in den von ihm dominierten Regionen in der Regel auch die Landräte stellte.

Die politischen Stände- und Interessenvertretungen des Großgrundbesitzes wurden bis zum Ende des Kaiserreiches von Adligen dominiert. Die deutliche Vormachtstellung der Adligen hatte u. a. auch strukturelle Ursachen. Zentral war dabei, dass die personelle Decke der längerfristig angesessenen bürgerlichen Familien sehr dünn blieb. Außerdem waren viele der Bürgerlichen auf kleineren Gütern nicht abkömmlich, da sie ihre Betriebe selbstständig leiten mussten. Nicht zuletzt besaßen die in überprovinzielle ständische Netzwerke eingebundenen Adligen bessere Vertretungschancen. Bereits im Junkerparlament demonstrierte der Adel überzeugend seinen Anspruch auf die Führung der Großgrundbesitzer, den er durch sein sicheres gesellschaftliches Auftreten untermauerte. Letztendlich war die Entscheidung der Großgrundbesitzer für adlige Mandatsträger in einer Monarchie rational. Frühzeitig prägte sich deshalb das bis in die Weimarer Republik zu beobachtende Verhaltensmuster aus, dem Adel die Führung zu überlassen. Die Adligen stellten im Abgeordnetenhaus und im Reichstag die klare Mehrheit der Vertreter des Großgrundbesitzes. Es gab jedoch meistens auch einige brandenburgische bürgerliche Rittergutsbesitzer unter den Abgeordneten, die den konservativen Fraktionen angehörten.

Dennoch waren die Bürgerlichen auf dem Lande keineswegs von Beginn an konservativ. Vor 1848 gab es durchaus Anzeichen für liberale Tendenzen.

Diese hatten nach der kollektiven Gefährdung, als welche die Großgrundbesitzer die Revolution von 1848 erlebten, keine Chancen sich weiterzuentwickeln. Außerdem waren die ländlichen Herrschaftsverhältnisse langfristig sicher kein Nährboden für liberale Auffassungen. Die überlieferten Rechte und Privilegien waren geldwerte Vorteile und die Bürgerlichen waren in ihrer Mehrheit nicht bereit, diese aufzugeben

Auf der Ebene des gesellschaftlichen Verkehrs hat sich der Adel sehr lange abgeschottet. Daher ist es nicht verwunderlich, dass die bürgerlichen Rittergutsbesitzer und die Domänenpächter ein außerordentlich endogames ländliches Beziehungsgeflecht entwickelten. Sie agierten lange Zeit als ‚Zweite Gesellschaft' auf dem Lande, in der die Kontakte zum Adel und zum Bürgertum der Städte beschränkt blieben.

Im letzten Viertel des 19. Jahrhunderts wurden die längerfristig angesessenen bürgerlichen Familien dann jedoch zunehmend akzeptiert und in den gesellschaftlichen Verkehr des Landadels partiell mit einbezogen. Neben der Verbindung über den Beruf und der politischen Orientierung ist die Jagdleidenschaft eine weitere Brücke zwischen Adligen und Bürgerlichen auf dem Lande gewesen. Dennoch stellte der Verkehr der Rittergutsbesitzer untereinander für die Adligen nur eine Facette ihres weiter gefächerten gesellschaftlichen Lebens dar. Auch wenn die nachbarschaftlichen Kontakte zwischen einem Teil der Bürgerlichen und den Adligen zunahmen, darf nicht vergessen werden, das sich die Adligen dauerhaft auch in ganz anderen gesellschaftlichen Sphären bewegt haben.

Der brandenburgische Landadel hat im 19. Jahrhundert seine Reihen nicht fundamental dem Bürgertum geöffnet. Während es in der Reformzeit noch eine Verflüssigungstendenz gegeben hatte, erfand er sich spätestens nach 1848 neu. Dies war seine spezifische Art der Verarbeitung bürgerlicher Ansprüche und Reformversuche. Dazu entwickelte er neue Formen oder belebte alte Modelle neu, wie die Familienverbände, den ‚Gotha' oder die DAG. Vor allem den Großgrundbesitzern fiel die Rolle des Bollwerkes gegen die Erosion der ständischen Außengrenzen zu. In Folge dessen definierte sich der Adel zunehmend als und durch ‚das Land'. Die Rittergüter bildeten hierzu die finanzielle Basis und ein nach wie vor dominiertes Rückzugsfeld.

Die Annahme, dass die Bürgerlichen als Gruppe mit den ‚Junkern' auf Grund ihrer zeitweise übereinstimmenden ‚objektiven Klassenlage' dauerhaft zu einer ‚solidarischen Produzentenschicht' verschmolzen, wird von den Quellen in keiner Weise gestützt. Ein großer Teil war nur wenige Jahre Großgrundbesitzer. Da die alten bürgerlichen Familien Generationen brauchten, um die Vorbehalte ihnen gegenüber abzubauen, ist nicht anzunehmen, dass die kurzfristig angesessenen Familien in der knappen Zeit, die sie in der Provinz nachweisbar sind, in engeren Kontakt zum Adel gekommen sind. Allein aus dem kurzzeitigen Besitz eines Rittergutes erwuchsen jedoch kaum ‚feudale Prätentionen' und ‚adliges Ehrgefühl' (Rosenberg).

Auch die Bankiers und Industriellen, die nach 1871 Großgrundbesitzer wurden, verschmolzen nicht mit dem alten Adel oder gaben ihre Bürgerlichkeit auf. Potentiell standen die langfristig angesessenen bürgerlichen Familien dem Landadel am nächsten. Die von ihnen hinterlassenen Selbstzeugnisse verweisen jedoch eindeutig darauf, dass ihr Habitus bürgerlich war. Ausgehend vom modernen Bürgerlichkeitsbegriff wird sichtbar, dass die alten bürgerlichen Familien auf dem Lande neben dem Adel eine eigene soziale Gruppe darstellten. Dem Bürgertum standen sie auf kulturellem Gebiet wesentlich näher als dem Adel. Anzeichen für eine ‚Assimilation', d. h. die bedingungslose Übernahme von Werten und Verhaltensweisen des Adels, hat es nicht gegeben. Allerdings waren auch eine Reihe von ‚unbürgerlichen' Elementen zu erkennen. Dennoch blieben die bürgerlichen Großgrundbesitzer ein Teil des Bürgertums, wenngleich sie sich in Brandenburg frühzeitig vom ‚bürgerlichen liberalen Projekt' verabschiedeten.

Von Bedeutung für die Bewahrung ihrer Bürgerlichkeit war sicher auch, dass sich der Landadel bis mindestens zum Ende des Kaiserreiches als Gralshüter des Standes abschottete. Er behielt seine ständischen Denkweisen und Verhaltensmuster bei, ohne sich dabei zu stark von den ökonomischen und technischen Entwicklungen auf dem Lande abzukapseln.

Die wenigen nobilitierten Großgrundbesitzer waren die einzige Gruppe, die eine Annäherung an den Adel suchte. Jedoch bietet auch die Nobilitierungsstatistik keinen Anhaltspunkt für eine Verschmelzung der alten bürgerlichen Großgrundbesitzerfamilien mit dem Adel. Ein Muster nach dem die Nobilitierung von Großgrundbesitzern erfolgt ist, gab es nicht. Weder die Größe des Gutes noch die Dauer des Besitzes spielten für eine Nobilitierung eine besondere Rolle. Damit blieben Nobilitierungen unkalkulierbar und das Rittergut wurde nicht zur Eingangspforte in die gesellschaftlichen Eliten.

Zusammenfassend ist festzuhalten, dass adlige und bürgerliche Großgrundbesitzer trotz gemeinsamer Interaktionsebenen bis zum Ende des Kaiserreiches und darüber hinaus in mehrere deutlich getrennte Segmente zerfielen. Diese können mit Webers Klassenbegriff nicht ausreichend beschrieben werden, da die ständische Lage des Adels alle ökonomischen Einordnungen konterkariert.

Schlussbetrachtungen

Die ländlichen Eliten der preußischen Provinz Brandenburg wurden bis zum Ende des Kaiserreiches im Wesentlichen von dem jahrhundertelang angesessenen alten Adel der Region dominiert. Später kamen Adelsfamilien aus anderen Regionen und einige Nobilitierte hinzu. Daneben etablierte sich seit dem Beginn des Jahrhunderts auch eine kleinere Anzahl von längerfristig angesessenen bürgerlichen Familien, die jedoch weder in Bezug auf die Besitzgrößen noch hinsichtlich ihres politischen oder kulturellen Einflusses mit der Mehrzahl der adligen Familien konkurrieren konnten.

Die Langzeitperspektive zeigt, dass es große Teile des alten Adels vermochten, nach 1800 nicht nur zu überleben, sondern auch ‚oben zu bleiben'. Obwohl sie dem enormen Wandel der rechtlichen, ökonomischen und sozialen Rahmenbedingungen auf dem Lande, der ab 1807 begann, in vielen Fällen zunächst abwartend oder noch öfter ablehnend gegenüberstanden, war ein bedeutender Teil der adligen Großgrundbesitzer damit offensichtlich flexibler und rationaler als es ihnen liberale Kritiker zubilligten.

Zwischen den Agrarreformen und dem Ende des Kaiserreiches stiegen die Einkommen aus dem Großgrundbesitz erheblich an. Dafür gab es mehrere Ursachen. Die großen Güter konnten durch Landentschädigungen und bis zum Ende des Kaiserreiches nicht abreißende Landzukäufe ihre Fläche erheblich ausdehnen. Außerdem hatten sie Anteil an der Umwandlung nicht bzw. extensiv genutzter Flächen in Acker- und höherwertiges Weideland. Nach den Separationen waren sie sehr schnell in der Lage, zu modernen Anbaumethoden überzugehen. Die Güter partizipierten ebenfalls von den erheblichen Ertragssteigerungen im Verlaufe des 19. Jahrhunderts und der Züchtung leistungsfähigerer Tiersorten. Außerdem stiegen langfristig auch die Erträge aus der Forstwirtschaft sowie die Preise für die verschiedenen Holzarten. Zwischen 1830 und 1880 wuchsen deshalb die Einkommen aus der Landwirtschaft dauerhaft an. Daher trafen die Preisschwankungen der 1880er Jahre die Großgrundbesitzer relativ überraschend. Ihre direkten Wirkungen waren für die überwiegend vermögenden adligen Landwirte bei weitem nicht so schwerwiegend, wie das agrarische Wehklagen vermuten lässt. Sie waren jedoch ein weiteres Glied in einer langen Kette von Verlusterfahrungen. Durch die Agrarsubventionen und einen erneuten Modernisierungsschub sowie Einkommen aus anderen Bereichen, wie Forstwirtschaft und Kapitaleinnahmen, konnten die Folgen der krisenhaften Jahre aufgefangen werden. Nach 1900 setzte dann eine erneute Aufwärtsbewegung ein.

Die Umwandlung der feudalen Adelsgüter zu modern bewirtschaftetem Großgrundbesitz wurde fast das gesamte Jahrhundert durch Zahlungen der ehemaligen bäuerlichen Untertanen abgefedert. Dabei überstiegen die gezahlten

Summen den Wert des abgetretenen Landes deutlich und entsprachen im Mittel zehn Jahreseinnahmen der Güter.

Parallel zu Ausdehnung der Güter und dem Ansteigen der Erträge ging eine ernorme Preissteigerung für Großgrundbesitz einher. Nach 1830 haben sich die Bodenpreise in der Provinz im Durchschnitt verzehnfacht. Das ungebrochene Wirken dieses Preissteigerungstrends zeigt, wie attraktiv Großgrundbesitz bis zum Ende des Kaiserreiches gewesen ist. Trotz des vordringenden Weltmarktes und dank der vielfachen Agrarsubventionen war Großgrundbesitz ab einer bestimmten Größe bis zum Ende des Kaiserreiches die Quelle für eine gesicherte Existenz oberhalb des bürgerlichen Durchschnitts. Neben dem reinen Wert der Güter, der fast jeden fünften Großgrundbesitzer der Provinz zu einem Vermögensmillionär machte, lagen auch nach 1900 die versteuerten Einkommen wesentlich höher, als es die Propagandaphrase von den ‚notleidenden Landwirten' oder die liberale Hoffnung vom ‚Todeskampf der Junker' (Max Weber) glauben machen.

Nimmt man die vom Finanzminister Miquel aufgestellte Untergrenze für eine Zugehörigkeit zur ökonomischen Oberschicht – die Max Weber zustimmend kolportierte – als Maßstab, sicherte um 1900 jedes zweite Rittergut eine großbürgerliche Existenz. Flankiert wurde dieses – durch die steuerliche Selbsteinschätzung sicher noch deutlich zu pessimistische – Bild dadurch, dass den Großgrundbesitzern außer dem reinen Einkommen die mannigfaltigen Vorteile des ländlichen Herrenlebens zuwuchsen. Neben dem Prestige, das der Titel ‚Rittergutsbesitzer' verlieh, ist hierbei an das Leben an exponierten Erinnerungsorten, das zahlreiche Personal, die herausgehobene Stellung innerhalb der ländlichen Welt oder die Pflege exklusiver Passionen – wie vor allem die Jagd es war – zu denken. Außerdem stellten die Herrschaft über die Gutsuntertanen und die politischen Rechte, die den Großgrundbesitzern zustanden und die sie deutlich von städtischem Bürgertum abhoben, ebenfalls Qualitäten dar, die in einem reinen Einkommensvergleich kaum widergespiegelt werden. Dabei ist es natürlich nicht bestreitbar, dass die Großgrundbesitzer – bis auf wenige Ausnahmen – den Anschluss an die Spitzen des Großbürgertums zunehmend verloren. Dennoch nahmen auch ihre Einkommen deutlich zu, und sie waren in den meisten Fällen viel weniger notleidend als ihre Propaganda es glauben machen sollte. Der Vervielfachung der Bodenpreise zwischen 1815 und 1918 entsprach ein massiver Einkommenszuwachs, der auf Grund steigender Wirtschafts- und Lohnkosten allerdings geringer ausgefallen ist.

Während breite Kreise der Großgrundbesitzer – darunter die übergroße Mehrzahl der Adligen – nach Ausweis ihrer Angaben für die Steuererhebungen um 1900 gesicherte und häufig auch wohlhabende Existenzen waren, bedeutete vor allem für die kleinen und auch einen Teil der mittleren Güter die Verschuldung eine beträchtliche Bürde. Dennoch stellte sich um 1900 die Schuldenbelastung in der marktgünstig gelegenen Provinz Brandenburg keineswegs dramatisch dar. Zudem verweist die Parallelität des Anstiegs der Bodenpreise und der Verschuldung deutlich darauf, dass der Hauptteil die sogenannten Besitzschulden waren, die beim Kauf oder der Übernahme eines Gutes aufgenommen werden mussten. Dies waren Schulden, die bewusst und in Erwartung späterer Gewinne gemacht wurden, während daneben Meliorationsschulden einen geringeren Teil ausmachten und die übermäßige Belastung eines Gutes zur Finanzierung von Luxus mit Sicherheit die Ausnahme war. Da die Belastung mit der Zunahme der Besitzgröße abnahm, war die durchschnittliche Verschuldung des Adels geringer als die der Bürgerlichen. Dies hatte seine Ursache jedoch nicht unbedingt in einer besseren Wirtschaftsführung, sondern in den unterschiedlichen Vererbungsgewohnheiten sowie in der beim Adel viel ausgeprägteren Besitzbindung der Güter als Lehen (bis 1875) oder Fideikommisse.

Spätestens seit dem Beginn des 19. Jahrhunderts setzte sich für den privilegierten Großgrundbesitz die Bezeichnung Rittergut gegen konkurrierende Begriffe durch. 1828 wurde bei der Aufstellung der Matrikeln für die Provinziallandtage erstmals fixiert, welche Güter zu den Rittergütern gehörten. Dabei wurde gleichzeitig mit den kreistagsfähigen eine Kategorie von Gütern mit minderem Recht geschaffen. Im Laufe des 19. Jahrhunderts wurde mehr als ein Zehntel der ursprünglich 1.610 brandenburgischen Rittergüter gelöscht, weil sie entweder keinen Gutsbetrieb besessen haben oder im Umland von Städten parzelliert worden sind. Allerdings entstand neben dem privilegierten Großgrundbesitz im Rahmen eines zweiten Gutsbildungsprozesses eine bedeutende Anzahl von größeren landwirtschaftlichen Betrieben ohne Rittergutscharakter. Die Rittergüter umfassten 29 %, die neuen Güter 7 % des Bodens der Provinz.

Trotz der außerordentlichen Beharrungserfolge der langfristig angesessenen Familien ist für den Adel als Gesamtgruppe vor allem die erste Hälfte des 19. Jahrhunderts ein Zeitraum zuvor unvorstellbaren Niederganges gewesen, der tiefe Spuren im kollektiven Gedächtnis des gesamten Standes hinterlassen hat. Als besonders problematisch erwies sich, dass die beginnende Ablösung der bäuerlichen Dienste und Abgaben sowie die Aufhebung eines Teils der traditionellen herrschaftlichen Rechte in einer Kriegs- und Besatzungssituation begann, der dann noch eine längerfristige Agrarpreiskrise folgte. Da damit korrespondierend die Bodenpreise und der Agrarkredit massiv sanken, gerieten vor allem die stärker verschuldeten Adligen auf den kleineren und ertragsschwächeren Rittergütern in Bedrängnis. Ebenfalls von den Auswirkungen der krisenhaften Situation betroffen, jedoch weitaus besser in der Lage, ihren Besitz zu sichern, waren die langfristig – häufig bereits seit dem Ende des Mittelalters – angesessenen adligen Familien. Sie verfügten zum einen über die größeren Besitzungen oder über mehrere Güter. Zum anderen waren sie den meist erst im 18. Jahrhundert neu in die Provinz gekommenen adligen Familien auf kleinen Gütern durch spezifische Erbregeln – vor allem das Lehnssystem – überlegen. Die Verschuldung rechtlich gebundener Güter war deutlich geringer, weil die Verfügbarkeit darüber eingeschränkt war.

Neben den wirtschaftlichen Rahmenbedingungen, die für den Großgrundbesitz bis etwa 1830 in den meisten Bereichen sehr schwierig waren, stellte außerdem die Aufhebung der Adelsschutzgesetzgebung eine der wesentlichen Voraussetzungen für die massive Verschiebung der Besitzverhältnisse dar. Beide Faktoren und der Verkauf von Staatsgütern führten dazu, dass sich die Zahl bürgerlicher Rittergutsbesitzer in der Provinz Brandenburg zwischen 1804 und 1828 verdreifachte. Dabei ist allerdings zu bedenken, dass die bis 1815 zu Sachsen gehörige Niederlausitz keinen Adelsschutz kannte und bereits zu Beginn des Untersuchungszeitraumes einen deutlich höheren Anteil bürgerlicher Rittergutsbesitzer aufwies.

Vor allem in den Jahren bis 1830 – als die Bodenpreise ihren Tiefpunkt erreichten – drängten professionelle bürgerliche Landwirte in den Rittergutsbesitz. Zu dieser Zeit schlug auch die Stunde der Domänenpächter, die jedoch immer nur einen Bruchteil der bürgerlichen Käufer stellten, die sich in starkem Maße auch aus dem städtischem Bürgertum rekrutierten. Während der Zuwachs von Rittergütern in bürgerlichen Händen bis etwa 1850 anhielt, ist danach eine klare Stagnation und in einigen Regionen sogar ein leichter Rückgang festzustellen. Dem Adel gehörten am Ende des Kaiserreiches immer noch ⅔ aller Rittergüter der Provinz. Weil die Adligen im Schnitt mehr als ein Rittergut besaßen, gab es allerdings 1910 ein leichtes zahlenmäßiges Übergewicht der bürgerlichen Rittergutsbesitzer. Die detaillierte Analyse zeigt, dass sie überwiegend die kleineren Güter aufkaufen konnten, während die großen fest in adliger Hand blieben.

Die Bürgerlichen übernahmen weitgehend den schon lange vor 1800 existierenden Markt kleinerer Güter, die immer wieder zwischen oft wechselnden Besitzern fluktuierten. Diese Güter waren durch den häufig nur wenige Jahre zurückliegenden Erwerb in der Regel stark mit Besitzschulden belastet und vor allem in den Krisenjahren bis 1830 oft nicht zu halten. Außerdem gewährleisteten viele von ihnen immer weniger eine herrschaftliche Lebensführung. Neben den fluktuierenden kleineren und teilweise auch mittleren Gütern gab es jedoch einen sehr stabilen Bereich von Gütern, die langfristig in Adelshand waren und nur durch innerfamiliäre Übernahmen ihre Besitzer wechselten. Diese Güter wurden meist nach den traditionellen adligen Methoden des Lehnsrechtes vererbt und tauchten in der Mehrzahl nie auf dem Bodenmarkt auf. Da diese Güter bzw. Güterkomplexe in der Regel groß und einkommensstark waren, besaßen die Bürgerlichen trotz leichten zahlenmäßigen Übergewichtes am Ende des Kaiserreiches weniger als ⅓ der Fläche des Rittergutsbesitzes. Die Einbeziehung der in der Regel sehr kleinen neuen und unprivilegierten Güter verändert dieses Verhältnis nur unwesentlich.

Als Ergebnis der Untersuchung der Besitzverteilung ist unbedingt festzuhalten, dass Adlige ausschließlich als Besitzer von Rittergütern auftauchten. Zum Großgrundbesitz zählten die preußischen Statistiker jedoch deutlich mehr Güter, von denen der Großteil nicht die Privilegien von Rittergütern besaß und auch nicht den Charakter eines selbständigen Gutsbezirkes hatte. Durch die Schaffung der statistischen Kategorie Großgrundbesitz verschleierten sie die Besitzverhältnisse im wirklichen großen Grundbesitz, und zwar vor allem die anhaltend starke Position des Adels. Es entstand eine breite Mischzone zwischen großen Bauerngütern und den Rittergütern. Damit wurden sehr viele Großbauern statistisch zu Großgrundbesitzern. Die Kategorien Großgrundbesitz und Rittergutsbesitz sind jedoch – trotz der vorhandenen Überschneidungen – genau zu trennen, wenn man Aussagen über das Verhältnis von Adel und Bürgertum auf dem Lande treffen will.

Abgesehen von der Tatsache, dass Adlige immer Rittergutsbesitzer waren, ist eindeutig ein unterschiedliches Verhältnis zum Bodenbesitz festzustellen, das sich vor allem in der massiven Fluktuation im bürgerlichen Besitzsegment – sowohl bei den Rittergütern als auch im gesamten Großgrundbesitz – manifestiert. So ließen sich in der Langzeitperspektive drei von fünf Bürgerlichen nur maximal zehn Jahre auf einem Rittergut registrieren. Auf der anderen Seite war die Hälfte der Adligen mindestens zwei Generationen nachweisbar, während der entsprechende Anteil für die Bürgerlichen nur 10 % betrug. Darüber hinaus war jedes vierte Rittergut in adligen Händen länger als 100 Jahre im Besitz der betreffenden Familie.

Hinter diesem deutlich differierenden Verhalten liegen zwei unterschiedliche Herangehensweisen, die einerseits als adlige Besitzwahrungslogik und andererseits als bürgerliche Gewinnlogik beschrieben werden können. Gleichzeitig ist zu bedenken, dass diese Trennlinie als idealtypisch zu gelten hat, da es natürlich immer Ausnahmen in beide Richtungen gab. Die adlige Besitzwahrungslogik speiste sich ganz wesentlich aus einer Auffassung, welche die Familie oder das Geschlecht nicht nur in die Vergangenheit, sondern auch in die Zukunft projizierte und somit dem aktuellen Besitzer de facto immer nur den Status des Verwalters und Nutznießers des Familiengutes zuwies. Rechtlich fixiert war diese Auffassung im Lehnswesen und in den – verstärkt im Kaiserreich entstehenden – Fideikommissen, sie wurde jedoch auch auf den ungebundenen Gütern des Adels praktiziert. Wesentlich für das Funktionieren dieses Systems war die Bereitschaft der nicht den Großgrundbesitz erbenden Nachkommen, auf eine gleichmäßige Verteilung des Erbes zu verzichten. Obwohl die vermehrten Fideikommißstiftungen darauf hinweisen, dass diese Verzichtsbereitschaft abnahm, zeigt die Stabilität des altadligen Besitzsegmentes eindeutig, dass die jahrhundertelang eingeübten Mechanismen weiterhin effektiv funktioniert haben.

Während ein kleiner Teil der Bürgerlichen sich am adligen Muster der Bevorzugung des Gutserben orientiert hat, führte in der Mehrzahl der Fälle die Gleichberechtigung aller Erben zu hoher Verschuldung oder zum Verkauf wegen der Erbregulierung. Von der Sicherung des Besitzes auf dem Wege eines Fideikommisses machten nur wenige Bürgerliche aus langfristig angesessenen Familien oder Nobilitierungswillige Gebrauch. Da jedoch nur ein Fünftel der Rittergüter in bürgerlichem Besitz auf dem Erbwege weitergegeben wurde, ist neben einem anderen Vererbungsverhalten auch eine generell verschiedene Behandlung von Großgrundbesitz zu erkennen. Während die große Mehrzahl der Adligen auf Besitzweitergabe und -sicherung bedacht war, spielte dieser Aspekt für Bürgerliche eine geringere Rolle. Auf Grund der nach 1830 fast unaufhaltsam steigenden Bodenpreise gab es immer auch eine Verkaufslogik. Angesichts der – mit Ausnahme der 1880er Jahre – niedrigen Zahlen für Zwangsversteigerungen ist daher in vielen Fällen von kalkulierten Gewinnmitnahmen auf Grund der kontinuierlichen Bodenpreissteigerungen auszugehen.

Die Daten für die Gesamtprovinz lassen generell nicht den Schluss zu, dass *die* Adligen oder *die* Bürgerlichen die besseren, effizienteren oder rationelleren Landwirte gewesen wären. Da die agrarhistorische Forschung in sehr starkem Maße auf die bürgerlichen Modernisierer fixiert war, ist es schwer, den Anteil des Adels und seiner bürgerlichen Verwalter, Administratoren und Güterpächter an den gewaltigen Erfolgen der Landwirtschaft im 19. Jahrhundert abzuschätzen. Ein sicheres Indiz dafür, dass die Adligen den Erfordernissen der modernen Landwirtschaft spätestens seit der Jahrhundertmitte im Rahmen ihrer Möglichkeiten erfolgreich Rechnung trugen, ist freilich darin zu sehen, dass sie es in weitaus stärkerem Maße als die Bürgerlichen vermochten, ihre Güter in der Familie zu sichern, ohne dass dies unbedingt eine rechtliche Fixierung nach sich zog. Da der Adel darüber hinaus – nicht nur in Brandenburg – den Rittergutsbesitz bis zum Ende des Kaiserreiches dominiert hat, war er es auch, der den agrarischen Fortschritt auf der Mehrzahl der Güter durchgesetzt hat. Diese Leistung wäre bei fortgesetzter Misswirtschaft kaum möglich gewesen. Anstelle einer konstruierten Konkurrenz zwischen adligen und bürgerlichen Großgrundbesitzern auf dem Gebiet der Bewirtschaftung ihrer Güter ist daher viel eher davon auszugehen, dass alle professionellen Großlandwirte – unterstützt durch ihre landwirtschaftlichen Beamten, die einen enormen Beitrag zum Wissenstransfer leisteten – intensiv bemüht waren, den Anschluss an die Entwicklungen des landwirtschaftlichen Fortschrittes zu halten. Da in diesem Bereich vieles von dem verfügbaren Betriebskapital abhing, waren möglicherweise die Besitzer der weniger verschuldeten, ertragsstärkeren Güter – die in ihrer Mehrzahl adlig waren – im Vorteil. Diese Sichtweise bedingt es jedoch auch, dass die Modernisierungsdefizite, die sich bei den ostelbischen Landwirten nachweisen lassen, beiden Gruppen – adligen und bürgerlichen Großgrundbesitzern – anzulasten sind. Allerdings ist ein direkter Vergleich von Ost- und Westdeutschland schwierig, da viele Basisfaktoren, wie Bodenqualität, Vegetationsperiode, Klima, aber auch Infrastruktur, Marktnähe, Verbraucherpotential u. a. deutlich verschieden gewesen sind.

Die Analyse der Besitzverteilung der Rittergüter im 19. Jahrhundert zeigt eindeutig, dass es einem sehr stabilen Kern von rund 200 adligen Familien gelang, ihren Großgrundbesitz zwischen 1800 und 1918 zu sichern. Diese Familien besaßen noch am Ende des Kaiserreiches jedes dritte Rittergut und deutlich mehr als die Hälfte der Fläche der Rittergüter der Provinz. Sie gehörten zu einer etwa halb so großen Anzahl von Geschlechtern, von denen einige mit zahlreichen Zweigen vertreten waren. Ein Drittel der im 19. Jahrhundert langfristig angesessenen Geschlechter hatte seinen Besitz bereits vor 1600 erworben und außerdem den herausgehobenen Status von ‚Schloßgesessenen' gehabt. Die Güter und Güterkomplexe der längerfristig angesessenen Familien zählten fast immer zu den größeren und ertragreicheren. Alte adlige Familie war in der Regel gleichbedeutend mit wohlhabendem Großgrundbesitzer. Dem entspricht, dass es Angehörigen dieser Familien auch noch im 19. Jahrhundert gelang, neuen Rittergutsbesitz zu erwerben und langfristig zu sichern.

Seit dem Beginn des 19. Jahrhunderts etablierte sich neben den alten adligen Familien auch eine zahlenmäßig deutlich kleinere Gruppe von langfristig angesessenen bürgerlichen Familien. Ihre Güter waren jedoch kleiner als die der alten adligen Familien. Nur knapp ⅔ garantierten eine Annäherung an großbürgerliche Standards, in die Regionen der wirklich vermögenden Großgrundbesitzer stieß nur eine Handvoll Bürgerlicher vor. Dazu kam, dass die alten bürgerlichen Familien durch eine gleichmäßige Streuung über die Provinz in den einzelnen Kreisen zahlenmäßig nur relativ schwach vertreten waren, während der alte Adel vor allem in der Kurmark und der nördlichen Neumark besonders stark war.

Eine überwiegend von Adligen genutzte Strategie der Besitzsicherung war die Beibehaltung oder Überführung der Güter in die verschiedenen Formen des gebundenen Besitzes. Hier ist als erstes die Lehnsbindung zu nennen, die zwar im Bezug zu den Landesherren durch die Allodifikation 1717 aufgehoben, innerhalb vieler Familien jedoch weiter bestand und erst nach 1875 gelöst wurde. Unter dem alten brandenburgischen Adel bestand – anders als in Pommern – kein Bedürfnis, diese Art der Besitzbindung zu lösen, da jener offensichtlich in der Lage war, die Lasten des Lehnswesens zu tragen. Das Lehnswesen entsprach der adligen Besitzwahrungslogik und sicherte außerdem formal die erbrechtliche Gleichberechtigung der Männer. Da ein großer Teil der langfristig von Adligen besessenen Güter Lehnscharakter trug, hat die Lehnsbindung – aus der Sicht des Adels – ihre Funktion erfüllt, wenngleich Tendenzen zu ihrer Aufhebung auch in den alten Familien immer sichtbar waren. Durch den Lehnsbesitz wurden alle Männer, auch die, die nicht den Großgrundbesitz erbten, fest an das Gut und die Familie gebunden, da sie einerseits einen Teils des Erbes als Lehnsstamm erhielten und andererseits immer die Möglichkeit bestand, den Gutsbesitz nach dem Tod anderer Verwandter zu übernehmen.

Die moderne Form des gebundenen Besitzes waren die Fideikommisse, die sich im östlichen Preußen erst ab der zweiten Hälfte des 19. Jahrhunderts in stärkerem Maße durchsetzten. Ihre Bedeutung ist nicht zu unterschätzen, da am Ende des Kaiserreiches jeder dritte adlige Großgrundbesitzer Inhaber eines Fideikommisses gewesen ist. Neben der primären Aufgabe der Besitzbindung wurde vielen Fideikommissen außerdem die Funktion beigelegt, das standesgemäße Verhalten der potentiellen Erben zu sichern sowie die Familiengeschichte und -tradition zu bewahren. Damit trugen die Fideikommisse auch zur Festigung des gesamten Standes bei. Die Analyse einer Reihe von Stiftungsurkunden zeigt eindeutig, dass einem Fideikommißinhaber vielfältige Handlungsmöglichkeiten offen standen und der in dieser Form gebundene

Besitz keineswegs nur als unflexibel und unmodern zu kennzeichnen ist. Dennoch sind die alten bürgerlichen Familien anders als die Adligen kaum als Fideikommißstifter in Erscheinung getreten. Neben wenigen Beispielen aus diesen Reihen finden sich jedoch einige Bürgerliche – überwiegend mit städtischem Hintergrund – die ihr Vermögen auf dem Wege über ein Fideikommiß nobilitieren ließen. Diese blieben allerdings Ausnahmen.

Die Untersuchung der Familienstrukturen, des Heiratsverhaltens und der Berufs- und Karrierechancen der Angehörigen der langfristig angesessenen adligen und bürgerlichen Familien ergab neben partiellen Übereinstimmungen deutliche Unterschiede zwischen beiden Gruppen. Die grundlegenden demographischen Werte zeigen, dass Großgrundbesitzer generell ein ausgeprägtes Oberschichtenverhalten aufwiesen, das dem des städtischen Bürgertums ähnlich war. Innerhalb des Adels ist darüber hinaus die Trennlinie zwischen Gutserben und anderen Söhnen – wie auch in anderen Regionen – deutlich zu erkennen.

Eindeutige Vorteile besaßen die Gutserben in den Bereichen Heiratschancen, Kinderanzahl und Berufswahl. Dies korrespondiert mit den Erkenntnissen aus anderen Adelslandschaften, wobei hier auch die Konfessionszugehörigkeit teilweise für andere Gewichtungen verantwortlich war.

Erhebliche Unterschiede bestanden zwischen Adligen und Bürgerlichen in Fragen des Heiratsverhaltens und der Berufswahl. Das Konnubium zwischen beiden Gruppen war die absolute Ausnahme. Adlige heirateten zwar auch bürgerliche Frauen, jedoch nicht die Töchter ihrer nichtadligen Nachbarn. Die adligen Gutserben wiesen ein spezifisches Heiratsverhalten auf und waren besonders stark auf den eigenen Stand fixiert. Dennoch war im Laufe des 19. Jahrhunderts jede fünfte Ehefrau auf den Rittergütern bürgerlicher Herkunft. Außerhalb des ländlichen Kontextes – bei Offizieren und Beamten – war eine stärkere Erosion der Standesgrenzen zu registrieren, die sicher z. T. auf die schlechteren Heiratschancen der nichterbenden Söhne zurückzuführen ist. Nach 1900 öffnete sich der Adel als Gesamtgruppe noch stärker dem Bürgertum. Trotzdem wahrten Teile des Landadels – vor allem die titulierten Familien – in starkem Maße ihre ständische Homogenität. Die Heiratsbeziehungen der adligen Frauen waren bis in das späte Kaiserreich außerordentlich endogam. Vor 1848 ließen sich überhaupt keine Eheschließungen von Frauen aus den langfristig angesessenen adligen Familien mit bürgerlichen nachweisen.

Hinsichtlich der Berufswahl blieben die adligen Männer bis zum Ende des Kaiserreiches in engen Bahnen verhaftet. Während eine Beamtenkarriere relativ selten blieb, war – neben dem Gutsbesitz – vor allem die Offizierslaufbahn standesgemäß. Dabei hätten ihre Bildungsvoraussetzungen den auf den Gütern geborenen Söhnen durchaus auch andere Möglichkeiten eröffnet. Die selbstgewählte Beschränkung auf den dezidiert nichtbürgerlichen Offiziersberuf oder den Dienst in der Beamtenschaft des Königs folgte jedoch einer Exklusivitätslogik. Hätte der Adel versucht, alle Berufsfelder, die sich im Zuge der Industrialisierung neu auftaten, zu besetzen, wäre er im zahlenmäßig stärkeren Bürgertum untergegangen. Durch die bewusste Reduzierung auf Rittergut und Kaserne sowie in schwächerem Maße auf die höhere Bürokratie blieb er sichtbar und konnte in seinen angestammten Feldern die gesellschaftlichen Standards weiterhin diktieren.

Vor allem der Militärdienst prägte den ostelbischen Adel. Nach 1860 wurden vier von fünf Söhnen Offizier, jedoch in vielen Fällen nur mit relativ niedrigen Dienstgraden. Ein Teil davon ging als Großgrundbesitzer wieder zurück auf die Güter. Die Zahl der selbstständigen Besitzungen in der Hand der alten Familien nahm im Laufe des Jahrhunderts zu. Die Ursache dafür waren allerdings weniger Zukäufe als Besitzteilungen. Die Bodengewinne und die Ertragssteigerungen im 19. Jahrhundert machten es möglich, einen größer werdenden Kreis von Söhnen mit Besitzungen zu versorgen, die ‚Herrschaft' trugen. Im Vergleich zu Besitzvererbungskonzepten anderer Regionen gelang es dem alten Adel Brandenburgs damit – trotz des massiven Eindringens Bürgerlicher in den Großgrundbesitz – seine Basis zu verbreitern und die Fortexistenz der Geschlechter in einer größeren Anzahl von Linien zu sichern. Dabei wurde das Land mit dem fortschreitenden Bedeutungsverlust des Adels in den Städten und in der Gesellschaft zunehmend zur Rückzugszone des Standes. Die Rittergüter und ‚der Boden' wurden in immer stärkerem Maße als ein kulturell und politisch bedeutsamer Kern adliger Identität definiert.

Die demographischen Daten zeigen eindeutig, dass der Landadel innerhalb des adligen Spektrums ein eigener Typus gewesen ist, der in vielen Verhaltensweisen von anderen Adligen zu unterscheiden ist. Die Unterschiede wurden dabei zum einen von seinen besseren Chancen, zum anderen von den an ihn herangetragenen Anforderungen bestimmt. Der Vergleich mit anderen Regionen bestätigt diese Erkenntnis und zeigt, dass der Unterschied zwischen landbesitzendem und landlosem Adel in den meisten Fällen stärker wog als die Konfession oder die Herkunftsregion.

Die Söhne der alten bürgerlichen Familien folgten nur teilweise den adligen Vorbildern. So stieg zwar der Anteil der Berufsoffiziere kontinuierlich an, erreichte jedoch nie die Ausmaße wie bei den adligen Söhnen. Ähnlich wie beim Heiratsverhalten zeigte sich auch bei der Berufswahl der Bürgerlichen die enge Verflechtung mit der Gruppe der Domänen- und Rittergutspächter. Die Söhne der bürgerlichen Rittergutsbesitzer waren noch stärker als ihre adligen Nachbarn auf die eigene Gruppe als bevorzugten Heiratskreis fixiert. Daneben gab es einige Verbindungen zum städtischen Bürgertum. Das neue Wirtschaftsbürgertum und der alte Landadel gehörten nicht zu den Heiratskreisen der längerfristig auf dem Lande angesessenen bürgerlichen Familien. Ein großer Teil derer, die nicht die Güter erbten, blieb als Pächter oder landwirtschaftlicher Beamter seiner Herkunftswelt verbunden. Nur wenige gingen in die Bürokratie oder in andere städtische Erwerbsfelder. Dies verweist darauf, dass es in diesem Bereich zwischen den langfristig auf dem Lande angesessenen bürgerlichen Familien und dem Stadtbürgertum Divergenzen gegeben hat.

Dennoch blieben sie eine eindeutig vom alten Landadel zu unterscheidende Gruppe mit eigenen Werten, Verhaltensweisen und Geselligkeitskreisen. Ein Grund dafür, dass eine Verschmelzung zwischen adligen und bürgerlichen Großgrundbesitzern nicht stattfinden konnte, war mit Sicherheit die langfristige Abwehrhaltung des Adels gegen die bürgerlichen Eindringlinge. Während dieser Widerstand bis 1848 sehr massiv war, wurde er im Kaiserreich allmählich differenzierter. Gespeist aus dem Geist des friderizianischen Adelsschutzes wurden zunächst bürgerliche Großgrundbesitzer generell von der Mehrheit des Adels abgelehnt und gesellschaftlich nicht integriert. Allerdings wurden für erfolgreiche und bekannte bürgerliche Landwirte frühzeitig Ausnahmen gemacht. Später ist dann die Tendenz auszumachen, dass die längerfristig arrivierten bürgerlichen Familien zumindest teilweise in den gesellschaftlichen Verkehr auf dem Land aufgenommen wurden. Dagegen richtete sich nach wie vor eine massive Front gegen ‚Spekulanten', (ländliche) ‚Kapitalisten' und die – von letzteren in diesem Kontext zu unterscheidenden – städtischen Bankiers und Industriellen.

Die langsame Verbesserung der Beziehungen zwischen altem Landadel und alteingesessenen bürgerlichen Großgrundbesitzerfamilien hatte ihre Wurzeln vor allem darin, dass man sich immer wieder im ökonomischen und im politischen Bereich traf. Die bekannte Tatsache, dass der Adel die politischen Vertretungen dominierte, beruhte neben seinen besseren Wirkungschancen durch familiäre Kontakte, sicheres Auftreten und ähnlichem auch auf einer strukturellen Überlegenheit. In vielen Gebieten war er zahlenmäßig stark vertreten, durch sein Einkommen abkömmlich und außerdem durch jahrhundertealten Besitz in der Region außerordentlich stark verwurzelt. Dem hatten die Bürgerlichen auf ihren kleinen und häufig veräußerten Gütern nichts entgegenzusetzen. Die zahlenmäßig schwächeren sowie weit verstreuten längerfristig angesessenen bürgerlichen Rittergutsbesitzer konnten sich nur durch politische Anpassung an den alten Adel Mitsprachechancen erhoffen. Damit bildete sich in den preußischen Provinzen mit einem starken Adel eine Art Juniorpartnerschaft zwischen altem Adel und längerfristig angesessenen bürgerlichen Familien heraus. Die Bürgerlichen haben hier nach 1848 offensichtlich die Hierarchie weitgehend akzeptiert. Aus dem Verhältnis zwischen beiden Gruppen erwuchs damit für keine Seite ein Radikalisierungspotential. Einen Kampf um die Führung der Provinz hat es nicht gegeben. Die gemeinsamen Interessen überlagerten die durchaus vorhandenen Konfliktlinien in starkem Maße.

Spätestens im Kaiserreich existierten zwischen Landadel und längerfristig angesessenen bürgerlichen Familien gesellschaftliche Kontakte, die freilich – im Vergleich zum inneradligen Verhältnis – auf einem niedrigeren Level blieben. Da die Verkehrsmöglichkeiten auf dem Lande den Kreis einigermaßen gleichwertiger Nachbarn relativ gering hielten, waren Adlige und Bürgerliche in gewissem Maße aufeinander angewiesen. Dem Adel standen jedoch durch seine Möglichkeit, an den Hofbällen teilzunehmen und einen intensiven Kontakt mit höheren Beamten der Städte sowie den adligen Offizieren der umliegenden Regimenter zu pflegen, ganz andere Geselligkeitsfelder offen als seinen bürgerlichen Nachbarn. Darüber hinaus besaß er durch weitgehend oder ausschließlich adlig geprägte Interaktionsfelder, wie die Ritterakademien bzw. andere Eliteschulen, adlige Studentenkorps, elitäre Reiterregimenter, den Johanniterorden oder das preußische Herrenhaus exklusive Bereiche, die er dem eigenen Stand zu sichern vermochte und die sein soziales Kapital erheblich steigerten. Trotz zunehmender Kontakte besaßen adlige und bürgerliche Großgrundbesitzer unterschiedliche Geselligkeitskreise, die mit den unterschiedlichen Heiratskreisen korrespondierten.

Eine besondere, allerdings zahlenmäßig gering bleibende Gruppe waren die Nobilitierten, die im Gegensatz zu den bürgerlich bleibenden Großgrundbesitzern als einzige den sozialen Aufstieg und die Assimilation durch den alten Adel erstrebt haben. Unter ihnen waren nur wenige bürgerliche Familien vertreten, die seit Generationen auf dem Lande angesessen waren. Dagegen stammte ein bedeutender Teil aus den Kreisen der städtischen Industriellen und Bankiers, die auf dem Umweg über das Land – und teilweise auch über ein Fideikommiß – den Eintritt in den Adel schafften. Eine dritte Gruppe waren kurz- und mittelfristige Besitzer kleinerer Güter, die andere Kriterien erfüllten, welche eine Nobilitierung begünstigten. Hierzu gehören vor allem bereits vorliegende verwandtschaftliche Beziehungen zu adligen Familien oder auch militärische Dienstgrade. Der langfristige Besitz von Rittergütern führte dagegen nur sehr selten zur ‚Erhebung' in den Adelsstand, das Land allein adelte also die bürgerlichen Besitzer in Preußen nicht.

Dem entspricht, dass alle Befunde, unabhängig davon, ob sie auf quantitativem oder qualitativem Wege ermittelt wurden, der Annahme einer weitgehenden Verschmelzung zwischen Adel und Bürgertum auf dem Lande entgegenstehen. Bekräftigt wird diese Feststellung dadurch, dass der übergroße Teil der Bürgerlichen viel zu kurzfristig auf dem Lande sesshaft war, um überhaupt festere Bande zu seinen adligen Nachbarn knüpfen zu können. Längerfristig angesessen – im Sinne von intergenerationeller Besitzsicherung – war um 1900 nur jeder sechste Bürgerliche. Aber auch diese ‚alten Familien' waren nach Ausweis der überlieferten Selbstzeugnisse in ihrer Mentalität und ihrem Habitus bürgerlich. Wesentliche Kernelemente der bürgerlichen Kultur, wie Wertschätzung der individuellen Leistung, regelmäßige Arbeit, rationale und methodische Lebensführung, selbstständige Organisation in Vereinen, die besondere Betonung von Bildung, ein ästhetisches Verhältnis zur Hochkultur oder die Pflege des bürgerlichen Familienideals spiegeln sich in den vorhandenen – nicht zur Veröffentlichung gedachten – Lebensbeschreibungen wider. Dagegen korrespondieren diese Selbstzeugnisse kaum mit den adligen ‚Mentalitätskernen' (Reif).

Der Bürger blieb auch auf dem Lande ein Bürger und wurde nicht (neo-) feudalisiert oder aristokratisiert. Vor 1848 hatten zumindest Teile der Bürgerlichen Anteil am ‚liberalen bürgerlichen Projekt'. Nach der als massive Bedrohung empfundenen Revolution entstand jedoch in Brandenburg und den meisten anderen preußischen Ostprovinzen ein weitreichender konservativer

Schulterschluss der Großgrundbesitzer, dem sich die Bürgerlichen aus rationalem Eigeninteresse nicht entziehen konnten. Nach 1848 diente keine andere politische Strömung der Interessenvertretung des Großgrundbesitzes so wie der Konservatismus. Ihn als Rittergutsbesitzer nicht zu unterstützen, war – vor allem in adelsdominierten Gebieten – politisch irrational.

Dennoch wurden die Bürgerlichen damit nicht zu ‚Landjunkern'. Liberalismus und Bürgerlichkeit standen zwar in einem engen Wechselverhältnis, bedingten sich jedoch gegenseitig nicht notwendigerweise. Die Selbstzeugnisse und das Verhalten der längerfristig angesessenen bürgerlichen Großgrundbesitzerfamilien weisen sie als eine besondere Spielart des Bürgertums aus. Auch wenn sie frühzeitig konservativ und politisch adelsnah waren, verschmolzen sie keineswegs bis zum Ende des Kaiserreiches mit dem Adel zu einer sozial homogenen Gruppe. Die Vorstellung einer weitgehenden Assimilierung wird den sozialen Verhältnissen auf dem Lande nicht gerecht. Auch vom bürgerlichen Besitzer eines Rittergutes wurde – ebenso wie von einem Fabrikanten oder Bankier in der Stadt – erwartet, dass er sich wie ein Angehöriger der Oberschicht verhielt. Wenn er dies teilweise mit den von Adligen seit Jahrhunderten entwickelten Stilmitteln des Rittergutsbesitzers tat, bedeutete das nicht automatisch, dass er Aristokrat wurde. Hinter der äußeren Janusköpfigkeit der bürgerlichen Rittergutsbesitzer erweist er sich eindeutig als Angehöriger des Bürgertum.

Abschließend bleibt festzuhalten, dass Adlige und Bürgerliche auf dem Lande bis zum Ende des Kaiserreiches zwei deutlich unterscheidbare Besitzergruppen blieben. Die ländlichen Eliten wurden dabei von einem stabilen Kern alter Adelsfamilien dominiert, die ihre jahrhundertealten Traditionen, ihre überlegenen Vererbungsstrategien und ihre finanzielle Saturiertheit souverän ausspielen konnten. Durch diese gefestigten Strukturen blieben die Akzeptanzchancen für Bürgerliche langfristig beschränkt, der Großgrundbesitz wurde in Preußen – im Gegensatz zu England oder Frankreich – kein Schmelztiegel für eine moderne, gesamtstaatliche und ständeübergreifende Elite. Damit wurden langfristig die Möglichkeiten minimiert, in Preußen (-Deutschland) zu einem Elitenkonsens zu finden, der die Verwerfungen des gesellschaftlichen Modernisierungsprozesses, vor allem auch unter den Bedingungen eines verlorenen Krieges, hätte lindern können.

Das deutsche Bürgertum war zu fragmentiert, um dem ebenfalls fragmentierten Adel auf dem Lande als gleichberechtigter Partner entgegen zu treten. Die bürgerlichen Großgrundbesitzer waren kein Teil einer übergreifenden bürgerlichen Elite, sondern überwiegend auf lokale Horizonte fixiert. Sie konnten dem Adel seine Dominanz auf dem Lande zu keiner Zeit streitig machen und damit auch nicht als Wettbewerber um die Führung auftreten. Die Spitzen des städtischen Bürgertums investierten dagegen lange Zeit nicht in Großgrundbesitz. Dabei dürfte auch die Erkenntnis eine Rolle gespielt haben, dass in Preußen auf diesem Wege kaum die Akzeptanz adliger Eliten zu erlangen war.

Die Ursache dafür lag bis zum Ende des Kaiserreiches in der beachtlichen Stärke des alten, gewachsenen Landadels. Allerdings relativierte sich diese Stärke zunehmend. Das Land und die Landwirtschaft verloren gesamtgesellschaftlich immer stärker an Bedeutung. Die Frage Agrargesellschaft oder Industriegesellschaft war um 1900 de facto längst entschieden. Trotz seiner Beharrungskraft im großen Grundbesitz und seines relativen Wohlstandes erfuhr der Adel als Gruppe einen andauernden Bedeutungsrückgang, der sich für den Landadel bereits seit dem Beginn des Jahrhunderts im Privilegienabbau manifestiert hatte. Neben den Gewinnern auf dem Lande nahm die Zahl der Adligen, die über bescheidene städtische Existenzen nicht hinauskamen oder die als arme Verwandte auf den Gütern oder in den Städten lebten, dauerhaft zu. Dadurch wurde die traditionelle Führungsrolle der Rittergutsbesitzer weiter gestärkt, die großen Güter stellten einen immer wichtigeren Sammelpunkt des Adels dar.

Sucht man nach den Ursachen der zunehmenden politischen Radikalisierung des Landadels, so wird man sie kaum in den Beziehungen zwischen adligen und bürgerlichen Großgrundbesitzern und auch nicht in einer Bedrohung durch ländliche Mittel- und Unterschichten finden. Dafür waren die Positionen des Landadels auch am Ende des Kaiserreiches zu stabil und die Ansprüche der bürgerlichen Großgrundbesitzer sowie der Bauern zu gering. Die Radikalität älteren Stils, wie sie sich im Bund der Landwirte oder der Fronde gegen Wilhelm II. widerspiegelte, erwuchs vor allem aus der Verbindung von langfristigen Verlusterfahrungen mit aktuellen Rückschlägen, aus dem allgemeinen Bedeutungsverlust des Standes und der Erosion der jahrhundertealten Bindung an den Landesherren. Auch wenn große Teile des Landadels keineswegs verarmt waren, befanden sich die Großgrundbesitzer im dauerhaften Rückzug. Dabei mussten schrittweise die meisten Positionen geräumt werden, die zusätzlich zum Vermögen gesellschaftliche Exklusivität sicherten. Am Ende der Metamorphose vom adligen Lehnsgut zum Großgrundbesitz blieben auf ihre wirtschaftlichen Funktionen beschränkte große Güter zurück, welche die meisten herrschaftlichen, politischen und kulturellen Eigenschaften verloren hatten. Dieser Prozess konnte auch dadurch nicht verschleiert werden, dass den Rittergütern immer wieder besondere Merkmale zugeschrieben wurden, die nur von Adligen adäquat umgesetzt werden konnten.

Der langfristige Radikalisierungsprozess setzte sich aus einer Vielzahl von Bausteinen zusammen, zu denen die Auseinandersetzung mit der Reformbürokratie, der Kampf gegen die 1848er Revolution, gegen die Gesetze der neuen Ära, gegen die Kreisordnung, gegen die Landgemeindeordnung, den Kanalbau oder die Caprivi-Tarife ebenso gehörten wie die Bildung der konservativen Partei oder des Bundes der Landwirte. Solange die ökonomische Grundlage des Landadels gefestigt war, verlief diese Radikalisierung weitgehend in älteren Mustern adligen Protestes, wenngleich die aggressive Propaganda und der rassische Antisemitismus des Bundes der Landwirte teilweise bereits deutlich darüber hinaus ging. Nach 1918 gewannen jedoch neue Aspekte an Bedeutung, die den Beharrungskonservatismus des Landadels weiter unter Druck setzten. Zudem wurden die Großgrundbesitzer durch die Krise am Ende der 1920er Jahre zum ersten Mal auch ökonomisch stärker getroffen. Hier bleibt zu untersuchen, wie die Großgrundbesitzer darauf reagiert haben und ob sie der aggressiven Dynamik radikaler Ideologien gegenüber resistent geblieben sind.

Abschließend bleibt festzuhalten, dass trotz allen sozialen Umschichtungen im Großgrundbesitz und der schrittweise immer weiter abgebauten Privilegien der Rittergüter sowie der gewaltigen Herausforderungen der landwirtschaftlichen Modernisierung und der erheblichen Veränderung der gesellschaftlichen Rahmenbedingungen die traditionelle ländliche Elite – das heißt der alte Adel – ein außerordentlich gefestigter Block blieb. Er passte sich dem Wandel an, wo es notwendig oder nützlich war, und blockierte ihn dort erfolgreich, wo er seinen Interessen entgegenstand. Dennoch konnte er seinen relativen Abstieg in der Gesellschaft nur verzögern, nicht aber aufhalten.

Exkurs I.:
Die Anzahl der Großbetriebe in den verschiedenen Quellen

Die Zahlenangaben zum Großgrundbesitz variieren je nach der verwendeten Ausgangsgröße und der Erhebungsmethode. So ist die landwirtschaftliche Betriebsstatistik nicht deckungsgleich mit den Daten der Verschuldungsstatistik oder den aus den Handbüchern des Großgrundbesitzes gewonnenen Angaben. Die Ursachen liegen zum einen in der Frage der Definition dessen, was als Großgrundbesitz aufgefasst wird. Ein weiterer wichtiger Punkt ist die Behandlung des Mehrfachbesitzes. Wird jede selbständige Besitzeinheit einzeln gezählt, ergeben sich andere Ergebnisse als bei einer Zusammenfassung von Güterkomplexen. Letzterem ist durch die Größe des ostelbischen Preußen jedoch eine Grenze gesetzt. In der vorliegenden Arbeit ist es möglich, den über die Provinz verstreuten Besitz einem Eigentümer bzw. einer Eigentümerfamilie weitgehend zuzuordnen. Großgrundbesitz, der sich über mehrere Provinzen erstreckte, ist jedoch nicht systematisch erfaßbar gewesen und nur in einigen Fällen bekannt.[1]

Problematisch ist die Tatsache, dass nicht jedes Rittergut gleichzeitig ein eigener Gutsbezirk gewesen ist. Es gab sowohl Rittergüter, die zwar in den Matrikeln standen, aber nicht als separate Gutsbezirke ausgewiesen waren, als auch Privatgüter, die keine Rittergutseigenschaft hatten, aber als Gutsbezirke auftauchten.[2] Folgende Ursachen sind dafür auszumachen: Zum einen bildeten mehrere Anteilsgüter häufig einen geschlossenen Gutsbezirk. Dasselbe gilt auch für einige größere Herrschaftskomplexe, die sich aus einer Reihe von Vorwerken zusammensetzten.[3] In einer ganzen Anzahl von Fällen, vor allem beim Besitz von Städten und Korporationen wie dem Domkirchenkollegium Berlin, hatte ein Teil der Rittergüter nicht den Charakter von selbständigen Gutsbezirken. Möglicherweise lagen hier grundherrschaftliche Bindungen vor, die mit Rittergutsqualität ausgestattet waren.[4] Viele dieser Güter ohne Eigenbetrieb verloren später die Rittergutsqualität. Der Charakter eines selbständigen Gutsbezirkes ging auch nach der Dismembrierung verloren.

Bei den halbamtlichen ‚Handbüchern über den Grundbesitz' wurde der Kreis der aufnahmefähigen Güter relativ eng gezogen. Neben allen Rittergütern,

---

1 So besaßen die Grafen (später Fürsten) zu Solms-Baruth auch Besitz in Schlesien, und die Grafen v. Schwerin besaßen neben dem Fideikommiß Walsleben-Katerbow auch noch das Fideikommiß Wildenhoff in Ostpreußen.

2 Auf Grund des hohen Arbeitsaufwandes konnten für diese Frage nur die Daten für die 15 Kreise der ehemaligen Kurmark, d. h. den Regierungsbezirk Potsdam zuzüglich des Kreises Lebus, ausgewertet werden.

3 Gutsbezirke, die sich z. T. aus einer großen Anzahl von Rittergütern zusammensetzten, waren: Baruth, Stülpe, Buckow, Walsleben und Friedland.

4 Vgl. auch DIPPER, Neue Perspektiven, S. 31.

Domänen, Staatsforsten und Gutsbezirken wurde nur noch eine verhältnismäßig kleine Zahl von anderen Besitzungen mit aufgenommen.[5] Rein bäuerliche Güter wurden nur in Ausnahmefällen registriert.[6] Das für Brandenburg ab 1907 erscheinende Niekammer'sche Güteradressbuch verzeichnete dagegen spätestens ab seiner zweiten Ausgabe 1914 deutlich mehr Besitzungen. Hier scheint nur noch die Fläche oder der Grundsteuerreinertrag das Aufnahmekriterium für Großgrundbesitz gewesen zu sein. Dennoch wurde der Status der einzelnen Besitzung genau, und in der Regel richtig, vermerkt. Neben Rittergütern, Domänen und Staatsforsten bzw. Oberförstereien gab es einfache Güter, Schulzen-, Lehnschulzen- und Lehngüter, Vorwerke und auch Rustikalgüter. Darüber hinaus erfolgte in manchen Fällen auch die Angabe Standesherrschaft, Schloss, Forst oder Forstgut, städtisches Gut oder Restgut.[7]

Die in den bis 1910 erschienenen ‚Handbüchern' als ‚Gut' bezeichneten Besitzungen waren in vielen Fällen auch selbständige Gutsbezirke. Dies ergibt sich daraus, dass die Anzahl der Gutsbezirke 1871 bei 1.911 lag.[8] Diese Zahl wird ungefähr erreicht, wenn man zu den 1.333 aufgeführten Rittergütern und 196 Domänen die 391 Besitzungen – für die als Status ‚Gut' angegeben wurde – hinzuzählt.[9] Dagegen dürften die Rustikalgüter ebenso wie die Lehnschulzengüter nicht in diese Kategorie fallen und in vielen Fällen von den bäuerlichen Gemeinden auch räumlich nicht separiert gelegen haben. Ein deutlicher Bruch ergibt sich jedoch, wenn man die Zahlen des ‚Handbuches über den Großgrundbesitz' von 1910 mit denen aus dem vier Jahre später erschienenen Werk der Konkurrenzreihe ‚Niekammers Adressbücher' vergleicht, das mit 683 ‚Gütern' fast doppelt soviel aufführte. Die zwischen beiden Reihen bestehenden unterschiedlichen Erhebungsmethoden und Bezeichnungen sind hier stark ausgeprägt.[10] Erst die nach dem I. Weltkrieg erschienene 6. Ausgabe des ‚Handbuches' hat sich dann an dem Konzept der ‚Adressbücher' orientiert.[11]

---

5 Darunter waren u. a. 50 Lehnschulzen- oder Lehngüter, 46 Vorwerke von Rittergütern, 22 Forstgüter, 10 Erbpacht- oder Erbzinsgüter, 9 Domänen des Kronfideikommisses und nur 12 ausdrücklich als Rustikalgüter bezeichnete Besitzungen.

6 Bereits Conrad meinte, dass es zu einer Verzerrung der Daten komme, weil sehr große Bauerngüter nicht aufgenommen wurden. CONRAD, Latifundien, S. 138.

7 Die Rittergutsqualität eines Besitzes wurde auch noch in der 1921 erschienenen Ausgabe des ‚Handbuches' genau vermerkt.

8 Gemeinden und Gutsbezirke, S. 240-243.

9 Dabei wurde davon ausgegangen, dass Gutsbezirke mehr als 100 ha Fläche aufwiesen, da kleinere Besitzungen nicht mit erfasst wurden.

10 Dies erklärt zumindest teilweise die von Buchsteiner mit Überraschung festgestellten großen Abweichungen in ihren Datenreihen für 1905. Da sich die Studie über Pommern jedoch überwiegend auf die ‚Handbücher über den Großgrundbesitz' stützt, ist der bäuerliche Großgrundbesitz dort vernachlässigt worden. Vgl. BUCHSTEINER, Großgrundbesitz, S. 27, 45 f.

11 Dies ist deutlich an der Verdopplung der Zahl der Großgrundbesitzungen und auch der einfachen ‚Güter' zu erkennen.

Exkurs II.
Die Entwicklung der Besitzverteilung in den Regionen und Kreisen

Da die Provinz unterschiedlich strukturiert war und in Gebiete mit und ohne Adelsschutz (bis 1807) zerfiel, soll nun die Entwicklung auf der Ebene der Regionen und Kreise verfolgt werden, die auch nähere Aufschlüsse über Brandenburg als Adelslandschaft zu geben vermag. Zwischen den drei historischen Regionen gab es, wie die folgende graphische Darstellung zeigt, bereits in der Ausgangslage deutliche Unterschiede (vgl. Abbildung 26).

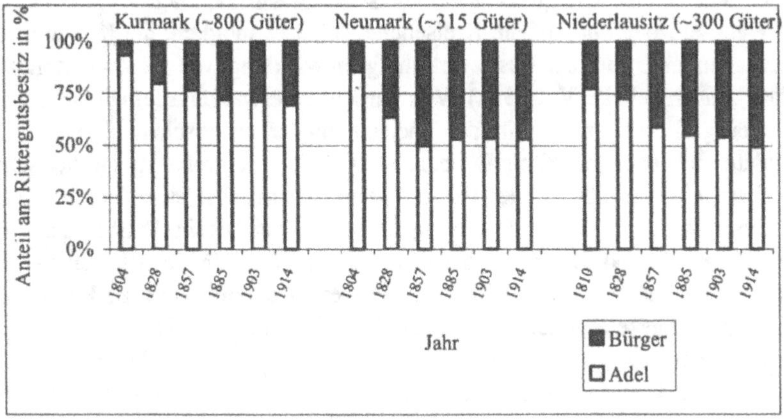

Abbildung 26: Die prozentualen Verschiebungen zwischen Rittergütern in adligem und bürgerlichem Besitz 1804-1914[1]

Während in der Kurmark der Anteil des Adels im Vergleich mit den Bürgerlichen (ohne korporativen und hohenzollernschen Hausbesitz) 1804 noch bei 94 % lag, war er in der ebenfalls dem friderizianischen Adelsschutz unterliegenden Neumark bereits auf 86 % gefallen. Die Ursachen dafür liegen zum einen darin, dass hier die Zahl Bürgerlicher wahrscheinlich bereits vor dem Beginn des verschärften Adelsschutzes höher lag, zum anderen erteilten Friedrich II. und seine Nachfolger in der Neumark freigiebiger den notwendigen Konsens zum Erwerb von Rittergütern durch Bürgerliche.[2] Ob hierbei die Residenzferne, die Reputation der jeweiligen bürgerlichen Bittsteller oder die Qualität der betreffenden Güter die entscheidende Rolle spielten, konnte nicht festgestellt werden. In der Niederlausitz, die vor 1815 zu Sachsen – das einen

1 Ohne den korporativen Besitz und die Mitgliedern des Hauses Hohenzollern gehörigen Rittergüter.

2 Vgl. dazu detailliert SCHILLER, Adelsschutzpolitik, S. 278 ff.

Adelsschutz nicht kannte[3] – gehörte, lag der Adelsanteil 1810 bereits mit 77 % deutlich niedriger.[4]

Auch der Verlauf der Besitzverschiebungen war in jeder der Regionen unterschiedlich. Während in der Kurmark die entscheidenden Veränderungen in den ersten zwanzig Jahren nach der Aufhebung des Adelsschutzes vonstatten gingen, hielt in der Neumark dieser Prozess bis zur Jahrhundertmitte an. Danach kam es hier sogar wieder zu einer leichten Gegenbewegung. In der Niederlausitz dagegen bestand offensichtlich kein so großer Druck auf den Rittergutsbesitz, da er hier ja jedermann zugänglich war. In dieser Region stieg der Anteil Bürgerlicher konstant und übertraf den Adliger bereits 1914 leicht. Eine leichte Beschleunigung dieses Prozesses ist nur im zweiten Viertel des 19. Jahrhunderts zu erkennen. Die Gesamtverhältnisse der Provinz stellen sich also differenzierter dar, als der Gesamtbefund es scheinen lässt, da die deutliche Mehrheit der Rittergüter in der adelsstarken Kurmark lag.

Wechselt man nun auf die Kreisebene, so ist es möglich, die Konturen des vorliegenden Bildes der Besitzverteilungsentwicklung weiter zu schärfen (vgl. dazu Anhangtabelle V, S. 531). Von Anfang an erwartungsgemäß hoch lagen die bürgerlichen Anteile in den meisten niederlausitzischen Kreisen. Hier bildete nur der kleine Kreis Lübben, in dem sich die große Standesherrschaft Lieberose sowie königlicher Besitz befanden, zunächst eine deutliche Ausnahme. Besonders stark waren Bürgerliche dagegen bereits 1810 in den Kreisen Sorau (30 %) und Spremberg (39 %) vertreten. In der Kurmark – einschließlich der bis 1815 sächsischen Gebiete – lagen bereits zu Beginn des Untersuchungszeitraumes die Kreise Beeskow-Storkow (18 %), Jüterbog-Luckenwalde (16 %) und Lebus (15 %) deutlich über dem Durchschnitt. In der Neumark traf dies für die Kreise Landsberg (17 %) und Züllichau-Schwiebus (24 %) sowie den westlichen Teil des Kreises Sternberg (17 %) zu. Allerdings ist in Rechnung zu stellen, dass die Kreise im Durchschnitt 50 Rittergüter hatten, so dass hinter den Prozentangaben in der Regel relativ kleine absolute Zahlen stehen. Nur in einem knappen Drittel aller Kreise gab es zu Beginn des 19. Jahrhunderts mehr als 5 bürgerliche Rittergutsbesitzer.[5]

Um die Jahrhundertmitte hatte sich dieses Bild bereits erheblich gewandelt. In sieben Kreisen bildeten die Bürgerlichen jetzt die Mehrheit. Dabei war der

---

3 Vgl. zur Entwicklung in Sachsen AXEL Flügel, Sozialer Wandel und politische Reform in Sachsen. Rittergüter und Gutsbesitzer im Übergang von der Landeshoheit zum Konstitutionalismus 1763-1843, in: Klaus Tenfelde u. Hans Ulrich Wehler (Hgg.), Wege zur Geschichte des Bürgertums. Göttingen 1994, S. 45 und Josef MATZERATH, Adelsrecht und Ständegesellschaft im Kursachsen des 18. Jahrhunderts, in: Uwe SCHIRMER (Hg.), Sachsen 1763-1832. Zwischen Rétablissement und bürgerlichen Reformen, Beucha 1996, S. 25.

4 Im Gegensatz zur Kur- und Neumark, für die aus dem Jahre 1804 die umfassende Beschreibung Bratrings vorliegt, muss für die Niederlausitz auf das am besten überlieferte Jahr 1810 zurückgegriffen werden.

5 Nur in den niederlausitzischen Kreisen Calau und Sorau mit 19 bzw. 20 Bürgerlichen dürften diese bereits eine deutlich sichtbare Erscheinung gewesen sein.

Adelsanteil besonders stark in einigen neumärkischen Kreisen zurückgegangen.[6]

Auf der anderen Seite kristallisieren sich zwölf adlig dominierte Kreise heraus, von denen allein neun in der Kurmark lagen. Dabei überschritt der Adelsanteil in fünf Kreisen die 75 % Marke z. T. deutlich.[7] Auch 1914 waren diese Adelskreise im wesentlichen noch geschlossen. Der bürgerliche Anteil blieb zwar in der Gesamtprovinz weitgehend gleich, innerhalb der Kreise gab es jedoch deutliche Unterschiede. So nahm die Zahl Bürgerlicher in einer ganzen Reihe von Kreisen leicht zu. Stärkere Anstiege gab es allerdings nur noch in den Kreisen Calau (+7), Sorau (+10) und Ost-Prignitz (+8). Dagegen sanken die absoluten und prozentualen Anteile der bürgerlichen Rittergutsbesitzer in einem Drittel aller Kreise wieder ab. Damit korrespondierte jedoch keine Zunahme der adligen Rittergutsbesitzer, da sich hierin die Auflösung von Rittergütern widerspiegelt, die auch die Bezugsgrößen veränderte.

6 In Arnswalde, wo Bürgerliche 1804 erst 3 Rittergüter besaßen, stieg die Zahl auf 24 (65 % aller Rittergüter des Kreises). Ähnliche Entwicklungen fanden in den Kreisen Crossen, Ost-Sternberg und Soldin statt. Der bereits 1804 hohe bürgerliche Anteil im Kreis Züllichau-Schwiebus stieg von 11 auf 39 (33 %). Die Entwicklungen in den niederlausitzischen Kreisen waren dagegen weniger extrem. Nur im Kreis Lübben – im Jahre 1810 noch weitgehend ein Adelskreis – kam es zu deutlichen Verschiebungen. Im Kreis Sorau blieb die Tendenz zu stark bürgerlichem Rittergutsbesitz erhalten, 1857 waren hier von insgesamt 84 Rittergütern bereits 41 in bürgerlichen Händen.

7 Extreme Adelskreise waren dabei West-Havelland und Angermünde mit einem Adelsanteil am gesamten Rittergutsbesitz von je 91 %. Die drei bzw. zwei bürgerlichen Rittergutsbesitzer bildeten hier eine klare Minorität.

Exkurs III. Der Aufbau einer Datenbank zu langfristig angesessenen Großgrundbesitzerfamilien

Für Brandenburg lassen sich im Zeitraum zwischen 1800 und 1914 aus insgesamt 121 adligen Geschlechtern ein oder mehrere Familienzweige im Großgrundbesitz nachweisen, die mindestens 100 Jahre Besitzkontinuität aufwiesen.[1] Für 104 Geschlechter (86 %) konnten die Informationen zu den interessierenden Familienzweigen den verschiedenen Jahrgängen der genealogischen Taschenbücher entnommen werden. Die restlichen waren entweder nicht zu ermitteln oder nicht genau zu identifizieren.[2] Während die Basis der ersten Generation aus 176 ‚Stammvätern' gebildet wurde, ließen sich insgesamt 436 verschiedene Familien oder Gründer von Familien identifizieren. Der Familienzweig wurde dabei aus datentechnischen Erwägungen auf das Gut bezogen. Dass heißt, alle in direkter Beziehung zu einem Gut stehenden Personen wurden als Angehörige der betreffenden Gutsfamilie gewertet.[3] Andere adlige Familienkonstruktionen, wie die Lehnsfamilie oder die Fideikommißfamilie, lassen sich auf der Basis des vorliegenden Materials nicht adäquat abbilden. Wenn im folgenden von Familien gesprochen wird, ist immer nur die Gutsfamilie, die den Vater, seine Ehefrau, seine Geschwister und die Kinder umfasst, gemeint. Die hohe Zahl von insgesamt 436 Familien oder Familiengründern zeigt, in welchem Maße die Angehörigen der untersuchten Familien im Großgrundbesitz aktiv waren. Fast ein Viertel resultiert allein aus Söhnen, die ein anderes Gut als der Vater erwarben oder übernahmen und – da dieser Besitz entweder außerhalb Brandenburgs lag oder nicht vererbt wurde – nicht weiter in der Datenbank geführt wurden.[4]

---

1 Ohne die regierenden Häuser Anhalt und Reuss, die ebenfalls eine über 100jährige Besitzkontinuität aufwiesen.

2 Während einige der kleineren Adelsfamilien keinen Eintrag in den genealogischen Taschenbüchern aufwiesen, waren die Angaben für einige der Grafenfamilien, bzw. gegrafte Zweige uradliger Familien in arbeitsökonomisch vertretbarer Weise nicht in ausreichender Dichte zu erhalten.

3 Bspw. zählen auf diese Weise alle Personen zur Familie v. Arnim auf Güterberg, die entweder Besitzer von Güterberg oder Kinder bzw. Geschwister eines Besitzers waren. Erwarb einer der letzteren ein eigenes Gut, wurde er Stifter einer eigenen Familie im datentechnischen Sinne.

4 Im folgenden werden die Familienzweige aufgelistet, die mit mindestens zehn Personen in der Datenbank vertreten sind: v. Arenstorff-Bochin, v. Arnim-Arnimswalde, v. Arnim-Criewen, v. Arnim-Fredenwalde, v. Arnim-Gerswalde, v. Arnim-Güterberg, v. Arnim-Götschendorf, v. Arnim-Kröchlendorf, v. Arnim-Milmersdorf, v. Arnim-Nechlin, v. Arnim-Neuensund, v. Arnim-Petznick, v. Arnim-Suckow, v. Arnim-Werbelow, v. Arnim-Zolchow, v. Barfuß-Batzlow, v. Borne-Berneuchen, Brandt von Lindenau-Drewen, Brandt von Lindenau-Schmerwitz, v. Bredow-Bredow, v. Bredow-Briesen, v. Bredow-Buchow-Karpzow, v. Bredow-Friesack, v. Bredow-Haage, v. Bredow-Ihlow, v. Bredow-Klessen, v. Bredow-Landin, v. Bredow-Markee, v. Bredow-Schwanebeck, v. Bredow-Senzke, v. Bredow-Wagenitz, v. Brietzke-Kemnitz, v. Broesigke-Cammer, Graf v. Brühl-Pförten, v. Buch-

Insgesamt wurden nach den oben genannten Kriterien 3.246 adlige Personen ermittelt. Darunter befanden sich 1.941 Männer, von denen 1.700 älter als 17 Jahre wurden und 1.305 Frauen, von denen 1.102 älter als 17 Jahre wurden. Rittergutsbesitzer bzw. -besitzerinnen waren 1.034 Männer und 22 Frauen. Die überwiegende Mehrzahl der Familien gehörte dem untitulierten Uradel an. Die anderen adelsrechtlichen Kategorien Hochadel und (vor 1800) Nobilitierte können auf Grund der wenigen vorhandenen Daten – abgesehen von einigen Fragestellungen – nicht gesondert betrachtet werden, so dass im folgenden immer das gesamte adlige Untersuchungssample geschlossen betrachtet wird.

Während ein großer Prozentsatz der Adligen sich in den genealogischen Taschenbüchern ermitteln ließ, waren die Erhebungen für die Bürgerlichen wesentlich schwieriger. Zum einen lässt sich das Kriterium Besitzdauer nicht in dem Maße wie bei den alten Adelsfamilien anwenden, da sich viele der langfristig angesessenen Familien erst in der ersten Hälfte des 19. Jahrhunderts ankauften. Zum anderen existieren nur für einen kleineren Teil dieser Familien überhaupt genealogische Veröffentlichungen. Daher wurde für die Bürger-

---

Stolpe, v. Burgsdorff-Markendorf, v. Cranach-Craazen, v. Diepow-Göhrigk, v. Diringshofen-Passow, v. Diringshofen-Pinnow, Frh. v. Eckardstein-Prötzel, v. Erxleben-Selbelang, v. Gerlach-Rohrbeck, v. Germar-Stolzenfelde, v. Gersdorf-Kunersdorf, v. Gladis-Klein Ossnig, v. Grävenitz-Frehne, v. Grävenitz-Schilde, v. d. Hagen-Hohennauen, v. d. Hagen-Nackel, v. d. Hagen-Rhinow, v. d. Hagen-Schmiedeberg, v. d. Hagen-Stölln I., v. d. Hagen-Stölln II., v. Hake-Klein Machnow, Graf v. Hardenberg-Neuhardenberg, v. Holtzendorff-Wilsickow, v. Jena-Cöthen, v. Jena-Nettelbeck, v. Karstedt-Fretzdorf, v. Klitzing-Demerthin, v. Klützow-Dedelow, v. d. Knesebeck-Karwe, v. d. Knesebeck-Löwenbruch, v. Knobelsdorff-Brenkenhoff-Mansfelde, v. Knoblauch-Buschow, v. Knoblauch-Pessin IV. - VI., v. Kottwitz-Cossar, v. Kröcher-Lohm, v. Kröcher-Roddahn, v. Kröcher-Vinzelberg, v. Köckritz-Siewisch II., v. Langenn-Kittlitz, v. Langenn-Steinkeller-Birkholz, v. Lochow-Lübnitz, v. Lochow-Petkus, Graf v. Lynar-Lübbenau, v. d. Marwitz-Cölpin, v. d. Marwitz-Friedersdorf, Frh. v. Monteton-Priort, v. Muschwitz-Wintdorf, v. Möllendorff-Krampfer, v. Neumann-Hanseberg, Frh. v. Oppen-Huldenberg, v. Pfuel-Jahnsfelde, v. Platen-Wutike, v. Quast-Garz, v. Quast-Radensleben, v. Quast-Vichel, v. Raschkau-Vorberg, v. Rathenow-Plänitz, v. Raven-Groß Luckow, v. Rheinbaben-Fritschendorf, v. Ribbeck-Ribbeck, v. Ribbeck-Seegefeld, v. Risselmann-Schönwalde, v. Rochow-Plessow, v. Rochow-Reckahn, v. Rohr-Trieplatz, v. Rohr-Wahlen-Jürgaß-Meyenburg, v. Saldern-Ahlimb-Ringenwalde, v. Saldern-Damerow, v. Saldern-Klein Mantel, v. Saldern-Plattenburg, v. Saldern-Wilsnack, v. Schmeling Diringshofen-Nieder Landin, Graf v. Schmettau-Pommerzig, Graf v. Schwerin-Fürstenwerder, v. Schönfeldt-Werben, Graf v. Solms-Sonnewalde, v. Stechow-Stechow, v. Stülpnagel-Dargitz-Lübbenow, v. Stülpnagel-Grünberg, v. Stülpnagel-Lindhorst, v. Stülpnagel-Sandberg I., v. Stülpnagel-Taschenberg, v. Sydow-Dobberphul, v. Thermo-Zieckau, v. Tresckow-Blankenfelde, v. Tresckow-Dölzig, v. Tresckow-Schmarfendorf, v. Tschirschki und Bögendorff-Groß Glien, v. Veltheim-Schönfließ, v. Waldow und Reitzenstein-Königswalde, v. Waldow-Fürstenau, v. Waldow-Mehrenthin, v. Waldow-Wolgast, v. Wartenberg-Guhlsdorf, v. Wartenberg-Luggendorf, v. Watzdorf-Wiesenburg, v. Wedel-Dauer, v. Wedel-Parlow, v. Wilamowitz-Möllendorf-Gadow, v. Winterfeld-Menkin, v. Winterfeldt-Damerow, v. Winterfeldt-Freyenstein, v. Winterfeldt-Groß Spiegelberg, v. Winterfeldt-Karwe, v. Winterfeldt-Kehrberg, v. Winterfeldt-Kutzerow, v. Winterfeldt-Neuendorf, v. Winterfeldt-Neuenfeld, v. Winterfeldt-Neuhausen, v. Winterfeldt-Neuhof, v. Winterfeldt-Nieden, v. Winterfeldt-Vahrnow, v. Zieten-Brunne, v. Zieten-Wildberg.

lichen der Weg beschritten, das gesamte erreichbare Material zu erfassen. Dies erscheint legitim, da ohnehin nur die langfristig angesessenen bürgerlichen Familien durch familiengeschichtliche Untersuchungen greifbar werden. Es kann daher davon ausgegangen werden, dass die vorliegenden Daten für den Bereich der alten bürgerlichen Familien ein hohes Maß an Repräsentativität aufweisen

Tabelle 123: Die Gliederung des Untersuchungssamples für die langfristig angesessenen adligen und bürgerlichen Familien nach Zehnjahreskohorten[5]

Zeitraum	Kohorte	Adel		Bürger	
		Männer	Frauen	Männer	Frauen
Zwanzigjahreskohorten					
1700-1720	-4	10	0	0	0
1720-1739	-3	36	0	2	0
1740-1759	-2	84	7	7	0
1760-1779	-1	139	42	9	4
Zehnjahreskohorten					
1780-1789	0	109	54	15	6
1790-1799	1	109	73	13	4
1800-1809	2	118	63	13	13
1810-1819	3	116	91	21	22
1820-1829	4	158	97	28	19
1830-1839	5	107	107	13	12
1840-1849	6	146	103	25	15
1850-1859	7	184	110	24	24
1860-1869	8	129	121	26	18
1870-1879	9	121	117	14	14
1880-1889	10	82	83	18	16
1890-1899	11	42	28	7	6
Gesamt		1.690	1.096	235	173

Trotz der schwierigen Quellenlage gelang es – unter Benutzung verschiedenster Quellen[6] –, für die bürgerlichen Rittergutsbesitzer 498 Personen aufzunehmen (288 Männer, davon 241 älter als 19 Jahre und 210 Frauen, davon 175 älter als 16 Jahre).[7] (Vgl. dazu Tabelle 123.)

5 Aufgenommen wurden alle Männer und Frauen, die mindestens das achtzehnte Lebensjahr erreichten.

6 Neben den in den Anm. 5 und 6 genannten Quellen stand außerdem noch ungedrucktes Material zur Verfügung. Vor allem sind an dieser Stelle die familiengeschichtlichen Übersichten von Thomas Dietz (Schönfeld-Uckermark) zu nennen, die umfangreiches Material zu den bürgerlichen Großgrundbesitzern der Uckermark enthalten.

7 Die Datenbank enthält Angaben zu Mitgliedern der folgenden Familien: Baath, Collin, Flügge, Honig, Jacobs, Karbe, Keibel, Koppe, Krahmer, Lindenberg, Ramm, Rehfeldt,

In manchen Fällen war die Grenze zwischen Rittergutsbesitzern und Pächtern von Domänen oder Rittergütern nicht eindeutig zu ziehen, so dass die Daten auch für die außerordentlich eng mit den Großgrundbesitzern verflochtene Gruppe der Pächter aussagekräftig sind.

Quantitativ ist das Gesamtsample der Bürgerlichen mit dem der Adligen nicht zu vergleichen. Bessere und umfangreichere Angaben zu den bürgerlichen Rittergutsbesitzern sind nach dem gegenwärtigen Kenntnisstand jedoch kaum zu erwarten. Die unterschiedliche Datendichte und die vor allem für die Bürgerlichen daraus resultierenden teilweise geringen absoluten Zahlen – vor allem für die erste Jahrhunderthälfte – sind bei der folgenden Auswertung jedoch stets zu beachten.

Rumland, Scherz, Schultz, Schulz, Schulze, Thaer, Thym. Damit ist ein bedeutender Teil, aber bei weitem nicht alle der langfristig angesessenen Familien erfasst. Ähnlich wie bei den adligen Familien variiert die Datendichte zwischen den einzelnen Familien erheblich.

Tabellenanhang

Anhangtabelle I.: Die Anzahl und die Fläche der Landgemeinden und Gutsbezirke in den Landkreisen der Provinz Brandenburg (um 1900)

Quelle: Flächenangaben aus: Handbuch des Grundbesitzes im Deutschen Reiche. Nach amtlichen und authentischen Quellen bearbeitet durch Paul ELLERHOLZ. Reihe I. Das Königreich Preussen. I. Lieferung: Provinz Brandenburg. Berlin 18852. (hier die Beschreibungen der einzelnen Landkreise)
Anzahl Gutsbezirke und Landgemeinden aus: Die Gemeinden und Gutsbezirke des Preussischen Staates und ihre Bevölkerung. Nach den Urmaterialien der allgemeinen Volkszählung vom 1. December 1871 bearbeitet und zusammengestellt vom Königlichen Statistischen Bureau. Bd. II. Provinz Brandenburg. Berlin 1873, S. 240-243.

Kreis			Landgemeinden im Kreis		Gutsbezirke im Kreis	
Name	**Fläche (in ha)**	**Städte 1885**	**Anzahl**	**Fläche (in ha)**	**Anzahl**	**Fläche (in ha)**
Angermünde	130.698	6	72	42.285	69	76.226
Arnswalde	126.413	3	57	45.552	58	70.616
Beeskow-Storkow	124.422	3	119	55.375	65	62.776
Calau	99.011	5	157	53.079	94	42.058
Cottbus	85.235	2	97	48.203	51	34.189
Friedeberg	110.058	3	92	46.164	31	52.556
Guben	110.522	1	116	63.277	63	40.358
Jüterbog-Luckenwalde	123.564	4	115	82.443	46	44.183
Königsberg	153.376	8	103	57.696	64	74.281
Crossen	130.979	3	103	66.745	50	58.663
Lebus	157.279	6	133	71.331	59	67.863
Landsberg	121.131	1	120	52.981	23	63.254
Luckau	130.078	6	150	77.991	68	44.915
Lübben	103.860	3	86	54.625	24	43.187
Nieder-Barnim	174.014	4	111	83.624	70	75.650
Ost-Sternberg	117.303	5	81	52.783	44	48.480

Kreis			Landgemeinden im Kreis		Gutsbezirke im Kreis	
Name	**Fläche (in ha)**	**Städte 1885**	**Anzahl**	**Fläche (in ha)**	**Anzahl**	**Fläche (in ha)**
Ober-Barnim	121.589	5	99	46.271	58	58.409
Ost-Havelland	125.625	5	79	60.851	61	47.314
Ost-Prignitz	188.121	4	141	108.909	82	59.500
Prenzlau	113.325	3	77	40.224	104	60.396
Ruppin	177.041	7	130	84.915	96	75.947
Soldin	114.590	4	58	30.373	45	49.426
Sorau	123.648	6	149	60.839	97	57.973
Spremberg	31.019	1	43	16.091	26	13.117
Teltow	166.534	6	141	86.015	75	64.340
Templin	143.555	5	75	42.757	86	85.636
West-Sternberg	107.065	3	62	58.082	34	46.113
West-Havelland	129.225	5	76	60.116	57	50.348
West-Prignitz	146.382	6	152	87.472	84	40.794
Zauche-Belzig	192.292	6	152	110.014	54	61.905
Züllichau-Schwiebus	91.556	3	82	40.558	73	45.145
Summe	3.969.510	132	3228	1.887.641	1911	1.715.618
Mittelwert	128.049			60.892		55.343

Anhang tabelle II.: Die Entwicklung der ländlichen und städtischen Bevölkerung in den Kreisen der Provinz Brandenburg (1846-1903)

Quelle: für 1846: Carl Friedrich Wilhelm DIETERICI: Neueste Übersicht der Bodenfläche, der Bevölkerung und des Viehstandes der einzelnen Kreise des Preußischen Staates, nach den zu Ende des Jahres 1843 amtlich aufgenommenen Verzeichnissen. Berlin 1845. Für 1864: Die Ergebnisse der Grund- und Gebäudesteuerveranlagung im Regierungsbezirk Potsdam. Hrsg. vom Königlichen Finanzministerium. Berlin 1867. Und: Die Ergebnisse der Grund- und Gebäudesteuerveranlagung im Regierungsbezirk Frankfurt/O. Hrsg. vom Königlichen Finanzministerium. Berlin 1869. Für 1885 und 1903: Handbuch des Grundbesitzes im Deutschen Reiche. Nach amtlichen und authentischen Quellen bearbeitet durch Paul Ellerholz. Reihe I. Das Königreich Preussen. I. Lieferung: Provinz Brandenburg. Berlin 1885[2] und 1903[4].

	Bevölkerung 1846			**Bevölkerung 1864**			**Bevölkerung 1885**			**Bevölkerung 1903**		
Kreis	**Land**	**Stadt**	**gesamt**	**Land**	**Stadt**	**gesamt**	**Land**	**Stadt**	**gesamt**	**Land**	**Stadt**	**gesamt**
Angermünde	34.627	18.282	52.909	41.140	23.794	64.934	42.105	25.961	68.066	38.350	26.206	64.556
Arnswalde	25.825	13.341	39.166	30.867	12.801	43.668	30.119	13.718	43.837	27.788	14.518	42.306
Beeskow-Storkow	29.199	6.697	35.896	35.343	7.484	42.827	36.328	7.687	44.015	36.649	7.945	44.594
Calau	31.400	9.406	40.806	36.935	10.426	47.361	39.864	12.924	52.788	61.114	17.690	78.804
Cottbus	37.039	10.897	47.936	45.241	15.799	61.040	46.035	29.192	75.227	51.348	3.044	54.392
Crossen	35.944	13.801	49.745	41.402	17.803	59.205	42.649	19.386	62.035	38.890	20.517	59.407
Friedeberg	33.937	11.919	45.856	41.375	14.730	56.105	42.584	15.303	57.887	38.496	16.641	55.137
Guben	30.113	12.695	42.808	37.279	20.247	57.526	38.947	3.213	42.160	37.756	5.735	43.491
Jüterbog-Luckenwalde	26.453	18.644	45.097	31.553	26.559	58.112	34.463	29.164	63.627	35.243	35.967	71.210
Königsberg	49226	27586	76812	59203	32493	91696	61441	37080	98521	53627	41609	95236
Landsberg	49.708	11.621	61.329	60.733	17.385	78.118	62.672	23.558	86.230	61.683	31.000	92.683

	Bevölkerung 1846			Bevölkerung 1864			Bevölkerung 1885			Bevölkerung 1903		
Kreis	**Land**	**Stadt**	**gesamt**	**Land**	**Stadt**	**gesamt**	**Land**	**Stadt**	**gesamt**	**Land**	**Stadt**	**gesamt**
Lebus	53.180	14.872	68.052	68.239	20.556	88.795	69.424	24.844	94.268	61.911	29.510	91.421
Lübben	21.592	7.099	28.691	25.741	8.205	33.946	26.060	8.564	34.624	24.325	9.387	33.712
Luckau	33.537	14.499	48.036	40.923	18.596	59.519	43.209	19.583	62.792	44.261	2.374	67.535
Nieder-Barnim	50.668	10.992	61.660	66.715	13.898	80.613	114.604	16.184	130.788	271.593	21.432	293.025
Ober-Barnim	34.774	19.982	54.756	42.289	26.820	69.109	44.631	34.173	78.804	45.081	47.099	92.180
Ost-Havelland	30.381	18.467	48.848	37.393	28.769	66.162	44.647	43.740	88.387	56.588	16.483	73.071
Ost-Prignitz	44.410	15.948	60.358	51.574	19.156	70.730	49.469	19.458	68.927	47.322	21.605	68.927
Prenzlau	32.598	18.280	50.878	35.069	22.260	57.329	31.977	23.780	55.757	30.505	28.835	59.340
Ruppin	44.511	21.780	66.291	51.099	26.238	77.337	49.314	28.448	77.762	46.208	31.550	77.758
Soldin	25.047	14.119	39.166	31.853	16.819	48.672	31.652	17.170	48.822	29.228	17.847	47.075
Sorau	45.559	15.348	60.907	55.944	23.169	79.113	55.368	35.989	91.357	59.612	22.817	82.429
Spremberg	9.643	4.573	14.216	12.286	8.565	20.851	14.132	11.379	25.511	18.549	10.925	29.474
Sternberg	51.592	20.840	72.432	65.308	25.857	91.165	68.333	28.117	96.450	65.331	26.607	91.938
Teltow	39.908	17.744	57.652	62.971	28.130	91.101	126.170	19.969	146.139	232.999	35.188	268.187
Templin	32.334	8.148	40.482	38.139	10.015	48.154	31.152	14.908	46.060	30.398	16.754	47.152
West-Havelland	26.266	26.107	52.373	32.522	39.734	72.256	33.504	20.005	53.509	34.231	29.424	63.655
West-Prignitz	41.988	17.960	59.948	48.487	25.543	74.030	41.366	31.590	72.956	35.055	37.901	72.956
Zauche-Belzig	40.832	16.142	56.974	49.499	18.508	68.007	53.299	19.418	72.717	59.255	21.396	80.651
Züllichau-Schwiebus	28.346	9.962	38.308	31.726	15.448	47.174	33.622	16.723	50.345	31.181	17.547	48.728

Anhangtabelle III.: Die Verschuldung der Großgrundbesitzer (GRE > 1.500 RM) in den Kreisen der Provinz Brandenburg im Jahr 1902.

Quelle: F. Kühnert: Die ländliche Verschuldung in Preußen. In: Preußische Statistik 191, Tl. I., 1. Hälfte, S. 136-223.

Kreis	Groß-grund-besitzer	insgesamt besaßen die Großgrundbesitzer im Kreis							Verschuldung im Verhältnis zum Gesamt-vermögen
		Nettoein-kommen	Kapitalver-mögen	Grund-vermögen	Anlagekapi-tal	Wert der Rechte	gesamtes Vermögen	Schulden	
Angermünde	75	694.753	3.446.464	31.229.690	76.750	0	36.084.862	14.980.875	42 %
Arnswalde	55	575.927	4.644.472	22.822.100	0	0	28.440.189	14.880.710	52 %
Beeskow-Storkow	24	3.267.147	7.014.273	10.646.316	462.000	0	21.559.999	6.119.477	28 %
Calau	35	622.991	8.040.943	22.790.275	521.000	0	32.259.131	7.228.537	22 %
Cottbus	22	328.644	4.804.090	9.431.070	220.000	0	14.938.029	3.810.987	26 %
Crossen	21	145.712	1.544.007	9.942.380	25.550	0	11.839.650	6.428.549	54 %
Friedeberg	32	1.005.560	6.565.254	27.758.050	0	137.285	36.046.912	10.348.911	29 %
Guben	16	184.587	1.079.463	7.264.610	233.000	0	8.882.396	2.779.433	31 %
Jüterbog-Luckenwalde	23	360.713	3.360.780	12.943.076	87.260	34.182	16.966.277	4.409.544	26 %
Königsberg	172	1.202.213	6.653.897	56.702.368	148.020	185.835	65.345.783	28.293.057	43 %
Landsberg	42	508.037	2.653.208	18.026.260	38.100	25.148	21.644.898	8.290.880	38 %
Lebus	162	1.800.657	17.306.440	65.004.498	1.384.950	0	86.636.741	30.143.649	35 %
Lübben	5	282.285	1.977.300	5.331.238	70.000	0	7.779.609	1.907.438	25 %
Luckau	19	308.994	3.873.963	15.660.420	192.100	0	20.314.042	5.126.261	25 %
Nieder-Barnim	56	822.479	11.218.570	19.267.733	314.100	0	31.898.764	6.631.432	21 %

Kreis	Großgrundbesitzer	insgesamt besaßen die Großgrundbesitzer im Kreis							Verschuldung im Verhältnis zum Gesamtvermögen
		Nettoeinkommen	Kapitalvermögen	Grundvermögen	Anlagekapital	Wert der Rechte	gesamtes Vermögen	Schulden	
Ober-Barnim	101	1.050.610	10.091.235	41.943.200	272.500	0	54.175.651	15.316.907	28 %
Ost-Havelland	47	691.653	10.299.546	22.266.118	235.450	0	33.872.630	9.022.243	27 %
Ost-Prignitz	62	596.177	6.275.157	25.848.677	287.517	400	33.427.915	12.388.664	37 %
Ost-Sternberg	24	344.274	1.683.231	8.621.618	445.900	0	11.221.213	3.802.684	34 %
Prenzlau	168	1.216.755	7.523.913	59.264.410	35.500	22.100	69.262.198	37.095.514	54 %
Ruppin	62	749.915	6.787.921	27.215.081	95.200	0	35.342.104	14.963.257	42 %
Soldin	78	607.157	6.482.938	30.571.025	831.952	7.500	39.126.603	19.160.730	49 %
Sorau	34	264.142	5.055.745	19.770.000	7.400	0	25.324.371	6.681.088	26 %
Spremberg	9	186.180	3.533.263	3.612.686	400.000	0	7.781.575	880.739	11 %
Teltow	37	852.287	11.365.410	22.663.643	0	28.000	35.189.295	6.444.493	18 %
Templin	32	944.248	8.227.179	34.824.866	8.000	0	44.483.060	8.935.861	20 %
West-Havelland	70	744.957	6.061.582	34.479.599	648.289	0	42.423.478	16.349.969	39 %
West-Prignitz	67	604.101	6.593.566	25.510.761	152.564	19.059	33.420.053	10.692.159	32 %
West-Sternberg	41	275.000	3.267.659	16.656.746	317.000	0	20.788.905	8.139.661	39 %
Zauche-Belzig	41	589.309	4.393.309	18.810.679	277.900	0	24.377.020	6.655.179	27 %
Züllichau-Schwiebus	46	625.145	10.811.323	21.092.518	0	9.756	32.885.581	11.429.921	35 %
Summe	1.678	22.452.609	192.636.101	747.971.711	7.788.002	469.265	983.738.934	339.338.809	34 %

Anhangtabelle IV.: Die Verteilung des Großgrundbesitzes in den Kreisen der Provinz Brandenburg um 1914 (Flächenangaben in ha)

Kreis		Gesamter Großgrundbesitz		Großgrundbesitz in staatlicher Hand								privater Großgrundbesitz							
				gesamt		Domänen			Forsten			gesamt		Rittergüter			andere Güter		
Name	Fläche	Fläche		Fläche		Fläche		Anzahl	Fläche		Anzahl	Fläche		Fläche		Anzahl	Fläche		Anzahl
Angermünde	130.698	83.034	64%	33.299	25%	4.113	3%	5	29.186	22%	7	48.619	37%	34.995	27%	44	13.624	10%	32
Arnswalde	126.413	89.740	71%	19.033	15%	3.848	3%	6	15.185	12%	4	70.707	56%	40.258	32%	41	17.995	14%	56
Beeskow-Storkow	124.422	65.199	52%	17.664	14%	-	-	-	17.664	14%	3	47.535	38%	20.108	16%	34	27.028	22%	35
Calau	99.011	44.359	45%	4.022	4%	-	-	-	4.022	4%	2	40.337	41%	37.174	38%	84	1.040	1%	3
Cottbus	85.235	39.155	46%	17.889	21%	5.762	7%	3	12.127	14%	2	21.266	25%	18.269	21%	45	3.187	4%	6
Crossen	130.979	63.456	48%	11.995	9%	587	0,1%	1	11.408	9%	3	51.461	39%	44.914	34%	43	3.321	3%	10
Friedeberg	110.058	65.746	60%	27.397	25%	-	-	-	27.397	25%	4	38.349	35%	30.729	28%	25	7.620	7%	20
Guben	110.522	47.759	43%	1.079	1%	-	-	-	1.079	1%	2	46.680	42%	29.641	27%	33	16.077	15%	32
Jüterbog-Luckenwalde	123.564	40.911	33%	4.336	4%	675	1%	1	3.661	3%	1	33.024	27%	20.778	17%	35	11.770	10%	16
Königsberg	153.376	82.421	54%	24.142	16%	7.864	5%	15	16.278	11%	4	58.279	38%	44.418	29%	39	13.861	9%	50
Landsberg	121.131	68.902	57%	32.597	27%	2.791	2%	5	29.806	25%	5	36.305	30%	31.700	26%	16	4.605	4%	19
Lebus	157.279	89.759	57%	10.536	7%	5.164	3%	9	5.372	3%	1	70.759	45%	45.304	29%	47	23.857	15%	75
Lübben	103.860	45.815	44%	13.886	13%	-	-	-	13.886	13%	3	31.929	31%	27.141	26%	16	3.887	4%	7
Luckau	130.078	56.161	43%	12.640	10%	8.937	7%	2	3.703	3%	1	43.521	33%	40.647	31%	44	7.439	6%	27
Niederbarnim	174.014	98.007	56%	59.633	34%	2.702	2%	4	56.931	33%	11	38.273	22%	25.858	15%	35	12.322	7%	46

Kreis		Gesamter Großgrundbesitz		Großgrundbesitz in staatlicher Hand								privater Großgrundbesitz							
				gesamt		Domänen			Forsten			gesamt		Rittergüter			andere Güter		
Name	Fläche	Fläche		Fläche		Fläche		Anzahl	Fläche		Anzahl	Fläche		Fläche		Anzahl	Fläche		Anzahl
Ober-Barnim	121.589	66.493	55%	10.552	9%	525	0,1%	1	10.027	8%	3	55.941	46%	46.129	38%	44	9.624	8%	28
Ost-Havelland	125.625	58.610	47%	25.321	20%	8.123	6%	12	17.198	14%	13	33.289	26%	26.167	21%	33	6.856	5%	30
Ost-Prignitz	188.121	75.784	40%	13.062	7%	924	0,1%	1	12.138	6%	2	62.722	33%	43.206	23%	64	20.012	11%	96
Ost-Sternberg	117.303	59.865	51%	19.777	17%	2.268	2%	5	17.509	15%	3	40.088	34%	31.983	27%	27	8.105	7%	40
Prenzlau	113.325	71.924	63%	4.193	4%	3.727	3%	6	466	0%	1	67.731	60%	52.120	46%	88	15.333	14%	79
Ruppin	177.041	86.055	49%	28.499	16%	2.183	1%	2	26.316	15%	6	57.556	33%	42.500	24%	65	13.536	8%	49
Soldin	114.590	80.687	70%	25.438	22%	3.939	3%	4	21.499	19%	4	55.249	48%	40.104	35%	42	14.081	12%	48
Sorau	123.648	64.199	52%	12.634	10%	1.729	1%	6	10.905	9%	2	51.565	42%	44.052	36%	77	6.059	5%	26
Spremberg	31.019	14.454	47%	0	0%	-	-	-		0%		14.454	47%	13.493	43%	24	2.175	7%	4
Teltow	166.534	81.109	49%	30.677	18%	864	1%	3	29.813	18%	6	50.432	30%	32.328	19%	40	20.086	12%	48
Templin	143.555	121.208	84%	42.370	30%	11.143	8%	4	31.227	22%	5	78.838	55%	51.724	36%	69	18.818	13%	54
West-Havelland	129.225	60.256	47%	3.055	2%	445	0,1%	1	2.610	2%	1	57.201	44%	40.304	31%	49	16.897	13%	60
West-Prignitz	146.382	48.433	33%	2.344	2%	-	-	-	2.344	2%	1	46.089	31%	34.262	23%	58	11.827	8%	28
West-Sternberg	107.065	52.802	49%	10.710	10%	1.405	1%	3	9.305	9%	2	42.092	39%	34.028	32%	28	8.064	8%	43
Zauche-Belzig	192.292	70.371	37%	18.882	10%	-	-	-	18.882	10%	5	51.489	27%	38.722	20%	44	10.073	5%	47
Züllichau-Schwiebus	91.556	45.886	50%	1.202	1%	1.202	1%	2				44.684	49%	41.191	45%	62	4.695	5%	15
Summe	3.969.510	2.038.560	50%	538.864	14%	80.920	2%	101	457.944	12%	107	1.486.464	37%	1.104.247	28%	1.396	353.874	9%	1.129

Anhangtabelle V.: Die Verschiebung der Besitzverhältnisse im Rittergutsbesitz zwischen Adligen und Bürgerlichen 1804-1914

Kreis	1804				1857				1914			
	Adel		Bürgerliche		Adel		Bürgerliche		Adel		Bürgerliche	
	Anzahl	v. H.	Anzahl	v. H.	Anzahl	v. H.	Anzahl	v. H.	Anzahl	v. H.	Anzahl	v. H.
Angermünde	37	97%	0	0%	41	91%	3	7%	38	84%	6	13%
Arnswalde	33	89%	3	8%	13	35%	24	65%	13	38%	19	56%
Beeskow-Storkow	15	54%	5	18%	18	50%	12	33%	9	28%	13	41%
Calau	65	76%	19	22%	57	66%	29	33%	47	54%	36	41%
Cottbus	40	89%	5	11%	31	61%	20	39%	29	67%	14	33%
Crossen	37	79%	4	9%	19	43%	20	45%	20	49%	17	41%
Friedeberg	21	72%	4	14%	20	69%	7	24%	16	67%	7	29%
Guben	27	73%	9	24%	27	63%	11	26%	12	43%	14	50%
Jüterbog-Luckenwalde	32	84%	6	16%	24	62%	14	36%	15	44%	15	44%
Königsberg	33	73%	4	9%	29	71%	11	27%	27	71%	10	26%
Landsberg	13	72%	3	17%	11	61%	6	33%	11	69%	4	25%
Lebus	35	74%	7	15%	28	62%	16	36%	25	57%	19	43%
Lübben	12	92%	1	8%	7	35%	12	60%	6	35%	7	41%
Luckau	33	77%	6	14%	28	56%	17	34%	25	54%	19	41%
Nieder-Barnim	29	71%	1	2%	25	56%	14	31%	15	43%	7	20%
Ober-Barnim	48	91%	3	6%	39	75%	10	19%	30	68%	13	30%
Ost-Havelland	29	88%	1	3%	18	53%	10	29%	11	33%	14	42%
Ost-Prignitz	59	89%	5	8%	44	70%	17	27%	36	57%	25	40%
Ost-Sternberg	19	76%	1	4%	11	39%	15	54%	10	40%	12	48%
Prenzlau	97	88%	6	5%	79	72%	22	20%	63	68%	27	29%

Kreis	1804				1857				1914			
	Adel		Bürgerliche		Adel		Bürgerliche		Adel		Bürgerliche	
	Anzahl	v. H.	Anzahl	v. H.	Anzahl	v. H.	Anzahl	v. H.	Anzahl	v. H.	Anzahl	v. H.
Ruppin	60	81%	4	5%	64	74%	15	17%	39	59%	20	30%
Soldin	31	78%	5	13%	17	39%	24	55%	16	38%	22	52%
Sorau	45	67%	20	30%	38	45%	41	49%	18	24%	50	68%
Spremberg	14	61%	9	39%	16	57%	10	36%	12	52%	10	43%
Teltow	42	78%	4	7%	28	46%	24	39%	13	34%	12	32%
Templin	87	93%	2	2%	80	81%	14	14%	53	78%	13	19%
West-Havelland	53	91%	1	2%	49	91%	2	4%	40	80%	6	12%
West-Prignitz	60	94%	4	6%	47	70%	18	27%	43	75%	13	23%
West-Sternberg	22	73%	5	17%	15	52%	11	38%	13	52%	6	24%
Zauche-Belzig	49	88%	2	4%	50	83%	5	8%	39	87%	4	9%
Züllichau-Schwiebus	29	64%	11	24%	22	33%	39	59%	22	35%	34	55%
Provinz	1.206	85%	160	11%	995	62%	493	31%	766	56%	488	36%

Anhangtabelle VI: Die Verteilung der einkommenssteuerpflichtigen Haushaltsvorstände und selbständigen Einzelpersonen in Preußen, der Provinz Brandenburg und ihren Regierungsbezirken sowie die geschätzten Einkommen der Großgrundbesitzer (1910/1915)

Quelle: Quelle: Statistisches Jahrbuch für den preußischen Staat 1915, S 192, 196.
Zu den Angaben über die Großgrundbesitzer vgl. Tabelle 58, S.234.

Einkommens-stufen in (RM)	**Gesamt-staat**	**Provinz**	**Regierungsbezirk**		**davon Groß-grundbesitzer**
			Potsdam	Frank-furt/O	
< 900	7.868.599 (49,7 %)	405.138 (42,4 %)	310.983 (39,1 %)	94.155 (58,5 %)	61
900-3.000	7.158.313 (45,2 %)	473.387 (49,5 %)	413.217 (52,0 %)	60.170 (37,4 %)	322
3.000-6.500	670.207 (4,2 %)	50.948 (5,3 %)	46.070 (5,8 %)	4.879 (3,0 %)	473
6.500-9.500		10.459 (1,1 %)	9.631 (1,2 %)	828 (0,5 %)	231
9.500-30.500	107.426 (0,7 %)	12.555 (1,3 %)	11.730 (1,5 %)	824 (0,5 %)	472
30.500-100.000	22.962 (0,1 %)	2.653 (0,28 %)	2.488 (0,31 %)	165 (0,10 %)	166
über 100.000	4.976 (0,03 %)	505 (0,05 %)	476 (0,06 %)	29 (0,02 %)	23

Anhangtabelle VII: Die Verteilung der einkommenssteuerpflichtigen Haushaltsvorstände und selbständigen Einzelpersonen in den Regierungsbezirken Frankfurt/O und Potsdam sowie die geschätzten Einkommen der Großgrundbesitzer (1910/1915)

Quelle: Quelle: Statistisches Jahrbuch für den preußischen Staat 1915, S 192, 196. Zu den Angaben über die Großgrundbesitzer vgl. Tabelle 58, S.234. Für den Regierungsbezirk Potsdam wurden die städtischen Einkommen nicht nachgewiesen, da hier der Großraum Berlin zu Verzerrungen führt.

Einkommensstufen in (RM)	Regierungsbezirk Frankfurt/O					Regierungsbezirk Potsdam	
	Stadt	Land	davon in Orten mit		Großgrundbesitzer	in Gemeinden mit weniger als 2.000 Einwohnern	Großgrundbesitzer
			mehr als 2.000 Einwohnern	weniger als 2.000 Einwohnern			
<900	51.584	42.570	4.749	37.821	19	49.368	42
900-3000	39.509	20.661	5.597	15.064	140	29.458	182
3.000-6.500	3.999	879	196	683	220	2.081	253
6.500-9.500	715	112	21	91	90	269	139
9.500-30.500	715	109	23	86	198	302	271
30.500-100.000	126	39	7	32	68	82	99
>100.000	19	9	0	9	6	24	17

Anhangtabelle VIII: Die durchschnittliche Anzahl der Besitzer/Familien der älteren Großgrundbesitzungen im Verhältnis zur Gutsgröße 1800-1918 (ohne Güterkomplexe)

Größe in ha	100-200	200-500	500-1.000	1.000-2.000	>2.000
Anzahl der Besitzer	3,6	4,4	4,0	4,0	1,9
Güter in der Gruppe	119	369	333	121	47

Anhangtabelle IX: Die Verteilung der Anzahl der Besitzer/Familien pro Gut im älteren Großgrundbesitz 1800-1918 (ohne Güterkomplexe)

Anzahl der Besitzer	1	2	3	4-5	6-10	11-20	gesamt
Anzahl der Güter	190	153	151	253	226	16	989

Anhangtabelle X: Die durchschnittliche Anzahl der Besitzer/Familien der Güterkomplexe im Verhältnis zur Gutsgröße 1800-1918

Größe in ha	100-500	500-1.000	1.000-2.000	>2.000
Anzahl der Besitzer	2,34	2,69	2,6	1,9
Anzahl der Güter in der Gruppe	14	48	93	97

Anhangtabelle XI: Die Verteilung der Anzahl der Besitzer pro Güterkomplex 1800-1918

Anzahl der Besitzer	1	2	3	4-5	6-9	gesamt
Anzahl der Güterkomplexe	127	35	34	39	17	252

Anhangtabelle XII: Die adligen Geldfideikommisse in der Provinz Brandenburg und Berlin (um 1914)

Quelle: GStA PK, Rep. 84a, Nr. 3658.

Besitzer (Jahr)	Kapitalwert	Jahresreinertrag	Fideikommißstempel
Arthur v. Frankenberg (1895)	234.300	unbekannt	7.029
Graf Kleist v. Nollendorf (1892)	1.662.945	64.744	49.888
Gräfin v. Blumenthal (1875)	211.800	8.472	6.469
v. Strantz (1895)	748.125	22.500	22.444
Freiherr v. Levetzow (1898)	108.900	3.850	3.267
Gustav v. Alvensleben (1904)	476.339	18.422	5.290
v. Gluszewski (1907)	395.000	15.172	11.850
Graf v. Berckheim (1907)	1.028.150	38.000	36.000
Graf Dietrich v. Hülsen-Häseler (1909)	1.860.000	70.000	55.800
v. Gottberg (1910)	94.000	3.500	2.820
v. Krosigk (1913)	100.000	4.098	3.000

Anhangtabelle XIII: Die Verteilung der fideikommissarisch gebundenen Güter und Güterkomplexe der Provinz Brandenburg auf die verschiedenen Größenklassen (1910)

Klassifizierung	Größenklassen (in ha)*									
	200-499		500-999		1000-1999		2000-5000		>5000	
	Adel	Bürger	Adel	Bürger	Adel	Bürger	Adel	Bürger	Adel	Bürger
Güter in der Gruppe	55	177	137	166	129	61	77	8	22	0
Anzahl der Fideikommisse*	10 (18 %)	5 (3 %)	19 (14 %)	5 (3 %)	39 (30 %)	3 (5 %)	40 (52 %)	1 (13 %)	14 (64 %)	0

* Die Prozentangabe in den Klammern bezieht sich auf das Verhältnis der Fideikommisse zu allen Gütern/Güterkomplexen in der jeweiligen Größenklasse.

Anhangtabelle XIV: Die Waldflächen der brandenburgischen Fideikommisse (1910)

Größe der Waldfläche (in ha)	< 100	100-200	200-500	500-1.000	>1.000
Anzahl der Fideikommisse	33	14	23	30	42

Anhangtabelle XV.: Die Verleihung des Fürstentitels in Preußen 1798-1918

Quelle: GRITZNER, Standeserhöhungen, passim
HOUWALD, Standeserhöhungen, passim

Jahr	Standeserhöhung
1803	Fürst von Hatzfeld-Trachenberg (Neuverleihung, nach Aussterben der 1741 gefürsteten Linie)
1806	Fürst zu Lynar-Drehna (Österreich, in Preußen anerkannt)
1814	Fürst von Blücher-Wahlstatt
1814	Fürst von Hardenberg
1816	Fürst zu Salm-Reifferscheidt-Dyck
1817	Fürst zu Bentheim-Steinfurt
1817	Fürst zu Salm-Horstmar
1817	Fürst zu Bentheim-Tecklenburg-Rheda
1819	Fürst von Thurn und Taxis, Fürst von Krotoschin (für Abtretung des Postregals in den Rheinprovinzen)
1821	Herzog von Ratibor, Fürst von Corvey (für den Landgrafen von Hessen-Rothenburg)
1822	Fürst von Pückler-Muskau
1834	Fürst von Sayn-Wittgenstein
1840	Herzog von Ratibor, Fürst von Corvey (für den Fürsten Hohenlohe-Schillingsfürst)
1840	Fürst von Rheina-Wolbeck (für den Grafen de Lannoy-Clervaux, Erben des Fürstentums)
1850	Fürst von Pleß
1861	Fürst von Sayn-Wittgenstein-Sayn
1870	Fürst von Hatzfeld-Wildenburg-Weisweiler
1871	Fürst von Bismarck-Schönhausen
1888	Fürst v Radolin
1888	Fürst zu Solms-Baruth
1890	Herzog von Ratibor, Fürst von Corvey (für einen Prinzen von Hohenlohe-Schillingsfürst)
1890	Fürst zu Stolberg-Wernigerode
1893	Fürst zu Stolberg-Roßla
1893	Fürst zu Stolberg-Stolberg
1899	Fürst Münster von Derneburg (Vererblichkeit vorbehalten, 1909 auch für den Sohn)
1900	Fürst zu Dohna-Schlobitten
1900	Fürst zu Eulenburg und Hertefeld
1900	Fürst zu Innhausen und Knyphausen
1901	Graf Henckel Fürst von Donnersmarck
1905	Fürst von Bülow (Vererblichkeit vorbehalten)
1908	Fürst und Herr zu Putbus (für Franz Adolf v. Veltheim)
1914	Fürst von Wedel

Sachregister

Personenregister

Ortsregister

Quellen und Literaturverzeichnis

Quellenverzeichnis

Benutzte Archive

Archiwum Państwowe w Olsztynie [=Staatsarchiv Allenstein] (APO/Allenstein)
Brandenburgisches Landeshauptarchiv Potsdam (BLHA)
Geheimes Staatsarchiv Preußischer Kulturbesitz (GStA PK)
Privatarchiv Dr. Klaus Karbe, Potsdam
Privatarchiv Pfarrer Thomas Dietz, Schönfeld/Uckermark
Privatarchiv Woldemar Schulz-Wulkow, Frankfurt/M

Ungedruckte Quellen

Benda, Robert v.: Erinnerungen (1899), Privatarchiv Dr. Klaus Karbe, Potsdam.

Gysae, Wilhelm Albrecht: Aufzeichnungen (1950), Privatarchiv Dr. Klaus Karbe, Potsdam.

Karbe, Adolf: Aus dem Leben meiner seligen Eltern (1868), Privatarchiv Dr. Klaus Karbe, Potsdam.

Köhne-Wranke-Deminski, Erich v.: Die Familie Lehr (1928), Privatarchiv Dr. Klaus Karbe, Potsdam.

Lehr, Bertha, geb. Honig und **Gropius**, Luise, geb. Honig: Erinnerungen (1906), Privatarchiv Dr. Klaus Karbe, Potsdam.

Nies, Ferdinand: Meine Biographie niedergeschrieben im Juli und August 1863, Privatarchiv Dr. Klaus Karbe, Potsdam.

Schultz, Paul und Fritz: Erinnerungen von (um 1948), Privatarchiv Pfarrer Thomas Dietz, Schönfeld/Uckermark.

Stünzner-Karbe, Karl v.: Erinnerungen (1933),
Privatarchiv Dr. Klaus Karbe, Potsdam.

Wahnschaffe, Paul: Lebenserinnerungen (1896),
Privatarchiv Dr. Klaus Karbe, Potsdam.

Wahnschaffe, Philipp: Arnold Wahnschaffe. Annäherungen an den Großvater. Hamburg 1997, (ungedrucktes Manuskript).

Vier Generationen Keibel in Ludwigsburg (1919),
Privatarchiv Pfarrer Thomas Dietz, Schönfeld/Uckermark.

Gedruckte Quellen

Acta Borussica. Denkmäler der preußischen Staatsverwaltung im 18. Jahrhundert. Die Behördenorganisation und die allgemeine Staatsverwaltung Preußens im 18. Jahrhundert. Bd. I-XVI, Berlin 1892-1980.

Allgemeines **Landrecht** für die Preußischen Staaten von 1794. (mit einer Einführung von Hans **Hattenhauer** und einer Bibliographie von Günther Bernert), Neuwied, Kriftel und Berlin 1994[2].

Arndt, Adolf: Die Verfassungsurkunde für den preußischen Staat nebst Ergänzungs- und Ausführungsgesetzen. Berlin 1889[2].

Berghaus, Heinrich: Landbuch der Mark Brandenburg und des Markgrafthums Niederlausitz in der Mitte des 19. Jahrhunderts. Bd. I. - III. Brandenburg 1854-56.

Bleich, Eduard: Der Erste Vereinigte Landtag in Berlin 1847. 2 Bde., Berlin 1847.

Brandenburgisches **Geschlechterbuch,** Bd. 1 (= Bürgerliches Geschlechterbuch, Bd. 111) Görlitz 1941, Bd. 2 (= Bd. 150), Limburg 1969, Bd. 3 (= Bd. 160), Limburg 1972.

Bratring, Friedrich Wilhelm August: Statistisch-topographische Beschreibung der gesamten Mark Brandenburg. (Hrsg. v. Otto Büsch und Gerd Heinrich) Berlin 1968 (Veröffentlichungen der Historischen Kommission zu Berlin beim Friedrich-Meinecke-Institut der Freien Universität Berlin, 22).

Das kleine Buch vom **deutschen Heere.** Ein Hand und Nachschlagebuch zur Belehrung über die deutsche Kriegsmacht. Kiel und Leipzig 1901.

Das Verhältnis von **Miethe und Einkommen** in Berlin. In: Berlin und seine Entwicklung. Gemeinde-Kalender und städtisches Jahrbuch, Bd. 2, Berlin 1868, S. 264-267.

Die Ergebnisse der Erhebungen über die **Rentabilität** bestimmter Landwirtschaftsbetriebe im Jahre 1898. In: Archiv des Deutschen Landwirthschaftsraths 27 (1903), S. 481-540.

Die **Ergebnisse** der Grund- und Gebäudesteuerveranlagung im Regierungsbezirk Potsdam. Hrsg. vom Königlichen Finanzministerium. Berlin 1867.

Die **Ergebnisse** der Grund- und Gebäudesteuerveranlagung im Regierungsbezirk Frankfurt/O. Hrsg. vom Königlichen Finanzministerium. Berlin 1869.

Die **Gemeinden und Gutsbezirke** des Preussischen Staates und ihre Bevölkerung. Nach den Urmaterialien der allgemeinen Volkszählung vom 1. December 1871 bearbeitet und zusammengestellt vom Königlichen Statistischen Bureau. Bd. II. Provinz Brandenburg. Berlin 1873.

Die Kreisbauernschaften der Kurmark in Zahlen 1941. Zusammengestellt von der Landesbauernschaft der Kurmark. o. O. und J. (1941).

Die Landwirthschaft im Deutschen Reich. Nach der landwirthschaftlichen **Betriebszählung** von 14. Juni 1895. (= Statistik des Deutschen Reichs. NF, Bd. 112 (1898)).

Dieterici, Carl Friedrich Wilhelm: Neueste Übersicht der Bodenfläche, der Bevölkerung und des Viehstandes der einzelnen Kreise des Preußischen Staates, nach den zu Ende des Jahres 1843 amtlich aufgenommenen Verzeichnissen. Berlin 1845.

Eickstedt C. v.: Beiträge zu einem neueren Landbuch der Mark Brandenburg. Magdeburg 1840

Frantz, Adolf: Generalregister der Herrschaften, Ritter- und anderen Güter der Preußischen Monarchie mit Angaben über Areal, Ertrag, Grundsteuer, Besitzer, Kauf- und Taxpreis etc. Berlin 1863.

Gemeindelexikon für den Stadtkreis Berlin und die Provinz Brandenburg. Berlin 1898.

Genealogisches Handbuch des Adels. Sämtliche Abteilungen und Jahrgänge, Glücksburg 1951 ff.

Gothaische genealogische Taschenbücher (der ‚**Gotha**'), sämtliche Abteilungen und Jahrgänge, Gotha 1825-1942.

Gritzner, Adolf Maximilian Ferdinand: Chronologische Matrikel der Brandenburgisch-Preußischen Standeserhöhungen und Gnadenakte von 1600-1873. Berlin 1874.

Grundeigentum und Gebäude im Preußischen Staate auf Grund der Materialien der Gebäudesteuerrevision im Jahr 1878 (Preußische Statistik, 146, Teil I.) Berlin 1889.

Handbuch des Grundbesitzes im Deutschen Reiche. Nach amtlichen und authentischen Quellen bearbeitet durch Paul Ellerholz. Reihe I. Das Königreich Preussen. I. Lieferung: Provinz Brandenburg. Berlin 1885[2], 1896[3], 1903[4], 1910[5], 1921[6].

Historisches **Ortslexikon** für Brandenburg. Bearbeitet von: Liselott Enders (Tl. I - IV, VI, und VIII, XI), Margot Beck (Mitarbeit Tl. IV. und VI.), Peter Rohrlach (Tl. V., VII, und X., XI) und Joachim Schölzel (Tl. IX), Weimar 1964-1995 (Veröffentlichungen des Staatsarchivs/Brandenburgischen Landeshauptarchivs Potsdam).

Historisches **Ortslexikon** für die Niederlausitz. Bearbeitet von Rudolf Lehmann. 2 Bde. , Marburg 1979.

Houwald, Albrecht Freiherr v.: Brandenburg-preussische Standeserhöhungen und Gnadenakte. Görlitz 1939.

Huber, Ernst Rudolf (Hrsg.): Dokumente zur deutschen Verfassungsgeschichte. Bd. 1, Stuttgart u. a. 1978[3].

Jahrbuch des deutschen Adels. Bd. 1-3, Berlin 1896-1899.

Kneschke, Ernst Heinrich: Neues allgemeines deutsches Adels-Lexikon. Bd. 1-9, Leipzig 1859 ff.

Koch, Christian Friedrich: Das Recht und Hypotheken-Wesen der Preußischen Domainen, mit Berücksichtigung der Dogmen und Domainen-Verwaltungsgeschichte. Breslau 1838.

Landwirthschaftliche **Betriebsstatistik** nach der allgemeinen Berufszählung vom 5. Juni 1882. (= Statistik des Deutschen Reichs. NF, Bd. 5 (1885)).

Landwirthschaftliche **Betriebsstatistik**. Berufs- und Betriebszählung vom 12. Juni 1907. (= Statistik des Deutschen Reichs. NF, Bd. 212, Tl. 1 (1909), Tl. 2 (1912)).

Landwirtschaftliche **Betriebsstatistik** nach der allgemeinen Berufszählung vom 5. Juni 1882. Hrsg. vom Kaiserlichen Statistischen Amt, Berlin 1885 (= Statistik des Deutschen Reiches [NF], 5).

Ledebur, Leopold Freiherr v.: Adelslexikon der preußischen Monarchie. Bd. 1-3, Berlin 1855.

Martin, Rudolf: Jahrbuch des Vermögens und Einkommens der Millionäre in Preußen. 2 Bde., Berlin 1912.

Martin, Rudolf: Jahrbuch des Vermögens und Einkommens der Millionäre in der Provinz Brandenburg einschließlich Charlottenburg, Wilmersdorf und alle anderen Vororte Berlins. Berlin 1913 (= Bd. 8).

Meitzen, August: Der Boden und die landwirtschaftlichen Verhältnisse des Preussischen Staates. 8 Bde., Berlin 1866-1908.

Meyers **Orts- und Verkehrslexikon** des Deutschen Reiches. Leipzig u. Wien 1913[5].

Mylius, Christian Otto: Corpus Constitutionum Marchicarum. Bd. 1-13, Berlin u. Halle 1737-1755.

Niekammers Landwirtschaftliche Güter-Adreßbücher. Provinz Brandenburg 1914[2].

Novum Corpus Constitutionum Prussico-Brandenburgensium praecipue Marchicarum. Akademie der Wissenschaften (Hg.), Bd. 1-12, Berlin 1851-1822.

Rauer, Karl Friedrich: Adress-Buch der Rittergutsbesitzer und Rittergüter in den Preußischen Staaten. Bd. I, Handmatrikel der auf den Kreis- und Landtagen vertretenen Rittergüter. Berlin 1857.

Scholtz, Carl (**v. Scholtz und Hermensdorff**), Das bestehende Provinzialrecht der Kurmark Brandenburg. Zweite, auf den Grund der Berathungs-Verhandlungen und der neueren Gesetzgebung umgearbeitete Auflage, 3. Bde., Berlin 1854 ff.

Statistik der Landwirthschaft (land- und forstwirthschaftliche Bodennutzung) im preußischen Staate für das Jahr 1900. I. Die Bodennutzung im allgemeinen. In: Preußische Statistik 168 (1902).

Statistik der Landwirthschaft (land- und forstwirthschaftliche Bodennutzung) im preußischen Staate für das Jahr 1913. I. Die Bodennutzung im allgemeinen. In: Preußische Statistik 246 (1918).**Handbuch des Grundbesitzes** im Deutschen Reiche. Nach amtlichen und authentischen Quellen bearbeitet durch Paul Ellerholz. Reihe I. Das Königreich Preussen. I. Lieferung: Provinz Brandenburg. Berlin 1885[2].

Statistisches Jahrbuch für den Preußischen Staat, 1 (1903), 10 (1913), 13 (1916).

Literaturverzeichnis

o. A.: Die Aufhebung der märkischen Lehen. In: Deutsches Adelsblatt 4 (1886), Nr. 1 – Nr. 3 (Teil I. – III.).

Abel, Wilhelm: Agrarkrisen und Agrarkonjunktur. Eine Geschichte der Land- und Ernährungswirtschaft Mitteleuropas seit dem hohen Mittelalter. Hamburg-Berlin 1966[2].

Achilles, Walter: Deutsche Agrargeschichte im Zeitalter der Reformen und der Industrialisierung. Stuttgart 1993.

Achilles, Walter: Landwirtschaft in der Frühen Neuzeit. München 1991 (= Enzyklopädie Deutscher Geschichte, 10).

Adamy, Kurt u. Hübener, Kristina (Hgg.): Adel und Staatsverwaltung in Brandenburg im 19. und 20. Jahrhundert: ein historischer Vergleich. Potsdam 1996 (=Potsdamer Historische Studien, 2).

Agde, Günther (Hg.): Carl-Hans Graf v. Hardenberg. Ein deutsches Schicksal im Widerstand. Berlin 1994.

Alber, Wolfgang: Die Junker in der Provinz Sachsen 1900-1917/18. Halle 1980, Phil. Diss. (MS).

Allmenröder, E. : Das politische Leben in den brandenburgischen Provinziallandtagen unter Friedrich Wilhelm III. Frankfurt/M 1922, Diss. Phil. (MS.).

Arnim, Dankwart Graf v.: Als Brandenburg noch die Mark hieß. Berlin 1991.

Arnim, Hermann Graf v. u. **Boelcke**, Willi A.: Muskau. Standesherrschaft zwischen Spree und Neiße. Berlin 1992[2].

Arnim, Hermann Graf v : Märkischer Adel. Berlin[2] 1989 (= Veröffentlichungen des Vereins für die Geschichte der Mark Brandenburg, 1).

Aubin, Hermann u. **Zorn**, Wolfgang (Hg.): Handbuch der deutschen Wirtschafts- und Sozialgeschichte. Bd. 2, Stuttgart 1976.

Augustine, Dolores: Patricians and Parvenus. Wealth and High Society in Wilhelmine Germany. Oxford u. Providence/USA 1994.

Avenarius, Ludwig: Ueber den Verkauf zahlreicher adelicher Güter in der Provinz Preußen nebst einer gedrängten Beschreibung der zum Verkaufe gestellten Güter selbst. Halberstadt 1827.

Bade, Klaus J.: 'Billig und willig' - die 'ausländischen Wanderarbeiter' im kaiserlichen Deutschland. In: Ders. (Hg.): Deutsche im Ausland - Fremde in Deutschland. Migration in Geschichte und Gegenwart. München 1992.

Bald, Detlev: Der deutsche Offizier. Sozial- und Bildungsgeschichte des deutschen Offizierkorps im 20. Jahrhundert. München 1982.

Bassewitz, Magnus F. v.: Die Kurmark Brandenburg, ihr Zustand und ihre Verwaltung unmittelbar vor dem Ausbruch des französischen Krieges im Oktober 1806. Leipzig 1847.

Bassewitz, Magnus Friedrich v.: Die Kurmark Brandenburg. Ihr Zustand und ihre Verwaltung unmittelbar vor dem Ausbruche des Krieges im Oktober 1806. Von einem ehemaligen höheren Staatsbeamten. Leipzig 1847.

Baudis, Dieter und **Nussbaum**, Helga: Wirtschaft und Staat in Deutschland vom Ende des 19. Jahrhunderts bis 1918/19. Berlin (Ost) 1978 (= Eine Wirtschaftsgeschichte des staatsmonopolistischen Kapitalismus in Deutschland vom Ende des 19. Jahrhunderts bis 1945, Bd. 1).

Baumgart, Peter: Zur Geschichte der kurmärkischen Stände im 17. und 18. Jahrhundert. In: Gerhard **Dietrich** (Hg.): Ständische Vertretungen in Europa im 17. und 18. Jahrhundert. Göttingen 1969, S. 131-161.

Becker, Gerhard: Die Beschlüsse des preußischen Junkerparlaments von 1848. In: Zeitschrift für Geschichtswissenschaft 24 (1976), S. 889-918.

Berdahl, Robert: Junker and Burgher: Conflicts Over the Purchase of Rittergüter in the Early Nineteenth Century. In: Mentalitäten und Lebensverhältnisse. Beispiele aus der Sozialgeschichte der Neuzeit. Rudolf Vierhaus zum 60. Geburtstag. Göttingen 1982, S. 160-172.

Berdahl, Robert M.: Preußischer Adel: Paternalismus als Herrschaftssystem. In: Hans Jürgen Puhle u. Hans-Ulrich Wehler (Hgg.): Preußen im Rückblick. Göttingen 1981, S. 123-145 (= Geschichte und Gesellschaft, Sonderheft 6).

Berghoff, Hartmut: Aristokratisierung des Bürgertums? Zur Sozialgeschichte der Nobilitierung von Unternehmern in Preußen und Großbritannien 1870 bis 1918. In: Vierteljahrsschrift für Sozial- und Wirtschaftsgeschichte 81 (1994), S. 178-204.

Berghoff, Hartmut: Adel und Bürgertum in England 1770-1850. Ergebnisse der neueren Elitenforschung. In: Elisabeth Fehrenbach (Hrsg. unter Mitarbeit von Elisabeth Müller-Luckner): Adel und Bürgertum in Deutschland 1770-1848. München 1994, S. 95-127.

Bernhardt, A.: Die Umwandlung der preussischen Staatsdomänen in Staatsforsten. In: Landwirthschaftliche Jahrbücher. Zeitschrift für wissenschaftliche Landwirtschaft, 7 (1878), S. 1-18.

Berthold, Rudolf, **Harnisch**, Hartmut und **Müller**, Hans-Heinrich: Der Preußische Weg der Landwirtschaft und neuere westdeutsche Forschungen. In: JbfWG 1970, Tl. IV. S. 417-428.

Berthold, Rudolf: Der sozialökonomische Differenzierungsprozeß der Bauernwirtschaft in der Provinz Brandenburg während der industriellen Revolution (1816 bis 1878/82). In: Jahrbuch für Wirtschaftsgeschichte 1974/II., S. 13-50.

Bismarck, Klaus v.: Aufbruch aus Pommern. Erinnerungen und Perspektiven. München u. Zürich 1992.

Bittermann, Eberhard: Die landwirtschaftliche Produktion in Deutschland 1800-1950. In: Kühn-Archiv 70 (1956), S. 1-149.

Bock, Sabine u. **Helms**, Thomas: Schlösser und Herrenhäuser auf Rügen. Bremen 1993.

Bourdieu, Pierre: Sozialer Raum und ›Klassen‹. Leçon sur la leçon. Frankfurt/M 1995.

Bourdieu, Pierre: Die feinen Unterschiede. Kritik der gesellschaftlichen Urteilskraft. Frankfurt/M 1996.

Brakensiek, Stefan: Adlige und bürgerliche Amtsträger in Staat und Gesellschaft. Das Beispiel Hessen-Kassel 1750-1866. In: Klaus Tenfelde u. Hans-Ulrich Wehler (Hgg.): Wege zur Geschichte des Bürgertums. Vierzehn Beiträge. Göttingen 1994, S. 15-35 (= Bürgertum. Beiträge zur europäischen Gesellschaftsgeschichte, 8).

Bratvogel, Friedrich W.: Landadel und ländliches Bürgertum. Mecklenburg-Strelitz und Oberschwaben 1750-1850. In: Geschichte und Gesellschaft 25 (1999), S. 404-428.

Braun, Magnus Freiherr v.: Von Ostpreußen bis Texas. Oldenburg 1955.

Brinkmann, Carl: Wustrau, Wirtschafts- und Verfassungsgeschichte eines brandenburgischen Ritterguts. Leipzig 1911 (= Staats- und sozialwissenschaftliche Forschungen, 155).

Broszat, Martin: Zweihundert Jahre deutsche Polenpolitik. Frankfurt/M 1978[2].

Brunner, Reinhold: Die Junker – Eine Untersuchung zu ihrer klassenmäßigen Einordnung im letzten Drittel des 19. Jahrhunderts (am Beispiel der Provinz Brandenburg). Halle 1990, Phil. Diss. (MS.).

Brunner, Reinhold: Die Stellung des ostelbischen Adels zu Kultur, Wissenschaft und Kunst am Ende des 19. Jahrhunderts. In: Kurt Adamy u. Kristina Hübener (Hgg.): Adel und Staatsverwaltung in Brandenburg im 19. und 20. Jahrhundert: ein historischer Vergleich. Potsdam 1996, S. 167-184.

Brunner, Reinhold: Landadliger Alltag und primäre Sozialisation in Ostelbien am Ende des 19. Jahrhunderts. In: Zeitschrift für Geschichtswissenschaft 39 (1991), S. 995-1011.

Buchsteiner, Ilona: Adel und Bodeneigentum – Wandlungen im 19. Jahrhundert. In: Wolfgang Neugebauer und Ralf Pröve (Hg.), Agrarische Verfassung und politische Struktur. Studien zur Gesellschaftsgeschichte Preußens 1700-1918, Berlin 1998, S. 37-64.

Buchsteiner, Ilona: Großgrundbesitz in Pommern 1871-1914. Ökonomische, soziale und politische Transformation der Großgrundbesitzer. Berlin 1993.

Buchsteiner, Ilona: Kontinuität du Wandel in der Sozialstruktur der Landräte Pommerns zwischen Reichsgründung und Erstem Weltkrieg. In: Kurt Adamy u. Kristina Hübener (Hgg.): Adel und Staatsverwaltung in Brandenburg im 19. und 20. Jahrhundert: ein historischer Vergleich. Potsdam 1996, S. 367-388.

Buchsteiner, Ilona: Pommerscher Adel im Wandel des 19. Jahrhundert. In: Geschichte und Gesellschaft 25 (1999), S. 343-374.

Buchsteiner, Ilona: Wirtschaftlicher und sozialer Wandel in ostdeutschen Gutswirtschaften vor 1914, in Archiv für Sozialgeschichte 36 (1996), S. 85-109.

Bülow, Bernhard Fürst von: Denkwürdigkeiten. Berlin 1930 ff., 4 Bde.

Bülow-Kummerow, Ernst v.: Preußen, seine Verfassung, seine Verwaltung, sein Verhältniss zu Deutschland. Berlin 1842.

Büsch, Otto: Militärsystem und Sozialleben im alten Preußen. Die Anfänge der sozialen Militarisierung der preußisch-deutschen Gesellschaft. Frankfurt/M. u. a. 1981[2].

Cannadine, David: The Decline and Fall of the British Aristocracy. New Haven, Connecticut 1990.

Carsten, Francis L.: Geschichte der preußischen Junker. München 1988.

Carsten, Francis L.: Der preußische Adel und seine Stellung in Staat und Gesellschaft bis 1945. In: Hans Ulrich Wehler (Hg.): Europäischer Adel 1750-1950. Göttingen 1990, S. 113-125.

Cecil, Lamar: The Creation of Nobles in Prussia, 1871-1918. In: The American Historical Review, Volume LXXV, Number 3 (1970), S. 757-795.

Conrad, Johannes u. a. (Hg.): Handwörterbuch der Staatswissenschaften. Bd. 5, Jena 1910[3].

Conrad, Johannes: Agrarstatistische Untersuchungen. II. Die Latifundien im preußischen Osten. In: Jahrbücher für Nationalökonomie und Statistik, NF, 16 (1888), S. 121-170.

Conrad, Johannes: Agrarstatistische Untersuchungen. IV. Der Großgrundbesitz in Pommern. In: Jahrbücher für Nationalökonomie und Statistik, III. Folge, Bd. X. (1895), S. 706-739.

Conrad, Johannes: Agrarstatistische Untersuchungen. IX. Der Großgrundbesitz in der Provinz Posen. In: Jahrbücher für Nationalökonomie und Statistik, III. Folge, Bd. VI. (1893), S. 516-542.

Conrad, Johannes: Agrarstatistische Untersuchungen. V. Der Großgrundbesitz in Schlesien. In: Jahrbücher für Nationalökonomie und Statistik, III. Folge, Bd. XV. (1898), S. 705-729.

Conrad, Johannes: Agrarstatistische Untersuchungen. VI. Der Großgrundbesitz in Ostpreußen. In: Jahrbücher für Nationalökonomie und Statistik, III. Folge, Bd. II. (1891), S. 817-844.

Conrad, Johannes: Agrarstatistische Untersuchungen. VII. Der Großgrundbesitz in Westpreußen. In: Jahrbücher für Nationalökonomie und Statistik, III. Folge, Bd. III. (1892), S. 481-495.

Conze, Werner: Begriff Adel, Aristokratie. In: Otto Brunner, Werner Conze u. Reinhart Koselleck (Hgg.): Geschichtliche Grundbegriffe. Historisches Lexikon zur politisch-sozialen Sprache in Deutschland. Bd. I. Stuttgart 1972, S. 1-48.

Delbrück, Hans: Volksvermögen und Steuerdeklaration. In: Preußische Jahrbücher 136 (1909), S. 166-187.

Demeter, Karl: Das deutsche Offizierskorps in Gesellschaft und Staat 1650-1945. 3. Auflage Frankfurt/M 1962.

Diemel, Christa: Adlige Frauen im bürgerlichen Jahrhundert. Hofdamen, Stiftsdamen, Salondamen 1800-1870. Frankfurt/M 1998.

Dipper, Christof: Adelsliberalismus in Deutschland. In: Dieter Langewische (Hg.) Liberalismus im 19. Jahrhundert. Deutschland im europäischen Vergleich. Göttingen 1988, S. 172-192.

Dipper, Christof: Deutsche Geschichte 1648-1789. Frankfurt/M 1991.

Dipper, Christof: Die Bauernbefreiung in Deutschland. Stuttgart u. a. 1980.

Dipper, Christof: Landwirtschaft im Wandel. Neue Perspektiven der preußisch-deutschen Agrargeschichte im 19. Jahrhundert. In: Neue Politische Literatur 1 (1993), S. 29-42.

Dissow, Joachim v. (d. i. J. v. Rantzau): Adel im Übergang. Ein kritischer Standesgenosse berichtet aus Residenzen und Gutshäusern. Stuttgart 1961.

Dobroschke, Fritz: Artikel: Gutsbezirk. In: Hermann Sacher (Hg.): Staatslexikon. Freiburg/Breisgau 1927, Bd. 2, Sp. 963-964.

Doehler, Richard P.: Geschichte der Rittergüter und Dörfer Lomnitz und Bohra im Görlitzer und Laubaner Kreise. (Görlitz 1909).

Dorno, Friedrich: Der Fläming und die Herrschaft Wiesenburg. Agrarhistorische Studien aus den nördlichen Ämtern des sächsischen Kurkreises. München und Leipzig 1914 (= Staats- und sozialwissenschaftliche Forschungen, 178).

Duncker, Max: Feudalität und Aristokratie. Berlin 1858.

Dyhrenfurth, Gertrud: Ein schlesisches Dorf und Rittergut. Geschichte und soziale Verfassung. Leipzig 1906, S. 56 (= Staats- und sozialwissenschaftliche Forschungen, 25, Hft. 2).

Eckardstein, Hermann Freiherr v. : Persönliche und politische Erinnerungen. 2 Bde., Leipzig 1919.

Eddie, Scott M.: Großgrundbesitz im ostelbischen Preußen: Datenbasis und methodologische Probleme. In: Reif, Heinz (Hg): Ostelbische Agrargesellschaft im Kaiserreich und in der Weimarer Republik. Berlin 1994, S. 141-156.

Eddie, Scott M.: The Price of Land in Eastern Prussia: Data from Capital Gains Tax Records, 1891-1907. In: Historical Research 22 (1997), S. 195-216.

Eichholtz, Dietrich: Junker und Bourgeoisie vor 1848 in der preußischen Eisenbahngeschichte. Berlin 1962.

Eickstedt, Claus v.: Wahre Arbeitsgemeinschaft auf dem Lande. Langensalza 1923 (= Friedrich Mann's pädagogisches Magazin. Schriften zur politischen Bildung. Hrsg. v d. Gesellschaft „Deutscher Staat", Hft. 8).

Eickstedt, Claus v.: Der soziale Beruf wahren Adels. Langensalza 1926 (= Friedrich Mann's pädagogisches Magazin. Schriften zur politischen Bildung. Hrsg. v d. Gesellschaft „Deutscher Staat", VII. Reihe. Volkstum, Hft. 7).

Eichler, Helga: Die Märkische Ökonomische Gesellschaft zu Potsdam um 1800. in: FBPG (NF) 2 (1993), S. 193-227.

Eiffert, Christiane: Zum Wandel einer Funktionselite. Brandenburgische Landräte im 19. Jahrhundert. In: Kurt Adamy u. Kristina Hübener (Hgg.): Adel und Staatsverwaltung in Brandenburg im 19. und 20. Jahrhundert: ein historischer Vergleich. Potsdam 1996, S. 41-66.

Eltz, Erwein H.: Die Modernisierung einer Standesherrschaft. Karl Egon III. und das Haus Fürstenberg in den Jahren nach 1848/49. Sigmaringen 1980.

Endres, Rudolf: Adel in der Frühen Neuzeit. München 1993 (= Enzyklopädie Deutscher Geschichte, 18).

Engel, Ernst: Die Klassensteuer und die klassifizierte Einkommenssteuer und die Einkommensverteilung im preußischen Staat in den Jahren 1852 bis 1875. In: Zeitschrift des Königlich Preußischen statistischen Bureaus, 15 (1875), S. 105-148.

Evert, G.: Die Verschuldung des ländlichen Grundbesitzes in einer Anzahl von Amtsgerichtsbezirken Preussens von 1883 bis 1896. In: Zeitschrift des Königlich Preussischen Statistischen Bureaus, 38 (1898).

Fehrenbach, Elisabeth (Hrsg. unter Mitarbeit von Elisabeth Müller-Luckner): Adel und Bürgertum in Deutschland 1770-1848. München 1994.

Fehrenbach, Elisabeth: Adel und Bürgertum im deutschen Vormärz. In: Historische Zeitschrift 258 (1994), S. 1-28.

Fertig, Ludwig: Der Adel im deutschen Roman des 18. und 19. Jahrhunderts. Phil. Diss. Heidelberg 1965 (Ms.).

Finck v. Finckenstein, Wolfram Graf: Die Getreidewirtschaft Preußens von 1800 bis 1930. Berlin 1934 (=Vierteljahreshefte zur Konjunkturforschung, Sonderheft 35).

Flemming, Jens: Fremdheit und Ausbeutung. Großgrundbesitz, „Leutenot„ und Wanderarbeiter im Wilhelminischen Deutschland. In: Heinz Reif (Hg.): Ostelbische Agrargesellschaft im Kaiserreich und in der Weimarer Republik. Agrarkrise, junkerliche Interessenpolitik, Modernisierungsstrategien. Berlin 1994, S. 345-360.

Flügel, Axel: Bürgerliche Rittergüter. Sozialer Wandel und bürgerliche Reform in Kursachsen (1680-1844). Göttingen 2000 (= Bürgertum Beiträge zur Europäischen Gesellschaftsgeschichte, 16).

Flügel, Axel: Sozialer Wandel und politische Reform in Sachsen. Rittergüter und Gutsbesitzer im Übergang von der Landeshoheit zum Konstitutionalismus 1763-1843, in: Klaus Tenfelde u. Hans Ulrich Wehler (Hrsg.): Wege zur Geschichte des Bürgertums. Göttingen 1994, S. 36-56 (= Bürgertum. Beiträge zur europäischen Gesellschaftsgeschichte, 8).

Fontane, Theodor: Wanderungen durch die Mark Brandenburg. 6 Bde., Berlin 1994.

Fontane, Theodor: Der Stechlin, Berlin u. Weimar 1969.

Frank, Alexandra: Die Entwicklung der ostelbischen Gutswirtschaften im Deutschen Kaiserreich und in den Anfangsjahren der Weimarer Republik. Weiden u. Regensburg 1994.

Franz, Günther: Landwirtschaft 1800-1850, in: Hermann Aubin u. Wolfgang Zorn (Hg.): Handbuch der deutschen Wirtschafts- und Sozialgeschichte. Stuttgart 1976, Bd. 2, S. 276-320.

Franz, Robert: Die Landschaftlichen Kreditinstitute in Preußen. Ihre rechtlichen und finanziellen Verhältnisse und ihre geschichtliche Entwicklung. Berlin 1902.

Freytag-Loringhoven, Hugo Freiherr von: Menschen und Dinge wie ich sie in meinem Leben sah. Berlin 1923.

Freytag-Roitz, R.: Die Entwicklung der Landwirtschaft in der Niederlausitz seit ihrer Zugehörigkeit zu Hause Hohenzollern 1815 - 1900. Berlin 1900.

Friedel, Ernst und **Mielke**, Robert (Hg.): Landeskunde der Provinz Brandenburg. Bd. II. Die Geschichte. Berlin 1910.

Frühsorge, Gotthardt: Die Kunst des Landlebens. Vom Landschloß zum Campingplatz; Eine Kulturgeschichte. München u. Berlin 1993.

Funck, Marcus u. **Malinowski**, Stephan: Geschichte von oben. Autobiographien als Quelle einer Sozial- und Kulturgeschichte des deutschen Adels in Kaiserreich und Weimarer Republik. In: Historische Anthropologie 7 (1999), S. 236-270.

Gall, Lothar: Von der ständischen zur bürgerlichen Gesellschaft. München 1993 (= Enzyklopädie Deutscher Geschichte, 25).

Gall, Lothar: Adel, Verein und städtisches Bürgertum. In: Elisabeth Fehrenbach (Hg.): Adel und Bürgertum in Deutschland 1770-1848. München 1994, S. 29-44.

Gans Edler Herr zu Putlitz, Wolfgang: Unterwegs nach Deutschland. Erinnerungen eines ehemaligen Diplomaten. Berlin 1956

Geisendörfer, Ingeborg: „... ein prägender Teil meines Lebens." Als Hauslehrerin in Neuhardenberg. In Günther Agde (Hg.): Carl-Hans Graf v. Hardenberg. Ein deutsches Schicksal im Widerstand. Berlin 1994, S. 194-200.

Gelpke, Franz: Die geschichtliche Entwicklung des Landrathsamtes der preußischen Monarchie unter besonderer Berücksichtigung der Provinzen Brandenburg, Pommern und Sachsen. Berlin 1902.

Genzmer, St.: Entstehung und Rechtsverhältnisse der Gutsbezirke in den 7 östlichen Provinzen des preußischen Staates dargestellt unter Berücksichtigung der Landgemeindeordnung vom 3. Juli 1891. Berlin 1891.

Gerlach, Helmut v.: Erinnerungen eines Junkers. Berlin 1924.

Gerlach, Helmut v.: Von Rechts nach links. Berlin 1937.

Gillis, John R. Aristocracy and Bureaucracy in Ninetheenth-Century Prussia. In: Past & Present 41 (1968), S. 105-129.

Goldschmidt, Hans: Die Grundbesitzverteilung in der Kurmark Brandenburg um 1800. Borna-Leipzig 1909.

Gollwitzer, Heinz: Die Standesherren 1815-1918, Stuttgart 1957.

Goltz, Theodor v. d.: Geschichte der deutschen Landwirtschaft. Bd. 2 Das neunzehnte Jahrhundert. Stuttgart u. Berlin 1903.

Göse, Frank: Adlige Führungsgruppen in nordostdeutschen Territorialstaaten des 16. Jahrhunderts. In: Peter-Michael Hahn u. Hellmut Lorenz (Hgg.): Formen der Visualisierung von Herrschaft. Studien zu Adel, Fürst und Schlossbau vom 16. bis zum 18. Jahrhundert. Potsdam 1998, S. 139-210.

Göse, Frank: Die Struktur des Kur- und Neumärkischen Adels im Spiegel der Vasallentabellen des 18. Jahrhunderts. In: FBPG (NF) 2 (1992), S. 25-46.

Göse, Frank: Zur Geschichte des Neumärkischen Adels im 17/18. Jahrhundert – Ein Beitrag zum Problem des ständischen Regionalismus. In: FBPG NF 7 (1997), S. 1-48.

Gross, Reiner: Die bürgerliche Agrarreform in Sachsen in der ersten Hälfte des 19. Jahrhunderts. Untersuchungen zum Problem des Übergangs vom Feudalismus zum Kapitalismus der Gegenwart. Weimar 1968.

Hahn, Peter Michael: Fürstliche Territorialhoheit und lokale Adelsgewalt. Berlin 1989.

Hahn, Peter-Michael, Struktur und Funktion des brandenburgischen Adels im 16. Jahrhundert, Berlin 1979 (= Historische und Pädagogische Studien, 9).

Hake, Dietloff v.: Klein Machnow. Die Geschichte eines märkischen Rittergutes und seiner Besitzer. Berlin 1934.

Handbuch der historischen Stätten. Bd. 10, Berlin und Brandenburg (hrsg. v. Gerd **Heinrich**), Stuttgart 1985^2.

Harnisch, Hartmut: Adel und Großgrundbesitz im ostelbischen Preußen 1800-1914. Antrittsvorlesung an der Humboldt-Universität zu Berlin am 16. Juni 1992. Berlin 1993.

Harnisch, Hartmut, Kapitalistische Agrarreform und Industrielle Revolution. Agrarhistorische Untersuchungen über das ostelbische Preußen zwischen Spätfeudalismus und bürgerlich-demokratischer Revolution von 1848/49 unter besonderer Berücksichtigung der Provinz Brandenburg. Weimar 1984 (= Veröffentlichungen des Staatsarchivs Potsdam, 19).

Harnisch, Hartmut: Die Gutsherrschaft in Brandenburg. Ergebnisse und Probleme. In: Ingrid Mittenzwei u. Karl Heinz Noack (Hrsg.): Preußen in der deutschen Geschichte vor 1789. Berlin (Ost) 1983, S. 72-74.

Harnisch, Hartmut: Die Herrschaft Boitzenburg. Weimar 1968 (= Veröffentlichungen des Staatsarchivs Potsdam, 6).

Harnisch, Hartmut: Grundherrschaft oder Gutsherrschaft. Zu den wirtschaftlichen Grundlagen des niederen Adels in Norddeutschland zwischen mittelalterlicher Agrarkrise und Dreißigjährigem Krieg. In: Rudolf Endres (Hg.): Adel in der Frühneuzeit. Ein regionaler Vergleich. Köln und Wien 1991, S. 73-98.

Harnisch, Hartmut: Probleme junkerlicher Agrarpolitik im 19. Jahrhundert. In Wissenschaftliche Zeitschrift der Universität Rostock, XXI. (1972), Gesellschafts- und Sprachwissenschaftliche Reihe, Hft. 1, Tl. 2, S. 99-116.

Harnisch, Hartmut: Probleme der Periodisierung und regionalen Typisierung der Gutsherrschaft im mitteleuropäischen Raum. In: JbGdF, 10 (1986), S. 251-274.

Harnisch, Hartmut: Rechtsqualität des Bauernlandes und Gutsherrschaft. Probleme und Materialien einer vergleichenden und retrospektiven Auswertung von statistischen Massendaten aus dem 18. Jahrhundert und der Zeit der kapitalistischen Agrarreformen für die Agrar- und Siedlungsgeschichte. In: JbGdF 1979, Bd. 3, S. 311-363.

Hecht, Felix: Die deutschen Hypothekenbanken. Bd. I. Die Statistik der deutschen Hypothekenbanken. Leipzig 1903.

Hecht, Felix: Die Organisation des Bodenkredits in Deutschland. Dritte Abteilung: Die Landschaften und landschaftsähnlichen Kreditinstitute in Deutschland. Bd. I. Die Statistik. Leipzig 1908.

Heinickel, Gunther: Adelsidentität nach der Ständegesellschaft: Der preußische Adel in adelspolitischen Bildern und Vorschlägen um 1840. In: Heinz Reif (Hg.): Adel und Bürgertum in Deutschland. Entwicklungslinien und Wendepunkte im 19. Jahrhundert. Berlin 2000, S. 51-82.

Heinrich, Gerd: Der Adel in Brandenburg-Preussen, in: Helmuth Rössler (Hg.), Deutscher Adel 1555-1740. Büdinger Vorträge 1964, Darmstadt 1965, S.259-314.

Heinrich, Gerd: Nordostdeutscher Adel im Übergang vom Spätmittelalter zur Neuzeit, in: Eckart Henning u. Werner Vogel (Hg..), Festschrift der Landesgeschichtlichen Vereinigung für die Mark Brandenburg zu ihrem hundertjährigen Bestehen. Berlin 1984, S. 96-124.

Helling, Gertrud: Berechnung eines Index der Agrarproduktion in Deutschland im 19. Jahrhundert. In: JbfWG 1965/IV., S. 125-151.

Henning, Friedrich Wilhelm: Deutsche Wirtschafts- und Sozialgeschichte im Mittelalter und der frühen Neuzeit, Paderborn u. a. 1991 (= Handbuch der Wirtschafts- und Sozialgeschichte Deutschlands, Bd. 1).

Henning, Friedrich Wilhelm: Deutsche Wirtschafts- und Sozialgeschichte im 19. Jahrhundert. Paderborn u. a. 1995 (= Handbuch der Wirtschafts- und Sozialgeschichte Deutschlands, 2).

Henning, Hansjoachim: „Noblesse oblige?" Fragen zum ehrenamtlichen Engagement des deutschen Adels 1870-1914. In: VSWG 79 (1992), S. 305-340.

Henning, Hansjoachim: Sozialgeschichtliche Entwicklungen in Deutschland von 1815 bis 1860. Paderborn 1975.

Hertz-Eichenrode, Dieter: Zwischen Kontor und Gutshof. Berliner Unternehmer als Gutsbesitzer (1850-1914). In: Karl Heinrich Kaufhold und Bernd Sösemann (Hrsg.): Wirtschaft, Wissenschaft und Bildung in Preussen. Zur Wirtschafts- und Sozialgeschichte Preussens vom 18. bis zum 20. Jahrhundert. (= Beihefte zur Vierteljahresschrift für Sozial- und Wirtschaftsgeschichte, 148), Stuttgart, 1998, S. 213-230.

Heß, Klaus: Junker und bürgerliche Großgrundbesitzer im Kaiserreich. Landwirtschaftlicher Großbetrieb, Großgrundbesitz und Familienfideikommiß in Preußen (1867/71-1914). Stuttgart 1990.

Hesse, A.: Der Grundbesitz in Ostpreußen. Jena 1916 (= Grundlagen des Wirtschaftslebens von Ostpreußen. Denkschrift zum Wiederaufbau der Provinz. Erster Teil).

Hintze, Otto: Die Hohenzollern und ihr Werk. Berlin 1915.

Hintze, Otto: Die Hohenzollern und der Adel. In. Historische Zeitschrift Bd. 94, 1914, S. 494-524.

Hoffmann, Walter G.: Das Wachstum der deutschen Wirtschaft seit der Mitte des 19. Jahrhunderts. Berlin, Heidelberg, New York 1965 (= Enzyklopädie der Rechts- und Staatswissenschaft, Abteilung Staatswissenschaft).

Hohendahl, Peter Uwe u. **Lützeler**, Paul Michael: Legitimationskrisen des deutschen Adels 1200-1900. Stuttgart 1979 (= Literaturwissenschaft und Sozialwissenschaften 11).

Hohorst, Gerd; **Kocka**, Jürgen und **Ritter**, Gerhard A.: Sozialgeschichtliches Arbeitsbuch. Materialien zur Statistik des Kaiserreiches 1870-1914 (Statistische Arbeitsbücher zur neueren deutschen Geschichte). München 1975.

Holländer, Kay-Uwe: Vom märkischen Sand zum höfischen Parkett. Der Hof Friedrich Wilhelm III. – ein Reservat für die alte Elite des kurbrandenburgischen Adels? In: Ralf Pröve u. Bernd Kölling (Hg.): Leben und Arbeiten auf märkischem Sand. Wege in die Gesellschaftsgeschichte Brandenburgs 1700-1914. Bielefeld 1999, S.15-48.

Holtzendorff, W. v. Die Holtzendorff in der Mark Brandenburg und Chur-Sachsen. Eine genealogische Studie, Berlin 1876.

Hubbard, William H.: Familiengeschichte. Materialien zur deutschen Familie seit dem Ende des 18. Jahrhunderts. München 1983.

Hubatsch, Walter (Hg.): Grundriß zur deutschen Verwaltungsgeschichte 1815-1945. Reihe A: Preußen, Bd. 5 Brandenburg (bearbeitet v. Werner Vogel), Marburg/L 1975.

Hucho, Wolfgang: Die Naturalentlohnung in der deutschen Landwirtschaft. Berlin 1825.

Jacob, Thierry: Das Engagement des Adels der preußischen Provinz Sachsen in der kapitalistischen Wirtschaft 1860–1914/18. In: Heinz Reif, Adel und Bürgertum in Deutschland. Entwicklungslinien und Wendepunkte im 19. Jahrhundert. Bd. I., Berlin 2000, S.273-330.

Jacobs, Alfred und **Richter**, Hans: Die Großhandelspreise in Deutschland von 1792 bis 1934. Berlin 1935 (=Sonderhefte des Instituts für Konjunkturforschung, 37)

Jonas, Gertrud (Hg.): Charlotte Louise Bennecke und ihr Kreis. Familienbild für Verwandte und Freunde zusammengestellt von Gertrud Jonas, 2 Bde., Berlin 1910.

Jordan, Erich: Die Entstehung der konservativen Partei und die preußischen Agrarverhältnisse um 1848. München und Leipzig 1914.

Jordan, Gerhard v: Unser Dorf in Schlesien. Berlin (West) 1987.

Kaak, Heinrich: Die Gutsherrschaft. Theoriegeschichtliche Untersuchungen zum Agrarwesen im ostelbischen Raum. Berlin u. New York 1991.

Kahlden, E. v.: Die ländlichen Arbeiter. In: **Meitzen**, August: Der Boden und die landwirtschaftlichen Verhältnisse des Preussischen Staates. Bd. 8, 1908.

Kahn, Julius: Geschichte des Zinsfusses in Deutschland seit 1815 und die Ursachen seiner Veränderung. Stuttgart 1884.

Kalm, Harald v.: Das preußische Heroldsamt (1855-1920). Adelsbehörde und Adelsrecht in der preußischen Verfassungsentwicklung. Berlin 1994 (= Quellen und Forschungen zur Brandenburgischen und Preußischen Geschichte, 5).

Kalm, Harald v.: Der Begriff des Uradels als adelsrechtlicher Terminus im ausgehenden 18. 19. Jahrhundert. In: Der Herold. Vierteljahrsschrift für Heraldik, Genealogie und verwandte Wissenschaften, NF. 13 (1992), S. 340-343.

Kalm, Harald v.: Der Versuch einer Statistik über den preußischen Adel für das Jahr 1880. In: Der Herold. Vierteljahrsschrift für Heraldik, Genealogie und verwandte Wissenschaften, NF. 13 (1992), Hft. 9, S. 247-250.

Karbe, Klaus: Das fremde Familienbild. In: Nachrichtenblatt der Familie Karbe 33 (1973), S. 23-25.

Karbe, Klaus: „Ein Junker namens Karbe". In: Nachrichtenblatt des Familienverbandes Karbe. 53 (1987), S. 49-50.

Kaschuba, Wolfgang: Deutsche Bürgerlichkeit nach 1800. Kultur als soziale Praxis. In Jürgen Kocka (Hg.): Bürgertum im 19. Jahrhundert. Deutschland im europäischen Vergleich. München 1988, Bd. III., S. 9-44.

Kato Fusao: Die wirtschaftliche und soziale Bedeutung der Fideikommißfrage in Preußen 1871-1918, in: Heinz Reif (Hg.): Ostelbische Agrargesellschaft im Kaiserreich und in der Weimarer Republik. Agrarkrise, junkerliche Interessenpolitik, Modernisierungsstrategien. Berlin 1994, S. 73-93.

Katte, Horst v.: Niedersachsenadel. Soziologische und bevölkerungspolitische Untersuchungen der niedersächsischen Geschlechter mit adliger Tradition. Jena 1938.

Kekule v. Stradonitz, Stephan: Gedanken über eine Um- und Ausgestaltung des Adelswesens in Deutschland. In: Deutsche Revue 35 (1910), S. 295-305.

Keller, Kathrin u. **Matzerath**, Joseph (Hg.) in Zusammenarbeit mit Christine **Klecker** und Klaus-Dieter **Wintermann**: Geschichte des sächsischen Adels, Köln, Weimar u. Wien 1997.

Kern, Ernst-Heinrich: Die Nachkommen des märkischen Gutspächters Christian Friedrich Schulz (1742-1806). In: Deutsches Familienarchiv, Bd. 12, Neustadt a. d. Aisch 1959, S. 1-98.

Klatte, Klaus: Die Anfänge des Agrarkapitalismus und der preußische Konservativismus. Hamburg 1974, Diss. Phil. (MS.).

Kocka, Jürgen: Bürgertum und bürgerliche Gesellschaft im 19. Jahrhundert. Europäische Entwicklungen und deutsche Eigenarten. In: Ders. (Hg.): Bürgertum im 19. Jahrhundert. Deutschland im europäischen Vergleich. München 1988, Bd. I., S. 11-78.

Kocka, Jürgen (Hg.): Bürgertum im 19. Jahrhundert. Deutschland im europäischen Vergleich. 3 Bde., München 1988.

Köbler, Gerhard: Historisches Lexikon der deutschen Länder. München[4] 1992.

Kohl, Horst (Hg.): Die politischen Reden des Fürsten Bismarck. Bd. 10, Stuttgart 1903.

Kohlrausch, Martin: Die Deutung der Flucht Wilhelms II. als Fallbeispiel der Rezeption des wilhelminischen Kaisertums. In: In: Wolfgang Neugebauer und Ralf Pröve (Hgg. Redaktion René Schiller): Agrarische Verfassung und politische Struktur. Studien zur Gesellschaftsgeschichte Preußens 1700-1918. Berlin 1998, S. 325-348.

Koppe, Johann Gottlieb: Mitteilungen aus meiner Lebensgeschichte. (Hrsg. v. Heidemarie Quasten geb. Koppe) Blieskastel 1993.

Korth, Siegfried: Die Entstehung und Entwicklung des ostdeutschen Großgrundbesitzes. Göttingen 1952, Phil. Diss. (Ms.).

Koselleck, Reinhart: Adel und eximiertes Bürgertum. Die höheren Stände in Preußen um 1800. In: Barbara Vogel (Hg.): Preußische Reformen 1807-1820. Hanstein 1980, S. 168-187.

Koselleck, Reinhart: Preußen zwischen Reform und Revolution. Allgemeines Landrecht, Verwaltung und soziale Bewegung von 1791 bis 1848. München[2] 1989.

Krosigk, Eschwin v.: Familienleben im kaiserlichen Deutschland. Auf dem Lande. In: Deutsches Adelsblatt v. 15.10.1990.

Kraus, Hans-Christof: Bürgerlicher Aufstieg und adliger Konservatismus. Zur Sozial- und Mentalitätsgeschichte einer preußischen Familie im 19. Jahrhundert. In: Archiv für Kulturgeschichte, 74 (1992), S. 191-225.

Krug, Leopold: Betrachtungen über den Nationalreichtum des Preußischen Staates und über den Wohlstand seiner Bewohner. Bd. 2, Berlin 1805.

Kübler, Horst: Besoldung und Lebenshaltung der unmittelbaren preußischen Staatsbeamten im 19. Jahrhundert. Eine verwaltungsgeschichtliche Analyse. Nürnberg 1976 (=Nürnberger Forschungsberichte, 6).

Kühne, Walter: Die Vererbung des landwirtschaftlichen Grundbesitzes der Altmark und Kurmark in geschichtlicher Entwicklung. Würzburg 1939 (= jur. Diss.).

Kühnert, F.: Die ländliche Verschuldung in Preußen. In: Preußische Statistik 191 (1905-1908), 3 Bde.

Kühnert, F.: Hypothekenbewegung in Preussen nach Berufsgruppen der Hypothekenschuldner. In: Zeitschrift des Königlich Preussischen Statistischen Landesamtes, 55 (1915).

Lancizolle, Carl Wilhelm v. : Ueber Königthum und Landstände in Preußen. Berlin 1846.

Laslett, Peter: Verlorene Lebenswelten. Abschied von der vorindustriellen Gesellschaft. Wien u.a. 1988 (= Kulturstudien Bibliothek der Kulturgeschichte, 13).

Laubner, Jürgen (Hg.): Adel und Junkertum im 19. und 20. Jahrhundert. Biographische Studien zu ihrer politischen, ökonomischen und sozialen Entwicklung. In: Martin-Luther-Universität Halle-Wittenberg, Wissenschaftliche Beiträge, 1990/17 (C 48), Halle/S 1990.

Laubner, Jürgen: Die Stellung der schlesischen Junker im deutschen Kaiserreich 1871-1917/18. Halle 1982, Phil. Diss. (MS).

Ledebur, Leopold v.: Die in dem Zeitraum von 1740-1840 erloschenen altadligen Geschlechter der Mark. In: Märkische Forschungen, NF 2 (1843), S. 374-388.

Lepel, Vollrath v.: Verkommener Adel – Namensheiraten, adlige Zuhälter und adlige Geisteskranke. Zürich 1910.

Lehmann, Albrecht: »Grafenerzählungen« Gehobene Heimat- und Erinnerungsprosa für Bürger von heute. In: Carola Lipp (Hg.): Medien popularer Kultur. Erzählung, Bild und Objekt in der volkskundlichen Forschung. Frankfurt/M u. New York 1995, S. 60-70.

Lehmann, Rudolf: Die Herrschaften in der Niederlausitz. Untersuchungen zur Entstehung und Geschichte. Köln u. Graz 1966 (= Mitteldeutsche Forschungen, 40).

Lehmann, Rudolf: Geschichte der Niederlausitz. Berlin (West) 1963 (= Veröffentlichungen der Berliner Historischen Kommission, Bd. 5).

Lieven, Dominic: Abschied von Macht und Würden. Der europäische Adel 1815-1914. Frankfurt a.M. 1995.

Lippert, Werner: Geschichte der 110 Bauerndörfer in der nördlichen Uckermark. Ein Beitrag zur Wirtschafts- und Sozialgeschichte der Mark Brandenburg. Köln und Wien 1968 (= Mitteldeutsche Forschungen, 57).

Livonius, Eberhard v.: Die wirtschaftliche Entwicklung des Rittergutes Grumbkow in Pommern 1679-1926. Leipzig 1927 (= Wirtschafts- und Verwaltungsstudien mit besonderer Berücksichtigung Bayerns, 75).

Loewe, Victor: Die Allodifikation der Lehen unter Friedrich Wilhelm I. In: FBPG 11 (1898), S. 41-74.

Lütge, Friedrich: Geschichte der deutschen Agrarverfassung vom frühen Mittelalter bis zum 18. Jahrhundert. Stuttgart 1967 (= Deutsche Agrargeschichte hg. von Günther Franz, Bd. III.).

Machtan, Lothar u. **Milles**, Dietrich: Die Klassensymbiose von Junkertum und Bourgeoisie. Zum Verhältnis von gesellschaftlicher und politischer Herrschaft in Preußen-Deutschland 1850-1878/79. Frankfurt/M 1980.

Malinowski, Stephan u. **Funck**, Marcus: „Charakter ist alles!“ Erziehungsideale und Erziehungspraktiken in deutschen Adelsfamilien des 19. und 20. Jahrhunderts. In: Jahrbuch für Historische Bildungsforschung, Bd. 6, Bad Heilbrunn 2000, S. 71-92.

Mantel, Kurt: Wald und Forst in der Geschichte. Ein Lehr- und Handbuch, Hannover 1990.

Marschalck, Peter: Bevölkerungsgeschichte Deutschlands im 19. und 20. Jahrhundert. (Neue Historische Bibliothek) Frankfurt/M 1984.

Martiny, Fritz: Die Adelsfrage in Preußen vor 1806 als politisches und soziales Problem. Stuttgart 1938 (=Vierteljahresschrift für Sozial- und Wirtschaftsgeschichte Beiheft 35).

Materna, Ingo und **Ribbe**, Wolfgang (Hg.): Brandenburgische Geschichte. Berlin 1995.

Matzerath, Josef: „dem gantzen Geschlechte zum besten". Die Familienverträge des sächsischen Adels vom 16. bis zum 19. Jahrhundert, in: Kathrin Keller u. Joseph Matzerath (Hg.) in Zusammenarbeit mit Christine Klecker und Klaus-Dieter Wintermann, Geschichte des sächsischen Adels, Köln, Weimar u. Wien 1997, S. 291-326.

Matzerath, Josef: Adelsrecht und Ständegesellschaft im Kursachsen des 18. Jahrhunderts, in: Uwe Schirmer (Hrsg.): Sachsen 1763-1832. Zwischen Rétablissement und bürgerlichen Reformen. Beucha 1996, S. 24-39 (= Schriften der Rudolf-Kötzschke-Gesellschaft, 3).

Mauer, Hermann: Das landwirtschaftliche Kreditwesen Preußens agrargeschichtlich und volkswirtschaftlich betrachtet. Ein Beitrag zur Geschichte der Bodenkreditpolitik des preußischen Staates. Strassburg i. E. 1907.

Mauer, Hermann: Domänenverpfändungen von 1808 und 1818 in ihrer Einwirkung auf die Domänenverkäufe, in: Forschungen zur Brandenburgisch-Preußischen Geschichte 32 (1920), S. 205-219.

Mayer, Arno J.: Adelsmacht und Bürgertum. Die Krise der europäischen Gesellschaft 1848-1914. München 1988.

Melville, Ralph: Adel und Revolution in Boehmen. Strukturwandel von Herrschaft und Gesellschaft in Österreich um die Mitte des 19. Jahrhunderts. Mainz 1998.

Merkenich, Stephanie: Grüne Front gegen Weimar. Reichs-Landbund und agrarischer Lobbyismus 1918-1933. Düsseldorf 1998 (= Beiträge zur Geschichte des Parlamentarismus und der politischen Parteien, 113).

Merl, Stephan: Das Agrargenossenschaftswesen Ostdeutschlands 1878-1928. Die Organisation des landwirtschaftlichen Fortschritts und ihre Grenzen. In: Heinz Reif (Hg.): Ostelbische Agrargesellschaft im Kaiserreich und in der Weimarer Republik. Agrarkrise, junkerliche Interessenpolitik, Modernisierungsstrategien. Berlin 1994, S. 287-322.

Messerschmidt, Manfred: Militärgeschichte im 19. Jahrhundert (1814-1890). In: Deutsche Militärgeschichte in sechs Bänden 1864-1939. Bd. 2, München 1983.

Moll, Georg: „Preußischer Weg" und bürgerliche Umwälzung in Deutschland. Weimar 1988.

Moritz, Eugen: Die Fideikommisse Preussens und ihre Bedeutung für die deutsche Volkswirtschaft. Ein Beitrag zur Frage des Großbetriebes in der Landwirtschaft. Berlin 1901.

Müller, Eduard: Der Großgrundbesitz in der Provinz Sachsen. Eine agrarstatistische Untersuchung. Jena 1912 (= Sammlung nationalökonomischer und statistischer Abhandlungen des staatswissenschaftlichen Seminars zu Halle a. d. S., 67).

Müller, Hans Heinrich und **Müller**, Harald: Brandenburg als preußische Provinz. Das 19. Jahrhundert bis 1871. In: Ingo Materna und Wolfgang Ribbe (Hg.): Brandenburgische Geschichte. Berlin 1995, S. 395-502.

Müller, Hans Heinrich: Domänen und Domänenpächter in Brandenburg-Preußen im 18. Jahrhundert. In: Jahrbuch für Wirtschaftsgeschichte. Teil IV, 1965, S. 152-192.

Müller, Hans Heinrich: Märkische Landwirtschaft vor den Agrarreformen von 1807. Potsdam 1967 (= Veröffentlichungen des Bezirksheimatmuseums Potsdam 13).

Münchhausen, Editha v.: Dotterblumen und blaue Libellen. Eine Kindheit im Spreewald. Heilbronn 1987.

Müsebeck, Ernst: Die märkische Ritterschaft und die preußische Verfassungsfrage von 1814 bis 1820. I. In: Deutsche Rundschau, CLXXIV (1918), S. 158-182.

Muncy, Lysbeth: The junker in the prussian administration under Wilhelm II. 1888-1914. Providence/Rhode Island 1944.

Nabert, Thomas: Der Großgrundbesitz in der preußischen Provinz Sachsen 1913-1933: soziale Struktur, ökonomische Position und politische Rolle. Köln u.a. 1992 (= Mitteldeutsche Forderungen, 107).

Neugebauer Wolfgang: Brandenburg im absolutistischen Staat. Das 17. und 18. Jahrhundert. In: Ingo Materna u. Wolfgang Ribbe (Hrsg.): Brandenburgische Geschichte. Berlin 1995, S. 291-394.

Neugebauer, Wolfgang: Politischer Wandel im Osten. Ost- und Westpreußen von den alten Ständen zum Konstitutionalismus. Stuttgart 1992.

Neugebauer Wolfgang und **Pröve**, Ralf (Hg.), (Redaktion René Schiller): Agrarische Verfassung und politische Struktur. Studien zur Gesellschaftsgeschichte Preußens 1700-1918. Berlin 1998.

Neumann, Siegfried: Die Stufen des preußischen Konservatismus. Ein Beitrag zum Staats- und Gesellschaftsbild Deutschlands im 19. Jahrhundert, Berlin 1930 (= Historische Studien, 190).

Niendorf, M. Ant.: Die Rittergüter der östlichen Provinzen. Ihre historische Entstehung, Entwicklung und ihre sociale Lage in der Gegenwart, Berlin 1871.

Nipperdey, Thomas: Deutsche Geschichte 1866-1918. 2 Bde., München 1993[3].

Nolte, Paul: Repräsentation und Grundbesitz. Die kreisständische Verfassung Preußens im 19. Jahrhundert. In: Klaus Tenfelde und Hans Ulrich Wehler (Hg.): Wege zur Geschichte des Bürgertums. Göttingen 1994 (Bürgertum - Beiträge zur europäischen Gesellschaftsgeschichte, Bd. 8), S. 78-104.

Obenaus, Herbert: Gutsbesitzerliberalismus. Zur regionalen Sonderentwicklung der liberalen Partei in Ost- und Westpreußen während des Vormärz. In: Geschichte und Gesellschaft, Bd. 14, 1992, S. 304-328.

Oexle, Otto Gerhard: Aspekte der Geschichte des Adels im Mittelalter und in der Frühen Neuzeit. In: Hans-Ulrich Wehler (Hg.): Europäischer Adel 1750-1950. Göttingen 1990 (= Geschichte und Gesellschaft, Sonderheft 13), S. 19-56.

Ompteda, Georg Freiherr v.: Eysen. Deutscher Adel um 1900, 2 Bde, Berlin 1900.

Passow, Siegfried: Ein märkischer Rittersitz. Aus der Orts- und Familienchronik eines Dorfes. Eberswalde 1907.

Pedlow, Gregory W.: The Survival of the Hessian Nobility. Princeton 1988.

Pedlow, Gregory W.: Der Kurhessische Adel im 19. Jahrhundert – Eine anpassungsfähige Elite. In: Armgard v. Rheden-Dohna u. Ralph Melville (Hg.): Der Adel an der Schwelle des bürgerlichen Zeitalters, Stuttgart 1988, S. 271-284.

Peters, Jan (Hg.): Konflikt und Kontrolle in Gutsherrschaftsgesellschaften. Göttingen 1995 (= Veröffentlichungen des MPI für Geschichte, 120).

Peters, Jan (Hg.): Gutsherrschaft als soziales Modell. Vergleichende Betrachtungen zur Funktionsweise frühneuzeitlicher Agrargesellschaften. München 1995.

Petersen, Carl: Die Geschichte des Kreises Beeskow-Storkow. Beeskow 1922.

Pletzing, Christian: Nationalismus und liberale Bewegung in Ost- und Westpreußen während des Vormärz. In. Bernhart Jähnig (Hg.): Neue Forschungen zur Geschichte des Preußenlandes [im Druck].

Pletzing, Christian: Nationalismus in Ost- und Westpreußen 1830-1871. Vom preußischen Staatspatriotismus zur deutschen und polnischen Nationsbildung. In: Inter Finitimos 13 (1998), S. 3-8.

Pleß, Daisy Fürstin: Tanz auf dem Vulkan. 2 Bde., Dresden 1930.

Pomp, Rainer: Elitenwandel und gesellschaftliche Modernisierung. Einige Ergebnisse zur Statistik des deutschen Adels im 19. Jahrhundert. Berlin 1999 (unveröffentlichtes MS.).

Pomp, Rainer: Brandenburgischer Landadel und die Weimarer Republik. Konflikte um Oppositionsstrategien und Elitenkonzepte. In: Kurt Adamy u. Kristina Hübener (Hgg.): Adel und Staatsverwaltung in Brandenburg im 19. und 20. Jahrhundert: ein historischer Vergleich. Potsdam 1996, S. 185-216.

Preradovich, Nikolaus v.: Die Führungsschichten in Österreich und Preußen (1804-1918). Mit einem Ausblick bis zum Jahre 1945. Wiesbaden 1955.

Priebatsch, Felix: Die Hohenzollern und der Adel der Mark, in: Historische Zeitschrift 88 (1901), S. 193-217.

Pröve, Ralf: Stadtgemeindlicher Republikanismus und die „Macht des Volkes". Civile Ordnungsformationen und kommunale Leitbilder politischer Partizipation in deutschen Staaten vom Ende des 18. bis zur Mitte des 19. Jahrhunderts. Göttingen 2001 (= Veröffentlichungen des Max-Planck-Instituts für Geschichte, 159).

Pröve, Ralf: Ökonomie und Gesellschaft in Friesack und [Bad]Freienwalde im Jahre 1843. Überlegungen zur Sozial- und Wirtschaftsgeschichte brandenburgischer Kleinstädte. In: Holger T. Gräf (Hg.): Kleine Städte im neuzeitlichen Europa, Berlin 1997 (= Innovationen, 6), S. 195-222.

Pröve, Ralf: „Civismus" und „Spießbürgertum". Die Preußische Städteordnung von 1808 und stadtrepublikanische Traditionen in Brandenburg. In: Wolfgang Neugebauer u. Ralf Pröve (Hgg., Redaktion René Schiller): Agrarische Verfassung und politische Struktur. Studien zur Gesellschaftsgeschichte Preußens 1700-1918. (= Innovationen, 7), Berlin 1998, S. 145-170.

Pröve, Ralf: Sozialer Wandel und politischer Umbruch. Brandenburgische Schützengilden und die Formierung bürgerlicher Gesellschaft, 1800-1850. In: Ralf Pröve u. Bernd Kölling (Hgg): Leben und Arbeiten auf märkischem Sand. Wege in die Gesellschaftsgeschichte Brandenburgs. 1700-1914, Bielefeld 1999, S. 266-296.

Pröve, Ralf (Hg.): Klio in Uniform? Probleme und Perspektiven einer modernen Militärgeschichte der frühen Neuzeit. Köln, Wien u. Weimar 1997.

Puhle, Hans-Jürgen: Politische Agrarbewegungen in kapitalistischen Industriegesellschaften. Deutschland, USA und Frankreich im 20. Jahrhundert. Göttingen 1975 (= Kritische Studien zur Geschichtswissenschaft, 16).

Pyta, Wolfram: Besteuerung und steuerpolitische Forderungen des ostelbischen Grundbesitzes 1890-1933. In: Heinz Reif (Hrsg.): Ostelbische Agrargesellschaft im Kaiserreich und in der Weimarer Republik. Agrarkrise, junkerliche Interessenpolitik, Modernisierungsstrategien. Berlin 1994, S. 361-378.

Pyta, Wolfram: Liberale Regierungspolitik im Preußen der „Neuen Ära„ vor dem Heereskonflikt: Die preußische Grundsteuerreform von 1861. In: FBPG (NF) 2 (1992), S. 179-247.

Ramdohr, Hermann: Das Fideikommiß im Gebiete des preußischen Allgemeinen Landrechts. Berlin 1909.

Rave, Paul Ortwin: Verzeichnis der alten Gärten und ländlichen Parke in der Mark, in: Brandenburgische Jahrbücher 14/15 (1939), S. 143-190.

Reden-Dohna, Armgard v. u. **Melville**, Ralph (Hg.): Der Adel an der Schwelle des bürgerlichen Zeitalters 1780-1860. Stuttgart 1988.

Reif, Heinz: Adel im 19. und 20. Jahrhundert. (= Enzyklopädie Deutscher Geschichte, 55) München 1999.

Reif, Heinz (Hg.): Adel und Bürgertum in Deutschland. Entwicklungslinien und Wendepunkte im 19. Jahrhundert. Bd. I. Berlin 2000.

Reif, Heinz (Hg.): Ostelbische Agrargesellschaft im Kaiserreich und in der Weimarer Republik. Agrarkrise, junkerliche Interessenpolitik, Modernisierungsstrategien. Berlin 1994.

Reif, Heinz: Adel und landwirtschaftliches Vereinswesen in Westfalen 1819 bis 1862. In: Wolfgang Köllmann und Kurt Düwell (Hg.): Rheinland und Westfalen im Industriezeitalter, Bd. 1, Wuppertal 1983, S. 39-60.

Reif, Heinz: „Adeligkeit“ – historische und elitentheoretische Überlegungen zum Adelshabitus in Deutschland um 1800. unveröffentlichtes Manuskript Berlin 1997.

Reif, Heinz: Adelserneuerung und Adelsreform in Deutschland 1815-1874. In: Elisabeth Fehrenbach (Hrsg. unter Mitarbeit von Elisabeth Müller-Luckner): Adel und Bürgertum in Deutschland 1770-1848. München 1994, S. 203-230.

Reif, Heinz: Adelspolitik in Preußen zwischen Reformzeit und Revolution 1848. In: Hans-Peter Ullmann u. Clemens Zimmermann (Hrsg.): Restaurationssystem und Reformpolitik. Süddeutschland und Preußen im Vergleich. München 1996, S. 199-224.

Reif, Heinz: Der Adel in der modernen Sozialgeschichte. In: Wolfgang Schieder u. Volker Sellin (Hrsg.): Sozialgeschichte in Deutschland. Bd. IV. Soziale Gruppen in der Geschichte, Göttingen 1987, S. 33-60.

Reif, Heinz: »Erhaltung adligen Stamm und Namens « – Adelsfamilie und Statussicherung im Münsterland 1770-1914. In: Neidhard Bulst, Joseph Goy u. Jochen Hoock (Hg.) Familie zwischen Tradition und Moderne, Göttingen 1981, S. 275-309.

Reif, Heinz: Friedrich Wilhelm IV. und der Adel. Zum Versuch einer Adelsreform nach englischem Vorbild in Preußen 1840-1847. In: Zeitschrift für Geschichtswissenschaften 43 (1995), S. 1097-1111.

Reif, Heinz: Hauptstadtentwicklung und Elitenbildung: »Tout Berlin« 1871 bis 1918, in: Michael Grüttner u.a. (Hgg.): Geschichte und Emanzipation. Festschrift für Reinhard Rürup. Frankfurt/M u. New York 1999.

Reif, Heinz: Westfälischer Adel 1770-1860: vom Herrschaftsstand zur regionalen Elite. Göttingen 1979 (= Kritische Studien zur Geschichtswissenschaft, 35).

Ribbe, Wolfgang (Hg.): Geschichte Berlins. Bd. II. Von der Märzrevolution bis zur Gegenwart. München 1988.

Richert, Harald: Brandenburgische Landwirtsgeschlechter und ihre genealogischen Verknüpfungen. In: Archiv für Sippenforschung, 32 (1966), S. 504-515.

Riedel, Adolph Friedrich, Von dem Unterschied zwischen den beschlossenen und unbeschlossenen Geschlechtern der brandenburgischen Ritterschaft, in: Märkische Forschungen, 1 (1841), S. 266-290.

Riehl, Wilhelm Heinrich: Die bürgerliche Gesellschaft. Stuttgart u. Tübingen 1854.

Ristau, Bernd: Adlige Interessenpolitik in Konjunktur und Krise. Ein Beitrag zur Geschichte der landschaftlichen Kreditkasse Ostpreußens 1788-1835. In: Denkhorizonte und Handlungsspielräume. Historische Studien für Rudolf Vierhaus zum 70. Geburtstag. Göttingen 1992, S. 197-234.

Ritter, Gerhard: Die preußischen Konservativen und Bismarcks preußische Politik 1858-1871. Heidelberg 1913 (= Heidelberg Abhandlungen zur mittleren und neueren Geschichte, 43).

Rochow, Karoline v. (geb. v. d. Marwitz): Vom Leben am preußischen Hofe 1815-1852. Aufzeichnungen bearbeitet von Luise v. d. Marwitz, Berlin 1908.

Rodbertus-Jagetzow, Karl: Zur Erklärung und Abhülfe der heutigen Creditnoth des Grundbesitzes. Bd. I. Die Ursachen der Noth. Berlin 1868.

Rogalla von Bieberstein, Johannes: Adelsherrschaft und Adelskultur in Deutschland. Frankfurt/M. 1989.

Röhl, John C. G.: Kaiser, Hof und Staat. Wilhelm II. und die deutsche Politik. München[4] 1995.

Röhl, John C. G.: Hof und Hofgesellschaft unter Kaiser Wilhelm II. In: Kaiser, Hof und Staat. Wilhelm II. und die deutsche Politik. München[4] 1995, S. 78-115.

Rohr, Hans Olof v.: Grossgrundbesitz im Umbruch der Zeit. Berlin 1935[3].

Rolfes, Max: Landwirtschaft 1850-1914, in: Hermann Aubin u. Wolfgang Zorn (Hg.): Handbuch der deutschen Wirtschafts- und Sozialgeschichte. Stuttgart 1976, Bd. 2, S. 495-526.

Rosenberg, Hans: Die Ausprägung der Junkerherrschaft in Brandenburg-Preußen, 1410-1618. In: Blasius, Dirk (Hg.): Preußen in der deutschen Geschichte. Königstein/Ts. 1980 (Neue wissenschaftliche Bibliothek, Bd. 111), S. 95-142.

Rosenberg, Hans: Bureaucracy, Aristocracy and Autocracy. The Prussian Experience 1660-1815. Cambridge 1958.

Rosenberg, Hans: Die Ausprägung der Junkerherrschaft in Brandenburg-Preußen, 1410-1618. In: Blasius, Dirk (Hg.): Preußen in der deutschen Geschichte. Königstein/Ts. 1980 (Neue wissenschaftliche Bibliothek, Bd. 111), S. 95-142.

Rosenberg, Hans: Die Pseudodemokratisierung der Rittergutsbesitzerklasse. In: Machteliten und Wirtschaftskonjunkturen. Göttingen 1978, S. 83-101.

Rothkegel, Walter: Die Bewegung der Kaufpreise für ländliche Besitzungen und die Entwicklung der Getreidepreise im Königreich Preußen von 1895 bis 1909. In Jahrbuch für Gesetzgebung, Verwaltung und Volkswirtschaft im Deutschen Reich 34 (1910), S. 221-279.

Rothkegel, Walter: Die Kaufpreise für ländliche Besitzungen im Königreich Preußen von 1895 bis 1906. Leipzig 1910 (= Staats- und sozialwissenschaftliche Forschungen, 146).

Rothkegel, Walter: In welcher Weise können die Ergebnisse der alten Grundsteuereinschätzungen für die Zwecke der Veranlagung zur Reichsvermögenssteuer nutzbar gemacht werden? In: Bericht über Landwirtschaft, NF. Bd. II. (1925), S. 452-467.

Rubner, Heinrich: Forstgeschichte im Zeitalter der industriellen Revolution. Berlin 1967.

Saalfeld, Dietrich: Zur Frage des bäuerlichen Landverlustes im Zusammenhang mit den preußischen Agrarreformen. In: Zeitschrift für Agrargeschichte und Agrarsoziologie, 11 (1963), S. 163-171.

Saul, Klaus: Um die konservative Struktur Ostelbiens: Agrarische Interessen, Staatsverwaltung und ländliche „Arbeiternot". In: Deutscher Konservatismus im 19. und 20. Jahrhundert. Festschrift für Fritz Fischer zum 75 Geburtstag und 50. Doktorjubiläum. Bonn 1983, S. 129-198.

Schieder, Theodor: Friedrich der Große. Ein Königtum der Widersprüche. Frankfurt/M. u. Berlin 1986.

Schiller, René: „Edelleute müssen Güther haben, Bürger müssen die Elle gebrauchen„ Friderizianische Adelsschutzpolitik und die Folgen. In: Wolfgang Neugebauer und Ralf Pröve (Hgg. Redaktion René Schiller): Agrarische Verfassung und politische Struktur. Studien zur Gesellschaftsgeschichte Preußens 1700-1918. Berlin 1998, S. 257-286.

Schiller, René: Vom Domänenvorwerk zum Rittergut. Die Domänenveräußerungen in der Kurmark in der ersten Hälfte des 19. Jahrhunderts: In: Jahrbuch für brandenburgische Landesgeschichte 47 (1996), S. 86 – 104.

Schiller, René: Vom Rittergut zum Adelstitel? Großgrundbesitz und Nobilitierungen im 19. Jahrhundert. In: Ralf Pröve u. Bernd Kölling (Hg.): Leben und Arbeiten auf märkischem Sand. Wege in die Gesellschaftsgeschichte Brandenburgs 1700-1914. Bielefeld 1999, S. 49-89.

Schissler, Hanna: Preußische Agrargesellschaft im Wandel. Göttingen 1978, (Kritische Studien zur Geschichtswissenschaft, 33).

Schissler, Hanna: Die Junker. Zur Sozialgeschichte und historischen Bedeutung der agrarischen Elite in Preußen. In: Puhle, Hans-Jürgen u. Wehler, Hans-Ulrich (Hgg.): Preußen im Rückblick. Göttingen 1981 (Geschichte und Gesellschaft, Sonderheft 6), S. 89-122.

Schlegel, Katharina: Zum Quellenwert der Autobiographie: Adlige Selbstzeugnisse um die Wende vom 19. zum 20. Jahrhundert. In: GWU 37 (1986), S. 222-233.

Schlösser und Gärten der Mark. Tl. II. Berlin o. J. (mehrere Einzelhefte).

Schmidt, Christoph: Ständerecht und Standeswechsel in Russland 1851-1897. Wiesbaden 1994.

Schmidt, Eberhard: Die Standesherrschaften der Niederlausitz nach dem gegenwärtigen Stande der Forschung. In: Niederlausitzische Mitteilungen 12 (1912), S. 1-90.

Schmidt, Rudolf: Die Herrschaft Eckardstein. Bad Freienwalde 1926.

Schroeder, Johann Karl v.: Standeserhöhungen in Brandenburg-Preußen 1663-1918. In: Der Herold. Vierteljahrsschrift für Heraldik. Genealogie und verwandte Wissenschaften. NF 9 (1978), S. 1-18.

Schulz-Wulkow, Richard: Darf es so weitergehen?, o. O. 1902.

Schulze, Berthold: Die Reform der Verwaltungsbezirke in Brandenburg und Pommern 1809-1818. Berlin 1931 (Einzelschriften der Historischen Kommission für die Provinz Brandenburg und die Reichshauptstadt Berlin, Bd. 3).

Schwartz, Paul: Der neumärkische Großgrundbesitz im Jahre 1809. In: Die Neumark. Jahrbuch des Vereins für die Geschichte der Neumark, 11 (1936), S. 57-171.

Schweinitz, W. v. (Hg.): Denkwürdigkeiten des Botschafters H. L. v. Schweinitz. 2 Bde., Berlin 1927.

Graf v. Schwerin-Putzar: Die Aufgaben des ostelbischen Gutsherrn, Stettin o. J. (um 1915).

Seger, Carl: Das Gesetz betreffend die Auflösung des Lehns-Verbandes der nach dem Lehnrecht der Kurmark, Altmark und Neumark zu beurtheilenden Lehne. Vom 23. Juli 1875. Ergänzt und erläutert durch die vollständigen amtlichen Motive, die Commissions-Berichte und Verhandlungen des Landtags. Berlin 1886.

Seiler, Paul: Die Kaufpreise der ländlichen Besitzungen im Königreich Preußen von 1895 bis 1912, unter besonderer Berücksichtigung der Jahre 1910 bis 1912. In: Zeitschrift des Königlich Preußischen Statistischen Landesamts, Ergänzungsheft 44 (1917).

Sering, Max (Hg.): Die Vererbung des ländlichen Grundbesitzes im Königreich Preußen. Bd. IX. Provinz Brandenburg (bearb. v. Max Benecke, Dietrich Preyer u. August Skalweit), Berlin 1910.

Spatz, Willy: Der Teltow. Bilder aus der Vergangenheit des Kreises Teltow. Bd. I. - III. , Berlin 1905-1920.

Spenkuch, Hartwin: Das preußische Herrenhaus. Adel und Bürgertum in der Ersten Kammer des Landtages 1854-1918. Düsseldorf 1998 (=Beiträge zur Geschichte des Parlamentarismus und der politischen Parteien, 110).

Stackelberg, Camilla v.: Verwehte Blätter. Erinnerungen aus dem alten Baltikum. Berlin 1992.

Stadelmann, Rudolph: Preußens Könige in ihrer Thätigkeit für die Landescultur. Tl. 4, Friedrich Wilhelm III. (Publicationen aus den K. Preussischen Staatsarchiven, Bd. 30).

Stein, Konrad: Der preußische Geldadel des 19. Jahrhunderts. Untersuchungen zur Nobilitierungspolitik der preußischen Regierung und zur Anpassung der oberen Schichten des Bürgertums an den Adel. (Phil. Diss., Ms.) 2 Bde., Hamburg 1982.

Stein, Robert: Die Umwandlung der Agrarverfassung Ostpreußens durch die Reform des neunzehnten Jahrhunderts. 3 Bde. , Jena 1918, Königsberg 1933 u. 1934.

Stein, Robert: Domänenverkäufe in Ostpreußen vor hundert Jahren. In: Altpreußische Forschungen, 3. Jahrgang, Hft. 1, S. 109-132.

Stekl, Hannes: Zwischen Machtverlust und Machtbehauptung. Österreichs Hocharistokratie vom 18. bis ins 20. Jahrhundert. In: Hans-Ulrich Wehler (Hrsg.) Europäischer Adel 1750-1950. Göttingen 1990, S. 144-165.

Sternkiker, Edwin: Bäuerliche Ablösungsgelder, ihre Empfängergruppen und Verwendungsarten in Preußen nach 1850. In: Jahrbuch für Wirtschaftsgeschichte 1986/3, S. 71-89.

Strachwitz, Hubertus Graf v.: Eines Priesters Weg durch die Zeitenwende. Erlebnisse aus 50 Jahren. Dresden 1935.

Stradonitz, Stephan Kekule v.: Gedanken über eine Um- und Ausgestaltung des Adelswesens in Deutschland. In: Deutsche Revue 35 (1910), S. 295-305.

Szagunn, Heinrich: Die landwirtschaftlichen Arbeiter-Verhältnisse in der Provinz Brandenburg im Jahre 1905. Berlin 1910.

Thadden-Trieglaff, [Adolph] v.: Der Schacher mit Rittergütern (Ein Streifzug). In: Archiv für vaterländische Interessen oder Preußische Provinzial-Blätter. NF, 1 (1844), S. 365-377.

Theilemann, Wolfram G.: Adel im grünen Rock. Adliges Jägertum, Großprivatwaldbesitz und die preußische Forstbeamtenschaft 1866 – 1914. Diss. Berlin 2001 (Ms.).

Tenfelde, Klaus und **Wehler**, Hans Ulrich (Hg.): Wege zur Geschichte des Bürgertums. Göttingen 1994 (Bürgertum - Beiträge zur europäischen Gesellschaftsgeschichte, Bd. 8).

Torp, Cornelius: Max Weber und die preußischen Junker. Tübingen 1998.

Treitschke, Heinrich v., Deutsche Geschichte im 19. Jahrhundert. 5 Bde. Leipzig 1928.

Treskow, Rüdiger v.: Adel in Preußen: Anpassung und Kontinuität einer Familie 1800-1918. In: Geschichte und Gesellschaft 17 (1991), S. 344-369.

Troßbach, Werner u. **Zimmermann**, Clemens: Agrargeschichte. Positionen und Perspektiven. Stuttgart 1998 (= Quellen und Forschungen zur Agrargeschichte, 44).

Trumpener, Ulrich: Junkers and Others: The Rise of Commoners in the Prussian Army, 1871-1914 in: Canadian Journal of History 14 (1979), S. 29-47.

Ucke, Arnold: Die Agrarkrisis in Preußen während der zwanziger Jahre dieses Jahrhunderts. Halle 1888.

Urbanus: Ein nothleidender Agrarier. In: Die Nation 11 (1893/94), Hft. 34, S. 509-510.

Vetter, Klaus: Kurmärkischer Adel und preußische Reformen. Weimar 1979 (= Veröffentlichungen des Staatsarchivs Potsdam, 15).

Viebahn, Georg v.: Statistik des zollvereinten und nördlichen Deutschlands. Bd. 1-3, Berlin 1858-1868.

Vierhaus, Rudolf (Hg.): Der Adel vor der Revolution. Zur sozialen und politischen Funktion des Adels im vorrevolutionären Europa. Göttingen 1971.

Voss, C. v.: Das Creditinstitut der Kur- und Neumärkischen Ritterschaft in seinem Verhältnis zu den nichtassocirten Rittergutsbesitzern. Berlin 1835.

Vogel, Werner: Grundriß zur deutschen Verwaltungsgeschichte 1815-1945. Reihe A. Preußen (Hg. v. Walter Hubatsch), Bd. 6 Brandenburg. Marburg/L 1975.

Wachowiak, Bogdan: Der Zustand der pommerschen Landwirtschaft um 1820 nach dem Bericht der Stettiner Regierung. In: Wolfgang Neugebauer und Ralf Pröve (Hg.): Agrarische Verfassung und politische Struktur. Studien zur Gesellschaftsgeschichte Preußens 1700-1918. Berlin 1998, S. 89-101.

Weber, Max: Agrarstatistische und sozialpolitische Betrachtungen zur Fideikommißfrage in Preußen. In: Ders.: Gesammelte Aufsätze zur Soziologie und Sozialpolitik. Tübingen^2 1988, S. 323-393.

Weber, Max: Die ländliche Arbeitsverfassung. In: Ders.: Gesammelte Aufsätze zur Sozial- und Wirtschaftsgeschichte. Tübingen 1924, S. 444-469.

Weber, Max: Entwicklungstendenzen in der Lage der ostelbischen Landarbeiter. In: Ders.: Gesammelte Aufsätze zur Sozial- und Wirtschaftsgeschichte (hrsg. v. Marianne Weber). Tübingen 1924, S. 470-507.

Weber, Max: Gesammelte Aufsätze zur Sozial- und Wirtschaftsgeschichte. Tübingen 1924.

Weber, Max:: Gesammelte Aufsätze zur Soziologie und Sozialpolitik. Tübingen^2 1988.

Weber, Max:: Wirtschaft und Gesellschaft. Grundriss der verstehenden Soziologie. Tübingen 1972^5.

Wende, Peter: Die Adelsdebatte der Paulskirche. In: Adolf M. Birke u. Lothar Kettenacker (Hg. unter Mitarbeit v. Helmut Reifeld): Bürgertum, Adel und Monarchie. Wandel der Lebensformen im Zeitalter des bürgerlichen Nationalismus. München u. a. 1989, S. 37-50.

Wehler, Hans-Ulrich: Deutsche Gesellschaftsgeschichte. 3 Bde. 1989-1995.

Wehler, Hans-Ulrich (Hg.): Europäischer Adel 1750-1950. Göttingen 1990 (= Geschichte und Gesellschaft, Sonderheft 13).

Weidendahl, Modeste: Ich schenk euch Bendomin, Erinnerungen. Augsburg 1998.

Weyermann, M.: Zur Geschichte des Immobiliarkreditwesens in Preußen mit besonderer Anwendung auf die Theorie der Bodenverschuldung. Karlsruhe 1910.

Wienfort, Monika: Preußische Patrimonialrichter im Vormärz. Bildungsbürgertum auf dem Lande zwischen staatlichem Einfluss und gutsherrlichen Interessen. In: Klaus Tenfelde u. Hans-Ulrich Wehler (Hg.),Wege zur Geschichte des Bürgertums. Vierzehn Beiträge (= Bürgertum. Beiträge zur europäischen Gesellschaftsgeschichte, 8). Göttingen 1994, S. 57-77.

Wienfort, Monika: Preußisches Bildungsbürgertum auf dem Lande 1820-1850. In: FBPG (NF) 5 (1995), S. 75-98.

Wilke, Claudia: Die Landräte der Kreise Teltow und Niederbarnim im Kaiserreich: Eine biographisch-verwaltungsgeschichtliche Studie zur Leistungsverwaltung in der Provinz Brandenburg. Potsdam 1998 (= Brandenburgische Historische Studien, Bd. 2).

Winterfeldt-Menkin, Joachim v.: Jahreszeiten des Lebens. Das Buch meiner Erinnerungen. Berlin 1942.

Witt, Peter-Christian: Der preußische Landrat als Steuerbeamter 1891-1918. Bemerkungen zur politischen und sozialen Funktion des deutschen Beamtentums. In: Imanuel Geiss u. Berndt Jürgen Wendt (Hrsg.): Deutschland in der Weltpolitik des 19. und 20. Jahrhunderts. Düsseldorf 1973, S. 205-219.

Witt, Peter-Christian: Die Finanzpolitik der Deutschen Reiches von 1903 bis 1913. Eine Studie zur Innenpolitik des Wilhelminischen Deutschland. Lübeck und Hamburg 1970 (Historische Studien, 415).

Wunder, Bernd: Geschichte der Bürokratie in Deutschland. Frankfurt/M. 1986.

Wygodzinski, Willy: Die Besteuerung des landwirtschaftlichen Grundbesitzes in Preußen. Eine kritische Studie. Jena 1906.

Ziekursch, Johannes: Hundert Jahre schlesischer Agrargeschichte. Vom Hubertusburger Frieden bis zum Abschluß der Bauernbefreiung. Breslau 1915 (Darstellungen und Quellen zur schlesischen Geschichte, Bd. 20).

Zobeltitz, Fedor v.: Ich habe so gern gelebt. Die Lebenserinnerungen. Berlin 1934.

Tabellenverzeichnis

Anhangtabellen

Abbildungsverzeichnis

www.ingramcontent.com/pod-product-compliance
Lightning Source LLC
LaVergne TN
LVHW010655300926
849161LV00005B/1129